외로운 이스터 섬의 정착자들은 자연을 무시한 채 그들만을 위한 경이로운 기념물을 세우면서 파멸을 재촉했다. 다른 문명들도 크게 다르지 않았다. 이런 현상은 오늘날에도 계속된다. 이 책은 완벽에 가까운 조사를 바탕으로 오늘날 우리가 붕괴의 위기를 피해가기 위해서 무엇을 해야 하는지 말해준다. 우리의 후세들을 위해 반드시 읽어야 할 책!

| 로버트 워터, 「초우량기업의 조건」 저자

재레드 다이아몬드는 과학과 역사를 접목시켜 시원시원하게 글을 써가는 데 탁월한 능력을 지녔다. 다이아몬드는 우리가 몰락하지 않기 위해서는 과거의 재앙에서 교훈을 찾아야 한다고 말하고 있다.

| 루이스 퍼터맨, 브라운 대학교 교수

우리 사회의 붕괴도 필연적인 것일까? 이 책을 읽고, 희미하지만 희망의 불꽃을 찾아보자. 과거 사회와 현재의 상황을 냉정하게 비교하고, 절박한 위험에 처한 지역들을 집중적으로 분석한 이 책에서 우리는 역사의 흐름을 바꿀 실마리를 찾을 수도 있다.

| 찰스 레드먼, 애리조나 주립대학교 교수

역사상 처음으로 인류는 범세계적인 생태붕괴에 직면하고 있다. 이 중대한 시기에, 다이아몬드는 현재와 비슷한 위기를 맞았던 과거 문명사회들을 조감했다. 그는 과거에 환경 문제를 해결하지 못해 붕괴라는 비극을 맞았던 사회들을 분석하면서 우리에게 미래를 대비하라고 경고하고 있다.

| 폴 에를리히, 스탠포드 대학교 교수

재레드 다이아몬드는 옛 문명사회의 역사와 그 사회의 특징에 대한 깊은 지식을 바탕으로 자연과학과 사회과학을 하나로 묶어냈다.

| 제임스 로빈슨, 하버드 대학교 교수

재레드 다이아몬드는 인류의 역사를 되짚어보면서, 과거 사회들이 성공하고 실패한 이유를 역사적으로 꼼꼼하게 분석했다. 그리고 과거의 이야기를 21세기의 혼란스런 장면들, 즉 르완다와 오스트레일리아, 중국과 몬태나의 모습에 대입시키면서, '성장'이란 개념을 재정의해야 한다는 실질적인 교훈을 끌어냈다.

| 제임스 카, 워싱턴 대학교 교수

문명의 붕괴

Collapse: How Societies Choose to Fail or Succeed
by Jared Diamond

문명의 붕괴

COLLAPSE

재레드 다이아몬드 지음 | 강주헌 옮김

과거의 위대했던 문명은 왜 몰락했는가?

김영사

문명의 붕괴

저자 재레드 다이아몬드
역자 강주헌

1판 1쇄 발행 2005. 11. 3.
1판 30쇄 발행 2024. 6. 13.

발행인 박강휘
발행처 김영사
등록 1979년 5월 17일(제406-2003-036호)
주소 경기도 파주시 문발로 197(문발동) 우편번호 10881
전화 마케팅부 031)955-3100, 편집부 031)955-3200 | 팩스 031)955-3111

값은 뒤표지에 있습니다.
ISBN 978-89-349-1976-6 03330

홈페이지 www.gimmyoung.com 블로그 blog.naver.com/gybook
인스타그램 instagram.com/gimmyoung 이메일 bestbook@gimmyoung.com

좋은 독자가 좋은 책을 만듭니다.
김영사는 독자 여러분의 의견에 항상 귀 기울이고 있습니다.

잭 허시와 앤 허시, 질 허시 엘리엘과 존 엘리엘,
조이스 허시 맥도웰, 딕(1929~2003) 허시와 마기 허시,
그리고 그들의 몬태나 동료들,
즉 몬태나의 드넓은 하늘을 지킨 사람들에게 이 책을 바친다.

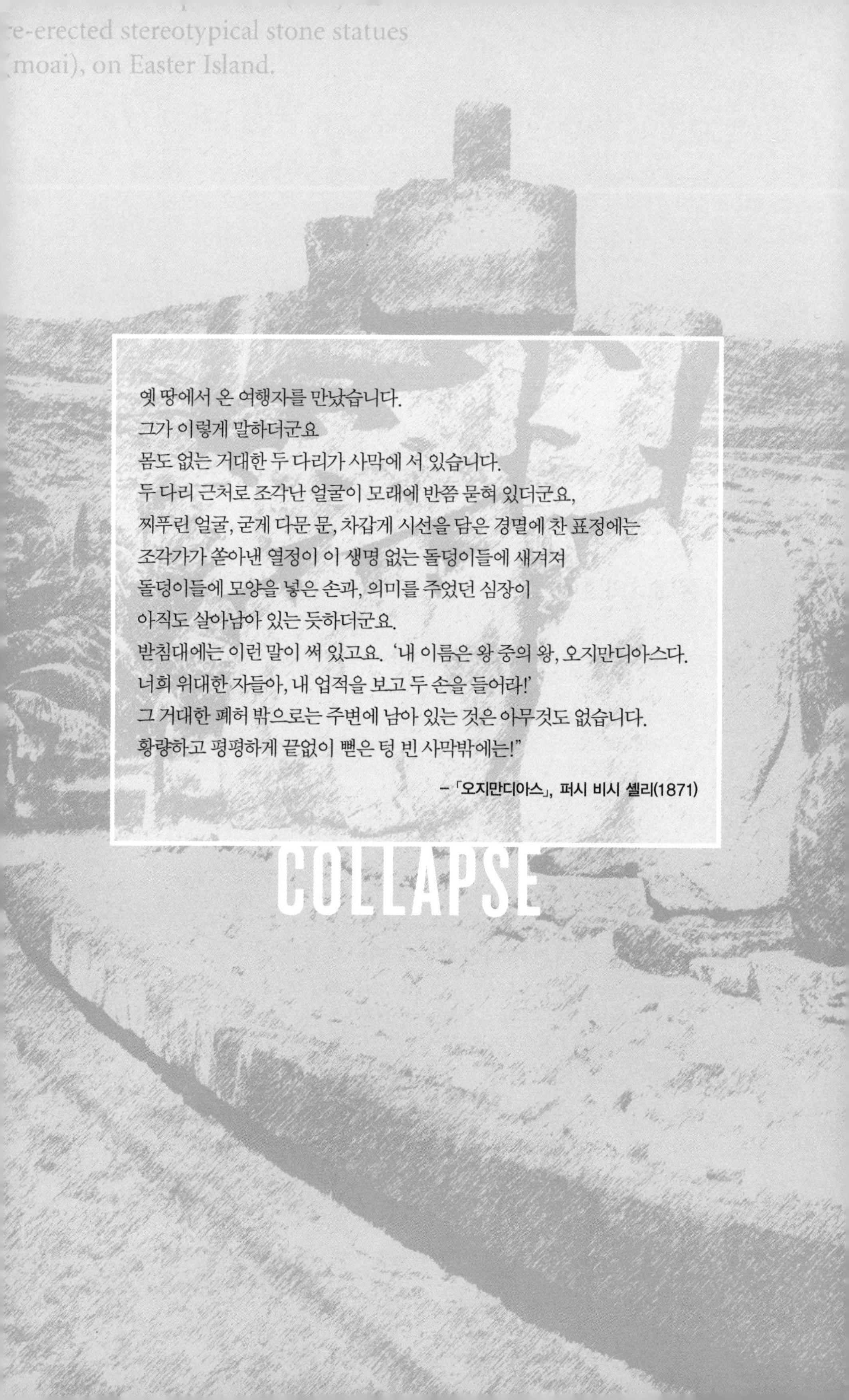

re-erected stereotypical stone statues (moai), on Easter Island.

옛 땅에서 온 여행자를 만났습니다.
그가 이렇게 말하더군요
몸도 없는 거대한 두 다리가 사막에 서 있습니다.
두 다리 근처로 조각난 얼굴이 모래에 반쯤 묻혀 있더군요,
찌푸린 얼굴, 굳게 다문 문, 차갑게 시선을 담은 경멸에 찬 표정에는
조각가가 쏟아낸 열정이 이 생명 없는 돌덩이들에 새겨져
돌덩이들에 모양을 넣은 손과, 의미를 주었던 심장이
아직도 살아남아 있는 듯하더군요.
받침대에는 이런 말이 써 있고요. '내 이름은 왕 중의 왕, 오지만디아스다.
너희 위대한 자들아, 내 업적을 보고 두 손을 들어라!'
그 거대한 폐허 밖으로는 주변에 남아 있는 것은 아무것도 없습니다.
황량하고 평평하게 끝없이 뻗은 텅 빈 사막밖에는!"

– 「오지만디아스」, 퍼시 비시 셸리(1871)

COLLAPSE

| 차례 | C O L L A P S E

3_ 현대 사회의 위기

4_ 지구의 미래를 위하여

| 프롤로그 |

두 목장 이야기

한 사회의 성공과 실패

몇 년 전 여름, 나는 두 곳의 목장을 방문했다. 헐스(Huls) 목장과 가르다르(Gardar) 목장이었다. 수천 킬로미터에 달하는 공간적 차이에도 불구하고 두 목장의 장점과 약점은 놀라울 정도로 유사했다. 두 곳은 주변 지역의 다른 목장들에 비해서 훨씬 넓고 풍요로웠으며 기술적으로도 월등한 농장이었다. 특히 최첨단 시설의 축사와 집유장까지 갖추고 있었다. 칸막이를 마주 보게 설치한 깔끔한 축사는 그 지역의 다른 축사들에 비해 월등히 넓고 쾌적했다. 젖소들이 여름에는 넓은 초지에서 마음껏 풀을 뜯었고, 인부들은 늦여름이면 겨우내 젖소들을 먹일 건초를 마련했다. 또한 들판에 관개 시설까지 갖춰 꼴과 건초의 생산량을 늘렸다. 두 목장의 면적은 수 헥타르로 비슷했지만 축사의 규모 면에서 헐스 목장(200두)이 가르다르 목장(160두)에 비해 약간 넓었다. 목장 주인들의 신앙심은 깊었다. 또한 두 목장의 주변 경관은 무척 아름다웠다. 만년설로 덮인 산들이 배경을 이루었고, 물고기들이 뛰어노는 맑은 계곡은 강(헐스 목장)과 피오르드(가르다르 목장)로 이어졌다. 때문에 먼 곳에서도 그곳을 찾는 관광객들이 많았다.

두 목장은 이런 장점을 지녔던 반면에 똑같은 약점을 안고 있었다. 둘 모두 낙농을 하기에는 경제적으로 불리한 북쪽에 위치하고 있었다. 위도가 높다는 것은 꼴과 건초를 생산할 수 있는 여름이 짧다는 뜻이었다. 위도가 낮은 지역에 위치한 목장에 비해서 기후적으로 불리했기 때문에 두 목장은 기후 변화에 민감할 수밖에 없었다. 특히 헐스 목장에서는 가뭄, 가르다르 목장에서는 냉해가 초미의 관심사였다. 두 지역은 인구 밀집 지역에서도 멀리 떨어져 있었다. 달리 말하면 그들의 시장이 멀리 떨어져 있어, 인구 밀집 지역 주변의 목장에 비해 운송 비용과 변질의 위험에서 상대적으로 불리했다. 또한 두 목장의 운영은 주인의 능력 밖에 있는 요인들, 예컨대 고객들의 변덕과 입맛에 따라서도 크게 좌우되었다. 게다가 두 목장이 속한 지역들의 경제도 외적(外敵)의 위협 여부에 따라 부침을 거듭했다.

헐스 목장과 가르다르 목장의 가장 큰 차이는 현재의 사정이다. 다섯 형제 부부가 미서부 몬태나 주 비터루트밸리에서 운영하는 헐스 목장은 지금도 활기찬 모습을 띠고 있으며, 헐스 목장이 소재한 라발리카운티는 미국에서 가장 인구 성장률이 높은 지역 중 하나이다. 헐스 목장의 공동 소유주인 팀, 트루디, 댄 헐스 형제의 안내로 나는 첨단 시설을 갖춘 축사를 둘러볼 수 있었다. 그리고 그들은 내게 몬태나 지역 낙농업의 흥망성쇠를 끈기 있게 설명해주었다. 미국, 특히 헐스 목장이 가까운 미래에 붕괴될 가능성은 거의 없는 듯했다. 그러나 가르다르 목장은 달랐다. 노르웨이 주교의 영지로 그린란드 남서부에 위치했던 가르다르 목장은 이미 500년 전에 버려진 상태였다. 그린란드에 정착했던 노르웨이 공동체는 완전히 붕괴되고 없었다. 수천 명에 달하던 주민들이 굶어 죽거나, 외적과의 싸움과 사회적 소요로 목숨을 잃었다. 살아남은 사람들은 다른 곳으로 이주했다. 노르웨이 사회는 그렇게 버려졌다. 가르다르 목장과 근처의 가르다르 성당을 감싸고 있는 튼튼한 돌담은 여전해서 축사의 칸막이 수를 헤아려볼 수는 있었지만 옛 가르다르의 매력과 흥망성쇠를 내게 이야기해줄 사람은 보이지 않았다. 하지만 가르다르 목장과 노르웨이령 그린란드가 전성기를 누릴 때, 오늘날 헐스 목장과 미국의 붕괴를 걱정하는 사람이 없듯이 그들의 몰락을 예견하는 사람은 없었다.

이쯤에서 내 입장을 분명히 해둬야겠다. 헐스 목장과 가르다르 목장을 비교한다고 해서 헐스 목장과 미국 사회도 필연적으로 붕괴될 것이라 주장하는 것은 아니다. 현재로서는 정반대이다. 헐스 목장은 나날이 발전하고 있어 인근 목장들이 앞다퉈서 그들의 첨단 기술을 배우고 받아들이며, 미국은 세계에서 가장 강력한 힘을 지닌 나라가 아닌가! 그렇다고 일반적인 목장과 사회가 언젠가는 붕괴되게 마련이라 주장하는 것도 아니다. 물론 가르다르처럼 붕괴된 목장도 있었지만 수천 년의 역사에서 꿋꿋하게 살아남은 목장도 적지 않다. 그러나 수천 킬로미터의 공간을 사이에 두었지만 내가 같은 해 여름에 방문했던 헐스 목장과 가르다르 목장은 "오늘날 가장 풍요를 누리며 첨단 기술을 향유하는 사회가 직면하고 있는 환경 및 경제 문제를 결코 과소평가해서는 안 된다"라는 사실을 절실히 깨닫게 해주었다. 오늘날 우리가 당면하고 있는 많은 문제가 가르다르 목장과 노르웨이령 그린란드를 황폐화시킨 문제와 무척 유사하다. 또한 과거의 많은 사회가 해결하려고 노력했던 문제들과도 유사한 면이 없지 않다. 노르웨이령 그린란드처럼 해결책을 찾지 못하고 붕괴된 사회가 있었던 반면에 일본이나 티코피아처럼 성공한 사회도 있었다. 우리는 성공의 길을 걷기 위해서 과거에서 많은 교훈을 배울 수 있다.

붕괴, 과거와 현재

노르웨이령 그린란드는 붕괴해서 사라진 과거의 많은 사회 중 하나일 뿐이다. 셸리(Percy Bysshe Shelley)가 자신의 시 「오지만디아스」에서 상상했던 기념물만을 남겨놓고 폐허로 변했다. 여기에서 나는 붕괴

(collapse)를 "상당히 넓은 지역에서 오랜 시간 동안 일어난 인구 규모, 정치 · 사회 · 경제 현상의 급격한 감소"라는 뜻으로 사용하려 한다. 따라서 붕괴 현상은 일반적인 쇠락의 극단적인 형태로, 한 사회의 쇠락이 얼마나 철저해야 붕괴라 할 수 있느냐의 판단 기준은 자의적일 수밖에 없다. 국운의 정상적인 흥망성쇠, 즉 한 사회의 정치 · 경제 · 사회적 변화는 일반적인 쇠락의 한 형태이다. 예컨대 이웃 민족에게 정복당하면 이웃 민족이 흥하게 마련이다. 하지만 전체 지역에서 인구의 변화와 지리적 변화는 없이 기존의 지배계급이 전복되고 교체된 것에 불과하다. 이런 기준에서 본다면 미국의 아나사지와 카호키아, 중앙 아메리카 마야의 도시들, 남아메리카의 모체와 티아우아나코, 그리스의 미케네와 크레타의 미노스, 아프리카의 그레이트짐바브웨, 아시아의 앙코르와트와 인더스 계곡의 하라파, 그리고 남태평양의 이스터 섬에서 번영했던 사회들은 단순한 쇠락이 아니라 완전한 붕괴를 맞은 사회들이라 할 수 있다(지도 참조).

이런 과거 사회들이 남긴 유적은 우리에게 낭만적인 환상을 불러일으킨다. 어린 시절 우리는 사진을 통해 그 유적들을 보면서 그들의 문명에 감탄을 금치 못했다. 이제 어른이 된 우리는 그곳을 직접 체험해 볼 생각으로 여행 계획을 세운다. 그들이 남긴 아름답고 찬란한 유산에 마음을 빼앗기지만 궁금증에 휩싸이기도 한다. 유적의 규모에서 그 문명을 세운 사람들의 풍요와 힘이 짐작된다. 셸리의 표현을 빌리면, 마치 그들이 살아서 우리에게 "너희 위대한 자들아, 내 업적을 보고 두 손을 들어라!"라고 외치는 듯하다. 하지만 그들은 사라졌다. 그들이 창조해낸 위대한 구조물만을 남겨놓고서! 한때 그처럼 위용을 자랑하던 사회가 어떻게 붕괴라는 종말을 맞았을까? 그곳에 살던 사람들은 어떻게 되었을까? 어디론가 이주했을까? 그랬다면 왜 이주해야만 했을까? 아니면 그 땅과 운명을 같이했을까? 그런데 이런 낭만적 미스터리 뒤에는 '언젠가 우리도 이런 운명을 맞지 않을까? 오늘 우리가 정글에 감

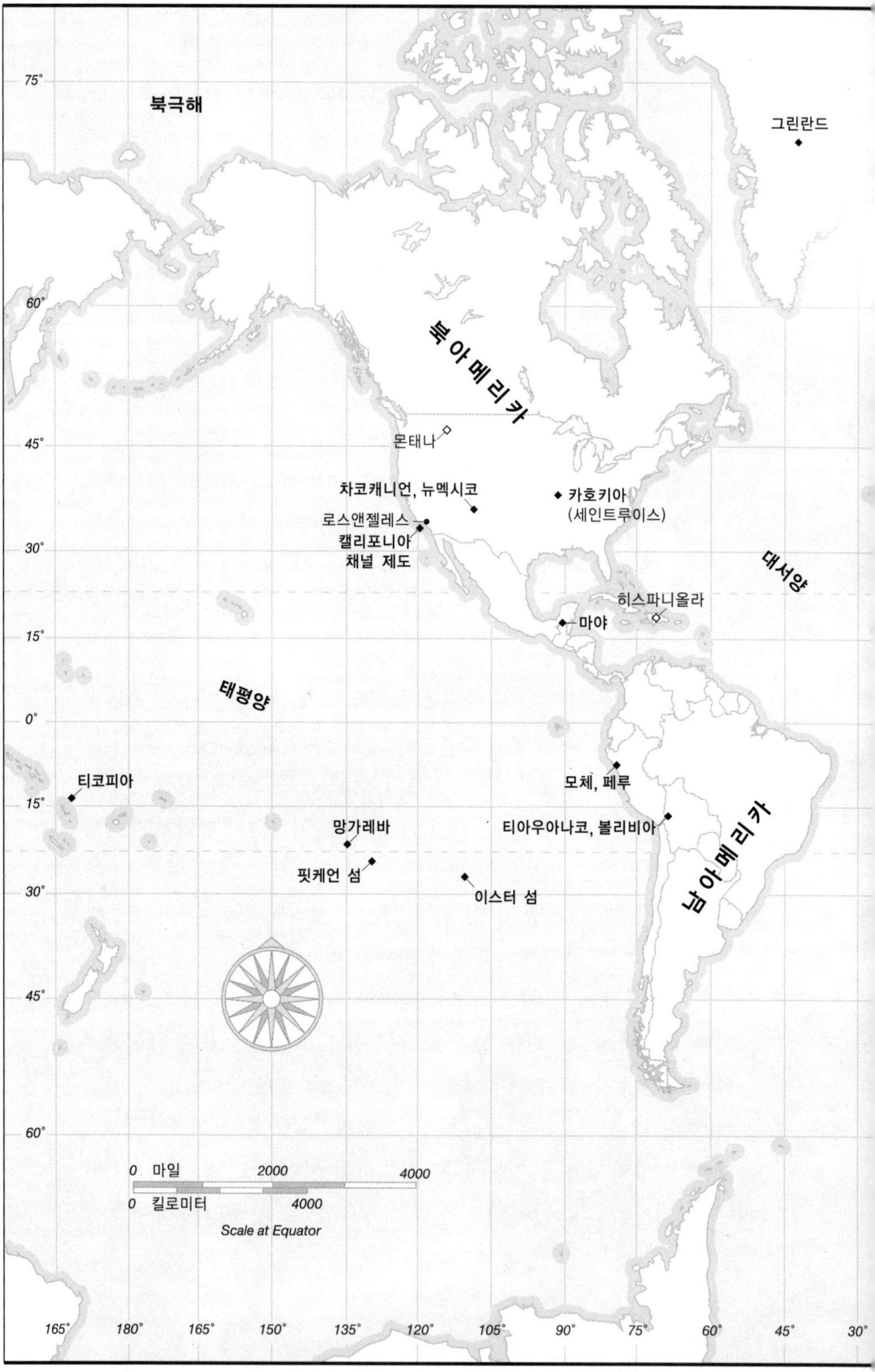

75°
북극해
그린란드
60°
북아메리카
45°
몬태나
차코캐니언, 뉴멕시코
카호키아
(세인트루이스)
로스앤젤레스
캘리포니아
채널 제도
30°
대서양
히스파니올라
마야
15°
태평양
0°
티코피아
모체, 페루
15°
망가레바
티아우아나코, 볼리비아
남아메리카
핏케언 섬
이스터 섬
30°
45°
60°
0 마일 2000 4000
0 킬로미터 4000
Scale at Equator
165°
180°
165°
150°
135°
120°
105°
90°
75°
60°
45°
30°

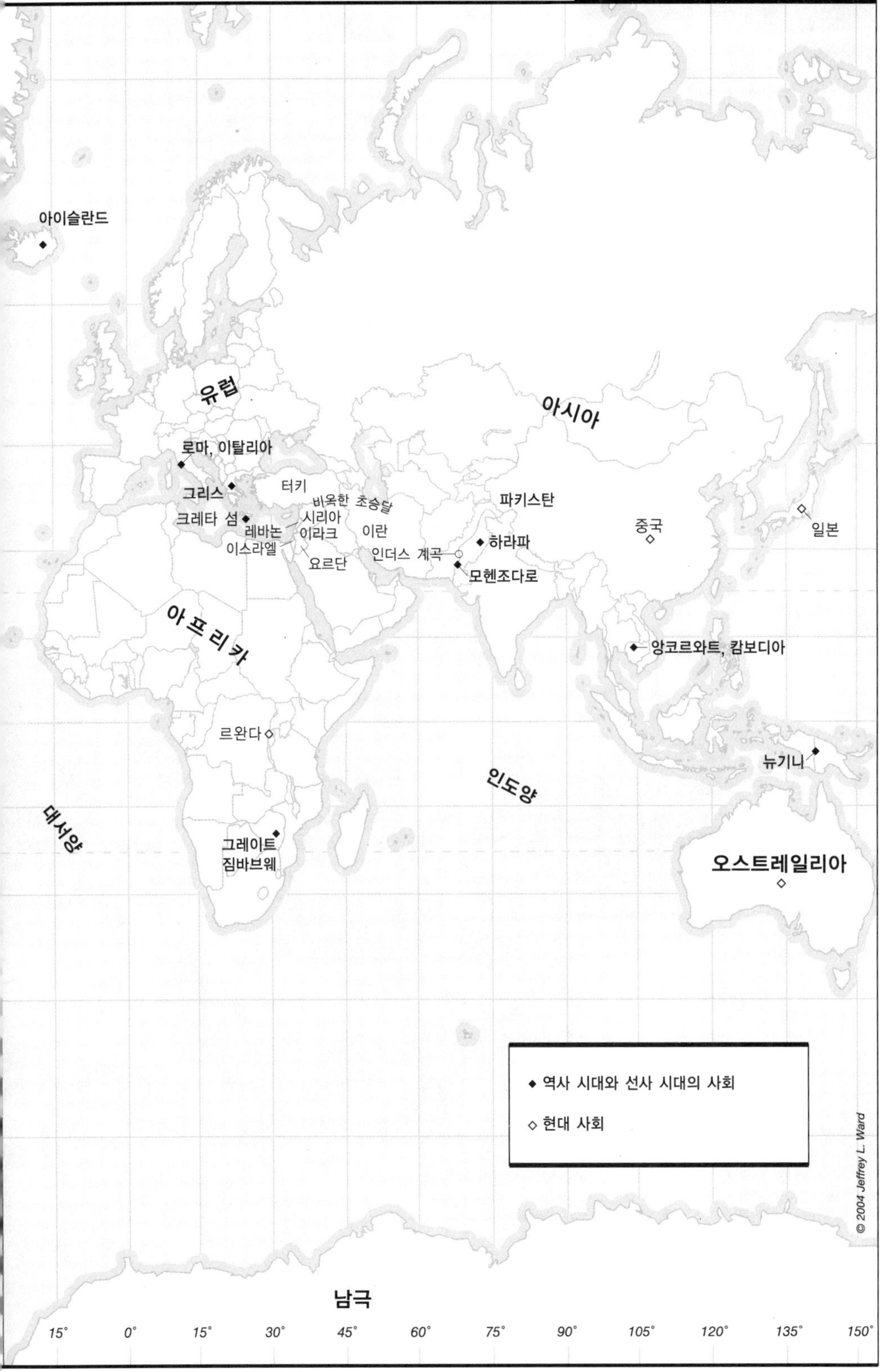

아이슬란드
유럽
아시아
로마, 이탈리아
그리스
터키
비옥한 초승달
크레타 섬
시리아
레바논
이라크
이란
이스라엘
요르단
인더스 계곡
파키스탄
하라파
모헨조다로
중국
일본
아프리카
앙코르와트, 캄보디아
르완다
뉴기니
인도양
대서양
그레이트 짐바브웨
오스트레일리아
역사 시대와 선사 시대의 사회
현대 사회
© 2004 Jeffrey L. Ward
남극
15°
0°
15°
30°
45°
60°
75°
90°
105°
120°
135°
150°

추어진 마야 도시들의 유적을 보듯이 미래의 관광객들이 뼈대만 앙상히 남은 뉴욕의 마천루를 지켜보는 것은 아닐까?' 라는 불안감이 도사리고 있는 것은 아닐까?

오래전부터, 이런 사회들이 생태적인 문제로 몰락했으리란 의혹이 있기는 하다. 즉 인간이 무모하게 환경을 파괴해 몰락했으리라는 주장이 있었다. 실제로 지난 수십 년 동안 고고학자, 기후학자, 역사학자, 고생물학자, 화분(花粉)학자가 찾아낸 증거들은 이런 의도하지 않은 생태 자살설(ecological suicide), 즉 환경 파괴설을 뒷받침해준다. 과거의 사회들이 환경을 파괴하면서 자초한 자살 과정은 8가지 유형으로 나누어진다. 삼림 파괴와 서식지 파괴, 토양 문제(침식, 염화, 토질 비옥도의 저하), 물 관리 문제, 지나친 사냥, 과도한 고기잡이, 외래종이 토착종(種)에 미친 영향, 인구 폭발, 사람의 영향 등이다. 물론 각 유형의 상대적 중요성은 사회마다 다르다.

과거 사회의 붕괴는 약간의 차이가 있지만 큰 줄기에서는 유사한 과정을 밟은 듯하다. 인구 폭발로 관개 시설, 이모작, 계단식 밭 등 농산물 생산을 늘리기 위한 집약적인 수단을 동원해야 했고, 처음 선택한 우량한 땅에서 주변의 땅까지 농지를 확대해야 했다. 점점 늘어나는 굶주린 배들을 채워주려면 어쩔 수 없는 선택이었다. 이처럼 지속 불가능한 수단의 동원으로 앞에서 언급한 8가지 유형 중 하나 이상으로 인한 환경 피해가 뒤따랐고, 그 결과로 주변에 개발한 농지가 다시 버려졌다. 식량 부족과 굶주림, 부족한 자원을 두고 다툰 민족들 간의 전쟁, 환멸을 느낀 민중의 모반 등이 사회에 큰 충격을 던졌다. 결국 기아, 전쟁, 질병 등으로 인구가 줄어들었다. 대신 사회는 정치 · 경제 · 문화의 다양성에서 전성기 때의 힘을 상실했다. 학자들은 탄생과 성장, 전성기, 쇠락과 소멸이란 과정에서 인간 사회와 개인의 삶이 무척 유사하다며, 우리 대부분이 겪는 전성 시절에서 죽음에 이르는 긴 쇠락 시기가 사회에도 그대로 적용될 수 있으리라 가정한다. 그러나 이런 비유가 과

거의 많은 사회에는 적용되지 않는다. 특히 소련의 몰락을 생각해보면 충분하다. 과거 사회들은 인구 수와 힘에서 정점에 이른 후 급속히 기울어졌다. 이런 급속한 몰락은 주민들에게 충격이었을 것이다. 최악의 경우에는 사회의 모든 구성원이 죽거나 다른 보금자리를 찾아 떠났다. 하지만 과거의 모든 사회가 이런 비극적인 과정을 거쳐 소멸된 것은 아니다. 많은 사회가 붕괴하지 않았을 뿐만 아니라 붕괴된 사회라도 그 정도가 달랐고 과정이 약간씩 달랐다.

오늘날 이런 붕괴의 가능성에 대한 염려가 점점 커지고 있다. 사실 소말리아와 르완다를 비롯해 제3세계의 일부 지역에서는 이미 붕괴의 조짐이 구체적으로 나타나고 있다. 핵전쟁이나 새로운 질병보다 환경파괴(ecocide)가 세계 문명에 더 큰 위협 요인이라고 걱정하는 사람이 많다. 오늘날 우리가 당면한 환경 문제에는 과거 사회를 붕괴시킨 8가지 유형뿐만 아니라 네 가지가 새롭게 더해졌다. 인간으로 인해 야기된 기후 변화, 자연환경에 축적된 유해 화학 물질, 에너지 부족, 그리고 지구의 광합성 역량을 극한까지 사용하려는 인간의 욕심이다. 12가지 위협 요인 중 대부분이 다음 몇 세대 안에 전 지구를 중대한 위험에 빠뜨릴 것이란 주장이 적지 않다. 그런 위험이 닥치기 전에 우리는 환경 문제를 해결해야 한다. 그렇지 않으면 환경 문제로 소말리아뿐만 아니라 제1세계까지 붕괴될 것이다. 인간의 절멸이나 산업 사회의 파국적인 붕괴로 이어질 최후의 심판에 생활 수준은 급격히 떨어지고, 고질적인 위험이 어디에나 상존하며, 우리가 소중하게 생각하는 핵심적 가치도 나락으로 떨어지고 말 것이다. 환경 자원의 고갈로 인해 이런 붕괴는 전세계를 휩쓰는 질병, 전쟁 등 다양한 형태로 나타날 것이다. 이런 추론이 맞다면 오늘의 결심이 지금 어린 세대와 청소년 세대가 중년이나 장년에 맞을 세계의 상태를 결정할 것이다.

다행히 환경 문제의 심각성이 오늘날 활발하게 토론되고 있다. 환경의 위협이 지나치게 과장된 것은 아닐까, 거꾸로 경시되고 있는 것은 아닐까? 과거에는 돌연장과 나무연장을 사용하던 수백만의 인구로도 환경이 국지적으로 파괴되었는데, 파괴적인 테크놀로지로 무장하고 거의 70억에 가까운 인구가 살고 있는 오늘날에는 환경이 전 지구적으로 더 빠른 속도로 파괴되어가는 것은 아닐까? 현대 테크놀로지가 이 문제를 해결할 수 있을까, 아니 해결하기는커녕 새로운 문제를 야기할 수도 있지 않을까? 예컨대 나무, 원유, 바다의 어류 중 하나의 자원이라도 고갈되면 플라스틱, 풍력과 태양 에너지, 양식 어류 등 새로운 자원으로 대체할 수 있을까? 우리가 감당할 수 있는 수준으로 세계 인구가 이미 안정되는 추세를 보이고 있듯이 인구 성장률이 줄어들지는 않을까?

이런 의문들에서, 과거 문명의 붕괴가 단순한 낭만적인 미스터리를 넘어서 우리에게 중요한 의미를 갖기 시작한 이유가 설명된다. 과거 사회들의 붕괴에서 우리는 중요한 교훈을 배웠다. 또한 붕괴한 사회가 있었던 반면에 꿋꿋하게 살아남은 사회도 있다. 붕괴한 사회들은 어떤 취약점을 갖고 있었을까? 더 정확히 말해서, 과거 사회는 어떤 식으로 환경 파괴를 저질렀을까? 이제 와서 돌이켜보면 너무나 자명했던 파괴 과정을 그들이 깨닫지 못한 이유는 무엇이었을까? 반면 과거에 성공했던 해결책은 무엇이었을까? 이런 의문에 답을 구할 수 있다면 우리는 지금 어떤 사회가 가장 위험하고, 소말리아와 같은 붕괴가 더 이상 확대되는 것을 막기 위해서 그 사회에 어떤 조치를 취해야 하는지 알아낼 수 있을 것이다.

그러나 현대 세계와 지금의 문제, 그리고 과거 사회와 당시의 문제가 똑같을 수는 없다. 엄연한 차이가 있다. 과거를 연구하면 손쉽게 해결책을 찾아내서 오늘날의 사회에 곧바로 적용할 수 있으리라고 순진하게 생각해서는 안 된다. 우리는 그들보다 여러 면에서 유리하다. 예컨대 순기능을 갖는 첨단 테크놀로지와 세계화, 현대 의학, 그리고 그들에게는 없었던 풍부한 지식이 우리에게는 있다. 반면에 어떤 면에서 우리는 그들보다 더 위험하기도 하다. 예컨대 의도와 달리 파괴적인 결과를 낳을 수 있는 강력한 테크놀로지, 멀리 떨어진 소말리아의 붕괴가 미국과 유럽에도 영향을 미칠 정도로 확산된 세계화, 생존을 위해 현대 의학에 매달리는 수백만, 아니 수십 억의 사람들, 그리고 엄청난 인구로 우리는 당시보다 더 위험할 수 있다. 따라서 과거에서 교훈을 얻을 수는 있지만 우리는 그 교훈을 신중하게 받아들여야 한다.

사라진 에덴?

과거 사회의 붕괴 원인을 추적하다 보면 필연적으로 하나의 논쟁거리와 네 가지 복합적인 문제에 부딪히게 된다. 논쟁거리는 과거 사람들이 자멸의 길을 자초했다는 생각에 대한 반감에서 비롯된다(그런데 그들 중 일부는 아직도 살아서 목소리를 내는 사람들의 조상으로 알려져 있다). 우리가 수십 년 전에 비해 환경을 크게 의식하는 것은 사실이다. 호텔 객실의 '주의 사항'까지도 새 수건을 요구하거나 물을 그냥 흘려보내면 죄책감을 느끼게 하면서 환경 사랑을 되새기게 만든다. 이제 환경을 훼손하는 행위는 도덕적 범죄처럼 여겨지는 실정이다.

하와이 원주민들과 뉴질랜드의 마오리인들은 고생물학자들을 달갑게 생각하지 않는다. 마오리인들의 조상이 하와이와 뉴질랜드에 서식하던 조류의 절반을 멸종시켰다고 고생물학자들이 주장하기 때문이다. 물론 아메리카 원주민들도 아나사지인이 미국 남서부 일대의 삼림을 파괴했다고 주장하는 고생물학자들을 좋아하지 않는다. 고생물학자와 고고학자의 이런 주장은 인종차별주의자들에게 반갑게 들릴지도 모르겠다. 백인들이 원주민들을 고향에서 쫓아낸 핑곗거리가 될 수도 있으니 말이다. 과학자들이 원주민들에게 "당신들 조상이 이 땅을 잘못 관리해서 빼앗긴 거요!"라고 대신 말해주는 것처럼 말이다. 실제로 미국과 오스트레일리아의 일부 백인들은 정부가 원주민들에게 땅값을 보상해주고 땅을 반환하는 것에 분노하며, 고생물학자들의 주장을 근거로 오늘날 뜨거운 논쟁을 제기하고 있다. 하지만 원주민들은 물론이고, 그들을 연구하며 그들에게 동조하는 일부 고생물학자와 고고학자는 이런 주장을 인종차별적 편견이라 생각한다.

원주민과 인류학자 중에는 정반대의 의견을 주장하는 사람들도 있다. 그들의 주장에 따르면, 지금까지 생존하는 원주민들이 그렇듯이 과거 원주민들도 환경을 존중하고 생태적으로 지혜로운 삶을 살았다. 원주민들은 자연을 존중했고 지상의 에덴동산에서 자연과 더불어 살면서, 자연에 어떤 해도 끼치지 않았다는 주장이다. 뉴기니의 한 사냥꾼은 "나는 우리 마을에서 한 방향으로 총구를 겨누고 커다란 비둘기를 기다린다. 1주일을 끈질기게 기다려서 한 마리를 잡는다. 그런 다음에야 나는 총구를 다른 방향으로 돌린다"라고 내게 말했다. 결국 자연을 너무 모르는 제1세계의 악한 사람들이 환경을 존중하지 않으며 환경을 파괴한다는 주장이다.

이 논쟁의 양 끝에 있는 사람들, 즉 인종차별주의자와 에덴의 향수에 젖은 사람들 모두가 과거의 원주민들을 제1세계의 현대인과 근본적으로 다르다고 생각하는 오류를 범하고 있다. 5만 년 전에 나타난 호모 사피엔스가 새로운 발명품으로 노동의 효율성을 높이고 사냥 기술을 향상시키면서부터 환경 자원을 지속 가능하게 관리하기란 사실상 어려웠다. 오스트레일리아 대륙은 4만 6,000년 전에 인간의 정착이 시작되었다. 그 후 오스트레일리아에서는 대형 유대류(有袋類, 캥거루와 같은 짐승: 옮긴이)를 비롯해 몸집이 큰 동물들이 급속히 멸종되었다. 이처럼 오스트레일리아, 북아메리카, 남아메리카, 마다가스카르, 지중해의 섬들, 하와이와 뉴질랜드, 그리고 남태평양의 무수한 섬들 등 인간의 흔적이 없었던 땅에 인간이 정착하면서 대형 동물들이 예외 없이 멸종당하는 비극을 맞았다. 인간에 대한 두려움이 없어 쉽게 사냥감이 되기도 했지만 인간에 따른 서식 환경의 변화에 적응하지 못한 탓이기도 했다. 어떤 종족이나 환경 자원의 남용이란 덫에 빠질 수 있다. 그 원인은 뒤에서 자세히 살펴보겠지만 대략 다음과 같은 이유 때문이다. 자원이 처음에는 영원히 고갈되지 않을 것처럼 보이고, 고갈 징조가 수년 혹은 수십 년마다 찾아오는 정상적인 변동과 잘 구분되지 않으며, 공유한 자원을 거둘 때 사람들을 자제시키기가 어렵고(뒤에서 다시 보겠지만 '공유의 비극'이란 것이다), 생태계가 본원적으로 복잡해서 생태 전문가조차 인간으로 인해 발생된 교란의 결과를 예측하기가 거의 불가능하기 때문이다. 환경을 오늘날에도 관리하기 어려운데 과거에는 훨씬 더 어려웠을 것이다. 특히 교육을 받지 못하고 사회적 붕괴의 사례 연구를 읽어보지도 못했을 옛사람들은 생태계의 손상에서 도덕적 죄의식이나 양심의 가책을 느끼지 못했을 것이다. 오히려 그들은 최선을 다해 노력했는데 예기치 못하게 닥친 비극적 결과라 생각했을 가능성이 크다. 그런데도 마야처럼 결국 붕괴로 종말을 맞은 사회들은 당시에 가장 창의적이고 발전된 문명을 누렸던 사회였다. 결코 무지하고 원시적인 사회가 아니었다.

옛사람들은 무지하지 않았다. 백인들에게 대량학살을 당하고 땅을 빼앗길 만큼 주변 환경을 잘못 관리하지도 않았다. 물론 오늘날에도 해결할 수 없는 문제들을 척척 해결했던 전지전능하고 양심적인 환경보호론자도 아니었다. 그들은 우리와 같은 사람이었고, 지금 우리가 당면하고 있는 문제와 유사한 문제를 겪은 사람들이었다. 그들도 우리처럼 상황에 따라 성공의 즐거움을 맛보거나 실패의 쓴잔을 마셨다. 물론 우리가 당면한 현재 상황과 그들에게 닥친 상황 사이에는 차이가 있겠지만, 우리가 과거에서 교훈을 얻을 수 있기에 충분히 유사한 상황도 있었다.

어쨌든 옛사람들의 행동을 변명해주려는 방향에서 환경에 대한 그들의 입장을 가정하는 것은 잘못이고 위험한 듯하다. 많은 경우, 혹은 대부분의 경우에서 역사학자와 고고학자는 이런 가정(즉, 에덴을 염원한 환경보호주의)이 잘못이란 증거를 엄청나게 찾아냈다. 이런 가정이 원주민들을 공정하게 대하려는 충정(衷情)인 것은 이해하지만, 이런 가정이 틀리다면 그들을 학대해도 괜찮다는 뜻으로도 해석될 위험이 없지 않다. 원주민을 업신여기고 학대해서 안 될 이유는 환경에 대한 그들의 태도에서 찾아야 할 것이 아니라, 오히려 도덕적 원리에서 찾는 편이 훨씬 낫다. 다른 종족을 정복해서 무자비하게 학살하고 고향에서 쫓아내는 짓은 도덕적으로 결코 용서받을 수 없는 행위이기 때문이다.

붕괴의 다섯 가지 요인

지금까지 과거에 있었던 생태적 붕괴에 대한 논쟁을 살펴보았다. 이번에는 붕괴에 관계된 복합적인 문제들을 살펴보자. 물론 모든 사회가 환경 파괴로 붕괴되는 것은 아니다. 과거에도 마찬가지였다. 따라서 진짜 문제는 "왜 일부 사회만이 붕괴되었느냐? 붕괴된 사회와 붕괴되지 않은 사회는 어떤 점에서 달랐느냐?"라는 것이다. 내가 뒤에서 다룰 사회들, 예컨대 아이슬란드와 티코피아는 극단적으로 어려운 환경 문제를 성공적으로 해결했고, 덕분에 오랫동안 존속할 수 있었으며 오늘날에도 여전히 꿋꿋하게 살아가고 있다. 아이슬란드에 정착한 노르웨이인들은 겉보기에는 노르웨이의 환경과 비슷하지만 실제로는 무척 다른 환경과 처음 맞닥뜨렸을 때 아이슬란드의 표토와 숲을 무모하게 파괴했다. 그 때문에 아이슬란드는 오랫동안 유럽에서 가장 가난하고 생태적으로 황폐한 나라였다. 그러나 아이슬란드 사람들은 과거의 경험에서 교훈을 얻었고, 환경 보호를 위해 엄격한 정책을 도입했다. 덕분에 이제 아이슬란드는 세계에서 1인당 국민소득이 가장 높은 나라 중 하나가 되었다. 한편 티코피아는 바다 한가운데 외따로 떨어진 섬이다. 따라서 섬사람들은 거의 모든 것을 자급자족해야 했다. 그러나 그들은 자원을 세밀하게 관리했고 인구 규모를 적절한 선에서 조절하는 데 심혈을 기울인 덕분에, 인간이 정착한 지 3,000년이 지난 지금까지도 티코피아는 비옥한 땅으로 남아 있다. 따라서 이 책은 우울한 실패의 이야기로만 꾸며진 책이 아니다. 우리에게 희망을 안겨주는 성공담, 우리가 본받아야 할 성공담도 적지 않다.

한 사회가 전적으로 환경 파괴로 인해 붕괴하는 것만은 아니다. 다른 요인들도 있다. 이 책을 처음 기획했을 때는 나는 그런 복합적 요인들을 크게 고려하지 않았다. 환경 파괴에 대한 경각심을 불러일으켜주는 책이면 충분하다고 순진하게 생각했다. 하지만 나는 환경에 따른 붕괴를 정확히 이해하려면 반드시 고려해야 할 다섯 가지 요인을 찾아냈다. 그중 네 가지, 즉 환경 파괴, 기후 변화, 적대적인 이웃, 그리고 우호적인 무역국은 한 사회의 운명에 중대한 영향을 미칠 수도 있지만 그렇지 않을 수도 있다. 그러나 다섯 번째 요인, 즉 환경 문제에 대한 사회의 대응은 언제나 중요한 의미를 갖는다. 다섯 가지 요인을 하나씩 살펴보자. 그 순서에 특별한 의미는 없다. 그저 편의상의 순서일 뿐이다.

첫 번째 요인은 앞에서 이미 언급했듯이 사람들이 환경에 무모하게 가하는 피해이다. 그 피해의 크기와 복원 가능성은 사람들의 소유욕(예컨대, 연간 에이커당 몇 그루의 나무를 베는가?), 환경의 속성(에이커당 얼마나 많은 묘목이 발아하고, 묘목이 연간 얼마나 많이 자라느냐 등을 결정하는 속성)에 따라 달라진다. 환경의 속성은 취약성(피해를 입을 가능성)이나 복원력(피해로부터 회복할 가능성)을 가리킨다. 그런데 한 지역의 숲, 토양, 어류의 개체군 등의 취약성이나 복원력은 별개로 다루어질 수 있다. 따라서 어떤 사회가 환경적 붕괴를 겪은 이유에는 원칙적으로 주민의 무분별한 행위 이외에 그 사회가 지닌 환경적인 면의 특별한 취약성이 포함되지만 복원력까지 포함될 수도 있다.

다음으로 고려해야 할 요인은 기후 변화이다. 인간으로 인해 야기된 지구 온난화와 관계가 있는 것으로 여겨진다. 실제로 기후는 점점 더워지거나 추워질 수 있고, 습해지거나 건조해질 수 있다. 하여간 인간의 행위와는 아무런 관계도 없는 자연력의 변화 때문에 기후는 몇 달, 혹은 몇 년을 주기로 변덕을 부릴 수 있다. 태양열의 온도 변화, 화산재를 대기에 뿜어내는 화산 폭발, 지축과 궤도의 변화, 지구 표면을 덮은 육지와 바다의 분포 변화 등에 따라서도 기후는 변한다. 자연적인 기후 변화의 사례에서 흔히 언급되는 예는 200만 년 전에 시작된 빙하기, 정확히 말해서 기원후 1400년부터 1800년까지 계속된 소빙기(小氷期, Little Ice Age)에 형성된 얼음판의 이동, 그리고 1815년 4월 5일 인도네시아의 탐보라 화산이 거대한 폭발을 일으킨 후에 찾아온 저온 현상이다. 탐보라 화산의 폭발로 엄청난 화산재가 상층 대기로 치솟아, 지표에 이르는 햇살의 양이 크게 줄어들면서 저온 현상이 닥쳤다. 그로 인해 1816년('여름을 잃은 해')의 여름에 곡물 생산량이 크게 줄어들면서 북아메리카와 유럽까지 기아로 몸살을 앓았다.

인간의 평균 수명이 짧았고, 오늘날처럼 문자가 보편화되지 않았던 과거 사회에서 기후 변화는 훨씬 심각한 문제를 야기했다. 많은 지역에서 기후는 연간 단위가 아니라 수십 년의 주기로 변하는 경향을 띠기 때문이다. 예컨대 강우량이 수십 년 동안 계속해서 평균보다 많다가도 가뭄이 반세기 동안 계속되는 경우가 있었다. 선사 시대의 인간 사회에서, 부모의 출생에서 자식의 출생까지의 평균 햇수는 수십 년에 불과했다. 따라서 수십 년간 계속되던 습한 기후가 끝날 쯤에는 그 전에 닥친 건조한 기후를 직접 체험한 사람이 거의 남아 있지 않았다. 오늘날에도 좋은 기후가 계속되는 수십 년 동안에 생산이 늘고 인구가 증가하는 경향을 띤다. 그런 기후가 영원히 계속되지는 않는다는 과거의 경험을 깨끗이 망각하고 사는 것이다. 따라서 그런 시기가 끝나면 사회는 늘어난 인구로 몸살을 앓고, 새로운 기후에 적합하지 않은 습성을 쉽게 떨쳐내지 못한다. 멀리 갈 것도 없다. 지금의 미국 서부를 생각하면 된다. 서부 지역이 하루가 다르게 말라가지만 도시에서나 시골에서 물을 펑펑 써대는 정책들이 여전히 남발되고 있지 않는가! 기후 변화에 따른 이런 문제들이 복합되어도 과거의 사회들은 '구난(救難)' 프로그램을 갖지 못했다. 달리 말하면 다른 기후를 가진 다른 지역에서 남는 식량을 수입해서 보충하는 프로그램이 없었다. 이런 모든 점들을 고려할 때 과

거의 사회들은 기후 변화에 속수무책으로 당할 수밖에 없었다.

자연적인 기후 변화는 인간 사회에 따라서 유리할 수도 있고 불리할 수도 있다. 달리 말하면 어떤 사회에는 혜택을 주고 어떤 사회에는 피해를 줄 수 있다. 예컨대 소빙기가 노르웨이령 그린란드에게는 흉조였지만 이누이트족의 그린란드에게는 길조였다. 많은 역사적 사례가 보여주듯이, 환경 자원이 고갈된 사회라도 기후가 좋으면 그 충격을 흡수할 수 있었다. 하지만 기후가 더 건조해지거나 습해지고, 추워지거나 더워지면 붕괴의 벼랑 끝까지 몰렸다. 그러면 인간으로 인한 환경 피해나 기후 변화가 붕괴의 원인이라고 말할 수 있을까? 그렇게 간단하게 대답할 수 있는 질문이 아니다. 하지만 한 사회가 환경 자원을 완전히 고갈시키지 않았다면 기후 변화에 따른 자원 고갈에서 살아남을 가능성이 컸다. 달리 말하면 기후 변화로 자원 고갈의 속도가 빨라지지 않는다면 스스로 자초한 자원 고갈은 그런대로 이겨낼 수 있었다. 결국 어느 한 가지 요인만으로 사회가 붕괴하는 것은 아니다. 그러나 환경 훼손과 기후 변화가 겹치면 그 결과는 거의 언제나 파국이었다.

세 번째로 고려해야 할 요인은 적대적인 이웃이다. 역사적으로 대부분의 사회는 다른 사회와 지리적으로 이웃해 살면서 일정한 접촉을 가졌다. 이웃 사회와의 관계가 항상 좋았던 것은 아니다. 간헐적으로 혹은 습관처럼 싸움을 벌였다. 강한 힘을 가진 때는 적을 견제할 수 있었지만 환경 피해 등 어떤 이유로든 힘이 약해지면 적의 침략을 받았다. 군사적 정복이 붕괴의 근인(近因)으로 여겨질 수도 있지만 붕괴로 이어진 궁극적인 요인은 그런 약화를 유발한 요인일 수 있다. 따라서 생태적 요인이나 다른 요인으로 인한 붕괴가 군사적 패배로 인해 덮여지는 수가 많다.

서로마 제국의 몰락이 가장 대표적인 예이다. 로마는 끊임없이 이민족의 침략을 받았다. 일반적으로 로마 제국은 마지막 황제가 폐위된 기원후 476년에 멸망한 것으로 기록되지만 자의적인 면이 없지 않다. 로마 제국이 설립되기 전에도 '문명화' 된 지중해 유럽의 경계 너머로 북유럽과 중앙아시아에는 '야만적' 인 이민족들이 있었고, 걸핏하면 문명화된 유럽을 침략했다. 이런 점에서는 문명국이던 인도와 중국도 마찬가지였다. 하여간 거의 1,000년 동안 로마는 이민족의 침략을 성공적으로 견제했다. 기원전 101년 튜토니인과 합세한 킴브리족의 대대적인 침략을 북이탈리아의 캄피라우디 전투에서 격퇴시킨 것이 대표적인 예이다.

그러나 숱한 전투에서 최종적인 승리를 거둔 쪽은 로마가 아니라 이민족이었다. 이처럼 운명의 축을 바꿔놓은 근본적인 이유가 무엇이었을까? 야만스런 이민족이 조직화되고 더 좋은 무기와 더 나은 종마(種馬)를 개발했기 때문일까, 여기에 중앙아시아 스텝의 기후가 유리한 방향으로 변했던 것은 아닐까? 그렇다면 야만적인 이민족이 로마 멸망의 근본적인 이유라 말할 수 있다. 아니면 이민족은 전혀 변하지 않은 채 로마 제국의 변방에서 경제 · 정치 · 환경적인 문제가 겹치면서 로마의 힘이 저절로 약해질 때까지 무작정 기다렸던 것일까? 이런 경우라면 로마의 멸망은 내부에서 원인을 찾아야 할 것이고, 이민족은 결정타를 가한 것일 뿐이다. 이 문제는 아직 결론을 보지 못한 채 지금도 논란이 거듭되고 있다. 앙코르와트를 건설한 크메르 제국의 몰락과 타이 민족의 침략, 아리아인의 침략과 인더스 계곡에서 부흥한 하라파 문명의 몰락, 그리고 '바다의 사람들' 의 침략이 미케네 문명 및 청동기 시대 지중해 사회들의 몰락에 미친 영향도 여전히 논란거리이다.

네 번째 요인은 앞의 요인과 정반대의 것, 즉 적대적인 이웃의 잦은 침략이 아니라 우호적인 이웃의 지원이 중단되거나 줄어든 경우이다. 대부분의 옛 사회에는 적대적인 이웃뿐만 아니라 우호적인 무역 상대가 있었다. 우방과 적이 하나의 동일한 사회인 경우가 많았다. 즉 이웃이 변덕을 부리면서 때로는 친구로, 때로는 적으로 변했던 것이다. 대부분의 사회는 필요한 물건을 수입하거나 문화적 연대를 공고히 하기 위해서 우호적인 이웃에 어느 정도까지 의존했다. 요즘에도 미국이 원유를 수입하고, 일본이 원유와 목재, 해산물을 수입하지 않는가. 또한 오스트레일리아가 최근까지 영국에서 문화적 정체성을 들여온 것과 같은 논리이다. 따라서 무역 상대국이 환경 재앙을 비롯해 어떤 이유로든 약해져서 기본적인 필수품이나 문화적 연대를 공급하지 못하게 되면 해당 사회도 덩달아 약해지게 마련이다. 이런 현상은 오늘날에도 흔히 볼 수 있다. 제1세계가 생태적으로 취약하고 정치적으로 불안한 제3세계 국가들의 원유에 의존하고 있는데, 산유국이 1973년에 원유 생산을 제한하면서 제1세계가 얼마나 큰 타격을 받았는가! 과거에도 노르웨이령 그린란드, 핏케언 섬 등 여러 사회에서 비슷한 문제가 있었다.

마지막 요인은 모든 사회에서 발견되는 문제로, 한 사회에 닥친 문제에 대한 주민의 반응이다. 반드시 환경 문제에만 국한해서 생각할 것은 아니다. 유사한 문제에 대해 사회마다 대처하는 방법이 제각각일 수 있다. 예컨대 과거의 많은 사회에서 삼림 파괴는 거의 공통적인 문제였다. 하지만 뉴기니 고원지대, 일본, 티코피아, 통가는 삼림을 성공적으로 관리해서 꾸준한 번영을 누린 반면에 이스터 섬, 망가레바 섬, 노르웨이령 그린란드는 숲의 관리에 실패해서 결과적으로 붕괴되고 말았다. 이런 결과의 차이를 우리는 어떻게 이해해야 할까? 한 사회의 반응은 정치 · 경제 · 사회적 제도 및 문화적 가치관에 따라 달라진다. 제도와 가치관의 문제를 해결하려는 의지에 영향을 미치기 때문이다. 이 책에서 우리는 지금까지 살펴본 다섯 가지 요인을 근거로 과거 사회의 붕괴 이유와 존속 이유를 진단해볼 것이다.

물론 기후 변화, 적대적 이웃, 우호적 무역 상대가 한 사회의 붕괴에 영향을 미칠 수도 있고 그렇지 않을 수도 있는 것처럼 환경 파괴도 마찬가지라는 사실을 분명히 해두고 싶다. 환경 파괴가 모든 붕괴에서 주된 요인이었다고 주장하는 것은 불합리하다. 소련의 붕괴가 대표적인 반증이고, 과거로 눈을 돌리면 기원전 146년 카르타고의 붕괴는 로마에게 공격을 받아 몰락한 것이지 결코 환경 파괴로 붕괴된 예가 아니다. 이처럼 군사적 요인이나 경제적 요인만으로도 한 사회가 몰락할 수 있다. 따라서 이 책의 제목을 정확히 한다면 '환경적 요인, 그리고 기후 변화, 적대적 이웃, 우호적 무역 상대, 사회 구성원의 반응에 따른 사회의 붕괴'가 될 것이다. 이런 범위 내에서 우리는 과거와 현재를 오가면서 많은 사례들을 살펴볼 것이다.

기업과 환경

인간이 환경에 미치는 영향에 대해서 요즘 들어 논쟁이 거듭되고 있다. 이에 대한 의견들은 극단적으로 대립된 편이다. '환경보호론자' 혹은 '친환경주의자'로 일컬어지는 진영의 주장에 따르면 현재의 환경 문제는 화급한 대책을 세워야 할 정도로 심각하며 현재의 경제 성장률과 인구 증가율이 지속 가능하리란 생각을 버려야 한다. 한편 반대편에서는 환경보호론자들의 걱정이 과장되고 근거없는 것이며, 앞으로도 경제 성장과 인구 성장은 얼마든지 가능하며 바람직한 것이라 주장한다. 이 진영에는 특별한 이름이 붙여져 있지 않지만 편의상 '비(非)환경보호론자'로 칭하기로 하자. 이 계열에 속한 사람들은 주로 대기업계나 경제계의 인물이지만 '비환경보호론자'='친기업'이란 등식이 성립하지 않는다. 많은 기업인이 환경보호론자를 자처하고 있고, 환경보호론자들의 주장에 회의적인 반응을 보이는 사람들이 반드시 기업계 인물은 아니기 때문이다. 그럼 나는 양 진영 중 어디에 속해 있을까?

나는 일곱 살 때부터 새를 줄곧 관찰해왔다. 대학에서 생물학을 전공했고, 지난 40년 동안 뉴기니의 열대우림에서 조류를 연구해왔다. 나는 새를 사랑하고 새를 관찰하는 것을 즐긴다. 열대우림에서 지내는 시간이 즐겁기도 하다. 그밖에도 식물과 동물, 그들의 서식지를 좋아한다. 나는 그들을 그 자체로 소중히 여긴다. 나는 뉴기니와 여러 곳에서의 종(種)과 자연환경을 보존하기 위해 많은 노력을 기울였다. 지난 10여년 동안 나는 세계에서 가장 규모가 큰 환경 보호 조직으로 세계적으로 가장 주목받고 있는 세계야생생물기금(World Wildlife Fund)의 미국 지국장을 맡기도 했다. 이런 이유로 나는 비환경보호론자들에게 '두려움을 조장하는 사람', '암울한 최후의 심판을 설교하는 사람', '위험을 과장하는 허풍쟁이', '굶주린 사람보다 위험에 빠진 자줏빛 송이풀을 더 사랑하는 감상주의자'라는 비난을 받아왔다. 그러나 뉴기니의 새를 사랑하기는 하지만 내 아들, 내 아내, 내 친구, 뉴기니 사람들, 한마디로 인간을 훨씬 더 사랑한다! 환경 문제가 새들에게 미치는 영향보다 인간에게 미치는 영향을 직시하려 하기 때문에 나는 환경 문제에 관심을 쏟는 것이다.

한편 나는 환경 자원을 개발하고 이용해서 반(反)환경보호론자로 여겨지는 대기업과 여러 조직에서 일한 적이 있었고 지금도 그들과 관계를 맺고 있다. 10대 때에는 몬태나의 방목장에서 일했고, 어른이 되어 결혼한 후에는 아내와 아들을 데리고 여름이면 그곳에서 휴가를 보낸다. 몬태나의 구리 광산에서 여름을 보낸 적도 있었다. 나는 몬태나를 사랑하고, 방목장의 친구들을 사랑한다. 그들의 기업농과 생활 방식을 이해하고 공감하며 찬사를 보내기도 한다. 이 책을 그들에게 헌정하기도 했다. 최근에 나는 광산, 벌목, 어업, 원유, 천연가스 등에 관련된 채취 산업체를 둘러볼 기회가 있었다. 그리고 지난 7년 동안 나는 파푸아 뉴기니에서 가장 큰 유전 및 천연가스전이 환경에 미친 영향을 평가하는 작업에 참여하기도 했다. 유전 개발에 참여한 정유 회사들에게 재정 지원을 받기는 했지만 세계야생생물기금은 독자적으로 환경 평가를 내렸다. 또한 나는 채취 기업체들의 초빙을 받아 책임자들, 종업원들과 많은 이야기를 나누었다. 그런 과정에서 그들이 무슨 생각을 하고 어떤 문제를 안고 있는지 이해할 수 있었다.

대기업과의 이런 관계를 통해서 나는 그들로 인한 환경 파괴를 가까이에서 지켜볼 수 있었지만, 한편으로는 대기업이 환경을 보호하는 것이 그들에게도 이익이라는 사실을 깨닫고 내가 국립공원에서 보았던 것보다 훨씬 엄격하고 효율적인 환경 보호 장치를 도입하는 현장을 가까이에서 볼 수 있었다. 나는 대기업들이 이처럼 다채로운 환경 정책을 도입하게 된 동기에 관심을 가졌다. 하지만 내가 정유 회사와 관계를 맺을 때마다 일부 환경보호론자들은 "다이아몬드가 우리를 배신하고 대기업에 팔렸어!", "다이아몬드가 대기업에 붙었어!", "다이아몬드가 정유 회사에 몸을 파는구먼!"이라며 나를 비난했다.

그러나 내가 대기업에 고용된 것은 아니었다. 내가 그들에게 초대받은 손님이기는 했지만 그들의 작업 현장에서 목격한 것을 숨김 없이 기록할 뿐이다. 정유 회사나 벌목 회사를 둘러보면서 환경 파괴적인 행위를 보면 그들이 환경을 파괴한다고 썼다. 그들이 환경을 파괴하지 않으려고 조심하는 현장에서도 나는 본 대로 말했을 뿐이다. 환경보호론자들이 현재 세계에서 가장 강력한 권력 집단인 대기업과 협력하지 않는다면 세계를 짓누르는 환경 문제를 해결할 수 없다는 것이 내 생각이다. 따라서 나는 환경 문제와 기업의 현실을 몸으로 겪은 경험을 근거로 중도의 입장에서 이 책을 쓰려고 한다.

비교 방법론

사회의 붕괴를 어떻게 '과학적으로' 연구할 수 있을까? 과학은 흔히 '실험실에서 반복된 실험으로 획득한 지식의 집합'이라고 정의되지만 잘못된 것이다. 과학은 그보다 훨씬 폭넓은 것, 즉 세계에 대한 확실한 지식을 획득하는 과정이다. 화학이나 분자생물학과 같은 분야에서 실험실의 반복된 실험은 그 자체로 충분할 수 있다. 따라서 지식을 얻는 데 가장 확실한 방법이기도 하다. 나는 실험실에 파묻혀 살면서 생물학과 생화학 학사 학위를 받았고, 생리학 박사 학위를 받았다. 1955년부터 2002년까지는 하버드 대학교의 생리학 실험실에서 지냈고, 그 후에는 UCLA의 실험실에서 똑같은 연구를 계속하고 있다.

1964년 뉴기니의 열대우림에서 새를 연구하기 시작했을 때 나는 곧바로 난관에 부딪혔다. 실험실이든 야외이든 반복된 실험을 할 수 없었기 때문에 내가 얻은 지식이 확실한지 판단할 방법이 없었던 것이다. 한 지점에서는 새의 개체군을 실험적으로 멸종시키거나 조작하고 다른 지점에서는 그 개체군을 자유롭게 방치함으로써 새에 대한 지식을 얻는 것이 가능하지도 않았고 합법적이지도 않았다. 더구나 윤리적으로도 옳지 않았다. 따라서 나는 다른 방법을 써야만 했다. 실제로 천문학, 전염병학, 지질학, 고생물학에서 그렇듯이 집단생물학(population biology)의 많은 부분에서도 비슷한 방법론적 문제가 야기된다.

흔히 사용되는 해결책은 '비교 방법론' 혹은 '자연 실험(natural experiment)'이라 불리는 방법을 응용하는 것이다. 즉 연구하려는 변수에 대해서 다른 현상을 보이는 자연환경들을 비교하는 방법이다. 예컨대 조류학자로서 내가 뉴기니에서 계피색 눈썹을 가진 멜리덱테스 꿀빨이새가 다른 꿀빨이새들에게 어떤 영향을 미쳤는지 연구하려면 계피색 눈썹을 가진 멜리덱테스 꿀빨이새의 개체군에게 유리하거나 불리한 환경 혹은 상당히 유사한 조건을 가진 산악지대들에서 새들의 분포를 비교한다. 『제3의 침팬지: 인간의 진화와 미래 *The Third Chimpanzee: The Evolution and Future of the Human Animal*』와 『왜 섹스는 즐거운가? 인간에서 성욕의 진화 *Why Is Sex Fun? The Evolution of Human Sexuality*』는 동물의 여러 종, 특히 영장류의 여러 종을 비교해서, 여성이 다른 종의 암컷들과 달리 폐경을 겪고 배란의 뚜렷한 징후를 보이지 않는 이유, 남성이 다른 동물들에 비해 상대적으로 큰 성기를 갖는 이유, 그리고 인간이 다른 동물들과 달리 보편적으로 밀폐된 공간에서 섹스를 하는 이유를 밝혀보려고 한 책들이다. 이런 비교 방법론에서 자칫하면 빠지기 쉬운 함정과 그런 함정을 극복하는 방법에 대한 책들도 많다. 특히 과거를 실험적으로 다룰 수 없는 진화생물학이나 역사지질학처럼 역사를 다룬 학문에서는 실험실 실험을 포기하고 자연에서 실험하는 수밖에 없다.

이 책에서도 나는 비교 방법론을 사용해서 환경 문제로 인한 사회의 붕괴를 추적해보았다. 나의 이전 책 『총 · 균 · 쇠: 인간 사회의 운명 *Guns, Germs, and Steel: The Fates of Human Societies*』은 정반대의 문제, 즉 과거 1만 3,000년 동안 대륙마다 문명의 발달 속도에 차이가 있었던 이유를 밝히기 위해서 비교 방법론을 적용한 예이다. 그러나 이 책에서 나는 문명의 건설보다 붕괴에 초점을 맞춰 과거와 현재의 사회들, 즉 환경적 취약성, 이웃과의 관계, 정치 제도, 그리고 한 사회의 안정성에 영향을 미치는 다양한 '입력' 변수들에서 다른 사회들을 비교해보았다. 또한 붕괴나 존속으로 나타난 '출력' 변수도 아울러 살펴보았고, 붕괴가 있었다면 어떤 형태로 붕괴되었는가도 조사했다. 이처럼 출력 변수를 입력 변수와 관련시킴으로써 나는 입력 변수가 붕괴에 미치는 영향의 정도를 찾아내려 애썼다.

이 방법을 엄격하고 포괄적이며 계량적으로 적용해서 삼림 파괴로 인한 남태평양 섬들의 붕괴를 설명할 수 있었다. 선사 시대에 남태평양 사람들은 섬들의 숲을 파괴했다. 물론 그 정도는 약간의 파괴에서 완전한 파괴에 이르기까지 다양했고, 그 결과로 오랜 존속에서 한 사람도 살아남지 못할 만큼 철저한 붕괴에 이르기까지 달랐다. 나는 동료 배리 롤렛(Barry Rolett)의 도움을 받아 남태평양의 81개 섬에서 삼림 파괴의 정도를 계량화시켰고, 삼림 파괴에 영향을 미치는 9가지 입력 변수(강우량, 격리, 토질의 복원 등)의 값도 계량화시켰다. 그리고 통계적 분석을 통해서 우리는 각 입력 변수가 삼림 파괴의 결과에 미친 상대적 영향력을 계산해낼 수 있었다. 한편 중세 시대에 노르웨이 바이킹들이 북대서양에서 정복한 땅, 정확히 말해서 농경의 적합성에서 차이가 있는 여섯 개 섬과 육지에서도 비교 실험이 가능했다. 각 지역이 노르웨이와 교역을 가졌지만 입력 변수의 차이에 따라 결과는 달랐다. 즉 노르웨이가 금방 미련 없이 버린 지역, 500년 후에 완전히 버려진 지역, 그리고

1,200년이 지난 지금까지도 번영하는 지역이 있다. 세계의 다른 지역에서 형성된 사회들 간의 비교도 가능하리라 생각된다.

이런 비교는 각 사회에 대한 세밀한 정보, 특히 고고학자, 역사학자 등이 그동안 끈기 있게 축적한 정보가 있어야 가능하다. 따라서 이 책의 말미에 나는 고대 마야와 아나사지, 현대 르완다와 중국 등 내가 비교한 과거와 현재 사회들에 관련된 참고문헌을 수록해두었다. 이 문헌들이 없었더라면 이 책은 가능하지 않았을 것이다. 그러나 한 사회만을 면밀하게 연구해서는 끌어낼 수 없는 결론, 많은 사회를 비교해야 비로소 끌어낼 수 있는 결론이 있다. 예컨대 마야의 붕괴 원인을 올바로 이해하기 위해서는 마야의 역사와 환경에 대한 정확한 지식만 필요한 것은 아니다. 마야를 좀더 넓은 맥락에 놓고, 붕괴한 사회나 그렇지 않은 사회, 즉 마야와 비슷하면서도 달랐던 사회들과 비교함으로써 마야가 붕괴한 원인을 더 정확히 찾아낼 수 있다. 바로 이런 이유에서 비교 방법론이 필요하다.

나는 한 사회를 개별적으로 연구하고 다시 다른 사회들과 비교하는 데 많은 시간을 투자했다. 사실 개별 분야를 집중적으로 연구하는 학자는 비교의 성과를 그다지 중요하게 여기지 않는 경향이 있고, 그 반대의 경우도 마찬가지이다. 따라서 한 사회의 역사에 대한 전문가는 비교를 하찮게 생각하고, 비교를 중요시하는 전문가는 개별 사회의 연구를 근시안적이고 다른 사회를 이해하는 데 제한적 가치밖에 갖지 못한다고 생각한다. 그러나 우리가 확실한 지식을 얻고자 한다면 두 접근법 모두가 필요하다. 특히 한 사회의 결과를 일반화시키거나, 한 사회의 붕괴를 해석하면서 지나치게 확신하는 것은 위험한 짓일 수 있다. 따라서 다른 결과로 나타난 많은 사회를 비교 연구함으로써 얻은 증거를 근거로 할 때에야 우리가 설득력 있는 결론에 이를 수 있을 것으로 믿는다.

이 책의 구성

이 책의 구성은 두 마리의 커다란 양을 둘둘 감고 있는 왕뱀에 비유된다. 현대 세계와 과거 세계에서 각각 다섯 개 사회를 선택해 설명하지만 한 사회는 지나칠 정도로 길게 설명되고, 다른 네 개 사회에 대한 설명은 비교적 짧은 편이다.

먼저 첫 양부터 시작할 것이다. 제1부는 하나의 장으로만 구성되었다 (제1장). 여기에서는 헐스 목장과 내 친구인 허시 형제들이 운영하는 대목장이 있는 몬태나 남서부의 환경 문제가 다루어진다. 몬태나는 제1세계라는 이점을 안고 있으며, 환경 문제와 인구 문제를 겪고 있지만 제1세계의 다른 지역에 비할 때 그다지 심각한 편이 아니다. 무엇보다 나는 몬태나 사람들을 잘 안다. 따라서 몬태나 사회의 정책을 개개인의 동기들, 흔히 충돌을 일으키는 동기들에 어떻게 연결시켜야 하는가도 잘 알고 있다. 이렇게 우리에게 익숙한 몬태나의 풍경을 근거로 한다면, 처음에는 색다른 세계로 여겨져 당시 사람들에게 동기를 주었던 것이 무엇인지 추측밖에 할 수 없는 먼 과거 사회에서 실제로 일어난 일을 어렵지 않게 상상할 수 있다.

제2부는 붕괴라는 비극을 맞은 과거 사회들로 시작한다. 내가 앞에서 제시한 다섯 가지 요인을 기준으로 까다로운 순서대로 배열했다. 내가 상세하게 다룬 과거 사회들은 대부분 소규모였고 변두리에 위치했다. 심지어 지리적으로 협소하고 사회적으로 소외되었으며 취약한 환경에 있었던 사회들도 적지 않다. 따라서 독자들이 그런 사회들의 운명을 요즘의 대규모 사회에 적용하기란 무리라는 섣부른 결론을 내리지 않도록 내가 그런 사회들을 연구 대상으로 삼은 이유를 밝혀두어야겠다. 소규모 사회에서 변화 과정이 더 신속히 진행되고 결과가 더 극단적으로 나타나기 때문이다. 달리 말하면 누구도 부인하기 힘든 확실한 사례가 되기 때문이다. 그렇다고 해서 이웃들과 거래하고 쾌적한 환경에 위치한 대규모 사회들은 붕괴하지 않았고, 앞으로 붕괴하지 않을 것

이란 뜻은 결코 아니다. 내가 자세히 다룬 과거 사회 중 하나인 마야는 수백만, 아니 수천만의 인구가 모여 살았고, 유럽인들이 도래하기 전까지 신세계에서 가장 발달한 두 문화권 중 한 곳에 위치하고 있었으며(메조아메리카), 그 지역의 발달한 다른 사회들과 거래하면서 많은 영향을 받았다. 제9장의 참고문헌에서는 이런 점에서 마야와 비슷했고 환경적 요인이 크게 작용해서 붕괴된 그밖의 다른 과거 사회들, 예컨대 비옥한 초승달 지역의 사회들, 앙코르와트, 인더스 강 유역의 하라파 등이 개략적으로 소개된다.

과거의 첫 사례 연구인 이스터 섬의 운명은 '순전히' 생태적 붕괴에 가깝다고 말할 수 있다(제2장). 즉 무자비한 삼림 파괴가 전쟁으로 이어졌고, 지배계급이 전복되면서 유명한 거석문화마저 사라졌다. 그리고 인구도 자연적으로 크게 줄어들었다. 현재까지 알려진 바에 따르면 이스터 섬의 폴리네시아 사회는 건립된 이후부터 줄곧 고립된 사회였다. 따라서 이스터 섬의 흥망성쇠에 적이나 우방은 아무런 영향을 미치지 않았다. 앞으로의 연구 결과에 따라 달라질 수는 있겠지만 현재까지는 기후 변화가 어떤 역할을 했다는 증거도 발견되지 않았다. 배리 롤렛과 나는 비교 분석을 통해서, 남태평양의 무수한 섬 중에서 이스터 섬이 그런 비극적 붕괴를 맞은 이유를 설명해보았다.

역시 폴리네시아인들이 정착한 핏케언 섬과 헨더슨 섬은 다섯 가지 요인 중 네 번째 요인, 즉 우호적인 이웃의 지원 중단으로 붕괴한 예이다(제3장). 핏케언 섬과 헨더슨 섬에 국지적 환경 훼손이 있기는 했지만 그들의 주된 무역 상대국이 환경 문제로 인해 붕괴된 것이 치명타였다. 이 경우에도 적대적인 이웃이나 기후 변화가 어떤 역할을 했다는 증거는 없다.

나이테로 기후를 놀라울 정도로 정밀하게 재구성해낸 덕분에 미국 남서부의 아나사지 원주민 사회는 환경 훼손과 과잉 인구 이외에 기후 변화(가뭄)로 붕괴된 것으로 여겨진다. 전쟁이 끝 무렵에 있기는 했지만 전쟁, 우호적인 이웃이나 적대적인 적은 아나사지 붕괴의 주된 요인이 아니었던 것으로 여겨진다.

마야를 다루지 않고는 사회의 붕괴를 다룬 책이라 말할 수는 없을 것이다(제5장). 마야는 아메리카 원주민 사회에서 가장 발전된 사회였고, 지금은 정글로 뒤덮인 낭만적 미스터리를 간직한 사회이기 때문이다. 아나사지의 경우와 마찬가지로 마야도 환경 훼손, 인구 폭발, 기후 변화가 복합적으로 작용하여 붕괴되었다. 우호적인 이웃이 붕괴에 일정한 역할을 했다는 증거는 찾을 수 없었다. 그러나 아나사지의 붕괴와 달리, 마야의 도시들은 초기 단계부터 적대적인 이웃들에게 시달렸다. 제2~5장에서 살펴본 사회들 중에서 마야만이 해독 가능한 문자 기록을 남겼다.

노르웨이령 그린란드는 옛 사회 중에서 가장 복잡한 사례에 속한다(제6~8장). 그러나 문자를 가진 유럽 사회의 일원이었던 까닭에 가장 많은 정보가 축적되어 있어 가장 활발하게 논의되는 사회이기도 하다. 앞의 비유에서 왕뱀에 둘둘 말린 두 번째 양인 셈이다. 앞에서 언급한 다섯 가지 요인 모두가 잘 기록되어 있다. 환경 파괴, 기후 변화, 우호적이던 노르웨이의 지원 중단, 이누이트족과의 적대적인 관계, 노르웨이령 그린란드의 정치 · 경제 · 사회 · 문화적 배경 등에 대한 기록이 부족하지 않다. 또한 그린란드는 붕괴를 다른 조건에서 실험한 듯한 실험실이란 느낌까지 준다. 두 사회(노르웨이인과 이누이트)는 같은 섬에서 공존했지만 다른 문화를 가졌다. 그런데 이누이트 사회는 살아남았지만 노르웨이 사회는 붕괴되었다. 따라서 그린란드의 역사는 가혹한 환경이라도 붕괴가 필연적인 결과는 아니며 한 사회의 선택에 달려 있다는 교훈을 우리에게 전해준다. 노르웨이령 그린란드와 역시 노르웨이인들이 정복한 북대서양의 다섯 개 사회를 비교해보면 오크니에서는 성공한 반면에 그린란드에서는 실패한 이유를 이해하는 데 도움이 된다. 게다가 노르웨이인들이 정복한 다섯 개 지역 중 하나인 아이슬란드는 취약한 환경을 딛고 일어서서 가장 풍요로운 나라 중의 하나로 우뚝 선 대표적인 성공 사례이다.

제2부는 성공한 세 사회의 이야기로 마무리된다(제9장). 실패한 사회들을 거꾸로 이해해보기 위해서 아이슬란드처럼 성공한 사회들을 소개한 것이다. 세 사회는 아이슬란드나 실패한 사회들만큼 가혹한 환경 문제를 겪지는 않았지만 성공에 이를 수 있는 두 방향을 우리에게 가르쳐준다. 하나는 티코피아와 뉴기니의 고원지대가 택한 하의상달식 접근법이며, 다른 하나는 도쿠가와 시대의 일본이 보여준 상의하달식 접근법이다.

제3부에서는 현대 세계로 눈을 돌렸다. 제2장에서 오늘날의 몬태나를 이미 다루었기 때문에 현저하게 다른 양상을 보여주는 네 나라를 예로 들었다. 두 나라는 작은 나라들인 반면에 두 나라는 무척 큰 나라들이다. 재앙을 맞은 제3세계(르완다), 지금까지는 꿋꿋하게 버티고 있는 제3세계(도미니카 공화국), 제1세계를 향해 질주하고 있는 제3세계의 거인(중국), 그리고 제1세계에 속한 사회(오스트레일리아)를 차례로 다루었다. 르완다는 맬서스가 예견한 재앙을 우리 눈앞에 보여주고 있는 전형적인 예이다(제10장). 과거의 마야가 그랬듯이 인구 과잉의 땅이 유혈극으로 붕괴되었다. 르완다와 부룬디는 후투족과 투치족의 종족 분쟁으로 유명한 곳이지만 인구 과잉, 환경 훼손, 기후 변화가 그런 종족 분쟁을 일으킨 도화선이었다는 사실을 우리는 확인하게 될 것이다.

도미니카 공화국과 아이티는 히스파니올라 섬을 공유하는 두 나라이다(제11장). 이런 점에서 과거에 그린란드를 공유한 노르웨이 사회와 이누이트 사회에 비교된다. 똑같이 수십 년 동안 가혹한 독재 정권에 시달린 후, 아이티는 신세계에서 가장 가련한 무능력자로 전락한 반면에 도미니카 공화국에서는 희망의 조짐이 엿보인다. 거듭 말하지만 이 책은 환경이 모든 것을 결정한다고 주장하는 책이 아니다. 도미니카 공화국은 한 사람의 지도자가 얼마나 큰 차이를 만들어낼 수 있는가를 보여주는 좋은 예이다.

중국은 12가지 유형의 현대적 환경 문제를 모두 심각하게 안고 있는 나라이다(제12장). 중국은 경제력, 인구, 면적 등에서 엄청난 규모를 지니고 있기 때문에 중국의 환경과 경제는 중국인에게는 물론이고 전세계인에게도 엄청난 충격을 안겨줄 수 있다.

오스트레일리아는 몬태나의 경우와 정반대이다(제13장). 달리 말하면 가장 취약한 환경에 처해 있어 가장 심각한 환경 문제를 겪고 있는 제1세계의 사회이다. 따라서 그 문제를 해결하기 위해서라도 사회의 근본적인 재구조화를 화급하게 고려해야 할 나라이기도 하다.

이 책의 결론 부분이라 할 수 있는 제4부에서는 오늘날 우리에게 필요한 교훈들을 정리해보았다. 제14장은 결국 자멸의 길을 치달은 과거 사회들이 제기하는 의문, 또한 우리도 그들처럼 자멸의 길을 택한다면 미래 세대가 똑같이 제기할 의문을 다루어보았다. 되돌아보면 우리에게는 너무나 분명하게 보이는 위험을 그들이 보지 못한 이유가 무엇일까? 그들의 종말이 그들만의 잘못이었다고 말할 수 있을까? 아니면 그들은 해결할 수 없는 문제의 비극적 희생자였던 것일까? 과거의 환경 파괴는 부지불식간에 저지른 짓이었고 감지할 수 없었던 것일까? 아니면 그 결과를 뻔히 알면서도 인간이 그렇게 무모한 짓을 저질렀던 것일까? 예컨대 이스터 섬 사람들은 섬에 남은 마지막 한 그루를 베면서 뭐라고 말했을까? 집단이 참여하는 의사결정은 전체적인 요인들로 말미암아 원상태로 되돌릴 가능성이 있다. 어떤 문제를 예측하고 인식하지 못하고 시작하더라도, 과정에서 이해의 충돌을 일으키면서 집단의 일부가 나머지에게는 유리하지 않더라도 그들에게는 이로운 방향으로 전환할 수 있기 때문이다.

제15장은 기업의 역할을 다루었다. 일부 기업은 오늘날 환경을 파괴하는 주범으로 꼽히지만 효율적인 환경 보호 대책을 우리에게 제시해주는 기업도 적지 않다. 일부에 불과하지만 환경을 보호하는 것이 자신

들에게도 이익이라 생각하는 기업이 조금씩 늘어나는 이유와 다른 기업들도 그런 기업을 본받는 것이 궁극적으로 자신들에게 이익이라는 사실을 깨닫기 전에 어떤 변화가 필요한지도 살펴볼 것이다.

끝으로 제16장에서는 현대 세계가 직면하고 있는 환경 문제의 유형을 개략적으로 다루었다. 또한 환경의 심각성을 경고하는 목소리에 가장 흔히 제기되는 반론과 오늘날 당면한 환경적 위험과 과거 사회가 겪은 환경 문제 간의 차이를 아울러 살펴볼 것이다. 가장 큰 차이는 세계화와 관계가 깊다. 세계화는 환경 문제의 해결에서 비관론과 낙관론 모두에게 가장 강력한 근거가 된다. 세계화로 인해, 과거의 이스터 섬이나 노르웨이령 그린란드처럼 나홀로 붕괴는 있을 수 없다. 소말리아나 아프가니스탄을 생각해보면 짐작할 수 있겠지만 이제 지리적 공간의 간격은 무의미하다. 한 사회가 혼란에 빠지면 다른 대륙에 있는 부유한 사회에도 어떤 형태로든 영향을 미치면서 곤란을 겪게 만든다. 역사상 처음으로 우리는 전세계의 붕괴라는 가능성에 직면하고 있다. 그러나 우리는 세계 어딘가에서 이루어낸 성과에서 신속히 배울 수 있고, 과거 사회들이 겪은 성공과 실패에서도 교훈을 얻을 수 있다는 장점을 누리고 있다. 바로 이런 이유에서, 즉 과거에서 배우기 위해 나는 이 책을 썼다.

1
몬태나의 현실

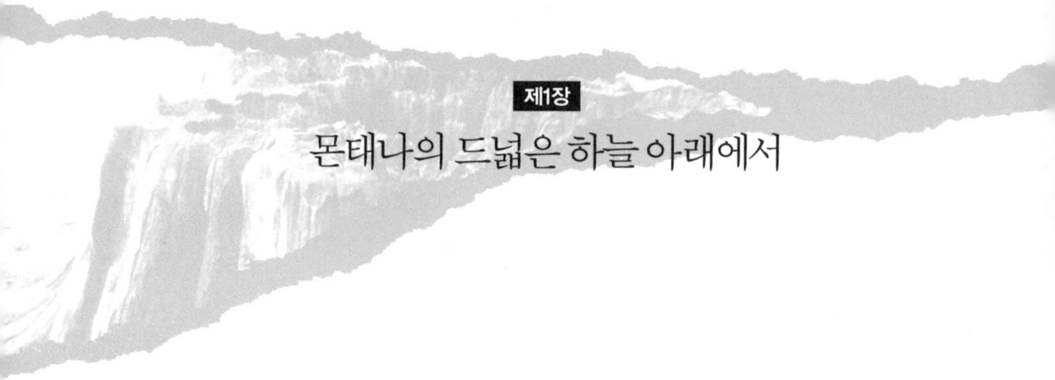

제1장

몬태나의 드넓은 하늘 아래에서

스탠 팰코의 이야기

스탠 팰코는 샌프란시스코 부근에 있는 스탠퍼드 대학교에서 미생물학을 가르치는 70세의 노교수로 내 친구이기도 하다. 어느 날 내가 그에게 몬태나의 비터루트밸리에 별장을 마련한 이유가 뭐냐고 묻자, 그는 그 별장이 자신의 삶에서 어떤 위치를 차지하는지 내게 이렇게 대답해 주었다.

> 나는 뉴욕 주에서 태어났고, 그 후 로드아일랜드로 이사했네. 그러니까 산이 뭔지도 모른 채 어린 시절을 보낸 셈이지. 20대 초반, 대학을 졸업한 직후에 2년 동안 병원 검시실에서 야간 근무를 했네. 나처럼 죽음이란 것을 경험해보지 못한 젊은이에겐 무척 스트레스가 쌓이는 일이었지. 한국전쟁에서 갓 돌아온 한 친구가 나를 보더니 "스탠, 무척 피로해 보이는군. 스트레스를 날려버리라고! 낚시라도 해봐!"라고 말하더군.
>
> 그래서 나는 제물 낚시로 배스(bass)를 낚기 시작했네. 미끼를 끼우는 법부터 배워야 했지. 금방 배웠네. 그 후 일이 끝나면 매일 낚시하러 다녔네. 내 친구의 충고가 효과가 있었던지 스트레스가 많이 줄더군. 하지만 로드아일랜드 대학원에 들어가자 다시 스트레스가 쌓이더군. 한 대학원 친구가 배

스는 제물 낚시로 배스만을 낚을 수 있는 것은 아니라고 하더군. 하기야 매사추세츠 근처에서 송어를 잡기도 했으니까. 그래서 송어 낚시를 시작했지. 내 논문 지도교수는 생선을 무척 즐겨 먹었지. 그랬던지 내게 낚시를 권장했고, 내가 실험실을 떠나 낚시를 하겠다고 하면 군말 없이 보내줬네.

50고개를 넘었을 때 이혼 등 나쁜 일들이 겹치면서 내게 다시 스트레스거리가 찾아왔네. 그때쯤 나는 1년에 겨우 세 번 정도밖에 낚시를 하지 못했지. 대부분의 사람이 쉰 살을 넘기면서, 남은 삶을 어떻게 보낼까 생각하게 되지 않나? 나는 내 아버지가 어떻게 살았는지 돌이켜보았네. 아버지는 58세에 세상을 떠나셨지. 나도 그 정도밖에 살지 못한다면 죽기 전에 낚시를 기껏해야 24번밖에 못한다고 생각하니 가슴이 철렁 내려앉는 기분이더군. 내가 그토록 좋아하던 일을 몇 번밖에 할 수 없다니 말일세. 그래서 남은 삶이라도 내가 정말로 좋아하는 일을 하는 데 더 많은 시간을 할애할 수 있는 방법을 생각하기 시작했네. 예컨대 낚시를 즐기면서 말이야.

그때 우연히 몬태나 남서부의 비터루트밸리에 있는 실험실을 평가해달라는 요청을 받았네. 몬태나는 그때 처음 방문하는 거였지. 사실 마흔 살이 넘어서야 미시시피 강 서쪽으로 처음 가보았으니까. 어쨌든 나는 미줄라 공항으로 날아갔고, 렌터카를 빌렸네. 그리고 실험실이 있는 해밀턴까지 남쪽으로 달렸네. 미줄라 남쪽으로 수십 킬로미터는 쭉 뻗은 직선 도로이더군. 계곡 바닥은 평평하고 사방은 농지인데 서쪽으로는 만년설에 덮인 비터루트 산, 동쪽으로는 사파이어 산이 우뚝 솟아 그야말로 천국처럼 느껴졌네. 그 아름다움과 규모에 나는 압도되고 말았네. 전에는 그런 풍경을 본 적이 없었으니까. 말로 표현하기 힘든 아늑한 기분이 몰려왔네. 그런 세상에서 살고 싶다는 생각이 문득 들었네.

실험실에 도착해 나는 그곳에서 일하는 옛 제자를 찾았네. 그는 내가 낚시광인 걸 알고 있었지. 그 때문인지 다음 해에 다시 방문해서 어떤 실험을 함께 하자고 하더군. 비터루트 강에서 유명한 송어 낚시도 하고 말이야. 그래서 나는 다음 해 여름 보름 예정으로 그곳을 다시 찾았지. 그런데 하루하루를 연기하다가 한 달간 머물렀네. 다음 해 여름에는 한 달 예정으로 찾았다가 여름 내내 그곳에서 보내고 말았네. 그리고 아내와 상의해서 그 계곡에 집 한 채를 마련했다네. 그 후 우리는 매년 그곳을 찾았네. 이제 몬태나에서 1년 중 많은 시간을 보내고 있지. 비터루트에 돌아가 미줄라 남쪽 도로를 달릴 때마다 나는 그곳을 처음 보았을 때의 느낌이 든다네. 우주에서의 내 위치를 생각하게 하는 평온함과 웅장함이랄까? 몬태나에서만 느낄 수 있는 감정일 걸세.

몬태나와 나

몬태나의 아름다움이 사람들에게 안겨주는 인상을 잘 요약해준 이야기이다. 스탠 팰코와 나처럼 완전히 다른 환경에서 자란 사람들, 존 쿡처럼 미국 서부의 산악지대에서 자랐지만 몬태나를 제 발로 찾은 사람들, 그리고 허시 형제처럼 몬태나에서 자라나 여전히 그곳에서 살아가는 사람들 모두가 몬태나의 풍경에서 평온함과 웅장함을 느낀다.

스탠 팰코처럼 나도 도시 태생이다. 미국 북동부에 위치한 보스턴에서 태어났고 15세가 되어서야 미시시피 강 서쪽으로 처음 가보았다. 부모의 손에 이끌려, 비터루트밸리 정남쪽에 위치한 빅홀베이슨에서 여름 휴가를 보내던 때였다(지도 참조). 내 아버지는 소아과 의사였다. 몬태나의 한 목장주 아들, 조니 엘리엘을 진료한 적이 있었다. 목장주 가족의 주치의가 희귀병에 걸린 조니를 보스턴으로 보내 전문의 진료를 받게 했기 때문이다. 조니는 스위스 이민자로 1890년대에 빅홀에서 목장을 개척한 프레드 허시의 손자였다. 내가 그곳을 처음 찾았을 때 그의 아들, 프레드 주니어는 69세였지만 두 아들 딕 허시와 잭 허시, 두 딸 질 허시 엘리엘(조니의 어머니)과 조이스 허시 맥도웰의 도움을 받아가며 목장을 운영하고 있었다. 조니는 내 아버지의 치료 덕분에 많이 나아졌다. 그래서 조니의 부모와 조부모가 우리 가족을 빅홀로 초대한 것이었다.

몬태나

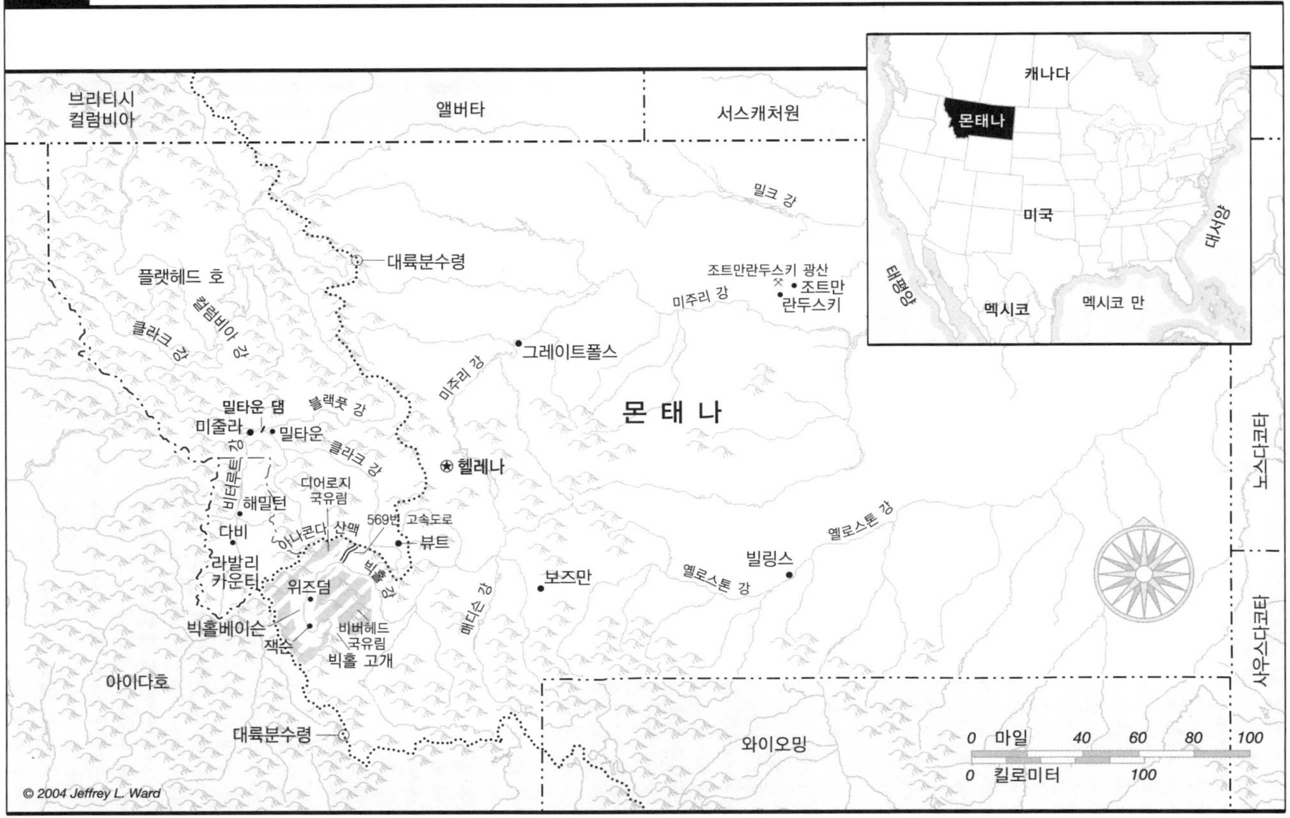

브리티시 컬럼비아
앨버타
서스캐처원
캐나다
몬태나
미국
대서양
태평양
멕시코
멕시코 만
밀크 강
대륙분수령
조트만란두스키 광산
조트만 란두스키
미주리 강
플랫헤드 호
컬럼비아 강
클라크 강
그레이트폴스
미주리 강
몬 태 나
밀타운 댐
블랙풋 강
미줄라
밀타운
클라크 강
헬레나
비터루트 강
디어로지 국유림
해밀턴
569번 고속도로
다비
아나콘다 산맥
뷰트
빅홀 강
라발리 카운티
위즈덤
빅홀베이슨
잭슨
비버헤드 국유림
빅홀 고개
매디슨 강
보즈만
옐로스톤 강
빌링스
옐로스톤 강
노스다코타
사우스다코타
아이다호
와이오밍
대륙분수령
0 마일 40 60 80 100
0 킬로미터 100
© 2004 Jeffrey L. Ward

스탠 팰코가 그랬듯이 나도 빅홀의 풍경에 압도되고 말았다. 널찍한 평원은 온통 초지였고, 시냇물들이 꼬불꼬불 흘렀다. 게다가 만년설에 덮인 산들이 저 멀리 사방에서 갑자기 치솟아오르면서 웅장한 담을 이루고 있었다. 몬태나는 '드넓은 하늘을 가진 땅(Big Sky State)' 이라 불린다. 정말로 그 별명이 부끄럽지 않은 곳이다. 내가 살아본 곳 중 대부분은 하늘의 한 귀퉁이가 건물로 가려진다. 특히 도시에서는! 산이 있는 곳이면 지형의 굴곡이 심하고 계곡이 좁아 하늘이 가느다란 띠처럼 보일 뿐이다. 뉴기니와 알프스 지역이 그렇다. 그래, 드넓게 펼쳐진 하늘을 가진 곳도 있지만 지평선으로 우뚝 솟은 산들로 담을 이룬 곳은 없다. 아이오와와 네브라스카의 평원지대가 그렇다. 하여튼 3년 후 나는 대학생이 되었고, 두 친구와 내 누이를 데리고 딕 허시의 목장에서 여름을 보냈다. 우리 모두가 허시 형제를 도와 건초를 수확했다. 나는 스캐터레이크(버크레이크가 흘린 건초를 쓸어담는 기계 : 옮긴이)를 운전했고, 누이는 버크레이크(건초를 거두어들이는 기계: 옮긴이)를 운전했다. 두 친구는 건초를 하늘 높이 쌓았다.

그 해, 즉 1956년 여름 이후 나는 한참 동안 몬태나를 찾지 않았다. 나는 다른 아름다움을 지닌 곳, 예컨대 뉴기니와 안데스에서 여름을 보냈다. 그러나 몬태나와 허시 가족을 잊을 수 없었다. 마침내 1998년 나는 비터루트밸리에 있는 텔러 야생생물구호단체(Teller Wildlife Refuge)라는 비영리 재단의 초대를 받았다. 내가 그곳을 처음 방문했던 나이보다 약간 어린 나이였지만 내 쌍둥이 아들들에게 몬태나를 보여주고, 송어 낚시의 재미도 가르쳐줄 수 있는 기회였다. 두 녀석은 송어 낚시에 흠뻑 빠졌다. 그 때문인지 지금 한 녀석은 낚시 가이드가 되겠다고 훈련받는 중이다. 그때 나는 몬태나와 인연의 끈을 다시 맺었고, 딕 허시와 그의 형제자매들을 다시 만났다. 당시 그들은 이미 70대와 80대의 노인이었지만, 45년 전 내가 처음 그곳을 찾았을 때와 마찬가지로 하루도 쉬지 않고 부지런히 일하고 있었다. 이렇게 인연의 끈이 다

사진 1 몬태나에 있는 비터루트 강.

사진 2 비터루트밸리, 관개 수로가 갖추어진 목초지.

사진 3 비터루트밸리의 산과 숲.

시 시작되면서 우리 가족은 매년 몬태나를 찾았다. 내 친구들을 그곳으로 이끌었던 드넓은 하늘이 펼쳐내는 잊을 수 없는 아름다움에 매료되었기 때문이다(사진 1~3).

그 드넓은 하늘이 점점 내 마음을 사로잡았다. 다른 곳에서 오랫동안 살았지만 나는 몬태나를 서너 번 방문한 후에 파노라마처럼 펼쳐진 높은 하늘, 사방을 두른 산들, 그리고 발아래의 널찍한 계곡에 곧 익숙해졌다. 그 풍광을 내 삶에서 일상적인 풍경인 양 마음껏 즐겼다. 몬태나는 내 마음을 터놓을 수 있는 곳, 어쩔 수 없이 그곳을 떠나야 하지만 언제라도 돌아가고 싶은 곳이었다. 로스앤젤레스는 나와 내 가족에게 일터와 학교와 거주지가 있는 실리적인 공간이지만 몬태나는 로스앤젤레스보다 훨씬 아름답고, 스탠 팰코의 표현대로 평화로운 곳이다. 내게 세상에서 가장 아름다운 곳은 질 엘리엘과 존 엘리엘의 목장 집 현관에서 굽어 보이는 빅홀의 목초지와 만년설에 덮인 로키 산맥 분수계이다.

왜 몬태나에서 시작하나?

몬태나 주, 특히 남서쪽의 비터루트밸리는 파라독스의 땅이다. 미국 땅에 있는 48개 주 중에서 몬태나는 면적 면에서 세 번째로 넓지만 인구 면에서는 여섯 번째로 작은 곳이다. 따라서 인구밀도가 두 번째로 낮은 곳이다. 지금 비터루트밸리에는 사방에서 푸른 풀이 자라고 있어, 한때 산쑥만이 듬성듬성 자라던 척박한 땅이었다는 사실이 믿겨지지 않는다. 비터루트밸리가 속한 라발리카운티는 너무나 아름다운 곳이어서, 미국의 다른 곳에서 많은 사람이 즐겨 이주해오는 곳이기도 하다. 심지어 몬태나의 다른 카운티에서 이주해오는 경우도 있다. 따라서 라발리카운티는 미국에서 인구가 가장 급속히 증가하는 카운티 중 하나이지만 고등학교 졸업생 중 70퍼센트가 고향을 떠나고, 그들 대부분이 몬태나를 벗어난다. 이런 현상은 몬태나의 다른 카운티에서도 마찬가지이다. 비터루트에서는 인구가 늘어나지만 몬태나 동부 지역에서는 인구가 줄어들어 몬태나 주의 전체 인구는 거의 변화가 없다. 지난 10년 동안 라발리카운티의 거주자는 50대에서 크게 늘었지만 30대에서는 줄어들었다. 최근에 계곡 일대에 집을 지은 사람들은 증권 회사의 창업자인 찰스 슈워브(Charles Schwab), 인텔 사장인 크레이그 배렛(Craig Barrett)처럼 엄청난 부자들이다. 그런데도 라발리카운티는 몬태나 주에서 가장 가난한 카운티 중 하나이고, 몬태나는 미국에서 가장 가난한 주에 속한다. 따라서 라발리카운티의 대다수 주민들은 두 가지, 심지어 세 가지 일을 해야 최저 수입을 겨우 벌어들일 수 있는 실정이다.

우리는 몬태나에서 자연의 아름다움을 떠올린다. 실제로 환경적으로 몬태나는 48개 주에서 가장 덜 훼손된 곳이다. 바로 이런 이유에서 많은 사람이 라발리카운티로 이주해오는 것이다. 몬태나 주의 4분의 1, 라발리카운티의 4분의 3이 연방 정부의 소유이며, 그 대부분이 국유림이다. 하지만 비터루트밸리는 미국 전체가 앓고 있는 환경 문제를 고스란히 안고 있는 작은 세계이다. 달리 말하면 이주로 인해 인구가 증가해서 물 부족 현상이 심화되고 수질까지 떨어지며, 국지적으로나 계절적으로 공기가 탁해지고, 유독성 폐기물이 늘어나고 있다. 또한 들불의 위험성이 높아졌고 숲이 파괴되고 있으며, 토양이 소실되고 토질이 척박하게 변하며, 생물학적 다양성이 줄어들고, 외래 해충으로 인한 피해도 적지 않다. 게다가 기후 변화에 따른 영향도 눈에 띈다.

몬태나는 과거와 현재의 환경 문제를 살펴보려는 이 책을 시작하기에 안성맞춤인 곳이다. 앞으로 살펴보게 될 과거 사회들—폴리네시아, 아나사지, 마야, 노르웨이령 그린란드 등—의 경우에 우리는 환경에 대한 거주민들의 결정이 어떤 결과를 낳았는지 알고 있다. 하지만 대부분의 경우에 우리는 그들의 이름은 물론이고 개인적인 삶이 어떠했는지 모른다. 다만 그들이 그렇게 행동할 수밖에 없었던 이유를 짐작할 수 있을 뿐이다. 반면에 우리는 몬태나에서 이 시대를 살고 있는 사람들의 이름과 생활 방식 및 동기를 알고 있다. 게다가 관련된 사람들 중 일부는 나와 50년 이상을 사귄 친구이기도 하다. 몬태나 사람들의 동기를 이해할 때, 우리는 과거 사람들의 동기도 더 설득력 있게 추측해볼 수 있으리라 생각한다. 따라서 이 장에서는 자칫하면 추상적인 이야기로 끝날 수 있는 주제를 구체적으로 다루어보려고 한다.

또한 몬태나는 뒤에서 다루어지는 작고 가난했던 변방의 사회들, 즉 환경적으로 취약했던 과거 사회들과 적절한 균형을 이루어준다. 이 사회들은 환경 파괴로 인한 참담한 비극을 겪었고, 이 책의 주제에 걸맞는 과정을 극명하게 보여주고 있기 때문에 사례 연구로 선택된 것이다. 그러나 몬태나의 대조적인 사례가 보여주듯이, 이 사회들만이 심각한 환경 문제를 겪은 것은 아니다. 몬태나는 세계에서 가장 부유한 나라인 미국의 일부이고, 미국에서도 가장 개발이 덜 되고 인구밀도가 낮은 지역 중 하나이다. 또한 겉으로 보기에는 미국의 어떤 주보다 환경과 인구로 인한 문제가 적은 지역이기도 하다. 몬태나의 문제가 인구 집중, 교통, 수질과 수량, 폐기물 등에서 내가 살고 있는 로스앤젤레스나, 대부분의 미국인이 살고 있는 도시 지역에 비해서 훨씬 덜 심각한 것은 사실이다. 그러나 몬태나까지 환경 문제와 인구 문제를 안고 있다면 미국의 다른 지역에서는 그 문제가 얼마나 심각한지 쉽게 짐작할 수 있다. 몬태나를 예로 들어 이 책에서 제시한 다섯 가지 요인을 하나씩 짚어보자. 인간이 환경에 미치는 영향, 기후 변화, 우호적인 이웃과의 관계(몬태나의 경우에는 미국의 다른 주들), 적대적으로 변할 가능성을 지닌 사회와의 관계(해외의 테러리스트와 원유 생산국), 그리고 문제에 대한 사회의 대응 방식이다.

몬태나의 경제사

미서부 산간 지역 전체가 환경적인 불리함으로 인해 식량 생산에서 곤란을 겪고 있으며, 몬태나도 예외가 아니어서 농사를 짓고 가축을 키우는 데 한계가 있다. 이런 환경적인 불리함은 지금도 마찬가지이다. 실제로 몬태나는 상대적으로 강우량이 적어 농작물의 성장률이 낮은 편이다. 여름이 긴 지역에서는 이모작이 가능하지만 몬태나는 북쪽에 위치한데다 고도까지 높아 작물의 성장 시기가 짧기 때문에 1년에 일모작으로 끝난다. 또한 생산물을 팔 수 있는 인구 밀접 지역과 멀리 떨어져 있는 거리적 한계까지 있다. 그런데 이런 불리함은 몬태나에서는 어떤 작물이든 더 싸고 더 생산적으로 재배해서 북아메리카의 다른 지역, 즉 인구 밀접 지역에 더 빨리 더 싸게 운반할 수 있다는 뜻이기도 하다. 따라서 몬태나의 역사는 "아름답지만 농업적으로 경쟁력이 떨어지는 땅에서 어떻게 살아가야 하는가?"라는 근본적인 문제를 해결하려던 투쟁의 역사일 수 있다.

몬태나의 경제사는 몇 단계로 나누어진다. 첫 단계는 1만 3,000년 전에 이곳에 처음 정착한 아메리카 인디언의 몫이었다, 북아메리카의 동부와 서부에 정착한 인디언들은 농업 사회를 이루었지만 몬태나의 인디언들은 유럽인이 도래하기 전까지 수렵인이었다. 오늘날 농업과 목축이 이루어지는 곳에서도 예외가 아니었다. 무엇보다 몬태나에는 토종 야생 식물이나 가축화할 만한 짐승이 없었기 때문이다. 따라서 북아메리카의 동부나 멕시코와 달리, 몬태나에서는 농업이 자생할 수 없었다. 농업이 자생적으로 발달한 두 곳에서 몬태나가 지리적으로 멀리 떨어진 것도 이유 중 하나였다. 따라서 유럽인이 도래한 후에야 두 곳에서 재배되던 곡물들이 몬태나에 전해졌다. 오늘날 몬태나에 거주하는 인디언 중 4분의 3이 일곱 군데의 보호 구역에 살고 있지만, 대부분의 보호 구역이 목초를 제외하고는 천연자원이 거의 없는 편이다.

기록에 따르면 몬태나에 도래한 최초의 유럽인은 1804년부터 1806년까지 아메리카 대륙을 횡단한 루이스와 클라크 원정대(Lewis and Clark Expedition)의 일원이었다. 원정대는 다른 주에 비해 몬태나에서 많은 시간을 보냈다. 그들의 원정 이후에 몬태나는 경제적으로 두 번째 단계에 들어섰다. 캐나다와 미국의 다른 곳에서 찾아온 모피 사냥꾼들, 즉 '산사람들'의 시대였다. 다음 단계는 1860년대에 시작했다. 그 중요성이 많이 줄어들기는 했지만 지금까지 이어지는 몬태나 경제의 세 기반이 구축된 시기이기도 했다. 구리광과 금광을 중심으로 한 광업, 벌목, 그리고 소와 양의 목축 및 곡류와 과일과 채소 재배를 통한 농축산업이었다. 뷰트(Butte)의 구리 광산으로 광부들이 몰려들면서 경제의 다른 분야까지 활성화시켰다. 광산에 땔감과 갱목을 제공하고 광부들의 집을 짓는 데 필요한 목재들과 광부들이 먹을 식량이 근처의 비터루트밸리에서 생산되었다. 특히 밸리의 남쪽은 몬태나의 다른 지역에 비해 기후가 온화해 '몬태나의 바나나 벨트(온난지방: 옮긴이)'라고 불렸다. 강우량이 적고(연간 330밀리미터), 토종 식물이라곤 산쑥밖에 없었지만 1860년대 이곳에 정착한 최초의 유럽인들은 계곡 서쪽 기슭의 비터루트 산에서 흘러내리는 시냇물을 이용해 작게나마 관개 수로를 만들어 이런 불리한 조건들을 극복하기 시작했다. 나중에는 많은 비용을 들여 대규모 관개 시설을 두 곳에 건설했다. 하나는 코모(Como) 호수의 물을 계곡의 서쪽으로 끌어오기 위해 1908년부터 1910년까지 공사한 '빅 디치(Big Ditch)' 이고, 다른 하나는 비터루트 강의 물을 끌어들인 서너 개의 대형 관개 수로이다. 이런 관개 시설의 확충으로 1880년대에 비터루트밸리에서 시작된 사과 과수원들이 큰 호황을 맞으면서 20세기 초에 전성기를 맞았다. 하지만 지금은 몇 군데의 사과 과수원만이 상업적인 목적에서 경작되고 있을 뿐이다.

몬태나의 경제 기반이 바뀌면서 사냥과 낚시는 생존 수단에서 여가 활동으로 바뀌었고 모피 거래는 자취를 감추었다. 게다가 지금은 광업, 벌목, 농업 모두가 아래에서 논의되는 경제적이고 환경적인 요인 때문에 사양길에 접어들었다. 요즘 들어 성장하는 경제 분야는 관광, 레크리에이션, 노후 생활, 건강 산업 등이다. 비터루트밸리의 경제 기반이 바뀌었다는 것을 보여주는 상징적인 사건은 1996년에 일어났다. 옛 몬태나의 구리 왕 마르쿠스 달리(Marcus Daly)의 소유로 비터루트 스톡팜(Bitteroot Stock Farm)이라고 불리던 320만 평의 농장을 증권 회사 창업자인 찰스 슈워브가 사들인 사건이었다. 슈워브는 농장을 개발해, 아름다운 계곡에 별장을 마련해두고 1년에 두 번씩 낚시, 사냥, 승마, 골프 등을 즐기고 싶어하는 다른 주의 부자들에게 분양했다. 스톡팜에는 18홀의 골프장이 있고, 125채의 별장 혹은 '오두막' 이 있다. 말이 좋아 '오두막' 이지, 여섯 개의 침실을 갖춘 건평 170평의 호화로운 별장으로 80만 달러가 넘는다. 스톡팜의 입주자들은 고액 소득자로 입증된 사람들이다. 클럽 멤버십의 입회비만도 12만 5,000달러로, 라발리카운티 거주자들의 연 평균 임금보다 7배나 많기 때문이다. 스톡팜 전체가 울타리로 둘러쳐져 있고, 입구에는 '회원 및 초대 손님만이 들어올 수 있습니다' 라는 팻말이 붙어 있다. 대다수의 입주자들은 개인용 제트기를 이용해 이곳을 찾으며, 해밀턴에서 쇼핑하는 경우는 극히 드물다.

그들은 거의 언제나 스톡팜 클럽에서 식사를 해결하지만, 다른 식료품이 필요하면 클럽의 직원을 시켜서 해밀턴에서 구입한다. 해밀턴의 한 주민은 씁쓰레한 미소를 지으며, "외국 관광객들처럼 호기심에 떼를 지어, 우리가 사는 빈민굴을 찾을 때나 그 귀족 나리들을 구경할 수 있지요"라고 내게 말했다.

스톡팜의 개발 계획이 발표되었을 때 비터루트밸리의 토박이들은 상당히 놀라며, 누구도 계곡의 땅을 그렇게 비싼 값에 사지 않을 것이기 때문에 분양이 거의 불가능할 것이라 예상했다. 하지만 그들의 예상은 완전히 빗나갔다. 다른 주의 부자들이 개인적으로 이미 비터루트밸리를 방문해서 상당한 땅을 구입하고 있었지만 스톡팜의 개장은 부자들을 대거 끌어들여 비터루트 땅을 한꺼번에 팔았다는 점에서 상징적 사건이었다. 요컨대 스톡팜은 비터루트밸리가 소를 키우고 사과를 재배하는 전통적인 용도보다 레크리에이션 용도로 훨씬 가치 있는 땅이란 사실을 우리에게 깨닫게 해준 사건이었다.

광업

오늘날 몬태나는 과거에는 산업화되기 이전의 사회들을 괴롭혔고, 지금은 세계 곳곳의 사회들을 위협하는 12가지 유형의 환경 문제 모두를 껴안고 있다. 특히 유독성 폐기물, 숲, 토양, 물과 공기, 기후 변화, 생물학적 다양성의 상실, 외래 해충으로 인한 문제가 심각하다. 가장 눈에 띄는 문제, 즉 유독성 폐기물의 문제부터 시작해보자.

몬태나에서 화학 비료, 거름, 오수 정화조, 제초제 등의 유출에 대한 불안감이 높아지고 있지만 가장 심각한 유독성 폐기물은 금속 광산들에서 흘러나오는 잔류물이다. 지난 세기에 폐광되거나 최근에 폐광된 곳도 있지만 지금도 여전히 채굴 작업이 진행되는 광산도 있다. 구리가 대부분이었지만 납, 몰리브덴, 팔라듐, 백금, 아연, 금, 은 등을 채굴하던 광업은 한때 몬태나의 경제를 떠받치던 기둥 중 하나였다. 현대 문명에서 광업이 중요하다는 것에 이의를 제기할 사람은 없을 것이다. 현대 문명의 주춧돌인 화학, 건설, 전기, 전자 산업은 금속에서 시작되기 때문이다. 따라서 "금속을 함유한 광석을 어디에서 어떻게 채굴하는 것이 최선인가?"라는 문제로 귀결된다.

채굴한 광석을 선광해서 뽑아낸 금속은 처음에 파낸 것의 작은 부분에 불과하다. 그런데 남은 돌 부스러기에는 구리, 비소, 카드뮴, 아연 등이 여전히 함유되어 있다. 이런 금속들은 사람뿐만 아니라 물고기와 야생 동물 및 가축에게도 무척 위험하다. 따라서 이런 금속들이 지하수와 강, 지표에 스며든다면 악몽 같은 소식이 아닐 수 없다. 게다가 몬태나의 광석에는 황산을 만들어내는 황화철이 많이 함유되어 있다. 몬태나에는 약 2만 개의 폐광이 있으며, 일부는 최근에 폐광된 것이지만 대다수는 한 세기 전에 폐광된 것이다. 이런 폐광에서 황산과 유독성 금속이 끊임없이 누출되고 있다. 게다가 대부분의 폐광에는 주인이 없다. 설령 주인이 있더라도 폐광을 보수해서 황산이 유출되지 않도록 완벽하게 처리할 만큼 부유하지 못하다.

광산과 관련된 유독성 문제는 이미 한 세기 전에 뷰트의 구리 광산과 인근의 제련소에서 발생하기 시작했다. 소들이 죽어가자 주변 목장주들이 구리 광산의 소유주, 아나콘다(Anaconda) 구리 광산 회사를 고소했다. 아나콘다는 책임을 부인했고 결국 소송에서 승리를 거두었다. 하지만 1907년에 유독성 폐기물을 보관하는 첫 침전지가 건설되었다. 사실 광산의 폐기물로 인한 문제를 최소화시키기 위한 노력은 오래전부터 시작되었다. 요즘 들어 세계 곳곳에서 새롭게 개발되는 광산들 중에서 최첨단 테크놀로지를 이용한 폐기물 처리 시설을 갖추려고 노력하는 곳이 적지 않지만 여전히 그런 문제를 무시하는 광산도 적지 않은 편이다. 특히 미국에서는 새로운 광산을 개발하는 회사는 상당한 액수의 채권을 의무적으로 사야 한다. 만약 그 회사가 파산할 경우, 광산을 깨끗이 폐쇄하는 비용을 그 채권으로 처리하기 위한 목적이다. 그러나 많은 광산이 구입한 채권액은 폐쇄 비용에 미치지 못하는 실정이다. 게다가 예부터 운영되던 광산들은 그런 채권을 구입할 의무조차 없었다.

다른 곳과 마찬가지로 몬태나에서도 옛 광산의 소유주들은 두 방법 중 하나로 폐쇄 비용의 요구에 대응한다. 광산을 운영하던 기업이 소규모인 경우에는 소유주가 때로는 자산을 은폐시키면서 기업 파산을 신고하고, 다른 기업이나 신생 기업에 영업권을 넘긴다. 그러면 영업권을 넘겨받은 기업은 그 광산을 폐쇄할 책임까지 떠안지는 않는다. 반면에 대기업이어서 폐쇄 비용 때문에 파산할 정도라 주장할 처지가 아니면(뒤에서 좀더 자세히 살펴볼 아르코 사의 경우), 폐쇄 책임을 부인하거나 비용을 최소화하려고 애쓴다. 어떤 경우이든 광산과 그 아래 지역은 금속에 중독되어 주민들을 위험에 빠뜨린다. 따라서 연방 정부나 몬태나 주 정부(결국에는 모든 납세자)가 연방 슈퍼펀드(Superfund, 폐기물로 인한 환경 공해를 방지하기 위한 특별 기금: 옮긴이)나 몬태나 주 기금으로 폐쇄 비용을 감당하는 수밖에 없다.

광업 회사들의 이런 비열한 대응책은 이 책에서 반복되는 의문, 즉 "한 개인이나 한 집단이 사회 전체에 해로운 짓임을 알면서도 행하는 이유가 무엇일까?"라는 의문을 제기한다. 책임을 부인하거나 최소화시키면 광업 회사는 단기적으로 금전적인 이익을 보겠지만 사회 전체가 위험해질 수 있다. 게다가 장기적으로는 그 광업 회사뿐만 아니라 광산업 전체의 이익을 위해서도 좋을 것이 없다. 몬태나 사람들이 광업을 오랫동안 몬태나의 상징으로 소중하게 여겨왔지만 얼마 전부터 광업에 점점 환멸감을 드러내면서, 이제 광업은 몬태나에서 사양 산업이 되고 말았다. 예컨대 1998년 몬태나의 유권자들은 청산염을 이용한 여과법이라 일컬어지는 금 채광법을 금지시키는 주민 발의를 통과시키면서 광업계와 광업계를 지원하는 정치인들에게 큰 충격을 안겨주었다. 내 몬태나 친구들은 "우리 납세자가 부담해야 할 수십 억 달러의 폐쇄 비용과 몬태나가 광업으로 벌어들인 작은 소득을 비교해보면, 그 소득마저도 대부분 동부나 유럽의 주주들에게 돌아갔다는 사실을 감안할 때 몬태나가 구리 광산을 개발하지 않고 칠레에서 수입했더라면 장기적으로 훨씬 나았을 것이라는 사실을 이제야 우리는 깨달았다. 그렇게 했더라면 모든 문제를 칠레 사람들에게 떠넘겼겠지만!"이라고 말했다.

광업과 아무런 관계도 없는 사람은 광업 회사에 대해 분노하면서 그들의 행위를 도덕적 범죄라 생각할 것이다. 그들이 우리에게 피해가 있을 것이라는 사실을 알고서도 그런 짓을 해놓고, 책임을 회피하는 것이 아닌가? 몬태나에 사는 한 친구 집의 화장실에는 "물을 내리지 마시오. 광업 회사처럼 당신 폐기물을 다른 사람이 처리하도록 내버려두시오!"라고 빈정대는 듯한 팻말이 붙어 있다.

사실 도덕적인 문제는 더 복잡하다. 설명을 대신해서 내가 최근에 읽었던 책의 한 부분을 인용해보자. "……ASARCO(American Smelting and Refining Companay, 미국의 거대 채광 및 제련 회사)가 과거에 보유했던 광산을 깨끗하게 폐쇄하지 않았다는 이유로 비난할 수만은 없다. 미국 기업들은 주주들에게 돈을 벌어주려고 존재한다. 그것이 미국 자본주의의 운영 방식이다. 돈을 벌려면 돈을 쓸데없는 곳에 써서는 안 된다. 이런 구두쇠 전략은 광업에 국한된 이야기가 아니다. 성공하는 기업은 기업을 유지하는 데 필요한 비용과 '도덕적 의무'로 여겨지는 비용을 엄격히 구분한다. 이런 구분을 이해하지 못하거나 인정하지 않으려 하기 때문에, 광범위하게 규정된 환경 프로그램을 옹호하는 사람들과 기업계 간의 대립이 심화되는 것이다. 기업계의 리더들에게 성직자의 모습을 기대해서는 안 된다. 그들은 회계사나 변호사에 더 가깝다." 물론 아사르코의 최고 경영자가 이렇게 변명한 것은 아니다. 환경 컨설턴트인 데이비드 스틸러(David Stiller)가 몬태나의 광산 폐기물 문제가 어떤 과정을 통해 발생했고 그 문제를 해결하기 위해서 사회는 어떤 일을 해야 하는가를 따져보려고 쓴 책 『상처 입은 서부: 몬태나와 광산 그리고 환경 *Wounding the West: Montana, Mining and the*

Environment』에서 발췌한 글이다.

폐광을 저렴한 비용으로 깨끗이 처리할 방법이 없다는 현실이 안타까울 뿐이다. 옛날에는 정부가 광산업자들에게 아무것도 요구하지 않았기 때문에, 또한 데이비드 스틸러가 말한 원칙대로 회사를 운영하는 장사꾼이었기 때문에 초기의 광산업자들은 광산을 폐광시키면서 뒤처리를 하지 않았다. 몬태나 주 정부는 1971년에야 광산 회사들에게 폐광과 동시에 깨끗한 뒤처리를 요구하는 법을 제정했다. 아르코나 아사르코처럼 대기업이라면 당연히 깨끗하게 뒤처리를 해야 하지만, 불가능한 일을 요구받고 비용이 지나치게 많이 들지만 결과는 사회의 기대에 미치지 못할 것이라는 판단에서 뒤처리에 난색을 표한다. 광산 소유주가 뒤처리 비용을 감당하지 못하거나 감당하지 않는데 납세자라고 수십 억 달러에 달하는 뒤처리 비용을 기꺼이 감당하려 하겠는가. 납세자는 그 문제가 이미 오래전부터 계속되어온 것이고 자기 집 뒷마당에서 일어난 일이 아니니까 충분히 견딜 수 있는 것이라 넘겨버린다. 위기가 코앞에 닥친 것이 아니기 때문에 대부분의 납세자는 비용 지불을 망설인다. 게다가 유독성 폐기물에 대해 불만을 제기하는 납세자도 많지 않고 높은 세금을 달가워할 납세자도 많지 않다. 이런 점에서 미국의 일반 시민도 광산업자나 정부만큼 수수방관했다는 책임을 면키 어렵다. 결국 우리 모두가 그 책임을 떠안아야 한다. 시민이 정치인들에게 압력을 넣어 광산 회사들에게 깨끗한 뒤처리를 의무화하는 법이 제정될 때, 그때야 광산 회사들도 다른 식으로 행동할 것이다. 그렇지 않으면 기업들은 자선 기관처럼 행동하면서 그들의 주주에게 돌아갈 책임을 부인할 것이다. 클라크 강, 밀타운 댐, 페가수스 조트만란두스키 금광 등 세 경우를 예로 들어 이런 딜레마가 오늘날에 미친 결과를 살펴보자.

1882년, 나중에 아나콘다 구리 광산 회사로 병합된 광산 회사들이 컬럼비아 강의 한 지류인 클라크 강 상류 근처의 뷰트에서 채광을 시작했다. 1900년쯤, 뷰트는 미국 구리 생산량의 거의 절반을 생산했다. 1955년까지 뷰트에서의 채광 작업은 지하에서 이루어졌지만 그 이후부터 아나콘다는 버클리 갱에서 노천 채광을 시작했다. 버클리 갱은 직경 1.6킬로미터의 너비로 550미터까지 파내려간 대형 노천굴이었다. 독성을 띤 금속들을 함유한 부스러기들이 엄청나게 클라크 강에 축적되었다. 그러나 칠레에서 채굴된 값싼 구리와 경쟁하고 미국에서 환경에 대한 관심이 높아지면서 아나콘다의 운명이 급격히 기울었다. 1976년 대형 정유 회사인 아르코[아르코는 얼마 전에 BP(영국 석유 회사)로 소유권이 넘어갔다]가 아나콘다를 사들였고, 1980년에 제련소를 폐쇄하고 1983년에는 채광 작업마저 중단하고 말았다. 그 때문에 수천 명이 일자리를 잃었고, 뷰트 지역의 경제 기반이 4분의 3이나 일순간에 사라졌다.

버클리 갱과 클라크 강은 현재 슈퍼펀드에서 가장 많은 몫을 차지하는 골칫덩이가 되었다. 아르코의 시각에서 본다면, 슈퍼펀드법이 존재하기 전에 옛 광산주가 저지른 잘못을 그들에게 떠넘기는 것은 부당한 강요일 수 있다. 그러나 연방 정부와 주 정부의 입장에서는 아르코가 아나콘다의 자산을 매입했다는 것은 그 채무까지 떠안았다는 뜻으로 해석할 수 있었다. 게다가 아르코와 BP는 파산을 선고한 기업도 아니잖은가. 환경 보호 운동을 하는 한 친구는 내게 "아르코는 최소한의 비용을 지불하는 것으로 끝내려고 한다. 그런데 아르코보다 고약한 회사들이 세상에 넘쳐흐른다"라고 말했다. 어쨌든 버클리 갱에 스며든 독성을 띤 물을 퍼내고 완벽하게 뒤처리해야 한다. 아르코는 클라크 강의 복원을 위해 수백만 달러를 이미 몬태나 주 정부에 지불했지만 전체 비용은 10억 달러에 달할 것으로 추정된다. 그러나 완벽한 뒤처리를 위해서 엄청난 공력이 필요하기 때문에 그 추정액마저도 불확실하다. 앞으로도 40년이란 시간이 더 필요할지 모르는데 말이다.

두 번째 사례는 1907년 클라크 강의 하류에 건설된 밀타운 댐이다. 근처의 제재소에 전력을 공급하기 위해 세워진 댐이었다. 그때부터 비소, 카드뮴, 구리, 납, 아연 등으로 오염된 약 500만 입방미터의 침전물이 뷰트 광산에서 쓸려내려와 댐 뒤의 저수장에 축적되었다. 댐에 가로막혀, 물고기들이 클라크 강과 블랙풋 강을 따라 이주하지 못하는 것은 '사소한' 문제였다(노먼 매클린의 소설을 로버트 레드퍼드가 영화화한 「흐르는 강물처럼」 덕분에 블랙풋은 송어로 유명한 강이 되었다). 1981년 지역 주민들이 음용수로 사용하던 우물물에서 고약한 맛이 나면서 '큰' 문제로 불거졌다. 연방 기준보다 42배나 높은 비소가 검출된 지하수가 댐 뒤의 저수장으로 흘러들어가고 있었다. 게다가 댐은 노후되어 당장이라도 보수해야 할 실정이다. 기초가 튼튼하지 못한데다 지진 지역에 위치하고 있는 것도 문제이지만 1996년에 동결로 크게 파손되어 조만간 무너질 것으로 예상된다. 요즘이었다면 생각할 수조차 없는 약한 댐이다. 댐이 무너지면서 유독성을 띤 침전물이 방류된다면 몬태나 남서부에서 가장 큰 도시는 댐에서 약 10킬로미터 떨어진 하류에 위치한 미줄라의 수돗물을 마실 수 없을 것이고, 클라크 강 하류에서의 낚시는 금지될 것이다.

아르코는 아나콘다 구리 광산 회사를 매입할 때 그런 침전물에 대한 책임까지 떠안았다. 1996년의 동결로 댐이 크게 파손되면서, 그때와 1998년 두 차례에 걸쳐 기준치를 넘는 구리 독성을 지닌 물이 하류로 방류되면서 물고기가 떼죽음을 당하는 사건이 일어났다. 이런 사건을 계기로 댐에 적절한 조치를 취해야 한다는 인식이 확산되었다. 몬태나를 비롯해 전국의 과학자들이 아르코의 부담으로 댐과 댐 뒤에 축적된 유독성 침전물을 하루속히 제거해야 한다고 충고했다. 추정 비용만도 1억 달러에 달했다. 아르코는 침전물 때문에 물고기가 떼죽음을 당했다는 근거를 한사코 부인했을 뿐만 아니라 밀타운 지하수의 비소 오염과 밀타운 지역의 암 발생에 대한 책임도 부인했다. 그런 와중에 댐의 제거를 반대하는 보너 시 주민의 '풀뿌리 운동'을 지원하면서, 적어도 2,000만 달러를 들여 댐을 보강하겠다고 제안했다. 그러나 처음에는 댐의 제거를 미친 짓이라고 생각하던 미줄라의 정치인과 기업인, 그리고

사진 4 현재 폐광된 몬태나의 조트만란두스키 금광은 저등급 원광에서 금을 추출하기 위한 청산염 여과법을 대규모로 사용한 미국 최초의 금광이었다.

시민들이 입장을 바꿔서 댐의 제거를 강력히 주장했다. 마침내 2003년 연방 환경보호청은 미줄라 시민의 제안을 받아들여 댐을 해체하겠다고 약속했다.

세 번째 사례는 조트만란두스키 금광이다. 이 광산의 소유주는 페가수스 금광 회사로, 여러 광산 회사에서 퇴직한 사람들이 자금을 모아 설립한 작은 회사였다. 페가수스 금광은 50톤의 원광에서 겨우 1온스의 금을 추출해낼 수 있는 저등급 원광을 위해 개발된 청산염 여과법을 사용했다. 원광을 노천광에서 채굴해서 산더미처럼 쌓아두고(그야말로 작은 산을 방불케 했다) 여과판을 덮어서 청산염 용액을 살포하는 방식이었다. 청산염은 나치의 가스실과 미국의 사형실에서 사용하는 시안화수소 가스를 발생시키는 독극물로 널리 알려져 있지만 금을 채취하는 장점도 있었다. 따라서 청산염을 함유한 용액이 원광 더미에 스며들면서 금을 채집해 근처 웅덩이로 흘러들어가면, 그 용액을 처리 장치로 보내 금을 추출했다. 남은 청산염 용액은 근처 산이나 숲에 버리거나, 청산염을 첨가해 금을 추출하는 데 다시 사용했다.

이런 여과법이 지닌 여러 문제점이 조트만란두스키 금광에서 고스란히 드러났다(사진 4). 여과판의 두께가 동전 두께밖에 되지 않아, 중장비가 사방에서 밀어대는 수백만 톤의 원광 무게를 견디지 못해 필연적으로 여과판이 찢어지게 마련이다. 또한 유독성 청산염 용액을 저장한 웅덩이가 넘쳐흐를 수도 있다. 조트만란두스키 금광에서는 폭우가 내리면 이런 일이 흔히 발생했다. 끝으로 청산염 자체가 위험한 독극물이다. 청산염을 치사량 이상으로 희석시킬 수 있었기 때문에 여과판이 터지는 것을 방지하기 위해서 근처에 청산염을 살포할 때, 살포 작업시에 약간이라도 실수가 생기면 청산 가스가 형성되어 근처에서 일하던 인부들이 사망하는 사고가 발생했다.

어쨌든 페가수스 금광은 파산을 선고하면서 노천광과 산더미 같은 원광 더미, 그리고 청산염이 영원히 누출될 것만 같은 웅덩이들을 방치했다. 페가수스가 매입한 채권은 뒤처리 비용을 감당하기에는 턱없이 부족했다. 거의 4,000만 달러에 달하는 초과 비용을 납세자가 떠안아야 할 입장이다. 독성을 띤 광산에서 배출되는 폐기물 문제를 고스란히 보여주는 이상의 세 사례는 독일, 남아프리카, 몽고 등 여러 나라에서 광산투자를 모색하며 몬태나를 방문하는 투자자들에게 잘못된 채굴 관습에 따른 결과를 절실하게 깨닫게 해준다.

삼림

몬태나에 닥친 두 번째 환경 문제는 벌목과 숲 태우기에서 비롯된 것이다. 금속의 채광이 어딘가에서 어떤 식으로 행해져야 하는 현실을 누구도 부인할 수 없듯이, 벌목도 목재를 얻고 종이를 만들기 위해서는 반드시 필요한 작업이다. 몬태나의 내 친구들도 벌목에 대해 심정적으로 동의하면서 “몬태나에서 벌목을 반대한다면 자네는 어디에서 필요한 목재를 얻을 건가?"라고 묻는다. 릭 레이블(Rick Laible)은 몬태나의 최근 벌목 정책에 반론을 제기하면서 "그럼 열대우림을 파괴하자는 건가!"라고 지적했다. 잭 워드 토머스(Jack Ward Thomas)의 벌목 옹호론도 비슷했다. "우리 땅의 죽은 나무들은 그대로 놓아두고 캐나다의 산 나무들을 수입하자고? 그렇게 한다면 우리는 벌목의 환경적 효과와 그 경제적 이득까지 캐나다에 수출한 꼴이 되겠지." 딕 허시도 빈정대듯이 "하기야 '벌목으로 땅을 강간하지 말라'는 말이 있지. 그래서 우리 땅 대신에 캐나다 땅을 강간하는 거라고!"라고 거들었다.

비터루트밸리에서 상업적인 벌목은 1886년에 폰데로사파인 사(社)가 뷰트의 광산촌에 목재를 대량으로 공급하면서 시작되었다. 제2차 세계대전 후 미국에 주택 건설이 본격적으로 시작되면서 목재 수요가 급증했다. 따라서 국유림에서 생산된 목재 판매량이 1972년에 정점에 이르면서 1945년 수준의 6배까지 치솟았다. 나무를 해충에서 보호하기 위한 조치로 DDT가 공중 살포되기도 했다. 또한 정선된 수종(樹種)으로 일정한 연령의 나무들을 재공급받기 위해서, 그렇게 함으로써 목재 생산량을 늘리고 벌목의 효과를 높이기 위해서, 나무들을 선별적으로 벌목하지 않고 한 지역에서 모든 나무를 베어버리는 방법을 썼다. 개벌(皆伐, clear cutting)은 이런 이점들을 가졌지만 손실도 적지 않았다. 나무 그늘이 일순간에 사라지면서 물고기가 산란하고 생존하기에 적합한 온도 이상으로 강물의 수온이 상승했다. 게다가 그늘진 숲에 쌓인 눈은 천천히 녹으면서 여름 내내 목장의 용수로에 물을 공급해주었지만 그늘이 사라진 헐벗은 땅에 쌓인 눈은 봄볕에 금세 녹아버렸다. 침전물의 유출이 심해지면서 수질이 악화되는 경우도 있었다. 하지만 개벌로 인한 가장 큰 피해는 몬태나의 주민들에게 가장 소중한 자원으로 여겨지던 아름다운 산허리가 사라진 것이었다. 잘려나간 듯한 산허리는 험상궂게, 정말 험상궂게 보였다.

'개벌 논쟁(Clearcut Controversy)'으로 알려진 대논쟁이 벌어졌다.

몬태나의 목장주, 지주, 시민들이 분노하면서 벌목의 중단을 요구했다. 그러나 산림청(US Forest Service)의 책임자들은 벌목에 대해 누구보다 많이 아는 전문가로 자처하며, 아무것도 모르는 시민들은 입 닥치고 있으라는 듯이 시민들의 항의를 묵살해버렸다. 민간 산림 전문가들이 작성한 '1970년 볼 리포트'는 웨스트버지니아의 국유림 개벌 등 여러 사례의 난맥상을 지적하며 산림청의 정책을 신랄하게 비판했다. 덕분에 전국에서 개벌을 제한하고, 목재 생산 이외에 다양한 목적으로 숲을 관리하는 데 중점을 두는 변화가 시작되었다. 1905년 산림청이 개설되면서 천명했던 원래의 목적으로 되돌아간 것이었다.

'개벌 논쟁' 이후 산림청의 통계에 따르면 목재 생산이 80퍼센트 이상 감소했다. 멸종위기종보호법(Endangered Species Act)과 청정수법(Clean Water Act)이 제정되고 국유림을 모든 종의 서식지로 유지하라는 요구가 빗발쳤기 때문이기도 했지만 벌목으로 인해 쉽게 접근할 수 있는 대형 나무가 크게 줄어든 탓이기도 했다. 이제 산림청이 목재 판매를 제안할 때마다, 환경 단체들은 회복하는 데 10년 이상이 걸린다는 항의를 제기하고, 그런 항의가 받아들여지지 않으면 벌목에서 타산을 맞추지 못하도록 저항 운동을 벌인다. 그러나 몬태나의 내 친구들 모두, 심지어 환경보호론자로 자처하는 사람들까지 자신들이 벌목을 금지하는 쪽으로 지나치게 몰아갔다는 속내를 내게 털어놓았다. 어떤 면으로 생각해도 타당한 듯한 벌목 제안(예컨대 산불을 방지하기 위한 조치로서)까지 법원에서 오랫동안 지체되는 것에 그들은 실망감을 드러냈다. 하지만 벌목에 반대하는 환경 단체들은 벌목에 관련된 정부의 제안이 그럴듯하게 보이지만 그 뒤에는 벌목을 확대하려는 음모가 감추어져 있다고 의심하며 한 발짝도 물러나지 않는다. 이제 비터루트밸리의 제재소들은 모두 문을 닫았다. 따라서 소량의 목재라도 몬태나 주 정부가 소유한 삼림지에서 구입해야 한다. 개인 소유의 삼림지들은 이미 두 번씩이나 개벌했기 때문이기도 하다. 제재소가 폐쇄되었다는 것은 괜찮은 봉급을 받던 일자리가 사라졌다는 뜻이기도 하다. 또한 몬태나의 전통적인 얼굴 하나가 사라졌다는 뜻이기도 하다.

비터루트밸리 이외에, 몬태나의 다른 지역에서도 사유림이 많은 편이다. 그 대부분이 1860년대에 대륙 간 철로 건설의 유인책으로 정부가 그레이트노던(Great Nothern) 철도 회사에 양도한 것이다. 1989년 그 땅이 철도 회사에서 분리되어 시애틀에 본사를 둔 플럼크리크 목재 회사(Plum Creek Timber Company)로 넘어갔다. 절세를 위해 부동산 투자 회사로 등록한 회사였다. 달리 말하면 그들의 소득이 자본 이익으로 계상되어 낮은 세율을 적용받는 회사였다. 어쨌든 플럼크리크 목재 회사는 현재 몬태나에서 가장 크고, 미국 전체에서 두 번째로 큰 사유림을 보유한 회사이다. 나는 플럼크리크가 발간한 홍보물을 읽어보았고, 밥 지르사(Bob Jirsa) 홍보 이사와 이야기를 나누어보았다. 지르사는 플럼크리크의 환경 정책을 변호하면서 지속 가능한 산림 관리를 할 것이라고 다짐했다. 하지만 몬태나의 친구들은 플럼크리크에 대해 적잖은 불만을 갖고 있었다. 그들의 불만은 대략 이런 식이었다. "플럼크리크는 손익계산만 따져!", "지속 가능한 산림 관리라고? 웃기는 소리!", "플럼크리크도 영리를 추구하는 기업이야. 그들의 목적은 더 많은 나무를 자르는 거라고!", "플럼크리크는 무슨 수를 써서라도 돈을 벌려고 해", "누가 불만을 떠뜨려야 조심하는 척할 뿐이야!"

이처럼 양극화된 주장의 대립은 이미 광산 회사의 경우에서 보았던 것이다. 플럼크리크는 자선 기관이 아니다. 이익을 추구하는 기업이다. 몬태나 주민이 플럼크리크에게 이익을 조금이라도 포기하기를 바란다면 정치인들에게 압력을 넣어 플럼크리크에게 그렇게 행동하도록 요구하는 법을 제정해서 집행하도록 해야 한다. 아니면 그들이 그 땅을 구입해서 다른 식으로 관리하든지! 몬태나의 춥고 건조한 기후, 삼림 관리가 상대적으로 어려운 고산지대라는 불리한 조건도 이런 분쟁을 부추긴 원인 중 하나이다. 사실 몬태나에 비해서 미국의 남서 지방과 북동 지방에서 나무가 2~3배 빨리 자란다. 플럼크리크는 몬태나에 가장 넓은 사유림을 보유하고 있지만 몬태나의 사유림에 비해 60~64퍼센트에 불과한 아칸소, 조지아, 메인, 미시시피의 사유림에서 더 많은 목재를 생산하고 있다. 달리 말하면 플럼크리크는 몬태나의 벌목장에서 충분한 수익률을 올리지 못하는 셈이다. 남동 지역에서는 30년이면 나무가 벌목할 크기로 자라지만 몬태나에서는 60~80년을 기다리는 동안 세금을 꼬박꼬박 납부해야 하고, 산불까지 예방하는 노력을 기울여야 한다. 따라서 플럼크리크가 경제적 현실을 감안해서 몬태나 땅, 특히 강과 호수를 따라 형성된 땅을 개발하는 데 더 큰 가치를 두는 것은 당연한 논리라 할 수 있다. 물과 어우러진 아름다운 경관을 지닌 땅을 구하는 구매자도 똑같은 생각을 할 것이다. 게다가 이런 땅의 구매자는 정부를 포함해서 자연 보존을 부르짖는 사람들이다. 이런 모든 이유로 몬태나에서 벌목 사업의 미래는 광업과 마찬가지로 미국의 다른 지역에 비해서 불투명한 편이다.

벌목과 관련해서 생각해야 할 문제는 산불이다. 산불이 미국 서부 지역 전체와 몬태나의 일부에서 최근 들어 급격히 증가하고 있는 추세이다. 특히 1988년, 1996년, 2000년, 2002년, 2003년의 여름이 특히 기승을 부렸다. 2000년 여름에는 비터루트밸리의 비벌목 지역 중 20퍼센트가 산불로 피해를 입었다. 요즘 들어 비터루트를 찾을 때마다 나는 비행기 창문을 통해 밖을 내다보면서 그날의 산불 횟수를 헤아리고 연기량을 가늠해본다. 예컨대 2003년 8월 19일, 나는 미줄라 공항에 내릴 때까지 12곳에서 산불을 확인했고, 그 자욱한 연기 때문에 몇 킬로미터 밖이 보이지 않았다. 2000년에는 존 쿡이 내 아들을 데리고 제물 낚시를 나갈 때마다, 어디에서 산불이 났느냐에 따라 그가 선택하는 낚시터가 달라질 정도였다. 심지어 비터루트의 친구들 중 일부는 코앞까지 닥친 산불 때문에 몇 번이고 집을 버리고 피신해야 했다.

최근 들어 산불이 이처럼 증가하는 이유는 부분적으로 덥고 건조해진 여름, 즉 기후 변화 때문이지만 부분적으로는 인간의 행위 때문이기도 하다. 즉 산림 전문가들이 이미 30년 전부터 경고했지만 그 상대적 중요성이 여전히 논란거리인 복잡한 원인들이 있다. 첫째는 벌목의 직접적 효과이다. 벌목으로 인해 삼림이 거대한 인화물 덩어리로 변했다는 뜻이다. 벌목된 나무는 값나가는 줄기만 운반되기 때문에 벌목된 삼림의 바닥에는 잘라낸 가지들과 우듬지로 가득하다. 또한 빽빽하게 심은 묘목들이 자라면서 삼림을 산불에 대해 더 취약하게 만든다. 벌목된 나무들은 크고 불에도 잘 견디지만, 남겨진 작은 나무들은 쉽게 불에 탄다. 두 번째 원인은 산림청이 1900~1910년에 소중한 나무들이 재로 변하는 것을 막고, 주민들이 집과 생명을 구해야 한다는 자명한 이유로 채택한 산불 진압 정책이다. 산림청이 대외적으로 천명한 목표는 "산불이 보고된 날, 다음날 아침 10시까지 모든 산불을 진압하라!"였다. 제2차 세계대전 후에 소방수들은 이 목표를 훌륭하게 성취해냈다. 산불 진압용 항공기, 소방차가 진입할 수 있는 임로의 확충, 그리고 한층 발달한 화재 진압 관련 테크놀로지 덕분이었다. 따라서 제2차 세계대전 이후 수십 년 동안 화재로 소실되는 삼림의 면적이 거의 80퍼센트나 줄어들었다.

그러나 이런 행복한 상황이 1980년대에 들면서 바뀌기 시작했다. 비와 바람이 도와주지 않으면 진압이 거의 불가능한 대형 산불이 뻰질나게 발생했다. 그때서야 사람들은 연방 정부의 화재 진압 정책이 이런 대형 산불의 원인으로 발전했다는 사실, 즉 번개로 인한 자연 화재가 삼림의 평형 상태를 유지하는 데 중요한 역할을 했다는 사실을 깨닫기 시작했다. 자연 화재의 역할은 고도, 수종, 삼림의 유형에 따라 다르다. 비터루트에서 낮은 곳에 위치한 폰데로사 소나무숲을 예로 들어보자. 역사적 기록과 나이테의 수, 그루터기에 남은 화재의 흔적 등을 조사하면, 폰데로사 소나무로 이루어진 숲은 자연 조건하에서 10년에 한 번꼴로 번개로 인한 화재를 겪는다. 1910년경에 시작된 산불 진압 정책이

1945년 이후 실효를 거두기 전까지는 실제로 그랬다. 완전히 자란 폰데로사 소나무는 수피가 5센티미터에 가까워 화재에 잘 견딘다. 반면에 하층군에 속한 더글러스-퍼의 묘목들은 불에 탄다. 다음 산불이 있을 때까지 10년 동안 자라도 묘목들은 키가 크지 않아 불이 큰 나무의 우듬지까지 올라가지 못한다. 따라서 불은 지표면과 하층식생군만 태우고 꺼진다. 그 결과로 자연 상태로 내버려둔 폰데로사 소나무숲은 큰 나무가 널찍한 간격을 두고 서 있고 낮은 나무들이 그 사이에서 하층식생군을 이루는 공원 같은 모습을 띤다.

물론 벌목업자들이 나이를 먹어 크고 값나가며 불에 잘 견디는 폰데로사 소나무만을 집중적으로 베어내기는 했지만 수십 년간 계속된 산불 진압 정책으로 하층식생군을 이루던 더글러스 전나무의 묘목들이 큰 나무로 성장한 탓에 요즘 들어 대형 산불이 빈번한 것이다. 나무밀도가 에이커(1,224평)당 30그루에서 200그루로 증가했다. 인화물이 적어도 6배나 증가했다는 뜻이다. 게다가 의회는 묘목을 솎아내는 데 필요한 예산을 확보하지 못했다. 국유림에서 풀을 뜯는 양도 인간과 관련된 요인 중 하나이다. 양들이 하층식생군의 풀을 무차별적으로 감소시켰다. 따라서 요즘에는 묘목으로 빽빽한 숲에서 번개로 인해서든 인간의 실수나 의도적인 방화로 인해서든 산불이 시작된다. 키가 훌쩍 커버린 빽빽한 묘목들이 사다리 역할을 하면서 불이 커다란 나무의 우듬지까지 치솟아 올라간다. 그러면 거의 지옥으로 변해서, 불길이 공중으로 120미터까지 치솟아올라 우듬지에서 우듬지로 훨훨 날아다닌다. 주변 온도가 거의 섭씨 1,000도까지 올라가면서 땅속에 묻힌 나무씨까지 죽여버리고, 진흙 사태와 대규모 침식까지 일으킬 수 있다.

이제 산림 전문가들은 서부 지역의 삼림을 관리하는 데 가장 큰 문제로, 거의 50년 동안 계속된 산불 진압 정책으로 인해 증가한 인화물들을 꼽는다. 대체 그 인화물들을 어떻게 처리해야 하는가? 습한 동부 지역에서는 죽은 나무가 신속하게 썩어 없어지지만 건조한 서부 지역에서는 죽은 나무가 거대한 성냥개비 역할을 한다. 이상적인 세계라면 산림청도 벌목이나 인위적인 작은 산불로 삼림을 관리해서 복원하고, 나무들을 솎아내며, 빽빽한 하층식생군을 제거할 수 있을 것이다. 하지만 그렇게 하려면 에이커당 1,000달러의 비용이 필요하다. 서부 지역의 삼림이 1억 에이커라 한다면 1,000억 달러의 비용이 필요한 작업이다. 설령 비용이 그만큼 들지 않더라도 이런 제안을 한다면 많은 사람이 아름다운 숲에서 벌목을 재개하려는 구실로 의심하는 세상이 되었다. 따라서 연방 정부는 서부 지역 삼림의 산불 가능성을 낮추기 위한 정책을 도입하지 못하고 현상을 유지하면서 산불이 날 때마다 상상을 초월하는 비용을 쏟아붓고 있다. 예컨대 1만 평방마일의 삼림을 잿더미로 만든 2000년 여름의 화재를 진압하는 데 16억 달러를 썼다!

몬태나 사람들은 삼림 관리와 산불에 대한 다양한 의견을 갖고 있지만 서로 모순되기 일쑤이다. 주민들은 진압하기에 너무 위험하거나 진압 자체가 불가능한 대형 산불에 대한 산림청의 '무대응'에 거의 본능적으로 반발한다. 예컨대 1988년 옐로스톤 국립공원을 무차별적으로 불태워버린 산불에 산림청이 별다른 대응책을 보이지 않자 미국 국민들은 거칠게 항의했다. 실제로 비나 눈이 오기를 기도하는 수밖에 다른 도리가 없었다는 사실을 이해하지 못했던 탓이다. 또한 산불을 방지하기 위한 대책의 하나로 삼림 정리를 위한 솎아내기 작업에도 주민들은 반발한다. 울창한 숲이 이룬 경치를 사랑하기 때문이다. 인간이 자연에 간섭하는 것을 반대하고, 숲을 자연 그대로의 조건에 내버려두고 싶은 것이다. 그들의 세금이 나무를 솎아내는 데 쓰이는 것을 원하지 않는다. 하지만 거의 한 세기 동안의 화재 진압 정책, 벌목, 국유림의 풀을 뜯는 양들로 인해 서부 지역의 삼림이 이미 자연의 상태가 아니라는 사실을 모르고 있다. 소위 산림 전문가라는 사람들도 최근에야 이런 사실을 깨달았으니 일반 시민이야 어땠겠는가!

비터루트에서 사람들은 도시와 숲의 경계지, 요컨대 언제라도 불이

날 수 있는 숲 옆에 집을 짓고, 정부가 산불에서 자신들의 집을 보호해 주기를 바란다. 2001년 7월, 아내와 나는 해밀턴의 서쪽에 위치한 블로젯 숲을 걷고 있었다. 2000년 여름 우리가 그곳을 찾았을 때 검은 연기로 계곡을 가득 채웠던 산불로 까맣게 타 죽은 나무들이 사방에 보였다. 그때까지 숲의 나무를 솎아내자는 산림청의 제안을 묵살해왔던 블로젯 인근의 주민들은 산림청에 시간당 2,000달러의 임대료를 지불해서라도 12대의 산불 진압용 헬리콥터를 빌려 자기들의 집을 구해달라고 요구했다. 산림청은 인명, 재산, 숲의 순서를 지키라는 정부의 명령을 충실히 따랐다. 달리 말하면 주민의 집을 지키기 위해서 광활한 면적의 국유림을 포기하는 수밖에 없었다. 그 후 산림청은 개인 재산을 지켜주기 위해서 그처럼 막대한 돈을 낭비하고 소방수들의 목숨을 위험에 빠뜨릴 수 없다고 선언했다. 많은 주택 소유자들이 산불로 인해 집을 잃거나, 산림청이 산불의 확대를 막기 위해서 놓은 맞불에 집을 잃을 때, 혹은 산불 때문에 집을 잃지 않아도 거실에 앉아 즐길 수 있던 아름다운 숲이 불타버리면 산림청에 소송을 제기한다. 산불 예방 대책을 위해 공무원들이 나무를 솎아내는 것을 반대하면서도 산불을 진압하는 데 필요한 비용을 조금도 감당하지 않으려는 것이다. 하지만 몬태나 주택 소유자들 중 적지 않은 사람이 그런 반(反)정부적 태도를 안타까워하고 있다.

토지

몬태나가 직면하고 있는 또 다른 환경 문제는 토양과 관련된 것이다. '사소'하면서도 확연히 드러난 토양 문제는 한동안 호경기를 맞았던 비터루트밸리의 사과 과수원들이 거의 사라진 것에서 찾아진다. 사과나무들이 흙에서 질소를 고갈시킨 탓이었다. 또한 정상적인 상황에서 토양을 보호하던 풀들이 사라지면서 시작된 침식은 상당히 만연된 문제이다. 지나친 방목, 유해한 잡초의 유입, 벌목, 그리고 표토를 불모지로 만들어버린 뜨거운 산불로 인해 풀들이 사라진 것이 침식의 주된 원인이다. 이곳에서 오랫동안 목장을 운영해온 가족들은 지나친 방목이 좋지 않다는 것을 알고 있다. 예컨대 딕 허시와 잭 허시는 "우리가 우리 땅을 잘 관리해야지. 그렇지 않으면 우리가 망하니까!"라고 말한다. 하지만 허시 형제의 한 이웃은 외지인으로 목장 운영보다 부동산 가치의 상승에 더 많은 관심을 두고 있으며, 투자한 돈을 하루라도 빨리 회수하려는 근시안적인 생각으로 지나치게 많은 소를 방목하고 있다. 다른 이웃들은 목초지의 권리를 임차인에게 빌려주는 커다란 실수를 범했다. 임차인은 3년의 계약 기간에 이익을 회수하려고 장래에 미칠 영향은 생각지 않고 지나친 방목을 서슴지 않았기 때문이다. 이런 다양한 원인들로 인해, 비터루트 강 유역의 3분의 1은 이미 침식되어 화급하게 복원되어야 할 처지이고, 3분의 1은 침식될 위험에 놓여 있으며, 나머지 3분의 1은 침식되지 않고 좋은 상태를 유지하고 있다.

질소의 고갈과 침식 이외에, 몬태나가 겪고 있는 토양 문제는 염화(鹽化)이다. 토양과 지하수에 소금이 축적되면서 생기는 현상이다. 염화 현상은 예전부터 일부 지역에서 자연적으로 발생했지만, 바로 뒤에서 잠시 언급하고 제13장에서 더 자세히 살펴볼 농경 방식, 특히 토착 식물의 소멸과 관개 수로의 건설에서 비롯되는 염화로 인해 최근 들어 상당한 지역의 농지가 황폐해져가고 있어 큰 걱정이 아닐 수 없다. 특히 일부 지역에서 토양 수분(soil water, 토양 중에 존재하는 물: 옮긴이)의 소금 농도가 해수 농도의 2배에 달한다.

소금기는 곡물에 치명적인 영향을 미치기도 하지만, 가뭄 때와 같은 악영향을 곡물에 미치기도 한다. 즉 토양 수분의 삼투압을 증가시켜 뿌리가 삼투 작용으로 물을 흡수하는 능력을 떨어뜨린다. 염화된 지하수가 우물과 냇물로 스며들면 수면에서 증발해 소금층을 남길 수도 있다. 바닷물보다 짠 물을 마신다고 상상해보라. 끔찍한 맛일 것이다. 그런 물로 농부가 농사를 제대로 지을 수 있겠는가? 그런 물에 녹아 있을 붕소, 셀레늄 등 유독 성분들이 당신의 건강을 해칠지도 모른다. 야생 동물과 당신의 가축을 해칠 수도 있다. 오늘날 염화는 미국 이외에 인도, 터키, 오스트레일리아 등 많은 곳에서 겪고 있는 문제이다(제13장 참조). 세계 최초의 문명지, 메소포타미아 문명의 쇠락을 재촉한 원인이 염화였다! 과거에 세계 농업의 중심이었던 까닭에 이라크와 시리아에 붙여진 '비옥한 초승달'이란 이름이 지금은 잔인한 말장난처럼 여겨지는 이유를 설명하려면 염화에서 시작해야 한다.

그레이트플레인스(Great Plains)의 북쪽 지역, 수백만 에이커의 농지가 염화 현상으로 거의 황폐화되었다. 몬태나의 북부, 동부, 중부에서도 수십만 에이커가 몹쓸 땅으로 변해가고 있다. 고지대의 지하에서 축적된 소금기를 띤 물이 땅속으로 스며들어 800미터 혹은 그 이상 떨어진 아래 지역에서 스며나오기 때문에 이런 염화 현상은 '소금 방울(saline seep)'이라 불린다. 윗마을 농부의 경작 방식이 아랫마을 이웃의 재산에 피해를 입히기 때문에 소금 방울은 이웃의 정까지 금이 가게 만든다.

그런데 소금 방울은 어떻게 생기는 것일까? 몬태나 동부에는 수용성 염기(특히 나트륨, 칼슘, 황산 마그네슘)가 바위나 토양에 많이 함유되어 있고, 해양 침전물(과거에 이 지역의 대부분이 바다였다)에도 적잖게 함유되어 있다. 농경지 아래에는 반암층이 있다. 혈암, 사암, 석탄으로 주로 이루어져 투수성(透水性)이 낮다. 또한 동부 지역은 건조한데다 주로 토종 풀로 덮여 있어, 비가 내려도 토종 풀의 뿌리가 곧바로 흡수하거나 대기로 증발된다. 따라서 뿌리 아래의 흙은 거의 언제나 말라 있는 상태이다. 하지만 농부가 토종 풀을 걷어내고, 밀과 같은 1년생 곡물을 한 해 동안 경작하고 다음 해에는 휴경하는 농법을 사용하면 휴경년에 떨어지는 빗물을 흡수할 식물의 뿌리가 없는 셈이 된다. 그 빗물은 땅속에 축적되고 뿌리층 아래의 흙까지 흠뻑 적시면서 소금기를 녹인다. 지하수면이 상승할 때 이렇게 녹은 소금도 뿌리 지역까지 올라온다. 투수성이 낮은 반암층 때문에 소금기를 띤 물이 땅속 깊이 스며들지 못하고, 인근 저지대의 어딘가에서 소금 방울처럼 솟아오른다. 그 결과로 문제의 발단인 고지대뿐만 아니라, 소금 방울이 나타난 저지대에서도 곡물이 제대로 성장하지 못하거나 아예 말라 죽는다.

1940년 이후 경작법의 변화, 특히 트랙터와 같은 효율적인 영농 기계의 사용이 늘어나고, 매년 휴경하는 토지는 늘어나는데 휴경지의 잡초를 죽이기 위한 제초제가 남용되면서 몬태나의 많은 지역에 염화 현상이 나타났다. 사람들은 이런 염화 현상을 극복하기 위해서 다양한 영농법을 개발했다. 저지대에서는 소금기에 강한 식물을 지배했고 고지대에서는 가변작부(可變作付, flexible cropping)로 알려진 영농법을 채택해 휴경 기간을 단축시켰다. 또한 자주개자리 등 뿌리를 길게 내리는 다년생 식물을 심어 토양의 염기를 제거하려 애썼다.

강우에 크게 의존하는 지역에서는 소금 방울이 땅을 못 쓰게 만드는 주된 원인이다. 그러나 염화 현상이 소금 방울로 인해서만 생기는 것은 아니다. 관개 수로에서 농업용수를 공급받는 수백만 에이커의 농지가 몬태나 곳곳에 무질서하게 산재해 있다. 내가 여름을 보내는 비터루트밸리와 빅홀베이슨에도 관개 수로가 갖추어져 있다. 관개 수로의 물이 염기를 포함하는 지역에서도 어김없이 염화 현상이 나타나고 있다. 또한 석탄층까지 구멍을 뚫고 물을 넣어 메탄을 표층까지 끌어올려서 메탄을 추출하는 지역에서도 염화 현상이 나타난다. 안타깝게도 물은 메탄뿐만 아니라 소금까지 용해시킨다. 몬태나 남쪽에 인접하고 몬태나만큼이나 가난한 와이오밍은 1988년 이후 경제를 활성화시키기 위해 이 방법을 사용해서 메탄을 추출하려는 대형 프로젝트를 발족시켰다. 그 때문에 소금기를 띤 물이 와이오밍에서 몬태나 남동부의 파우더 강 유역으로 방류되고 있는 실정이다.

물

비터루트밸리가 완전히 독립된 두 가지 시스템으로 물을 공급받는 현실을 감안하면 건조한 서부 지역과 마찬가지로 몬태나가 겪고 있는 골치 아픈 물 문제를 이해하는 데 약간은 도움이 될 수 있으리라고 생각된다. 비터루트밸리에서는 냇물, 호수, 비터루트 강의 물을 이용한 관개 수로로 농지에 농업용수를 공급하는 반면에, 가정용수는 지하 대수층(帶水層)까지 파내려간 우물에서 공급된다. 이 지역에서 상대적으로 큰 마을들은 자체의 상수원을 가지고 있지만 마을 밖의 가정은 개별 우물을 가지고 있다. 그런데 농업용수와 가정용수 모두가 똑같은 딜레마에 빠져 있다. 즉 사용자는 늘어나는데, 수량은 줄어들고 있다는 문제이다. 비터루트밸리의 용수 관리자, 번 울시(Vern Woolsy)는 내게 이런 딜레마에 대해 이렇게 요약해주었다. "수원(水源)은 하나인데, 그것을 사용하겠다는 사람이 둘 이상일 때는 언제나 문제가 있는 법입니다. 하지만 왜 물 때문에 싸웁니까? 싸운다고 물이 더 생기는 것도 아니잖습니까!"

수량이 줄어드는 근본적인 이유는 기후 변화이다. 몬태나는 점점 더워지고 건조해지고 있다. 전 지구적으로 보면 지구 온난화로 이익을 보는 지역이 있고 손해를 보는 지역이 있지만 몬태나는 그렇잖아도 농업을 하기에 강우량이 부족한 편이었기 때문에 큰 손해를 보는 지역에 속한다. 실제로 동부 지역, 캐나다의 앨버타와 서스캐처원과 인접한 지역에서는 상당한 농지가 가뭄으로 농사를 포기한 실정이다. 내가 여름을 보내는 몬태나 서쪽에서도 지구 온난화에 따른 영향이 뚜렷하게 나타나고 있다. 만년설을 최정상에서만 볼 수 있을 뿐이다. 게다가 내가 1953년 처음 찾았던 빅홀베이슨을 둘러싼 산들에서는 만년설이 거의 사라져 여름에는 그 자취를 찾기 힘들 지경이다.

몬태나에서, 어쩌면 세계 전체에서 지구 온난화의 가장 뚜렷한 영향은 글레이셔 국립공원에서 찾아진다. 킬리만자로 산, 안데스 산맥과 알프스 산맥, 뉴기니의 산악지대, 에베레스트 산 부근 등 세계 곳곳에서 빙하가 사라지고 있지만 그 현상은 몬태나에서 가장 확실하게 확인할 수 있다. 기후학자나 관광객이 접근하기 쉬운 곳에 위치하고 있기 때문이다. 1800년대 말 글레이셔 국립공원 일대에는 150개의 빙하가 있었지만 지금은 35개 정도밖에 남지 않았다. 그것도 처음에 기록된 규모에 비하면 아주 작아진 크기이다. 현재와 같은 속도로 빙하가 녹는다면 글레이셔 국립공원에는 2030년경에 하나의 빙하도 남지 않을 것이다. 이처럼 산악지대에 빙하나 만년설이 줄어들면, 여름이면 만년설이 녹은 물로 채워지는 관개 시설에 악영향을 미칠 것이고, 최근에 계속된 가뭄으로 수량이 줄어든 비터루트 강의 대수층에 의존하는 가정용수에도 악영향을 미칠 것이다.

미국 서부의 다른 건조 지역과 마찬가지로 비터루트밸리에서도 연간 강우량이 330밀리미터에 불과하기 때문에 관개 시설이 없으면 농사가 불가능하다. 관개 시설이 사라진다면 비터루트밸리에는 산쑥밖에 남지 않을 것이다. 루이스와 클라크 원정대는 1805~1806년 이곳을 처음 찾았을 때 산쑥밖에 없다고 기록했고, 지금도 밸리의 동쪽으로 마지막 수로를 건너면 곧바로 눈에 띄는 것이 산쑥이다. 밸리 서쪽의 높은 산들에 쌓인 눈이 녹아 흘러내리는 물을 이용한 관개 시설의 건설은 1800년대 말부터 시작되어 1908~1910년에 절정을 이루었다. 그리고 각 관개 시설 내의 지주들은 일정한 수량의 물을 공급받을 권리를 얻었다.

그러나 이제는 대부분의 관개 지역에서 물이 과다하게 할당되어 있다. 나와 같이 순진한 외부인에게는 쉽게 이해되지 않는 일이다. 달리 말하면 지주들에게 할당된 수량의 합이 물의 유입량을 초과한다. 눈이 녹은 물의 양이 줄어드는 여름에는 특히 그렇다. 물의 유입량이 일정하리라는 가정하에서 물을 할당했기 때문이다. 게다가 기후에 따라 유입량이 달라지는 것을 감안하지 않고, 상대적으로 비가 많았던 해를 기준으로 유입량을 계산했기 때문이다. 나름대로 해결책을 마련했다. 농지를 근거로 용수권을 요구한 시기를 기준으로 지주들에게 우선권을 부여하는 식이다. 따라서 수량이 부족하면 나중에 용수권을 얻은 지주들에게 물 공급을 중단한다. 그렇게 역순으로 물 공급을 중단해간다. 이런 해결책은 이미 갈등의 요인으로 부각되고 있다. 가장 먼저 용수권을 얻은 농지는 대부분 저지대에 위치하지만 나중에 용수권을 얻은 농부들의 땅은 고지대에 위치하고 있어 그들의 땅을 지나 아래로 흘러가는 물을 그냥 구경할 수밖에 없는 입장이다. 그렇다고 물길을 막을 수도 없잖은가! 물길을 막으면 저지대 농부들이 당장에 고소할 테니까.

토지 분할은 더 큰 문제를 야기하고 있다. 대부분의 농지는 처음에 한 사람이 소유한 한 덩어리였다. 따라서 죽 연결된 농지에 하나의 수로를 연결시켜 물을 공급하면 그만이었다. 또한 바보가 아니었다면 모든 농지에 한꺼번에 물을 공급하지 않았을 것이다. 그러면 물이 금세 바닥나고 말았을 테니까. 그러나 160에이커이던 농지가 4에이커씩 40농가에게 분양되자 문제가 발생했다. 40농가가 한꺼번에 밭에 물을 대려고 하자 물 부족 현상이 나타났다. 한편 용수권을 확보한 농지에만 물의 '수익권'을 적용하는 시스템 자체도 문제이다. 물고기를 위해서, 그리고 래프팅을 즐기려는 관광객을 위해서 강에 물을 남겨두어야 하지만 그런 것은 '수익권'으로 여겨지지 않는다. 최근에 여름 가뭄이 계속되면서 빅홀 강의 일부가 이미 말라버렸다. 비터루트밸리에서 일어난 숱한 갈등이 2003년까지는 주민 모두가 존경하는 82세의 용수 관리자, 번 울시의 노력으로 좋게 해결될 수 있었다. 하지만 비터루트의 내 친구들은 번이 은퇴한 이후를 몹시 걱정하고 있다.

비터루트 관개 시설에는 개인적으로 냇물을 막은 28개의 소형 댐이 있다. 눈이 녹은 물을 봄에 저장해두었다가 여름에 사용할 목적으로 건설한 댐들이다. 그런데 이런 댐들이 시한폭탄이다! 모두 한 세기 전에 건설된 것이어서 위험하기 짝이 없다. 게다가 관리조차 제대로 되지 않았다. 만약 붕괴된다면 댐 아래의 가옥과 농지가 침수되고 말 것이다. 실제로 수십 년 전에 두 댐이 무너지면서 엄청난 범람이 있었다. 그 후 산림청은 댐의 주인과 그 댐을 건설한 토건 회사가 댐의 붕괴로 인한 손해를 책임져야 할 것이라고 공포했다. 그리고 댐의 소유자에게 댐을 관리하든지 댐을 제거하라는 책임이 주어졌다. 이런 원칙이 합리적인 듯하지만 세 가지 이유로 재정적 부담이 따른다. 첫째, 현 소유주 대부분이 댐에서 금전적 이익을 거의 얻지 못해 댐의 관리에 관심이 없다. 즉 토지가 여러 농가로 분할되어, 영농을 통한 돈벌이 수단보다 잔디를 적시는 데 댐을 사용할 수 있을 뿐이다. 둘째, 연방 정부와 주 정부가 댐 관리를 위해 비용의 일부를 부담하고 있다. 셋째, 댐들의 절반 정도가 현재는 자연보호 구역으로 지정된 구역 내에 있기 때문에 도로 개설이 금지되어, 보수 장비를 헬리콥터로 운반해야 한다.

이런 시한폭탄 중 하나가 틴컵(Tin Cup) 댐이다. 이 댐이 붕괴되면 비터루트밸리 남쪽에서 가장 큰 마을인 다비(Darby)가 완전히 물에 잠길 위험이 크다. 댐의 부실한 상태와 누수로 인해 댐의 소유자, 산림청, 환경 단체가 댐을 보수할 것인가, 보수한다면 어떤 식으로 할 것인가 등을 두고 오랫동안 입씨름과 법정 다툼을 벌였다. 특히 심각한 누수 현상으로 응급 상황이 발생한 1998년에 최고조에 이르렀다. 결국 소유자는 댐의 물을 빼기로 결정했다. 그런데 엄청나게 큰 바위 덩어리가 배수를 방해했다. 그 바위를 제거하려면 헬리콥터로 커다란 굴착 장비를 공수해야 했다. 그러자 소유자는 돈이 없다면서 공사를 포기했다. 몬태나 주 정부와 라발리카운티도 댐을 위해 예산을 책정할 수 없다고 거부했다. 하지만 다비에 사는 주민들의 목숨을 위협할 수도 있는 급박한 상황이었다. 결국 산림청이 헬리콥터와 중장비를 임대해서 공사를 끝냈고, 소유주에게 그 비용을 청구했다. 하지만 그는 아직까지 그 돈을 지불하지 않고 있다. 현재 법무부가 그 비용을 받아내기 위해서 소유주를 상대로 소송을 준비하고 있는 중이다.

앞에서도 말했듯이 비터루트에서는 눈이 녹은 물을 관개용수로 이용하고, 일반 가정에서는 지하수를 식수원으로 이용한다. 지하수도 똑같은 문제, 즉 수요는 증가하는데 공급은 감소하는 현상에 부딪히고 있다. 만년설과 지하수는 별개의 것이라 보이지만 실제로는 깊은 관련성이 있다. 관개용수로 사용된 물이 땅으로 스며들어 대수층까지 내려간다. 또한 눈 녹은 물이 곧바로 땅에 스며들어 지하수가 되기도 한다. 따라서 몬태나에서 만년설의 꾸준한 감소는 지하수의 감소를 뜻하기도 한다.

지하수의 수요가 증가하는 이유까지 설명할 필요는 없을 것이다. 비터루트의 인구가 지속적으로 증가한다는 것이 무엇을 뜻하겠는가? 그만큼 물을 마시는 사람이 증가했고, 화장실에서 사용하는 물도 늘어났다는 뜻이 아니겠는가. 비터루트 워터포럼의 관리자, 록사 프렌치(Roxa French)는 집을 신축하는 사람들에게 "하나의 밀크셰이크에 빨대가 너무 많다"면서 우물을 깊이 파라고 충고한다. 가정용수와 관련된 몬태나 주 법과 카운티의 조례는 너무 취약하다. 집을 신축하는 사람은 이웃집보다 우물을 더 깊이 팔 수 있다. 그렇다고 이웃집이 손해배상을 요구하기는 어렵다. 대수층이 얼마나 많은 가정에 물을 공급할 수 있는지 계산하려면 대수층 지도를 작성하고, 물이 얼마나 빨리 대수층까지 스며드는지 측정해야 한다. 그러나 비터루트밸리의 대수층에 대해서 이런 기본적인 자료조차 없다. 대수층을 조사할 재원이 부족하기도 하지만 라발리카운티는 개발업자의 주택 신축 신청서를 심사할 때 물 사용량을 자체적으로 평가하지 않는다. 그 집에 충분한 물을 공급할 수 있다는 개발업자의 말을 믿고 신축 허가서를 발급한다.

나는 지금까지 수량(水量)에 대해서만 살펴보았다. 하지만 수질 문제도 만만치 않다. 특히 주변 풍경을 가장 소중한 천연자원으로 생각하는 몬태나 서부 지역이 수질 문제로 고심하고 있다. 상대적으로 깨끗한 눈이 녹은 물을 수원(水源)으로 삼고 있지만 이런 이점에도 불구하고 비터루트 강은 이미 여러 가지 이유로 몬태나에서 '손상된 강' 중의 하나로 여겨진다. 가장 눈에 띄는 이유는 침식, 도로 건설, 산불, 벌목 등으로 인해 축적된 침전물이다. 또한 관개 수로에 물을 공급하면서 개울과 냇물의 수위가 떨어진 것도 침전을 가속화시키는 원인 중 하나이다. 비터루트 강 유역 대부분이 이미 침식되고 있거나 침식될 위험에 처해 있다. 두 번째 문제는 강으로 흘러드는 화학 비료이다. 건초용 풀을 키우는 모든 농가가 에이커당 90킬로그램 이상의 비료를 사용한다. 하지만 얼마나 많은 비료가 강으로 흘러들어가는지 아무도 모른다. 정화조에서 흘러나가는 폐양액(waste nutrient)도 수질을 악화시키는 요인이다. 끝으로 비터루트는 아니지만 광산에서 유출되는 유해 금속은 몬태나의 일부 지역에서 가장 심각한 문제이다.

공기의 질에 대해서도 간단히 언급해두고 싶다. 세상에서 가장 공기가 나쁜 로스앤젤레스에 사는 내가 몬태나의 공기를 나쁘게 말하는 것이 후안무치하게 들릴 수도 있다. 하지만 계절적으로 몬태나의 일부 지역에서, 특히 미줄라에서 공기의 질이 심각한 수준까지 떨어지는 것은 사실이다. 1980년 이후 개선되는 조짐이 보이지만 미줄라의 공기가 로스앤젤레스만큼 악화되는 경우가 간혹 있다. 공기가 맴도는 계곡에 위치해서 추운 겨울이면 더욱 악화되는 미줄라의 공기 문제는 연중 내내 뿜어대는 자동차 배기가스, 겨울철의 장작 난로, 여름의 산불과 벌목 등이 복합된 문제이다.

토종과 외래종

해로운 외래종의 유입과 유익한 토종의 상실도 몬태나에 환경 문제를 안겨준 주된 원인 중 하나이다. 이 문제는 특히 어류, 사슴과 엘크, 그리고 잡초들과 관계가 있다.

몬태나에는 토종인 살인송어[Cutthroat Trout, 몬태나 주의 주어(州魚)], 황소송어(Bull Trout), 북극살기(Arctic Grayling), 화이트피시(송어의 일종) 등을 기반으로 한 어장이 형성되어 있었다. 그런데 지금은 화이트피시를 제외하고 거의 모든 어종이 급격히 줄어들었다. 이유가 종마다 달랐지만 여러 원인이 복합된 결과였다. 관개 시설로 물을 빼앗겨 산란하고 성장하는 계곡의 물이 줄어들었고, 벌목으로 수온이 따뜻해지고 침전물이 쌓였다. 남획이 잇달았고, 외래종인 무지개송어, 브루크 송어, 브라운 송어, 때로는 잡종어와 경쟁을 벌여야 했다. 역시 외래종인 노던파이크(창꼬치 고기)와 레이크 송어(호수 송어)의 포식 습성, 외래 기생충을 통한 현기성 질병도 적잖은 원인이었다. 예컨대 창꼬치 낚시를 좋아하는 낚시꾼들이 몬태나 서부의 호수들과 강에 불법으로 방류한 포식성 어류, 노던파이크가 그곳에 서식하던 황소송어와 살인송어를 거의 멸종시켜버렸다. 또한 서너 종의 토종 물고기를 중심으로 건실하게 운영되던 플랫헤드 호수의 어장도 외래종인 레이크 송어로 인해 거의 파괴되어버렸다.

현기성 질병(whirling disease)은 우연한 사고로 1958년 유럽에서 미국으로 전해졌다. 펜실베이니아의 한 어류 부화장이 이 질병에 감염된 덴마크 어류를 수입하면서 비극은 시작되었고, 그 후 새의 이동으로 인해서, 특히 정부 기관과 개인 어류 부화장들이 호수와 강에 감염된 물고기를 방류하면서 이 질병은 미국 서부 전역으로 퍼졌다. 이 질병을 옮기는 기생충이 물에 침입하면서 박멸시킨다는 것은 거의 불가능하다. 1994년에는 몬태나에서 송어로 가장 유명한 강인 매디슨 강에서 무지개송어가 현기성 질병으로 90퍼센트 이상 줄어드는 참극이 있었다.

현기성 질병은 낚시를 중심으로 한 관광업계에는 큰 타격을 주지만 인간에게 전염되지 않아 그나마 다행이다. 하지만 또 하나의 외래 질병인 사슴과 엘크의 만성 소모성 질병(CWD; chronic wasting disease)은 인간에게 치료 불가능한 치명적인 질병을 일으킬 가능성이 있기 때문에 더욱 심각하다. 사슴과 엘크에게 CWD는 다른 동물들의 '프리온 질환(prion disease)' 만큼 치명적이다. 인간에게는 크로이츠펠트-야콥병, 소에게는 흔히 광우병이라 불리는 소해면상뇌증, 양에게는 진전병(scrapie)이 가장 대표적인 '프리온 질환'이다. 이런 질병들은 신경계에 치명적인 손상을 준다. 크로이츠펠트-야콥병에 걸려서 지금까지 회복된 사람은 없었다. CWD는 1970년대에 북아메리카 서부의 사슴과 엘크에게서 처음 발견되었다. 일설에 따르면 서부의 한 대학에서 진전병에 걸린 양들 근처의 우리에 가둬두었던 연구용 사슴들을 연구가 끝난 후 자연에 방목한 탓이다. 그 때문인지 몰라도 요즘에는 이런 방목은 범죄 행위로 간주된다. 어쨌든 사슴과 엘크가 사육장을 옮겨다니면서 CWD는 전국적으로 확산되었다. 광우병은 인간에게 전염된다고 알려졌지만 CWD도 사슴이나 엘크에서 사람에게 전염되는지는 아직 확실하지 않다. 하지만 최근에 엘크 사냥꾼들이 크로이츠펠트-야콥병으로 사망하면서 일부 지역에서는 비상이 걸렸다. 특히 위스콘신 주는 연간 10억 달러에 달하는 사슴 사냥 산업이 위축될 수 있다고 염려하며, CWD의 확산을 막기 위해서 감염 지역에서 무려 2만 5,000마리의 사슴을 살처분시켰다. 관련된 사람 모두의 가슴에 못을 박는 필사적인 대책이었다.

외래 균으로 야기된 CWD가 몬태나 사람들에게 가장 큰 두려움을 주는 문제라면 외래 잡초들은 몬태나 사람들에게 가장 많은 돈을 쓰게 하는 문젯거리이다. 대부분이 유라시아에 기원을 둔 약 30종의 해로운 잡초가 건초에 딸려서, 혹은 바람을 타고 몬태나에 들어왔다. 물론 위험을 전혀 예측하지 못한 채 관상 식물로 들여온 야생 풀도 있었다. 하여간 외래 잡초들은 여러 방향에서 몬태나에 피해를 주고 있다. 무엇보다 이 잡초들은 식용이 아니다. 가축이나 야생 동물에게 먹이기도 마땅찮다. 게다가 식용 풀을 몰아내서, 가축용 사료로 사용되던 꼴의 양을 90퍼센트 가량 없애버렸다. 심지어 동물에게 치명적인 종류도 있다. 외래 잡초들은 토종 풀에 비해서 뿌리를 얕게 박기 때문에 토양의 침식을 3배 정도 가속화시킨다.

외래 잡초 중에서 경제적으로 가장 큰 타격을 입힌 것은 반점뻐꾹채류(Spotted Knapweed)와 큰잎등대풀(Leafy Spurge)이다. 이 둘은 현재 몬태나 전역에 퍼져 있다. 반점뻐꾹채류는 토종 풀을 죽이는 화학 물질을 분비하고 수많은 씨를 퍼뜨리면서 토종 풀을 거의 완전히 몰아냈다. 조그만 밭이라면 손으로 뽑아낼 수 있겠지만 반점뻐꾹채류는 이제 비터루트밸리에만 56만 6,000에이커, 몬태나 전체에서는 500만 에이커를 뒤덮고 있어 손으로 뽑아내기에는 거의 불가능한 실정이다. 제초제로 죽일 수는 있지만 값싼 제초제는 다른 유익한 풀까지 죽이는 역효과를 낳는다. 반점뻐꾹채류만 선별적으로 죽이는 제초제의 값이 갤런(3.8리터)당 800달러로 너무 비싼 것이 문제이다. 게다가 이런 제초제들의 부산물이 비터루트 강이나 음용수로 쓰이는 지하수에 어떤 영향을 미칠지, 그리고 이런 부산물 자체가 어떤 영향을 미칠지도 확실히 모른다. 반점뻐꾹채류가 목초지뿐만 아니라 국립공원까지 광범위하게 침입하면서 가축과 야생 초식 동물이 먹을 꼴의 생산을 감소시키자, 숲에서 먹을 것을 찾지 못한 사슴과 엘크가 목초지까지 내려오는 현상까지 눈에 띈다. 큰잎등대풀은 뻐꾹채류만큼 널리 확산되지 않았지만 뿌리를 6미터까지 내려 손으로 뽑기가 거의 불가능하다.

이런 외래 잡초들이 몬태나의 경제에 미치는 직접적인 손해는 연간 1억 달러로 추산된다. 부동산 가치와 농업 생산성까지 떨어뜨린다. 무엇보다 이런 잡초들은 농부들에게 목에 걸린 가시처럼 부담스런 존재이다. 단순한 대책으로 해결할 수 없어 복합적인 관리 체계를 갖추어야 하기 때문이다. 따라서 농부들은 여러 방법을 동시에 동원해서 이런 잡초들과 싸워야 하는 실정이다. 잡초를 손으로 뽑고 제초제를 사용하며, 비료를 바꾸고 그런 잡초들의 천적인 벌레와 균을 살포하며, 불을 놓아 태워 죽이고, 윤작하는 작물을 바꾸고 수확 스케줄을 변경하며, 방목하는 시기까지 바꾸고 있다. 이 모든 것이 위험을 인식하지 못한 채 들여온 작은 풀과 씨 때문에 비롯된 결과이다.

몬태나 문제에 대한 다른 시각들

따라서 몬태나는 겉으로는 목가적으로 보이지만 유독성 폐기물, 삼림, 토양, 물, 기후 변화, 생물학적 다양성의 상실, 유해한 외래종으로 인한 환경 문제를 심하게 앓고 있다. 이런 문제들은 곧바로 경제적 문제로 이어진다. 달리 말하면 몬태나 경제가 수십 년 전부터 쇠락하면서, 한때 미국에서 가장 부유했던 주가 가장 가난한 주로 전락한 이유가 이런 환경적 문제들을 통해 설명된다.

이 문제들을 어떻게 해결하느냐는 몬태나 사람들의 가치관과 마음가짐에 달려 있다. 그러나 몬태나 인구가 잡다한 방향으로 증가하고 있어, 몬태나의 환경과 미래에 대한 비전을 결정하기가 쉽지 않을 듯하다. 내 친구들도 여론의 양극화를 우려했다. 예컨대 은행가인 에밀 에르하르트(Emil Erhardt)는 "지금은 의견들이 너무 많아. 1950년대에는 우리 모두가 가난했고 가난하다고 느꼈기 때문에 부자가 되자고 단결할 수 있었지. 대단한 부자는 없었어. 부자는 거의 보이지 않았다고. 그런데 지금은 달라. 완전히 이원화되었어. 바닥에서 먹고살려고 버둥대는 저임금 가정이 있는가 하면, 고독을 즐기겠다며 널찍한 땅을 척척 사들이는 엄청난 부자들도 있어. 이제 우리는 땅의 용도에 따라 나누어 살지 않고, 돈에 따라 사는 곳이 달라!"라고 내게 말했다.

양극화 현상은 여러 방향에서 나타난다. 부자와 가난한 사람, 토박이와 외지인, 전통적인 생활 방식을 고수하는 사람들과 변화를 환영하는 사람들, 성장론자와 반(反)성장론자, 정부 계획을 찬성하는 사람들과 반대하는 사람들, 학생이 있는 가정과 없는 가정……. 내가 이 장의 앞부분에서 언급했던 몬태나의 파라독스도 여론의 양극화를 부추기는 원인 중 하나이다. 즉 토박이들은 가난하지만 외지의 부자들이 끊임없이 유입되는 반면에 정작 이곳의 아이들은 고등학교를 졸업하면서 몬태나를 떠나기 바쁘다.

나는 몬태나의 환경 문제와 양극화된 여론을 이기적인 행동, 즉 몬태나의 다른 사람들에게 피해를 준다는 것을 뻔히 알면서도 자신의 이익을 앞세우는 사람들의 이기적 행동에서 비롯된 것이라 생각했다. 적어도 처음에는 그렇게 생각했다. 독성 문제를 일으킬 것이라는 충분한 증거에도 불구하고 청산염 여과법을 사용한 금광 경영자들의 결정, 만성 소모성 질병이 확산될 위험이 있다는 것을 알면서도 사슴과 엘크를 다른 사육 농장에 팔아치운 농장 주인들, 토종 어류를 거의 멸종시켰다는 역사적인 교훈에도 불구하고 낚시를 즐기겠다는 이유로 창꼬치를 호수와 강에 불법으로 방류한 낚시꾼들 등과 같은 경우에는 그런 생각이 타당할 수 있다. 하지만 이런 경우에도 나는 관련된 사람들의 이야기를 직접 들어보지 못했기 때문에 그들이 나름대로 선의로 그렇게 행동한 것이라는 생각을 완전히 지워버릴 수는 없다. 지금껏 내가 몬태나 사람들과 이야기를 나누어본 경험에 따르면 그들은 언제나 가치관에 따라 충실하게 행동하는 사람들이었다. 물론 그들의 가치관이 내 가치관이나 다른 몬태나 사람의 가치관과 충돌하는 경우가 있었지만! 달리 말하면 대부분의 경우에 몬태나가 겪는 어려움은 이웃에 피해를 주더라도 자기의 이익을 챙기려는 이기적이고 사악한 사람들의 탓이라고 단순화시키기 어렵다. 오히려 서로 다른 배경과 가치관을 가진 사람들 간의 충돌, 더 정확히 말하면 배경과 가치관에 따라 선호하는 정책의 차이에서 비롯된 문제인 듯하다. 이쯤에서 몬태나의 미래를 결정하는 데 경합하는 몇 가지 관점을 살펴보자.

첫째는 '토박이'와 '외지인' 간의 충돌이다. 즉 몬태나에서 태어난 사람들, 몇 세대에 걸쳐 오랫동안 몬태나에서 거주해온 사람들, 광업과 벌목과 농업이란 세 기둥에 맞춰진 전통적인 생활 방식과 경제를 존중하는 사람들과, 근래에 몬태나에 자리 잡은 사람들과 계절적인 방문객들 간의 충돌이다. 과거에 몬태나의 경제를 지탱하던 세 기둥은 사양길에 접어든 지 오래이다. 일부를 제외하면 모든 광산이 폐쇄되었다. 유독성 폐기물 때문이기도 하지만 저렴한 비용으로 생산하는 해외의 경쟁자들 때문이다. 목재 판매는 과거의 전성기에 비하면 80퍼센트 이상이 떨어졌고, 전문화된 기업(통나무집 건축업체)을 제외하고 대부분의 제재소와 목재 관련 기업들이 복합적인 요인으로 문을 닫았다. 숲을 보존하라는 대중들의 요구, 삼림 관리와 산불 억제에 소요되는 과다한 비용, 춥고 건조한 몬태나에 비해 벌목 사업에서 천혜적 이점을 지닌 따뜻하고 습한 지역과의 경쟁 등이 원인이었다. 끝으로 세 번째 기둥이던 농업 관련 생산도 감소하고 있는 추세이다. 예컨대 1964년 비터루트밸리에는 약 400곳의 목장이 있었지만 이제는 9곳만 남았다. 몬태나에서 농업이 쇠락한 이유는 광업이나 벌목의 쇠락 이유보다 훨씬 복잡하다. 그러나 몬태나의 춥고 건조한 기후가 나무뿐만 아니라 곡물과 젖소를 키우는 데 불리하다는 것은 사실이다.

몬태나의 농부들이 늙은 나이에도 지금 이 순간까지 영농을 계속하는 이유는 분명하다. 그런 생활 방식을 사랑하고 그런 삶에 큰 자부심을 갖고 있기 때문이다. 팀 헐스(Tim Huls)가 내게 말했듯이, "동이 트기 전에 일어나 일출을 보고, 매가 머리 위에서 나는 것을 보는 삶, 사슴들이 건초 장비를 피해서 건초밭을 훌쩍훌쩍 뛰어가는 것을 보는 삶, 얼마나 멋진 삶인가!" 나는 잭 허시를 1950년, 즉 그가 29세일 때 처음 만났다. 이제 그는 83세의 고령이지만 여전히 목장에서 땀 흘려 일한다. 그의 아버지, 프레드는 91회 생일을 맞은 날에도 말을 타고 목장을 둘러보았다. 그러나 잭의 누이 질의 말대로 "목장일과 농사일은 위험하고 힘든 일이다." 잭은 77세에 트랙터 사고로 갈비뼈가 부러지는 사고를 당했고, 프레드는 58세에 쓰러지는 나무에 맞아 거의 죽을 뻔했다. 팀 헐스는 농부라는 멋진 삶을 자랑스레 생각하면서도 이렇게 덧붙였다. "나는 수시로 새벽 3시에 일어나 밤 10시까지 일합니다. 농사일은 9시에 시작해서 5시에 끝나는 일이 아닙니다. 하지만 매일 새벽 3시에서 밤 10시까지 일해야 한다면 우리 자식 중 누구도 농부가 되려고 하지 않을 겁니다."

팀의 말에서 몬태나 농업의 현주소가 읽혀진다. 옛 세대는 이런 생활 방식을 소중하게 생각하지만 그들의 자식들은 다른 가치관을 갖고 있다. 그들은 건초 더미와 싸우기보다는 사무실에서 컴퓨터 앞에 앉아 일하기를 바라고, 소젖을 짜고 꿀을 수확하면서 주말과 저녁을 빼앗기기보다는 적어도 그 시간에는 즐기기를 원한다. 그들은 80세가 되어도 등뼈가 휘도록 일해야 하는 삶을 원하지 않는다.

스티브 파월(Steve Powell)은 "옛날 사람들은 농장일을 하면서 배를 채우면 행복했습니다. 그 이상을 바라지 않았죠. 하지만 요즘 사람들은 배를 채우는 것만으로는 만족하지 않아요. 더 나은 삶을 원하는 거죠. 아이들을 대학에 보낼 수 있을 정도로 돈을 벌기를 바란다고요"라고 내게 말했다. 존 쿡은 부모와 함께 농장에서 일하던 때를 기억하며 이렇게 말했다. "저녁식사 시간에 내 어머니는 과수원에 가서 아스파라거스를 뜯어올 수 있는 것만으로도 만족했죠. 어렸을 때 나는 사냥하고 낚시하는 것만으로도 즐거웠습니다. 하지만 요즘 아이들은 패스트푸드를 바라고 HBO(영화를 전문으로 하는 유선방송: 옮긴이)를 보고 싶어합니다. 부모가 그렇게 해주지 못하면 친구들에 비해 불행하다고 생각해버립니다. 우리 시절에는 앞으로 20년 동안은 가난하게 살겠다고 각오했죠. 그런 시간이 지나고 운이 있으면 더 안락하게 살 수 있으리라 기대하면서요. 그런데 요즘 아이들은 일찍부터 편안하게 지내고 싶어합니다. 직업을 구할 때 '월급이 얼마입니까? 몇 시간이나 근무하죠? 휴가는 있나요?' 라고 먼저 묻지 않습니까!" 내가 알고 지내는 몬태나의 농부들, 농부인 것을 자랑스레 여기는 그들은 자식들이 가업을 이어 농사일을 하고 싶어할지 걱정한다. 어쩌면 어떤 자식도 농사일을 택하지 않으리라는 것을 이미 알고 있을지도 모른다.

경제적 여건을 감안할 때 농부가 영농만으로 밥벌이를 하기란 어렵다. 영농비가 영농 소득보다 훨씬 빠른 속도로 증가해왔기 때문이다. 목장주가 우유와 육우를 팔아 받는 가격은 실질적으로 20년과 똑같지만 연료, 기계, 비료 등 영농에 필요한 필수품들의 비용은 더 올랐다. 릭 레이블은 내게 예를 들어 설명해주었다. "50년 전에는 젖소 두 마리를 팔면 새 트럭을 살 수 있었습니다. 하지만 요즘에 새 트럭은 1만 5,000달러인데, 젖소 한 마리 값은 아직도 600달러에 불과합니다. 따라서 새 트럭을 사려면 젖소를 무려 25마리나 팔아야 합니다." 한 몬태나 농부에게 들었던 씁쓸레한 우스갯소리를 떠올려주는 이야기였다. 질문: "100만 달러가 있으면 뭘 하겠나?" 답: "나는 농사일이 좋습니다. 100만 달러를 다 쓸 때까지, 손해 보는 농사일을 계속할 겁니다."

이익은 박해지고 경쟁은 치열해졌다. 이 때문에 한때 수백 호(戶)에 달하는 비터루트밸리의 소규모 자립농들이 줄어들 수밖에 없었다. 농부들은 살아남으려면 과외 수입이 필요하다는 사실을 깨달았고, 그 후에는 과외 일이 끝난 후에 저녁과 주말에도 일해야 하는 농업을 포기하기에 이르렀다. 예컨대 60년 전, 캐시 본(Kathy Vaughn)의 조부모는 40에이커의 땅에서 충분히 자급자족할 수 있었다. 그래서 캐시와 팻 본도 1977년에 40에이커의 땅을 매입했다. 여섯 마리의 젖소와 여섯 마리의 양, 꽤 많은 돼지를 키웠고 그 가축들을 먹일 건초를 만들면서 캐시와 팻은 목장에서 세 명의 자식을 먹이고 키웠다. 하지만 안정된 수입이 없었고 노후도 보장되지 않았다. 결국 8년 후 그들은 농장을 팔고 도시로 이주해서 캐시는 교사로 일했고 팻은 관개 수로 건축가로 일했다. 게다가 세 명의 자식 모두 몬태나를 떠났다.

미국 전역에서 소규모 농장은 대형 농장의 압박을 받고 있다. 적은 이익에도 살아남으려면 규모의 경제, 즉 대형 농장으로 탈바꿈하는 것이 유일한 길이다. 하지만 몬태나 남서부에서 소규모 농장이 더 많은 땅을 구입해 대형 농장으로 변신하기란 거의 불가능하다. 그 이유를 앨런 베르고(Allen Bjergo)는 이렇게 설명한다. "미국에서 농업은 아이오와나 네브라스카와 같은 지역으로 이동하고 있습니다. 몬태나처럼 아름다운 경관을 지니고 있지 못해 그런 곳에서는 어떤 사람도 재미삼아 살 수는 없겠죠. 하지만 이곳 몬태나에서는 경치를 즐기면서 살 수 있습니다. 그래서 농사를 지어 벌 수 있는 돈보다 더 많은 돈을 땅값으로 기꺼이 내놓는 겁니다. 비터루트밸리가 말들의 놀이터로 변해가고 있습니다. 말은 경제성이 있기 때문입니다. 왜냐고요? 농산물 가격은 식량이란 가치로 결정되어 한없이 올라갈 수가 없습니다. 하지만 아무런 경제적 이득을 만들어내지 못하는 말에게는 사람들이 얼마라도 기꺼이 내놓습니다."

비터루트의 땅값은 수십 년 전에 비해서 10~20배가 올랐다. 이런 가격이면 땅을 목장이나 농지로 이용해 얻을 수 있는 수익보다 이자가 훨씬 높다. 바로 이런 이유에서, 비터루트의 소규모 농장이 규모의 경제로 회생을 모색할 수 없기 때문에 결국 다른 용도로 매매되는 것이다. 노인이 농장을 지키다가 죽으면 상속자들은 그 땅을 다른 농부보다 더 많은 돈을 주는 부동산 개발업자에게 팔 수밖에 없다. 고인이 살아 있는 동안 터무니없이 올라버린 땅값 때문에 상속세를 내려면 다른 방법이 없다. 게다가 농부가 나이를 먹으면 직접 농장을 팔아버리기도 한다. 그들이 60년 동안 애지중지하며 가꿔온 땅이 들쑥날쑥하게 5에이커씩 분할되는 것을 보고 싶지는 않지만 땅값의 상승에 솔깃해서 그들은 자급자족하던 땅까지 부동산 개발업자에게 100달러를 받고 팔아넘긴다. 농사를 지으면서 돈을 저축할 수 없었기 때문에 그들은 은퇴 후에 먹고살 돈을 그런 식으로 마련할 수밖에 없는 실정이다. 게다가 그들의 자식도 어떻게 해서든 농사꾼이 되지 않으려고 발버둥치지 않는가! 릭 레이블의 말대로, "농사꾼에게 땅은 유일한 노후 자금이다!"

그런데 땅값이 그렇게 오른 이유가 무엇일까? 무엇보다 비터루트의 아름다운 경관에 부자들이 반했기 때문이다. 옛 농부들에게서 땅을 사는 사람들은 외지인이거나, 땅을 분할해서 외지인이나 이미 그곳에 살고 있는 부자들에게 팔려고 하는 땅 투기꾼들이다. 비터루트밸리의 인구가 매년 4퍼센트 가량 증가하지만 그 대부분이 외지인들의 이주 덕분이다. 달리 말하면 사망률에 비해서 출생률이 크게 초과했기 때문이 아니다. 제물 낚시, 골프, 사냥 등 여가 활동을 즐기려고 다른 주에서 찾아오는 사람들(스탠 팰코, 루시 톰킨스, 내 아들 등) 덕분에 관광업도 호황이다. 라발리카운티가 최근에 발표한 경제 분석에 따르면 "많은 사람이 비터루트밸리를 거주지로 택하는 이유는 자명하다. 산, 숲, 강, 야생 동물, 아름다운 경치, 상대적으로 온화한 기후 등 살기에 적합한 조건을 갖춘 매력적인 곳이기 때문이다."

이주자의 대다수는 45~59세 사이로 '반(半)은퇴자'이거나 조기 은퇴자이다. 그들이 기존에 살던 집을 팔아 땅을 마련할 수 있고, 다른 주에서 운영하는 사업이나 인터넷 사업으로 계속 벌어들이는 수입을 가지고 충분히 먹고살 수 있는 사람들이다. 말하자면 몬태나의 환경에서 비롯되는 경제적 문제에 영향을 받지 않는 수입원을 가진 사람들이다. 예컨대 캘리포니아의 작은 집을 50만 달러에 팔면 몬태나에서는 커다란 집이 딸린 5에이커의 땅과 몇 필의 말을 사고, 남은 돈과 그동안 저축한 돈으로 일찌감치 은퇴해 낚시를 즐기면서 살 수 있다. 따라서 최근 들어 비터루트로 이주한 사람의 절반가량이 캘리포니아 출신이다. 그들은 젖소나 사과 때문에 비터루트의 땅을 사는 것이 아니다. 아름다운 경치 때문에 사는 것이기 때문에 그들이 흔쾌히 지불하는 땅값은 과거에 농업용으로 사용되던 땅의 가치와는 아무런 관계가 없다.

그러나 집값의 막대한 상승은 일을 해서 돈벌이를 해야 하는 비터루트밸리의 거주자에게 주택 문제를 야기했다. 많은 사람이 집을 가질 수 없어, 이동식 주택이나 레저용 자동차에 살거나 부모 집에 더부살이를 해야 하는 실정이다. 또한 두세 가지 일을 동시에 해야 겨우 먹고살 수 있다.

이처럼 가혹한 경제 현실로 인해, 토박이 거주자와 외지인 간에 반목이 생기는 것은 당연하다. 특히 샌프란시스코, 팜스프링스, 플로리다 등에 본래의 집을 두고 몬태나에 두 번째나 세 번째, 심지어 네 번째 집을 마련해서 낚시, 사냥, 골프, 스키 등을 즐기려고 잠깐 머무는 부자들에 대한 반목이 심한 편이다. 스톡팜의 네 번째 집에서 몇 시간 동안 골프를 즐기려고 샌프란시스코의 집에서 하루 거리에 있는 해밀턴 공항까지 부자들을 싣고 오는 개인용 제트기들의 소음 때문에 토박이들의 불만은 대단하다. 또한 지역민이 샀으면 좋았을 텐데 돈이 부족해 살 수 없었던 땅을 사들인 외지인들을 달갑게 생각지 않는다. 게다가 그 땅에서 옛날에는 지역민이 자유롭게 사냥하고 낚시할 수 있었지만 새 주인은 지역민들의 출입을 막고 부자 친구들하고만 사냥하고 낚시를 즐기는 것도 괘씸하게 생각한다. 가치관과 기대감의 충돌에서 오해가 빚어진다. 예컨대 외지인들은 엘크가 예쁘게 보이고 사냥까지 할 수 있기 때문에 산에서 목장까지 내려오기를 바라지만 토박이들은 엘크가 산에서 내려와 목장 근처를 얼씬거리는 것을 달갑게 생각지 않는다. 소중한 꼴을 먹어버리니까!

한편 주소를 다른 주에 둔 주택 소유자, 즉 부자들은 몬태나에서 연간 180일 미만으로 머물려고 세심한 주의를 기울인다. 그래야 몬태나주의 소득세 징수를 피할 수 있기 때문이다. 그래야 지방세와 지방교육세까지 면제받기 때문이다. 한 지역민은 내게 "외지인들은 우리와 달라요. 그들은 많은 돈을 써서라도 따로 살고 싶어해요. 타지에서 온 친구들에게 시골 생활과 별스런 시골 사람들을 보여주려고 친구들과 동네 술집을 찾을 때를 제외하고는 우리와 어울리려 하지 않아요. 그들은 야생 동물, 낚시, 사냥, 아름다운 풍경을 좋아하지만 지역 공동체의 일원은 아니에요"라고 말했다. 에밀 에르하르트의 말에서 외지인의 바람이 무엇인지 짐작해볼 수 있다. "나는 말을 타고 산을 즐기며 낚시를 하려고 여기에 온 거야. 다른 문제로 골치를 썩이고 싶지는 않다고!"

그러나 부자 외지인들의 기여가 없는 것은 아니다. 에밀 에르하르트는 "스톡팜은 고액 연봉의 일자리를 제공해주고 있고, 비터루트밸리의 재산세에 상당한 역할도 하고 있다고. 스톡팜을 지키는 안전 요원들에게 봉급도 주잖아. 지역 공동체나 지방 정부에 귀찮은 요구도 하지 않아. 술집에서 일어난 싸움을 해결해달라고 보안관을 스톡팜에 부르는 일도 없고, 자식들을 이곳 학교에 보내지도 않잖아"라고 덧붙였다. 존 쿡도 이런 점을 인정했다. "부자들이 좋은 일을 한 것도 있어요. 찰스 슈워브가 이 땅을 전부 사지 않았더라면 부동산 개발업자가 땅을 사서 분할해버렸을 테니까요. 그랬다면 야생 동물이 살 곳이 없어지고 푸른 들판도 없어졌겠죠."

부자들은 몬태나의 아름다운 환경에 매료되어 이곳의 땅을 샀기 때문에 적잖은 사람이 땅을 소중하게 가꾸고 환경을 지켜가며 토지 계획을 입안하는 데 주도적인 역할을 한다. 예컨대 나는 지난 7년 동안 여름이면 해밀턴 남쪽으로 비터루트 강변에 위치한 집을 빌려 지냈다. 텔러 야생생물구호단체라는 시민 단체의 소유인 집이다. 오토 텔러(Otto Teller)는 캘리포니아 사람으로 송어 낚시를 하려고 몬태나를 즐겨 찾았다. 어느 날 그는 커다란 건설 장비가 갤러틴 강에 흙을 쏟아버리는 것을 보고 분을 참지 못했다. 더구나 그곳은 그가 가장 좋아하던 낚시터였다. 게다가 1950년대 벌목 회사들이 나무를 무차별적으로 베어내 송어로 득실대던 강을 황폐화시키고 수질까지 오염시켰다는 것을 알고는 더 격분했다. 1984년 오토는 비터루트 강을 따라 좋은 땅을 사들이기 시작했고 그 땅을 사설 야생 동물 피난처로 등록해, 지역민도 그곳에서 사냥하고 낚시하는 것을 허락하지 않았다. 그 후 그는 그 보존 지역의 환경을 영구히 보존하고 관리하기 위해서 그 땅을 '몬태나 랜드 릴라이언스(Montana Land Reliance)'라는 비영리 기관에 기증했다. 캘리포니아의 부호이던 오토 텔러가 1,600에이커의 땅을 사들이지 않았다면 지금쯤 그 땅은 작은 주택지로 분할되어 팔렸을 것이다.

외지인의 유입, 땅값의 상승과 그에 따른 재산세의 상승, 몬태나 토착 주민들의 가난, 그리고 정부와 세금에 대한 그들의 보수적인 태도 등 모든 것이 재산세에 크게 의존하는 몬태나 공립학교의 질적 하락에 한 몫을 하고 있다. 라발리카운티에는 공장이나 기업체가 별로 없기 때문에 재산세의 주된 소득원은 토지 및 주택 재산세이다. 따라서 땅값의 상승으로 재산세도 꾸준히 상승했다. 그러나 토박이들과 부유하지 않은 외지인들에게 재산세의 인상은 큰 부담이 아닐 수 없다. 따라서 그들이 학교의 개선을 위한 교육 공채의 발행과 인상된 재산세의 과세에 반발하는 것은 그리 놀라운 일이 아니다.

따라서 라발리카운티에서 지방 정부 지출의 3분의 2가 공립학교 운영에 지출되는 반면에 개인 소득에서 그 지출이 차지하는 비율은 미국 서부 지역에서 라발리카운티와 엇비슷한 규모의 24개 카운티 중에서 가장 낮다. 하기야 라발리카운티 주민의 개인 소득 자체가 무척 낮기는 하다. 몬태나 주의 교육비 기준이 낮은 까닭에 라발리카운티의 교육비 기준도 낮은 편이다. 실제로 라발리카운티의 거의 모든 학교가 지출을 몬태나 주 법에서 규정한 최소한의 기준에 맞춰야 하는 형편이다. 몬태나 교사들의 평균 임금은 미국 전체에서 가장 낮은 편이다. 특히 라발리카운티에서 임금은 낮은데 땅값은 치솟아 대부분의 교사가 집조차 갖고 있지 못하다.

몬태나에서 태어난 아이들의 대다수가 화려한 삶을 동경하고, 몬태나식의 생활 방식을 계속하고 싶은 아이들은 이곳에서 마땅한 직업을 구할 수 없어 대부분이 고향을 떠난다. 예컨대 스티브 파월이 해밀턴 고등학교를 졸업한 해, 동기생의 70퍼센트가 비터루트밸리를 떠났다. 몬태나에서 예부터 살고 있는 내 친구들도 예외 없이 이런 문제로 가슴 아파했다. 앨런과 재키 베르고의 여덟 명의 자식 모두, 질 엘리엘과 존 엘리엘의 여덟 명의 자식 중 여섯이 지금은 몬태나 밖에서 살고 있다.

다시 에밀 에르하르트의 말을 인용해보자. "비터루트밸리에 사는 우리는 아이들을 다른 주로 수출한다. 텔레비전과 같은 외부의 영향으로 우리 아이들이 여기에서는 얻을 수 없는 걸 밸리 밖에서는 얻을 수 있다는 걸 알게 된 거야. 사람들은 아이들에게 자연을 가르쳐주려고 여기에 데려오는 거야. 아이들을 키우기엔 더할 나위 없이 좋은 곳이니까. 하지만 요즘 아이들은 자연을 원하지 않아!" 나는 내 아들들을 생각해본다. 내 아들들도 여름이면 보름 정도 낚시를 하려고 몬태나를 즐겨 찾지만, 거의 1년 내내 로스앤젤레스에 살면서 도시의 삶에 익숙해진 아이들이다. 따라서 해밀턴에서 패스트푸드 식당을 제외하면, 그들이 도시에서 즐기던 문화적이고 오락적인 공간이 해밀턴의 청소년들에게는 턱없이 부족하다는 것에 놀라움을 금치 못한다. 해밀턴에는 극장이 두 개뿐이다. 가장 가까운 쇼핑몰도 80킬로미터나 떨어진 미줄라에 있다. 해밀턴의 청소년들도 몬태나를 벗어나 여행하면서 고향에는 없는 곳을 볼 때마다 비슷한 충격을 받지 않겠는가.

규제에 대한 입장들

미서부의 농촌 지역과 마찬가지로 몬태나도 보수적인 성향을 띠며 정부의 규제를 그다지 신뢰하지 않는다. 초기의 정착자들이 중앙 정부에서 멀리 떨어져 국경 지역에서 듬성듬성 살면서 자급자족하며 정부에 기대지 않고 자신들의 문제를 스스로 해결해야 했기 때문에 역사적으로 이런 성향이 생긴 것이다. 몬태나 사람들은 특히 지리적으로나 심리적으로 멀리 떨어진 워싱턴의 연방 정부가 그들에게 왈가왈부하면 무척 못마땅하게 여긴다. 그러나 연방 정부의 돈까지 거부하는 것은 아니다. 몬태나가 워싱턴에 보내는 돈의 1.5배를 지원받고 있다. 하여간 몬태나 사람들은 연방 정부를 운영하는 도시 사람들이 몬태나의 사정을 제대로 이해하지 못한다고 생각한다. 반면에 연방 정부 관리들은 몬태나의 환경이 모든 미국인의 재산이지 몬태나 사람들만을 위해서 존재하는 것은 아니라고 생각한다.

몬태나의 기준에서도 비터루트밸리는 상당히 보수적이고 반정부적인 곳이다. 비터루트에 처음에 정착한 사람들 대다수가 남부동맹의 지지자였고, 로스앤젤레스에서 흑인 폭동이 있은 후 그곳에서 우익 보수주의자들이 대거 이주했기 때문이라고 여겨진다. 크리스 밀러의 표현을 빌리면, "이곳에 사는 자유당원과 민주당원은 선거를 치를 때마다

눈물을 훔친다. 보수주의자들이 언제나 승리를 거두기 때문이다." 비터루트의 우익 보수주의자들은 무기를 가진 지주들의 모임인 소위 '국민군'의 일원이고, 납세를 거부하며, 다른 사람이 그들의 땅에 얼씬대는 것을 용납하지 않는다. 밸리의 다른 주민들과는 별 탈 없이 지내지만 때로는 편집증 환자처럼 여겨지는 사람도 있다.

비터루트는 이런 정치적 성향 때문에 정부의 계획에 번번이 반대한다. 개인 재산을 그들의 뜻대로 사용할 권리를 정부가 간섭하지 말라는 것이다. 이 때문에 라발리카운티에는 자체의 건축법과 카운티 전체를 아우르는 구역 계획이 없다. 또한 두 도시, 일부 시골 지역에서 유권자들이 자발적으로 결정한 구역 지구들을 제외하면 토지 사용에 대한 어떤 제한도 없다. 예를 들어 설명해보자. 내 아들 조슈아가 10대 소년이었을 때이다. 어느 날 저녁 조슈아는 신문을 보더니, 해밀턴의 한 영화관에서 보고 싶은 영화를 상영한다고 말했다. 나는 그 영화관을 찾아가는 길을 알아내고, 조슈아를 영화관으로 데려갔다. 놀랍게도 그 영화관은 사방이 농지인 곳에 버젓이 세워져 있었고, 바로 옆에는 커다란 생물공학 실험실이 있었다. 농지의 용도 변경에 대한 규제가 없었던 것이다. 그러나 미국의 대다수 지역에서는 농지의 축소에 대한 공감대가 형성되어, 농지를 상업 용지로 변경하는 것을 금지하거나 제한하는 규제가 있다. 따라서 다른 곳의 사람들이었다면 잠재적 위험을 지닌 생물공학 실험실 바로 옆에 많은 사람이 드나드는 극장을 세우려는 계획에 극구 반대했을 것이다.

이제 몬태나 사람들도 자신들이 가장 소중하게 여기던 자랑거리, 즉 개인의 권리를 존중하며 규제를 반대하던 반정부적 정신과 삶의 질에 대한 자부심을 점점 상실하고 있는 듯하다. 특히 내가 몬태나 사람들과 장래에 대해 이야기를 나눌 때마다 '삶의 질'이란 단어는 빠지지 않는다. 몬태나 사람들에게 삶의 질은 일상의 삶에서 아름다운 환경을 즐길 수 있는 권리를 뜻한다. 나와 같은 외지인에게는 1년에 1~2주일을 즐겨도 커다란 특권이라 생각할 만큼 아름다운 경치이기는 하다. 또한 몬태나 사람들에게 삶의 질은 초기의 정착자들부터 시작된 전통적인 생활 방식에 대한 자부심을 뜻하기도 한다. 에밀 에르하르트는 "비터루트 사람들은 조용하고 아담한 시골 공동체의 모습을 그대로 유지하고 싶어하지. 가난하더라도 모두가 같은 조건에서 살고 싶은 거라고. 그런 삶을 조금도 부끄러워하지 않아"라고 내게 말했다. 그리고 스탠 팰코는 "옛날에 비터루트에서 차를 몰고 나가면 마주치는 차마다 손을 흔들어주었지. 모두가 아는 사람이었으니까"라고 말했다.

토지 사용을 제한하지 않았기 때문에 새로운 거주자들이 어느 곳에나 집을 지을 수 있었다. 결국 정부 규제를 고집스레 반대한 까닭에, 안타깝게도 그들이 소중하게 여기던 아름다운 자연환경이 훼손되고 삶의 질이 떨어지는 결과를 낳았다. 이런 결과는 스티브 파월이 가장 적절하게 설명해주었다. "나는 부동산 중개인과 개발업자들에게 '자네들이 아름다운 경치와 야생 생물, 농지를 지켜야 해!' 라고 습관처럼 말합니다. 이런 것들이 우리 재산을 더 가치 있게 만들어주는 것이기 때문입니다. 우리가 토지와 관련된 계획을 늦출수록 아름다운 경관은 점점 사라질 겁니다. 개발되지 않은 땅은 공동체 모두에게 소중합니다. 이곳으로 사람들을 끌어들이는 '삶의 질' 을 결정하는 중요한 부분이기 때문입니다. 성장의 압력이 거세지면서, 예전에는 반정부적이었던 사람들이 이제는 성장을 우려합니다. 그들이 여가 활동을 즐기던 곳이 사람들로 붐빈다고 투덜대며, 규제하는 법이 필요하다는 걸 이제는 인정하는 분위기입니다." 스티브는 라발리카운티 위원회 위원이던 1993년, 토지 사용 계획을 토론하고 주민의 의사를 묻기 위한 공청회를 주선했다. 험상궂게 보이는 '국민군' 회원들이 권총을 차고 공청회에 참석해 주민들을 위협하면서 공청회를 무산시켰다. 그리고 스티브는 재선을 노렸지만 낙선하고 말았다.

정부 계획에 대한 이런 저항과 정부 계획의 필요성 간의 충돌을 해결할 방향은 여전히 불투명하다. 다시 스티브 파월의 말을 인용해보자. "사람들은 비터루트를 전원적 공동체로 보존하고 싶어합니다. 하지만 경제적으로도 생존하면서 보존할 방법을 찾고 있지만 쉬운 문제가 아닙니다." 랜드 린드버그와 행크 괴츠의 지적도 근본적으로는 똑같았다. "이곳의 문제는 우리를 몬태나로 끌어들인 주 요인인 아름다운 경관을 그대로 보존하면서 피할 수 없는 변화의 물결을 어떻게 대처하느냐는 것입니다."

릭 레이블의 이야기

몬태나의 사정은 내가 앞으로 하게 될 이야기들과 큰 관계가 있다. 나는 몬태나의 친구 네 명이 어떤 이유로 몬태나에 살게 되었고, 몬태나의 미래를 어떻게 생각하는지에 대한 이야기로 이 장을 마무리 지으려 한다. 릭 레이블은 외지인이며, 지금은 주 상원의원이다. 칩 피그먼은 토박이로 부동산 개발업자이며, 팀 헐스는 역시 토박이로 목장을 운영한다. 끝으로 존 쿡은 외지인으로 낚시 안내원이다.

먼저 릭 레이블의 이야기부터 시작해보자.

나는 캘리포니아 버클리 부근에서 태어나 그곳에서 자랐다. 지금도 이곳에 목제 상품을 제작하는 사업체를 갖고 있다. 아내인 프랭키와 나는 열심히 일했다. 어느 날 프랭키가 나를 물끄러미 바라보더니 "당신은 하루 10~12시간을 일해요. 1주일에 하루도 쉬지 않고요"라고 말했다. 그 후 우리는 반(半)은퇴를 결심하고, 정착할 곳을 찾아서 서쪽으로 7,500킬로미터를 여행했다. 1993년 비터루트에서도 한적한 쪽에 첫 집을 마련했고, 1994년에는 빅터 시 근처의 목장을 사서 이주했다. 이제 프랭키는 목장에서 이집트산 아랍 말을 키우고, 나는 한 달에 한 번씩 캘리포니아로 돌아가 사업체를 관리한다. 우리에게는 다섯 명의 자녀가 있다. 장남은 처음부터 몬태나를 마음에 들어했고 지금은 우리 목장을 도맡아 관리한다. 나머지 네 아이는 몬태나의 생활 방식에 적응하지 못하고 있다. 몬태나 사람들이 친절하지 않다고 생각하며, 우리가 이곳으로 이주한 것에도 불만이 있는 듯하다.

요즘 나는 캘리포니아에 나흘을 머물고 나면 하루라도 빨리 빠져나오고 싶은 심정이다. 솔직하게 말하면 그들이 쥐덫에 갇힌 쥐처럼 보인다! 프랭키는 1년에 두 번밖에 캘리포니아를 방문하지 않는다. 그것도 조부모를 뵙기 위한 방문이다. 프랭키는 캘리포니아라는 말만 들어도 진절머리를 낸다. 내가 캘리포니아를 좋아하지 않는 이유를 예를 들어 설명해보겠다. 최근에 나는 모임 때문에 캘리포니아를 방문했다. 약간 시간이 남아서, 도심을 둘러보았다. 반대 방향에서 오는 사람들이 한결같이 눈을 내리깔고 나와 시선을 마주치지 않으려고 했다. 낯선 사람에게 "좋은 아침입니다"라고 인사를 건네자 깜짝 놀라는 표정이었다. 하지만 비터루트에서는 낯선 사람과 마주치면 눈인사라도 나누는 것이 원칙이다.

내가 정치계에 입문한 이유를 말해보면 나는 예전부터 많은 정치적 견해를 나름대로 갖고 있었다. 비터루트 선거구의 주의원이 출마를 포기하면서 내게 대신 출마하라고 권했다. 게다가 프랭키까지 출마를 적극 권했다. 내가 결국 출마하기로 결심한 이유는 '신세를 갚기 위한 것'이었다. 사실 나는 그때까지 편안하게 살았기 때문에 지역민들을 위해서 더 멋진 삶의 터전을 만들고 싶었다.

내가 특별히 관심을 두는 분야는 삼림 관리이다. 내 지역구에 수목이 많고 대다수의 유권자가 나무와 관련된 일을 하고 있기 때문이다. 내 지역구에 속한 다비는 예전에 목재 판매로 상당히 부유한 도시였다. 따라서 삼림을 적절히 관리한다면 많은 일자리를 창출할 수 있으리라 믿는다. 원래 밸리에는 제재소가 일곱 군데나 있었지만 지금은 한 곳도 없다. 따라서 밸리는 일자리를 상실했을 뿐만 아니라 경제 기반 시설까지 상실한 셈이다. 현재 이곳의 삼림 관리는 환경 단체들과 연방 정부가 결정하고 있다. 카운티와 주는 아무런 역할도 하지 못한다. 나는 주 의회에서 삼림관리위원회에 소속되어 연방 정부, 주 정부, 카운티 간의 긴밀한 공조를 모색하고 있다.

수십 년 전만 해도 몬태나는 1인당 소득에서 미국에서 열 손가락 안에 들었다. 하지만 지금은 50개 주에서 49위이다. 벌목, 석탄, 광산, 석유, 가스 등 채취 산업이 쇠락했기 때문이다. 특히 노동조합이 결성되고 고임금이 보장되던 일자리들이 사라졌다. 물론 우리가 과거처럼 마구잡이로 채취하던 시대로 돌아갈 수는 없다. 이곳 비터루트에서는 부모 모두가 일해야 한다. 그런대로 먹고살려면 두 직업을 가져야 하는 실정이다. 하지만 우리 지역은 지나치게 울창한 삼림으로 둘러싸여 있다. 환경보호론자이든 아니든, 이곳 사람들은 우리 삼림에서 나무를 적잖게 베어내야 한다는 사실에 모두가 동의한다. 삼림을 원상태로 복원하려면 많은 나무를 솎아내야 한다. 특히 작은 나무들을 베어내야 한다. 지금은 산불이 그 역할을 대신 해주고 있는 실정이다. 연방 정부의 '전국산불대책'은 원칙에 따른 벌채(伐採)로 산불의 확산을 막자는 데 있고, 바이오매스(biomass, 열 자원으로서의 식물체 및 동물 폐기물: 옮긴이)의 양을 줄이는 부수적 효과까지 기대한다. 실제로 미국에서 사용되는 목재의 대부분이 캐나다에서 수입된다! 하지만 국유림의 원래 취지는 목재를 안정되게 공급하고 분수계를 보호하는 데 있었다. 또한 과거에는 국유림에서 얻는 수입의 25퍼센트가 교육에 투자되었지만 최근 들어 국유림의 수입이 크게 줄어들었다. 따라서 벌목의 허락은 교육에 더 많은 돈을 투자할 수 있다는 뜻이기도 하다.

현재 라발리카운티 전체를 아우르는 성장 정책은 없다. 지난 10년 동안 밸리의 인구가 40퍼센트나 증가했다. 향후 10년 동안에도 40퍼센트가 증가하리라 예상된다. 그 후 40퍼센트는 어디로 가겠는가? 점점 많은 사람이 유입되는데 문을 지금처럼 잠가둘 수 있을까? 아니, 우리에게 문을 잠가둘 권리가 있는 것일까? 농부가 농지를 분할해서 팔거나, 다른 용도로 개발하는 것을 금지해야만 하는 것일까? 농부라고 평생 동안 농사만 짓다가 죽으라는 법이 있는가? 농부에게 노후 자금은 땅이 전부이다. 농부가 개발용이나 택지용으로 농지를 팔 수 없도록 금지한다면 그가 은퇴해서 죽을 때까지 당신이 먹여 살릴 것인가?

성장의 장기적 효과로, 과거에 그랬듯이 미래에도 순환적 흐름이 있을 것이다. 일례로 외지인들이 고향으로 돌아갈 것이다. 몬태나는 크게 발전하지 않겠지만 라발리카운티는 꾸준히 발전하리라 생각된다. 라발리카운티에는 방대한 면적의 공공 용지가 있다. 물론 이곳의 땅값은 오를 데까지 오를 것이다. 구매자들이 싼 땅을 찾아 다른 곳을 찾아갈 정도까지는 오를 것이라 예상된다. 하여간 밸리의 모든 농지가 개발될 것이다.

칩 피그먼의 이야기

이번에는 칩 피그먼의 이야기를 들어보자.

내 어머니의 할아버지가 1925년경 오클라호마에서 이곳으로 이주해, 사과밭을 가꾸었다. 어머니는 이곳, 양 목장에서 자랐고 지금은 시내에서 부동산 중개소를 운영한다. 아버지는 어린 시절에 이곳으로 이주해, 광산에 관여했고 사탕무를 재배했다. 부업으로 건축에 손대기도 했다. 덕분에 나는 쉽게 건축업에 뛰어들 수 있었다. 나는 이곳에서 태어나 이곳에서 학교를 다녔다. 그리고 미줄라 근처에 있는 몬태나 대학교에서 회계학을 전공했다.

3년 동안 덴버에서 지냈지만 나는 도시 생활이 싫었다. 비터루트가 아이를 키우기에는 더없이 좋은 곳이기 때문에 나는 이곳으로 돌아오기로 결심했다. 덴버로 이주하고 보름이 지나지 않아 자전거를 도난당하는 고약한 일이 발생했다. 게다가 덴버의 분주한 교통과 인파도 싫었다. 나는 '문화'가 없는 곳에서 자랐고 그런 문화의 필요성을 느끼지 못했다. 나를 고용한 덴버의 회사에서 받은 주식을 팔 권리를 얻자마자 나는 고향으로 돌아왔다. 연간 3만 5,000달러의 연봉과 부가 수입을 포기한다는 뜻이었다. 이곳에 돌아와서는 처음에 연간 1만 7,000달러를 벌었을 뿐이다. 부가 수입은 전혀 없었다. 그래도 느긋하게 산책할 수 있는 밸리에서 살려고 덴버의 안정된 직장을 기꺼이 포기했다. 내 아내는 이런 불안한 삶을 경험해본 적이 없었지만 나는 비터루트의 아슬아슬한 삶에 익숙한 사람이었다. 비터루트에서 그런대로 먹고살려면 부부 모두가 생활 전선에 뛰어들어야 한다. 내 부모는 언제나 이상한 직업들을 전전했다. 나도 필요하다면 식료품을 적재하는 야간 일이라도 할 각오가 되어 있었다. 하여간 이곳에 돌아와서 5년이 지나서야 나는 덴버 수준의 소득을 맞출 수 있었고, 다시 1~2년이 지나서야 건강보험에 가입할 여유를 누릴 수 있었다.

나는 주로 주택을 짓는 일을 한다. 싼 땅을 조금씩 사서 개발하는 일도 가끔 한다. 비싼 땅을 사서 멋들어지게 개발할 여유까지는 없다. 내가 지금까지 개발한 땅들은 처음에 목장이었던 곳이다. 내가 구입할 쯤에는 목장이라 할 수도 없었다. 몇 번이나 거래되고 서너 번씩 분할된 땅이었다. 따라서 가축은 찾아볼 수 없었고, 초지는 수레국화밭으로 변해 있었다.

하지만 내가 요즘 추진하고 있는 해밀턴 언덕 프로젝트는 다르다. 40에이커의 목장을 사들여서, 내 손으로 처음 분할할 계획을 세우고 있다. 카운티에 세 건의 승인을 요청하는 상세한 개발 계획서를 제출했고, 두 건은 승인을 받았다. 그러나 세 번째이자 마지막 단계는 공청회였다. 인근에 사는 80명의 주민이 참석해서, 분할은 농지의 감소를 뜻한다며 반대했다. 맞는 말이었다. 목장에는 농사짓기에 적합한 땅이 있었고, 한때 훌륭한 농지로 사용되기도 했다. 하지만 내가 그 땅을 살 때는 한동안 농사를 짓지 않아 버려진 땅이나 마찬가지였다. 나는 40에이커의 땅을 22만 5,000달러에 샀다. 농사를 지어 그런 투자를 만회하기란 불가능한 일이었다. 하지만 여론은 경제성을 따지지 않는다. 그저 "우리는 확 트인 농지나 우리를 둘러싼 숲을 보고 싶다"라고 말할 뿐이다. 땅을 파는 사람이 노후 자금을 마련해야 하는 60대 노인인데 어떻게 확 트인 농지를 유지할 수 있겠는가? 그 땅을 확 트인 곳으로 유지하고 싶다면 이웃들이 그 땅을 샀어야 했다. 그들은 그 땅을 살 수도 있었지만 그렇게 하지 않았다. 그들은 땅 주인도 아니면서 자신들의 뜻대로 그 땅을 좌지우지하려 했다.

결국 내 계획서는 기각되고 말았다. 카운티의 관리들이 선거를 코앞에 두고 80표를 잃고 싶지 않았던 탓이다. 물론 계획서를 제출하기 전에 이웃들과 협상을 벌이지도 않았다. 내 고집을 꺾고 싶지는 않았기 때문이다. 내게 주어진 권리를 내 뜻대로 행사하고 싶었다. 이웃들에게 이런저런 간섭을 받고 싶지 않았다. 게다가 해밀턴 언덕 프로젝트처럼 작은 일에 협상을 벌인다는 것은 시간과 돈을 낭비하는 짓이었다. 물론 다음에 비슷한 프로젝트를 진행한다면 이웃들과 먼저 이야기를 나누겠지만 50명의 하청 직원들을 공청회에 데려갈 생각이다. 그러면 카운티의 위원들이 프로젝트를 찬성하는 사람들도 있다는 사실을 깨달을 테니까! 나는 이 싸움을 벌이는 동안 땅값의 할부금으로 곤욕을 치러야 했다. 하지만 이웃들은 그 땅에 아무런 일도 벌어지지 않고 그대로 유지되기를 바란다.

사람들은 이곳이 지나치게 개발되고 언젠가 밸리에 사람들로 넘쳐흐를 것이라 수군대며, 나를 비난하려 한다. 나는 이런 비난에 이렇게 대답한다. 내 상품을 원하는 수요가 있다. 그 수요는 내가 만들어낸 것이 아니다. 매년 밸리에는 건물들이 줄지어 신축되고 교통량도 늘어난다. 하지만 나는 여전히 느긋한 산책을 즐긴다. 산책하든 비행기 위에서 내려다보든 이곳에서는 확 트인 공간을 얼마든지 볼 수 있다. 지난 10년 동안 밸리가 44퍼센트나 성장했다고 언론이 호들갑을 떨지만 정확히 말하면 인구가 2만 5,000명에서 3만 5,000명으로 늘어났을 뿐이다. 젊은이들은 여전히 밸리를 떠나고 있다. 나는 30명의 직원을 두고 있다. 내 회사는 그들에게 일자리뿐만 아니라 연금, 건강보험, 유급 휴가를 제공하고 이익까지 분배해준다. 어떤 경쟁 기업도 이런 혜택을 주지 않는다. 따라서 내 회사의 이직률은 아주 낮은 편이다. 환경보호론자들이 나를 뻔질나게 찾아와 밸리의 환경 파괴를 항의하지만 내가 수요를 만들어낸 장본인은 아니다. 따라서 내가 건물을 짓지 않으면 다른 사람이 짓게 마련이다.

나는 이곳 밸리에서 여생을 마칠 생각이다. 나는 이곳 공동체의 일원이다. 나는 많은 지역 모임을 지원한다. 예컨대 지역 야구 팀, 수영 팀, 축구 팀을 지원한다. 내가 이곳 출신이고 이곳에서 죽을 때까지 살 작정이기 때문에 여기에서 돈을 벌어 다른 곳에서 호의호식할 생각은 추호도 없다. 나는 퇴짜 맞은 프로젝트를 계속 추진하면서, 하느님이 허락한다면 20년을 더 살고 싶다. 그때까지 살아 있더라도 나는 다른 곳에 눈을 돌리지 않을 것이기 때문에 "내가 나쁜 프로젝트를 계획한 거야!"라고 자인할 필요는 없을 것이다.

팀 헐스의 이야기

팀 헐스는 토박이 가문 출신의 낙농업자이다.

내 증조부모가 1912년에 처음 이곳으로 이주했다. 땅값이 아주 쌀 때였다. 두 분은 40에이커의 농장을 사서 10여 마리의 젖소를 키웠다. 두 분은 매일 아침 · 저녁으로 두 시간씩 손수 젖을 짰다. 내 할아버지는 110에이커의 땅을 더 사들였다. 그때도 지금에 비하면 땅값이 푼돈에 가까웠다. 할아버지는 우유에서 분리한 치즈용 크림을 팔았고, 사과밭과 건초밭을 만들었다. 하지만 당시의 삶은 투쟁에 가까웠다. 힘든 시기가 있었다. 할아버지는 필사적으로 버티었지만 파산하는 농가가 적지 않았다. 내 아버지는 대학에 진학할 생각이었지만 포기하고 농장일을 도왔다. 아버지는 선견지명이 있었다. 낙농에 평생을 바치겠다고 결심하며 중대한 결정을 내렸다. 그리고 땅에서 얻는 가치를 더할 수단으로 150두의 젖소가 들어가는 축사를 지었다.

나는 형제들과 힘을 합해 부모에게서 목장을 샀다. 두 분은 우리에게 목장을 그냥 넘겨주지 않았다. 우리에게 돈을 받고 팔았다. 우리 중 누가 목장 값을 지불해서라도 목장일을 계속하고 싶어하는지 스스로 결정하길 바랐던 것이다. 우리 형제들은 각자의 몫을 소유하고, 그 몫을 가족 기업에 빌려주는 형식을 취하고 있다. 목장일은 대부분 우리 형제와 부인들, 그리고 아이들이 처리하고 있어 소수의 직원만을 고용해서 꾸려간다. 우리처럼 가족 기업이 운영하는 목장은 극소수에 불과하다. 우리가 성공한 요인 중 하나는 가족 모두가 동일한 종교를 갖고 있다는 점이다. 가족 모두가 코발리스에 있는 같은 교회에 다닌다. 물론 가족 간의 갈등이 없는 것은 아니다. 하지만 우리는 다툼을 벌이다가도 밤이면 다시 둘도 없는 친구가 된다. 우리 부모도 싸웠지만 해가 떨어지기 전에 대화로 갈등을 풀었다. 우리는 뭐가 좋고 뭐가 나쁜 것인지 잘 알고 있다.

하여간 우리 가족 정신은 내 두 아들에게 전해졌다. 두 녀석은 어렸을 때부터 협동이 무엇인지 배웠다. 막내가 겨우 일곱 살 때였다. 두 녀석이 한 마디가 12미터였고 한 줄이 16마디인 대형 알루미늄 스프링클러를 옮기기 시작했다. 두 녀석은 12미터나 되는 알루미늄 관을 양쪽 끝에서 붙잡고 낑낑대며 옮겼다. 집을 떠나서는 두 녀석은 언제나 같은 방을 썼다. 이제 두 녀석은 절친한 친구이자 이웃처럼 지낸다. 다른 형제들도 아이들이 목장에서 일하기를 바랐지만 그 아이들은 이곳에 머물고 싶어하지 않았다.

목장 경영은 힘들다. 비터루트에서 택지나 개발 용지로 변경될 수 있는 땅은 무척 비싸다. 따라서 우리 지역의 농부들은 "농사를 계속 지을 것인가, 아니면 땅을 택지로 팔고 은퇴할 것인가?"라는 결정을 강요받고 있는 실정이다. 농사를 지어서 얻은 수확으로는 택지 개발비의 법정 이자조차 감당할 수 없다. 그 때문에 우리는 땅을 더 사고 싶어도 살 수가 없다. 결국 우리가 소유하거나 임대한 760에이커의 땅을 얼마나 효율적으로 관리하느냐에 따라 우리의 생존 여부가 결정된다. 픽업 트럭의 구입비 등과 같은 비용은 꾸준히 상승했지만 우유값은 20년 전과 똑같다. 이처럼 박한 이윤 폭에서 어떻게 이익을 낼 수 있겠는가? 신기술을 도입해야만 하지만 돈이 든다. 신기술을 도입하는 것에서 끝나지 않고 그 기술을 우리 환경에 최적으로 적용할 방법에 대해서도 끊임없이 연구해야 한다. 살아남기 위해서는 옛 방식을 과감하게 포기해야만 한다.

예컨대 올해 우리는 큰돈을 투자해서, 200두의 젖소를 수용할 수 있는 축사를 새로 지었다. 완전히 컴퓨터로 처리되는 첨단 축사로서 분뇨를 자동으로 수거하는 장치까지 갖추어졌다. 게다가 이동식 울타리가 젖소들을 자동 착유기로 몰아간다. 젖소가 칸막이로 들어가면 컴퓨터가 젖소를 인식해서 젖을 짜고, 젖의 전도성이 즉시 측정되어 감염 여부를 초기에 확인할 수 있다. 또한 착유량을 측정해서 젖소의 건강 및 영양 상태까지 확인할 수 있다.

컴퓨터의 분류 기준에 따라 젖소들이 분류되어, 유형별로 다른 우사에 수용한다. 우리 목장은 몬태나 전체에서 표본 역할을 하고 있어, 이런 방법이 효과 있는지 다른 목장들이 예의 주시하고 있다.

솔직히 말해서 이런 방법이 효과 있을지 장담할 수 없다. 우리가 어찌해볼 수 없는 두 가지 문제가 있기 때문이다. 하지만 우리가 농업에 희망을 버리지 않는 한 이런 현대화는 피할 수 없는 길이다. 그렇지 않으면 개발업자가 되는 수밖에 다른 대안이 없다. 땅에다 젖소를 키우든 집을 짓든 해야 하지 않겠는가. 하여간 우리가 어찌해볼 수 없는 두 가지 문제 중 하나는 목장 일에 반드시 필요한 농기계와 서비스 가격의 변동이다. 우리는 우유를 팔아서 그 돈을 감당해야 하지만 낙농업자가 우유값을 마음대로 조절할 수는 없다. 게다가 우유는 유통 기한이 있다. 우유를 짜면 이틀 내에 팔아치워야 한다. 따라서 가격 교섭력을 가질 수가 없다. 우유를 파는 사람은 우리지만, 가격을 결정하는 사람은 장사꾼들이다.

다른 문제는 환경 문제이다. 젖소와 젖소의 폐기물을 처리하는 방식과 그와 관련된 냄새 때문이다. 우리는 나름대로 최선을 다해 이런 문제를 처리하고 있지만 모든 사람을 만족시킬 수는 없지 않은가. 비터루트에 새로 집을 장만한 외지인들은 아름다운 경치 때문에 이곳을 선택한 것이다. 처음에 그들은 젖소와 건초밭을 멀리에서 지켜보며 흐뭇해한다. 하지만 간혹 그들은 영농, 특히 낙농의 특수성을 이해하지 못하는 모습을 보여준다. 낙농과 개발이 공존하는 다른 지역들에서, 낙농을 반대하는 목소리는 주로 냄새, 밤늦게 돌아가는 농기구 소리, '조용해야 할 시골길' 을 덜거덕대며 달리는 트랙터 등과 관련된 것이다. 하기야 하얀 운동화에 젖소의 분뇨가 묻으면 우리도 화가 날 것이다. 따라서 낙농의 특성을 이해하지 못하는 사람들이 우리 지역에 낙농을 제한하거나 금지하는 법안을 제출할까 우려하지 않을 수 없다. 실제로 2년 전, 게임 농장(game farm)에서 사냥을 금지하는 법안이 통과되면서 비터루트의 엘크 농장이 완전히 문을 닫았다. 그런 일이 생기리라고는 누구도 생각해본 적이 없었다. 따라서 경각심을 곧두세우지 않으면 우리에게도 그런 일이 닥치리라는 가능성을 배제할 수 없다. 관용을 자랑하는 사회에서 낙농, 궁극적으로는 우리에게 먹을거리를 제공하는 산업을 용납하지 않는 사람들이 적잖게 있다는 사실이 놀라울 뿐이다.

존 쿡의 이야기

끝으로 무한한 인내심으로 당시 10세이던 내 아들에게 제물 낚시를 가르쳐주었고, 지난 7년 동안 내 아들들을 꾸준히 비터루트 강으로 데려갔던 낚시 안내원 존 쿡의 이야기를 인용해보자.

나는 워싱턴 워네치밸리에 있는 사과밭에서 자랐다. 고등학교를 졸업한 후 히피처럼 생활하면서 인도 여행을 계획했다. 미국 동부 해안을 벗어나지는 못했지만 그때쯤 나는 미국 전역을 여행한 여행광이었다. 아내 팻을 만난 후 우리는 워싱턴 주의 올림픽 반도로 이주했다. 그 후 알래스카의 코디액 섬으로 이주해서 야생 동물과 어업 감시인으로 16년간 일했다. 팻이 병든 조부모를 돌봐야 할 입장이 되어 우리는 다시 포틀랜드로 이주했다. 곧 할머니는 돌아가셨다. 그리고 할아버지가 세상을 떠난 지 1주일 만에 우리는 포틀랜드를 떠나 몬태나로 이주했다.

내가 몬태나를 처음 방문한 때는 1970년대였다. 당시 팻의 아버지는 몬태나 주 경계와 인접한 아이다호의 셀웨이비터루트 자연공원에서 안내원으로 일하고 있었다. 팻은 요리를 하고, 나는 안내원으로 아르바이트를 하면서 용돈을 벌었다. 이미 그때부터 팻은 비터루트 강에 매료되어 그곳에 살고 싶어했다. 하지만 당시에도 땅값이 에이커당 1,000달러를 호가해, 농사를 지어서는 이자조차 감당하기 힘들 정도로 비쌌다. 그 후 1994년 우리가 포틀랜드를 떠나려 할 때, 비터루트 강변에 붙은 10에이커의 농장을 적절한 가격에 살 수 있는 절호의 기회가 있었다. 농가는 수리할 곳이 많았다. 우리는 몇 년에 걸쳐 농가를 천천히 수리했고, 나는 삼림 안내인과 낚시 안내원으로 일할 수 있는 자격증을 취득했다.

내가 영적으로 깊은 연대감을 느끼는 지역은 이 세상에서 두 곳뿐이다. 한 곳은 오리건 주의 해안지대이고, 다른 한 곳은 여기 비터루트밸리이다. 이 농장을 사면서 우리는 이곳을 '임종의 땅'이라 생각했다. 달리 말하면 죽는 순간까지 여생을 보내고 싶은 곳이라 생각했다. 우리는 이곳에 커다란 수리부엉이, 공작, 메추라기, 아메리카 원앙을 키우고 말 두 필이 마음껏 풀을 뜯고 뛰어다닐 수 있는 초지를 가꿔두었다.

스스로 살 만하다고 생각하는 시대에 태어난 사람은 다른 시대에는 살고 싶지 않을는지도 모른다. 우리는 30년 전과 마찬가지로 지금도 이 밸리를 사랑한다. 그때부터 밸리에 사람들이 모여들고 있었다. 하지만 밸리에 쇼핑센터가 줄지어 늘어서고, 미줄라와 다비 사이의 계곡에 100만 명이 득실거렸다면 나는 이곳을 임종의 땅으로 선택하지 않았을 것이다. 우리 집에서 길 하나를 건너면 길이가 3.2킬로미터, 폭이 800미터인 농장이 펼쳐져 있다. 거의 초지로 덮여 있고 헛간 두 채가 유일한 건물이다. 록 가수이자 배우인 휴이 루이스(Huey Lewis)가 그 농장의 주인으로, 그는 사냥이나 낚시를 하려고 1년에 한 달 남짓 이곳에 머물 뿐이다. 젖소를 키우고 꼴을 재배하는 관리인이 있지만, 일부의 땅은 농부들에게 임대해주었다. 만약 휴이 루이스의 땅이 택지로 분할된다면 나는 매일 보아야 하는 그 삭막한 풍경을 견디지 못하고 다른 곳으로 이주하고 말 것이다.

나는 가끔 죽음에 대해 생각한다. 내 아버지는 만성 폐질환으로 오랫동안 고생하다가 최근에 돌아가셨다. 아무것도 하지 못하고 병석에 누워 지냈고 말년에는 무척 고통스러워했다. 나는 그런 식으로 죽고 싶지 않다. 냉정하게 들릴 수도 있겠지만 내가 죽음을 선택할 수 있다면 이렇게 죽고 싶다. 팻이 나보다 먼저 죽는다. 결혼하면서 나는 그녀를 영원히 사랑하고 존중하며 돌봐주겠다고 약속했기 때문이다. 따라서 그녀가 먼저 죽어야 내가 그 약속을 충실히 지킬 수 있지 않겠는가! 게다가 나는 생명보험에 가입하지 않아, 내가 먼저 죽으면 팻이 힘들게 살아야 할지도 모르잖는가. 하여간 내 꿈대로 팻이 먼저 죽으면 나는 집문서를 아들인 코디에게 증여해주고, 건강이 허락될 때까지 매일 송어 낚시를 하면서 지낼 생각이다. 낚시조차 할 수 없을 정도로 기력이 약해지면 모르핀을 잔뜩 구해서 숲속으로 들어가려고 한다. 누구도 내 시신을 찾아낼 수 없는 한적한 곳, 그러나 더없이 아름다운 경치를 지닌 곳을 찾아낼 것이다. 그리고 그 풍경을 즐기면서 모르핀을 한꺼번에 삼킬 것이다. 내가 선택한 방법으로, 몬태나의 아름다운 경치를 내 기억에 심으면서 죽어간다면 이보다 멋진 죽음이 있겠는가!

몬태나, 세계의 모델

몬태나의 상황에 대한 내 설명과 지금까지 인용한 네 사람의 이야기에서, 우리는 몬태나 사람들 사이에서도 가치관과 목표가 다르다는 것을 분명히 확인할 수 있다. 그들은 인구 성장, 정부의 규제, 농지의 개발과 분할, 농지의 보존, 광업과 관광의 활성화 등을 어느 수준까지 원하고 있다. 하지만 이 목표들은 양립 불가능한 경우가 적지 않다.

앞부분에서 우리는 몬태나가 경제 문제와 직결되는 많은 환경 문제를 어떻게 겪고 있는지 살펴보았다. 네 사람의 이야기에서 나타나는 다양한 가치관과 목표들을 어떻게 적용하느냐에 따라 환경 문제에 접근하는 방법도 달라지고, 그 접근 방법에 따라 환경 문제를 해결하는 성패의 확률도 달라진다. 최적의 접근법에 대한 의견도 크게 다르다. 몬태나 주민들이 결국 어떤 접근법을 택할지 현재로서는 알 길이 없고, 따라서 몬태나의 환경 및 경제 문제가 개선될지 악화될지도 선불리 장담할 수 없다.

사회의 붕괴를 다룬 책의 첫 장으로 몬태나를 선택한 것이 처음에는 불합리하게 여겨졌을 수 있다. 몬태나는 물론이고 미국 전체가 붕괴의 위험에 절박하게 내몰린 것은 아니기 때문이다. 그러나 몬태나 주민들의 소득 중 절반이 몬태나 내에서 창출된 것이 아니라 미국의 다른 주들에서 유입된 돈, 즉 연방 정부의 이전 지출(사회보장비, 고령자 및 장애자 의료보험, 저소득층 의료보험, 빈민 구제 프로그램 등)과 타 주의 민간 자금

(타 주의 연금, 부동산에 대한 소득, 사업 소득 등)으로 이루어진다는 사실을 생각해보라. 달리 말하면 몬태나의 경제는 몬태나 주민들의 삶을 지탱하기에 턱없이 부족하기 때문에 다른 주들에서 지원을 받아야 한다는 뜻이다. 유럽인이 도래하기 전 폴리네시아 시대에 이스터 섬이 남태평양의 외톨이였듯이 몬태나가 외딴 섬이었다면 몬태나 경제는 이미 붕괴되었을 것이다. 아니, 애초부터 경제를 발전시킬 수도 없었을 것이다.

이번에는 우리가 지금껏 다루었듯이 몬태나의 환경 문제가 심각하기는 하지만 미국의 대다수 다른 지역들에 비해서는 훨씬 낫다는 사실을 생각해보자. 인구밀도, 인간으로 인한 환경 훼손 등에서 미국의 다른 지역들은 몬태나에 비해 훨씬 심각한 편이다. 또한 대부분의 지역이 환경적으로도 취약하다. 한편 미국 자체는 기본적인 자원에서 세계의 다른 지역에 의존하며 경제 · 정치 · 군사적으로 관계를 맺고 있다. 그 덕분에 일부 지역은 미국보다 훨씬 심각한 환경 문제에 시달리면서 급속히 쇠락하는 모습을 보인다.

이제부터 우리는 몬태나에서 확인한 환경 문제들을 과거 사회와 현대 사회에서 차례로 살펴볼 것이다. 과거 사회를 살았던 사람들의 가치관과 목표에 대해서 우리는 아는 것이 별로 없다. 몬태나에 대해 내가 알고 있는 정보량에 비한다면 턱없이 부족하다. 반면에 여기에서 다룬 현대 사회들의 가치관과 목표에 대한 정보는 충분히 구할 수 있지만 경험적 자료에서는 몬태나에 비교할 바가 아니다. 따라서 이 책에서 대부분 3인칭으로 제기되는 환경 문제를 고려할 때 다른 사회들의 문제가 스탠 팰코, 릭 레이블, 칩 피그먼, 팀 헐스, 존 쿡, 그리고 허시 남매처럼 개인적인 관점에서 해석한 것이라 생각해주기 바란다. 다음 장에서 다루어지는 이스터 섬의 동질적 사회를 예로 들면 몬태나의 내 친구들이 내게 그랬던 것처럼 이스터 섬의 족장, 농부, 석공, 돌고래 사냥꾼 등이 개인의 이야기, 가치관과 목표를 말하는 것이라 생각해주기 바란다.

2
과거 사회의 붕괴

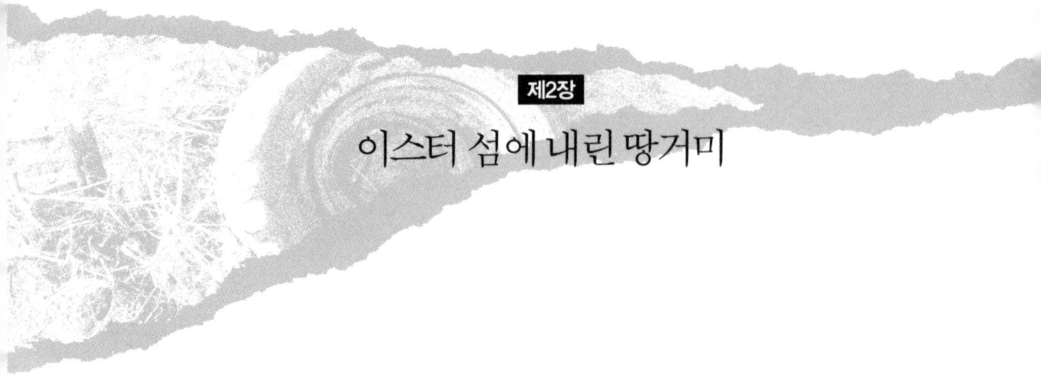

제2장

이스터 섬에 내린 땅거미

채석장의 미스터리

이스터 섬의 유명한 거석상(사진 5)이 조각된 라노라라쿠(Rano Raraku) 채석장만큼 내게 을씨년스런 느낌을 안겨준 곳은 거의 없었다. 무엇보다 이스터 섬은 세상에서 가장 멀리 떨어진 유인도이다. 그곳에서 가장 가까운 땅이 동쪽으로는 3,700킬로미터 떨어진 칠레 해안이고, 서쪽으로는 2,100킬로미터 떨어진 폴리네시아의 핏케언 섬이다(지도 참조).

2002년 나는 제트기로 칠레를 출발해 다섯 시간 남짓을 비행한 후에야 이 섬에 도착할 수 있었다. 비행 시간 내내 끝없는 수평선이 펼쳐진 태평양 상공을 날았고, 우리 아래로는 물밖에 보이지 않았다. 해가 질 무렵, 아주 작은 점이 눈에 띄었다. 마침내 이스터 섬이 저 멀리 황혼 속에서 희미하게 눈에 들어왔다. 나는 해가 떨어지기 전에 그 섬을 찾아낼 수 있을는지, 우리 비행기가 이스터 섬을 찾지 못할 경우 칠레로 안전하게 돌아갈 수 있을 만큼 연료가 충분한지 걱정했던 것을 생각하며 쓴웃음을 지었다. 빠르고 강한 배로 무장한 유럽인들에 앞서 인류가 이 섬을 발견하고 정착했다는 것이 도무지 믿겨지지 않았다.

라노라라쿠는 거의 둥근 형태를 이룬 분화구로, 직경은 550미터 정

사진 5 이스터 섬의 돌기단(아후)과 다시 세워진 전형적인 모습의 석상(모아이).

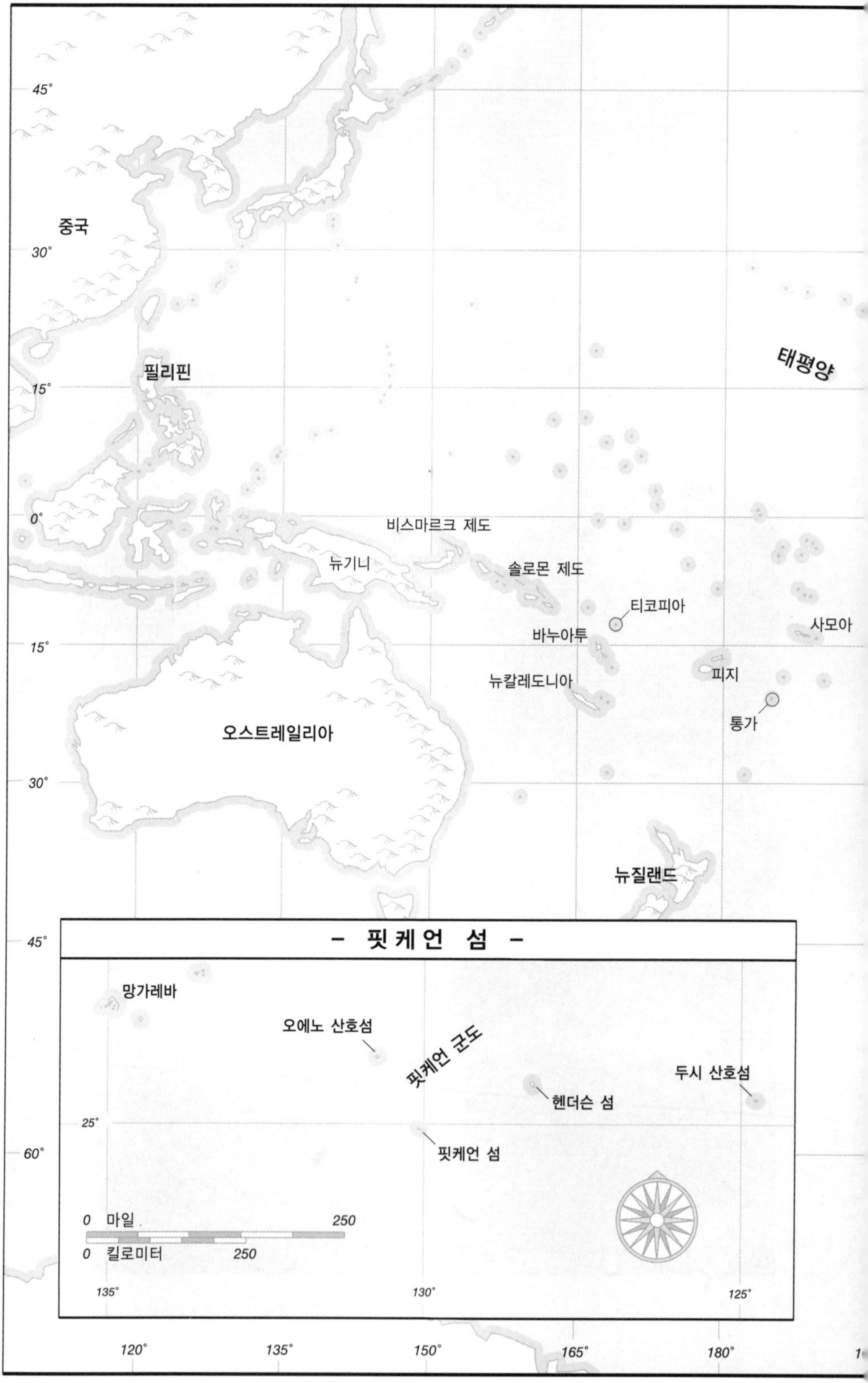
45°
30°
15°
0°
15°
30°
45°
60°
중국
필리핀
태평양
비스마르크 제도
뉴기니
솔로몬 제도
티코피아
바누아투
사모아
피지
뉴칼레도니아
통가
오스트레일리아
뉴질랜드
- 핏케언 섬 -
망가레바
오에노 산호섬
핏케언 군도
두시 산호섬
헨더슨 섬
25°
핏케언 섬
0 마일 250
0 킬로미터 250
135°
130°
125°
120°
135°
150°
165°
180°

북아메리카
하와이
태평양
0 마일 1000 2000
0 킬로미터 2000
Scale at Equator
마르키즈 제도
소시에테 제도
투아모투 군도
핏케언 섬
이스터 섬
오스트랄 제도
핏케언 군도
쿡 제도
페루
칠레
- 이스터 섬 -
27°05'
27°10'
테레바카
아나케나
파로
포이케
라노라라쿠
아후통가리키
푸나파우
0 마일 5
0 킬로미터 5
비나푸 지역
오롱고
라노카우
모투이티
• 아후가 발견된 곳
109°25'
109°20'
109°15'
150°
135°
120°
105°
90°
75°

도이다. 바깥쪽 아래의 평지에서 분화구 가장자리까지 가파르게 올라간 후 분화구 바닥의 호수 쪽으로 역시 가파르게 내려가는 기차를 타고 나는 분화구 안으로 들어갔다. 오늘날 분화구 근처에는 사람이 살지 않는다. 분화구를 중심으로 내벽과 외벽 너머로 397개의 석상이 흩어져 있다. 모두가 긴 귀를 늘어뜨리고 다리가 없는 남성의 몸통을 묘사하고 있어 거의 똑같은 모습이다. 대부분이 4.5~6미터이지만 가장 큰 석상은 21.3미터(현대식 5층 건물보다 높다)에 달하며, 무게는 10~270톤이다. 분화구에서 좁은 길을 지나 가장자리 부근 낮은 지점까지 석상을 옮긴 듯한 좁은 운반로의 흔적이 눈에 띄고, 그곳에서 약 7.5미터 폭의 운반로가 북쪽, 남쪽, 서쪽, 세 방향으로 최고 14.5킬로미터까지 동쪽 해안을 향해 뻗어 있다. 채석장에 운반하던 중에 버리기라도 한 것처럼 운반로를 따라서 97개의 석상이 흩어져 있다. 해안 주변에, 간혹 내륙에도 약 300개의 돌기단이 있으며, 그중 3분의 1이 수십 년 전까지 세워지지 않고 쓰러져 있던 393개의 석상과 어떤 형태로든 관계가 있었다. 심지어 일부러 목을 잘라내려고 쓰러뜨려놓은 석상들도 많았다.

분화구 가장자리에서 가장 가까운 곳에 가장 큰 기단('아후통가리키')이 있었다. 고고학자 클라우디오 크리스티노(Claudio Cristino)는 1994년 55톤의 기중기를 사용해서 그 기단에 쓰러져 있던 15개의 석상을 세우던 기억을 내게 전해주었다. 클라우디오의 고백대로 현대식 기계를 사용해서도 석상을 세우는 일은 무척 힘들었다. 아후통가리키에서 가장 큰 석상의 무게가 88톤에 달했기 때문이다. 하지만 이스터 섬에서 살았던 폴리네시아인에게는 크레인이 없었다. 바퀴도 없었고 변변한 기계도 없었다. 금속 도구는 물론이고 짐을 끌 만한 동물도 없었다. 한마디로 오직 인력으로만 석상을 운반하고 세웠다.

채석장 주변에 남아 있는 석상들은 모두 완성 상태에 가까운 것이다. 조각하던 암반에서 미처 분리되지 않은 석상들은 거친 모습을 띠고 있지만 귀는 섬세하게 조각되고 두 팔이 없는 것은 다른 석상들과 다를 바가 없다. 그러나 완전히 조각되어 암반과 분리까지 되었지만 분화구의 비탈에 누워 있는 석상들과, 분화구 주변에 여전히 우뚝 서 있는 석상들도 있다. 채석장 주변의 을씨년스런 분위기 때문에 나는 직공들이 알 수 없는 이유로 갑자기 연장을 내팽개치고 서둘러 떠나버린 썰렁한 공장 안에 서 있는 기분이었다. 실제로 채석장 곳곳에는 석상을 조각하는 데 사용되었을 돌곡괭이, 돌송곳, 돌망치 등 돌연장들이 어지럽게 널려 있다. 여전히 암반에 붙어 있는 석상들 주변에는 석공들이 서서 일했을 것으로 추정되는 구덩이가 파여 있다. 돌담에서 일부러 파낸 듯한 홈들은 아마도 석공들이 물병으로 사용한 호리병박을 걸어두었던 곳이리라. 분화구 주변의 일부 석상들에서는 일부러 훼손시키거나 얼굴을 문대버린 듯한 흔적들이 눈에 띈다. 석공들이 서로 경쟁하며 상대의 작품을 고의로 파괴한 것이 아닐까? 한 석상 아래에서는 인간의 손가락뼈 하나가 발굴되었다. 석상을 운반하던 사람들 중 한 사람이 부주의로 손가락을 잃은 것이라고 여겨진다. 대체 누가 이 석상들을 조각했을까? 이렇게 힘들여서 석상을 조각한 이유는 무엇이었을까? 석공들은 이 거대한 석상을 어떻게 운반하고 세웠을까? 그리고 왜 결국에는 모든 석상을 넘어뜨려버렸을까?

부활절(1722년 4월 5일)에 네덜란드의 탐험가 야코프 로헤벤(Jacob Roggeveen)이 이 섬에 상륙하면서, 로헤벤이 그날을 기억하려고 붙여준 이름이 지금까지 사용되고 있다. 그에게 이스터 섬은 그야말로 미스터리였다. 칠레에서 세 척의 대형 범선을 지휘해서 흙을 전혀 보지 못한 채 꼬박 17일을 항해한 끝에 만난 섬이었다. 로헤벤이 이스터 섬의 해안에 상륙했을 때 그를 반겨준 폴리네시아인들은 어떻게 그 외딴 섬에 정착할 수 있었을까? 이스터 섬에서 서쪽 방향으로 가장 가까운 섬도 17일 이상을 항해해야 있었는데 말이다. 따라서 로헤벤뿐만 아니라 이후에 이스터 섬을 찾은 유럽 탐험가들은 섬 주민들의 유일한 배가 3미터를 넘지 않고 기껏해야 한두 사람이 탈 수 있는 작은 카누라는 사실

사진 6 지금은 완전히 불모지로 변해버린 이스터 섬의 풍경과 분석구(噴石丘)는 과거에 숲으로 덮여 있었다. 분화구인 라노라라쿠는 주된 채석장이었다. 전경에서 장방형의 작은 숲은 최근에 외래 나무들로 조성된 것이다.

사진 7 역시 과거에는 숲으로 덮여 있던 지역이지만 지금은 완전히 불모지로 변해버린 풍경과 분석구들이다.

을 알고 나서 놀라지 않을 수 없었다. 로헤벤의 일기를 인용해보자. "그들의 배는 변변치 않고 약해서 바다에서 사용하기에 부적합하다. 작은 나무판을 잇고 안으로 가벼운 판자들을 덧댄 후, 앞에서 말한 들풀에서 추출한 것을 촘촘하게 꼰 실로 솜씨 있게 엮어간 카누에 불과했다. 하지만 그들은 틈새를 막는 방법이나 카누의 이음매를 탄탄하게 잇는 방법을 몰랐다. 따라서 카누에 바닷물이 스며들었고, 그 때문에 그들은 물을 퍼내는 데 항해 시간의 절반을 보냈다." 이스터 섬에 정착한 사람들은 이런 배에 식량과 닭, 식수를 싣고 어떻게 17일 이상을 바다에서 살아남을 수 있었을까?

나를 포함해 그 후 이스터 섬을 찾은 모든 방문객이 그랬듯이 로헤벤도 섬 주민들이 석상을 어떻게 세웠는지 알고 싶었다. 다시 그의 일기를 인용해보자. "그 석상을 보고 우리는 처음에 무척 놀랐다. 기계를 만들 만한 튼튼한 나무도 없고 굵은 밧줄도 없는 이 섬사람들이 9미터가 훌쩍 넘는 육중한 거석을 어떻게 세웠는지 짐작조차 할 수 없었기 때문이다." 섬 주민이 거석을 어떤 방법으로 세웠든 큰 나무로 만든 튼튼한 목재와 굵은 밧줄이 필요했을 것이라고 로헤벤은 추측했다. 하지만 그의 눈에 비친 이스터 섬은 3미터가 넘는 관목은 고사하고 나무 한 그루조차 없는 불모지였다(사진 6, 7). "멀리서 처음 보았을 때 우리는 이스터 섬을 모래땅으로 생각했다. 시들어 말라버린 풀이나 뜨거운 햇살에 타버린 초목을 모래로 생각한 탓이었다. 황폐한 모습은 우리에게 척박한 불모의 땅으로밖에 보이지 않았다." 한때 그곳에 틀림없이 서 있었을 나무들은 모두 어디로 사라진 것일까?

석상을 조각해서 운반하고 세우려면 많은 사람이 필요했을 것이고, 그 사람들이 살기에 넉넉한 환경이 조성되어 있었을 것이다. 석상의 수와 크기로 미루어 짐작하면, 18세기와 19세기에 유럽인들이 만났던 수천 명보다 훨씬 많은 사람이 살았을 것으로 추정된다. 그러면 그 많은 사람에게 무슨 일이 일어났던 것일까? 또 석상을 조각해서 운반하고 세우려면 전문가들도 적지 않았을 것이다. 대체 그들은 무엇을 먹고살았을까? 로헤벤이 이스터 섬에 상륙했을 때 그곳에는 벌레보다 큰 동물이 없었고, 닭 이외에는 다른 가축이 없었다. 그러나 동쪽 끝 부근의 채석장, 연장용 돌을 캐낸 남서쪽 채석장, 고기잡이에 적합한 북서쪽의 해안, 농지로 적합했을 남쪽 지역 등 천연자원이 적절하게 나누어진 것으로 판단하면 이스터 섬은 상당히 복잡한 사회였을 것으로 여겨진다. 이런 자원들을 채취해서 재분배하려면 섬 전체의 경제를 총괄하는 시스템도 있었을 것이다. 그런데 이 불모의 땅에서 그런 사회가 어떻게 가능할 수 있었을까?

이런 모든 미스터리가 거의 3세기 동안 계속되면서 수많은 추측을 불러일으켰다. '미개인'의 수준을 벗어나지 못한 폴리네시아인들이 석상을 조각하고, 아름답게 다듬어진 돌기단을 만들어냈다는 사실을 유럽인들은 믿을 수 없었다. 노르웨이의 탐험가 토르 헤이에르달(Thor Heyerdahl)은 아시아에서 서태평양을 건너 퍼져나간 폴리네시아인들에게는 그런 능력이 없었을 것이라 추정하며, 대서양 너머에서 문명을 꽃피우던 유럽 사회에서 문물을 받아들인 덕분에 문명 사회로 발돋음한 남아메리카의 인디언들이 동태평양을 건너 이스터 섬에 정착했을 것이라고 주장했다. 헤이에르달의 유명한 '콘티키' 탐험대와 그의 뗏목 여행단은 고대 문명 간의 대양 항해 접촉 가능성을 증명해서 고대 이집트의 피라미드, 남아메리카 잉카 제국의 거대한 석조 건축물, 이스터 섬의 거석상 간의 관련성을 입증하는 데 목적이 있었다. 나는 40년 전 헤이에르달이 이 항해에 얽힌 이야기를 담은 『콘티키 *Kon-Tiki*』와 이스터 섬의 역사에 대한 그의 낭만적인 해석을 읽고 이스터 섬에 관심을 갖기 시작했다. 당시 나는 헤이에르달의 기발한 해석을 능가할 해석은 없으리라 생각했다. 하지만 그 후 외계 문명 도래설의 신봉자인 스위스의 작가 에리히 폰 데니켄(Erich von Däniken)은 고도의 지능을 지닌 외계인들이 우주선의 고장으로 이스터 섬에 불시착해서 구조를 기다리는 동안에 초현대식 연장으로 석상들을 세운 것이라는 주장을 펼쳤다.

그러나 요즘의 설명들은 훨씬 객관적이다. 우주인 도래설보다는 라노라라쿠 주변에 흩어져 있는 돌연장들로써 미스터리를 설명하고, 잉카인이나 이집트인보다 이스터 섬에서 살고 있던 폴리네시아인에게서 해결의 실마리를 찾으려고 애쓴다. 이런 설명도 '콘티키' 뗏목 여행이나 외계인 도래설만큼이나 낭만적이고 흥미진진하지만 요즘 세계에서 일어나고 있는 사건들에 비춰볼 때 훨씬 합리적인 듯하다. 게다가 요즘의 설명은 완전히 고립된 세계에서 일어난 환경 재앙을 겨냥하고 있기 때문에 환경 문제로 인한 과거 사회들의 붕괴를 다루는 이 장의 첫 글로 안성맞춤이기도 하다.

이스터 섬의 지리와 역사

이스터 섬은 바다에서 융기한 세 화산으로 거의 이루어진 삼각형의 섬이다. 세 화산은 거의 붙어 있지만 100만 년, 어쩌면 수백만 년 전에 각각 다른 시기에 융기되었으며, 인간이 정착한 이후로 줄곧 활동을 정지한 휴화산이었다. 가장 먼저 융기한 포이케 화산은 약 60만 년 전(일설에 따르면 300만 년 전)에 폭발했고, 지금은 삼각형 섬의 남동쪽 부분을 차지하고 있다. 한편 그 후에 폭발한 라노카우 화산은 섬의 남서쪽 부분을 형성했다. 삼각형 섬의 북쪽에서 가장 나중에 융기한 테레바카 화산이 약 20만 년 전에 폭발하면서 흘러내린 용암이 섬 표면의 95퍼센트를 뒤덮었다.

폴리네시아의 기준에 따르면 이스터 섬의 면적(66평방마일)과 해발(510미터)은 미미한 수준이다. 깊은 계곡이 없어 하와이 섬에 비하면 이스터 섬의 지세는 완만한 편이다. 가파른 분화구들과 분석구(噴石丘)를 제외하면 이스터 섬에서는 거의 모든 곳을 안전하게 걸어다닐 수 있다. 반면에 하와이나 마르키즈 제도에서는 조금만 걸어도 낭떠러지가 나타난다.

남위 27도의 아열대 지역—북반구에서는 마이애미와 타이베이와 비슷한 위치—에 위치해서 이스터 섬의 기후는 온화한 편이며, 화산 폭발 덕분에 토양은 비옥하다. 이런 점에서 이스터 섬은 세계의 다른 지역을 옥죄는 문제에서 벗어난 축복의 땅이었고, 작은 낙원으로 가꿔가기에 충분한 땅이었다. 그러나 이스터 섬의 지리적 위치는 정착자들에게 적잖은 문제를 안겨주었다. 아열대 기후대에 위치해서 유럽과 북아메리카의 겨울에 비하면 따뜻하지만 대부분의 섬이 열대 지역에 위치한 폴리네시아 군도에 비하면 쌀쌀하다. 뉴질랜드, 채텀 제도, 노퍽 섬, 라파 섬을 제외할 때 폴리네시아인들이 정착한 다른 섬들은 이스터 섬보다 적도에서 가깝다. 따라서 폴리네시아의 다른 지역에서는 중요한 열대 식물, 예컨대 코코넛(근대에 들어서야 이스터 섬에 전해졌다)은 이스터 섬에서 잘 자라지 못한다. 또한 주변 바다는 산호초가 서식하기에는 너무 차기 때문에 산호초와 관련된 어류와 갑각류를 찾아보기 어렵다. 배리 롤렛과 내가 테레바카 화산과 포이케 화산 주변을 둘러보면서 확인했듯이, 이스터 섬에는 바람이 많았다. 지금도 바람 때문에 빵나무 열매가 익기도 전에 떨어지는 것으로 판단하건대 잦은 바람은 옛 농부에게 상당한 골칫거리였을 것이다. 특히 이스터 섬은 외따로 떨어져 있어, 산호초에 서식하는 어종뿐만 아니라 전반적으로 어종이 부족하다. 피지 섬에는 1,000여 어종이 서식하지만 이스터 섬에서는 127종밖에 서식하지 않는다. 이런 지리적 요인들 때문에 태평양 일대의 다른 섬들에 비해서 이스터 섬에는 먹을거리가 상당히 부족한 편이다.

연 평균 1,270밀리미터에 불과한 강우량도 이스터 섬의 지리적 조건과 관계가 깊다. 지중해변과 남캘리포니아의 강우량에 비하면 넉넉한 강우량이지만 폴리네시아의 기준에 따르면 적은 양이다. 게다가 땅에 떨어진 비는 고일 틈도 없이, 다공성을 띤 토양에 급속히 스며든다. 따라서 담수 공급이 제한적일 수밖에 없다. 테레바카 산에서 내려오는 하나뿐인 간헐천도 내가 방문한 시기에 말라 있었다. 지하수면이 지표와 가까운 곳에서는 우물이 개발되었고, 해안지대에는 해저에서 솟아오르는 샘물들이 밀물선과 썰물선 사이에 있어 적극적으로 이용된 듯하다. 이처럼 열악한 조건 때문에 엄청나게 힘들었겠지만 이스터 섬 주민들은 마시고 요리하며, 곡물을 재배하는 데 충분한 물을 확보했다.

이스터 섬 사람들이 아메리카가 아니라 아시아에서 도래한 폴리네시아인이며, 석상을 비롯해서 그들의 문화가 폴리네시아 문화에 뿌리를 두고 있다는 명백한 증거들을 헤이에르달과 데니켄은 무시했다. 1774년 쿡 선장이 이스터 섬에 잠시 상륙했을 때 그를 안내한 한 타히티 원주민이 이스터 섬 사람들과 무리없이 대화를 나누는 것을 보고 결론을 내렸듯이, 그들의 언어는 폴리네시아어였다. 정확히 말하면 그들은 하와이와 마르키즈 제도의 원주민어와 같은 뿌리를 가지며, 특히 초기 망가레바어로 알려진 방언과 밀접한 관계가 있는 동폴리네시아 방언을 사용했다. 낚시 갈고리, 손도끼, 작살, 산호 줄칼 등 연장들은 전형적인 폴리네시아의 것으로, 특히 마르키즈 제도의 초기 모형과 무척 비슷하다. 두개골도 '활꼴 턱(rocker jaw)'으로 알려진 폴리네시아인의 특징을 그대로 보여준다. 돌기단 아래에서 발견된 12구의 뼈에서 추출한 DNA를 분석한 결과에 따르면, 12개의 샘플 모두에서 확인된 9가지 염기쌍의 결여와 세 가지 염기 치환은 대부분의 폴리네시아인에게서도 발견되는 특징이다. 세 가지 염기 치환 중 두 가지는 아메리카 인디언에게서는 전혀 없는 현상이기 때문에, 아메리카 인디언들이 이스터 섬 주민의 유전자 공급원에 영향을 미쳤다는 헤이에르달의 주장은 설득력이 없다. 한편 이스터 섬의 주된 식량은 바나나, 타로토란, 고구마, 사탕수수, 꾸지나무 열매였다. 이런 곡물들도 대부분 동남아시아가 원산지로 폴리네시아인들의 전형적인 식량이었다. 이스터 섬의 유일한 가축이던 닭도 폴리네시아의 대표적인 가축이고, 원산지는 아시아였다. 정착자들의 카누에 무임승차해서 이스터 섬에 들어온 쥐도 마찬가지였다.

역사가 기록되기 이전에 폴리네시아인의 확산은 선사 시대에 있었던 가장 극적인 바다 개척이었다. 기원전 1,200년까지 아시아 본토에서 인도네시아 섬들을 거쳐 오스트레일리아와 뉴기니까지 진출한 옛사람들은 뉴기니 동쪽의 솔로몬 제도에서 멈추었다. 이때쯤 뉴기니 북동쪽의 비스마르크 제도에서 발원하고, 라피타 양식으로 알려진 도기를 만든 해상 및 농경 민족은 솔로몬 제도의 동쪽으로 거의 1,600킬로미터를 항해해서 피지, 사모아, 통가에 이르면서 폴리네시아인의 선조가 되었다. 나침반, 문자, 금속연장이 없었지만 폴리네시아인들은 항해술의 대가였고, 바다를 넘나드는 카누를 건조하는 뛰어난 기술자였다. 도기와 돌연장, 집터와 사원, 음식 부스러기, 해골 등에 방사능 탄소 측정법을 적용해 밝혀낸 고고학적 증거들에서, 폴리네시아인들의 확장 시기와 경로는 거의 정확하게 추정된다. 기원후 1200년경, 폴리네시아인들은 하와이, 뉴질랜드, 이스터 섬을 세 정점으로 커다란 삼각형 안에서 사람이 살기에 적합한 섬들을 모두 점령했다.

과거에 역사학자들은 바람과 해류 때문에 해로에서 벗어난 어부들이 폴리네시아 섬들을 우연히 발견해서 정착한 것으로 생각했다. 그러나 폴리네시아의 모든 섬들은 정밀한 계획에 따라 발견되고 정착된 것이라는 주장이 이제는 정설로 받아들여진다. 우연한 표류였다면 동쪽에서 서쪽으로 흐르는 해류와 바람의 방향에 따랐겠지만 대다수의 폴리네시아 섬들은 서쪽에서 동쪽으로 차례로 정착되었다. 따라서 미리 예정된 계획에 따라 맞바람을 안고 미지의 섬으로 모험을 떠나거나, 바람의 방향이 일시적으로 바뀔 때를 기다렸던 여행자들이 새로운 섬들을 차근차근 발견해나갔다고 가정할 수밖에 없다. 타로토란에서 바나나까지, 돼지에서 개와 닭에 이르기까지 다양한 곡물과 가축의 이동도 식민지 개척자들이 철저히 준비했다는 증거로 받아들여진다. 새로운 땅에서 살아남으려면 고향땅에서 필수적인 먹을거리를 가져가야 하지 않았겠는가!

폴리네시아인의 조상인 라피타 도공들은 처음에 태평양을 동쪽으로 가로질러 피지, 사모아, 통가까지 뻗어나갔다. 이 섬들은 비스마르크 제도에서 며칠을 항해하면 닿을 수 있는 곳이었다. 이런 서폴리네시아 섬들과 쿡 제도, 소시에테 제도, 마르키즈 제도, 오스트랄 제도, 투아모투 군도, 하와이, 뉴질랜드, 핏케언 섬, 이스터 섬 등 동폴리네시아 섬들 사이에는 드넓은 바다가 있었다. 약 1,500년 정도의 '긴 휴식기'가 있은 후, 그 드넓은 바다도 마침내 정복되었다. 폴리네시아인들의 카누와 항해술이 발달했기 때문인지, 해류가 갑자기 변했기 때문인지, 해수면의 침하로 인해 징검다리로 삼을 만한 섬들이 수면 위로 나타났기 때문인지, 아니면 행운이 함께한 여행 때문인지는 확실하지 않다. 하여간 정확한 시기에 대해서는 아직 논란 중이지만 기원후 600~800년경 서폴리네시아에서 가장 가까운 쿡 제도, 소시에테 제도, 마르키즈 제도가 정복되면서 동폴리네시아의 다른 섬들을 정복할 교두보가 되었다. 적어도 3,200킬로미터 떨어진 뉴질랜드가 기원후 1200년경에 정복되면서 폴리네시아 섬들에서의 정착이 마침내 완료되었다.

폴리네시아에서 동쪽 끝에 있는 이스터 섬은 어떤 경로를 통해 점령되었을까? 많은 사람이 살았고 하와이로 진출한 듯한 마르키즈 제도가 이스터 섬으로 진출하기 위한 직접적인 교두보였을 가능성은 바람과 해류 때문에 배제된다. 오히려 마르키즈 제도와 이스터 섬의 중간쯤에 있는 망가레바 섬, 핏케언 섬, 헨더슨 섬이 이스터 섬을 정복하기 위한 기점이었을 가능성이 더 크다. 이 세 섬의 주민에 얽힌 이야기는 제3장에서 자세히 다루기로 하자. 어쨌든 이스터 섬의 언어와 초기 망가레바어 간의 유사성, 연장에서 이스터 섬과 망가레바 섬, 핏케언 섬 간의 닮은꼴, 이스터 섬 사람의 두개골이 마르키즈 제도에서 발견된 시신의 두개골들보다 헨더슨 섬에서 발굴된 두 개의 두개골과 일치한다는 사실 등은 망가레바 섬, 핏케언 섬, 헨더슨 섬을 디딤돌로 사용했다는 강력한 증거이다. 1999년 재구성된 폴리네시아 카누 '호쿨레아(Hokule'a)'는 망가레바 섬을 출발해서 17일 만에 이스터 섬에 무사히 도착했다. 우리처럼 육지에 익숙한 사람들에게, 망가레바 섬에서 동쪽으로 그렇게 먼 거리를 카누로 여행해서 남북의 폭이 14.5킬로미터밖에 되지 않는 작은 섬에 무사히 도착할 수 있었다는 사실은 문자 그대로 믿겨지지 않는다. 하지만 폴리네시아인들은 육지를 중심으로 반경 160킬로미터를 날아다니며 먹을 것을 구하는 바닷새를 보고, 육지가 눈에 띄기 훨씬 전부터 섬의 존재를 직감적으로 눈치 챌 수 있었다. 따라서 이스터 섬의 실제 직경(태평양 전체에서 바닷새에게 가장 넓은 활동 범위)은 폴리네시아 뱃사람들에게 14.5킬로미터가 아니라 320킬로미터였다고 말할 수 있다.

이스터 섬의 전설에 따르면 그 섬에 정착한 원정대의 리더는 호투 마투아('위대한 아버지')라는 족장이었다. 그 족장은 한두 척의 카누에 아내와 여섯 명의 아들, 그리고 친척들을 이끌고 이스터 섬에 도착했다. (1800년대 말과 1900년대 초에 이 섬을 방문한 유럽인들은 구전으로 전해지는 많은 전설을 기록했다. 이 전설에는 유럽인들이 도래하기 전 섬사람들의 생활에 대한 믿을 만한 정보들이 담겨 있지만 거의 1,000년 전에 있었던 사건까지 자세하고 정확하게 전하고 있는지는 확실하지 않다.) 제3장에서 다시 살펴보겠지만 폴리네시아의 다른 섬들은 정기적으로 왕래하면서 접촉을 가졌다. 이스터 섬도 그랬을까? 호투 마투아가 도착한 이후로 다른 카누들이 연이어 도착했을까? 고고학자 로저 그린(Roger Green)은, 이스터 섬에 사람이 정착하고 수세기 후의 것으로 여겨지는 연장들의 형태에서 이스터 섬과 망가레바 섬이 유사한 면을 보인다며 이스터 섬도 다른 섬들과 교류했을 가능성이 있다고 주장했다. 하지만 이스터 섬에는 개와 돼지, 그리고 폴리네시아의 대표적인 식물이 없었다는 점에서 이런 주장은 설득력이 떨어진다. 만약 이런 동물들과 식물들이 호투 마투아의 카누에서 살아남지 못했거나, 이스터 섬에 도착한 직후에 죽었다면 그 후에 이 섬을 찾은 사람들이 십중팔구 그 동물과 식물을 가져왔을 것이기 때문이다. 또한 다음 장에서 다루어지듯이, 동일한 화학적 구성을 지닌 돌로 만든 연장들이 마르키즈, 핏케언, 헨더슨, 망가레바, 소시에테 등에서 공통적으로 발견된다는 점에서 이 섬들은 서로 정기적인 교류를 가진 것으로 추정된다. 그러나 이스터 섬의 돌은 다른 어떤 섬에서도 발견되지 않고, 다른 섬들의 독특한 돌도 이스터 섬에서는 발견되지 않는다. 따라서 호투 마투아가 정착한 이후로 로헤벤이 도착할 때까지 이스터 섬 사람들은 거의 1,000년 동안 외부인들과 접촉하지 않은 채 세상 끝에 완전히 고립되어 살았던 것으로 여겨진다.

동폴리네시아의 주요 섬들에 사람들이 기원후 600~800년경에 정착했다면 이스터 섬에는 언제 처음 사람이 들어갔을까? 그 시기는 무척 불확실하다. 이스터 섬과 관련된 문헌들에서는 언어연대학(glottochronology)이라 알려진 기법으로 언어의 분화를 계산해서, 혹은 아후 테페우, 포이케 화산의 배수구, 개벌(皆伐)에 따른 호수의 침전물에서 발견된 숯을 방사성 탄소 연대 측정법으로 측정한 결과를 근거로 기원후 300~400년경에 처음 정착이 있었을 것으로 추정한다. 그러나 이스터 섬의 역사에 정통한 전문가들은 이 시기에 대해 의문을 제기한다. 이스터 섬의 언어(주로 타히티와 마르키즈 원주민들을 통해 알려졌기 때문에 그들의 언어에 오염되었을 가능성이 크다)나 망가레바 섬의 언어(나중에 망가레바에 도래한 사람들을 통해 변형되었을 가능성이 크다)처럼 복잡한 역사를 가진 언어들에 적용될 때 언어연대학의 계산은 신빙성을 상실한다. 또한 숯에 적용한 방사성 탄소 연대 측정법은 지금은 폐기된 낡은 방식이었고, 그 숯이 인간과 실제로 관계된 것이라는 분명한 증거도 없다.

이스터 섬에는 사람이 기원후 900년경에 최초로 정착했다는 주장이 현재로서는 정설이다. 고생물학자 데이비드 스티드먼(David Steadman)과 고고학자 클라우디오 크리스티노와 파트리시아 바르가스(Patricia Vargas)는 이스터 섬의 아나케나 해변에서 인간의 흔적을 최초로 보여주는 가장 오래된 고고학적 층을 발견했다. 여기에서 발굴한 목탄과 인간이 잡아먹은 돌고래 뼈에 방사성 탄소 연대 측정법을 사용해서 알아낸 결과였다. 아나케나는 이스터 섬에서 카누가 정박하기에 가장 적합한 해변이기는 하다. 따라서 최초의 이주자들이 아나케나를 터전으로 삼았을 가능성은 아주 크다. 돌고래 뼈에는 가속 질량 분석(AMS; accelerator mass spectrometry)이란 최첨단 방사성 탄소 연대 측정법이 사용되었고, 돌고래와 같은 해양 생물의 뼈를 방사성 탄소로 측정하기 위한 해양 퇴적물의 연대로 대략 측정되었다. 이스터 섬을 비롯해 태평양의 많은 섬에서 신속히 멸종된 토종 육지새들의 뼈들이 발굴되는 고고학층에서 돌고래의 뼈들이 발굴되고, 그 후 곧 돌고래를 사냥하던 카누가 무용지물이 되어버렸기 때문에 이스터 섬에 사람들이 기원후 900년 이전에 처음 정착했을 것이라는 주장이 현재로서는 가장 믿을 만하다.

사람과 식량

이스터 섬에 정착한 사람들은 무엇을 먹고살았고 어떻게 지냈을까?

유럽인이 도착했을 때 섬 주민들은 주로 고구마, 참마, 타로토란, 바나나, 사탕수수를 재배하는 농부였다. 가축으로는 닭이 유일했다. 폴리네시아의 다른 섬들과 달리 산호초와 개펄이 거의 없어 어류와 갑각류는 먹을거리에서 아주 작은 몫을 차지했을 뿐이다. 바닷새, 육지새, 돌고래는 첫 이주자들의 배를 채운 먹을거리였지만 얼마 후 그 동물들은 크게 줄어들거나 자취를 감추었다. 따라서 이스터 섬 사람들은 고탄수화물 음식을 주로 섭취했고, 더구나 담수의 부족을 사탕수수즙으로 보충했기 때문에 탄수화물의 섭취량이 더욱 늘었다. 따라서 지금까지 알려진 선사 시대의 종족 중에서 이스터 섬 사람들의 충치와 치아부식증이 가장 심했던 것으로 알려져 있다. 실제로 14세쯤에 대다수가 충치를 앓았고, 20대에는 모두가 충치를 앓았다.

가구당 식구가 5~15명이었고 확인된 집터의 3분의 1에 사람들이 동시에 거주했다는 가정하에 집터의 수를 헤아리는 방식, 혹은 돌기단이나 세워진 석상의 수로 족장과 그 추종자들의 수를 추정하는 방식으로 이스터 섬의 전성기의 인구 수를 추정해볼 수 있다. 그 결과에 따르면 인구는 최저 6,000명에서 최고 3만 명에 이르며, 평방마일당 평균 90~450명이 살았던 것으로 계산된다. 포이케 반도와 고원지대 등 섬의 일부 지역은 농사를 짓기에 적절치 않았기 때문에 괜찮은 지역에서의 인구밀도는 약간 더 높았을 것으로 여겨진다. 그러나 고고학적 조사에 따르면 섬의 대부분 지역이 활용되었기 때문에 그렇게 높지는 않았을 것이다.

선사 시대의 인구밀도를 추정할 때, 최저치를 선호하는 고고학자들은 최고 추정치를 턱없이 높다고 비판하고, 반대로 최고치를 선호하는 학자들은 정반대의 입장을 띤다. 내 개인적인 의견으로는 최고치가 더 타당한 듯하다. 구태여 이유를 말하자면 클라우디오 크리스티노, 파트리시아 바르가스, 에드문도 에드워즈, 크리스 스티븐슨, 조 앤 반 틸버그 등 최근에 이스터 섬을 광범위하게 조사한 고고학자들이 한결같이 최고치를 선호하기 때문이다. 게다가 이스터 섬의 인구를 2,000명이라고 최초로 신빙성 있게 제시한 사람들은 천연두로 대부분의 주민이 몰살을 당한 직후인 1864년 이스터 섬에 정착한 선교사들이었다. 당시는 페루의 노예선들이 1862~1863년에 약 1,500명의 섬 주민을 납치한 후였고, 문헌에 따르면 1836년까지 거슬러 올라가는 두 번에 걸친 천연두의 창궐이 있은 후이기도 했다. 하지만 1770년 이후 유럽인들이 정기적으로 드나들면서 기록되지 않은 다른 전염병들의 피해도 틀림없이 있었을 것이고, 뒤에서 다시 다루겠지만 1600년대부터 인구가 급속히 줄어드는 현상이 나타났다. 세 번째 천연두를 이스터 섬에 전염시킨 선박은 마르키즈 제도까지 항해했고, 그 결과로 섬 주민의 8분의 7이 떼죽음을 당한 것으로 알려져 있다. 이런 이유로 두 번의 천연두, 납치, 다른 전염병, 17세기의 인구 붕괴를 겪은 후에 다시 1864년에 천연두로 많은 사람이 죽고도 2,000명이란 사람이 살아남았는데 전성기의 인구가 고작 6,000~8,000명밖에 안 되었을 것이라 추정하기에는 설득력이 부족하다. 게다가 이스터 섬에서 농업이 집약적으로 이루어졌다는 증거를 감안한다면 1만 5,000명 이상의 인구를 추정한 클라우디오와 에드문도의 가정은 그다지 놀라운 것도 아니다.

집약적 농경이 이루어졌다는 증거는 곳곳에서 찾아진다. 첫째는 직경 1.5~2.5미터, 깊이 1.2미터의 구덩이들이다. 안쪽으로 돌을 덧댄 구덩이는 퇴비를 만들거나 푸성귀를 발효시키기 위해 사용된 것으로 여겨진다. 둘째는 테레바카 화산에서 남동쪽으로 흘러내리는 간헐천 바닥에 돌로 쌓은 한 쌍의 댐이다. 넓은 돌기단 쪽으로 물길을 돌리기 위해 쌓은 것으로 추정된다. 이런 관개법은 폴리네시아의 다른 곳에서 타로토란 밭에 물을 공급하는 방법과 유사하다. 집약농이 행해졌다는 더 확실한 증거는 돌로 쌓은 닭장('하레모아')들이다. 대체로 닭장의 길이는 6미터(21미터에 달하는 거대한 닭장도 적지 않다), 폭은 3미터, 높이는 1.8미터 가량이었고, 닭이 드나들 수 있는 작은 출입구가 바닥 근처에 있었다. 소중한 닭이 달아나거나 도둑맞는 것을 방지하기 위해서 닭장은 돌담으로 둘러싸인 마당에 세워졌다. 이스터 섬에 거대한 돌기단과 거석이 없었더라면 방문객들은 이 섬을 돌닭장의 섬으로 기억했을 것이다. 오늘날 모두 1,233개에 달하는 돌닭장이 돌담은 사라진 채 기초석이나 안뜰만 겨우 남아 있는 선사 시대의 집들보다 훨씬 자주 눈에 띄기 때문에 해안지대 근처의 풍경은 돌닭장이 주인공이라 할 수 있다.

그러나 농산물 생산의 증대를 위해서 가장 널리 채택한 방법은 용암이다. 고고학자 크리스 스티븐슨은 용암의 다양한 사용에 대해 연구했다. 커다란 돌을 쌓아 이스터 섬의 잦고 강한 바람으로 인해 식물이 말라버리는 것을 막았다. 지면이나 지면보다 낮은 채마밭 주변에는 작은 돌을 쌓아 바람을 막고, 바나나를 재배하거나 묘목을 키웠다. 상당한 면적에 돌덩이들을 촘촘한 간격으로 놓아서 식물을 돌덩이들 틈새에서 재배했고, '돌 뿌리덮개(lithic mulch)' 식으로 개간된 밭도 상당히 많았다. 달리 말하면 30센티미터 깊이까지 흙과 돌로 채우는 방식의 농법이었다. 이때는 근처에 흩어진 돌이나 땅을 팔 때 나오는 돌을 사용했고, 암반을 깨뜨리기도 했다. 타로토란은 돌이 많은 밭에서 주로 재배되었다. 이런 방풍벽이나 채마밭을 만들려면 수백만, 아니 수천만 개의 돌을 옮겨야 했기 때문에 여간 힘든 작업이 아니었을 것이다. 고고학자로 폴리네시아의 다른 지역을 연구한 배리 롤렛은 나와 이스터 섬을 처음 방문했을 때, "폴리네시아에서 이스터 섬과 같은 곳은 처음입니다. 이곳 사람들은 적은 양의 타로토란을 심고 바람으로부터 지키려고 작은 돌들을 둥그렇게 쌓았습니다. 필사적으로 말입니다! 어렵지 않게 타로토란 밭에 물을 댈 수 있는 쿡 제도의 사람들이라면 이런 고생을 죽어도 하지 않을 겁니다"라고 내게 설명했다.

왜 이스터 섬 사람들은 이런 고생을 사서 했던 것일까? 내가 어린 시절이면 여름을 보냈던 미국의 북서 지방에서 농부들은 밭에서 돌을 캐내느라 골머리를 썩이는데, 돌을 일부러 밭에 가져와야 했다니……. 돌투성이 밭을 그렇게도 갖고 싶었던 것일까?

이런 의문의 답은 이스터 섬의 바람, 건조하고 쌀쌀한 기후에서 찾아진다. 바람막이 돌담과 '돌 뿌리덮개' 농법은 다른 건조한 지역에서도 자체적으로 발달되었다. 이스라엘의 네게브 사막, 미국 남서부의 사막 지역, 그리고 페루, 중국, 이탈리아, 마오리 뉴질랜드의 건조 지역이 대표적인 예이다. 돌이 흙을 덮고 있으면 햇살과 바람으로 인한 수분 증발을 억제하고, 딱딱한 지표에서 빗물이 빨리 빠져나가는 것을 늦춤으로써 토양을 최대한 축축하게 유지하는 효과가 있다. 돌은 낮에는 태양열을 흡수하고 밤에는 방출해서 토양의 온도 변화를 완화시키는 효과도 갖는다. 또한 돌은 빗물을 튕겨내면서 토양의 침식을 막아주고, 특히 검은 빛을 띤 돌은 태양열을 더 많이 흡수해서 땅을 덥혀줄 수도 있다. 게다가 돌은 많은 광물질을 함유하고 있어 땅에 그 광물질을 천천히 배출해서 장기간 효과를 발휘하는 비료 역할을 하기도 한다(우리가 아침에 복용하는 비타민 알약과 비슷하다). 고대 아나사지 문명(제4장 참조)이 '돌 뿌리덮개' 농법을 사용한 이유를 파악하기 위해서 미국 남서지역에서 실험한 바에 따르면, 이 농법은 농부들에게 큰 이점이 있는 것으로 밝혀졌다. 돌을 섞은 땅은 토양의 수분이 2배에 이르렀고, 대낮에 토양의 온도가 훨씬 낮았으며 밤에는 토양의 온도가 높았다. 또한 실험 재배한 16종의 곡물 모두에서 더 많은 수확을 거두었다. 평균 4배가 웃도는 수확이었고, 뿌리덮개 농법이 적합한 품종에서는 무려 50배의 수확을 거두기도 했다.

크리스 스티븐슨은 이런 실험 결과를 이스터 섬에서 돌과 흙을 섞는 농법이 확산된 증거로 삼았다. 그의 해석에 따르면, 폴리네시아에 사람들이 정착하고 처음 500년 동안 사람들은 저지대인 해안가에 모여 살았다. 담수원 가까이에 지내면서 고기를 낚고 갑각류를 채취할 수도 있었기 때문이다. 돌 뿌리덮개 농법을 이용한 밭은 1300년경에 내륙의 고지대, 즉 해안 지역에 비해 강우는 많지만 더 시원한 지역(하지만 토양의 온도를 높이기 위해 사용한 검은 돌 때문에 이런 이점은 상쇄되었다)에서 처음 나타난다. 이스터 섬의 내륙은 이런 밭으로 개량되었다. 그런데 농부들은 내륙에서 살지 않은 듯하다. 내륙에서는 평민들의 집터가 극소수만 발견되기 때문이다. 물론 닭장도 거의 눈에 띄지 않고, 아궁이와 쓰레기 더미도 거의 발견되지 않기 때문이다. 하지만 주변 사람들까지 먹여야 할 충분한 식량을 생산하기 위해서 넓은 밭을 대규모 플랜테이션 형식으로 운영한 족장 등 지배계급의 거주지였던 것으로 판단되는 큰 집터도 드문드문 눈에 띈다. 그러나 일반 농부들은 여전히 해안가에 모여 살면서 농사를 짓기 위해 매일 10여 킬로미터를 걸어다녀야 했다. 고지대에서 해안까지 4.5미터의 폭으로 연결된 길들이 일종의 통근로였던 셈이다. 그러나 고지대의 플랜테이션은 1년 내내 매일 일하는 형식으로 운영되지는 않았다. 농부들은 봄에 고지대로 올라가 타로토란 등 뿌리작물을 심고, 수확을 거둘 때나 다시 올라갔다.

족장, 씨족과 평민

폴리네시아의 다른 섬들과 마찬가지로 이스터 섬의 전통적인 사회 구조도 족장과 평민으로 나누어졌다. 고고학자들은 두 집단의 확연히 다른 가옥 구조가 그 증거라고 설명한다. 족장과 지배계급은 '하레파엔가(hare paenga)' 라 불리는 집에서 살았다. 길고 좁은 카누를 뒤집어 놓은 듯한 형태로, 대체로 길이는 12미터(95미터에 이르는 초대형 집도 있다), 폭은 3미터가 넘지 않으며 양 끝은 둥글게 마무리되었다. 벽과 지붕은 이엉을 세 겹으로 덧댄 형식에 불과하지만 바닥에는 깔끔하게 잘라낸 현무암이 기초석으로 쓰였다. 특히 비스듬히 잘라내거나 둥글게 깎아낸 귀퉁이돌은 무척 깎아내기 힘들었기 때문에 씨족들 간의 싸움에서 전리품이었고, 노략질의 대상이기도 했다. 대부분의 '하레파엔가' 앞에는 돌을 깐 안뜰이 있었다. '하레파엔가' 들은 해안지대에 180미터의 띠를 이루며 지어졌다. 그중 6~10채가 석상들이 세워진 돌기단 바로 안쪽으로 가장 좋은 터에 지어졌다. 반면에 평민들의 집은 훨씬 내륙 쪽에 작게 지어졌으며 가구마다 닭장, 아궁이, 원형의 채마밭, 쓰레기장이 있었다. '타푸(tapu, 종교적인 신령한 힘: 옮긴이)' 에 따라 돌기단과 아름다운 '하레파엔가' 가 자리 잡은 해안 지역에서는 금지된 실리적인 구조였다.

섬사람들이 전해준 구전설화와 고고학적 탐사 결과에 따르면, 이스터 섬은 11~12개 지역으로 분할되었고 지역마다 혈통을 같이하는 씨족이 있었다. 모든 씨족이 해안에서 시작해 내륙으로 지평을 넓혀갔다. 달리 말하면 이스터 섬은 11~12조각으로 나눈 피자와도 같았다. 지역마다 족장이 있었고, 석상을 세운 주된 의식용 돌기단이 있었다. 씨족들은 더 많은 기단과 석상을 세우려 애쓰면서 평화적으로 경쟁했지만 결국 그런 경쟁은 전투의 형태로 발전했다. 피자 모양의 영토 분할은 폴리네시아의 다른 섬들에서도 마찬가지였다. 그러나 전설과 고고학적 발굴에 따르면, 이스터 섬은 경쟁하던 씨족들이 종교적으로, 때로는 경제적인 이유나 정치적인 이유로 한 명의 탁월한 족장 아래로 통합되는 예외적인 특징을 보여준다. 반면에 망가레바 섬과 마르키즈 제도에서는 일정한 영토를 보유한 족장들이 끊임없이 다투었다.

이스터 섬의 통합은 무엇으로 설명할 수 있었고, 고고학적으로 어떻게 확인할 수 있었을까? 이스터 섬은 동일한 크기로 분할되지 않았고, 지역마다 생산되는 중요한 자원도 달랐다. 예컨대 통가리키 지역('호투이티')에는 라노라라쿠 분화구가 있었다. 라노라라쿠는 섬에서 석상을 만들 수 있는 좋은 돌을 유일하게 생산하는 곳이었고, 카누의 틈새를 채우는 데 쓰이는 이끼의 생산지이기도 했다. 한편 일부 석상의 머리 위에 씌워진 원통형의 붉은 돌은 항가푸쿠라 지역의 푸나파우 채석장에서 생산되었다. 날카로운 연장을 만드는 데 사용된 화산석인 흑요석의 주요 생산지 세 곳은 비나푸 지역과 항가푸쿠라 지역에 있었다. 한편 '하레파엔가'의 바닥에 쓰인 최고의 현무암은 비나푸와 통가리키에서 생산되었다. 북쪽 해안의 아나케나에는 카누를 진수시키기에 적합한 해변이 두 곳이나 있었고, 역시 북쪽 해안에 자리 잡은 이웃 헤키이에도 그에 못지않은 해변이 있었다. 하지만 북쪽 해안지대는 농사짓기에는 부적합한 땅이었다. 농경에 적합한 땅은 남쪽 해안과 서쪽 해안지대였다. 또한 다섯 개 지역만이 내륙의 고지대로 농토를 넓혀서 돌과 흙을 혼합한 플랜테이션을 조성했다. 바닷새들도 남쪽 해안, 특히 비나푸 지역 앞의 작은 섬들을 벗어나지 않았다. 목재, 줄칼을 만드는 데 쓰인 산호, 대자석(代裹石), 꾸지나무 등과 같은 자원들도 불균등하게 분포되어 있었다.

씨족들 간의 통합을 가장 확실하게 보여주는 고고학적 증거는 석상용 돌과 석상의 머리에 씌워진 원통형의 붉은 돌이었다. 이 돌들은 차례로 통가리키 씨족 지역과 항가푸쿠라 씨족 지역에서 생산되었지만 섬 전체에 분포된 11~12개 지역의 기단에서 골고루 발견된다. 따라서 석상과 머릿돌을 채석장에서 섬 전체로 운반하기 위한 도로가 많은 지역을 통과해야 했고, 채석장에서 멀리 떨어진 곳의 씨족은 석상과 머릿돌을 운반하기 위해 서너 씨족에게 허락을 받아야 했을 것이다. 흑요석, 현무암, 어류 등 지역 특산물들도 비슷한 방식으로 유통되었다. 미국처럼 정치적으로 통합된 나라에서 사는 현대인들에게는 이런 교역이 당연하게 여겨질 수 있다. 실제로 우리는 한 해안 지역에서 생산된 자원이 여러 지역을 거쳐 반대편 해안 지역까지 운반되는 것을 당연하게 생각한다. 하지만 역사적 경험에 따르면 한 지역이 다른 지역의 자원을 얻기 위해 협상하던 과정이 무척 복잡했다. 따라서 마르키즈의 넓은 섬들은 통합을 이루어내지 못했는데 이스터 섬이 통합을 이루어낸 이유는 완만한 지형 덕분인 듯하다. 반면에 마르키즈 섬의 계곡들은 너무 깊어, 계곡을 사이에 두고 인접한 종족들조차 내륙보다 바다를 통해 서로 교역하거나 침략했다.

기단과 석상

이스터 섬을 언급할 때마다 모두가 가장 먼저 떠올리는 문제를 이제부터 본격적으로 살펴보자. 즉 '모아이(moai)'라 불리는 거석상과 '아후(ahu)'라 불리는 돌기단이다. 지금까지 약 300개의 아후가 확인되었지만, 대다수의 기단은 작고 모아이가 세워져 있지 않다. 하지만 약 113개의 기단에는 모아이가 우뚝 서 있고, 그중 25개는 상당히 크고 정성들여 만든 흔적이 뚜렷하다. 섬의 각 지역마다 1~5개의 커다란 아후가 있었다. 석상이 세워진 아후는 대부분 해안 지역에 분포되어 있고, 아후와 석상은 내륙을 향하고 있다. 특히 석상의 얼굴은 바다를 향하고 있지 않다.

아후는 직사각형의 기단으로 단단한 돌로 만들어진 것이 아니다. 회색 현무암으로 사방에 옹벽을 쌓고 그 안을 돌조각으로 채운 것이다. 일부 벽, 특히 아후비나푸 지역에서 발견된 벽은 아름답게 깎은 돌들로 세워져 잉카의 건축물을 떠올려준다. 이 때문에 토르 헤이에르달이 이스터 섬과 남아메리카를 성급하게 연결시킨 것이라 여겨진다. 그러나 아후의 돌담은 잉카의 돌담처럼 큼직한 돌덩어리를 쌓은 것이 아니다. 물론 기단의 돌판 하나도 거의 10톤에 육박해서 인상적으로 보이지만 잉카의 삭사이와망(Sacsayhuaman) 요새의 361톤에 달하는 돌덩이에 비하면 보잘것없다. 아후의 높이는 4미터 정도이고 대다수의 폭이 150미터에 달한다. 따라서 아후 전체의 무게는 석상의 무게를 훨씬 웃돌며, 300톤 가량의 작은 아후에서 아후통가리키의 아후처럼 9,000톤을 넘는 것까지 다양하다. 이 부분은 아후와 모아이를 건축하는 데 공들인 이스터 섬 사람들의 노력을 추측하는 곳에서 다시 살펴보기로 하자.

아후의 뒷벽, 즉 해변 쪽 옹벽은 거의 수직에 가깝다. 하지만 앞쪽 벽은 비스듬히 기울어지면서 평평한 직사각형 광장으로 이어진다. 빗면의 길이는 48미터 가량이다. 아후의 뒤쪽에는 화장장이 있었던지 수천 구의 시신이 발굴되었다. 화장이란 관습도 폴리네시아에서 이스터 섬이 유일했다. 폴리네시아에서는 시신이 다른 식으로 매장되었다. 오늘날 아후는 검회색을 띠지만 원래는 하얀색, 노란색, 붉은색 등 다채로운 색을 띠었다. 돌판에 하얀 산호를 상감하기도 했다. 막 깎은 모아이는 노란색이었고, 모아이의 머릿돌과 일부 아후의 앞벽에 수평으로 두른 띠는 붉은색이었다.

조 앤 반 틸버그(Jo Anne Van Tilburg)는 지배계급의 선조를 형상화한 모아이, 887개의 목록을 작성했다. 그중 거의 절반이 라노라라쿠 채석장이 방치된 채 있지만 채석장에 운반된 모아이는 대부분 아후에 세워졌다. 아후 하나에 1~15개의 모아이가 세워진 듯하다. 아후에 세워진 모아이는 모두 라노라라쿠에서 채석된 응회암이었지만 다른 곳에 세워진 수십여 개의 석상(현재까지 53개가 확인되었다)은 역시 이스터 섬에서 생산되는 다른 화산암들, 즉 현무암, 붉은 암재(巖滓), 회색 암재, 조면암 등으로 조각되었다. 세워진 석상은 평균적으로 높이가 4미터, 무게가 10톤이었다. '파로(Paro)'라 알려진 가장 큰 석상은 9.8미터이지만 약간 호리호리한 편이어서 무게는 75톤에 불과하다. 따라서 클라우디오 크리스티노가 크레인을 동원해서 세운 아후통가리키의 석상과 비교하면 길이는 약간 길지만 무게는 87톤이나 덜 나가는 셈이다. 섬사람들이 파로보다 약간 더 큰 석상을 아후항가테텐가의 목적지로 옮기는 데까지는 성공했지만 석상을 세우는 도중에 안타깝게도 넘어뜨리고 말았다. 라노라라쿠 채석장에는 파로보다 훨씬 큰 석상들이 미완성인 채 내버려져 있다. 그중에는 21미터가 넘고 270톤에 가까운 석상도 있다. 이스터 섬 사람들의 기술력을 감안하면 그런 석상을 목적지까지 운반해서 세우는 것은 거의 불가능했으리라 여겨진다. 그런데 조각가들은 대체 어떤 과대망상에 사로잡혀 그런 거석을 조각했던 것일까?

외계인 도래설을 주장하는 에리히 폰 데니켄에 따르면 이스터 섬의 석상과 기단은 다른 지역에서 찾아볼 수 없는 것이기 때문에 특별한 설명이 필요하다. 하지만 이런 석상과 기단은 폴리네시아, 특히 동폴리네시아에서 그 기원이 찾아진다. 사당이나 보조 사원으로 사용된 '마라에(marae)'라는 돌기단이 폴리네시아 곳곳에 있었다. 예전에 핏케언 섬에 마라에가 셋이나 있었던 것으로 판단하건대 이스터 섬의 정착자들이 핏케언 섬에서 건너온 것으로 추정된다. 어쨌든 이스터 섬의 아후는 마라에에 비해 더 컸고, 보조 사원으로 사용되지 않았다는 점에서 다르다. 마르키즈 제도와 오스트랄 제도에도 큰 석상이 있었다. 마르키즈, 오스트랄, 핏케언의 석상들은 이스터 섬의 일부 석상에서 사용된 붉은 암재가 주로 사용되었지만 마르키즈에서는 라노라라쿠 채석장에서 채굴되던 응회암과 같은 화산석이 사용되기도 했다. 망가레바 섬과 통가 섬에는 다른 형태의 석조물이 있었다. 특히 통가에서는 삼석탑, 즉 수직으로 세운 한 쌍의 돌기둥 위에 수평의 가로돌판을 얹은 형태의 구조물이 유명했고, 돌기둥 하나의 무게는 40톤에 달했다. 타히티를 비롯한 다른 섬에서는 목각상이 있었다. 따라서 이스터 섬의 구조물은 폴리네시아 전통에서 발전된 것이라 할 수 있다.

물론 이스터 섬 사람들이 석상을 언제 처음 세웠고, 형식과 규모가 시대에 따라 어떻게 변했는지 정확히 알고 싶은 마음이야 굴뚝같다. 그러나 안타깝게도 돌은 방사성 탄소로 연대 측정이 불가능하다. 따라서 우리는 간접적인 방법, 즉 아후에서 발견된 숯의 방사성 탄소 측정, 균열된 흑요석 표면을 흑요석 수화층 측정(obsidian hydration layer dating), 초기의 것이기 때문에 버려졌을 것이라 추정되는 석상들의 형식, 일부 아후에서 확인되는 복구 방식, 그리고 고고학자들이 발굴한 자료 등을 기초로 추정할 수밖에 없다. 하지만 나중에 조각된 석상이 반드시 더 무거워지지는 않았지만 더 커졌고, 아후는 시간이 흐르면서 몇 번씩 개축되면서 더 커지고 더 정교하게 다듬어졌으리라 여겨진다. 아후가 세워진 시기는 주로 1000~1600년이었을 것으로 추정된다. 이 시기는 간접적인 방법으로 추정한 것이지만 최근 들어 워런 베크(J. Warren Beck)를 중심으로 한 연구 팀을 통해 재확인되었다. 베크의 연구 팀은 줄칼과 석상의 눈을 만드는 데 주로 사용된 산호에 함유된 탄소, 그리고 광장을 장식한 조류(藻類)의 하얀 결절에 함유된 탄소에 방사성 탄소 측정법을 사용했다. 이런 직접적인 연대 측정에 따르면 아나케나의 아후나우나우는 세 번의 건축과 재건축이 있었다. 첫 시기는 1100년경이었고, 마지막 시기는 1600년경이었다. 가장 먼저 세워진 아후들은 폴리네시아의 마라에처럼 석상이 세워지지 않는 기단에 불과했던 것으로 여겨진다. 한편 초기의 것으로 추정되는 석상들은 나중에 아후의 옹벽을 쌓거나 다른 구조물을 세우는 데 재사용되었다. 또한 초기의 석상들은 훗날의 석상보다 더 작고 둥근 형태를 띠면서 인간의 모습에 가까웠고, 라노라라쿠의 응회함 이외에 다양한 화산석으로 만들어졌다.

요컨대 이스터 섬 사람들은 나중에야 라노라라쿠의 응회암을 본격적으로 사용하기 시작했다. 그 이유는 간단했다. 응회암이 조각하기에 훨씬 쉬웠기 때문이다. 실제로 응회암은 표면이 단단하기는 하지만 속은 재처럼 부드러워, 속까지 단단한 현무암에 비해 깎아내기가 훨씬 쉽다.

사진 8 푸카오가 머리 위에 덧씌워진 석상들(모아이). 푸카오는 붉은 돌로 만들어진 원형의 머릿돌로 무게가 12톤에 달했고, 붉은 깃털로 만든 머리 장식물을 상징한 듯하다.

붉은 암재에 비해도 응회암은 잘 깨지지 않고 윤을 내고 세밀한 부분까지 조각하기가 더 편하다. 현재까지 알려진 바에 따르면 시간이 지나면서 라노라라쿠의 석상은 점점 커졌고 직사각형을 띠면서 일정한 양식까지 갖추었다. 또한 각 석상이 조금씩 다르지만 대량 생산된 흔적도 뚜렷하다. 예컨대 아후에 세워진 가장 큰 석상인 파로도 후기에 세워진 석상 중 하나이다.

시간이 지나면서 석상의 규모가 커졌다는 사실에서, 씨족들 간에 상대를 압도하려는 경쟁이 치열했던 것으로 추정된다. 이런 추정은 '푸카오(pukao)' 라는 후기의 특징에서 재확인된다. 붉은 암재로 만든 원통형의 머릿돌로 모아이의 납작한 머리 위에 올려놓았던 푸카오는 무게만도 12톤(파로의 푸카오)에 달했다(사진 8). 그런데 섬사람들은 크레인도 없이 12톤에 달하는 돌덩이를 9.8미터 높이의 석상 머리에 어떻게 똑바로 올려놓을 수 있었을까? 이것도 에리히 폰 데니켄으로 하여금 외계인 도래설을 주장하게 만든 미스터리 중 하나이다. 최근의 실험에 따르면 푸카오와 석상은 거의 동시에 세워진 것으로 여겨진다. 그런데 푸카오는 무엇을 상징한 것일까? 확실한 의미를 알 수는 없지만 폴리네시아 전역에서 소중하게 여겼던 붉은 새의 깃털로 만들어 족장에게만 허락된 머리 장식물이나, 깃털과 타파 천(꾸지나무껍질로 만든 종이 같은 천: 옮긴이)으로 만든 모자를 상징한 듯하다. 실제로 에스파냐의 탐험대가 태평양의 산타크루스 섬에 상륙했을 때 섬 주민이 가장 관심을 보인 것은 에스파냐의 선박, 칼, 총, 거울이 아니라 붉은 천이었다. 푸카오는 푸나파우 채석장에서 채석된 붉은 암재로만 만들어졌다. 라노라라쿠 채석장의 모아이 작업장에 모아이들이 흩어져 있었듯이, 푸나파우 채석장에서도 나는 미완성의 푸카오뿐만 아니라 완성되어 운반을 기다리고 있던 푸카오를 볼 수 있었다.

지금까지 확인된 푸카오는 100개가 넘지 않는다. 그 모두가 이스터 섬의 역사에서 후기에 크고 호화롭게 세워진 아후에 올려진 석상들에

덧씌울 것이었다. 그런데 나는 푸카오가 우월감을 과시하기 위해 만들어진 것이라는 생각을 지울 수 없다. 푸카오는 "그래, 네가 10미터 높이의 석상을 세웠단 말이지. 하지만 나를 봐! 내 석상 위에다 12톤의 푸카오까지 올려놨어. 너는 흉내조차 못 낼 거야!"라고 말하는 듯하다. 실제로 푸카오는 내게 로스앤젤레스에서 살고 있는 할리우드의 거물들을 떠올려주었다. 그들도 더 크고 더 화려한 집을 다투어 지으면서 부와 권력을 과시하고 있지 않은가! 마빈 데이비스(전 폭스 회장: 옮긴이)가 1,400평에 달하는 대저택을 지어 다른 거물들을 압도하자, 아론 스펠링은 1,570평의 저택을 짓는 호기를 부렸다. 이런 거물들의 집에 없는 것이 있다면 12톤에 달하는 붉은 푸카오이다. 그것도 크레인을 사용하지 않고 꼭대기에 똑바로 올려놓은 푸카오라는 권위의 상징은 이스터 섬만의 전유물이다.

기단과 석상이 폴리네시아에 널리 퍼져 있다면 유독 이스터 섬 사람들만이 사회적 자원을 대대적으로 투자해서 그런 기념물을 만들고, 더 크게 만들려고 경쟁을 벌였던 이유는 무엇일까? 적어도 네 가지 요인이 겹쳐져 이런 결과를 빚어낸 듯하다. 첫째, 라노라라쿠의 응회암은 태평양에서 생산되는 돌 중 조각하기에 가장 적합한 돌이었다. 현무암이나 붉은 암재와 씨름하는 데 익숙한 조각가에게 응회암은 그야말로 "나를 조각해줘!"라고 소리치는 돌이다. 둘째, 태평양의 다른 섬들은 며칠만 항해하면 닿을 수 있는 거리 내에 있었다. 따라서 그 섬 주민들은 교역, 침략, 탐험, 식민지 건설, 이주 등에 힘과 자원을 쏟았다. 하지만 이스터 섬은 완전히 동떨어져 있어 그런 경쟁의 분출구를 갖지 못했다. 태평양 섬들의 족장들은 다른 섬들과의 경쟁에서 승리함으로써 권위와 위신을 세울 수 있었지만, 내 제자의 표현을 빌리면 "이스터 섬의 남자들은 재미있게 놀거리가 없었다." 셋째, 이스터 섬의 지형이 전반적으로 완만했고 각 지역의 자원이 상호 보완적 역할을 하면서 섬의 통합이 어느 정도 이루어질 수 있었다. 그 덕분에 모든 씨족이 라노라라쿠의 돌을 확보할 수 있었고 모두가 그 돌을 조각하는 데 심혈을 기울였다. 이스터 섬이 마르키즈 제도처럼 정치적으로 분열되었더라면 라노라라쿠를 차지한 통가리키 씨족이 응회암을 독점했을 것이고, 설령 그들이 응회암의 사용을 허락했더라도 이웃 씨족들이 자신들의 지역을 지나는 석상의 운송을 허락하지 않았을 것이다. 이런 갈등이 훗날 실제로 일어나기도 했다. 어쨌든 기단과 석상을 세우기 위해서는 많은 사람을 먹여 살려야 했다. 따라서 지배계급이 관리한 고지대의 플랜테이션에서 충분한 식량을 생산했다는 증거가 아닐 수 없다.

조각, 운반, 세우기

기중기가 없던 시대에 이스터 섬 사람들이 어떻게 석상을 조각해서 운반하고 세웠을까? 물론 유럽인들도 그 장면을 목격하지 못해 어떤 기록도 남기지 않은 까닭에 정확한 방법은 알 수가 없다. 하지만 섬사람들 사이에 구전으로 전해지는 이야기들(특히 석상을 세우는 과정에 대한 이야기), 완성 과정을 추론해볼 수 있는 채석장의 석상들, 다양한 운송법에 대한 최근의 실험들 등을 근거로 우리는 나름대로 추측해볼 수 있다.

라노라라쿠 채석장에서는 아직 암반과 분리되지 않고, 약 60센티미터 가량의 좁은 작업 통로로 둘러싸인 미완성의 석상들이 눈에 띈다. 조각가들이 연장으로 사용한 듯한 손잡이가 달린 곡괭이도 채석장에 흩어져 있다. 얼굴로 만들어질 윗부분은 대략 깎아냈지만 아랫부분은 긴 암맥을 통해 저 아래 벼랑까지 이어진 돌덩어리에 불과한 것도 있다. 하여간 석상은 그 단계에서 얼굴, 코, 귀가 차례로 조각되고 그 후에 팔과 손, 요의(要衣)가 조각되었다. 그 단계에서 석상의 아랫부분을 벼랑까지 연결시키는 암맥을 끊어냈다. 그리고 석상의 운송이 시작되었다. 운송 과정의 석상들에는 아직 눈구멍이 없었다. 석상을 아후까지 옮기고 세운 후에야 눈구멍이 조각되었다. 1979년 소니아 아오아(Sonia Haoa)와 세르조 라푸 아오아(Sergio Rapu Haoa)는 석상과 관련해서 놀라운 유물을 발굴했다. 붉은 암재로 눈동자를 박아넣은 하얀 눈 하나를 아후 근처에서 찾아냈다. 뒤이어, 비슷한 눈의 파편들이 발굴되었다. 그런 눈이 석상에 박히는 순간부터 석상은 한층 섬뜩한 느낌을 자아냈다. 뭐든지 꿰뚫어보며 상대의 눈을 멀게 만들 듯한 시선이었다. 그러나 극소수의 눈만이 발굴되었다는 사실에 비춰볼 때 그런 눈은 실제로 거의 만들어지지 않은 듯하다. 성직자들이 소수의 눈을 간직하고 있다가 의식을 치를 때만 눈구멍에 끼워넣었을 것으로 추정된다.

지금도 그 흔적이 뚜렷한 운송로는 채석장에서 시작되어, 언덕을 오르내리는 수고를 피하기 위해서 등고선을 따라 형성되어 있으며, 가장 긴 운송로는 라노라라쿠에서 서쪽 해안의 아후까지로 14.5킬로미터이다. 무거운 돌을 이렇게 먼 거리까지 옮겼다는 사실이 놀랍게 여겨지지만 스톤헨지, 이집트의 피라미드, 테오티후아칸, 잉카 문명과 올멕 문명의 구조물 등에서 보듯이 선사 시대의 다른 민족들도 무척 무거운 돌들을 운반했다. 각 경우마다 운송 방법이 그런대로 추론 가능하다. 이스터 섬의 경우에도 토르 헤이에르달을 필두로 근 · 현대의 학자들도 실제로 석상을 운반해보면서, 석상 운반에 관한 다양한 이론들을 실험했다. 헤이에르달은 운송 과정에서 석상을 훼손시킨 까닭에 그의 이론은 실패한 이론이었다. 그 후의 학자들은 석상을 세우거나 눕혀서, 나무 썰매를 이용해서, 윤활유를 바르거나 그렇지 않은 롤러 트랙을 이용해서, 혹은 고정시킨 가로대를 이용한 방법 등 다양한 방식으로 석상을 운반했다. 내 생각에 가장 설득력 있는 이론은 조 앤 반 틸버그가 제시한 방법이다. 그녀의 이론에 따르면 이스터 섬 사람들은 태평양 섬 사람들이 숲에서 베어낸 통나무를 그 자리에서 카누처럼 안을 파낸 후 해안까지 운반하는 방법으로 널리 사용하던 '카누 사다리'를 변형시켰다. '카누 사다리'는 한 쌍의 평행한 나무 레일을 고정된 나무 가로대(움직이지 않은 롤러)에 연결시킨 것으로 사람들은 그 위에 통나무를 올려놓고 끌었다. 뉴기니에서 나는 섬 주민들이 커다란 나무를 베어내고

안을 파내 카누처럼 만든 후, 그런 사다리로 수백 미터 위의 숲에서 해안지대까지 1.5킬로미터가 넘는 길을 따라 카누를 옮기는 장면을 직접 목격한 적이 있다. 또한 하와이 사람들이 카누 사다리로 옮겼던 커다란 카누들이 이스터 섬에서 평균 크기의 모아이들보다 더 무거웠다는 것은 이미 잘 알려진 사실이다. 따라서 조앤 반 틸버그가 제시한 방법은 상당한 설득력을 갖는다.

조 앤 반 틸버그는 그런 카누 사다리를 만들고, 나무 썰매 위에 석상을 눕혀 밧줄로 묶은 후에 카누 사다리에 올려 끄는 방법을 제시했다. 그리고 섬 주민들의 도움을 받아 그 방법을 실험해보았다. 50~70명이 하루에 다섯 시간씩 끌고, 한 번 끌 때마다 썰매가 4.5미터 가량 움직이자 12톤의 석상을 1주일 후 14.5킬로미터까지 운송할 수 있었다. 조 앤 반 틸버그와 섬 주민들이 밝혀낸 바에 따르면 중요한 것은 카누 사다리를 당기는 사람들의 일치된 호흡이었다. 카누를 젓는 사람들이 일사불란하게 노를 저어야 하는 것과 똑같은 원리였다. 이런 이론을 원용하면, 파로처럼 큰 석상을 운반하려면 500명의 성인이 동원되어야 했다. 이스터 섬의 한 씨족이 대략 1,000~2,000명으로 이루어졌다는 사실을 감안한다면 인력만으로도 큰 석상의 운반이 가능했다는 뜻이다.

이스터 섬 사람들은 토르 헤이에르달에게, 자신들의 조상이 석상을 아후에 어떻게 세웠는지 말해주었다. 섬사람들은 고고학자들이 자신들에게 한 마디도 묻지 않는 것에 분개하며, 기중기를 사용하지 않고 석상을 똑바로 세워서 자신들의 힘을 입증해 보였다. 그 후 윌리엄 멀로이, 조 앤 반 틸버그, 클라우디오 크리스티노 등 많은 학자들이 석상을 운반해서 세우는 실험을 거듭하는 과정에서도 많은 정보가 수집되었다. 섬사람들은 광장에서 기단 꼭대기까지 돌로 완만한 경사로를 쌓고, 석상을 거꾸로 뉘여서 위로 끌어당겼다. 석상 아랫부분이 기단에 닿자, 그들은 통나무를 지렛대로 이용해 석상의 머리를 2.5~5센티미터 가량 들어올리고 돌을 밀어넣어 머리를 지탱시켰다. 이런 식으로 머리를 계속 들어올리자 석상이 점점 기울어지면서 수직에 가까워졌다. 석상을 세운 후 경사로를 쌓는 데 돌들은 철거되어 아후의 길이를 늘이는 데 재활용되었다. 푸카오도 석상과 같은 식으로 올려졌으리라 여겨진다.

석상을 세우는 과정에서 가장 위험한 순간은 수직으로 세울 때였다. 석상이 관성 때문에 수직을 넘어서 기단의 뒤쪽으로 쓰러질 수도 있기 때문이었다. 이런 가능성을 줄이기 위해서, 조각가들은 바닥이 수직에서 약간 부족하도록 설계하는 지혜를 발휘했다. 실제로 바닥과의 각도는 90도가 아니라 87도였다. 따라서 기단의 평평한 바닥에 석상을 안정되게 세워놓으면 석상은 약간 앞쪽으로 기울어진 모습이어서 뒤로 넘어갈 염려가 없었다. 그 후 그들은 석상 바닥의 앞부분을 조심스레 천천히 들어올렸고, 그 틈새로 돌을 밀어넣어 석상을 똑바로 세웠다. 그러나 아후항가테텐가에서 파로보다 훨씬 큰 석상을 세우려 했을 때 뒤로 넘어가면서 석상이 깨지는 불상사가 실제로 발생했듯이, 이 마지막 단계에서도 비극적인 사건이 일어날 가능성이 적지 않았다.

석상과 기단을 건설하는 전체적인 과정에서는 엄청난 인력이 소모되었다. 따라서 석상을 주문한 족장은 그들을 먹이는 데 충분한 식량을 축적해서 운반하고 나누어주어야 했을 것이다. 20명의 조각가가 한 달 동안 먹어야 했고, 보수까지 식량으로 받았을 것이다. 그리고 석상을 운반하는 데 50~500명이 필요했고, 석상을 세우는 데도 그 정도의 인력이 필요했다. 육체적으로 힘든 일이었기 때문에 그들은 평소보다 더 많이 먹었을 것이다. 또한 아후를 갖게 된 것을 축하하는 풍성한 잔치가 벌어졌을 것이고, 석상을 운반하면서 통과한 지역의 씨족에게도 적잖은 보상을 해주었을 것이다. 고고학자들이 이 과정에 투입된 일의 양과 소모된 칼로리량, 즉 식량의 소비량을 처음 계산하면서, 석상 자체는 전 과정에서 작은 부분이라는 사실을 간과했다. 달리 말하면 아후는 석상보다 약 20배가량 무거웠고, 아후를 쌓는 데 필요한 돌도 모두 운반해와야 했다. 조 앤 반 틸버그는 자기 남편 잰의 도움을 받아 이스터 섬에서 기단과 석상을 만드는 데 필요했던 인력을 개략적으로 계산했다. 건축가인 그는 로스앤젤레스에서 현대식 건물들을 짓는 까닭에 기중기 등과 관련된 일들을 계산하는 데 익숙했기 때문이다. 그들의 계산에 따르면, 아후와 모아이의 수와 크기를 감안할 때 그 모두를 건설하는 데 필요한 노동량은 300년 간의 전성기 동안 이스터 섬 주민들에게 필요한 식량에 약 25퍼센트를 더해야 했다. 이런 계산은 300년 간의 전성기가 이스터 섬의 내륙 고지대에서 플랜테이션이 활성화되어 예전보다 훨씬 많은 식량을 생산했던 시기였다는 크리스 스티븐슨의 주장을 뒷받침해준다.

그러나 우리는 지금껏 다른 문제를 간과해왔다. 석상을 운반해서 세우려면 식량만 필요했던 것은 아니다. 50~500명이 10~90톤에 달하는 석상을 끌어당기려면 틀림없이 굵고 긴 밧줄(폴리네시아에서는 흔한 섬유질이 많은 나무껍질로 만들었을 것이다)이 필요했을 것이고 썰매, 카누 사다리, 지렛대로 사용할 굵고 튼튼한 나무도 있어야 했다. 하지만 로헤벤을 비롯해 그 이후 이스터 섬을 방문한 유럽인들은 그 섬에서 나무를 거의 보지 못했다. 간혹 눈에 띄는 나무도 작았고 3미터를 넘지 않았다. 폴리네시아 전체에서 가장 나무가 없는 섬이었다. 그럼 밧줄과 목재를 만드는 데 필요했을 나무는 어디에 있었을까?

사라진 숲

20세기에 조사한 이스터 섬의 식물 분포에 따르면 토종은 48종밖에 확인되지 않았다. 그중 가장 큰 토로미로(toromiro)도 기껏해야 2미터를 조금 넘어 나무라 하기에는 부끄럽다. 나머지는 키 작은 양치류, 풀, 사초(莎草), 관목이다. 하지만 사라진 식물들을 되살리려는 지난 수십 년간의 다양한 연구 결과에 따르면, 인류가 도래하기 전 수십만 년 동안은 물론이고 인류가 도래한 직후에도 이스터 섬은 결코 척박한 황무지가 아니었다. 키 큰 나무들이 울창한 숲과 덤불로 이루어진 아열대의 땅이었다.

이런 결과를 증명한 최초의 방법은 늪이나 연못에 퇴적된 침전물 기둥을 시굴해서 분석하는 화분학(花粉學, palynology)이었다. 침전물이 뒤흔들리지 않았다면 표면의 흙이 가장 최근에 퇴적된 것이고, 가장 깊숙이 묻힌 흙은 과거의 퇴적물일 수밖에 없다. 각 퇴적층의 실제 시기는 방사성 탄소법으로 측정 가능하다. 침전물 기둥에 숨은 수십만 개의 화분을 현미경으로 찾아내서 헤아리고, 기존에 알려진 식물종의 화분과 비교해서 각 화분이 어떤 종의 것인지 확인하는 지루한 작업이 계속된다. 이스터 섬에서 이런 작업을 시행한 최초의 학자는 스웨덴의 화분학자 올로프 셀링(Olof Selling)이었다. 그는 헤이에르달의 1955년 탐험대가 라노라라쿠 분화구와 라노카우 분화구의 늪에서 채취한 퇴적물을 조사해서, 오늘날 이스터 섬뿐만 아니라 어디에서도 찾아볼 수 없는 야자나무의 화분을 검출해냈다.

1977년과 1983년에는 존 플렌리(John Flenley)가 훨씬 많은 퇴적물을 채집해서 역시 야자나무 화분을 찾아냈다. 하지만 1983년 플렌리는 세르조 라푸 아오아에게서 화석화된 야자나무 열매를 구할 수 있었다. 그 해 이스터 섬을 탐사한 프랑스 동굴 탐험대가 용암 동굴에서 발견한 것이었다. 플렌리는 그 화석을 세계적인 야자나무 전문가에게 보내 확인을 부탁했다. 그 열매는 현재 세계에서 존재하는 야자나무 중 가장 크며, 직경이 1미터, 키가 20미터에 달하는 칠레 공작야자(wine palm tree)의 열매와 아주 유사하거나 약간 더 컸다. 그 후 이스터 섬을 방문한 학자들도 야자나무의 흔적을 연이어 발견했다. 수십만 년 전에 폭발한 테레바카 화산의 용암류에서는 야자나무 줄기가 묻힌 채 발견되었고, 이스터 섬의 야자나무는 줄기 직경이 2미터가 넘었을 것이라 증명해주는 뿌리다발이 발굴되었다. 따라서 이스터 섬의 야자나무는 칠레 야자나무보다 훨씬 컸고, 지금까지 존재했더라면 세계에서 가장 큰 야자나무가 되었을 것이다.

오늘날 칠레 사람들은 자신들의 야자나무를 여러 가지 이유로 자랑스레 여긴다. 이스터 섬 사람들도 십중팔구 그랬을 것이다. 'wine palm tree' 라는 이름에서 짐작할 수 있듯이, 줄기가 달콤한 수액을 잔뜩 담고 있다. 그 수액을 발효시켜 포도주를 만들고, 수액을 졸여 꿀이나 설탕을 만든다. 열매의 씨는 그야말로 진미(珍味)이다. 잎은 지붕의 이엉, 바구니, 매트, 돛을 만드는 데 안성맞춤이다. 물론 굵고 튼튼한 줄기는 모아이를 운반하고 세우는 데, 혹은 뗏목을 만드는 데 사용되었을 것이다.

플렌리와 사라 킹(Sarah King)은 퇴적물에서 지금은 역시 멸종된 다른 다섯 종의 화분을 찾아냈다. 가장 최근에는 프랑스 고고학자 카트린 오를리아크(Catherine Orliac)가 아궁이와 쓰레기 더미의 흙에서 숯으로 변해버린 3만여 개의 미세한 나뭇조각을 채취했다. 셀링, 플렌리, 킹에 못지않은 끈기로 오를리아크는 그중 2,300조각을 폴리네시아의 다른 지역에 여전히 존재하는 나무들과 비교했다. 그 결과로 그녀는 16종을 확인했고, 그 대부분이 한때 이스터 섬 사람들이 살았던 동폴리네시아에 아직도 널리 분포된 수종들과 관계있거나 똑같은 것이었다. 따라서 이스터 섬은 한때 다양한 수종이 어우러진 숲이었다는 결론이 내려진다.

야자나무 이외에 멸종된 21종 중 대다수가 섬사람들에게 무척 소중한 자원이었을 것이다. 30미터까지 크는 알피토니아(*zizyphoides*)와 15미터까지 크는 엘라에오카르푸스(*rarotongensis*)는 폴리네시아의 다른 지역에서 카누를 만드는 데 사용된다. 적어도 카누를 만드는 데는 야자나무보다 더 낫다. 폴리네시아인은 하우하우 나무(*Triumfetta semitriloba*)의 껍질로 밧줄을 만든다. 이스터 섬 사람들도 십중팔구 하우하우 나무껍질로 밧줄을 만들어 석상을 끌었을 것이다. 꾸지나무(*Broussonetia papyrifera*)의 껍질로는 타파 천을 만들었다. 프시드락스 오도라타는 줄기가 곧지만 탄력성이 있어, 작살이나 카누의 안정을 유지하는 부재(浮材)를 만드는 데 적합했다. 말레이 애플(*Syzygium malaccense*)에는 먹을 수 있는 열매가 달렸고, 바다 자단목(*Thespesia populanea*)과 그밖의 8종은 조각과 건축에 적합한 경질목이었다. 토로미로는 아카시아와 마찬가지로 땔감으로 안성맞춤이었다. 오를리아크가 아궁이의 숯에서 이 모든 종을 발견했다는 점에서 나머지 수종들도 땔감으로 사용되었던 것으로 여겨진다.

이스터 섬에서 인간이 가장 먼저 상륙해서 정착한 지역으로 여겨지는 아나케나 해변의 패총에서 발굴된 6,433조각의 조류와 척추동물 뼛조각을 연구한 사람은 동물고고학자 데이비드 스티드먼이었다. 그 뼈들을 끈기 있게 관찰하며 분류해낸 스티드먼의 업적에 조류학자인 나는 경의를 표하지 않을 수 없다. 나는 개똥지빠귀의 뼈를 보고도 비둘기의 뼈, 심지어 쥐의 뼈와도 정확히 구분하지 못하지만 스티드먼은 서로 아주 흡사한 10여 종의 바다제비들의 뼈까지 구분하는 방법을 알아냈다. 그 결과로, 현재 이스터 섬에는 단 한 종의 육지새도 남아 있지 않지만 과거에는 왜가리 한 종, 닭과 비슷한 두 종의 하얀눈썹뜸부기, 두 종의 앵무새, 한 종의 외양간올빼미 등 적어도 여섯 종의 육지새가 있었던 것을 증명해냈다. 또한 이스터 섬에 둥지를 튼 바닷새도 25종이 넘었다는 사실까지 밝혀냈다. 따라서 과거에 이스터 섬은 폴리네시아, 아니 태평양 전체에서 바닷새의 가장 풍요로운 번식지였다. 알바트로스, 가마우지, 군함새, 풀머 갈매기, 바다제비, 고래새, 슴새, 쇠바다제비, 제비갈매기, 열대조 등이 한적하게 떨어져 포식자가 없는 이스터 섬을 번식지로 알맞은 안식처라 생각했던 것이리라. 인간이 도래하기 전까지는! 스티드먼은 이스터 섬의 동쪽에 위치한 갈라파고스 제도와 후안 페르난데스 제도에 오늘날 서식하고 있는 바다표범의 뼈까지 찾아냈다. 하지만 그 뼈들이 이스터 섬에서 서식하던 바다표범의 것인지, 아니면 길을 잃고 헤매다 잠시 들른 바다표범의 것인지는 확실하지 않다.

아나케나에서 발굴된 새들의 뼈과 바다표범의 뼈는 이스터 섬에 처음 정착한 사람들이 무엇을 먹었고 어떻게 살았는지에 대해 많은 것을 말해준다. 패총에서 발굴된 6,433조각의 척추동물 뼈 중 가장 흔한 것, 즉 거의 3분의 1을 차지하는 뼈가 참돌고래의 뼈라는 사실이 입증되었다. 몸무게가 75킬로그램 남짓한 참돌고래는 섬 주민들이 포획할 수 있었던 가장 큰 동물이었다. 그런데 놀라운 사실은 폴리네시아 어디에서나 돌고래의 뼈는 패총에서 1퍼센트를 넘지 않는다는 것이다. 참돌고래는 대체로 먼 바다에서 살기 때문에, 해안에서 낚시나 작살로 사냥하기란 거의 불가능했다. 따라서 카트린 오를리아크가 그 흔적을 찾아낸 큰 나무로 만든 대형 카누를 타고 먼 바다로 나가 작살로 사냥한 것이라 여겨진다.

물고기 뼈도 패총에서 발견되지만 전체 뼈의 23퍼센트에 불과하다. 그러나 폴리네시아의 다른 곳에서는 물고기가 주식이었던 까닭에 물고기 뼈가 패총에서 90퍼센트 이상을 차지한다. 이스터 섬의 해안지대는 대부분이 낭떠러지이기 때문에 섬사람들이 얕은 바다에서 그물이나 낚싯줄로 물고기를 잡을 만한 곳이 별로 없었다. 따라서 그들의 식생활에서 물고기가 차지하는 비중은 낮을 수밖에 없었다. 똑같은 이유로, 연체동물과 성게의 섭취량도 적었다. 이런 부족함은 바닷새와 육지새의 고기로 채워졌다. 새고기 스튜에 쥐고기를 더해 맛을 냈을 것이다. 쥐들도 정착자들의 카누에 무임승차해 이스터 섬에 들어오지 않았겠는가! 실제로 이스터 섬은 폴리네시아의 고고학적 유적지에서 쥐뼈가 물고기 뼈보다 많이 발견되는 유일한 섬이다. 어떻게 쥐고기를 먹을 수 있냐고? 천만의 말씀이다. 내가 1950년대 말 영국에서 지낼 때, 영국인 동료 생물학자들이 식량 배급을 받던 제2차 세계대전 중에 쥐를 실험용으로 사용하지 않고 영양 공급원으로 삼았다며 내게 가르쳐준 쥐 요리법을 지금도 뚜렷이 기억하고 있다.

이스터 섬에 처음 정착한 사람들이 돌고래, 물고기, 갑각류, 새, 쥐에서만 살코기를 얻었던 것은 아니다. 앞에서도 이미 언급했듯이 바다표범이 있었고, 때로는 바다거북과 큰 도마뱀까지 잡아먹었다. 이런 진미들은 장작불로 조리되었고, 이런 조리법은 훗날 이스터 섬에서 숲을 사라지게 하는 데 작은 역할을 했으리라 여겨진다.

선사 시대 초기의 음식물 쓰레기 퇴적물과 후기의 퇴적물, 혹은 요즘의 음식물 쓰레기를 비교해보면 커다란 차이가 발견된다. 돌고래, 참치와 같은 난바다 물고기의 흔적이 거의 사라져서 눈에 띄지 않는다. 그 이유를 생각해보자. 초기 이후에도 계속해서 나타나는 물고기는 주로 연근해에서 잡히는 물고기였다. 육지새들은 식단에서 완전히 사라졌다. 남획과 삼림 파괴, 쥐의 공격 등이 겹치면서 모든 육지새가 멸종되었기 때문이다. 태평양의 육지새에게 닥친 최악의 재앙이었다. 모아(moa, 타조와 비슷한 뉴질랜드의 거대한 새: 옮긴이), 날지 못하는 거위 등 몇몇 종은 멸종되었지만 많은 종이 근근이 명맥을 유지하고 있는 뉴질랜드와 하와이의 기록을 압도하는 재앙이었다. 태평양의 다른 섬들과 달리, 이스터 섬에서는 토종 육지새들이 완전히 사라졌다. 25종이 넘게 번식하던 바닷새들도 남획과 쥐의 공격에 24종이 이스터 섬을 떠났다. 그나마 9종은 이스터 섬 연안의 작은 바위섬들에서 둥지를 틀고 있지만 나머지 15종은 그런 바위섬에서도 종적을 감추었다. 갑각류들도 지나치게 남획되어, 커다란 별보배고둥은 식탁에서 거의 사라지고, 처음에는 거들떠보지도 않던 작은 검은달팽이가 주인공이 되었다. 패총에서 발굴된 별보배고둥과 달팽이의 크기도 시간이 지나면서 점점 줄어들었다. 역시 인구가 늘면서 남획되었기 때문이다.

카트린 오를리아크, 존 플렌리, 사라 킹이 확인한 거대한 야자나무를 비롯해 모든 나무가 대여섯 가지 이유로 사라지고 멸종되었다. 그 이유를 추론해보자. 오를리아크가 아궁이에서 채취한 숯을 볼 때 나무가 땔감으로 사용되었다는 직접적인 증거이다. 나무는 시신을 화장하는 데도 쓰였다. 실제로 이스터 섬의 화장터에서는 수천 구의 시신과 산더미 같은 골회(骨灰)가 발견되었다. 화장을 하는 데 엄청난 나무가 쓰였다는 증거가 아닐 수 없다. 가장 높은 지역을 제외하고는 대부분의 땅이 농지로 개간된 것으로 판단하건대 숲을 개간해서 밭을 만들었다. 초기 패총에서 먼 바다의 돌고래와 참치 뼈가 대량으로 발굴된 것에서는 알피토니아와 엘라에오카르푸스와 같은 큰 나무를 베어 커다란 카누를 만들었을 것이라는 추론이 가능하다. 로헤벤이 보았던 작고 약한 배는 먼 바다까지 나가 작살로 돌고래나 참치를 잡기에는 적합하지 않았다. 또한 석상을 운반하고 세우는 데 필요한 목재와 밧줄을 만들기 위해서도 많은 나무가 베어졌을 것이다. 그밖에도 많은 이유로 나무가 하염없이 베어졌을 것이다. 게다가 밀항자인 쥐들도 나름의 이유로 야자나무와 다른 나무들을 '이용' 했다. 발굴된 야자나무 열매들에서 예외 없이 쥐가 갉은 듯한 잇자국이 남아 있다. 그래서 땅에 떨어져서도 발아할 수 없었던 것이 아니겠는가.

인간이 도래한 직후, 즉 900년경부터 삼림이 파괴되기 시작해서, 로헤벤이 상륙한 1722년에는 완전히 끝난 것으로 판단된다. 로헤벤이 3미터가 넘는 나무를 볼 수 없었다니 말이다. 그런데 900년과 1722년 사이에 언제 삼림이 파괴되었는지 더 정확히 밝힐 수는 없을까? 적어도 다섯 가지 증거에서 실마리를 찾을 수 있을 듯하다. 방사성 탄소법으로 측정한 야자나무 열매들 대부분은 1,500년 이전의 것이었다. 달리 말하면 그 이후에는 야자나무가 크게 줄어들었거나 멸종했다는 뜻이다. 이스터 섬에서 가장 척박한 땅이므로 십중팔구 가장 먼저 삼림 파괴가 시작되었을 포이케 반도에서는 야자나무가 1400년경에 자취를 감추었다. 개간에 따른 숯은 1440년경에 사라졌지만 그 후에도 사람이 살면서 농사를 지었다는 흔적은 남아 있다. 오를리아크가 아궁이와 쓰레기 구덩이에서 채취한 숯을 방사성 탄소법으로 측정한 결과에 따르면, 1640년 이후로는 연료로 나무 대신에 풀이 사용된 듯하다. 이런 현상은 최후까지 나무를 연료로 사용했을 지배계급의 집에서도 예외가 아니었다. 플렌리는 화분 분석을 통해서 900년부터 1300년 사이에 야자나무, 데이지, 토로미로, 관목 등의 화분이 사라지면서 풀의 화분이 나타난다고 주장했다. 그러나 퇴적물에 방사성 탄소 측정법을 적용한 결과에 따르면 야자나무와 그 열매를 직접 측정한 결과보다 삼림 파괴가 더 나중이다. 끝으로 크리스 스티븐슨이 연구한 바에 따르면 고지대의 플랜테이션은 1400년대 초부터 1600년대에 가장 활발하게 개발되었고, 이 시기는 석상을 운반하고 세우기 위해 나무와 밧줄이 가장 많이 필요했던 시기와 거의 일치하는 듯하다. 이런 모든 증거로 판단하건대 인간이 이스터 섬에 정착하고 곧바로 삼림 벌채가 시작되었고, 1400년경에 최고조에 이르렀으며, 지역에 따라 편차가 있었지만 1400년대 초부터 1600년대 사이에 거의 끝난 듯하다.

사회에 미친 결과

이스터 섬은 삼림 파괴의 결과를 보여주는 태평양 지역에서, 아니 세계 전체에서 가장 극단적인 예이다. 삼림 전체가 사라졌고, 모든 수종이 멸종되었다. 그 결과는 곧바로 섬사람들에게 미쳤다. 천연자원이 턱없이 부족했고, 살코기를 제공하던 야생 동물까지 크게 줄어들었으며, 식량 생산까지 곤두박질쳤다.

천연자원의 감소로 나무와 새에서 얻던 것, 예컨대 목재와 밧줄, 천을 만들던 나무껍질, 깃털까지 사라지거나 크게 줄었다. 큰 나무와 밧줄이 사라지면서 석상을 운반해서 세울 수도 없었다. 바다로 나갈 카누조차 만들 수 없었다. 1838년 이스터 해안에 닻을 내린 프랑스 선박을 향해 작은 체구의 두 남자가 노를 젓는 카누 다섯 척이 다가왔다. 그때 프랑스 선박의 선장은 "모든 원주민이 툭하면 '미루(miru)'라는 말을 되풀이했다. 우리가 그 말을 이해하지 못하자 그들은 초조한 빛을 띠었다. 그 말은 폴리네시아인들이 카누를 만들 때 사용하는 나무의 이름이었다. 그들은 그 나무를 간절하게 원했다. 우리에게 그런 사정을 이해시키려고 온갖 노력을 다했다"라는 기록을 남겼다. 이스터 섬에서 가장 크고 가장 높은 산에 붙여진 '테레바카'는 '카누를 얻는 곳'이라는 뜻이다. 플랜테이션으로 개발하려고 그 산에서 나무를 베어내기 전까지 섬사람들은 그 산에서 카누를 만들 나무를 구했다. 그 때문에 지금도 그 산에는 돌 천공기, 긁개, 칼, 끌 등 나무를 베고 카누를 만드는 데 필요한 연장들이 흩어져 있다. 큰 나무가 부족했다는 것은 바람이 불고 비가 내리면 섭씨 10도까지 떨어지는 겨울밤에 집을 난방할 땔감조차 없었다는 뜻이다. 그 때문에 1650년 이후, 이스터 섬 사람들은 풀과 사탕수수 등 곡물의 쓰레기를 땔감으로 사용해야 할 처지였다. 게다가 지붕을 덮을 이엉과 집을 지을 나무, 연장용 나무, 천을 만들 껍질 등을 구하기 위해서 조금 남은 관목숲을 두고 치열한 경쟁을 벌여야 했다. 심지어 장례 관습까지 바뀌었다. 시신 한 구를 태울 때마다 적잖은 나무가 필요했던 화장은 생각할 수조차 없었다. 그때부터 시신을 바싹 말려서 땅에 묻었다.

야생에서 얻던 식량 자원들도 대부분 사라졌다. 먼 바다로 나갈 카누가 없었던 까닭에, 이스터 섬에 처음 정착한 사람들에게 주된 영양원이었던 돌고래의 뼈가 1500년경부터 패총에서 실질적으로 사라졌다. 참치를 비롯한 난바다의 물고기 뼈도 없었다. 낚시 도구와 물고기 뼈가 쌓인 패총의 수도 전반적으로 줄어들었다. 패총에서도 얕은 바다나 연안에서 잡히는 물고기들의 뼈가 대부분이었다. 육지새는 완전히 사라졌고 바닷새는 연안의 작은 바위섬으로 서식처를 이동했지만 그나마 3분의 1밖에 남지 않았다. 야자나무 열매, 말레이 애플 등 야생 열매들도 식단에서 크게 줄었다. 갑각류의 소비도 크게 줄어들었을 뿐만 아니라, 전에는 거들떠보지도 않던 작은 종까지 먹어야 했다. 이런 와중에도 줄지 않는 유일한 식량 자원은 쥐였다.

야생 식량 자원만이 급격히 감소한 것은 아니었다. 곡물의 생산량까지 갖가지 이유로 떨어졌다. 삼림 파괴는 비와 바람으로 인한 토양 침식을 부추겼다. 플렌리가 확인했듯이 토양에서 유출된 다량의 금속 이온이 늪의 퇴적물로 스며든 것이 그 증거이다. 예컨대 포이케 반도의 발굴지에서 확인할 수 있듯이, 곡물은 처음에 간헐적으로 서 있던 야자나무들 사이에서 재배되었다. 커다란 야자나무가 그늘을 드리우면서 따가운 햇살과 증발, 바람과 빗물로부터 표토와 곡물을 지켜주었다. 하지만 야자나무가 사라지면서 대대적인 침식이 시작되었고, 그 결과로 저지대의 아후와 건물이 흙에 묻혀버리면서 포이케 지역의 밭은 1400년경에 버려지고 말았다. 그 후 포이케에 풀이 자생적으로 돋아나면서 1500년경에 경작이 다시 시작되었다. 하지만 한 세기 후에 다시 대대적인 침식이 시작되면서 섬사람들은 그곳을 다시 포기할 수밖에 없었다. 삼림 파괴로 인한 피해로 곡물 생산만이 줄어든 것은 아니었다. 흙이 건조해지고 영양분이 빠져나갔다. 그러나 퇴비로 사용할 만한 나뭇잎, 열매, 작은 나뭇가지를 구할 길이 없었다.

삼림 파괴를 비롯해 인간이 환경에 미친 영향으로 나타난 직접적인 결과들이었다. 그 여파는 더 참혹했다. 기아로 시작해서 싸움이 빈발했고 급기야는 카니발리즘(cannibalism, 식인 풍습: 옮긴이)으로 발전했다. 살아남은 섬사람들이 구전으로 전해준 기아의 참상은 '모아이 카바카바(moai kavakava)' 라는 작은 석상의 확산에서 분명하게 확인된다. 야윈 뺨과 갈비뼈를 선명히 드러낸 굶주린 사람의 모습이다. 1774년 쿡 선장은 섬사람들을 '작고 마르고 겁 많고 초라한 사람들' 이라고 묘사했다. 거의 모두가 모여 살았던 해안 저지대의 집터들도 전성기이던 1400~1600년에 비해 1700년대에는 70퍼센트가 줄었다. 인구도 줄었다는 증거였다. 야생 동물이 사라지자, 섬사람들은 가까이 있지만 그때까지 식량 자원으로 생각지도 않던 것에 눈을 돌리기 시작했다. 바로 인간이었다! 인간의 유골이 무덤에서만 발견되는 것이 아니다. 후기의 쓰레기 더미에서도 발견된다. 골수를 빨아 먹으려던 것일까? 쪼개진 뼈까지 있다. 이스터 섬의 구전설화에서 카니발리즘은 빠지지 않는다. 적에게 모욕감을 주는 가장 심한 욕은 "네 엄마의 살을 내가 씹어 먹겠다!"였다.

이스터 섬의 족장들과 성직자들은 신과의 밀접한 관계를 주장하면서, 풍성한 수확과 번영을 약속하면서 지배자로서의 위치를 정당화시켰다. 그리고 주민들에게 깊은 인상을 안겨주려고 거대한 건축물을 세우고 제식(祭式)을 집전하면서 그런 이데올로기를 뒷받침했다. 먹을 것이 넘쳐흐를 때는 아무런 문제가 없었다. 그러나 그들의 약속이 점점 공수표가 되면서 족장들과 성직자들의 권위는 땅에 떨어졌고, 1680년경에는 '마타토아(matatoa)'라는 군부 지도자들이 족장들을 몰아내고 권력을 잡았다. 그리고 복잡하게 통합되었던 이스터 사회가 거듭된 내란으로 붕괴되기 시작했다. 이 전란 시대의 것으로 추정되는 날카로운 흑요석 창('마타아')이 얼마 전까지 이스터 섬 곳곳에서 발견되었다. 그때부터 과거에는 지배계급에게만 허락되었던 해안 지역에 서민들도 작은 집을 지었다. 안전을 위해서 많은 사람이 동굴을 거처로 삼았다. 동굴을 파서 안쪽 공간을 넓혔고, 입구는 적의 침입을 막기 위해 부분적으로 폐쇄해서 좁은 통로로 만들었다. 음식의 흔적, 뼈로 만든 바느질용 바늘, 목공 연장, 타파 천을 수선하는 도구 등이 동굴에서 발견되는 것으로 판단하건대 동굴은 일시적인 은신처가 아니라 일상적인 거처였던 것으로 여겨진다.

이스터 사회가 저물어가면서 낡은 정치적 이데올로기가 무너졌고, 족장의 권위와 더불어 종교적 전통까지 허물어졌다. 구전설화에 따르면, 마지막 아후와 모아이가 세워진 것은 1620년경이었다. 가장 큰 석상인 파로도 이때쯤 세워진 것 중 하나였다. 지배계급이 일정한 생산량을 징발해서 석상 제작에 투입된 사람들을 먹였던 고지대의 플랜테이션은 1600년부터 1680년 사이에 점차적으로 황폐화되었다. 그런데도 석상이 점점 커졌다는 것에서 상대를 압도하려는 족장들 간의 치열한 경쟁과, 날로 심각해지는 환경의 위협을 조상의 힘으로 피해보려는 간절함이 읽혀진다. 일종의 쿠데타가 일어난 1680년경, 씨족들 간의 다툼은 더 큰 석상을 세우려는 경쟁에서 상대 씨족의 석상을 무너뜨리는 파괴로 변해갔다. 그 때문에 석상들이 돌판에 쓰러지면서 파괴되었다. 제4장과 제5장에서 살펴보겠지만 아나사지 문명과 마야 문명에서도 그랬듯이 인구, 기념물의 건축, 환경의 충격이 궁극점에 이르면서 이스터 사회는 급속히 붕괴되기 시작했다.

유럽인들이 이스터 섬에 처음 상륙했을 때 붕괴가 어느 정도까지 진행되었던 것인지는 확실하지 않다. 1722년 로헤벤은 이스터 섬의 한 지역에 상륙해서 그곳만을 둘러보았을 뿐이다. 또한 1770년 곤잘레스가 지휘한 에스파냐의 탐험대도 항해일지에만 이스터 섬에 상륙했다는 기록을 남겼을 뿐이다. 그런대로 읽을 만한 최초의 기록은 쿡 선장이 남겼다. 1774년 이 섬에 상륙한 쿡 선장은 나흘을 머물면서 파견대를 보내 내륙을 정찰했다. 그때 데려간 타히티인은 이스터 섬 사람들과 무리없이 대화를 나누었다. 폴리네시아어가 이스터 섬 사람들의 언어와 무척 흡사했기 때문이다. 쿡 선장은 석상들에 대한 기록도 남겼다. 쓰러진 석상뿐만 아니라 여전히 똑바로 서 있는 석상도 목격했다는 기록이었다. 그런데 똑바로 서 있는 석상에 대한 유럽인의 기록은 1838년에서 끝난다. 1868년의 기록에는 서 있는 석상에 대한 언급이 전혀 없다. 구전에서도 파로가 1840년경에 마지막으로 쓰러졌다고 전해진다. 한 여인이 남편을 기리면서 세웠다는 파로를 그녀 가족의 적들이 허리를 두 동강 내려고 쓰러뜨렸다는 것이다.

아후도 신성함을 상실했다. 사람들은 공들여 깎은 돌판들을 빼내 아후 근처에 마련한 밭을 보호하는 담('마나바이')을 쌓았고, 시신을 안치하는 석관묘를 만들기도 했다. 그 결과로 오늘날까지 복원되지 않은 채 버려진 아후는 그저 큰 돌을 쌓아놓은 것처럼 보일 뿐이다(대부분이 복원되지 않았다). 조 앤 반 틸버그, 클라우디오 크리스티노, 소니아 아오아, 배리 롤렛, 그리고 내게도 아후는 파괴된 석상에서 떨어진 돌조각들과 뒤섞인 돌더미로밖에 보이지 않았다. 그러나 아후를 쌓고, 석상을 조각해서 운반하고 세우기 위해서 수세기 동안 쏟아부은 엄청난 노력을 생각할 때, 그리고 조상의 그 기념비적인 작품을 파괴한 장본인이 바로 섬사람들 자신이었다는 사실을 기억할 때 우리는 서글픈 기분을 감출 수 없었다.

이스터 섬 사람들이 모아이를 쓰러뜨렸다! 공산정권이 붕괴하자 러시아 사람들과 루마니아 사람들이 스탈린 동상과 차우셰스쿠 동상을 쓰러뜨렸던 상황과 비슷하지 않았을까? 러시아인들과 루마니아인들이 그랬듯이, 섬사람들도 지도자에 대한 울분을 오랫동안 억눌렀을 것이다. 파로의 전설이 말해주듯이, 석상의 주인에게 앙심을 품은 사람들이 간헐적으로 석상을 하나씩 쓰러뜨렸을 것이다. 그리고 공산주의가 몰락했을 때처럼 분노와 환멸이 전염병처럼 순식간에 번지면서 무수한 석상들이 쓰러졌을 것이다. 내게는 또 하나 기억나는 사건이 있다. 뉴기니의 고원에 있는 보마이(Bomai)라는 마을에서 1965년에 있었던 종교적 편견에 따른 문화적 비극이다. 보마이에 파견된 기독교 선교사가 내게 자랑스레 해준 이야기였다. 어느 날 그는 회심자들을 불러 '이교도의 인공물(즉 그들의 문화유산과 예술품)'을 가설 활주로에 쌓아두고 불태우라고 명령했다. 그들은 선교사의 말에 고분고분 따랐다. 이스터 섬의 '마타토아'도 그들의 추종자들에게 비슷한 명령을 내리지 않았을까.

그렇다고 1680년 이후 이스터 사회를 완전히 부정적이고 파괴적이었다고 말하고 싶지는 않다. 살아남은 사람들은 생존을 위해 새로운 환경과 종교에 적응해나갔다. 데이비드 스티드먼, 파트리시아 바르가스, 클라우디오 크리스티노가 아나케나에서 발굴한 가장 오래된 패총에서는 동물의 뼈 중 닭뼈가 0.1퍼센트밖에 차지하지 않는다는 사실에서 1650년 이후에 카니발리즘뿐만 아니라 닭장이 폭발적으로 늘어났다고 여겨진다. 마타토아는 과거에 이스터 사회의 수많은 신들 중 하나에 불과하던 마케마케(Makemake)를 창조주로 섬기는 새로운 종교를 내세우면서 그들의 쿠데타를 합리화시켰다. 바닷새들이 둥지를 튼 앞바다의 커다란 세 섬이 굽어 보이는 라노카우 분화구 언저리에 있는 오롱고 마을이 제식의 중심지였다. 새로운 종교하에서 새로운 예술 양식이 발달했다. 특히 암면(巖面) 조각이 성행하면서 여성의 성기, 조인(鳥人), 새 등이 오롱고의 기념물뿐만 아니라 여기저기에 쓰러진 마오이와 푸카오에 조각되었다. 매년 오롱고에서 제식이 거행될 때마다 남자들은 이스터 섬에서 약 1.5킬로미터 떨어진 앞바다의 작은 섬들까지 상어들과 싸우면서 건너가, 검은제비갈매기가 그 해에 낳은 첫 알을 구해서 고스란히 이스터 섬까지 가져오는 경기를 벌였다. 그리고 승리자에게는 '올해의 조인'이란 명예가 주어졌고 그는 다음 한 해 동안 그 명예를 누릴 수 있었다. 오롱고에서 마지막 제식은 1867년에 있었다. 가톨릭 선교사들의 눈에 띄었던 탓일까? 섬사람들의 손에 파괴되지 않은 이스터 섬의 고유한 전통들은 외부 세계의 압력으로 인해 파괴되는 운명을 맞았다.

유럽인들과 해석

유럽인들이 이스터 섬 사람들에게 안겨준 슬픈 이야기는 짤막하게 요약될 수 있다. 쿡 선장이 1774년 잠시 머문 후부터 유럽인들의 발길이 끊이지 않았다. 하와이, 피지 등 태평양의 많은 섬들에 대한 기록에서 보듯이 그들은 유럽의 질병들까지 이스터 섬에 안겨주었고, 그런 질병들에 대해 면역성이 전혀 없던 섬사람들은 속수무책으로 죽어갔다. 구체적으로 언급된 최초의 전염병은 1836년경의 천연두였다. 또한 태평양 일대의 다른 섬들에서도 그랬듯이, 섬사람들을 노예로 납치하는 만행은 이스터 섬에서 1805년에 처음 자행되었고, 1862~1863년에 절정을 이루었다. 그 해는 이스터 섬의 역사에서 가장 불행한 시기였다. 페루인들이 20여 척의 선박을 몰고 와 1,500명(살아남은 사람의 절반)을 강제로 납치해서, 페루의 조분석(鳥糞石, guano) 채취장이나 다른 노역장에서 일할 노예로 팔아넘겼다. 이때 납치당한 사람들은 대부분 노역 중에 죽었다. 국제 사회의 압력 아래 페루 정부는 10여 명의 생존자를 이스터 섬으로 송환시켰지만 그들이 섬에 다시 한 번 천연두의 비극을 안겨주었다. 가톨릭 선교사들은 1864년에 이스터 섬에 첫 발을 내디뎠고, 1872년경 이스터 섬의 주민 수는 111명에 불과했다.

1870년대부터 유럽 상인들은 이스터 섬에서 양을 키우면서 토지 소유권을 확보했다. 1888년 칠레 정부가 이스터 섬을 병합시키면서, 이 섬은 칠레에 본사를 둔 스코틀랜드계 기업이 실질적으로 운영하는 양 방목장이 되었다. 섬사람들은 한 마을에 모여 살면서 그 기업을 위해 일했고, 일한 대가로 먹을 것을 받았다. 1914년 섬사람들이 폭동을 일으키자 칠레 정부가 전함을 파견해서 진압했다. 그 기업의 양과 염소, 그리고 말이 풀을 뜯으면서 표토의 침식이 가속화되었고 그나마 마지막까지 살아남았던 하우하우와 토로미로 등 토종 식물의 대부분이 1934년경에 멸종되었다. 1966년부터 이스터 섬 사람들은 칠레 국민이 되었다. 오늘날 섬사람들은 문화적 자부심을 회복하고 있으며, 유명한 거석을 보려는 관광객들을 싣고 매주 산티아고와 타히티에서 출발하는 칠레 국영항공사의 비행기가 서너 편씩 도착하면서 경제도 회생의 조짐을 보인다. 그러나 나는 짧은 방문에서도 섬사람들과 본토에서 태어난 칠레인들 간의 팽팽한 긴장 관계를 분명히 확인할 수 있었다. 이제 칠레인들이 이스터 섬 주민의 거의 절반을 차지하고 있으니 말이다.

이스터 섬의 유명한 '롱고롱고(rongo rongo)' 라는 문자는 섬사람들이 만든 것이 분명하다. 그러나 1864년 가톨릭 선교사가 처음 언급할 때까지 그런 문자가 존재했다는 증거는 없다. 그 문자는 모두 25개의 유물에 씌어 있다. 그런데 그 유물 모두가 유럽인의 도래 이후의 것인 듯하다. 게다가 일부는 외부의 나뭇조각이나 유럽의 노(櫓)이고, 일부는 그 문자에 흥미를 보이며 증거를 찾던 타히티 가톨릭 주교의 대리인들에게 팔려고 섬사람들이 특별히 만든 것으로 여겨진다. 1995년 언어학자 스티븐 피셔(Steven Fisher)가 롱고롱고를 해독했다며 한 글이 출산을 축하하는 노래라고 발표했지만 그의 해석에 많은 학자들이 반론을 제기하고 있다. 피셔를 포함해서 이스터 섬의 전문가들은 1770년 에스파냐인들의 상륙 이후로 문자를 처음 접하고 영향을 받은 섬사람들이 롱고롱고를 창안했거나, 1862~1863년에 페루인들이 들이닥치면서 구전으로 전해지던 지혜를 알고 있던 사람들을 무차별적으로 노예로 납치하고 죽이는 데 영향을 받아 섬사람들이 옛 지혜를 보존하려고 롱고롱고라는 문자를 창안한 것이라고 추정한다.

내가 개략적으로 이야기했듯이, 1722년 로헤벤이 상륙하기 전에 이스터 섬 사람들이 환경 파괴를 자행했다는 많은 증거들이 있다. 하지만 약탈과 억압의 역사 때문인지 섬사람들과 학자들은 환경 파괴를 인정하는 데 인색한 편이다. 섬사람들은 대체로 "우리 조상들이 그런 짓을 저질렀을 리가 만무하다!"라고 강변하는 반면에, 이 섬을 방문하는 학자들은 "우리가 사랑할 수밖에 없는 이 멋진 사람들이 그런 짓을 저질렀다고는 상상할 수 없다"라고 말한다. 예컨대 미셸 오를리아크는 타히티의 환경 변화와 관련해 유사한 문제를 다루면서 "…… 적어도 환경 변화는 인간의 행위보다 자연에 더 큰 원인이 있는 듯하다. 의견이 분분한 이 문제(맥파젠, 1985. 그랜트, 1985. 맥글론, 1989)에 대해 내가 결정적인 답을 내릴 입장은 아니지만 폴리네시아인들을 향한 애착 때문인지 나는 사이클론 등과 같은 자연 현상이 환경에 큰 타격을 가했다고 생각하고 싶다"라고 말했다. 섬사람들이 자초한 환경 파괴를 부인하는 대안적 이론이나 반론은 크게 세 가지 방향에서 주어진다.

첫째, 1722년에 로헤벤이 목격한 이스터 섬의 황폐화된 삼림은 섬사람들로 인한 파괴가 아니라 로헤벤 이전에 그 섬에 상륙했지만 기록에 남겨지지 않은 유럽인들이 자행한 파괴 행위에서 비롯된 결과라는 주장이 있다. 실제로 역사에 기록되지 않은 상륙이 있었을 가능성은 무척 높다. 에스파냐의 갈레온선(船)이 1500년대와 1600년대에 태평양 일대를 헤집고 다녔다. 게다가 섬 주민들이 로헤벤 일행을 전혀 무서워하지 않으며 스스럼없이 대했다는 사실은 그들이 예전에도 유럽인들을 만났다는 증거로 여겨질 수 있다. 망망대해의 외딴 섬에 살면서 그들이 세상에서 유일한 인간이라 믿었을 사람들에게는 기대하기 힘든 반응이었다. 그러나 1722년 이전에 유럽인들이 이스터 섬에 상륙했다는 분명한 증거가 없을 뿐만 아니라 그들이 어떤 식으로 삼림을 파괴했는지도 확실하지 않다. 마젤란이 1521년 태평양을 최초로 횡단하기 전부터 이스터 섬에서 인간으로 인한 파괴가 자행되었다는 증거는 곳곳에서 찾아진다. 즉 1300년 이전에 모든 육지새가 멸종했고, 돌고래와 참치가 식단에서 사라졌으며, 플렌리가 확인해주었듯이 퇴적물에서 나무의 화분들이 급격히 줄어들었다. 또한 포이케 반도의 숲은 1400년경에 완전히 파괴되었고, 야자나무 열매는 1500년 이후로 거의 찾아볼 수 없었다.

두 번째 반론은 삼림 파괴가 가뭄이나 엘리뇨 등과 같은 기후 변화에서 비롯되었을 것이라는 이론이다. 아나사지(제4장), 마야(제5장), 노르웨이령 그린란드(제7~8장)에서 기후 변화가 인간으로 인한 환경 훼손을 더욱 가속화시킨다는 사실을 살펴보겠지만 기후 변화가 이스터 섬에 일정한 영향을 미쳤다면 이런 반론도 설득력을 갖는다. 그러나 이스터 섬과 관련된 기간인 900년부터 1700년까지의 기후 변화에 대한 정보는 거의 없는 편이다. 따라서 일부 학자들이 주장하듯이 기후가 더 건조해지고 폭우가 잦아지면서 삼림의 생존에 불리했는지, 거꾸로 더 습해지고 폭우가 줄어들면서 삼림의 생존에 더 유리하게 변했는지 판단할 자료가 부족하다. 하지만 내 생각에는 기후 변화만으로 삼림이 파괴되고 새가 멸종되었다고 설명하기에는 설득력이 부족한 듯하다. 테레바카 화산의 용암류(lava flow)에 묻힌 야자나무 줄기를 조사한 결과에 따르면 거대한 야자나무는 이스터 섬에서 수십만 년 전부터 살았고, 플렌리는 퇴적물을 분석해서 야자나무, 나무 데이지, 토로미로 이외에 대여섯 종의 수종이 이스터 섬에서 3만 8,000~21만 년 전부터 존재한 것을 밝혀냈다. 따라서 이스터 섬의 식물들은 수많은 가뭄과 엘리뇨를 꿋꿋하게 이겨냈기 때문에, 인간이 그 섬에 정착한 이후에 우연의 일치인 양 이런 토종 나무들이 가뭄과 엘리뇨를 견디지 못하고 한꺼번에 사라졌다는 주장은 설득력이 떨어진다. 실제로 플렌리의 화분 분석에 따르면 2만 6,000~1만 2,000년 전에 차가운 건기가 세계 어떤 곳보다 이스터 섬을 거세게 몰아붙이면서 거의 1,000년 동안 지속되었지만 나무들은 고지대에서 저지대로 이동하면서 살아남는 강인한 생명력을 보여주었다.

세 번째 반론은 이스터 섬 사람들이 모든 나무를 베어버릴 만큼 어리석은 사람들은 아니었을 것이라는 이론이다. 하기야 모든 나무가 사라지면 어떤 결과가 닥칠지 누구라도 예상할 수 있지 않았을까? 이런 점에서 카트린 오를리아크는 "물질적이고 정신적인 생존을 위해서 필요한 숲을 왜 파괴했을까?"라고 반문했다. 실제로 이런 반문은 카트린 오를리아크뿐만 아니라 나를 비롯해 캘리포니아 대학교의 내 제자들, 즉 인간으로 인한 환경 파괴론을 주장하는 모든 학자들을 괴롭히는 문제이기도 하다. 나는 '이스터 섬 사람들은 마지막 남은 한 그루의 나무를 베면서 뭐라고 말했을까?'라는 생각을 종종 해본다. 요즘의 벌목꾼들처럼, 그들도 "나무를 베는 게 아니야. 할 일을 하는 거라고!"라고 외쳤을까? 아니면 "테크놀로지가 우리 문제를 해결해줄 거야. 무서워할 필요 없어. 나무를 대체할 것을 찾아낼 거야!" 혹은 "이스터 섬 어딘가에 다른 야자나무가 없다는 증거가 없잖아. 섬을 샅샅이 뒤지면 틀림없이 찾아낼 수 있을 거야. 성급하게 벌목을 금지시키거나 두려움을 퍼뜨리는 사람들의 말에 현혹되어서는 안 돼!"라고 소리쳤을까? 환경을 부주의하게 훼손한 모든 사회에서 이와 비슷한 의문들이 제기된다. 우리는 제14장에서 이 문제를 되짚어보면서, 인간 사회가 환경 훼손에 따른 결과를 혹독하게 치른 후에도 똑같은 실수를 끝없이 되풀이하는 이유들을 살펴볼 것이다.

이스터 섬은 왜 취약했나?

이스터 섬이 극단적인 삼림 파괴의 전형으로 꼽히는 이유는 무엇일까? 태평양에는 수천 개의 유인도가 있다. 대부분의 지역에서 주민들은 나무를 베었고 농지를 개간했으며 나무로 불을 지폈고 카누를 만들었으며, 나무를 이용해서 집을 짓고 밧줄을 만들었다. 하지만 그 많은 섬 중에서 오직 세 섬, 더 정확히 말하면 이스터 섬보다 훨씬 건조한 하와이 군도의 세 섬—이스터 섬보다 작은 네케르와 니호아, 이스터 섬보다 큰 니하우—에서만 삼림 파괴의 정도가 이스터 섬에 근접할 뿐이다. 그러나 니호아 섬에는 여전히 커다란 야자나무 한 종이 꿋꿋하게 버티고 있고, 면적이 16헥타르에 불과한 작은 네케르 섬에는 과거에 나무가 있었는지도 불확실하다. 그런데 왜 이스터 섬 사람들이 모든 나무를 파괴한 유일한 사람들로 꼽히는 것일까? 간혹 "이스터 섬의 야자나무와 토로미로가 아주 느리게 자라기 때문"이라는 답이 주어지지만, 이런 해답으로는 동폴리네시아의 다른 섬들에서 여전히 자라고 있는 수종들과 관계있거나 동일한 19종의 나무들이 유독 이스터 섬에서만 사라진 이유를 설명하기 어렵다. 따라서 이스터 섬 사람들이 삼림 파괴를 자초했다는 결론은 태평양 주민들 중에서 그들만이 미래를 생각하지 않고 근시안적으로 행동한 사람들이라는 뜻이 내포되어 있기 때문에, 그들과 일부 과학자들이 그런 결론을 쉽게 인정하지 않는 것이라는 의혹을 떨쳐내기 어렵다.

이스터 섬의 그런 특이한 현상은 배리 롤렛과 내게 궁금증을 더해주었다. 사실 그 현상은 "태평양 섬들에서 삼림 파괴의 정도가 다양하게 나타나는 이유는 무엇일까?"라는 의문의 한 부분이기도 하다. 예컨대 망가레바 섬, 쿡 제도와 오스트랄 제도에 속한 대부분의 섬들, 그리고 하와이와 피지 섬에서 바람이 불어가는 쪽은 삼림이 크게 훼손되었지만 이스터 섬처럼 철저하게 망가지지는 않았다. 소시에테 제도와 마르키즈 제도, 그리고 하와이와 피지 섬의 바람받이 쪽에서 고지대에는 1차 삼림이 우거지고 저지대에는 2차 삼림과 양치류 지역 및 초지가 뒤섞여 있다. 한편 통가, 사모아, 비스마르크 제도와 솔로몬 제도의 대다

수 섬들, 투아모투 군도에서 가장 큰 섬인 마카테아 섬은 여전히 삼림으로 울창하다. 이런 차이를 어떻게 설명할 수 있을까?

배리 롤렛은 태평양을 탐험한 유럽 모험가들의 일기를 샅샅이 뒤져서 태평양 일대 섬들의 당시 모습을 추적하기 시작했다. 그 결과로 81개의 섬에서 유럽인들에게 처음 비친 삼림 파괴의 정도를 확인할 수 있었다. 달리 말하면 태평양의 섬들에 인간이 정착하고 수세기 혹은 수천 년의 시간이 지난 후이지만 유럽인이 도래하기 전의 상태였다. 그 81개의 섬에 대해서, 롤렛과 나는 섬들 간에 삼림 파괴의 정도가 다른 이유를 설명하는 근거가 될 만한 9가지 물리적 요인들을 정리해보았다. 자료들을 검토하면서 곧바로 확연하게 눈에 띈 흐름들이 있기는 했지만 우리는 모든 흐름을 계량화하기 위해서 자료들을 면밀하게 다듬고 수많은 통계학적 분석을 거쳤다.

태평양 섬들의 삼림 파괴에 영향을 미친 요인들

삼림 파괴는 다음과 같은 조건에서 더 심각하게 일어났다.

- 습한 섬보다 건조한 섬에서
- 더운 적도 지역의 섬보다 위도가 높은 쌀쌀한 섬에서
- 역사가 일천한 화산섬보다는 오래된 화산섬에서
- 화산재의 낙진이 없는 섬에서
- 중앙아시아의 먼지구름에서 가까운 섬보다 멀리 떨어진 섬에서
- 마카테아(산호 석회암)가 있는 섬보다 마카테아가 없는 섬에서
- 해발이 높은 섬보다 해발이 낮은 섬에서
- 주변에 다른 섬들이 있는 섬보다 외따로 떨어진 섬에서
- 큰 섬보다 작은 섬에서

이런 9가지 물리적 변수들에 따라 삼림 파괴의 정도가 달랐다. 가장 중요한 것은 강수량과 위도였다. 요컨대 적도 부근의 습한 섬보다 적도에서 멀리 떨어진 건조하고 쌀쌀한 섬들에서 삼림 파괴의 정도가 심했다. 식물의 생장률과 묘목이 뿌리를 정착하는 비율은 강수량과 온도에 비례하기 때문에 우리가 예상했던 결과이기도 했다. 뉴기니의 저지대처럼 습하고 더운 지역에서 나무를 베어내고 1년이 지나면 바로 그 자리에서 6미터 크기의 새 나무가 자란다. 하지만 쌀쌀하고 건조한 사막에서는 나무의 생장이 훨씬 느리다. 따라서 습하고 더운 지역에서는 나무를 적절히 베어내면 재성장 속도와 보조를 맞출 수 있어, 울창한 숲은 그대로 유지할 수 있다.

섬의 연령, 화산재, 먼지구름 등은 우리가 전혀 예상하지 못한 요인들이었다. 하기야 우리는 토질을 비옥하게 유지하는 데 관련된 지식이 거의 없는 편이었다. 근래까지 활동한 젊은 화산 섬들에 비해서, 거의 100만 년 동안 화산 활동이 없었던 늙은 섬들에서 삼림 파괴가 심했다. 용암과 화산재가 식물의 성장에 필요한 영양분을 함유하고 있지만 늙은 섬에서는 그런 영양분이 빗물에 씻겨내려갔기 때문이다. 당시 이런 영양분들이 태평양 섬들에 재공급되는 주된 방법 중 하나는 화산 폭발에 따른 화산재의 낙하였다. 그러나 지질학을 배운 사람이라면 누구나 알겠지만 태평양은 안산암선(andesite line)으로 나누어진다. 이 선의 아시아 쪽에 위치한 남서태평양에서는, 화산들이 내뿜은 재가 바람을 타고 수백 킬로미터를 이동해서 화산을 갖지 못한 섬(뉴칼레도니아)의 토양까지 비옥하게 해준다. 반면에 안산암선 너머의 동태평양과 중앙태평양에서는 토양을 비옥하게 유지시켜주는 요인이 중앙아시아의 스텝에서 바람을 타고 건너오는 먼지이다. 따라서 안산암선 내에 위치하거나 아시아에서 가까운 섬들에 비해, 안산암선 동쪽에 위치하고 아시아의 먼지구름에서 멀리 떨어진 섬들에서 삼림 파괴의 정도가 더 심했다.

한편 마카테아로 알려진 바위로 이루어진 여섯 개의 섬에만 해당되는 변수가 있었다. 기본적으로 마카테아는 지질학적 융기로 인해 수면 위로 치솟은 산호초를 가리키며, 그 이름은 투아모투 군도의 마카테아 섬에서 유래했다. 실제로 마카테아 섬은 거의 이런 산호초로 이루어져 있어, 이 섬에서 걷다 보면 지옥을 걷는 기분이다. 깊이 갈라지고 면도날처럼 날카로운 산호가 구두 밑창을 뚫고 들어와 발을 찌르고, 엎어지면 손바닥이 갈기갈기 찢어질 지경이다. 솔로몬 제도의 렌넬 섬에서 나는 마카테아를 처음 경험했다. 100미터를 걷는 데 10분 이상이 걸렸다. 균형을 잡으려고 손을 잘못 짚으면 날카로운 산호에 내 손이 걸레처럼 변할지도 모른다는 두려움을 떨칠 수 없었다. 아무리 튼튼한 장화라도 마카테아 위를 걷다 보면 며칠 만에 누더기로 변해버린다. 태평양 섬사람들은 맨발로도 마카테아 위를 그런대로 걸어다녔지만 문제가 전혀 없었던 것은 아니다. 따라서 마카테아 위를 걷는 고통을 경험한 사람이라면, 마카테아가 있는 섬에 비해서 마카테아가 없는 섬에서 삼림 파괴가 심한 이유를 충분히 짐작할 수 있을 것이다.

끝으로 남은 세 가지 요인, 즉 고도와 거리, 면적은 한층 복잡한 면을 띤다. 해발이 높은 섬들에서는 저지대에서도 삼림 파괴가 심하지 않았다. 산이 구름을 만들어내면서 비를 뿌리기 때문이다. 비가 저지대로 흘러내려가면서 물과 영양분, 심지어 대기의 먼지까지 옮겨가 저지대의 식물 생장을 촉진시키지 않았겠는가. 또한 산은 너무 높거나 가팔라서 농사짓기에 적당하지 않아 울창한 숲을 그대로 유지할 수 있었다. 한편 외딴 섬들에서 삼림 파괴가 상대적으로 심했던 이유는 섬사람들이 다른 섬들을 침략하고 그들과 교역하는 데 시간이나 힘을 쏟지 않고 주로 자기 섬에 머물면서 환경에 나쁜 영향을 미치는 행동을 해왔기 때문이라 여겨진다. 끝으로 작은 섬에 비해 큰 섬에서 삼림 파괴가 덜 심했던 이유로는 면적 대 해안선의 비율이 상대적으로 낮아 1인당 해양자원이 적은 만큼 인구밀도가 낮았고, 벌채할 숲의 면적이 넓었으며,

개간하기에 적합하지 않은 땅이 더 많았다는 사실 등이 지적된다.

삼림 파괴의 정도를 결정하는 이런 9가지 요인에서 이스터 섬은 어떤 조건이었을까? 이스터 섬은 태평양에서 세 번째로 위도가 높은 섬이었고 강수량이 가장 적은 편에 속했으며, 화산재의 낙진과 아시아의 먼지구름에도 거의 혜택을 받지 못한 섬이었다. 게다가 마카테아가 없고, 이웃 섬들에서 두 번째로 멀리 떨어진 섬이었다. 배리 롤렛과 내가 조사한 81개의 섬 중에서 작은 섬에 속하기도 했다. 이스터 섬은 무려 8가지 요인을 만족시키고 있는 셈이었다. 이스터 섬의 화산들은 중년층, 즉 20~60만 년의 연령을 지닌 것으로 추정된다. 따라서 이스터 섬에서 가장 오래된 화산 지역인 포이케 반도에서 가장 먼저 삼림 파괴가 있었고, 오늘날에는 최악의 토양 침식이 일어나고 있다. 배리 롤렛과 내가 이런 모든 요인들을 종합해서 분석한 통계학적 모델의 예측에 따르면 이스터 섬, 니호아 섬, 네케르 섬은 태평양에서 삼림 파괴가 가장 심할 수밖에 없었고, 이런 예측은 현실과 그대로 부합했다. 니호아 섬과 네케르 섬은 무인도로 변해버렸고, 한 종의 나무(니호아 야자나무)만이 살아남았을 뿐이다. 반면에 이스터 섬에서는 한 종의 나무도 살아남지 못했고 인구의 90퍼센트가 사라지는 비극을 맞았다.

결론적으로 이스터 섬의 숲이 완전히 사라진 이유는 친절해 보이는 섬사람들이 예외적으로 나쁜 짓을 하거나 미래를 내다보는 혜안이 없었기 때문은 아니다. 오히려 그들은 태평양에서 환경적으로 가장 취약한 지역, 요컨대 삼림 파괴가 일어날 가능성이 가장 큰 땅에서 산 불운한 사람들이었다. 이 책에서 다루는 다른 어떤 사회들보다 이스터 섬은 환경적으로 취약한 요인들을 많이 지닌 지역이었다.

이스터 섬이 의미하는 것

이스터 섬은 외딴 섬이었다. 그 때문에 자원의 지나친 개발로 인해 스스로 붕괴한 사회의 전형을 보여준다. 환경으로 인한 붕괴와 관련해

프롤로그에서 지적한 다섯 가지 요인 중 두 가지, 즉 적대적인 이웃의 공격과 우호적인 이웃의 지원이란 요인은 이스터 섬의 붕괴에서 어떤 역할도 하지 않았다. 이스터 섬에 인간이 정착한 이후로 섬사람들이 접촉한 적국이나 우방이 있었다는 증거는 어디에도 없다. 물론 몇 척의 카누가 우연히 이스터 섬에 상륙하기는 했겠지만 그런 접촉이 위험한 공격이나 중대한 지원으로 발전할 만큼 큰 규모는 아니었을 것이다. 세 번째 요인, 즉 기후 변화도 미래에는 닥칠지 모르지만 현재까지는 뚜렷한 증거가 발견되지 않는다. 따라서 이스터 섬의 붕괴를 부추긴 요인으로는 두 가지가 남는다. 하나는 인간으로 인한 환경 훼손, 특히 삼림 파괴와 조류의 멸종이고, 다른 하나는 정치 · 사회 · 종교적 요인이다. 이스터 섬은 외딴 섬이어서 이주를 안전판으로 삼을 수 없었고, 앞에서 거론한 이유 때문에 석상의 조각에 전념했으며, 더 큰 석상을 세우려는 씨족들 간의 경쟁으로 더 많은 나무와 밧줄과 식량을 필요로 했다.

이스터 섬 사람들은 완전히 고립되어 살았다. 산업화 이전의 어떤 사회보다 이스터 사회의 붕괴가 독자들의 흥미를 끄는 이유를 여기에서 찾을 수 있을 듯하다. 이스터 섬과 현대 세계는 소름 끼칠 정도로 비슷하다. 세계화, 국제 무역, 항공기, 인터넷 덕분에 오늘날 모든 국가가 자원을 공유하며 서로에게 영향을 미치고 있다. 이스터 섬에서 살았던 11개 부족이 그랬던 것처럼! 지구가 오늘날 우주에서 고립된 것처럼 폴리네시아의 이스터 섬은 태평양에서 고립되어 있었다. 이스터 섬 사람들은 곤경에 빠졌지만 피신할 곳이 없었다. 구원을 요청할 곳도 없었다. 오늘날 우리 지구인이 곤경에 빠진다면 어디에, 누구에게 의지할 것인가? 이런 이유에서 많은 학자가 이스터 섬의 붕괴를 하나의 비유로, 어쩌면 우리 미래에 닥칠 최악의 시나리오로 보는 것이다.

물론 완벽한 비유는 아니다. 오늘날의 상황은 많은 점에서 17세기 이스터 섬의 상황과 다르다. 하지만 이런 차이들 중 일부가 우리에게 더 큰 위협으로 다가온다. 돌연장과 완력만을 지닌 수천 명의 섬사람들이 주변 환경을 파괴하고 사회까지 붕괴시켰는데, 금속연장과 강력한 기계로 무장한 수십 억의 인구라면 훨씬 큰 재앙을 낳지 않겠는가? 그러나 우리에게 유리한 점들도 있다. 이 점에 대해서는 이 책의 마지막 장에서 차분하게 살펴보도록 하자.

제3장

핏케언 섬과 헨더슨 섬 이야기 :

그들은 어떻게 사라졌을까?

'바운티호의 반란' 이전의 핏케언 섬

아주 먼 옛날, 사람들은 적어도 겉보기에는 무궁무진한 자원을 지닌 축복받은 땅을 향해 이주했다. 그러나 이주한 땅에 산업을 발전시키기에 적합한 천연자원이 없거나 부족하더라도 그 자원을 많이 갖고 있는 가난한 땅들과 해상 무역을 통해 어렵지 않게 구할 수 있었다. 이런 교역을 통해서 모든 땅이 한동안 풍요를 구가했고 인구도 급속히 늘었다.

그러나 풍요로운 땅에서는 자원이 감당하기 벅찰 정도로 인구가 늘어났다. 숲이 베어지고 토양이 침식되어 농업 생산성이 떨어지자 수출할 잉여 생산물이 줄고, 배를 건조할 수 없게 되자 자국민조차 배불리 먹이기 힘들 지경에 빠졌다. 교역이 줄어들면서 수입에 의존하던 자원까지 부족할 수밖에 없었다. 결국 내란이 빈발하면서 기존의 정치 세력이 전복되었고 지방의 토호들이 세력 다툼을 벌였다. 풍요로운 땅의 굶주린 사람들은 살아남기 위해서 인육이라도 먹어야 했다. 과거 해상 무역의 상대국들은 더 비극적인 운명을 맞아야 했다. 수입에 의존하던 자원들이 끊기면서 그들은 환경을 닥치는 대로 파괴했고 한 사람도 살아남지 못하는 비극을 맞고 말았다.

이런 으스스한 시나리오가 미국과 그 무역 상대국들의 미래에 되풀이될까? 아직은 확실히 알 수 없지만 이런 시나리오는 태평양 열대 지역의 세 섬에서 이미 진행된 적이 있었다. 그중 하나인 핏케언 섬은 1790년 영국 전함 '바운티호'의 반란자들이 상륙할 당시에 '무인도'였던 것으로 유명하다. 반란자들이 이 섬을 택한 이유는 간단했다. 무인도였고, 다른 섬들과 멀리 떨어져 있어 그들을 추적하는 영국 해군의 마수에서 벗어나 숨기에 안성맞춤이었기 때문이다. 하지만 반란자들은 신전터와 암면(巖面) 조각, 그리고 돌연장들을 그 섬에서 발견했다. 핏케언 섬이 옛날에는 무인도가 아니었다는 무언의 증거였다. 핏케언 섬에서 동쪽으로 훨씬 멀리 떨어진 헨더슨 섬은 오늘날까지 무인도로 남아 있다. 지금도 핏케언 섬과 헨더슨 섬은 정기적인 항공편이나 배편이 없기 때문에 세계에서 가장 접근하기 힘든 땅이어서, 요트나 유람선이 가끔 들르는 곳이다. 하지만 헨더슨 섬에도 폴리네시아인들이 과거에 살았다는 흔적이 곳곳에서 발견된다. 대체 핏케언 섬과 헨더슨 섬에서 어떤 일이 있었기에 원주민들이 감쪽같이 사라진 것일까?

많은 책과 영화를 통해 '바운티호' 반란자들의 로맨스와 미스터리가 흥미진진하게 그려졌듯이 두 섬 주민들의 행방도 일종의 미스터리이다. 그런데 최근에 뉴질랜드 오타고 대학교의 고고학자 마셜 와이슬러(Marshall Weisler)가 그 한적한 고도(孤島)에서 8개월 동안 발굴 작업에 전념한 덕분에 두 섬에 대한 기본적인 정보가 조금씩 드러나기 시작했다. 핏케언 섬과 헨더슨 섬에 처음 정착한 사람들의 운명은 수백 킬로미터 떨어진 교역 상대국, 망가레바 섬에 서서히 닥친 환경 재앙과 밀접한 관계가 있었던 것으로 밝혀졌다. 망가레바 섬은 생활 수준의 급격한 저하를 대가로 치러야 했다. 따라서 이스터 섬이 인간에 따른 환경 훼손을 비롯한 다른 요인들로 인한 붕괴의 전형적인 예라면, 핏케언 섬과 헨더슨 섬은 환경적으로 타격을 입은 교역 상대국의 몰락에 따른 붕괴의 전형적인 예가 된다. 이런 점에서 두 섬은 세계화로 인해 오늘날 점점 확대되는 위험의 예고편이었다고 할 수 있다. 한편 환경 훼손은 핏케언 섬과 헨더슨 섬의 붕괴에서 적잖은 역할을 했지만 기후 변화나 외적의 역할이 있었다는 증거는 없다.

세 섬의 이야기

망가레바 섬, 핏케언 섬, 헨더슨 섬은 남동폴리네시아로 알려진 지역에서 유일한 유인도였다. 세 섬이 없었다면 남동폴리네시아는 관광객이나 잠시 머물 뿐 누구도 정착해서 살지 않는 나지막한 산호섬들의 세계였을 것이다. 앞 장에서 설명했듯이 폴리네시아인들이 동쪽으로 진출하면서 800년경 세 유인도에 처음 정착했을 것으로 여겨진다. 세 섬 중 가장 서쪽에 위치한 섬, 따라서 폴리네시아인들이 먼저 정착한 곳에서 가장 가까운 섬인 망가레바 섬조차 소시에테 제도(타히티 포함)에서 서쪽으로 1,600킬로미터, 마르키즈 제도와는 북서쪽으로 1,600킬로미터 떨어진 곳에 위치하고 있다. 한편 동폴리네시아에서 가장 크고 인구도 많은 섬들인 소시에테 제도와 마르키즈 제도도 서폴리네시아의 동쪽 끝에 있는 섬과 1,500킬로미터 이상 떨어진 곳에 위치하고 있어, 서폴리네시아에 인간이 정착하고 거의 2,000년이 지나서야 인간의 정착이 시작되었다. 따라서 망가레바 섬과 두 섬은 동폴리네시아의 동쪽 끝에서도 한참 떨어진 고도(孤島)들이었다. 마르키즈 제도와 소시에테 제도의 사람들이 새로운 정착지를 개척하며 훨씬 멀리 떨어진 하와이와 이스터 섬까지 진출해 폴리네시아에서의 정착을 마무리 짓던 과정에서 세 섬에도 정착한 것이라 여겨진다(114~115쪽, 174쪽의 지도 참조).

남동폴리네시아의 세 유인도 중에서 인간에게 중요한 천연자원이 풍부해서 가장 많은 인구가 살았던 곳이 망가레바 섬이었다. 이 섬은 직경 24킬로미터가 약간 넘는 커다란 석호와 그 주변의 암초들, 24개의 사화산 섬들, 면적을 모두 합해도 10평방마일을 넘지 않는 몇 개의 산호섬들로 이루어져 있다. 석호와 주변의 암초들, 그리고 그밖의 바다에는 어류와 갑각류가 풍부하다. 갑각류 중에서 눈에 띄는 것은 검은입술

핏케언 섬

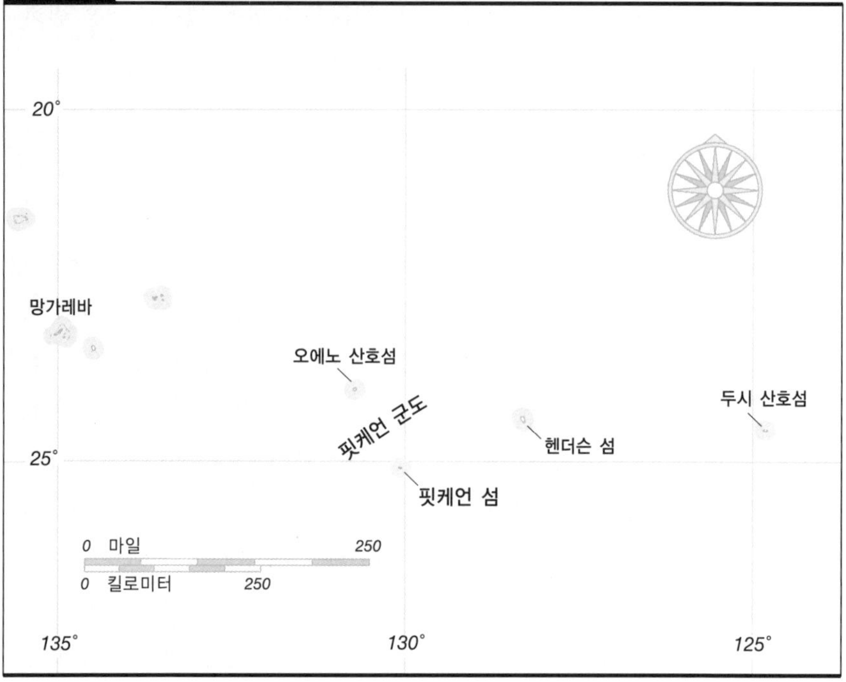

진주조개이다. 석호에서 거의 무궁무진하게 채취되었던 커다란 굴로, 요즘에도 검은진주를 양식하는 데 사용되는 소중한 어종이다. 이 굴은 식용으로도 사용되었지만 거의 20센티미터에 이르는 두꺼운 껍질은 폴리네시아인들이 낚시 갈고리를 만들고, 과일의 껍질을 벗기고 갈아내는 도구를 만들며, 조각해서 장식물로 만드는 데 이상적인 자원이었다.

망가레바 석호에서 높은 지역에는 충분한 강수량 덕분에 샘과 간헐천이 곳곳에 있었고, 숲이 우거져 있었다. 해안지대를 따라 좁게 이어진 평평한 땅에 폴리네시아인들은 집을 지었다. 이렇게 형성된 마을 뒤쪽의 경사지에 밭을 만들어 고구마와 참마를 재배했다. 샘 아래에 계단식으로 개간된 경사지와 평지에서는 샘물을 이용해서 타로토란이 재배되었고, 고지대에서는 빵나무와 바나나 등과 같은 수목 작물이 재배되었다. 이런 식의 영농, 낚시와 갑각류의 채취로 망가레바 섬은 수천 명의 주민을 넉넉히 먹여 살릴 수 있었다. 인구로만 따지면 당시 핏케언 섬과 헨더슨 섬의 주민을 합한 것보다 10배가 훌쩍 넘는 규모였다.

폴리네시아의 기준에서, 망가레바 섬의 가장 커다란 약점은 까뀌를 비롯해 연장을 만들 만한 단단한 돌이 부족하다는 것이었다(양질의 철광석을 제외하고 웬만한 천연자원을 모두 갖고 있는 미국의 처지와 비슷하다). 망가레바 석호 주변의 산호섬들에는 양질의 돌이 전혀 없었다. 화산섬에서도 거친 현무암을 구할 수 있었을 뿐이다. 집을 짓고 밭의 담을 쌓는 데, 솥이나 카누의 닻을 만드는 데, 음식을 빻는 도구 등 거친 연장을 만드는 데는 부족함이 없었지만 거친 현무암으로 단단한 까뀌를 만들 수는 없었다.

다행히 핏케언 섬이 이런 부족을 채워주었다. 면적이 2.5평방마일에 불과하고 깎아지른 듯한 사화산 섬인 핏케언 섬은 망가레바에서 남동쪽으로 480킬로미터 떨어진 곳에 있었다. 망가레바 섬 사람들이 카누에 몸을 싣고 망망대해를 며칠 동안 헤매다가 핏케언 섬을 발견하고, 배를 댈 수 있는 유일한 해안으로 상륙해서 가파른 비탈을 기어올라가 다운로프(Down Rope) 채석장을 발견했을 때 얼마나 기뻤겠는가! 남동폴리네시아에서 유일하게 흑요석을 캘 수 있는 채석장이었다. 흑요석은 깔끔하게 절단하는 데 사용되는 예리한 연장, 예컨대 가위나 칼을 만드는 데 사용되었다. 게다가 해안지대를 따라 1.5킬로미터 남짓 떨어진 곳에서 양질의 현무암을 지닌 타우타마(Tautama)를 발견했을 때 그들의 기쁨은 환희로 변했을 것이다. 그때부터 타우타마는 남동폴리네시아에서 까뀌를 만드는 가장 큰 채석장이 되었다.

그러나 다른 부분들에서 핏케언 섬은 망가레바 섬에 비해 모든 조건이 열악했다. 간헐천이 있었고, 먼 바다까지 항해할 수 있는 카누를 만들 만한 큰 나무들이 있었지만 가파른 지형과 좁은 면적 때문에 농사를 짓기에 적합한 땅이 극히 적었다. 또한 해안선에 암초가 거의 없고, 바다 바닥이 갑작스레 푹 꺼져 망가레바에 비해서 낚시와 갑각류의 채취가 어렵다는 것도 큰 약점이었다. 특히 핏케언 섬에는 먹을거리와 연장의 재료로 아주 유용하던 검은입술진주조개도 없었다. 따라서 폴리네시아 시대에 핏케언 섬의 주민은 100명을 넘지 않았을 것으로 추정된다. 오늘날에도 핏케언 섬에서 살고 있는 '바운티호' 반란자들의 후손들과 그들의 폴리네시아 친구들을 모두 합해도 52명밖에 되지 않는다. 1790년에 처음 정착한 27명에서 1856년에 194명까지 늘었다. 하지만 194명은 핏케언 섬의 농지 규모로 볼 때 너무나 많은 수였다. 따라서 영국 정부는 대다수의 주민을 멀리 떨어진 노퍽 섬으로 이주시켰다.

남동폴리네시아에서 세 유인도 중 하나인 헨더슨 섬은 14평방마일로 가장 크지만 가장 멀리 떨어진 한계 지역이기도 하다. 실제로 헨더슨 섬은 핏케언 섬에서 북동쪽으로 160킬로미터, 망가레바 섬에서 동쪽으로 645킬로미터 떨어진 곳에 위치하고 있다. 망가레바 섬이나 핏케언 섬과 달리, 헨더슨 섬은 화산 섬이 아니다. 융기로 해발 30미터까지 치솟아오른 산호초에 가깝다. 따라서 헨더슨 섬에는 연장을 만들 만한 현무암이나 다른 돌들이 없다. 돌연장을 사용하던 사회에서는 심각한 한계가 아닐 수 없었다. 게다가 헨더슨 섬은 다공질의 석회암으로 이루어져 있어, 시내는 물론이고 마음 놓고 마실 수 있는 담수조차 없어 인간이 살기에 적합한 땅이 아니었다. 예기치 않게 비가 쏟아지고 며칠 동안 동굴의 지붕에서 물방울이 똑똑 떨어지고, 물웅덩이가 간혹 발견되는 것이 고작이다. 해안에서 6미터 정도 떨어진 앞바다에서 샘솟는 담수 샘 하나가 있기는 하다. 하지만 마셜 와이슬러는 헨더슨 섬에서 몇 달을 지내면서 타르를 칠한 방수천에 빗물을 힘겹게 받아 마실 물로 썼고, 조리하는 물부터 씻고 목욕하는 물까지 대부분을 바닷물로 해결해야 했다.

헨더슨 섬에서 흙은 석회암 틈새에서나 찾아진다. 이 섬에서 가장 큰 나무도 15미터에 불과해 카누의 선체를 만들기에는 부족하다. 그러나 키 작은 나무들과 덤불들이 빽빽하게 우거져 있어 숲을 헤치고 가려면 커다란 칼이 필요할 지경이다. 배가 닿을 수 있는 해변이 북쪽 끝에 좁게 형성되어 있을 뿐이다. 남쪽 해안은 수직에 가까운 절벽이어서 배를 대기가 불가능하다. 남쪽 끝은 면도날처럼 예리한 석회암이 들쑥날쑥 이어진 마카테아라 할 수 있다. 유럽인들이 남쪽 끝까지 탐사한 것은 세 번밖에 없었다. 와이슬러 연구 팀도 그중 하나였다. 와이슬러는 두터운 장화를 신고도 헨더슨 섬의 북쪽 해안에서 남쪽 해안까지 8킬로미터를 무려 다섯 시간이나 걸어야 했다. 덕분에 그는 남쪽 해안에서 맨발의 폴리네시아 사람들이 옛날에 살았을 바위 주거지(rock shelter)를 발견할 수 있었다.

그러나 헨더슨 섬은 이런 치명적인 결함을 상쇄하기에 충분한 매력거리를 갖고 있다. 주변의 암초와 얕은 바다에 살고 있는 바다가재, 게, 문어 등이다. 물론 종류가 제한되어 있기는 하지만 다른 어류와 갑각류도 풍부하다. 안타깝게도 검은입술진주조개는 없다. 그러나 헨더슨 섬은 남동폴리네시아에서 바다거북이 서식하는 유일한 곳이다. 초록색을 띤 바다거북들이 매년 1월과 3월 사이에 알을 낳으려고 해안으로 몰려온다. 헨더슨 섬에는 과거에 적어도 17종의 바닷새가 서식한 것으로 추정되기도 한다. 특히 바다제비가 수백만 마리가 서식해서, 어미나 새끼를 잡기가 어렵지 않았을 것이다. 달리 말하면 100명의 주민이 매일 한 마리씩 잡아먹어도 군락의 생존이 전혀 위태롭지 않을 정도로 바다제비가 많았다. 또한 헨더슨 섬에는 터줏대감 노릇을 하던 9종의 육지새가 있기도 했다. 그중 5종은 아예 날지 못하거나 멀리 날지 못해서, 사람들에게 쉽게 포획되었을 것이다. 특히 세 종의 커다란 비둘기는 별미였던 것으로 알려져 있다.

이런 특징들을 감안할 때 헨더슨 섬은 오후의 소풍을 즐기거나, 아니면 해산물과 새고기와 바다거북고기를 배 터지게 먹으면서 며칠간의 휴가를 보내기에 적합한 곳이었다. 그러나 정착해서 살기에는 너무나 위험한 경계지였다. 하지만 와이슬러의 발굴 팀은 놀라운 사실을 발견해냈다. 소규모이기는 했지만 이 섬에 정착해서 살았던 사람들이 있었다는 흔적이었다. 수십여 명의 사람들이 살아남기 위해서 필사적으로 노력했다는 흔적을 찾아냈다. 98구의 유골과 치아가 그 증거였다. 남녀로 일부는 40세를 넘긴 듯한 성인 10명, 10대의 소년과 소녀 6명, 5~10세로 추정되는 어린아이 4명이 확인되었다. 요즘의 핏케언 섬 주민들도 나무나 해산물을 구하려고 헨더슨 섬을 찾아갈 때는 어린아이를 데려가지 않는 사실을 감안할 때 어린아이의 유골은 그들이 그 섬에 정착해 살았다는 증거가 아닐 수 없다.

인간이 정착해서 살았다는 다른 증거로는 거대한 패총이 있다. 남동 폴리네시아에서 가장 큰 패총 중의 하나로 알려져 있으며, 헨더슨 섬 주변의 암초를 통과하는 유일한 통로와 마주 보는 북쪽 해안을 따라 2.8미터의 폭으로 28미터가 이어져 있다. 여러 세대 동안 축적된 패총 더미에서 와이슬러 발굴 팀은 몇 군데를 시굴(試掘, test pit)해보았다. 엄청난 양의 물고기 뼈(0.5입방미터에서 1만 4,751개의 뼛조각) 이외에 수십만 마리의 바닷새(특히 바다제비, 제비갈매기, 열대조) 뼈가 포함된 4만 2,213개의 뼛조각, 그리고 수천 조각의 육지새 뼈(특히 날지 못하는 비둘기, 하얀눈썹뜸부기, 깝짝도요새)가 확인되었다. 와이슬러의 시굴에서 확인된 뼛조각의 수로 패총 전체에 묻혀 있는 뼛조각의 수를 추정해보면 헨더슨 섬 사람들이 수세기에 걸쳐 수천만 마리의 물고기와 새를 잡아먹었다는 계산이 나온다. 방사성 탄소 측정법으로 확인한 바에 따르면, 헨더슨 섬에서 인간과 관련된 가장 오래된 흔적은 그 패총에 묻혀 있었다. 그 다음으로 오래된 흔적은 바다거북이 알을 낳는 북동 해안지대에서 찾아진다. 요컨대 사람들이 수렵으로 식량을 구할 수 있는 지역에 먼저 정착했다는 뜻이기도 하다.

융기된 산호초가 키 작은 나무들로 덮여 있는 곳에 불과한 섬에서 사람들이 어떻게 살 수 있었을까? 폴리네시아 사람들이 지금이나 과거에 살았던 유인도들 중에서 헨더슨 섬은 아주 독특한 특징을 갖고 있다.

즉 집이나 사원과 같은 건물의 흔적이 거의 없다는 점이다. 건설의 흔적이 세 군데에서 엿보일 뿐이다. 패총에서 발견된 것으로 집터였을 것이라 추정되는 돌로 포장한 바닥과 울타리 말뚝, 방풍을 위한 나지막한 담, 그리고 무덤의 천장이었을 것이라 추정되는 몇 장의 석판이 전부이다. 하지만 해안 근처의 동굴과 바위 주거지는 바닥이 평평하고 그럴듯한 입구가 있었다. 그러나 몇 사람이 따가운 햇살을 겨우 피할 수 있는 정도로 폭이 2.8미터, 깊이가 1.8미터인 움푹한 공간에 불과한 것도 있었다. 하여간 이런 곳들에서 사람이 살았다는 증거를 보여주는 흔적들이 발견되었다. 와이슬러는 18군데의 주거지를 발견했다. 그중 15군데는 헨더슨 섬에서 유일한 해변이 있는 북쪽, 정확히 말하면 북동쪽과 북서쪽에 모여 있었다. 세 군데만이 동쪽 절벽과 남쪽 절벽에 있었지만 모두가 비좁았다. 와이슬러가 해안 전체를 탐사할 수 있을 정도로 헨더슨 섬은 아담한 섬이기 때문에 18군데의 동굴과 바위 주거지, 그리고 북쪽 해안에서 추가로 발견된 한 군데의 주거지에서 헨더슨 섬 사람들 모두가 비바람을 피하며 살 수 있었을 것이라 여겨진다.

숯, 돌더미, 곡물의 잔존물에서 섬의 북동쪽이 화전으로 개간되어 작은 텃밭으로 이용되었을 것이라고 추정된다. 그들은 표토를 덮은 돌들을 걷어내서 어렵사리 확보한 흙에 곡물을 심었다. 헨더슨 섬 사람들이 계획적으로 심었고, 고고학적 발굴지에서 확인되었거나 지금도 헨더슨 섬의 들판에서 자라는 곡물과 유용한 식물로는 코코넛, 바나나, 타로토란, 목재 나무 서너 종, 열매 껍질이 조명용으로 쓰이는 쿠쿠이 나무, 밧줄을 만드는 데 유용한 하이비스커스 나무, 그리고 관목의 일종인 티가 있었다. 특히 단맛을 내는 티의 뿌리는 폴리네시아 일대에서 비상식량으로 주로 사용되었지만 헨더슨 섬에서는 기본 식량이었다. 티의 잎은 옷을 만들거나 지붕을 덮는 이엉으로, 때로는 먹을 것을 포장하는 것으로 사용되었다. 이처럼 단맛과 전분을 많이 함유한 곡물은 고탄수화물 식품이기 때문에 와이슬러가 발견한 헨더슨 섬 사람들의 치아와

턱에서 치주염, 치아 마모, 치아 손실 등의 흔적이 뚜렷하게 나타나는 이유가 설명된다. 섬사람들은 새고기와 해산물을 통해서 단백질을 주로 섭취했지만 두 마리의 돼지 뼈가 발견된 것으로 판단하건대 그들이 한때 돼지를 길렀던 것으로 여겨진다.

생존의 수단, 무역

남동폴리네시아에는 사람들이 정착해서 살기에 적합한 섬들이 별로 없었다. 이론적으로 가장 많은 인구를 수용할 수 있었던 망가레바 섬은 양질의 돌이 부족했다는 점을 제외하면, 폴리네시아적 삶의 기준에서 자급자족하기에 충분한 섬이었다. 핏케언 섬은 너무 작았고, 헨더슨 섬은 생태론적으로 한계에 가까운 섬이었다. 따라서 두 섬은 소수의 사람밖에 수용할 수 없었고, 그나마도 존립 가능한 인간 사회를 장기적으로 유지할 수 없는 섬이었다. 또한 두 섬에는 생존에 필요한 자원도 부족했다. 특히 헨더슨 섬의 조건은 열악하기 그지없었다. 요즘에도 완벽한 연장통, 마실 물, 해산물 이외의 식량 등을 준비하지 않고는 1주일을 버티기 힘들 지경인데 옛 폴리네시아 사람들이 그곳에 어떤 식으로든 정착하려고 애썼다는 사실이 놀라울 뿐이다. 그러나 폴리네시아 사람들은 핏케언 섬과 헨더슨 섬을 버릴 수 없었다. 핏케언 섬에서는 양질의 돌이 생산되고, 헨더슨 섬에는 풍부한 해산물과 새고기가 있었기 때문이다.

와이슬러의 발굴 팀은 세 섬 간에 활발한 교역이 있었다는 증거들을 찾아냈다. 이런 교역을 통해서 세 섬은 부족한 것을 서로 채워갔다. 교역된 상품들, 심지어 방사성 탄소법을 적용하는 데 필요한 유기 탄소가 없는 돌들까지도 동일한 고고학적 층에서 발굴된 숯을 근거로 연대 측정이 가능했다. 이런 식으로 와이슬러는 교역이 늦어도 1000년경부터 시작되었을 것이라 추정했다. 달리 말하면 인간이 그 섬들에 정착하기 시작한 때부터 줄곧 계속되었다는 사실을 밝혀냈다. 헨더슨 섬에서 와이슬러가 발굴한 많은 유물은 대부분 다른 섬에서 생산되는 재료들로 만들어진 것이었다. 즉 굴껍질로 만든 낚시 갈고리와 과일 껍질을 벗기는 도구, 흑요석으로 만든 절단 도구, 현무암으로 만든 까뀌와 솥 등은 모두 수입한 것이었다.

이런 수입품들은 어디에서 들여온 것일까? 합리적으로 추론해보면 굴껍질 낚시 갈고리는 망가레바 섬에서 수입한 것이었다. 굴은 망가레바 섬에 풍부했지만 핏케언 섬이나 헨더슨 섬에는 거의 없었기 때문이다. 물론 망가레바 섬보다 훨씬 멀리 떨어진 다른 섬에서 수입했을 가능성도 없지 않다. 핏케언 섬에서는 굴껍질로 만든 공예품들이 발견되기도 했다. 이런 공예품들도 망가레바 섬에서 수입했을 가능성이 크다. 그러나 헨더슨 섬에서 발견된 화산석 공예품은 어디에서 수입했는지 확인하기가 무척 어렵다. 망가레바 섬과 핏케언 섬뿐만 아니라 폴리네시아의 다른 섬들도 멀리 떨어지기는 했지만 화산을 갖고 있기 때문이다.

따라서 와이슬러는 다양한 방법으로 화산석을 구분하는 기법을 개발하거나 채택했다. 화산은 다양한 유형의 용암을 분출한다. 망가레바 섬과 핏케언 섬에 산재한 화산석인 현무암은 화학적 성분과 색에서 다른 화산석들과 구분된다. 하지만 다른 섬들에서 채굴된 현무암이나, 같은 섬의 다른 채석장에서 캐낸 현무암들이 화학적 성분에서 미세한 차이를 보이기도 한다. 예컨대 주된 성분들(규소와 알루미늄)과 이차적인 성분들(니오븀과 지르코늄)의 상대적인 함유량이 조금씩 다르다. 더 세밀히 분석해보면 주요 원소가 여러 동위원소(즉 원자 무게가 약간 다른 형태들)로 나타나고, 그 비율도 채석장에 따라 다르다. 지질학자에게 이런 성분의 미세한 차이들은 돌연장이 어떤 섬, 어떤 채석장에서 채석된 것인가를 구분할 수 있는 지문 역할을 한다.

와이슬러는 헨더슨 섬의 여러 고고학층에서 발굴한 수십여 개의 돌연장과 돌조각(돌연장을 만들거나 보수하던 중에 깨진 것)에서 화학적 성분을 분석했고, 한 동료의 도움을 받아 주요 동위원소의 비율까지 분석했다. 또한 헨더슨 섬이 수입처로 삼았을 가능성이 가장 큰 망가레바 섬과 핏케언 섬의 채석장과 노두(露頭)에서 채취한 화산석들을 분석해 비교했다. 와이슬러는 여기에 그치지 않고 더 확실한 자료를 구하기 위해, 헨더슨 섬에서 멀리 떨어져 있어 수입처를 삼았을 가능성이 거의 없는 폴리네시아의 다른 섬들, 예컨대 하와이, 이스터 섬, 마르키즈 제도, 소시에테 제도, 사모아 섬의 화산석까지 분석했다.

이런 분석에서 얻은 결과는 분명했다. 헨더슨 섬에서 발견된 흑요석들은 모두 핏케언 섬의 다운로프 채석장의 것이었다. 이런 결론은 돌조각들을 화학적으로 분석하기 전에 육안으로 판단해서 내린 결론과 일치했다. 핏케언 섬의 흑요석에는 검고 잿빛을 띤 점들이 뚜렷하기 때문이다. 헨더슨 섬에서 발굴된 현무암 까뀌, 그리고 까뀌를 만드는 과정에서 생겼을 현무암 조각들도 대부분 핏케언 섬의 것이었고, 일부만이 망가레바 섬에서 수입한 것이었다. 한편 망가레바 섬에서는 돌연장 등에 대한 탐사가 본격적으로 시행되지는 않았지만 여기에서 발견된 까뀌들도 핏케언 섬의 현무암으로 만든 것이 분명했다. 망가레바 섬의 현무암보다 질적으로 뛰어난 현무암을 핏케언 섬에서 수입했다는 증거였다. 반대로 헨더슨 섬에서 발굴된 다공질 현무암의 대부분은 망가레바 섬에서 수입한 것이었고, 극소수만이 핏케언 섬에서 수입한 것이었다. 이런 돌들은 폴리네시아 전역에서 조리용 솥을 만드는 데 이용되었고, 조리용 불로는 숯이 주로 사용되어 요즘의 바비큐와 비슷했다. 이런 솥들이 헨더슨 섬의 조리용 구덩이에서 적잖게 발견되는 것으로 판단하건대 이런 솥에 열을 가했다는 증거로 여겨진다.

요컨대 고고학적 연구에 따르면 천연자원뿐만 아니라 완성된 연장도 세 섬 사이에서 활발하게 교환되었다. 굴껍질은 망가레바 섬에서 핏케언 섬과 헨더슨 섬으로, 흑요석은 핏케언 섬에서 헨더슨 섬으로, 현무암은 핏케언 섬에서 망가레바 섬과 헨더슨 섬으로 혹은 망가레바 섬에서 헨더슨 섬으로 전해졌다. 게다가 돼지, 바나나와 타로토란 등 많은 곡물이 인간의 도래 이전에는 폴리네시아 섬들에 존재하지 않은 종(種)들이다. 망가레바 섬이 폴리네시아의 다른 섬들에서 가장 가깝다는 점에서 인간이 핏케언 섬과 헨더슨 섬에 앞서 망가레바 섬에 먼저 정착했다면 생존에 필요한 곡물과 돼지는 망가레바 섬에서 핏케언 섬과 헨더슨 섬으로 전해졌을 가능성이 크다. 특히 망가레바에 정착한 사람들 중 일부가 핏케언 섬과 헨더슨 섬으로 옮겨갔을 때 망가레바에서 생필품을 잔뜩 실은 카누는 새로운 거주지의 사람들에게 탯줄이나 마찬가지였을 것이고, 그 후에도 생명줄과 같은 역할을 했을 것이다.

헨더슨 섬에서 핏케언 섬과 망가레바 섬에 무엇을 주었을까? 뚜렷한 증거가 없어 추측할 수 있을 뿐이다. 헨더슨 섬에서 수출할 만한 돌이나 조개껍질이 없기 때문에, 또한 핏케언 섬과 망가레바 섬의 고고학적 발굴지에서도 특별한 것이 발견되지 않기 때문에 십중팔구 썩어 없어지는 것이라는 추측이 가능하다. 가장 그럴듯한 수출품 중의 하나가 산바다거북이다. 지금도 바다거북은 남동폴리네시아에서 헨더슨 섬에만 서식하고 있다. 바다거북은 폴리네시아 전역에서 주로 족장만이 즐길 수 있는 최고의 먹을거리로 여겨졌다. 요즘의 송로버섯이나 캐비아처럼! 다음으로는 앵무새, 과일비둘기, 붉은꼬리열대조에서 채취한 붉은 깃털이 헨더슨 섬의 수출품이었을 가능성이 크다. 붉은 깃털은 폴리네시아에서 장식품이나 깃털 옷을 만드는 데 사용된 사치품이었다. 요즘의 황금이나 검은담비 모피처럼!

그러나 천연자원과 완성품 및 사치품의 교환이 험난한 바다를 넘나들며 교역한 유일한 이유였을까? 그렇지는 않았을 것이다. 핏케언 섬과 헨더슨 섬에서 주민 수가 최고치(차례로 100명과 수십 명)에 이른 후에도 그 수가 너무 적었다. 따라서 결혼 적령기에 이른 사람이 섬에서 짝을 찾기가 어려웠을 것이고, 설령 짝이 있었더라도 가까운 혈족이어서 근친상간이라는 금기를 범하게 된다. 따라서 결혼 상대를 구하려는 욕망도 두 섬이 망가레바 섬과 교역한 중요한 원인 중 하나였을 것이다. 이런 교환을 통해 망가레바의 기술자들이 핏케언 섬이나 헨더슨 섬으로 이동했고, 이 두 섬의 작은 밭에서 고사 위기에 빠진 곡물들이 망가레바 섬으로 역수입되기도 했을 것이다. 아메리카와 오스트레일리아의 식민지에 정착한 후 자급자족할 때까지 오랜 시간이 걸렸기 때문에 유럽 국가들이 이런 식으로 배급선을 통해 생필품을 정착자들에게 정기적으로 공급하면서 식민지를 유지했다.

망가레바 섬과 핏케언 섬 주민들의 관점에서 보면 헨더슨 섬과 교역한 다른 이유가 또 있었을 것 같다. 망가레바 섬에서 헨더슨 섬까지의 항해는 폴리네시아의 카누로 4~5일이 걸리는 반면에, 핏케언 섬에서 헨더슨 섬까지 가려면 하루면 충분하다. 내 생각에 태평양 원주민들의 카누는 짧은 거리의 항해를 위한 배이기 때문에, 그렇게 먼 거리를 항해하면 카누가 뒤집히거나 파선되어 죽음을 자초하는 짓이라 여겨진다. 따라서 그런 카누로 며칠간이나 망망대해를 항해한다는 것은 목숨을 건 탈출이라면 모를까, 나로서는 상상하기 힘들다. 그러나 담배를 사려고 닷새를 카누로 항해하는 요즘의 태평양 뱃사람들에게도 그 정도의 항해는 정상적인 삶의 일부이다. 따라서 망가레바 섬과 핏케언 섬에 살던 옛 폴리네시아 사람들에게 1주일 동안 항해해야 하는 헨더슨 섬의 방문은 바다거북과 그 알, 그리고 하늘을 뒤덮은 새들의 고기로 성찬을 즐길 수 있는 신나는 소풍에 불과했을 수 있다. 특히 암초, 잔잔한 연안, 맛깔스런 갑각류가 없었던 핏케언 섬 사람들에게 헨더슨 섬은 해변을 거닐면서 물고기와 갑각류를 즐길 수 있는 매력적인 곳이었을 것이다. 이런 이유에서, '바운티호' 반란자들의 후손들은 요즘에 작은 섬에서 갑갑증을 느끼면 수백 킬로미터나 떨어진 산호섬의 해변까지 '휴가' 를 즐기려고 떠난다.

망가레바 섬은 더 큰 교역망의 지리적 중심이었다. 망가레바 섬에서 남동쪽으로 수백 킬로미터 떨어진 핏케언 섬과 헨더슨 섬까지가 최단 교역망이었다면, 더 큰 교역망은 망가레바에서 북북서쪽으로 마르키즈 제도까지, 서북서쪽으로는 소시에테 제도까지, 다시 정서(正西)로는 오스트랄 제도까지 확대되었다. 세 곳 모두의 거리가 약 1,600킬로미터에 달한다. 투아모투 군도의 작은 산호섬들이 거대한 교역망에서 징검돌 역할을 했다. 수천 명에 달한 망가레바의 인구가 핏케언 섬과 헨더슨 섬의 인구를 압도했듯이, 소시에테 제도와 마르키즈 제도의 인구(각각 10만 명)는 망가레바 섬의 인구를 압도했다.

와이슬러는 현무암의 화학적 분석을 통해서 이런 거대한 교역망이 실제로 존재했다는 분명한 증거를 찾아냈다. 망가레바 섬에서 발굴해서 분석한 19개의 까뀌 중에서, 마르키즈 채석장의 현무암으로 만든 까뀌 둘, 그리고 소시에테 채석장의 현무암으로 만든 까뀌 하나를 찾아내는 쾌거를 거두었다. 또한 까뀌, 도끼, 낚시 갈고리, 문어 미끼, 작살, 줄칼 등처럼 섬마다 형태가 다른 연장들도 그런 교역의 가능성을 보여주는 증거였다. 특히 마르키즈와 망가레바 사이에 교역이 활발했다는 증거는 두 섬의 양식이 비슷하고, 한 섬의 고유한 양식이 다른 섬에서도 발견된다는 것이다. 게다가 마르키즈 양식의 연장들이 1100~1300년에 집중적으로 망가레바 섬에서 사용되었다는 것은 두 섬 간의 교역이 당시에 가장 활발했다는 간접적인 증거이다. 언어학자 스티븐 피셔의 연구 결과도 이런 교역의 가능성을 뒷받침해준다. 피셔의 결론에 따르면 망가레바어는 망가레바 섬에 처음 정착한 사람들의 언어에 뿌리를 두고 있지만 마르키즈 제도의 남동쪽 섬들, 즉 망가레바에서 가장 가까운 섬들에서 사용되던 언어와 접촉하면서 크게 변형된 것이다.

망가레바-핏케언-헨더슨 섬을 잇는 교역망이 그랬듯이, 이 거대한 교역망을 통한 접촉도 경제적인 이유였다. 달리 말하면 작은 섬들이 서로에게 필요한 자원들을 교환했던 것이다. 마르키즈 제도는 일종의 '모국'이었다. 넓은 땅, 많은 인구, 양질의 현무암을 가졌지만 석호나 암초가 없어 해양 자원이 부족한 편이었다. 한편 '두 번째 모국'이었던 망가레바 섬은 커다란 석호를 지녔지만 면적이 좁고 인구가 적었으며 양질의 돌이 부족했다. 반면에 망가레바의 딸에 비유되는 핏케언 섬과 헨더슨 섬은 비좁은 땅과 극소수의 인구라는 치명적인 결점을 안고 있었지만 핏케언 섬에는 양질의 돌이 있었고 헨더슨 섬에는 단백질 공급원이 풍부했다. 끝으로 투아모투 군도는 면적이 좁고 돌이 전혀 없었지만 풍부한 해산물을 지녔고, 무엇보다 거대한 교역망에서 편리하게 이용할 수 있는 징검돌이었다.

결국 몰락하다

헨더슨 섬의 고고학층에서 발굴된 유물들을 방사성 탄소법으로 측정한 결과에 따르면 남동폴리네시아 내에서의 교역은 1000년부터 1450년까지 계속되었다. 그러나 1500년쯤 교역이 중단되었다. 남동폴리네시아에서만 중단된 것이 아니라, 망가레바를 중심으로 한 마르키즈 제도와의 교역까지 끊어졌다. 그 이후의 고고학층에서는 망가레바에서 수입한 굴껍질, 핏케언 섬의 흑요석, 핏케언 섬의 현무암으로 만든 절단도구, 심지어 망가레바와 핏케언의 현무암으로 만든 돌솥조차 발견되지 않는다. 헨더슨 섬에서 자라는 나무들은 너무 작아 카누를 만들 수 없었다. 따라서 수십여 명에 달했던 헨더슨 섬 주민들은 그야말로 절해고도(絶海孤島)에 떨어지고 말았다. 결코 해결할 수 없을 듯한 문제가 그들에게 닥쳤다. 금속 한 조각도 없는 석회암 덩어리에서, 그야말로 석회암 이외에는 어떤 돌도 없는 돌섬에서, 외부의 지원조차 끊어진 세계에서 그들이 어떻게 살아남았을까?

그들은 독창적이고 필사적이며 심금을 울리는 방법으로 살아남았다. 그들은 돌 대신에 커다란 대합조개껍질로 까뀌를 만들었다. 새의 뼈를 이용해서 구멍을 뚫는 송곳을 만들었다. 현무암 대신에 석회암이나 산호, 심지어 대합조개껍질로 솥을 만들었다. 물론 현무암으로 만든 솥보다는 성능이 훨씬 떨어졌다. 열을 오랫동안 보존하지 못했고, 가열한 후에는 균열이 생기기 일쑤였고, 재사용이 불가능한 경우가 많았다. 낚시 갈고리는 집조개껍질로 만들었다. 그러나 집조개는 검은입술진주조개보다 훨씬 작아, 하나로 하나의 갈고리밖에 만들 수 없었고, 갈고리의 형태도 단순해질 수밖에 없었다(검은입술진주조개로는 약 10개의 갈고리를 만들었다).

방사성 탄소 측정에 따르면, 망가레바와 핏케언 섬의 접촉이 단절된 이후 헨더슨 섬 사람들은 이런 식으로 악전고투하며 수세대, 즉 거의 한 세기 이상을 버티었다. 그러나 1606년 유럽인들이 헨더슨 섬을 '발견' 했다. 에스파냐의 선박이 헨더슨 섬에 상륙했지만 한 사람도 눈에 띄지 않았다. 헨더슨 섬은 무인도로 변해 있었다. 한편 핏케언 섬 주민들은 적어도 1790년이나 그 이전에 사라진 듯하다. '바운티호' 의 반란자들이 그 섬에 도착했을 때 무인도였으니 말이다.

그런데 헨더슨 섬과 외부 세계의 접촉이 중단된 이유는 무엇일까? 망가레바 섬과 핏케언 섬에서 일어난 환경 변화의 결과였다. 폴리네시아 전역에서, 수백만 년 동안 인간의 손길이 닿지 않은 채 홀로 성장해왔던 섬들에 인간이 정착하면서 생태계에 충격을 주었고, 많은 동식물이 멸종당하는 위기를 맞았다. 내가 이스터 섬의 붕괴를 설명하면서 제시했던 이유들 중에서, 망가레바 섬은 고위도에 위치하고 화산재와 먼지의 낙진이 거의 없어 삼림 파괴가 일어나기에 적절한 조건을 갖추고 있었다. 특히 망가레바의 구릉진 내륙에서 생태계 훼손이 극심했다. 섬 사람들이 경작지를 확보하려고 삼림을 파괴했기 때문이다. 그 결과로 비가 내리면 표토가 가파른 경사를 따라 씻겨내려갔고, 숲은 양치류만 무성하고 헐벗은 땅에 나무들이 간혹 쓸쓸이 서 있는 스텝으로 변해갔다. 구릉 지역의 토양 침식으로 예전에는 농사를 지을 수 있던 땅까지 사라지기 시작했다. 삼림 파괴는 어획량의 감소로도 이어졌다. 카누를 만들 커다란 나무들이 부족했기 때문이다. 실제로 유럽인들이 1797년 망가레바 섬을 발견했을 때 이 섬에는 한 척의 카누도 없었다. 뗏목밖에 없었다.

인구는 많은데 먹을 것은 턱없이 부족했다. 따라서 망가레바 사회는 내란과 만성적인 기아에 허덕였다. 요즘의 섬사람들조차 당시의 상황을 자세하게 기억하고 있을 정도이다. 사람들은 인육에서 단백질을 구했다. 갓 죽은 사람뿐만 아니라 땅에 묻힌 시체까지 파내서 먹었다. 남은 경작지를 두고 치열한 싸움이 벌어졌다. 승리한 쪽이 패자의 땅을 나누어 가졌다. 족장의 세습제로 안정되게 운영되던 정치 제도가 사라지고 강력한 전사(戰士)들이 권력을 움켜잡았다. 군사 지도자들이 겨우 8킬로미터에 불과한 섬을 동서로 나누고 지배력을 두고 다투었으니, 비극이라기보다 희극에 가까웠다. 정치적 혼란만으로도 먼 바다로의 항해에 필요한 인력과 장비를 구하기 어려웠을 것이다. 설령 카누를 만들 수 있는 나무가 넉넉하게 있었더라도 그런 정치적 혼란 속에서 한 달 동안이나 밭을 무방비 상태로 비워두고 바다로 나갈 수 있었겠는가! 와이슬러의 현무암 까뀌에 대한 연구가 증명해주듯이, 교역의 중심 역할을 하던 망가레바 섬이 이렇게 붕괴되면서 망가레바 섬에서 마르키즈, 소시에테, 투아모투, 핏케언, 헨더슨을 연결하던 동폴리네시아의 교역망까지 와해되었다.

핏케언 섬에 닥친 환경 변화에 대해서는 훨씬 덜 알려지기는 했지만 와이슬러가 이 섬에서 부분적으로 시행한 고고학적 발굴에 따르면 대대적인 삼림 파괴와 토양 침식이 있었던 것으로 여겨진다. 헨더슨 섬에서도 환경 파괴가 일어나, 인구의 수용력이 크게 줄어들었다. 9종의 육지새 중 3종의 큰 비둘기를 포함해서 5종이 멸종되었고, 이 섬에서 서식하던 바닷새 중 6종이 사라졌다. 식량 확보를 위한 사냥, 화전으로 인한 서식지의 파괴, 폴리네시아인의 카누에 무임승차한 쥐들의 약탈 등이 이런 멸종의 원인이었을 것이다. 오늘날에도 쥐들은 바닷새들을 무차별적으로 공격하지만, 이 새들은 쥐가 없는 환경에서 진화해왔기 때문에 속수무책으로 당할 수밖에 없다. 이런 새들이 사라진 후부터 헨더슨 섬에 경작지가 만들어지기 시작했다. 본연의 식량 자원이 감소하면서 경작에 의존할 수밖에 없었다는 뜻으로 해석된다. 또한 북동 해안의 고고학층에서 뿔조개가 사라지고 터번 조개가 크게 줄어들었다는 사실도 헨더슨 섬 사람들이 조개류를 지나치게 남획했다는 증거로 해석될 수 있다.

따라서 환경 훼손이 정치 · 사회적 혼란 및 카누용 목재의 부족으로 이어지면서 동남폴리네시아의 교역까지 끊어졌다. 교역의 중단으로 핏케언 섬, 마르키즈 제도와 소시에테 제도에서 연장을 만들 만한 양질의 돌을 공급받을 수 없게 되자 망가레바 섬의 상황은 더욱 악화되었다. 그러나 핏케언 섬과 헨더슨 섬 사람들에게는 그야말로 악몽이었고, 결국에는 두 섬에서 아무도 살아남지 못했다.

핏케언 섬과 헨더슨 섬에서 사람들이 완전히 사라진 이유는 그들의 생명줄이던 망가레바 섬과의 교역이 중단되었기 때문이다. 헨더슨 섬에서의 삶은 그렇잖아도 어려웠는데, 화산석의 수입이 끊어지면서 더 어려워졌을 것이다. 그런 재앙을 맞아 모두가 동시에 죽었을까, 아니면 인구가 점차 감소해서 최후까지 남은 한 사람이 과거를 회상하며 살다가 삶을 마쳤을까? 로스앤젤레스 앞바다의 산니콜라스 섬은 실제로 이런 식으로 종말을 맞았다. 모든 원주민이 차례로 죽고 최후까지 남은 한 여인이 철저히 고립된 채 18년을 살았다. 헨더슨 섬에서 마지막까지 살아남은 사람은 해변을 홀로 거닐면서, 먼 바다에서 카누가 나타나기를 기대하면서 얼마나 많은 시간을 보냈을까? 카누가 어떻게 생겼는지 기억조차 가물가물해질 때까지 오랜 시간을 혼자 보내지는 않았을까?

핏케언 섬과 헨더슨 섬에서 사람들이 어떻게 사라졌는지에 대해서는 알려진 바가 없지만 나는 그들에게 닥친 운명을 그다지 신비롭게 생각지는 않는다. 여러 형태의 종말이 영화의 끝 장면처럼 내 머릿속에 그려진다. 다른 고립된 사회들에 닥친 운명에 비춰보면 충분히 짐작할 수 있는 종말이다. 사람들이 이주의 가능성을 상실한 채 곤경에 빠질 때 등을 돌려 헤어진다고 적과의 긴장이 해결되지는 않는다. 이런 긴장이 대량학살로 이어지면서 핏케언 섬을 무인도로 전락시켰을지 모른다. 한편 망가레바 섬 사람들, 이스터 섬 사람들, 그리고 1840년대 캘리포니아로 향하던 도너 가족(Donner Party)이 그랬듯이 식량 부족과 카니발리즘이 살인으로 발전했을 가능성도 없지 않다. 그러나 절망에 빠진 사람들이 집단 자살의 길을 택하는 경우도 있다. 얼마 전에도 '천국의 문(Heaven's Gate)' 이라는 종교 집단에 속한 39명이 캘리포니아 샌디에이고 근처에서 집단 자살을 택하지 않았던가. 절망은 정신착란으로 발전할 수도 있다. 벨기에의 남극 탐험대가 1898~1899년, 거의 1년 동안 얼음에 갇혀 지내야 했을 때 일부 대원들이 정신착란을 일으켰다. 아사(餓死)라는 비극적인 종말로 예상할 수 있다. 제2차 세계대전 동안 웨이크 섬에 고립된 일본 수비대원들은 굶주림 이외에도 갈증, 태풍, 쓰나미 등 다른 환경 재앙과도 싸워야 했다.

그러나 조금은 편안한 종말을 예상할 수도 있지 않을까? 핏케언 섬과 헨더슨 섬에 고립되어 오랜 세월이 지나자 100명, 혹은 수십 명으로 이루어진 작은 사회에서 모두가 사촌이 되었을 것이고, 근친상간을 범하지 않고는 결혼을 꿈꾸지 못했을 것이다. 따라서 캘리포니아 야히(Yahi) 부족의 마지막 생존자, 이시(Ishi)와 세 동료가 그랬듯이 모두가 똑같이 늙어가면서 자식 낳기를 중단했을 수 있다. 물론 작은 사회라는 이유로 근친상간이라는 금기를 범했다면 매사추세츠 앞바다의 마서즈비니어드 섬 사람들과, 대서양에 한적하게 떨어진 트리스탄다쿠냐 섬 사람들이 귀머거리였듯이 선천성 기형이 확산되는 결과를 낳았을 것이다.

어쨌든 핏케언 섬과 헨더슨 섬이 실제로 어떤 종말을 맞았는지 알 길은 없다. 그러나 자세한 내용까지는 알 수 없지만 개략적인 흐름은 분명하다. 망가레바 섬, 핏케언 섬, 헨더슨 섬의 주민들은 그들의 환경을 크게 훼손했고, 삶에 필요한 자원들을 파괴했다. 망가레바 섬에서는 끔찍한 사건들이 상습적으로 일어났고, 삶의 수준이 급격히 떨어졌지만 주민의 수가 많아 어떤 형태로든 살아남은 사람들이 있었다. 반면에 핏케언 섬과 헨더슨 섬의 주민들은 처음부터, 즉 환경 훼손이 누적되기 전부터 농산품, 기술, 돌, 굴껍질, 심지어 사람까지 망가레바 섬에 의존하며 살았다. 그런데 망가레바 섬이 쇠락하면서 그들에게 수출할 여력을 상실하자, 핏케언 섬 사람들과 헨더슨 섬 사람들은 새로운 환경에 적응하려 영웅적인 투쟁을 벌였지만 마지막 한 사람까지 섬에서 죽음을 맞아야 했다. 이 섬들이 시간적으로나 공간적으로 우리에게 너무나 멀리 떨어져 있어 우리 사회와는 아무런 관련이 없다고 섣불리 판단하지 말고, 점점 확대되어가는 세계화와 그에 따른 경제적 종속 현상의 장 · 단점을 곰곰이 생각해보기 바란다. 경제적으로는 중요하지만 환경적으로는 취약한 지역, 예컨대 원유의 젖줄인 중동이 우리 모두에게 얼마나 큰 영향을 미치고 있는가. 망가레바 섬이 핏케언 섬과 헨더슨 섬의 생명줄이었던 것처럼!

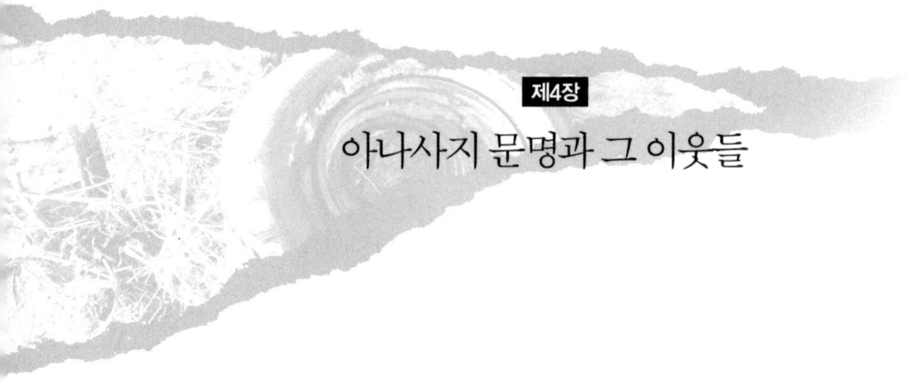

제4장

아나사지 문명과 그 이웃들

사막의 농부들

이 책에서 다루어지는 붕괴된 사회들 중 우리에게 공간적으로 가장 멀리 떨어진 사회는 앞 장에서 다룬 핏케언 섬과 헨더슨 섬이다. 반대로 미국의 품 안에서 붕괴된 사회는 차코 문화국립역사공원(사진 9와 10)과 메사버드 국립공원에 자리 잡고 있던 아나사지(Anansazi) 문화였다. 좀더 구체적으로 말하면 미국의 남서부에서 뉴멕시코 주 고속도로 57번과 미연방 고속도로 666번이 지나가는 곳이며, 로스앤젤레스의 내 집에서 960킬로미터 정도 떨어진 곳이다. 다음 장에서 다룰 마야의 도시들처럼, 아나사지 유적지들이나 북아메리카 인디언들의 다른 유적지들도 이제는 관광명소가 되어 매년 제1세계의 많은 관광객들이 찾고 있다. 옛날 남서부에서 발달한 문화 중 하나인 밈브레스(Mimbres) 문화도 기하학적 무늬와 사실주의적 인물로 묘사된 아름다운 도기 덕분에 예술품 수집가들에게는 널리 알려져 있다. 4,000명 남짓한 사회가 이루어낸 전통 문화인 밈브레스 문화는 여러 세대 동안 전성기를 누렸지만 갑자기 사라졌다.

미국의 남서부에서 발달한 사회들은 마야의 도시들에 비해 규모가 작았다. 주민 수가 수천에 불과한 사회들이었다. 마야의 도시들은 널찍

사진 9 삼림이 거의 파괴된 차코캐니언의 항공 사진. 5~6층 건물들이 서 있는 푸에블로 보니토의 유적이 보인다. 차코캐니언에서 가장 규모가 큰 아나사지 유적이다.

한 면적을 차지하고, 웅장한 기념물과 예술품을 남겼으며, 왕을 정점으로 한 계급 사회를 이루었고, 고유한 문자를 갖고 있었다. 그러나 아나사지 문화는 시카고에 초고층 건물들이 들어선 1880년대에야 북아메리카에서 가장 크고 높은 석조 건물을 세웠을 뿐이다. 우리에게 마야의 비문들을 정확한 날짜까지 추적할 수 있게 해주는 문자가 아나사지 문화에는 없었지만 미국 남서부에 산재한 건축물들의 역사도 1년 이내의 오차로 추적 가능하다. 덕분에 고고학자들은 이스터 섬, 핏케언 섬, 헨더슨 섬의 경우보다 훨씬 정확하게 그 사회들의 역사를 재구성해낼 수 있다.

이 장에서 나는 한 문화의 형성과 붕괴만을 다루지는 않는다. 미국 남서부에서 형성된 사회들을 전체적으로 다룰 생각이다(지도 참조). 남서부에서 지역적 붕괴, 극적인 재결합, 시기에 따른 국지적 폐기 등을 겪은 문화들에는 1130년경의 밈브레스, 12세기 중엽이나 12세기 말의 차코캐니언과 노스블랙메사와 버진 아나사지, 1300년경의 메사버드와 카옌타 아나사지, 1400년경의 모고욘, 그리고 정교한 관개 시설로 유명한 15세기 말의 호호캄이 있다. 콜럼버스가 신대륙을 발견한 1492년 이전에 이런 모든 급격한 변화가 일어났지만 아나사지족은 사라지지 않았다. 그들의 후손을 받아들인 남서부의 다른 원주민 사회들이 오늘날까지 존속하고 있다. 호피족과 주니족이 대표적인 예이다. 서로 이웃하고 있던 많은 사회들에서 일어난 이런 몰락, 혹은 급격한 변화를 어떻게 설명할 수 있을까?

그 원인을 하나만 지목한다면 환경 파괴, 가뭄, 혹은 전쟁과 카니발리즘 등이 거론되기 십상이다. 실제로 미국 남서 지역의 선사 시대는 단일 요인으로 설명이 가능하다. 물론 많은 요인들이 겹쳐졌지만 그 모든 요인들이 근본적인 문제로 귀결된다. 즉 미국의 남서부가 농사를 짓기에 취약한 환경이었다는 점이다. 강수량이 적고 예측하기도 힘들고, 비가 내려도 땅이 금세 말라버리며, 숲의 재생장률도 아주 낮은 땅이

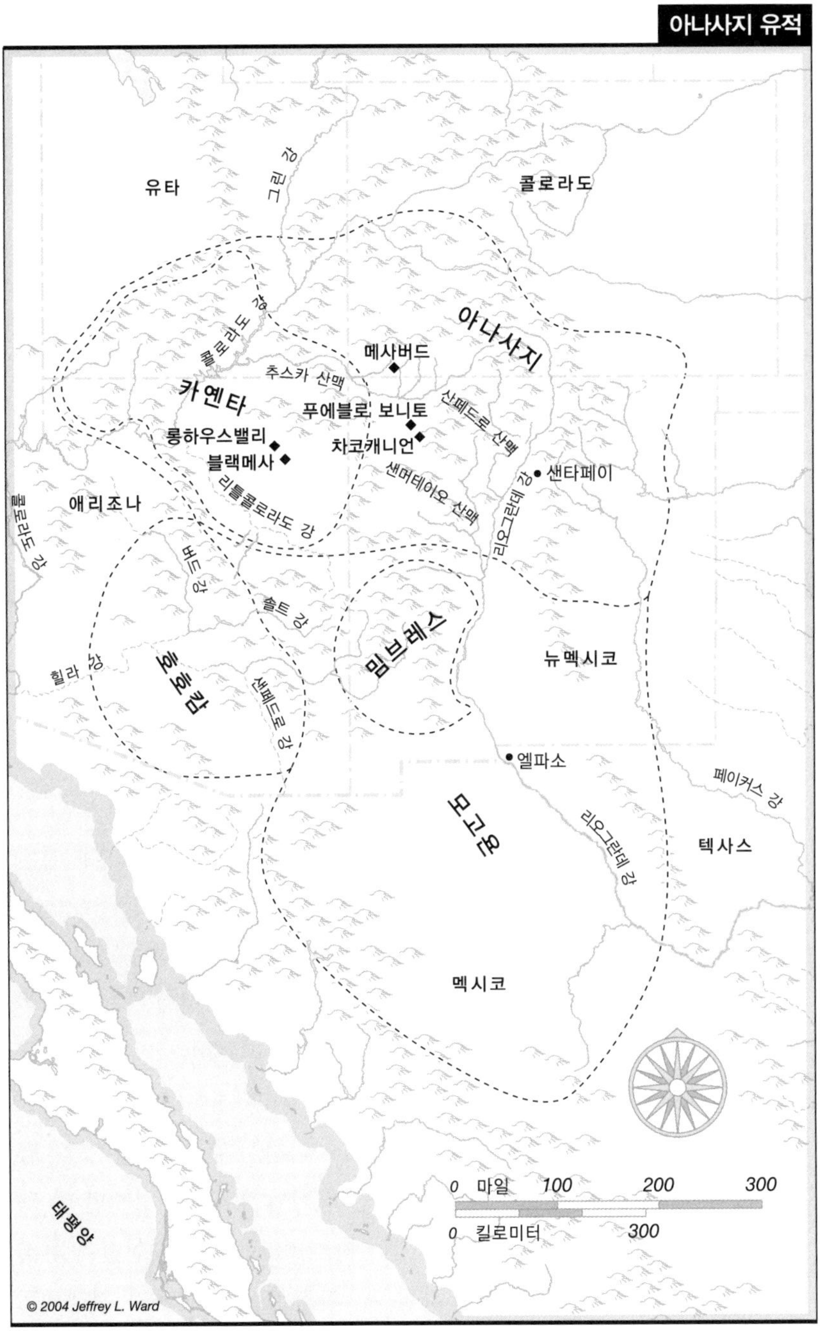

아나사지 유적
유타
그린 강
콜로라도
콜로라도 강
아나사지
메사버드
추스카 산맥
카옌타
푸에블로 보니토
산페드로 산맥
롱하우스밸리
차코캐니언
블랙메사
샌머테이오 산맥
샌타페이
리틀콜로라도 강
애리조나
콜로라도 강
리오그란데 강
버드 강
솔트 강
밈브레스
힐라 강
호호캄
샌페드로 강
뉴멕시코
엘파소
페이커스 강
모고욘
리오그란데 강
텍사스
멕시코
0 마일 100 200 300
0 킬로미터 300
태평양
© 2004 Jeffrey L. Ward

사진 10 지금은 황폐화되어버린 차코캐니언의 아나사지 유적.

다. 극심한 가뭄과 강바닥의 침식으로 요약되는 환경 문제가 인간의 수명, 즉 구전으로 전해지는 기억의 폭을 넘는 간격으로 되풀이되는 지역이기도 하다. 이런 난관에도 불구하고 북아메리카 인디언들이 남서 지역에서 복잡한 농업 사회를 이루어냈다는 사실이 놀랍기만 하다. 아나사지의 시대보다 오늘날 이 지역의 대부분에서 더 적은 사람들이 농업에 종사하고 있다는 사실이 그들의 성공적인 정착을 말해주는 간접적인 증거이다. 아나사지 문화가 남긴 돌집들, 댐, 관개 시설 등의 흔적이 간헐적으로 눈에 띄는 사막 지역을 자동차로 둘러보던 시간은 내게 너무나 감동적이고 잊을 수 없는 시간이었다. 간혹 집이 있기는 하지만 아무것도 없는 텅 빈 풍경이나 다름없었다. 아나사지 사회를 비롯해 남서 지역 다른 사회들의 붕괴는 흥미진진한 이야기이기도 하지만 이 책의 목적에 부합하는 교훈을 전해주는 이야기이기도 하다. 인간이 환경에 미친 영향과 기후 변화가 교차될 때, 환경과 인구 문제가 전쟁으로 발전할 때, 복잡한 인간 사회가 자급자족을 할 수 없어 수입과 수출에 의존할 수밖에 없을 때, 그리고 사회가 인구와 힘에서 절정에 이른 후 급속히 몰락할 때 어떤 현상이 일어나는지 잘 보여주기 때문이다.

나이테

남서 지역 선사 시대는 두 가지 고고학적 유물 덕분에 그런대로 상세히 밝혀진 편이다. 하나는 팩랫의 똥더미(packrat midden)이다. 이것에 대해서는 뒤에서 자세히 다루겠지만 일단 팩랫의 똥더미는 일정한 시기에 수십 년 동안 똥더미를 중심으로 수십 미터의 반경 내에서 자란 식물들이 무엇인지 말해주는 타임캡슐이라 할 수 있다. 팩랫의 똥더미를 분석해서 고식물학자들은 그 지역 식물군의 변화를 재구성해낼 수 있다. 다른 하나는 나이테이다. 고고학자들이 일반적으로 사용하는 방사성 탄소 연대 측정법 대신에 건물의 들보로 사용된 나무의 나이테를 근거로 건물이 세워진 시기를 근사치까지 계산해낼 수 있으며 오차는 50~100년에 불과하다.

온대 지역에서 흔히 그렇듯이 미국의 남서 지역에서도 강수량과 기온이 계절적으로 달라 나무의 생장률도 계절적으로 다르다는 사실에 나이테 분석법은 근거를 두고 있다. 성장 속도가 거의 일정한 열대우림 지역의 나무들과 달리, 온대 지역의 나무들은 매년 나이테를 하나씩 증가시킨다. 게다가 미국의 남서 지역은 대부분의 온대 지역보다 나이테 분석법을 적용하기가 유리하다. 건조한 기후 덕분에 1,000년 전에 베어진 나무로 만든 들보까지 거의 완벽한 상태로 보존되고 있기 때문이다.

학자들에게 연륜연대학(年輪年代學, dendrochronology, 그리스어 dendron = 나무, chronos = 시간)이라 알려진 나이테 분석법이 어떤 것인지 알아보자. 나무 한 그루를 베어서, 나이테를 바깥쪽에서 안쪽으로 헤아리면 그만이다. 가장 바깥쪽의 나이테가 올해의 생장륜(growth ring)이다. 이렇게 가장 바깥쪽에서 안쪽까지 헤아린 나이테가 177개이면, 2005에서 177을 빼라. 그러면 그 나무는 1828년에 심어진 것이다. 그러나 아나사지 유적에 사용된 나무 들보에서 한 나이테의 연대를 추적하기란 쉽지 않다. 무엇보다 들보로 사용된 나무가 언제 베어진지를 모르기 때문이다. 하지만 생장륜의 폭이 매년 기후 조건에 따라 달라진다. 따라서 한 나무의 나이테는 옛날에 전보를 보낼 때 사용하던 모르스 부호로 쓰인 메시지에 비교된다. 즉 모르스 부호가 점-점-선-점-선……의 형태를 띤다면 나이테는 광(廣)-광-협(狹)-광-협……의 형태를 띤다. 실제로 나이테는 모르스 부호보다 더 많은 정보를 담고 있다. 모르스 부호는 점과 선 중 하나를 선택해야 하지만 나이테의 폭은 변화무쌍하기 때문이다.

나이테 전문가, 즉 연륜연대학자는 잘려진 시기를 아는 나무의 나이테 간격을 조사하고, 과거 알 수 없는 시기에 베어진 나무들로 만들어진 들보의 나이테 간격을 면밀하게 조사한다. 그리고 이 둘을 비교해서 동일한 패턴을 가진 나이테를 찾아낸다. 예컨대 올해(2005년) 400년 된 나무, 즉 400개의 나이테를 가진 나무를 베어냈는데, 그 나무에서 1643년부터 1631년까지 13년 동안 5회의 넓은 나이테, 2회의 좁은 나이테, 6회의 넓은 나이테가 연속된다고 해보자. 그런데 332개의 나이테를 가졌지만 베어진 때를 알 수 없는 오래된 들보가 가장 바깥쪽에서 처음 7년 동안 동일한 나이테 패턴을 보인다면 그 들보로 사용된 나무는 1650년(1643 + 7)에 베어졌고, 1318년(1650 - 332)에 심어진 것이라는 결론을 내릴 수 있다. 그리고 1318년부터 1650년까지 살았던 나무로 만든 그 들보를 더 오래된 들보들과 비교해간다. 달리 말하면 1318년 이후에 베어졌지만 1318년 전에 심어진 나무로 만든 들보들의 나이테 패턴과 비교해가면 나이테 분석을 통해서 먼 과거까지 거슬러 올라갈 수 있다. 이런 식으로 연륜연대학자들은 세계 일부 지역에서 수천 년 전까지 거슬러 올라가는 나이테 기록을 재구성해냈다. 기후와 나무의 생장 패턴이 지역마다 다르기 때문에, 이런 나이테 기록은 기후 패턴에 따른 지리적 영역을 재구성하는 데도 적용될 수 있다. 예컨대 미국 남서 지역의 나이테 기록은 약간의 차이가 있지만 멕시코 북부에서 와이오밍 주까지 적용된다.

각 나이테의 폭과 하부 구조는 그 나이테에 해당된 해에 내린 강수량과 비가 많이 내린 계절을 드러내준다. 따라서 나이테 분석을 통해서 학자들은 과거의 기후까지 재구성해낼 수 있다. 예컨대 폭이 넓은 나이테의 연속은 우기를 뜻하고, 폭이 좁은 나이테의 연속은 가뭄이 계속되었다는 뜻이다. 따라서 나이테는 미국의 남서 지역을 연구하는 고고학자들에게 정확한 연대 결정을 위한 단서일 뿐만 아니라, 환경에 관련된 정보를 연 단위로 정확하게 제공해주는 실마리이기도 하다.

농업 전략

미국에 처음 발을 디딘 사람들은 수렵과 채취로 살아가면서 기원전 1만 1000년경, 혹은 그보다 일찍 남서 지역에 도착했다. 아메리카 원주민들의 조상이 되었던 그들은 아시아에서 신세계를 찾아온 사람들이었다. 농업이 남서 지역에서 자생적으로 발달하지는 않았다. 가정에서 재배할 수 있는 야생 식물이나 길들이기 쉬운 야생 동물이 부족했기 때문이다. 농업은 멕시코에서 전래되었고 옥수수, 호박, 콩 등 많은 작물이 재배되었다. 옥수수는 기원전 2000년, 호박은 기원전 800년, 콩은 그 이후에 전해졌다. 목화는 기원후 400년에야 재배되기 시작했다. 남서 지역 사람들은 칠면조도 길렀지만, 칠면조가 멕시코에서 먼저 사육되고 나중에 남서 지역으로 전래되었는지 혹은 그 반대인지, 아니면 두 지역에서 자체적으로 사육하기 시작했는지 아직 확실하지 않다. 처음에 남서 지역의 정착자들은 농업을 받아들인 후에도 사냥 및 채취를 버리지 않았다. 아파치족도 18세기와 19세기에 농업을 받아들이면서 똑같은 방식을 취했다. 즉 농사를 지을 계절에는 씨를 뿌리고 수확을 거두었고, 그 후에는 사냥하고 먹을 것을 채취하러 돌아다녔다. 기원후 1년쯤, 남서 지역의 일부 인디언들은 마을을 형성했고 원시적인 관개 시설을 갖춘 농업에 주로 의존하며 살았다. 그 후 인구가 폭발적으로 증가해서 사방으로 정착지를 확대해나갔고, 1117년경에는 주변에 성곽을 쌓기 시작했다.

남서 지역의 근본적인 문제를 극복하기 위해서 적어도 세 가지 유형의 농업이 등장했다. 달리 말하면 강수량이 적은데다 해마다 들쑥날쑥해서 오늘날에도 영농이 거의 시행되지 않는 환경에서 작물을 재배하기 위한 물을 확보하는 것이 최우선적인 문제였다. 세 가지 해법 중 하나는 일종의 건조 지역 농법이었다. 달리 말하면 곡물이 생장하는 데 충분한 비가 내리는 고지대에 밭을 만드는 방법이었다. 두 번째 해법은 밭에 내리는 강수에만 의존하지 않고 지하수면이 지표와 가까워 곡물의 뿌리가 지하수면에 닿는 지역에 적용되었다. 끝으로 호호캄족이 주로 사용했고, 차코캐니언에서도 사용되었던 세 번째 해법은 유거수(流去水)를 수로나 도랑에 모아 밭에 물을 대는 방법이었다.

남서 지역에서 작물을 지배하는 데 필요한 물을 확보하기 위해 사용한 방법들은 다양했지만 크게 보면 앞의 세 가지 유형을 약간씩 변형시킨 것이다. 달리 말하면 지역마다 이런 방법들을 적용하기 위한 대안적 전략을 고안하고 실험했다. 이런 실험들은 거의 1,000년 동안 계속되었고, 대다수가 수세기 동안 그런대로 성과를 거두었지만 단 한 곳을 제외하고 모든 곳에서 인간의 간섭이나 기후 변화로 인한 환경 문제로 결국 실패하고 말았다. 모든 대안이 내재적인 위험을 안고 있었던 탓이다.

모고욘 문화, 메사버드의 사람들, 그리고 푸에블로 1기로 알려진 초기 농경 문화의 사람들처럼 강수량이 많은 고지대에서 사는 것도 하나의 전략이었다. 그러나 고지대는 저지대에 비해 춥다는 약점을 가졌다. 따라서 유난히 추운 해에는 곡물이 아예 생장하지 못하는 경우도 없지 않았다. 정반대로 따뜻한 저지대를 택하면 강수량이 턱없이 부족했다.

호호캄족은 지금의 페루 외곽으로 거대한 관개 시설을 건설해서 이런 문제를 해결했다. 폭 24미터, 깊이 4.8미터, 길이 19.3킬로미터의 주(主) 수로에 수백 킬로미터의 보조 수로를 연결시켰다. 하지만 폭우로 인해 유거수가 갑자기 대량으로 도랑이나 수로로 밀려들면 수로의 깊이가 깊어져서, 결국에는 수면의 높이가 밭의 높이보다 낮아지는 인공적 우곡(雨谷, arroyo)으로 변해서 물을 밭에 대기가 불가능해질 위험이 있었다. 그밖에도 관개 시설은 폭우나 범람으로 인해 댐과 수로가 무너질 수 있다는 위험도 안고 있었다. 호호캄족에게 실제로 이런 일이 닥쳤던 것으로 여겨진다.

다른 전략으로는 확실한 샘과 지하수가 있는 곳에서만 농사를 짓는 방법이 있었다. 밈브레스 문화, 그리고 푸에블로 2기로 알려진 차코캐니언의 농경 문화가 처음 택한 방법이었다. 그러나 영농에 유리한 우기가 수십 년간 이어지면서 샘이나 지하수가 불확실한 한계 지역까지 농지를 확대하고픈 유혹이 있었을 것이다. 이런 한계 지역에서 인구가 늘어났다면 어떻게 되었을까? 기후가 예기치 않게 건기로 바뀐다면 그들은 농사를 짓지 못해 굶어 죽어야 했을 것이다. 실제로 이런 가혹한 운명이 밈브레스 사람들에게 닥쳤다. 그들은 처음에 범람원에서 안전하게 농사를 짓기 시작했지만, 인구가 포화 상태에 이르자 범람원을 넘어 인근 지역까지 농토를 확장했다. 다행히 우기가 계속되었고, 범람원 밖에서만 그들에게 필요한 식량의 절반을 얻을 수 있어 그런 도박은 성공하는 듯했다. 하지만 기후가 건기로 돌아서자 모든 것이 돌변했다. 범람원에서 생산되는 식량으로는 인구의 절반밖에 먹여 살릴 수 없었다. 그 결과로 밈브레스는 갑자기 붕괴되는 비극을 맞아야 했다.

또 다른 방법으로는 한 지역에서 수십 년간 머물고, 그 지역의 지력이 고갈되고 사냥할 짐승의 수가 줄어들면 다른 지역으로 이동한다는 전략이 있었다. 적은 인구의 사회로서는 이런 방법이 효과가 있었다. 누구도 살지 않지 않는 빈 땅이 많았고, 이미 사람이 살았던 땅은 오랫동안 방치됨으로써 지력을 회복할 수 있었다. 실제로 대부분의 남서 지역 고고학 발굴지들에서는 수십 년밖에 거주하지 않은 흔적이 뚜렷하다. 다만 학자들이 차코캐니언의 푸에블로 보니토처럼 수세기 동안 사람들이 계속해서 살았던 대규모 발굴지에만 주로 관심을 기울이고 있어 이런 사실이 알려지지 않았을 뿐이다. 그러나 수십 년을 주기로 정착지를 이동하는 방법은 인구가 많아지면서 불가능해졌다. 사람들이 거의 전 지역에 들어서면서 이동할 빈 땅을 찾기가 어려워졌다.

강수량이 지역적으로 변화무쌍한 까닭에 여러 곳에 곡물을 심어, 비가 충분히 내려 작황이 좋은 곳에서 넉넉한 수확을 거두어서 그 해 작황이 좋지 않았던 지역에 사는 사람들에게 수확의 일부를 재분배해주는 방법도 사용되었다. 차코캐니언에서 훗날에 사용되었던 방법 중 하나였다. 하지만 이 방법은 재분배를 위해서는 여러 지역을 통합시키는 정치·사회적인 시스템이 필요하고, 그런 복잡한 시스템이 붕괴되면 많은 사람이 굶어 죽을 수밖에 없다는 내재적인 위험을 안고 있었다.

확실한 수원지(水源池)가 있지만 밭이나 마을로 물이 밀려드는 것을 방지하기 위해서 단구에 모여 살면서 그곳에서 농사를 짓는 방법도 있었다. 또한 각 마을이 생태적으로 다양한 지역을 개발해서 다양한 경제활동으로 자급자족을 추구했다. 오늘날에도 남서 지역의 호피 푸에블로 마을과 주니 푸에블로 마을에 살고 있는 사람들의 선조들이 채택한 방법이었다. 그들은 미국 사회의 무절제한 소비에 고개를 절레절레 저으면서 "우리는 당신들보다 훨씬 오래전에 여기에 왔다. 당신이 모두 떠난 후에도 우리는 여기에서 오랫동안 살고 싶다"라고 말한다.

이런 대안적인 해결책들은 모두 유사한 문제를 안고 있다. 즉 적절한 강수량이나 넉넉한 지하수가 보장된 시기에는 인구가 성장하면서 사회가 점점 복잡하게 변했고, 지역적으로 자급자족할 수 없어 상호 의존적으로 변해갔다. 따라서 인구가 적고 부족한 대로 자급자족할 수 있는 사회였다면 능히 대처할 수 있었던 문제도 이런 사회는 이겨내지 못하고 붕괴되는 취약점을 보였다. 뒤에서 자세히 살펴보겠지만 롱하우스 밸리의 아나사지 문화를 비롯해 다른 지역들도 바로 이런 딜레마로 인해 붕괴되고 말았다.

차코의 문제와 팩랫

지금까지 가장 광범위하게 연구된 폐허지는 뉴멕시코 북서부에 위치한 차코캐니언의 아나사지 유적이다. 미국 남서 지역의 폐허지 중에서 가장 극적이면서도 가장 넓은 폐허지이기도 하다. 차코 아나사지 사회는 600년경부터 거의 5세기 이상 동안 찬란한 문화를 꽃피웠지만 1150~1200년 사이에 붕괴되었다. 지리적으로 광범위했지만 지역적으로 통합되고 복잡하게 조직화된 사회였고, 콜럼버스가 북아메리카를 발견하기 전에 가장 웅장한 건물들을 세웠던 문명 사회였다. 나무를 찾아보기 힘든 황량한 이스터 섬도 지금의 차코캐니언에 비한다면 나은 편이다. 그야말로 불모의 땅처럼 변해버린 차코캐니언에는 깊게 파인 우곡이 곳곳에 숨어 있고, 염기에도 견디는 난쟁이풀들이 간혹 눈에 띌 뿐이다. 국립공원 순찰대원들의 사옥들을 제외하면 사람이 사는 흔적이 전혀 없다. 그런데 옛사람들이 이런 황무지에 도시를 세웠던 이유가 무엇이고, 그런 수고를 잊은 듯이 그곳을 버린 이유는 무엇일까?

600년경 차코캐니언에 처음 정착했을 때 아메리카 인디언은 지하 묘혈에서 살았다. 남서 지역의 다른 지역에 정착한 인디언들도 마찬가지였다. 700년경 차코 아나사지족은 거의 1,600킬로미터나 떨어진 멕시코 남부에서 석조 건축물을 세운 인디언 사회들과는 별개로 독립적인 석조 기술을 창안했지만 나중에는 깔끔하게 다듬은 돌로 외장을 장식하는 건축법을 받아들였다(사진 11). 처음에는 모든 건물이 단층 높이였지만 920년경부터 차코캐니언의 푸에블로 보니토에는 2층 건물이 눈에 띄기 시작했고, 200년 후에는 600여 개의 방을 가진 5~6층의 건물까지 세워졌다. 이런 건물들의 지붕 받침은 거의 5미터에 가까운 통나

사진 11 아나사지 건물의 출입문. 잡석을 쌓고 잘 다듬은 돌로 겉을 마무리하는 건축법이 사용되었다.

무였고, 무게는 거의 320킬로그램에 달했다.

아나사지 문화의 모든 유적 중 차코캐니언에서, 이런 건축술과 정치·사회적인 복잡한 시스템이 유독 발달한 이유는 무엇일까? 차코캐니언의 환경적 이점 때문이었을 것이라고 생각된다. 실제로 차코캐니언이 위치한 뉴멕시코의 북서 지역에는 옛날에 오아시스가 있었다. 게다가 사방에서 유거수가 좁은 협곡으로 모여들어 지하수면이 상대적으로 높아, 일부 지역에서는 강수에 구애받지 않고 영농이 가능했고, 유거수로 인해 토양의 재생률이 높았다. 따라서 건조한 환경에도 불구하고 많은 사람을 먹여 살릴 수 있어 캐니언에는 거의 80킬로미터에 달하는 주거 가능 지역이 형성되었다. 차코 지역에는 유용한 야생 식물과 야생 동물도 다양하게 분포되어 있었다. 게다가 해발이 상대적으로 낮아 작물을 재배할 수 있는 기간도 길었다. 근처의 피니언 소나무와 노간주나무로 이루어진 숲에서는 건축용 통나무와 땔나무를 구할 수 있었다. 초기의 지붕 들보는 지금도 그 지역에서 구할 수 있는 피니언 소나무로 건조한 기후 덕분에 나이테를 뚜렷이 확인할 수 있으며, 초기의 화덕에서 발굴한 흔적을 분석해보면 땔나무도 그 지역에서 생산되는 피니언 소나무이거나 노간주나무였다. 아나사지 사람들은 옥수수를 주식으로 삼았고, 호박과 콩을 곁들여 먹었다. 하지만 초기 고고학적 층에서 발굴되는 증거에 따르면 75퍼센트가 단백질인 피니언 소나무의 열매를 비롯한 야생 열매와 사슴고기를 많이 먹었던 것으로 추정된다.

차코캐니언은 이런 자연적 이점에 힘입어, 남서 지역의 환경적 취약에 따른 두 가지 주된 문제를 극복할 수 있었다. 하나는 물 관리와 관계된 문제였다. 처음에 유거수는 캐니언의 평평한 저지대를 넓은 종이처럼 뒤덮으면서 널찍한 범람원을 만들었던 것이다. 따라서 이 범람원은 유거수와 높은 지하수면을 통해 물을 공급받는 훌륭한 농토가 될 수 있었다. 아나사지 사람들이 수로를 만들어 물의 흐름을 조절하기 시작하면서 유거수가 수로에 집중적으로 모였고, 농지의 개간을 위해 초목을 베어내자 자연의 섭리가 더해지면서 900년경에 우곡의 깊이가 점점 깊어졌다. 결국 수면이 농지 아래로 내려가자 관개 시설이나 지하수면을 이용한 농업이 불가능한 지경에 이르고 말았다. 하늘을 쳐다보면서 우곡이 다시 채워지기를 기다리는 수밖에 없었다. 그러나 우곡은 끔찍한 속도로 더 깊어질 뿐이었다. 예를 들어 설명해보자. 1880년 말, 애리조나 주의 투손에 정착한 개척자들은 얕은 지하수면을 중간에 끊어 지하수의 물길을 아래쪽의 범람원으로 돌린 도랑을 팠다. 하지만 안타깝게도 1890년 여름에 폭우로 홍수가 나면서 그 도랑의 앞부분이 잘려나갔고, 사흘 만에 위쪽으로 9.5킬로미터 정도의 깊은 우곡이 만들어졌다. 그 때문에 투손 근처의 범람원이 완전히 잘려나가면서 농사를 지을 수 없는 땅으로 변해버렸다. 남서 지역의 초기 아메리카 인디언 사회들은 이와 비슷한 도랑들을 만들었을 것이고, 그때마다 비슷한 결과를 얻었을 것이다. 차코 아나사지 사람들은 이런 우곡 문제를 해결하려고 다양한 방법을 시도했다. 본(本) 협곡보다 위에 있는 지류에 댐을 쌓아 빗물을 저장했고, 빗물이 밭 전체를 적실 수 있도록 경작지를 배치했으며, 캐니언의 북쪽을 에워싼 절벽에서 흘러내리는 빗물을 저장했고, 본 협곡을 가로지르는 댐을 쌓기도 했다.

다른 하나는 삼림 파괴와 관련된 문제였다. 이 문제는 팩랫의 똥더미를 분석한 결과에서 분명히 드러났다. 사실 나는 몇 년 전만 해도 팩랫(packrat, 북아메리카의 큰 쥐로 굴 속으로 물건을 날라 모으는 습성이 있다: 옮긴이)이란 말만 들었지 실제로 본 적이 없었다. 더구나 팩랫의 똥더미에 대해서는 금시초문이었고, 그 똥더미가 아나사지 문화와 관계가 있으리라곤 상상조차 못했다. 팩랫의 똥더미 분석에 대해 잠시 살펴보자. 1849년 굶주림과 싸우면서 금광을 찾아 네바다 사막을 헤매던 사람들이 한 절벽에서 사탕같이 동그란 것을 발견했다. 금처럼 반짝거렸다. 그들은 그 동그란 것의 맛을 보았다. 단맛이 났지만 구역질이 났다. 나중에야 밝혀졌지만 그것은 팩랫이라 불리는 설치동물의 배설물이 단단하게 굳은 것이었다. 팩랫에게는 나뭇가지, 나뭇조각, 근처에서 모은 포유동물의 똥, 음식물 찌꺼기, 뼈, 그리고 그들의 배설물로 보금자리를 만드는 습성이 있다. 화장실 예절이 부족한 팩랫은 보금자리에서 소변을 본다. 소변이 마르면 그 안에 함유된 당분과 다른 물질들이 결정체로 변하면서, 똥더미를 벽돌처럼 단단하게 만든다. 요컨대 황금을 찾던 사람이 먹은 것은 팩랫의 똥오줌과 음식 쓰레기가 단단하게 굳은 것이었다.

팩랫은 노동량을 줄이고 약탈자에게 먹히는 위험을 최소화시키기 위해 보금자리에서 수십 미터 밖으로 벗어나지 않는다. 그 범위 안에서 먹을 것을 구한다. 수십 년이 지나면 팩랫의 후손들은 똥더미를 버리고 다른 곳으로 옮겨 새 보금자리를 짓는다. 하지만 결정화된 오줌 때문에 버려진 똥더미는 쉽게 무너지지 않는다. 똥더미에서 오줌에 싸인 수십 종의 식물을 찾아낸 고식물학자들은 팩랫이 똥더미를 만들어가던 시기에 그 근처에서 자생하던 식물군을 재구성할 수 있었다. 한편 동물학자들은 곤충과 척추동물의 잔해를 통해 동물군을 재구성할 수 있었다. 사실 팩랫의 똥더미는 고생물학자들에게 너무나 소중한 자료이다. 달리 말하면 수십 년간 그 지역을 중심으로 수십 미터의 반경 내에서 자라던 식물들의 표본들이 보존된 타임캡슐이라 할 수 있다.

1975년 고생태학자 훌리오 베탄쿠르(Julio Betancourt)는 관광객으로 뉴멕시코를 둘러보는 동안 우연히 차코캐니언을 방문하게 되었다. 나무 한 그루도 보이지 않는 푸에블로 보니토를 굽어보던 그는 '태양열에 타버린 몽고의 스텝처럼 보이는군. 이곳에 살던 사람들은 목재와 땔나무를 어디에서 구했을까?' 라고 생각했다. 그 폐허지를 연구하던 고고학자들도 똑같은 의문에 사로잡혀 있었다. 그로부터 3년 후, 팩랫 똥더미 전문가인 톰 반 디벤더(Tom Van Devender)가 전혀 무관한 이유로 팩랫 똥더미의 연구 보조금을 신청해서 함께 연구하지 않겠느냐고 제안했다. 그때 훌리오는 푸에블로 보니토의 첫인상을 떠올렸다. 그는 곧바로 톰에게 전화를 걸어 승낙했다. 게다가 톰은 푸에블로 보니토 근처 국립공원 야영지에 상당한 똥더미를 이미 수집해두고 있었다. 똥더미에서는 피니언 소나무의 침엽이 발견되었다! 피니언 소나무는 오늘날 차코캐니언 근처에서 전혀 자라지 않지만, 초기 푸에블로 보니토의 건축물에서 지붕 들보로 사용되고 있었다. 또한 화덕과 쓰레기 더미에서 발견되는 숯도 피니언 소나무였다. 훌리오와 톰은 그런 똥더미들을 근거로 근처에서 소나무가 자라던 때가 있었다는 결론을 내렸다. 하지만 얼마나 오래전인지 추측할 길이 없었다. 그들은 한 세기 남짓 전일 것이라 생각했다. 그래서 그들은 똥더미에서 구한 샘플들을 방사성 탄소 실험실로 보냈다. 실험실에서 보내온 결과에 톰과 훌리오는 놀라지 않을 수 없었다. 대다수의 똥더미가 무려 1,000년 이상 전의 것이었다!

이런 뜻하지 않는 발견으로 그때부터 팩랫의 똥더미에 대한 연구가 폭발적으로 증가했다. 덕분에 똥더미가 남서부의 건조한 기후 탓에 극히 천천히 붕괴한다는 사실까지 밝혀졌다. 동굴 안처럼 비바람을 피할 수 있는 곳의 똥더미는 무려 4만 년을 견딜 수 있었다. 상상을 초월하는 시간이었다. 훌리오의 안내를 받아 차코 아나사지의 한 유적인 킨 클레초 부근에서 팩랫의 똥더미를 처음 보았을 때 나는 경외감을 느끼지 않을 수 없었다. 매머드, 거대한 몸집의 땅늘보, 아메리카 사자 등 멸종된 빙하 시대의 포유동물들이 미국 땅을 어슬렁거리던 시대에 만들어진 똥더미가 갓 만든 듯한 보금자리처럼 보였기 때문이다.

차코캐니언에서 훌리오는 50개의 똥더미를 수집해서 방사성 탄소로 연대를 측정했다. 600년부터 1200년까지 아나사지 문명의 시작과 몰락까지 전(全) 시기를 포괄하는 것으로 밝혀졌다. 덕분에 훌리오는 아나사지 사람들이 차코캐니언에서 살던 시기에 있었던 식물군의 변화를 재구성할 수 있었다. 똥더미 연구를 통해서, 1000년경 인구 증가로 차코캐니언에 닥친 두 가지 주된 환경 문제가 물 관리와 삼림 파괴라는 사실이 밝혀졌다. 서기 1000년 이전의 팩랫의 똥더미, 즉 훌리오가 처음에 분석했고 내게 보여주었던 똥더미에서는 피니언 소나무와 노간주나무의 침엽이 발견되었다. 따라서 차코 아나사지 문명은 지금처럼 황량한 땅이 아니라 피니언 소나무와 노간주나무로 가득한 숲에서 시작되었다. 따라서 땔나무와 건축용 목재를 근처에서 쉽게 구할 수 있었다. 그러나 서기 1000년 이후의 똥더미에서는 피니언 소나무와 노간주나무의 흔적이 거의 보이지 않는다. 그때쯤 숲이 거의 파괴되었고, 주변의 땅이 황무지로 변해갔다는 증거이다. 차코캐니언에서 그렇게 급속히 삼림이 파괴된 이유는 제2장에서 살펴보았듯이 이스터 섬을 비롯해 태평양의 다른 건조한 섬들에서 삼림 파괴가 급속히 진행된 이유와 다르지 않다. 무엇보다 건조한 기후에서는 나무의 재생률이 너무 낮아 벌채율을 따라가지 못하기 때문이다.

지역 통합

삼림 파괴로 피니언 소나무의 열매가 식량원에서 사라졌고, 차코의 건축물에서 피니언 소나무 들보가 완전히 사라진 것으로 판단하건대 사람들은 다른 목재를 구해야 했다. 차코 아나사지 사람들은 멀리 떨어진 숲, 정확히 말하면 거의 80킬로미터 떨어지고 차코캐니언보다 해발이 300미터 정도가 높은 산까지 기어올라가 폰데로사 소나무, 가문비나무, 전나무를 구해야 했다. 그러나 무거운 짐을 끌 만한 가축이 없었다. 따라서 320킬로그램에 가까운 통나무 20만 개를 산에서 끌고 내려와 다시 차코캐니언까지 먼 거리를 끌고 가야 했다. 순전히 인력으로!

훌리오의 제자, 네이선 잉글리시(Nathan English)는 훌리오, 제프 딘, 제이 케이드 등의 도움을 받아 진행한 연구에서, 차코 아나사지 사람들이 큰 가문비나무와 전나무를 어디에서 구했는지 한층 더 정확히 밝혀냈다. 차코 지역에서 가능한 세 지역을 찾아냈다. 캐니언에서 거의 같은 거리에 있는 세 산맥, 즉 추스카 산맥, 샌머테이오 산맥, 그리고 샌페드로 산맥이었다. 차코 아나사지 사람들은 세 산맥 중 어디에서 그 목재를 구했을까? 세 산맥에서 자라는 나무들은 같은 종(種)에 속하고, 겉보기에도 똑같이 생겼다. 확실한 증거를 찾기 위해서 네이선은 스트론튬의 동위원소를 사용했다. 칼슘과 화학적으로 매우 유사해서 칼슘과 함께 식물과 동물에게 흡수되는 원소인 스트론튬은 원자 무게에서 약간 다른 동위원소 형태로 존재하며, 자연계에서는 스트론튬 86과 스트론튬 87이 가장 흔하다. 하지만 스트론튬 86에 대한 스트론튬 87의 비율은 돌의 연령 및 돌의 루비듐 함유량에 따라 달라진다. 스트론튬이 루비듐 동위원소의 방사성 붕괴로 생성되기 때문이다. 어쨌든 세 산맥의 침엽수들은 스트론튬 86에 대한 스트론튬 87의 비율에서 뚜렷이 달랐다. 네이선은 차코의 여섯 유적지에서 나이테를 기준으로 974년에서 1104년 사이에 베어진 52조각의 나무 샘플을 조사했다. 그 결과에 따르면 나뭇조각 중 3분의 2가 추스카 산맥의 것이었고, 나머지 3분의 1은

샌머테이오 산맥의 것이었다. 요컨대 샌페드로 산맥의 것은 하나도 없었다. 여러 해에 걸쳐 세워진 건물은 한 해는 추스카 산맥에서, 다음 해에는 샌머테이오 산맥에서 구한 나무를 사용했고, 같은 해에 세워진 여러 건물들은 당연히 한 산맥의 나무만을 사용했다. 아나사지 문명의 수도이던 차코캐니언이 먼 거리에서 조직적으로 나무를 구했다는 분명한 증거가 아닐 수 없다.

이런 두 가지 환경 문제로 차코캐니언 내에서 곡물의 생산이 줄어들고 목재의 공급이 원활하지 않았지만 아나사지 사람들은 이런 문제를 극복하기 위한 해법을 나름대로 찾았기 때문에 캐니언의 인구는 꾸준히 증가했다. 특히 1029년부터 건축이 활성화되면서 급격히 증가했다. 이런 증가세는 우기에 뚜렷이 나타났다. 많은 비는 많은 식량 생산을 의미했고, 인구가 증가하면서 그만큼 건물도 늘어나야 했기 때문이다. 차코캐니언 북쪽 기슭에서 약 1.5킬로미터 떨어진 곳에 자리 잡은 푸에블로 보니토와 같은 '그레이트 하우스(Great House)'들, 그리고 지붕들보를 지탱하기 위해서 북쪽 절벽 면에 판 구멍들이 인구가 증가했다는 간접적인 증거들이다. 그 구멍들은 그레이트 하우스들 사이로 절벽 아래에 집들이 줄지어 세워졌다는 뜻으로 해석되기 때문이다. 한편 협곡의 남쪽 기슭에서도 수백 채의 작은 집터가 발견되었다. 캐니언에 얼마나 많은 사람이 살았는지는 아직 밝혀지지 않았다. 여전히 논란거리이지만 많은 고고학자가 5,000명 이하였을 것이라고 추정하며, 큰 건물들은 성직자 이외에 상주하는 사람을 두지 않았고, 농부들이 계절적으로 제식을 지내는 일종의 성소였을 것이라 생각한다. 반면에 차코캐니언에서 큰 건물 중 하나에 불과한 푸에블로 보니토에만 무려 6,000개의 방이 있었고, 말뚝 구멍들은 캐니언 전체에 집이 세워졌다는 증거라고 주장하며 캐니언에 5,000명이 넘는 사람들이 살았을 것이라고 주장하는 고고학자들도 적지 않다. 이스터 섬이나 마야의 도시들을 다룬 부분에서도 지적했듯이, 인구 규모에 대한 이런 논란은 고고학에서 흔히 부딪치는 문젯거리이다.

인구가 얼마였든 간에, 캐니언의 인구는 감당하기 힘들 정도로 많았다. 그러나 차코캐니언의 외곽으로 일종의 위성 도시들이 만들어지면서 인구가 분산되었다. 그 정착촌들의 건물들은 비슷한 형태를 띠었고 오늘날에도 그 흔적이 뚜렷이 남아 있는 수백 킬로미터에 달하는 방사형의 도로망으로 서로 연결되었다. 이런 외곽의 정착촌들은 변덕스레 내리는 빗물을 담아두기 위한 자체의 댐을 건설했다. 어떤 저지대에는 폭우로 물이 넘쳐흘러도, 고작 1.5킬로미터 밖의 저지대에는 한 방울의 비가 내리지 않는 경우가 비일비재하다. 따라서 저지대마다 비가 많이 내릴 때 빗물을 저장해두려고 댐을 쌓았다. 그런 축복을 받은 곳의 사람들은 씨를 뿌리고 밭에 물을 대서, 그 해에는 넉넉한 식량을 생산할 수 있었다. 그리고 남은 식량은 그 해 비가 내리지 않는 다른 정착촌들의 사람들에게 공급되었다.

그때부터 차코캐니언은 좋은 것을 받아들이고, 어떤 것도 밖으로 내보내지 않는 블랙홀이 되었다. 건축을 위한 수십만 그루의 큰 나무가 들어왔고, 도기가 수입되었다. 특히 후기에 들어서는 도기를 구울 땔나무가 부족해서 삶에 필요한 모든 도기를 수입해야 했다. 또한 돌연장을 만들기 위한 양질의 돌도 수입되었고, 뉴멕시코의 다른 지역에서 장식품용 터키 옥도 수입했다. 호호캄과 멕시코에서는 머코 야자, 조개 세공품과 구리종(鍾) 등 사치품을 수입했다. 또한 네이선 잉글리시가 푸에블로 보니토에 사용된 들보의 출처를 추적하려고 사용한 스트론튬 동위원소 분석법을 그대로 사용해서, 역시 푸에블로 보니토에서 발견된 옥수수 속대의 출처를 추적한 연구에 따르면 식량까지 수입한 것으로 여겨진다. 요컨대 9세기경부터 옥수수는 서쪽으로 80킬로미터 떨어진 추스카 산맥에서 수입되었고, 푸에블로 보니토의 마지막 층에서 발굴된 옥수수 속대는 북쪽으로 95킬로미터 가량 떨어진 샌환 강변에서 12세기에 수입한 것이었다.

차코 아나사지는 작은 제국으로 변해가며, 사회가 호화롭게 사는 지배계급과 노동하고 식량을 생산하는 역할을 맡는 농부계급으로 나누어졌다. 도로망과 규격화된 건물들에서 그 문명의 드넓은 면적을 짐작할 수 있다. 차코와 주변 정착촌들은 경제와 문화적으로 통합되어 있었다. 건물 양식에서 세 단계의 신분 구분이 있었던 것으로 짐작된다. 차코캐니언 내에 위치한 그레이트 하우스라 불리는 가장 큰 건물들(족장들의 거처였을까?), 캐니언 외곽에 세워진 그레이트 하우스(소족장의 '장원' 이었을까?), 그리고 서너 개의 방을 가진 작은 가옥(농부의 집?)으로 구분된다. 상대적으로 작은 건물에 비해서, 그레이트 하우스는 돌을 정교하게 쌓은 외장이 돋보이고 종교 의식(요즘의 푸에블로 마을에서도 여전히 시행되는 종교 의식과 유사했다)에 사용된 그레이트 키바스처럼 웅장하며, 전체 면적에 비해서 창고 면적이 유난히 큰 특징을 갖는다. 게다가 그레이트 하우스에서는 터키 옥, 머코 야자, 조개 세공품, 구리종 등과 수입한 사치품들이 일반 가옥에서보다 훨씬 많이 발굴되었다. 그밖에도 밈브레스와 호호캄에서 수입한 도기들도 눈에 띄었다. 현재까지 사치품이 가장 많이 발견된 곳은 푸에블로 보니토의 방 번호 33번이다. 이 방에서는 14구의 시신 이외에 5만 6,000점의 터키 옥과 수천 점의 조개껍질 장식품이 출토되었다. 특히 눈에 띄는 사치품은 2,000개의 터키 옥으로 만든 목걸이와 터키 옥으로 모자이크 장식되고 터키 옥과 반짝이는 조개껍질이 가득 채워진 바구니였다. 족장이 농부보다 훨씬 잘 먹었다는 증거는 그레이트 하우스 근처에서 발굴된 음식물 쓰레기에서 찾아진다. 일반 가옥에서 나온 쓰레기에 비해 사슴 뼈와 영양 뼈가 훨씬 많았다. 그 때문인지 유골이 더 컸고 영양 상태도 좋았으며 빈혈 증세도 거의 없었다. 또한 영아의 사망률도 더 낮았다.

외곽의 정착촌들이 수도 격인 차코에서 어떤 물질적 반대급부도 받지 않으면서 목재, 도기, 돌, 터키 옥, 식량 등을 의무적으로 공급한 이유가 무엇일까? 오늘날 이탈리아와 영국에서 외곽 지역들이 로마나 런

던과 같은 대도시를 지원하는 이유와 같지 않을까? 즉 대도시는 목재나 식량을 생산하지 않지만 정치와 종교의 중심 역할을 하지 않는가! 요즘의 이탈리아 사람들이나 영국 사람들과 마찬가지로 차코 사람들도 복잡하게 얽힌 상호 의존적인 사회에서 살고 있었을 것이다. 캐니언에서 나무들이 사라졌고, 우곡이 밭의 높이보다 낮아졌으며, 인구가 증가해서 이동하며 살 만한 빈 공간이 남지 않아, 과거처럼 이동하면서 자급자족하는 작은 집단으로 되돌아갈 수 없었다. 피니언 소나무와 노간주나무가 베어지면서 땅의 영양분까지 씻겨나갔다. 그로부터 800년이 지난 지금, 팩랫 똥더미 근처의 어디에서도 피니언 소나무와 노간주나무는 보이지 않는다. 팩랫의 똥더미는 서기 1000년 전에는 그곳에 숲이 있었다고 말해주는데 말이다. 고고학 발굴지의 쓰레기 더미에서 발굴된 음식물 찌꺼기는 캐니언의 주민들에게 닥친 문제가 무엇인지 말해준다. 사슴고기가 식단에서 점점 줄어들면서 작은 사냥감, 특히 토끼고기와 생쥐고기로 대체되었다. 특히 인간의 분석(糞石)에서 머리가 완전히 잘려나간 생쥐가 발견된다는 점에 미루어볼 때, 사람들이 들판에서 생쥐를 잡아 머리를 잘라내고 통째로 삼켰을 것이라 짐작된다.

차코의 쇠락과 종말

1110~1120년에 푸에블로 보니토에서 마지막으로 세워진 것으로 추정되는 건물은 광장이 있는 남쪽이 방들로 담을 이룬다. 전에는 담이 없이 외부와 그대로 통하던 곳이었다. 이런 변화에서 분쟁이 있었던 것으로 추정된다. 사람들이 종교 의식에 참석해서 명령을 받으려고 푸에블로 보니토를 찾기도 했겠지만 언젠가부터 소동을 일으키기 시작했다는 뜻이다. 푸에블로 보니토와, 그 근처 체트로케틀 그레이트 하우스에서 지붕 들보로 사용된 나무를 나이테로 분석해보면 1117년에 베어진 것이다. 한편 차코캐니언 전체에서 지붕 들보로 사용된 마지막 나무는 1170년에 베어졌다. 아나사지의 다른 유적들에서도 분쟁의 흔적들이

엿보인다. 심지어 인육을 먹었다는 증거도 발굴되었다. 하여간 카옌타 아나사지가 밭과 물에서 멀리 떨어져 가파른 절벽 꼭대기 위에 자리 잡은 이유도 방어하기 쉬운 곳이라는 점에서 충분히 이해가 된다. 차코 아나사지가 붕괴하고 1250년 이후에도 꿋꿋하게 살아남은 남서 지역의 정착지들에서는 전쟁을 점점 치열하게 벌였다. 방어벽과 해자(垓字) 및 누대가 세워졌고, 뿔뿔이 흩어져 있던 작은 촌락들이 모여 언덕 꼭대기에서 요새 마을을 이루었으며, 시신을 매장조차 하지 않고 마을을 일부러 불태웠던 것이 그 증거이다. 또한 두피가 벗겨진 두개골, 유골의 체강(體腔)에 남은 화살촉 등도 전쟁의 증거라 할 수 있다. 환경 및 인구의 문제가 내란과 전쟁의 형태로 나타나는 현상은 과거 사회(이스터 섬, 망가레바 섬, 마야, 티코피아)와 현대 사회(르완다, 아이티 등)에서 볼 수 있는 공통된 현상이다.

아나사지 문화에서 전쟁과 관련된 카니발리즘의 증거는 그 자체로 흥미로운 이야기가 아닐 수 없다. 1846~1847년 겨울에 캘리포니아로 향하던 중 눈밭에 갇힌 도너 가족이나, 제2차 세계대전 중 레닌그라드가 독일군에게 완전히 포위되었을 때 굶주림에 지친 러시아인들이 그랬듯이 카니발리즘이 극단적 절망에 빠진 사람들에게서 흔히 나타나는 현상이라면 비상 시국이 아닌 때의 카니발리즘은 논란의 여지가 있다. 실제로 유럽인들이 비유럽권 사회들과 처음 접촉했을 때 수백여 사회에서 카니발리즘이 목격되었다고 전해진다. 카니발리즘은 두 가지 형태를 띠었다. 하나는 전쟁 중에 전사한 적의 시신을 먹는 관습이었고, 다른 하나는 자연사로 죽은 친척의 살을 먹는 관습이었다. 지난 40년 동안 나와 함께 일했던 뉴기니 사람들은 자신들의 카니발리즘적 관습을 숨김없이 전해주며, 친척의 살을 먹어 고인의 명복을 빌어주지도 않고 무작정 매장해버리는 서구인의 관습을 매몰차게 비판했다. 실제로 1965년 내가 무척 아끼던 뉴기니 사람 한 명은 사위로 삼으려 했던 사내가 죽었다는 소식에 그의 살을 먹는 의식에 참가해야 한다며 잠시 휴가를 내기도 했다. 따라서 카니발리즘의 존재를 암시하는 인간의 뼈가 고고학적 층에서 발굴되는 예가 적지 않다.

그러나 유럽과 미국의 인류학자들은 카니발리즘을 혐오스런 짓이라 배워온 까닭에, 그들이 동경하면서 연구하는 종족이 카니발리즘을 행한다는 생각에 몸서리를 친다. 따라서 그들은 카니발리즘이란 관습의 존재를 부인하면서 인종차별적인 모략이라 주장한다. 또한 비유럽인들이나 초기 유럽 탐험가들을 통한 카니발리즘의 설명을 근거 없는 소문이라 일축하면서, 정부 관리나 인류학자가 기록한 비디오테이프만을 믿을 수 있다고 주장한다. 하지만 그런 테이프는 존재하지 않는다. 인육을 먹는 사람들이라고 알려진 종족을 처음 만난 유럽인들은 그 관습에 대한 혐오감을 노골적으로 드러내면서 그 관습을 멀리하도록 위협하고 압박을 가했기 때문이다.

그러나 이런 반발은 인간의 유골에 대한 많은 보고서와 어긋난다. 특히 아나사지 유적들에서는 카니발리즘이란 관습이 있었다는 증거들이 꾸준히 발굴되었다. 집이 완전히 무너져 집 안에서 7구의 시신이 발견된 현장에서 가장 강력한 증거가 발견되었다. 그들은 깨끗이 매장되지 못하고 습격을 당해 죽은 것이 분명했다. 일부 뼈는 골수를 빨아 먹으려고 동물의 뼈를 쪼개는 방식과 똑같이 쪼개져 있었다. 일부 뼈는 도기에 넣고 삶은 듯이 양 끝이 반들거렸지만 도기에 넣고 삶은 것은 아니었다. 그 현장에서 발굴된 깨진 도기들의 내벽에서 인간의 근육 단백질인 미오글로빈이 검출되었다. 즉 인간의 살코기를 도기에 넣고 조리했다는 분명한 증거였다. 그러나 인간의 살을 도기에 넣고 삶았고 인간의 뼈를 쪼갰다고 해서 다른 사람들이 그 살과 뼈를 실제로 먹었다는 증거는 아니라고 반박할 수는 있다. 하지만 바닥에 던져놓으려고 뼈를 삶고 쪼개는 수고를 할 필요가 있었을까? 어쨌든 그 현장에서 찾아낸 카니발리즘의 뚜렷한 증거는 그 집의 화덕에서 발견된 인간의 배설물이었다. 건조한 기후 덕분에 거의 1,000년이 지난 후에도 그 배설물은 거의 완벽하게 보존되어 있었다. 그런데 그 배설물에서 인간의 근육 단백질이 다량으로 검출되었다. 정상적인 인간의 배설물에는 없는 단백질이었다. 심지어 상처를 입어 출혈성 장염을 앓는 사람의 배설물에서도 그런 단백질은 검출되지 않는다. 요컨대 그 집을 공격해서 거주자들을 죽이고 그들의 뼈를 쪼갰으며, 그들의 살을 도기에 넣어 삶았고 화덕에서 대변을 보았던 사람들이 그들의 살을 먹었던 것은 거의 확실한 사실이다.

차코 사람들에게 가해진 마지막 결정타는 가뭄이었다. 나이테 분석에 따르면 그 가뭄은 1130년경부터 시작되었다. 예전에도, 정확히 말해서 1040년과 1090년경에도 비슷한 가뭄이 있었다. 하지만 이번에는 달랐다. 차코캐니언에는 더 많은 사람이 살았고, 외곽의 정착지들에 대한 의존도가 더 높았으며, 이동할 만한 빈 땅이 없었다. 가뭄으로 지하수면이 식물의 뿌리가 닿을 수 없는 곳까지 내려가면서 영농이 불가능해졌다. 강수에 의존하던 천수답은 물론이고 관개 시설을 갖춘 농지까지 말라버렸다. 가뭄은 3년 이상 계속되었다. 요즘의 푸에블로인들도 먹지 못할 정도로 썩거나 벌레 때문에 기껏해야 2~3년 동안밖에 옥수수를 보관할 수 없다는 점에 비춰볼 때 3년 이상 지속된 가뭄은 그들에게 치명적이었을 것이다. 성직자들의 기도가 아무런 응답을 받지 못하자, 정치와 종교의 중심이던 차코에 식량을 공급하던 외곽의 정착촌들이 차코의 성직자들을 믿지 않으면서 식량 공급을 거부했다. 차코캐니언에서 실제로 어떤 일이 벌어졌는지 알 수는 없지만 1680년 푸에블로 인디언들이 에스파냐 사람들에 대항해 일으킨 폭동과 비슷한 사태가 일어나지 않았을까? 당시 아나사지 문명의 중심, 차코캐니언을 차지하고 있던 에스파냐 사람들은 지역 농부들에게 세금이란 명목으로 식량을 약탈했다. 농부들은 그런 약탈을 묵묵히 견뎠지만 가뭄으로 인해 그들에게도 식량이 부족하자 폭동을 일으켰다.

1150~1200년 사이에 차코캐니언은 실질적으로 버려졌고 거의 빈

땅이었다. 그로부터 600년 후 나바호족이 양을 몰고 그 땅에 들어왔다. 웅장한 건물들이 눈에 띄었지만 그들은 누가 그런 문명을 남겼는지 알지 못했다. 그래서 그들은 사라진 옛사람들을 '아나사지'라 칭했다. 문자 그대로 '옛사람들'이란 뜻이었다. 수천 명에 달했던 차코캐니언의 거주자들에게 실제로 어떤 일이 닥쳤던 것일까? 1670년대에 닥친 가뭄으로 버려진 다른 푸에블로 지역들과 비교해서 유추할 수밖에 없다. 많은 사람이 굶어 죽었을 것이고, 살인이 빈발했을 것이다. 이런 참극에서 살아남은 사람들은 남서 지역의 다른 정착지로 피신했을 것이다. 앞에서 언급한 예처럼 예기치 못한 습격에 살해당하고 먹힌 불운한 사람들의 집에는 도기가 그대로 남아 있었지만 대부분의 집에 도기를 비롯해 유용한 물건들이 거의 남아 있지 않은 것으로 판단하건대 조직적인 대피가 있었던 것이 틀림없다. 차코캐니언의 생존자들은 요즘 주니 푸에블로들이 살고 있는 지역으로 피신했을 것으로 여겨진다. 건축 양식에서 차코캐니언과 유사한 집들이 있을 뿐만 아니라 그 집들에서 차코가 버려진 시기의 도기들이 자주 발견되기 때문이다.

제프 딘은 로브 액스텔, 조시 엡스타인, 조지 거머먼, 스티브 매캐럴, 마일스 파커, 앨런 스웨들룬드 등의 도움을 받아 애리조나 북동부, 롱하우스밸리에 정착했던 카옌타 아나사지족에게 어떤 일이 일어났는지 상세하게 재구성해냈다. 그들은 800년부터 1350년까지 그 밸리에 살았던 인구의 변화를 추적했다. 집터의 수를 헤아렸고, 집에서 발견된 도기의 양식 변화를 통해서 집이 세워진 때를 계산했다. 그들은 강수량을 예측할 수 있는 나이테 분석과, 지하수면의 등락에 대한 정보를 제공해주는 토양 분석을 통해서 연간 옥수수 생산량까지 계산해냈다. 그 결과, 800년 이후 실질 인구의 등락은 옥수수의 생산량과 비례한다는 사실이 밝혀졌다. 다만 카옌타 아나사지 사람들이 계곡을 완전히 버렸던 1300년이 예외일 뿐이었다. 그러나 이때도 옥수수 생산량이 줄어들기는 했지만 총인구의 3분의 1, 즉 1,070명 중 400명은 먹고살기에 충분할 정도의 옥수수가 생산되었다.

400명이라도 남지 않고 대부분의 사람이 계곡을 버리고 떠난 이유가 무엇이었을까? 1300년경, 옥수수 생산량이 줄어들기도 했지만 사람이 살기에 부적합할 정도로 그 계곡이 황폐해진 탓이라 생각된다. 예컨대 토양이 고갈되었거나, 숲이 벌거숭이로 변했을 것이다. 따라서 차코캐니언의 경우처럼 건물을 짓고 땔나무로 쓸 만한 나무를 근처에서 구할 수 없었을 것이다. 반면에 사회가 복잡해지면서 사람들이 소규모 인구로 필수적인 기관을 유지하며 살아가야 할 필요성을 인식했을지도 모른다. 가령 뉴욕에서 친구와 친척 중 3분의 2가 굶어 죽어야 할 운명이고 지하철과 택시가 더 이상 운영되지 않으며 사무실과 상점마저 문을 닫는다면 뉴욕 시민 중 몇 사람이나 뉴욕을 끝까지 지키겠는가?

차코가 남긴 교훈

지금까지 우리는 차코캐니언 아나사지와 롱하우스밸리 아나사지에 닥친 운명을 살펴보았다. 하지만 나는 앞에서 남서 지역의 다른 사회들, 즉 밈브레스, 메사버드, 호호캄, 모고욘 등도 1100년부터 1500년 사이에 붕괴, 재조직, 혹은 포기 등의 운명을 겪었다고 말했다. 이 사회들의 붕괴와 변화에는 환경적으로 다른 문제가 있었고, 그 문제에 대한 그들의 문화적 반응도 달랐다. 또한 지역마다 다른 요인들이 작용하기도 했다. 예를 들어 삼림 파괴는 지붕 들보로 사용할 나무를 필요로 했던 아나사지 사람들에게는 중대한 문제였지만 집을 짓는 데 들보를 사용하지 않았던 호호캄 사람들에게는 큰 문제가 아니었다. 그러나 관개농법에 따른 염화(鹽化)는 호호캄 사람들에게 큰 타격을 주었지만 관개농법을 사용할 필요가 없었던 메사버드 사람들에게는 애초부터 그런 문제가 발생하지 않았다. 한편 고지대에 위치해 있어 농사에 적합하지 않은 기후였던 모고욘과 메사버드에는 추위가 최대의 적이었다. 지하수면의 하락(예컨대 아나사지)이나 토양의 고갈(예컨대 모고욘)도 중대한 변수였다. 또한 우곡의 침식은 차코 아나사지에 중대한 피해를 주었지만 메사버드 사람들에게는 큰 문제가 아니었다.

정착민들이 고향을 버릴 수밖에 없었던 원인들은 이렇게 다양하지만 그 원인들은 궁극적으로 하나의 근본적인 문제로 귀결된다. 즉 환경적으로 취약하고 까다로운 곳에 살면서 정착민들은 납득할 만한 대책으로 '단기적'으로는 놀라운 성과를 거두었지만 그 대책이 장기적으로는 치명적인 문제를 야기시킨 궁극적인 원인이 되었다. 따라서 그들은 외적인 환경 변화나, 인간으로 인해 야기된 환경 변화에 직면했다. 물론 역사적 교훈이 담긴 문헌이나 고고학자가 없었던 옛 사회가 그런 환경 변화의 가능성까지 예측할 수는 없었을 것이다. 어쨌든 아나사지 사람들은 거의 600년을 차코캐니언에서 살았기 때문에 나는 '단기적 성공'이라 표현했다. 사실 1492년 콜럼버스가 신대륙에 첫 발을 내디딘 이후로 유럽인들은 아메리카 대륙 어디에서도 아직까지 이렇게 긴 시간을 지내지 못했다. 아메리카 인디언들은 남서 지역에 살면서 대여섯 가지의 다양한 경제 행위를 실험했다(194~196쪽 참조). 그러나 오랜 세기가 지난 후에야 푸에블로 사람들이 택한 경제 행위만이 장기적으로, 즉 적어도 1,000년 이상 지속 가능하다는 사실이 밝혀졌다. 이런 사실은 우리로 하여금 제1세계 경제의 지속 가능성에 대한 확신을 머뭇거리게 만든다. 특히 차코 아나사지가 1100~1120년 전성기를 맞은 직후에 급속히 붕괴되었고, 당시 차코 아나사지 사람들도 붕괴의 가능성을 상상조차 하지 않았을 것이라는 점에서 더욱 그렇다.

사회적 붕괴를 진단하기 위해서 내가 제시한 다섯 가지 요인 중에서 네 가지가 아나사지 사회의 붕괴에는 작용했다. 인간이 환경에 미친 영향은 여러 형태로 나타났다. 삼림 파괴와 우곡의 침식이 대표적인 예이다. 또한 기후 변화에 따른 강수량과 기온의 변화가 있었다. 인간의 영향에 기후 변화가 더해지면서 상승 효과를 일으켰다. 우호적인 교역 상대들과의 내부 거래도 아나사지 문화의 붕괴에서 중요한 역할을 했다. 여러 곳에 분포되었던 아나사지 정착촌들은 식량, 목재, 도기, 돌, 사치품 등을 서로 교환하면서 상호 의존적 사회를 만들어갔다. 그러나 이런 교역이 중단되면서 사회 전체가 붕괴되는 위험에 빠졌다. 종교적이고 정치적인 요인도 재화의 교환을 조율하고, 외곽 지역의 사람들에게 식량과 목재, 도기를 정치 및 종교의 중심지에 공급하도록 독려하면서 복잡한 사회를 유지하는 데 중대한 역할을 했다. 따라서 아나사지 사회의 경우에, 다섯 가지 요인 중에서 유일하게 외부의 적이란 요인만 빠진다. 사실 인구가 증가하고 기후가 악화되면서 아나사지 사회가 깊은 내홍에 빠졌지만 남서 지역은 미국 내의 다른 사회들과 너무 멀리 떨어져 있었던 까닭에 외부의 적한테 중대하게 위협당했을 가능성은 거의 없다.

이런 관점에서 "차코캐니언은 인간으로 인한 환경 훼손 때문에 버려진 것인가, 아니면 가뭄 때문에 버려진 것인가?"라는 오랜 의문에 우리는 간단히 답을 내릴 수 있을 듯하다. 즉, 두 원인 모두 때문이다! 차코캐니언의 인구는 600년 동안 꾸준히 늘어났다. 환경에 대한 요구도 늘어날 수밖에 없었다. 따라서 환경 자원이 점차 줄어들었고, 결국 사람들은 환경이 제공할 수 있는 한계에 맞춰 살아가야 했다. 그들이 차코캐니언을 버릴 수밖에 없었던 '궁극적'인 원인은 바로 거기에 있었다. 반면에 '근인(近因)'은 차코 사람들을 벼랑 끝까지 내몰았던 가뭄이었다. 그러나 인구밀도가 낮은 사회는 그런대로 견딜 만한 가뭄이었다. 차코 사회는 붕괴되었지만, 차코에 처음 정착한 사람들처럼 그 주민들은 사회를 재건해내지 못했다. 그 이유는 간단했다. 옛날처럼 주변에 나무가 없었기 때문이다. 지표에서 가까운 지하수면도 없었고, 우곡이 없는 평평한 범람원도 사라지고 없었기 때문이다.

이런 결론은 다음 장에서 다룰 마야를 비롯해서 과거의 다른 사회들이나, 요즘 사회에도 그대로 적용될 수 있을 듯하다. 오늘날 우리는 호경기라는 이유로 쓰레기를 버리고도 아무런 죄의식을 느끼지 못한다. 집을 가진 사람, 투자자, 정치인, 대학 운영자 등 누구나 마찬가지이다.

그러나 경제 상황은 언제라도 변할 수 있다는 사실을 우리는 잊고 지낸다. 게다가 언제쯤이나 그런 변화가 닥칠지 누구도 예상하지 못한다. 우리는 지나치게 낭비적인 삶에 길들여져 있는 듯하다. 그 결과는 불을 보듯 뻔하다. 언젠가 우리는 어쩔 수 없이 내핍 생활을 하거나, 아니면 붕괴의 길을 택해야 할 것이다.

제5장

마야의 붕괴

사라진 도시들의 미스터리

멕시코 유카탄 반도와 중앙아메리카의 인근 지역에서 1,000년 이상 전에 붕괴한 고대 마야 문명의 유적지는 이제 세계적인 관광지가 되었다. 낭만적 미스터리를 좋아하지 않는 사람이 있을까? 마야의 유적은 미국의 문턱에서 우리에게 그런 낭만적 미스터리를 전해주는 곳이다. 아나사지 문명만큼이나 미국인들에게 가까이 있는 셈이다. 옛 마야의 도시를 구경하고 싶으면 미국에서 유카탄의 주도인 메리다까지 직항 비행기를 타고 곧장 날아가, 공항에서 렌터카를 빌리거나 미니버스를 타고 포장된 도로를 한 시간 정도만 달리면 그만이다(지도 참조).

웅장한 사원과 기념물을 거의 그대로 간직한 마야의 유적들은 오늘날 인간이 사는 곳에서 멀리 떨어져 깊은 정글에 둘러싸여 있다(사진 12). 그러나 유럽인들이 도래하기 이전에 그 유적들은 신세계에서 가장 발달한 아메리카 인디언 문명이 꽃피었던 곳이며, 고유한 문자로 많은 기록을 남긴 유일한 문명의 본산이기도 했다. 그런데 오늘날 극소수의 농부가 힘겹게 살아가는 그 지역에서 옛사람들은 어떻게 도시를 꾸려갈 수 있었을까? 마야의 도시들은 이런 미스터리와 아름다운 기념물로 뿐만 아니라 순전히 고고학적 이유로도 우리에게 궁금증을 불러일으킨

멕 시 코 만
메리다
치첸이트사
코바
푸크 지역
20°
캄 페 체 만
멕 시 코
칼라크물
18°
벨 리 즈
엘미라도르
팔렝케
우수마신타 강
페텐 지역
티칼
페텐이토사 호
보남파크
카라콜
16°
카라과
과 테 말 라
코판
온 두 라 스
14°
태 평 양
멕시코 만
미국
대서양
카리브 해
중앙아메리카
태 평 양
0 마일 50 100 150
0 킬로미터 150
92°
90°
88°
© 2004 Jeffrey L. Ward

사진 12 마야의 도시 티칼에 세워진 가파르게 올라간 신전. 거의 1,000년 전에 버려진 도시인 티칼은 울창한 숲에 감추어져 있었다. 그 숲이 지금은 부분적으로 베어졌다.

다. 달리 말하면 그 지역들의 인구가 크게 줄어들었다. 따라서 아스텍의 테노치티틀란(현재 멕시코시티 아래에 묻혀 있는 도시)이나 로마 등 고대의 많은 도시가 그렇듯이 마야에서도 후기의 건물은 거의 찾아볼 수 없다.

마야의 도시들은 버려진 채 숲속에 감추어져 있었다. 미국 변호사 존 스티븐(John Stephen)과 영국인 도안가 프레더릭 캐더우드(Frederick Catherwood)가 1839년 발견하기 전까지 그 존재가 외부 세계에 거의 알려져 있지도 않았다. 정글 속에 유적지가 있다는 소문을 듣고, 스티븐은 마틴 밴 뷰런(Martin Van Buren, 미국의 제8대 대통령: 옮긴이)을 졸라 중앙아메리카 공화국 연합의 대사가 되어 고고학적 발굴을 위한 발판으로 삼았다. 당시 공화국 연합은 지금의 과테말라에서 니카라과까지 포괄하는 무정형의 정치 단위였다. 스티븐과 캐더우드는 모두 44곳의 유적지와 도시를 찾아냈다. 뛰어난 건축물과 예술적 감각으로 채워진 이 도시들이 결코 '야만인'의 작품일 수 없었다. 따라서 그들은 이 도시들을 사라진 고대 문명의 유산일 것이라고 생각했다. 또한 돌판에 새겨진 조각들은 문자로서, 그 민족의 이름과 역사적 사건이 서술되어 있을 것이라고 짐작했다. 그 짐작은 정확했다. 미국으로 돌아온 후 스티븐은 두 권의 여행기를 발간했다. 캐더우드의 삽화를 곁들인 두 책은 당연히 베스트셀러가 되었다.

스티븐의 글에는 마야 문명에 대한 낭만적 분위기가 물씬 느껴진다. "도시는 적막했다. 이 종족의 흔적은 폐허지 부근에서 전혀 남아 있지 않았다. 아버지에게서 아들로, 세대에서 세대로 전해졌을 전통도 찾기 어려웠다. 도시는 커다란 바다에서 산산이 부서진 범선처럼 우리 앞에 펼쳐져 있었다. 돛대는 온데간데 없었고 이름조차 지워진 배였다. 승무원들도 보이지 않았다. 그 배는 어디에서 왔을까, 누구의 배였을까, 얼마나 오랫동안 항해했을까, 왜 난파되었을까…… 이런 궁금증을 풀어줄 단서는 어디에도 없었다…… 건축, 조각, 그림 등 삶을 풍요롭게 해주었을 모든 예술이 어지러운 숲속에서 꽃피웠던 때가 있었다. 웅변가들, 전사들, 정치인들, 그리고 아름다움, 야망, 영광이 살아서 숨쉬다가 사라져버렸다. 이런 것들이 그들의 삶에 대해 무엇을 말해줄 수 있을까?…… 세련되고 문명화된 특별한 사람들이 국가의 흥망성쇠를 겪으면서 남긴 유산들, 황금 시대를 구가한 후에 덧없이 사라진 사람들이 남긴 유산들이 우리 눈앞에 있었다. 우리는 덩그러니 떨어진 신전과 무너진 제단을 향해 다가갔다. 어디에서나 그들의 숨결, 그들의 취향과 예술적 감각이 담긴 증거들이 버려져 있었다…… 우리는 벽에서 슬픈 눈빛으로 우리를 지켜보는 이상한 사람들을 되살려냈다. 궁전의 테라스로 올라가면서, 신전으로 이어진 계단을 하나씩 밟으면서 우리는 그들을 그렸다. 그들에게 화려한 옷을 입혀주었고, 깃털 장식을 달아주었다…… 한때 위대한 문명을 누렸을 아름다운 도시, 그러나 전복되어

버려지고 잊혀진 채 반경 수 킬로미터의 숲에 감추어진 도시, 심지어 이름조차 남기지 못한 이 도시만큼 내게 깊은 감명을 준 곳은 세계 어디에도 없었다." 오늘날 마야의 유적을 찾는 관광객도 이런 감정에서 벗어나기 어렵다. 이런 이유로 마야의 붕괴가 더욱 궁금한 것이다.

마야 사회는 선사 시대 사회의 붕괴에 관심을 갖는 학자들에게 여러 점에서 유리한 편이다. 첫째, 마야는 문자 기록을 남겼다. 물론 화가 치밀 정도로 불완전하기는 하지만 이스터 섬이나, 나이테와 팩랫의 똥더미를 분석해야 하는 아나사지의 경우보다는 훨씬 세밀하게 마야의 역사를 재구성할 수 있는 소중한 자료이다. 마야 도시들이 남긴 탁월한 예술품과 건축물에 매료되어 많은 고고학자가 마야 연구에 뛰어들었다. 만약 마야가 움집을 짓고 살았던 문맹의 사냥 및 채집 공동체였다면 고고학자들이 그런 폭발적인 관심을 기울였을지 의심스러울 지경이었다. 그 후 기후학자들과 고생태학자들이 마야의 붕괴 원인이라 할 만한 기후 및 환경 변화의 징후를 찾아냈다. 그런데 오늘날에도 마야어를 사용하며 옛 고향에서 살아가는 마야인들이 있다. 다행히 옛 마야 문화의 많은 부분이 붕괴를 이겨내고 살아남은 덕분에 마야 땅을 방문한 초기의 유럽인들은 당시 마야 사회에 대해 소중한 정보를 기록해두었다. 이런 정보는 옛 마야 사회를 이해하는 데 중요한 역할을 했다. 유럽인이 마야와 처음 접촉한 때는 1502년이었다. 달리 말하면 크리스토퍼 콜럼버스가 신대륙을 처음 발견한 지 10년 후로, 네 번째이자 마지막 항해에서 물건을 잔뜩 실은 카누를 보았던 때였다. 그 카누가 마야인의 배였던 것으로 추정된다. 1527년 에스파냐인들이 마야를 본격적으로 정복하기 시작했다. 그러나 1697년이 되어서야 에스파냐는 마야의 마지막 왕국을 정복할 수 있었다. 어쨌든 에스파냐인들에게는 거의 두 세기에 걸쳐 마야 사회를 관찰할 기회가 있었다. 특히 1549년부터 1578년까지 대부분의 시간을 유카탄 반도에서 보낸 디에고 데 란다(Diego de Landa) 주교는 좋은 면에서나 나쁜 면에서 중요한 역할을 했다. 인류 역사상 최악의 문화 파괴자로 그는 '이교도'의 관습을 뿌리뽑아야 한다는 이유로 마야의 모든 문서를 불질렀다. 그 때문에 지금까지 전해지는 문서는 네 권에 불과하다. 한편 그는 마야 사회에 대한 자세한 기록을 남겼다. 또한 한 원주민에게 들었다며 기록해둔 마야 문자의 해독법은 정확하지는 않았지만 결국 거의 4세기가 지난 후 해독의 실마리가 되었다.

내가 마야의 붕괴에 한 장(章)을 할애한 더 큰 이유는 다른 데 있다. 나는 이 책에서 환경적으로 취약하고 지리적으로 동떨어진 지역에 있었으며, 기술과 문화에서 뒤떨어진 작은 사회들을 주로 다루었다. 따라서 이런 불균형을 해소하는 차원에서 마야를 심도 있게 살펴보려는 것이다. 마야는 앞에서 다른 사회들과 완전히 달랐다. 콜럼버스가 도래하기 전의 신세계에서 마야는 문화적으로 가장 발달한 사회, 혹은 그런 사회들 중 하나였다. 또한 문자 기록을 광범위하게 남긴 유일한 사회였고, 신세계 문명을 주도한 두 심장부 중 한 곳에 위치하고 있었다(메소아메리카). 마야의 환경이 카르스트 지형(석회암 지역에 발달하는 특수한 침식 지형: 옮긴이)과 예측 불가능한 강수량에서 야기되는 문제를 갖지만 세계의 보편적 기준에 따르면 그다지 취약한 편이 아니다. 이스터섬, 아나사지 지역, 그린란드, 오스트레일리아 등의 환경에 비하면 더 나은 편에 속한다. 따라서 붕괴가 환경적으로 취약한 지역에 위치한 소규모 변방 사회의 전유물이 아니라, 문화적으로 가장 발달한 창의적 사회도 붕괴할 수 있다는 역사적 교훈을 마야는 우리에게 전해준다.

사회적 붕괴 요인으로 제시한 다섯 가지 요인 중에서 마야 사회는 네 가지 조건을 충족시킨다. 그들은 삼림 파괴와 그에 따른 침식으로 환경을 훼손시켰다. 기후 변화, 즉 가뭄도 마야의 붕괴에 한 몫을 했다. 마야 사회 내에서의 내홍도 큰 역할을 했다. 끝으로 정치 · 문화적 요인, 특히 왕과 귀족이 근원적인 문제를 해결하는 데 힘쓰지 않고 경쟁적으로 전쟁을 치르고 기념물 건립에만 몰두한 것도 마야를 붕괴로 몰고 간 중대한 원인 중 하나였다. 다섯 가지 요인 중 남는 것은 외부 사회와의 우호적인 교역이다. 그러나 이 요인은 마야 사회의 부침에 큰 역할을 하지 못한 듯하다. 흑요석(마야인들이 돌연장을 만드는 데 사용한 돌), 옥(玉), 황금, 조개껍질 등을 수입하기는 했지만 흑요석을 제외한 나머지 셋은 반드시 필요한 수입품이 아니었다. 게다가 마야가 정치적으로 붕괴된 후에도 흑요석 연장은 거의 곳곳에 꾸준히 사용되었다. 따라서 흑요석의 공급이 부족하거나 중단되었던 것은 아니다.

마야의 환경

마야의 환경부터 시작해보자. 우리는 마야가 '정글' 혹은 '열대우림(tropical rainforest)'에 있다고 생각하지만 실제로는 그렇지 않다. 따라서 그렇지 않은 이유를 입증할 필요가 있다. 정확히 말하면 열대우림은 강수량이 많은 적도 지역에 분포되어 연중 내내 습하다. 하지만 마야는 적도에서 거의 1,600킬로미터나 떨어진 북위 17도에서 22도 사이, 즉 '계절적 열대우림'이라 일컬어지는 지역에 위치하고 있다. 달리 말하면 5월부터 10월까지는 비가 많지만 1월부터 4월까지는 지독히 건조하다. 따라서 습한 계절을 중시한다면 마야의 땅은 '계절적 열대우림'이 되고, 건조한 계절에 초점을 맞추면 마야 지역은 '계절적 사막'이 된다.

유카탄 반도의 북쪽은 연간 강수량이 460밀리미터에 불과하지만 남쪽에서는 연간 강수량은 2,540밀리미터까지 증가한다. 토양도 북쪽에서 남쪽으로 내려갈수록 비옥해 남쪽에서 농업 생산량이 더 많고 인구밀도도 더 높다. 그러나 마야가 위치한 지역의 강수량은 매년 변화무쌍해서, 해마다 3~4배의 차이가 나기도 한다. 게다가 비가 내리는 시기도 들쑥날쑥해서 농부의 가슴을 애타게 만들기 일쑤이다. 따라서 마야의 옛 땅에서 옥수수를 재배하는 요즘의 농부들도 농사를 실패하기 십상이다. 이런 현상은 북쪽에서 특히 심하다. 옛 마야 사람들이 요즘 농부보다 노련하고 솜씨도 좋았던 것으로 추정되지만 가뭄과 허리케인의 습격까지 피해갈 수는 없었다.

마야의 남부가 북부보다 강수량이 많았지만 물 문제는 오히려 남부에서 더 심각했다. 물 문제는 남부에서 살았던 옛 마야인들에게도 골치 아픈 문제였지만 요즘의 고고학자들에게도 설명하기 힘든 문제 중 하나이다. 왜 과거의 가뭄은 건조한 북부보다 습한 남부에서 더 큰 문제를 야기했을까? 유카탄 반도 전체에 지하수층이 있는데, 표고가 북쪽에서 남쪽으로 점점 높아지기 때문에 남쪽으로 갈수록 지표와 지하수층 간의 거리가 증가하는 탓일까? 그럴듯한 설명이다. 실제로 반도 북부의 표고는 상당히 낮은 편이어서, 옛 마야인들은 '세노테(cenote)'라는 깊게 파인 땅이나 깊은 동굴에서 지하수를 구할 수 있었다. 요즘에도 마야의 옛 도시, 치첸이트사에서는 커다란 세노테를 어렵지 않게 볼 수 있다. 북부 해안의 저지대에는 세노테가 없지만 지하로 20미터만 파내려가면 지하수면을 만날 수 있다. 한편 강들이 있는 벨리즈, 우수마신타 강이 흐르는 서쪽, 그리고 남부 페텐 지역의 호수 주변에서는 물을 어렵지 않게 구할 수 있다. 하지만 남부 대부분의 지역에서는 지표가 지하수면보다 상당히 높아 세노테나 우물에서 물을 구하기가 쉽지 않다. 설상가상으로 유카탄 반도는 대부분 카르스트 지형이다. 달리 말하면 해면처럼 구멍이 숭숭 뚫린 석회암 지형이어서 비가 내려도 곧바로 지하로 스며들어 지표에 빗물이 거의 고이지 않는다.

인구가 많았던 남부 지역에서 마야인들은 이런 물 문제를 어떻게 해결했을까? 많은 도시가 강가에 세워지지 않고 구릉진 고지대의 벼랑 끝에 건설되었다. 얼핏 생각하면 놀랍지만 그런대로 이유가 있었다. 마야인들은 함몰된 곳을 굴착해서 자연 함몰을 억제했고, 함몰지의 바닥에 회칠을 해서 저수지를 만들어 빗물의 누수를 막았다. 말하자면 바닥에 회반죽을 바른 커다란 저수지를 만들어 건기에 사용할 물을 저장했다. 예컨대 티칼의 저수지들에 물을 가득 채우면 1만 명이 18개월 동안 넉넉히 마실 수 있었다. 한편 코바에서는 호수 주변에 제방을 쌓아 더 많은 물을 저장하려고 애썼다. 그러나 티칼이나 다른 도시들의 시민들은 마실 물을 저수지에 의존했던 까닭에, 가뭄이 18개월 이상 계속되면 심각한 상황에 처할 수밖에 없었다. 설령 가뭄이 그렇게 오랫동안 계속되지 않더라도 그들은 식량 때문에 큰 혼란을 겪었을 것이다. 작물 재배에는 무엇보다 비가 필요했기 때문이다.

마야의 농업

멕시코에서 개량된 작물에 의존했던 마야의 농업은 마야의 붕괴와도 깊은 관계가 있다. 마야에서 가장 중요한 곡물은 옥수수였고, 그 다음은 콩이었다. 지배계급에게나 평민에게나 옥수수가 주식이었다. 마야인의 유골을 동위원소 분석한 결과에 따르면, 먹을거리의 70퍼센트 이상이 옥수수로 이루어졌다. 그들은 개, 칠면조, 머스코비 오리를 사육했고, 침 없는 벌에서 꿀을 얻었다. 하지만 그들이 가장 중요하게 여긴 살코기는 사냥해서 얻은 사슴고기였다. 일부 지역에서는 물고기를 먹기도 했다. 그러나 마야의 고고학적 발굴지에서 짐승의 뼈가 거의 발견되지 않는다는 점에 비춰보면, 마야인들은 살코기를 최소한으로 섭취한 듯하다. 게다가 사슴고기는 지배계급이나 즐길 수 있는 고급 먹을거리였다.

과거에는 마야의 농업이 숲을 태워 밭을 만드는 화전법(swidden agriculture)에 기반을 둔 것으로 여겨졌다. 이렇게 초목을 태워 만든 밭에서 1년 혹은 그 이상, 즉 토양의 영양분이 고갈될 때까지 농사를 짓고, 풀이 다시 돋아나면서 토양이 지력을 회복할 때까지 15~20년을 휴경하는 방법을 택했을 것이라는 추측이었다. 화전법을 사용하면 대부분의 농지가 일정한 기간 동안 휴경해야 하기 때문에 많은 식량을 생산하기 어렵다. 따라서 주춧돌 수로 추정해본 옛 마야의 인구가 화전법으로 식량을 감당하기에는 힘들 정도로 많았다는 사실을 확인했을 때 고고학자들은 놀라지 않을 수 없었다. 인구밀도가 실제로 어느 정도였는지는 확실하지 않지만 지역에 따라 달랐던 것은 분명하다. 어쨌든 평방마일당 250~750명이었을 것이라는 주장이 가장 많으며, 심지어 1,500명이었을 것이라는 주장도 있다. 오늘날 아프리카에서 인구밀도가 가장 높은 두 나라인 르완다와 부룬디가 각각 평방마일당 750명과 540명에 불과하다는 사실에 비춰보면 마야의 인구밀도가 얼마나 높았는지 실감할 수 있을 것이다. 따라서 옛 마야는 화전법으로는 그 많은 인구를 먹여 살릴 수 없었다. 농산물 생산을 증가시키기 위한 다른 수단들이 틀림없이 있었을 것이다.

실제로 마야의 많은 지역에서 식량을 증산하기 위한 농업 구조의 흔적이 발견된다. 농지를 확보하고 농토의 수분을 유지하기 위한 경사지의 계단식 밭, 관개 시설과 잘 정비된 수로, 배수 시설을 갖추거나 바닥을 높인 밭 등이다. 특히 다른 대륙에서도 발견되는 바닥을 높인 밭은 조성하는 데 많은 인력이 필요하지만 식량 증산에 탁월한 효과가 있었다. 물에 잠긴 지역에서 물을 빼기 위해 수로를 파고, 수로의 흑니(黑泥)와 부레옥잠을 밭에 버려 수로 사이의 밭에 거름을 주는 동시에 밭을 높여서 밭이 침수되는 것을 막는 방법이었다. 이렇게 바닥을 높인 밭에서 곡물을 재배하면서 농부들은 수로에서 물고기와 거북을 키워서 (실제로 스스로 크지만) 보조 식량원으로 삼았다. 그러나 마야의 다른 지역들, 예컨대 코판과 티칼에서는 계단식 밭이나 관개 시설, 바닥을 높인 밭이 발견되지 않는다. 하지만 두 도시의 사람들도 식량 증산을 위한 갖가지 방법을 사용했을 것이다. 다만 고고학적으로 그 증거를 찾을 수 없을 뿐이다. 뿌리덮개 농법, 홍숫물을 이용한 수경법, 휴경 기간의 단축, 지력을 회복시키기 위한 경작법 등이 사용되었을 것이다. 혹은 휴경기를 완전히 무시하고 매년 농사를 지었거나, 습한 지역에서는 이모작까지도 했을 것이다.

요즘의 아메리카나 유럽도 그렇지만, 계급화된 사회는 식량을 생산하는 농부, 그리고 관리와 군인 등과 같은 비영농 집단으로 이루어진다. 비영농 집단은 식량을 생산하지 않고, 농부가 생산한 식량을 소비할 뿐이다. 엄격하게 말하면 농부에 기생해서 존재하는 사람들이다. 따라서 계급화된 사회에서 농부는 자신에게 필요한 식량뿐만 아니라 다른 소비자들의 욕구를 채워줄 식량까지 생산해야 한다. 따라서 이처럼 생산에 종사하지 않는 소비자의 수는 그 사회의 농업 생산성에 크게 의존할 수밖에 없다. 오늘날 미국은 아주 효율적인 영농법을 운영하기 때문에, 인구의 2퍼센트만이 농업에 종사할 뿐이다. 그런데도 농부 한 명이 생산한 식량으로 평균 125명을 먹여 살릴 수 있어, 미국인 모두를 먹이고도 남는 식량을 해외 시장에 수출한다. 고대 이집트의 농업은 현대의 기계화된 농법에 비하면 턱없이 후진적이었지만 이집트의 농부는 가족 모두에게 필요한 식량의 5배까지 생산하는 놀라운 역량을 보였다. 그러나 마야의 농부는 가족에게 필요한 식량의 2배를 겨우 생산할 수 있었을 뿐이다. 따라서 마야 인구의 70퍼센트 이상이 농부일 수밖에 없었다. 마야의 농업이 여러 면에서 한계를 가졌기 때문에 어쩔 수 없는 현상이었다.

그 한계가 무엇이었을까? 첫째, 마야의 농업은 단백질을 거의 생산하지 못했다. 마야인의 주식이던 옥수수는 유럽인의 주식이던 밀이나 보리에 비해 단백질 함유량이 적다. 앞에서 언급한 가축들도 몸집이 크지 않아 유럽의 젖소, 양, 돼지, 염소 등에 비하면 살코기가 적었다. 또한 다양한 곡물을 섭취한 중국이나 서(西)유라시아와는 비교조차 할 수 없겠지만, 안데스 지역의 농부들에 비해서도 마야인이 섭취한 곡물의 종류는 적었다. 안데스 지역의 사람들은 옥수수 이외에 감자, 고단백의 키노아 등 많은 곡물을 섭취했고 라마(아메리카 낙타 : 옮긴이)의 살코기까지 먹었다.

둘째, 마야의 옥수수 농업은 아스텍의 치남파스(chinampas, 바닥을 높인 밭으로 생산력이 아주 높다), 안데스 지역 티아우아나코 문명의 바닥을 높인 밭, 페루 해안지대에 자리 잡은 모체 문명의 관개 농법, 가축을 이용해 밭갈이를 한 유라시아의 농업에 비해서 집약적이지 못했고 생산력도 떨어졌다.

마야 지역의 습한 기후도 제약적인 요인이었다. 습한 기후 때문에 옥수수를 1년 이상 저장할 수 없었다. 반면에 미국 남서 지역의 건조한 기후에서 살았던 아나사지 사람들은 옥수수를 3년 이상 저장할 수 있었다.

끝으로, 안데스 사람들에게는 라마가 있었고 유럽인들에게는 말과 황소, 당나귀와 낙타가 있었지만 마야인들에게는 밭을 갈고 짐을 끄는 데 이용할 만한 가축이 없었다. 따라서 마야에서 육상 운송은 전적으로 인간이 감당해야 했다. 가령 전쟁터에 나간 군대에게 식량을 보낸다고 해보자. 짐꾼이 옥수수 한 짐을 짊어지고 전쟁터까지 가는 동안 그 일부를 먹어야 했고, 다시 돌아오면서 그만큼의 옥수수를 먹어야 했기 때문에 군인들에게 전해지는 옥수수의 양은 일부일 수밖에 없었다. 게다가 여행길이 멀어질수록 짐꾼이 먹어야 하는 양도 늘어나게 마련이어서 남는 것이 별로 없다. 며칠 거리에 떨어진 시장이나 군대에 짐꾼들을 보내는 것은 비경제적인 짓이었다. 따라서 마야는 낮은 농업 생산성과 짐을 부릴 짐승의 부족 때문에 군사 원정의 거리와 기간에서 큰 제약을 받았다.

우리는 전쟁의 승리가 무기의 질에 달렸다고 쉽게 생각해버린다. 하지만 전쟁의 승패는 식량 공급에서 결정된다. 식량 공급이 전쟁의 승리에 결정적인 역할을 한다는 증거는 뉴질랜드 마오리족의 역사에서 찾을 수 있다. 마오리족은 예부터 서로 치열한 전쟁을 빈번하게 치렀다. 그러나 지리적으로 이웃한 부족끼리의 전쟁일 뿐이었다. 그들도 낮은 농업 생산성 때문에 장거리 군사 원정은 불가능했다. 게다가 그들의 주식은 고구마였다. 오랫동안 원정에 나선 군인들을 먹일 수 있을 정도로 고구마를 생산하기란 거의 불가능했다. 그런데 유럽인들이 뉴질랜드에 감자를 가져왔다. 1815년부터 감자 재배가 시작되면서 마오리족의 식량 생산이 급속히 증가했다. 마오리족은 군대를 오랫동안 전쟁터에 내

보낼 수 있을 정도로 충분한 양을 생산할 수 있었다. 그 결과 1818년부터 1833년까지 15년간 마오리의 역사는 피로 물들었다. 영국인들에게 감자와 총을 얻은 마오리 부족들은 그런 혜택을 입지 못한 부족들을 공격하기 시작했다. 수백 킬로미터 떨어진 부족들까지 공격할 수 있었다. 요컨대 감자의 생산성이 마오리족을 전쟁 형태의 제약에서 해방시켜준 셈이다. 하여간 마야인들도 낮은 옥수수 생산성 때문에 전쟁 방식에서 많은 제약을 받아야 했다.

마야 사회는 정치적으로 작은 왕국들로 분할되어 끊임없이 서로 전쟁을 벌였다. 멕시코 계곡의 아스텍 제국('치남파스' 농법을 비롯한 여러 형태의 집약적 농법을 사용했다)이나 안데스의 잉카 제국(잘 건설된 도로망에서 라마를 이용한 곡물의 운송이 가능했다)처럼 큰 제국으로 통일되지 못했던 이유도 식량 공급의 제약에서 찾을 수 있다. 마야의 군인들과 관리들은 소규모로 유지되었기 때문에 장거리 군사 원정을 조직할 수 없었다. 훨씬 훗날인 1848년 마야인들이 멕시코의 토호들에게 항거해 폭동을 일으켜서 승리를 목전에 둔 듯했지만 옥수수를 수확하려고 전쟁을 중단하고 집으로 돌아갔다는 웃지 못할 사건이 있었다. 마야 소왕국들의 인구는 기껏해야 2만 5,000~5만에 불과했다. 50만이 넘는 왕국은 없었다(각 왕국의 인구는 지금도 고고학자들 간에 뜨거운 논쟁거리이다). 게다가 왕국의 면적도 왕궁을 중심으로 걸어서 2~3일의 거리를 넘지 않았다. 따라서 한 왕국의 신전 꼭대기에서는 가장 가까운 왕국의 신전이 육안으로 보였다. 마야의 도시들은 작은 편이었다. 대부분이 1평방마일을 넘지 않았다. 따라서 멕시코 계곡의 테오티우아칸과 테노치티틀란, 페루의 찬찬이나 쿠스코와 달리 인구가 많지 않았고 큰 시장도 없었다. 또한 고대 그리스나 메소포타미아와 달리 왕이 식량 창고나 무역을 직접 관리했다는 고고학적 증거도 찾아지지 않는다.

마야의 역사

지금까지 우리는 마야의 역사를 주마간산으로 살펴보았다. 마야 지역은 메소아메리카(Mesoamerica)로 알려진 아메리카 인디언 문화권의 일부였다. 메소아메리카는 멕시코 중부에서 온두라스까지로, 유럽인들이 도래하기 전까지 신세계에서 두 중심지의 하나로 군림했던 지역이다(다른 하나는 남아메리카의 안데스 산맥을 따라서 형성되었다). 따라서 마야는 메소아메리카의 다른 사회들과 많은 점에서 공통점을 지닌다. 유럽 문명에 길들여진 유럽인들에게는 놀랍겠지만 메소아메리카 사회에는 금속연장, 도르래를 비롯한 기계장치, 바퀴(지역적으로 장난감 바퀴는 눈에 띈다), 돛단배, 짐을 끌거나 밭을 가는 데 필요한 큰 몸집의 가축 등이 없었다. 마야의 웅장한 신전들은 모두 돌연장과 나무연장, 그리고 순전히 인력으로만 세워진 것이다.

마야 문명의 많은 부분은 메소아메리카의 다른 지역에서 받아들인 것이다. 예컨대 메소아메리카의 농업과 도시, 그리고 문자는 처음부터 마야에서 시작된 것이 아니다. 그것은 서부와 남서부의 해안 저지대와 골짜기에서 시작되었다. 특히 옥수수와 콩과 호박은 기원전 3000년경에 개량되어 중요한 먹을거리가 되었고, 도기는 기원전 2500년경에 처음 만들어졌다. 마을은 기원전 1500년경에 형성되었고, 도시는 올멕 문명에서 기원전 1200년쯤에 세워졌다. 문자는 기원전 600년경, 혹은 그 이후에 오악사카의 사포텍족이 처음 사용한 듯하다. 최초의 국가는 기원전 300년경에 나타났다. 또한 상호 보완적 관계에 있는 두 역법(曆法), 즉 365일의 태양력과 260일의 종교력도 마야 밖에서 만들어진 것이었다. 물론 마야인들이 고안해서 수정하며 완벽하게 다듬어간 부분들도 적지 않았다.

마을과 도기가 마야 지역에서 처음 등장한 때는 기원전 1000년경이었고, 실질적인 건물들은 기원전 500년경에 세워졌으며, 문자는 기원전 400년경에 처음 쓰였다. 약 1만 5,000개의 비문에 남겨진 옛 마야의

사진 13 티칼에 마야 문자로 장식된 석주(石柱)가 있다. 콜럼버스가 도래하기 전, 문자는 신세계에서 메소아메리카에만 있었다.

문자는 모두 돌판이나 도기에 씌어져 있으며, 왕과 귀족 그리고 그들의 업적만을 다루고 있다(사진 13). 평민에 대한 언급은 단 한 줄도 없다. 에스파냐인들이 도래했을 때 마야인들은 회를 입힌 '바크 페이퍼(bark paper)'에 글을 썼다. 란다 주교의 분서(焚書)를 면한 네 권은 천문학과 역법에 대한 논문이었다. 옛 마야인들은 이런 바크 페이퍼 책들을 소장했고 도기에 글을 남기기도 했지만 일부만이 썩은 채로 무덤에서 간혹 발견될 뿐이다.

마야의 유명한 장기계산역법(Long Count calendar)은 기원전 3114년 8월 11일에 시작한다. 우리 식으로 말하면, 그날이 기원후 1년 1월 1일인 셈이다. 우리 역법에서도 첫날이 갖는 의미는 크다. 그리스도가 태어난 날이기 때문이다. 마야인들도 첫날에 중대한 의미를 부여했을 것이라고 여겨지지만 그 의미에 대해서는 전혀 알려진 바 없다. 장기계산역법은 마야 지역에서는 기원후 197년, 마야 지역 밖에서는 기원전 36년에 세워진 기념물에서 처음 언급되면서 첫날이 기원전 3114년 8월 11일까지 거슬러 올라간다고 말한다. 그런데 그 당시 신세계에는 어디에도 문자가 없었다. 그날 이후로 2,500년이 지나서야 문자가 처음 나타났다.

우리 역법은 일(日), 주, 달, 년, 10년, 100년, 1,000년 단위로 나누어진다. 가령 내가 이 구절을 썼던 2003년 2월 19일은 그리스도가 탄생하고 세 번째 천년 시대의 첫 세기에서 첫 10년의 세 번째 해 중 두 번째 달의 19번째 날이라는 뜻이다. 반면에 마야의 장기계산역법에서는 일('킨'), 20일('우이날'), 360일('툰'), 대략 20년에 해당하는 7,200일('카툰'), 그리고 대략 400년에 해당하는 14만 4,000일('바크툰')의 단위로 날짜를 계산한다. 마야의 역사적 존재 시기는 바크툰 8, 9, 10에 해당된다.

마야 문명의 고전기는 바크툰 8, 즉 기원후 250년경에 시작되었다. 첫 왕들과 첫 왕조들이 나타난 때이다. 마야 기념물에 남겨진 그림문자들에서, 마야의 문자를 연구하던 학자들이 수십 개의 문자를 구분해냈다. 각 문자가 지역별로 집중적으로 나타났다. 따라서 각 문자는 왕조나 왕국을 뜻하는 것으로 여겨진다. 마야에서 왕은 이름을 형상화한 그림문자와 궁전을 가졌다. 많은 귀족들도 자체의 비문과 궁전을 갖고 있었다. 마야 사회에서 왕은 천문과 역법에 따른 제식을 주관하는 대제사장 역할을 겸비했다. 따라서 비와 번영을 백성에게 안겨줄 책임이 있었다. 왕들은 신들과의 특별한 관계를 통해서 비를 부르고 백성에게 번영을 안겨줄 수 있는 초능력을 가졌다고 주장했다. 말하자면 서로 암묵적으로 주고받는 것이 있었다. 요컨대 농부가 왕과 궁전의 화려한 삶을 지원하며 옥수수와 사슴고기를 바치고 궁전을 짓는 데 노역을 제공한 이유는 왕이 그들에게 큰 약속을 제시했기 때문이다. 하지만 가뭄이 닥치면 왕이 약속을 깬 것이나 마찬가지였기 때문에 왕과 농부들은 갈등을 빚을 수밖에 없었다.

250년 이후 마야의 인구(고고학적으로 확인된 집터의 수로 추정한 인구),

기념물과 건물의 수, 기념물과 도기에 기록된 장기계산역법으로 계산한 날의 수가 기하급수적으로 증가해서 8세기경에 최고치에 이르렀다. 가장 웅장한 기념물들은 고전기 말에 세워졌다. 9세기에 들면서 사회의 지표라 할 수 있는 세 수가 떨어지기 시작했고, 장기계산역법으로 계산되어 기념물들에 남겨진 마지막 날은 바크툰 10, 즉 909년이었다. 인구, 건축, 장기계산역법의 하락은 곧 고전기 마야의 붕괴를 뜻했다.

코판이 몰락한 까닭

붕괴의 한 예로 규모는 작았지만 건물이 빽빽이 들어섰던 도시의 경우를 자세히 살펴보기로 하자. 현재 온두라스 서부에 위치한 '코판(Copán)' 이란 유적으로, 고고학자 데이비드 웹스터(David Webster)가 두 권의 책에서 상세히 다룬 도시이기도 하다. 코판에서 최적의 땅은 강을 따라서 형성되고 비옥한 충적토로 덮여 농사짓기에 적합한 다섯 구역의 평지이며, 전체 면적은 10평방마일에 불과하다. 다섯 구역 중 가장 큰 곳이 '코판 구역' 으로 면적은 5평방마일이다. 코판 부근의 땅은 대부분 가파른 언덕으로 이루어져 있고, 언덕의 거의 절반에서 경사가 16도를 넘는다. 미국 고속도로에서 가장 가파른 경사의 2배인 셈이다. 골짜기의 토양에 비해서 언덕의 토양은 비옥한 편이 아니다. 요컨대 산성도가 높고 인의 함유량은 낮다. 요즘에도 골짜기의 밭에서 생산되는 옥수수의 양이 언덕의 밭에서 생산되는 양보다 2~3배나 많다. 게다가 언덕의 경사지는 급속히 침식되고 있어, 10년 내에 생산성이 4분의 3가량 떨어질 것으로 예상된다.

집터의 수로 짐작해보면 코판밸리의 인구는 5세기부터 가파르게 증가해서 750~900년경에 약 2만 7,000명까지 도달했던 것으로 여겨진다. 마야의 기록에 따르면 티칼과 테오티우아칸의 귀족들과 관계된 사람들이 426년에 이곳에 도착하면서 코판의 역사가 시작되었다. 650년부터 750년 사이에 왕들을 찬양하는 기념물들이 대대적으로 건설되었다. 700년 이후에는 귀족들이 경쟁적으로 그들의 궁전을 짓기 시작해서, 800년쯤에는 약 20곳에 궁전이 있었다. 그중 하나는 약 250명을 동시에 수용할 수 있는 방들을 갖춘 50채의 건물로 이루어진 것으로 알려져 있다. 그러나 왕과 왕궁이 농부들에게 부담을 주었듯이, 귀족들과 그들의 궁전들도 농부들에게 큰 부담을 주었다. 코판에 마지막으로 세워진 큰 건물이 세워진 때는 800년경이었고, 왕의 이름으로 추정되는 그림문자가 남겨진 미완성의 제단에는 822년에 해당되는 장기계산역법의 해가 새겨져 있다.

코판밸리의 주거지는 다양한 형태를 띠고 있다. 고고학적 탐사 결과에 따르면 그 지역들에 정착한 시기가 약간씩 다르다. 가장 먼저 정착해서 농사를 시작한 곳은 골짜기의 저지대인 코판 구역이었고, 역시 골짜기의 저지대인 나머지 네 구역에 차례로 정착했다. 그동안 인구가 증가했지만 아직 언덕까지 올라가지는 않았다. 그러나 인구가 증가한 까닭에 휴경기를 단축하고 이모작과 약간의 관개 시설로 저지대에서의 농작물을 증산하려는 노력이 있었던 것으로 여겨진다.

650년경부터 사람들은 언덕으로 진출하기 시작했다. 하지만 언덕 비탈은 한 세기가량만 경작된 듯하다. 코판에서 언덕에 거주한 사람들은 총인구의 41퍼센트를 정점으로 줄어들었고, 나중에는 모든 사람이 다시 골짜기에 모여 살았다. 언덕에 살던 사람들이 다시 골짜기로 내려온 이유가 무엇이었을까? 골짜기에 세워진 건물들의 기초를 조사해보면 골짜기가 8세기에 퇴적물로 덮였다는 것을 확인할 수 있다. 달리 말하면 언덕 비탈이 침식되면서 토양의 양분이 골짜기로 흘러내려갔다는 뜻이다. 또한 산성화되어 척박해진 언덕의 토양까지 골짜기로 흘러내려가 비옥한 골짜기를 뒤덮고, 골짜기의 생산성마저 떨어지는 결과가 초래되었을 것이다. 따라서 골짜기를 버릴 수밖에 없었다. 이런 현상은 요즘의 마야인들도 똑같이 겪고 있다.

언덕 비탈이 침식되는 이유는 자명했다. 과거에 언덕을 뒤덮고 토양을 지켜주던 숲이 파괴되었기 때문이다. 화분(花粉) 분석으로 연대를 측정한 바에 따르면, 언덕 윗부분을 뒤덮고 있던 소나무숲이 완전히 개간되었다. 대부분의 소나무가 땔나무로 사용되었고, 나머지는 건축용이나 소석고(燒石膏)를 만드는 데 쓰였다. 고전기 이전의 다른 유적에서 볼 수 있듯이, 마야인들은 건물에 석고를 무척 두텁게 바르고 있다. 따라서 석고 생산이 삼림 파괴의 주된 원인이었을지도 모른다. 삼림 파괴로 언덕이 침식되어 골짜기가 퇴적물로 뒤덮이고 땔나무나 건축용 목재가 부족했을 것이다. 그밖에도 '숲이 물 순환에서 중요한 역할을 하기 때문에, 즉 삼림 파괴로 강수량이 줄어들었을 것이기 때문에 인간이 초래한 가뭄'이 골짜기에 닥쳤을 수 있다.

코판의 고고학적 유적에서 발굴된 수백 구의 유골에서 골다공증이나 치아의 긴장선 등과 같은 질병과 영양 부족의 징후를 찾으려는 연구가 있었다. 그 결과에 따르면 코판 주민의 건강 상태가 650년부터 850년까지 꾸준히 악화되었다. 지배계급과 평민 모두에서 공통적으로 나타나는 현상이지만 평민의 경우가 더 심했다.

코판의 인구가 급속히 늘어나면서 사람들은 언덕까지 올라가 살았다. 그 후 언덕에 개간한 밭을 포기했다는 사실은 언덕에서 생산되던 식량까지 골짜기에서 생산해야 한다는 뜻이었다. 따라서 10평방마일에 불과한 골짜기에서 더 많은 식량을 생산하려는 경쟁이 사람들 간에 벌어질 수밖에 없었다. 농부들은 더 좋은 땅을 차지하기 위해서, 한 뙈기의 땅이라도 더 차지하기 위해서 싸움도 마다하지 않았다. 요즘의 르완다 상황과 크게 다르지 않았을 것이다(제10장 참조). 평민들에게 권력과 재물을 보장받는 대가로 비와 풍요를 약속했지만 코판의 왕은 그 약속을 지키지 못했다. 따라서 실패한 영농을 책임지는 속죄양이 되어야 했다. 따라서 코판의 왕은 822년에 사라졌고 왕궁은 850년경에 불태워졌다. 그러나 그 후에도 사치품이 계속 생산되었다는 사실에서, 왕이 몰락한 후에도 975년경까지 일부 귀족이 호화로운 삶을 그런대로 유지했던 것으로 판단된다.

연대 측정이 가능한 흑요석 조각들로 추정해보면 코판의 인구는 왕과 귀족이 줄어든 것보다 더 큰 폭으로 감소되었다. 950년경의 인구는 1만 5,000명 정도였던 것으로 추정된다. 즉 전성기이던 2만 7,000명의 54퍼센트인 셈이다. 그 후 인구는 꾸준히 감소되어, 1250년경에는 코판밸리에 한 사람도 남지 않았다. 그 후 나무에서 떨어진 화분이 다시 소생하면서 숲이 되살아나기 시작했다는 것도 코판밸리에 사람이 없었다는 직접적인 증거이다.

붕괴의 복합적 요인들

지금까지 개략적으로 살펴본 마야의 역사, 특히 코판의 예에서 우리가 '마야의 붕괴'를 다루어야 하는 이유가 분명하게 읽혀진다. 그러나 마야의 붕괴에 관련된 이야기는 적어도 다섯 가지 이유에서 한층 복잡해진다.

첫째, 마야의 역사에는 고전기의 붕괴뿐만 아니라 그 이전에 일부 지역에서 두 번의 작은 붕괴가 있었다. 150년경 엘미라도르를 비롯한 마야의 일부 도시들이 붕괴(고전기 이전의 붕괴)된 적이 있었고, 6세기 말과 7세기 초에 티칼에 하나의 기념물도 세워지지 않은 시기가 있었다('마야의 균열'이라 일컬어지는 시기). 또한 고전기의 붕괴를 이겨내고, 그 이후에 인구까지 증가했던 지역들이 붕괴된 예도 있었다. 1250년경에 몰락한 치첸이트사, 1450년경에 붕괴된 마야판이 대표적인 예이다.

둘째, 고전기의 붕괴는 결코 완전한 붕괴가 아니었다. 수십만의 마야인이 살아남아 에스파냐 사람들과 싸웠다는 것이 그 증거이다. 물론 전성 시대의 인구에는 훨씬 못 미쳤지만 이 책에서 다루어진 다른 고대사회의 인구에 비하면 상당히 많은 편이었다. 살아남은 사람들은 물을 안정되게 공급받을 수 있는 곳에 모여 살았다. 특히 세노테가 있는 북부 지방, 우물이 있는 해안 저지대, 남부에서는 호숫가, 저지대의 강과 늪 주변에 모여들었다. 하지만 남부에서 과거에 마야의 중심이었던 곳은 거의 완전히 버려졌다.

셋째, 집터와 흑요석 연장의 수로 추정해볼 때 인구의 붕괴는 장기계산역법으로 계산한 해보다 훨씬 느리게 진행되었다. 따라서 고전기의 붕괴와 더불어 급속히 사라진 것은 왕권과 장기계산역법이었다.

넷째, 도시들의 붕괴는 실제로 '권력의 순환(power cycling)'에 불과했다. 예컨대 일부 도시는 더 강력해졌고, 그 후 쇠락하거나 정복당했지만 다시 힘을 되찾으면서 이웃 도시들을 정복하는 형태였다. 하지만 전체 인구에서는 큰 변화가 없었다. 예를 들어 설명해보자. 562년 티칼은 경쟁자이던 카라콜과 칼라크물에게 정복당했고, 티칼의 왕은 생포되어 죽임을 당했다. 그러나 티칼은 조금씩 힘을 되찾아 마침내 695년에 두 경쟁 도시를 정복했다. 그 후 티칼이 마야의 많은 도시들을 병합시켰지만 고전기에 붕괴되고 말았다. 참고로 티칼에서는 869년에 마지막 기념물이 세워졌다. 한편 코판은 738년까지 강력한 도시였다. 그 해에 경쟁 도시인 키리과에게 정복당했고, 코판의 왕 왁사클라운 우바 카윌(오늘날 마야 팬들에게는 '18토끼'라는 이름으로 더 많이 알려진 왕)은 생포되어 죽음을 맞았다. 그러나 코판은 그 후 반세기 동안 선왕(善王)들의 통치에 힘입어 과거의 힘을 되찾았다.

끝으로, 마야 지역 곳곳에 흩어져 있던 도시들은 각각 다른 흥망성쇠를 겪었다. 예컨대 유카탄 반도의 북서부에 위치했던 푸크는 700년경에 거의 빈 땅이었지만 750년 이후에 인구가 폭발적으로 늘었다. 반면에 그때 남부의 도시들은 붕괴되고 있었고, 900년부터 925년 사이에 잠시 인구가 증가되는 추세를 보였지만 950~1000년에 다시 붕괴되는 비극을 맞았다. 마야 지역의 중심부를 차지하고 세계에서 가장 큰 피라미드 중의 하나가 세워진 엘미라도르는 기원전 200년에 시작되어, 코판이 세워지기 훨씬 전인 150년경에 버려졌다. 유카탄 반도의 북부에 위치한 치첸이트사는 850년 이후부터 성장해서 1000년경에는 북부의 중심지가 되었지만 1250년경에 내란으로 무너지고 말았다.

이런 다섯 가지 유형을 강조하면서 고전기 마야의 붕괴를 전혀 인정하지 않으려는 고고학자들이 적지 않다. 그러나 이런 시각은 800년 이후에 특히 인구가 가장 밀집되었던 남부 저지대에서 주민의 90~99퍼센트가 사라졌고, 왕을 비롯한 정치·문화적 제도와 장기계산역법이 사라졌다는 명백한 사실을 간과하는 것이다. 따라서 우리는 고전기 마야의 붕괴를 인구와 문화의 붕괴로 생각하며, 붕괴의 원인을 따져본 것이다.

전쟁과 가뭄

내가 마야의 붕괴 원인이라며 간략하게 지적했던 다른 두 현상, 즉 전쟁과 가뭄에 대해서도 좀더 자세한 설명이 필요하다.

고고학자들은 고대 마야인들을 온건하고 평화적인 민족이었다고 오랫동안 믿어왔다. 그러나 그들은 치열한 전쟁을 거의 습관적으로 끝없이 치렀다. 중앙 멕시코를 통일한 아스텍이나 안데스 지역을 통일한 잉카처럼, 원정군에게 식량을 원활하게 공급할 운송 수단이 없어 한 왕국이 이웃 왕국들을 병합시켜 하나의 제국으로 통일시킬 수 없었기 때문이다. 고고학적 기록에 따르면, 고전기의 붕괴를 앞두고 전쟁이 더 빈발했고 더 치열해졌다. 지난 55년간 여러 경로를 통해서, 구체적으로 말하면 마야 유적을 둘러싼 거대한 성곽들에 대한 고고학적 발굴, 돌기념물과 항아리에 생생하게 그려진 전쟁과 포로들(사진 14), 1946년 보남파크에서 발견된 벽화들, 대부분이 왕의 정복을 찬양한 것으로 밝혀진 마야 문자의 해독 등을 통해서 찾아낸 자료들이 그 증거이다. 마야의 왕들은 치열하게 싸웠고 포로를 잡았다. 코판의 왕, 18토끼가 그런 패자 중 하나였다. 포로들은 가혹한 고문을 당했고 참혹한 방법으로 결국에는 희생당했다. 손가락을 힘껏 잡아당겨 뽑아내고 이를 뽑으며, 아래턱을 잘라내고 입술과 손가락 끝을 베어내며, 손톱을 뽑아내고 바늘

사진 14 전쟁 장면을 묘사한 마야의 채색 도기.

로 입술을 뚫는 등 고문하는 모습이 기념물과 벽화에 생생하게 그려져 있다. 그렇게 고문한 후에는 포로들의 손과 발을 묶어 공처럼 둥그렇게 만들어 신전의 가파른 계단 아래로 굴려버렸다.

마야의 전쟁은 여러 유형으로 나누어진다. 왕국들 간의 전쟁, 한 왕국에 속한 도시가 수도에 저항하면서 왕국에서 독립하려는 반란, 왕권을 찬탈하려는 반란자들로 인한 내란 등이다. 이런 유형별 구분에 상관없이 전쟁에는 언제나 왕이나 귀족이 관련되었기 때문에 모든 전쟁이 기념물에 기록되거나 그림으로 그려졌다. 기록되지는 않았지만 인구가 과도하게 늘어나고 땅이 부족해지면서 땅을 둘러싼 평민들 간의 다툼도 점점 잦아졌다.

마야의 붕괴 원인을 이해하는 데 주목해야 할 또 하나의 현상은 가뭄이다. 마야의 가뭄에 대해서는 마크 브레너, 데이비드 호델, 고(故) 에드워드 디베이와 그들의 플로리다 대학교 동료들이 집중적으로 연구했고, 최근에는 리처드슨 길(Richardson Gill)이 마야의 가뭄을 주제로 한 책을 발표했다. 호수 바닥의 퇴적층에서 추출한 퇴적물에서 우리는 마야의 가뭄과 환경 변화를 추론해볼 수 있다. 가령 가뭄으로 호숫물이 증발해서 물의 농도가 짙어지면 호숫물에 용해된 석고, 즉 황산칼슘이 침전된다. 동위원소 산소 18로 알려진 무거운 산소를 함유한 물도 가뭄 때 농도가 짙어지는 반면에, 물에 함유된 가벼운 동위원소 산소-16은 대기 중으로 증발한다. 호수에 서식하는 연체동물과 갑각류는 산소를 흡수해서 껍질 속에 저장한다. 그 산소는 퇴적물 속에서 그대로 보존되기 때문에 그 작은 동물들이 죽고 오랜 시간이 지난 후에도 기후학자들은 그 껍질 안에 저장된 산소 동위원소들을 분석할 수 있다. 또한 퇴적층을 방사성 탄소법으로 연대를 측정하면, 석고와 산소 동위원소의 분석을 통해 가뭄이나 강우가 있었던 때를 대략 추론해낼 수 있다. 한편 화분학자들은 호수의 퇴적물에서 삼림 파괴(나무의 화분은 줄어들고, 풀의 화분은 증가하는 현상으로 나타난다)와 토양 침식(쓸려내려간 토양에서 진흙과 무기물이 많이 발견된다)에 대한 정보를 찾아낸다.

방사성 탄소법으로 호수의 퇴적물을 분석한 결과를 근거로, 기후학자들과 고생태학자들은 마야 지역이 기원전 5500년부터 기원전 500년까지는 상대적으로 습한 지역이었다는 결론을 끌어냈다. 그러나 고전기 이전의 마야 문명이 발흥하기 직전, 즉 기원전 475년부터 기원전 250년까지는 건조한 기후였다. 기원전 250년 이후 기후가 습하게 바뀌면서 고전기 이전의 마야 문명이 순조롭게 발흥할 수 있었던 것으로 추정되지만 기원후 125년부터 250년까지 다시 가뭄이 닥치면서 고전기 이전에 존재했던 엘미라도르를 비롯한 여러 도시가 붕괴한 것으로 여겨진다. 이런 붕괴가 있은 후 다시 습한 기후가 찾아오면서 고전기 마야의 도시들이 세워졌다. 하지만 600년경에 닥친 가뭄으로 티칼을 비롯한 몇몇 도시가 일시적으로 쇠락하는 현상을 보였다. 그런데 7,000년의 역사에서 최악의 가뭄이 760년경에 시작되어 800년에 절정을 이루면서 고전기 마야가 속절없이 붕괴된 것이라 추정된다.

마야 지역에 빈번하게 닥친 가뭄을 면밀하게 분석해보면 가뭄은 208년을 주기로 되풀이되는 듯하다. 태양 방사열의 작은 변화가 이런 가뭄 주기의 원인이고, 유카탄 반도에서 남쪽은 비가 더 많아지고 북쪽은 더 건조해지는 결과로 나타나는 것은 아닐까? 태양 방사열의 이런 변화가 마야 지역뿐만 아니라 정도의 차이는 있지만 전세계에 영향을 미친다고 생각할 수도 있다. 실제로 기후학자들의 지적에 따르면 마야에서 멀리 떨어진 고대 문명 지역의 붕괴도 마야의 가뭄 주기와 일치하는 듯하다. 예컨대 세계 최초의 제국이던 메소포타미아 아카드 제국이 기원전 2170년경에 붕괴했고, 페루 해안에 위치했던 제4모체 문명은 600년경에 붕괴했으며, 안데스 지역의 티아우아나코 문명은 1100년경에 붕괴했다.

단순히 가뭄 때문에 고전기 마야가 붕괴되었다고 가정한다면 800년경에 닥친 한 번의 가뭄이 전 지역에 똑같이 영향을 주면서 마야의 모든 도시들을 동시에 붕괴시켰다고 상상할 수도 있다. 그러나 고전기의 붕괴는 약간의 시차를 두고 760~910년 사이에 여러 도시를 강타했지만 그 가뭄을 이겨낸 도시들도 있었다. 따라서 많은 마야 전문가들은 마야의 붕괴에서 가뭄의 역할에 회의적이다.

그러나 신중한 기후학자라면 가뭄 가설을 이렇게 단순화시켜 말하지는 않을 것이다. 강을 따라 내려가 해안 근처의 해저층에 퇴적된 침전물은 해마다 일정한 띠를 이루게 마련이다. 따라서 이런 침전물을 분석하면 연 강수량의 변화를 비교적 정확히 계산해낼 수 있다. 이렇게 계산해보면 800년의 '대가뭄'은 실제로 네 번의 정점을 가졌고, 첫 정점이 그나마 견딜 만했다는 결론에 이른다. 정확히 말하면 760년경에 2년 동안의 가뭄이 있었고, 810년부터 820년까지 그야말로 극심한 가뭄이 10년 동안 계속되었으며, 다시 860년경에 3년간의 가뭄이 있었고, 910년경에 6년간의 가뭄이 있었다. 리처드슨이 마야의 여러 도시에서 가장 늦게 세워진 돌기념물들을 추적한 결과에 따르면 붕괴 시기는 지역마다 다르고 세 시기로 나누어진다. 810년, 860년, 910년으로 가뭄이 가장 극심했던 때와 일치한다. 일정한 해에 가뭄의 강도가 지역에 따라 달랐다면 붕괴 시기가 이렇게 구분된다고 놀랄 것은 없다. 요컨대 연속된 가뭄으로 마야의 여러 도시들이 시간적 차이를 두고 붕괴했지만 세노테, 우물, 호수 등에서 안정된 물 공급을 받은 도시들은 살아남았다.

남부 저지대의 붕괴

고전기 붕괴로 가장 타격을 입은 지역은 남부의 저지대였다. 앞에서 언급했듯이 두 가지 이유가 있었다. 첫째, 남부의 저지대는 인구밀도가 가장 높았다. 둘째, 지표가 지하수면에서 너무 높이 있어 비가 내리지 않을 때 세노테나 우물에서 물을 구할 수 없어 심각한 물 문제에 봉착했다. 고전기의 붕괴 과정에서 남부의 저지대는 인구의 99퍼센트를 상실했다. 예컨대 고전기 마야의 전성기에 중앙 페텐의 인구는 적게는

300만, 많게는 1,400만까지 추정되지만 에스파냐인들이 도래했을 때는 고작 3만밖에 남아 있지 않았다. 정복자 코르테스가 군대를 이끌고 1524년과 1525년에 중앙 페텐을 지날 때 그들은 거의 아사 직전까지 내몰렸다. 마을이 거의 없어 옥수수를 구할 수 없었기 때문이다. 코르테스는 고전기에 융성했던 티칼과 팔렝케의 유적에서 몇 킬로미터 떨어지지 않은 곳을 지났지만 그 도시들에 대한 이야기를 듣거나 흔적을 보지 못했다. 그 도시들이 정글에 완전히 묻혀버렸고, 인근에 사는 사람이 전혀 없었기 때문이다.

수백만 명에 이르던 그 많은 사람이 대체 어떻게 사라진 것일까? 우리는 제4장에서 차코캐니언의 아나사지 문명을 살펴보면서도 똑같은 질문을 던졌다. 미국 남서부에 가뭄이 닥쳤을 때 아나사지 문명과 그 후 푸에블로 인디언 사회들에서 일어난 현상에 비춰볼 때, 유카탄 반도 남부 저지대에 살던 마야인들 중 일부가 세노테와 우물이 있는 북부 지역으로 피신했을 것이라고 추정할 수 있다. 마야가 붕괴했을 때 북부의 인구가 급속히 증가한 것이 그 증거이다. 그러나 푸에블로 사회들이 수천 명의 아나사지 난민들을 이민자로 받아들였다는 증거가 없듯이, 살아남은 수백만 명의 마야인들을 북부에서 이민자로 수용했다는 증거는 어디에도 없다. 가뭄이 닥쳤을 때 미국 남서부에서 그랬듯이, 마야에서도 감소된 인구 중 일부는 기아와 갈증으로 죽어갔거나, 남은 자원을 두고 서로 죽이는 피의 투쟁을 벌였을 것이다. 그러나 수십 년 동안 계속된 출생률의 감소와 유아 사망으로도 인구가 감소했을 것이다. 달리 말하면 인구 감소는 높은 사망률에 낮은 출생률이 더해진 결과로 추정된다.

다른 지역과 마찬가지로 마야 지역에서도 과거는 현재의 귀감으로 삼아야 할 교훈이다. 에스파냐인이 도래한 이후, 1714년경에 중앙 페텐의 인구는 거의 3,000명 수준으로 감소했다. 에스파냐의 점령과 관련된 질병 및 여러 원인들로 인해 사망률이 급증했기 때문이다. 1960년대에 이르러 중앙 페텐의 인구는 2만 5,000명 수준까지 회복되었지만, 고전기 마야의 전성기에 비교하면 여전히 1퍼센트에도 미치지 못하는 인구였다. 그러나 그 후 중앙 페텐으로 이주하는 사람이 꾸준히 늘어나면서 1980년대에는 30만까지 올라갔다. 그러나 삼림 파괴와 토양 침식의 징후가 다시 나타나기 시작했다. 오늘날에는 페텐의 절반에서 삼림이 파괴되었고 생태적인 혼란이 엿보인다. 온두라스 삼림의 25퍼센트가 1964년에서 1989년 사이에 파괴되었다.

마야의 교훈

고전기 마야의 붕괴를 요약해보면 대략 다섯 가지 요인이 찾아진다. 하지만 마야를 연구하는 고고학자들 사이에서도 의견이 분분하다. 다섯 가지 요인이 갖는 의미가 지역에 따라 확연히 다르고, 고고학적 연구 결과가 마야의 일부 지역에만 국한된 것이며, 마야의 심장부 대부분에서 인구가 거의 사라진 이유나 그 후 숲이 복원된 후에도 마야 문명이 되살아나지 못한 이유가 여전히 설득력 있게 설명되지 않기 때문이다.

이런 논란에도 불구하고 내 생각에 한 가지 요인은 분명한 듯하다. 즉 가용자원을 넘어선 인구 증가이다. 토머스 맬서스가 1798년에 예견했고, 오늘날 르완다(제10장)와 아이티(제11장) 등 여러 곳에서 확인되는 현상과 유사한 딜레마가 마야에 닥쳤던 것이다. 고고학자 데이비드 웹스터의 표현대로 "지나치게 많은 농부가 지나치게 많은 땅에 지나치게 많은 곡물을 재배했다." 인구와 자원의 불일치를 해결하려는 노력이 두 번째 요인으로 발전했다. 즉 삼림 파괴와 산허리의 침식이 있었고, 그로 인해 농지가 더 필요했을 때 사용 가능한 농지가 줄어들었다. 게다가 삼림 파괴로 인한 가뭄, 토양의 고갈, 양치류의 확대로 쓸모 있는 농지는 더더욱 줄어들었다.

세 번째 요인은 전쟁의 증가였다. 인구는 많은데 자원은 부족했기 때문에 전쟁은 필연적이었다. 마야에서 풍토병이나 다름없었던 전쟁은 붕괴 직전에 극에 달했다. 적어도 500만의 인구가 콜로라도 주(10만 4,000평방마일)보다 좁은 땅에서 북적거렸다고 생각해보라. 전쟁도 농지를 줄이는 요인 중의 하나였다. 두 왕국이 팽팽하게 대치하는 위험지대에서 어떤 농부가 편안하게 농사를 지었겠는가! 이런 위기를 막다른 골목으로 몰아간 요인은 기후 변화였다. 고전기 마야가 붕괴되었을 때 마야인들에게 가뭄이 처음 닥친 것은 아니었다. 하지만 가장 혹독한 가뭄이었다. 과거에는 가뭄이 닥쳐도 피신할 곳이 있었다. 가뭄에 피해를 입은 지역의 사람들은 다른 지역으로 이주해서 새로운 삶을 꾸려갈 수 있었다. 그러나 고전기의 마야가 붕괴된 시기에는 빈 땅이 없었다. 이주해서 새로운 삶을 시작하기에 적합한 빈 땅이 인근에는 없었다. 물을 확실하게 확보할 수 있는 지역, 게다가 전(全) 인구를 수용할 만한 땅은 거의 남아 있지 않았다.

마지막으로 "왕과 귀족들이 그들의 사회에 내재된 문제를 인식하고 해결책을 모색하지 않았던 이유가 무엇일까?"라는 요인이 남는다. 겉으로 보기에는 자명한 문제를 그들이 인식하지 못한 이유가 무엇일까? 그들이 부를 축적하고 전쟁을 벌이며 경쟁적으로 기념물을 세우고, 이런 행위를 뒷받침할 만한 식량을 농부들에게서 갈취하려는 단기적인 문제에만 관심을 기울였기 때문이다. 인류의 역사에서 대부분의 지도자가 그랬듯이, 마야의 왕들과 귀족들도 장기적인 안목을 갖지 못했다. 나는 이 문제를 제14장에서 좀더 심도 있게 다루어볼 예정이다.

우리 관심사를 현 세계로 돌리기 전에 아직 살펴봐야 할 과거 사회들이 여럿 남아 있지만 우리는 마야를 비롯해서 지금까지 다룬 과거 사회들 간의 유사점들을 분명히 확인할 수 있다. 이스터 섬, 망가레바, 아나사지 사회가 그랬듯이 마야에서도 환경 문제와 인구 문제가 전쟁과 내분으로 발전했다. 또한 이스터 섬과 차코캐니언에서 그랬듯이 마야에서도 인구가 정점에 이른 직후부터 정치 · 사회적 붕괴가 시작되었다. 이스터 섬은 농지를 해안의 저지대에서 고원지대로 확대시켰고, 밈브레스는 범람원에서 언덕으로 농지를 확대시켰다. 이와 마찬가지로 코판의 주민들도 범람원에서 환경적으로 취약한 산허리로 농지를 확대시켰다. 그러나 인구가 정점에 이르렀을 때 오히려 산허리에서의 농사가 파국을 맞는 비극이 닥쳤다. 게다가 이스터 섬의 족장들이 거대한 석상을 경쟁적으로 세우고 나중에는 푸카오까지 덧씌웠듯이, 아나사지의 지배계급이 2,000개의 터키 옥으로 목걸이를 만들어 치장했듯이, 마야의 왕들도 경쟁적으로 웅장한 사원을 세웠고 회반죽을 점점 두껍게 칠했다. 미국의 최고 경영자들이 앞다퉈 호화로운 주택을 짓는 것이나 다를 바가 없었다. 따라서 이스터 섬의 족장들과 마야의 왕들이 자신들의 사회에 닥친 진정한 문제에 무관심했던 것도 우리의 미래를 불안하게 만드는 공통점 중의 하나가 아닐 수 없다.

제6장

바이킹의 영토 확장

대서양에서의 실험

내 세대의 영화광들은 '바이킹(Viking)'이란 단어를 들으면 가장 먼저 커크 더글러스를 떠올린다. 그는 1958년에 상영된 영화 「바이킹 The Vikings」에서 못이 박힌 가죽옷을 입고 수염이 덥수룩한 야만인들을 이끌고 습격과 약탈, 살해를 자행하는 원정에 나선 족장의 역할을 실감나게 연기한 명배우였다. 대학 시절 여자 친구와 그 영화를 본 지 거의 반세기가 흘렀지만 바이킹의 전사들이 성문을 공격하는 장면은 아직도 내 기억에 생생하다. 바이킹은 마침내 성문을 부수고 쳐들어가 사람들을 살육하기 시작했다. 술을 마시며 흥청대던 사람들은 비명을 지르며 달아나기 바빴다. 커크 더글러스는 아름다운 자넷 리를 포로로 붙잡았다. 자넷 리는 커크 더글러스에게 저항해보지만 그의 기분을 북돋워줄 뿐이었다. 이런 유혈극은 역사적 사실이었다. 실제로 바이킹은 중세 유럽인들에게 오랫동안 공포의 대상이었다. 게다가 그들의 언어, 즉 고대 노르웨이어에서도 'víkingar'는 '침략자'라는 뜻이었다.

그러나 바이킹의 이야기는 낭만적인 면을 띠고, 이 책의 주제와도 깊은 관계가 있다. 바이킹은 난폭한 해적이기도 했지만 농부이기도 했다. 또한 상인이었고 식민지 개척자였으며, 북대서양을 처음으로 탐험한 유럽인이기도 했다. 그들이 건설한 정착지들은 매우 다른 운명들을 맞았다. 유럽 대륙과 영국에 정착한 바이킹은 토착민들과 융화되어 러시아, 잉글랜드, 프랑스 등 국민국가를 세우는 데 큰 역할을 했다. 바이킹이 북아메리카에서 최초로 정착하려 했던 땅인 빈랜드는 곧 포기되었다. 한편 그린란드 식민지는 450년 동안 유럽 사회에서 가장 멀리 떨어진 거류지였지만 결국 사라지고 말았다. 아이슬란드 식민지는 오랜 가난과 정치적 역경을 딛고 일어나 최근에는 세계에서 가장 풍요로운 사회 중 하나가 되었다. 오크니 제도, 셰틀랜드 제도, 페로 제도는 별 어려움을 겪지 않았다. 바이킹이 세운 이 식민지들은 모두 같은 뿌리의 사람들이 살았던 사회였다. 그런데도 운명이 달랐던 이유는 각 지역의 환경과 깊은 관계가 있다.

따라서 태평양에서 폴리네시아인의 동진(東進)과 마찬가지로 북대서양 너머로 바이킹의 서진(西進)은 자연과의 실험이란 소중한 교훈을 우리에게 전해준다(지도 참조). 이 거대한 실험에서 그린란드는 작은 부분에 불과하다. 바이킹은 그린란드에서 다른 종족, 즉 이누이트족을 만났다. 그린란드의 환경 문제에 대처하는 법에서 이누이트는 바이킹과 사뭇 달랐다. 이 작은 실험이 5세기 후에 끝났을 때 그린란드에서 바이킹은 자취를 감추었지만 이누이트족은 건재했다. 따라서 노르웨이령 그린란드의 비극은 희망의 메시지이기도 하다. 가혹한 환경에서도 인간 사회의 붕괴는 필연적이 아니라는 사실을 말해주기 때문이다. 사람이 자연환경에 어떻게 대처하느냐에 따라 운명이 달라진다고 말해주기 때문이다.

환경 문제로 인한 그린란드의 붕괴와 아이슬란드에서의 악전고투는 이스터 섬, 망가레바, 아나사지, 마야 등의 붕괴와 공통점을 갖는다. 그러나 그린란드의 붕괴와 아이슬란드에서의 고난을 추적하는 데는 상당히 유리한 편이다. 그린란드의 역사, 특히 아이슬란드의 역사에 대해서는 당사자들이나 그들의 교역 상대들이 문서로 남긴 자료가 있기 때문

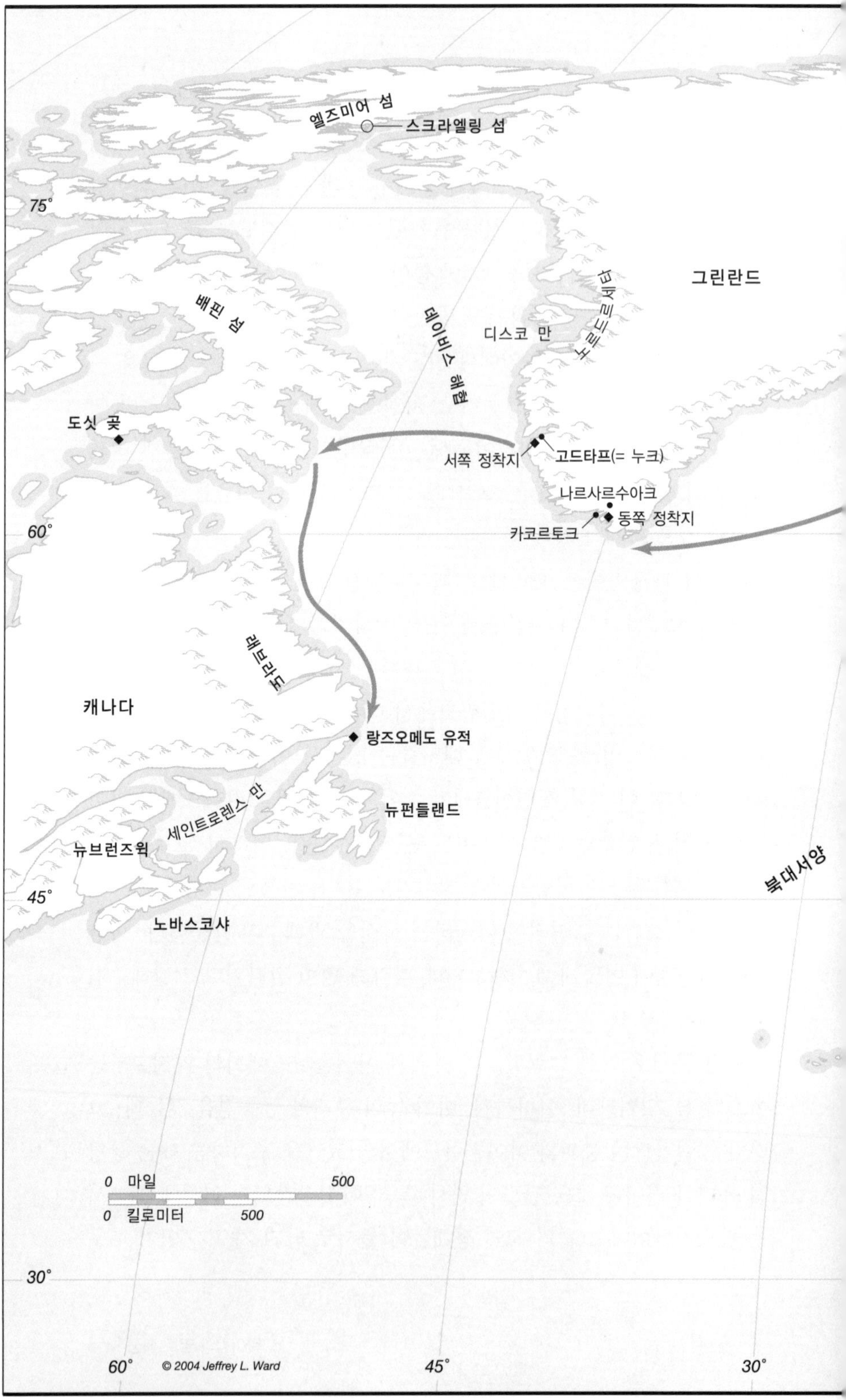

엘즈미어 섬
스크라엘링 섬
75°
그린란드
배핀 섬
데이비스 해협
디스코 만
노르드르세타
도싯 곶
서쪽 정착지
고드타프(= 누크)
나르사르수아크
동쪽 정착지
카코르토크
60°
래브라도
캐나다
랑즈오메도 유적
뉴펀들랜드
세인트로렌스 만
뉴브런즈윅
45°
노바스코샤
북대서양
0 마일 500
0 킬로미터 500
30°
60°
45°
30°

아이슬란드
페로 제도
셰틀랜드 제도
오크니 제도
바이킹의 서진
트론헤임
베르겐
노르웨이
스웨덴
린디스판 섬
덴마크
발트 해
북대서양
아일랜드
영국
노르망디
센 강
브르타뉴
루아르 강
유럽
지중해
아프리카
15°
0°
15°

사진 15 그린란드에 정착한 노르웨이 사람들이 동쪽 정착지 발세이에 세운 석조 교회, 1300년경.

이다. 물론 단편적인 기록에 불과하지만 글로 씌어진 기록이 거의 없는 다른 과거 사회들에 비하면 훨씬 나은 편이다. 아나사지 사회는 소멸되거나 사방으로 흩어졌고, 극소수만이 살아남은 이스터 섬 사람들의 사회는 외부인들 때문에 완전히 변해버렸다. 하지만 아이슬란드인은 그곳에 처음 정착한 바이킹 남자들과 켈트족 여자들의 후예들이다. 특히 아이슬란드와 노르웨이령 그린란드는 중세 유럽 기독교 사회에서 근대 유럽 기독교 사회로 진화되어간 사회이기도 하다. 따라서 교회의 잔해, 보존된 예술, 고고학적 탐사로 발굴된 연장 등이 무엇을 뜻하는지 우리는 어렵지 않게 이해할 수 있다. 하지만 다른 사회들에서 발굴된 고고학적 유물을 해석하기 위해서는 많은 부분을 추측에 의존해야 한다. 예컨대 1300년경 그린란드 발세이에 세워졌지만 잘 보존된 석조 건물의 서쪽 벽에 위치한 광장에 섰을 때는 나는 다른 곳의 교회와 비교해서 이 건물도 교회였고, 특이하기는 하지만 노르웨이 에이드피오르에 있는 교회를 거의 그대로 모방한 것이며, 서쪽 벽의 광장이 다른 교회들과 마찬가지로 주 출입구였다는 것도 알 수 있었다(사진 15). 하지만 이스터 섬의 석상이 갖는 의미는 이처럼 상세하고 정확하게 이해할 수 없다.

이스터 섬, 망가레바의 이웃 섬들, 아나사지, 마야의 운명보다 아이슬란드와 그린란드에서 겪은 바이킹의 운명은 훨씬 복잡하지만 그만큼 많은 교훈이 담겨 있다. 게다가 내가 프롤로그에서 언급한 다섯 가지 요인 모두가 일정한 역할을 했다. 바이킹은 환경을 훼손했고 기후 변화로 곤욕을 치렀으며, 그들의 대응법과 문화적 가치관이 그 결과를 더욱 악화시켰다. 이런 세 가지 요인 중 첫 번째와 세 번째는 이스터 섬과 망가레바의 이웃 섬들에서도 작용했고, 아나사지와 마야에서는 세 가지 요인 모두가 작용했다. 반면에 우호적인 이웃과의 교역은 망가레바의 이웃 섬들, 아나사지, 그리고 아이슬란드와 그린란드의 역사에서 중요한 역할을 했지만 이스터 섬과 마야의 역사에서는 별다른 역할을 하지 않았다. 그러나 악의적 이웃의 간섭(이누이트족)은 노르웨이령 그린란드의 붕괴에서만 결정적인 역할을 했다. 따라서 이스터 섬의 운명은 두 가지 주제로, 망가레바 이웃 섬들의 운명은 세 가지 주제로 J. S 바흐가 작곡한 푸가에 비유한다면 아이슬란드의 고난은 바흐가 죽음을 앞두고 마지막 걸작으로 창작하려 한 미완성 작품 「푸가의 기법」에 비교된다. 한편 그린란드의 붕괴는 바흐가 시도조차 하지 않았던 완전한 4박자 푸가라 할 수 있다. 이런 이유에서, 바이킹이 세운 사회들은 석 장(章)에 걸쳐 아주 자세하게 다루어진다. 달리 말하면 왕뱀에게 둘둘 말린 두 마리의 양 중 두 번째 양인 셈이다.

바이킹의 남진(南進)

아이슬란드와 그린란드를 주제로 한 푸가의 서곡은 793년부터 시작된 바이킹의 남진(南進)이었다. 이때 바이킹은 아일랜드와 발트 해에서 시작해서 지중해와 콘스탄티노플까지 내려갔다. 중세 유럽의 모태가 된 기본적인 요소들은 1만 년 전 '비옥한 초승달', 즉 요르단 북부에서 터키의 남동부까지, 동쪽으로 이란까지 뻗은 초승달 모양의 서남아시아 지역에 뿌리를 두었다. 농업, 가축 사육, 바퀴, 구리와 청동과 철, 도시, 부족 사회와 왕국, 조직화된 종교 등 모든 것이 이곳에서 처음 시작되었다. 이 모든 것이 유럽의 남동부에 처음 전해졌고, 점차 북서부로 확산되었다. 구체적으로 말하면 기원전 7000년경 아나톨리아에서 농업이 그리스에 전해지면서 유럽은 중동과 관계를 맺기 시작했다. 유럽의 변방인 스칸디나비아는 비옥한 초승달에서 가장 멀리 떨어진 까닭에 이런 문물을 가장 늦게 전달받았다. 농업도 기원전 2500년경에야 도래했을 정도였다. 또한 스칸디나비아는 로마의 영향권에서도 멀리 벗어나 있었다. 로마의 상인들이 스칸디나비아에 발을 디딘 적이 없었고, 로마 제국과 국경을 맞댄 적도 없었다. 따라서 중세 시대까지 스칸디나비아는 유럽에서 가장 후진적인 사회였다.

하지만 스칸디나비아는 자연에서 두 가지 유형의 혜택을 받은 땅이었다. 유럽의 모든 지역에서 앞다퉈 수입하는 북쪽 숲에 사는 짐승들의 털가죽, 바다표범의 털가죽, 밀랍이 있었다. 또한 그리스와 마찬가지로 노르웨이에서도 해안이 들쑥날쑥해서 육로로 여행하는 것보다 바다로 여행하는 것이 더 빨라, 항해술이 처음부터 발달할 수밖에 없었다. 중세 시대까지 스칸디나비아인들에게는 노를 젓는 배밖에 없었다. 쉽게 말해서 돛을 동력으로 이용한 배가 없었다. 범선은 600년경에야 지중해에서 스칸디나비아에 전해졌다. 때마침 기후가 따뜻해지고 농기구까지 발달해 식량 증산이 가능해지면서 인구가 폭발적으로 증가한 때였다. 노르웨이 땅은 대부분이 가파른 산악지대이기 때문에 지금도 국토의 3퍼센트만이 농지로 이용되는 실정이다. 이 농지도 700년경 인구 증가의 압력 아래 서부 지역을 중심으로 조성된 것이었다. 인구는 증가했지만 농지를 개간하기에 마땅한 땅이 부족했던 까닭에 스칸디나비아인들은 외부로 뻗어나가기 시작했다. 돛이 도래하면서 그들은 날렵하고 조작하기 쉬운 배, 돛과 노를 동시에 동력으로 사용한 빠른 배를 만들어냈다. 유럽과 영국으로 호화로운 수출품을 실어 나르기에 안성맞춤인 배였다. 이런 배를 타고 그들은 바다를 헤집고 다녔고, 수심에 구애받지 않고 얕은 해안이나 강을 타고 내륙까지 거침없이 거슬러 올라갔다.

그러나 인류의 역사에서 대다수의 해양 민족이 그랬듯이, 중세 스칸디나비아인들에게도 무역은 침략의 발판이었다. 일부 스칸디나비아 상인들이 풍요로운 나라까지 해로를 개척해서 모피를 팔고 그 대가로 은과 금을 받아오자, 그런 상인들의 패기만만한 동생들은 모피를 주지 않고도 은과 금을 빼앗을 수 있으리라 생각하기에 이르렀다. 그때부터 무역에 사용되던 배들이 해적선으로 돌변했다. 그들은 똑같은 해로를 이용해 해안가의 마을들을 급습했고, 내륙 깊숙이 강가에 위치한 마을들을 약탈했다. 스칸디나비아인들이 그야말로 바이킹, 즉 침략자가 되었다. 유럽 다른 지역의 배들에 비해 바이킹의 배는 월등히 빨랐다. 선원들의 행동도 민첩했다. 그들은 신속하게 약탈하고 재빨리 달아났다. 유럽의 느린 배들은 바이킹선을 따라잡을 수 없었고, 유럽인들은 바이킹의 본토를 역습해서 그들의 기지를 분쇄할 꿈도 꾸지 못했다. 지금은 노르웨이와 스웨덴의 땅인 바이킹의 본토는 당시 하나의 왕 아래에서 통일되어 있지 않았다. 여러 족장과 토호가 앞다퉈 해외에서 약탈하면서, 그 전리품으로 추종자들을 끌어들이고 있었다. 고국에서 다른 족장에게 패배한 족장은 해외에서 부활을 모색하기도 했다.

바이킹의 습격은 793년 6월 8일에 전격적으로 시작되었다. 이날, 그들은 풍요롭지만 방어가 허술한 린디스판 섬을 공격했다. 영국의 북동 해안에서 약간 떨어진 섬이었다. 그 후 바다가 잔잔해지고 바람의 도움을 받을 수 있는 여름이면 바이킹의 습격은 연례행사처럼 반복되었다. 그러나 언젠가부터 바이킹은 가을이 되어도 고향으로 돌아가지 않고 린디스판 섬의 해안에서 겨울을 지내고 다음 해 이른 봄부터 다시 약탈을 시작했다. 그때부터 바이킹 함대와 목표로 삼은 민족의 병력(兵力)을 비교해서 재물을 획득하는 방법을 다양하게 구사하는 전략이 시도되었다. 군사력이 뒤처진 지역인 경우, 바이킹은 평화적인 거래로 시작하지만 나중에는 침략하지 않겠다는 조건으로 공물을 강요하는 단계를 거쳐 약탈하고 퇴각하는 방법을 썼다. 그리고 결국에는 그 지역을 정복하는 것으로 막을 내렸다. 이런 식으로 바이킹은 해외에 식민지를 건설해나갔다.

스칸디나비아에는 여러 바이킹이 있었고, 그들이 구사하는 전략도 달랐다. 예컨대 현재 스웨덴 지역에 뿌리를 둔 바이킹, 즉 바랑족(Varangian)은 동쪽으로 발트 해를 건너 러시아에서부터 강을 타고 올라가 발트 지역으로 향했고, 계속해서 남쪽으로 진격해 흑해와 카스피해로 흘러가는 볼가 강 및 다른 강들의 상류 지역까지 진격해 비잔틴 제국과 교역하면서, 훗날 근대 러시아의 디딤돌이 되었던 키예프를 세웠다. 한편 덴마크에 기반을 둔 바이킹들은 서진해서 북서 유럽의 해안과 영국의 동쪽 해안으로 향했고, 라인 강과 루아르 강의 하구를 찾아내 노르망디와 브르타뉴에 정착했다. 그리고 동잉글랜드에서는 데인로를 건설하고 프랑스에서는 노르망디 공국을 세웠다. 게다가 에스파냐 해안을 돌아 지브롤터 해협을 건너 지중해로 들어가 이탈리아를 습격하기도 했다. 현재 노르웨이에서 시작한 바이킹은 아일랜드와 영국의 북부 해안과 서부 해안으로 향했고, 더블린에 무역 전초 기지를 세웠다. 이렇게 유럽의 각 지역에 정착한 바이킹들은 토착민과 결혼하면서 그 지역에 점점 동화되어갔다. 그 결과로, 스칸디나비아 언어들과 스칸디나비아인으로 구성된 정착촌은 유럽 대륙에서 사라지고 말았다. 스웨덴 바이킹은 러시아인에 융화되었고, 덴마크 바이킹은 영국민과 뒤섞였다. 노르망디에 정착한 바이킹들도 고유한 언어를 버리고 프랑스어를 사용하기 시작했다. 이런 동화 과정에서, 스칸디나비아의 유전자와 단어도 스며들었다. 예컨대 영어에서 '어색한(awkward)', '죽다(die)', '달걀(egg)', '스커트(skirt)' 등, 우리가 일상생활에 사용하는 적잖은 단어가 스칸디나비아어에 뿌리를 두고 있다.

유럽 땅을 향한 집요한 여행 과정에서 많은 바이킹 배들이 북대서양에서 바람에 떠밀려 항로를 벗어났다. 기후가 따뜻했던 당시에는 해빙(海氷)이 없었지만 나중에는 그 얼음 덩어리들이 항해에 장애물로 변해 결국 노르웨이령 그린란드와 '타이타닉호'의 운명을 결정하는 데 한몫을 했다. 하여간 항로를 벗어난 배들은 유럽인을 비롯해 누구에게도 알려지지 않는 땅들을 발견하는 뜻밖의 성과를 거두었다. 예컨대 페로 제도는 800년 직후까지 실질적으로 무인도였고, 아이슬란드는 870년경에야 유인도가 되었다. 또한 그들은 980년경에 그린란드를 발견했다. 그때 그린란드에는 도싯족(Dorset people)이라 알려진 이누이트족이 북쪽 귀퉁이에 살고 있었을 뿐이다. 한편 뉴펀들랜드, 세인트로렌스 만 등 북아메리카의 북동 해안 지역을 포괄하는 빈랜드를 1000년경에 발견하고 첫 발을 내디뎠지만, 아메리카 인디언들이 이미 그곳을 차지하고 있었기 때문에 바이킹은 10년 만에 그곳을 떠나야 했다.

유럽이 바이킹의 습격에 대비해서 방어력을 구축했고, 프랑스와 영국 그리고 독일의 힘이 막강해지면서 바이킹의 공격도 뜸해졌다. 게다가 노르웨이 왕이 힘을 구축하면서 천방지축처럼 날뛰던 족장들의 힘을 억누르며 노르웨이를 남부끄럽지 않은 무역국으로 바꿔가기 시작했다. 유럽 대륙에서는 857년 프랑크족이 센 강에서 바이킹을 몰아냈고, 891년에는 벨기에의 루뱅 전투에서 바이킹에게 큰 승리를 거두었으며, 939년에는 브르타뉴에서 바이킹을 완전히 쫓아냈다. 한편 영국에서 바이킹은 902년에 더블린에서 축출되었고, 954년에는 데인로에 세웠던 그들의 왕국이 붕괴되었다. 그러나 그들은 980년과 1016년 사이에 데인로를 끈질지게 침략하면서 왕국을 재건했다. 1066년에는 유명한 헤이스팅스 전투가 있었다. 노르망디 공작, 윌리엄이 옛 바이킹의 후손이지만 프랑스어를 사용하는 군사를 이끌고 영국 정복에 나섰다. 윌리엄은 10월 14일 잉글랜드 남동 해안의 헤이스팅스에서 잉글랜드의 왕 해럴드 2세에게 승리를 거두었다. 하지만 해럴드와 그의 병사들이 지친 까닭에 거둔 승리였다. 실제로 그들은 9월 25일 중앙 잉글랜드의 스탐퍼드 브리지에서 바이킹의 마지막 침략군을 패배시키고 그들의 왕까지 죽인 후에 거의 3주일 동안 남쪽으로 350킬로미터를 행군해 지칠 대로 지쳐 있었다. 어쨌든 1066년부터 바이킹의 침략은 끝을 맺었다. 그 후 스칸디나비아 왕국들은 정상적인 국가로 진화하면서 유럽의 다른 나라들과 교역했고, 이따금씩 전쟁을 도발하기는 했지만 옛날처럼 침략을 일삼지는 않았다. 따라서 중세 노르웨이는 두려운 침략자가 아니라 건조시킨 대구의 수출국으로 유럽인들에게 알려졌다.

자기촉매

이런 역사에 비춰볼 때, 바이킹이 고향을 떠나 목숨을 걸고 전쟁을 벌이거나 그린란드처럼 가혹한 환경의 땅에서 살았던 이유를 어떻게 설명해야 할까? 수천 년을 살았던 스칸디나비아 땅을 떠나서 793년 이후에 해외로 내달린 이유는 무엇이고, 그로부터 3세기도 지나지 않아 갑자기 중단한 이유는 또 무엇일까? 그 역사를 어떤 식으로 설명하더라도 그 이유가 내부의 '척력(斥力, 인구 압력과 기회의 부족)'이었는지 아니면 외부의 '인력'(引力, 무한한 기회와 빈 땅)이었는지, 아니면 둘 모두였는지 궁금하지 않을 수 없다. 인류의 역사에서 영토 확장에는 인력과 척력이 동시에 작용해왔다. 바이킹의 경우도 예외가 아니었다. 인구 증가와 왕권 강화로 그들은 고향에서 내몰렸다. 아무도 살지 않는 새로운 땅과, 사람이 살지만 방어가 허술한 풍요로운 땅이 그들을 밖에서 유혹했다. 1800년대와 1900년대 초, 유럽인들이 북아메리카로 밀물처럼 건너간 이유도 척력과 인력의 합작품이었다. 인구 증가, 굶주림, 정치적 압박 때문에 유럽인들은 고향을 떠났다. 반면에 끝없이 펼쳐진 비옥한 땅과 경제적 기회가 그들을 미국과 캐나다로 유혹했다.

인력과 척력의 합이 793년 이후에 갑자기 높아지고, 1066년 안팎에 갑자기 수그러든 이유가 무엇일까? 이런 점에서 바이킹의 영토 확장은

'자기촉매 과정(autocatalytic process)'의 좋은 예이다. 화학에서 '촉매 작용'은 효소와 같은 첨가물로 화학 반응의 속도를 촉진시킨다는 뜻이다. 어떤 화학 반응은 촉매제로 작용하는 생성물을 만들어내기도 한다. 따라서 화학 반응의 속도는 제로에서 시작하지만, 어떤 생성물이 만들어지면서 화학 반응을 촉진시키고 그 반응을 더 빠르게 활성화시키는 생성물들이 더 빨리 만들어질 때 급속히 빨라진다. 이런 연쇄 반응을 '자기촉매'라 일컫는다. 임계 질량의 우라늄에 있는 중성자가 우라늄 핵을 분열시켜 더 많은 중성자를 방출하고, 이런 중성자가 다시 우라늄 핵을 분열시키는 원리를 이용한 원자폭탄의 폭발이 자기촉매의 전형적인 예이다.

영토 확장의 경우도 마찬가지이다. 예컨대 테크놀로지적 이점 등, 최초의 강점을 바탕으로 인간은 새로운 이득을 얻거나 새로운 땅을 발견한다. 이런 사례에 따라 더 많은 사람들이 새로운 이득이나 새로운 땅을 찾아나서고, 그 결과로 얻은 이득과 땅에 다시 더 많은 사람이 신세계를 향해 나아간다. 자기촉매적 확장력이 힘을 잃고 고갈될 때까지, 요컨대 획득한 이점으로 그들에게 가능한 모든 땅을 차지할 때까지 이런 연쇄 반응은 계속된다. 바이킹의 연쇄 반응을 일으킨 촉매는 두 가지 특별한 사건이었다. 하나는 793년에 있었던 린디스판 수도원의 습격이었다. 이 습격으로 바이킹은 상당한 전리품을 얻었고, 이런 전리품에 고무되어 바이킹은 다음 해에는 더 많은 전리품을 노리며 습격을 감행했다. 다른 하나는 양을 키우는 데 적합한 무인도 페로 제도의 발견이었다. 페로 제도의 발견은 더 멀리 떨어져 있지만 더 큰 아이슬란드의 발견으로 이어졌고, 아이슬란드의 발견은 훨씬 더 멀리 떨어져 있고 훨씬 더 큰 그린란드의 발견으로 이어졌다. 전리품을 안고, 새로운 섬을 발견했다는 소식을 가지고 고향으로 돌아온 바이킹들은 고향 사람들의 상상력에 불을 지폈다. 따라서 더 많은 바이킹들이 더 많은 전리품을 노리고 더 많은 무인도를 찾아서 고향을 떠났다. 바이킹만이 자기

촉매적 영토 확장에 나섰던 것은 아니다. 기원전 1200년경부터 태평양에서 동진을 거듭했던 폴리네시아인들이 있었고, 포르투갈과 에스파냐는 1400년대, 특히 콜럼버스가 1492년에 신대륙을 '발견'한 것을 기점으로 전세계로 뻗어나갔다.

폴리네시아의 확장, 포르투갈과 에스파냐의 확장과 마찬가지로 바이킹의 영토 확장도 그들의 배로 접근할 수 있는 모든 지역을 약탈하거나 식민지화시켰을 때 물에 젖은 화약처럼 꺼지기 시작했다. 고향에 돌아온 바이킹들이 무인도를 발견했다는 반가운 소식을 전하지 못하면서, 쉽게 침략할 수 있는 땅은 이제 남지 않았다는 슬픈 소식을 전하면서 바이킹의 확장은 급속히 위축되었다. 두 가지 특별한 사건이 바이킹의 연쇄 반응을 촉발시켰던 것처럼 바이킹의 야심을 짓누른 두 가지 상징적인 사건이 있었다. 하나는 1066년의 스탐퍼드 브리지 전투였다. 바이킹의 연속된 패배에 결정타를 먹인 전투인 동시에 습격은 이제 무모한 짓이란 깨달음을 안겨준 전투였다. 다른 하나는 1000년경 가장 멀리 떨어진 식민지 빈랜드를 10년 만에 어쩔 수 없이 포기해야 했던 사건이었다. 빈랜드와 관련해서 지금까지 전해지는 노르웨이의 두 전설에 따르면, 빈랜드는 아메리카 인디언과의 다툼 때문에 포기할 수밖에 없었다. 애초부터 게임이 안 되는 싸움이었다. 배로 대서양을 건너야 했던 바이킹의 수에 비해서 아메리카 인디언의 수가 압도적으로 많았기 때문이다. 페로 제도, 아이슬란드, 그린란드에는 이미 정착자들로 가득했고, 빈랜드는 너무나 위험한 땅이었으며, 대서양에는 사람이 살 만한 무인도가 더 이상 남아 있지 않았다. 마침내 북대서양의 폭풍우와 목숨을 걸고 싸우더라도 아무런 보상을 기대할 수 없는 지경에 이른 것이었다.

바이킹의 농업

이주자들이 새로운 땅에 정착해서 새로운 고향을 만들어갈 때 그들은 원래의 고향에서 영위했던 생활 방식을 완전히 버리지는 못한다. 달리 말하면 그들의 고향에서 축적한 지식, 신앙, 생존 방식, 사회 조직 등 '문화적 자산'을 그대로 유지한다. 바이킹처럼 처음부터 아무도 살지 않는 땅이나, 기존의 정착자들과 접촉할 필요가 없는 땅에 정착할 때는 특히 그렇다. 심지어 새로운 이민자가 기존의 정착자들과 접촉하지 않을 수 없는 오늘날의 미국에서도 이민자 집단들은 자신들만의 고유한 특징을 여전히 간직하고 있다. 예컨대 로스앤젤레스에 살고 있는 베트남인, 이란인, 멕시코인, 에티오피아인 등과 같은 새로운 이민자 집단들은 문화적 가치관, 교육 수준, 직업, 재산의 정도에서 커다란 차이를 보인다. 그들은 미국 사회에 적응하는 정도에서 차이를 보였다. 이런 차이는 그들의 원래 생활 방식에서 부분적으로 기인하는 듯하다.

바이킹의 경우에도, 그들이 북대서양의 섬들에서 만들어낸 사회들은 고향을 모델로 삼은 것이었다. 특히 농업, 철의 생산, 계급 구조, 종교 등의 분야에서 이런 문화유산은 중요했다.

우리는 바이킹을 침략자나 해양 민족이라 생각하지만 정작 바이킹들은 자신들을 농부라고 생각했다. 노르웨이 남부에서 재배된 곡물과 사육된 가축은 새로운 정착지에서도 중요한 자산이 되었다. 바이킹 개척자들이 아이슬란드와 그린란드로 가져가기에 적합한 동물이었고 식물이기도 했지만 그 동물들과 식물들이 바이킹의 사회적 가치관에 부합하는 것이었기 때문이다. 같은 먹을거리, 같은 습관이라도 민족에 따라 다른 지위를 갖게 마련이다. 예컨대 미국 서부의 목장주들에게 소는 소중한 가축이지만 염소는 그다지 중요한 가축이 아니다. 그런데 이주자들의 영농법이 새로운 땅에 적합하지 않을 때 문제가 발생한다. 예를 들어 오스트레일리아 사람들은 처음에 영국에서 가져온 양들이 오스트레일리아의 환경에 유익하냐 그렇지 않냐를 두고 아직까지 논쟁을 벌이고 있다. 뒤에서 다시 다루겠지만, 옛 땅에서는 적합했던 것과 새로운 땅 간의 부적절한 관계가 노르웨이령 그린란드에 중대한 피해를 안겼다.

노르웨이의 추운 기후에서는 곡물 재배보다 가축 사육이 더 쉬웠다.

가축은 '비옥한 초승달'과 유럽에서 수천 년 동안 기본적인 먹을거리가 되었던 다섯 종과 같았다. 즉 젖소, 양, 염소, 돼지, 그리고 말이었다. 이 중에서 바이킹이 가장 소중하게 생각한 가축은 살코기를 얻기 위해 사육한 돼지, 치즈와 같은 유제품을 제공하는 젖소, 그리고 운송수단으로 쓰였고 권위의 상징으로 여겨진 말이었다. 고대 노르웨이 전설에서, 돼지고기는 전쟁의 신 오딘(Odin)의 전사들이 죽은 후에 발할라(오딘 신을 모신 사당: 옮긴이)에서 매일 즐기는 살코기였다. 양과 염소는 비천한 가축으로 여겨졌지만 경제적으로는 유용한 가축이었다. 살코기보다는 유제품과 털을 얻기 위해 반드시 길러야 할 가축이었다.

9세기경 한 족장의 집터로 추정되는 노르웨이 남부의 쓰레기 더미에서 발굴한 뼈의 수에서 족장의 식솔이 먹을거리로 삼은 가축들의 상대적인 수를 추정할 수 있었다. 모든 가축 뼈 중 거의 절반이 젖소의 것이었고, 3분의 1은 돼지의 것이었다. 양과 염소의 뼈는 합해서 5분의 1에 불과했다. 바이킹 족장이 야망을 품고 해외에서 농장을 세웠다면 다섯 가축을 고향과 똑같은 비율로 사육하고 싶었을 것이다. 실제로 그린란드와 아이슬란드에 초창기에 세워진 농장들의 쓰레기 더미에서는 비슷한 비율로 가축의 뼈가 발견된다. 하지만 시간이 지나면서 뼈의 비율이 달라졌다. 그린란드와 아이슬란드의 환경에 잘 적응한 가축도 있었지만 그렇지 못한 가축도 있었기 때문이다. 예컨대 시간이 지나면서 젖소의 수는 줄었고 돼지는 거의 사라졌다. 그러나 양과 염소의 수는 오히려 늘어났다.

노르웨이에서도 북쪽에서는 겨울이 되면 가축도 실내의 축사에서 길러야 한다. 달리 말하면 가축을 밖에 풀어놓고 스스로 풀을 찾아 뜯게 하는 대신에 사람의 손으로 꼴을 먹여야 한다. 따라서 바이킹의 전사들은 자신들의 명성을 높여준 전쟁에 쏟는 시간보다, 가축들을 겨우내 먹일 건초를 베고 말려서 저장하는 소박한 일에 더 많은 시간을 보내야 했다.

농사를 지을 수 있을 정도로 기후가 포근한 지역에서도 바이킹들은 추위를 견디는 작물, 특히 보리를 재배했다. 보리보다 내한성이 부족하기 때문에 덜 중요하게 여겨진 작물로는 귀리, 밀, 호밀이 있었다. 채소는 캐비지, 양파, 완두콩, 콩이 있었고, 아마포를 얻기 위해 아마가 재배되었다. 또한 맥주를 양조하는 데 필요한 홉도 재배되었다. 적어도 노르웨이에서는 북쪽으로 올라갈수록 농작물의 중요성이 가축에 비해 떨어졌다. 야생 동물의 살코기가 가축을 대신할 수 있는 중요한 단백질 공급원이었다. 특히 생선이 중요한 위치를 차지했던지 노르웨이 바이킹의 쓰레기 더미에서 발굴한 짐승 뼈의 절반 이상이 생선 뼈이다. 바다표범을 비롯한 수생 포유동물, 순록과 말코손바닥사슴, 작은 육지 포유동물, 번식을 위한 서식지에서 나포한 바닷새, 오리와 물새 등을 사냥해서 먹기도 했다.

철이 뜻하는 것

고고학자들이 바이킹의 유적에서 발굴한 철제 기구는 바이킹이 철을 다양한 용도로 사용했다는 증거를 보여준다. 철은 쟁기, 삽, 도끼, 낫 등과 같은 무거운 농기구, 칼과 가위 및 바느질용 바늘과 같은 작은 가정용품, 못과 대갈못 등과 같은 건축용 철물로 사용되었다. 물론 칼, 창, 전부(戰斧), 갑옷 등과 같은 무기를 만드는 데도 사용되었다. 철을 제련한 터에서 발견된 숯을 만든 구덩이와 용재(鎔滓) 더미를 바탕으로 바이킹이 철을 어떻게 얻었는지 재구성해볼 수 있다. 물론 중앙집중화된 공장에서 산업적 규모로 채굴되고 제련된 것은 아니었다. 각 가정에서 소규모로 제련되었다. 원광석은 스칸디나비아에 널리 분포되어 있는 소철광(沼鐵鑛, bog iron), 즉 물에 용해된 후에 산(酸)이나 박테리아로 인해 늪이나 호수의 퇴적물로 침전되는 산화철이었다. 요즘의 철광기업들은 산화철을 30~95퍼센트 함유한 원광을 채굴하지만 바이킹의 대장장이들은 1퍼센트의 산화철을 함유한 원광이라도 감지덕지했다.

철분을 넉넉히 함유한 이런 퇴적물을 찾아내면 그 퇴적물을 건조시킨 후 용광로에 넣고 열을 가해 녹이면서 철과 불순물(용재)을 분리했다. 불순물을 최대한 제거하기 위해 망치로 두드리면서 원하는 모양으로 만들어갔다.

땔나무만으로는 철을 분리할 수 있을 정도의 고열을 유지할 수 없다. 따라서 나무를 먼저 태워서, 충분한 고열을 유지할 수 있는 숯을 만들어야 한다. 여러 나라에서 확인한 바에 따르면, 평균적으로 2킬로그램의 나무가 있어야 500그램의 숯을 만들 수 있다. 이런 까다로운 조건 이외에 소철광에 함유된 철의 양이 극히 적었기 때문에, 바이킹들은 철을 추출해서 철제 기구를 만들거나 철제 연장을 보수하기 위해서 엄청난 양의 나무를 소비할 수밖에 없었다. 이런 현상은 나무의 공급이 원활하지 않았던 노르웨이령 그린란드를 옥죄는 요인 중의 하나가 되었다.

바이킹의 족장들

바이킹이 스칸디나비아 고향을 떠나면서 가져간 사회 시스템은 계급사회였다. 침략해서 포로로 잡은 노예가 최하층이었고, 그 위로 자유인과 족장이 있었다. 바이킹이 영토를 확장하는 동안 스칸디나비아에서는 큰 통일왕국('왕'을 자처한 족장이 지배한 지역 공동체와는 전적으로 달랐다)들이 탄생하고 있었다. 따라서 해외로 이주한 바이킹들은 노르웨이와 덴마크의 왕들과 거래해야만 했다. 하지만 이주자들의 일부는 신흥 세력으로 등장한 왕들을 피해서 달아난 사람들이었다. 따라서 아이슬란드와 그린란드에 세워진 바이킹 사회에서는 자체의 왕을 내세우지 않았지만 군사력을 지닌 족장을 필두로 귀족들에게 권력이 집중되어 있었다. 그들만이 배를 가졌고, 소중했지만 키우기 힘든 젖소뿐만 아니라 비천한 가축이었지만 상대적으로 쉽게 키울 수 있는 양과 염소를 포함해 모든 종류의 가축을 보유할 여력이 있었다. 노예, 자유 노동자, 소작인, 자영농 등이 족장을 섬겼다.

족장들은 평화적인 수단으로 경쟁을 벌이기도 했지만 전쟁도 마다하지 않았다. 권위를 얻고 추종자들을 보상하며 자기편으로 유도하기 위해서 선물을 나누어주고 잔치를 베풀었다. 어떤 식으로든 다른 족장들을 이겨야 했다. 족장들은 무역과 침략, 그리고 자체의 농산물 생산을 통해서 재원을 마련했다. 그러나 바이킹 사회는 폭력적인 사회이기도 했다. 족장과 가신들은 해외에서는 다른 민족들과 싸웠고, 국내에서는 다른 족장들과 싸웠다. 유혈이 낭자한 전투에서 패한 쪽은 재기(再起)를 꿈꾸면서 해외로 달아났다. 예컨대 980년 붉은 털 에리크(Erik the Red)라는 아이슬란드인이 패해서 추방당하자 그린란드를 탐사한 후, 추종자들을 이끌고 그린란드에서 농사짓기에 가장 적합한 곳에 정착했다.

바이킹 사회에서 중요한 결정은 족장들이 내렸다. 족장들의 권위를 높이기에 적절한 방법이었다. 그러나 그들의 결정은 당시 사회 전체의 이익, 혹은 미래 세대의 이익과 충돌하는 경우가 적지 않았다. 이스터섬의 족장들과 마야의 왕들이 내린 결정에서도 이런 이해의 충돌이 있었다는 사실을 우리는 이미 제2장과 제5장에서 보았다. 이런 이해의 충돌은 노르웨이령 그린란드 사회의 운명에도 중대한 영향을 미쳤다(제8장).

바이킹의 종교

800년경 바깥 세계로 진출하기 시작했을 때 바이킹은 게르만 종교의 전통적인 신들을 섬기는 '이교도'였다. 풍요의 신 프레이르(Freyr), 하늘의 신 토르(Thor), 전쟁의 신 오딘(Odin) 등이 있었다. 바이킹들에게 공격당한 유럽 사회들이 가장 두려워한 것은 바이킹들이 비기독교인이어서 기독교 사회의 금기를 지키지 않는다는 것이었다. 그들은 성당과 수도원을 공격하면서 가학적 쾌감을 즐기는 듯했다. 843년 바이킹 함대가 프랑스의 루아르 강을 거슬러 올라가며 약탈을 계속했다. 그때 그들은 강 하구에 위치한 낭트의 성당을 점령해서 주교를 비롯해 모든 성직자를 살해하는 만행을 저질렀다. 하지만 바이킹이 교회를 약탈하면서 특별히 가학적 쾌감을 누린 것은 아니었다. 일반 시민은 약탈하지 않겠다는 원칙이 있었던 것도 아니다. 방어 능력이 떨어지는 성당과 수도원은 쉽게 노략질을 할 수 있는 곳이었을 뿐이다. 실제로 바이킹들은 기회가 있을 때마다 부유한 무역 거점들을 마다하지 않고 공격했다.

바깥 세계, 즉 기독교의 땅에 정착한 후 바이킹들은 토착민들과 결혼하면서 지역의 관습을 받아들였다. 심지어 기독교까지 포용했다. 바깥 세계로 진출해서 개종한 바이킹들이 기독교를 스칸디나비아에 전파하는 데 큰 역할을 했다. 그들이 고향을 방문할 때마다 기독교라는 새로운 종교에 대한 정보를 고향 사람들에게 전해주었기 때문이다. 스칸디나비아의 족장들과 왕들도 기독교가 그들에게 안겨줄 정치적인 이득을 인식하기 시작했다. 오히려 왕들보다 먼저 기독교를 비공식으로 받아들인 족장들까지 있었다. 기독교가 스칸디나비아에 뿌리를 내릴 수 있었던 결정적인 계기는 덴마크의 푸른 이빨왕 하랄 1세(Harald Blåtand)의 공식적인 개종이었다. 노르웨이는 995년에 공식적으로 기독교로 개종했고, 스웨덴은 다음 세기에 기독교를 공식적으로 받아들였다.

노르웨이가 개종하기 시작하자 오크니 제도, 셰틀랜드 제도, 페로 제도, 아이슬란드, 그린란드로 이주한 바이킹들도 그 뒤를 따랐다. 그들에게는 배가 거의 없어 노르웨이 배를 이용해 무역을 할 수밖에 없었다. 따라서 노르웨이가 기독교로 개종한 마당에 기독교를 거부할 수 있는 입장이 아니었다. 예를 들어 설명해보자. 노르웨이 왕 울라프 1세는 기독교로 개종하면서 이교도인 아이슬란드와의 교역을 중단시켰고, 노르웨이를 방문하는 아이슬란드인을 사로잡았다. 심지어 아이슬란드 지도자의 혈육까지 인질로 잡았다. 그리고 아이슬란드가 이교도적 신앙을 포기하지 않으면 포로로 잡은 인질들의 사지를 절단하거나 죽이겠다고 협박했다. 결국 아이슬란드의 국민의회는 999년 여름의 모임에서 대세를 받아들이면서 기독교를 공식적으로 국교로 인정했다. 같은 해,

그린란드 식민지를 개척한 붉은 털 에리크의 아들 레이브 에릭손(Leiv Eriksson)도 그린란드에 기독교를 받아들인 것으로 추정된다.

1000년 이후 아이슬란드와 그린란드에 세워진 기독교 교회들은 요즘 교회처럼 자체의 땅이나 건물을 가진 독립된 단위가 아니었다. 지역 유지나 족장이 짓고 소유한 교회였다. 교회가 십일조의 명목으로 지역 주민들에게 거둔 세금을 나누어 갖는 권리가 지역 유지나 족장, 즉 교회 주인에게 있었다. 달리 말하면 족장이 맥도널드 햄버거 본사와 프랜차이즈 계약을 협상해서 지역 판매 독점권을 얻어 교회를 세우고, 맥도널드의 기준에 따라 물건을 공급받아 이익의 일부를 자기 몫으로 챙기고 나머지를 본사에 보내는 식이었다. 물론 이 경우에는 니다로스(지금의 트론헤임)의 주교를 통해 로마의 교황에게 보냈다. 따라서 교황청은 교회를 지역 유지, 즉 주인에게서 독립시키려 애썼다. 1297년 마침내 교황청은 아이슬란드의 교회 주인들을 윽박질러 교회터의 소유권을 주교에게 양도하는 데 성공했다. 그린란드에서도 이런 변화가 있었는지 확증할 만한 증거는 없지만 1261년 그린란드가 명목상으로라도 노르웨이 법을 받아들이기를 결정하면서 그린란드 교회 주인들도 무언의 압력을 받았을 것이다. 실제로 1341년 베르겐의 주교는 그린란드에 이바르 바르다르손(Ivar Bardarson)이란 감독관을 보냈고, 이 감독관은 그린란드 교회들을 기록한 자세한 목록을 안고 돌아왔다. 이런 기록에서 우리는 주교가 아이슬란드에서 그랬던 것처럼 그린란드의 '프랜차이즈'에 대한 지배력을 강화하려 했다고 추측할 수 있다.

기독교로 개종하면서 바이킹의 해외 식민지들은 커다란 문화적 변화를 경험해야 했다. 기독교는 유일하게 진정한 종교를 자처하며 배타성을 가졌기 때문에 기독교로의 개종은 이교도적 전통의 포기를 뜻했다. 예술과 건축이 기독교적으로 변했다. 당연히 유럽 대륙을 모델로 삼았다. 식민지의 바이킹들은 큰 교회를 세웠다. 인구가 훨씬 많은 스칸디나비아 본토의 대성당 못지않은 대성당까지 세웠다. 따라서 식민지 인구에 비할 때 성당의 규모가 지나치게 컸다. 그래도 식민지 정착자들은 기독교를 진지하게 받아들였던지 십일조를 로마 교황청에 꼬박꼬박 바쳤다. 그린란드 주교가 1282년 교황에게 십자군 십일조(현찰이 아니라 해마의 엄니와 북극곰의 털가죽으로)를 보냈다는 기록, 그린란드에서 6년간 십일조를 받았다고 교황청이 공식적으로 인정한 1327년의 기록이 있다. 한편 교황청은 그린란드에 유럽의 최근 문물을 전해주는 통로이기도 했다. 그린란드 교회에 임명된 모든 주교가 그린란드 사람이 아니라 스칸디나비아 본토 출신이었기 때문이다.

식민지 정착자들이 기독교로 개종하면서 일어난 가장 중요한 변화는 자아관이었다. 이런 결과는 오스트레일리아 사람들에게서 확인된다. 1788년 영국이 오스트레일리아에 식민지를 건설하고 한참의 시간이 지난 후에도 오스트레일리아 사람들은 자신들을 아시아 사람이나 태평양 사람이라고 생각지 않고 해외에 사는 영국인이라 생각했다. 그렇지 않았다면 1915년 그들의 국익과 아무런 상관도 없었을 뿐만 아니라 아득히 멀리 떨어진 겔리볼루까지 기꺼이 달려가 영국을 도와 터키군과 맞서 싸웠다는 사실을 어떻게 설명할 수 있겠는가! 이와 마찬가지로 북대서양 섬들에 정착한 바이킹들도 자신들을 유럽 기독교인이라고 생각하며 교회 건축, 장례 관습, 측량 단위 등에서 본토의 변화를 그대로 따랐다. 이런 정체성의 공유 덕분에 수천 명의 그린란드 사람들은 서로 힘을 합해 역경을 견디었고, 4세기 동안이나 가혹한 환경에서도 삶을 유지할 수 있었다. 그러나 정체성의 공유는 악영향도 미쳤다. 그 때문에 그들은 이누이트에게 배우기를 거부했고, 더 오랜 시간을 살아남을 수 있었을 방향으로 정체성을 변화시켜가지 못했다.

오크니 제도, 셰틀랜드 제도, 페로 제도

바이킹이 북대서양 섬에 세운 여섯 개의 식민지는 같은 사람이 시도한 여섯 가지 실험이라 할 수 있다. 이 장의 첫 부분에서 말했듯이 이 실험들은 각각 다른 결과를 낳았다. 오크니 제도, 셰틀랜드 제도, 페로 제도의 식민지는 생존의 위협을 별로 받지 않고 1,000년 이상을 존속하고 있다. 아이슬란드 식민지도 존속하고는 있지만 가난과 정치적 혼란을 이겨내야 했다. 그린란드에 세운 식민지는 450년 만에 완전히 사라졌다. 빈랜드 식민지는 10년 만에 버려졌다. 이렇게 다른 결과들은 식민지들의 환경 차이와 밀접한 관계가 있다. 이처럼 다른 결과를 낳은 환경의 네 가지 중요 변수는 1) 노르웨이와 영국을 기점으로 한 거리나 항해 횟수, 2) 원주민의 저항, 3) 위도와 기후에 영향을 크게 받는 농업의 적합성, 4) 환경적 취약성, 특히 토양 침식과 삼림 파괴로 발전할 가능성이다.

실험 결과는 여섯 개뿐인데, 그 결과를 설명하는 데 필요한 변수는 네 개나 된다. 따라서 9가지 변수에 81개의 결과(즉 섬)를 가졌던 태평양의 경우에 비춰보면 바이킹의 문제를 올바로 설명할 수 있을까 의심스럽기는 하다. 어떤 통계학적 상관분석이 성공할 가능성을 가지려면 검증되어야 할 변수보다 실험 결과가 더 많아야 한다. 따라서 실험 결과인 섬들이 많은 태평양의 경우에는 통계적 분석만으로 각 변수의 상대적 중요성을 충분히 결정할 수 있었다. 하지만 북대서양에는 실험 결과로 삼을 만한 섬들이 많지 않다. 따라서 이 정도의 정보만 주어질 때 웬만한 통계학자라면 바이킹의 문제는 설명할 수 없다고 결론 지을 것이다. 인류 역사의 문제에 비교 방법론을 적용하려는 역사학자라면 누구나 부딪치는 딜레마이다. 즉 가능한 독립 변수는 헤아리기 힘들 정도로 많은데 실질적인 결과는 손가락으로 꼽을 정도여서, 그 변수들의 중요성을 통계적으로 결정하기 어렵다는 딜레마이다.

그러나 역사학자들은 최초의 환경 조건과 최종 결과 이외에 훨씬 더 많은 것을 알고 있다. 달리 말하면 최초의 조건과 최종 결과를 이어주는 단계들에 대한 정보를 많이 가지고 있다. 특히 바이킹을 연구하는 학자들은 항해 횟수와 뱃짐에 대한 기록을 근거로 항해의 중요성을 검증할 수 있다. 또한 바이킹과 지역민 간의 충돌에 대한 역사적 기록을 근거로 원주민의 저항이 낳은 결과를 분석하고, 실제로 재배된 작물과 사육된 가축에 관련한 기록을 바탕으로 농업의 적합성을 판단할 수 있다. 삼림 파괴와 토양 침식의 징후들(화분과 화석화된 식물), 혹은 목재를 비롯한 건축 자재를 확인해서 환경적 취약성을 검증할 수 있다. 이런 중간 단계들과 결과에 대한 정보를 근거로 북대서양의 여섯 개 식민지 중 다섯 개 사회를 차례로 살펴보자. 거리와 부의 크기를 기준으로 해서 오크니 제도, 셰틀랜드 제도, 페로 제도, 아이슬란드, 빈랜드의 순서로 살펴보기로 하자. 그린란드의 운명에 대해서는 다음 두 장(章)을 할애해서 자세히 살펴볼 것이다.

오크니 제도는 영국의 북쪽 끝에서 약간 떨어진 군도(群島)로, 제1차 세계대전과 제2차 세계대전에서 영국 해군의 주요 기지로 사용된 광활한 정박지 스캐퍼플로를 둘러싸고 있다. 스코틀랜드 본토의 북단인 존오그로츠에서 가장 가까운 섬까지의 거리는 18킬로미터에 불과하고, 오크니 제도에서 노르웨이까지도 바이킹의 배로는 하루 거리이다. 따라서 노르웨이 바이킹들이 오크니 제도를 침략하기란 쉬운 일이었다. 물론 오크니 제도가 필요한 것을 노르웨이나 영국에서 수입하고, 그들의 특산품을 수출하기도 어렵지 않았다. 오크니 제도는 육지에서 분리된 섬이다. 달리 말하면 원래 영국 본토의 일부였는데 1만 4,000년 전 빙하기가 끝나면서 해수면이 높아져 육지에서 분리된 것이었다. 어쨌든 육지와 연결되었을 때 엘크(일명, 영국 붉은 사슴), 수달, 토끼 등 많은 포유동물이 이 섬들로 건너와 훌륭한 사냥감이 되었다. 바이킹은 픽트인으로 알려진 원주민을 순식간에 굴복시켰다.

빈랜드를 제외할 때 북대서양 식민지들 중에서 가장 남단에 위치하고 멕시코 만류의 영향권에 있어, 오크니 제도의 기후는 포근한 편이다. 비옥한 토양이 빙하 작용으로 되살아났고, 침식의 위험도 심하지 않다. 따라서 오크니 제도에서는 바이킹이 도래하기 전부터 픽트족이 농사를 짓고 있었다. 바이킹의 식민지가 된 후에도 농업은 계속 유지되었고 오늘날까지도 높은 생산성을 자랑한다. 요즘 들어 오크니 제도는 쇠고기와 달걀, 돼지고기와 치즈, 그리고 몇몇 곡물을 수출하고 있다.

바이킹은 800년경에 오크니 제도를 정복해서, 영국과 아일랜드 본토를 침략하는 전초 기지로 삼았다. 그 후 강력하고 풍요로운 사회를 건설했고, 한동안 노르웨이 왕국에게서 독립을 선언하기도 했다. 오크니 제도의 바이킹이 부자였다는 증거는 950년경의 것으로 추정되는 7.8킬로그램의 은괴이다. 북대서양의 다른 섬들에서 눈을 씻고 찾아봐도 찾을 수 없는 은괴로, 스칸디나비아 본토에서 발견된 가장 큰 은괴와 같은 크기이다. 다른 증거로는 영국의 더럼 대성당을 본떠 12세기에 세운 성 망누스 대성당이 있다. 1472년에 오크니 제도의 소유권은 노르웨이(당시 덴마크의 속국)에서 스코틀랜드로 양도되었다. 스코틀랜드의 왕 제임스가 덴마크 공주를 신부로 맞아들이면서 약속받은 지참금을 덴마크 왕실이 지불하지 못하자, 제임스가 오크니 제도를 지참금 명목으로 요구했기 때문이다. 스코틀랜드 지배하에서도 오크니 섬 사람들은 1700년대까지 노르웨이 방언을 계속 사용했다. 원주민이던 픽트인과 노르웨이인의 후손들은 농부로서 풍요로운 삶을 누리면서, 북해 원유의 종점 역할로 적잖은 수입을 올리고 있다.

오크니 제도에 관련된 이야기 중 일부는 셰틀랜드 제도에도 그대로 적용된다. 셰틀랜드 제도도 원래 픽트인의 땅이었지만 9세기에 바이킹에게 정복당했고, 1472년에 스코틀랜드로 양도되었다. 그 후에도 한동안 노르웨이어가 사용되었으며, 최근에는 북해 원유 덕분에 적잖은 이익을 누리고 있다. 그러나 다른 점들도 있다. 북쪽으로 오크니 제도에서는 80킬로미터, 스코틀랜드에서는 210킬로미터 떨어져 있고 바람이 더 많으며, 토양이 상대적으로 척박해서 농업 생산성이 떨어진다. 오크니 제도와 마찬가지로 셰틀랜드에서도 털을 얻기 위한 양의 방목이 경제의 한 축이지만 셰틀랜드에서는 젖소 사육이 쉽지 않아 어업에 주력했다.

오크니 제도와 셰틀랜드 제도 다음으로는 페로 제도가 있었다. 오크니 제도에서는 북쪽으로 320킬로미터, 노르웨이에서는 서쪽으로 640킬로미터 떨어진 곳에 위치한다. 따라서 바이킹은 정착자들과 교역할 물건을 싣고 페로 제도에 쉽게 접근할 수 있었지만 초기의 원시적인 배로는 넘기 힘든 거리였다. 따라서 바이킹이 페로 제도에 처음 상륙했을 때 무인도에 불과했지만 몇몇 아일랜드 은둔자가 있었다는 이야기가 전해진다. 그러나 그들의 존재를 확실하게 증명해줄 고고학적 증거는 아직 발견되지 않았다.

북극권에서 남쪽으로 480킬로미터 떨어지고, 노르웨이 서해안에 있는 두 대도시(베르겐과 트론헤임)의 중간선상에 위치한 페로 제도는 포근한 해양성 기후이다. 그러나 오크니 제도나 셰틀랜드 제도보다 지리적으로 북쪽에 있어, 농사를 짓고 방목할 수 있는 기간이 짧다. 또한 작은 섬들이고, 바람이 강하기 때문에 바다의 염기가 온 섬들을 뒤덮기 때문에 숲이 발달하지 못했다. 또한 토종 나무들은 작은 버드나무, 자작나무, 사시나무, 노간주나무처럼 크지 않은 나무가 주종을 이루었다. 이런 나무들마저 정착자들이 베어냈고, 양들이 새싹을 뜯어 먹은 탓에 숲의 재생이 이루어지지 못했다. 여기에 건조한 기후였다면 토양 침식까지 더해졌겠지만 다행히도 페로 제도는 안개가 많이 끼는 습한 기후였다. 게다가 연 평균 280일 비가 내리고, 하루에도 몇 번씩 소나기가 쏟아지는 날이 많다. 바이킹 정착자들도 건물에 테라스를 달고 담을 세워서 토양 침식을 방지하려 애썼다. 그린란드, 특히 아이슬란드에 정착한 바이킹들은 토양 침식을 성공적으로 관리하지 못했다. 그들이 페로 제도의 사람들보다 신중하지 못했기 때문은 아니었다. 아이슬란드의 토양과 그린란드의 기후가 침식에 더 취약했기 때문이다.

바이킹들은 9세기에 페로 제도에 정착했다. 그들은 보리를 어렵사리 재배할 수 있었지만 그밖에 재배할 수 있는 곡물은 거의 없었다. 요즘도 페로 제도에서는 땅의 6퍼센트에서만 감자를 비롯한 몇몇 작물이 재배되고 있을 뿐이다. 노르웨이에서 소중하게 생각한 젖소와 돼지, 심지어 비천한 가축이라 여겼던 염소의 사육마저 이곳에서는 정착한 지 200년이 지나지 않아 포기되었다. 지나친 방목으로 인한 토양 침식을 막기 위한 조치였다. 대신 페로 제도의 경제는 양을 방목해서 양모를 수출하는 데 주력했고, 나중에는 소금에 절인 대구를 수출품에 추가했다. 요즘에는 말린 대구와 넙치, 양식한 연어까지 수출하고 있다. 양모와 생선을 수출한 대가로 페로 제도 사람들은 노르웨이와 영국에서 막대한 양의 목재, 연장을 만들기 위한 철, 그리고 도기를 대체할 만한 부엌 용품을 만들 활석이나 숫돌 등과 같은 돌과 광물을 수입했다. 모두가 페로 제도의 환경에는 부족하거나 아예 없는 것이었다. 실제로 페로 제도에는 부목(浮木)으로나 사용할 수 있을 뿐 건축용으로 사용할 만한 나무가 지역적으로 부족했다.

정착 이후 페로 제도의 역사를 잠시 살펴보자. 섬사람들은 1000년경, 즉 북대서양의 다른 식민지들과 거의 같은 시기에 기독교로 개종했고, 그 후 고딕 양식의 성당까지 세웠다. 페로 제도는 11세기에 노르웨이의 속국이 되었지만, 노르웨이가 덴마크에 정복당한 1380년에는 덴마크에 양도되었다. 그러나 1948년 덴마크령을 인정하는 조건에서 자치권을 획득했다. 현재 4만 7,000명의 주민이 페로어를 사용하며 살고 있다. 페로어는 고대 노르웨이어에 뿌리를 두고 있으며 현대 아이슬란드어와 무척 유사하다. 따라서 페로 제도 사람들과 아이슬란드 사람들은 서로 의사소통이 가능하며, 고대 노르웨이어로 쓴 책을 그런대로 이해할 수 있다.

요컨대 페로 제도에는 바이킹들이 아이슬란드와 그린란드에서 겪은 문제가 없었다. 아이슬란드처럼 침식성 토양과 활화산이 없었고, 그린란드처럼 경작 가능 기간이 지나치게 짧지 않았고 기후가 건조하지도 않았다. 또한 항해하기 쉽지 않을 정도로 멀었고 적대적인 원주민도 없었다. 물론 오크니 제도나 셰틀랜드 제도보다는 멀리 떨어져 있었고, 특히 오크니 제도에 비해서 천연자원이 턱없이 부족했지만 페로 제도의 사람들은 필요한 물건들을 수입하면서 큰 어려움 없이 살아남았다. 그러나 필요한 물건들을 빠짐없이 수입하기에는 그린란드가 너무 멀었다.

아이슬란드의 환경

내가 아이슬란드를 처음 방문한 목적은 나토(NATO, 북대서양조약기구)가 후원한 회의에 참석하기 위한 것이었다. 생태적으로 훼손당한 환경의 복원이라는 주제로 열린 회의였다. 나토가 아이슬란드를 회의 장소로 선택한 것은 그야말로 적절한 선택이었다. 아이슬란드가 유럽에서 생태적으로 가장 훼손된 나라이기 때문이다. 인간의 정착이 시작된 이후, 아이슬란드를 뒤덮고 있던 나무들과 초목 대부분이 파괴되었다. 원래의 토양도 절반가량이 바다로 침식된 지경이었다. 이런 훼손의 결과로, 바이킹이 처음 정착했을 때는 푸르렀던 아이슬란드의 많은 땅이 건물도 없고 도로도 없는 황량한 땅, 한마디로 인간이 사는 징후가 보이지 않는 갈색 사막으로 변해버렸다. 최초의 달 착륙을 준비하던 우주비행사들이 달 표면을 보고 놀라지 않도록 미국 우주항공국(NASA)이 달 표면과 비슷한 곳을 지구에서 찾으려 했을 때 선택한 곳이 바로 아이슬란드의 한 지역이었다. 전에는 푸르렀지만 지금은 불모의 땅으로 변해버린 곳이었다.

아이슬란드의 환경을 특징 짓는 네 가지 요소는 화산, 얼음 덩어리, 물, 그리고 바람이다. 아이슬란드는 노르웨이에서 서쪽으로 965킬로미터 떨어진 북대서양, 즉 아메리카 대륙판과 유라시아 대륙판이 만나고, 화산이 주기적으로 해저에서 폭발하면서 새로운 땅덩어리를 만들어내는 대서양 중앙해령(大西洋中央海嶺, Mid-Atlantic Ridge)이라 불리는 곳에 위치한 섬이다. 아이슬란드 주변의 많은 화산들은 평균 10년 혹은 20년 주기로 거대한 폭발을 일으킨다. 화산 이외에도 온천과 지열지대가 많아 수도인 레이캬비크 전역을 포함해 많은 지역에서 화석 연료 대신에 화산 열을 이용해 난방을 할 수 있다.

아이슬란드에 눈에 띄는 두 번째 풍경은 얼음 덩어리이다. 얼음 덩어리는 내륙의 고원지대에서 형성되며, 고원지대는 만년설로 뒤덮여 있다. 높이가 2,119미터이고 북극권 바로 밑에 있어 무척 춥기 때문이다. 빙하가 떠 있는 바다와 강에 비나 눈이 내릴 때 용암이나 얼음 덩어리가 댐 역할을 하면서 물의 흐름을 방해하거나, 만년설 아래의 화산이 폭발하면서 상당한 양의 얼음을 갑자기 녹이면 강이 범람하면서 홍수가 난다. 끝으로 아이슬란드는 바람이 무척 심한 곳이다. 화산, 추위, 물, 바람 등 이렇게 네 요소가 상호 작용을 일으키면서 아이슬란드의 침식을 가속화시켰다.

아이슬란드에 상륙한 바이킹들에게 화산과 온천은 낯선 풍경이었다. 노르웨이와 영국에서는 볼 수 없었던 것이기 때문이다. 그러나 그 둘을 제외하면 아이슬란드 풍경은 그들에게 익숙한 것이어서 얼마든지 도전해볼 만한 땅이었다. 초목과 새들도 거의 모두가 유럽에서 흔히 보던 것이었다. 저지대는 거의 숲이었지만 대부분의 수종이 작은 자작나무와 버드나무여서, 쉽게 개간해 방목지로 만들 수 있었다. 이렇게 개간된 지역, 나무가 없는 습지, 수목 한계선 위의 고지대에는 푸른 풀과 이끼가 있어 그들이 노르웨이와 영국에서 이미 키웠던 가축들을 사육하기에 적합해 보였다. 토양도 비옥했다. 일부 지역에서는 15미터 깊이까지 검은 흙이었다. 고원지대는 만년설로 덮여 있고 북극권에 가까웠지만 근처를 흐르는 멕시코 만류 덕분에 아이슬란드 남부의 저지대는 포근해서 보리를 재배할 수 있었다. 호수, 강, 연안에는 어류가 풍부했고 사냥당한 적이 없어 사람들을 두려워하지 않는 바닷새와 오리도 많았다. 또한 바다표범과 해마가 해안을 따라 살고 있었다.

아이슬란드는 노르웨이 남서부나 영국과 비슷해 보였지만 실제로는 세 가지 점에서 크게 달랐다. 첫째, 아이슬란드는 노르웨이 남서부보다 훨씬 북쪽에 위치한다. 게다가 수백 킬로미터나 떨어져 있다. 따라서 더 춥고, 경작 기간도 짧아 농업은 한계 산업일 수밖에 없다. 실제로 중세 말에 기후가 더 추워지자 정착자들은 농사를 완전히 포기하고 목축에만 주력했다. 둘째, 주기적인 화산 폭발로 인해 아이슬란드 전역을 뒤덮은 화산재가 가축용 건초까지 못 쓰게 만들었다. 이 때문에 화산 폭발이 있을 때마다 사람뿐만 아니라 가축까지 굶주림과 싸워야 했다. 1783년 라키 화산의 폭발은 최악의 결과를 낳았다. 인구의 5분의 1이 굶어 죽는 비극이 발생했다.

정착자들이 착각한 세 번째 문제는 아이슬란드의 취약하고 낯선 토양이었다. 노르웨이와 영국의 건강하고 익숙한 토양과는 달랐다. 하지만 정착자들이 이런 차이를 인식하기란 쉽지 않았다. 미묘한 차이였고, 전문 토양학자가 아니라면 찾아내기 힘든 차이였기 때문이다. 그러나 얼핏 보아서는 눈에 띄지 않는 차이, 몇 년이 지난 후에야 인식할 수 있는 차이 하나가 있었다. 즉 노르웨이와 영국의 토양에 비해서 아이슬란드의 토양이 느리게 형성되면서도 훨씬 빨리 침식된다는 것이었다! 정착자들은 아이슬란드의 비옥한 토양을 처음 보았을 때 환호의 탄성을 내질렀다. 우리였다면 잔고가 막대한 통장을 유산으로 받은 기분이었을 것이다. 이자율을 익히 알고 있으니 매년 두둑한 이자 수입을 계산하지 않겠는가! 그러나 아이슬란드의 토양과 울창한 삼림이 겉보기에는 통장의 대단한 잔고처럼 인상적이었지만 그 잔고는 마지막 빙하 시대가 끝난 후부터 아주 느리게 축적된 것이었다. 한마디로 이자율이 극히 낮았다. 정착자들도 아이슬란드에서는 생태적으로 이자율만으로 살 수 없다는 사실을 깨달았다. 수만 년 동안 축적된 자본을 빼먹어야 했다. 그들은 일부 지역에서 자본을 수십 년, 아니 1년 만에 바닥내기도 했다. 안타깝게도 그들은 토양과 초목을 지속 가능하게 이용하지 않았다. 자원의 재생 속도에 맞춰 사용했더라면 잘 관리된 어장이나 숲처럼 자원이 영원히 지속될 수 있었을 터인데 말이다. 그러나 요즘 우리가 원유와 광물을 캐내듯이, 그들도 토양과 초목을 무차별적으로 이용했다.

아이슬란드의 토양이 그처럼 약하고 느리게 형성되는 이유가 무엇일까? 주된 이유는 아이슬란드의 태생과 관계가 있다. 화산이 없고 빙하기에 완전히 결빙되어 있었던 노르웨이, 영국 북부, 그린란드에서 찰진 흙은 융기된 해성점토(海成粘土, marine clay)로 형성되거나, 암반과 마찰하면서 가루로 만들고 나중에 빙하가 녹을 때 퇴적물로 침전되는 입자를 싣고 다니는 빙하로 인해서 형성된 흙이었다. 반면에 아이슬란드에서는 화산들이 빈번하게 폭발하면서 미세한 화산재가 대기 중에 방출되고, 가벼운 화산재가 강한 바람을 타고 아이슬란드 전역으로 퍼졌고 결국에는 가라앉아 화장용 분만큼 가벼운 화산재층(테프라)을 형성했다. 이렇게 형성된 화산재층에 초목이 자라면서 화산재를 덮어 침식을 막았다. 그런데 바이킹이 정착하면서 사정이 달라졌다. 양들이 풀을 뜯어 먹고, 농부들이 화전을 일구면서 이런 초목이 사라졌다. 따라서 화산재가 노출되면서 침식될 수밖에 없었다. 화산재는 바람에도 날려 가버릴 만큼 가벼웠다. 이른바 바람으로 인한 침식, 즉 풍식(風蝕, wind erosion)이었다. 게다가 국지적으로 내리는 강한 비와 빈번한 범람까지 노출된 화산재층을 침식시켰다. 특히 가파른 경사지에서 침식 속도는 더 빨랐다.

아이슬란드 토양이 취약한 또 하나의 이유는 약한 초목과 관계가 있다. 초목은 땅을 덮어서, 그리고 땅을 찰지게 만들고 지력을 증가시키는 유기물을 배출해서 침식을 막는 효과를 갖는다. 그러나 아이슬란드는 지리적으로 북쪽에 위치하고 차가운 날씨로 인해 생장 기간이 짧아, 초목이 느리게 성장할 수밖에 없었다. 이처럼 취약한 토양과 초목의 느린 생장 속도는 침식에 유리한 조건이었다.

그나마 토양의 보호막 역할을 하던 초목을 양들이 뜯어 먹고 농부들이 불태워버리자 그때부터 토양 침식이 시작되었다. 게다가 추운 기후 때문에 초목이 다시 살아나 토양을 보호해주기도 어려웠다. 따라서 침식은 걷잡을 수 없이 확대되었다.

아이슬란드의 역사

아이슬란드로의 정착은 870년에 본격적으로 시작되어 930년에 막을 내렸다. 영농이 가능한 거의 모든 땅에 사람들이 살고 있던 때였다. 대부분의 정착자는 노르웨이 서부에서 곧바로 건너온 사람들이었고, 나머지는 일찍이 영국에 이주해서 켈트족 여자와 결혼한 바이킹들이었다. 그들은 노르웨이와 영국에서 살았던 방식대로 새로운 땅에서 목축업을 재현해내려고 애썼다. 역시 다섯 종의 가축으로 시작했지만 나중에는 양이 압도적으로 많아졌다. 양젖은 버터와 치즈로 만들어져 보관되었다. 그리고 아이슬란드의 특산품인 '스키르(skyr)'로도 만들어졌다. 내 입맛에는 걸쭉한 요구르트처럼 맛있었다. 동물 고고학자들이 쓰레기 더미에서 찾아낸 4만 7,000개의 뼛조각을 끈기 있게 분석한 결과에 따르면 아이슬란드 사람들은 야생 동물과 생선으로 영양을 보충했다. 해마의 서식지는 금세 사라졌고, 바닷새의 서식지도 점차 사라졌다. 그때부터 사냥꾼들은 바다표범을 목표로 삼았다. 결국 단백질의 주된 공급원은 생선이 되었다. 호수와 강에는 송어와 연어, 곤들매기가 넘쳐흘렀고, 바닷가에는 대구와 해덕이 풍부했다. 아이슬란드 사람들이 소빙기를 이겨내는 데 대구와 해덕이 큰 역할을 해냈다. 게다가 이 두 생선은 오늘날에도 아이슬란드 경제를 끌어가는 원동력 중 하나이다.

바이킹이 정착하기 시작했을 때 아이슬란드는 4분의 1이 숲이었다. 정착자들은 나무를 베어내 초지를 만들었고, 나무들을 땔감과 목재와 숯으로 사용했다. 정착하고 수십 년 만에 삼림의 80퍼센트가 사라졌고, 현재는 96퍼센트가 사라졌다. 달리 말하면 이제 아이슬란드의 면적 중 1퍼센트만이 숲이다(사진 16). 고고학적 발굴로 찾아낸 검게 그을린 커다란 나무 덩어리들을 분석한 결과는 놀라울 뿐이었다. 농지와 초지를 만들려고 베어낸 나무들이 그냥 버려지거나 태워졌다! 언젠가 목재가

사진 16 침식된 아이슬란드의 풍경, 삼림 파괴와 양 방목의 유산이다.

부족한 때가 닥치리라는 사실을 전혀 예상하지 않았다는 뜻이다. 나무가 베어지고, 양들이 풀을 뜯었다. 그리고 정착 초기에 있던 돼지들이 뿌리까지 캐먹었다. 묘목이 자랄 틈이 없었다. 오늘날 자동차로 아이슬란드를 둘러보라. 그러면 간혹 눈에 띄는 나무숲에 울타리가 둘러쳐진 것이 이상하게 생각되리라. 양들이 숲에 들어가지 못하도록 막으려는 울타리이다.

아이슬란드에서 수목 한계선 위의 고원지대는 비옥한 흙이 얕게 깔린 천연의 초지여서, 정착자들에게 더할 나위 없이 매력적인 곳이었을 것이다. 초지를 만들려고 힘들게 나무를 베어낼 필요가 없었으니 말이다. 그러나 고원지대는 저지대보다 더 취약했다. 더 춥고 건조해서 초목의 재생장률이 더 낮았고, 토양이 숲에 덮여 있지도 않았다. 카펫처럼 얄팍하게 흙을 덮은 풀이 사라지자, 바람이 싣고 온 화산재에 불과했던 흙들이 고스란히 노출되어 바람에 날리기 시작했다. 게다가 빗물과 눈이 녹은 물이 언덕을 타고 내려와 저지대에 도랑을 만들었다. 그러나 도랑이 점점 깊게 파이고 지하수면이 도랑의 바닥까지 떨어지자 흙이 마르면서 바람으로 인한 침식이 더욱 심해졌다. 결국 바이킹들이 정착한 지 얼마 지나지 않아 아이슬란드의 토양이 고지대에서 저지대, 심지어 바다까지 밀려내려가기 시작했다. 그러자 고원지대에서 풀은 물론이고 흙조차 볼 수 없었다. 전에는 푸른 초원이었던 곳이 인간, 혹은 양으로 인해서 사막으로 변해버렸다. 그 후 저지대에서 광범위하게 침식이 진행되기 시작했다.

도대체 바이킹 정착자들은 땅을 왜 그런 식으로 다루었을까? 어떤 결과가 닥칠지 몰랐던 것일까? 안타깝게도 나중에야 깨달았다. 그러나 처음에는 몰랐다. 땅 관리는 그들에게 낯설고 까다로운 문제였기 때문이다. 화산과 온천을 제외할 때, 아이슬란드는 노르웨이나 영국과 비슷한 땅이었다. 적어도 겉으로는 그렇게 보였다. 바이킹 정착자들은 아이슬란드의 토양과 초목이 훨씬 취약하다는 것을 알 수 없었다. 따라서 그들이 스코틀랜드에서 그랬던 것처럼, 아이슬란드에서도 고원지대에 정착해 많은 양을 방목한 것은 자연스런 선택이었다. 아이슬란드의 고원지대가 양을 장기적으로 방목하기에 적합하지 않은 곳이었고, 저지대에도 가축이 너무 많다는 것을 그들이 어떻게 알았겠는가? 요컨대 아이슬란드가 유럽에서 생태적 훼손이 가장 심각한 나라로 전락한 이유는 노르웨이와 영국의 이민자들이 그 땅에 정착하면서 부주의한 탓이 아니었다. 겉으로는 푸른 땅처럼 보였지만 그들이 노르웨이와 영국에서는 경험하지 못했던 취약한 환경을 만난 탓이었다.

땅이 황폐해져가는 것을 깨달았을 때 그들은 올바른 대책을 세웠다. 나무를 함부로 낭비하지 않았고, 생태계에 위협적인 돼지와 염소의 사육을 중단했다. 그리고 고원지대에서 내려왔다. 침식을 막기 위해서 중요한 결정을 내릴 때마다 이웃들과 머리를 맞대고 상의했다. 예컨대 늦봄에는 풀의 생장을 보장하기 위해서 공동으로 소유한 고산지대의 초지까지 양들을 여름의 언제쯤 끌고 올라가야 하고, 가을에는 양들을 데리고 내려올 때를 함께 결정했다. 농부들은 공동으로 소유한 초지에서 최대한 몇 마리까지 양을 키울 수 있고, 그렇게 결정된 양의 수를 각 가정에 어떻게 할당할 것인지도 합의해서 결정했다.

이런 식의 의사결정은 상황에 민감하고 탄력적이지만 보수적인 면도 띤다. 실제로 아이슬란드 사람들은 내게 그들의 사회를 보수적이고 경직된 사회라고 표현했다. 1397년 이후 아이슬란드를 통치한 덴마크 정부도 그들의 생활 수준을 개선하려는 진지한 노력을 보일 때마다 그들의 소극적인 태도에 실망하기 일쑤였다. 덴마크 정부는 작물 재배, 그물의 개선, 소형 어선보다 대형 어선을 이용한 어업, 건조 생선보다 소금으로 가공 처리한 생선의 수출, 밧줄 제작, 가죽 가공, 수출용 유황의 채굴 등을 통해서 아이슬란드 사람들의 생활 수준을 개선시키려고 무진 애썼다. 덴마크 정부뿐만 아니라 혁신적인 아이슬란드 사람들까지 나서서 이런 변화를 촉구했지만 아이슬란드 사람들의 반응은 거의 언제나 '관둬요!' 였다. 그들에게 어떤 이익이 돌아오느냐는 따져보지도 않았다.

내 아이슬란드 친구들의 설명에 따르면, 아이슬란드의 환경적 취약성을 고려한다면 이런 보수적 세계관을 이해할 수 있었다. 아이슬란드 사람들에게는 오랜 역사적 경험을 통해서, 그들이 어떤 변화를 시도하더라도 상황을 개선시키기는커녕 악화시키기 십상이라는 인식이 집단무의식처럼 자리 잡고 있었다. 초기의 정착자들은 그런대로 효과 있는 경제 · 사회 시스템을 고안해냈다. 그러나 그 시스템 때문에 대부분의 사람이 가난해졌고, 때로는 많은 사람이 굶어 죽는 비극을 맞이했다. 그런 비극을 피하려고 새롭게 시도한 실험들도 언제나 파국적인 결과를 낳았을 뿐이다. 이런 재앙들의 증거는 어디에나 있었다. 달 표면처럼 변해버린 고원지대, 버려진 농장들, 침식된 흔적이 뚜렷한 밭들……. 이런 역사적인 경험을 통해 아이슬란드 사람들은 "이 나라는 실험의 호사를 즐길 수 있는 땅이 아니다. 우리는 취약한 땅에 살고 있다. 우리식으로 살면 적어도 일부라도 살아남을 수 있다. 우리에게 변하라고 강요하지 마라!"라고 말했다.

870년 이후 지금까지 아이슬란드의 정치사는 간략하게 요약될 수 있다. 처음에 수세기 동안 아이슬란드는 자치 지역이었다. 그런데 다섯 개의 유력 가문을 이끌던 족장들이 치열한 전쟁을 벌였고, 급기야 13세기 초반에는 수많은 사람이 죽고 많은 밭이 불태워지는 파국에 이르렀다. 1262년 아이슬란드 사람들은 노르웨이 왕에게 통치권을 맡겼다. 지리적으로 멀리 떨어진 왕은 그들에게 크게 위험하지 않고 그들에게 더 많은 자유를 허락할 것이며, 가까이 있는 족장들처럼 그들의 땅을 혼돈에 몰아넣지 않으리라 생각했기 때문이다. 그 후 스칸디나비아 왕가들끼리 결혼하면서 덴마크, 스웨덴, 노르웨이의 왕관이 1397년 한 왕에게 씌워졌다. 그 왕은 가장 부유한 덴마크에 큰 관심을 기울이면서 상대적으로 가난했던 노르웨이와 아이슬란드에는 별 관심을 두지 않았다. 1874년 아이슬란드는 부분적인 자치권을 획득했고, 1904년에는 완전한 자치권을 얻었으며, 1944년 덴마크에서 완전히 독립했다.

중세 말에 시작된 아이슬란드는 근해에서 잡히는 대구를 말려, 유럽 본토에서 나날이 확대되어가는 도시들에 수출함으로써 경제적 활로를 모색했다. 그러나 아이슬란드에는 좋은 배를 건조하기에 적합한 큰 나무가 없었기 때문에 노르웨이, 영국, 독일, 나중에는 프랑스와 네덜란드의 배로 대구를 잡아 수출하는 방법을 택했다. 1900년대 초, 아이슬란드는 마침내 자체의 선단을 갖기 시작했고, 어업을 산업적 규모로 확대시켰다. 1950년경에는 아이슬란드 총수출의 90퍼센트 이상이 수산물이었다. 과거의 주력 산업이던 농업을 압도한 셈이었다. 실제로 1923년부터 도시 인구가 농촌 인구를 수적으로 추월하고 있었다. 아이슬란드는 이제 스칸디나비아에서 가장 도시화된 나라이기도 하다. 수도인 레이캬비크에 인구의 절반이 모여 살고 있는 실정이다. 농촌에서 도시로의 인구 이동은 지금 이 순간에도 계속되고 있다. 아이슬란드의 농부들이 농사를 포기하고 그들의 농가를 여름 별장으로 팔아넘긴 후 일자리와 코카콜라, 세계화된 문화를 찾아서 도시로 몰려들고 있다.

풍부한 어종, 지열 발전소, 모든 강에 세워진 수력 발전소 덕분에, 그리고 배를 건조하기 위해 나뭇조각들을 긁어모아야 하는 수고에서 벗어난 덕분에, 얼마 전까지 유럽에서 가장 가난했던 나라가 1인당 국민소득에서 가장 부유한 나라 중의 하나가 되었다. 제2장부터 제5장까지 살펴보았던 붕괴된 사회의 비극적인 이야기를 상쇄시켜주기에 충분한 성공담이 아닐 수 없다. 아이슬란드 출신으로 1955년에 노벨 문학상을 수상한 할도르 락스네스(Halldór Laxness)는 소설 『살카 발카 *Salka Valka*』에서 여주인공의 입을 빌려 "역시 삶은 무엇보다 소금에 절인 대구이다"라고 말했다. 아이슬란드 사람이기에 가능한 표현이었다. 그러나 숲과 토양이 그렇듯이 소금에 절인 대구도 관리의 문제를 제기한다. 오늘날 아이슬란드 사람들은 숲과 토양에 가해진 훼손을 회복시키고, 자신들의 어장을 훼손시키는 잘못을 범하지 않기 위해서 무척 노력하고 있다.

아이슬란드의 주변 환경

아이슬란드의 역사를 기억하면서, 아이슬란드가 북대서양의 다른 다섯 정착지와 비교해서 현재 어떤 위치에 있는지 잠시 살펴보자. 앞에서 이미 언급했듯이 이 식민지들에 닥친 운명은 네 가지 요인, 유럽과의 항해 거리, 바이킹 이전에 정착한 주민들의 저항, 농업의 적합성, 그리고 환경적 취약성에 따라 달랐다. 아이슬란드의 경우에 두 가지 요인은 유리하게 작용했지만 나머지 두 가지 요인이 문제였다. 아이슬란드에 정착한 바이킹들에게 반가운 소식은 그 섬에 (실질적으로) 원주민이 없었다는 것과 유럽과의 거리가 멀지 않아 중세의 배로도 대량 교역이 가능하다는 것이었다. 물론 오크니 제도, 셰틀랜드 제도, 페로 제도에 비해서는 멀었지만 그린란드나 빈랜드에 비하면 무척 가까운 편이었다. 따라서 그린란드에 정착한 사람들과 달리, 아이슬란드에 정착한 사람들은 노르웨이나 영국과 정기적으로 접촉을 유지하면서 필수품(목재, 철, 나중에는 도기)을 대량으로 수입하고 대량으로 수출할 수 있었다. 특히 말린 생선의 수출은 1300년 이후 아이슬란드를 경제적으로 구원하는 데 결정적인 역할을 했지만, 바다가 결빙되면서 유럽과의 해로가 막혔던 그린란드는 그런 혜택을 누릴 수 없었다.

그러나 북쪽에 위치한 지리적 조건 때문에 아이슬란드는 식량 생산에서 그린란드 다음으로 불리한 처지였다. 정착한 초기부터 한계 산업이었던 보리 농사도 중세 말에 기후가 더 추워지면서 결국 포기되고 말았다. 양과 젖소에 기반을 둔 목축도 한계에 부딪혔다. 그러나 양은 아이슬란드의 기후를 너끈히 견뎌준 덕분에, 정착 이후 수세기 동안은 양모 수출이 경제를 지탱해주었다. 아이슬란드의 가장 큰 문제는 환경적 취약성이었다. 토양은 노르웨이의 여섯 개의 식민지 중에서 가장 취약했고, 초목은 그린란드 다음으로 취약했다.

이 책의 기본적 틀을 이루는 다섯 가지 요인, 즉 자초한 환경 훼손, 기후 변화, 다른 사회와의 적대 관계, 우호적인 이웃과의 교역, 문화적 가치관에서 아이슬란드의 역사를 보면 어떻게 될까? 아이슬란드의 역사에는 네 가지 요인이 크게 작용한 듯하다. 간헐적으로 있었던 해적의 침략을 제외하면 적대적 이웃이라는 요인은 미미했다. 반면에 아이슬란드는 네 가지 요인의 복합적 관계를 뚜렷하게 보여준다. 안타깝게도 아이슬란드 사람들은 취약한 환경을 유산으로 물려받았다. 소빙기에 기후가 더욱 추워지면서 이 환경 문제가 더욱 악화되었다. 그러나 유럽과의 교역 덕분에 아이슬란드는 이런 환경 문제를 극복하고 살아남을 수 있었다. 환경에 대처하는 방법은 그들의 문화적 가치관과 밀접한 관계가 있었다. 특히 목축 경제, 소와 돼지에 대한 유별난 선호, 노르웨이와 영국의 토양에는 적합했지만 아이슬란드에서는 부적절했던 초기의 생활 방식 등은 그들의 출신지, 노르웨이의 문화적 가치였다. 하지만 아이슬란드에 정착한 바이킹들은 변해갔다. 돼지와 염소를 없앴고 소를 멀리했다. 취약한 환경을 조심스레 다루는 방법을 배워가며 보수적으로 변해갔다. 이런 보수적인 태도는 덴마크 정부를 곤혹스럽게 만들었고 때로는 아이슬란드 사람들에게 적잖은 손해를 안겼지만, 궁극적으로는 아이슬란드가 큰 위험을 범하지 않고 살아남은 원동력이 되었다.

오늘날 아이슬란드 정부는 그들을 오랫동안 가난에 시달리게 만들었던 양의 과도한 사육과 토양 침식이라는 역사적 저주에 신경을 곤두세우고 있다. 토양을 유지하고 삼림을 조성하며 초목을 되살리고 양의 수를 조절하는 데 전념하는 독립된 부처(部處)가 있을 정도이다. 아이슬란드의 고원지대에서 나는 반듯하게 조성된 풀밭을 보았다. 그 풀이 없었다면 헐벗은 달 표면과 다름없었겠지만 이 부처가 토양 침식을 막기 위한 대책의 일환으로 풀을 심어둔 것이었다. 사방이 갈색인 땅에 간혹 눈에 띄는 이런 풀들은 운명처럼 짊어진 환경 문제를 극복하기 위한 처절한 몸부림처럼 보였다. 하지만 아이슬란드 사람들은 환경을 조금씩 개선해나가고 있는 중이다.

아이슬란드뿐만 아니라 세계 어디에서나 고고학자들은 자신들의 활동이 현실적이고 실질적인 가치를 갖는다고 각국 정부를 설득시키는 데 주력한다. 달리 말하면 과거 사회의 연구가 오늘날 같은 지역에서 위치한 사회에 닥칠 일을 미리 예견하는 데 도움을 줄 수 있다고 정부 기관들을 설득해서 연구비를 받아내려고 애쓴다. 요컨대 과거에 있었던 환경 문제가 지금 다시 닥칠 수 있다며, 똑같은 실수를 되풀이하지 않기 위해서라도 과거를 연구해서 교훈을 얻어야 한다고 주장한다.

대부분의 정부는 고고학자들의 이런 청원을 무시한다. 그러나 아이슬란드는 그렇지 않았다. 1,130년 전에 시작된 토양 침식의 결과가 자명하기 때문이다. 대부분의 초목과 절반 정도의 토양이 사라진 지경이다. 과거의 상처가 어디에서나 뚜렷이 남아 있다. 중세 시대의 생활 방식과 침식의 진행 과정에 대한 연구가 지금도 진행 중이다. 한 고고학자 친구가 아이슬란드 정부와 접촉해서 과거에 대한 연구를 장황하게 설명하기 시작하자, 아이슬란드는 정부는 "그렇습니다, 중세 시대의 토양에 대한 연구가 현재의 문제를 이해하는 데 도움을 주리라고 생각합니다. 우리는 진작부터 알고 있었습니다. 우리를 애써 설득하실 필요가 없습니다. 기꺼이 연구비를 드리겠습니다. 당장 시작해주십시오"라고 대답했다.

빈랜드에서 실패한 까닭

바이킹이 북서대양에 세운 식민지로 본토에서 가장 멀리 떨어져 있고 잠시 머물렀던 빈랜드는 그 자체로도 흥미진진한 이야깃거리이다. 콜럼버스보다 500년 먼저, 요컨대 유럽인이 아메리카에 식민지를 세우려 했던 최초의 땅이었던 까닭에 빈랜드는 낭만적 추측의 보고였고, 이 땅을 주제로 많은 책이 씌어졌다. 물론 우리가 빈랜드의 식민직 개척에서 끌어내려는 소중한 교훈은 실패의 원인이다.

북아메리카 북동 해안에 위치한 빈랜드는 노르웨이에서 북대서양을 완전히 가로질러 수천 킬로미터 떨어진 곳에 있다. 바이킹의 배로도 곧장 가기에는 불가능한 곳이었다. 따라서 바이킹의 배들은 서쪽 끝의 식민지, 즉 그린란드를 중간 지점으로 삼아 북아메리카로 항해해야 했다. 그러나 당시 바이킹의 항해 기준에 따르면 그린란드도 북아메리카에서 무척 먼 거리였다. 그린란드 정착지에서 뉴펀들랜드의 정착지까지 직선 거리로 거의 1,600킬로미터에 달했다. 하지만 항해술이 그리 발달하지 않았던 까닭에 바이킹은 안전을 이유로 해안을 따라 항해했다. 따라서 실제 항해 거리는 3,200킬로미터가 넘었고, 항해 시간만도 6주가 걸렸다. 그린란드에서 빈랜드까지 항해하고 다시 돌아오는 시간을 감안한다면, 더구나 날씨가 항해에 유리한 여름에 그런 항해를 했다면 바이킹이 빈랜드를 탐사할 만한 시간적인 여유는 거의 없었을 것이다. 따라서 바이킹들은 뉴펀들랜드에 베이스캠프를 세우고 겨울을 보내면서 시간적인 여유를 가지고 그 땅을 탐사했을 가능성이 크다.

지금까지 알려진 바에 따르면, 984년 그린란드에 정착지를 세운 붉은 털 에리크의 두 아들과 딸, 그리고 며느리가 빈랜드 탐험대를 조직했다. 빈랜드에 어떤 자원이 있고 사람이 살기에 적합한지 살펴보기 위한 목적이었다. 북유럽의 전설에 따르면, 그들은 배에 가축까지 싣고 떠났다. 그 땅이 살기에 적합하다면 완전히 정착할 생각까지 품고 있었다는 뜻이다. 그들이 정착을 포기하고 돌아온 후에도 300년 동안 바이킹들은 북아메리카 해안지대를 뻔질나게 드나들며 그린란드에 항상 부족했던 목재를 가져왔고, 풍부한 나무로 숯을 만들어 철을 제련하기도 했다.

바이킹이 북아메리카에 정착을 시도했다는 정보는 두 곳에서 얻을 수 있다. 하나는 문자로 씌어진 기록이고, 다른 하나는 고고학적 발굴이다. 문자 기록은 발견과 탐사를 위한 초기의 빈랜드 탐험을 설명한 두 전설로 이루어진다. 두 전설은 수세기 동안 구전으로 전해졌지만 1200년대에 아이슬란드에서 처음으로 문자화되었다. 전설의 내용을 뒷받침해줄 만한 증거가 없었기 때문에 학자들은 두 전설을 가공된 이야기로 취급하며 바이킹들이 신세계에 들어왔다는 사실까지 의심했다. 하지만 바이킹들이 뉴펀들랜드에 세운 베이스캠프가 1961년 고고학자들을 통해 발견되면서 모든 의혹이 사라졌다. 따라서 빈랜드 전설은 이제 북아메리카에 대해 기록된 최고(最古)의 문서로 인정된다. 그러나 그 세세한 내용에 대해서는 아직도 논란이 분분하다. 『그린란드 사람들의 전설 *Greenlanders' Saga*』과 『붉은 털 에리크의 전설 *Erik the Red's Saga*』이란 제목으로 전해지는 두 권의 책은 전반적인 맥락에서는 일치하지만 세세한 부분에서는 많이 다르다. 두 책에 따르면, 10년이라는 짧은 시간 동안 그린란드에서 빈랜드까지 다섯 번의 항해가 있었고, 마지막 항해에만 두세 척의 배가 사용되었고, 나머지 네 번에서는 한 척의 배만이 항해했다.

빈랜드 전설에 따르면 바이킹들은 북아메리카에 잠시 머물렀을 뿐이다. 그리고 그들이 들렀던 곳에 노르웨이식으로 헬룰란드, 마크란드, 빈랜드, 레이푸스부디르, 스투라움피오르, 호프라고 이름을 붙였다. 학자들이 이 지역들에 대한 짤막한 설명을 근거로 그곳들이 어디인지 찾아내려고 애썼다. "이 땅〔마크란드〕은 평평하고 숲이 우거졌으며 바다 쪽으로 경사가 완만했다. 하얀 모래로 뒤덮인 모래사장들이 곳곳에 있었다…… 그들은 이런 특징을 살려서 그 땅을 마크란드(숲의 땅)라 부르기로 했다." 헬룰란드는 캐나다 북극권에 위치한 배핀 섬의 동쪽 해안이었고, 마크란드는 배핀 섬 남쪽의 래브라도 해안이었을 가능성이 높다. 배핀 섬과 래브라도는 그린란드와 북아메리카를 가르는 좁은 데이비스 해협을 사이에 두고 그린란드에서 정서(正西)에 위치하고 있기 때문이다. 그린란드의 바이킹들은 육지를 시야에서 놓치지 않기 위해서 뉴펀들랜드까지 직선으로 북대서양을 가로지르지는 않았다. 일단 데이비스 해협 너머의 배핀 섬을 1차 목표로 삼았고, 그곳에서 해안 남쪽으로 방향을 틀었다. 전설에서 전해지는 장소 이름들은 뉴펀들랜드, 세인트로렌스 만, 뉴브런즈윅, 노바스코샤(이 모두를 뭉뚱그려 빈랜드라 불렀다)를 포함한 래브라도 남쪽 해안 지역과 뉴잉글랜드의 해안 일부를 가리키는 것이 틀림없다. 그린란드에서도 가장 좋은 목초지가 있는 두 피오르드를 찾아내 정착했던 것으로 판단하건대 신세계에 도착한 바이킹들은 더 좋은 땅을 찾아서 광범위한 탐사를 전개했을 것이다.

신세계의 바이킹에 관련된 정보는 고고학적 발굴에서도 얻을 수 있다. 고고학자들의 대대적인 연구에도 불구하고 지금까지 확인되고 발굴된 유적은 한 곳뿐이다. 뉴펀들랜드 북서 해안에 위치한 랑즈오메도(L'Anse aux Meadow)가 그곳이다. 방사성 탄소법으로 측정한 결과에 따르면 그 유적은 1000년경에 세워졌다. 붉은 털 에리크의 자녀들이 빈랜드를 여행했다는 전설의 시기와 정확히 일치한다. 또한 전설에 따르면 984년에 그린란드에 정착한 에리크는 그때까지도 살아 있었다. 랑즈오메도 유적은 전설에서 레이프스부디르로 칭한 지역인 듯하다. 하여간 이곳에는 80명을 족히 수용할 수 있는 세 채의 널찍한 집, 소철을 제련하고 선박용 철못을 만든 대장간, 목수의 작업실, 배를 수리한 곳 등 여덟 채의 건물이 남아 있다. 그러나 농가나 농기구는 전혀 발견되지 않았다.

전설에 따르면 레이프스부디르는 겨울을 지내고 여름 탐사를 위해 편의상 세운 베이스캠프에 불과했다. 바이킹들이 원하던 자원들은 빈랜드에서 발견되었다. 고고학자들이 랑즈오메도 유적에서 발굴 작업을 진행하는 동안 발굴한 조그만 증거로 이런 사실이 확인되었다. 버터 호두로 알려진 야생 호두 두 알이었다! 버터 호두나무는 뉴펀들랜드에 없는 나무였다. 1000년경의 안팎으로 따뜻한 날씨가 수세기가 계속되었지만 호두나무의 한계선은 뉴펀들랜드에서 남쪽에 위치한 세인트로렌스 강 아래쪽이었다. 그곳은 전설에서 말하는 야생 포도가 자라는 한계 지역이기도 했다. 바이킹들이 그 지역에 '포도의 땅'을 뜻하는 빈랜드라는 이름을 붙여준 이유도 야생 포도 때문이라 여겨진다.

전설에서는 빈랜드를 그린란드에는 없는 소중한 자원이 풍부한 땅으로 묘사했다. 빈랜드의 이점은 무엇보다 상대적으로 따뜻한 기후였다. 게다가 그린란드보다 위도가 훨씬 낮아 여름이 길었다. 풀도 길고, 겨울에도 포근한 편이어서 노르웨이에서 가져온 가축들이 겨우내 밖에서 풀을 뜯을 수 있었다. 따라서 겨우내 가축을 먹일 건초를 마련하느라고 여름에 땀 흘릴 필요가 없었다. 좋은 나무가 많은 숲도 사방에 널려 있었다. 그밖에도 그린란드의 연어보다 훨씬 탐스런 연어가 호수와 강에서 헤엄치고 있었고, 뉴펀들랜드를 에워싸고 있는 바다는 지금도 세계에서 가장 풍요로운 어장(漁場) 중의 하나이기도 하다. 게다가 사슴, 순록, 바닷새와 그 알 등 사냥감도 풍부했다.

빈랜드를 탐사한 사람들은 목재, 포도, 모피 등을 가득 싣고 그린란드로 돌아갔지만 그 여행길은 곧 중단되었고, 랑즈오메도 베이스캠프도 버려졌다. 그 유적의 고고학적 발굴로써 바이킹이 콜럼버스보다 먼저 신세계에 도착했다는 역사적 사실이 입증되기는 했지만 노르웨이 사람들이 별다른 것을 남겨놓지 않아 발굴 작업은 실망스럽기도 했다. 발견된 유물들은 버려지거나 부주의로 떨어뜨린 작은 물건들이 고작이었다. 예컨대 부러진 철못 99개, 온전한 못 1개, 청동 바늘 1개, 숫돌 1개, 물레가락 1개, 유리알 1개, 뜨개바늘 1개 등이 전부였다. 물론 그들이 이곳을 허둥지둥 떠난 것은 아니었다. 연장과 소중한 물건을 모두 챙겨서 그린란드로 떠난 것으로 보아 치밀한 계획하에 그곳을 떠난 것이 확실하다. 노르웨이 사람들이 북서양에서 발견한 땅 중에서 북아메리카는 가장 넓고 가장 풍요로운 땅이었다. 뉴펀들랜드라는 작은 부분만을 보고도 그들은 감격에 겨웠다. 그런데 왜 그들은 풍요의 땅인 빈랜드를 포기하고 떠났던 것일까?

이런 의문은 전설에서 간단하게 풀린다. "수적으로 우세한 인디언들이 적대적이어서, 바이킹들은 그들과 좋은 관계를 맺지 못했다!" 전설에 따르면 바이킹들이 9명의 인디언을 처음으로 만났고, 8명을 죽였다. 하지만 한 사람이 살아서 도망쳤다. 시작부터 좋지 않았던 셈이다. 당연히 인디언들이 작은 배를 타고 잔뜩 몰려와 바이킹들에게 화살을 쏘아댔다. 그 싸움에서 에리크의 아들, 토르발이 죽었다. 토르발은 배에 맞은 화살을 뽑아내며 "이 땅은 우리가 찾아낸 풍요의 땅이다. 덕분에 배불리 지낼 수 있었는데. 우리가 자원으로 넘치는 땅을 찾아냈지만 마음껏 즐길 수가 없겠구나"라고 한탄했다고 전해진다.

그 후에 빈랜드를 찾은 노르웨이 탐사대는 인디언들과 그럭저럭 교역을 시작할 수 있었다. 노르웨이 사람들은 옷감과 우유를 인디언들에게 주었고, 인디언들은 그 대가로 모피를 주었다. 그러나 바이킹이 무기를 훔치려던 한 인디언을 죽이면서 이 관계도 끝나고 말았다. 치열한 전투가 벌어지고 많은 인디언이 죽었다. 그러나 노르웨이 사람들이 앞으로 만성적으로 겪어야 할 두통거리가 시작된 것일 뿐이었다. 『붉은 털 에리크의 전설』에 따르면 "그때 바이킹들은 그 땅에서 많은 것을 얻을 수 있지만 그들보다 먼저 이 땅에 들어온 사람들의 공격에 끊임없이 시달리게 될 것이라는 사실을 깨달았다. 결국 그들은 그들의 땅, 즉 그린란드로 돌아갈 채비를 시작했다."

이렇게 빈랜드를 인디언들에게 넘겨준 후, 그린란드의 노르웨이 사람들은 목재와 철을 구하기 위해서 약간 북쪽으로, 즉 래브라도 해안으로 방향을 틀었다. 그곳에는 인디언들이 거의 없었다. 노르웨이인들이 이곳을 자주 방문했다는 증거는 캐나다 북극권 곳곳에서 산재한 고고학 발굴지에서 발견되는 제련한 구리조각, 제련한 철조각, 잡아 늘인 염소가죽 등과 같은 노르웨이 물건들이다. 특히 눈에 띄는 유물은 '조용한 왕' 울라프의 시대, 즉 1065년부터 1080년까지 노르웨이에서 주조된 은화이다. 펜던트로 사용했던지 구멍이 뚫린 이 은화는 래브라도에서 남쪽으로 수백 킬로미터 떨어진 메인 주의 해안에 있던 인디언 유적에서 발굴되었다. 메인 주의 유적은 교역의 중심지였던 까닭에, 이곳에서 고고학자들은 래브라도의 돌과 연장들뿐만 아니라 노바스코샤, 뉴잉글랜드, 뉴욕, 펜실베이니아에서 만들어진 물건들까지 발굴하는 성과를 거두었다. 은화는 래브라도를 찾은 노르웨이 사람이 무심코 떨어뜨렸거나 물건값으로 지불한 것이었는데, 인디언의 교역망을 통해 메인 주까지 흘러들어간 것일 수 있다.

노르웨이 사람들이 래브라도를 꾸준히 방문했다는 다른 증거는 아이슬란드의 1347년 연감에서 찾을 수 있다. 18명이 탄 그린란드의 배가 '마크란드'로 귀환하던 중에 닻을 상실해 항로에서 벗어나 아이슬란드까지 표류해왔다는 기록이다. 설명이 따로 필요없다는 듯이 아주 간단하고 사무적인 기록이다. 아이슬란드 역사를 기록하던 사가(史家)가 "올해의 소식은 매년 여름이면 마크란드를 찾아가는 그런 배들 중 하나가 닻을 잃어버렸고, 토룬 케틸스도티르가 자신의 디유파달루르 농장에서 큰 우유병을 쏟았으며, 비야르니 볼라손의 양 한 마리가 죽었다는 것이다. 이것이 올해의 소식 전부이다. 한마디로 특별한 일이 없었다"라고 시큰둥하게 써내려간 듯하다.

빈랜드에서의 정착이 실패한 이유는 그린란드에서 찾을 수 있다. 그린란드에는 나무와 철이 너무나 부족했다. 게다가 그린란드는 유럽과 빈랜드에서 너무 멀리 떨어져 있었고, 바다를 항해할 만한 배가 많지 않았다. 대규모 탐사대를 파견할 만큼 재정적으로 넉넉하지도 않았다. 따라서 노바스코샤의 유목민이나, 세인트로렌스 만의 인디언들이 빈랜드를 공격하면 그린란드 사람들이 감당하기 힘들었다. 1000년경 그린란드 식민지 인구는 500명 남짓했다. 따라서 그린란드에서 가용한 인력을 총동원해도 랑즈오메도에 파견할 수 있는 성인은 80명을 넘지 못했을 것이다. 유럽의 식민지 개척사를 보면, 유럽의 식민지 개척자들이 1500년경 이후 북아메리카에 다시 돌아왔을 때도 오랜 시련을 겪었다. 유럽에서 가장 부유하고 인구도 많은 나라들에서 지원받은 개척자들, 중세 바이킹의 배보다 훨씬 큰 배들로 짜여진 함대에게 먹을 것을 정기적으로 공급받고 심지어 총과 철제 연장으로 무장한 개척자들도 예외가 아니었다. 매사추세츠, 버지니아, 캐나다에 식민지를 처음으로 개척하고 정착한 사람들 중 절반가량이 첫 해에 굶어 죽거나 질병으로 죽었다. 따라서 500명에 불과했고, 당시 유럽에서 가장 가난한 나라 중 하나였던 노르웨이에서 가장 멀리 떨어진 식민지에 정착한 그린란드 사람들이 북아메리카를 정복해서 정착하지 못한 것은 당연한 결과일 수 있다.

어떤 의미에서, 노르웨이 사람들이 빈랜드에서 10년을 넘기지 못하고 포기한 주된 원인은 그린란드 식민지를 450년 후에 버려야 했던 실패의 원인을 시간적으로 축약해놓은 것일 수 있다. 노르웨이 사람들이 그린란드에서 더 오랫동안 버틸 수 있었던 이유는 그린란드가 지리적으로 노르웨이에서 더 가까웠고, 적대적인 원주민들이 처음 몇 세기 동안 모습을 드러내지 않았기 때문이다. 그러나 지리적으로 소외되었고, 북아메리카 원주민들과 좋은 관계를 맺지 못했다는 점에서 그린란드와 빈랜드는 똑같았다. 아메리카 인디언들이 없었다면 그린란드 사람들은 생태적인 문제를 그럭저럭 이겨냈고, 빈랜드의 정착자들도 살아남았을 가능성이 크다. 그랬다면 빈랜드에서는 인구가 폭발적으로 증가했을 것이고, 1000년경 이후에 노르웨이 사람들이 북아메리카로 물밀 듯이 이주했을 것이다. 그러면 20세기 미국인으로서 나는 이 책을 영어가 아니라 현대 아이슬란드어나 페로어처럼 고대 노르웨이어에서 파생된 언어로 쓰고 있을는지도 모른다.

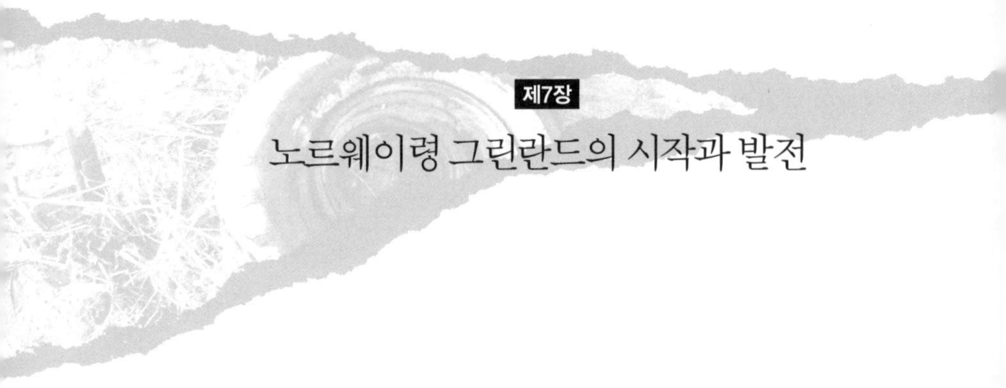

제7장

노르웨이령 그린란드의 시작과 발전

유럽의 전초지

그린란드(Greenland)에 대한 내 첫인상은 이름답지 않은 땅이라는 것이었다. 내 눈에는 세 가지 색밖에 보이지 않았다. 하얀색, 검은색, 푸른색이 전부였다. 아니, 하얀색이 전부라고 말해도 과언이 아니었다. 그래서 그린란드라는 이름은 붉은 털 에리크가 노르웨이 사람들을 꼬드기려고 거짓말을 한 것이라 주장하는 역사학자들도 없지 않다. 하여간 코펜하겐에서 출발한 비행기가 그린란드의 동부 해안에 접근하자, 검푸른 바다 너머로 끝없이 펼쳐진 하얀 세계가 눈에 들어왔다. 남극을 제외할 때 세계에서 가장 큰 만년 빙상이다. 그린란드 해안은 대부분이 가파른 벼랑을 이루고, 섬 대부분이 얼음으로 뒤덮인 고원지대이며 바다에는 거대한 빙하가 떠 있다. 우리 비행기는 하얀 빙상 위를 수백 킬로미터 날았다. 유일하게 다른 색은 헐벗은 돌산의 검은색이었다. 마치 얼음 바다에서 불쑥 솟은 검은 섬이 간헐적으로 떠 있는 듯했다. 비행기가 서쪽 해안을 향해 내려가기 시작하자 얼음의 틈새로 두 가지 다른 색이 눈에 띄었다. 옅은 초록색의 이끼와 갈색을 띤 자갈이었다.

그러나 그린란드 남부의 나르사르수아크 공항에 내린 후 빙산들이 흩뿌려진 피오르드를 건너, 붉은 털 에리크가 자신의 거처로 삼았던 브

사진 17 그린란드의 에리크 피오르드. 노르웨이인들의 동쪽 정착지에서 가장 아늑한 곳 중 하나인 브라타흘리드도 빙산이 곳곳에 떠 있는 피오르드에 자리 잡고 있었다.

라타흘리드에 들어섰을 때 나는 그린란드라는 이름이 거짓말이 아니라 올바로 붙여진 이름일 수 있다는 생각에 고개를 끄덕이지 않을 수 없었다. 로스앤젤레스에서 코펜하겐까지, 다시 그린란드까지 오랜 비행에 지쳤지만 나는 13시간의 시차까지 아랑곳하지 않고 노르웨이의 유적을 둘러보러 나갔다. 그러나 밀려오는 졸음을 견딜 수 없었다. 짐을 맡겨둔 유스호스텔까지 돌아갈 힘조차 남아 있지 않았다. 다행히 유적지는 푸른 풀이 무성한 초원 한가운데 있었다. 두꺼운 이끼를 뚫고 올라온 30센티미터를 넘을 듯한 긴 풀들까지 노란 미나리아재비, 노란 민들레, 푸른 블루벨, 하얀 과꽃, 분홍빛의 바늘꽃 등의 틈새로 엿보였다. 매트리스가 필요 없었다. 베개도 필요 없었다. 나는 자연이 선물한 부드럽고 아름다운 침대에 누워 잠을 청했다.

노르웨이 고고학자로 내 친구인 크리스티안 켈러(Christian Keller)의 표현대로라면 '그린란드에서의 삶은 유용하게 쓸 푸른 조각을 찾아내는 삶'이다. 섬의 99퍼센트가 사람이 살 수 없는 곳이며, 남서 해안에 위치한 두 피오르드 안쪽으로 푸른 땅이 약간 있을 뿐이다. 좁은 피오르드가 내륙으로 깊숙이 파고들어가, 그 끝은 그린란드 해안지대에서 초목의 성장을 방해하는 차가운 해류, 빙산, 소금기를 띤 물안개 그리고 바람에서 멀리 떨어져 있다. 양쪽에서 가파른 벼랑을 피오르드를 따라 올라가면 푸른 풀이 유난히 빛나는 평평한 땅뙈기가 이곳저곳에서 눈에 띈다. 가축을 키우기에 적합한 곳으로, 나는 바로 그런 곳에 누워 달콤한 낮잠을 즐겼다(사진 17). 984년부터 1400년대의 어떤 때까지 거의 500년 동안, 두 피오르드는 유럽 문명에서 가장 멀리 떨어진 전초지 역할을 했다. 노르웨이에서 2,400킬로미터 이상 떨어진 곳에서 그들은 성당과 교회를 세웠고, 라틴어와 고대 노르웨이어로 글을 썼으며, 철로 연장을 만들었고, 가축을 키웠다. 그리고 유럽의 최신 유행을 따라 옷을 입었지만 결국 사라지고 말았다.

그들의 붕괴를 둘러싼 미스터리는 발세이에 있는 석조 교회에 감추어져 있는 듯하다. 이 교회는 노르웨이령 그린란드에서 가장 유명한 건물로, 그린란드 관광 안내책에서 빠지는 법이 없다. 산으로 에워싸인 길고 널찍한 피오르드의 끝에 펼쳐진 초원 위에 세워진 이 교회의 전망은 그야말로 장관이다. 벽, 서쪽 출입구, 벽감, 박공은 거의 손상되지 않았다. 떼를 이어붙인 지붕만이 사라졌다. 교회 주변으로는 주거지, 축사, 창고, 배 보관소, 그리고 초지가 있다. 모두가 그 교회를 세운 사람들에게 삶의 터전이었다. 중세의 유럽 도시들 중에서 노르웨이령 그린란드는 옛 흔적이 가장 잘 보존된 사회이다. 그린란드는 버려진 후 누구도 살지 않았지만, 영국과 유럽 대륙의 도시들에는 여전히 사람들이 살면서 그 위로 새로운 건물들이 세워졌기 때문이다. 따라서 요즘 발세이를 둘러보면 바이킹들이 금방이라도 그 건물들에서 뛰쳐나올 듯한 기분에 사로잡히지만 실제로는 사방이 조용하다. 반경 30킬로미터 안에 누구도 살지 않는다(사진 15). 그 교회를 세웠던 사람들은 유럽 공동체를 그곳에 다시 건설해서 영원히 유지할 수 있으리라 믿었을 것이다. 하지만 그들의 공동체는 수세기를 넘기지 못했다.

이런 미스터리 이외에 바이킹들은 그린란드를 다른 종족, 즉 이누이트(에스키모)와 공유해야 했다. 그러나 아이슬란드에 정착한 바이킹들에게는 다른 종족이 없었다. 달리 말하면 운명과도 같은 환경 문제에만 몰두할 수 있었다. 그린란드에서 바이킹은 사라졌지만 이누이트는 살아남았다. 달리 말하면 그린란드에서의 생존이 불가능한 것만은 아니며, 따라서 바이킹의 붕괴는 필연적인 것이 아니었다는 뜻이다. 요즘 그린란드 마을을 거닐어보면, 중세 시대부터 이 섬을 나누어 가졌던 두 인종을 쉽게 만날 수 있다. 이누이트와 스칸디나비아인이다. 바이킹이 사라지고 300년이 지난 1721년, 다른 스칸디나비아인(덴마크인)이 그린란드를 재점령했다. 그리고 1979년에야 그린란드 주민들은 자치권을 획득했다. 나는 그린란드를 방문하는 동안 푸른 눈에 금발인 스칸디나비아 사람들을 보면서 그들이 발세이 교회를 세웠지만 그곳에서 사라진 사람들과 같은 종족이라고 생각할 때마다 당혹스런 기분이었다. 이누이트족은 꿋꿋하게 살아남았는데 그 중세의 스칸디나비인들은 그린란드의 문제를 이겨내지 못한 이유가 무엇이었을까?

아나사지 사람들처럼, 그린란드에 정착한 노르웨이 사람들에게 닥친 운명도 논란이 분분하기는 했지만 주로 한 가지 요인으로 설명되어왔다. 가장 그럴듯한 이론은 바로 기후 변화였다. 고고학자 토머스 맥거번(Thomas McGovern)의 표현을 빌리면 "너무 추워졌고, 그래서 모두가 죽었다." 그밖에 이누이트의 공격에 노르웨이인들이 격멸했다는 이론, 본토의 유럽인에게 버림받았다는 이론, 환경 훼손론 등도 제기되었다. 그러나 그린란드에서 노르웨이 사회의 붕괴는 이 책의 서문에서 언급한 다섯 가지 요인 모두가 깊이 관여하고 있기 때문에 무척 교훈적인 사례가 아닐 수 없다. 또한 노르웨이 사람들은 그린란드에 대한 기록을 문서로 남겼고(이스터 섬 사람들과 아나사지 사람들에게는 문자가 없었다), 폴리네시아 사회나 아나사지 사회보다 중세 유럽 사회가 우리에게 훨씬 익숙하기 때문에 기초적인 정보도 많은 편이다. 산업화되기 이전으로 풍부한 자료를 갖고 있지만 노르웨이령 그린란드에는 여전히 속 시원히 풀리지 않는 의문들이 있다.

그린란드의 현재 기후

노르웨이 사람들이 그린란드에 정착해서 한동안 번성한 후에 몰락한 이유가 무엇일까? 노르웨이 사람들은 그린란드 서쪽 해안, 정확히 말하면 북극권에서 약간 아래로 북위 61도와 64도 사이에 위치한 두 곳의 정착지에서 살았다. 아이슬란드보다 남쪽이고, 위도로 비교하면 노르웨이 서쪽 해안에 있는 베르겐과 트론헤임과 비슷하다. 그런 그린란드는 아이슬란드나 노르웨이보다 더 춥다. 노르웨이와 아이슬란드는 남쪽에서 흘러오는 따뜻한 난류의 영향을 받는 반면에 그린란드의 서쪽 해안은 북극에서 내려오는 차가운 그린란드 해류의 영향을 받기 때문이다. 따라서 옛 노르웨이의 정착지들은 그린란드에서는 가장 축복받은 기후이지만 '춥고, 변덕스러우며, 바람이 세고, 안개가 자주 끼는 지역' 이다.

최근에 측정한 결과에 따르면 두 정착지의 여름 평균 기온이 해안가는 섭씨 5~6도, 피오르드 안쪽에서는 10도에 불과하다. 그다지 춥게 느껴지지 않는 온도이지만 이 온도가 연중 가장 따뜻한 몇 달의 평균 기온일 뿐이다. 게다가 강하고 건조한 바람이 그린란드 빙상에서 걸핏하면 불어오고, 북쪽에서는 얼음 덩어리가 흘러내려오며, 한여름에도 빙산들이 피오르드를 막아 사방이 짙은 안개에 싸인다. 그린란드를 방문한 여름에 나는 변덕스런 날씨를 실감나게 겪었다. 소나기처럼 세차게 쏟아지는 비, 강한 바람, 안개는 보통이었다. 배가 항해하기 힘들 정도였다. 그러나 해안지대가 무척 들쑥날쑥하기 때문에 그린란드에서 배는 주요 교통수단이다. 요즘에도 사람들이 모여 사는 지역들을 잇는 도로는 없다. 같은 피오르드에서 같은 쪽에 위치한 마을들, 혹은 나지막한 구릉을 사이에 두고 나누어진 피오르드의 마을들이 도로로 이어져 있을 뿐이다. 발세이 교회를 찾아가려던 내 탐사 계획도 강한 폭풍우 때문에 하루씩 뒤로 미루어야 했다. 7월 25일 화창한 날씨 덕분에 나는 배로 카코르토크에 도착할 수 있었다. 하지만 7월 26일 카코르토크를 출발하려던 배가 바람과 비, 안개와 빙산 때문에 꼼짝하지 못했다. 7월 27일 날씨가 다시 얌전하게 변하면서 우리는 발세이에 무사히 도착할 수 있었다. 다음날에도 신이 도왔던지 우리는 카코르토크 피오르드를 떠나 푸른 하늘을 보면서 브라타흘리드에 돌아올 수 있었다.

나는 그린란드의 기후를 한여름에 최남단의 정착지에서 실감나게 겪었다. 남부 캘리포니아의 뜨거운 여름 날씨에 길들여져 있던 내게 그린란드의 여름은 '쌀쌀하다 못해 추웠다.' 나는 티셔츠, 긴팔 셔츠, 두터운 스웨터를 입고도 바람막이옷을 항상 입고 다녔다. 때로는 내가 북극을 처음 여행했을 때 구입했던 두꺼운 오리털 파카까지 입어야 했다. 온도가 한 시간에도 몇 번씩 변하는 듯했다. 그것도 큰 폭으로! 이런 급격한 온도 변화 때문에 나는 그린란드에 온 이유가 파카를 입고 벗는 연습을 하려고 온 듯한 기분이었다.

내친김에 그린란드의 기후에 대해 좀더 이야기해보자. 그린란드에서는 약간의 거리 차이에도 날씨가 다르고, 해마다 기후가 다르다고 말해도 과언이 아니다. 그린란드에서 살아남으려면 유용한 푸른 조각을 찾아낼 수 있어야 한다고 말했던 크리스티안 켈러의 말에서 거리 차이에 따른 날씨 변화가 설명된다. 또한 해마다 다른 기후는 노르웨이 정착자들이 의존했던 건초의 생산에 큰 영향을 미쳤을 것이고, 바다의 결빙에도 적잖은 영향을 미쳤을 것이다. 바다의 결빙 정도는 바이킹들에게 무척 중요했던 고기잡이와 배를 이용한 교역에 영향을 미쳤을 것이다. 이처럼 거리 차이에 따른 기후 변화와 해마다 달라지는 기후에 노르웨이 정착자들은 민감하지 않을 수 없었다. 그린란드는 애초부터 건초 생산의 한계 지역이었다. 따라서 조금이라도 부적절한 지역에 자리를 잡거나 평년보다 조금이라도 추워지면 겨우내 가축을 먹일 수 있는 충분한 양의 건초를 생산하지 못한다는 뜻이었다.

두 정착지가 남북으로 480킬로미터나 떨어졌다는 사실도 지역적 차이를 보여주는 증거이다. 그런데 이상하게도 두 정착지는 북쪽 정착지와 남쪽 정착지라 불리지 않고 동쪽 정착지와 서쪽 정착지라 불렸다(이런 이름은 훗날 큰 비극까지 불러왔다. 그린란드의 서쪽 해안에 위치했는데도 '동쪽 정착지'로 붙여진 이름 때문에, 오랫동안 잊혀진 그린란드의 노르웨이인들을 찾아나선 유럽인들이 엉뚱하게도 그린란드의 동쪽 해안에서 그들을 찾아 헤맸다). 서쪽 정착지가 동쪽 정착지보다 북쪽에 위치하지만 여름에는 두 곳 모두가 포근한 편이다. 그러나 작물의 재배 기간은 서쪽 정착지가 더 짧다. 북쪽으로 올라갈수록 햇살이 비치고 포근한 날이 줄어들기 때문이다. 정확히 말하면 서쪽 정착지는 영상의 기온이 평균 5개월인 데 반해서 동쪽 정착지는 7개월이다. 또한 서(西)그린란드 한류의 영향도 지역적 기후 차이에 큰 역할을 한다. 예컨대 바다에서 멀리 떨어진 피오르드 안쪽에 비해서 한류와 직접 맞닿는 피오르드 하구의 해안이 더 춥고 습하며 안개도 많이 낀다.

내가 그린란드에서 머무는 동안 직접 목격했던 것으로 지역적 기후 차이를 유발하는 또 하나의 요인은 빙하였다. 빙하가 있는 피오르드가 있는 반면에 전혀 없는 피오르드가 있었다. 빙하가 있는 피오르드에는 언제나 빙산이 둥둥 떠 있지만 빙하가 없는 피오르드에는 바다에서 표류해 들어오는 빙산이 전부이다. 예컨대 7월에 나는 이갈리쿠 피오르드(바이킹이 그린란드에 세운 성당이 있는 곳)에서 빙산을 전혀 보지 못했다. 빙하가 그 피오르드에 흘러들어오지 않았기 때문이다. 그런데 에리크 피오르드(브라타흘리드가 있는 곳)에는 빙하 하나가 흘러들어온 까닭에 빙산이 곳곳에서 보였다. 한편 브라타흘리드 북쪽에 인접한 세르밀리크 피오르드에는 커다란 빙하가 많아, 얼음 덩어리 때문에 통행이 불가능할 지경이었다(그러나 이런 차이, 구체적으로 말하면 빙산의 다양한 모양과 크기가 무색무취한 그린란드 풍경을 볼거리로 만들어주는 듯하다). 크리스티안 켈러는 에리크 피오르드의 유적을 연구하는 동안 언덕 너머의 세르밀리크 피오르드에서 유적을 발굴하던 스웨덴 고고학자들을 자주 찾아갔다. 스웨덴 발굴 팀의 야영지가 크리스티안의 야영지보다 훨씬 추웠다. 따라서 유물에서도 스웨덴 발굴 팀이 연구하던 농가가 크리스티안이 연구하던 농가보다 가난했다는 증거가 뚜렷했다. 세르밀리크 피오르드가 더 추워 건초 생산량이 적었을 것이기 때문이다.

해마다 달라지는 기후 변화는 1920년대에 그린란드에서 다시 시작된 목양(牧羊)을 위한 건초 생산량에서 분명하게 드러난다. 습한 해에는 식물의 생장률이 높아진다. 양에게 먹일 건초가 많아지고, 야생 순록이 뜯어 먹을 풀도 많아진다는 뜻이기 때문에 목양업자들에게는 반가운 소식이 아닐 수 없다. 그러나 건초를 수확하는 8월과 9월에 비가 너무 많이 내리면 건초를 말리기 힘들기 때문에 건초의 생산량이 떨어진다. 게다가 쌀쌀한 여름도 좋지 않다. 풀의 생장률이 떨어지기 때문이다. 긴 겨울도 물론 좋지 않다. 가축들이 축사에서 더 오랜 시간을 보내면서 더 많은 건초를 축내기 때문이다. 북쪽에서 얼음 덩어리들이 많이 떠내려오는 여름도 좋지 않다. 안개가 짙게 끼어 식물의 정상적인 생장을 방해하기 때문이다. 이런 기후 변화가 요즘에도 그린란드에서 양을 방목하는 사람들의 삶을 불확실하게 만드는데, 중세 노르웨이 사람들에게는 얼마나 아슬아슬하게 느껴졌겠는가!

과거의 기후

요즘 들어 그린란드에서 기후는 연 단위나 10년 단위로 달라지는 듯하다. 과거에는 기후 변화가 어땠을까? 구체적으로 말해서, 노르웨이 사람들이 그린란드에 처음 정착했을 때의 기후는 어땠을까? 과거의 기후를 어떻게 알아낼 수 있을까? 우리는 문서 기록과 화분(花粉), 얼음에서 관련 정보를 얻어낼 수 있다.

그린란드에 정착한 노르웨이인들은 글을 쓸 줄 알았다. 또한 글을 아는 아이슬란드인과 노르웨이인들이 그린란드를 간혹 방문했다. 따라서 그들이 그린란드의 기후에 대한 기록을 조금이라도 남겼다면 그린란드 바이킹의 운명을 추적하려는 우리에게 소중한 자료가 되었을 것이다. 하지만 안타깝게도 그들은 기후에 대해 아무런 기록도 남기지 않았다. 그러나 아이슬란드의 경우에는 기후에 대한 기록이 많은 편이다. 강수량, 바다의 결빙, 유난히 추운 해 등에 관한 기록을 일기, 편지, 연대기, 보고서 등에서 찾아낼 수 있다. 아이슬란드 기후에 대한 이런 정보들은 그린란드의 기후를 이해하는 데 적잖은 도움이 된다. 물론 반드시 일치하는 것은 아니지만 아이슬란드에 추위가 닥친 해에는 그린란드도 추웠을 가능성이 크기 때문이다. 아이슬란드 부근 바다의 결빙에 대한 정보도 그린란드의 사정을 해석하는 데 중요한 근거가 될 수 있다. 결빙된 바다 때문에 아이슬란드나 노르웨이에서 그린란드로 항해하기가 더 어려워지지 않았겠는가!

그린란드의 호수와 습지에서 채취한 퇴적물에 감추어진 화분 분석을 통해서도 과거 기후에 대한 정보를 얻을 수 있다. 화분학자들은 화분 분석을 통해서 이스터 섬과 마야 지역에 있었던 초목의 역사를 밝혀내는 성과를 거둔 바 있다(제2장과 제5장 참조). 호수나 습지의 바닥에 구멍을 뚫어 퇴적물을 채취하는 일은 우리처럼 평범한 사람에게는 별 의미가 없지만 깊은 퇴적층은 더 오랜 과거에 침전된 것이기 때문에 화분학자들에게는 중대한 의미가 있다. 채취된 진흙 속의 유기물을 방사성 탄소법으로 연대를 측정해서 각 층이 퇴적된 시기를 알 수 있다. 한편 식물종의 화분들은 현미경으로 관찰하면 각각 다른 모습이다. 따라서 진흙에 묻힌 화분을 분석하면 호수나 습지 근처에서 어떤 식물이 자랐고 진흙이 퇴적된 해에 어떤 식물이 화분을 떨어뜨렸는지 알 수 있다. 화분학자들은 따뜻한 기후를 좋아하는 나무들로부터 추위에 잘 견디는 풀들로 화분이 변해간 것에서 그린란드의 날씨가 점점 추워졌다는 증거를 찾는다. 그러나 화분의 이런 변화는 노르웨이인들이 나무를 베어냈다는 증거이기도 하다. 따라서 화분학자들은 나무의 화분이 줄어든 현상에 대한 이런 두 가지 해석을 구분하는 방법들을 찾아냈다.

끝으로 그린란드의 기후 변화에 대한 세밀한 정보는 얼음에서 찾아진다. 그린란드는 춥고 간헐적으로 습해지는 기후 때문에 나무가 작고 일부 지역에서만 자란다. 게다가 잘려나간 나무는 금세 썩기 때문에, 아나사지 사람들이 살았던 미국 남서 지역의 기후 변화를 연 단위로 재구성할 수 있었던 근거인 나이테를 온전하게 보존한 통나무가 그린란드에는 없다. 하지만 그린란드에는 나이테 대신에 얼음층(ice layer)이 있다. 그린란드의 빙상은 매년 쌓인 눈이 압착되어 얼음으로 변한 것이다. 얼음, 즉 눈을 구성하는 물에 함유된 산소는 세 가지 다른 동위원소로 이루어진다. 달리 말하면 산소 핵에 존재하는 중성자의 수가 다르기 때문에 원자 무게도 다른 세 가지 유형의 산소 원자가 있다. 자연계에 주로 존재하는 산소(99.8퍼센트)는 산소-16이다. 즉 원자 무게가 16인 산소이다. 나머지 0.2퍼센트는 산소-18과 산소-17로 이루어진다. 산소-17의 양이 가장 적다. 세 동위원소 모두 안정적이고 방사능을 갖지 않지만 질량 분석기(mass spectrometer)에서는 구분된다. 눈이 형성된 기온이 높을수록 눈의 산소에서 산소-18의 비율이 높아진다. 따라서 같은 해에 쌓인 눈이라도 겨울 눈보다 여름 눈에서 산소-18의 비율이 높게 마련이다. 같은 논리로, 추운 해의 어떤 달에 쌓인 눈에 비해서 따뜻한 해의 같은 달에 쌓인 눈에서 산소-18의 비율이 높다.

그린란드에서 빙상을 연구하는 학자들은 거의 3킬로미터까지 파내려간다. 실제로 그린란드의 빙상에 구멍을 뚫어 코어〔core, '빙심(氷心)'으로 번역될 수 있는 주상시료이다: 옮긴이〕를 얻어 깊이에 따라 산소-18

의 비율을 측정하면 그 비율이 들쑥날쑥한 것을 확인할 수 있다. 여름 눈과 겨울 눈이 번갈아 쌓이면 기온의 계절적인 변화를 고스란히 보여줄 것이기 때문이다. 또한 산소-18의 비율이 여름에 쌓인 눈들에서나, 겨울에 쌓인 눈들에서도 다른 것이 확인된다. 해마다 같은 철에도 기온이 달랐다는 증거이다. 따라서 그린란드의 얼음층은 아나사지의 나이테와 같은 정보를 고고학자들에게 제공한다. 달리 말하면 얼음층을 분석해서 고고학자들은 매년 여름의 기온이나, 겨울의 기온을 상대적으로 비교할 수 있다. 게다가 어떤 해의 여름에서 다음 해의 여름까지, 혹은 어떤 해의 겨울에서 다음 해의 겨울까지 형성된 얼음층의 두께를 통해 그 해에 내린 강설량까지 덤으로 계산해낼 수 있다.

나이테로는 알아낼 수 없지만 얼음층으로 알아낼 수 있는 기후의 특징이 하나 있다. 바로 거센 바람이다. 거센 바람은 그린란드의 해안에서 염기를 담은 물보라를 일으켜서, 내륙 깊숙이 빙상까지 끌고 간다. 물보라는 얼어서 눈처럼 빙상 위에 떨어진다. 이때 해수의 나트륨 이온까지 떨어진다. 또한 거센 바람은 멀리 떨어진 대륙의 건조한 지역에서 먼지까지 끌고 와 빙상 위에 떨어뜨린다. 그런데 먼지에는 칼슘 이온이 많은 편이다. 순수한 물로 이루어진 눈에는 두 이온이 거의 없는 편이다. 따라서 어떤 얼음층에서 나트륨과 칼슘의 함량이 높게 나타난다면 그 해는 바람이 많이 불었던 해라는 해석이 가능해진다.

요컨대 우리는 아이슬란드의 기록, 화분, 얼음층을 통해서 그린란드의 과거 기후를 재구성할 수 있다. 특히 얼음층은 연간 단위의 기후를 재구성할 수 있게 해준다. 이렇게 재구성된 기후를 통해서 우리가 무엇을 알 수 있을까?

약 1만 4,000년 전 마지막 빙하기가 끝난 후부터 기후가 조금씩 따뜻해졌다는 사실을 확인할 수 있다. 그린란드의 피오르드들은 여전히 추웠지만 '지독히 춥지는 않았다.' 따라서 작은 나무들로 이루어진 숲들이 발달했다. 하지만 그린란드의 기후가 1만 4,000년 동안 똑같지는 않았다. 어떤 시기에는 더 추워졌지만 다시 평년 기온을 되찾았다. 이런 기후 변동은 노르웨이인들에 앞서 아메리카 원주민들이 그린란드에 정착하는 데 중요한 역할을 했다. 북극 지방에는 순록, 바다표범, 고래, 물고기 등이 전부일 정도로 사냥할 만한 종(種)이 별로 없는 반면에 각 종의 수가 많다. 그러나 이런 사냥감들이 멸종하거나 이동하면, 다양한 종이 분포하는 저위도와 달리 사냥꾼들에게 대안이 없어진다. 따라서 그린란드를 포함해서 북극의 역사는 인간이 들어와 한동안 넓은 지역을 차지했다가 쇠락하거나 아예 사라지거나, 아니면 기후 변화로 사냥감이 변하면 덩달아 생활 방식까지 바꿔가야 했던 역사였다.

기후 변화가 원주민 사냥꾼들에게 미친 영향은 20세기에도 그린란드에서 관찰되었다. 20세기 초 해수(海水)의 온도가 상승하자 바다표범이 그린란드 남부에서 사라졌고, 기후가 다시 추워진 후에야 바다표범의 사냥이 재개될 수 있었다. 다시 1959년부터 1974년까지 날씨가 아주 추워지면서 바다가 결빙되자 이주성을 띤 바다표범 종(種)의 수가 눈에 띄게 줄었고, 그린란드 원주민 사냥꾼들의 바다표범 포획량도 떨어졌다. 그러나 그린란드 사람들은 얼음에 구멍을 파고 들어가 숨을 쉬며 지내는 종인 반달바다표범으로 눈을 돌려 굶주림에서 벗어났다. 기후 변동으로 인한 사냥감의 변화는 기원전 2500년경 그린란드에 처음 정착한 아메리카 인디언의 삶에도 영향을 미친 듯하다. 그들은 1500년경에 크게 쇠락하거나 사라졌고, 다시 돌아왔지만 다시 쇠락하는 비극을 맞았다. 그리고 980년 노르웨이인들이 도래하기 얼마 전에 그린란드 남부를 완전히 버렸다. 따라서 노르웨이 정착자들이 처음에 아메리카 원주민들을 만날 수 없었던 것이다. 하지만 원주민들이 남긴 흔적은 곳곳에 남아 있었다. 노르웨이 정착자들에게는 불운한 일이었지만 그들이 그린란드에 정착했을 때 기후가 따뜻해지면서 이누이트(에스키모)는 캐나다 북극해를 건너 베링 해협에서 동쪽으로 신속히 영역을 확대하고 있었다. 캐나다 북부의 섬들 간의 교통을 가로막고 있던 얼음이 녹기 시작하면서, 이누이트의 주요 생존 수단이던 북극 고래들이 캐나다 북극해로 들어올 수 있었기 때문이다. 요컨대 이런 기후 변화로 인해 이누이트는 1200년경 캐나다에서 그린란드 북부로 들어올 수 있었고, 그들이 훗날 노르웨이 정착자들에게 큰 타격을 안겨주었다.

800년부터 1300년까지의 얼음층을 분석한 결과에 따르면 그린란드의 당시 기후는 상대적으로 따뜻했다. 요즘과 비슷하거나 약간 더 따뜻해서 중세온난기(Medieval Warm Period)라 부른다. 따라서 노르웨이인들은 건초를 키워 목축하기에 적합한 때 그린란드에 들어갔다. 지난 1만 4,000년 동안의 그린란드 평균 기후를 기준으로 한다면 목축에 적합한 때였다. 그러나 1300년경 북대서양의 기후가 점점 추워지고 해마다 변덕을 부리기 시작했다. 이른바 '소빙기'가 시작되면서 1800년대까지 지속되었다. 1420년경 소빙기가 절정에 이르면서 그린란드, 아이슬란드, 노르웨이를 잇는 바다에 여름에도 유빙(流氷)이 늘어났다. 이 때문에 그린란드의 노르웨이인들은 완전히 고립되고 말았다. 이누이트족은 반달바다표범을 사냥하면서 이런 추위로 인한 변화를 견뎌냈지만, 건초와 목축을 경제의 터전으로 삼던 노르웨이인은 이런 변화를 이겨내기 힘들었다. 뒤에서 다시 보겠지만 소빙기는 노르웨이령 그린란드의 붕괴를 재촉한 한 요인이었다. 그러나 중세온난기에서 소빙기로의 기후 변화는 복합적인 현상을 띠었다. "날씨가 점점 추워졌고 노르웨이인들을 몰살시켰다"라고 간단히 말할 수 없다. 1300년 이전에도 간헐적으로 추위가 닥쳤지만 노르웨이인들은 살아남았고, 1400년 이후에 따뜻한 시기가 있었지만 노르웨이인들은 그린란드에서 부활하지 못했다. 결국 "이누이트족이 소빙기의 추위를 이겨내는 법을 보면서 노르웨이인들이 그런 난국을 대처하는 법을 배우지 못한 이유가 무엇일까?"라는 까다로운 문제가 여전히 남는다.

토종 식물들과 토종 동물들

토종 식물과 토종 동물을 살펴보는 것으로 그린란드의 환경에 대한 연구를 마무리 짓도록 하자. 염무(鹽霧)에서 멀리 떨어진 따뜻한 곳, 즉 그린란드 남서 해안에서 피오르드를 따라 깊숙이 들어온 동쪽 정착지와 서쪽 정착지에만 초목이 그런대로 발달되어 있다. 양을 방목하지 않는 곳의 초목들이 지역에 따라 약간씩 차이를 보인다. 상대적으로 추운 고원지대와 바다에서 가까운 피오르드 외곽에서는 추위와 안개, 염무가 식물의 생장을 방해하기 때문에 풀보다 짧고 가축에게도 영양가가 낮은 사초(莎草)가 압도적으로 많은 편이다. 사초는 건조한 기후에 잘 견디기 때문에 습기가 거의 없는 자갈밭에서도 뿌리를 내릴 수 있다. 한마디로 열악한 환경에서도 자랄 수 있다. 한편 염무가 없는 내륙에서도 빙하 근처여서 찬바람이 부는 지역과 가파른 비탈에서는 초목이 거의 자라지 않는다. 상대적으로 덜 가혹한 내륙 지역에서는 키 작은 관목들이 숲을 그런대로 이루고 있다. 최적의 지역, 즉 저지대로 토양도 좋고 바람도 없으며 물 사정도 괜찮고 남향이어서 햇살을 많이 받는 지역에서는 난쟁이자작나무와 난쟁이버드나무 이외에 노간주나무와 오리나무까지 뒤섞여 널찍한 숲을 이루기도 한다. 대부분의 나무가 5미터 이하이고, 가장 조건이 좋은 곳에서는 9미터에 이르는 자작나무가 간혹 눈에 띈다.

요즘 들어 양과 말을 방목하는 지역에서 초목들은 완전히 다른 그림을 보여준다. 어쩌면 노르웨이 시대에도 이런 모습이었을지 모른다(사진 17). 가르다르와 브라타흘리드 부근처럼 완만한 비탈에 조성된 축축한 목초지는 30센티미터가 넘는 풀들이 무성하게 자라고 꽃들도 곳곳에서 눈에 띈다. 난쟁이버드나무와 난쟁이자작나무는 양들이 잎사귀를 뜯어 먹기 때문인지 키가 45센티미터에 불과하다. 비탈이 심하고 더 건조하며 맞바람이 부는 초지의 풀과 난쟁이버드나무는 10센티미터를 넘지 못한다. 나르사르수아크 공항 근처처럼 양과 말이 풀을 뜯지 못하도록 울타리를 둘러친 곳에서도 난쟁이버드나무와 자작나무는 근처 빙하에서 불어오는 찬바람 때문에 2미터 남짓할 뿐이다.

그린란드의 야생 동물은 이누이트족과 바이킹족 모두에게 가장 소중한 자원이었을 것이다. 육지와 바다의 포유동물들, 육지새와 바닷새, 물고기와 해양 무척추동물이 그린란드를 대표하는 야생 동물들이다. 북쪽 끝에서 서식하는 사향소를 제외할 때, 옛 노르웨이 정착지에서 살고 있는 덩치 큰 토종 육지 초식 동물로는 카리부(caribou)가 유일하다. 라플란드인을 비롯해서 유라시아 대륙의 몇몇 원주민들은 카리부를 순록으로 길들여서 사육했지만 노르웨이인과 이누이트족은 그렇게 하지 못했다. 북극곰과 이리는 노르웨이 정착지의 북쪽 지역을 거의 벗어나지 않았다. 작은 사냥감으로는 산토끼, 여우, 육지새(가장 큰 것이 뇌조의 친척뻘인 멧닭이 있었다), 민물새(백조와 거위가 가장 컸다), 바닷새(특히 솜털오리, 바다쇠오리)가 있었다. 가장 중요한 해양 포유동물은 여섯 종의 바다표범이었다. 그러나 바다표범은 종에 따라 분포와 행동이 달랐고, 노르웨이인과 이누이트족에게 갖는 의미도 달랐다. 가장 큰 종은 해마이다. 여러 종의 고래가 해안을 따라 서식하고 있었지만 이누이트와 달리 노르웨이 사람들은 고래를 쉽게 사냥하지 못했다. 강, 호수, 바다에는 물고기가 많았고, 먹을 수 있는 해양 무척추동물 중에서는 작은 새우와 홍합이 가장 귀하게 여겨졌다.

노르웨이인들의 정착

전설과 중세의 역사에 따르면 붉은 털 에리크로 알려진 혈기왕성한 노르웨이 사람이 980년경 살인을 저질러 아이슬란드로 추방당했다. 여기에서도 에리크는 사람들을 죽여서 쫓겨다니는 신세가 되었다. 쫓겨다니면서 싸움을 벌이며 더 많은 사람을 죽인 까닭에 에리크는 결국 아이슬란드에서도 3년 동안 완전히 추방당하고 말았다. 그때가 982년이었다.

에리크는 수십 년 전 군비에른 울프손(Gunnbjörn Ulfsson)이라는 사람이 아이슬란드로 항해하던 중 항로를 벗어나 서쪽으로 표류하다가 조그만 섬들을 발견했다는 것을 기억해냈다. 그린란드의 남동 해안에서 얼마 떨어지지 않은 섬들로 여겨진다. 978년에는 에리크의 먼 친척인 스나에비에른 갈티(Snaebjörn Galti)가 그 섬들을 다시 방문했지만 그곳에서 동료 선원들과 싸움이 붙어 목숨을 잃었다. 이번에는 에리크가 그 섬들로 향해서 자신의 운을 시험해보았다. 그는 그린란드 해안 일대를 뒤지면서 3년을 보냈고, 피오르드 안쪽에서 좋은 목초지를 찾아냈다. 아이슬란드로 돌아온 그는 다시 싸움에 말려들었고 이번에는 크게 패했다. 결국 그는 25척의 배를 이끌고 '그린란드'라고 이름을 붙인 신천지를 향해 떠났다. 그들이 그린란드에서 편안히 정착했다는 소식이 아이슬란드에 전해지자, 그 후 10년 동안 세 번의 이주단이 아이슬란드를 떠나 그린란드로 향했다. 따라서 1000년경에는 서쪽 정착지와 동쪽 정착지 모두에서 집을 세우고 목축을 하기에 적합한 땅이 모두 채워졌고, 인구가 근 5,000명에 이르렀다. 서쪽 정착지에 약 1,000명, 동쪽 정착지에 약 4,000명이 살았다.

정착하면서부터 노르웨이인들은 서쪽 해안을 따라 북쪽으로, 북극권까지 탐사를 시작했고, 매년 사냥 여행을 다녔다. 북극점에서 1,125킬로밖에 떨어지지 않은 북위 79도 지점까지 여행한 적도 있는 듯하다. 사슬갑옷조각, 목수용 대패, 대갈못 등 노르웨이의 물건들이 이 지점에 있는 이누이트의 한 고고학적 유적에서 발견되기 때문이다. 그들이 북쪽으로 꾸준히 탐사했다는 다른 증거로는 북위 73도에 세워진 케른(이정표·기념비용으로 세운 돌무더기: 옮긴이)이 있다. '룬돌(runestone)', 즉 노르웨이의 고대 문자인 룬 문자가 씌어진 돌판 하나가 여기에서 발견되었고, 그 돌판에는 에를링 시그바트손, 비아르니 토르다르손, 에인드리디 오드손이 1300년경 작은 기도의 날(4월 25일)을 앞둔 토요일에 그 케른을 세웠다고 씌어져 있었다.

목축

그린란드에서 노르웨이인들은 목축과 야생 동물의 사냥을 생존 수단으로 삼았다. 붉은 털 에리크가 아이슬란드에서 가축을 들여온 후로 노르웨이 사람들은 야생 동물에 대한 의존도가 점점 커졌다. 반면에 아이슬란드와 노르웨이에서는 날씨가 포근해지면서 대부분의 식량을 목축과 영농에서 구했다. 특히 노르웨이에서는 농업이 발달했다.

그린란드 정착자들은 노르웨이에서 족장들이 유지하던 가축의 비율대로 목축을 시작하려 했다. 즉 젖소와 돼지가 많은 비중을 차지했고, 양은 별로 없었다. 염소는 더더욱 적었다. 여기에서 말, 오리, 거위 등을 더한 정도였다. 그러나 정착지에서 발견된 쓰레기 더미에서 찾아낸 동물의 뼈를 방사성 탄소법으로 연대를 측정해보면 그런 비율이 그린란드의 추운 날씨에는 적합하지 않다는 사실을 정착자들은 금세 깨달았던 것으로 여겨진다. 오리와 거위가 곧바로 사라졌다. 그 두 가축이 사육되었다는 증거가 어디에서도 발견되지 않아 그린란드로 가는 도중에 모두 죽었을 가능성도 크다. 노르웨이 숲에는 돼지가 먹을 열매가 많았고 바이킹들이 어떤 고기보다 돼지고기를 좋아했지만 숲이 별로 없는 그린란드에서 돼지는 초목의 뿌리까지 캐 먹고 땅을 파헤치기 때문에 너무 파괴적인 짐승이었다. 따라서 정착하고 얼마 지나지 않아, 돼지의 수는 급격히 줄었고 실질적으로 사라졌다. 안장과 썰매가 유적에서 발굴된다는 사실로 판단하건대 말이 일하는 가축으로 키워진 듯하다. 그러나 기독교에서는 말고기를 금지하기 때문에 쓰레기 더미에서 말의 뼈는 거의 발견되지 않는다. 그린란드의 기후에서는 양이나 염소보다 소를 사육하기가 훨씬 어려웠다. 눈이 오지 않는 여름철 석 달 동안만 초지에서 풀을 뜯게 할 수 있었기 때문이다. 그러나 나머지 아홉 달은 축사에 가둬두고 건초나 꼴로 사육해야 했기 때문에 그린란드 정착자들에게는 건초를 마련하는 일도 여간 힘들지 않았을 것이다. 따라서 그들은 많은 노동을 요구하는 소를 포기하는 것이 낫다고 생각했던지 소의 수는 꾸준히 줄어들었지만 소는 신분의 상징이었던 까닭에 완전히 사라지지는 않았다.

따라서 그린란드에서 기본적인 식량 공급원은 소보다 추운 기후에 잘 견디는 양과 염소로 바뀌어갔다. 양과 염소는 소와 달리 한겨울에 스스로 눈을 파서 풀을 찾아내는 능력까지 있었다. 요즘 그린란드에서 양은 연중 아홉 달은 바깥에서 방목되고, 눈이 많이 내리는 석 달 동안만 축사에서 지낸다. 그린란드에 노르웨이인들이 정착한 초기에는 양과 염소를 합한 수가 소의 수와 엇비슷했지만 그 후에 급격히 늘어 소보다 8배나 많았다. 양과 염소의 비율도 재미있다. 아이슬란드에서는 양이 염소보다 6배 정도 많았다. 따라서 그린란드에 정착한 초기에 바이킹들은 이와 비슷한 비율로 양과 염소를 키웠다. 그러나 시간이 흐르면서 염소의 수가 늘어났고 양의 수와 비슷하게 유지되었다. 양과 달리 염소는 그린란드의 척박한 초지에 많이 널려 있던 거친 나뭇가지, 관목, 난쟁이나무들까지 소화시킬 수 있었기 때문이다. 따라서 노르웨이인들이 그린란드에 정착을 시작할 때 염소보다 양을, 양보다 소를 더 선호했지만 그린란드의 환경에 적합한 정도는 정반대였다. 대부분의 농가, 특히 서쪽 정착지의 북쪽 끝을 차지한 농가들은 고귀한 소보다 비천한 염소를 훨씬 더 많이 키워야 했다. 아니, 소는 극소수에 불과했다. 동쪽 정착지 중에서도 생산성이 높은 농가에서만 소를 지극히 아끼고 염소를 경멸하는 노르웨이 전통을 그럭저럭 지켜갈 수 있었다.

노르웨이 정착자들이 연간 9개월 동안 소를 키웠던 축사들의 터가 아직도 곳곳에서 눈에 띈다. 축사는 길고 좁았다. 돌과 풀을 섞어 쌓은 벽은 두께가 수 미터에 달했다. 그린란드산(産) 양과 염소와 달리 소는 추위를 견디지 못했기 때문에 축사를 겨울에 따뜻하게 유지하려고 벽을 그렇게 두껍게 쌓은 것이라 여겨진다. 소는 한 마리씩 직사각형의 칸에서 지냈고, 널찍한 돌판을 세워 칸을 구분했다. 축사들은 폐허로 변했지만 그런 돌판들은 지금도 우뚝 서 있다. 칸의 크기, 소가 축사를 드나들었던 입구의 높이, 그리고 발굴된 소의 뼈로 계산해보면 그린란드의 소는 어깨까지 높이가 1.2미터를 넘지 않아 세상에서 가장 작은 소였을 것이라 여겨진다. 소들은 겨우내 축사에서 지냈고 배설한 똥은 밀물처럼 조금씩 쌓여갔다. 봄이 되어서야 사람들은 똥을 축사 밖으로 치웠다. 겨우내 소들은 가을에 준비한 건초를 먹었다. 건초량이 부족하면 내륙까지 밀려온 해초로 보충했다. 소는 해초를 좋아하지 않았다. 따라서 사람들이 겨우내 축사에서 소들과 함께 지내면서, 결국 소똥밭에서 지내면서, 점점 작아지고 약해지는 소들에게 해초를 억지로라도 먹여야 했다. 5월이 되어 눈이 녹고 풀이 돋기 시작하면 소들은 마침내 축사에서 해방될 수 있었다. 하지만 그때쯤 소들은 걷지 못할 정도로 허약해져서 억지로 끌어내야 했다. 새 풀이 돋기 전에 건초와 해초가 바닥나면 농부들은 버드나무와 자작나무의 햇가지를 꺾어서 소들에게 먹였다.

그린란드 정착자들이 소와 양, 염소를 키운 주된 이유는 살코기보다 젖을 얻는 데 있었다. 가축들이 5월이나 6월에 새끼를 낳으면 여름 몇 달 동안만 젖을 생산했다. 따라서 노르웨이 정착자들은 젖을 치즈와 버터 그리고 요구르트와 같은 '스키르'로 만들어 커다란 통에 저장해, 산에서 내려오는 물속이나 뗏장집 안에 시원하게 보관해두고 겨우내 먹었다. 염소와 양에서 털을 얻기도 했다. 특히 추운 지역에서 큰 양들은 기름기가 많고 방수력이 뛰어난 털을 생산해서, 양털은 추위를 이기는 데 탁월한 기능이 있었다. 살코기는 도태기에 접어든 가축에게서 얻었다. 가을에 살코기의 섭취가 늘어났다. 가을에 수확한 건초로 겨우내 먹일 수 있는 가축의 수를 정밀하게 계산해서, 그 범위를 넘어서는 가축들을 가차 없이 도살했기 때문이다. 게다가 오리나 닭과 같은 가금류가 부족했기 때문에 노르웨이 정착자들은 도살된 가축의 뼈들을 쪼개서 골수까지 알뜰하게 빨아 먹었다. 노르웨이 사람들보다 사냥 솜씨가 뛰어났던 이누이트족의 고고학적 유적에서는 썩은 골수나 기름덩이를 먹고사는 파리들의 유충이 많이 발견되지만, 노르웨이 유적들에서는 파리조차 거의 발견되지 않는다.

그린란드에서 소 한 마리를 겨우내 먹이려면 몇 톤의 건초가 필요했지만 양을 먹이는 데는 그렇게 많은 건초가 필요하지 않았다. 따라서 늦여름이면 노르웨이 정착자들은 건초를 베어 말리고 저장하느라 바빴다. 건초량이 겨우내 먹일 수 있는 가축의 수를 결정하기 때문에 건초량을 정확히 계산할 수 있어야 했다. 필요한 건초량은 겨울의 길이에 따라 달라졌다. 사실 그린란드에서 겨울의 길이를 미리 예측하기란 거의 불가능했다. 따라서 매년 9월이면 노르웨이 정착자들은 수확한 건초량과 겨울의 길이에 대한 경험적 예측을 근거로 고뇌에 찬 결정을 내려야 했다. 몇 마리나 도살할 것인가? 9월에 너무 많이 도살하면 다음해 5월에 건초가 남을 수도 있었다. 그러면 소중한 가축을 쓸데없이 많이 죽였다는 자책감에 사로잡힐 수 있었다. 하지만 가축을 아깝게 생각하여 9월에 너무 조금 죽이면 5월이 되기 전에 건초가 바닥나서 모든 가축이 굶어 죽을 수도 있었다.

건초는 세 종류의 밭에서 생산되었다. 가장 생산성이 뛰어난 밭은 농가 옆에, 가축이 침범하지 못하도록 울타리를 치고 거름을 주어 지력을 높였으며 건초 생산에만 이용된 텃밭(infield)이었다. 가르다르 목장을 비롯해 몇몇 목장의 옛터에는 산에서 내려오는 물을 텃밭들로 끌어들인 수로들과 댐들의 흔적이 보인다. 관개 시설을 갖추어 생산력을 높이려 했던 것이다. 건초는 변두리 밭(outfield)에서도 생산되었다. 변두리 밭은 농가에서 약간 멀리 떨어진 곳으로 울타리 밖에 있었다. 끝으로 노르웨이 정착자들은 노르웨이와 아이슬란드에서 방목장(saeter)이라는 목축업까지 빌려왔다. 겨울에는 가축을 사육하기에 너무 춥더라도 여름에는 건초를 생산하며 가축을 방목할 수 있는 고지대를 이용하는 방법이었다. 복잡한 방목장에는 집과 축사까지 갖추어져 있어 목장을 축소해놓은 곳이나 마찬가지였다. 농부들은 여름에는 이곳에서 지내면서 가축을 돌보았고 겨울이 되면 본래의 집으로 돌아갔다. 봄이 되면 눈이 녹고 저지대부터 풀이 돋기 시작해 고지대로 올라간다. 그러나 새 풀은 영양가가 높고 소화를 방해하는 섬유질이 적다. 따라서 방목장은 노르웨이 정착자들이 산에서 잠시 돋는 풀들까지도 놓치지 않고 그린란드의 제한된 자원을 최대한 이용하려는 고육지책이었고, 여름이 깊어갈수록 가축을 끌고 조금씩 높은 곳으로 올라가면서 새 풀을 가축에게 먹이려는 계산된 목축법이었다.

앞에서도 말했듯이 크리스티안 켈러는 나와 함께 그린란드를 방문하기 전에 "그린란드에서의 삶은 유용하게 쓸 푸른 조각을 찾아내는 삶이다"라고 말했다. 그린란드에서 목축이 가능한 유일한 지역인 두 피오르드에서도 목축을 하기에 최적인 곳은 소규모이거나 거의 없다는 뜻이었다. 나는 배를 타고, 때로는 걸어서 그린란드의 피오르드를 둘러보았다. 목축이 무엇인지 모르는 도시 촌놈이었지만, 나는 노르웨이 정착자들이 어떤 기준에서 목장으로 만들 땅을 택했는지 짐작할 수 있을 것 같았다. 물론 그린란드에 정착한 노르웨이 사람들은 나보다 월등히 뛰어난 농부였지만 나는 과거를 알고 있었다. 그들이 어떤 땅을 목장으로 만들려고 했고, 어떤 땅에서 성공했고 어떤 땅에서 실패했는지 알고 있었다. 노르웨이 정착자들이 겉으로는 그럴듯하게 보였지만 실제로는 목장으로 합당하지 않는 땅을 골라내는 데 수년, 아니 수세대가 걸렸을 것이다. 도시 사람, 재레드 다이아몬드의 짐작에 따르면 그린란드에 정착한 노르웨이 사람들은 대략 다음과 같은 기준에서 목장터를 결정했을 것이다.

1. 평평하거나 경사가 완만한 저지대(해발 210미터 이하)로 생산성이 높은 텃밭을 가꿀 수 있을 정도로 널찍해야 했다. 저지대가 그런대로 따뜻하고, 눈이 내리지 않는 날이 가장 많기 때문이다. 또한 가파른 경사지에서는 풀의 생장력이 상대적으로 더딘 편이다. 노르웨이 정착자들

이 그린란드에서 조성한 목장 중에서 가르다르 성당 목장이 가장 넓었고, 그 다음으로는 바트나베르피 구역에 조성된 목장들이 있었다.

2. 넓은 저지대의 텃밭이 부족한 경우에는 약간 더 높은 곳(해발 390미터 이하)에 변두리 밭을 조성해서 건초를 추가로 생산할 수 있어야 했다. 축사의 면적과 칸의 수에서 추정된 가축의 수를 감안할 때 대부분의 목장이 저지대에서 생산한 건초만으로는 가축들을 배불리 먹일 수 없었다. 브라타흘리드에 있는 붉은 털 에리크의 목장이 고지대에 널찍한 변두리 밭을 조성한 대표적인 예이다.

3. 북반구에서는 남향이 더 많은 햇살을 받는다. 따라서 겨울 눈이 더 일찍부터 녹기 시작하고, 건초를 생산할 수 있는 기간도 더 길다. 일조량도 당연히 더 많다. 실제로 그린란드 노르웨이령에서 최적의 목장들, 즉 가르다르, 브라타흘리드, 발세이, 산네스는 모두 남향이었다.

4. 물 공급도 중요했다. 건초 생산을 늘리기 위해서는 천연 수로를 이용하거나, 인공 수로를 만들어서라도 목초지에 물을 공급할 수 있어야 했다.

5. 빙하로 이루어진 계곡에, 혹은 그 부근에 목장을 조성하는 것은 가난을 재촉하는 짓이었다. 계곡에서 불어오는 차갑고 강한 바람이 초목의 생장을 방해하고, 토양 침식을 야기하기 때문이다. 따라서 빙하의 바람은 나르사크와 세르밀리크 피오르드에 가난을 불러왔고, 코로크 밸리의 입구와 바트나베르피 구역의 고지대에서 목장을 포기하게 만든 저주였다.

6. 배가 드나들면서 필수품을 실어 나를 수 있는 나루터가 피오르드에 조성된 목장이면 더할 나위가 없었다.

사냥과 고기잡이

유제품만으로는 5,000명에 달하던 정착자들이 배불리 먹을 수 없었다. 그린란드의 추운 기후에서 작물 재배는 한계가 있었고, 재배 기간도 짧아 농사로 부족한 부분을 메울 수는 없었다. 당시에 작성된 노르웨이 문헌에 따르면 그린란드 정착자들 중에는 밀, 빵, 보리를 발효시킨 맥주를 평생 구경조차 못한 사람이 대부분이었다. 그린란드에서 한때 최고의 목장이었던 가르다르에 조성된 자그마한 채마밭 두 곳에서 요즘 사람들은 노르웨이에서 중세 시대부터 재배되었던 양배추, 비트, 대황, 상추뿐만 아니라 노르웨이령 그린란드가 붕괴된 이후 유럽에 도래한 감자까지 재배하고 있다. 모두가 내한성 작물이다. 그런데 노르웨이인 정착자들이 그린란드에 처음 도착했을 때의 기후가 요즘의 기후와 비슷했다면 그들도 채마밭에 감자를 제외하고 똑같은 작물을 재배했을 것이다. 게다가 특별히 포근한 해에는 보리까지 재배했을 수도 있다. 가르다르와 동쪽 정착지의 다른 두 목장터에서 나는 채마밭으로 사용되었을 듯한 작은 밭을 실제로 보았다. 햇볕이 잘 드는 벼랑 기슭에 위치하고 양들의 침범과 바람을 막을 수 있는 담까지 둘러쳐져 있었다. 하지만 그들이 채마밭을 가꾸었다는 직접적인 증거는 화분(花粉)과 아마씨에서 찾아진다. 특히 아마는 중세 유럽에는 있었지만 그린란드에는 없었던 식물이다. 따라서 노르웨이인들이 가지고 들어와 아마포와 아마씨유를 만들려고 재배했을 것이라는 추론이 가능하다. 그러나 노르웨이인 정착자들이 그밖에 다른 곡물을 심었더라도 그 곡물들은 식량원으로 미미한 역할에 그쳤을 것이다. 소수의 족장과 성직자를 위한 호사 식품에 불과했을 것이다.

그린란드에 정착한 노르웨이 사람들에게 유제품 이외에 주된 식량원은 야생 동물의 살코기였다. 특히 순록과 바다표범을 많이 먹었다. 순록은 떼를 지어 살면서 산에서 여름을 보내고, 겨울이면 낮은 지역으로 내려온다. 노르웨이 정착지의 쓰레기 더미에서 발견된 순록의 이빨들을 분석해보면 사냥은 주로 가을에 이루어졌다. 그들은 개를 풀어 순록을 몰아서 활과 화살로 사냥했다(쓰레기 더미에서 큰 사슴사냥개의 뼈도 발견된다). 바다표범 중에서는 세 종을 주로 사냥했다. 참깨점박이 바다표범(common seal, harbor seal)은 1년 내내 그린란드 주변을 서성대다가 봄이면 새끼를 낳으려고 피오르드 안쪽으로 들어온다. 이때 노르웨이인 정착자들은 배에 그물을 던져 잡거나, 해안으로 기어나온 바다표범을 막대기로 두들겨 죽였을 것이다. 이주성을 띤 하프 바다표범(harp seal)과 두건 바다표범(hooded seal)은 뉴펀들랜드에서 새끼를 낳지만 5월이면 떼를 지어 그린란드로 몰려와 해안지대에서 주로 머물며 피오르드 안쪽까지 들어가는 경우가 거의 없다. 이런 이주성을 띤 바다표범을 사냥하기 위해서 노르웨이인 정착자들은 농장에서 수십 킬로미터 떨어진 바닷가에 임시 거처를 마련했다. 5월에 찾아오는 하프 바다표범과 두건 바다표범은 노르웨이인들의 생존에 중요한 위치를 차지했다. 5월이면 지난 여름에 만들어 저장해둔 유제품과 지난 가을에 사냥해 저장한 순록 살코기가 바닥날 시기였지만 목장에 쌓인 눈이 완전히 녹지 않아 가축들을 목초지에 풀어놓을 수 없었기 때문이다. 달리 말하면 가축들이 아직 새끼를 낳지 못하고 젖을 생산하지도 못했기 때문이다. 따라서 어떤 장애물(피오르드와 해안가의 얼음 덩어리, 혹은 적대적인 이누이트족)의 방해로 바다표범들이 이주해오지 않으면 노르웨이인들은 굶주림이라는 큰 위기에 봉착할 수밖에 없었다. 특히 여름이 추워서 건초를 적정 수준까지 생산하지 못해 그들이 취약해질 대로 취약해진 추운 시기에 그런 악조건이 겹칠 가능성이 컸다.

방사성 동위원소 분석법으로 뼈의 성분을 분석해서, 그 뼈의 주인이 평생 동안 섭취한 해산물과 육지 식품의 비율을 계산해낼 수 있다. 이 분석법을 그린란드 묘지에서 발굴한 유골에 적용하면, 동쪽 정착지가 세워진 때 그곳에서 섭취된 해산물(대부분이 바다표범)의 비율은 20퍼센트에 불과하지만 나중에는 80퍼센트까지 증가한다. 겨우내 가축들을 먹일 건초의 생산량이 떨어졌고, 인구 증가로 가축이 제공할 수 있는 식량으로는 부족했기 때문일 것이다. 또한 동쪽 정착지에 비해 서쪽 정착지에서 해산물의 섭취량이 항상 많았다. 서쪽 정착지가 더 북쪽에 위치해서 건초 생산량이 적었기 때문이다. 그런데 고고학자들이 소규모 농장보다 주로 대규모 농장을 발굴했기 때문에 노르웨이인들이 실제로 섭취한 바다표범의 양은 이런 측정치보다 많았을 가능성이 크다. 소 한 마리를 키운 가난한 농가에서 발견된 뼈를 분석한 결과가 이런 추측을 뒷받침해준다. 실제로 서쪽 정착지에 있던 한 가난한 농가의 쓰레기 더미에서 발굴한 뼈의 70퍼센트가 놀랍게도 바다표범의 것이었다.

바다표범과 순록에 크게 의존하기는 했지만 노르웨이인들은 토끼와 같은 작은 포유동물, 바닷새, 뇌조, 백조, 솜털오리, 홍합, 고래 등에서도 소량의 살코기를 얻었다. 특히 고래는 그들이 깊은 바다까지 나가 잡은 것이 아니었다. 얕은 바다에서 꼼짝하지 못하는 고래를 잡은 것에 불과했다. 실제로 노르웨이 유적에서는 작살을 비롯한 고래잡이에 필요한 도구가 전혀 발굴되지 않는다. 가축이나 야생 동물에서 얻은 살코기가 곧바로 소비된 것은 아니었다. 모르타르를 사용하지 않고 단순히 돌을 쌓아 세운 '스켐무르(skemmur)'라는 저장용 건물에 살코기를 넣어두고 건조시키는 방법을 택하기도 했다. 스켐무르는 산등성이처럼 바람이 많은 지역에 지어졌기 때문에 바람이 돌 틈 사이로 스며들어 살코기를 건조시켰다.

노르웨이 유적에서 특히 눈에 띄는 현상은 생선의 흔적을 거의 찾을 수 없다는 점이다. 그들이 고기잡이에 많은 시간을 투자하고 생선을 즐겨 먹었던 노르웨이인과 아이슬란드인의 후예였다는 점에서 무척 흥미로운 사실이다. 생선 뼈는 노르웨이 유적에서 발굴된 동물 뼈의 0.1퍼센트에도 미치지 못한다. 아이슬란드, 노르웨이 북부, 셰틀랜드 제도의 유적에서는 생선 뼈가 50~95퍼센트를 차지한다는 사실을 감안한다면 놀라운 현상이 아닐 수 없다. 고고학자 토머스 맥거번은 물고기가 많은 호숫가에 위치한 바트나베르피 목장의 쓰레기 더미에서 생선 뼈를 세 조각 발견했고, 게오르그 뉘가르(Georg Nygaard)는 Ö34 농장의 쓰레기 더미에서 찾아낸 3만 5,000개의 동물 뼈 중 생선 뼈는 두 조각에 불과했다고 발표했다. 생선 뼈가 가장 많이 발굴된 GUS 유적에서도 166조각(이곳에서 발굴된 동물 뼈의 0.7퍼센트) 중 26조각이 대구 한 마리의 꼬리뼈에서 나온 것이고, 모든 어종의 뼈가 뇌조(雷鳥) 뼈의 3분의 1, 포유동물 뼈의 144분의 1에 불과하다.

지금도 그린란드에 물고기가 풍부하고, 해덕과 대구를 비롯한 바닷물고기가 그린란드의 최고 수출품이라는 사실을 감안한다면 이처럼 생선 뼈가 없다는 사실이 좀처럼 믿겨지지 않는다. 연어와 비슷한 곤들매기와 송어도 그린란드의 강과 호수에 넘쳐흐른다. 브라타흘리드의 유스호스텔에서 보낸 첫날 밤에 나는 조그만 연못에서 맨손으로 곤들매기를 두 마리나 잡았다는 덴마크의 여자 관광객에게 곤들매기 요리를 푸짐하게 대접받았다. 두 마리 모두 50센티미터를 넘어 1킬로그램은 될 듯했다. 노르웨이 사람들도 그 관광객만큼은 손재주가 있었을 것이다. 그들이 피오르드에서 그물로 바다표범을 잡았다면 물고기도 그물로 잡았을 것이 아닌가! 그렇게 쉽게 잡을 수 있는 물고기를 직접 먹지 않았더라도 개에게라도 먹이지 않았겠는가. 그랬다면 개에게 먹일 바다표범 고기의 양을 줄여서 그들이 더 많이 먹을 수 있었을 테니까.

그린란드에 첫발을 내딛는 고고학자들도 노르웨이인들이 그린란드에서 물고기를 먹지 않았다는 사실을 처음에는 믿으려 하지 않는다. 그리고 어딘가 생선 뼈가 감추어져 있을 것이라며 상상의 나래를 펼친다. 노르웨이인들이 해안지대에서만 물고기를 먹었고, 그 지역이 지반 침하로 물밑에 가라앉은 것은 아닐까? 생선 뼈를 거름이나 연료로 썼던 것은 아닐까? 소에게 먹였던 것은 아닐까? 개가 모든 생선 뼈를 물고 달아나서, 미래의 고고학자가 파볼 생각조차 하지 않을 곳에 떨어뜨려 놓은 것은 아닐까? 노르웨이인들이 고기를 너무 많이 먹어 생선을 먹을 필요조차 없었던 것일까? 하지만 뼈를 깨서 골수까지 빨아 먹었던 이유가 설명되지 않는다. 그러면 작은 생선 뼈가 땅속에서 썩은 것은 아닐까? 하지만 양의 기생충과 양의 똥이 고스란히 보전되어 있을 정도로 그린란드의 쓰레기 더미는 보존 상태가 양호했다. 그란란드의 노르웨이 유적에서 생선 뼈가 거의 없는 이유를 설명하려는 온갖 가정들은 그린란드 이누이트족의 유적, 아이슬란드와 노르웨이의 유적에도 똑같이 적용될 수 있다. 그런데 다른 유적들에서는 생선 뼈가 엄청나게 발견된다. 따라서 이런 가정들로는 노르웨이인들의 다른 유적들과 달리 그린란드 유적에서 낚싯바늘, 낚시추, 그물추가 거의 발견되지 않는 이유도 설명할 수 없다.

따라서 나는 이런 현상을 액면 그대로 받아들이고 싶다. 그린란드에 정착한 노르웨이인들이 생선을 즐겨 먹는 사회의 출신이었지만 생선을 멀리하는 금기를 인위적으로 만들어갔을 수 있다. 실제로 모든 사회가 다른 사회와 차별성을 갖기 위한 방법의 하나로 고유한 음식 금기(food taboo)를 갖는다. 고결하고 깨끗한 사람인 척하는 우리는 고약스레 생긴 것을 먹지 않으며, 그런 것을 먹는 사람들을 천박하고 이상한 사람으로 취급한다. 이런 음식 금기에서 큰 부분을 차지하는 것이 육고기와 생선이다. 예컨대 프랑스 사람들은 달팽이와 개구리, 말고기를 먹고, 뉴기니 사람들은 쥐와 거미, 딱정벌레 유충을 먹는다. 멕시코인들은 염소고기를 먹고, 폴리네시아인들은 해양 환형 동물을 먹는다. 환형 동물은 영영가가 높고 맛도 있지만 대부분의 미국인은 그런 것을 먹는다는 생각에도 진저리를 친다.

육고기와 생선이 흔히 금기시되는 궁극적인 이유는 식물성 음식에 비해서 박테리아나 원생 동물로 인해 식중독을 일으키거나 기생충에 감염될 위험이 더 높기 때문이다. 치명적인 보툴리누스 중독을 일으키는 박테리아를 이용한 방법을 비롯해서, 고약한 냄새(다른 지역 사람이라면 '썩는 냄새'라고 말할 것이다)를 풍기는 생선을 장기 보존하기 위해 갖가지 발효법을 사용하는 아이슬란드와 스칸디나비아에서 특히 그런 위험이 높았다. 내가 지금껏 앓았던 병 중에서 말라리아보다 더 고통스러웠던 병은 영국 케임브리지의 한 시장에서 산 새우를 먹고 걸린 식중독이었다. 그때 나는 구역질, 견디기 힘든 근육통, 두통, 설사로 고생하면서 며칠간 침대에서 누워 지내야 했다. 따라서 나는 이런 시나리오를 머릿속에 그려보았다. 붉은 털 에리크가 그린란드에 정착한 첫 해에 생선을 먹고 식중독에 걸려 호되게 고생했다. 몸을 겨우 추스린 에리크가 모든 사람들에게 생선이 몸에 좋지 않다며, 우리 그린란드 사람들은 깨끗하고 자랑스러운 사람들이니 더러운 생선을 탐욕스레 먹는 아이슬란드 사람과 노르웨이 사람의 비위생적인 습관을 버리자고 외치지 않았을까?

통합 경제

그린란드는 목축의 한계 지역이었기 때문에 노르웨이인들은 균형을 맞추기 위해서 복잡한 통합 경제를 발전시켜야 했다. 좀더 자세히 말하면 시간과 공간의 통합이었다. 계절에 따라 다른 행위가 계획되었고, 농장마다 생산품을 특화시켜 다른 농장의 생산품과 교환했다.

봄부터 시작해보자. 5월 말과 6월 초에 바다표범을 사냥했다. 봄은 짧지만 중요한 계절이었다. 이주성을 가진 하프 바다표범과 두건 바다표범이 떼를 지어 피오르드 외곽지에 나타났고, 정주성을 띤 참깨점박이 바다표범은 새끼를 낳으려고 해안으로 기어올라와 쉽게 잡을 수 있었다. 6월부터 8월까지의 여름은 상당히 바쁜 계절이었다. 가축들을 목초지로 끌고 가 풀을 뜯게 했고, 가축들이 생산한 젖을 저장할 수 있는 유제품으로 만들어야 했다. 일부 남자들은 배를 타고 래브라도에 가서 목재를 구했고, 일부는 북쪽으로 가서 해마를 사냥했다. 아이슬란드나 유럽에서 교역을 하려고 짐배가 오는 계절이기도 했다. 8월과 9월 초는 더 바빴다. 건초를 베고 말려서 저장해야 했기 때문이다. 게다가 9월 중에 소들을 목초지에서 축사로 데려다놓고, 양과 염소도 축사에서 가까운 곳까지 끌고 와야 했다. 9월과 10월은 순록을 사냥하는 시기였다. 11월부터 이듬해 4월까지 계속되는 겨울은 축사에서 가축을 돌보고,

옷감을 짜며, 목재로 집을 짓거나 보수하고, 여름에 사냥한 해마의 엄니를 가공하는 계절이었다. 게다가 사람이 겨우내 먹을 유제품과 말린 살코기, 가축을 먹일 건초, 난방하고 조리할 연료가 겨울이 끝나기 전에 바닥나지 않게 해달라는 기도를 멈추지 않아야 했다.

시간에서의 경제적 통합 이외에 공간적 통합도 필요했다. 가장 풍요로운 농장도 한 해를 살아가는 데 필요한 모든 것을 자급자족하지 못했기 때문이다. 따라서 피오르드 안팎, 고지대와 저지대, 서쪽 정착지와 동쪽 정착지, 부유한 목장과 가난한 목장 간의 교환을 통한 통합이 필요했다. 예컨대 최적의 목초지는 피오르드 안쪽의 저지대에 있었지만 순록 사냥은 너무 추워서 건초를 재배하기 힘들어 목축에 적합하지 않은 고지대의 농장에서 주로 이루어졌다. 한편 바다표범은 염무, 안개, 매서운 추위에 풀조차 거의 자라지 않는 피오르드 외곽에서 주로 사냥되었다. 피오르드가 결빙되거나 빙산으로 가득하면 피오르드 외곽의 사냥터와 피오르드 안쪽 목장 간의 교통이 두절되었다. 노르웨이인들은 사냥한 바다표범과 바닷새를 피오르드 외곽에서 안쪽으로, 순록의 고깃덩이를 고지대에서 저지대로 짊어지고 나르는 식으로 이런 공간적 문제를 해결했다. 예컨대 바다표범의 뼈가 내륙에서도 가장 높은 곳에 위치한 목장의 쓰레기 더미에서 발견되었다는 것은 바다표범의 몸통이 피오르드 하구에서 수십 킬로미터나 운반되었다는 뜻이다. 실제로 내륙 깊숙이에 있었던 바트나베르피 농장에서는 바다표범의 뼈가 양과 염소의 뼈만큼이나 발견된다. 거꾸로 순록의 뼈는 사냥터가 있던 고지대의 가난한 농장보다 크고 부자였던 저지대의 농장에서 더 많이 발견된다.

서쪽 정착지는 동쪽 정착지에서 북쪽으로 480킬로미터나 떨어져 있었기 때문에 에이커당 건초 생산량이 동쪽 정착지의 3분의 1에 불과했다. 그러나 서쪽 정착지는 해마와 북극곰의 사냥터에서 가까웠다. 해마와 북극곰은 그린란드가 유럽에 수출하던 주된 품목이었다. 하지만 해마의 엄니는 동쪽 정착지의 유적에서 흔히 발견된다. 엄니가 주로 동쪽 정착지에서 겨우내 가공되었고, 유럽과의 교역이 가르다르를 비롯해서 동쪽 정착지의 목장을 중심으로 이루어졌기 때문이라고 여겨진다. 따라서 서쪽 정착지가 동쪽 정착지보다 훨씬 작았지만 그린란드 경제에서 중요한 위치를 차지했다.

건초 생산과 풀의 생장이 기온과 일조량이라는 두 가지 요인에 따라 크게 좌우되기 때문에 가난한 목장과 부유한 목장의 통합은 무엇보다 절실했다. 여름에 기온이 높고 일조량이 많다는 것은 건초를 더 많이 생산해서 더 많은 가축을 먹일 수 있다는 뜻이었다. 가축이 여름에는 스스로 풀을 뜯어 먹고, 겨울에 먹을 건초를 더 많이 가질 수 있었기 때문이다. 따라서 모든 조건이 충족된 해에, 피오르드 안쪽으로 저지대의 남향에 자리 잡은 최적의 목장은 많은 건초를 생산해내 목장에서 일하는 가족이 생존하는 데 필요한 양을 넘어서는 가축을 키울 수 있었고, 피오르드 외곽에 위치하고 남향도 아닌 고지대에 자리 잡은 작고 가난한 목장에서도 충분한 건초를 생산할 수 있었다. 그러나 기온이 평균보다 내려가고 안개도 많이 낀 해에는 건초 생산이 모든 곳에서 크게 줄었다. 최적의 목장에서도 자신들의 가축을 먹이기에 급급한 양이나 약간 초과하는 양밖에 생산할 수 없었을 것이다. 그러나 지리적으로 불리한 목장에서 생산한 건초는 가축들을 겨우내 먹이기에 부족했을 것이다. 따라서 그들은 가을에 가축의 일부를 도살했을 것이고, 봄에 한 마리의 가축도 살아남지 못하는 최악의 경우까지 각오했을 것이며 실제로 그런 비극이 닥치기도 했을 것이다. 게다가 가축이 생산하는 젖을 모두 송아지, 새끼 양, 새끼 염소에게 돌리면서, 농부들은 바다표범이나 순록의 살코기만 먹고 겨울을 넘긴 때도 있었을 것이다.

그린란드에서는 소를 위한 축사의 넓이가 목장의 질을 결정하는 듯하다. 예컨대 가장 많은 소를 키웠고 그만큼 공간 면에서 다른 목장들을 압도했던 최고의 목장은 가르다르였다. 모두 160두를 수용할 수 있는 거대한 축사가 두 곳이나 있었다. 브라타흘리드와 산네스 등과 같은 2등급 목장의 축사는 차례로 30두와 50두를 수용할 수 있었다. 하지만 열악한 목장에는 두서너 마리, 심지어 한 마리의 소밖에 수용할 수 없는 작은 공간이 있었을 뿐이다. 따라서 기후가 악화된 해에는 상등급 목장들이 봄에 열악한 목장들에게 가축을 임대해주는 식으로 지원해서 열악한 목장이 재기할 수 있는 발판을 마련해주었다.

따라서 그린란드 사회의 특징은 상호 의존과 공유로 요약된다. 구체적으로 말하면 바다표범과 바닷새는 피오르드 외곽에서 안으로, 순록은 고지대에서 저지대로, 해마의 엄니는 북쪽에서 남쪽으로, 가축은 부자 목장에서 가난한 목장으로 이동했다. 그러나 부자와 가난한 사람이 공존하는 모든 사회가 그렇듯이 그린란드에서도 부자와 가난한 사람이 똑같은 풍요를 누릴 수는 없었다. 각 농가의 쓰레기 더미에서 발견되는 짐승의 뼈에서 나타나듯이 그들의 식단에서 고급 음식과 저급한 음식이 차지하는 비율이 달랐다. 예컨대 최상급으로 여겨진 소의 뼈보다 그 아래 등급인 양의 뼈, 또한 양의 뼈보다 최하급으로 취급된 염소의 뼈가 가난한 농가로 갈수록 많아졌고, 서쪽 정착지의 농가보다 동쪽 정착지의 농가에서 더 많이 발견되었다. 순록의 뼈, 특히 바다표범의 뼈는 동쪽 정착지보다 서쪽 정착지에서 월등히 많았다. 서쪽 정착지가 목축을 하기에 더 힘든 대신에 순록 서식지에 가까웠기 때문이다. 부자들(특히 가르다르 목장 사람들)은 바다표범보다 순록을 더 많이 먹었고, 가난한 목장 사람들은 바다표범을 더 많이 먹었다. 그린란드를 방문했을 때 나는 일부러 바다표범고기를 맛보았다. 첫 입에, 나는 유럽식 입맛에 길들여진 사람들이 바다표범보다 순록을 더 좋아한 이유를 이해할 수 있었다.

이런 차이를 계량적으로 설명해보자. W48로 알려진 가난한 서쪽 정착지의 목장, 즉 니아쿠사트 구역의 쓰레기 더미를 분석한 결과에 따르면 그 열악한 환경에서 살았던 사람은 고기의 85퍼센트를 바다표범에서 구했다. 6퍼센트는 염소고기에서, 5퍼센트는 순록에서, 3퍼센트는 양에서, 소고기는 1퍼센트에 불과했다. 그들에게 소고기를 먹는 날은 그야말로 축복의 날이었으리라! 반면에 서쪽 정착지에서도 부유한 목장으로 손꼽히는 산네스 목장의 식구들은 32퍼센트를 순록, 17퍼센트를 소고기로 즐겼다. 6퍼센트는 양고기, 역시 6퍼센트는 염소고기, 나머지 39퍼센트는 바다표범에서 구했다. 그린란드 사람들 중에서 가장 행복했던 사람들은 붉은 털 에리크가 동쪽 정착지에 마련한 브라타흘리드 목장에서 지낸 지배자들이었다. 그들은 순록보다 소고기를 더 많이 먹었고 염소고기는 거의 입에도 대지 않고 살았다.

같은 목장에 살더라도 높은 사람이 낮은 사람보다 훨씬 좋은 음식을 먹었다는 사실을 보여주는 두 증거가 있다. 첫 번째 증거부터 보자. 고고학자들이 가르다르에 있는 성 니콜라우스 성당의 유적을 발굴했을 때이다. 그들은 돌바닥 아래에서 주교를 상징하는 지팡이를 쥐고 반지를 낀 시신을 발견했다. 1189년부터 1209년까지 그린란드의 주교를 지낸 존 아르나손 스뮈릴(John Arnason Smyrill)의 시신으로 추정되었다. 탄소 동위원소 분석의 결과에 따르면 그는 음식의 75퍼센트를 육지 식품(대부분 소고기와 치즈)에서 취했고, 해산물(대부분이 바다표범)의 섭취는 25퍼센트에 불과했다. 주교의 바로 밑에 매장된 사람들, 즉 거의 같은 시기에 사망했고 높은 신분이었을 사람들의 경우는 해산물의 섭취가 45퍼센트로 다소 높았다. 하지만 해산물의 평균 섭취량은 동쪽 정착지에서는 78퍼센트, 서쪽 정착지에서는 81퍼센트에 달했다. 두 번째 증거는 서쪽 정착지에서 가장 부유한 산네스 목장에서 찾아졌다. 저택 밖의 쓰레기 더미에서 찾아낸 짐승 뼈를 분석한 결과에 따르면 그 집에 살던 사람들은 순록과 가축을 주로 먹었고 바다표범을 그다지 즐기지 않았다. 하지만 가축들이 겨울을 지낸 축사가 겨우 45미터 떨어진 곳에 있었고, 목장에서 일하던 노동자들은 가축들과 고약한 냄새를 풍기는 거름을 옆에 끼고 축사에서 지내야 했다. 축사 밖의 쓰레기 더미에서 노동자들이 무엇을 먹었는지 알 수 있었다. 그들은 바닷고기로 배를 채우는 데 만족해야 했다. 순록고기, 소고기, 양고기는 거의 먹지 못했다.

목축, 육지와 피오르드에서의 사냥을 복잡하게 결합시킨 경제 덕분에 그린란드의 노르웨이 사람들은 가혹한 환경에서, 어느 것 하나도 넉넉하지 않은 환경에서 살아남을 수 있었다. 그러나 이런 경제 형태에서 그린란드 사람들이 결국 붕괴할 수밖에 없었던 이유가 찾아진다. 이런 경제를 떠받치던 요소 중 하나라도 무너지면 전체가 위험에 처할 수밖에 없는 구조였기 때문이다. 변덕스런 기후 때문에 그들은 기아(飢餓)라는 망령을 언제나 껴안고 살았다. 짧고 추우며 안개가 심한 여름, 그리고 8월의 비는 건초 생산에 막대한 지장을 주었다. 눈이 내리는 긴 겨울은 가축과 순록 모두에게 힘든 계절이었고 더 많은 건초를 요구했다. 5월과 6월에 피오르드를 급습하는 얼음 덩어리들은 사람들을 고립시켜 바다표범의 사냥을 불가능하게 만들었다. 해수 온도의 변화는 물고기의 이동에 영향을 주었고, 따라서 물고기를 먹고사는 바다표범의 이동에도 영향을 미쳤다. 멀리 떨어진 뉴펀들랜드의 기후 변화도 새끼를 낳으려고 그린란드를 찾던 하프 바다표범과 두건 바다표범의 이동에 영향을 미쳤다. 이런 변화에 따른 비극은 최근에도 그린란드에서 일어났다. 1966~1967년 겨울은 매섭게 춥고 눈도 많았다. 그 때문에 2만 2,000두의 양이 죽었다. 강추위가 이어진 1959~1974년에, 그린란드로 이주한 하프 바다표범의 수는 평균의 2퍼센트까지 떨어졌다. 기후가 좋았던 해에도 동쪽 정착지의 건초 생산은 괜찮았지만 서쪽 정착지의 건초 생산은 한계치에 가까웠다. 예컨대 여름에 평균 기온이 1도만 떨어져도 건초 생산량은 곤두박질쳤다.

한 해 정도 여름이나 겨울이 혹독해서 가축을 잃더라도 기후가 괜찮은 해가 연속되어 가축의 개체 수를 복구하고 그 기간에 바다표범과 순록을 충분히 사냥해서 먹을 것을 보충할 수 있었다면 노르웨이인들도 그린란드에서 꿋꿋하게 살아남을 수 있었을 것이다. 그러나 몇 년 동안 혹독한 기후가 계속되거나, 어느 해 여름에 날씨가 좋지 않아 건초 생산량이 떨어졌는데 곧바로 닥친 겨울이 유난히 길어 가축을 먹일 건초가 바닥나고, 급기야 바다표범의 수까지 대폭 줄어들거나 어떤 이유로든 피오르드 외곽으로 나가 바다표범을 사냥할 수 없는 지경에 이르면 위기가 아닐 수 없었다. 그런데 이런 위기가 서쪽 정착지에서 현실로 닥쳤다.

유럽 중심의 사회

그린란드에 정착한 노르웨이 사회는 공동체적 운명이었고 폭력적이었으며 계급 사회였고 보수적 성향을 띤 유럽 중심적 사회였다. 사뭇 모순된 단어들의 나열이다. 이런 특징들은 모두 아이슬란드와 노르웨이 사회에서 건너온 것이지만 그린란드에서 극명하게 드러났다.

그린란드에서 5,000여 명의 노르웨이 사람들은 250군데의 목장에 분산되어 살았다. 농장당 평균 20명이었던 셈이다. 또한 14곳의 교회를 중심으로 공동체를 이루었다. 달리 말하면 한 교회가 20곳의 목장을 담당했다. 노르웨이 사회는 강력한 공동체 사회였다. 누구도 공동체를 떠나서 혼자 살 수 없었다. 아니, 살아남기를 기대할 수도 없었다. 봄의 바다표범 사냥, 여름의 노르드르세타 사냥, 늦여름의 건초 수확, 가을의 순록 사냥과 건축을 위해서는 한 목장, 혹은 한 공동체에 속한 구성원들이 긴밀하게 협력해야 했다. 모든 행위가 한 사람이 해내기 힘든 일이었다(떼를 지어 사는 야생 순록이나 바다표범을 당신 혼자서 잡을 수 있겠는가? 4~5톤의 돌을 쌓아서 성당을 지을 수 있겠는가?) 따라서 많은 사람이 함께 일하면서 최고의 능률을 도모해야 했다. 한편 목장, 특히 공동체 간의 경제 통합을 위해서도 협력은 필요했다. 그린란드는 지역마다 생산하는 것이 달랐고, 살아남기 위해서는 다른 지역에서 생산된 것에 의지하지 않을 수 없었기 때문이다. 앞에서도 언급했듯이 피오르드 외곽에서 사냥한 바다표범이 내륙으로 전해졌고, 고지대에서 사냥한 순록은 저지대로 전해졌으며, 가난한 목장이 혹독한 겨울을 이기지 못하고 가축을 잃으면 부유한 농장에서 가축을 지원해주었다. 가르다르 목장에서 사육된 160두의 소는 가르다르 지역의 수요를 훨씬 초과했다. 그린란드의 최고 수출품이던 해마의 엄니는 노르드르세타 사냥터에서 서쪽 정착지의 사냥꾼들이 잡았지만 동쪽과 서쪽 정착지의 여러 농가에 분배되어 가공되는 과정을 거친 뒤에야 수출되었다.

생존을 위해서, 사회적 정체성을 갖기 위해서 어떤 목장에든 소속되어야 했다. 서쪽과 동쪽 정착지 모두에서 쓸 만한 땅뙈기에는 개별 목장이 들어서거나, 여러 목장이 공동으로 소유하는 땅이 되었다. 공동 소유의 땅에서는 관련된 목장 모두가 목초지와 건초뿐만 아니라 순록, 풀, 열매, 심지어 유목(乳木)까지 모든 자원을 공유하는 권리를 가졌다. 따라서 그린란드에서는 누구도 혼자서는 사냥할 수도 없었고 건초를 거두어들일 수도 없었다. 이런 점에서 아이슬란드와 확연히 달랐다. 아이슬란드에서는 농장을 잃거나 추방당한 사람도 다른 어딘가에서 그런대로 살 수 있었다. 버려진 농가를 차지하거나, 내륙의 고지대로 올라가 홀로 살 수 있었다. 하지만 그린란드에서는 그럴 수가 없었다. 그린란드에는 '다른 어딘가'가 없었다.

따라서 그린란드는 치밀하게 통제된 사회였다. 풍요로운 목장을 소유한 소수의 족장에게 그들의 이익에 위협되는 행동을 금지시킬 수 있는 절대적 권한이 있었다. 따라서 누구도 족장에게 유리하지 않은 혁신적인 실험을 감행할 수 없었다. 서쪽 정착지에서는 가장 부유한 목장인 동시에 피오르드 외곽에 접근할 수 있는 권한을 가진 유일한 목장인 산네스가 권력 피라미드의 정상에 있었고, 동쪽 정착지에서는 가장 부유한 목장이었고 주교의 영지였던 가르다르가 모든 것을 통제했다. 이런 엄격한 계급 구조에서 우리는 그린란드의 노르웨이 사회에 궁극적으로 닥친 운명을 어느 정도 짐작해볼 수 있다.

그린란드는 아이슬란드와 노르웨이에서 공동체적 정신뿐만 아니라 폭력성도 물려받았다. 그 증거는 역사 기록에서도 확인된다. 1124년 노르웨이 왕, 시구르 1세(Sigurd Jorsalfare)가 아르날이라는 성직자에게 그린란드의 첫 상주 주교로 가달라고 제안했을 때 아르날은 "그린란드 사람들은 걸핏하면 싸움질을 합니다"라며 그 제안을 정중히 거절했다. 영민한 왕은 "그런 사람들로 인해 당신이 시련을 받을수록 하늘나라에서 받을 보상도 커지지 않겠습니까"라고 말했다. 그러자 아르날은 모두에게 존경받는 그린란드 족장의 아들, 에이나르 소카손이 그를 비롯해 그린란드 교회의 재산을 지켜주고 그의 적들을 없애준다면 그 제안을 받아들이겠다고 대답했다. 에이나르 소카손의 전설에서 전해지고 있듯이, 아르날은 그린란드에서 주교로 지내면서 자주 폭력적인 다툼에 말려들었다. 그러나 에이나르 소카손을 비롯해 소송 당사자들은 살상극을 벌였어도 그는 언제나 능수능란하게 처신해서 목숨과 권위를 지켰다.

그린란드의 폭력성을 더 구체적으로 보여주는 증거도 있다. 브라타흘리드에 있는 교회 공동묘지에는 유골이 온전하게 보존된 개인 분묘도 많지만 정착 초기의 것으로 여겨지는 대형 무덤이 있다. 13명의 어른과 아홉 살로 추정되는 어린아이의 뼈가 마구 뒤섞여 있는 것으로 추정하건대 씨족 간의 다툼에서 패한 한 씨족의 무덤으로 여겨진다. 5구의 두개골에는 도끼나 칼과 같은 날카로운 도구에 찍힌 상처가 뚜렷하다. 그중 둘은 치료한 흔적이 있어 공격을 받고 한참이 흐른 후에 죽은 것으로 판단되며, 나머지 셋은 치료한 흔적이 전혀 없거나 확인되지 않기 때문에 즉사한 것으로 여겨진다. 그 두개골들의 사진을 보면 즉사한 것이 당연한 듯하다. 특히 하나에는 7.5×5센티미터 크기의 뼛조각이 떨어져나간 흔적이 뚜렷하다. 또한 두개골의 상처들이 정면에서 왼쪽이나 뒤쪽에서 오른쪽에 난 것으로 판단하건대 오른손잡이가 정면에서 혹은 등 뒤에서 공격한 것으로 여겨진다. 하기야 대부분의 사람이 오른손잡이이기 때문에 칼싸움의 상처는 대개 이런 식으로 생긴다.

역시 브라타흘리드의 교회 묘지에서 발굴된 남자 유골에는 옆구리에 칼을 맞은 흔적이 있었다. 한편 산네스 공동묘지에서 발굴된 두 여인의 두개골에도 칼에 맞은 상처가 있는 것으로 보아 남자뿐만 아니라 여자도 씨족 간의 결투에서 죽임을 당한 듯하다. 그린란드 사회가 붕괴를 앞둔 시기, 즉 철이 부족해서 도끼와 칼이 거의 사라진 시기의 것으로 추정되는 네 여인과 한 어린아이(8세)의 두개골도 발굴되었다. 모든 두개골에 있는 직경 1.25~2.5센티미터의 예리한 구멍은 석궁이나 화살로 인해 생긴 상처였다. 한편 가르다르 성당 묘지에서 발견된 50세 여인은 설골(舌骨)이라 불리는 목뼈가 골절된 상태였다. 가정 폭력이 있었다는 증거였다. 법의학자들의 설명에 따르면 골절된 설골은 희생자가 누군가에게 숨을 쉴 수 없을 정도로 강하게 목이 졸렸다는 증거였다.

이런 폭력성이 협력을 강조하는 공동체 정신과 아슬아슬하게 공존했던 그린란드 노르웨이 사회는 아이슬란드와 노르웨이에서 계급화된 사회 조직도 물려받았다. 달리 말하면 소수의 족장이 소규모 목장주, 자체의 목장을 갖지 못한 임차인, 그리고 노예를 지배하는 사회 구조였다. 아이슬란드와 마찬가지로 그린란드도 정치적으로 하나의 국가가 아니었다. 봉건적으로 운영되는 씨족 사회들의 느슨한 연방이었다. 통일된 화폐나 시장은 없었다. 그린란드에 정착하고 한두 세기가 지난 후 노예 제도가 사라졌다. 쉽게 말해서 모든 노예가 자유인이 되었다. 그러나 시간이 지나면서 자주적인 목장주의 수도 줄어들었다. 아이슬란드에서도 그랬듯이 그들은 족장의 임차인으로 전락할 수밖에 없었다. 물론 그린란드에서 그 과정이 어떻게 진행되었는지를 말해주는 기록은 없지만, 전반적인 환경에서 그런 가능성이 아이슬란드보다 그린란드에서 더 높았다. 변덕스런 기후 때문에 가난한 목장주는 부유한 목장주에게 건초와 가축을 빌려야 하는 채무자가 되었을 것이고, 가난한 목장주가 빚을 갚지 못하면 부유한 목장주가 저당권을 행사하지 않았겠는가! 그린란드의 유적에서도 목장의 계급 구조가 확연히 눈에 띈다. 열악한 환경에 있었던 목장에 비해서 좋은 곳에 위치한 목장에는 널찍한 초지가 있었고, 소와 양의 축사도 더 컸다. 건초를 저장한 창고, 사람이 살던 집, 교회, 대장간도 더 컸다. 또한 농가의 쓰레기 더미에서 발굴되는 소와 순록의 뼈, 양과 바다표범의 뼈에서도 계급 구조가 뚜렷했다는 증거가 찾아진다.

노르웨이 본토에 남았던 바이킹들의 사회에 비해서, 그린란드의 바이킹 사회가 변화를 거부하며 옛 관습을 고수하는 보수적 사회였다는 점에서도 아이슬란드와 비슷했다. 수세기 동안 연장과 조각의 형식에서 거의 변화가 없었다. 정착의 초기부터 고기잡이는 일찌감치 포기되었고, 450년을 존속하는 동안 그 결정은 번복되지 않았다. 그린란드에 정착한 바이킹들은 이누이트족에게 반달바다표범이나 고래 잡는 법을 배우지도 않았다. 그렇다고 바이킹들이 바다표범고기를 먹지 않았던 것도 아니며, 그 때문에 굶어 죽었다고 단정 지을 수는 없다. 그린란드의 바이킹들이 이처럼 보수적 세계관을 유지한 근본적인 이유는 아이슬란드인들이 사회를 보수적으로 운영하는 이유와 크게 다르지 않을 것이다. 오히려 그린란드 사람들은 아이슬란드 사람들보다 더 가혹한 환경에 처해 있었다. 그들이 그런 환경에서 오랫동안 버틸 수 있는 경제 방식을 성공적으로 개발하기는 했지만, 경제 체제를 선택하게 만든 변수들은 자칫하면 큰 재앙을 안겨줄 수 있는 위험천만한 것들이었다. 따라서 그들은 보수적일 수밖에 없었다.

그린란드 주교의 1주일
– 에이나르 소카손의 전설

친구 14명과 사냥을 나간 시구르 니알손은 뭍에 끌어올려진 배를 보았다. 배 안에는 값나가는 물건들이 많았다. 근처 오두막에는 악취를 풍기는 선원들과 선장 아른비오른의 시체가 있었다. 모두가 굶어 죽은 듯했다. 시구르는 시신들을 가르다르 성당 묘지로 가져가 묻어주었고, 배는 죽은 영혼들을 위해 기도해준 아르날 주교에게 바쳤다. 그러나 뱃짐은 '발견자' 로서의 권리를 주장하며 친구들과 나누어 가졌다.

아른비오른의 조카, 오주르가 그 소식을 듣고 죽은 선원들의 친척들과 함께 가르다르로 달려갔다. 그들은 주교에게 뱃짐을 물려받을 권리가 있다며, 뱃짐을 돌려달라고 말했다. 그러나 주교는 그린란드 법에서는 발견자의 권리를 더 중시하며, 교회가 죽은 선원들의 영혼을 위한 특별 미사를 가졌으니 배와 뱃짐은 교회의 소유라고 대답했다. 그리고 이제 와서 오주르와 그의 친구들이 뱃짐의 소유권을 주장하는 것은 잘못이라고 덧붙였다. 그래서 오주르는 그린란드 민회에 소송을 제기했다. 오주르와 그의 친구들, 그리고 아르날 주교와 그의 친구인 에이나르 소카손 등이 민회에 출석해서 입씨름을 벌였다. 판결은 오주르의 패배였다. 오주르는 판결을 인정하지 않았고 치욕감까지 느꼈다. 그래서 그는 시구르의 배(그러나 그때는 주교의 배)에서 나무판들을 철저하게 뜯어내버렸다. 주교는 분노를 참지 못하고 오주르의 목숨을 빼앗겠다고 속으로 다짐했다.

주교가 일요 미사를 집전하고 있을 때였다. 오주르는 미사에 참석해서, 주교의 하인에게 주교가 자기를 몹시 학대했다고 불만을 늘어놓았다. 그때 에이나르가 옆 사람의 도끼를 빼앗아서 오주르를 내리쳤다. 주교가 에이나르에게 "에이나르야, 네가 오주르를 죽였느냐?"라고 물었다. 에이나르는 "그랬습니다. 제가 죽였습니다"라고 대답했다. 그러자 주교는 "살인은 옳지 않지만 이번 살인은 이유가 없지는 않구나"라고 말했다. 주교는 오주르를 위한 장례 미사를 집전하지 않으려고 했지만 에이나르는 그럴 경우 큰 혼란이 닥칠 것이라고 경고했다.

사실 오주르의 친척 시몬은 강력한 세력을 가진 사람이었고, 이번 일을 묵과하지 않겠다고 다짐하고 있었다. 그는 콜베인 토를리오트손, 케이텔 칼프손 등 서쪽 정착지에 있는 많은 친구들을 불러모았다. 소키 토리손이란 노인이 시몬과 에이나르 사이를 중재하고 나섰다. 오주르를 살해한 배상금으로 에이나르는 오래된 갑옷 한 벌을 포함해 몇 가지 물건을 제안했다. 하지만 시몬은 턱없이 부족하다며 에이나르의 제안을 거부했다. 콜베인이 에이나르의 뒤로 몰래 돌아가, 도끼로 에이나르의 머리를 내리쳤다. 하지만 그 순간 에이나르도 도끼로 시몬의 얼굴을 정통으로 때렸다. 에이나르는 죽어가면서도 "내가 기대하던 바이다!"라고, 역시 죽어가는 시몬에게 소리쳤다. 이때 에이나르의 의형제, 토르가 콜베인에게 달려들었다. 하지만 콜베인은 재빨리 토르의 목을 향해 도끼를 휘둘렀고, 토르마저 그 자리에서 절명하고 말았다.

에이나르의 친구들과 콜베인의 친구들이 치열한 육박전을 벌이기 시작했다. 스테인그림이라는 사내가 그들에게 싸움을 중지하라고 간청했지만 양측 모두가 제정신을 잃은 듯이 스테인그림에게 달려들어 칼을 휘둘렀다. 콜베인 편에서는 시몬 이외에 크라크, 토리르, 비그바트가 죽었다. 에이나르 편에서는 에이나르 이외에 비오른, 토라린, 토르, 토르핀이 죽었다. 스테인그림도 에이나르의 편으로 계산되었다. 그리고 많은 사람은 큰 부상을 입었다. 할이란 공정한 농부의 주선으로 화해 회담이 열렸다. 그리고 에이나르 편에서 더 많은 사람이 죽었기 때문에 콜베인 편에 배상금을 지불하라는 결정이 내려졌다. 하지만 에이나르 편은 그런 결정에 실망감을 감추지 못했다. 한편 콜베인은 북극곰 한 마리를 끌고 노르웨이로 달려가 하랄 4세에게 북극곰을 선물하며 자신이 부당한 대우를 받았다고 하소연했다. 하랄 4세는 콜베인의 이야기를 거짓말이라고 생각하며, 북극곰을 선물로 받은 하사품마저 주지 않았다. 그러자 콜베인은 왕을 공격해서 상처를 입혔다. 그리고 덴마크로 도망치려 했지만 도중에 바다에 빠져 죽고 말았다. 에이나르 소카손의 전설은 이렇게 끝을 맺었다.

유럽과의 교역

그린란드의 노르웨이 사회는 '유럽 중심적'이었다. 그린란드 사람들은 유럽에서 물질적 재화를 공급받았지만 더 중요한 것은 비물질적인 수입품이었다. 구체적으로 말하면 기독교인이며 유럽인이라는 정체성이었다. 먼저 물질적인 재화부터 살펴보자. 그린란드는 유럽에서 어떤 물건을 수입했고, 수입의 대가로 유럽에 무엇을 주었을까?

중세의 범선으로 노르웨이에서 그린란드까지 가려면 꼬박 1주일, 때로는 그 이상을 항해해야 했고, 무척 위험한 항해였다. 실제로 조난 사고, 즉 그린란드를 향해 떠났지만 다시 돌아오지 않았다는 배에 대한 기록이 연감에서 자주 눈에 띈다. 따라서 유럽 배는 1년에 많아야 두 번 정도 그린란드를 방문했고, 때로는 몇 년 만에 찾는 경우도 있었다. 게다가 당시 유럽 화물선의 용적량은 그다지 크지 않았다. 배의 방문 횟수, 배의 용적량, 그린란드의 인구 등을 종합해서 계산해보면 연간 1인당 평균 3.2킬로그램을 수입한 것으로 추정된다. 그러나 대부분의 그린란드 사람들은 평균에 훨씬 못 미치는 수입품을 받았다. 대다수의 수입품이 교회와 지배계급을 위한 것이었기 때문이다. 따라서 수입품은 좁은 공간밖에 차지하지 않는 귀중품인 경우가 많았다. 특히 그린란드 사람들은 식량을 자급자족해야 했기 때문에 곡물이나 기본 식료품을 대량으로 수입하지 않았다.

그린란드가 어떤 물건을 수입했는가에 대한 정보는 두 곳에서 구할 수 있다. 하나는 노르웨이의 기록이며, 다른 하나는 그린란드의 유적에서 발굴되는 유럽산 물건들이다. 특히 세 가지 필수품이 눈에 띈다. 그린란드 사람들이 직접 만들기 힘들었던 철, 역시 그린란드에는 부족했던 건축 및 가구용 목재, 그리고 윤활제와 목재의 부식 방지제로 쓰인 타르였다. 비경제적인 수입품의 대다수는 교회에서 사용하는 것이었다. 종, 스테인드글라스용 유리, 청동 촛대, 미사용 포도주, 아마포, 실크, 은그릇, 성직용 의복과 장식품 등이었다. 농가의 유적에서 발굴된 세속의 사치품으로는 양은그릇, 도기, 유리구슬, 단추 등이 있었다. 그 밖에 부피가 작으면서 값나가는 수입품으로는 꿀술로 발효시킬 수 있는 꿀, 방부제로 쓰인 소금이 있었다.

범선의 제한적 하적량을 감안할 때 그린란드 사람들도 물고기를 대량으로 수출할 수는 없었다. 중세 아이슬란드가 그랬고, 지금의 그린란드가 그렇듯이, 당시 그린란드 사람들이 물고기를 수출하고 싶어도 수출할 수 없었다. 따라서 그린란드의 수출품도 부피가 작으면서도 값나가는 물건일 수밖에 없었다. 염소가죽, 소가죽, 바다표범가죽이 수출되었다. 물론 유럽은 다른 나라들에서도 이런 가죽들을 구할 수 있었지만 옷, 구두, 허리띠 등을 만들기 위해서는 가죽이 대량으로 필요했다. 아이슬란드와 마찬가지로 그린란드도 방수력이 뛰어난 양털을 수출했다. 그런 노르웨이의 기록에 따르면 그린란드의 최고 수출품은 북극에 서식하는 짐승에서 얻을 수 있는 다섯 가지 물건이었다. 유럽의 다른 나라에서는 구할 수 없는 희귀품들이었다. 1) 해마의 엄니를 가공한 해마의 상아, 2) 튼튼한 선박용 밧줄 재료로 쓰였던 해마가죽, 3) 신분의 상징으로 여겨졌던 살아 있는 북극곰이나 북극곰가죽, 4) 당시 유럽에서 유니콘의 뿔로 알려진 일각(一角)고래의 엄니, 5) 세계에서 가장 큰 매로 알려진 흰바다매였다. 특히 무슬림이 지중해 일대를 장악하고 기독교 유럽국에 코끼리 상아의 공급을 금지시킨 이후로 중세 유럽에서 해마의 엄니는 조각할 수 있는 유일한 상아가 되었다. 또한 1396년 부르고뉴 대공의 아들이 사라센에게 생포되자 흰바다매 16마리로 몸값을 대신했다는 사실에서 그린란드 흰바다매의 가치를 짐작할 수 있다.

해마와 북극곰은 두 정착지에서 북쪽으로 멀리 떨어진 곳, 정확히 말해서 서쪽 정착지에서도 수백 킬로미터 떨어진 곳에서 시작되어 서쪽 해안을 따라 더 북쪽으로 올라간 노르드르세타('북쪽의 사냥터')라는 지역에서만 잡을 수 있었다. 따라서 매년 여름 그린란드 사람들은 사냥대를 파견했다. 사냥대는 여섯 개의 노를 동력으로 사용하고 돛까지 갖춘 조그만 배를 타고 북쪽으로 향했다. 하루에 32킬로미터를 달릴 수 있고 1.5톤 가량의 짐을 실을 수 있는 배였다. 사냥꾼들은 하프 바다표범의 사냥을 끝낸 후 6월 중에 출발했다. 노르드르세타까지 서쪽 정착지에서는 2주일, 동쪽 정착지에서 4주일이 걸렸다. 그리고 8월에야 귀향했다. 해마의 무게가 거의 1톤, 북극곰의 무게는 0.5톤에 달했기 때문에 그처럼 작은 배들에 수백 마리의 해마와 북극곰을 통째로 실을 수는 없었다. 따라서 현장에서 도살해 해마는 엄니를 가진 턱, 북극곰은 발바닥까지 벗겨낸 가죽만을 가져와 겨우내 정착지에서 해마의 턱에서 엄니를 빼내고 북극곰가죽을 세척했다. 때로는 북극곰을 산 채로 끌고 오기도 했고, 해마 수컷의 음경골(baculum)을 가져오기도 했다. 음경골은 30센티미터 가량의 곧은 막대처럼 생긴 뼈로 해마 음경의 뼈대이다. 자위 기구로 사용되었을 가능성도 배제할 수는 없지만 그 크기와 모양이 도끼 손잡이나 갈고리로 만드는 데 적합했다.

노르드르세타에서의 사냥은 위험했기 때문에 값비싼 대가를 치러야 했다. 사실 총도 없이 해마와 북극곰을 사냥하는 것은 위험천만한 짓이었다. 창, 활과 화살, 곤봉만으로 거대한 몸집의 성난 해마와 북극곰을 사냥한다고 상상해보라. 그 녀석들에게 당하기 전에 먼저 그 녀석들을 죽여야 했다. 이번에는 꽁꽁 묶은 북극곰이나 그 새끼를 산 채로 작은 배에 태우고 몇 주일을 바다에서 함께 지내야 한다고 상상해보라. 춥고 강한 바람을 뚫고 그린란드의 서쪽 해안을 서너 주일씩 항해하는 것만도 목숨을 걸어야 했는데 말이다. 이런 위험 이외에도 사냥 여행에는 배와 인력, 그리고 시간이 투자되었다. 세 가지 모두가 그린란드에는 턱없이 부족한 자원이 아니었던가! 그린란드에는 나무가 부족해 배를 많이 만들 수 없었다. 따라서 해마 사냥을 위해 배를 사용하면 다른 가능성을 포기해야만 했다. 예컨대 래브라도로 나무를 구하러 갈 수가 없었다. 게다가 사냥은 여름에 이루어졌다. 그런데 여름은 겨우내 가축을 먹일 건초를 수확해야 할 계절이었다. 그린란드 사람들이 해마의 엄니와 북극곰가죽을 유럽인에게 넘기고 받은 물건들의 대부분은 교회와 족장을 위한 사치품이었다. 요즘의 관점에서 생각한다면 그린란드 사람들은 배와 인력과 시간을 좀더 가치 있는 일에 사용했어야 마땅했다. 하지만 그린란드 사람들의 생각은 달랐다. 사냥은 사냥꾼들에게 명성을 드높일 수 있는 더할 나위 없이 좋은 기회였고, 유럽과 떳떳하게 교역한다는 심리적 자부심을 유지하는 수단이었다.

유럽과 그린란드의 교역은 주로 노르웨이 항구인 베르겐과 트론헤임을 통해 이루어졌다. 처음에는 아이슬란드 사람이나 그린란드 사람이 소유한 배로 짐을 실어 날랐지만, 그린란드와 아이슬란드에는 배를 만들 만한 나무가 부족해서 그 배들이 노후해도 대체할 배를 만들 수 없었다. 따라서 나중에는 노르웨이 배에 교역을 전적으로 의지할 수밖에 없었다. 1200년대 중반쯤에는 몇 년간 한 척의 배도 그린란드에 입항하지 않는 때도 있었다. 1257년 노르웨이 왕, 호콘 호콘손은 북대서양의 모든 섬에 권한을 확인하려는 전략의 일환으로 세 명의 행정관을 그린란드에 파견해, 그때까지 독립국 행세를 한 그린란드 사람들에게 노르웨이의 속국임을 인정하고 조공을 바치라고 요구했다. 합의 결과에 대한 상세한 내용은 전해지지 않지만, 일부 기록으로 추측하건대 그린란드는 1261년 노르웨이의 주권을 인정했고 그 대가로 매년 두 척의 배를 파견하겠다는 왕의 약속을 받아냈다. 호콘 왕이 아이슬란드와 협약을 맺으며 매년 여섯 척의 배를 보내겠다고 약속한 것과 비슷한 셈이었다. 그 후부터 그린란드의 교역은 노르웨이 왕이 독점하게 되었다. 그러나 노르웨이와 그린란드의 관계는 여전히 느슨했다. 그린란드가 지리적으로 멀리 떨어져 있어 노르웨이는 무엇 하나도 강력하게 요구하기 어려웠다. 다만 왕의 대리인이 1300년대에 간혹 그린란드에 상주했던 것은 확실하다.

유럽인인가, 그린란드인인가?

유럽이 그린란드에 수출한 물질적 상품만큼 중요한 것은 기독교인이며 유럽인이라는 정체성이라는 심리적 수출품이었다. 여기에서 그린란드 사람들이 그린란드의 환경에 완벽하게 적응하지 못하고 결국 붕괴라는 비극을 맞게 된 이유가 찾아지는 듯하다. 또한 그들이 가혹한 조건에서도 450년 동안 기능적인 사회를 유지할 수 있었던 이유도 설명된다.

1000년경, 즉 아이슬란드를 비롯해서 북대서양의 다른 바이킹 식민지들이 기독교로 개종한 때 그린란드도 개종했다. 물론 노르웨이도 그때쯤 기독교로 개종했다. 그 후에도 한 세기 이상, 그린란드의 교회는 목장, 주로 큰 목장의 땅에 뗏장으로 지은 작은 구조물에 불과했다. 또한 아이슬란드가 그랬듯이, 초기에 교회는 개인 소유였다. 달리 말하면 지주가 세우고 소유한 교회였다. 따라서 지역민이 교회에 헌금한 십일조의 일부를 지주가 가졌다.

그러나 그린란드에는 주재(駐在) 주교가 없었다. 하지만 견진성사를 행하고, 교회를 신성한 곳으로 승화시키려면 주교의 상주가 필요했다. 따라서 1118년, 즉 등 뒤에서 도끼를 맞아 목숨을 잃은 전설의 주인공 에이나르 소카손이 그린란드 사람들을 대표해서 노르웨이로 건너가 왕에게 주교를 파견해달라고 간청했다. 그때 에이나르는 왕의 허락을 얻어내려고 상아와 해마가죽, 그리고 최고의 선물인 살아 있는 북극곰을 왕에게 공물로 바쳤다. 효과가 있었다. 노르웨이 왕은 곧바로 아르날을 설득해서, 그를 그린란드의 첫 주재 주교로 파견했다. 그 후 수세기 동안 9명의 주교가 순차적으로 파견되었다. 10명의 주교 모두가 유럽에서 태어나 유럽에서 교육받은 사람들이었다. 그리고 주교로 임명된 후에야 그린란드를 처음 구경하는 사람들이었다. 따라서 그들은 유럽을 모델로 삼았고, 바다표범고기보다 소고기를 좋아했으며, 그린란드 사람들을 노르드르세타 사냥터로 보냈다. 덕분에 그들은 포도주와 제의(祭衣)를 살 수 있었고, 교회를 꾸밀 스테인드글라스를 구할 수 있었다.

아르날이 주교로 부임한 후 유럽 성당을 본뜬 교회들이 본격적으로 건설되기 시작해서 1300년경까지 계속되었다. 발세이의 아름다운 교회는 마지막으로 세워진 교회 중 하나였다. 마침내 그린란드 교구는 하나의 주교좌 성당, 13곳의 큰 교회, 많은 작은 교회들, 그리고 각각 한 곳의 수도원과 수녀원으로 이루어지게 되었다. 대부분의 교회는 돌로 아랫벽을 쌓고 윗벽에 뗏장을 더한 형태였지만 발세이 교회를 비롯해 적어도 세 곳의 교회는 온전히 돌로만 벽을 쌓았다. 이 큰 교회들은 신도의 수에 비해서 터무니없이 컸다.

예컨대 가르다르의 성 니콜라우스 성당은 32×16미터로, 그린란드에 비해 인구가 10배가 넘었던 아이슬란드의 두 성당과 엇비슷한 크기였다. 나는 아랫벽에서 가장 큰 돌덩어리들을 살펴보았다. 서로 맞물리도록 세심하게 다듬어졌고, 3톤은 충분히 될 듯한 그 돌덩어리들은 적어도 1.5킬로미터 떨어진 사암 채석장에서 운반해온 것이었다. 주교의 집 앞에는 10톤 남짓한 커다란 판석이 놓여 있었다. 그리고 주변에는 24미터 높이의 종탑, 바닥 면적이 130평방미터(약 40평)로 그린란드에서 가장 넓은 의례실이 있었다. 노르웨이 트론헤임 대주교의 의례실도 170평방미터였다는 사실에 비춰보면 터무니없이 큰 의례실이었다. 성당 소유의 두 축사도 대단한 규모였다. 역시 그린란드에서 가장 큰 축사로 하나의 길이가 약 63.5미터였고, 4톤 가량의 커다란 상인방이 얹혀졌다. 관광객의 눈을 즐겁게 해준 곳은 무엇보다 성당의 정원이다. 정원은 25개의 완전한 해마 두개골과 다섯 개의 일각고래 두개골로 장식되었다. 그린란드 노르웨이 유적에서 유일하게 완전한 모습으로 보존된 두개골들이다. 성당 장식에 해마와 일각고래의 두개골이 사용되지 않았더라면 고고학자들은 상아조각을 발굴하는 데 그쳤을 것이다. 상아는 유럽에서 무척 귀해서 거의 전량 유럽에 수출되었기 때문이다.

가르다르 성당을 비롯해서 그린란드에 세워진 교회들은 벽을 세우고 지붕을 얹는 데 엄청난 양의 나무를 썼을 것이다. 그린란드 사람들은 청동 종, 미사용 포도주 등과 같은 교회 용품을 수입하는 데도 엄청난 비용을 부담해야 했다. 그 모두가 노르드르세타에서 사냥꾼들이 흘린

피와 땀의 대가였고, 그린란드를 찾는 배에서 철로 채워져야 할 협소한 공간을 빼앗은 불요불급한 물건들이었다. 교회가 그린란드 사람들에게 부담시킨 비용은 매년 로마로 보낸 십일조가 있었고, 모든 기독교인에게 할당된 십자군 십일조가 있었다. 이런 십일조는 베르겐으로 향하는 그린란드 수출품으로 지불되어, 그곳에서 은으로 교환되었다. 1274년부터 1280년까지 6년간의 십자군 십일조를 대신해서 그런 물건을 받았다는 영수증의 내역에 따르면, 191마리의 해마에서 채취한 666킬로그램의 상아가 기록되어 있는데, 노르웨이 대주교는 그 상아들을 어렵게 팔아 11.8킬로그램의 순은(純銀)을 마련했다. 교황청이 그런 십일조를 징수하고 교회 건축을 무리하게 밀어붙일 수 있었다는 사실은 그린란드에 교황청의 권위가 살아 있었다는 증거이다.

교회와 관련된 토지는 궁극적으로 그린란드에서 가장 좋은 땅을 제대로 이용하지 못하는 결과로 발전했다. 특히 동쪽 정착지에서는 3분의 1가량이 교회와 관련된 땅이었다. 십일조를 대신한 물건들과 그밖의 수출품들은 가르다르를 통해 유럽으로 건네졌다. 따라서 지금도 성당의 남동쪽 귀퉁이에 허물어진 커다란 화물 창고를 볼 수 있다. 가르다르에는 그린란드에서 가장 큰 창고가 있었고, 다른 목장에 비해 압도적으로 많은 가축과 풍요로운 땅이 있었다는 점에서, 가르다르를 지배한 사람이 곧 그린란드의 지배자였다. 그런데 가르다르를 비롯해 그린란드의 교회 목장들이 교황청의 소유였는지, 아니면 그 교회가 세워진 땅 주인의 소유였는지 아직도 확실하지 않다. 그러나 권한과 소유권이 주교에게 있었든 족장에게 있었든 간에 그린란드가 계급 사회였다는 결론은 변하지 않는다. 교회에 투자하는 액수가 달랐던 만큼 교황청은 빈부의 격차를 인정했다. 이쯤에서 우리는 다시 궁금증을 갖게 된다. 그린란드 사람들이 청동종의 수입을 줄이고 연장을 만들 수 있는 철을 더 많이 수입했더라면, 이누이트족의 공격에 방어할 수 있는 무기를 수입했더라면, 위기를 맞았을 때 이누이트족의 고기와 교환할 수 있는 상품을 수입했더라면 더 나은 삶을 살지 않았을까? 그러나 그린란드 사람들이 그런 선택을 할 수밖에 없었던 문화적 유산은 고려하지 않은 채 그들에게 닥친 비극만을 두고 이런 의문을 품는 것이다.

기독교인이라는 정체성 이외에, 그린란드 사람들은 유럽인이라는 정체성도 유지하려고 애썼다. 유럽의 청동 촛대, 유리 단추, 금반지 등을 수입한 것이 대표적 증거이다. 시간이 지난 후에도 그들은 유럽 풍습의 변화를 놓치지 않았다. 스칸디나비아와 그린란드의 교회 묘지에서 발굴된 시신에서 확인되듯이 장례식이 한 예이다. 중세 노르웨이 사람들은 유아와 사산아를 교회의 동쪽 박공 근처에 매장했다. 그린란드 사람들도 그랬다. 중세 초에 노르웨이 사람들은 관을 사용했고, 여자는 교회 묘지의 남쪽에, 남자는 북쪽에 묻었다. 그러나 중세 말에는 관을 사용하지 않고 시신을 천으로 감싸거나 수의(壽衣)를 입혔고, 교회 묘지에 남녀를 구분하지 않고 순서대로 묻었다. 그린란드 사람들도 시간의 변화에 따라 똑같이 바뀌었다. 중세 내내 유럽 대륙에서는 시신의 머리가 서쪽, 발이 동쪽을 향하도록 똑바로 뉘였다. 그러나 두 팔의 자세는 시간이 흐르면서 바뀌었다. 1250년까지 두 팔을 똑바로 펴서 옆구리에 나란히 내려놓았지만 1250년경에는 두 팔을 약간 굽혀서 골반 위에 올려놓았고, 그 후에는 더 굽혀서 배 위에 올려놓았으며, 끝으로 중세 말에는 완전히 접어서 가슴에 올려두었다. 그린란드의 공동묘지에서는 이런 팔의 변화까지 그대로 관찰된다.

그린란드의 교회 건축은 노르웨이 교회를 본떴고, 그 후의 변화까지 어김없이 모방했다. 긴 본당, 서쪽의 주 출입구, 동쪽 끝의 성단소(성가대와 사제가 앉는 자리), 남쪽과 북쪽의 익랑(翼廊) 등 유럽의 성당 구조에 익숙한 관광객이라면 가르다르 성당의 옛터에서 그 모든 특징을 금세 찾아낼 수 있을 것이다. 발세이 교회는 노르웨이의 에이드피오르 교회를 그대로 모방한 것이다. 따라서 그린란드 사람들이 같은 건축가를 데려왔거나, 설계도를 베낀 것이라 말할 수 있다. 1200년과 1225년 사이에, 노르웨이 건축가들은 과거의 척도법('국제 로마식 피트법')을 버리고 더 짧은 그리스식 피트법을 택했다. 그린란드 건축가들도 이런 변화를 그대로 따랐다.

빗과 의복 등 사소한 것에서도 예외 없이 유럽 모델이 모방되었다. 노르웨이 빗은 1200년경까지 한쪽에만 살이 있었다. 그러나 그 후 이런 빗이 사라지고 양면에 살을 가진 빗으로 바뀌었다. 그린란드의 빗도 거의 같은 시기에 이런 형태로 바뀌었다(헨리 데이비드 소로가 『월든*Walden*』에서 멀리 떨어진 땅의 패션 디자이너가 최근에 발표한 스타일을 맹목적으로 모방하는 사람들을 "파리에서 왕 원숭이가 여행자 모자를 쓰면, 미국에서는 모든 원숭이가 따라한다"라고 빈정댔던 말이 떠오를 지경이다). 그린란드가 붕괴되기 얼마 전이지만 헤르욜프네스 교회 묘지의 영구 동토층에 묻힌 까닭에 완벽하게 보존된 시신의 옷에서 그린란드 사람들이 의상에서도 유럽의 유행을 따랐다는 사실을 확인할 수 있다. 그린란드의 추운 날씨를 감안한다면 세련된 유럽식 의상보다, 소매와 후드가 달린 이누이트의 모피 옷이 훨씬 어울렸을 텐데 말이다. 그린란드의 노르웨이 사람들은 최후의 순간까지 유럽을 버리지 못했다. 그래서 여자는 허리가 좁고 목이 낮은 긴 가운을 입었고, 남자는 '우플랑드(houppelande, 길고 헐렁한 외투로서 벨트로 허리를 조였지만, 소매가 헐렁해서 바람이 스며들 수 있었다)'라 불린 스포티한 외투와 앞을 단추로 여민 재킷을 입었고 원통형의 높은 모자를 썼다.

그린란드 사람들이 유럽의 패션을 예의 주시하면서 세세한 부분까지 따라했던 것은 부인할 수 없는 사실이다. 이런 모방에는 "우리는 유럽인이다. 우리는 기독교인이다. 누구도 우리를 이누이트족과 동일시하는 것은 하느님이 허락하지 않을 것이다"라는 무의식적 메시지가 담겨 있다. 내가 1960년대 처음 방문했던 오스트레일리아가 영국보다 더 영국처럼 보였듯이, 유럽에서 가장 멀리 떨어진 그린란드도 감정적으로 유럽에 속해 있었다. 그 감정의 끈이 양면의 빗이나 시신의 팔 위치로

만 표현되었다면 애교로 보아 넘길 수 있었을 것이다. 그러나 "우리는 유럽인이다"라는 집착은 그린란드의 기후에서도 고집스레 소를 키웠고, 건초를 수확해야 할 여름에 사람들을 노르드르세타 사냥터로 보냈으며, 이누이트족의 유용한 처세법을 끝까지 거부하면서 결국 굶어 죽는 비극으로 발전하고 말았다. 현대 사회를 사는 우리가 그린란드 사람들에게 닥친 곤경이 무엇이었는지 정확히 헤아리기란 힘들다. 그러나 그들이 생물학적 생존만큼 사회적 생존에도 관심을 기울였다면 교회에 투자하는 시간과 자원을 줄였을 것이고, 이누이트족을 모방하거나 그들과 결혼했을 것이다. 그랬더라면 붕괴라는 비극을 맞지 않고 지금도 이 땅에서 겨울과 싸우고 있었을 것이다. 유럽 기독교 문화에 대한 그린란드 사람들의 집착은 앞에서 언급한 그들의 보수적인 성향과도 관계가 있었을지 모른다. 요컨대 유럽인보다 더 유럽인처럼 처신한 까닭에, 그들의 생존에 도움이 되었을 생활 방식의 파격적인 변화를 거부할 수밖에 없었던 것이리라.

제8장

노르웨이령 그린란드의 종말

종말의 서곡

앞 장에서는 노르웨이인들이 그린란드에서 처음에 어떻게 번영할 수 있었는지 살펴보았다. 그들이 정착할 때쯤 모든 여건이 순조로운 덕분이었다. 그들은 목장으로 활용하기에 적합한 처녀지를 발견했다. 사람들이 나무를 베거나 짐승이 풀을 뜯은 흔적이 없는 깨끗한 미답의 땅이었다. 게다가 기후까지 상대적으로 온화해서 건초도 충분히 생산할 수 있었고, 유럽과 연결되는 해로에도 얼음이 없었다. 또한 유럽의 수요가 있어 해마의 상아를 수출할 수 있었고, 노르웨이인들의 정착지나 사냥터 부근에 아메리카 원주민들도 없었다.

이 모든 이점이 점점 불리하게 변해갔다. 이런 악화에는 노르웨이인들의 책임도 적지 않았다. 기후가 변하고, 해마의 상아에 대한 유럽의 수요가 변했을 때, 더구나 이누이트족이 그들의 영역을 침범하기 시작했을 때, 이런 변화에 어떻게 대처하느냐는 그들의 몫이었다. 그들이 환경에 미친 영향도 변화의 한 요인이었다. 따라서 이 장에서는 이런 이점들이 어떻게 악화되어갔고, 노르웨이인들이 변화에 어떻게 대응했으며, 궁극적으로 그린란드의 노르웨이인의 정착지가 붕괴하게 된 이유가 무엇인지 살펴보기로 하자.

삼림 파괴

그린란드에 정착한 노르웨이 사람들은 적어도 세 가지 방향에서 환경을 훼손했다. 1) 초목의 파괴, 2) 토양 침식의 유발, 3) 떼의 남용이었다. 그들은 정착하자마자 초지를 조성할 땅을 개간하기 위해서 숲을 불태웠고, 남은 나무들을 베어내 목재와 땔나무로 사용했다. 특히 나무들이 생장할 수 없어 가장 취약한 겨울에 가축들이 풀을 뜯고 짓밟아 뭉개면서 나무들은 되살아나지 못했다.

이처럼 자연의 초목에 안긴 충격의 여파는 화분학자들이 호수와 습지의 바닥에서 채취한 퇴적물을 방사성 탄소법으로 조사해 비교적 정확히 측정해냈다. 이런 퇴적물에서 적어도 다섯 가지의 환경지표가 있다. 잎과 같은 식물의 부분들과 화분—이 둘은 당시 호숫가에 자란 나무의 종을 알아내는 증거로 쓰인다—, 근처에서 불을 지폈거나 화재가 있었다는 증거인 숯, 표토가 물에 쓸려들어오거나 바람에 날려와 호수 바닥에 가라앉아 생긴 퇴적물에서 자성을 띤 철 무기물의 양을 나타내는 자기화율, 그리고 물에 쓸려들어오거나 바람에 날아와 호수 바닥에 가라앉은 모래이다.

호수의 퇴적물을 연구하면 노르웨이인의 목장 부근의 초목에 대해서 대략 다음과 같은 그림이 그려진다. 마지막 빙하기가 끝나면서 기온이 상승했고, 풀과 사초가 나무로 바뀌기 시작했다. 그 후 8,000년 동안 초목에서 큰 변화는 없었다. 바이킹이 도래하기 전까지 삼림 파괴나 침식의 흔적도 거의 없었다. 바이킹이 가축을 위한 초지를 조성하려고 불을 질렀다는 증거는 숯으로 확인된다. 그 후로 버드나무와 자작나무의 화분은 감소한 반면에 풀, 사초, 잡초, 그리고 바이킹이 가축을 먹이려고 도입한 목초(牧草)의 화분은 증가했다. 자기화율값의 상승은 표토가 호수로 침식되었다는 뜻이다. 즉 표토를 덮고 있던 초목들이 사라지면서 바람과 물에 표토가 침식되었다. 끝으로, 골짜기 전체에서 초목이 사라지고 표토가 침식되면서 표토 아래에 있던 모래까지 호수로 밀려들어갔다. 그러나 1400년대 바이킹의 정착지가 사라지면서 이 모든 변화가 뒤집어졌다. 그린란드의 풍경이 옛 모습을 회복해갔다는 뜻이었다. 그러나 바이킹이 사라지고 5세기가 지난 후, 즉 1924년에 덴마크 정부가 이 땅에 다시 양을 방목하면서, 바이킹의 도래와 함께 시작되었던 변화가 그대로 되풀이되었다.

환경회의론자라면 "그래서 어쨌다는 것인가?"라고 반문할 수 있다. 버드나무에게는 슬픈 일이지만 사람에게 어쩌란 말인가? 삼림 파괴, 토양 침식, 떼의 절단은 노르웨이인에게 큰 타격을 안겨주었다. 아이슬란드와 망가레바에서 그랬듯이. 삼림 파괴로 노르웨이인들도 목재의 부족에 허덕였다. 버드나무, 자작나무, 노간주나무의 가는 줄기로는 집에서 쓸 목가구나 만들 수 있었다. 노르웨이인들은 집의 들보, 배, 썰매, 통, 벽판, 침대 등을 만들 수 있는 커다란 나무를 다른 곳에서 찾아야 했다. 그린란드 해안까지 떠내려온 시베리아의 유목(乳木)을 줍거나 노르웨이에서 원목을 수입했다. 그리고 빈랜드를 탐사하던 과정에서 발견한 래브라도 해안('마크란드')까지 직접 가서 나무를 베어왔다. 목재는 너무 귀했다. 가구도 버려지지 않고 재활용되었다. 서쪽 정착지에서 마지막 순간까지 버티었던 집들을 제외하고 거의 모든 집에서 커다란 벽판과 가구를 찾아볼 수 없다는 사실에서 이런 추론이 가능하다. '모래 아래의 농장(Farm Beneath the Sands)'이라 불리는 서쪽 정착지의 한 유적은 얼어붙은 강모래 아래에 파묻혀 원형을 완벽하게 보존하고 있었다. 이 유적에서 대부분의 목재는 아래층보다 위층에서 발굴되었다. 목재가 귀해서 낡은 건물이나 방에 쓰인 나무도 감히 버리지 못하고, 방을 개축하거나 덧붙일 때 재활용했다는 뜻이다. 노르웨이 사람들은 건물 벽을 떼로 처리하는 식으로 목재의 부족을 해결했다. 하지만 이런 해결책은 자체의 문제점을 안고 있었다.

"그래서 어쨌다는 것인가?"라는 환경회의론자의 반문에 "삼림 파괴가 땔나무의 부족 사태를 초래했다"라고도 대답할 수 있다. 난방과 어둠을 밝히는 데 고래 기름을 사용했던 이누이트족과 달리, 노르웨이인들은 마지막 순간까지 버드나무와 오리나무를 땔나무로 사용했다. 요즘의 도시인들은 짐작조차 못하겠지만 유제품을 만들 때도 땔나무가 필요했다. 젖은 쉽게 부패되는 위험한 음식이다. 우리에게도 영양분을 주지만 박테리아에게도 영양분을 준다. 따라서 저온 살균하거나 냉동시키지 않으면 금세 부패되어버린다. 현대인에게는 저온 살균과 냉동이 당연하게 여겨지지만 노르웨이인을 비롯해서 옛사람들은 그런 것이 뭔지 몰랐다. 노르웨이인들은 젖을 수거하거나 저장하는 용기, 치즈를 만드는 용기를 끓인 물로 자주 세척하는 식으로 부패를 막았다. 젖을 수거하는 통은 하루에 두 번씩 세척했다. 따라서 방목장(언덕에 마련한 여름 목장)도 해발 390미터 이하에 마련되었다. 가축을 방목하기에 적합한 초지는 해발 760미터까지 있었지만 390미터 위에서는 땔나무를 구할 수 없었기 때문이다. 아이슬란드와 노르웨이에서는 부근에 땔나무가 떨어지면 방목장도 자동적으로 폐쇄되었다. 이런 점에서는 그린란드도 예외가 아니었다. 그린란드의 노르웨이 사람들은 부족한 땔감을 다른 것들로 대체했다. 짐승의 뼈, 가축의 똥, 떼를 태웠다. 하지만 이런 해결책도 문제점을 안고 있었다. 짐승의 뼈와 가축의 똥은 건초 증산을 위해 거름으로도 쓰일 수 있었다. 게다가 떼를 태우는 것은 초지를 파괴하는 짓이나 마찬가지였다.

삼림 파괴는 목재와 땔나무의 부족을 초래한 것만이 아니다. 철의 부족까지 초래하는 원인이 되었다. 스칸디나비아인들은 대부분의 철을 소철(蘇鐵)에서 얻었다. 즉 철을 조금 함유한 습지의 퇴적물에서 철을 추출해냈다. 아이슬란드나 스칸디나비아와 마찬가지로 그린란드에서도 소철은 쉽게 구할 수 있다. 크리스티안 켈러와 나는 동쪽 정착지의 가르다르에서 철색을 띤 습지를 두 눈으로 목격했다. 토머스 맥거번은 서쪽 정착지에서 그런 습지를 보았다고 말했다. 따라서 그린란드에서는 소철을 찾는 것은 문제가 아니었다. 소철에서 철을 추출하려면 고열이 필요했기 때문에 숯을 만들 대량의 나무가 있어야 했다. 설령 그린란드 사람들이 노르웨이에서 철괴를 수입해서 이런 절차를 뛰어넘었더라도 철괴로 연장을 만들려면, 또한 연장을 다듬고 수리하기 위해서라도 숯은 여전히 필요했다.

그린란드 사람들이 철로 만든 연장을 사용했고, 철을 가공했다는 것은 주지의 사실이다. 대규모 목장터에서 대장간터와 용재를 발견하기란 그다지 어렵지 않다. 그러나 대장간이 수입한 철을 재가공하는 데만 사용되었는지 소철에서 철을 추출하는 역할까지 했는지는 확실하지 않다. 그린란드의 바이킹 유적에서는 중세 스칸디나비아 사회에서 사용하던 철물(鐵物)들이 흔히 발견된다. 도끼, 큰 낫, 부엌칼, 양털을 깎는 가위, 대갈못, 목수용 대패, 구멍을 뚫는 송곳, 구멍을 파는 나사송곳 등이다.

그러나 철이 넉넉하지 않았던 중세 스칸디나비아의 기준에서도 그린란드 사람들이 철 부족에 시달렸다는 증거가 이런 유적들에서 찾아진다. 예컨대 영국과 셰틀랜드 제도의 바이킹 유적에서는 못을 비롯해서 다른 철물들이 훨씬 많이 발견된다. 심지어 아이슬란드와 빈랜드의 랑즈오메도에서도 더 많이 발견된다. 철못은 랑즈오메도에서 가장 흔히 발견되는 철물이다. 아이슬란드도 목재와 철의 부족에 시달렸지만 모든 유적에서 철못은 많이 발견된다. 하지만 그린란드에서는 철못조차 부족했다. 가장 아래층에서 약간의 철못이 발견될 뿐, 후기층에서는 거의 발견되지 않는다. 철못조차 소중해서 감히 버릴 수 없었다는 뜻이다. 그린란드에서 장검이나 헬멧은 하나도 발견되지 않았다. 두 조각의 사슬갑옷이 발견되었을 뿐이다. 그것도 같은 갑옷에서 떨어진 조각이었을 가능성이 크다. 철로 만든 연장은 닳고닳아 토막이 될 때까지 재사용되고 다시 다듬어졌다. 코를로르트토크밸리에서 발굴한 뭉뚝한 부엌칼을 보면서 나는 비애감에 젖지 않을 수 없었다. 칼날이 닳아 거의 없어진 부엌칼이었다. 칼토막에 비해 손잡이가 터무니없이 길어 보였다.

그렇게까지 다듬어 써야 했을 정도로 소중했다는 뜻이 아니겠는가.

그린란드에 철이 부족했다는 사실은 고고학적 유적에서 발굴된 다른 물건들에서도 확인된다. 유럽에서는 철로 만든 물건들이 그린란드에서는 다른 재질로, 간혹 상상을 초월하는 재질로 만들어졌다. 나무못과 순록의 뿔로 만든 화살촉이었다. 아이슬란드의 1189년 연감은, 항로를 이탈해 아이슬란드로 표류해온 그린란드 배가 나무못을 박고 고래수염으로 다시 단단히 동여맨 배였다며 놀랍다는 듯이 기록하고 있다. 그러나 전부(戰斧)를 휘두르며 적들을 떨게 만들었던 바이킹들에게 고래 뼈로 그런 무기를 만들어야 한다는 현실은 참기 힘든 굴욕이었을 것이다.

철의 부족은 경제의 효율성마저 떨어뜨렸다. 철로 만든 큰 낫, 큰 식칼, 큰 가위가 부족했다. 뼈와 돌로 그런 연장을 만들 수밖에 없었다. 따라서 건초를 수확하는 데 더 많은 시간이 걸렸다. 가축을 도살하고, 양털을 깎는 데도 더 많은 시간이 필요했다. 그러나 철 부족으로 인한 직접적인 결과는 이누이트족과의 싸움에서 나타났다. 바이킹들은 무기에서의 이점을 상실했다. 유럽 식민지 개척자들과 원주민들의 무수한 다툼에서 유럽인들은 강철로 만든 칼과 갑옷 덕분에 승승장구할 수 있었다. 예컨대 1532~1533년 에스파냐가 페루의 잉카 제국을 정복하러 나섰을 때 에스파냐는 169명, 80명, 30명, 110명, 40명의 군사로 수천에서 수십만의 잉카 군에게 완승을 거두었다. 게다가 단 한 명도 전사하지 않았고 몇 명만이 부상을 당했을 뿐이다. 에스파냐 군의 강철 칼은 잉카 군의 면 갑옷을 쉽게 잘라냈지만 돌이나 나무로 만든 잉카 군의 무기는 에스파냐 군의 강철 갑옷에 아무런 피해도 주지 못했다. 그러나 그린란드에 정착해서 첫 세대가 지난 후에도 바이킹이 강철 무기와 강철 갑옷을 가졌다는 증거는 어디에서도 찾아볼 수 없다. 단 두 조각이 발견된 사슬 갑옷 한 벌이 발굴되었지만 그린란드 정착자의 것이 아니라 그린란드를 방문한 유럽인의 것이었을 가능성이 크다. 그들은 활과 화살, 창으로 싸워야 했다. 이누이트족과 다를 바가 없었다. 또한 잉카와 아스텍의 전투에서 에스파냐 정복자에게 결정적 이점을 안겨주었던 말을 그린란드 정착자들이 전투에서 사용했다는 증거도 없다. 하기야 아이슬란드인들도 말을 전투에서 사용하지는 않았다. 게다가 그린란드의 정착자들은 전문적인 군사 훈련도 변변히 받지 못했다. 요컨대 그들은 어떤 점에서도 이누이트족보다 유리하지 않았다. 결국 철의 부족이 그들의 사회를 붕괴시킨 원인(遠因)일 수 있다.

토양과 떼의 훼손

노르웨이인들이 그린란드의 초목을 훼손시킨 탓에 목재와 땔감, 그리고 철이 부족한 사태가 초래되었다. 한편 토양과 떼에 가한 훼손의 결과는 유용한 토지의 부족으로 나타났다. 제6장에서 우리는 아이슬란드의 가벼운 토양이 결국 토양 침식이란 큰 문제로 발전하는 과정을 살펴보았다. 그린란드의 토양이 아이슬란드의 토양만큼 취약하지는 않지만 세계를 기준으로 하면 상대적으로 취약한 편이다. 그린란드에서는 작물의 생장 기간에도 날씨가 쌀쌀해서 식물의 생장률이 낮고 토양도 느리게 형성되며 표토층이 얇기 때문이다. 식물의 생장률이 낮다는 것은 물을 담아 토양의 습기를 유지하는 성분인 부식토와 진흙이 토양에 적다는 뜻이기도 하다. 따라서 그린란드의 토양은 빈번하게 불어대는 강한 바람에 쉽게 말라버린다.

그린란드에서 토양 침식은 흙을 묶어두는 데 풀보다 훨씬 효과적인 나무와 관목이 베어지고 태워지면서 시작되었다. 나무와 관목이 사라지자 가축, 특히 양과 염소가 풀을 뜯기 시작했다. 하지만 그린란드의 추운 기후 때문에 풀은 느리게 재생될 뿐이었다. 표토를 덮고 있던 풀이 철저하게 뜯기자 토양이 드러났다. 강한 바람에 흙이 흩날렸고 간헐적으로 폭우까지 쏟아졌다. 표토가 계곡 전체에서 수 킬로미터까지 벗겨졌다. 모래층이 드러난 지역에서는 모래가 강한 바람을 타고 날아다니다 가라앉았다.

호수의 퇴적물과 토양 단면은 노르웨이인이 도래한 이후 그린란드에서 일어난 토양 침식의 발달사이며, 바람과 유거수에 표토와 모래가 호수에 퇴적된 과정을 보여주는 증거이다. 예컨대 빙하 바람이 불어대는 코로크 피오르드의 입구에 있어 버려진 한 목장터에는 돌밖에 보이지 않는다. 대부분의 흙이 강한 바람에 날려가버린 탓이다. 바람에 날리는 모래는 지금도 그린란드의 목장에서 흔히 볼 수 있다. 바트나베르피 구역에 버려진 일부 목장들은 3미터까지 모래에 파묻혀 있다.

토양 침식이 땅을 불모지로 만들어간 주된 원인이지만 목재와 땔감이 부족해서 떼를 떼어내 건축 자재와 연료로 사용한 것도 그런 비극에 적잖은 역할을 했다. 그린란드에 세워진 건물들은 기초에 깐 돌, 지붕을 지탱하기 위해 들보로 사용된 약간의 나무를 제외하면 주로 떼로 지어졌다. 가르다르의 성 니콜라우스 성당의 벽조차 바닥부터 1.8미터만 돌이 사용되었고, 그 위로는 떼가 사용되었다. 나무 들보로 지탱한 지붕에도 떼를 씌웠고, 나무판을 댄 건물의 정면에도 떼를 덧씌웠다. 발세이 교회가 예외적으로 벽을 온전히 돌로 쌓았지만 역시 지붕에는 떼를 사용했다. 게다가 추위를 막기 위해서 떼벽은 무척 두꺼웠다. 거의 1.8미터에 이르렀다!

큰 집 한 채를 짓는 데 대략 10에이커의 떼가 필요했던 것으로 추정된다. 게다가 떼는 영구적이지 못했다. 시간이 지나면 부식되었기 때문에 수십 년마다 그만큼의 떼가 다시 필요했다. 노르웨이 사람들은 집을 짓기 위해 떼를 얻는 과정을 '변두리 밭을 벗겨낸다'라고 표현했다. 그렇지 않았더라면 초지로 사용되었을 곳에 안겨준 훼손을 적절히 표현한 말이라 할 수 있다. 게다가 그린란드에서는 떼가 빨리 재생되지 않아 그 훼손은 쉽게 아물지 않았다.

토양 침식과 떼의 남용에서 초목이 손실되었다는 지적에 환경회의론자는 다시 "그래서 어쩌란 말인가?"라고 반문할 수 있다. 이런 반문에는 간단히 대답할 수 있다. 북대서양의 노르웨이 식민지 중에서 그린란드는 애초부터 가장 추운 섬이었다. 따라서 건초 생산과 목초의 성장이 가장 한계치에 가까웠고 지나친 방목과 토양 침식 및 떼의 남용으로 인한 초목의 손실을 극복하기 어려운 섬이었다. 목장이라면 춥고 긴 겨울을 지내면서 가축을 잃었더라도 다시 춥고 긴 겨울이 오기 전에 새끼를 낳아서 적정 수준까지 가축 수를 늘려야 했고, 그러자면 최소한의 가축을 유지할 수 있는 초지가 있어야 했다. 추정에 따르면 동쪽 정착지나 서쪽 정착지에서 초지의 4분의 1만 사라져도 가축 수가 최소 수준 이하로 떨어질 수 있었다. 그런데 서쪽 정착지에서 실제로 이런 비극이 닥친 듯하다. 물론 동쪽 정착지도 그런 비극을 겪었을 가능성이 없지 않다.

아이슬란드가 그렇듯이, 중세 노르웨이 사람들을 괴롭힌 환경 문제들이 지금의 그린란드에서도 커다란 걱정거리이다. 노르웨이 사회가 그린란드에서 붕괴된 후 5세기 동안 이 섬에는 가축이 없었다. 이누이트의 땅에도 없었고, 덴마크로 지배권이 넘어간 후에도 가축은 없었다. 그런데 1915년, 즉 중세 노르웨이인들이 그린란드 환경에 미친 영향에 대한 연구가 시작되기 전에, 덴마크인들은 아이슬란드 양을 시험삼아 그린란드에서 방목하기 시작했다. 그리고 1924년에는 첫 상주자들이 브라타흘리드 목장을 재건하고 양을 키웠다. 젖소도 실험했지만 너무 일거리가 많아 포기되고 말았다.

오늘날 그린란드에는 65가구가 주업으로 양을 기르고 있다. 따라서 과도한 방목과 토양 침식이 다시 나타나기 시작했다. 그린란드 호수에서 채취한 퇴적물들은 984년 이후의 과정을 1924년 이후에 그대로 보여주고 있다. 나무의 화분이 줄어들었고, 풀과 잡초의 화분이 증가했으며, 호수에 유입되는 표토량이 늘어났다. 1924년 이후 처음에는 겨울에도 견딜 만하면 양들을 밖에 풀어놓고 스스로 풀을 뜯게 했다. 그 때문에 초목이 최소한으로 재생할 수 있는 시간마저 빼앗기고 말았다. 특히 노간주나무의 피해가 심했다. 말과 양이 먹을 것이 없어 노간주나무의 새싹을 뜯어 먹었기 때문이다. 크리스티안 켈러의 증언에 따르면 1976년

브라타흘리드에 도착했을 때 노간주나무는 그곳에 틀림없이 살아 있었다. 그러나 2002년 내가 그곳을 찾았을 때 나는 죽은 노간주나무만을 보았을 뿐이다.

1966~1967년 겨울에 혹독한 추위가 몰아닥치면서 그린란드에서 양의 절반 이상이 굶어 죽었다. 그 후 그린란드 주 정부는 그린란드 실험국(Greenland Experimental Station)을 창설해 과도하게 방목된 목초지, 약간 방목된 목초지, 양이 들어가지 못하도록 울타리가 둘러쳐진 밭의 초목과 토양을 비교해서 양이 환경에 미치는 영향을 본격적으로 연구했다. 이 연구에는 고고학자까지 참여해서 바이킹 시대의 목초지 변화상까지 연구했다. 그 결과를 근거로 그린란드 사람들은 가장 취약한 목초지에 울타리를 둘러쳤고, 겨울에는 양을 축사에 가두어두고 있다. 또한 목초지의 지력을 향상시키고 귀리, 호밀, 큰조아재비 등 외래종 풀을 심어 겨울 건초의 증산을 위해 노력하고 있다.

이런 노력에도 불구하고 그린란드에서 토양 침식은 큰 문제이다. 나는 동쪽 정착지의 피오르드를 따라 올라가면서, 최근에도 양을 방목시킨 탓에 돌과 자갈이 훤히 드러나고 초목을 거의 찾을 수 없는 지역을 곳곳에서 보았다. 코를로르트토크밸리 입구의 옛 노르웨이인의 목장터에 새로 조성한 현대식 목장은 지난 25년 동안 강한 바람으로 침식되었다. 7세기 전에 그 목장에서 어떤 일이 있었는지 보여주는 증거인 셈이다. 그린란드 주 정부와 목양업자들은 양이 장기적으로 그린란드 환경에 미치는 영향을 잘 알고 있지만 실업률이 높은 사회에서 일자리를 창출해야 한다는 압력도 동시에 받고 있다. 얄궂게도 그린란드에서의 목양사업은 단기적으로는 수지를 맞추기 힘들다. 따라서 주 정부가 매년 각 목장에 1만 4,000달러씩 보조해서 손실을 보전해주며 목양 사업을 계속하도록 독려해야 하는 실정이다.

이누이트보다 먼저 온 사람들

그린란드에 정착한 바이킹 사회의 붕괴에서 이누이트도 큰 역할을 했다. 그들의 존재가 아이슬란드 이야기와 그린란드 이야기에서 가장 다른 부분이기도 하다. 아이슬란드는 그린란드에 비해서 상대적으로 기후도 낫고 노르웨이 본국까지의 거리도 가까웠다. 게다가 아이슬란드에는 이누이트와 같은 위협적인 존재가 없었다. 그러나 이누이트의 존재는 그린란드에 정착한 바이킹들에게 기회일 수 있었다. 바이킹이 이누이트에게 배우고 이누이트와 교역을 했더라면 살아남았을 가능성도 없지 않았다. 하지만 그들은 그렇게 하지 않았다. 한편 이누이트의 공격과 위협이 바이킹 사회를 붕괴시킨 직접적인 원인일 수도 있다. 이누이트는 그린란드처럼 가혹한 환경에서도 인간 사회가 존속할 수 있다는 것을 증명해 보인 존재이기도 하다. 이누이트는 성공한 땅에서 바이킹은 실패한 이유가 무엇일까?

오늘날 우리는 이누이트를 그린란드와 캐나다 북극권의 '유일한' 원주민이라고 생각한다. 그러나 고고학적으로 확인된 증거에 따르면 그렇지 않다. 바이킹이 그린란드로 들어가기 4,000년 전부터 캐나다를 동쪽으로 가로질러 그린란드 북서 지역으로 들어간 종족이 적어도 넷이나 있었다. 그들은 그린란드에서 파도처럼 사방으로 퍼져나갔고, 수세기를 그곳에서 머물다가 홀연히 사라졌다. 따라서 그린란드의 노르웨이 사람들, 아나사지 사람들, 이스터 섬 사람들처럼 그들의 사회가 붕괴된 원인에 대한 궁금증을 불러일으킨다. 그러나 그들에 대한 정보가 거의 없어 이 책에서 본격적으로 다룰 수는 없지만 바이킹의 운명을 이해하는 배경은 될 수 있는 듯하다. 고고학자들은 그들의 유물이 발견된 곳, 그리고 완전히 사라지기는 했지만 그들이 사용한 언어와 그들이 지칭한 이름 등을 기준으로 그들의 문화권을 '독립점 I(Point Independence I)', '독립점 II(Point Independence II)', '사카크(Saqqaq)'라 칭하고 있다.

고고학자들의 연구에 따르면 이누이트보다 한 발 앞서 그린란드에 들어온 종족은 도싯족이었다. 캐나다 배핀 섬의 도싯 곶에서도 그들의 주거지가 발견되었기 때문에 그런 이름이 붙여졌다. 캐나다 북극권의 대부분을 점령한 후 그들은 기원전 800년경에 그린란드로 들어와 거의 1,000년 동안 그 섬의 곳곳에서 살았다. 훗날 바이킹이 정착지로 삼은 남서쪽 일대도 그들의 거주지였다. 하지만 알 수 없는 이유로 그들은 기원후 300년경에 그린란드 전체와 캐나다 북극권의 대부분을 포기하고 캐나다의 일부 지역으로 결집했다. 그러나 700년경 그들은 다시 세력권을 확장해서 래브라도와 그린란드의 북서 지역을 다시 점유했다. 하지만 이번에는 남쪽까지, 즉 훗날 바이킹의 정착지까지 세력을 확대하지 않았다. 바이킹들은 서쪽 정착지와 동쪽 정착지에서 아무도 살지 않는 폐가, 가죽배조각, 돌연장 등을 발견했을 때, 자신들이 빈랜드를 탐사하는 동안 북아메리카에서 만났던 원주민들과 비슷한 사람들이 남긴 것이라고 생각했다.

고고학적 유적에서 발견된 뼈에서, 우리는 도싯족이 해마, 바다표범, 순록, 북극곰, 여우, 오리, 거위, 바닷새 등 다양한 짐승들을 사냥했다는 사실을 알 수 있다. 또한 도싯족은 캐나다 북극권, 래브라도, 그린란드 등에 분포해 살았지만 먼 거리를 마다하지 않고 서로 교역했다. 이런 추측은 한 지역에서 채석된 돌로 만든 연장들이 1,000킬로미터 떨어진 다른 지역에서도 발견된다는 사실에서 확인된다. 그들의 계승자인 이누이트나 그들보다 먼저 북극권을 차지했던 선배들과 달리, 도싯족에게는 개가 없었다. 따라서 개썰매도 없었다. 활과 화살도 사용하지 않았다. 더구나 이누이트와 달리, 그들에게는 가죽으로 얼개를 씌운 배가 없어 바다로 나가 고래를 사냥하지 못했다. 개썰매가 없어 이동성이 떨어졌고, 고래 사냥을 하지 못해 많은 사람을 먹여 살릴 수도 없었다. 따라서 그들은 한두 가구씩 소규모 단위로 모여 살았다. 한 마을의 주민 수가 10명을 넘지 않았고, 어른은 서너 명에 불과했다. 따라서 노르웨이인들이 만난 세 종족의 아메리카 인디언, 즉 도싯족, 이누이트족, 캐나다 인디언 중에서 도싯족이 가장 덜 위협적이었다. 이 때문에 노르웨이인들은 캐나다에서 훨씬 남쪽에 있는 빈랜드를 포기한 후 래브라도 해안지대로 목재를 구하러 가서 도싯족을 만나도 별다른 위협을 느끼지 않았던 것으로 여겨진다.

바이킹과 도싯족이 그린란드 북서 지역에서도 서로 만났을까? 확실한 증거는 없지만 바이킹이 그린란드의 남서 지역에 정착한 후에도 도싯족이 약 300년가량 북서 지역에서 살았기 때문에, 또한 도싯족의 땅에서 남쪽으로 수백 킬로미터 떨어진 노르드르세타 사냥터로 바이킹이 매년 사냥을 다녔고, 때로는 더 북쪽까지 탐사를 했기 때문에 두 종족이 북서 지역에서 만났을 가능성은 크다. 뒤에서 다시 언급하겠지만 바이킹이 도싯족으로 추정되는 원주민들과 만났다는 기록이 있다. 게다가 바이킹의 물건들, 특히 제련된 금속조각들이 그린란드의 북서 지역과 캐나다 북극권에 산재한 도싯족의 유적에서 발견되는 것도 한 증거일 수 있다. 물론 도싯족이 평화적으로, 하여간 어떤 형태로든 바이킹과 직접 접촉해서 그 물건들을 얻었는지, 아니면 버려진 바이킹의 유적에서 우연히 주웠는지 확실히 알 수는 없다. 어떤 경우이든 바이킹과 이누이트의 관계가 도싯족과의 관계보다 훨씬 위험했다는 사실은 확실한 듯하다.

이누이트의 생존법

너른 바다에서 고래를 사냥하는 등 고유한 테크놀로지를 지닌 이누이트의 문화는 1,000년 이전에 베링 해협 지역에서 시작되었다. 이누이트족은 육지에서는 개썰매, 바다에서는 큰 배로 도싯족보다 훨씬 신속하게 이동하고 많은 물건을 실어 나를 수 있었다. 중세에 북극권이 따뜻해지면서 캐나다 북극권의 섬들을 고립시켰던 결빙된 바다가 녹기 시작하자 이누이트족은 자신들의 사냥감이던 북극고래를 따라 캐나다

사진 18 카약을 타고 작살로 사냥하는 이누이트 사냥꾼. 그린란드에 정착한 노르웨이인들은 이누이트의 이런 사냥법을 틀림없이 보았겠지만 받아들이지 않았다.

를 동쪽으로 가로질러 그린란드의 남서 지역으로 들어왔다. 그때가 1200년경이었다. 그 후 그들은 그린란드 서쪽 해안을 따라 남쪽으로 이동해 노르드르세타에 이르렀다. 그 후 1300년경에는 서쪽 정착지의 경계, 1400년경에는 동쪽 정착지의 경계까지 내려왔다.

이누이트족은 도싯족과 똑같은 짐승을 사냥했지만 활과 화살을 보유해서 훨씬 효과적으로 사냥한 듯하다. 하지만 고래를 사냥한 덕분에 그들은 도싯족이나 바이킹이 누리지 못한 훌륭한 식량원을 확보하고 있었다. 따라서 이누이트 사냥꾼들은 많은 아내와 자식을 거느릴 수 있었고, 사냥과 전투 능력을 갖춘 10~20명의 성인 남자를 중심으로 수십여 명이 모여 큰 부락을 이루며 살았다. 특히 최고의 사냥터인 노르드르세타에서도 세르메르미우트라 불리는 지역에 큰 정착촌을 건설했다. 시간이 지나면서 이곳에 점점 사람들이 모여들어 나중에는 수백 채의 집이 세워질 정도였다. 이쯤에서 이런 생각을 해보자. 기껏해야 수십 명에 불과했을 노르웨이 사냥꾼들이 대규모 집단인 이누이트족의 눈에 띄었고 그들과 좋은 관계를 맺지 못했다면 노르드르세타에서 사냥을 성공리에 끝내기 위해서 어떤 문제를 야기했겠는가?

이누이트는 북극권에서 수천 년을 지내면서 가혹한 기후를 이겨내는 방법을 터득한 북극권 종족들의 문화를 계승했지만 바이킹들은 그렇게 하지 못했다. 따라서 그린란드에는 집을 짓고 난방하며 조명으로 이용할 나무가 별로 없었지만 이누이트에게는 별 문제가 되지 않았다. 그들은 눈으로 겨울을 지낼 이글루를 지었고, 고래와 바다표범의 기름을 태워 집을 난방하고 조명을 밝혔다. 그런데 배를 지을 나무도 없지 않았는가? 이누이트에게는 이것도 큰 문제가 아니었다. 그들은 배의 골조에 바다표범가죽을 씌워서 카약(사진 18)을 만들었고, 우미악(umiaq)이라는 배를 만들어 난바다로 나가 고래를 사냥했다.

나는 이누이트의 카약이 어떤 배인지 관련 자료들을 읽어보았고, 제1차 세계대전 이후 널리 알려지고 요즘은 플라스틱으로 만들어지는 레저용 카약을 직접 타보기도 했다. 그러나 그린란드에서 이누이트의 전통적인 카약을 처음 타보았을 때 나는 놀라지 않을 수 없었다. 미 해군이 제2차 세계대전 동안 건조한 아이오와급(級) 전함의 미니어처, 즉 길고 날렵하게 생기고 갑판에는 대포와 대공포 등 온갖 무기를 빽빽하게 장착한 전함을 작게 축소시켜놓은 듯했다. 5.8미터의 전장(全長)은 전함에 비하면 턱없이 작았지만 내가 상상한 것보다는 훨씬 컸다. 좁은 카약의 갑판에는 온갖 사냥 장비들이 갖추어져 있었다. 16센티미터 가량의 작살이 연결된 작살 굴대, 새를 사냥하는 도구로 끝에 화살촉이 달렸지만 정확히 맞히지 못하더라도 아래에 정면으로 향한 날카로운 바늘 셋이 더 달려 사냥의 확률을 높인 다트, 포획한 바다표범이나 고래를 끌고 오는 데 사용된 바다표범의 부레들, 작살로 잡은 큰 동물에게 치명타를 안겨줄 창 등이 있었다. 전함, 하여튼 내가 그때까지 알고 있던 배들과 달리 이누이트의 카약은 사용자의 몸집 크기, 몸무게, 팔길이 등에 맞춰 제작되었다. 달리 말하면 사용자는 카약을 '입는' 것이었다. 바닥에 바느질해서 이은 옷에 사용자가 들어가는 것이라 생각하면 된다. 그 옷은 방수 기능을 갖춘 바다표범가죽으로 만들어 얼음처럼 차가운 물이 갑판으로 튀어오르더라도 사용자는 몸이 젖지 않았다. 크리스티안 켈러는 자신의 그린란드 친구들의 몸에 맞춰 지어진 카약을 '입어' 보려고 했지만 실패했다. 두 발을 갑판 아래로 밀어넣을 수 없었고, 허벅지가 너무 굵어 옷을 입을 수 없었다.

이누이트는 북극의 역사에서 가장 융통성이 뛰어난 사냥꾼이었다. 순록, 해마, 육지새를 사냥하는 방법에서는 노르웨이인들과 크게 다르지 않았지만 이누이트는 빠른 카약을 이용해서 바다표범을 작살로 사냥했고 바다까지 나가 바닷새를 사냥한 점에서는 달랐다. 게다가 그들은 우미악을 타고 큰 바다로 나가 고래를 사냥하기도 했다. 이누이트라도 고래를 단번에 죽일 수는 없었다. 따라서 고래 사냥에서는 작살을 던지는 사람과 노를 젓는 사람으로 역할이 분담되었다. 고래 사냥은 쉽지 않았다. 셜록 홈스의 팬이라면 기억하겠지만 '블랙 피터의 모험'에서 은퇴한 선장이 자신의 집에 벽 장식으로 걸어두었던 작살에 찔려 죽은 채로 발견되었다. 셜록 홈스는 한 푸줏간에서 아침 내내 작살을 돼지에게 던져보았지만 찔러넣을 수 없었다. 아무리 힘센 사람이라도 숙달되지 않으면 작살을 깊게 찔러넣을 수 없기 때문에 홈스는 살인자가 작살 전문가일 것이라고 추리했다. 이누이트족이 고래의 몸에 작살을 깊게 찔러넣을 수 있었던 것은 두 가지 이유 때문이었다. 하나는 작살을 멀리까지 날려보내고 그 타격을 배가시킬 수 있는 작살발사기(spear-thrower)였고, 다른 하나는 블랙 피터를 죽인 살인자의 경우처럼 오랜 훈련이었다. 이누이트는 어린 시절부터 그런 훈련을 시작해서, 성인이 되면 작살을 던지는 팔이 무척 강해졌다. 한마디로 작살을 던지게끔 훈련된 팔이었다.

작살이 고래의 몸에 박히면 사냥꾼은 정교하게 설계된 토글을 풀어, 작살 머리 부분이 고래의 몸에 박히면서 분리된 작살 굴레를 수거했다.

그렇지 않고 사냥꾼이 작살의 머리 부분과 굴레에 연결된 밧줄을 붙잡고 있다면 성난 고래가 우미악과 사냥꾼들을 물속으로 끌고 갈 수도 있었다. 작살 머리 부분에는 공기가 채워진 바다표범의 부레가 매달려 있어, 부레의 부력 때문에 고래는 물속으로 들어갈수록 지칠 수밖에 없었다. 고래가 숨을 쉬려고 수면으로 부상하면 이누이트 사냥꾼들은 다시 작살을 던졌다. 물론 이 작살에도 부레가 부착되어 고래를 점점 더 지치게 만들었다. 고래의 힘이 완전히 소진된 듯이 보이면 사냥꾼들은 대담하게 우미악을 고래 곁에 바싹 붙여놓고 최후의 일격을 가했다.

이누이트는 그린란드 바다에 가장 많이 분포된 바다표범 종(種)이지만 사냥하기가 무척 까다로운 반달바다표범을 사냥하는 특별한 기술도 가지고 있었다. 그린란드에 서식하는 바다표범의 다른 종들과 달리 반달바다표범은 그린란드 해안에서 벗어나 얼음 밑에서 겨울을 보낸다. 얼음에 몸까지 통과할 수는 없지만 얼굴은 충분히 내밀 수 있는 구멍을 파놓고 호흡을 한다. 그런데 반달바다표범이 그 구멍을 눈으로 살짝 덮어놓아 찾기가 쉽지 않다. 게다가 여우가 지하 굴에 드나들 수 있는 구멍을 여럿 파놓듯이, 반달바다표범도 한 마리가 여러 구멍을 돌아다니며 호흡한다. 그렇다고 사냥꾼이 원뿔처럼 솟아오른 눈을 치워가면서 반달바다표범을 찾아다닐 수 없다. 그렇게 하면 반달바다표범이 위협을 느끼기 때문이다. 따라서 사냥꾼은 그런 눈더미 옆에 서서 북극권의 추위와 어둠과 싸우며 끈질기게 기다려야 한다. 바다표범이 숨을 쉬려고 다가오는 소리를 들으려면 몇 시간이고 꼼짝하지 않고 기다려야 한다. 마침내 바다표범이 눈 밑에서 가쁘게 숨쉬는 소리가 들리면 대략 그 위치를 가늠해서 작살을 내리찍어야 한다. 눈을 치워 바다표범의 위치를 확인할 틈도 허락되지 않는다. 작살에 찍힌 바다표범이 달아나면 작살 머리 부분은 굴레와 분리되지만 밧줄과는 연결되어 있어, 사냥꾼은 밧줄을 당기고 풀면서 바다표범을 지치게 만든다. 그리고 완전히 지친 바다표범을 끌어당겨 최후의 일격을 가한다. 이런 과정은 배우기도 어렵고 실제로 해내기도 어렵다. 안타깝게도 노르웨이인들은 이 사냥술을 터득하지 못했다. 따라서 11월에 들면서 다른 종의 바다표범들이 줄어들면 이누이트족은 반달바다표범을 사냥했지만 노르웨인들은 그런 선택의 가능성을 갖지 못했다. 따라서 그들은 굶주릴 수밖에 없었다.

이누이트는 바이킹과 도싯족보다 여러 면에서 유리했다. 이누이트가 몇 세기에 걸쳐 캐나다에서 그린란드의 북서 지역으로 영역을 확대해 갈 때, 양 지역에서 그들보다 앞서 존재했던 도싯족은 사라졌다. 따라서 이누이트와 관련해서 두 가지 궁금증이 생긴다. 하나는 도싯족이 사라진 것이고, 다른 하나는 노르웨이인이 사라진 것이다. 그것도 이누이트가 그들의 영역에 들어간 직후에! 그린란드 북서 지역에서는 이누이트가 도래한 후에도 한두 세기 동안 도싯족이 살았다는 흔적이 보인다. 두 종족이 서로의 존재를 몰랐을 가능성은 거의 없지만 두 종족 간에 접촉이 있었다는 고고학적 증거는 지금까지 발견되지 않았다. 달리 말하면 이누이트의 전통적인 물건이 도싯족의 당시 유적에서는 발견되지 않는다. 물론 도싯족의 물건도 이누이트의 당시 유적에서 발견되지 않는다. 그러나 두 종족이 접촉했다는 간접적인 증거는 있다. 이누이트족이 그린란드에 도래하기 전에는 가지고 있지 못하던 도싯족의 문화적 특징, 예컨대 눈덩이를 깎아서 둥그런 눈집을 만드는 데 사용한 뼈칼, 동석(凍石) 기술, '툴레 5 작살 머리 부분' 등과 같은 도구들이 그린란드의 이누이트 유적에서 발견되기 때문이다. 따라서 이누이트족은 도싯족에게 선진 문화를 배웠고, 2,000년 동안 북극권에서 살았던 도싯족의 갑작스런 소멸과도 '모종의' 관계가 있는 듯하다. 도싯 문화의 종말에 대해서는 누구나 나름대로 추리해볼 수 있을 것이다. 내 생각은 대략 이렇다. 유난히 추운 겨울이 닥쳐서 도싯족은 굶주려야 했다. 그래서 여자들이 남자들을 버리고 이누이트의 정착지를 찾아간 것이 아닐까? 그곳에서는 북극고래와 반달바다표범으로 배불리 먹을 수 있다는 것을 알았을 테니까!

이누이트와 노르웨이인의 관계

이누이트족과 노르웨이인의 관계는 어땠을까? 믿기지 않겠지만 두 종족은 그린란드에서 수세기를 함께 살았지만 노르웨이의 사료에는 이누이트가 두세 번 간략하게 언급되고 있을 뿐이다.

두세 번이라 말하는 이유는 첫 구절이 이누이트족을 언급한 것인지 도싯족을 언급한 것인지 확실하지 않기 때문이다. 하여간 이 구절은 11세기나 12세기에 있었던 사건을 언급하고 있는데, 당시는 이누이트가 그린란드에 도래한 직후여서 도싯족이 그린란드 북서 지역을 차지하고 있었던 때이다. 『노르웨이의 역사』는 15세기의 한 문헌을 인용해서 노르웨이인들이 그란란드 원주민을 처음 만난 때를 이렇게 묘사하고 있다. "노르웨이인의 정착지에서 북쪽으로 멀리 떨어진 곳에서 사냥꾼들은 작은 사람들을 만났고 그들을 '스크라엘링(skraeling)' 이라 불렀다. 그들은 가벼운 상처를 입으면 상처 부위가 하얗게 변했고 피를 흘리지 않았다. 하지만 치명적인 상처를 입으면 피가 멈추지 않았다. 그들에게는 철이 없었다. 하지만 해마 엄니를 투척 무기로 사용했고 날카로운 돌을 연장으로 사용했다."

간단하지만 사실적인 묘사에서, 노르웨이인들이 앞으로 그린란드를 함께 공유해야 할 종족과 시작이 좋지 못하면서 '나쁜 감정' 을 품게 되었다는 사실이 읽혀진다. 또한 그들이 빈랜드와 그린란드에서 만난 세 종족의 원주민(이누이트, 도싯, 인디언) 모두에게 붙여준 '스크라엘링' 은 고대 노르웨이어에서 '비열한 사람' 이라는 뜻에 가깝다. 이런 글을 읽고 나면 누구라도 이누이트족이나 도싯족을 처음 만났을 때 좋은 관계를 맺기 힘들 것이다. 오히려 그들이 얼마나 피를 흘리는지 칼로 찔러 보고 싶을 것이다. 게다가 제6장에서, 노르웨이인들이 빈랜드에서도 인디언들과 처음 조우했을 때 9명 중 8명을 죽였다고 하지 않았던가. 따라서 첫 접촉부터 노르웨이인들은 이누이트족과 우호적인 관계를 가지기 어려웠다.

두 번째 구절은 1360년경 서쪽 정착지가 파괴된 원인을 '스크라엘링'의 탓으로 돌리며 역시 짤막하게 언급하고 있다. 어떤 일이 있었는지에 대해서는 뒤에서 더 자세히 살펴보기로 하자. 하여간 여기에서의 스크라엘링은 이누이트가 확실한 듯하다. 이때쯤 도싯족은 그린란드에서 완전히 자취를 감추었기 때문이다. 마지막 세 번째 구절은 아이슬란드의 1379년 연감에 "스크라엘링이 그린란드 사람들을 공격해서 18명의 남자를 죽였고, 두 명의 소년과 한 여인을 납치해서 노예로 삼았다"라고 기록된 한 문장이다. 사미족(라프족이라고도 한다: 옮긴이)이 노르웨이에서 일으킨 사건을 그린란드에서 일어난 것으로 잘못 기록한 것이 아니라면 이 사건은 동쪽 정착지 근처에서 일어났을 가능성이 크다. 1379년에 서쪽 정착지는 이미 붕괴되어 존재하지 않았고, 노르드르세타로 떠난 사냥꾼들 중에 여자가 끼어 있을 가능성은 거의 없기 때문이다. 어쨌든 이렇게 한 문장으로 설명을 끝낸 사건을 어떻게 해석해야 할까? 계속된 전쟁으로 수천만 명이 죽은 20세기에 비춰본다면 18명의 사망은 큰 사건도 아니다. 그러나 당시 동쪽 정착지의 총인구가 4,000명을 넘지 않았기 때문에 18명이면 성인 남자의 2퍼센트였다! 가령 어떤 적이 미국(총인구 2억 8,000만 명)을 공격해서 성인 남자의 2퍼센트를 죽인다면 그 수가 126만 명에 이른다! 따라서 1379년의 공격을 한 줄로 설명한 글로도 동쪽 정착지에 닥친 재앙의 크기를 충분히 짐작할 수 있다. 1380년, 1381년, 그 이후에도 공격이 계속되어 더 많은 남자가 죽었겠지만 말이다.

이상의 짤막한 세 구절이 노르웨이인과 이누이트의 관계에 관련된 문서 정보의 모두이다. 고고학적 정보가 있기는 하다. 노르웨이인의 물건과 그 모방물이 이누이트의 유적에서 발견되었다. 이누이트의 유적에서 작은 칼, 큰 가위, 불붙이개 등 170점의 완성된 노르웨이인의 물건이 발견되었지만 대부분이 금속(철, 구리, 청동, 주석)으로 이누이트는 이런 금속으로 직접 연장을 만들었다. 이런 노르웨이 물건들은 바이킹이 한때 살았던 지역(동쪽 및 서쪽 정착지)이나 정기적으로 방문했던 지역(노르드르세타)에 자리 잡았던 이누이트의 유적에서, 그리고 바이킹이 얼씬대기조차 하지 않았던 동그린란드와 엘즈미어 섬에 정착한 이누이트의 유적에서만 발견될 뿐이다. 따라서 이누이트족이 노르웨이인의 물건들에 특별한 관심을 기울였고, 그들끼리는 수백 킬로미터의 거리를 극복하고 교역이 있었던 것으로 여겨진다. 이누이트가 이런 물건들을 어떻게 손에 넣었는지에 대해서는 알려진 바가 없다. 따라서 노르웨이인들과 교역을 해서 얻은 것인지, 노르웨이인들을 죽이고 빼앗은 것인지, 아니면 노르웨인들이 버리고 떠난 정착지에서 주운 것인지 확실하지 않다. 그러나 금속 10점이 동쪽 정착지의 교회에서 사용된 종(鐘)이다. 노르웨이인들이 종을 교환했을 가능성은 거의 없다. 따라서 그런 종들은 노르웨이인의 몰락 이후, 즉 이누이트가 노르웨이인의 정착지에서 집을 짓고 살면서 우연히 손에 넣은 것이었을 가능성이 크다.

그러나 두 종족이 직접 접촉했다는 더 확실한 증거는 이누이트족이 남긴 9점의 조각에서 찾아진다. 이 조각에 새겨진 얼굴은 헤어스타일, 옷차림, 십자가 장식 등으로 판단하건대 노르웨이인이 분명하다. 이누이트는 노르웨이인들에게 필요한 기술을 기꺼이 받아들이고 배웠다. 노르웨이인들이 살아 있을 때는 우호적으로 지내지는 않았지만 유럽의 부엌칼이나 톱 모양을 한 연장들은 노르웨이인의 정착지에서 획득한 물건들을 모방한 것이 틀림없다. 한편 이누이트가 통널과 나사 모양의 화살촉을 만들었다는 사실은 노르웨인들이 통과 나사를 만들거나 사용하는 모습을 직접 보았다는 증거로 여겨진다.

그러나 노르웨이인의 유적에는 이누이트의 물건들이 거의 존재하지 않는다. 뿔로 만든 빗 하나, 새잡이 다트 둘, 상아로 만든 밧줄 손잡이 하나, 운철(隕鐵) 하나, 이렇게 다섯 점이 그린란드의 노르웨이인의 정착지에서 발견된 이누이트 물건의 전부이다. 적어도 내가 알기에는 그렇다. 이 다섯 점의 물건도 교환해서 얻은 것이라고 보기는 어렵다. 어떤 노르웨이인이 버려진 것을 호기심에 주운 것일 가능성이 크다. 이누이트의 테크놀로지가 노르웨이인의 정착지에서 전혀 발견되지 않는다는 점이 놀라울 뿐이다. 그들이 배웠더라면 혹독한 기후의 그린란드에서 유용하게 사용할 수 있었을 터인데 그들은 이누이트의 테크놀로지를 거들떠보지도 않은 듯하다. 실제로 노르웨이인의 유적 중 어디에서도 작살, 작살발사기, 카약, 우미악의 흔적이 발견되지 않는다.

노르웨이인이 이누이트족과 교역을 했더라면 해마의 엄니가 빠질 수 없었을 것이다. 이누이트족은 해마의 사냥에 뛰어났고, 노르웨이인에게 해마의 상아는 유럽에 수출할 수 있는 최고의 상품이었기 때문이다. 하지만 노르웨이인의 목장에서 흔히 발견되는 상아조각이 누가 사냥한 해마에서 얻은 것인지 객관적으로 판단할 근거가 없기 때문에 그런 교역이 있었다고 단정적으로 말할 수는 없다. 하지만 노르웨이인의 유적에서 이누이트족만이 팔 수 있는 것, 그러나 노르웨이인들에게는 가장 소중했던 것, 즉 반달바다표범의 뼈가 전혀 발견되지 않는다. 반달바다표범은 그린란드의 겨울에 가장 많은 바다표범 종(種)이었지만 이누이트족만이 잡을 수 있었다. 노르웨이인들은 그런 재주가 없었다. 따라서 노르웨이인들이 겨울을 위해 비축한 식량이 바닥나서 굶주렸을 때 반달바다표범만큼 절실한 것은 없었을 것이다. 그런데 노르웨이인의 유적에서는 반달바다표범의 뼈가 발견되지 않는다. 따라서 두 종족 간에는 교역이 없었다. 설령 있었더라도 아주 드물게 있었을 것이라는 결론이 내려진다. 고고학적 증거에서도 이누이트족은 노르웨이인들과 완전히 다른 행성에 산 듯하다. 같은 섬과 같은 사냥터를 공유했다는 사실이 믿겨지지 않을 지경이다. 골격에서나 유전자에서 그들이 결혼했다는 증거도 없다. 그린란드의 교회 묘지에 묻힌 유골들의 두개골을 분석해보면 스칸디나비아인의 두개골과 유사할 뿐, 이누이트와 노르웨이인의 혼혈 흔적은 전혀 발견되지 않는다.

물론 당시 노르웨이인들의 생각은 달랐겠지만 우리가 생각하기에,

이누이트와 교역하지 않고 이누이트에게 생존법을 배우지 않은 것은 노르웨이인들에게 큰 손해였다. 기회가 없었던 것은 아니다. 노르웨이 사냥꾼들은 노르드르세타에서 틀림없이 이누이트 사냥꾼들을 만났을 것이다. 이누이트족이 서쪽 정착지에 도래했을 때는 피오르드 외곽에서도 만났을 것이다. 그리고 이누이트의 날렵한 배와 노련한 사냥술을 보고, 그들의 나무로 만든 투박한 배는 물론이고 해마와 바다표범을 사냥하는 기술도 이누이트에게 미치지 못한다는 사실을 깨달았을 것이다. 그들이 머릿속에서만 상상하던 사냥법을 이누이트는 해냈을 테니까! 1500년대 후반부터 그린란드를 방문하기 시작한 유럽 탐험가들은 카약의 속도와 기동성에 혀를 내두르며, 이누이트족이 반인반어(半人半魚)처럼 유럽의 어떤 배보다 빠르게 물살을 갈랐다고 말했다. 탐험가들은 이누이트의 우미악, 투척 능력, 가죽을 이어붙인 옷과 배, 벙어리 장갑, 자살, 부레로 만든 부표, 개썰매, 그리고 바다표범 사냥술 등에도 놀랐다. 1721년 그린란드를 식민지화하기 시작한 덴마크인들은 이누이트의 테크놀로지를 신속히 받아들였고, 우미악을 이용해 그린란드 해안을 탐사했다. 물론 이누이트와의 교역에도 정성을 기울였다. 덕분에 노르웨이인들이 수세기를 이누이트와 함께 지내면서도 배우지 못한 작살과 반달바다표범에 대해 많은 것을 덴마크인들은 수년 만에 터득할 수 있었다. 하지만 덴마크 식민지 개척자들 중 일부는 인종을 차별하는 기독교인들이어서, 옛 노르웨이인들처럼 이교도의 이누이트를 경멸했다.

노르웨이인과 이누이트의 관계가 어떤 형태였을지 아무런 편견 없이 추측해보면 훗날 에스파냐, 포르투갈, 프랑스, 영국, 러시아, 벨기에, 네덜란드, 독일, 이탈리아, 그리고 덴마크와 스웨덴 등 유럽인들이 세계 곳곳에서 원주민들과 맞부딪쳤을 때 있었던 현상과 크게 다르지 않았을 것이다. 대다수의 유럽인들이 중간 상인이 되어 통합 경제를 확립시키는 데 한 몫을 했다. 즉 그들은 식민지에 정착해 살면서 원주민들이 탐내는 유럽 물건을 주고, 유럽인들이 탐내는 원주민의 물건을 대신

받았다. 실제로 이누이트는 금속을 탐내서, 북그린란드에 떨어진 케이프요크 운석(Cape York meteor)에 함유된 철로 냉연철제 연장을 만들려고 무진 애썼다. 따라서 노르웨이인들이 해마의 엄니, 일각고래의 엄니, 바다표범가죽, 북극곰을 이누이트족에게서 얻고 그것들을 유럽에 보내 이누이트가 좋아하는 철을 가져오는 무역이 발달할 수 있었으리라 상상할 수 있다. 노르웨이인들은 이누이트에게 옷감과 유제품을 제공할 수도 있었다. 이누이트족이 유당(乳糖)을 분해하지 못해 젖을 그대로 마실 수는 없었지만 치즈와 버터처럼 유당을 제거한 유제품을 섭취할 수 있었기 때문이다. 실제로 치즈와 버터는 요즘 덴마크가 그린란드에 수출하는 주요 상품이지 않은가. 노르웨이인뿐만 아니라 이누이트도 그린란드에서 자주 굶주림에 시달렸다. 따라서 이누이트도 노르웨이인들에게 유제품을 제공받았다면 그런 위험을 덜고 동시에 식단도 다양화시킬 수 있었을 것이다. 스칸디나비아와 이누이트의 이런 거래는 그린란드에서 1721년 이후에야 활발하게 전개되었다. 왜 중세 시대에는 이런 거래가 발달하지 못했을까?

하나의 가능성은 문화적 장벽이다. 이 때문에 그들은 서로 결혼하지 않았고 상대의 것을 배우려 하지 않았던 것이라고 여겨진다. 노르웨이 남자에게 이누이트 여자는 노르웨이 여자만큼 쓸모 있지 않았다. 노르웨이 남자가 여자에게 원한 것은 옷감을 짜고 양털을 잣는 능력, 그리고 가축을 돌보고 젖을 짜며, '스키르'와 버터, 치즈를 만드는 능력이었다. 노르웨이 여자들은 이런 재주를 어린 시절부터 배웠지만 이누이트 여자들은 그렇지 못했다. 노르웨이 사냥꾼은 이누이트 사냥꾼과 친구가 되어도 그 친구의 카약을 빌려서 사용법을 익힐 수 없었다. 카약은 사용자의 몸에 맞춰 정교하게 재단되어 배에 이어붙인 옷과 마찬가지였기 때문이다. 달리 말하면 이누이트 사냥꾼의 아내가 어린 시절부터 배운 가죽 재봉술을 발휘해서 남편의 체구에 맞게 만든 것이었다. 따라서 노르웨이 사냥꾼은 이누이트의 카약을 보았더라도 집에 돌아와 아내에게 "내게도 그런 것을 만들어주구려!"라고 말할 수 없었다.

설령 노르웨이 사냥꾼이 이누이트 여자를 홀려서 자기 몸에 맞는 카약을 만들게 하거나, 그 여자의 딸과 결혼하려면 먼저 우호적인 관계부터 맺어야 한다. 하지만 앞에서 말했듯이 노르웨이인들은 처음부터 이누이트족에 대해 '나쁜 감정'을 품고 있었다. 그래서 빈랜드의 아메리카 원주민과 그린란드의 이누이트를 '비열한 사람'이라 불렀고, 두 곳 모두에서 그들과 처음 만났을 때 피를 보는 충돌을 일으켰다. 게다가 기독교인이었던 노르웨이인들에게는 중세 유럽인들과 마찬가지로 이교도들을 경멸하는 편견이 있었다.

노르웨이인들이 노르드르세타의 주인은 자신들이고, 이누이트를 침입자라 생각한 것도 그들에게 '나쁜 감정'을 품게 만든 또 하나의 요인이었다. 노르웨이인이 이누이트보다 수세기를 앞서 노르드르세타에 들어가서 사냥한 것은 사실이다. 따라서 그린란드의 북서 지역에서 내려온 이누이트족이 처음 모습을 그곳에 드러냈을 때 노르웨이인들이 소중한 사냥감으로 생각하던 해마의 엄니를 이누이트족에게 빼앗기고 싶지는 않았을 것이다. 게다가 노르웨이인이 이누이트족을 처음 만났을 때, 이누이트족이 가장 탐낼 만한 물건이었던 철이 노르웨이인들에게도 크게 부족한 실정이었다.

아마존 유역과 뉴기니처럼 오지에 사는 몇몇 부족을 제외할 때 유럽인들은 이 땅에서 살아가는 모든 '원주민'들과 접촉해보았다. 지금은 그들과 접촉하기가 그다지 어려운 일이 아니다. 만약 당신이었다면 노르드르세타에서 이누이트족을 처음 만났을 때 어떻게 했겠는가? "안녕하쇼!"라고 소리치면서 미소 띤 얼굴로 그들에게 다가가 손짓 발짓으로 이야기를 나누고, 해마의 엄니를 가리키면서 철덩어리를 쑥 내밀었겠는가? 나는 뉴기니에서 생물학적 현장 연구를 하는 과정에서 그런 '첫 접촉의 상황(first-contact situation)'을 무수히 겪었다. 솔직히 말해서 그때마다 나는 그들이 위험하고 무섭게 느껴졌다. 그런 상황에서 원주민들도 유럽인을 침입자로 생각한다. 침입자가 자신들의 건강과 삶, 땅에 위협을 가할지도 모른다고 생각한다. 양쪽 모두가 상대의 의중을 모르기 때문에 경계하며 긴장을 늦추지 않는다. 양쪽 모두가 달아나야 할지 선제공격을 가해야 할지 선뜻 판단을 내리지 못한다. 서로 상대의 본심을 알아내려고 상대의 행동거지를 유심히 관찰한다. 첫 접촉의 상황이 우호적 관계로 바뀌기 위해서는 첫 접촉의 상황을 무사히 넘겨야 할 뿐만 아니라 그 후에도 신중한 처신과 인내가 필요하다. 훗날 유럽 식민지 개척자들은 이런 상황들을 슬기롭게 넘기는 경험을 축적해갔지만 그린란드에서 노르웨이인들은 선제공격을 가했던 것으로 여겨진다.

18세기에 그린란드에 들어간 덴마크인이나, 다른 곳에서 원주민을 만난 유럽인들도 노르웨이인과 똑같은 문제에 부딪혔다. 즉 '미개한 이교도'라는 편견, 그들을 죽일 것이냐 그들과 교역할 것이냐, 그들을 약탈하고 땅을 빼앗을 것이냐 그들과 결혼할 것이냐, 그들에게 달아나거나 공격하지 말라고 어떻게 설득할 것이냐 등의 문제였다. 훗날의 유럽인들은 선택의 범위를 넓혀서 상황에 따라, 즉 유럽인의 수가 많으냐 적으냐에 따라서, 유럽 남자가 유럽 여자만을 아내로 취할 수 있느냐 없느냐에 따라서, 유럽인들이 탐낼 만한 물건이 있느냐에 없느냐에 따라서, 그리고 원주민의 땅이 정착하기에 적합하냐 그렇지 않느냐에 따라서 최선의 방향을 선택함으로써 이런 문제들을 해결했다. 그러나 중세 노르웨이인은 이런 선택의 여지를 개발하지 못했다. 결국 이누이트에게 배우기를 거부함으로써, 게다가 그들보다 군사적 이점을 갖지 못했기 때문에 그린란드에서 결국 사라진 쪽은 노르웨이인이었다.

종말

그린란드 노르웨이 정착지의 종말은 간혹 '미스터리'라 표현된다. 그러나 원인(遠因, 즉 그린란드의 노르웨이 사회를 서서히 붕괴시킨 장기적인 요인들)과 근인(近因, 최후까지 남은 사람들을 죽이거나 그들로 하여금 정착지를 떠나게 만들었던 요인, 즉 허약해진 사회에 가해진 치명타)을 구분할 필요가 있기 때문에 완전한 '미스터리'라 할 수는 없다. 달리 말하면 근인은 미스터리이지만 원인은 분명하다. 원인은 우리가 이미 자세히 다룬 다섯 가지 요인으로 이루어진다. 즉 노르웨이인이 환경에 가한 충격, 기후 변화, 우호적이었던 노르웨이 본토와의 관계 쇠퇴, 이누이트와의 적대적 관계, 그리고 노르웨이인의 보수적 세계관이다.

요컨대 노르웨이인들은 환경 자원을 지나치게 고갈시켰다. 나무를 베어내고 떼를 벗겨냈다. 게다가 지나친 방목으로 토양 침식이 가속화되었다. 그린란드의 자연 자원은 한계가 있었지만 그들의 목축 사회를 지탱할 수는 있었다. 하지만 건초 생산량이 해마다 들쑥날쑥했다. 따라서 환경 자원이 고갈되자 혹독한 겨울이 닥치면 생존 자체를 위협받았다. 둘째로 그린란드의 빙심(氷心)으로 추정해본 기후 변화에 따르면 노르웨이인이 처음 정착했을 때는 상대적으로 온화했다. 오늘날만큼은 '포근했다.' 하지만 1300년대에 들면서 추운 시기가 반복해서 닥쳤고, 1400년대 초부터는 소빙기가 시작되어 1800년대까지 계속되었다. 그 때문에 건초 생산량이 급격히 줄었고, 그린란드와 노르웨이를 잇는 해로마저 결빙되었다. 셋째, 해로의 결빙으로 그린란드에 철과 목재, 문화적 정체성을 안겨주던 노르웨이와의 교역이 줄어들었고 급기야는 중단되고 말았다. 1349~1350년에는 노르웨이 본토에 흑사병이 창궐하면서 노르웨이 인구의 절반가량이 목숨을 잃었다. 더구나 1397년에는 노르웨이, 스웨덴, 덴마크가 하나의 왕국으로 통합되었고, 노르웨이가 세 공국 중 가난했던 까닭에 왕은 노르웨이를 무시하는 경향을 보였다. 또한 아랍이 지중해 일대를 정복하면서 공급을 중단시켰던 아시아와 동아프리카의 코끼리 상아가 십자군 원정의 성공으로 다시 유럽에 유입되기 시작하면서, 그린란드의 주요 수출품이던 해마의 상아에 대한 수요가 크게 줄어들었다. 게다가 1400년대에 들면서는 상아 조각이 유럽에서 유행하지도 않았다. 이런 모든 변화로 노르웨이가 그린란드까지 힘들게 배를 보낼 이유가 사라졌다. 이런 현상은 그린란드의 노르웨이 사람들에게만 닥친 것이 아니다. 지금도 주된 무역국이 곤경에 빠지면 그 상대국들까지 경제적인 곤란을 겪고, 심지어 생존을 위협받기도 한다. 실제로 1973년 원유 파동이 닥쳤을 때 미국을 비롯한 많은 원유 수입국들이 호된 고생을 치렀다. 망가레바 섬의 삼림이 파괴되었을 때 핏케언 섬과 헨더슨 섬이 그 충격으로 붕괴되지 않았는가! 요즘 경제를 주도하는 세계화도 비슷한 사례를 앞으로 양산해낼 것이다. 끝으로, 이누이트족의 도래와 노르웨이인의 변화에 대한 거부감 내지는 무능이 그린란드 식민지를 붕괴시킨 궁극적인 요인으로 덧붙여진다.

시간이 지나면서 다섯 가지 요인 모두가 그린란드의 노르웨이 사회에 불리하게 작용했다. 따라서 노르웨이인의 목장들이 최후의 몰락에 앞서 각각 다른 시기에 버려진 것은 당연한 결과일 수 있다. 동쪽 정착지의 바트나베르피 구역에서 가장 큰 목장에 세워진 큰 집 마루에서 25세가량의 남자 두개골이 발견되었다. 방사성 탄소법으로 측정한 결과에 따르면 1275년에 사망한 남자였다. 이런 사실에서, 바트나베르피 구역 전체가 그때 버려졌고, 그 두개골의 주인은 최후까지 살아남은 생존자 중 한 명이었다고 추정할 수 있다. 다른 생존자들이 있었다면 그 시신을 매장했지 마루에 내팽개쳐두지는 않았을 것이기 때문이다. 한편 동쪽 정착지의 코를로르트토크밸리에 산재한 목장들은 1300년경에 버려졌고, 서쪽 정착지의 '모래 아래의 농장'은 1350년경에 버려져 빙하에서 흘러내린 퇴적물과 모래 밑에 파묻혔다.

두 정착지 중 먼저 완전히 버려진 곳은 더 작은 서쪽 정착지였다. 동쪽 정착지에 비해 서쪽 정착지가 목축하기에 더 불리한 지역이었던 것은 사실이다. 더 북쪽에 위치한 탓에 작물의 재배 기간이 짧아 모든 조건이 괜찮은 해에도 건초 생산량이 넉넉하지 못했으며, 더구나 여름에 춥거나 비가 잦으면 겨우내 가축을 먹일 건초조차 생산하지 못할 가능성이 컸다. 게다가 하나의 피오르드를 통해서만 바다에 접근할 수 있었던 입지적 조건도 서쪽 정착지를 취약하게 만든 원인 중 하나였다. 적대적인 이누이트족이 피오르드 입구를 막아버리면 늦봄에 노르웨이인들의 주식이나 다름없었던 바다표범을 사냥할 수 없었기 때문이다.

서쪽 정착지의 몰락에 대한 정보는 두 군데에서 구할 수 있다. 하나는 문서 기록이고 다른 하나는 고고학적 증거이다. 베르겐의 주교가 민원 조사관이자 세금 징수자로 노르웨이에서 그린란드에 파견한 이바르 바르다르손이라는 성직자가 남긴 기록이다. 그는 1362년경 노르웨이로 귀환해서 「그린란드의 이모저모 Description of Greenland」라는 보고서를 작성했다. 원본이 사라져서, 훗날 옮겨 써진 부분들만을 통해서 그린란드의 당시 사정을 엿볼 수 있다. 대부분의 내용이 그린란드 교회와 재산의 목록이고, 서쪽 정착지의 몰락에 대해서는 화가 치밀 정도로 간략하게 보고하는 것으로 끝냈다. "서쪽 정착지에는 스텐스네스(혹은 산네스) 교회라는 큰 교회가 있다. 그 교회는 한때 주교좌 성당이었다. 그런데 지금은 스크라엘링(비열한 사람, 즉 이누이트)이 서쪽 정착지를 완전히 차지하고 있다…… 이상은 그린란드의 가르다르에서 오랫동안 감독관을 지내면서 직접 목격했던 이바르 바르다르손이 우리에게 전해준 이야기였다. 그는 법 집행자(고위 관리)가 서쪽 정착지에서 스크라엘링을 몰아내기 위해서 그들과 맞서 싸우라고 임명한 사람들 중 하나였다. 하지만 그들이 서쪽 정착지에 도착했을 때 그곳에는 사람의 흔적이 보이지 않았다. 기독교인도 없었고 이방인도 없었다……."

나는 죽은 이바르 바르다르손을 흔들어 깨워서라도 그가 미처 다하지 못한 이야기를 듣고 싶은 심정이다. 그는 언제 서쪽 정착지에 갔을까? 어느 계절에 갔을까? 치즈나 건초가 남아 있었을까? 전투를 벌인 흔적이 있었을까, 건물이 불타고, 시신이 사방에 널려 있었을까? 바르다르손은 이런 의문에 대해 아무런 답도 남겨주지 않았다.

결국 고고학자들이 서쪽 정착지 목장들의 가장 위층에서 발굴한 파편들에 의존할 수밖에 없다. 가장 위층에서 발견된 파편들은 최후까지 살아남은 사람들이 남긴 흔적이기 때문이다. 이 목장들의 유적에서는 문, 기둥, 지붕 목재, 가구, 그릇, 십자가, 그리고 나무로 만든 꽤 큰 물건들이 발견되었다. 뜻밖이었다! 스칸디나비아 북부 지역에서는 목장 건물을 일부러 비울 때 그 주인은 소중한 나무들을 한 조각이라도 주워서 재사용하는 것이 원칙이었기 때문이다. 노르웨이인들이 치밀한 계획하에 버렸던 뉴펀들랜드의 랑즈오메도에는 99개의 부러진 못, 한 개의 온전한 못, 한 개의 바늘을 제외하고는 아무것도 남기지 않았다는 사실을 기억해보라. 따라서 서쪽 정착지는 황급히 버려졌거나, 아니면 최후의 생존자가 그곳에서 죽어 가구를 다른 곳으로 옮길 수 없었다는 뜻으로 해석된다.

가장 위층에서 발굴된 동물의 뼈들은 우리를 서글프게 만든다. 평소였다면 너무 작아서 사냥할 가치조차 없었고 최후의 기아 식량으로나 사용되었을 작은 야생 새와 토끼의 발뼈, 갓 태어난 송아지와 새끼 양의 뼈, 농장 축사의 칸막이 수와 거의 일치하는 소들의 발가락뼈(모든 소가 도축되었고 발굽까지 먹었다는 뜻이다), 큰 칼자국이 남아 있는 큰 사냥개들의 뼈가 발굴되었다. 노르웨이 사람들은 개고기를 먹지 않았기 때문에 정상적인 경우였다면 개뼈가 있을 수 없었다. 가을이면 순록을 사냥할 때 그들에게 도움을 주었던 사냥개들을 죽여야 했다! 목축의 재건을 위해서 반드시 필요했을 갓 태어난 송아지와 새끼 양까지 죽여야 했다! 당시 사람들이 너무나 굶주려 미래는 안중에도 없었다는 뜻이다. 약간 아래층에는 인간의 배설물과 관련된 똥파리들이 발견되고, 똥파리는 따뜻한 것을 좋아하는 파리이다. 그러나 가장 위층에서는 내한성을 지닌 파리만이 발견된다. 달리 말하면 먹을 것뿐만 아니라 땔감조차 없었다는 뜻이다.

이런 고고학적 증거들에서, 우리는 서쪽 정착지의 마지막 생존자들이 봄에 아사(餓死)하거나 동사(凍死)했다고 결론 지을 수 있다. 너무 추워서 이주성을 지닌 바다표범들이 그린란드를 찾지 않았거나, 커다란 얼음 덩어리들이 피오르드를 고립시켰던 것일까? 아니면 이누이트가 바다표범들이 피오르드를 거슬러 올라가지 못하도록 피오르드 외곽을 막아버렸던 것일까? 과거에 그들이 피를 얼마나 흘리는지 실험하겠다며 그들의 친척들에게 칼을 휘둘러댄 노르웨이 사람들에게 복수하겠다면서 말이다. 어쩌면 유난히 쌀쌀한 여름이 닥치면서 겨우내 가축들을 먹일 건초를 충분히 생산하지 못했을 수 있다. 그랬다면 농부들은 소들을 도축해 발굽까지 먹었을 것이고, 개까지 잡아먹어야 했을 것이며, 마지막에는 새와 토끼로 허기를 달래야 했을 것이다. 그러나 정말로 그랬다면 고고학자들이 마지막까지 남은 사람들의 유골들을 허물어진 집터들에서 발견하지 못한 이유가 무엇일까? 이바르 바르다르손이 함께 건너간 동쪽 정착지의 사람들과 서쪽 정착지를 샅샅이 뒤져서 동포의 시신을 기독교식으로 매장해주었다는 말을 빠뜨린 것이 아닐까? 아니면 그의 원래 보고서를 축약해서 옮겨 쓰던 필경사들이 그 부분을 빠뜨린 것일까?

이제 동쪽 정착지의 몰락으로 넘어가보자. 노르웨이 왕이 약속한 왕의 무역선이 그린란드를 마지막으로 방문한 때는 1368년이었다. 그 배는 다음 해에 침몰되었다. 그 후 그린란드를 찾은 배는 모두 네 척(1381년, 1382년, 1385년, 1406년)이었지만 모두 민간의 배였고, 선장들의 말에 따르면 그들의 실제 목적지는 아이슬란드였는데 항로를 벗어나 의도치 않게 그린란드에 온 것이었다. 노르웨이 왕이 그린란드와의 무역을 왕실의 독점적 권리로 선언해 민간의 배가 그린란드와 교역하는 것은 불법이었다. 따라서 네 번의 '의도치 않은' 방문을 우연한 사고였다고 단정 짓기에는 무리가 있다. 짙은 안개로 의도치 않게 그린란드에 닿았다는 선장들의 주장은 진짜 목적을 은폐하려는 핑계였을 가능성이 크다. 선장들은 그린란드 사람들이 유럽의 물건을 간절히 원했고 그들에게 유럽 물건을 팔면 큰 이익을 챙길 수 있다는 사실을 틀림없이 알고 있었을 것이다. 실제로 1406년에 그린란드로 표류한 배의 선장, 토르스테인 올라프손은 그런 실수를 별로 아쉬워하지 않았다. 오히려 그린란드에서 거의 4년을 지내고 1410년에야 노르웨이로 돌아갔다.

올라프손 선장은 그린란드에 대한 세 가지 소식을 노르웨이에 전했다. 첫째, 콜그림이란 사내가 마법을 사용해서 스테이눈이란 여인, 법 집행자인 라븐의 딸, 그리고 토르그림 쇨바손의 부인을 차례로 유혹한 죄로 화형을 당했다는 소식이었다. 둘째는 그 때문에 스테이눈이 미쳐서 죽었다는 소식이었다. 마지막 소식은 올라프손 선장이 1408년 9월 14일에 그린란드의 처녀, 시그리드 비오른스도테르와 발세이 교회에서 결혼식을 올렸다는 소식이었다. 브란드 할도르손, 토르 요룬다르손, 토르비오른 바르다르손이 증인이었고, 결혼식이 있기 전 세 번의 일요일에 그 예비 부부를 위한 결혼 예고가 있었지만 누구도 반대하지 않았다. 화형식, 정신 이상, 결혼식은 중세 기독교 사회에서 흔히 있던 일이었다. 따라서 그때까지 동쪽 정착지는 혼란에 휩싸인 것 같지 않다. 어쨌든 올라프손 선장의 기록은 그린란드에 정착한 노르웨이 사회에 대한 마지막 기록이다.

동쪽 정착지가 언제 사라졌는지 확실히 알 수는 없다. 1400년부터 1420년까지 북대서양의 기후가 점점 추워졌고 비도 점점 잦아졌다. 그린란드를 찾았다는 항해 기록도 없다. 헤리올프스네스 교회 묘지에서 발굴한 한 여인의 옷을 방사성 탄소법으로 측정한 결과가 1435년이었다. 따라서 마지막 배가 1410년에 그린란드를 떠난 후에도 노르웨이 사회는 적어도 25년 동안 계속되었다는 뜻이다. 하지만 방사성 탄소법도 수십 년의 오차를 가질 수 있으므로 1435년에 지나치게 집착할 필요는 없다. 그래도 1576~1587년까지 그들이 존속했다고는 생각되지 않는다. 영국의 탐험가 마틴 프로비셔(Martin Frobisher)와 존 데이비스(John Davis)는 차례로 1576년과 1587년에 그린란드에 상륙했지만 이누이트족밖에 만나지 못했다. 그들은 이누이트의 사냥술과 테크놀로지에 흠뻑 취해 그들과 교역을 했고, 몇몇 사람을 납치해서 영국으로 데려가 전시하기도 했다. 1607년에는 덴마크인과 노르웨이인으로 구성된 특별 탐험대가 동쪽 정착지를 조사하러 떠났지만 이름 때문에 그린란드의 동쪽 해안에 위치하고 있으리라 생각하며 동쪽 해안을 뒤진 까닭에 노르웨이인의 흔적을 발견할 수 없었다. 그때부터 17세기 내내 덴마크와 노르웨이 탐험대, 독일과 영국의 포경선들이 줄지어 그린란드에 상륙해서 이누이트들을 납치했다. 이제 와서 생각하면 터무니없는 추측이었지만 당시 사람들은 이누이트를 푸른 눈에 금발이던 바이킹의 후예일 것이라 생각했다. 외모와 언어가 완전히 다른데도 말이다.

마침내 1721년 노르웨이의 루터교 선교사, 한스 에게데(Hans Egede)가 그린란드로 향했다. 이누이트는 노르웨이 가톨릭 교도의 후손으로 종교개혁 전에 유럽에게 버림받아 이교도로 전락한 것이라고 확신하며 이제라도 그들을 루터교인으로 개종시켜야 한다는 사명감에 불탔다. 그는 우연히 서쪽 정착지의 피오르드에 먼저 상륙했다. 그곳에 노르웨이인들을 닮은 사람은 없었고 모두가 이누이트였다. 노르웨이인의 것이라고는 버려진 목장뿐이었다. 동쪽 정착지가 여전히 그린란드의 동부해안에 있을 것이라 확신하며 에게데는 동부 해안을 뒤졌고, 따라서 노르웨이인의 흔적을 발견할 수 없었다. 1723년 이누이트족이 그를 다른 곳으로 안내해 발세이 교회를 비롯해 노르웨이인의 유적들을 보여주었다. 현재 우리가 동쪽 정착지로 알고 있는 지역, 즉 그린란드의 남서 해안 지역이었다. 그때서야 에게데는 노르웨이 식민지가 완전히 사라진 것이라 확신하고, 그 미스터리의 해답을 찾기 시작했다. 에게데는 이누이트의 세계에서 구전으로 전해진 이야기를 들었다. 이누이트가 옛 노르웨이인들과 다툼과 우호적인 관계를 반복했다는 이야기였다. 따라서 에게데는 노르웨이인이 이누이트에게 전멸당한 것이라 생각했다. 그 후로 지금까지 많은 탐험대와 고고학자들이 그 미스터리의 해답을 찾아내려 애쓰고 있다.

그 미스터리가 무엇인지 좀더 정확히 살펴보기로 하자. 노르웨이 사회가 붕괴된 궁극적인 원인, 즉 원인(遠因)은 거의 확실하다. 또한 서쪽 정착지의 가장 위층에서 발굴된 자료로 붕괴의 근인(近因)을 어느 정도 추론할 수 있다. 하지만 동쪽 정착지의 경우에는 가장 위층이 아직 조사되지 않았기 때문에 최후의 순간에 어떤 일이 있었는지 추론할 만한 정보가 없다. 하지만 이야기를 여기까지 끌어온 마당에, 나는 약간의 추측을 더해서라도 멋진 끝맺음을 하고 싶다.

내 생각에 동쪽 정착지는 소련 연방과 서쪽 정착지처럼 급격히 붕괴된 듯하다. 그린란드의 노르웨이 사회는 교황청과 족장들의 권위에 의지하며 아슬아슬하게 균형을 유지하던 사회였다. 그런데 노르웨이가 약속한 배가 끊어지고 기후까지 점점 추워지자 두 권위체에 대한 존중심까지 크게 떨어졌다. 그린란드에 상주한 마지막 주교가 1378년에 사망했지만 그를 대신할 새 주교가 파견되지 않았다. 그러나 노르웨이 사회의 사회적 정통성은 기독교 교리에 근거를 두고 있었다. 주교가 성직자들을 안수해주어야 했다. 안수받은 성직자가 없으면 누구도 세례받을 수 없었고 결혼할 수도 없었다. 기독교식 장례식도 치를 수 없었다. 마지막 주교가 안수한 마지막 성직자가 죽었을 때 그런 사회가 어떻게 제대로 운영될 수 있었겠는가? 한편 족장의 권위는 힘든 시기에 족장이 추종자들에게 나누어줄 자원이 있어야 유지될 수 있었다. 가난한 사람들은 굶어 죽어가는데 족장은 그런대로 풍요로운 목장을 운영하며 배를 채웠다면 가난한 사람들이 마지막 숨을 거둘 때까지 족장에게 순종했겠는가?

서쪽 정착지와 비교할 때 동쪽 정착지는 남쪽에 있었다. 따라서 건초 생산에서 상대적으로 유리했고, 더 많은 사람(4,000명)이 살고 있어 붕괴의 가능성도 적었다. 물론 추운 기후가 가축의 수를 줄이고 사람들을 아사지경으로 몰아가는 데에는 동쪽 정착지에서 시간이 더 걸렸겠지만 장기적인 면에서는 서쪽 정착지나 동쪽 정착지 모두에게 나쁜 소식이었다. 하여간 동쪽 정착지에서도 작고 열악한 목장의 사람들이 먼저 굶어 죽었을 것이다. 그러나 160두의 소를 두 곳의 축사에서 키웠고 양의 수는 헤아리기 힘들 정도로 많았던 가르다르에는 대체 어떤 일이 닥친 것일까?

가르다르가 구조선 역할을 하면서, 결국에는 인원 수를 초과한 구조선이 되어버린 것이 아닐까? 동쪽 정착지의 가난한 목장에서 건초 생산이 줄어들고 가축들이 모두 죽거나 식량으로 대체되었을 때 그곳 사람들은 아직 가축이 남아 있는 목장들, 예컨대 브라타흘리드, 발세이, 헤리올프스네스, 그리고 최후에는 가르다르로 피신했을 가능성이 크다. 가르다르의 성직자들과 그곳에 땅을 가진 족장은 교구민과 추종자를 확실히 보호해줄 때에야 그 권위를 인정받았을 것이다. 하지만 그보다 2,000년 전 그리스의 역사가 투키디데스가 아테네를 강타한 역병(疫病)의 참상을 사실대로 묘사했듯이, 기아와 그로 인한 질병은 하느님과 족장의 권위마저 무너뜨렸을 것이다. 굶주린 사람들이 가르다르로 물밀 듯이 몰려갔을 것이다. 그들이 소와 양을 무차별적으로 도살해 먹는 것을 족장과 성직자들은 막을 수 없었을 것이다. 가르다르에 비축된 먹을거리가 그곳 사람들이 먹기에는 충분했겠지만 사방에서 몰려든 굶주린 사람들의 배까지 채워주기에는 턱없이 부족했다. 서쪽 정착지가 최후의 순간을 맞아 그랬듯이 그들도 개와 갓 태어난 가축까지, 심지어 소의 발굽까지 먹었을 것이다.

1992년 로스앤젤레스에서 이른바 '로드니 킹 사건'이 일어났다. 가난한 흑인 로드니 킹을 무차별적으로 폭행한 백인 경찰들에게 무죄 판결이 내려지자 가난한 이웃들이 폭도로 변해서 기업과 부자 이웃을 약탈한 사건이었다. 중과부적인 경찰들은 부자 동네로 들어서는 입구에 노란 경고 테이프를 둘러 폭도의 진입을 막아보려 했지만 무의미한 짓이었다. 당시 가르다르에서 이와 비슷한 장면이 펼쳐지지 않았을까? 오늘날 전세계에서 비슷한 현상들이 속출하고 있다. 가난한 불법 이민자들이 부자 나라로 물밀 듯이 들어간다. 가르다르의 족장들과 로스앤젤레스의 노란 테이프가 그랬듯이, 국경 검색을 강화하더라도 불법 이민을 막을 수 없다는 사실은 이미 입증되었다. 이런 비교에서 그린란드 노르웨이 정착지의 운명을 취약한 환경에 있던 작은 변방 사회의 문제로만 치부할 수 없는 이유가 찾아진다. 동쪽 정착지는 서쪽 정착지보다 더 넓었지만 똑같은 운명을 맞았다. 시간이 좀더 걸렸을 뿐이다.

종말의 궁극적인 원인들

그린란드의 노르웨이 사회는 애초부터 붕괴될 운명이었을까? 도저히 성공할 가능성이 없는 생활 방식을 영위한 까닭에 그들의 아사(餓死)는 시간 문제에 불과했던 것일까? 그들보다 수천 년 앞서 그린란드를 들락거렸던 아메리카 인디언들에 비해 그들이 모든 면에서 불리했던 것일까?

나는 그렇게 생각하지 않는다. 이누이트에 앞서 네 종족이 캐나다 북극권에서 그린란드로 들어왔지만 모두가 사라지고 말았다. 북극권의 기후 변동으로 사냥에 의존하는 사람들에게 필수적이던 사냥감들, 예컨대 순록, 바다표범, 고래 등의 이동로가 바뀌면서 개체 수가 들쑥날쑥했고, 때로는 대폭 줄어들었기 때문이다. 이누이트가 지금까지 거의 8세기 동안 그린란드에서 존속하고 있지만 그들의 인구도 사냥감의 수에 따라 크게 변동이 심했다. 고고학자들은 타임캡슐처럼 봉해진 이누이트의 집들을 적잖게 발견했다. 그 집들에는 굶어 죽은 듯한 가족의 시신들이 널려 있었다. 덴마크 식민지이던 시기에는 한 이누이트가 비틀대는 걸음으로 덴마크 정착촌을 찾아와, 한 이누이트 마을의 유일한 생존자이며 다른 사람들은 모두 굶어 죽었다는 끔찍한 소식을 전하기도 했다.

그린란드에 정착했던 네 종족과 이누이트족을 비교해 볼 때 노르웨이인에게는 가축이란 든든한 식량원을 가졌다는 큰 이점이 있었다. 실제로 아메리카 인디언들이 그린란드의 초목에서 얻은 이익은 초목을 먹고사는 순록, 혹은 토끼를 사냥한 것뿐이었다. 노르웨이인도 순록과 토끼를 먹었지만 소, 양, 염소라는 매개체를 통해서 초목을 젖과 살코기로 바꿀 수 있다는 커다란 이점을 누렸다. 이런 점에서 노르웨이인은 훨씬 다양한 식량원을 가졌고, 따라서 그린란드의 다른 정착자들보다 살아남을 확률이 훨씬 높았다. 따라서 노르웨이인들이 순록, 이주성을 지닌 바다표범, 점박이바다표범 등과 같은 야생 동물 이외에 물고기, 반달바다표범, 고래까지 먹었더라면 살아남았을 수도 있다. 이누이트가 반달바다표범과 고래를 사냥하고 물고기를 잡는 모습을 틀림없이 보았을 텐데 노르웨이인들이 그 동물들을 사냥하지 않은 것은 자체의 결정이었다. 요컨대 그들은 넘치는 먹을거리를 눈앞에 두고도 굶어 죽었다. 왜 그들은 이런 결정을 내렸을까? 우리가 보기에는 자살의 길을 택한 것이나 마찬가지였는데 말이다.

그러나 그들의 가치관과 경험에서 본다면 그런 결정은 결코 자살을 자초하는 길이 아니었다. 그들의 가치관에는 네 가지 생각이 깊이 각인되어 있었다. 첫째는 그린란드의 변덕스런 환경에서 살아가는 것은 어렵다는 생각이었다. 요즘의 생태학자와 농학자에게는 그린란드가 여간 까다로운 곳이 아니다. 기후가 상대적으로 포근했을 때 그린란드에 도착한 것이 노르웨이인들에게는 행운이었으면서도 불운이었다. 그린란드의 과거를 몰랐기 때문에 그들은 온난기와 한랭기가 반복된다는 것을 몰랐다. 따라서 그린란드의 기후가 한랭기로 접어들면 가축을 키우기가 거의 불가능하다는 것도 알 수 없었다. 20세기에 덴마크인들이 양과 소를 그린란드에서 다시 키우기 시작했지만 소의 방목을 곧 포기하고 말았다. 요즘의 그린란드는 자급자족하지 않는다. 덴마크의 원조와, 유럽연합에서 받는 어업권료에 크게 의존하고 있다. 따라서 오늘날의 기준에서도 중세 노르웨이인들이 통합 경제의 형태로 450년을 버티었다는 사실은 결코 자살의 길이 아니었다. 오히려 인류의 개척사에 길이 남을 업적이었다.

둘째, 노르웨이인들은 백지 상태로 그린란드에 들어가지 않았다. 따라서 그린란드의 문제를 편견 없이 해결하기 힘들었다. 인류의 역사에서 모든 식민지 개척자들이 그랬듯이 그들에게도 노르웨이와 아이슬란드에 살면서 몸에 밴 생활 습관과 문화적 가치관이 있었다. 그들은 자신들을 낙농가, 기독교인, 유럽인, 특히 노르웨이인이라고 생각했다. 그들의 노르웨이 조상들이 무려 3,000년 동안 낙농을 성공적으로 영위해왔다는 확신이 있었다. 게다가 언어와 종교, 문화가 같다는 사실도 그들과 노르웨이를 이어주는 연결 고리였다. 미국인과 오스트레일리아인도 이런 이유에서 수세기 동안 영국과 관련성을 가지려고 애쓰지 않았던가! 그린란드에 파견된 주교들도 모두 노르웨이 본토인이었다. 그린란드에서 태어나 자란 노르웨이인이 아니었다. 이런 공유된 가치관이 없었더라면 노르웨이인들은 그린란드에서 살아남기 위해서 서로 협력하지 않았을 수도 있다. 소의 방목, 노르드르세타에서의 사냥, 교회 건설은 순전히 경제적 차원에서 계산하면 인력을 최적으로 활용하는 방향은 아니었지만 이런 맥락에서는 충분히 이해할 수 있는 일이었다. 요컨대 노르웨이인들은 그린란드의 문제를 극복하기 위한 근거를 과거의 동일한 정체성에서 찾았던 것이다. 이런 현상은 인류의 역사에서 흔히 눈에 띄며, 현대 세계에서도 우리는 몬태나의 예에서 똑같은 현상을 보았다(제1장 참조). 사람들이 부적절한 조건에서 가장 고집스레 집착하는 가치관은 과거에 역경을 이겨낸 승리의 근원이었던 가치관이다. 우리는 제14장과 제16장에서, 즉 고수해야 할 핵심적 가치관이 무엇인지 찾아냄으로써 성공을 거둔 사회들을 연구할 때 이런 딜레마에 대해 좀더 자세히 살펴볼 것이다.

셋째, 중세의 다른 유럽 기독교인들과 마찬가지로 노르웨이인들도 비(非)유럽권의 이교도들을 경멸했다. 따라서 그들을 어떻게 다루어야 하는지 잘 몰랐다. 1492년 콜럼버스의 항해로 시작된 탐험의 시대 이후에야, 유럽인들은 원주민을 경멸하더라도 자신들의 이익을 위해서 원주민을 이용해야 한다는 마키아벨리식 처세법을 터득했다. 그린란드의 노르웨인들은 이누이트에게 배우기를 거부했고, 그들의 처신에 이누이트는 적으로 변해갔다. 그 후로도 북극권을 탐험한 많은 유럽인이 이누이트를 무시하거나 적대시한 까닭에 소멸되는 비극을 맞았다. 특히 1845년 138명의 영국인으로 구성된 프랭클린 탐험대는 넉넉한 지원을 받아 캐나다 북극권 횡단에 나섰지만 한 사람도 살아남지 못했다. 주변 곳곳에 살고 있던 이누이트들의 지원을 거부한 탓이었다. 북극에서 성공을 거둔 유럽 탐험가들과 정착자들은 이누이트의 방식을 최대한 받아들인 사람들이었다. 로버트 피어리(Robert Peary)와 로알 아문센(Roald Amundsen)이 대표적인 예이다.

끝으로 그린란드의 노르웨이 정착지에서 권력은 지배계급, 즉 족장과 성직자에게 집중되어 있었다. 지배계급이 가장 좋은 목장을 비롯해 대부분의 땅을 소유했다. 또한 그들이 배의 주인으로 유럽과의 교역을 도맡았다. 따라서 그들의 권위를 세우는 데 필요한 물건들, 즉 집을 꾸밀 사치품, 성직자들을 위한 의복과 장식품, 교회를 장식할 스테인드글라스와 종 등을 주로 수입했다. 사냥꾼들이 노르드르세타로 사냥을 나갈 때 그들의 배를 내준 것은 그런 수입품의 대가로 치러야 할 수출품(해마의 상아와 북극곰의 가죽)을 얻기 위한 수단이었다. 족장들은 두 가지 이유에서, 지나치게 풀을 뜯어 초지를 훼손시킬 수 있었던 양의 대규모 방목을 허락했다. 하나는 양모가 그린란드의 주요 수출품 중 하나였기 때문이고, 다른 하나는 소규모의 독립 목장주가 초지의 훼손으로 지원을 필요로 할 때 추종자로 끌어들여 다른 족장들을 압도하기 위한 목적이었다. 노르웨이인들은 혁신을 통해서 물질적 조건을 충분히 개선할 여지가 있었다. 예컨대 사치품의 수입을 줄이고 철을 더 많이 수입할 수 있었고, 마크란드를 자주 찾아가 철과 목재를 확보할 수 있었다. 또한 이누이트의 배를 모방하거나 아예 다른 형태의 배를 만들 수도 있었고, 색다른 사냥술을 개발할 수도 있었다. 그러나 이런 혁신은 족장들의 권력과 권위에 위협을 가할 수 있었다. 엄격하게 통제된 사회였고 상호 의존적이었던 사회였던 까닭에, 족장은 그런 혁신의 시도조차 억누를 수 있는 위치에 있었다.

따라서 이런 사회 구조에서는 지배계급의 근시안적인 이익 추구와 사회 전체의 장기적인 이익 추구 간에 갈등이 일어날 수밖에 없었다. 족장들과 성직자들이 소중하게 생각하는 것들이 사회 전체를 위협하는 암덩어리인 것으로 밝혀졌다. 하지만 사회적 가치관은 그들의 강점인 동시에 약점이었다. 노르웨이 사람들은 그린란드에서 유럽식의 획일적 사회를 건설해낸 까닭에, 유럽에서 가장 멀리 떨어진 곳에서도 450년을 꿋꿋하게 생존했다. 따라서 우리는 그들의 사회를 성급하게 실패한 사회라고 단정 지어서는 안 된다. 미국이 북아메리카에서 살아온 시간에 비하면, 그들이 그린란드에서 살아간 시간이 훨씬 길기 때문이다. 그러나 결국 족장들은 모든 추종자를 잃고 말았다. 그들에게 허락된 마지막 권리는 최후에 굶어 죽는 특권이었다.

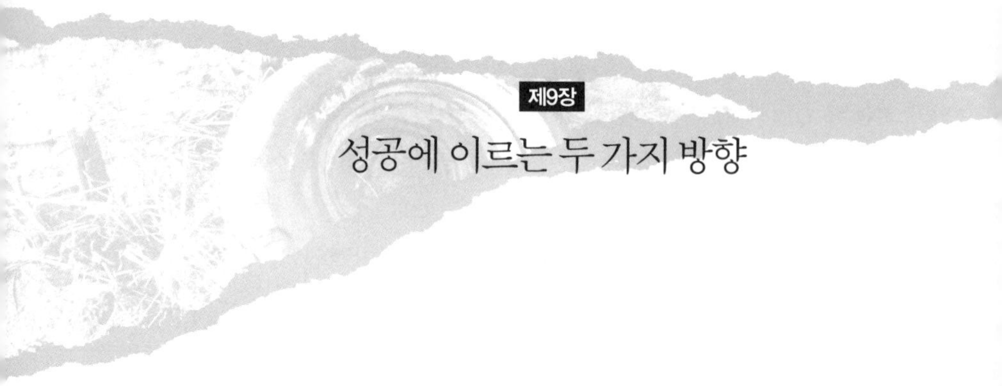

제9장

성공에 이르는 두 가지 방향

하의상달, 상의하달

지금까지 환경 문제를 해결하는 데 실패하여 결국 붕괴하고 말았던 과거 여섯 개 사회에 대해 살펴보았다. 이스터 섬, 핏케언 섬, 헨더슨 섬, 아나사지, 고전기 마야, 노르웨이령 그린란드였다. 내가 그들의 실패 사례를 자세하게 언급한 이유는 우리에게 많은 교훈을 안겨주고 있기 때문이다. 하지만 그렇다고 과거의 모든 사회가 환경적으로 재앙을 맞았던 것은 분명 아니었다. 아이슬란드인들은 열악한 환경 속에서도 지금까지 1,100년 이상 생존을 지속해오고 있으며, 다른 많은 사회들 역시 수천 년간 그 삶을 이어오고 있다. 이런 성공 사례는 우리에게 희망과 영감을 안겨줄 뿐만 아니라 역시 많은 교훈을 던져준다. 성공한 사회는 환경 문제를 해결하는 면에서 대조적인 두 가지 형태의 접근법이 가능함을 알려주고 있다. 두 접근법에 각각 하의상달(bottom-up), 상의하달(top-down) 방식의 접근법이라는 이름을 붙여보자.

두 가지 접근법에 대한 관심은 특히 고고학자 패트릭 커치(Patrick Kirch)가 섬의 크기에 따라 서로 다른 사회적 결과를 가져왔던 태평양 섬들에 대해 쓴 책에서 시작되었다. 작은 크기의 티코피아 섬(1.8평방마일)은 3,000년이 지난 후에도 여전히 지속 가능했고, 중간 크기의 망가이아 섬(27평방마일)은 이스터 섬과 유사하게 삼림 파괴로 인해 붕괴했다. 마지막으로 가장 큰 통가 섬(288평방마일)은 3,200년가량 지속 가능한 방식으로 운영되어왔다. 중간 크기의 섬은 실패한 반면에, 작은 섬과 큰 섬은 환경 문제를 해결하는 데 성공할 수 있었던 이유가 무엇일까? 커치의 주장에 따르면 작은 섬과 큰 섬은 완전히 상반된 접근법으로 성공한 반면에 중간 크기 섬의 경우에는 이 두 가지 접근법 중 어느 것도 가능하지 않았다고 주장한다.

작은 섬, 혹은 소규모의 땅을 점유하고 있는 작은 사회는 환경 문제를 해결하기 위해 하의상달 방식의 접근법을 채택할 수 있다. 땅이 넓지 않아 모든 거주민이 지역 전체를 잘 알고, 섬 개발이 자신들에게 영향을 미친다는 사실을 알고 있으며, 정체성과 공동의 이해관계를 구성원 모두가 공유하기 때문이다. 올바른 환경 정책이 실시되면 그 혜택이 자신들에게 돌아온다는 사실도 모두가 알고 있다. 따라서 구성원들이 서로 힘을 합쳐 문제를 해결하는 하의상달 방식의 접근법이 가능하다.

우리 대부분이 거주지나 직장에서 이런 하의상달식 관리를 경험하고 있다. 예를 들어 내가 살고 있는 로스앤젤레스 거리의 집주인들은 '자택소유자협회'에 소속되어 있고, 이 협회의 목적은 구성원들의 이익을 위해 동네를 안전하고, 조화롭게, 그리고 매력적으로 유지시켜나가는 데 있다. 구성원 전부가 모여 매년 협회를 끌어갈 책임자들을 선출하고 정기 총회에서 앞으로의 정책을 토의하며, 연회비를 징수해 협회의 예산으로 사용한다. 협회는 이 돈으로 교차로의 화단을 가꾸고, 납득할 만한 이유가 없는 경우에는 나무를 자르지 않도록 이웃에게 권고하며, 건물 설계도를 검토해서 너무 흉하거나 큰 건물이 들어서는 것을 막고, 이웃 간의 분쟁을 해결하며, 동네 전체에 영향을 미치는 문제에 대해서 시 공무원에게 로비 활동을 벌인다. 몬태나 비터루트밸리에 있는 해밀턴 부근의 지주들이 텔러 야생생물구호단체를 만들어 운영한다는 점은 제1장에서 언급한 바 있다. 이 구호 단체를 통해 그들이 소유한 땅의 가치, 생활 방식, 낚시와 사냥 여건을 향상시켰다. 비록 그 자체로는 미국이나 전세계의 문제를 해결하고 있지는 못하지만 말이다.

이와 반대되는 접근법이 상의하달 방식으로 폴리네시아 통가처럼 중앙집권적인 정치 조직을 가진 대규모 사회에 적합하다. 통가 섬은 그 규모가 너무 커서 일개 농부가 군도(群島) 전체는 말할 것도 없고 섬 하나도 잘 알기가 힘들다. 군도의 어느 한 귀퉁이에서 궁극적으로 그 농부의 생활에 치명타를 가할 수 있는 문제가 진행되고 있을지도 모르지만 그가 초기에 그 사실을 알기란 어렵다. 설령 그 사실을 알았더라도 "다른 사람의 문제일 뿐이야!"라며 무시해버릴 수 있다. 그 문제가 그에게 별다른 영향을 주지 못할 것이라 생각하거나 아주 먼 미래의 일이라 생각하기 십상이기 때문이다. 반대로, 자신이 사는 지역의 문제들(예컨대 삼림 파괴)조차 간과하는 사람이 있을 수 있다. 정확히 알지도 못하면서 섬의 어딘가에 아직 많은 나무들이 있다고 지레짐작하기 때문이다.

최고 권력을 지닌 족장이나 왕이 이끄는 중앙집권적인 정부로서도 통가는 매우 큰 섬이다. 그러나 왕은 지역에 거주하는 농부와는 달리 군도 전체를 고려해야 한다. 또 농부와는 달리 군도 전체의 장기적인 이해관계에 관심을 두게 마련이다. 왕은 군도 전체에서 부(富)를 거둬들이기 때문이기도 하지만 오랫동안 통가를 지배한 왕가의 혈통을 이어받은 통치자로서 자신의 후손이 영원히 통가를 지배할 수 있기를 바라기 때문이다. 따라서 왕이나 중앙집권 세력은 환경 문제에 대해 상의하달 방식의 접근법을 택해서, 국민에게 장기적으로는 이익이 되는 명령을 내릴 가능성이 높다.

오늘날 제1세계 국가의 국민들에게 이런 상의하달 방식의 접근법은 하의상달 방식의 접근법만큼이나 익숙하다. 정부(미국의 경우 주 정부와 연방 정부)가 주 전체, 국가 전체의 이익을 고려해서 환경 정책과 기타 정책을 시행한다는 것은 상식이다. 예컨대 몬태나의 비터루트밸리에 사는 시민들은 텔러 야생생물구호단체를 만들어 운영하고 있지만 그 밸리 면적의 절반은 연방 정부의 소유인 국유림이거나 토지관리국의 관리를 받는다.

중간 크기의 섬, 혹은 땅을 갖고 있는 중간 크기의 사회는 위의 두 가지 접근법이 모두 적합하지 않다. 한 지역에 사는 농민이 섬 전체에 대한 전반적인 견해나 이해관계를 갖기에는 섬이 너무 크다. 서로 이웃하고 있는 족장들 간의 반목은 협정이나 공동 행위를 방해하며, 족장들이 상대 지역에 있는 나무를 벌채한다거나 파괴함으로써 환경적인 파괴까지 가져온다. 한편 중간 크기의 섬은 중앙 정부가 탄생해서 섬 전체를 관리하기에는 너무 작다. 망가이아 섬이 이 경우에 해당하며, 과거 다른 중간 크기의 사회에도 이런 요인이 영향을 미친 듯하다. 전세계가 국가 단위로 조직화되어 있는 오늘날에는 중간 크기의 사회라도 이런 딜레마에 직면하는 경우가 거의 없는 편이다. 그러나 국가적 통제가 약한 나라에서는 여전히 문제가 될 가능성이 있다.

성공에 이르는 상반된 두 접근법을 설명하기 위해 이제부터 하의상달 방식의 접근법이 효과를 거두었던 두 곳의 소규모 사회(뉴기니 고원지대와 티코피아 섬)와 상의하달 방식의 접근법이 유효했던 하나의 대규모 사회(도쿠가와 시대의 일본, 일본은 현재 세계 제8위에 해당하는 인구 대국이다)에 대한 이야기부터 간략하게 해보자. 세 사회 모두에서 관련된 환경 문제는 삼림 파괴, 침식, 토양 비옥도였다. 하지만 과거의 다른 많은 사회들도 수자원, 낚시, 사냥과 관련된 문제를 해결하기 위해 유사한 접근법을 택했다. 또 한 가지 명심해야 할 것은 피라미드식 위계 질서 구조를 갖고 있는 대규모 사회에서는 하의상달 방식과 상의하달 방식이 공존할 수 있다는 점이다. 실제로 미국을 비롯한 많은 민주주의 국가에서는 지역 주민과 시민 단체를 통한 하의상달 방식의 접근법과 다양한 단위의 정부(시, 군, 구의 지방 정부와 중앙 정부)를 통한 상의하달 방식의 접근법이 공존하고 있다.

뉴기니 고원지대

첫 번째 예는 하의상달식 접근법으로 커다란 성공을 거둔 사회 중 하나인 뉴기니 고원지대다. 이곳 사람들은 약 4만 6,000년 동안 자급자족하며 살아왔다. 최근까지도 고원지대 밖의 사회로부터 경제적으로 중대한 지원은 없었다. 단지 신분의 상징에 쓰였던 몇 가지 물건(비단등줄무늬조개껍질과 극락조 깃털 등)이 교환된 정도였다. 뉴기니는 오스트레일리아 북부에 있는 큰 섬으로(114쪽의 지도 참조), 대부분의 영토가 적도에 걸쳐 있고 저지대는 뜨거운 열대우림으로 덮여 있지만 험준한 내부 오지는 구릉과 계곡이 번갈아가며 이어지다 약 5,000미터 높이의 산 정상은 빙하로 덮여 있다. 이처럼 험준한 지형 때문에 유럽에서 온 탐험가들은 400년 동안 해안지대와 저지대 강가에서만 머물러야 했다. 이 때문에 같은 기간 동안 내지(內地)는 울창한 숲을 그대로 간직하면서 사람이 살지 않는 지역으로 여겨졌다.

따라서 1930년대, 생물학자와 광산업자를 태운 비행기가 처음으로 내지 위를 날았을 때 조종사 및 탑승자들은 외부 세계에 전에는 알려지지 않았던 수백만 명의 사람들로 인해 변모되어 있는 아래쪽 풍경을 보고 놀라지 않을 수 없었다. 나무가 거의 보이지 않는 널찍한 골짜기들, 관개 시설과 배수로로 깔끔하게 정비된 밭, 자바 섬이나 일본을 연상케 하는 가파른 언덕의 계단식 밭, 울타리가 둘러쳐진 마을 등 그 풍경은 마치 네덜란드에서 가장 인구밀도가 높은 지역과 유사해 보였다(사진 19). 그 후 많은 유럽인이 그 비행기가 발견한 길을 따라 육로로 들어갔다. 이곳의 농부들은 타로토란, 바나나, 참마, 사탕수수, 고구마를 재배하고 돼지와 닭을 키우고 있었다. 그리고 고구마를 제외한 나머지 네 가지 작물은 뉴기니에서 자체적으로 개량한 것이었고, 뉴기니 고원지대는 세계에서 독자적으로 작물을 개발한 9곳 중 하나였으며, 농업이 7,000년이나 계속된 곳이라는 사실이 밝혀졌다. 요컨대 뉴기니는 지속 가능한 방법으로 가장 오랫동안 식량을 생산해온 곳 중의 하나였다.

사진 19 뉴기니 고원지대에서 인구 밀집 지역인 와기밸리의 풍경. 삼림이 광범위하게 파괴되었지만 1,200년 전 주민들이 마을과 밭에 토종나무인 카수아리나를 심기 시작하면서 목재와 땔감을 충당할 수 있었다.

유럽 탐험가들과 식민지 개척자들에게 뉴기니 고원지대는 '원시적'으로 보였다. 그들은 이엉으로 만든 오두막에 살았고, 부족들 간에 끊임없이 전쟁을 치러 왔으며 왕, 심지어 족장이라는 권위체도 존재하지 않았다. 문자도 없었고, 많은 비가 내려 날씨가 추워져도 최소한의 옷만 입거나 아예 걸치지 않았다. 철이 부족해 돌이나 나무, 뼈로 도구를 만들었다. 예를 들어 벌목에 돌도끼를 사용했고 밭을 일구거나 도랑을 팔 때도 나무 막대기를 이용했으며, 나무로 만든 창과 화살, 대나무칼로 싸움을 벌였다.

하지만 농경 기술은 매우 정교해 '원시적'이라는 말이 무색할 정도였다. 너무나 정교한 나머지 오늘날까지도 유럽의 농경학자들은 뉴기니 사람들의 방법이 왜 효과가 있고, 유럽의 혁신적 농법이 뉴기니에서 실패한 이유를 여전히 찾아내지 못하고 있다. 예를 들어 설명해보자. 습한 지역에 조성된 고구마밭의 배수구 도랑이 경사를 따라 수직적으로 쭉 이어져 있는 것을 보고 경악한 유럽의 한 농경 전문가는 유럽에서 행하던 방식대로 등고선을 따라 수평적인 배수구 도랑을 설치하도록 마을 사람들을 설득했다. 그 농경 전문가를 지극히 존경했던 마을 사람들은 그의 조언대로 배수구를 다시 팠다. 그러자 배수구 뒤쪽으로 물이 차올랐고, 폭우가 내리자 산사태가 일어나 밭 전체가 아래에 있는 강으로 휩쓸려가고 말았다. 바로 이런 사태를 방지하기 위해서, 유럽인들이 들어오기 이미 오래전에 뉴기니 농부들은 고지대 강우와 토양 조건에 적합한 수직적인 배수로의 효용성을 알고 실행해오고 있었던 것이다.

수직적 배수로는 연 강수량이 약 1만 밀리미터에 이르고, 지진과 산사태, (고지대에) 서리가 자주 발생하는 지역에서 농작물을 재배하기 위해 뉴기니 사람들이 수천 년에 걸친 시행착오 끝에 개발해낸 기법 중 하나일 뿐이다. 식량 증산을 위해서 휴경 기간을 단축시키고 지속적으로 농작물을 재배해야 했던 인구 밀집 지역에서 뉴기니 사람들은 내가 곧 설명할 조림법 외에도 일련의 영농법을 개발해서 토양의 비옥도를 유지했다. 그들은 에이커당 16톤에 이르는 잡초, 풀, 오래된 덩굴, 기타 유기 물질을 퇴비로 삼아 흙에다 뿌렸다. 음식물 찌꺼기, 불에 태운 재, 휴경지에서 나뒹구는 농작물, 썩은 나무, 닭똥을 밭에 뿌려 뿌리덮개와 비료로 삼았다. 또한 밭 주위로 도랑을 파서 수면이 높아지거나 밭이 물에 잠기는 일이 없도록 대비했고, 도랑을 파서 얻은 유기질 토양을 밭에 흩뿌렸다. 대기 중 질소를 고정시키는 역할을 하는 콩과 식물이 다른 농작물과 번갈아가며 재배되었다. 뉴기니 사람들이 독자적으로 개발한 혁신적인 농법, 즉 '돌려짓기'가 제1세계에도 널리 확산되어 토양의 질소 수준을 일정하게 유지하는 데 이용되고 있다. 가파른 경사면에서는 계단식 밭을 개간했고, 흙이 유실되지 않도록 둑을 쌓았으며, 앞에서 유럽 농경학자가 분노했던 수직 도랑을 만들어 불필요하게 많은 물을 아래로 흘려보냈다. 이렇듯 다수의 특수 농법에 의존해야 했기 때문에 뉴기니 고원지대에서 농사를 성공적으로 지으려면 상당한 기간을 그들과 함께 생활해야 한다. 고원지대 출신으로 어린 시절 학업을 위해 마을을 떠났던 내 친구들은 나중에 마을로 돌아와 보니 가족의 밭을 운영하기에는 그들의 능력이 부족함을 절실하게 깨달았다. 복잡한 영농법을 습득할 수 있는 기회를 놓쳤기 때문이다.

뉴기니 고원지대에서 지속 가능한 농경을 위해서는 토양의 생산성도 유지해야 했지만 목재 공급이라는 문제도 해결해야 했다. 밭을 개간하고 마을을 세우기 위해 숲을 파괴한 탓이었다. 고원지대의 전통적인 생활 방식은 여러 이유에서 나무에 의존할 수밖에 없었다. 목재는 집과 울타리, 연장과 그릇, 무기를 만드는 재료이고, 요리를 하거나 추운 밤 오두막을 덥혀주는 땔감이었기 때문이다. 원래 고원지대는 떡갈나무와 너도밤나무로 뒤덮여 있었다. 그러나 수천 년의 시간이 흐르면서 인구 밀도가 가장 높은 곳(특히 파푸아뉴기니의 와기밸리와 인도네시아령 뉴기니의 발리엠밸리)에서는 해발 2,400미터 아래로 숲이 철저하게 파괴되었다. 그러면 고지대 사람들은 필요한 목재를 어디서 구하고 있을까?

1964년, 고원지대를 방문한 첫날에 나는 마을과 밭 주변에 카수아리나가 작은 숲을 이루고 있는 광경을 보았다. '쉬오크(sheoaks)' 혹은 '아이언우드(ironwood)' 라는 이름으로도 알려져 있는 카수아리나는 솔잎을 닮은 잎을 가진 대여섯 종의 나무들을 가리킨다. 원산지는 태평양 섬, 오스트레일리아, 동남아시아, 열대 동아프리카 지역이었다. 하지만 쉽게 쪼개지면서도 매우 단단하기 때문에(그래서 철과 같은 나무라고 하여 아이언우드라고 불린다) 세계 각지로 퍼져나갔다. 그중에서도 뉴기니 고원지대가 원산지인 카수아리나는 '카수아리나 올리고돈(*Casuarina oligodon*)' 으로, 시냇물 제방을 따라 자연적으로 발아한 이 나무의 묘목들을 수백만 명의 고원지대 사람들이 옮겨 심으면서 집중적으로 키우는 나무이다. 물론 이와 유사한 다른 몇 종의 나무도 함께 심기는 했지만 카수아리나가 압도적으로 많다. 카수아리나를 고원지대로 옮겨 심는 작업이 대대적으로 이루어지기 때문에 농작물을 재배하는 전통적인 농업(agriculture)과 달리 나무를 재배한다는 뜻에서 '조림(silviculture)' 이란 용어가 사용된다(라틴어에서 *silva, ager, cultura*는 차례로 삼림, 들판, 경작을 의미한다).

유럽의 임학자들은 카수아리나 올리고돈의 장점과 이 나무의 숲에서 고지대 사람들이 얻는 혜택을 나중에야 깨달았다. 카수아리나는 빨리 자란다. 또 목재와 땔감으로 사용하기에도 그만이다. 질소를 고정시키는 뿌리 혹과 풍부한 낙엽은 토양에 질소와 탄소를 더해준다. 따라서 밭 군데군데 흩어져 자라는 카수아리나는 토양의 비옥도를 높여주고, 버려진 밭에서 식재된 카수아리나들은 새로운 작물을 심기 전에 지력을 회복하는 데 필요한 휴경 시간을 단축시킨다. 뿌리는 가파른 경사면의 흙들을 붙잡아 매는 역할을 하므로 침식의 위험을 줄여준다. 농학자들은 카수아리나가 타로 벌레의 수를 감소시킨다는 근거를 과학적으로 입증하지 못하고 있지만 뉴기니 농부들은 어쨌든 카수아리나가 타로 벌레의 번성을 억제한다고 주장한다. 실제로 다른 많은 사례와 마찬가지로 경험적으로는 그들의 주장이 옳은 듯하다. 고지대 사람들은 미학적 이유에서도 카수아리나를 사랑한다고 말한다. 그들이 카수아리나 가지들 사이로 부는 바람 소리를 좋아하고, 카수아리나가 마을에 그늘을 제공해주기 때문이다. 요컨대 원래의 숲이 완전히 사라지고 없는 넓은 계곡에 카수아리나를 옮겨 심음으로써 이 나무 의존적인 사회가 계속 번영할 수 있는 발판이 마련된 것이다.

뉴기니 고원지대 사람들은 언제부터 이런 조림을 시작했을까? 고원지대의 초목사를 재구성하기 위해서 고식물학자들이 사용한 단서들은 제2~8장에서 이스터 섬, 마야 지역, 아이슬란드, 그린란드의 초목사를 다루면서 언급한 단서들과 다르지 않았다. 즉 습지와 호수의 퇴적물에서 추출한 화분의 분석 및 그 화분과 관련된 층의 확인, 자연 발화나 개간을 위한 방화에서 생긴 숯이나 탄소 입자, 삼림 파괴로 인한 침식을 뜻하는 퇴적물, 방사성 탄소 연대 측정법 등이 사용되었다.

약 4만 6,000년 전, 아시아에서 뗏목이나 카누를 타고 인도네시아 섬들을 거쳐 이동한 사람들이 뉴기니와 오스트레일리아에 최초로 정착했다. 당시 뉴기니는 호주와 연결된 거대한 대륙의 일부였고, 이때 인간이 정착했다는 증거는 뉴기니 곳곳에서 찾아볼 수 있다. 약 3만 2,000년 전쯤에 뉴기니 고원지대에서 숲을 이룬 수종들과 비교해서 그렇지 않은 수종의 화분이 많았고, 잦은 불로 인해서 생긴 숯이 있었다는 것은 이때 사람들이 이미 이 지역을 뻔질나게 다니면서 사냥을 하거나 판다누스(pandanus)의 열매를 채취했던 것으로 추정된다. 지금도 뉴기니 고원지대 사람들은 사냥과 판다누스 열매의 채취를 게을리 하지 않고 있다. 벌목이 꾸준히 계속된 흔적, 그리고 계곡 늪지대에서 발견된 인공 배수로는 약 7,000년 전 고원지대에서 농경이 시작되었음을 짐작케 한다. 약 1,200년 전까지 숲을 이룬 나무들의 화분은 꾸준히 줄어들었지만 그렇지 않은 초목의 화분은 늘어났다. 그리고 이때쯤 서로 약 800킬로미터 정도 떨어져 있는 두 계곡, 즉 서쪽의 발리엠밸리와 동쪽의 와기밸리에서 거의 동시에 카수아리나 화분의 양이 크게 증가하는 현상이 뚜렷이 나타났다. 오늘날 두 지역은 벌채로 인한 삼림 파괴가 가장 광범위하게 일어난 곳이며, 동시에 가장 많은 인구가 밀집된 곳이기도 하다. 따라서 두 계곡의 모습은 1,200년 전에도 오늘날과 별로 다르지 않았을 것으로 여겨진다.

카수아리나 화분의 급격한 증가를 카수아리나 조림이 시작되었다는 증거라고 본다면, 왜 하필이면 그때 800킬로미터나 떨어진 두 지역에서 갑자기 카수아리나가 식재되기 시작했을까? 당시 목재 위기를 불러왔던 요인으로 두세 가지를 생각해볼 수 있다. 하나는 7,000년 전부터 고원지대에 농경 인구가 지속적으로 증가하면서 삼림 파괴가 가속화된 것이다. 두 번째 요인은 두껍게 쌓여 있던 이른바 '오고윌라 테프라(Ogowila tephra)'로 알려진 화산재층과 관련 있었다. 당시 이 화산재는 뉴기니 동부(와기밸리가 있는 지역)를 뒤덮기는 했지만 서쪽 끝의 발리엠밸리까지 날아가지는 않았다. 오고윌라 테프라는 뉴기니 동부 해안에 위치한 롱아일랜드 섬에서 거대한 화산이 폭발하면서 생긴 화산재층이었다. 1972년 나는 롱아일랜드 섬을 찾아가보았다. 산들이 직경 26킬로미터의 커다란 원을 이룬 섬으로 가운데에는 태평양의 섬들에서 가장 큰 호수 중 하나인 커다란 분화구 호수가 있었다. 제2장에서 언급했듯이, 화산재에 실려온 영양분들이 농산물의 생산을 증가시켰을 것이고 그로 인해 인구도 늘어났을 것이다. 그리고 인구 증가에 따라 목재와 땔감으로 사용할 나무의 수요가 늘어나면서 뉴기니 사람들은 카수아리나의 장점에 주목하며 그 나무를 옮겨 심기 시작했을 것이다. 끝으로 엘리뇨 현상이 페루에서 나타난 때를 뉴기니에 적용해본다면 가뭄과 서리가 세 번째 요인으로 고원지대 사람들에게 큰 압력을 주었을 가능성이 크다.

300년 전과 600년 전에 이르면 카수아리나 화분의 양이 더 크게 증가한다. 따라서 고원지대 사람들이 두 가지 다른 요인으로 인해 조림 사업을 더욱 확대했으리라 여겨진다. 하나는 티비토 테프라였다. 이 화산재층도 롱아일랜드 섬에서 발생한 화산 폭발로 인해 생겨났는데 토양을 비옥하게 만들어, 오고웰라 테프라가 쌓였을 때보다 더 많은 인구 증가를 가져왔다. 이때 생긴 화산 폭발로 인해 롱아일랜드 섬에는 역시 큰 구멍이 생겼으며, 현재는 호수로 변해 있다. 두 번째 요인은 안데스 산맥에서 재배되던 고구마가 뉴기니 고원지대에서도 재배되기 시작했다는 점이다. 그로 인해 뉴기니에서의 농작물 생산량은 이전에 비해 몇 배나 증가했다. 와기밸리와 발리엠밸리에서 처음 모습을 드러낸 이후, 카수아리나 조림 사업은 시간이 지나면서 다른 고원지대에도 퍼지기 시작했으며, 20세기에 들어서서는 고원의 외딴 지역에서도 그 모습을 볼 수 있게 되었다. 조림 사업이 확대될 수 있었던 이유는 최초 두 지역에서 보유했던 조림 기술이 널리 퍼진데다 나중에 다른 지역에서도 독자적으로 재배 기술의 혁신을 이루었기 때문이다.

지금까지 뉴기니 고원지대의 카수아리나 조림 사업을 하의상달 방식 문제 해결의 예로 제시했다. 물론 정확히 이 기법이 어떻게 채택되었는가에 대한 문헌 기록은 전혀 남아 있지 않다. 그러나 다른 접근 방식으로는 문제가 해결될 수 없었을 것으로 생각된다. 뉴기니 고원지대 사회는 하의상달 방식의 의사결정이 내려졌던 초(超)민주주의 사회였기 때문이다. 네덜란드와 오스트레일리아 식민지 정부가 1930년대에 그 모습을 드러내기 전까지 고원지대 그 어느 곳에서도 정치적 통일체로 보이는 조직은 존재하지 않았다. 단지 개별적인 마을 수준에서 서로 싸우거나 혹은 공동의 적을 퇴치하기 위해 이웃 마을과 일시적으로 연대하는 정도에 불과했다. 마을 내부적으로도 세습적인 지도자나 족장 대신 '큰 사람(big-men)' 이라 불리는 개인만 존재했다. 그들도 성격상 다른 이에 비해 영향력이 약간 강했을 뿐 다른 사람들처럼 초가집에 살거나 밭을 경작했다. 마을의 결정은(오늘날에도 흔히 볼 수 있는 모습이다) 모든 마을 사람들이 같이 앉아 계속 얘기를 나누고 나눈 끝에 내려졌다. '큰 사람' 은 명령을 내릴 수 없었고, 자신의 제안을 받아들이도록 타인을 설득하기는 했지만 그 가능성은 상황에 따라 달랐을 것으로 추정된다. 오늘날 정해진 마을 지도자를 찾아간 뒤 우리가 제시한 요구에 대한 빠른 답을 기대할 수 없는 상황에서, 외지인들에게(나뿐만 아니라 뉴기니 정부 공무원 자신들도) 하의상달 방식의 의사결정은 요원한 것이 되고 있다. 나름대로의 견해를 가지고 있는 모든 마을 사람들을 찾아다니며 여러 시간 동안, 아니 수일 동안 끊임없이 대화를 나눌 수 있는 인내심이 없으면 안 된다.

카수아리나 조림과 뉴기니에서 채택되었던 기타 유용한 농경 기술들을 이와 비슷한 맥락에서 설명해볼 수 있다. 마을에 살던 사람들은 자신들 주변에서 벌채가 진행되는 과정을 눈으로 목격할 수 있었다. 또 벌채가 최초로 행해지고 난 뒤 지력이 약화되어 농작물 수확량이 줄어드는 것을 알게 되었고 이어 목재와 연료가 부족해지는 현상을 경험했다. 지금까지 나는 뉴기니 사람들만큼 호기심이 많고 실험 정신이 강한 사람들을 본 적이 없다. 뉴기니를 방문하기 시작한 초기에, 나는 그때까지 그들에게는 낯선 물건이었던 연필을 어떻게 해서 손에 넣게 된 한 사람을 본 적이 있었는데 그는 펜을 글쓰기 외에 아주 다양한 용도로 사용했다. 연필로 머리를 장식하거나, 무엇을 찌르거나 입에 넣어 씹기도 했다. 또 긴 귀걸이로 사용하거나 구멍 난 코의 격막에 끼워보기도 했다. 자신의 마을에서 멀리 떨어져 나와 함께 일했던 뉴기니인들은 항상 그 지역에 있는 식물을 가리키며 현지인들에게 그 식물의 용도를 물어봤고 집에 돌아갈 때 시험 삼아 심기 위해 몇몇 식물을 챙겨가기도 했다. 아마 같은 방법으로 1,200년 전에도 어떤 사람이 시냇가 부근에서 자라는 카수아리나 묘목에 주목하고 시험 작물 중 하나로 집에다 심은 후 많은 혜택이 있음을 발견했을 것이다. 그리고 또 다른 어떤 사람이 밭 주위에 심어진 카수아리나를 본 뒤 그 묘목을 자신의 밭에도 심었을 것이다.

목재 부족과 토양 비옥도 저하 문제를 해결하는 것 이외에 뉴기니인들은 증가 추세에 있던 인구 문제도 해결해야 했다. 인구 증가는 내 뉴기니 친구들의 어린 시절까지 계속되었던 사건들로 자연스레 억제되었다. 전쟁, 유아 살해, 피임과 낙태를 위한 식물의 사용, 성행위 자제, 수유해야 하는 몇 년 동안의 자연적인 무월경이 그것이다. 뉴기니 사회는 이렇게 해서 이스터 섬, 망가레바, 마야, 아나사지, 기타 다른 사회가 벌채와 인구 증가 현상으로 감수해야 했던 운명을 피할 수 있었다. 고지대 사람들은 농경이 시작되기 전 수만 년 동안 자급자족을 영위해왔으며, 이런 사실은 기후 변화와 인간이 저지른 환경 파괴로 인해 끊임없는 변화가 일어났음에도 불구하고 농경이 시작된 이후 7,000년 동안에도 변함이 없었다.

공공 의료정책의 성공, 새로운 작물의 도입, 부족 간 전투의 종말 내지 감소로 오늘날 뉴기니인들은 새로운 인구 폭발에 직면하고 있다. 유아 살해를 통한 인구 조절은 더 이상 사회적으로 용납되는 해결책이 아니다. 하지만 뉴기니인들은 이미 홍적세 거대동물상(megafauna)의 멸종, 빙하 시대 말기의 빙하의 용해 및 온난화 현상, 농경의 발전, 대규모 벌채, 화산재 낙진, 엘니뇨 현상, 고구마의 전래, 유럽인들의 침입이라는 거대한 변화에 성공적으로 적응해온 바 있다. 그들은 앞으로도 현재의 인구 폭발이라는 변화된 조건에 과연 적응할 수 있을 것인가?

티코피아

남서태평양의 고립된 작은 열대 섬 티코피아는 하의상달식 접근 방법의 또 다른 성공 사례이다(114쪽 지도 참조). 1.8평방마일의 총면적에 인구는 총 1,200명이지만 농경이 가능한 면적은 1평방마일 정도이므로 실제로는 더 좁은 지역에 1,200명이 몰려 살고 있는 셈이다. 이런 인구 밀도는 현대 농경 기술이 부재한 전통적인 사회에서는 다소 높은 편에 속한다. 하지만 그럼에도 불구하고 티코피아 주민들은 거의 3,000년 동안 큰 문제 없이 삶을 지속해오고 있다.

티코피아 섬에서 가장 가까운 땅은 티코피아보다 더 작은 면적(7분의 1평방마일)을 가진 아누타 섬으로 135킬로미터 정도 떨어져 있으며 불과 170명만이 살고 있다. 가까이 있는 큰 섬으로는 바누아투 군도의 바누아라바 섬과 솔로몬 제도의 바니코로 섬이 있는데 둘 모두 225킬로미터 정도 떨어진 거리에 있으며, 면적도 100평방마일 정도이다. 1928년부터 1929년까지 거의 1년 동안 티코피아 섬에서 살았던 고고학자 레이먼드 퍼스(Ramond Firth)는 이렇게 말했다. "실제 그 섬에 살아보지 않은 사람은 티코피아가 세계 다른 곳으로부터 고립되어 있다는 사실을 실감하기 어렵다. 너무 작은 곳이라 다른 사람이 보이지 않거나 바닷소리가 들리지 않는 경우는 거의 없다. [섬 중심에서 해안까지의 최대 거리가 1.2킬로미터에 불과하다.] 원주민들의 공간 개념도 이런 지리적 특성에 영향을 받지 않을 수 없다. 즉 실제 거대한 대륙을 상상하기란 거의 불가능한 것이다……. 한번은 그들로부터 이런 질문을 받은 적이 있다. "친구여, 바닷소리가 들리지 않는 땅이 이 세상에 있는가?" 상황이 이런 관계로 다음과 같은 흥미로운 현상이 생겼다. 즉 공간을 나타내는 온갖 표현들이 있지만 그들에게는 '안쪽(inland)'과 '바다 쪽(seaward)'이란 표현으로 족한 것이다. 집 마루에 올려져 있는 도끼의 위치를 나타낼 때도 이런 식으로 표현한다. 한번은 한 사람이 상대방을 보고 이렇게 말하는 것을 들었다. '바다 쪽 볼에 진흙이 묻어 있어.' 날이 계속 지나가고, 달이 계속 지나가도 수평선 파도는 잔잔한 그대로였고 외지의 존재를 알려줄 만한 그 어떤 희미한 현상도 일어나지 않았다."

티코피아의 전통적인 카누를 타고 사이클론이 자주 발생하는 남서태평양을 넘어 가장 가까운 섬으로 가는 일은, 티코피아 사람들은 멋진 모험이라 여겼지만, 사실 매우 위험한 일이었다. 카누의 크기가 작았던 데다 항해도 잦은 편이 아니어서 섬에 들여올 수 있는 물품의 양은 제한적일 수밖에 없었고 따라서 경제적으로 의미 있는 물건이라고 해봐야 도구를 만들 때 쓰는 돌과 결혼을 위해 아누타 섬에서 건너오는 젊은 사람뿐이었다. 티코피아 바위는 도구를 만들기에는 질이 떨어졌으므로 바누아라바, 바니코로 섬에서 흑요석, 화산 유리, 현무암, 규질암 등을 수입했는데 그중 몇몇은 원래 저 멀리 떨어져 있는 비스마르크 제도, 솔로몬 제도, 사모아 제도에 있던 것들이었다(제3장 참조). 기타 수입되는 다른 사치품으로는 장식에 쓰이는 조개, 활과 화살, 그리고 예전 시대의 도기 등이 있었다.

티코피아 사람들이 생존할 수 있을 정도로 충분한 식량이 수입되지 않았던 것은 의심의 여지가 없다. 특히 티코피아인들은 건기인 5월과 6월 동안에, 또 예측할 수 없는 시기에 찾아와 밭을 파괴하는 사이클론(티코피아는 태평양의 주된 사이클론 길목에 위치하고 있어 10년에 평균 20개의 사이클론이 발생한다)이 지나간 후의 기간 동안 기근을 면하기 위해서 비축할 수 있을 정도의 충분한 식량을 생산해내야 했다. 따라서 거의 3,000년 동안 티코피아에서 생존하기 위해서는 다음의 두 가지 문제를 풀어야 했다. 어떻게 하면 1,200명의 사람들이 먹기에 충분한 식량을 생산할 것인가? 또 생존이 지속 불가능한 상태가 되지 않도록 어떻게 인구 증가를 막을 것인가?

티코피아 사람들의 전통적인 생활 모습에 대한 주된 정보는 고전적인 인류학 연구 중 하나인 퍼스의 관찰에 의지하고 있다. 비록 유럽인들이 티코피아를 발견한 것은 1606년의 일이지만 섬의 고립성으로 인해 1800년대까지는 유럽인들의 영향이 극히 미미했다. 선교사가 처음으로 이곳을 방문한 때도 1857년이었고 1900년 이후에야 그리스도교로 개종하는 원주민들이 나오기 시작했던 것이다. 비록 당시에도 이미 변화가 시작된 상태였지만, 1928년에서 1929년까지 이곳에 살았던 퍼스는 그때까지도 전통적 요소를 많이 포함하고 있던 그들의 문화를 관찰할 수 있는 좋은 기회를 가질 수 있었다.

티코피아에서의 지속적인 식량 생산은 제2장에서 언급한 환경적 요인에 힘입은 바 컸다. 다른 섬과는 달리 태평양에 있는 섬들은 환경의 악화에도 크게 영향을 받지 않아 상대적으로 지속 가능한 조건에 있었다. 티코피아를 지속 가능하게 한 요인들을 꼽아보자면 높은 강수량, 적절한 위도, (다른 섬들의 화산 폭발로 발생한) 화산재와 먼지가 떨어질 수 있는 지역적 조건 등이다. 이런 지리적 요소들은 티코피아인들에게는 행운으로 작용한 유리한 조건이었다. 나머지 행운을 들라면 바로 그들이 스스로를 위해 행했던 행동이라고 말해야 할 것이다. 사실상 티코피아 섬 전체는 일시적인 경작을 위해 나무를 벌채하고 태웠던 다른 많은 태평양 섬들과는 달리 수세기 동안 지속적인 식량 생산을 위해 세세하게 관리되었다. 티코피아에 있는 거의 모든 식물 종들이 한 가지 혹은 다른 방법으로 이용되었다. 심지어 풀까지 밭을 덮는 덮개로 활용했는가 하면 야생 나무는 기근이 닥칠 때 식량 자원으로 이용되었다.

바다에서 접근하면서 티코피아 섬을 보면 다른 무인도 태평양 섬들과 마찬가지로 키 크고 울창한 전형적인 열대우림이 티코피아 섬을 덮고 있는 것처럼 보인다. 섬에 도착해서 직접 숲이 있는 곳으로 가고 나서야 비로소 진정한 열대우림은 얼마 안 되는 가파른 암벽 부근에서만 보일 뿐 섬의 나머지 지역은 식량 생산에 활용되고 있음을 알게 된다. 섬 대부분은 과수원이 차지하고 있으며 이 과수원에 있는 키 큰 나무들은 이곳이 원산지이거나 아니면 식용 견과 열매나 과일, 혹은 코코넛, 빵나무 열매, 녹말 고갱이를 함유한 사고(sago) 야자 등 기타 유용한 열매를 생산하는 수입 수종으로 이루어져 있다. 적은 숫자이기는 하지만 여전히 유용한 천개(天蓋) 나무로는 '아몬드 나무〔카나리움 하르베이(*Canarium harveyi*)〕', 견과류 열매를 맺는 '부켈라 오보바타(*Burckella ovovata*)'와 '바링토니아 프로케라(*Barringtonia procera*)', 타히티 밤나무인 '이노카르푸스 파기페루스(*Inocarpus fagiferus*)', 열대 아몬드 나무인 '테르미날리아 카타파(*Terminalia catappa*)'가 있다. 중간 크기의 나무로 유용한 것으로는 마약 성분이 함유된 '빈랑나무 열매 야자나무', 사과나무인 '스폰디아스 둘키스(*Spondias dulcis*)', 뽕나무의 일종인 '안티아리스 톡시카라(*Antiaris toxicara*)'가 있는데, 특히 안티아리스의 껍질은 다른 폴리네시아 섬들의 닥나무처럼 옷으로 쓰이기도 했다. 가장 아래층은 사실상 참마, 바나나, 타로의 일종인 '키르토스페르마 카미소니스(*Cyrtosperma chamissonis*)'를 재배하는 밭이다. 이 작물들은 원래 습지 환경에서 잘 자라지만 티코피아인들은 배수가 잘 되는 언덕에 위치해 건조한 상태인 과수원에서도 재배할 수 있는 종을 선택했다. 이처럼 다양한 층을 이루고 있는 과수원은 구조적인 측면에서는 다른 태평양 열대우림과 비슷하지만 다른 곳의 경우 열대우림 나무를 식용으로 쓸 수 없는 데 반해 이곳 식물들은 거의 모두 식용이 가능하다.

과수원 이외에, 훤히 트이고 나무가 없지만 역시 식량 생산에 이용되는 두 가지 형태의 작은 지역이 있다. 하나는 작은 민물 늪지로 여기에서는 언덕의 건조한 토양에서 자라도록 적응된 자이언트스웜프타로(giant swamp taro)의 변종 대신에 대체로 습지에 잘 적응된 자이언트스웜프타로가 재배된다. 또 다른 한 곳은 휴경기가 짧고 노동집약적으로 운영되는 밭으로 세 가지 작물이 지속적으로 재배된다. 세 가지 작물은 타로, 참마, 그리고 남아메리카에서 도입해서 지금은 토종인 참마를 거의 대체한 마니옥(manioc)이다. 이 밭농사 지역은 잡초를 제거하거나 작물이 말라 죽지 않도록 풀이나 덤불로 밭을 덮어주어야 하는 등 거의 끊임없이 노동력을 투입해야 하는 지역이다.

과수원, 습지, 그리고 밭농사 지역에서 나는 주요 식량들의 대부분은 녹말질 성분이다. 닭이나 개보다 더 큰 가축이 없는 상태에서 티코피아인들은 단백질 섭취를 위해 적게는 섬에 단 하나 있는 염수호에서 오리나 생선을, 많게는 바다에서 나는 생선이나 조개를 이용했다. 지속 가능한 해산물 어획은 족장에 따른 터부(금기)에 힘입은 바 큰데, 생선을 잡거나 먹기 위해서는 족장의 허가가 필요했으므로 이런 터부는 결과적으로 남획을 방지하는 효과를 가져왔다.

그러나 티코피아인들은 매년 작물 생산량이 줄어드는 건기를 버티기 위해, 또 밭이나 과수원 작물을 망쳐버리곤 하는 사이클론에 대비하기 위해 두 가지 형태의 비상 식량에 의존해야만 했다. 먼저 잉여 빵나무 열매를 움푹한 곳에 모은 후 발효시켜 2~3년 동안 저장해두었다. 이렇게 하면 녹말의 섭취가 가능했다. 다른 하나는 평소에는 식용으로 활용하지 않지만 기근시에는 아사를 막아줄 수 있는 열매, 견과 및 기타 식용 가능한 부분을 열대우림 나무들에서 채취하는 방법이다. 1976년 나는 역시 폴리네시아에 속한 렌넬 섬을 방문한 적이 있다. 나는 렌넬 섬에 있는 수십 종의 나무들을 일일이 가리키며, 섬사람들에게 그 열매를 먹을 수 있느냐고 물었다. 답은 세 가지 중 하나였다. "먹을 수 있다", "먹을 수 없다", "훈기 켄게(hungi kenge)에만 먹는다." '훈기 켄게' 라는 말은 금시초문이었다. 그래서 무슨 뜻이냐고 물었다. 이 말은 1910년에 렌넬 섬을 강타한 대형 사이클론의 이름이었다. 이 사이클론이 렌넬 섬의 밭을 거의 파괴해 주민들은 아사 지경에 이르렀다. 따라서 렌넬 섬 사람들은 평소에는 그리 좋아하지 않아 잘 먹지 않았던 나무의 열매로 연명했다. 매년 두 개의 사이클론이 발생하는 티코피아에서는 이런 열매의 중요성이 렌넬 섬보다 더 높았을 것임에 틀림없다.

앞에서 설명한 바와 같은 방법으로 티코피아인들은 지속적으로 유지 가능한 식량을 생산해왔다. 지속적인 생존을 위한 또 하나의 전제 조건은 안정적인 인구 규모의 유지이다. 1928년부터 1929년에 걸쳐 최초로 티코피아 섬을 방문했을 때 퍼스는 섬의 인구 수가 1,278명이라고 기록했다. 1929년부터 1952년까지 인구는 매년 평균 1.4퍼센트씩 증가했는데 이런 완만한 증가율은 3,000년 전 티코피아에 최초로 정착한 이후의 인구 증가율에 비하면 분명 낮은 것이라고 추정할 수 있다. 설혹 티코피아의 최초 인구 증가율을 지금과 같이 완만한 1.4퍼센트였다고 가정하더라도 최초에 카누를 타고 들어온 사람이 25명이었다면 불과 1.8평방마일의 면적을 가진 이 섬은 1,000년이 지난 후에는 2,500만 명, 1929년에 이르면 2,500만 명의 1조 배에 이르는 사람들로 가득 차야 할 것이다. 하지만 이런 계산은 불가능하다. 인구가 그 같은 비율로 지속적으로 성장할 수는 없었을 것이다. 인간이 도착하고 나서 불과 283년이 지난 후에 벌써 현재와 같은 1,278명에 도달했으니까 말이다. 그렇다면 티코피아의 인구는 283년이 지난 후부터 어떻게 항상 일정한 수준을 유지할 수 있었을까?

퍼스는 1929년 당시에도 여전히 사용되던 여섯 가지 인구 조절 방법을 알아냈고, 더불어 당시에는 쓰이지 않았지만 그 이전에는 사용되었던 일곱 번째 방법까지 찾아냈다. 독자들 대부분이 피임이나 낙태 등 한 가지, 혹은 그 이상의 방법을 사용해보았을 것이며, 이런 우리의 결정은 인구 압력이나 가족의 부양 능력에 따라 암묵적으로 영향을 받는다. 하지만 티코피아 사람들은 이를 명시적으로 밝히고 있다. 즉 피임 등 인구 조절 방법을 사용하는 이유가 섬이 과밀해지는 것을 막고, 한 가족이 가진 땅으로는 먹여 살릴 수 없을 정도로 많은 자녀를 갖지 못하도록 예방하기 위해서라는 것이다. 예를 들어 티코피아 족장들은 매년 '제로 인구 성장률(Zero Population Growth)'을 기원하는 의식을 행한다. 그렇다고 나중에는 개명을 했지만 같은 이름으로 같은 목적에서 창립된 조직이 제1세계에도 있다는 것을 알지는 못한다. 티코피아의 부모들은 첫째 아이가 결혼 적령기에 도달했을 때에도 계속해서 자녀를 갖는다거나, 남녀 비율이 어떻게 되었든 간에 네 자녀 이상을 갖는 것은 잘못이라고 생각한다.

티코피아의 7가지 인구 조절 방법 중 가장 간단한 방법은 질외사정(coitus interruptus)이었다. 다른 방법은 출산을 앞둔 임산부의 배를 압박해서 혹은 뜨겁게 달군 돌을 배에 올려놓아 낙태시켰다. 유아를 산 채로 땅에 묻거나 질식사시켰고, 신생아의 얼굴을 꺾어 죽이는 유아 살해도 있었다. 가난한 집의 아들인 경우 독신으로 살았고, 이에 따라 혼기에 달한 여자들이 많이 남아돌았지만 첩으로 들어가느니 독신의 길을 택했다(티코피아에서 독신은 아이를 갖지 않는다는 의미이다. 따라서 질외사정을 통한 섹스는 가능했으며, 경우에 따라 필요하면 유산이나 유아 살해라는 방법을 동원했다). 자살도 인구 조절 방법 중 하나였다. 1929년부터 1952년 사이에 모두 7명(남자 6명, 여자 1명)이 목을 매달아 자살했고, 12명(모두 여자였다)이 바다로 헤엄쳐나가 자살했다. 이 같은 분명한 자살 외에도 위험한 항해를 떠나는 '사실상 자살'이라는 방법도 사용되어 1929년부터 1952년 사이에 81명의 남자와 3명의 여자가 목숨을 잃었다. 젊은 독신자들의 죽음 중 3분의 1은 위험한 바다 항해로 인한 것이었다. 항해로 인한 죽음이 사실상의 자살인지, 아니면 젊은이들의 무모한 행위로 인한 것인지는 경우에 따라 다르지만 인구가 많은 상태에서 기근이 들었을 경우 빈곤한 가정의 아들이 느꼈던 암담함도 자살의 충분한 이유가 되었을 것이다. 한 예로 퍼스는 1929년에 '파 누쿠마라'라는 이름을 가진 족장의 동생이 섬에 심한 가뭄이 들어 기근이 닥치자 빨리 죽기 위한 목적에서 자신의 아들 두 명과 함께 바다로 나갔지만 결국 굶주리며 해변에서 천천히 죽어갔다는 사실을 알게 되었다.

이 일곱 번째 인구 조절 방법은 퍼스가 섬을 방문했을 때는 행해지지 않았고 단지 주민들의 얘기를 통해 들을 수 있었다. 1600년에서 1700년대 초에 걸쳐 이전에는 커다란 해수만이었던 곳이 입구가 모래톱으로 막히면서 염수호로 변하는 사건이 일어났다. 이로 인해 풍부했던 조개류가 사라지면서 수산 자원도 급격히 감소하게 되었다. 사태가 이 지경이 되자 해당 지역에 살던 은가 아리키(Nga Ariki) 부족은 더 많은 땅과 해안을 확보하기 위해 은가 라벤가(Nga Ravenga) 부족을 공격해서 몰아냈다. 또 한두 세대가 지난 후 은가 아리키 부족은 남아 있던 은가 파에아(Nga Faea) 부족마저 공격했는데 은가 파에아 부족은 섬에서 살해되기를 기다리기보다는 카누를 타고 바다로 나섰다(사실상 자살이나 다름없었다). 이와 같은 이야기는 만의 폐쇄와 마을 흔적 등의 고고학적 증거로 확인되었다.

티코피아 섬의 인구를 조절하는 데 일조했던 이 7가지 방법들은 20세기에 들어 유럽의 영향으로 대부분 사라지거나 감소되었다. 솔로몬 영국 식민 정부는 바다 항해나 교전을 금지하는 한편, 선교사들은 낙태, 유아 살해, 자살을 비난하는 설교를 했다. 그 결과 인구 수는 1929년의 1,278명에서 1952년에는 1,753명으로 불어났다. 그러나 1952년에는 13개월 사이에 두 개의 파괴적인 사이클론이 불어와 티코피아 농작물을 절반으로 감소시킴으로써 기근을 초래했다. 솔로몬 영국 식민 정부는 식량을 보내 위기에 즉각적으로 대처하는 한편 티코피아 사람들로 하여금 인구가 적은 솔로몬 제도의 여러 섬에 정착할 수 있도록 장려함으로써 티코피아 인구를 분산시켰다. 오늘날 티코피아 족장들은 티코피아에 거주하는 인구의 수를 1,115명으로 제한하고 있는데 이는 과거 유아 살해, 자살, 기타 현재는 받아들일 수 없는 여러 방법으로 유지되던 인구 수준과 거의 비슷하다.

티코피아의 주목할 만한 지속 가능한 경제는 어떻게, 그리고 언제 생겨났을까? 패트릭 커치와 더글러스 옌(Douglas Yenn)을 통한 고고학적 발굴에 따르면 이는 갑자기 발명된 것이 아니라 거의 3,000년에 걸쳐 천천히 개발되었다는 사실을 알 수 있다. 제2장에서 설명한 바와 같이 현재 폴리네시아인의 조상에 해당하는 라피타 사람들이 최초의 정착민으로 기원전 900년경 이 섬에 들어왔다. 최초의 정착민들은 섬의 환경에 커다란 충격을 주었다. 유적지에서 발견된 숯의 흔적에서 알 수 있듯이 그들은 불로 숲을 태워 없앴으며, 바다새, 육지새, 과일박쥐, 물고기, 조개, 바다거북 등을 마음껏 사냥하며 먹어치웠다. 1,000년이 지나기도 전에 티코피아에 사는 새 다섯 종이 사라졌으며(애봇부비, 오드본쉬어워터, 밴디드레일, 카먼메거포드, 수티테른) 이어 '레드푸티드부비(Red-footed Booby)'도 같은 운명을 맞았다. 고고학적 증거에 따르면 같은 기간 동안 과일박쥐도 사실상 멸종했으며, 물고기와 새는 3분의 1, 조개는 10분의 1, 대형 대합조개 및 대형 소라는 배 이상 감소했다(사람들이 큰 개체를 선호했기 때문으로 보인다).

기원전 100년경, 최초의 식량 자원이 사라지거나 거의 고갈되자 경제에 변화가 오기 시작했다. 즉 다음 100년 동안에는 숯의 흔적이 증가세를 멈추었고, 이곳이 원산지인 아몬드 나무(카나리움 하르베이)가 나타났으며, 고고학 유적지에서는 이제 티코피아인들이 화전 농법을 버리고 견과류 나무를 재배하는 등 과수원 경작에 나섰음을 증명해주는 흔적들이 보인다. 조류와 해산물의 급격한 감소를 보충하기 위해 사람들은 돼지를 집중적으로 사육했고, 돼지를 통해 단백질의 거의 절반을 섭취했다. 1200년경의 유물과 경제의 갑작스런 변화에서 폴리네시아인들이 동쪽에서 이 섬에 도래한 것으로 추정된다. 그들의 독특한 문화는 티코피아까지 처음 식민지화했던 라피타 이주민의 후손들이 살고 있던 피지, 사모아, 통가 등에서 이미 형성되어 있었다. 구덩이를 파고 빵나무를 발효시켜 저장하는 기법을 소개한 사람들도 이 폴리네시아인들이었다.

1600년경 티코피아 사람들은 의도적으로 중대한 결정을 내렸다. 즉 생선, 조개, 거북 등의 소비 증가로 단백질 공급원으로서의 대체 역할을 했던 돼지를 섬에서 모두 죽이기로 한 것이다. 이는 구전을 통해서 뿐만 아니라 고고학적으로도 증명되고 있다. 티코피아 사람들의 설명에 따르면 돼지들이 마구 밭에 난입하여 작물을 망치고 식량을 많이 소비했기 때문에(단 450그램의 돼지고기를 얻기 위해서는 약 4.5킬로그램의 식용 채소가 필요했다), 또 돼지가 족장들의 일종의 사치품으로 전락했기 때문에 자신들의 조상이 그런 결정을 내렸다고 한다. 돼지가 사라지고 같은 시기에 티코피아 만이 염수호로 변하고 난 후, 비로소 티코피아 경제는 1800년대 유럽인들이 최초로 거주하기 시작하던 당시의 경제 형태로 바뀌어 있었다. 그러므로 식민 정부와 선교사들의 영향력이 중요하게 등장한 20세기 이전에 티코피아는 사실상 거의 3,000년 동안 섬의 매우 작은 외딴 지역까지 세세히 관리하며 자급자족할 수 있는 여건을 유지해왔던 것이다.

오늘날 티코피아에는 네 부족이 있으며 세습적인 지위의 족장이 각 부족을 이끌고 있는데 자리가 세습되지 않는 뉴기니 고원지대의 '큰 사람' 보다 더 큰 영향력을 갖고 있다. 하지만 그럼에도 불구하고 티코피아 경제가 진화해온 모습을 보면 이를 상의하달 방식이 아니라 하의상달 방식으로 더 잘 설명할 수 있다. 반나절이면 섬의 모든 해안을 둘러볼 수 있을 정도로 섬이 작기 때문에 모든 티코피아 사람들이 섬에 익숙하다. 섬의 인구도 매우 적어서 티코피아에 거주하는 사람들은 서로를 개인적으로 너무나 잘 알고 있다. 모든 땅에 이름이 붙어 있고 부계 중심의 부족들이 소유하고 있지만 각 가구는 섬의 서로 다른 곳에 조금씩 자신의 땅을 갖고 있다. 만약 어느 때라도 경작되지 않고 놀고 있는 땅이 있다면 주인의 허락 없이도 누구나 그곳에서 일시적으로 농작물을 재배할 수 있다. 또 누구 집 앞에 있든 어느 암초에서나 물고기를 잡을 수 있다. 사이클론이나 가뭄이 닥치면 섬 전체에 영향을 미쳤다. 비록 여러 부족으로 나누어져 있고 각 부족이 소유한 땅의 크기도 달랐지만 결국 같은 문제, 같은 위험에 처할 수밖에 없다. 따라서 티코피아는 고립된 지리적 조건과 좁은 면적으로 인해 최초 정착시부터 집단 의사결정 방식이 채택될 수밖에 없었다. 인류학자 레이먼드 퍼스는 자신의 책에 『우리 티코피아 사람들 *We, the Tikopia*』이라는 제목을 붙였다. 티코피아 사람들이 그에게 자신들의 사회를 설명해줄 때마다 '마투 은가 티코피아(Matou nga Tikopia; '우리 티코피아 사람들' 이라는 뜻: 옮긴이)' 라는 말을 자주 사용했기 때문이다.

티코피아의 족장들은 각 부족이 소유한 땅과 카누의 지배자였으며 자원을 재분배하는 역할을 담당한다. 하지만 폴리네시아인의 기준에 따르면 가장 약한 권위를 지닌 족장이 있는 티코피아는 계층의 분화 정도가 가장 낮은 수준에 머물러 있다. 족장 및 그의 가족은 자신이 먹을 음식을 얻기 위해 일반 평민과 마찬가지로 밭을 갈아야 하고 과수원을 가꿔야 한다. 퍼스에 따르면, "궁극적으로 생산 양식은 사회 전통에 따라 고유한 형태를 띠었고 이 속에서 족장은 단지 주요 행위자와 해석자로서의 역할만을 수행했다. 그와 그의 부족은 혈연 관계라는 이데올로기, 의식, 그리고 전설과 신화를 통해 강화된 도덕이라는 동일한 가치를 공유하고 있는 것이다. 족장은 상당한 수준까지 이런 전통의 관리자로 기능하고 있지만 그렇다고 결코 혼자가 아니다. 부하, 동료 족장, 부족민, 심지어 가족들조차 모두 동일한 가치를 공유하고 있기에 족장에게 조언하거나 비판을 가한다." 그러므로 티코피아 족장들은 이제 마지막으로 논의하게 될 사회의 지도자에 비하면 결코 상의하달 방식을 사용했다고 할 수 없는 것이다.

도쿠가와 문제

다른 성공 이야기도 그 사회가 외부 세계와 떨어진, 인구가 조밀한 섬이었고 경제적으로 의미 있는 물건을 거의 수입하지 않았으며, 오랫동안 지속 가능한 자급자족적인 생활 방식을 해왔다는 점에서 티코피아와 유사하다. 하지만 유사점은 여기에서 끝난다. 현재 인구가 티코피아에 비해 10만 배를 넘고, 강력한 중앙집권적인 정부가 있으며, 경제적으로 제1세계에 속하고, 부유하고 강력한 엘리트가 지배하는 고도로 계층화된 사회이며, 환경 문제를 해결하는 방법에서 상의하달 방식의 의사결정이 큰 역할을 했기 때문이다. 우리가 살펴볼 사회는 바로 1868년 이전의 일본 사회이다.

오랜 역사를 지닌 일본의 과학적인 산림 관리는 유럽과 아메리카 사람들에게 그리 잘 알려져 있지 않다. 대신 산림학자들은 오늘날 널리 시행되고 있는 산림 관리 기법이 1500년대에 독일 공국에서 발전하기 시작했다고 믿고 있으며 이것이 1700년대와 1800년대에 유럽의 나머지 지역으로 퍼져나갔다고 보고 있다. 그 결과 유럽에서 산림이 차지하는 총면적은 9,000년 전 유럽에서 최초로 농경이 시작된 이후 꾸준히 줄어들다가 1800년대 이후부터는 사실상 늘어나고 있다. 1959년에 처음으로 독일을 방문했을 때, 나는 독일의 많은 지역을 덮고 있는 깔끔히 정돈된 숲을 보고 놀라지 않을 수 없었다. 독일은 산업화되고, 인구가 많으며, 도시적인 환경을 갖추고 있다고 생각했기 때문이다.

하지만 일본도 독일과는 독립적으로, 또 동시에 상의하달 방식의 산림 관리를 해왔음이 밝혀지고 있다. 이 역시 놀라운 일이 아닐 수 없다. 일본도 독일과 마찬가지로 산업화되고, 인구가 많으며, 도시적인 환경을 갖추고 있기 때문이다. 일본은 그 어느 제1세계 국가들보다 높은 인구밀도를 보이고 있는데, 전체 면적으로 보면 1평방마일당 1,000명 정도이며 경작 가능한 면적으로 보면 1평방마일당 거의 5,000명에 육박한다. 이런 높은 인구밀도에도 불구하고 일본 국토의 80퍼센트 정도는 인구밀도가 낮은 산악지대인 반면, 대부분의 사람과 농작물은 전체 면적의 겨우 5분의 1에 해당하는 평지에 몰려 있다(사진 20). 산림 지역은 너무나 잘 보호되고 관리되고 있어 비록 목재의 소중한 자원으로 활용되고 있기는 하지만 그 크기가 점점 증가하는 추세에 있다. 이런 이유

사진 20 숲으로 우거진 후지마야 산의 주변 경관. 400년 전부터 상의하달방식으로 이루어진 엄격한 산림 관리의 결과로 일본은 높은 인구밀도에도 불구하고 국토에서 숲이 차지하는 비율이 가장 높은 나라가 되었다(74퍼센트).

에서 일본인들은 자신들의 섬나라를 '녹색 군도(green archipelago)'로 부르기도 한다. 언뜻 보면 일본의 숲은 태고의 숲과 유사해 보이지만 실상 접근 가능한 일본의 모든 숲은 300년 전에 모두 잘려나갔고 이 자리를 독일과 티코피아의 경우처럼 철저한 관리를 통해 다시 심은 나무들로 채워나갔던 것이다.

일본의 산림 정책은 역설적이게도 평화와 번영으로 야기된 환경 및 인구 위기에 대처하기 위해 등장했다. 1467년부터 거의 150년 동안 일본은 황제가 힘을 잃어가던 초기에 나타난 유력한 가문들끼리의 대결로 몸살을 앓았으며 결국 황제가 무너지자 통제권은 독립적으로 움직이는 다수의 호족(일명 다이묘)들에게 넘어갔고 그들은 계속 싸움을 벌였다. 이 전쟁은 마침내 도요토미 히데요시와 그의 후계자인 도쿠가와

이에야스의 군사적 승리로 그 막을 내리게 된다. 이어 1615년 이에야스는 오사카에 근거를 두고 있던 도요토미 가문을 제압했고, 남은 도요토미 잔당들이 자살로 죽음을 택하면서 전쟁은 완전히 종지부를 찍었다.

그러나 1603년, 일본 왕은 이미 이에야스에게 무사들의 우두머리로 지위가 세습되는 쇼군이라는 지위를 하사했다. 이때부터 쇼군은 자신의 본거지인 에도(오늘날의 도쿄)에 머물면서 실제적인 권력을 행사했으며 옛 수도 교토에 있던 왕은 단지 명목적인 대표자로만 남았다. 일본 국토의 4분의 1은 쇼군이 직접 다스렸고 나머지 4분의 3은 쇼군의 엄격한 통치를 받는 250명의 다이묘가 관할했다. 군사력은 쇼군이 독점했으므로 다이묘들은 더 이상 서로 싸울 수가 없게 되었을 뿐만 아니라 나아가 혼인하거나, 성을 개보수하거나, 자신의 지위를 아들에게 물려줄 때도 쇼군의 허락을 필요로 하는 처지가 되었다. 1603년부터 1867년까지의 시기를 도쿠가와 시대라 부르며 이 기간 동안에는 쇼군에 의해 전쟁이 사라지고 외세의 영향도 받지 않았다.

평화와 번영이 이어지자 일본의 인구와 경제가 폭발적으로 성장했다. 전쟁이 끝난 후 한 세기가 지나기도 전에 다음과 같은 긍정적인 요인들이 동시에 겹치면서 인구는 2배 가까이 증가했다. 평화롭고 안정된 시기였다는 점, 같은 시기 유럽이 전염병으로 고통을 받고 있을 때 상대적으로 여기에서 자유로웠다는 점(일본이 외국으로의 여행, 외국인의 입국을 금지했기 때문이다), 마지막으로 생산적인 두 가지 작물(감자와 고구마)의 도입, 늪지 개간, 홍수 조절 능력의 향상, 관개 시설에 따른 쌀을 비롯한 농작물 생산성의 증가 등의 요인들이 복합적으로 작용했다. 전체 인구가 물론 증가했지만 특히 도시에서의 인구 증가율이 높아 1720년경에 이르러 에도는 세계에서 인구밀도가 가장 높은 도시가 되었다. 일본 전체를 통해 평화와 강력한 중앙 정부 덕분에 화폐와 도량형이 통일되고, 지역 간의 관세 장벽이 철폐되었으며, 도로가 건설되고 해안 지역의 해운업이 번성하면서 일본 내의 무역 거래가 활성화되었다.

하지만 일본 외 국가와의 무역 거래는 거의 일어나지 않았다. 무역과 정복에 나선 포르투갈은 아프리카를 돌아 1498년 인도에 도착했고, 1512년에는 몰루카 제도로 진출했으며, 중국에는 1514년, 그리고 마침내 1543년에는 일본에 당도했다. 일본에 최초로 도착했던 유럽인들은 난파선을 끌고 왔던 선원 몇 명에 불과했지만 총을 소개함으로써 일본에 불안한 변화를 초래했으며, 6년 뒤 가톨릭 선교사들이 함께 들어오면서 더 큰 변화가 일어나게 되었다. 몇몇 다이묘를 포함해 수십만 명의 일본인들이 그리스도교로 개종했다. 그러나 불행히도 제수이트교와 프란체스코 선교회가 서로 경쟁적으로 선교에 나서자 선교사들이 유럽 지배의 토대를 닦기 위해 일본을 그리스도교로 개종하려 한다는 소문이 떠돌기 시작했다.

1597년, 도요토미는 일본 최초의 순교자 26명을 십자가형에 처했다. 그리스도교로 개종한 다이묘가 정부 관료에게 뇌물을 주거나 암살하는 일이 벌어지자 쇼군이었던 도쿠가와 이에야스는 유럽인들과 그리스도교가 쇼군과 일본의 안정에 위협이 되고 있다는 결론을 내리게 된다(다시금 역사를 돌아보면 중국과 인도, 그리고 다른 많은 나라들의 경우 분명 처음에는 순수한 무역업자와 선교사들이 먼저 들어왔지만 이후에는 유럽의 군사적 간섭이 뒤따랐다. 이런 점에서 이에야스의 외세 위협에 대한 예상은 매우 현실적인 것이었다). 1614년, 이에야스는 그리스도교를 금지하고 선교사들과 종교를 버리기를 거절한 개종자들을 고문하고 처형하기 시작했으며, 4년 뒤는 일본에 남아 있던 포르투갈인들을 축출했다. 1635년, 이에야스의 뒤를 이은 쇼군은 여기에서 더 나아가 일본인들의 외국 여행을 금지하고 일본 배들이 일본 해안을 떠나지 못하도록 금지령을 내렸다.

이후부터 약 2세기 동안 일본은 다른 나라와의 통로를 차단했으며 유럽보다는 중국, 한국과 더 긴밀한 관계를 맺게 된다. 일본 정부로부터 허락을 받은 유일한 외국인 교역자는 네덜란드 상인이었지만(그들은 반(反)가톨릭 입장이었기 때문에 포르투갈인들보다 덜 위험하다는 것으로 간주되었다), 그들마저도 마치 위험한 세균인 것처럼 중국인을 집단적으로 거주시켰듯이 나가사키 항에 별도로 고립시켰다. 그들 외에 교역이 허가된 외국인은 한국인으로 한국과 일본 사이에 놓여 있는 쓰시마 섬, 그리고 남쪽의 류큐 섬(오키나와 포함)에서 교역이 행해졌으며, 북쪽 홋카이도(당시에는 지금처럼 일본에 속한 땅이 아니었다)의 원주민인 아이누 사람들과도 교역했다. 이외에는 다른 어떤 나라와도 외교 관계를 맺지 않았는데, 심지어 중국과도 마찬가지였다. 또한 1590년대에 히데요시의 두 차례에 걸친 조선 침략이 실패로 돌아가고 난 뒤에는 외국을 정복하려고 시도하지도 않았다.

상대적인 고립 시기가 계속되던 세기에 일본은 필요로 하는 산물의 대부분, 특히 식량, 목재, 광물은 자체적으로 조달할 수 있었다. 수입품은 설탕, 향료, 인삼, 의료품, 수은, 매년 160톤에 이르는 사치스런 목재, 중국 비단, 사슴가죽, 가죽을 만들기 위한 짐승가죽(일본에서는 가축을 그다지 많이 사육하지 않았다), 납, 그리고 화약을 만들기 위한 초석(硝石)으로 제한되었다. 하지만 이마저도 국내에서 비단과 설탕 생산이 증가하고, 총의 경우에는 사용이 금지되어 사라지게 되자 점점 감소하고 말았던 것이다. 유례가 없는 일본의 자급자족 상태와 스스로 택한 고립은 1853년 미국의 페리 제독이 함대를 끌고 나타나 일본에게 미국 고래잡이배와 상선에게 연료 및 식량을 공급해줄 항구를 개방해달라고 요청할 때까지 지속되었다. 이제 도쿠가와 쇼군이 총으로 무장한 야만인들로부터 일본을 더 이상 보호해줄 수 없음이 명백해졌고 쇼군은 1868년 붕괴했다. 이후 일본은 고립된 유사 봉건 사회에서 근대 국가로 급속히 변화하기 시작했다.

삼림 파괴는 1600년대의 평화와 번영에서 비롯된 환경 및 인구 위기의 주요 요인이었다. 이 시기에 목재 소비(거의 모두 국내에서 생산한 목재로 충당했다)가 치솟았기 때문이다. 19세기 말까지 일본에서 대부분의 건물은 다른 나라와는 달리 돌, 벽돌, 시멘트, 진흙, 타일이 아닌 나무로 지어졌다. 목재로 집을 지었던 것은 목재에 대한 일본인들의 미학적 선호, 그리고 일본 역사 초기부터 지속된 목재 획득의 용이성 때문이었다. 평화와 번영, 그리고 인구 증가가 지속되자 건축을 위한 목재 소비는 성장하는 농촌 및 도시 인구의 필요에 맞추어 늘어나기 시작했다. 1570년대 초 히데요시, 그의 후계자인 쇼군 이에야스, 그리고 많은 다이묘들은 커다란 성과 사원을 지어 자신들의 위상을 높이고 권위를 과시하고자 했다. 이에야스가 세웠던 세 개의 커다란 성을 짓기 위해서만 약 10평방마일에 이르는 산림의 목재가 필요했다. 히데요시, 이에야스, 또 그 뒤를 이은 쇼군의 시기에 약 200여 개의 성을 가진 마을과 도시가 생겨났다. 이에야스 사후에는 엘리트 지배계급의 기념비적인 건축보다는 도시를 건축하는 데 목재가 더 많이 소비되었는데 이는 당시 목재로 만든 도시의 초가집들이 서로 가까이 붙어 있어 화로를 통한 난방 방식을 사용할 경우 화재가 발생할 가능성이 매우 높았으므로 계속해서 도시 건물을 재건축할 필요가 있었기 때문이다. 1657년에 일어난 메이레키 대화재로 수도였던 에도의 거의 절반을 불태웠고 10만여 명이 목숨을 잃었다. 대부분의 목재는 연안을 왕래한 배를 통해 도시들로 운반되었고, 그런 배 역시 목재로 만들었으므로 목재에 대한 수요는 더욱 높아졌다. 더구나 히데요시가 결국 실패로 끝난 조선 정벌을 위해 전쟁을 일으키면서 대한해협을 지나 히데요시의 병사들을 운송해줄 배를 만드느라 목재의 소비는 더욱 증가했다.

그러나 건축만이 삼림 파괴를 유발한 원인은 아니었다. 목재는 난방과 요리를 하기 위해, 또 소금, 타일, 도자기를 만들기 위한 산업적인 용도로 사용되는 연료로서의 기능 역시 수행했던 것이다. 나무를 태워 숯을 만듦으로써 철을 제련할 수 있는 뜨거운 불을 얻을 수 있었다. 또 인구가 늘어나자 더 많은 식량이 필요했으므로 숲을 베어내고 농작물을 생산하기 위한 농토를 만들어야 했다. 농부들은 자신의 밭을 '녹색 비료(예컨대 나뭇잎, 나무껍질, 나뭇가지)'로 비옥하게 만들었고 소와 말들에게 숲에서 얻은 사료(덤불, 풀)를 먹였다. 1에이커의 농지에 필요한 녹색 비료를 제공하기 위해서는 5~10에이커의 숲이 필요했다. 전쟁이 종결되던 1615년 전까지 다이묘와 쇼군 휘하의 군대는 말을 위한 사료, 무기와 방어 울타리를 만드는 데 쓰이는 대나무를 숲에서 얻었다. 또 산림 지역을 소유하고 있는 다이묘들은 쇼군에게 매년 목재를 제공해야 하는 의무를 졌다.

건축 붐과 이에 따른 삼림 파괴는 1570년부터 1650년까지 최고조에 달했다. 그 이후에는 목재가 부족해지면서 그 소비도 서서히 줄어들었다. 처음에는 쇼군이나 다이묘의 직접적인 지시, 또는 농부 자체의 필요성에 따라 나무를 베었으나 1660년대부터는 사기업이 정부의 주문을 받아 목재를 공급하기 시작했다. 한 예로 에도에서 화재가 또 발생했을 때 가장 유명한 목재상 중 한 명이었던 기노쿠니야는 영리하게도 화재로 인해 목재 수요가 늘어날 것을 예상하고 에도에서 큰 이윤을 남기고 팔고자 화재가 진압되기 전부터 기소 지역에서 엄청난 양의 목재를 사들였던 것이다.

일본에서 최초로 삼림 파괴가 진행된 곳은 가장 큰 섬이자 초기 일본의 주요 도시인 오사카, 교토가 위치하고 있던 혼슈 섬의 기나이 분지로 서기 약 800년경이었다. 1000년경에 이르면 벌목 현상은 작은 섬인 시코쿠에까지 확산된다. 이어 1550년 무렵에는 일본 국토의 약 4분의 1이 벌채되었지만(주로 혼슈 중심 지역과 동부 시코쿠 부근) 나머지 지역에서는 여전히 저지대 숲과 이전부터 있던 오래된 숲이 그대로 유지되고 있었다.

1582년, 히데요시는 일본 전역에서 목재를 요구한 최초의 일본 통치자가 되었다. 그의 영지에서 생산되는 목재만으로는 많은 건물을 짓는 데 따른 목재 수요를 충족시킬 수 없었기 때문이다. 그는 일본에서 가장 가치가 있는 산림 지역의 통제권을 갖고 있었으며 매년 각 다이묘들에게 특정한 양의 목재를 공급하도록 명령했다. 쇼군과 다이묘들은 자신들을 위해 산림을 벌채한 것은 물론 마을이나 사유지를 장식하기 위해 온갖 귀중한 수종(樹種)을 독차지했다. 상대적으로 멀리 떨어진 벌목지에서 목재가 직접 소비되는 도시나 성으로 나무를 운반하기 쉽도록 정부는 강에서 운송에 방해가 되는 장애 요소를 제거했고 이에 따라 목재를 강물에 띄우거나 뗏목에 실어 소비지까지 운송할 수 있었으며, 후에는 배에 실어 항구까지 운반했다. 벌목 현상은 최남단 섬인 규슈의 남쪽 끝에서 시코쿠를 거쳐 혼슈의 북쪽 끝까지 주요 세 개 섬에 확산되었다. 그리하여 1678년에 이르면 벌목업자들은 당시에는 일본 땅이 아니었던 혼슈 섬 북쪽의 홋카이도 남부 지방으로 눈을 돌려야 했다. 1710년에 이르면 경사가 너무 가팔라 접근할 수 없거나, 아니면 도쿠가와 시대의 기술로는 벌채가 너무 어렵고 채산이 맞지 않는 경우를 제외하고는 세 개의 주요 섬들(규슈, 시코쿠, 혼슈)과 홋카이도 남부 지역의 접근 가능한 모든 산림 지역이 벌채되었다.

삼림 파괴로 목재, 땔감, 사료로 사용되던 나무가 부족해졌고 호화스런 건축물도 어쩔 수 없이 더 이상 지을 수 없게 되었다. 하지만 이런 분명한 현상 말고도 목재 부족 현상은 다른 방향에서 고통을 주기 시작했다. 목재와 연료를 둘러싼 마을 내, 마을 간, 그리고 다이묘와 쇼군 간의 분쟁이 증가하게 되었던 것이다. 그들 모두는 일본의 산림을 먼저 차지하고자 경쟁을 벌였다. 이때 강을 어떻게 사용할 것인가를 놓고 또 다른 논쟁이 벌어졌다. 목재를 운반하기 위한 용도로 사용하고 싶어하는 사람들이 있는가 하면 낚시나 농지에 물을 대기 위한 용도로 사용하고 싶어하는 사람들도 있었다. 제1장 몬태나의 경우에서 살펴보았던 바와 같이 산불도 증가했는데, 이는 벌목지에 새로 심어진 나무들의 경우 이전의 오래된 나무들보다 더 불에 타기 쉬웠기 때문이다. 게다가 일단 경사면을 보호하고 있던 숲이 제거되고 나니 많은 비가 내리고, 눈이 녹고, 지진이 자주 발생하면서 토양이 침식되는 속도가 더 빨라졌다. 나무가 사라지자 경사면에서 물이 흘러내려 저지대를 범람시켰고,

토양이 침식되면서 저지대의 관개 수로의 물 수위가 높아져 폭풍으로 인한 피해가 커졌으며, 숲에서 채취할 수 있었던 비료와 사료가 부족해졌다. 결국 이런 모든 요소는 인구가 증가하던 시기에 농작물의 양을 감소시키고 말았던 것이다. 이로 인해 도쿠가와 시대의 일본을 줄곧 괴롭혔던 식량 부족 사태가 1600년대 후반부터 끊임없이 발생했다.

도쿠가와 해결책

1657년의 메이레키 대화재는 수도의 재건설을 위한 목재 수요를 증가시켰을 뿐만 아니라 인구, 특히 대도시 인구가 급속히 늘어나던 때에 발생해 목재 및 다른 자원이 점점 희소해지고 있다는 경종을 울리기에 충분했다. 그대로 진행되었더라면 아마도 이스터 섬의 경우처럼 재앙을 맞고 말았을 것이다. 하지만 이와는 달리 이후 2세기에 걸쳐 일본은 점차 안정적인 인구 성장을 보이기 시작했고, 지속 가능한 정도의 자원 소비를 시현했다. 이런 변화는 이후 등장한 쇼군 후계자들을 중심으로 위에서부터 주도되었는데 그들은 유교 윤리를 내세워 공식적인 이데올로기를 전파하면서 소비 제한을 장려하고 비상시를 대비해 여유 공급량을 축적하고자 애썼던 것이다.

우선 농경에 대한 압력을 줄이기 위해서 해산물 소비를 늘리고 식량을 확보하고자 아이누인과의 교역을 확대했다. 또 대형 어망, 심해 어업 같은 새로운 어업 기술을 도입해 어획량을 늘렸다. 각 다이묘들과 마을이 주장하던 영역은 이제 땅에 부속된 연해까지 포함하는 개념으로 바뀌어 만약 아무런 제한도 받지 않고 남획을 한다면 물고기와 조개가 소진되고 말 것이라는 의식을 갖게 되었다. 농지에 필요한 비료를 생선을 이용한 비료로 더 많이 대체함으로써 녹색 비료의 유일한 공급처였던 산림의 부담을 줄였다. 바다 포유동물(고래, 물개, 수달) 사냥이 늘어났고 이에 필요한 배, 장비, 그리고 대형 도구들을 구입하기 위한 신디케이트가 형성되었다. 홋카이도 아이누인과의 교역을 크게 확대해

훈제연어, 말린 해삼, 전복, 켈프, 사슴가죽, 수달 털가죽이 일본에 들어오고 쌀, 사케(일본식 청주), 담배, 목화 등이 홋카이도로 들어갔다. 이 교역으로 인해 홋카이도의 연어와 사슴이 고갈됨으로써 자급자족해왔던 아이누인들은 점점 더 일본 수입품에 의존하게 되었으며, 결국 경제적 몰락, 전염병 증가, 군사적 정복이라는 과정을 거쳐 아이누 사회는 파괴되고 말았다. 이처럼 일본에서의 자원 고갈에 대한 도쿠가와식 해법은 타지의 자원을 소비해 일본 내의 자원을 보존하는 것으로서, 오늘날 일본 및 제1세계 국가들이 자원 고갈 문제를 해결하는 방법 중 하나로 타 지역의 자원을 고갈시키는 현상과 유사하다(홋카이도는 19세기까지 정치적으로 일본에 속하지 않았다).

또 하나의 변화는 거의 제로에 가까운 인구 성장률을 시현했다는 점이다. 1721년에서 1828년 사이의 인구 변화는 2,610만 명에서 2,720만 명으로 거의 증가하지 않았다. 과거 세기와 비교하면 18세기와 19세기의 일본인들은 결혼을 늦게 했고, 더 오랜 기간 아기를 돌보았으며 피임, 낙태, 유아 살해뿐만 아니라 수유 중 무월경의 방법을 통해 다음 아이를 낳는 간격을 더 넓혔다. 낮아진 출생률에서 개별적인 부부들이 식량과 기타 자원의 부족 현상을 인지하고 있었음을 알 수 있다. 이는 도쿠가와 시대에 쌀 가격이 떨어지면 출생률이 올라가고 반대로 가격이 올라가면 출생률이 낮아졌던 사실로 알 수 있다.

이때 생긴 또 하나의 변화가 목재 소비를 감소시키는 데 큰 역할을 했다. 바로 17세기 후반부터 나무 대신에 석탄을 연료로 사용하는 비율이 올라가기 시작했던 점이다. 목재가 많이 사용되어 무거웠던 집들은 이전에 비해 보다 가벼워졌고 연료 효율이 높은 쿠킹 스토브가 평로(平爐) 난로를 대체했다. 휴대하기 편리한 숯 난방기로 집 전체를 데우지 않아도 되었다. 또 겨울 동안 태양열을 난방에 이용하는 집들도 증가했다.

상의하달 방식의 정책 중 많은 부분이 나무를 베고 심는 속도 사이의 불균형을 바로잡기 위한 것으로 처음에는 주로 소극적인 방식(벌목을 자제하는 것)을 취하다가 나중에는 점점 적극적인 방식(더 많은 나무를 심는 것)으로 전환했다. 지도층에서 상황의 심각성을 알고 있었다는 첫 신호는 메이레키 화재가 발생한 후 9년이 지난 1666년 쇼군이 발표한 포고령으로 확인할 수 있다. 이 포고령은 벌채로 인한 침식의 위험성, 시냇물 퇴적층의 증가, 홍수에 대해 경고하고 있으며, 국민들에게 나무 묘목을 심도록 촉구하는 내용을 담고 있었다. 거의 같은 시기에 일본은 산림 이용을 통제하고자 사회 모든 계층에 적용되는 전국적인 노력을 기울였고, 이에 따라 1700년 무렵에 삼림지를 관리하는 정교한 시스템이 마련되었다. 역사가인 콘래드 토트먼(Conrad Totman)의 말을 빌리면, 이 시스템은 "누가 무엇을, 어디서, 언제, 어떻게, 얼마나 많이, 어떤 가격에 할 수 있는지를 세부적으로 규정한 것"이었다. 다시 말해 일본의 산림 문제에 대한 도쿠가와 시대의 첫 번째 조치는 목재 생산량을 이전 수준으로 복귀시킬 수 없는 소극적인 조치였지만 최소한 시간을 버는 데 성공함으로써 적극적인 조치가 효과를 발휘할 수 있게끔 상황이 더 악화되지 못하도록 막을 수 있었다. 또 점점 희소해지는 산림 자원에 대한 일본 내의 경쟁에 기본적인 규칙을 마련해 제시했다는 데 의미가 있었다.

소극적인 대응은 목재 공급 면에서 세 가지 단계, 즉 삼림지 관리, 목재 운송, 목재 소비에 중점을 두고 있었다. 첫 번째 단계로, 일본 산림의 4분의 1을 직접 통치하고 있던 쇼군은 자신의 산림을 관리하도록 별도의 관료를 임명했으며, 250명의 다이묘들도 자신의 땅에 있던 산림을 관리하기 위해 역시 별도의 관리를 임명했다. 이 관리들은 산림이 재생할 수 있도록 벌채 지역을 폐쇄하고 정부 소유의 토지에서 목재를 베거나 동물에게 풀을 뜯길 수 있는 권리를 자세히 명시한 허가증을 농민에게 발급했다. 또 농지를 만들기 위해 숲을 태우는 관습을 금지시켰다. 쇼군이나 다이묘의 통제권이 미치지 못한 지역의 산림은 마을이 통제권을 행사했는데, 해당 마을의 수장은 모든 마을 사람들이 이용할 수 있는 공동 재산으로 관리했으며, 산림에서 생산되는 재화를 채취할 때 적용되는 규칙을 만들었고, 다른 마을 사람이 함부로 들어와 이용하지 못하도록 금지했으며 이 모든 규칙을 시행하기 위해 무장 경비원을 배치했다.

쇼군과 다이묘는 자신들의 산림에 대한 자세한 사항을 기록했다. 한 예로 에도에서 북서부 쪽으로 약 130킬로미터 정도 떨어진 가루이자와 근처의 산림에 대한 1773년의 내역을 살펴보면 담당 관리는 지나치다 싶을 정도로 자세한 기록을 남겨놓았다. 예컨대 이런 식이다. 삼림의 면적은 2,986평방마일이었고, 총 4,114그루 중 573그루는 굽거나 마디가 많았지만 3,541그루는 정상이었다. 역시 4,114그루 중 78그루(그중 66그루는 정상)는 줄기의 길이가 7.5~11미터이고 둘레가 1.8~2.1미터인 큰 침엽수였고, 293그루(그중 253그루가 정상)는 줄기 둘레가 1.2~1.5미터인 중간 크기의 침엽수였다. 줄기의 길이가 1.8~5.5미터이고 둘레는 0.3~1미터에 불과한 작은 침엽수로 정상적인 255그루는 1778년에 벌목될 예정이었고, 1,474그루(그중 1,334그루가 정상)의 작은 침엽수는 그 이후에 벌목될 예정이었다. 한편 능선에 있는 침엽수로는 줄기의 길이가 4.5~5.5미터이고 둘레가 1~1.2미터인 중간 크기로 120그루(그중 104그루가 정상), 길이가 3.5~7미터이지만 둘레가 0.2~0.3미터로 작은 15그루를 1778년에 벌목하고, 320그루(그중 정상은 241그루)는 그 이후에 벌목할 예정이었다. 줄기의 길이가 3.5~7미터이고 둘레가 1~1.7미터인 448그루의 떡갈나무(그중 정상은 412그루)와, 역시 자세하게 내역이 밝혀진 1,126그루의 다른 나무들도 그 이후에 벌목할 예정이라고 기록되어 있었다. 이런 기록은 극단적인 상의하달 방식의 관리를 보여주는 예로, 농부에게는 재량권이 전혀 주어지지 않았다는 사실이 읽혀진다.

소극적인 대응의 두 번째 단계로 쇼군과 다이묘는 대로와 강에 경비 초소를 세우고 목재 운반을 감시했으며, 삼림지에 관한 모든 규칙이 제대로 지켜지는지 감시했다. 마지막 단계로, 벌목되어 경비 초소의 확인을 받은 목재를 누가 어떤 용도로 사용하는지에 관해 정부는 다수의 상세한 규칙을 만들어 시행했다. 가치가 있는 삼나무와 오크 나무는 정부가 사용하기 위해 저장되었기 때문에 농부는 접근할 수가 없었다. 그리고 집을 지을 때 사용할 수 있는 목재의 양은 당사자의 사회적 지위에 따라 달라졌다. 즉, 몇 개 마을을 관장하는 수령은 30켄(1켄은 1.8미터 길이의 들보), 그 수령의 상속인은 18켄, 한 마을의 수령은 12켄, 지역 족장은 8켄, 세금을 내는 농부는 6켄, 평민인 농부나 어부는 단지 4켄만 허락되었다. 또한 쇼군은 집보다 작은 물건들을 만들 때 허용되는 나무의 종류까지 규정하여 공포했다. 예컨대 1663년의 포고령에 따르면 에도의 어느 목수도 사이프러스나 스기 나무로는 작은 상자를 만들 수 없었고, 스기 나무로 가정용 도구를 만들 수 없었다. 하지만 큰 상자를 만들 때는 사이프러스나 스기 나무를 사용할 수 있었다. 쇼군은 1668년에 사이프러스, 스기 나무 등 양질의 나무로 간판을 만들지 못하도록 금지했으며, 그로부터 38년이 지난 후에는 새해 축하에 쓰이는 장식물을 만들 때 허용되는 나무 명단에서 큰 소나무가 제외되었다.

이와 같은 모든 소극적인 조치는 쇼군이나 다이묘가 미리 정한 바에 따라 목재가 사용되도록 강제함으로써 일본의 산림 위기를 해결하는 데 그 목적이 있었다. 하지만 일본의 산림 위기 상황에서 가장 큰 역할을 했던 것은 목재의 용도를 명확히 했던 쇼군과 다이묘 그들 자기 자신들이라고 볼 수 있다. 위기에 대한 완전한 해법은 땅을 침식에서 보호하는 것뿐만 아니라 더 많은 나무를 생산하는 긍정적인 조치를 필요로 했다. 이런 조치는 조림학에 대한 상세한 과학적 지식이 발전하면서 이미 1600년대에 시작되었다. 정부나 상인에게 고용된 산림학자들은 나무를 관찰하고 실험한 후 조림학 관련 매체나 소책자에 그 연구 결과를 실었는데, 가장 좋은 예는 1697년 미야자키 안테이가 쓴 일본 삼림학의 고전 『농업백과』이다. 이 책에는 씨를 모아서 추려내고 건조시켜 저장하고 준비하는 법, 흙을 분쇄하고 비료를 더해 뒤섞어서 묘판을 준비하는 법, 씨를 뿌리기 전에 씨를 적시는 법, 짚을 덮어 뿌려진 씨를 보호하는 법, 묘판에서 잡초를 제거하는 법, 묘목을 옮겨 심고 그 간격을 조절하는 법, 실패한 묘목을 다음 4년 동안 대체하는 법, 묘목을 솎아내는 법, 생장 중인 나무줄기에서 잔가지를 솎아내 원하는 형태로 나무로 만들어가는 법 등이 상세히 기술되어 있다. 이렇게 씨에서부터 나무를 키우는 방법 이외에 꺾꽂이 순이나 햇가지를 심는 삽목법(揷木法)을 이용한 수종들이 있었고, 살아 있는 그루터기나 땅속의 뿌리에서 싹을 틔우는 '코피싱(coppicing)' 법을 이용한 수종들도 있었다.

점차 일본은 독일과는 독립적으로 산림 재배에 대한 개념을 확립시키기에 이르렀다. 즉 나무는 천천히 자라는 작물로 보아야 한다는 견해가 그것이다. 정부와 사기업 모두 구입하거나 임대한 땅에, 특히 목재를 필요로 하는 도시 근처 등 경제적으로 유리한 지역에 숲을 조성하기 시작했다. 그러나 한편으로 산림 재배는 그 비용과 위험성이 높으며 많은 자본이 투자되는 사업이었다. 또 나무를 심는 일꾼들에게 들어가는 비용을 미리 지불해야 하며, 이후 수십 년간 산림을 관리하는 데에도 더 많은 노동력이 필요했고, 베어낼 수 있을 정도로 나무가 성장하기 전에는 비용을 회수할 수 없었다. 나무가 자라는 수십 년 동안 질병이나 화재로 나무를 잃을 수도 있고 벌목업자가 받을 수 있는 가격도 앞으로 다가올 몇십 년간의 불확실한 시장 상황에 달려 있는 것이다. 하지만 산림 재배는 자연적으로 자라난 나무를 벌채하는 것에 비하면 이런 단점을 상쇄할 수 있는 장점도 가지고 있다. 무엇보다 수종에 관계없이 그저 자연적으로 자란 나무를 취하는 것이 아니라 가치가 높은 수종을 선택해 재배할 수 있다는 것이다. 또 나무의 질을 높임으로써 받을 수 있는 가격도 최대화할 수 있다. 예를 들어 가지치기 작업을 수행함으로써 곧고 좋은 모양을 가진 나무로 만들 수 있다. 장소 면에서도 먼 산림 지역에서 힘겹게 운송할 필요 없이, 운송비가 저렴한 도시 근처, 혹은 목재를 띄워 운송하기에 편리한 강 부근에서 나무를 재배할 수 있다. 또 동일한 간격으로 나무를 심음으로써 벌목시에 드는 비용을 줄일 수 있다. 일본의 한 산림 재배업자는 특정 용도의 나무 재배에 주력함으로써 일종의 브랜드 가치를 인정받아 높은 가격을 책정할 수 있었다. 예를 들어 '요시노 플랜테이션'에서 생산하는 나무는 사케를 담는 삼나무 통을 만드는 면에서 최고의 품질을 자랑하는 재질로 알려져 있다.

일본에서의 조림은 전국 단위로 제도와 방법을 통일함으로써 더욱 발전할 수 있었다. 당시 수백 개의 공국과 왕국으로 나뉘어 있던 유럽과는 달리, 도쿠가와 시대의 일본은 동일한 지배자의 통치를 받는 단일 국가였다. 일본 서쪽은 아열대 기후이고 북쪽은 온대 기후에 속하지만 전체적으로 습하고, 가파른 지형에 침식이 잘 일어나고, 화산 폭발이 많다는 공통점을 지니고 있다. 또 대부분의 지역이 가파르고 숲이 많은 산악 지역과 평탄한 농토로 나누어져 있어 조림을 위한 여건은 생태적으로 동일하다고 말할 수 있다. 전통적으로 일본의 지배계층은 숲에서 목재를 요구했고, 농부는 비료와 사료, 땔감을 채취했다. 달리 말하면 일본은 숲을 다양한 용도로 사용했다. 그러나 조림은 목재 생산을 1차적 목표로 명백히 규정했지만 다른 용도로의 사용도 목재 생산을 훼손하지 않는 한 크게 제한받지 않았다. 산림 순찰대가 불법적인 벌목을 감시했다. 따라서 조림은 1750년에서 1800년대 사이에 일본 전역으로 확산되었고, 1800년경에 이르면서 목재 생산이 마침내 증가 추세로 돌아섰다.

일본이 성공한 이유

외지인이 1650년에 일본을 방문했더라면, 재앙과도 같은 삼림 파괴 현장을 보고 일본 사회가 곧 붕괴될 것이라 예상했을 것이다. 점점 더 많은 사람들이 더 희귀해진 자원을 놓고 경쟁을 벌이고 있었기 때문이다. 그렇다면 고대 이스터 섬이나 마야, 아나사지, 그리고 현대의 르완다(제10장), 아이티(제11장)와는 달리 도쿠가와 시대의 일본은 어떻게 상의하달 방식의 해결책을 발전시켜 삼림 파괴의 위험에서 벗어날 수 있었을까? 이 질문은 제14장에서 논의할 포괄적인 문제, 즉 집단 의사결정에서 사람들이 왜, 그리고 어떤 단계에서 성공하고 실패하는가에 관한 한 예에 해당한다.

중기 및 후기 도쿠가와 일본의 성공을 설명할 때 흔히 거론되는 설명—자연에 대한 사랑, 인생에 대한 불교도들의 관점, 유교적 견해—들은 이에 대한 답에서 제외하기로 한다. 일본이 처해 있던 복잡한 현실을 정확히 설명하지 못한다는 사실 외에도 이런 간단한 답들은 초기 도쿠가와 일본의 자원 고갈 현상은 물론, 오늘날 일본의 해양 자원, 기타 다른 나라의 자원 고갈 현상을 설명해주지 못하기 때문이다. 대신, 해답의 일부는 일본이 가진 환경적 이점에서 찾을 수 있다. 이는 티코피아, 통가, 기타 다른 나라와는 달리 이스터 섬, 그리고 몇몇 다른 폴리네시아, 멜라네시아 섬들은 왜 남벌 현상으로 종말을 맞아야 했는지를 설명한 제2장에서 이미 논의된 바 있다. 티코피아, 통가에 사는 사람들의 경우 우연히도 생태학적으로 뛰어난 이점을 가진 땅에서 살고 있다는 점에서 그들은 행운아다. 이곳에서는 촉촉한 땅에서 나무가 빠른 시간 내에 성장한다. 일본에서도 많은 강수량, 토양의 비옥도를 높여주는 화산재와 황사 현상의 빈번한 발생, 젊은 토양 등으로 나무가 신속히 자라날 수 있었다. 해답의 일부는 또 벌채 위기가 닥치기 전에 이미 존재했던 일본이 가진 사회적 이점에 있다. 우선 일본에는 풀을 뜯어 먹거나 새싹을 뜯어 먹어 산림을 황폐화시키는 데 일조했던 염소와 양의 숫자가 그리 많지 않았다. 또 전쟁 시대가 막을 내리면서 기병이 필요 없게 되자 초기 도쿠가와 일본에서는 말의 숫자도 줄어들었다. 또 풍부한 해산물로 인해 단백질과 비료의 공급원 구실을 하던 산림의 부담을 줄일 수 있었다. 일본 사회는 황소와 말을 가축으로 활용했지만 벌채가 진행되고 숲에서 나오는 사료의 양이 줄어들자 이에 맞추어 그 숫자를 줄였고 사람들은 대신 곡괭이, 가래, 기타 장비를 이용했다.

성공의 또 다른 이유로 들 수 있는 것은 다른 지역 사람들과는 달리 일본의 엘리트와 대중 모두, 숲을 보존하는 면에서 상당한 정도의 장기적 이해관계를 인식하고 있었다는 점이다. 먼저 엘리트였던 도쿠가와 쇼군은 국내적으로 경쟁자를 물리치고 평화를 가져왔기 때문에 모반의 위험성이 적고 해외로부터의 침입의 우려도 없을 것이라고 예측했다. 따라서 도쿠가와 가문이 계속해서 일본을 통치할 수 있으리라고 기대했으며, 이는 이후 250년 동안 사실로 나타났다. 평화, 정치적 안정, 미래에 대한 근거 있는 자신감을 바탕으로 도쿠가와 쇼군은 자신의 영역에 대해 장기적 관점에서 투자 및 계획을 입안하고 실천할 수 있게 되었다. 이런 상황은 자신의 자리를 아들에게 물려주리라고 기대할 수 없었던, 아니 자신의 임기조차 제대로 채울 수 있다고 기대할 수 없었던 마야 왕, 아이티 대통령, 르완다 대통령의 경우와는 대조적이다. 또 내부적으로 이질성이 커서 불안정했던 르완다, 마야, 아나사지와는 달리 일본 사회 전체는 인종적인 면이나 종교적인 면에서 상대적으로 동질성을 띠고 있었다. 도쿠가와 일본의 지리적 고립성, 거의 전무했던 외국과의 교역, 그리고 외국 침략 정책의 포기는 일본이 자신의 자원에만 의존해야 하며 타국의 자원을 약탈함으로써 자신의 필요를 충족시키지 않을 것이라고 분명히 예측할 수 있게 만들었다. 같은 맥락에서 쇼군이 일본 전체에 평화를 가져왔기 때문에 사람들은 자신들의 목재에 대한 수요를 이웃의 목재를 빼앗아 해결할 수는 없으리라는 것을 알게 되었다. 외국 사상의 주입이 없는 안정된 사회에서 살았기 때문에 일본의 엘리트와 농부들 모두 미래도 현재와 같을 것이라고 예측했고, 따라서 미래의 문제는 현재의 자원으로 해결되어야만 했던 것이다.

도쿠가와 시대에서 부유한 농민이나 가난한 농민이나 자신의 땅을 궁극적으로 후계자에게 넘겨주고 싶어하는 희망을 갖고 있었으리라고 일반적으로 추정할 수 있다. 이런 이유 등으로 숲에 대한 통제권은 점차 숲에 보다 장기적인 이해관계를 가진 사람들의 손으로 넘어갔다. 자신의 자녀들이 그 숲을 사용할 권리를 계승하리라고 예측하고 희망했기 때문이다. 예를 들어 많은 마을에서 공유지는 개별적 가구들의 분리된 계약으로 분할되었으며, 제14장에서 논의하겠지만 이에 따라 공유지의 비극을 최소화할 수 있었다. 기타 마을의 숲은 벌목되기 이미 오래전에 작성된 목재 판매 계약을 바탕으로 관리되었다. 정부는 마을이나 상인에게 정부 소유의 임야를 관리하도록 맡기고 그 대가로 목재에서 나오는 수익금을 그들에게 나누어주는 장기 계약을 맺고자 시도했다. 이런 모든 정치적 · 사회적 변수들로 인해 쇼군, 다이묘, 그리고 농부들은 자신들에게 이익이 되도록 숲을 지속적으로 관리했던 것이다. 따라서 메이레키 대화재 이후에는 단기적인 관점에 따른 숲의 과잉 개발은 바보스런 일로 여겨질 수밖에 없었다.

물론 장기적인 이해관계를 가진 사람들이라고 해서 항상 현명하게 행동한 것은 아니었다. 자주 단기적 목표를 선호했고 단기적 관점에서나 장기적 관점에서나 어리석은 일을 실제로 저지르기도 했다. 바로 이런 이유 때문에 인물사나 역사가 화학 반응 과정에 비해 훨씬 복잡하고 예측 불가능한 것이며, 이 책이 환경론적 결정주의를 주장하지 않는 이유이기도 하다. 단지 수동적으로 행동하지 않는 지도자, 위기를 예견하고 초기에 조치를 취할 수 있는 용기를 가진 지도자, 상의하달 방식으로 통찰력 있는 강한 결정을 내릴 수 있는 지도자는 진실로 자신이 속한 사회에 커다란 차이를 가져올 수 있다. 마찬가지로 용기 있는 시민, 행동하는 시민도 하의상달 방식을 통해 사회를 변모시킬 수 있다. 도쿠가와 쇼군, 그리고 텔러 야생생물구호단체를 만들었던 몬태나의 내 친구들이 바로 자신들의 장기적 목표를 위해, 또 다른 사람들의 이익을 위해, 이런 두 가지 접근 방식을 취했던 대표적인 예이다.

기타 성공 사례

앞의 일곱 장(章)에서는 삼림 파괴 및 다른 환경적인 문제로 최후를 맞아야 했던 사회들과 그들과는 달리 성공을 거두었던 사회들(오크니 제도, 셰틀랜드 제도, 페로 제도, 아이슬란드)에 대해 다루었고, 이 장에서는 뉴기니 고지대, 티코피아 섬, 도쿠가와 일본의 성공담을 살펴보았다. 나는 성공이 드문 예외에 속한다고 말하고 싶지는 않다. 지난 몇 세기 동안 독일, 덴마크, 스위스, 프랑스 등 서유럽의 여러 국가들이 일본처럼 상의하달 방식으로 산림 지역을 안정시키고 확장해왔다. 이와 유사하게 약 600년 전에는 거대하고 단단히 조직화된 아메리카 인디언 사회, 절대적 지배자가 수천만 명의 신민을 거느렸던 중앙 안데스의 잉카 제국이 대규모 조림 사업을 실시하고 유실토를 방지하기 위한 계단식 지형을 만들어 농작물 생산을 증대시키고 목재를 안정적으로 공급하는 터전을 마련했다.

소규모 농경, 목축, 사냥, 수산업 경제에서 하의상달 방식 관리로 성공한 예는 매우 많다. 나는 한 예로 미국 남서 지역의 예를 제4장에서 소개했다. 잉카 제국보다 훨씬 작은 규모였던 이곳의 아메리카 인디언 사회는 어려운 환경 속에서도 오래 지속될 수 있는 경제를 구축하고자 했고 그 과정에서 발생하는 문제를 풀고자 다양한 해법을 시도했었다. 아나사지, 호호캄, 밈브레스의 해법은 결국 실패로 끝나고 말았지만 다소 다른 푸에블로의 해법은 여전히 같은 지역에서 1,000년이 넘도록 그 효과를 발휘하고 있다. 비록 노르웨이령 그린란드는 사라졌지만 1200년경에 그린란드에 들어온 이누이트족은 적어도 500년 동안, 즉 1721년에 시작된 덴마크의 식민지화로 붕괴를 맞이하기 전까지 자급자족적인 수렵 경제를 계속 유지해왔다. 마찬가지로 호주의 홍적세 거대동물상(megafauna)이 4만 6,000년 전에 멸종된 이후, 호주의 원주민들 역시 1788년에 유럽인들이 정착하기 전까지 수렵 경제를 유지해왔다. 소규모 농촌 사회로 현재까지도 자급자족적인 경제를 이어오고 있는 수많은 사회들 중 많은 연구가 된 곳으로는 에스파냐와 필리핀에 있는 공동체, 농경과 유목 경제가 혼합되어 있는 스위스 알프스 산맥의 마을들이 있다. 이 두 경우 모두에서 지역민들이 수세기 동안 공동의 자원을 어떻게 관리할 것인가를 놓고 세세하게 합의한 결과였다.

내가 앞에서 다룬 하의상달 방식 접근법의 사례들은 모든 경제적 활동에서 배타적 권리를 갖는 소규모 사회가 관련되어 있다. 인도 대륙에는 이보다 더 흥미롭고 복잡한 사례들이 적지 않다. 인도는 경제적으로 특화된 하위 사회들이 동일한 지리적 공간에서 다른 경제적 활동을 수행하는 카스트 제도를 갖고 있다. 각 카스트는 서로 광범위하게 왕래하며 자주 같은 마을에서 살기도 하지만 결혼만은 예외이다. 즉 같은 계급에 속한 사람들끼리 혼인하는 것이 원칙이다. 각 계급은 어업, 농경, 목축, 수렵 등 서로 다른 환경 자원과 생활 방식을 택하는 식으로 공존하고 있다. 같은 계급도 더욱 세분화되어, 예컨대 어부들은 다른 수역에서 다른 방법으로 물고기를 잡아올렸다. 티코피아 섬과 도쿠가와 일본의 경우와 마찬가지로, 카스트 제도로 계급화된 인도 사람들은 생존을 위해서 제한된 자원에 의존할 수밖에 없다는 사실을 깨달았고, 자손들에게 그 자원을 넘겨주기를 바랐다. 바로 이런 상황으로 인해 각 계급에 속한 구성원들은 사회적 기준을 받아들였고, 이 기준에 따라 지속적인 이용이 가능한 정도로만 자원을 이용했던 것이다.

그러나 제9장에서 다룬 사회들은 성공한 반면에 제2~8장에서 다룬 사회들은 왜 실패했을까 하는 의문이 남는다. 이에 대한 설명 중 하나로 환경적인 차이를 들 수 있다. 어떤 지역의 환경은 너무나 열악해서 다른 곳에 비해 위기를 극복하기가 더 힘든 상황이었다. 우리는 이미 제2장에서 여러 복합적인 이유로 태평양 섬들의 환경이 상대적으로 열악했고, 이 때문에 티코피아 사회와는 달리 이스터 사회와 망가레바 사회가 붕괴한 이유를 살펴보았다. 이 장에서 다룬 뉴기니 고지대와 도쿠가와 일본은 상대적으로 유리한 환경에 위치한 행운을 누린 사회였기에 성공할 수 있었다. 하지만 그린란드와 미국 남서부 지역의 예에서 이미 보았듯이 환경적인 차이로 모든 것을 설명할 수는 없다. 즉 같은 지역이었지만 한 사회는 성공한 반면에 다른 식으로 살았던 사회는 붕괴하는 비극을 맞았다. 요컨대 환경만이 아니라 그 환경에 맞는 적절한 경제 체제의 선택이 중요함을 알려준다. 또 풀어야 할 의문은 특정한 경제 체제를 선택한 사회가 그 체제를 지속적으로 영위해갈 수 있느냐는 것이다. 농경에 적합한 토양, 목축을 하기에 좋은 초목, 풍부한 수자원, 넉넉한 사냥감 등 한 사회의 경제가 의존하는 자원이 무엇이냐에 상관없이, 어떤 사회는 남용을 절제하는 방식을 꾸준히 발전시킨 반면에 어떤 사회는 그렇게 하지 못하고 붕괴되었다. 따라서 우리가 제2장 이후에서 다룬 과거의 사회들과 비교할 겸 현대의 네 사회를 차례로 살펴본 후, 제14장에서는 반드시 피해야 할 실수의 유형들을 살펴보려고 한다.

3
현대 사회의 위기

제10장

아프리카와 맬서스가 예견한 재앙:

르완다에서의 대량학살

딜레마

아내와 나는 우리 쌍둥이 아들 둘이 10세 되던 해와 15세 되던 해에 동아프리카로 휴가를 떠났다. 다른 관광객들과 마찬가지로 우리 네 사람은 아프리카를 직접 체험한 후 그곳의 풍경과 사람들, 그리고 커다란 동물들에 압도되었다. 우리 가족은 TV에서 이미 여러 차례 「내셔널 지오그래픽」 특집 방송을 보았지만 세렝게티 초원 위를 어슬렁거리는 무수한 야생 동물들을 직접 보고 듣고 냄새 맡을 준비가 전혀 되어 있지 않았다. 또한 TV에서 본 응고롱고로 분화구도 실제로 보니 그 크기가 어마어마했다. 분화구 바닥의 호수는 평평했으며 나무 한 그루 보이지 않았는데, 그곳에 가려면 분화구 가장자리에 위치한 관광호텔에서 차를 타고 가파른 내벽을 따라 한참을 내려가야 했다.

동아프리카 사람들 역시 우리를 놀라게 했다. 그들은 친절했고 우리 아이들에게 따뜻하게 대해주었으며 원색의 화려한 옷을 입고 있었고, 무엇보다 수적인 면에서 압도적이었다. 책에서 '인구 폭발'을 접하는 것과 길가에 늘어서서 관광객들이 탄 차량을 향해 연필 등을 달라고 외치는 아프리카 어린이들을 매일같이 직접 목격하는 것은 그 느낌이 사뭇 다르다. 인적이 드문 곳에서조차 인구 과잉의 영향은 분명히 드러났다. 풀이 듬성듬성한 목초지에서 소와 양, 염소의 무리가 좁은 간격으로 서서 풀을 뜯고 있었고, 그렇게 해서 흙이 드러난 초지는 토양이 침식되어 물에 씻겨내려갔다.

게다가 동아프리카의 인구 증가율은 세계 최고 수준으로, 케냐의 경우는 연 평균 증가율이 4.1퍼센트로 17년마다 인구가 2배로 늘어나고 있는 추세이다. 아프리카 대륙에는 사람이 정착한 지 오래되었으니 인구 증가율 면에서도 이미 오래전에 균형을 이루었으리라고 생각하기가 쉽겠지만, 실은 인구가 폭발적으로 늘어나고 있다. 최근에 아프리카 인구가 급격히 증가한 데에는 신대륙의 작물(특히 옥수수, 콩, 고구마, 카사바)을 들여와 농업 기반을 넓히는 동시에 재래종만으로는 부족했던 식량을 보충할 수 있게 된 점과, 위생 상태의 향상과 예방의학, 예방접종, 항생제 사용 등으로 말라리아를 비롯한 아프리카 풍토병을 극복할 수 있게 된 점, 그리고 국경 분쟁이 끊이지 않았던 곳에 국경이 확정됨으로써 종족 간의 싸움이 사라진 점 등을 이유로 들 수 있을 것이다.

동아프리카의 인구 문제와 관련하여 종종 맬서스의 이름이 언급된다. 영국의 경제학자이자 인구학자인 토머스 맬서스는 1798년에 『인구론』이라는 유명한 책을 써서 인구 성장이 식량 생산을 웃돌게 되리라고 주장했기 때문이다. 예를 들어 인구가 2배로 늘어나는 데 35년이 걸린다고 한다면, 2000년에 100명이었던 사람들이 2035년에는 200명으로 늘어나고, 2070년에는 400명, 2105년에는 800명으로 늘어날 것이다. 그러나 기하급수적으로 늘어나는 인구에 비해 식량은 극히 조금밖에 늘어나지 않는다. 획기적으로 늘어난다고 해도 20퍼센트나 25퍼센트 증가하는 것이 고작일 것이다. 인구 증가와 식량 생산에는 근본적인 차이가 있다. 인구의 경우에는 이자가 이자를 낳는 복리의 개념처럼 새로 더해진 인구가 다시 새로운 인구를 생산해냄으로써 기하급수적인 증가율을 보인다. 반면 식량의 경우에는 수확한 곡식에서 새로운 곡식이 생산되지는 않기에 증가율이 상대적으로 매우 낮다. 따라서 인간은 기아나 전쟁, 질병으로 인해 그 수가 줄어들거나, 또는 피임을 하거나 결혼을 늦게 하는 등의 인위적 조치를 취하지 않는 한 이 세상의 식량을 여분 없이 전부 소비할 수밖에 없다. 인구 성장을 억제하지 않고 단지 식량 생산량을 늘림으로써 인류의 행복을 증진시킬 수 있으리라는 믿음은 오늘날에도 널리 퍼져 있지만 결국 이것은 잘못된 생각임이 드러날 것이다. 적어도 맬서스는 그렇게 말했다.

맬서스의 비관적인 견해가 타당한지의 여부에 대해서는 많은 논란이 있어왔다. 과연 현대 국가들 중에는 자발적(이탈리아와 일본)이거나 강제적(중국)인 산아 제한을 통해 인구 성장률을 급격히 감소시킨 나라도 있다. 그러나 르완다의 경우는 맬서스가 제시한 최악의 시나리오가 틀리지 않았음을 보여준다. 일반적으로 맬서스 지지파와 반대파 모두 지속 불가능한 자원으로 야기된 환경 및 인구 문제는 우리 스스로 즐거이 선택한 수단이나 우리가 선택하지 않은 불쾌한 수단을 통해 해결할 수밖에 없다는 데 의견을 같이할 것이다.

몇 주 전에 나는 UCLA의 학부생들을 대상으로 환경 문제를 강의하면서 환경 관련 분쟁의 합의 도출 과정에서 흔히 맞닥뜨리는 어려운 점들을 언급하게 되었다. 그러자 한 학생이 갈등을 표출하는 과정에서 분쟁을 해결할 수 있으리라고 말했다. 물론 그 학생이 말한 갈등 표출이 살인 같은 것을 의미하지는 않는다. 그보다는 환경 문제가 종종 사람들 사이에 갈등을 야기하고, 이러한 갈등이 미국에서는 종종 법정에서 해결되는데, 법정에서는 판결을 통해 분쟁 당사자들이 받아들일 수 있는 해결책을 제시해주므로 앞으로 환경 보호를 위해 일할 학생들은 사법 체계에 익숙해질 필요가 있다는 차원에서 한 말일 것이다. 여기서 르완다의 사례는 한 가지 교훈을 준다. 갈등 표출을 통해 분쟁을 해결할 수 있으리라는 학생의 말은 근본적으로 옳지만, 갈등은 소송보다 훨씬 더 나쁜 형태로 표출될 수가 있다는 점을 가르쳐주는 것이다.

사진 21 1994년 르완다에서 자행된 대량학살로 거의 100만 명이 희생되었다.

르완다에서 있었던 일들

르완다와 그 이웃나라인 부룬디라고 하면 지난 수십 년 동안 '인구과밀' 내지 '대량학살'과 동의어처럼 생각되어온 나라들이다(사진 21). 이 두 나라는 아프리카에서 가장 인구밀도가 높고 세계적으로도 인구밀도가 극히 높은 나라들이다. 르완다의 인구밀도는 아프리카 3위의 인구 밀집국인 나이지리아의 3배에 이르고 인접국인 탄자니아의 10배에 달한다. 르완다에서의 대량학살은 1950년 이후로 전세계에서 일어난 대량학살 중 사망자 수에서 세 번째이다. 1970년대의 캄보디아와 1971년의 방글라데시(당시의 동파키스탄) 바로 뒤에 오는 것이다. 그러나 르완다의 전체 인구가 방글라데시의 10분의 1에 불과한 점을 감안하면 캄보디아에 이어 두 번째로 큰 규모라 할 수 있다. 부룬디의 대량학살은 르완다에 비하면 규모가 작아서 희생자 수가 '겨우' 수십만에 불과했다. 하지만 이 숫자만으로도 부룬디는 1950년 이후에 전세계에서 자행된 대량학살 중 희생자 수로는 7위, 인구 비례 사망자 수로는 4위가 되기에 충분하다.

르완다와 부룬디에서의 대량학살은 흔히 종족 간의 싸움으로 생각되어왔지만 그밖의 다른 요인들도 작용했다. 그러나 그 자세한 내용을 살펴보기에 앞서 먼저 대량학살이 발생하게 된 배경과 역사, 그리고 이 사건에 대한 일반적인 해석을 알아둘 필요가 있다(이런 일반적인 해석이 잘못되었고 불완전하며 지나치게 단순화되어 있음은 나중에 언급하기로 한다). 르완다와 부룬디의 인구는 주로 후투족(인구의 85퍼센트)과 투치족(15퍼센트)의 두 부족으로 구성되어 있다. 경제 면에서 이 두 부족은 서로 다른 역할을 해왔는데, 전통적으로 후투족은 농업에 종사했으며 투치족은 양을 쳤다. 후투족과 투치족은 외관상으로 구별이 가능하다고 한다. 후투족은 땅딸막한 체구에 피부색이 짙고 납작코와 두꺼운 입술, 각진 얼굴을 하고 있는 데 반해 투치족은 키가 크고 호리호리하며 피부색이 옅고 얇은 입술과 길쭉한 얼굴을 하고 있다는 것이다. 르완다와 부룬디에 먼저 정착한 부족은 후투족으로, 이들은 남서쪽으로부터 이동해 들어왔다. 나일 강 유역에 거주하던 투치족은 그보다 늦게 북동쪽으로부터 이동해 들어와 후투족을 지배했다. 나중에 독일(1897)과 벨기에(1916)의 식민 정부가 들어섰을 때 그들은 투치족을 통해 나라를 통치했다. 유럽인들은 피부색이 옅은 투치족을 보다 우수한 종족으로 여겼기 때문이다. 1930년대에 들어서자 벨기에는 식민지인들에게 부족의 표시가 되어 있는 신분증을 가지고 다닐 것을 요구했다. 그리하여 후투족과 투치족 간의 구별은 더욱 뚜렷해졌다.

1962년, 르완다와 부룬디는 독립을 맞았다. 그러자 두 나라에 있는 후투족은 이를 계기로 투치족의 지배에서 벗어나 후투족이 지배하는 세상을 만들고자 했다. 사소한 폭력은 부족 간의 살해로 이어졌다. 그 결과 부룬디에서는 투치족이 지배권을 유지하는 데 성공했다. 1965년과 1970~1972년에 후투족이 반란을 일으켰지만 그 후로 투치족은 수십만 명의 후투족을 살해했다. 반면 르완다에서는 1963년 2만 명의 투치족을 죽인 후투족이 주도권을 잡았다. 그 후로 20년 동안 100만에 이르는 르완다인, 특히 투치족이 인접국으로 망명해갔으며 주기적으로 르완다 침략을 도모했다. 투치족의 공격은 다시 피의 보복을 불러와서 후투족이 투치족을 살해하는 일이 벌어졌으며, 1973년에 후투족 장군인 하비야리마나(Juvenal Habyarimana)가 후투족 위주의 정부를 전복시키고 투치족을 평화로이 살게 해줄 때까지 이러한 살해는 계속되었다.

하비야리마나 통치하에서 르완다는 15년간의 번영을 누렸으며, 보건 환경과 교육, 경제지표의 향상 등으로 인해 해외 여러 나라의 가장 인기 있는 원조처가 되었다. 르완다 경제는 가뭄과 그동안 누적되어온 환경 문제(특히 삼림 파괴, 토양 침식, 토질 비옥도의 저하)로 성장을 멈추었고, 1989년 주요 수출 품목인 커피와 홍차 가격이 급락하고 세계은행에서 긴축 정책을 제안하면서, 그리고 남부에 가뭄이 들면서 위기에 봉착했다. 1990년 인접국인 우간다에 거주하던 투치족이 르완다 북동부를 습격하려고 하자 하비야리마나는 당권 강화를 위해 이를 르완다 전역의 투치족과 정부 정책에 동조하지 않는 후투족을 죽이는 구실로 삼았다. 내전으로 인해 100만의 르완다인은 캠프 생활자로 내몰렸고 절망에 빠진 젊은이들은 쉽게 군대 모집에 응했다. 1993년의 아루샤 평화조약으로 정부 권력은 분산되었지만, 그럼에도 불구하고 하비야리마나 측근의 사업가들은 58만 1,000자루의 머셰티(라틴아메리카 원주민의 날이 넓은 칼. 주로 사탕수수 등을 자르는 데 사용한다 : 옮긴이)를 수입하여 투치족 살해용으로 후투족에게 나누어주었다. 머셰티가 총보다 더 값이 쌌기 때문이다.

그러나 하비야리마나의 대(對)투치족 정책 변화는 후투족 극단주의자들로서는 그다지 만족스러운 것이 못 되었다. 아루샤 평화조약으로 인해 자신들의 권력이 약화될 것을 두려워한 후투족 극단주의자들은 투치족을 설멸시키기 위해 사병을 모집하여 훈련시켰으며 무기를 수입했다. 후투족의 투치족에 대한 두려움은 오랜 세월에 걸쳐 투치족의 지배를 받아온 역사적 사실과 수차례에 걸친 투치족의 르완다 습격, 투치족의 후투족 대량학살, 인접국인 부룬디에서 발생한 후투족 정치 지도자의 살해 등에 기인한다. 1993년 부룬디에서 투치족 극단주의자인 군 장교가 부룬디의 후투족 대통령을 살해하는 일이 벌어지자 후투족의 투치족에 대한 두려움은 더욱 커졌다. 대통령이 살해당한 데 분노한 부룬디의 후투족은 투치족을 살해했으며, 투치족 또한 보다 큰 규모의 후투족 학살을 자행했다.

1994년 4월 6일 저녁, 르완다의 하비야리마나 대통령과 부룬디의 임시 대통령이 탑승한 르완다 대통령 전용기가 르완다의 수도인 키갈리의 공항에서 두 대의 미사일을 맞고 격추되자 상황은 더욱 악화되었다. 탄자니아에서 회의를 마치고 돌아오던 대통령 일행 전원이 사망했다. 미사일은 공항 바로 바깥에서 쏘아올려졌다. 누가 왜 하비야리마나 대통령의 전용 제트기를 격추시켰는지는 지금까지도 알려지지 않고 있다. 각기 다른 동기를 가진 몇 개의 그룹에 혐의를 둘 수 있으리라. 살해범이 누구냐에 상관없이 후투족 극단주의자들은 제트기가 격추된 지 한 시간 만에 자신들의 계획을 실행에 옮기기 시작했다. 분명 미리 세세한 부분까지 치밀하게 준비된 그들의 계획은 후투족 총리와 다른 온건파 후투족 정치인들 및 투치족을 살해하는 것이었다. 극단주의자들은 후투족 온건파를 제거하고 정권과 라디오 방송국을 장악했으며, 르완다에 잔존하는 100만의 투치족을 절멸시키고자 했다.

투치족 살해에 앞장선 자들은 총을 든 후투족 군대의 극단주의자들이었지만, 그들은 곧 민간인들을 모아 훈련시키고 무기를 지급했으며, 도로를 봉쇄한 후 투치족 신분이 드러난 사람들을 살해했고, 라디오 방송을 통해 '바퀴벌레(후투족이 투치족을 일컫는 말)'를 모두 없애자고 촉구했고, 투치족에게는 안전한 장소로 모이라고 한 후 모두 살해하고 생존자의 행방을 추적했다. 마침내 이 학살 사건에 대한 국제 사회의 항의가 표면화되자 정부와 라디오 방송국은 선전 문구를 '바퀴벌레를 모두 쓸어버리자'는 호소에서 '적으로부터 르완다인 스스로를 보호하자'는 말로 슬그머니 바꿔버렸다. 학살을 막으려고 한 후투족 온건파 정부 관료들은 협박이나 파면, 또는 살해를 당했다. 한 곳에서 수백 명 내지 수천 명이 죽어나가는 대규모의 학살은 주로 투치족이 교회나 학교, 병원, 관공서 등 비교적 안전하다고 생각되는 장소에 모여 있을 때 발생했다. 많은 수의 후투족 시민이 투치족 살해에 가담했는데, 들리는 말에 따르면 후투족 시민의 3분의 1이 연루되었다고도 하고, 그보다는 적은 수였다고도 한다. 각 지역마다 처음에는 총을 든 군대가 투치족 살해에 앞장섰지만 그 다음에는 머세티와 곤봉 등 재래식 무기가 등장했다. 그리하여 희생자의 팔과 다리가 잘려나가고 유방이 도려내지며, 어린아이가 우물에 처박히고, 강간이 부지기수로 일어나는 등 이루 말할 수 없이 끔찍한 상황이 벌어졌다.

후투족 극단주의 정부가 학살을 조직하고 주로 후투족 시민들이 자행했지만, 중립적인 역할을 하리라고 기대되었던 단체들조차 이를 묵인하거나 동조함으로써 학살에 중요한 역할을 했다. 특히 많은 가톨릭 지도자들은 투치족을 보호하는 데 실패했고, 오히려 그들을 한데 모이게 해서 살인자들에게 넘겨주기까지 했다. 또한 르완다에는 소규모의 UN 평화유지군이 주둔해 있었지만 학살 사건이 발생하면서 철군 명령이 내려졌으며, 프랑스 정부에서 파견한 평화유지군은 후투족 정부의 편에 섰다. 그리고 미국 정부는 개입하기를 거부했다. UN과 프랑스 정부, 미국 정부 등은 '카오스,' '혼란 상황,' '부족 갈등' 등과 같은 말을 사용함으로써 마치 이 사건이 아프리카에 흔히 있는 종족 간의 싸움이라는 듯한 태도를 취했으며, 르완다 정부가 배후에서 치밀하게 학살을 주도했다는 증거를 무시해버렸다.

6주 사이에 르완다에 남아 있는 투치족의 4분의 3이자 르완다 전체 인구의 11퍼센트에 해당하는 80만 투치족이 살해되었다. 학살이 시작

사진 22 1994년의 대량학살로 약 200만 명이 고향을 떠나 피신했다.

된 다음날부터 투치족 반군인 르완다 애국전선(RPF)이 반정부 군사 행동에 돌입했다. RPF군이 도착한 지역마다 대량학살이 중단되었으며, 결국 1994년 7월 18일, RPF군은 완전한 승리를 선언했다. RPF군은 야만적인 행동을 하거나 민간인을 강제 징집하는 일 따위는 하지 않았지만 소규모의 보복 살해를 수행했다(보복 살해의 희생자는 '겨우' 2만 5,000명에서 6만 명으로 추정된다). RPF군은 새로운 정부를 수립하고 민족 화해와 통합을 강조했으며, 국민에게 스스로를 후투족이나 투치족이 아닌 르완다인으로 생각해줄 것을 촉구했다. 대량학살과 관련하여 13만 5,000명의 르완다인이 투옥되었지만 재판에 회부되거나 유죄 선고를 받은 사람은 거의 없다. RPF군이 승리를 거둔 후 200만 르완다인(주로 후투족)이 인접 국가(특히 콩고와 탄자니아)로 망명을 떠난 반면, 과거에 이웃나라로 망명한 75만의 르완다인(주로 투치족)이 고국으로 돌아왔다(사진 22).

'부족 간 증오' 이상의 어떤 것

르완다와 부룬디에서의 대량학살은 흔히 정치가들이 자신의 이익을 위해 부족 간의 갈등을 부채질한 결과라고 생각되어왔다. 인권감시단(Human Rights Watch)에서 펴낸 책 『살아남아서 그 이야기를 전하는 사람이 아무도 없게 하라: 르완다에서의 대량학살 *Leave None to Tell the Story: Genocide in Rwanda*』에는 이러한 견해가 다음과 같이 요약되어 있다. "이 대량학살은 '부족 간의 해묵은 증오'에 사로잡힌 사람들이 분노에 휩싸여 저지른 일이 아니다. (……) 이것은 현대의 엘리트가 권력 유지를 위해 주도면밀하게 증오와 공포를 조장한 결과이다. 이 특권 그룹은 정치적 반대 세력의 성장을 막기 위해 다수파로 하여금 소수파에 맞서게 했고, 그 후 RPF군이 승리하고 협상이 진행되자 부족 간의 위화감을 대량학살로 연결시키는 전략을 구사했다. 그들은 투치족 제거 운동이 후투족의 단결을 가져다주고 전쟁을 승리로 이끌어주리라 믿었다." 이러한 견해는 틀린 것이 아니며, 르완다의 비극에 대해 많은 것을 설명해준다.

그러나 그밖에 다른 견해를 뒷받침해주는 증거들도 있다. 르완다에는 인구의 1퍼센트를 차지하는 제3의 부족이 있다. 피그미족이라고 불리는 이 부족은 사회 계층과 권력 구조의 최하층에 속해서 그 누구에게도 위협적인 존재가 못 되지만, 그럼에도 불구하고 그들 중 대부분이 1994년의 대량학살 때 살해되었다. 따라서 1994년의 학살은 단지 '후투족 대 투치족'의 문제가 아니라 보다 복잡한 역학 구조가 작용하고 있는 것으로 보인다. 그 당시는 후투족으로만 구성되거나 후투족 위주로 구성된 세 개의 그룹이 서로 경쟁하고 있을 때였다. 하나는 대통령이 속한 그룹이고, 또 하나는 대통령을 살해함으로써 대량학살을 유도한 그룹이며, 나머지 하나는 RPF군 소속의 후투족이다. RPF군의 지도자는 투치족이었지만 그 안에는 후투족도 있었다. 후투족과 투치족의 구별은 흔히 생각하는 것처럼 쉽지 않다. 두 종족은 같은 언어를 사용하고 같은 교회와 학교를 다니며, 같은 마을에 살고 같은 사무실에서 일한다. 후투족과 투치족은 서로 간에 자유로이 결혼도 했고, (벨기에 식민 정부가 신분증 제도를 도입하기 전에는) 소속 부족을 바꾸는 일도 더러 있었다. 후투족과 투치족은 생김새가 다르다고들 하지만 외모만으로 구분이 되지 않는 사람들도 많다. 르완다인의 4분의 1은 후투족과 투치족의 조상을 모두 가지고 있다. 이렇게 두 종족이 서로 섞여 생활한 까닭에 1994년의 대량학살 때에는 수만 건의 비극이 발생했다. 후투족이 자신의 투치족 배우자와 친척, 친구, 동료 및 후견인 등을 보호하려 했기 때문이다. 의사와 환자 간에, 스승과 제자 간에, 이웃 간에, 직장 동료 간에 서로 죽고 죽이는 사건이 발생했다. 개인적인 친분 관계에 있는 투치족을 보호하는 한편 그밖의 투치족을 살해하는 후투족이 많았다. 이런 상황 속에서 어떻게 그토록 많은 르완다인들이 극단주의적인 정치 지도자들의 책략에 곧바로 넘어갈 수 있었을까?

특히 르완다 북서부에서 일어난 사건은 이해하기가 쉽지 않다. 단 한 명의 투치족을 제외하고는 주민이 모두 후투족인 마을에서 대량학살이 일어나 후투족이 후투족을 죽이는 일이 발생했으니 말이다. 비록 인구 대비 사망자 비율은 5퍼센트로 르완다의 다른 지역(11퍼센트)보다 낮은 편이지만, 그렇다 하더라도 '종족 간의 갈등'이라는 불씨도 없는 곳에서 주민의 5퍼센트가 살해된 데에는 분명 이유가 있을 것이다. 또한 1994년의 대량학살로 투치족의 수가 줄어들면서 르완다의 다른 지역에서도 후투족이 후투족을 공격하는 일이 발생했다.

이 모든 사실은 부족 간의 반목 이외에 다른 요인이 있었음을 시사한다.

카나마 부락 : 사태 악화

앞에서도 말했듯이 르완다는 인구밀도가 매우 높은 나라이다. 부룬디도 그렇지만 르완다는 유럽인들이 도래하기 전인 19세기에 이미 많은 인구가 모여 살고 있었다. 강수량이 적당한데다 높은 위도에 위치하고 있어서 말라리아나 체체(tsetse)파리에 시달리지 않아도 되었기 때문이다. 르완다는 매년 3퍼센트의 인구 증가율을 보이고 있는데, 그것은 인접국인 케냐나 탄자니아와 같은 이유(신대륙의 작물 재배, 공중 보건의 향상, 의약품, 국경 분쟁의 해소)에서이다. 1960년대 이래의 부족 간 살상과 망명에도 불구하고 1990년 무렵의 르완다 인구밀도는 1평방마일당 760명꼴이었다. 영국(610명)보다는 높고 네덜란드(950명)보다는 낮은 수치이다. 그러나 영국과 네덜란드에서는 기계화된 영농으로 소수의 농부가 전체 인구에게 필요한 식량을 생산해내는 반면 기계화되지 않은 르완다의 농업은 비효율적이었다. 농부들은 호미와 괭이, 머셰티 등을 사용해 농사를 지었고, 대부분의 농민이 자체적으로 소비하는 곡식 이외의 여유분을 생산해내지 못했다.

독립 이후 인구가 늘어난 르완다는 전통적인 농사법을 고수했고, 농업의 현대화나 다수확 품종의 도입, 농산물 수출 확대, 효율적인 가족계획의 도입에 실패했다. 대신 그들은 산을 개간하고 늪을 메워 새로운 농지를 얻었으며 휴한기를 줄이고 이모작, 삼모작을 통해 수확량을 늘리려 했다. 1960년대와 1973년에 수많은 투치족이 살해당하거나 외국으로 망명하자 그들 소유의 토지가 재분배됨으로써 후투족 농민들은 드디어 자신과 가족을 부양할 수 있게 되었다는 꿈에 부풀었다. 1985년경에는 국립공원 이외의 모든 경작 가능한 땅이 개간되었다. 인구와 농업 생산량이 증가함에 따라 1966년부터 1981년까지의 1인당 식량 생산량이 계속 증가하다가 1981년 이후에 다시 1960년대 초반의 수준으로 뚝 떨어졌다. 이것이 바로 맬서스가 말한 딜레마이다. 식량이 늘어나더라도 인구 역시 늘어나기 때문에 한 사람에게 주어지는 식량은 늘어나지 않는다.

1984년에 르완다를 방문한 내 친구들은 생태학적 재앙의 조짐을 보았다. 가파른 산의 위에서부터 아래까지 모두 개간이 되어 있었던 것이다. 토양 침식을 최소화하기 위한 기본적인 조치, 즉 등고선을 따라 계단식 밭을 만들거나 농경지의 휴한기를 두는 것조차 지켜지지 않고 있었다. 그 결과 토양 침식이 증가했고 하천은 씻겨내려간 흙으로 갈색이 되었다. 한 르완다인에게서 받은 편지에는 "농민들은 아침에 일어나 눈을 뜨면 하룻밤 사이에 자기 밭 전체(또는 곡식이 심어진 표층부)가 빗물에 떠내려가 있거나 이웃집의 밭과 돌덩이들이 떠내려와 자기 밭 위를 뒤덮고 있는 것을 봅니다"라고 씌어 있다. 삼림 파괴는 시냇물을 마르게 했고 규칙적인 강수량을 기대할 수 없게 했다. 1980년대 말에는 기근이 찾아왔으며, 1989년에는 삼림 파괴와 세계적 기후 변화가 초래한 가뭄 때문에 식량이 극도로 부족했다.

벨기에의 경제학자인 카트린 앙드레(Catherine André)와 장 필리프 플라토(Jean-Philippe Platteau)는 환경 및 인구 변화가 르완다 북서부의 후투족 지역인 카나마 부락에 미친 영향을 연구했다. 플라토의 제자인 앙드레는 대량학살 전이지만 상황은 이미 악화되어 있던 1988년과 1993년에 카나마 부락을 방문하여 16개월 동안 그곳에 머물며 자료를 수집했다. 그녀는 그 지역 대부분의 가정을 방문하여 식구 수와 농지 면적, 농사 이외의 일로 버는 수입 등을 조사했다. 그녀는 또한 농지의 매매 및 이전 현황과 중재를 필요로 하는 분쟁 발생 현황을 표로 만들어두었다. 1994년의 대량학살이 있은 후 그녀는 생존자들을 찾아가 후투족의 특정 인물이 같은 후투족에게 살해된 사건의 이면에 무엇이 있는지를 알아보고자 했다. 그런 후에 앙드레와 플라토는 이 모든 자료를 토대로 이 사건이 의미하는 바를 글로 정리했다.

화산 폭발로 인해 토양이 매우 비옥한 카나마에는 인구밀도가 높은 르완다의 기준으로 보더라도 대단히 많은 인구가 모여 살고 있었다. 1988년에 1평방마일당 1,740명이던 인구는 1993년에 2,040명으로 늘어났다(이것은 세계에서 가장 인구밀도가 높은 농업 국가 방글라데시보다 높은 수치이다). 인구밀도가 이렇게 높다는 것은 1인당 경지 면적이 매우 작다는 것을 의미한다. 중간 규모 농장의 경작지가 1988년에는 0.89에이커였지만 1993년에는 0.72에이커로 줄어들었다. 각 농장의 경지는 보통 10개의 구획으로 나뉘어 있었으며, 따라서 농부 한 사람이 경작하는 땅은 어처구니없을 만큼 작았다. 1988년에는 1인당 0.09에이커, 1993년에는 1인당 0.07에이커였던 셈이다.

카나마 부락의 모든 경지는 이미 땅 임자가 있었기 때문에 젊은이들이 결혼하여 새로운 가정을 꾸리고 자기 소유의 농장을 갖기란 쉽지 않았다. 점점 더 많은 젊은이들이 결혼을 늦추고 부모와 함께 살았다. 한 예로 20~25세의 연령층에서 부모와 함께 사는 젊은 여성의 비율은 1988년에서 1993년 사이에 39퍼센트에서 67퍼센트로 늘어났고, 젊은 남성의 비율은 71퍼센트에서 100퍼센트로 증가했다. 1993년 무렵에는 20대 초반의 젊은 남성 중 부모와 함께 살지 않는 사람이 하나도 없었던 것이다. 이러한 상황은 가족 간에 극도의 긴장을 유발하여 결국 1994년의 대량학살 때 폭발했다. 여기에 대해서는 조금 뒤에 설명하기로 한다. 성인이 된 자녀가 집을 떠나지 않게 됨에 따라 각 농가의 평균 구성원 수는 (1988년에서 1993년 사이에) 4.9명에서 5.3명으로 늘어났다. 그 사이에 농지가 0.89에이커에서 0.72에이커로 줄어들었음을 감안할 때 1인당 경지 면적은 더욱 줄어들었으리라는 것을 알 수 있다. 줄어드는 경지 면적을 늘어나는 농장 인구 수로 나누어보면 1988년의 1인당 경지 면적은 0.22에이커가 되고 1993년의 1인당 경지 면적은 0.14에이커가 된다.

그토록 좁은 땅에서 나는 소산으로 카나마 주민 전체가 굶지 않고 살아갈 수 있다는 것은 불가능한 일이다. 평균 칼로리 섭취량이 낮은 르완다의 기준에서 보더라도 각 농가에서 수확하는 곡식으로는 필요한 칼로리 섭취량의 77퍼센트밖에 섭취할 수 없다. 부족한 식량은 목수일을 하거나 벽돌을 굽거나 장사를 해서 얻는 수입으로 사와야 했다. 전체 농가의 3분의 2는 그런 과외 수입이 있었지만 3분의 1은 과외 수입이 없었다. 하루에 1,600칼로리(기아 수준 이하로 간주된다) 미만을 섭취하는 인구의 비율은 1982년에 9퍼센트였다가 1990년에 40퍼센트로 늘어났으며, 그 후로 아마 더 많이 늘어났을 것이다.

카나마 부락과 관련하여 지금까지 인용한 수치는 모두 평균치이기 때문에 그것만으로는 가난한 사람들의 실상이 어떠한지를 다 알지 못한다. 어떤 사람들은 다른 사람들에 비해 더 큰 농장을 소유했는데, 1988년에서 1993년 사이에 빈부 격차는 더욱 심해졌다. '아주 큰' 농장의 경지가 2.5에이커 정도 되고, '아주 작은' 농장의 경지가 0.6에이커 정도 되었다(몬태나에서 한 가족을 부양하기 위해 40에이커의 경지가 필요하다고 했던 것을 생각할 때 이는 터무니없이 작은 숫자이다). 1988년에서 1993년 사이에 '아주 큰' 농장의 비율은 5퍼센트에서 8퍼센트로 늘고 '아주 작은' 농장의 비율은 36퍼센트에서 45퍼센트로 늘었다. 즉 카나마 공동체가 부유층과 빈곤층으로 양분되고 중간층이 줄어든 것이다. 가장들 중 연배가 높은 층은 젊은 층에 비해 더 부유했고 더 큰 농장을 가지고 있었다. 50대의 가장은 평균적으로 2.05에이커의 경지를 소유한 데 반해 20대의 가장은 0.37에이커를 소유했을 뿐이다. 물론 나이 많은 가장의 경우 부양할 식구도 더 많은 것이 사실이지만 그렇다고 하더라도 젊은 가장에 비해 가족 구성원 1인당 3배나 더 많은 토지를 소유하고 있었던 것이다.

역설적이게도 농사 이외의 일로 버는 수입은 대형 농장의 주인이 더 많았다. 과외의 수입이 있는 농장의 평균 경작지는 1.3에이커인 데 반해 과외 수입이 없는 농장의 평균 경작지는 0.5에이커였다. 경작지가 적을수록 더 많은 수입이 필요하겠지만 대형 농장에는 과외 수입이 있는 반면 소규모 농장에는 과외 수입이 없는 역설적인 상황이 발생한 것이다. 이 때문에 카나마 공동체의 빈부 격차는 더욱 벌어졌다. 부자는 더욱 부유해졌고 가난한 자는 더욱 가난해진 것이다. 르완다에서는 소규모 농장의 소유주는 땅을 팔 수 없도록 법으로 정해져 있다. 그러나 실제의 경우에는 땅을 파는 일이 곧잘 벌어진다. 소규모 농장의 소유주는 식량이 부족하거나 병원비, 변호사비, 뇌물 등을 마련해야 할 때, 또는 세례식이나 결혼식, 장례식 등을 치러야 할 때 주로 땅을 판다. 반면 대형 농장의 소유주가 땅을 파는 것은 멀리 있는 땅을 팔아서 가까운 곳의 땅을 사는 등 주로 농장의 효율성을 높이기 위해서이다.

대형 농장의 소유주는 농사를 지어 얻는 수입 이외에도 다른 일로 얻는 과외의 수입이 있기 때문에 그 돈으로 소규모 농장의 소유주로부터 땅을 사들임으로써 더욱 큰 농장을 소유하게 되는 반면, 소규모 농장에서는 대형 농장에 땅을 팔아 경작지가 더욱 줄어들었다. 대형 농장의 소유주는 자신의 땅을 팔면 거의 언제나 다른 땅을 사들였다. 그러나 소규모 농장의 소유주는 자기 땅을 팔더라도 다른 땅을 사들이지 못했는데, 그런 사람들이 1988년에는 35퍼센트였고 1993년에는 49퍼센트로 늘어났다. 과외의 수입을 기준으로 토지 매매 현황을 살펴볼 때 과외 수입이 있는 농장에서는 모두 땅을 사들였으며, 다른 땅을 사들이지 않고 자기 땅을 팔기만 한 곳은 한 군데도 없었다. 반면 과외 수입이 없는 농장의 경우에는 땅을 매입한 농장이 전체 농장의 13퍼센트에 불과했고, 다른 땅을 사들이지 않고 자기 땅을 팔기만 한 농장은 65퍼센트나 되었다. 여기에서도 더 많은 땅이 필요한 소규모 농장은 돈이 필요할 때 대형 농장에 땅을 팔아 농장 규모가 더욱 줄어들고, 대규모 농장은 과외 수입이라는 여유 자금을 가지고 소규모 농장의 땅을 사들여 더욱 넓은 농지를 소유하게 되는 역설이 발생한다. 여기서 대형 농장이란 르완다의 기준에서 볼 때 대형이라는 점을 염두에 두어야 할 것이다. '대형 농장' 이란 '경작지가 1~2에이커 이상인 농장' 을 의미한다.

이렇게 카나마 부락은 주민 대부분이 절망적인 빈곤과 기아에 시달렸다. 그러나 어떤 사람들은 다른 사람들보다 더 심한 빈곤과 기아에 시달렸다. 그리고 몇몇 사람들은 보다 덜 절망적인 상황에 처해 있었던 데 반해 대부분은 점점 더 절망적인 빈곤 속으로 빠져들어갔다. 이러한 상황 속에서 중재자를 필요로 하거나 소송으로까지 이어지는 심각한 분쟁이 빈번하게 발생한 것도 무리가 아니다. 매년 각 가정에는 제3자의 조정을 필요로 하는 심각한 분쟁이 한 건 이상 발생했다. 앙드레와 플라토는 사건 당사자나 중재자의 설명을 통해 그러한 분쟁 226건의 원인을 살펴보았다. 그들의 설명에 따르면 중재를 필요로 하는 심각한 분쟁은 대부분 토지 다툼이 그 원인이 되었다. 토지 자체를 사이에 둔 분쟁(전체의 43퍼센트)도 있었고, 토지가 원인이 되어 가족들 간에 싸움이 벌어진 경우도 있었으며, 굶주리다 못해 남의 것을 훔친 경우도 있었다. 그중 세 번째 경우는 현지에서 '배고파서 저지른 도둑질'로 알려져 있는데, 이런 사건은 토지도 없고 과외 수입도 없는 극도로 가난한 사람들이 달리 방법이 없어 저지르게 된다(전체 분쟁 사건의 7퍼센트가 이 경우에 해당하며, 전체 가정의 10퍼센트가 이런 사건에 연루되었다).

토지 다툼은 르완다 사회의 전통적인 응집력에 균열을 일으켰다. 전통적으로 르완다 사회에서는 부유한 지주가 가난한 친척들을 돌보아왔다. 그러나 부유한 지주들조차 가난한 친척을 돌볼 경제적인 여유가 없었기 때문에 이러한 보호 체제가 무너지고 말았다. 그리하여 이혼한 여자나 미망인, 고아, 어린 이복형제 같은 사회적 약자들이 희생되었다. 전남편이 이혼한 부인과 그 자녀의 생계를 돌보아주지 않을 경우 예전 같으면 그 부인이 친정으로 돌아가 살았지만 이제는 친정의 남자 형제들이 생활고로 인해 그녀를 반기지 않게 된 것이다. 그녀는 딸들만 데리고 친정으로 돌아온다. 전통적으로 아들에게만 유산이 분배되는 르완다 사회에서 딸은 친정의 남자 형제들에게 유산 상속의 경쟁자로 느껴지지 않을 것이기 때문이다. 아들들은 전남편에게 맡기고 오지만 그들은 친척들의 반대로 토지를 물려받지 못하기가 쉽다. 미망인 역시 시댁이나 친정으로부터의 도움을 기대할 수 없다. 양가의 친척들은 그녀의 아들들을 유산 상속의 경쟁자로 여겨 그들을 받아들이려 하지 않기 때문이다. 고아들은 전통적으로 친가의 조부모가 돌보아왔지만, 조부모가 사망할 경우 삼촌들은 그들에게 유산 분배를 허락지 않거나 쫓아내려고 했다. 또한 아버지가 여러 부인을 거느리고 있거나 재혼해서 새로운 자녀를 둔 경우 이복형제들에게 내쫓겨 유산을 물려받지 못하게 되었다.

가장 고통스러운 토지 다툼은 아버지와 아들 사이에 발생하는 분쟁이다. 전통적으로 아버지가 사망할 경우 토지는 전부 맏아들이 물려받아서 남은 가족의 생계를 책임지도록 되어 있었다. 그러나 토지가 줄어들면서 아버지들은 본인 사후에 식구들 간에 토지를 둘러싼 다툼이 벌어지는 것을 예방하기 위해 점차로 아들들 모두에게 토지를 고루 분배해주게 되었다. 그러나 아들마다 요구하는 분량이 달랐다. 형이 먼저 결혼을 하면서 땅을 많이 물려받는 것에 대해(동생들이 결혼하게 될 즈음에는 땅의 일부가 팔려서 줄어들어 있기가 쉽다) 동생들은 불만을 가질 수밖에 없다. 동생들은 공평한 분배를 요구하며 형이 결혼할 때 땅을 물려받는 것에 대해 반대한다. 또한 르완다에서는 전통적으로 막내아들이 노부모를 모시기 때문에 막내아들은 더 많은 땅을 요구한다. 그리고 남자 형제들은 여자 형제들이나 막내가 부모의 노후를 돌보는 대가로 더 많은 땅을 물려받지나 않을까 의심하며 그들을 내쫓으려 한다. 아들들은 아버지가 노후를 대비해 남겨둔 땅이 너무 많다며 자신들에게 더 많은 땅을 분배해줄 것을 요구한다. 반면 아버지들은 노후에 자신들의 몫으로 남겨진 땅이 너무 줄어들까 봐 아들들의 요구를 들어주지 않는다. 이러한 모든 분쟁은 결국 중재나 재판을 필요로 하게 된다. 아버지와 아들이, 형제와 자매가, 삼촌과 조카가 서로를 고소하는 일이 벌어지는 것이다. 이러한 분쟁으로 인해 가족의 유대는 끊기고 가까운 친척이 경쟁자 내지 원수로 변하게 된다.

카나마 부락: 폭발

1994년의 대량학살이 일어난 배경에는 사회 구성원 간의 이런 고질적이고 점차로 심해지는 갈등이 존재했다. 1994년 이전에도 폭행과 절도가 증가하는 추세였는데, 그런 범행을 저지른 사람은 주로 땅도 없고 과외 수입도 없는 젊은이들이었다. 21~25세 연령층의 범죄율을 지역별로 살펴보면 인구밀도가 높고 칼로리 섭취량이 적은 지역에서 상대적으로 더 높은 범죄 발생률을 보였음을 알 수 있다.

1994년 이후에 앙드레는 그 당시 카나마 주민들에게 어떤 일이 일어났는지를 조사하기로 했다. 그녀는 살해된 사람이 전체 주민의 5.4퍼센트인 것을 알았다. 그러나 생사가 확인되지 않은 사람도 많았으므로 사망자 수가 더 늘어날 여지는 많다. 어쩌면 르완다 전역의 평균 사망자 비율인 11퍼센트에 육박할 수도 있을 것이다. 한 가지 분명한 점은 후투족만 사는 마을의 사망자 비율이 후투족과 투치족이 섞여 사는 다른 마을의 절반에 이른다는 것이다.

카나마 부락의 희생자 중 한 사람을 제외한 전원이 다음의 여섯 가지 범주에 해당한다. 첫째는 투치족 미망인이다. 그녀에게는 죽임을 당할 만한 이유가 많았으므로 반드시 투치족이기 때문에 살해되었다고 보기는 어렵다. 우선 그녀는 많은 땅을 물려받았고, 여러 건의 토지 분쟁에 연루되었으며, 후투족 남편의 여러 부인들 중 한 사람이었고, 사망한 남편은 이미 이복형제들에게 땅을 빼앗긴 상태였다.

또 다른 두 개의 범주에 해당하는 사람들은 대형 농장을 소유한 후투족이다. 그중 대다수는 아들과의 사이에 토지 분쟁이 벌어질 만한 연배인 50대의 가장이고, 나머지는 과외의 수입으로 땅을 매입하여 주위의 시샘을 산 젊은이들이다.

네 번째 범주에 해당하는 이는 온갖 종류의 토지 분쟁에 관여하고 마을에 문제를 일으킨 사람들이다.

다섯 번째 범주에 해당하는 이는 젊은 층과 아이들, 특히 굶주림에 시달리다 못해 자원입대한 사람들이다. 이런 사람들은 많지 않은 것처럼 보이지만, 그것은 누가 어느 부대에 소속해 있었는지에 대해 자세히 캐묻는 것이 매우 위험한 일인 만큼 자세히 조사하지 못한 데 그 원인이 있다.

여섯 번째 범주에 속하는 희생자의 수가 가장 많다. 이들은 토지가 거의 없고 과외 수입도 없는 가난한 사람들로, 영양실조에 걸려 체력이 극도로 약해졌거나 도로를 봉쇄한 군인들에게 뇌물을 줄 형편이 못 되었거나 돈이 없어서 식량을 구하지 못한 사람들이다.

상황이 이러했기에 앙드레와 플라토가 말한 것처럼 "1994년의 대량학살은 토지 재분배의 기회를 제공했다. [……] 인구 과잉의 문제를 해결하고 각자 적당한 규모의 토지를 얻기 위해서 전쟁이 필요하다고 말하는 르완다인이 지금도 드물지 않다."

사건 발생의 근본 원인

나는 위 인용구에 나오는 르완다인의 말에 깜짝 놀랐다. 일반인이 인구 압력과 대량학살의 직접적인 연관 관계를 알아차리기란 쉽지 않은 일이라고 생각했었기 때문이다. 나는 비참한 상황에 빠진 사람들을 금방이라도 폭발할 듯한 상태로 몰아넣는 근본 원인으로 인구 압력과 인간으로 인한 환경 파괴, 가뭄 등을 생각해왔다. 폭발이 일어나려면 화약에 불을 붙여야 한다. 르완다의 대부분의 지역에서 도화선 역할을 한 것은 권력을 유지할 목적에서 정치가들이 부추긴 '종족 간의 증오'였다(내가 여기서 '대부분의 지역'이라 한 것은 카나마 부락의 경우, 종족 간의 증오 없이도 비슷한 결과가 나온다는 것을 보여주기 때문이다). 동아프리카를 연구하는 프랑스 학자 제라르 프뤼니에(Gérard Prunier)는 이렇게 말했다. "물론 정치가들은 정치적인 이유에서 대량학살의 결정을 내린다. 그러나 가족이 딸린 보통 사람들이 이런 일을 그토록 철저히 수행한 데에는 땅은 너무 작고 사람은 너무 많다는, 그리하여 사람 수가 줄어들면 생존자들이 차지하게 될 땅이 늘어나리라는 생각이 일부분이나마 작용했다고 보아야 할 것이다."

앙드레와 플라토, 그리고 프뤼니에의 견해에 대한 반론이 없지는 않았다. 그러한 반론은 흔히 '생태적 결정론'이라 불리는 지나치게 단순화된 견해에 대한 반작용이기도 하다. 예를 들어 대량학살이 시작된 지 10일 만에 미국의 한 신문에서는 이 사건을 르완다의 높은 인구밀도와 연관 지어 "이러한 대량학살은 우리나라에도 충분히 일어날 수 있는 일"이라는 기사를 실었던 것이다. 지나치게 단순화된 견해는 그 자체뿐만 아니라 앙드레와 플라토, 프뤼니에, 그리고 내가 제안하는 보다 복합적인 견해에 대해서도 부정적인 반응을 유발하는데, 그것은 다음과 같은 세 가지 이유로 인해서이다.

첫째, 대량학살의 발생 원인을 '설명'하려는 어떠한 시도도 '변명'으로 곡해될 수 있다는 점이다. 그러나 한 가지 요소로 설명하든 73가지의 복합적인 요소로 설명하든, 그로 인해 대량학살을 주도한 자들의 개인적 책임이 달라지는 것은 아니다. 사람들은 대개 설명을 변명으로 혼동하기 때문에 설명하기를 꺼리지만, 그러나 대량학살의 원인을 규명하는 것은 중요한 일이다. 이는 살인자들의 책임을 면해주기 위해서가 아니라 르완다나 그밖의 지역에서 같은 사건이 재발하는 것을 방지하기 위해서이다. 나치의 유대인 학살 원인을 조사하거나 연쇄살인범과 강간범의 심리를 연구하는 사람들이 있는 것도 비슷한 맥락이다. 그들이 이런 일을 수행하는 것은 히틀러와 연쇄살인범, 강간범 등의 책임을 경감시켜주기 위해서가 아니라 그런 일들이 발생한 원인을 밝혀서 같은 일의 재발을 방지하기 위해서이다.

둘째, 인구 압력만으로 르완다의 대량학살을 설명하려는 단순한 견해는 마땅히 거부되어야 한다. 대량학살이 일어난 배경에는 인구 압력 이외의 다른 요인들도 작용했기 때문이다. 그중 중요하다고 생각되는 요인들에 대해서는 이 장에서 이미 소개했으며, 르완다 전문가들이 이것을 주제로 쓴 책과 논문들을 이 책 뒷부분의 참고문헌란에 제시해두었다. 인구 압력 이외에 대량학살의 배경이 된 다른 요인들을 그 중요도에 상관없이 다시 한 번 짚어보면 르완다에서 오랜 세월 투치족이 후투족을 지배한 사실과 르완다에서는 소규모, 부룬디에서는 대규모의 후투족 살해를 투치족이 자행했었다는 것, 외국에 망명한 투치족의 르완다 침략, 가뭄과 세계적 요인(특히 커피 가격 하락과 세계은행의 긴축 정책)으로 인한 르완다의 경제 위기, 거리로 내몰린 르완다 젊은이들의 군 입대, 정치 단체 간의 권력 투쟁 등을 들 수 있다. 인구 압력은 이러한 요인들에 더해진 한 가지 요인에 불과하다.

셋째, 르완다의 대량학살이 인구 압력과 연관이 있다고 해서 인구 압력이 자동적으로 대량학살을 유발한다고 생각해서는 안 될 것이다. 인구 압력이 필연적으로 대량학살을 불러온다는 견해에 반대하는 사람들에 대해 나는 "물론!"이라고 대답할 것이다. 르완다보다 훨씬 인구밀도가 높은 세 나라, 네덜란드와 다민족 국가인 벨기에, 그리고 방글라데시(1971년 이후로 방글라데시에서는 대량학살이 거의 사라졌다)의 경우에서 보듯 인구 압력이 반드시 대량학살로 이어지는 것은 아니다. 인구밀도가 르완다의 6분의 1밖에 안 되었던 1970년대의 캄보디아 사태와 제2차 세계대전 당시 히틀러의 유대인 말살 정책의 예에서 보듯 대량학살은 인구 압력 이외의 다른 이유로 인해 발생하기도 하는 것이다.

르완다의 경우 인구 압력은 대량학살을 초래한 중요한 요소들 중 하나일 뿐이다. 맬서스가 예견한 최악의 시나리오가 현실로 나타날 때가 더러 있는데, 르완다의 사례가 바로 그렇다고 할 수 있다. 인구 과잉과 환경 파괴, 기후 변화 등의 문제는 언제까지나 잠복 상태로 대기하는 것은 아니다. 우리가 해법을 모색하지 않는 한 르완다나 그밖의 다른 나라에서 나타난 것과 같은 방식으로 표출되게 마련이다. 제2장에서 언급한 이스터 섬과 망가레바, 마야의 붕괴 역시 비슷한 경우일 것이고, 미래에도 이런 문제들을 해결하지 못해 재앙을 맞이하는 나라가 있을 것이다. 어쩌면 해마다 3퍼센트씩 인구가 늘어나는 르완다에 또다시 재앙이 찾아올지도 모른다. 르완다에서는 여자들이 보통 열다섯 살에 첫아이를 출산하고, 가구당 평균 자녀 수가 5~8명에 이른다.

'맬서스적 위기' 라는 말은 추상적이어서 수백만의 르완다인이 겪은 끔찍하고 잔인한 사건을 제대로 전달하지 못한다. 따라서 그 사건의 목격자와 생존자의 말을 직접 인용하기로 한다. 목격자는 제라르 프뤼니에로, 그는 이렇게 말했다.

"살해된 사람들은 모두 토지 소유자이며, 그중에는 소를 가진 사람도 있었다. 누군가 이 토지와 소를 가져야 했기에 그 임자를 죽인 것이다. 빈곤과 인구 과잉에 시달리는 나라에서 이것은 무시할 수 없는 동기를 제공했다."

생존자는 프뤼니에가 인터뷰한 사람은 투치족 교사로, 살인자들이 들이닥쳤을 때 마침 집에 없었기 때문에 목숨을 건졌다. 하지만 그의 아내와 다섯 자녀는 모두 살해당했다. 다음은 그가 한 말이다.

"아이들에게 신발을 신겨 학교에 보낼 형편이 안 되는 사람들이 신발을 사줄 여유가 있는 사람들을 죽였다."

제11장

하나의 섬, 두 민족, 두 역사:

도미니카 공화국과 아이티

두 나라의 차이점

현대 사회의 제반 문제에 관심이 있는 사람들일지라도 플로리다 남동쪽의 카리브 해에 위치한 히스파니올라 섬 위의 두 나라, 도미니카 공화국과 아이티 사이의 약 190킬로미터에 걸친 국경선을 이해하기란 쉬운 일이 아니다(지도 참조). 히스파니올라 섬 상공에서 아래를 내려다보면 임의로 구불구불하게 자른 듯한 국경선 사이로 동쪽(도미니카 공화국)은 짙은 녹색이고, 서쪽(아이티)은 엷은 녹색에 갈색이 섞인 풍경이 펼쳐진다. 국경선 지역에 서서 동쪽으로 고개를 돌리면 소나무숲이고, 서쪽으로 고개를 돌리면 나무가 없는 허허벌판이다.

국경선에서 바라본 이 대조적인 풍경이 두 나라의 차이점을 대변한다. 원래는 두 나라 모두 숲이 울창했다. 히스파니올라 섬에 상륙한 최초의 유럽인들이 이 섬에서 받은 인상도 숲이 우거져서 귀한 목재를 많이 얻을 수 있겠다는 것이었다. 두 나라 모두 점차 삼림이 파괴되어갔지만 그중에서도 아이티는 특히 심해서(사진 23, 24) 보호·육성되고 있는 삼림이 일곱 군데에 불과하며, 그중 두 곳은 국립공원임에도 불구하고 불법 벌채가 횡행하고 있다. 오늘날 도미니카 공화국은 녹지가 전국토의 28퍼센트인 데 반해 아이티는 1퍼센트에 불과하다. 도미니카

히스파니올라 섬

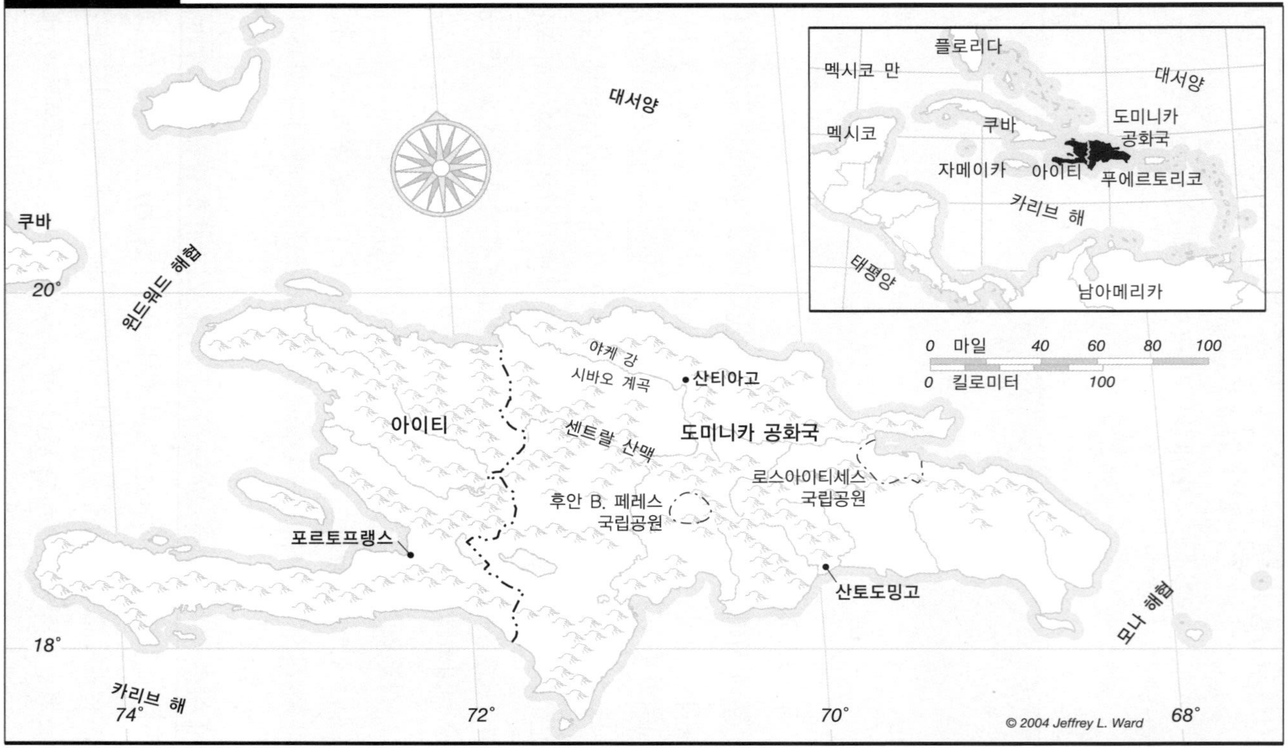

대서양
쿠바
윈드워드 해협
20°
18°
카리브 해
74°
72°
70°
68°
아이티
도미니카 공화국
야케 강
시바오 계곡
산티아고
센트랄 산맥
후안 B. 페레스
국립공원
로스아이티세스
국립공원
포르토프랭스
산토도밍고
모나 해협
0 마일 40 60 80 100
0 킬로미터 100
플로리다
멕시코 만
멕시코
쿠바
자메이카
아이티
도미니카
공화국
푸에르토리코
카리브 해
태평양
남아메리카
© 2004 Jeffrey L. Ward

사진 23 히스파니올라 섬의 동쪽을 차지하고 있는 도미니카 공화국은 아이티보다 훨씬 풍요롭다. 부분적으로 재조림된 농지가 눈에 띈다.

공화국은 대도시인 산토도밍고와 산티아고 사이의 비옥한 평야지대에조차 놀라우리만큼 숲이 우거져 있다. 다른 나라의 경우와 마찬가지로 아이티와 도미니카 공화국에서도 삼림 파괴는 민둥산과 토양 침식, 토질 비옥도의 저하로 나타나고, 하천 바닥에 침전물이 쌓이며 분수계가 훼손되어 수력 발전이 불가능해지고 강수량이 줄어드는 결과를 낳는다. 이 모든 문제들은 도미니카 공화국보다 아이티에서 더 심각한 양상을 띤다. 그러나 아이티의 경우 보다 긴급한 문제는 아이티 주민들이 음식을 조리하는 데 사용하는 주된 연료인 숯을 만들 목재가 부족하다는 것이다.

두 나라는 녹지 면적이 차이 나는 만큼이나 경제 면에서도 차이가 난다. 아이티와 도미니카 공화국 모두 가난한 나라로, 예전에 유럽의 식민지였던 열대 지역 나라들 대부분이 그러하듯 부패하고 무능한 정부와 질병, 온대 지역보다 낮은 농업 생산성 등의 문제를 안고 있다. 이 모든 문제와 관련하여 보다 상태가 심각한 쪽은 아이티이다. 아이티는 신대륙의 최빈국이며, 아프리카 국가들을 제외하고는 세계에서 가장 가난한 나라 중 하나이다. 아이티의 부패한 정부는 최소한의 서비스만을 제공하기에 국민 대다수는 전기와 상 · 하수도, 의료 및 교육의 혜택을 받지 못하고 산다. 아이티는 신대륙에서 인구가 가장 조밀한 나라로, 이웃나라인 도미니카 공화국과 비교해도 인구밀도가 훨씬 높다. 면적은 히스파니올라 섬의 3분의 1에 불과한데, 인구는 3분의 2(1,000만 명가량)나 되어 평균 인구밀도가 1평방마일당 1,000명에 달한다. 아이티 국민의 대부분은 자급농(subsistence farmers)이며, 아이티의 시장경제는 빈약하다. 주요 수출 품목으로 커피와 설탕이 있고, 수출 자유지역에서 2만 명에 불과한 공원이 저임금에 시달리며 의류 및 기타 수출 상품을 생산하고 있으며, 외국인 관광객들을 위한 해안 휴양지는 아이티의 문제들로부터 고립되어 있고, 콜롬비아에서 미국으로 밀반출되는 대량의 마약이 아이티를 거쳐간다. 시골에 살거나 수도인 포르토프랭스의 슬럼가에 사는 가난한 대중과 포르토프랭스의 중심지에서 차로 30분 거리에 있는 서늘한 산간 교외 지역 페티옹빌에 살면서 값비싼 프랑스 요리와 고급 와인을 즐기는 소수의 부유층 엘리트 사이에는 깊은 간극이 가로놓여 있다. 아이티의 인구 성장률과 AIDS · 결핵 · 말라리아 등의 질병 감염률은 신대륙 국가들 중 최고이다. 아이티를 방문한 사람들은 과연 이 나라에 희망이 있을까 하고 자문해보지만 대부분의 경우 '없다'는 결론에 도달한다.

도미니카 공화국 역시 아이티와 마찬가지의 문제를 안고 있는 개발도상국이지만, 아이티보다는 더 발달했고 문제의 심각성도 덜하다. 또한 아이티와 비교했을 때 인구밀도 및 인구 성장률은 낮은 반면 1인당 국민소득은 5배나 높다. 지난 38년 동안 군부대의 개입 없이 명목상으로나마 민주주의 체제를 유지해왔으며, 1978년부터는 대통령 선거를 통해 현직 대통령이 물러나고 새로운 인물이 대통령에 취임하기도 했다. 경제도 호황 국면에 들어서서 광물(과거에는 보크사이트를 수출했고, 최근까지만 해도 금을 수출했으며, 현재는 철과 니켈을 수출하고 있다)과 수

사진 24 히스파니올라 섬의 서쪽을 차지하고 있는 아이티는 아메리카 대륙에서 가장 가난한 나라이다. 완전히 벌거숭이로 변한 삼림.

출 자유 지역에서 20만 공원이 제조하는 공산품, 커피·카카오·담배·화훼·아보카도(도미니카 공화국은 세계 3위의 아보카도 수출국이다) 등의 농산물 등을 수출하여 외화를 벌어들이고 있으며, 통신 및 관광 분야 역시 외화 획득에 기여하고 있다. 수십 개의 댐에서는 수력 발전이 이루어지고 있으며, 또한 미국의 스포츠팬이라면 잘 알겠지만 도미니카 공화국은 훌륭한 야구선수들을 양성하여 해외로 수출하고 있다(이 책의 초고를 쓰던 무렵에도 2003년의 아메리칸 리그 결승전에서 내가 좋아하는 팀인 보스턴 레드삭스 소속의 도미니카 투수 페드로 마르티네스가 연장전에서 뉴욕 양키즈를 이겨 나를 놀라게 했다). 미국에서 명성을 떨친 도미니카의 야구선수들로는 알루 형제와 호아킨 안두하르, 조지 벨, 아드리안 벨트레, 리코 카티, 마리아노 던컨, 토니 페르난데스, 페드로 게레로, 후안 마리칼, 호세 오페르만, 토니 페냐, 알렉스 로드리게스, 후안 사무엘, 오지 버질, 그리고 물론 '홈런 왕' 새미 소사가 있다. 도미니카 공화국의 도로 곳곳에는 가까운 야구경기장을 안내하는 도로 표지판이 붙어 있다.

양국의 차이점은 두 나라의 국립공원 제도에서도 잘 드러난다. 아이티의 국립공원은 네 군데에 불과한데, 그나마 나무를 베어 숯을 만들고자 하는 농부들 때문에 훼손된 상태이다. 반면 도미니카 공화국은 국토의 32퍼센트에 이르는 드넓은 지역에 74군데의 국립공원 내지 자연보호 구역이 지정되어 온갖 동물의 서식지가 잘 발달해 있다. 물론 예산 문제 등 어려움이 없지는 않지만, 시급히 해결해야 할 다른 중요한 문제들도 많은 이 가난한 나라에서 자연보호를 위해 이만큼 노력한다는 것은 매우 인상적이다. 도미니카 공화국의 자연보호 제도는 도미니카인들로 구성된 여러 비정부 기구의 활동을 포함, 토착민들의 활발한 자연보존 운동으로 이루어진 결과이다.

아이티와 도미니카 공화국은 같은 섬에 위치하고 있으면서도 녹지와 경제, 자연보호 제도 면에서 이렇게 차이가 난다. 이 두 나라 모두 유럽의 식민지였고 미국의 점령지였으며, 가톨릭과 부두교(아이티에 특히 두드러진다)가 혼재하고, 아프리카계와 유럽계가 섞여 살고 있다(아프리카계의 비율이 더 높게 나타나는 곳은 아이티이다). 그리고 역사상 세 번에 걸쳐 하나의 식민지 또는 하나의 국가로 통합되었다.

이런 여러 가지 공통점에도 불구하고 두 나라는 매우 대조적인데, 과거에 아이티가 도미니카 공화국보다 더 부강한 나라였음을 고려하면 양국의 대조는 더욱 두드러진다. 아이티는 19세기에 수차례에 걸쳐 도미니카 공화국을 침략했으며, 도미니카 공화국은 22년간 아이티에 병합되었다. 그렇다면 오늘날 두 나라의 운명은 왜 이리 달라졌을까? 아이티는 왜 도미니카 공화국보다 더 급격히 쇠퇴해갔을까? 자연환경이 서로 달라서 빚어진 결과라고 말할 수도 있겠지만, 그것만으로는 충분치 않다. 그보다는 오히려 두 나라의 역사와 제도, 국민성, 스스로가 규정한 정체성 및 최근의 정치 지도자들이 서로 다르기 때문이라고 해야 할 것이다. '환경 결정론'을 주장하는 사람들에게 도미니카 공화국과 아이티의 대조적인 역사는 해독제가 되어줄 것이다. 물론 환경이 사회에 제한을 가하는 것은 사실이지만 사회의 반응 역시 어떤 차이를 만들어낸다. 또한 정치 지도자들이 어떤 일을 행하거나 행하지 않음으로써 사회가 달라지기도 한다.

이 장에서는 먼저 도미니카 공화국과 아이티가 어떤 정치적·경제적 경로를 거쳐 오늘날과 같이 대조적인 면을 보이게 되었는지, 그리고 어떤 이유로 인해 각기 다른 경로를 거치게 되었는지를 살펴보기로 한다. 그런 후에 하의상달 방식의 접근법과 상의하달 방식의 접근법이 혼합된 도미니카 공화국의 환경 정책을 논하고, 마지막 결론 부분에서 환경 문제의 현주소와 히스파니올라 섬에 위치한 두 나라의 미래와 희망, 그리고 두 나라가 서로 간에 또 세계에 미치는 영향을 살펴보기로 한다.

역사

1492년, 콜럼버스가 처음 대서양을 횡단하여 히스파니올라 섬에 도착했을 때 그곳에는 이미 5,000년간 아메리카 원주민이 살고 있었다. 섬의 주민은 '타이노'라 불리던 아라와크 원주민들로, 그들은 5개의 부족 국가를 이루어 살고 있었는데 그 수가 50만(10만~200만)가량이었다. 평화롭게 생활해온 이들은 콜럼버스 일행에게 우호적이었으나 콜럼버스가 이끌고 온 에스파냐인들은 그들을 함부로 대했다.

타이노족으로서는 금을 가지고 있었던 것이 불행의 시작이었다. 금에 욕심을 내면서도 직접 광산에 들어가기를 꺼려했던 에스파냐인들은 자기들끼리 섬과 그곳 주민들을 분배하여 각자의 소유로 삼은 후 인디언들을 노예처럼 부렸고, 그들에게 유라시아의 질병을 옮겼으며, 그들을 살해했다. 콜럼버스가 이 섬을 발견한 지 27년이 되는 1519년 무렵에는 원래 50만에 달하던 섬의 인구가 1만 1,000명으로 줄어 있었는데, 그 해에 천연두가 창궐하여 다시 3,000명으로 줄어들었다. 3,000명의 생존자는 서서히 죽어가거나 그 후 수십 년에 걸쳐 에스파냐인들에게 동화되어갔다. 그리하여 에스파냐인들은 노동력을 제공할 노예들을 다른 곳에서 찾게 되었다.

1520년 무렵 에스파냐인들은 히스파니올라 섬이 사탕수수 재배지로 적합하다는 것을 알고 아프리카에서 노예를 수입하기 시작했다. 히스파니올라 섬은 사탕수수 농장 덕분에 16세기 대부분의 기간 동안 세계에서 가장 부유한 식민지였다. 그러나 에스파냐인들은 점차 히스파니올라 섬에 대한 관심을 잃어갔다. 그렇게 된 데에는 여러 가지 이유가 있지만 아메리카 본토에서 보다 인구도 많고 부유한 사회를 발견했기 때문이다. 특히 멕시코와 페루, 볼리비아는 인구가 많아 노동력 확보에 유리하고 정치적으로도 히스파니올라 섬보다 발전해 있어서 통치하기가 편했다. 또한 볼리비아에는 은이 풍부했다. 그리하여 에스파냐인들의 관심은 히스파니올라 섬에서 다른 곳으로 옮겨가게 되었다. 특히 아프리카에서 노예를 사들여 식민지로 수송해오는 것보다는 아메리카 원주민을 정복하여 그들의 노동력을 활용하는 편이 비용이 적게 들었다. 게다가 영국, 프랑스, 네덜란드의 해적들이 카리브 해에 출몰하여 히스파니올라 섬의 에스파냐인 거주지를 습격했으며, 에스파냐는 국운이 쇠하여 정치적 · 경제적으로 내리막길을 걷기 시작했다.

그런 가운데 프랑스 해적과 함께 등장한 프랑스의 무역상들과 탐험가들이 히스파니올라 섬에 상륙하여 에스파냐인 밀집 지역에서 멀리 떨어진, 섬의 서쪽 끝에 정착하게 되었다. 에스파냐보다 훨씬 부강해진 프랑스는 노예를 수입하여 섬의 서쪽에 농장을 만들기 시작했으며, 이때부터 섬의 서쪽과 동쪽은 서로 다른 길을 걷게 되었다. 1700년대에 히스파니올라 섬의 에스파냐 식민지는 인구도 적고 노예도 별로 없었으며, 주민들은 소떼를 쳐서 그 가죽을 팔아 생활했다. 반면 프랑스 식민지는 인구도 훨씬 많고 노예도 많았으며(1785년 당시 히스파니올라 섬의 에스파냐 식민지에 3만 명, 프랑스 식민지에 70만 명의 노예가 있었다), 노예가 아닌 사람의 비율은 훨씬 낮았고(에스파냐 식민지에는 85퍼센트, 프랑스 식민지에는 10퍼센트), 사탕수수 농장을 기반으로 한 경제가 형성되어 있었다. 히스파니올라 섬의 프랑스 식민지(당시에는 프랑스령 생도미니크라고 불렸다)는 신대륙에 있는 유럽 식민지 중 가장 부유했으며, 프랑스 국부(國富)의 4분의 1을 조성하는 데 기여했다.

1795년, 에스파냐는 마침내 가치가 없다고 판단한 히스파니올라 섬의 동부를 프랑스에 양도했고, 이에 따라 히스파니올라 섬은 한동안 섬 전체가 프랑스의 지배를 받았다. 1791년과 1801년에 프랑스령 생도미니크에서 노예 반란이 일어나자 프랑스 정부는 군대를 파견했다. 그러나 프랑스군은 반란군에게 패한데다 질병으로 많은 병력을 잃었다. 1804년, 프랑스는 북아메리카의 루이지애나 지역을 미국에 매도하면서 히스파니올라 섬의 식민지를 포기했다. 프랑스령 히스파니올라 섬에서 노예로 생활하던 이들은 나라 이름을 아이티(히스파니올라 섬을 지칭하는 타이노 원주민의 말)로 고치고, 아이티에 거주하는 백인들을 살해했으며, 농노제의 부활을 막기 위해 농장과 기반 시설을 파괴하고 농장을 분할하여 가족 단위의 소규모 농장으로 만들었다. 그러나 이는 정부의 지원을 축소하는 결과를 초래했으며, 결국 아이티의 농업 생산성과 수출 및 경제에 악영향을 미쳤다. 또한 백인 인구의 많은 수가 살해당하고 살아남은 백인들이 나라를 떠나면서 인력도 줄어들었다.

그럼에도 불구하고 아이티는 1804년 독립 당시 히스파니올라 섬의 두 나라 중 좀더 부강하고 인구도 많은 편이었다. 1805년, 아이티인들은 두 차례에 걸쳐 섬의 동부, 즉 당시에 산토도밍고라 불리던 예전의 에스파냐 식민지를 침략했다. 4년 뒤에 산토도밍고의 에스파냐인들은 에스파냐 정부에 요청하여 자발적으로 다시 에스파냐의 식민 치하에 들어갔으나 식민 정부의 무능과 무관심으로 인해 1821년 결국 독립을 선언했고, 얼마 후에 아이티에 병합되었다. 1844년, 산토도밍고에 거주하던 아이티인들이 모두 내쫓기는 일이 발생했으며, 그 후 아이티인들은 1850년대에 이르기까지 계속해서 산토도밍고를 침략했다.

그리하여 1850년경 아이티는 산토도밍고에 비해 국토는 좁고 인구는 많았으며, 자급농 위주의 농업 경제로 인해 수출이 거의 이루어지지 않았고, 국민은 다수의 아프리카계 흑인과 소수의 물라토(흑백 혼혈인)로 구성되어 있었다. 비록 물라토 엘리트들이 프랑스어를 사용하고 프랑스인들에 대해 동질감을 느끼기는 했지만, 식민의 역사와 노예제에 대한 두려움은 아이티인들로 하여금 외국인의 토지 소유와 생산 수단의 통제를 목적으로 하는 투자를 금하는 헌법을 채택하게 했다. 아이티 국민 대다수는 프랑스어와 토착어가 혼합된 크리올어를 사용했다. 동쪽의 도미니카 공화국은 아이티에 비해 국토 면적이 넓고 인구가 적었으며, 여전히 목축업으로 경제의 기반을 삼고 있었고, 외국인 이민자들을 환영했으며, 에스파냐어를 사용했다. 소수이긴 하지만 19세기에 도미니카 공화국으로 이민 와서 경제적으로 중요한 역할을 담당한 이민자 그룹 중에는 쿠라사우 유대인들과 카나리아 제도인, 레바논인, 팔레스타인인, 쿠바인, 푸에르토리코인, 독일인, 이탈리아인 등이 있었으며, 그 후 오스트리아 유대인과 일본인들이 합류했고, 1930년 이후에는 더 많은 에스파냐인들이 유입되었다. 정치 면에서 아이티와 도미니카 공화국이 가장 닮은 점이 있다면 정치적으로 불안정하다는 것이다. 두 나라 모두 쿠데타가 빈발했으며, 사병을 양성하는 지방의 정치 지도자들 간의 정권 다툼이 끊이지 않았다. 아이티에서는 1843~1915년 사이에 재직한 대통령의 수가 22명에 이르는데, 그중 21명이 암살을 당하거나 외부 압력으로 물러났으며, 도미니카 공화국에서는 1844~1930년 사이에 대통령이 50번이나 바뀌고 30건의 쿠데타가 발생했다. 두 나라의 대통령들은 모두 자신과 그 추종자들의 배를 불리기에 급급했다.

아이티와 도미니카 공화국에 대한 서구 열강들의 시각은 서로 달랐다. 유럽인들은 에스파냐어를 사용하는 도미니카 공화국에 대해 유럽인 이민자들 및 유럽과의 교역에 수용적이며 부분적으로 유럽화된 사회로 보았지만, 아이티에 대해서는 예전의 노예들로 구성된 나라로 외국인에게 적대적이며 크리올어를 사용하는 아프리카 사회로 보았다. 도미니카 공화국은 유럽과 미국에서 자본을 도입하여 수출 경제를 발전시켰으나 아이티는 이런 면에서 훨씬 뒤떨어져 있었다. 도미니카 공화국의 경제는 카카오와 담배, 커피, 그리고 1870년대에 들어서서는 과거 아이티의 특산물이었던 사탕수수를 기반으로 발전했다. 그러나 두 나라 모두 끊임없이 정치적으로 불안했다. 19세기 말, 도미니카 공화국이 유럽 국가들로부터 거액의 채무를 지고 갚지 못하는 상황이 발생하자 이탈리아, 벨기에, 독일 등은 전함을 보내 도미니카 공화국을 위협했다. 그러자 미국은 유럽이 도미니카 공화국을 점령하는 것을 막기 위해 도미니카 공화국의 유일한 정부 수입원인 세관을 접수하여 세관 수입의 절반을 해외 채무를 갚는 데 할당했다. 미국은 또한 제1차 세계대전 당시 카리브 해 지역의 정치적 소요로부터 파나마 운하를 지켜내기 위해 아이티에는 1915~1934년까지, 도미니카 공화국에는 1916~1924년까지 군대를 주둔시켰다.

아이티와 도미니카 공화국의 불안한 정치 상황은 라틴아메리카 역사상 가장 지독한 두 독재자의 출현으로 중단되었다. 라파엘 트루히요(Rafael Trujillo)는 도미니카 공화국의 경찰청장을 거쳐 미군정에서 조직한 부대의 장을 역임했다. 그는 이러한 이력을 이용하여 1930년 대통령에 당선되었고, 독재자가 되었다. 그는 부지런함과 탁월한 행정 능력, 사람들에 대한 예리한 판단력, 무자비하고 날카로운 정치 감각, 그리고 국민 다수의 이익을 위해 애쓰고 있는 듯이 보이는 수법으로 권좌를 유지했으며, 정적을 고문 · 살해했고, 강력한 경찰국가를 이룩했다.

그와 동시에 트루히요는 도미니카 공화국을 현대화하는 노력을 통해 경제와 사회 인프라 및 공업을 발전시켰고, 나라 전체를 자신의 사기업처럼 운영했다. 결국 그와 그의 가족은 국가 경제의 대부분을 지배하게 되었는데, 트루히요는 자신이 직접 나서거나 친척 및 친지를 내세워 쇠고기 수입업, 시멘트, 초콜릿, 담배, 커피, 보험업, 우유, 쌀, 소금, 도축업, 목재 등과 같은 국가 독점 사업을 손에 넣었다. 그는 삼림 관리와 설탕 생산을 독점하거나 통제했으며, 항공사, 은행, 호텔, 해운 회사 및 많은 토지를 소유했다. 또한 그는 매춘업자들의 소득 일부와 공무원 월급의 10퍼센트를 자기 몫으로 했고, 전국적으로 자신의 존재를 부각시키려 했다. 그리하여 도미니카 공화국의 수도는 산토도밍고에서 시우다드트루히요('트루히요 시')로, 도미니카 공화국에서 가장 높은 산은 피코두아르테에서 피코트루히요로 각각 그 명칭이 바뀌었으며, 학교에서는 트루히요에 대해 감사할 것을 되풀이하여 가르치게 되었고, 공용 수도에는 수도꼭지마다 '트루히요 님께 감사하자' 라는 문구가 부착되었다. 트루히요 정권은 반란이나 침략에 대비해 예산의 절반을 육·해·공군에 투입했는데, 이는 카리브 해 연안의 나라를 통틀어 최대 규모이다.

그러나 1950년대에 들어서자 트루히요가 과거에 정권 유지를 위해 사용해온 방법들, 즉 공포를 조장하고, 경제를 활성화하고, 농민에게 토지를 분배하는 등의 방법은 더 이상 유효하지 않게 되었다. 트루히요 통치 25주년을 기념하는 축제를 열고 민영의 설탕공장과 발전소를 사들이느라 지나치게 많은 정부 예산을 지출한데다 세계 시장에서는 커피를 비롯한 도미니카 공화국의 주요 수출품의 가격이 하락했고, 국영 설탕공장에 대한 투자가 실패로 끝났다. 또한 1959년에는 국외 망명자들이 쿠바의 지원을 받고 도미니카 공화국을 침략했으며, 쿠바 라디오 방송에서는 반란을 선동했다. 트루히요 정권은 보다 많은 사람을 구금하고 고문하고 암살하는 것으로 이에 대응했다. 1961년 5월 30일 밤, 트루히요는 경호 차량을 대동하지 않은 채 운전사가 모는 차를 타고 애인을 만나러 가다가 미국 CIA의 지원을 받은 듯한 도미니카인들에게 암살당했다.

도미니카 공화국에서 트루히요가 정권을 잡고 있던 시절에 아이티에서도 여러 명의 대통령을 거쳐 1957년, 프랑수아 뒤발리에(François Duvalier)의 독재가 시작되었다. 의사였던 프랑수아 뒤발리에는 트루히요보다 높은 수준의 교육을 받았으며, 트루히요만큼이나 예리하고 무자비한 정치가로 비밀경찰을 동원한 공포정치를 실시했고, 트루히요보다 훨씬 많은 국민을 죽였다. 그가 트루히요와 달랐던 점은 나라를 현대화시키고 공업 경제를 발전시키는 데에는 별반 관심이 없었다는 것이다. 1971년 그가 사망하자 아들인 장 클로드 뒤발리에가 뒤를 이어 나라를 통치했으나 결국 1986년, 망명길에 올랐다.

뒤발리에 부자의 독재가 막을 내린 이후로 아이티는 다시 정치적으로 불안해졌으며, 경제 상황은 더욱 악화되었다. 아이티는 커피 수출국이었으나 인구 증가에 반해 수출 물량은 그대로였다. 아이티는 아프리카 국가들을 제외하고는 수명 · 교육 정도 · 생활 수준을 근거로 산출하는 인간개발지수가 세계에서 가장 낮은 나라이다. 도미니카 공화국도 트루히요 암살 사건 이후 정국이 불안해졌으며, 1965년에는 내전이 일어났다. 그러자 미국에서는 해군을 파병했고, 이와 더불어 도미니카 공화국 사람들의 대규모 미국 이민이 시작되었다. 그러나 1966년, 호아킨 발라게르(Joaquin Balaguer)가 대통령에 당선됨으로써 정치적으로 어느 정도 안정을 되찾았다. 발라게르는 트루히요 정권에서 부통령을 지낸 인물로, 트루히요 시절의 군 장교들이 상대 정당에 위협을 가한 덕분에 대통령 선거에서 승리했다. 발라게르는 1966~1978년과 1986~1996년에 대통령으로 재임했고, 대통령직에서 물러나 있던 1978~1986년 사이에도 막강한 영향력을 행사하며 34년 동안 도미니카 공화국의 정국을 주도했다. 그가 마지막으로 정치에 관여한 것은 죽음을 2년 앞둔 2000년의 일로, 그는 94세의 나이에 눈멀고 병든 몸을 이끌고 나라의 자연보호 구역 제도를 지켜냈다.

트루히요가 사망한 1961년부터 지금까지 도미니카 공화국의 산업화와 현대화는 계속되어오고 있다. 앞에서 언급했듯이 도미니카 공화국의 수출 경제는 주로 설탕에 의존하다가 차츰 광물과 수출 자유 지역에서 만들어내는 공산품 및 설탕 이외의 농산물에 의존하게 되었다. 도미니카 공화국과 아이티 양국의 경제에 중요한 역할을 하는 또 한 가지는 인력 수출이다. 현재 해외에 거주하는 아이티인은 100만을 넘고 도미니카인은 100만 명쯤 된다. 이들은 주로 미국에 살면서 번 돈의 일부를 고향으로 송금하는데, 이는 양국 경제에서 큰 비중을 차지한다. 도미니카 공화국은 여전히 빈곤국 중 하나이지만(1인당 국민소득이 2,200달러이다) 내가 그곳에 체류하는 동안에도 건설 붐이 일어나고 교통체증이 증가하는 등 뚜렷한 경제 성장의 징후가 나타나고 있었다.

양국 간 차이의 원인

이제 이러한 역사적 배경을 염두에 두고 이 장 서두에 언급한 양국의 차이점으로 돌아가보자. 두 나라는 같은 섬에 위치해 있으면서도 정치적 · 경제적 · 생태적으로 왜 그렇게 다른 길을 걸어온 것일까?

그것은 부분적으로는 자연환경의 차이에 기인한다. 히스파니올라 섬은 주로 동쪽에서 비가 뿌린다. 아이티보다 도미니카 공화국 쪽이 더 강우량이 많고, 따라서 곡식도 더 잘 자란다. 또한 히스파니올라 섬에서 가장 높은 산맥(해발 3,000미터 이상)이 도미니카 공화국 쪽에 위치해 있으며, 이 산맥에서 발원한 강은 주로 동쪽, 즉 도미니카 공화국 쪽으로 흐른다. 도미니카 공화국 쪽에는 너른 평야와 계곡, 고원지대가 형성되어 있으며, 토양의 입자가 굵다. 특히 북쪽의 시바오 계곡은 세계에서 가장 비옥한 곡창지대 중의 하나이다. 반면 아이티 쪽은 높은 산맥이 동쪽에서 뿌리는 비를 차단하기 때문에 보다 건조하다. 아이티는 도미니카 공화국에 비해 산지가 많고 평야는 적으며, 석회암층이 많고, 토양도 입자가 가늘고 비옥도가 떨어지며 회복이 더디다. 여기서 주목할 것은 자연의 혜택이 보다 적게 주어진 아이티 쪽이 도미니카 공화국보다 먼저 농업 경제를 발전시켰다는 점이다. 이러한 역설이 발생한 것은 아이티가 숲과 토양이라는 환경 자본을 희생하여 농업을 일으켰기 때문이다. 이 이야기가 주는 교훈, 즉 겉으로 드러나는 부(富)의 이면에 눈에 보이지 않는 손실이 존재한다는 주제에 대해서는 마지막 장에서 다시 다루기로 한다.

두 나라의 경제가 서로 다른 궤적을 그리게 된 데에는 이렇게 자연환경이 달라서이기도 했지만 그보다는 사회 · 정치적인 차이가 더 큰 영향을 미쳤다. 무수히 많은 개별적 요소가 양국 경제의 틀을 형성하는 데 기여한 것이다. 그러한 사회 · 정치적 요인 중 하나는 두 나라가 유럽의 식민지였다는 점이다. 아이티는 부유한 나라 프랑스의 가장 가치 있는 해외 식민지였던 반면, 도미니카 공화국은 경제적 · 정치적으로 몰락해가는 에스파냐의 식민지로 1500년대 말경에는 에스파냐의 관심에서 벗어나 있었다. 프랑스는 아이티에서 노예를 기반으로 한 집약적 플랜테이션 농업을 발전시켰지만, 에스파냐는 자국 식민지의 발전을 위해 아무것도 하지 못했다. 프랑스는 에스파냐에 비해 훨씬 많은 노예를 식민지에 들여왔고, 그 결과 식민지 시절의 아이티는 도미니카 공화국에 비해 인구가 7배나 많았다. 오늘날에도 아이티 인구는 1,000만으로 도미니카 공화국의 880만보다 많다. 그러나 국토 면적에서는 아이티가 도미니카 공화국의 절반을 조금 넘는 수준이다. 따라서 인구밀도는 아이티가 도미니카 공화국의 2배에 이른다. 아이티 쪽이 도미니카 공화국 쪽보다 토양의 비옥도도 더 떨어지고 삼림이 빠르게 파괴되어 간 데에는 높은 인구밀도와 낮은 강우량이 주된 원인이 되었다. 게다가 아이티에 노예를 수송해온 프랑스 선박들은 유럽으로 돌아가면서 아이티의 목재를 싣고 갔기 때문에 19세기 중반까지는 산간 고지대를 제외한 아이티의 산과 들에서 나무를 거의 찾아볼 수 없게 되었다.

두 번째 사회 · 정치적 요인은 에스파냐어를 사용하고 유럽계 인구가 많은 도미니카 공화국 쪽이 크리올어를 사용하고 아프리카계 인구가 많은 아이티보다 유럽 이민자들에 대해 보다 수용적이었다는 점이다. 유럽인들의 이민과 투자가 아이티에서는 1804년 이후 헌법에 따라 제한되었으나 도미니카 공화국에서는 매우 중요한 역할을 하게 되었다. 유럽 이민자들 중에는 중산층의 사업가 및 전문가들이 많아 도미니카 공화국의 발전에 공헌했다. 그리하여 도미니카 공화국은 1812~1821년 사이에 자발적으로 다시 에스파냐의 식민지가 되었고 1861~1865년 사이에는 대통령의 결정에 따라 에스파냐의 보호령이 되었다.

양국 경제에 영향을 미친 또 다른 사회적 요인은 노예제의 역사를 경험한 아이티인들 대부분이 각자의 땅을 소유하고 자급자족하는 데에 치우쳐 환금작물 개발 및 유럽 국가들과의 교역에 소홀히 했던 데 반해 도미니카 공화국에서는 수출 경제와 해외 무역을 발전시킨 점이다. 아이티의 엘리트층은 자국보다 프랑스에 대해 강한 동질감을 느꼈던 까닭에 땅을 소유하거나 농업 경제의 발전에 힘쓰지 않았고, 그보다는 주로 농민들을 통해 부를 얻고자 했다.

양국 경제에 차이를 가져온 최근의 요인으로는 두 독재자의 차이를 들 수 있다. 트루히요는 (비록 스스로의 이익을 위해서이긴 했지만) 나라의 근대화와 공업 경제의 발전을 추구했지만 뒤발리에는 그렇지 않았다. 이는 두 독재자 개인의 차이라고 생각될 수도 있겠으나 어느 정도 두 나라 사회의 차이를 반영하기도 한다.

마지막으로 지난 40년간 아이티는 도미니카 공화국에 비해 삼림 파괴와 빈곤의 문제가 한층 심해졌다. 도미니카 공화국에는 대부분의 삼림이 보존되어 있는 상태에서 산업화가 시작되었기 때문에 트루히요 정권은 수력 발전을 위해 댐 건설 계획을 세웠고, 발라게르와 그 이후의 대통령들은 이 계획을 현실화시켰다. 발라게르는 땔감 때문에 삼림을 훼손하는 일이 없도록 하기 위해 프로판가스와 액화천연가스를 수입했다. 그러나 빈국인 아이티의 주민들은 숲에서 나무를 베어 숯을 만들어 사용할 수밖에 없었기 때문에 그나마 남아 있던 삼림이 급속도로 파괴되고 말았다.

도미니카 공화국의 환경 훼손

삼림 파괴를 비롯한 환경 문제들이 도미니카 공화국보다 아이티에서 더 일찍 시작되었고, 더 오래 더 심각한 양상으로 진행된 데에는 이렇게 여러 가지 이유가 있었던 것이다. 그리고 그 이유들은 이 책의 앞부분에서 제시한 '사회 변화를 초래하는 다섯 가지 요인'들 중 인간으로 인한 환경 파괴, 적대적인 이웃, 우호적인 무역국, 환경 문제에 대한 사회의 대응이라는 네 가지 요인과 관련이 있다. 이 책에서 제시한 여러 가지 사례 중에서도 이 장에서 다룬 아이티와 도미니카 공화국, 그리고 제8장에서 논의한 그린란드의 노르웨이인과 이누이트족의 이야기는 사회의 운명이 그 자체의 선택에 달려 있다는 것을 뚜렷이 보여준다.

도미니카 공화국의 환경 문제와 이에 대한 사회의 대응은 어떠했을까? 제9장에서 소개한 용어를 사용하자면 도미니카 공화국의 환경 보호 대책은 하의상달 방식의 접근법으로 시작하여 1930년 이후에는 상의하달 방식의 접근법으로 바뀌었으며, 지금은 이 두 가지가 혼재한다. 도미니카 공화국에서는 1860년대와 1870년대에 값나가는 수목의 남벌이 증가하여 그때 이미 지역에 따라서는 몇몇 수종이 멸종하는 현상이 나타났다. 또한 19세기에 사탕수수 플랜테이션과 기타 환금작물의 재배를 위해 삼림을 개간하면서, 그리고 도시화가 진행되던 20세기 초에 철도 침목과 건축자재로 목재의 수요가 증가하면서 삼림 파괴가 심화되었다. 그리하여 1900년이 지나자 강우량이 적은 지역의 숲에서 연료용 나무를 베어내는 일의 위험성과 농업 활동으로 인한 하천 오염에 대한 이야기가 들려오기 시작했고, 1901년에는 삼림 벌채와 하천 오염을 금하는 법안이 처음으로 지방 의회를 통과했다.

하의상달 방식의 접근법은 1919~1930년 사이에 산티아고 시 주변 지역에서 시작되었다. 산티아고는 도미니카 공화국에서 두 번째로 큰 도시이자 농업 활동의 중심지로, 삼림 파괴가 심했다. 변호사인 후안 바우티스타 페레스 란시에르(Juan Bautista Pérez Rancier)와 의사 겸 측량기사인 미겔 카넬라 이 라사로(Miguel Canela y Lázaro)는 숲에서 나무를 베어내고 그 나무를 운반하기 위해 마을까지 길을 내는 과정에서 분수계가 훼손되는 것을 보고 놀라 산티아고 상공회의소에 숲을 매입하도록 로비를 펼치는 한편 주민들을 대상으로 모금 운동을 벌였다. 1927년, 농무부에서 정부 기금을 보조해줌에 따라 그들의 노력은 결실을 거두어 최초의 자연보호 구역인 '베다도 델 야케(야케 강 통제 구역)'가 탄생했다. 야케 강은 도미니카 공화국에서 가장 큰 강이고 '베다도'는 '출입 통제 구역'을 뜻한다.

1930년 이후에는 독재자 트루히요 덕분에 환경 보호 운동의 접근 방식이 하의상달 방식에서 상의하달 방식으로 옮겨갔다. 트루히요 정권은 야케 강 통제 구역 같은 곳을 더 많이 만들었고, 1934년에는 최초의 국립공원을 지정했으며, 숲을 보호하기 위해 삼림 경비대를 두었고, 함부로 숲을 태워 농지를 개간하는 일이 없도록 했으며, 코르디예라 산맥(센트랄 산맥: 옮긴이)의 콘스탄사 지역에서는 대통령 허락 없이 소나무를 베지 못하게 했다. 트루히요는 환경 보호라는 명목하에 이 같은 조치를 취했지만, 아마 자신의 이익을 포함하여 경제적인 면에 대한 고려가 더 크게 작용했을 것이다. 1937년, 트루히요 정권은 푸에르토리코의 유명한 환경학자 카를로스 차르돈(Carlos Chardón) 박사에게 의뢰하여 도미니카 공화국의 천연자원(농산물 · 광물 · 임산물)의 잠재적 가치를 조사하게 했다. 특히 도미니카 공화국에는 카리브 해 지역에서 가장 넓은 소나무숲이 형성되어 있었기에 차르돈 박사는 이 소나무숲의 상업적 가치를 계산해냈는데, 그 당시로서는 거액인 4,000만 달러에 달했다. 이 보고서를 기초로 하여 트루히요는 직접 소나무 벌채 사업에 관여했고, 넓은 소나무숲을 소유했으며, 국가의 주요 제재소의 공동 소유주가 되었다. 트루히요는 삼림 벌채시 성숙한 나무를 전부 베어버리지 않고 어느 정도 남겨두어 자손을 퍼뜨릴 수 있게끔 했다. 그리하여 오늘날 다시 나무가 우거진 숲에서는 재조림(再造林)을 위해 남겨둔 오래된 나무들이 눈에 띈다. 1950년대에 트루히요는 스웨덴의 연구 팀에게 의뢰하여 수력 발전과 관련된 댐 건설의 가능성을 조사했고, 댐의 건설 계획을 세웠으며, 국립공원의 수를 늘렸고, 1958년 도미니카 공화국 최초의 환경 의회를 소집했다.

트루히요는 집권 당시 (대부분 친척과 친지를 앞세워) 본인은 대규모 삼림 벌채를 하면서도 다른 사람들에게는 벌목과 숲속에서의 무단 거주를 금했다. 1961년, 트루히요가 사망하자 사람들의 남벌로부터 삼림을 보호해주던 벽이 무너졌다. 무단 거주자들이 숲을 차지하고 화전을 일구었으며, 도시로의 대규모 인구 이동이 발생했고, 산티아고 지역의 부호 가문 네 곳에서 트루히요 집권 당시보다 더 빠른 속도로 숲의 나무를 베어냈다. 민주적으로 대통령에 선출된 후안 보슈(Juan Bosch)는 벌목꾼들을 설득하여 소나무숲을 남겨두게 함으로써 앞으로 건설될 야케 강 댐과 니사오 강 댐의 분수계를 보호하려고 했으나, 오히려 다른 이해 집단과 연합한 벌목꾼들에게 축출당하고 말았다. 그리하여 삼림 벌채는 1966년 발라게르가 대통령에 당선되기까지 가속화되었다.

발라게르는 수력 발전을 통한 에너지 공급과 충분한 공업용수 및 가정용수의 확보를 위해 시급히 분수계를 보호해야 할 필요성을 인식했다. 그는 대통령에 당선된 후 곧바로 상업적인 목적의 벌채를 일절 금하고 전국의 제재소를 폐쇄하는 등의 강력한 조치를 취했다. 몇몇 부유한 세도가에서는 이러한 조치에 반발하여 사람들의 눈에 띄지 않는 깊은 숲속으로 들어가 벌채를 계속하고 밤에 제재소를 운영하기도 했지만, 발라게르는 보다 극단적인 조치를 취해 농무부 소관이던 삼림 보호 업무를 군부대로 이관하고, 불법 벌채는 국가 안보에 반하는 범죄라고 선언했다. 군부대에서는 불법 벌채를 막기 위해 순찰기를 동원하여 군사 작전에 돌입했는데, 1967년 도미니카 공화국 환경사에서 대단히 중요한 사건이 발생했다. 야간에 대규모 불법 벌채 캠프를 급습한 군부대와 벌목꾼들 사이에 총격전이 벌어진 끝에 12명의 벌목꾼이 총에 맞아 숨진 것이다. 이것은 벌목꾼들에게 강력한 경고의 메시지가 되었다. 그 후에도 불법 벌채를 계속하는 자들이 없지는 않았지만 군대 역시 강력하게 대응했기 때문에 발라게르의 첫 번째 대통령 임기(1966~1978) 동안 불법 벌목꾼들의 수는 급격히 줄어들었다.

이것은 발라게르가 취한 수많은 환경 관련 조치들 중 하나에 지나지 않는다. 그러면 그가 행한 다른 조치들 중에는 어떤 것들이 있을까? 발라게르가 대통령직에서 떠나 있던 1978~1986년 사이에 다른 대통령들이 벌채 캠프와 제재소를 다시 열면서 숯 생산량이 늘었다. 1986년 다시 대통령직에 복귀한 발라게르는 복귀한 첫날 벌채 캠프와 제재소를 폐쇄하라는 명령을 내리고, 그 다음날로 군 헬리콥터를 보내 불법 벌목꾼과 국립공원 내의 무단 거주자를 적발하게 했다. 그리하여 불법 벌목꾼들을 붙잡아 투옥하고, 무단 거주자들을 국립공원에서 몰아내고, 국립공원 내의 농장 및 호화 별장들을 철거하는 군사 작전이 재개되었다. 이러한 군사 작전들 중 가장 악명 높은 사건이 1992년, 로스아이티세스 국립공원에서 일어났다. 삼림의 90퍼센트가 파괴된 이 국립공원에서 군부대는 수천 명의 무단 거주자를 내쫓은 것이다. 이러한 군사 작전은 계속되어 그로부터 2년 뒤에는 발라게르의 명령을 받은 군부대가 후안 B. 페레스 국립공원 안에 지어진 부호들의 호화 별장을 불도저로 밀어버렸다. 발라게르는 숲속에서 농사를 목적으로 불을 피우는 것을 금했고, 심지어 전국의 모든 울타리에 목재를 사용하지 말고 생나무를 활용하도록 하는 법안을 통과시키기까지 했다. 발라게르는 자국의 삼림을 보호하기 위해 칠레 · 온두라스 · 미국 등지에서 목재를 수입했고, 베네수엘라에서 액화천연가스를 수입하기도 했다. 천연가스를 들여오면 나무로 숯을 만들어 연료로 사용하던 관습을 없앨 수 있기 때문이다. 발라게르는 천연가스 사용을 유도하고자 정부 보조금을 지급하여 천연가스의 가격을 낮추었고, 각 가정에 무상으로 프로판가스 스토브를 설치해주었다. 그는 자연보호 구역 제도를 확대하여 처음으로 해안지대에 두 곳의 국립공원을 지정했고, 도미니카 공화국 영해의 대륙붕 두 곳을 혹등고래(humpback whale) 보호 구역으로 정했으며, 강에서 18미터 이내 지역과 해안에서 54미터 이내 지역, 그리고 습지대를 역시 보호 구역으로 정했다. 그는 또한 리우 환경협약에 서명했고, 10년간 사냥을 금지했다. 발라게르는 각 기업체에 산업 폐기물을 처리하도록 압력을 가했으며, 대기 오염을 줄이기 위해 노력했고, 광산 회사에 많은 세금을 부과했다. 그는 환경에 악영향을 끼치는 여러 가지 공사 계획에 반대하거나 중단시켰는데, 그중에는 국립공원을 지나 산체스 항까지 도로를 내는 공사와 센트랄 산맥의 남북으로 길을 내는 공사, 산티아고 국제공항과 초대형 항구 및 마드리갈 댐 건설 공사 등이 있다. 발라게르는 고산지대의 도로를 보수하지 못하게 했고, 산토도밍고에 수족관과 식물원, 자연사 박물관, 국립동물원 등을 지어 관광명소로 활용할 수 있게 했다.

발라게르의 마지막 정치 행위는 94세의 나이에 대통령 당선자인 이폴리토 메히아(Hipolito Mejia)와 협력하여 자연보호 구역 제도를 완화하려는 페르난데스 대통령의 계획을 막아낸 것이다. 발라게르와 메히아는 페르난데스 대통령의 제안에 추가 조항을 덧붙임으로써 대통령령으로서 존재하던 (따라서 페르난데스 대통령의 제안과 마찬가지로 변경 가능한) 자연보호 구역 제도를 법령에 따른 것으로 바꿔놓는 기지를 발휘했던 것이다. 자연보호 구역 제도가 페르난데스의 임기 전이자 발라게르의 임기 말인 1996년에 존재했기에 가능한 일이었다. 그리하여 발라게르는 평소 많은 관심을 쏟아왔던 자연보호 구역 제도를 지켜낸 것으로 그의 정치 이력을 끝맺게 되었다.

발라게르가 행한 이 모든 일들로 인해 도미니카 공화국은 상의하달 방식 환경 관리 시대의 정점에 도달했다. 그러나 이 시대는 트루히요 정권 이후로 사라져간 하의상달 방식 접근법이 다시 나타난 시기이기도 하다. 1970년대와 1980년대에 과학자들은 도미니카 공화국의 해안과 육지, 바다에 존재하는 천연자원들을 면밀히 조사했다. 수십 년에 걸친 트루히요의 시대가 막을 내린 후 도미니카인들은 다시금 서서히 시민의 정치 참여를 배우기 시작했고, 1980년대에는 수십 개의 환경 단체를 비롯한 수많은 비정부 기구가 설립되었다. 주로 국제 환경 단체의 지부를 주축으로 환경 운동이 주도되는 다른 많은 개발도상국들과 달리 도미니카 공화국의 하의상달 방식의 환경 운동은 국내의 비정부 기구들을 중심으로 주도되었다. 비정부 기구들은 지금도 학술원 및 여러 대학들과 함께 도미니카 공화국의 자생적인 환경 운동에 앞장서고 있다.

발라게르의 신념

어째서 발라게르는 그토록 광범위하게 환경 보호 조치를 추진했을까? 발라게르의 환경 보호에 대한 신념과 노력은 일견 그의 여러 가지 악행과 어울리지 않는 것처럼 보인다. 발라게르는 31년간 독재자 라파엘 트루히요의 밑에서 일했고, 1937년에 있었던 트루히요의 아이티인 대량학살을 두둔했으며, 대통령 재직시에도 트루히요의 꼭두각시 노릇을 했다. 그러나 그는 또한 트루히요 정권에 봉사할 때 국방장관을 맡는 등 큰 영향력을 행사할 수 있는 요직에 있었다. 트루히요 같은 악인과 함께 일한 사람이라면 누구나 공모의 혐의로부터 자유롭지 못하다. 게다가 발라게르에게는 트루히요 사후에 저지른 그 자신만의 악행도 많다. 발라게르는 1986년 선거에서는 정직한 방법으로 대통령에 당선되었지만 1966년과 1970년, 1974년, 1990년, 1994년 선거에서는 속임수와 폭력 및 협박의 수단을 사용하여 대통령에 당선되었고, 암살 전담반을 동원하여 수백 명, 아니 어쩌면 수천 명에 이르는 정적을 제거했다. 그는 국립공원에 무단으로 거주하는 수많은 가난한 사람들에게 강제 철거 명령을 내렸으며, 불법 벌목꾼들에 대해서 군부대에게 사격을 허용했다. 발라게르는 라틴아메리카에서 흔히 볼 수 있는 강력한 지도자(caudillo)로 "헌법은 종이에 불과하다"라는 말을 남겼다.

사람들이 환경 정책을 추구하거나 추구하지 않는 여러 이유들에 대해서는 이 책의 제14장과 제15장에서 다시 논의가 되겠지만, 도미니카 공화국을 방문했을 때 발라게르를 개인적으로 잘 알거나 그의 집권기를 지나온 사람들을 통해 무엇이 발라게르로 하여금 환경 보호 정책을 취하게 했는지 알아보기로 하고, 인터뷰에 응한 모든 사람들에게 발라게르에 대해 어떻게 생각하는지 물어보았다. 그리고 상세히 인터뷰한 20명의 도미니카인들로부터 20가지의 각기 다른 대답을 얻었다. 그들 대부분은 발라게르 정권이나 트루히요 정권 때 감옥살이를 했거나 가까운 친척 및 친지들을 잃은 사람들로, 발라게르를 미워할 이유가 충분히 있는 사람들이었다.

그러나 그들의 각기 다른 의견들 속에서도 공통적으로 언급되는 점이 있었다. 그중 하나는 발라게르가 대단히 복잡하고 이해하기 힘든 인물이라는 것이다. 권력욕이 강했던 발라게르는 권력을 잃게 될까 봐 강하게 밀어붙이지 못한 정책들도 있었지만, 자칫 실각할 수도 있는 위험한 상황까지 인기 없는 정책을 밀고 간 적도 많았다. 그는 지난 42년 동안 도미니카 공화국의 정치사에서 그 누구도 따라올 수 없을 만큼 노련하고 냉소적이며 현실적인, 그야말로 '마키아벨리적'이라는 수식어가 어울릴 만한 정치인의 모습을 보여주었다. 그는 군부와 대중, 엘리트 정치 집단 사이에서 아슬아슬하게 균형을 유지해왔고, 군부를 서로 경쟁하는 몇 개의 집단으로 나눔으로써 쿠데타를 예방했으며, 삼림 보호에 소극적인 군 장교들을 공포에 떨게 만들 수 있었다. 인터뷰에 응한 한 역사학자의 말에 따르면 "발라게르는 필요한 경우 허물을 벗고 다른 모습을 보여주는 뱀과 같은 존재였다." 발라게르 정권에 부패가 만연한 것은 사실이지만 발라게르 본인은 부패와 거리가 멀었다. 그는 트루히요와 달리 개인적 축재에는 관심이 없었으며, "부패는 내 집무실 문 앞에서 멈춘다"고 말했다.

결국 감옥살이와 고문을 경험한 한 도미니카인의 말처럼 "발라게르는 도미니카 공화국 역사의 그 시점에서 필요악이었다." 그것은 1961년의 트루히요 암살 당시 국내외에 높은 이상을 품은 도미니카인들은 많았으나 발라게르와 같이 실제적인 정치 경험을 보유한 사람이 없었다는 의미이다. 발라게르는 중산층을 두텁게 하고, 자본주의를 공고히 했으며, 도미니카 공화국을 오늘날과 같은 모습으로 만들었고, 경제를 향상시켰다. 그렇기 때문에 많은 도미니카인들이 발라게르와 같은 악인에 대해 참아줄 수 있었던 것이다.

발라게르가 왜 환경 정책을 추구했느냐 하는 질문에 대해서는 더욱 다양한 반응이 나타났다. 어떤 사람들은 선거에서 이기기 위한 속임수, 또는 국제 사회에 좋은 이미지를 심어주기 위한 속임수일 뿐이라고 말했다. 또 발라게르가 국립공원 내의 무단 거주자들을 내쫓은 것은 깊은 숲속에 카스트로 반군이 숨어드는 것을 막기 위해서이거나 휴양지를 개발하기 위해서, 또는 군부와의 연대를 강화하기 위해서라고 말하는 사람도 있었다.

물론 이러한 해석들에는 나름대로의 근거가 있을 것이다. 그러나 발라게르가 광범위한 환경 보호 조치를 취했고, 그중에는 대중에게 인기 없는 정책들도 있었다는 점에서 이 모든 것이 순전히 속임수였다고만 말할 수 없을 것 같다. 몇몇 조치들, 특히 군부대를 동원하여 국립공원 내의 무단 거주자들을 내쫓은 것은 부정적인 이미지를 심어주어 유권자들의 표를 잃고 엘리트 정치 집단 및 군부의 지지를 잃을 염려가 있었기 때문이다. 발라게르의 환경 정책들 중에 휴양지 개발이나 반(反)게릴라 정책, 군부 유화책과 관련성이 있어 보이는 것은 아무것도 없다. 그보다는, 현실적인 정치인이었던 발라게르가 너무 많은 표와 엘리트층의 지지를 잃지 않고 군부의 쿠데타를 유발하지 않는 범위 내에서 열정적으로 친(親)환경 정책을 추구했던 것으로 보인다.

인터뷰에 응한 도미니카인들이 제기한 또 다른 문제점은 발라게르의 환경 정책이 선별적으로 이루어졌고, 실효를 거두지 못할 때가 더러 있었으며, 허점이 노출되었다는 것이다. 발라게르는 자신의 지지자들에게는 하상(河床)에서 바위와 자갈, 모래 및 기타 건축 자재들을 채취하는 환경 파괴적인 일을 허용했다. 그가 정한 법 중에 대기 오염을 줄이고, 사냥을 금지시키고, 울타리를 생나무로 조성하는 것 등은 실효성이 없었다. 발라게르는 또한 때때로 반대에 부딪혀 정책을 철회하기도 했다. 특히 농민들의 요구를 수용할 때 환경을 고려하지 못한 것은 큰 실책이었다. 하지만 그럼에도 불구하고 그는 도미니카 공화국의 다른 어떤 정치가나 외국의 유명한 정치가들보다 더 광범위하고 급진적인 친환경 정책을 추진했다.

이런저런 점들을 되짚어볼 때 발라게르가 환경 보호를 위해 다양한 조치를 취한 것은 그 자신의 주장대로 정말 환경 문제에 관심이 많아서였던 듯하다. 그는 거의 모든 연설문에서 환경 문제를 언급했고, 숲과 강, 산을 보존하는 것이 어린 시절부터의 꿈이었다고 말했다. 그가 처음 대통령에 당선되었던 1966년과 다시 대통령이 된 1986년, 그리고 마지막으로 대통령에 당선되었던 1994년의 취임사에도 환경 문제에 대한 언급이 들어 있다. 페르난데스 대통령이 국토의 32퍼센트를 자연보호 구역으로 지정하는 것은 지나치다고 말했을 때 발라게르는 전 국토를 자연보호 구역으로 정해야 한다고 응수했다. 그러나 그가 어떻게 해서 친환경주의자가 되었는지에 대해서는 저마다 의견이 달랐다. 어떤 사람은 그가 유럽에 머물던 젊은 시절에 환경주의자들의 영향을 받았을 거라고 말했고, 어떤 사람은 아이티에 적대적인 발라게르가 아이티의 황폐한 자연과 대비시킬 속셈에서 도미니카 공화국의 자연을 가꾼 것이라고 했으며, 어떤 사람은 발라게르가 파괴된 자연환경 때문에 몹시 속상해하던 그의 누이들로부터 영향을 받았을 거라고 말했고, 또 어떤 사람은 발라게르가 60세에 대통령직에 올라 90세에 은퇴한 만큼 오랫동안 나라의 자연환경이 어떻게 변해왔는지를 보아왔기 때문이라고 말했다.

발라게르에 대한 이 모든 의문점은 수수께끼로 남는다. 우리가 그를 이해하는 데 어려움을 느끼는 것은 부분적으로는 우리의 비현실적인 기대치 때문이다. 우리는 무의식적으로 사람들을 '좋은 사람'과 '나쁜 사람'으로 구분하는 경향이 있다. 마치 한 가지 자질로 그 사람 전체를 설명할 수 있다는 듯이. 그리하여 어느 면에서 좋은 점을 간직한 사람이 다른 면에서는 그렇지 않다는 것을 알게 되면 당황하는 것이다. 인간이 늘 한결같은 존재가 아니라 각기 다른 경험으로 형성된 여러 가지 특성들의 혼합체라는 점을 받아들이기란 사실 쉬운 일이 아니다.

발라게르에 대해서도 마찬가지이다. 그를 환경주의자로 인정하자니 그의 악한 특성이 마음에 걸린다. 그러나 내 친구의 말처럼 "아돌프 히틀러가 개를 사랑했다고 해서 우리가 개를 미워할 필요는 없는 것이다." 나는 1979~1996년 사이에 군사 독재 정권 치하의 인도네시아에서 일한 경험이 있다. 나는 그때의 독재 정권이 그들의 정책 때문에도 그랬지만 개인적인 이유에서도 몹시 싫고 두려웠다. 뉴기니의 내 친구들이 많은 탄압과 박해를 받았고, 나 자신도 군인들에게 끌려가 죽을 뻔한 적이 있었기 때문이다. 따라서 그 독재 정권이 인도네시아령 뉴기니에 광범위하고 효과적인 국립공원 제도를 도입했을 때 나는 놀라지 않을 수 없었다. 민주국가인 파푸아뉴기니에서 수년간 머물다가 인도네시아령 뉴기니에 도착했을 때 나는 당연히 독재 정권보다 민주주의 제도하에서 더 훌륭한 환경 정책이 수행되리라고 생각했다. 그러나 실제로는 그 반대였다.

내가 대화를 나누어본 도미니카인들 중 발라게르를 이해한다고 말한 사람은 아무도 없었다. 발라게르에 대해 그들은 "역설로 가득 차 있다"거나 "논란의 여지가 있다"거나 "수수께끼의 인물" 같은 표현을 썼다.

어떤 사람은 윈스턴 처칠이 러시아에 대해 한 말 "불가사의 속에 깃든 신비에 싸인 수수께끼"라는 표현을 사용하기도 했다. 발라게르를 이해하려는 노력은 인생뿐만 아니라 역사 역시 복잡하다는 사실을 일깨워 준다. 인생이나 역사, 두 가지 모두 단순성과 일관성을 추구하는 사람들에게는 이해하기가 쉽지 않다.

도미니카 공화국의 현재

이제 도미니카 공화국의 환경 문제와 자연보호 구역 제도의 현주소를 살펴보기로 하자. 주된 문제들은 나중에 제16장에서 요약 · 제시될 12가지 중 8가지, 즉 삼림, 해양 자원, 토양, 물, 독성 물질, 외래종, 인구 증가, 인간으로 인한 환경 파괴 등의 범주에 해당한다.

삼림: 소나무숲의 벌채는 트루히요 치하에서 국지적으로 행해지기 시작했으며, 그의 사후 5년간 전국적으로 만연했다. 발라게르가 벌목금지령을 내리기는 했지만, 이것은 그 후의 대통령들을 통해 완화되었다. 또한 도미니카인들이 대거 시골을 떠나 도시와 해외로 옮겨감에 따라 삼림에 대한 의존도도 많이 줄어들었지만 아이티와의 국경지대에서는 삼림 벌채가 계속되고 있다. 완전히 파괴된 아이티의 삼림에서 더 이상 나무를 베어 숯을 만들고 화전을 일굴 수 없게 된 아이티인들이 국경을 넘어 도미니카 공화국의 삼림을 훼손하기 시작했기 때문이다. 2000년에는 삼림 보호 업무를 군부대에서 환경부로 이관했는데, 환경부는 군부대보다 힘도 약하고 기금도 부족하기에 자연히 삼림 보호 사업의 효과도 지금은 1967~2000년의 기간에 미치지 못한다.

해양 자원: 현재 도미니카 공화국의 해안선 일대와 해양 생물 서식지 및 산호초는 크게 파괴되었고, 물고기의 남획이 이루어지고 있다.

토양: 삼림이 파괴된 지역에서는 토양 침식이 심해서, 이로 인해 수력 발전용 댐 뒤의 저수지에 침전물이 쌓일 염려가 있다. 또한 관개 수로로 물을 댄 농지에서는 염화 현상이 나타나고 있다.

물: 도미니카 공화국의 강물은 수질이 매우 떨어진다. 토양 침식으로 인한 침전물이 쌓이고 독성 물질이 강물을 오염시킨데다 쓰레기가 함부로 버려지고 있기 때문이다. 수십 년 전만 해도 깨끗해서 안심하고 수영할 수 있었던 강이 이제는 침전물 때문에 갈색으로 변해버리고 말았다. 쓰레기 처리장이 제대로 갖추어지지 않은 지역의 주민들도 그렇지만 산업체에서도 폐기물을 강에 내다 버린다. 또한 건설업체에서 강의 자갈과 모래 등 건설 자재를 마구 퍼 나르는 바람에 하상이 훼손되었다.

독성 물질: 1970년대부터 시바오 계곡과 같은 곡창지대에서 제초제와 살충제 등의 농약을 대량 사용하게 되었다. 다른 나라에서는 오래전에 제조 금지된 농약들을 도미니카 공화국에서는 아직 사용하고 있는데, 도미니카 공화국은 농업 수익성이 높은 나라이기 때문에 정부에서도 농약 사용을 허용하고 있는 형편이다. 농촌 지역 주민들은 어린이들조차 맨얼굴과 맨손으로 농약을 사용해왔으며, 그 결과 이제 농약이 인체에 미치는 해악이 드러나기 시작했다. 나는 시바오 계곡에 새들이 거의 보이지 않는 것을 보고 깜짝 놀랐다. 농약이 새에게 그토록 해롭다면 인간에게도 마찬가지로 해로울 것이다. 독성 물질과 관련한 또 다른 환경 문제를 일으키는 곳은 광산이다. 팔콘브리지 광산의 매연은 도미니카 공화국에서 가장 큰 두 도시(산토도밍고와 산티아고) 사이의 고속도로에까지 일부 침투한다. 그리고 로사리오 금광은 시안화물과 산화물이 섞인 폐수를 처리하는 기술력이 부족해서 일시적으로 폐쇄된 상태이다. 또한 산토도밍고와 산티아고에는 스모그 현상이 나타난다. 에너지 소비가 늘어나고 낡은 차량을 이용한 대중교통과 개인용 발전기의 사용이 증가한 탓이다. (도미니카 공화국에서는 전력 공급이 중단될 때가 많아서 가정과 직장에 개인용 발전기를 갖추어놓는 사람들이 많다. 나도 산토도밍고에 머무는 동안 하루에 몇 번씩 전기가 나가는 것을 경험했는데, 내가 미국에 돌아온 후에는 하루 중 21시간 동안 단전이 되었다고 한다.)

외래종: 삼림 벌채로 황폐화된 숲과 최근 수십 년 동안 허리케인의 피해를 입은 지역의 녹화(綠化) 사업을 위해 도미니카 공화국에서는 토종에 비해 성장 속도가 빠른 외래종의 소나무를 들여다 심었다. 그중에서 특히 많은 것은 온두라스 소나무와 카수아리나, 몇몇 종류의 아카시아, 티크 등이다. 하지만 외래종은 내성이 생긴 토종과 달리 질병에 취약할 수 있다는 점에서 많은 우려를 낳고 있다. 다시 울창해진 숲의 나무들이 병에 걸리면 삼림은 다시 파괴될 것이기 때문이다.

인구 증가: 도미니카 공화국의 인구 증가율은 감소 추세에 있지만 아직도 연간 1.6퍼센트에 달하는 것으로 추정되고 있다.

인간으로 인한 환경 파괴: 인구 증가보다 더 심각한 문제는 1인당 환경 훼손량(per-capita human impact, 1인당 평균 자원 소비량 및 쓰레기 생산량을 뜻하는 말로 이 용어를 사용했다. 1인당 환경 훼손량은 제1세계의 시민이 제3세계의 시민이나 과거 어느 나라의 시민보다 높으며, 여기에 인구 수를 곱하면 한 사회의 총 환경 훼손량이 나온다)의 급속한 증가이다. 도미니카인들은 해외 여행과 외국인 관광객들 및 TV를 통해 푸에르토리코와 미국의 높은 생활 수준을 접하게 되었다. 요즘에는 빌보드지에 올라와 있는 인기 상품들을 도미니카 공화국에서 흔히 볼 수 있고, 도시의 주요 교차로 어디서나 휴대폰과 CD를 파는 노점상이 있다. 도미니카 공화국에는 현재 나라의 경제와 자원이 뒷받침해주지 못할 정도의 소비 현상이 나타나고 있는데, 이것은 부분적으로는 외국에 거주하는 도미니카인들의 송금 덕분이다. 물건 구입량이 많은 사람들은 쓰레기 생산량도 많아서 지자체(地自體)의 쓰레기 처리장만으로는 다 처리할 수 없는 사태가 발생한다. 그래서 하천과 길가에 쓰레기 더미가 쌓이는 것이다. 어떤 도미니카인은 이렇게 말했다. "이 나라는 지진이나 허리케인으로 멸망하지 않고 쓰레기 더미에 묻혀 멸망할 것이다."

도미니카 공화국의 자연보호 구역 제도는 인구 증가와 인간으로 인한 환경 파괴를 제외한 나머지 모든 환경 파괴 요인들에 대한 대응책이라 할 수 있다. 이 제도는 광범위하게 시행되어 현재 국립공원이나 해양 생물 보호 구역 등 다양한 종류의 자연보호 구역이 74곳이나 되며, 그 면적은 국토의 3분의 1에 해당한다. 이는 1인당 국민소득이 미국의 10분의 1밖에 안 되는 가난하고 작고 인구밀도가 높은 나라로서는 대단한 성과이다. 더욱이 이 제도는 국제 환경 기구를 통해서가 아니라 자국의 비정부 기구들을 통해 촉발되었다. 내가 산토도밍고 소재 학술원과 모스코소푸에요 재단, 국제자연보호회(The Nature Conservancy, 내가 접촉한 환경 단체들 중 도미니카 공화국에서 자생하지 않은 유일한 단체이다)의 산토도밍고 지부 등에서 만나본 직원들은 단 한 명의 예외도 없이 모두 도미니카인들이었다. 이러한 상황은 외국 학자들이 중요한 역할을 맡고 있는 파푸아뉴기니나 인도네시아, 솔로몬 제도 및 기타 개발도상국의 상황과 좋은 대조를 이룬다.

희망은 있을까?

도미니카 공화국의 미래는 어떠할까? 도미니카 공화국이 봉착한 여러 가지 다른 문제들에도 불구하고 자연보호 구역 제도가 계속 유지될 수 있을까? 과연 이 나라에 희망이 있을까?

이 질문에 대해서도 도미니카인들은 다양한 반응을 보였다. 비관적인 전망을 제시하는 사람들은 무엇보다도 자연보호 구역 제도에 더 이상 호아킨 발라게르 시절과 같은 강력한 지원이 뒷받침되지 않는다는 점을 꼽았다. 기금도 부족하고 경찰력도 부족하고 대통령의 관심도 부족하다. 게다가 어떤 대통령은 보호 구역의 면적을 축소하거나 심지어 팔려고까지 했다. 대학에는 훈련된 학자들이 별로 없어서 훈련된 학생들을 배출하지 못하고 있으며, 학문 연구에 대한 정부의 지원은 미미하다. 그래서 내 친구들 몇몇은 도미니카의 자연보호 구역이 명목상으로만 존재하게 될 것을 걱정하고 있다.

반면에 낙관적인 기대를 갖게 하는 주된 요인으로는 다른 개발도상국에서는 볼 수 없는 하의상달 방식 환경 운동이 조직적으로 전개되고 있다는 점이다. 환경 운동가들은 기꺼이 정부 방침에 도전하려 한다. 비정부 기구에서 일하는 내 친구들도 정부 정책에 반대하다가 수감되었는데, 풀려난 후 또다시 정부에 대한 도전을 시작했다. 도미니카 공화국의 환경 운동은 내가 알고 있는 다른 어느 나라보다 효과적이다. 내 도미니카인 친구 한 명이 말했듯이 이곳에서는 건설적인 요소와 파괴적인 요소 사이의 "갈수록 속도가 빨라지는 경주마들의 결과를 예측할 수 없는 경기"가 전개되고 있는 것이다. 도미니카 공화국에서는 환경을 위협하는 요인들과 이에 대항하는 환경 운동이 모두 힘을 얻고 있으며, 결과적으로 어느 쪽이 더 우세한 위치를 점할지는 예측할 수 없다.

도미니카 공화국의 경제와 사회에 대한 의견 역시 다양했다. 내 도미니카인 친구 다섯 명은 매우 비관적이어서 실제로 희망이 없다고 생각한다. 그들은 특히 정부의 무능과 부패, 그리고 최근의 경기 침체에 낙담하고 있다. 경기 침체를 불러온 주된 요인으로는 설탕 수출 시장의 붕괴, 통화의 평가절하, 외국의 값싼 노동력, 2개 주요 은행의 파산, 정부의 지나친 외채 도입과 과소비 등을 들 수 있다. 여기에 국민의 소비 욕구는 나라 경제가 뒷받침할 수 없을 정도로 팽배해 있다. 가장 비관적인 친구들의 의견에 따르면 도미니카 공화국은 아이티처럼 몰락의 길에 들어섰는데, 아이티보다 더 빠른 속도로 미끄러져 내려가고 있다. 아이티의 경제가 한 세기 반에 걸쳐 쇠퇴했다면, 도미니카 공화국은 수십 년 내에 같은 상태에 도달하리라는 것이다. 그리하여 도미니카 공화국의 수도 산토도밍고는 아이티의 수도인 포르토프랭스와 마찬가지로 소수의 부유한 엘리트층이 교외 지역에서 프랑스 와인을 마실 때 대다수의 시민은 전기와 가스도 들어오지 않는 슬럼가에서 빈곤 수준 이하의 생활을 영위하게 될 것이다.

이것은 최악의 시나리오이다. 또 다른 도미니카인 친구들은 지난 40년간 정권이 여러 차례 바뀌었으며, 부패하고 무능한 현 정부도 다음 선거에서 패할 것이라는 반응을 보였다. (실제로 이 대화가 있고 난 몇 달 후에 치러진 선거에서 정권이 교체되었다.) 도미니카 공화국의 미래를 밝게 하는 기본 사실 중 하나는 도미니카 공화국이 작은 나라여서 누구에게나 환경 문제가 곧바로 드러난다는 점이다. 또한 도미니카 공화국에서는 미국에서와 달리 개인이 정부 각료를 만나 공공의 관심사를 의논하는 것이 가능하다. 그리고 무엇보다 중요한 것은 도미니카 공화국이 지금보다 훨씬 더 힘든 시대를 유연하게 헤쳐나온 사회라는 점이다. 도미니카인들은 22년간의 아이티 지배와 1844~1916년과 1924~1930년의 무능하고 부패한 대통령들이 집권한 시기, 그리고 1916~1924년과 1965~1966년의 미 군정기를 잘 넘겨왔다. 그리고 현대의 가장 악독하고 파괴적인 독재자 중 한 명인 라파엘 트루히요 치하의 31년을 견뎌내고 나라를 재건하는 데 성공했다. 1900~2000년 동안 도미니카 공화국은 신대륙의 다른 어떤 나라보다 더 극적인 사회 · 경제적 변화를 겪었다.

세계화가 진행되는 이 시대에 도미니카 공화국에서 일어나는 일들은 도미니카 공화국뿐만 아니라 세계 여러 나라에 영향을 끼치게 되었다. 특히 불과 960킬로미터 바깥에 있으며 100만의 도미니카인들이 거주하는 미국에 끼치는 영향은 더욱 커서, 뉴욕은 도미니카 공화국의 수도인 산토도밍고에 이어 두 번째로 도미니카인들이 많이 사는 도시가 되었다. 또한 캐나다와 네덜란드, 에스파냐, 베네수엘라에도 많은 수의 도미니카인이 살고 있다. 미국은 1962년에 이미 인근의 카리브 해에 위치한 쿠바의 정세로 인해 자국의 안보가 위협당할 수 있음을 경험했다. 따라서 도미니카 공화국의 문제가 성공적으로 해결되는지의 여부에 따라 미국의 운명도 달라질 것이다.

아이티의 미래는 어떠할까? 신대륙에서 가장 가난하고 인구밀도가 높은 나라인 아이티는 연간 3퍼센트에 이르는 인구 성장률을 보이며 빈곤에서 헤어나오지 못하고 있다. 아이티는 너무나 가난하고 천연자원 및 훈련받은 고급 인력이 부족해서 경제 향상의 가능성이 보이지 않는다. 시선을 외부 세계로 돌려 해외 원조나 비정부 기구의 활동을 고려한다 해도 아이티는 이러한 외부의 도움을 효과적으로 유치할 능력조차 없다. 예를 들어 미국 국제개발국(USAID)에서는 도미니카 공화국에 투입한 금액의 7배를 아이티에 투입했으나 그 성과는 아이티의 경우가 훨씬 낮았다. 아이티에는 외부의 도움을 활용할 조직과 고급 인력이 부족했기 때문이다. 나는 아이티를 잘 아는 사람들을 상대로 아이티의 미래를 어떻게 전망하느냐고 물어보았지만 한결같이 "희망이 없다"는 대답이 돌아왔다. 그들 대부분은 아이티에서 희망을 발견하지 못했다. 그리고 한 가닥의 희망을 붙들고 있는 사람들 역시 자신들과 같은 사람은 소수이고 대부분은 희망이 없다고 생각한다는 것을 전제로 자신들이 희망을 갖는 이유를 설명한다. 그들은 희망을 갖게 하는 이유로 아이티의 삼림 보호 구역이 다시 울창해질 조짐이 보인다는 것, 농업 지역 두 곳의 수확량이 자급하고 남을 만큼이 되어 수도인 포르토프랭스와 북해안의 관광객 거주지로 팔려나간다는 것, 그리고 혼란 상태를 초래하지 않고도 군대를 무너뜨릴 수 있는 능력이 아이티인들에게 있다는 것 등을 꼽고 있다.

세계화로 인해 도미니카 공화국의 미래가 다른 나라에 영향을 끼치는 것과 꼭 마찬가지로 아이티의 미래 역시 세계화를 통해 다른 나라에 영향을 미친다. 도미니카인들이 그랬던 것처럼 아이티인들도 세계화의 영향 때문에 미국과 쿠바, 멕시코, 남미, 캐나다, 바하마, 소앤틸리스 제도 및 프랑스 등지에 거주하게 되었다. 그러나 그보다 더 중요한 것은 아이티가 이웃나라인 도미니카 공화국에 영향을 미침으로써 아이티의 문제가 히스파니올라 섬 전체로 '세계화' 된다는 것이다. 아이티인들은 일자리와 땔감을 찾아서 도미니카 국경을 넘나들었고, 불법으로 도미니카의 국경지대에 거주하며 농사를 지었다. 현재 도미니카 공화국에는 100만 명 이상의 아이티인들이 살고 있는데, 이들 대부분은 좋은 일자리와 농지를 찾아온 불법 체류자들이다. 도미니카인들 역시

100만 명 이상이 해외로 빠져나갔기 때문에 그 자리를 아이티인들이 메우게 된 것이다. 현재 도미니카 공화국 인구의 12퍼센트는 아이티인들이 차지하고 있다. 아이티인들은 도미니카인들이 꺼려하는 힘든 일, 즉 건설 인부나 농장 일꾼, 경비, 하인, 짐꾼 등의 일을 감당한다. 도미니카 공화국의 경제는 이렇게 아이티인들의 값싼 노동력에 의존하지만, 도미니카인들은 아이티인들에게 교육과 의료 및 주택 서비스를 제공하려 하지 않는다. 자신들도 경제적 여력이 없기 때문이다. 도미니카인들과 아이티인들은 경제적인 면에서뿐만 아니라 문화적인 면에서도 구분 지어진다. 그들은 언어가 다르고 복장이 다르고 음식이 다르고 생김새도 다르다(아이티인들은 피부색이 짙고 아프리카계의 특성을 띤다).

나는 도미니카인 친구들로부터 도미니카 공화국에 거주하는 아이티인들에 대한 얘기를 들으면서 이들이 처한 상황이 미국 내의 라틴아메리카계 불법 이민자들과 비슷하다는 사실에 깜짝 놀랐다. "도미니카인들이 원하지 않는 일자리," "보수가 적기는 해도 아이티에서 버는 것보다는 많은," "AIDS나 결핵, 말라리아 같은 병을 옮기는 아이티인들," "아이티인들은 언어도 다르고 피부색도 더 짙다," "불법 이민자들에게 교육과 의료, 주택 서비스를 제공할 여유도 없고 의무도 없다" 등과 같은 말들에서 '아이티인들'을 '라틴아메리카 이민자들'로 바꾸고 '도미니카인들'을 '미국인들'로 바꾸면 그대로 미국인들이 라틴아메리카 이민자들에 대해 흔히 하는 말과 같아지기 때문이다.

도미니카인들이 푸에르토리코와 미국으로 빠져나가고 아이티인들이 도미니카 공화국으로 유입되는 일이 계속될 경우, 도미니카 공화국에는 아이티인 그룹이 증가할 것이다. 아이티 문제의 해결이 도미니카 공화국의 지대한 관심사가 되어야 하는 이유가 바로 이것이다. 히스패닉의 수가 증가하는 미국에서 라틴아메리카 문제의 해결이 지대한 관심사가 되는 것과 마찬가지이다. 도미니카 공화국에 가장 많은 영향을 주는 나라는 다름아닌 아이티이다.

그렇다면 과연 도미니카 공화국은 아이티의 미래에 건설적인 역할을 할 수 있을까? 도미니카 공화국은 일견 아이티 문제에 아무 해결책도 제시할 수 없는 것처럼 보인다. 도미니카 공화국 역시 가난하고 해결해야 할 문제가 많기 때문이다. 뿐만 아니라 두 나라는 언어와 자아 이미지를 비롯한 여러 가지가 달라서 문화적 간극이 존재한다. 게다가 서로에 대한 적대감도 뿌리가 깊어서 도미니카인들은 아이티를 아프리카의 일부로 보고 아이티인들을 멸시한다. 그리고 아이티인들은 외국의 간섭에 의심스러운 눈길을 보낸다. 아이티인들과 도미니카인들 사이에는 서로에게 잔인하게 굴었던 역사가 가로놓여 있다. 도미니카인들은 19세기에 아이티인들이 도미니카 공화국을 침략한 사건과 22년 동안 아이티의 지배를 받은 사실을 기억한다. 그리고 아이티인들은 1937년 10월 2일에서 8일 사이에 벌어진 아이티인 대량학살을 잊지 못한다. 그것은 트루히요의 명령에 따라 도미니카 공화국의 북서부와 시바오 계곡에 사는 2만 명의 아이티인 전원이 몰살을 당한 사건이다. 오늘날 서로 반목하는 양국 정부 사이에는 협력이 거의 이루어지지 않고 있다.

그러나 이 모든 것도 다음과 같은 두 가지 기본 사실을 바꾸어놓지는 못한다. 바로 도미니카 공화국의 환경이 아이티의 환경 변화에 따라 좌우된다는 점과 도미니카 공화국에 가장 큰 영향을 미치는 나라가 아이티라는 점이다. 그리고 그런 만큼 두 나라 사이에 협력의 조짐이 보이기 시작했다. 나는 도미니카 공화국에 체류하는 동안 도미니카 공화국의 과학자들이 처음으로 아이티 과학자들을 만나러 떠나는 모습을 보았다. 물론 그 답례로 아이티 과학자들이 산토도밍고를 방문하는 것 역시 예정되어 있었다. 아이티가 발전하려면 도미니카 공화국의 적극적인 참여가 뒷받침되어야 한다. 비록 대다수 도미니카인들에게는 이것이 바람직하지 않고 생각할 수조차 없는 일일지 모르겠지만, 궁극적으로는 도미니카 공화국이 아이티 문제에 개입하지 않는 것이야말로 생각할 수 없는 일이 될 것이다. 도미니카 공화국은 비록 자원은 빈약할지 모르지만 적어도 아이티와 외부 세계를 잇는 가교 역할을 할 수 있으리라.

도미니카인들은 어떻게 생각할까? 그들도 이 의견에 공감할까? 과거에 도미니카인들은 아이티 문제에 건설적으로 참여하는 것보다 훨씬 어려운 일도 능히 해냈다. 나는 내 도미니카인 친구들이 앞으로 해나아갈 여러 가지 일 중에 이 가교 역할이 가장 크고 중요하다고 생각한다.

제12장

비틀거리는 거인, 중국

중국의 중요성

세계 인구의 5분의 1, 13억이 사는 중국! 중국은 세계에서 가장 인구가 많은 나라이고 국토 면적이 넓기로는 세계 3위, 서식하는 생물의 종이 많기로도 세계 3위이다. 이미 거대해진 중국 경제는 매년 10퍼센트의 성장률을 보이고 있는데, 이는 제1세계의 경제 성장률의 4배에 해당한다. 중국의 강철 · 시멘트 · 양식 수산물 · TV 등의 생산율은 세계 최고이고, 석탄 · 비료 · 담배의 생산량과 소비량이 모두 세계 최고이며, 전력과 자동차 생산량이 세계 최고에 가깝고, 목재 소비량 역시 세계 최고에 근접하며, 현재 세계 최대의 댐 건설 공사와 세계 최대의 수로 변경 계획이 진행되고 있다.

그러나 이러한 성취가 무색할 정도로 중국의 환경 문제는 주요 국가들 중 가장 심각하며, 계속 악화되고 있다. 중국의 환경 문제를 나열해 보면 생물의 종 감소, 경작지 감소, 사막화, 습지대 상실, 초지의 질 저하, 인재(人災)의 빈발 등에서부터 외래종의 유입, 목초지의 황폐화, 강물의 흐름 정지, 염화, 토양 침식, 쓰레기, 수질 오염, 물 부족에 이르기까지 무수히 많다. 이런 갖가지 환경 문제들이 중국 내에 막대한 경제적 손실과 사회 갈등, 건강 문제를 초래하는데, 이는 중국의 환경 문제가 자국 국민들에게 끼치는 영향만도 매우 심각함을 깨닫게 해주는 대목이다.

그러나 중국의 인구와 경제, 국토 면적 등을 고려해볼 때 중국의 환경 문제는 중국을 넘어서 중국과 같은 혹성과 바다와 대기를 공유하는 타국에도 영향을 미치리라는 것이 확실하다. 세계화는 전세계를 더욱 가깝게 만들었기 때문이다. 환경과 관련한 중국의 영향은 최근 중국의 세계무역기구(WTO) 가입으로 인해 더욱 증대되었다. 예를 들어 중국은 이미 아황산가스와 클로로플루오로카본 및 기타 오존 파괴 물질을 대량 배출하고 있으며, 중국에서 배출되는 먼지와 대기 오염 물질은 공기 중에 섞여 인접국은 물론 북아메리카에까지 침투하고 있다. 또한 중국은 열대우림 지역에서 가장 많은 목재를 수입하는 두 국가 중 하나로서 열대우림의 파괴에 큰 역할을 했다.

이 모든 것들보다 더 심각한 문제는 13억 인구의 중국이 제1세계의 생활 수준에 도달하는 데 성공할 경우 환경에 미칠 영향이다. 제1세계의 생활 수준에 도달한다는 것은 1인당 환경 훼손량 역시 제1세계 수준으로 늘어난다는 것을 뜻하기 때문이다. 앞으로 이 장과 제16장을 통해 살펴보겠지만 제1세계와 제3세계의 생활 수준은 큰 차이가 있으며, 이 차이를 좁히기 위한 중국 및 기타 개발도상국들의 노력은 환경에 엄청난 영향을 끼친다. 중국은 또한 이 책의 또 다른 주제들을 예시해주고 있는데, 그 주제들이란 첫째, 제16장에서 자세히 소개될 현대 세계의 12가지 유형의 환경 문제(중국에서는 이 모든 유형이 매우 심각하고 극단적인 양상으로 나타나고 있다)와 둘째, 세계화가 환경 문제에 끼치는 영향과 셋째, 환경 문제는 이 책의 다른 장에서 예로 든 작은 나라들뿐만 아니라 현대 사회의 가장 큰 나라에서도 대단히 중요하다는 사실, 그리고 마지막으로 비관적인 통계가 무수히 많은 가운데에서도 희망을 잃지 않을 현실적 근거가 있다는 점 등이다. 이제 중국에 대한 간단한 배경 지식을 소개한 후 중국의 환경 파괴 유형과, 환경 파괴가 중국 및 세계의 다른 여러 나라에 미친 영향, 그리고 환경 파괴에 대한 중국의 대응 및 미래 예측을 차례로 살펴보기로 하자.

인구와 경제, 그리고 환경

먼저 중국의 지형과 인구 동향 및 경제를 간단히 살펴보자(지도 참조). 중국의 지형은 복잡해서 세계 최고(最高)의 고원과 세계적으로 높은 산맥들과 강들(양쯔 강과 황허), 많은 호수, 긴 해안선, 넓은 대륙붕 등이 있으며, 서식지도 빙하와 사막, 열대우림에 이르기까지 다양하다. 이런 생태계 안에 환경적으로 취약한 지역이 있는데, 그 이유는 여러 가지이다. 예를 들어 중국 북부 지역은 강우량의 변화가 심하고 바람과 가뭄이 잦아 고위도에 위치한 초지의 경우 모래 바람이나 토양 침식에 취약하다. 반면 중국 남부 지역은 폭우가 심해서 경사면이 침식되기 쉽다.

중국의 인구에 대해서는 세계에서 가장 인구가 많다는 점과 정부에서 산아 제한을 강요하여 인구 성장률이 극적으로 줄어들었다는(2001년경에는 1.3퍼센트) 두 가지 사실이 잘 알려져 있다. 산아 제한으로 인구 성장률을 줄인 중국의 예는 비록 바람직한 방법은 아닐지라도 인구 문제에 대한 한 가지 해결책을 제시해주는 듯하다.

이보다는 덜 알려져 있지만 역시 환경 파괴에 큰 영향을 미치는 요인으로 가구 수의 증가를 들 수 있다. 지난 15년 동안 중국의 가구 수는 매년 3.5퍼센트의 증가율을 보였는데, 이는 같은 기간의 인구 성장률보다 2배가 넘는 수치이다. 이런 상황이 발생한 이유는 가구당 구성원 수가 줄어들었기 때문이다. 1985년에는 한 가구당 평균 구성원 수가 4.5명이었는데, 2000년에는 3.5명으로 줄었고, 2015년에는 다시 2.7명으로 줄어들 전망이다. 오늘날 중국에는 예전에 비해 8,000만 이상의 가구가 늘어났다. 8,000만이라면 러시아의 총가구 수보다 많은 숫자이다. 가구의 규모가 작아진 것은 고령화와 자녀 수 감소, 이혼율 증가, 핵가족화

중국의 현황

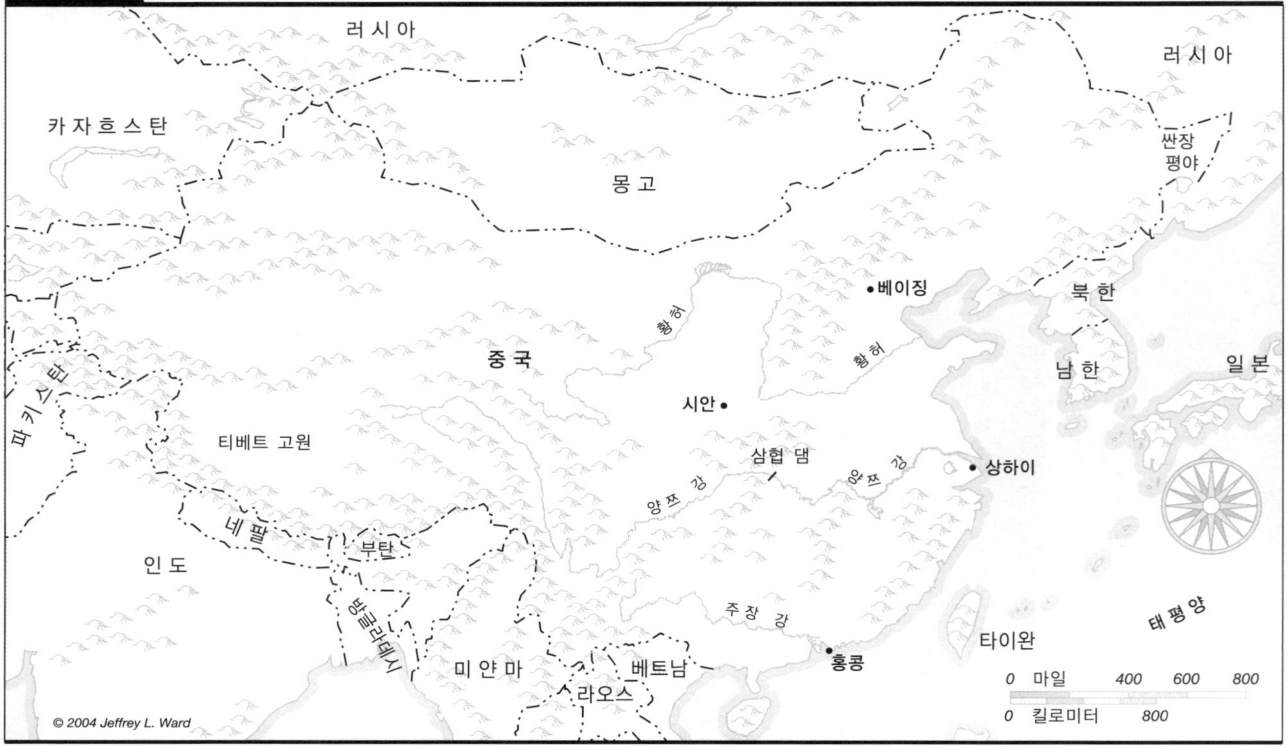

러시아
러시아
카자흐스탄
몽고
싼장 평야
베이징
북한
남한
일본
황허
황허
중국
시안
삼협 댐
양쯔 강
양쯔 강
상하이
티베트 고원
파키스탄
네팔
부탄
인도
방글라데시
미얀마
라오스
베트남
주장 강
홍콩
타이완
태평양
0 마일 400 600 800
0 킬로미터 800
© 2004 Jeffrey L. Ward

등의 사회 변화에 기인한다. 가구의 구성원 수가 줄어든 것과 동시에 가구당 주택 면적은 3배로 늘어났다. 그리하여 중국은 인구 성장률의 감소에도 불구하고 가구 수와 주택 면적의 증가로 인해 인간으로 말미암은 환경 훼손도 늘어나게 되었다.

중국의 인구 동향과 관련하여 빼놓을 수 없는 점은 급속한 도시화이다. 1953~2001년 사이에 중국의 전체 인구는 '겨우' 2배로 늘어났을 뿐이지만, 도시에 사는 인구의 비율은 13퍼센트에서 38퍼센트로 3배 가까이 늘었으며, 따라서 도시 인구는 7배로 늘어나 거의 5억에 이르게 되었다. 도시의 수도 5배가 늘어 전국에 약 700개가량의 도시가 있으며, 기존의 도시는 영역이 확대되었다.

중국의 경제에 대해서는 간단히 '거대한 규모와 빠른 성장'이라는 말로 표현할 수 있겠다. 중국은 석탄의 최대 생산국이자 최대 소비국으로 전세계 석탄의 25퍼센트를 생산하고 소비한다. 또한 세계 최대의 비료 생산국이자 소비국이기도 해서 중국의 비료 사용량은 전세계 비료 사용량의 20퍼센트에 이른다. 1981년 이후로 전세계의 비료 생산량이 90퍼센트 증가한 것은 중국의 비료 사용량이 5배로 늘어났기 때문이다. 중국의 에이커당 비료 사용량은 전세계 평균의 3배에 이른다. 제초제의 경우, 중국은 세계 2위의 생산국이자 소비국으로서 전세계 비료의 14퍼센트를 생산하고 소비한다. 그 외에도 중국은 세계 최대의 강철 생산국이고, 세계 최대의 제초 필름 사용국이며, 세계 2위의 전력 및 화학 섬유 생산국이고, 세계 3위의 석유 소비국이다. 지난 20년간 강철과 강철 제품, 시멘트, 플라스틱, 화학 섬유 등의 생산량이 각각 5배, 7배, 10배, 19배, 30배 증가했고, 세탁기 생산량은 3만 4,000배 증가했다.

중국인들의 식탁에 자주 오르는 육류는 돼지고기이지만, 경제 형편이 나아진 요즘에는 소고기와 양고기, 닭고기 등의 수요가 급속히 늘고 있으며, 1인당 계란 소비량은 제1세계와 같은 수준에 도달했다. 1인당 육류·계란·우유 소비량은 1978~2001년 사이에 4배나 증가했다. 이는 농촌 쓰레기가 훨씬 늘었음을 의미한다. 육류 1파운드를 생산하기 위해서는 채소 10~20파운드가 필요하기 때문이다. 동물의 배설물은 이미 산업 폐기물의 3배에 이르는 분량에 이르러 토양을 오염시키고 있고, 물고기의 배설물과 먹이 등은 해양을 오염시키고 있다.

중국의 교통망과 교통수단은 폭발적으로 증가하고 있다. 1952~1997년 사이에 철도와 고속도로, 항공기 노선은 그 길이가 각각 2.5배, 10배, 108배 증가했다. 트럭과 버스의 수는 1980~2001년 사이에 15배가 늘었고, 승용차 수는 130배가 증가했다. 1994년, 중국에서는 승용차 생산을 네 가지 주요 산업 중 하나로 정하여 2010년까지 계속해서 생산량을 늘리기로 했다. 그렇게 되면 중국은 미국과 일본에 이어 세계 3위의 자동차 생산국이 될 것이다. 지금도 자동차 배기가스로 인해 베이징을 비롯한 중국의 도시들이 공기가 나쁜데 2010년쯤에는 얼마나 더 나빠질까? 자동차 생산량이 늘어나면 도로와 주차장도 늘어나게 될 것이고, 그렇게 되면 환경은 더욱 악화될 것이다.

중국의 놀라운 경제 성장 이면에는 환경을 오염시키는, 비효율적이고 낙후된 기술이 자리하고 있다. 중국은 공산품을 만들어낼 때 활용하는 에너지 효율이 제1세계의 절반에 불과하며, 종이를 생산해낼 때 제1세계에 비해 2배나 많은 물을 소비한다. 또한 중국의 관개 시설은 수자원 낭비와 토질의 양분 상실, 부영양화(富榮養化) 등을 초래하는 비효율적인 방법으로 이루어져 있다. 중국에서 가장 많이 사용하는 에너지원은 전체 에너지원의 4분의 3을 차지하는 석탄인데, 이것은 효율성이 떨어지는 에너지원일 뿐만 아니라 대기 오염과 산성비를 불러온다. 예를 들어 비료와 섬유 제조에 필요한 암모니아를 생산할 때 중국에서는 석탄을 연료로 하여 암모니아를 생산하고 제1세계에서는 천연가스를 연료로 하여 암모니아를 생산하는데, 석탄을 연료로 할 때가 천연가스를 연료로 할 때보다 42배나 많은 물을 필요로 한다.

중국 경제의 비효율성을 나타내주는 다른 예로는 소규모 농촌 경제의 급속한 확산을 들 수 있다. 보통 6명의 직원을 둔 소규모 농촌 기업들이 건설업이나 제지업, 농약과 비료의 생산에 뛰어들고 있는데, 이런 기업들은 중국 총생산의 3분의 1과 수출량의 2분의 1을 차지할 정도로 중국 경제에서 큰 비중을 차지하고 있으며, 환경 오염 물질인 아황산가스와 산업 폐기물, 공장 폐수 등을 배출한다. 1995년, 중국 정부에서는 이런 소규모 농촌 기업들 중 환경을 가장 많이 오염시키는 기업 15곳을 폐쇄했다.

대기 오염, 수질 오염, 토양 오염

중국의 환경 파괴 역사는 단계적으로 진행되어왔다. 수천 년 전에 이미 대규모의 삼림 파괴가 있었고, 제2차 세계대전과 국공내전 후의 평화시에도 더 많은 삼림 파괴와 목초지 훼손, 토양 침식이 있었다. 1958~1965년의 대(大)약진 운동 기간에도 공장이 우후죽순처럼 늘어났고(1957년부터 1959년까지 2년 동안에도 공장 수가 4배로 증가했다), 삼림 파괴와 환경 오염이 이어졌으며, 1966~1976년의 문화혁명 기간에 많은 공장이 깊은 계곡과 산속으로 이전하면서 환경 오염은 더 심화되었다. 그리고 1978년 경제 개혁이 시작된 이후 환경 파괴는 더욱 가속화되었다. 중국의 환경 문제는 대기 오염, 수질 오염, 토양 문제, 서식지 파괴, 생물의 종 감소, 대규모 개발 사업 등의 여섯 가지로 요약된다.

이 중에서 가장 심각한 문제는 대기 오염이다. 마스크를 쓴 중국 도시인들의 사진(사진 25)에서 짐작할 수 있듯이 중국의 공기는 아주 나쁘다. 몇몇 도시의 대기 오염도는 세계 최악으로, 안전 기준치보다 몇 배나 높다. 자동차 수가 증가하고 석탄을 주된 에너지원으로 사용함으로써 이산화질소나 이산화탄소 같은 오염 물질이 증가한 것이다. 1980년대에는 산성비가 중국 남서부와 남부의 일부 지역에만 내렸지만, 지금은 도시 지역의 4분의 1이 비오는 날의 절반은 산성비에 노출되는 형편이다.

사진 25 중국의 도시 거주자들은 세계 최악의 공기 오염으로 얼굴을 막고 다녀야 할 지경이다.

사진 26 중국의 황토 고원. 곳곳에서 거대한 침식의 흔적이 눈에 띈다.

중국의 강물과 지하수도 농약과 비료의 사용으로 인한 부영양화와 산업체와 지방 정부의 폐수 방류로 인해 많이 오염되어 있다. 또한 중국 호수의 75퍼센트와 연안해의 대부분이 오염되었고, 근해에는 1960년대의 경우 5년에 한 번꼴로 발생하던 적조 현상이 매년 100퍼센트의 증가율을 보이고 있다. 베이징 북서쪽의 유명한 관팅 저수지 물은 1997년, 음료용으로 부적합하다는 판정을 받았다. 또한 중국의 하수 처리 비율은 20퍼센트에 불과하여 제1세계의 하수 처리 비율 80퍼센트에 크게 못 미친다.

수질 오염은 물 부족과 낭비로 더욱 악화되었다. 세계 기준에 따르면 중국은 담수가 부족해서 1인당 사용 가능한 물의 양이 세계 평균의 4분의 1에 불과하며, 그나마도 고르게 분포되어 있지 않아 중국 북부의 1인당 물 공급량은 남부에 비해 5분의 1에 불과하다. 지하수의 부족과 수자원의 낭비로 100개 이상의 도시에서 심각한 물 부족 현상을 겪고 있으며, 때로는 산업체의 생산 활동이 중단될 정도이다. 도시의 산업 용수와 농촌의 관개 용수 중 3분의 2는 대수층(帶水層, 지하수를 함유한 다공질 삼투성 지층: 옮긴이)의 우물에서 길어올려진 지하수에 의존하는데, 점차 이 대수층이 고갈되면서 해안 지역에서는 지하에 바닷물이 유입되고, 도시에서는 지반이 내려앉기 시작했다. 중국에서는 또한 강물의 흐름이 멈추는 최악의 사태가 발생했는데, 사람들이 강물을 끌어다 쓰는 일이 계속되어 사태는 더욱 악화되었다. 예컨대 1972~1997년 사이의 25년 중 20년 동안이나 황허(중국에서 두 번째로 긴 강) 하류의 흐름이 멈추었던 것이다. 강물의 흐름이 전혀 없는 날이 1988년에는 10일 정도였으나 1997년에는 230일로 늘었다. 수자원이 풍부한 남부의 양쯔강과 주장 강에서도 건기에는 물의 흐름이 멎어 배를 띄울 수 없는 형편이다.

중국은 토양 침식이 세계에서 가장 심한 나라이다(사진 26). 현재 국토의 19퍼센트가 침식의 피해를 입었고, 매년 50억 톤의 토사가 유실되고 있다. 특히 황토 고원(황허의 중간에 있는 고원으로, 전체의 70퍼센트가 침식되었다)의 침식 피해가 심하고, 양쯔 강에도 피해가 증가하고 있다. 양쯔 강에 쌓인 토사는 나일 강과 아마존 강에 쌓인 토사를 합친 것보다 양이 많다. 토사가 강을 메움으로써 해상 운송이 절반으로 줄어들었고 배의 크기에도 제한을 받게 되었다. 중국의 토양은 양이 줄어들었을 뿐만 아니라 질과 비옥도 역시 저하되었다. 장기간의 비료 사용으로 최상급의 경작지가 절반이나 줄어든 것이다. 중국 국토의 9퍼센트는 염화의 피해를 입었는데, 그것은 주로 건조한 지역에 관개 시설이 미비하거나 그 관리가 제대로 이루어지지 못했기 때문이다. 또한 국토의 4분의 1 이상이 목초지 과다 사용 및 농지 개간으로 인해 사막화되었다.

이 모든 토양 문제—토양 침식, 토양 비옥도의 저하, 염화, 사막화—에 광업 · 임업 · 양식업을 위한 토지 사용과 도시화가 더해져 중국의 경작지는 많이 줄어들었으며, 이는 식량 문제를 야기했다. 경작지는 줄어드는 데 반해 인구와 1인당 식량 소비량은 증가했기 때문이다. 현재 중국의 1인당 경작지는 세계 평균의 절반 수준도 안 되는 1헥타르에 불과하다. 제10장에서 언급한 르완다 북서부와 비슷한 수준이다. 게다가 중국에는 쓰레기 재활용이 제대로 이루어지지 않아 엄청난 양의 공장 쓰레기와 가정 쓰레기가 들판에 그대로 방치되어 있는데, 이것이 토양을 오염시켜 경작지를 못 쓰게 만든다. 중국 도시의 3분의 2 이상이 쓰레기 더미에 에워싸여 있으며, 이 쓰레기 더미는 야채 푸성귀 더미, 석탄 찌꺼기 등에서 플라스틱과 유리, 금속, 포장지 등으로 급격히 바뀌어가고 있다. 내 도미니카인 친구들이 쓰레기 더미에 묻혀 멸망하는 도미니카 공화국을 상상했듯이(제11장) 중국에 대해서도 같은 운명을 상상해볼 수 있을 것이다.

서식지 파괴, 종의 감소, 대규모 개발 사업

중국의 서식지 파괴에 대한 논의는 삼림 파괴로부터 시작한다. 중국은 세계에서 가장 삼림이 빈약한 나라이다. 1인당 삼림 면적은 0.3에이커에 불과해 세계 평균인 1.6에이커에 훨씬 못 미치고, 전체 삼림은 국토의 16퍼센트에 불과하다(일본은 74퍼센트). 정부의 노력 덕분에 단일 수종이 자라는 수목 플랜테이션이 증가하고, 따라서 전체 삼림 면적도 약간 증가했으나, 자연 삼림, 특히 오래된 삼림은 줄어들고 있다. 삼림 파괴는 중국에 토양 침식과 홍수를 일으키는 주요 원인이다. 중국은 1996년의 대홍수로 250억 달러 상당의 재산 피해를 입었고, 1998년의 홍수로 2억 4,000만 명의 수재민이 발생했다. 중국에 가뭄의 발생이 잦아지는 데에는 기후 변화와 함께 삼림 파괴가 주요 원인이 되었을 것이다.

서식지 파괴의 또 다른 형태로는 초지와 습지의 파괴를 들 수 있다. 중국은 오스트레일리아에 이어 두 번째로 많은 초원지대를 보유하고 있는 나라이다. 초원지대가 국토의 40퍼센트를 덮고 있으며, 주로 건조한 북쪽에 많이 발달해 있다. 그러나 워낙 인구가 많다 보니 중국의 1인당 초지 면적은 세계 평균의 절반에도 못 미친다. 중국의 초원지대는 목초지의 과다 사용과 기후 변화, 광석 채굴 및 기타의 개발로 인해 심하게 훼손되어, 지금은 전체 초원지대의 90퍼센트가 질이 저하되었다. 1950년대 이후로 헥타르당 목초 생산량이 40퍼센트 가량 줄어들었고, 잡초와 독초가 퍼져서 양질의 목초를 생산해내지 못하게 되었다. 초지의 질 저하는 중국의 식량 생산에만 영향을 미치는 것이 아니다. 티베트 고원(고위도에 위치한 세계 최대의 고원)에 있는 중국의 초원지대에서는 중국뿐만 아니라 인도와 파키스탄, 방글라데시, 태국, 라오스, 캄보디아, 베트남의 주요 강이 발원하고 있기 때문이다. 초지의 파괴는 중국의 황허와 양쯔 강에 잦은 홍수를 불러오고, 베이징을 포함한 중국 동부 지역에 잦은 모래 바람을 발생시킨다.

습지 면적도 줄어들고 있다. 습지는 수위가 일정하지 않으며, 물을 저장하고 홍수의 피해를 줄이는 역할을 제대로 하지 못한다. 그리고 습지대에 서식하는 생물군은 멸종 위기에 처해 있다. 한 예로 싼장 평야에 위치한 중국 최대의 담수 소택지는 이미 60퍼센트가 농지로 바뀌었고, 지금과 같은 속도로 계속 소택지의 물이 빠져나간다면 남아 있는 8,000평방마일의 소택지도 20년 이내에 사라지고 말 것이다.

이제 생물의 종이 감소하는 문제에 대해 살펴보자. 중국인들의 경제 형편이 나아지면서 어류 소비량이 늘어났고, 이에 따라 민물고기와 바닷물고기가 모두 남획과 오염에 노출되어 그 수가 크게 감소했다. 지난 25년간 1인당 어류 소비량은 거의 5배나 늘어났고, 어류의 국내 소비뿐만 아니라 수출도 크게 늘어 하얀색 철갑상어는 거의 멸종 상태에 이르렀고, 전에 많이 잡히던 보하이 참새우도 90퍼센트나 줄어들었고, 전에는 풍부했던 부세조기와 갈치는 수입에 의존하게 되었으며, 양쯔 강에서의 연간 물고기 포획량도 75퍼센트 감소했고, 2003년에는 처음으로 양쯔 강에서의 낚시가 금지되었다. 중국에 서식하는 생물의 종은 세계 동식물의 종을 10퍼센트 웃돌 정도로 다양하다. 그러나 자이언트팬더를 비롯한 중국 토종 생물의 5분의 1이 위험에 처해 있고, 중국 악어와 은행나무를 비롯한 희귀종들이 멸종 위기에 처해 있다.

토종의 감소 이면에는 외래종의 침입이 자리하고 있다. 중국은 예전부터 유익하다고 여겨지는 생물의 종을 의도적으로 들여오곤 했다. 그런데 이제 외국과의 교역량이 60배나 증가하면서 유익하지 않은 종도 우연히 섞여 들어오는 일이 발생했다. 예를 들어 1986년에서 1990년 사이에 상하이 항구에 입항한 349척의 배에 적재된, 전세계 30개국으로부터의 수입품 중 200여 종의 외국 잡초에서 오염균이 발견되었던 것이다. 외국에서 들여온 식물과 곤충 및 어류 중 일부는 중국에 유해한 골칫거리가 되었고, 외래종의 잡초는 중국의 농업 · 양식업 · 임업 · 축산업에 막대한 경제적 손실을 입혔다.

이 모든 것에 더하여 중국에서는 지금 엄청난 환경 문제를 유발하리라고 예상되는 대공사가 진행되고 있다. 세 군데의 양쯔 강 댐(세계 최대의 댐으로 1993년에 공사가 시작되었고, 2009년에 완공될 예정이다)은 전력 공급과 홍수 조절 및 해상 운송을 원활하게 하기 위한 것이지만, 이를 위해서는 300억 달러의 비용과, 수백만 명의 인근 주민을 이주시켜야 하는 사회적 비용, 토양 침식과 생태계 파괴라는 환경 비용이 든다. 2002년에 시작되어 2050년경에나 완공이 될 남북 수로 변경 사업의 경우는 더 많은 비용이 들어서 590억 달러가 소요될 예정이며, 환경 오염을 유발할 뿐만 아니라 중국에서 가장 긴 강인 양쯔 강의 물 불균형을 초래하리라 예상된다. 하지만 이 공사는 중국 서부의 낙후된 지역을 개발하는 사업에 비하면 아무것도 아니다. 국토의 절반 이상을 대상으로 한 이 서부 개발 사업은 중국의 정치 지도자들이 국가 발전에 매우 긴요하다고 생각하는 사업이다.

환경 파괴의 영향

이번에는 환경 파괴가 동식물에 미치는 영향과 사람에게 미치는 영향의 차이를 생각해보기로 하자. 최근 중국에서 이루어지고 있는 개발 사업은 중국 토종의 동식물에게는 나쁜 소식이 분명한데, 그렇다면 인간에게는 어떠할까? 인간에게 미치는 영향은 크게 경제적 비용과 건강 비용, 자연재해에 대한 노출 등으로 구분된다. 다음에 이 세 가지 항목에 대한 예를 들어보기로 한다.

먼저 경제적 비용에 대해 규모가 작은 것부터 차례로 살펴보면, 브라질에서 돼지 사료로 들여온 악어초(alligator weed)가 정원과 고구마 밭, 감귤 농장 등에 마구 번지는 것을 막기 위해 연간 7,200만 달러를 투입하는 것을 가장 우선적으로 꼽을 수 있다. 또한 물 부족으로 인한 공장 폐쇄로 시안에서만도 연간 2억 5,000만 달러 규모의 손해가 발생한다. 모래 폭풍으로 인한 재산 피해가 5억 4,000만 달러에 이르고, 매년 산성비로 7억 3,000만 달러 상당의 작물과 삼림이 피해를 입는다. 하지만 이보다 훨씬 심각한 것도 있다. 베이징 둘레에 나무를 심어 모래 폭풍을 막는 데 60억 달러가 소요되고, 악어초 이외의 다른 잡초에 따른 재산 피해액이 연간 70억 달러에 이른다. 1996년 한 해의 홍수로 270억 달러의 재산 피해가 났고(그래도 1998년의 홍수 때에 비하면 나은 편이다), 사막화로 인한 연간 피해액이 420억 달러에 이르며, 수질 오염 및 대기 오염으로 인한 연간 피해액이 540억 달러에 이른다. 이 중 마지막 두 가지 항목만 합쳐도 중국의 연간 국내 총생산의 14퍼센트에 해당하는 규모이다.

환경 파괴가 인체의 건강에 미치는 영향으로는 다음의 세 가지 예를 들어보기로 한다. 중국 도시 거주자들의 혈중 납 농도는 다른 나라에서 아동의 정신 발달에 해롭다고 여겨지는 수치의 2배에 이른다. 또한 매년 대기 오염으로 인한 사망자 수가 30만 명이고, 그 치료비로 연간 540억(국민총생산의 8퍼센트) 달러가 소요된다. 흡연으로 인한 사망자 수는 연간 73만 명이며, 중국이 세계 최대의 담배 생산국이자 소비국인 만큼 앞으로 더 늘어날 전망이다. 중국의 흡연자는 전세계 흡연자의 4분의 1에 달하는 3억 2,000만으로, 이들 한 사람의 연 평균 담배 소비량은 1,800개비이다.

중국에는 자연재해가 자주 일어나고 그 정도도 심해서 피해 규모가 매우 크다. 그중 어떤 것들은—특히 모래 폭풍이나 산사태, 가뭄, 홍수 등—인간적인 요소와 밀접한 관계가 있어서, 인간으로 인한 자연재해가 증가함에 따라 같이 늘어나고 있는 추세이다. 예를 들어 삼림 파괴와 목초지 훼손, 토양 침식 등으로 인해 불모지가 된 땅에는 모래 폭풍이 더 자주 일어난다. 300~1950년 사이에는 중국 서부에 보통 31년마다 한 번씩 모래 폭풍이 발생했지만 1950~1990년 사이에는 20개월에 한 번씩 발생했고, 1990년 이후로는 거의 매년 발생하고 있다. 그리고 1993년 5월 5일에 발생한 모래 폭풍은 100명의 사망자를 냈다. 삼림 파괴로 인해 비를 생성해내는 자연 주기가 바뀌고, 호수와 습지대의 물을 지나치게 사용하여 수증기의 생성이 줄어들게 됨으로써 가뭄이 잦아졌다. 매년 가뭄의 피해를 입는 경작지는 6만 평방마일로, 이는 1950년대보다 2배가 늘어난 규모이다. 삼림 파괴와 함께 홍수도 크게 늘었으며, 1996년과 1998년의 홍수는 엄청난 피해를 가져다주었다. 가뭄과 홍수가 번갈아 나타나게 되면 둘 중 한 가지만 발생할 때보다 훨씬 피해가 크다. 가뭄으로 인해 수목이 고사한 불모지를 홍수가 쓸고 지나가면 훨씬 더 심한 토양 침식이 일어나기 때문이다.

외국과의 관계

중국은 외국과의 교역이나 외국 여행을 하지 않는다 하더라도 수십억 인구가 사는 그 거대한 땅덩이에서 내뿜는 매연과 쓰레기만으로도 다른 나라에 영향을 끼치기에 충분하다. 그러나 중국은 무역과 투자, 해외 원조 등을 통해 이미 세계 여러 나라와 관련을 맺고 있으며, 이런 현상은 최근 20년 동안 더욱 가속화되었다(현재 중국의 연간 해외 교역량은 6,210억 달러 규모에 달한다). 특히 수출 경제의 발달은 중국에 큰 환경 오염 문제를 가져다주었다. 전체 수출 물량의 절반을 감당하는 소규모 농촌 기업에서 외국으로 수출할 물품을 생산해내는 한편 국내에 오염 물질을 배출하기 때문이다. 1991년, 중국은 미국에 이어 두 번째로 많은 해외 투자를 유치한 나라가 되었고, 2002년에는 530억 달러라는 기록적인 투자액을 유치하여 1위에 올랐다. 해외 원조의 경우, 1981~2000년 사이에 국제 비정부 기구들로부터 1억 달러, UN개발계획(United Nations Development Program)으로부터 5억 달러, 일본의 국제개발국(International Development Agency)으로부터 100억 달러, 아시아개발은행(Asian Development Bank)으로부터 110억 달러, 세계은행(World Bank)으로부터 240억 달러를 유치했다.

이 모든 투자와 원조는 중국에 급속한 경제 성장과 환경 오염을 가져다주었다. 이제 세계 여러 나라에서 중국에 영향을 미치고 중국에서 세계 여러 나라에 영향을 미치는 또 다른 방식들에 대해 생각해보자. 이러한 상호 영향은 '세계화'의 일환일 것이다. 현대 사회의 상호 연관성

사진 27 중국에 수입된 전자 제품 폐기물. 제1세계에서 제3세계로 공해 물질이 넘어가고 있다는 단적인 증거이다.

은 과거에 이스터 섬이나 마야, 아나사지에서 발생한 환경 문제와 현재의 환경 문제 사이에 큰 차이를 불러왔다.

중국이 세계 여러 나라로부터 받은 해로운 영향 중 외래종의 유입에 대해서는 이미 언급한 바 있다. 그러나 중국이 외국에서 다량의 쓰레기를 수입한다는 사실에 독자들은 놀라지 않을 수 없을 것이다(사진 27). 몇몇 제1세계 국가들은 돈을 주고 유해한 화학 물질이 들어 있는 산업 폐기물을 중국에 넘겨준다. 그러면 중국에서는 이 산업 폐기물로부터 원료를 추출하여 다시 제품을 생산해내는 것이다. 그 한 예로 저장성의 세관에는 2002년 9월에 미국으로부터 구형 TV와 컴퓨터 모니터, 복사기, 키보드와 같은 '전자 제품 폐기물' 400톤을 들여왔다는 기록이 남아 있다. 산업 폐기물의 수입량에 대한 통계는 정확하게 나오기가 힘들지만, 그래도 활용 가능한 자료에 따르면 산업 폐기물 수입량이 1990~1997년 사이에 100만 톤에서 1,100만 톤으로 늘어났으며, 홍콩을 거쳐 수입한 제1세계의 산업 폐기물은 1998~2002년 사이에 매년 200만 3,000~300만 톤씩 증가했다.

산업 폐기물보다 더 나쁜 것은 공해 산업의 기술 이전이다. 많은 외국 기업들이 선진 기술을 이전해줌으로써 중국의 환경 문제 개선에 도움을 준 것도 사실이지만, 개중에는 자국에서는 불법화된, 오염 물질을 유발하는 기술을 이전하여 환경에 해악을 끼친 기업도 있었다. 그리고 중국은 이런 기술을 다시 후진국에 이전했던 것이다. 그 한 예로 일본에서는 17년 전에 생산 금지된 '푸야만' 이라는 살충제의 생산 기술이 1992년 중국에 이전되어 푸젠성에 심각한 환경 오염을 유발했으며, 이로 인해 많은 사망자가 발생했다. 또한 오존층을 파괴하는 클로로플루오로카본이 수입되었는데, 1996년 당시 광둥성에 수입된 분량만 해도 1,800톤에 달했다. 이것은 중국이 세계 오존층 파괴에 지대한 역할을 하리라는 것을 말해준다. 1955년 당시, 중국에는 1만 6,998개소의 공해 산업체가 500억 달러 상당의 화학 제품을 생산해내고 있었다.

이제 넓은 의미에서의 수입에서 수출로 시선을 돌려보자. 중국에 서식하는 생물의 종이 다양하다는 것은 그만큼 다양한 종의 중국 생물이 외국에 침투했다는 의미이기도 하다. 예를 들어 북아메리카의 삼림에 큰 피해를 입힌 세 종류의 병충해가 모두 중국에서 유입된 것이다. 밤나무줄기마름병(chestnut blight)으로 인해 미국의 토종 밤나무들이 모두 말라 죽은 것은 이미 오래전의 일이고, 60년 전에는 네덜란드 느릅나무병(Dutch elm disease) 때문에 뉴잉글랜드의 그 많던 네덜란드 느릅나무들이 모두 사라졌으며, 1996년에 처음으로 미국에 유입된 아시아 하늘소는 단풍나무와 물푸레나무를 공격하여 대략 410억 달러 상당의 피해를 입혔다. 최근에는 중국의 초어(草魚, grass carp)가 미국 45개 주의 강과 호수에 유입되어 미국의 수생 식물과 플랑크톤, 무척추동물군에 큰 변화를 초래했다. 중국에서 수출하는 또 다른 종으로는 생태적 · 경제적으로 많은 영향을 끼치게 마련인 호모 사피엔스가 있다. 중국인의 해외 이민자 수는 날로 증가하여 합법적인 오스트레일리아 이민자 중 세 번째로 많은 수를 차지하는 사람들이 중국인이다(제13장 참조). 그밖에 태평양 건너 미국으로 이민을 간 중국인도 상당수에 이른다.

알게 모르게 외국에 유입되는 중국의 곤충과 민물고기, 중국인 등은 배나 비행기를 통해 이동하지만, 모르는 사이에 대기 중에 섞여 이동하는 것도 있다. 1995년, 제1세계 국가들이 클로로플루오로카본과 같은 오존 파괴 물질의 사용을 금하게 되면서 중국은 오존 파괴 물질의 최대 생산국이자 소비국이 되었다. 중국은 또한 전세계 이산화탄소의 12퍼센트를 배출하는데, 이것이 지구 온난화에 큰 역할을 한다. 이런 추세(중국의 이산화탄소 발생량이 증가하고, 미국의 이산화탄소 발생량이 현 상태를 유지하고, 그밖의 나라의 이산화탄소 발생량이 줄어드는)가 계속된다면 중국은 이산화탄소 배출량이 가장 많은 국가가 되어 2050년경에는 전세계 이산화탄소의 40퍼센트를 배출하게 될 것이다. 중국은 이미 이산화황의 발생량 면에서 세계 최대로, 미국보다 2배나 많은 양을 배출하고 있다. 이런 오염 물질이 섞인 흙먼지와 모래가 중국의 사막과 훼손된 목초지, 휴경지 등에서부터 바람에 날려 한국과 일본, 태평양의 여러 섬들로 퍼져가고, 1주일 이내에 미국과 캐나다에까지 도달한다. 공기 중에 섞여 이동한 오염 물질의 입자는 석탄 사용과 삼림 파괴, 목초지 훼손, 토양 침식 및 자연 파괴적인 농사 기법 등으로 인해 생겨난다.

중국과 다른 나라들의 교역 관계에서 발견되는 또 한 가지는 중국의 수입이 무역 상대국에 대한 환경 오염의 수출로 연결될 때가 더러 있다는 것이다. 예를 들어 중국에서 목재를 수입할 때, 이것은 곧 무역 상대국에게 삼림 파괴를 수출하는 셈이 된다. 중국은 세계 3위의 목재 소비국이다. 농촌 지역 연료의 40퍼센트가 장작이고, 제지 공업과 건설업 분야의 목재 수요가 많아서일 것이다. 그러나 1998년의 홍수로 삼림 벌채가 금지되면서 공급이 수요에 미치지 못하게 되었고, 이에 따라 목재 수입이 6배나 증가했다. 세 대륙에 걸친 열대 지방(특히 말레이시아, 가봉, 파푸아뉴기니, 브라질)에서 목재를 수입하고 있는 중국은 세계 2위의 목재 수입국으로, 1위인 일본을 바짝 추격하고 있다. 중국은 또한 온대 지역, 특히 러시아, 뉴질랜드, 미국, 독일, 오스트레일리아 등지에서도 목재를 수입하고 있다. 중국의 WTO 가입으로 인해 목재 수입량은 더욱 늘어날 전망이다. 목재에 대한 관세가 15~20퍼센트에서 2~3퍼센트로 떨어질 것이기 때문이다. 이는 중국의 삼림이 보존되는 대신 다른 나라의 삼림이 파괴됨을 의미한다. 말레이시아와 파푸아뉴기니, 오스트레일리아를 포함한 몇몇 지역에서는 이미 심각한 삼림 파괴가 이루어지고 있다.

이 모든 요인들보다 더 중요한 것은 제1세계 국민들의 생활 방식에 대한 중국인들의 동경이다. 제1세계 국민들처럼 산다는 것은 집과 가재도구와 의복 및 공장에서 만들어진 소비재의 획득을 의미하고, 훌륭한 의사와 현대 의약품에 대한 접근 용이성을 뜻하며, 화학 비료의 사용으로 농산물의 수확량이 증가하는 것을 의미한다. 또한 가공 식품을 먹고, 도보나 자전거가 아닌 자동차로 여행을 다니고, 타지에서 생산되어 이송되어온 상품을 구입하는 것을 의미한다. 내가 만나본 제3세계 사람들은 누구나—전통적인 생활 방식을 고수하는 사람들조차도—이런 제1세계 생활 방식을 적어도 한두 가지는 마음에 들어했다.

제1세계의 생활 방식에 대한 동경은 전세계에서 보이는 공통적인 현상이지만, 특히 인구가 많고 경제 성장 속도가 빠른 중국은 이런 현상을 보여주는 좋은 예이다. 총생산과 총소비는 각각 인구 수에 1인당 생산과 1인당 소비를 곱한 것이다. 중국은 인구가 많은 까닭에 총생산도 높다. 비록 1인당 생산이나 1인당 소비는 아직 낮아서, 산업 분야에서 주로 사용되는 네 가지 금속(강철, 알루미늄, 구리, 납)의 경우 중국의 1인당 소비율이 선진 공업국의 9퍼센트에 불과한 정도이지만 말이다. 그러나 중국은 제1세계 수준의 경제에 진입하는 목표를 향해 빠르게 나아가고 있다. 만약 중국의 1인당 소비율이 제1세계 수준에 도달한다면, 비록 다른 나라의 생산과 소비, 인구에 아무런 변화가 없다 하더라도 위의 네 가지 금속에 대한 전세계의 생산과 소비가 94퍼센트나 증가할 것이다. 다시 말해서 중국이 제1세계의 수준에 도달한다면 전세계의 인력 활용과 환경 훼손이 2배로 늘어날 것이다. 그러나 제1세계 수준이 아니라 현 상태를 유지한다고 해도 인간의 환경 훼손은 너무 심하다. 그리고 이것이 바로 중국의 문제가 자동적으로 세계의 문제가 되는 이유이다.

중국의 미래는 세계의 미래

중국의 정치 지도자들은 인간이 자연을 정복할 수 있으며 또 정복해야 한다고 믿었고, 환경 훼손은 자본주의 사회의 문제일 뿐이라고 생각했다. 그러나 중국의 환경 문제가 심각해지면서 이제 그들도 생각을 달리하게 되었다. 사고의 전환은 1972년, 중국이 제1차 UN인간환경회의(United Nations Conference on the Human Environment)에 대표단을 파견하면서 시작되었다. 1973년에 중국 정부는 환경 보호를 위한 선두 그룹을 조직했는데, 이 단체는 1998년(대홍수가 났던 해)에 국립환경보호청으로 흡수되었다. 그리고 1983년에는 환경 보호를 국가 기본 정책으로 정했다. 그러나 이것은 명목상이었을 뿐, 실제로는 경제 성장이 더 우선시되었고, 공무원 평가의 주된 기준도 경제 성장이었다. 따라서 환경 보호와 관련하여 제정된 여러 가지 법과 정책은 실효를 거두지 못했다.

중국의 미래는 과연 어떤 모습일까? 환경 문제가 급속히 증가하고 있고, 이를 해결하려는 노력 또한 늘어가고 있는데, 둘 중 어느 쪽이 경주에서 이길까? 물론 이런 질문은 다른 나라에도 해당되지만 중국의 경우에는 특히 절박한데, 그것은 거대 중국이 세계에 미치는 영향 때문이기도 하지만 '비틀거린다' 고 할 수 있는 중국 역사의 특성 때문이기도 하다(여기서 '비틀거린다' 는 말은 술 취한 사람들의 동작을 표현할 때와 같은 경멸적인 의미에서 사용된 것이 아니라 '갑자기 이쪽에서 저쪽으로 흔들린다'는 중립적인 의미로 사용되었다). 『총 · 균 · 쇠: 인간 사회의 운명』에서도 언급했듯이, 내가 보기에는 '비틀거린다'는 표현만큼 중국 역사의 특징을 잘 드러내는 단어는 없다. 중국은 해안선이 비교적 굴곡이 없고, 이탈리아나 에스파냐 · 포르투갈만한 큰 반도가 없으며, 영국이나 아일랜드만한 큰 섬이 없고, 큰 강이 평행으로 흐르는 등의 지리적 특성을 가지고 있으며, 복잡다기한 지형의 유럽이 정치적으로 통일을 이루지 못한 데 반해 중국은 이런 단순한 지리적 특성 때문에 기원전 221년부터 이미 통일된 국가로 존재해왔다. 이는 중국의 통치자들로 하여금 중국 내의 광범위한 지역에 변화를 가져올 수 있게끔 했는데, 이때의 변화에는 좋은 변화와 나쁜 변화가 모두 포함되었고, 때로는 이 두 가지가 번갈아 나타나곤 했다(그래서 '비틀거린다'는 표현을 사용했다). 중국이 유럽의 르네상스기에 세계 최대의 함대를 만들었고, 이 함대를 인도와 아프리카에 보냈으며, 후에 함대를 부수고 해외 식민 사업을 중국보다 훨씬 작은 유럽 국가들에게 내주었던 데에는, 그리고 산업혁명을 시작만 하고 계속하지 않았던 데에는 중국이 통일된 국가로서 황제의 결정에 따라 일사불란하게 일을 처리해나갈 수 있었다는 사실에 일부 원인이 있다.

중국은 최근까지도 환경과 인구에 영향을 미치는 주요 정책들과 관련하여 좋은 변화와 나쁜 변화가 반복되어왔다. 중국의 정치 지도자들은 한편으로는 산아 제한이나 1998년의 삼림 벌채 금지법 등에서 보듯 유럽과 미국의 정치 지도자들로서는 해결 불가능한 문제들을 해결해왔지만, 또 한편으로는 파괴적인 대약진 운동과 국가 교육 제도를 뒤흔든 문화혁명, 환경 파괴를 초래한 최근의 대규모 개발 사업 등에서 보듯 유럽과 미국의 정치 지도자들로서는 생각할 수 없는 엄청난 혼란을 야기하기도 했다.

현재 중국의 환경 문제에 대해 분명히 말할 수 있는 것은 사태의 호전보다는 악화가 먼저 오리라는 것이다. 환경의 호전과 악화, 두 가지 모두에 커다란 영향을 미치는 요인으로 교역량의 증가를 들 수 있다. 중국은 WTO에 가입함으로써 낮은 관세를 적용받게 되었기에 앞으로 자동차, 섬유, 농산물 및 기타 다양한 품목에서 수입과 수출이 늘어날 전망이다. 이미 중국의 수출업체에서는 해외에 수출할 완제품을 만드느라 오염 물질을 배출해왔으며, 일부 수입 업체에서는 산업 폐기물과 자동차를 수입함으로써 환경 오염을 악화시켰다. 그러나 한편으로는 WTO에 속한 몇몇 나라에서 제품 생산에 엄격한 환경 기준을 적용하므로, 이런 나라들에 물건을 수출하기 위해서는 중국 역시 엄격한 국제 기준을 따르지 않을 수 없게 될 것이다. 또한 해외 농산물 수입이 늘어나면서 중국에서도 비료와 농약의 사용이 줄어들 것이고, 석유와 천연가스를 수입함으로써 석탄 사용으로 인한 공해가 줄어들 것이다. 중국의 WTO 회원 가입은 두 가지 결과를 낳았다. 우선 중국 내에 외국 물품의 수입이 늘어나면서 중국 제품의 생산이 줄어들게 되었고, 이것은 다시 중국의 환경 문제를 해외로 이전하는 결과를 낳았던 것이다. 중국의 목재 수입이 외국의 삼림 파괴를 불러왔듯이.

염세주의자들은 중국에서 환경 파괴와 관련한 여러 위험 요소와 불길한 조짐을 발견할 것이다. 특히 환경 보호나 지속 가능성보다 경제 성장이 우선시된다는 점은 큰 문제이다. 또한 환경 문제에 대한 대중의 인식도 낮은 편인데, 이는 부분적으로는 교육에 대한 투자가 저조하기 때문이다. 국민총생산을 기준으로 할 때 중국의 교육에 대한 투자는 제1세계 국가들의 절반에도 못 미친다. 중국에는 세계 인구의 20퍼센트가 살지만 중국의 교육비는 전세계 교육비의 1퍼센트에 불과하다. 대부분의 중국 부모는 자녀에게 대학 교육을 시킬 만큼 경제적 여유가 없다. 1년치 학비가 도시 노동자 한 사람 또는 농촌 노동자 세 사람의 월급에 해당하는 액수이기 때문이다. 중국의 환경 관련 법률은 서로 연관성이 없어서 실효를 거두기 힘들다. 예컨대 급속히 사라져가고 있는 습지를 보호하기 위해 제정된 법이 많이 있지만 이 모두를 유기적으로 연결시키는 전체적인 틀이 없다. 또한 국립환경보호청의 지청 직원을 국립환경보호청에서 자체적으로 뽑아 내려보내지 않고 지방 정부에서 뽑기 때문에, 때로 지방 정부에서 환경 관련 법규의 시행을 막을 때가 있다. 중요한 환경 자원의 값이 너무 싸다는 점도 낭비를 부추긴다. 예를 들어 황허에서 끌어다 쓰는 관개 용수 1톤 값이 작은 병에 담긴 샘물 가격의 10분의 1에서 100분의 1 사이에 불과하기 때문에 관개 농업을 하는 농민들로서는 물을 저장해둘 필요를 느끼지 못한다. 정부의 토지 소유 또한 토질의 악화를 가져온다. 각기 다른 작물을 재배하는 농민들이 짧은 기간에 정부의 땅을 임대해서 쓰다 보니 장기적인 안목에서의 토질 관리에 신경을 쓰지 않게 되는 것이다.

그보다 더 구체적인 위험 요인도 있다. 자동차 수의 증가와 대규모 개발 사업, 습지의 급격한 감소 등이 환경에 해로운 영향을 미칠 것이다. 그리고 가구당 구성원 수가 2.7명으로 줄어들게 되는 2015년경에는, 비록 중국의 인구가 더 늘어나지 않는다고 가정하더라도 1억 2,600만(미국의 전체 가구 수보다 많은 숫자이다) 가구가 더 늘어날 것이다. 경제적 여유와 더불어 육류와 어류의 소비가 늘어남에 따라 이 동물들의 배설물과 양식장에서 물고기들이 먹다 남긴 사료 등으로 인해 환경 오염이 증가할 것이다. 중국의 양식업은 이미 세계 최대 규모이고, 중국은 유일하게 바다에서 나는 수산물보다 양식업으로 얻는 수산물의 양이 더 많은 나라이다. 중국의 육류 소비량이 제1세계 수준에 근접할 경우에는 앞에서 네 가지 금속에 대해 언급한 것과 같은 사태가 벌어질 것이다. 물론 중국인들에게 제1세계 수준에 근접해서는 안 된다고 말할 수는 없으리라. 하지만 중국 및 기타 제3세계 국가들과 현재의 제1세계 국가들이 모두 제1세계 수준의 생활 방식을 누리려 한다면 이 세상은 더 이상 유지될 수 없을 것이다.

이 모든 위험과 불길한 조짐에도 불구하고 희망적인 징후도 보인다.

WTO 회원 가입과 2008년에 있을 베이징 올림픽으로 인해 중국 정부에서는 환경 문제에 좀더 관심을 기울이게 되었다. 그 한 예로 베이징을 흙먼지와 모래 폭풍으로부터 보호하기 위해 60억 달러를 들여 베이징 주변에 '나무 장막(green wall)'을 치기로 했다. 또한 베이징 시에서는 대기 오염을 줄이기 위해 자동차 연료로 천연가스와 액화석유가스를 사용하도록 했다. 중국은 1년 남짓한 기간에 휘발유에서 납 성분을 단계적으로 제거해나가기로 했는데, 이는 유럽과 미국에서도 몇 년에 걸쳐 달성한 일이다. 중국에서는 또한 자동차 연비 제도를 운영하고 새로 만들어져 나오는 승용차에 대해 유럽과 같은 수준의 엄격한 배기가스 기준을 적용하기로 했다.

중국은 이미 다양한 생물의 종을 보호하기 위해 동물원과 식물원, 야생 생물 부화 센터, 박물관, 유전자 은행 등을 운영하는 것은 물론, 전체 국토 면적의 13퍼센트에 이르는 녹지에 1,757곳의 자연보호 구역을 지정하는 등 많은 노력을 기울이고 있다. 또한 중국 전통의 환경친화적인 농사 기법을 대규모로 활용하고 있는데, 관개 농업을 하는 논에 물고기를 기르는 것과 같은 남부의 농법이 그 한 예이다. 논에 물고기를 기르면 물고기의 배설물이 자연 비료가 되어 벼의 수확량이 늘어나는 것과 동시에 물고기가 살충제의 역할을 하기 때문에 환경에 유해한 화학 비료나 제초제, 살충제의 사용을 줄일 수 있다. 산림 녹화의 희망도 보인다. 1978년에는 대규모의 수목 플랜테이션이 조성되었고 1998년에는 삼림 벌채가 전국적으로 금지되었으며, 홍수 피해를 줄이기 위한 자연림 보호 사업이 시작되었다. 1990년 이래로 중국에서는 조림 사업을 통해 1만 5,000평방마일의 땅이 사막화되는 것을 막고자 애써왔다. 2000년에는 '농지의 녹지화' 사업이 시작되어, 경작지를 숲이나 초지로 전환한 농민에게 정부 보조금을 지급함으로써 환경 파괴에 취약한 가파른 산비탈에 농사를 짓는 일이 줄어들었다.

이 모든 일이 어떤 결과를 가져올까? 다른 나라들과 마찬가지로 중국도 환경 파괴와 환경 보호 사이에서 비틀거리고 있다. 인구와 경제 규모, 그리고 예부터의 중앙집중적 특성으로 미루어 중국의 영향은 다른 어느 나라보다 클 것이다. 중국이 어느 방향으로 나아가느냐에 따라 중국 자체뿐만 아니라 전세계의 운명이 달라질 것이다. 이 장을 쓰고 있는 동안 내 기분도 절망과 희망 사이에서 비틀거리고 있다. 환경 파괴의 현실을 일깨워주는 세세한 자료들을 생각하면 절망적인 기분에 빠지고, 중국 정부가 이미 채택하고 있는 강력한 환경 보호 정책을 생각하면 희망을 갖게 된다. 중국은 넓은 땅과 독특한 형태의 정부 조직으로 인해 세계 어디에서도 찾아볼 수 없는 대규모의 상의하달 방식의 정책 결정이 가능하다. 중국의 환경 정책에 비하면 도미니카 공화국의 대통령 발라게르가 취한 조처는 사소하게 보일 정도이다. 미래에 대한 최상의 시나리오는 중국 정부에서 인구 문제 못지않게 환경 문제가 매우 심각하다는 것을 인식하여 가족계획만큼이나 대담하고 효과적인 환경 정책을 수행하는 것이다.

제13장

오스트레일리아의 '채굴'

오스트레일리아의 중요성

'채굴(mining)'이 석탄이나 철광석 등의 채굴을 뜻하는 원래의 의미에서도 오늘날 오스트레일리아 경제를 나타내주는 핵심 단어이지만, 비유적 의미에서도 오스트레일리아 환경의 역사와 현주소를 나타내주는 단어이다. 채굴의 본질은 재생 불가능한 자원을 캐내어 자원의 고갈을 초래하는 데 있기 때문이다. 금을 그대로 놔둔다고 해서 더 많은 금이 생기지는 않기에 광부들은 재생 속도 따위에 구애받지 않고 신속히 금을 캐낸다. 이렇게 언젠가는 고갈될 광물을 채굴하는 것은 삼림이나 수산물, 표토 등과 같이 재생 가능한 자원을 채굴하는 것과 대조적이다. 재생 가능한 자원은 재생 속도가 사용 속도보다 빠르기만 하다면 언제까지나 사용할 수 있다. 그러나 인간이 삼림과 수산물, 표토 등을 재생 속도보다 더 빠른 속도로 써버린다면 이 자원들은 결국 금광처럼 바닥을 드러내게 될 것이다.

오스트레일리아는 재생 가능한 자원을 마치 땅속에 묻힌 광물이나 되는 듯이 '채굴'해왔다. 다시 말해서 재생 속도보다 더 빠른 속도로 소비해왔기 때문에 이제 그 양이 줄어들고 있는 것이다. 현재와 같은 속도로 채굴이 계속되다가는 오스트레일리아의 삼림 자원과 수산 자원은 석탄과 철의 매장량이 바닥나기 한참 전에 고갈되고 말 것이다. 재생 가능한 자원이 재생 불가능한 자원보다 더 먼저 고갈되다니 아이러니한 일이다.

오늘날 오스트레일리아처럼 자연환경을 채굴하는 나라는 많지만 특히 오스트레일리아는 과거 사회와 현대 사회에 대한 사례 연구들 중 마지막에 나오기에 적합한 이유가 몇 가지 있다. 우선 오스트레일리아는 르완다나 아이티, 도미니카 공화국, 중국 등과 달리 제1세계에 속하면서도 미국이나 유럽, 일본 등에 비해 인구와 경제의 규모가 작고 사회가 덜 복잡하여 이해하기 쉽다. 또한 오스트레일리아의 환경은 생태학적으로 매우 취약하다. 아마 아이슬란드를 제외한 제1세계 국가들 중 가장 취약할 것이다. 그렇기 때문에 제3세계 국가들에 이미 나타나고 있고 장차 제1세계 국가들에도 나타날 여러 가지 환경 문제, 즉 목초지 훼손이나 염화, 토양 침식, 외래종의 유입, 물 부족, 인간이 초래한 가뭄 등의 문제가 오스트레일리아에서는 이미 매우 심각한 상태이다. 오스트레일리아는 르완다나 아이티처럼 붕괴되지는 않겠지만 그 대신 제1세계 국가들에서 야기될 환경 문제들을 미리 보여주고 있으며, 그러면서도 문제 해결의 희망을 제시해준다. 게다가 오스트레일리아는 교육받은 사람들이 많고 생활 수준이 높으며, 정치 · 경제 제도가 비교적 투명한 편이다. 따라서 오스트레일리아의 환경 문제를 단순히 교육받지 못하고 빈곤에 허덕이는 국민과 부패하고 타락한 정부의 탓으로 치부해버릴 수만은 없을 것이다.

오스트레일리아를 3부의 마지막 사례로 선택한 또 하나의 이유는 이 책 전체를 통해 이야기되어온 '사회 변화를 초래하는 다섯 가지 요인'이 오스트레일리아에 잘 예시되어 있기 때문이다. 오스트레일리아의 환경이 파괴된 데에는 인간의 영향이 매우 컸다. 그리고 오늘날에는 기후 변화가 상태를 더 악화시키고 있다. 오스트레일리아의 환경 및 인구 정책은 무역 상대국이자 본보기 역할을 해온 영국과의 우호적인 관계로부터 영향을 받았다. 그리고 현대의 오스트레일리아에 외적이 침입한 적은 없지만—폭탄이 투하된 적은 있어도 적이 침입해 들어온 적은 없다—가상의 적을 포함한 외적에 대한 인식 역시 오스트레일리아의 환경 및 인구 정책에 영향을 미쳤다. 오스트레일리아의 환경 문제에는 문화적 가치가 또한 중요한 역할을 한다. 외국에서 받아들인 가치 중에는 오스트레일리아의 상황에 적합하지 않는 것들도 많기 때문이다. 오스트레일리아인들은 전통적인 가치 중에 어떤 것을 받아들이고 어떤 것을 버려야 할지에 대해서도 다른 어떤 제1세계의 시민들보다 더 진지하게 고민하고 있다.

내가 오스트레일리아를 선택한 마지막 이유는 오스트레일리아에 대한 애정 때문이다. 나는 오스트레일리아에서 오래 살았기 때문에 오스트레일리아에 대해 잘 알고 있으며, 이 나라의 환경 문제에 대해 보다 공감할 수 있게 기술할 수 있으리라고 생각한다. 1964년에 처음 오스트레일리아를 방문한 이후로 나는 수십 번도 넘게 오스트레일리아를 찾았고, 수도 캔버라에 있는 국립대학교에서 안식년을 보내기도 했다. 안식년 기간 동안 나는 오스트레일리아의 아름다운 유칼립투스 숲에 매료되었다. 그곳은 몬태나의 침엽수림과 뉴기니의 열대우림과 마찬가지로 내게 넘치는 평화와 경이감을 가져다주었다. 오스트레일리아와 영국은 내가 진지하게 이민을 고려해본 단 두 나라이다. 그런 까닭에 나는 이 책에 나오는 일련의 사례 연구를 어린 시절 사랑에 빠진 몬태나의 자연환경으로 시작하여 후년에 사랑하게 된 오스트레일리아의 이야기로 마감하고 싶었다.

토양의 낮은 생산성

인간이 오스트레일리아의 환경에 미친 영향을 이해하기 위해서는 오스트레일리아 환경의 세 가지 특성을 알아야 한다. 우선 오스트레일리아의 토양, 특히 토양의 양분과 염분에 대해 알아야 하고, 이용 가능한 담수가 어느 정도인지 알아야 하며, 오스트레일리아와 해외 무역국 내지 잠재적 적(敵) 사이의 거리뿐만 아니라 오스트레일리아의 내부 구조까지 알아야 한다.

오스트레일리아의 환경 문제 하면 우선적으로 떠오르는 것이 물 부족과 사막이다. 그러나 실제로 물 부족 현상보다 더 큰 문제는 토질의 문제이다. 오스트레일리아는 다른 어느 대륙보다 땅이 척박해서 양분도 적고 식물이 잘 자라지 않는다. 수십 억 년 전에 형성된 토양이 그 오랜 세월 동안 비에 씻겨내려가면서 양분이 다 빠져나간 것이다. 지구지각(Earth's crust)에서 현존하는 가장 오래된 암석은 약 40억 년 전의 것으로 웨스턴오스트레일리아 주의 머치슨 산맥에 있다.

양분이 빠져나간 토양이 크게 세 가지 과정을 통해서 양분을 되찾을 수 있다. 오스트레일리아에는 이 세 가지 현상이 모두 다른 대륙에 비해 적게 일어난다. 첫째, 화산 폭발이 일어나 땅속의 물질이 지표면으로 분출하면 토양이 비옥해진다. 자바와 일본, 하와이를 포함한 여러 나라가 이 경우에 해당한다. 그러나 오스트레일리아에는 지난 몇억 년 동안 동부의 극히 일부 지역에서만 화산 폭발이 일어났다. 둘째, 빙하의 작용으로 지표면에 무기물이 쌓이면 토양이 비옥해진다. 지난 몇백만 년 동안 북아메리카의 절반(700만 평방마일 가량)이 빙하의 작용을 받았으나, 오스트레일리아의 경우에는 빙하 작용이 있었던 지역이 본토의 1퍼센트도 채 안 되어 남동부의 오스트레일리아알프스 산맥 20평방마일과 태즈메이니아 섬 1,000평방마일에 불과했다. 셋째, 지표면이 서서히 융기하면 새로운 토양이 형성되는데, 북아메리카와 인도, 유럽의 일부 지역이 비옥한 것은 이 때문이다. 그러나 오스트레일리아의 경우에는 지난 몇백만 년 동안 남동부의 그레이트디바이딩 산맥과 사우스오스트레일리아 주의 주도인 애들레이드의 일부 지역에만 융기가 일어났을 뿐이다(지도 참조). 이처럼 최근에 오스트레일리아의 극히 일부 지역이 화산 폭발이나 빙하 작용, 융기 등으로 인해 비옥해지면서 농업

오스트레일리아의 현재

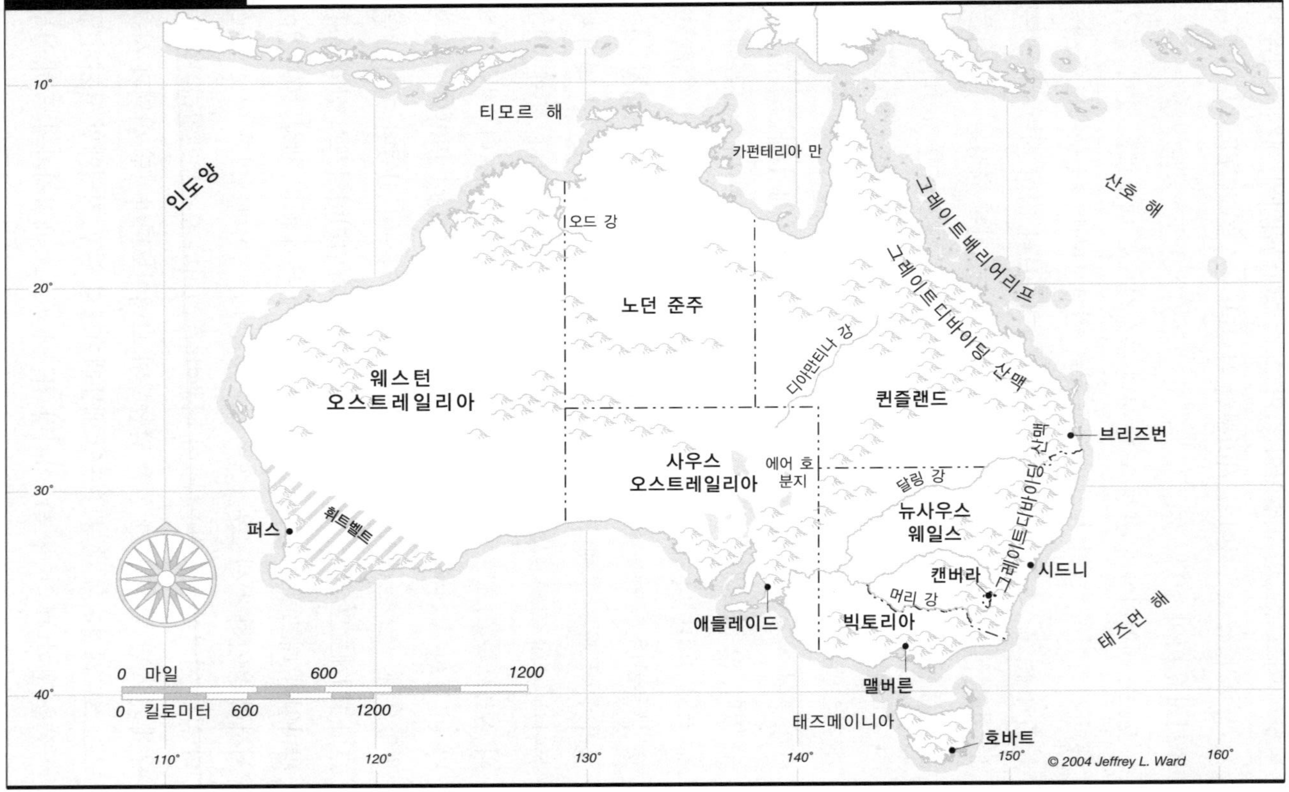

티모르 해
인도양
카펀테리아 만
산호 해
그레이트배리어리프
그레이트디바이딩 산맥
오드 강
노던 준주
디아만티나 강
웨스턴
오스트레일리아
퀸즐랜드
브리즈번
사우스
오스트레일리아
에어 호
분지
달링 강
뉴사우스
웨일스
휘트벨트
퍼스
시드니
캔버라
머리 강
애들레이드
빅토리아
태즈먼 해
멜버른
태즈메이니아
호바트
0 마일 600 1200
0 킬로미터 600 1200
10°
20°
30°
40°
110°
120°
130°
140°
150°
160°
© 2004 Jeffrey L. Ward

생산성을 향상시키는 데 큰 역할을 하고 있지만 오스트레일리아의 면적 전체에 비하면 아주 작은 부분일 뿐이다.

오스트레일리아 토양의 낮은 생산성은 오스트레일리아의 농림수산업에 경제적 손실을 끼쳤다. 유럽의 경작지와 달리 오스트레일리아의 경작지에서는 양분이 빠르게 빠져나간다. 초기의 농부들이 부주의하게 토양의 양분을 고갈시킨 이후로 오스트레일리아에서는 토양에 양분을 보충하기 위해 비료를 사용해야 했고, 이에 따라 외국에 비해 농업 생산비가 증가했다. 토양의 생산성이 낮다는 것은 성장 속도가 더디고 수확량이 적다는 것을 의미한다. 따라서 같은 양을 수확하려고 해도 오스트레일리아에서는 다른 나라에서보다 훨씬 넓은 땅이 필요하고, 이는 트랙터나 파종기(播種機) 같은 농기계에 소요되는 연료비도 더 많이 든다는 것을 의미한다. 척박한 토양의 극단적인 예는 오스트레일리아 남서부의 '휘트벨트(wheat belt, 오스트레일리아의 주요 곡창지대: 옮긴이)'로, 이곳에서는 양분이 다 빠져나간 모래흙에 비료를 주어 밀을 재배한다. 오스트레일리아의 곡창지대인 이곳은 마치 거대한 화분과 같아서 모래흙은 배양기의 역할을 할 뿐이고 양분은 따로 공급해주어야 한다.

이렇게 비료와 농기계의 연료에 드는 비용이 많기 때문에 오스트레일리아의 농산물은 수입 농산물에 비해 가격 경쟁력이 떨어진다. 오스트레일리아산 오렌지 주스보다 1만 2,800킬로미터 떨어진 브라질에서 수입해온 오렌지 주스 원액이 더 쌀 정도이다. 돼지고기와 베이컨 역시 오스트레일리아산보다 캐나다산이 더 싸다. 오스트레일리아 농부들이 경쟁력을 발휘할 수 있는 분야는 포도주와 같은 부가 가치가 높은 상품으로 구성된 틈새 시장(niche markets)뿐이다.

토양의 낮은 생산성은 제9장에서 일본의 사례를 논하면서 언급했던 것과 같은 수목 재배업(agroforestry)에도 영향을 미친다. 오스트레일리아의 삼림은 양분의 대부분이 토양에 있지 않고 나무 자체에 있다. 따라서 최초의 유럽인 정착민들이 접한 삼림이 파괴되었을 때에도 그랬고 현대의 오스트레일리아인들이 재조림된 자연 삼림을 벌채하거나 수목 플랜테이션을 운영할 때에도 그렇듯이 오스트레일리아에서는 다른 목재 생산국에 비해 나무의 생장 속도가 더디다. 아이러니컬하게도 오스트레일리아 원산의 목재용 나무(태즈메이니아 섬의 유칼립투스)가 지금은 해외 여러 나라에서 더 적은 비용으로 재배되고 있다.

토양의 낮은 생산성은 놀랍게도 어류에도 영향을 미쳤다. 바다에 사는 어류와 토양 생산성이 연관이 있다는 것은 얼핏 떠올리기 힘든 일이다. 그러나 강과 일부 연안해의 양분은 토양의 양분이 강물에 씻겨내려와 바다로 유입된 것이다. 따라서 오스트레일리아의 강과 연안해에는 양분이 적고, 그 결과 오스트레일리아의 수산물은 농산물과 임산물처럼 빠르게 줄어들고 있다. 바닷물고기의 남획도 심해서 발견된 지 수년 이내에 눈에 띄게 줄어들기 때문에 경제성을 기대할 수 없다. 오늘날 오스트레일리아는 세계 200여 국가들 중 세 번째로 넓은 배타적 수역을 가지고 있지만 바닷물고기의 가치로 따지면 세계에서 55번째이고, 민물고기의 가치는 무시해도 좋을 정도이다.

오스트레일리아 토양의 낮은 생산성과 관련하여 말해두고 싶은 또 한 가지는 이런 문제를 최초의 유럽인 정착민들이 알아차리지 못했다는 것이다. 그들은 오스트레일리아의 넓은 삼림을 보고 토양이 매우 비옥하리라고 생각했다. 특히 빅토리아 주의 깁슬랜드에서 120미터까지 자랐을 유칼립투스를 보았을 때는 더욱 그렇게 생각했을 것이다. 그러나 벌목꾼들이 나무를 베고 양떼가 풀을 뜯고 난 뒤, 정착민들은 나무와 풀의 생장 속도가 느리고 땅이 농사에 적합하지 않다는 사실을 알게 되었다. 큰돈을 들여 집과 울타리를 짓고 농사 시설을 갖추었지만 이 모든 것을 포기해야 한다는 사실을 깨닫게 된 것이다. 초기 식민지 시대로부터 지금까지 오스트레일리아의 땅은 개간 · 투자 · 파산 · 포기의 과정을 반복해왔다.

오스트레일리아의 농림수산업에 존재하는 이 모든 경제적인 문제들

사진 28 오스트레일리아에서 가장 큰 강인 머리 강. 염화로 인한 소금 퇴적물이 수면 위로도 보인다.

과 농지 개발의 실패는 토양의 생산성이 낮은 데에서 기인한다. 오스트레일리아 토양의 또 다른 큰 문제는 대부분의 땅에 염분이 매우 높다는 것이다. 오스트레일리아 남서부의 휘트벨트에는 인근의 인도양에서 불어오는 바닷바람이 수백만 년에 걸쳐 염분을 날라다 주었고, 남동부의 또 다른 곡창지대인 머리 강 유역과 달링 강 유역은 지대가 낮아서 바닷물의 침수가 잦은 탓에 염분이 많아졌다. 또한 내륙 지방의 또 다른 저지대는 원래 담수호(湖)였는데 호수의 물이 바다로 빠져나가지 않고 증발해서 염분이 많아졌고(이스라엘과 요르단 사이의 사해나 미국 유타 주의 그레이트솔트 호가 그렇다), 결국 물이 다 증발하여 바닥에 남은 염분이 바람으로 인해 동부의 다른 지역으로 퍼져나갔다. 오스트레일리아의 어떤 지역에는 1평방야드의 표토에 90킬로그램 이상의 염분이 함유되어 있는 곳도 있다. 토양에 함유된 염분이 어떤 결과를 초래하는지에 대해서는 나중에 다시 논의하겠지만, 농지 개간이나 관개 농업을 하게 되면 염분이 쉽게 땅의 표층부에 이르고, 그렇게 되면 염분이 많이 함유된 표토에 작물이 자라지 못하는 문제가 발생한다(사진 28). 오스트레일리아에 이주한 초기의 농부들은 토양의 비옥도가 떨어진다는 사실을 알지 못했듯이 땅속의 염분에 대해서도 알지 못했다. 농업 활동으로 인해 토양이 양분을 상실하리라는 것도, 염화 현상이 일어나리라는 것도 그들로서는 예상치 못한 문제였다.

물의 염화 현상

오스트레일리아 토양의 척박함과 염화 현상이 초기의 오스트레일리아 농부들과 오늘날의 대다수 외국인들에게 잘 알려져 있지 않은 데 반해 오스트레일리아의 물 부족 현상은 널리 알려져 있어서 대부분의 외국인이 오스트레일리아의 환경과 관련하여 가장 먼저 사막을 떠올릴 정도이다. 그도 그럴 것이 오스트레일리아 국토의 대부분이 강우량이 적거나 관개 시설을 갖추지 않고는 농업 활동이 불가능한 사막이기 때문이다. 오늘날 오스트레일리아에는 경작지로 적합한 땅이 많지 않다. 경작 가능한 땅의 경우, 대개 내륙보다 해안 지역에 강우량이 더 많기 때문에 해안에서 내륙으로 들어가면서 풍경이 달라진다. 해안가에는 농작물과 소떼의 절반가량이 보이고, 조금 들어가면 양떼가 보이고, 또 조금 들어가면 다시 소떼의 절반이 보이고(강우량이 더 적은 곳에서 양보다 소를 키워야 경제적이다), 더 안쪽으로 들어가면 식물의 재배가 불가능한 사막이 나온다.

오스트레일리아에는 비가 적게 내리는 것도 문제이지만 비 오는 날을 예측하기가 힘들다는 것도 문제이다. 세계의 다른 농업 지역의 경우에는 매년 언제쯤 비가 내릴지를 예측할 수 있다. 예를 들어 내가 사는 캘리포니아 남부 지역만 해도 겨울에 집중적으로 비가 내리고 여름에는 거의 비가 오지 않는다. 외국의 여러 농업 지역에서도 매년 비가 오는 시기를 예측할 수 있고 가뭄이 드는 일이 별로 없어서 농부들은 일정한 수확량을 기대하며 씨를 뿌린다.

그러나 오스트레일리아의 경우 엘니뇨-남방 진동(El Niño-Southern Oscillation)이 강우량에 영향을 미치기 때문에 매년 강우량을 예측하기 힘들고, 10년 단위의 강우량을 예측하기는 더욱 힘들다. 최초의 유럽인 정착민들은 오스트레일리아의 기후가 엘니뇨-남방 진동의 영향을 받는다는 사실을 전혀 알지 못했고, 기후학자들조차 최근에야 이 사실을 알게 되었다. 최초의 유럽인 정착민들은 불행히도 몇 년 동안 계속해서 비가 내릴 때 오스트레일리아에 도착한 까닭에 오스트레일리아의 기후에 대해 그릇된 판단을 하게 되었다. 그들은 앞으로도 같은 날씨가 계속되리라는 전제하에 농사를 짓고 양떼를 치기 시작했다. 그러나 실제로 오스트레일리아의 농경지 대부분은 연중 내내 비가 오는 것이 아니라 1년 중 얼마 동안만 비가 내린다. 작물을 재배하기에 적당할 정도의 비가 오는 날이 연중 절반도 안 되는 지역도 많고, 어떤 농경지의 경우 10년에 2년꼴로 비가 내린다. 따라서 오스트레일리아에서 농사를 짓는 데에는 비용이 많이 드는 데 비해 소득은 별로 없다. 농부가 밭을 갈고 씨를 뿌려도 6개월 넘게 아무것도 수확하지 못한다. 또 한 가지 불행한 사실은 농부가 밭을 갈 때에 보면 지난해의 추수가 끝난 밭에서 잡초 한 포기 없이 맨흙이 그대로 드러난다는 것이다. 농부가 씨를 뿌린 작물이 자라지 않으면 밭에는 잡초조차 없이 토양이 그대로 노출되어 침식의 피해를 입게 된다. 그리하여 오스트레일리아에서는 비가 오는 시기를 예측할 수 없는 까닭에 단기적으로는 작물 재배에 비용이 많이 들고 장기적으로는 토양 침식이 증가하게 되었다.

그러나 남서부의 밀농사 지역은 예외적으로 강우량의 예측이 가능하다. 적어도 최근까지는 매년 겨울에 비가 와서 일정한 수확량을 기대할 수 있었다. 그리고 이렇게 안정적인 여건에서 밀농사를 지은 덕에 최근 수십 년 동안 밀의 수출이 오스트레일리아의 주요 수출품인 양모와 육류의 수출을 앞질렀다. 앞에서도 언급했듯이 남서부의 밀농사 지대는 토양의 비옥도가 떨어지고 염분이 높다. 그런데 전세계적인 기후 변화로 인해 그나마 강우량의 예측 가능성이라는 장점마저 사라져가고 있다. 1973년 이후로 이 밀농사 지대에는 겨울비가 급격히 줄어들고 추수한 뒤의 헐벗은 땅에 여름비가 자주 내려 심한 염화를 유발해왔다. 제1장에서 몬태나의 사례를 통해 언급했듯이 기후 변화로 인해 득을 보는 지역도 있고 손해를 보는 지역도 있는데, 오스트레일리아는 몬태나보다 더 큰 손해를 입을 것 같다.

거리의 횡포

오스트레일리아는 온대 지역에 속하지만 잠재적 수출 대상 국가인 다른 온대 지역의 나라들로부터 수천 킬로미터나 떨어져 있다. 그런 까닭에 오스트레일리아의 역사가들은 오스트레일리아의 발전을 저해하는 주요 요인으로 '거리의 횡포(tyranny of distance)'를 꼽는다. 오스트레일리아에서 유럽 쪽으로 수출을 하려면 배에 물건을 싣고 장거리를 항해해야 하기에 신대륙에서 유럽에 수출할 때보다 운송료가 많이 든다. 따라서 부피가 작고 부가 가치가 높은 물건을 수출해야만 경제성이 있다. 19세기에는 광물과 양모가 오스트레일리아의 주요 수출품이었는데, 1900년경에 화물의 냉장 보관 비용이 낮아지면서 육류도 영국을 비롯해 해외에 수출하게 되었다. 영국인을 싫어하는 오스트레일리아 친구가 있었다. 육가공 공장에서 일하던 그가 내게 은밀히 전해준 말에 따르면, 그와 동료들은 영국 수출용이라 표기된 냉동 간 상자에 한두 개의 쓸개를 슬쩍 집어넣었고, '어린 양'을 오스트레일리아에서 소비되는 것으로는 6개월 이하의 양으로 정의한 반면에 영국에 수출하는 것으로는 18개월까지의 양으로 정의했다. 오늘날 오스트레일리아의 주요 수출품은 여전히 강철과 광물질, 양모, 밀 등을 포함해서 부피가 작고 부가 가치가 높은 것들이고, 지난 수십 년 동안 와인과 마카다미아

너트의 수출이 늘었다. 그리고 특정 시장 분야를 겨냥하여 생산한 유기농 밀이나 화학 물질에 오염되지 않은 육류 등과 같이 부피는 크지만 부가 가치가 높은 제품의 수출도 늘었다.

'거리의 횡포'는 오스트레일리아 안에서도 존재한다. 오스트레일리아에는 정착지가 여기저기 조금씩 흩어져 있다. 미국 인구의 14분의 1에 불과한 인구가 알래스카와 하와이를 제외한 미국 48개 주를 합쳐놓은 것만큼 넓은 땅에 산다고 한번 생각해보라. 마을과 마을을 연결하는 데 드는 비용이 너무 크다. 예컨대 오스트레일리아 정부에서는 전국적인 전화망을 구축하여 산간 오지에 있는 가정과 기업에까지도 전화선이 연결되게 하느라 큰돈을 쓰고 있다. 오늘날 오스트레일리아는 세계에서 가장 도시화된 나라로, 인구의 58퍼센트가 다섯 개의 주요 도시에 집중되어 있다(1999년 당시 시드니에 400만 명, 멜버른에 340만 명, 브리즈번에 160만 명, 퍼스에 140만 명, 애들레이드에 110만 명이 거주하고 있었다). 이 다섯 개 도시 중 퍼스는 세계에서 가장 고립되어 있는 대도시로, 인근의 대도시 애들레이드로부터 2,100킬로미터나 떨어져 있다. 오스트레일리아에서 가장 큰 두 기업, 칸타스 항공(Quantas Airway)과 이동통신사인 텔스트라(Telstra)가 이 두 대도시 사이에 위치하고 있는 것도 우연이 아니다.

이러한 오스트레일리아 안에서의 '거리의 횡포'와 가뭄으로 인해 각 은행과 기업체에서는 고립된 마을의 지점을 폐쇄해버렸다. 수익성이 없기 때문이다. 의사들 역시 같은 이유로 마을을 떠난다. 그 결과 미국과 유럽에는 대도시와 중간 크기의 읍과 작은 마을이 두루 형성되어 있는 데 반해 오스트레일리아에서는 중간 크기의 읍이 점차로 사라지게 되었다. 오늘날 오스트레일리아인들은 제1세계 수준의 생활 편의 시설이 갖추어진 몇 개의 대도시에서 살든지, 아니면 작은 마을이나 은행과 병원 및 생활 편의 시설이 없는 산간 오지에 살고 있다. 오스트레일리아에는 5년간이나 계속해서 비가 오지 않을 때가 많은데, 그럴 경우 수백 명에 불과한 인구가 사는 작은 마을과 대도시는 무사히 그 시기를 넘길 수 있지만 중간 크기의 읍은 타격이 커서 버텨내지를 못한다. 작은 마을은 원래 경제 활동이 미미하기에 큰 영향을 받지 않고, 대도시의 경우는 거대한 저수지가 형성되어 있기 때문에 괜찮지만, 중간 크기의 읍은 저수지가 없는 상태에서 상업 활동과 서비스 활동이 이루어지기 때문에 타격이 큰 것이다. 오늘날 대부분의 오스트레일리아인들은 점차로 환경의 영향에서 벗어나 살고 있다. 그들은 주로 다섯 개의 대도시에서 사는데, 이 대도시들은 오스트레일리아 내부보다는 외부 세계와 긴밀한 관계를 맺고 있다.

초기 역사

유럽은 주로 경제적 이득이나 전략적 이점을 확보하기 위해서 해외에 식민지를 개척했다. 또한 상대적으로 소수의 유럽인만이 정착해서 지역 주민과의 교역에 힘썼던 무역 중계지를 제외하면, 유럽인들은 이주할 곳을 선택할 때 경제적으로 풍요한 사회, 적어도 자급자족이 가능한 사회를 무리 없이 건설할 수 있느냐를 선택의 기준으로 삼았다. 그런데 이런 원칙에서 벗어난 유일한 예외가 오스트레일리아였다. 이곳에 이주한 사람들은 부를 추구하기 위한 것이 아니라 강제로 이곳에 와야만 했던 사람들이다.

영국이 오스트레일리아를 식민지로 개척한 주된 이유는 교도소를 꽉 채운 가난한 사람들의 문제를 해소하고, 그들을 어떤 식으로든 처리하지 않으면 터질 수도 있는 폭동을 미리 해결하기 위한 것이었다. 18세기의 영국법에 따르면 40실링 이상을 훔친 사람에게만 사형을 선고할 수 있었다. 따라서 판사들은 사형 선고를 피하기 위해서 절도범들에게 39실링을 훔쳤다고 판결하기 일쑤였다. 그 때문에 교도소와 노예선은 절도와 채무 등 사소한 죄로 유죄 판결을 받은 사람들로 넘쳤다. 1783년, 경제적 이유나 종교의 자유를 찾아서 북아메리카로 자발적으로 이주해서 정착한 사람들에게 죄수들을 계약 노동자로 보내면서 협소한 교도소 공간에 숨통을 틔울 수 있었다.

그러나 미국 독립전쟁의 발발로 이런 통로가 막히자, 영국은 죄수들을 쏟아낼 다른 장소를 물색해야만 했다. 처음에 유력한 후보지로 부상한 두 곳은 감비아 강을 따라 내륙으로 640킬로미터 들어간 서아프리카 열대 지역, 그리고 현재의 남아프리카 공화국과 나미비아의 경계를 이루는 오렌지 강 하구의 사막 지역이었다. 그러나 두 곳 모두 부적격하다는 결론이 내려졌다. 냉정하게 생각하면 당연한 결과였다. 그래서 현재의 시드니 근처로 보터니 만이 최종적으로 선정되었다. 당시에는 쿡 선장이 1770년에 첫 발을 디딘 곳으로 알려져 있었다. 그리고 1788년 최초의 유럽 정착자들을 실은 '최초의 선단(First Fleet)'이 오스트레일리아로 향했다. 죄수들과 그들을 지킬 군인들이 전부였다. 이른바 죄수선은 1868년까지 계속 이어졌다. 그러나 1840년대의 죄수선들에는 자발적 정착자들이 대부분이었다.

시간이 흐르면서 시드니 이외에 해안선을 따라 멜버른, 브리즈번, 퍼스, 호바트 등의 근처에도 유형지가 세워졌다. 이곳들이 훗날 영국이 지배하는 다섯 개 거류지의 중심이 되었고, 이 다섯 개 거류지가 결국에는 현재 오스트레일리아의 여섯 개 주 중 다섯 개 주—차례로 뉴사우스웨일스, 빅토리아, 퀸즐랜드, 웨스턴오스트레일리아, 태즈메이니아—가 되었다. 이 다섯 곳의 최초 정착지는 농업적 이점보다 항구가 있고 강변에 있다는 이점으로 선택되었다. 실제로 다섯 곳 모두 농업에는 적합하지 않아 식량 생산에서 자급자족할 수 없는 땅이었다. 따라서 영국은 죄수들과 그들을 지키는 군인들과 총독들에게 식량을 보내야만 했다. 하지만 애들레이드를 중심으로 한 지역은 달랐다. 따라서 애들레이드는 자연스레 오스트레일리아의 여섯 번째 주, 사우스오스트레일리아의 중심지가 되었다. 그곳에는 융기로 인한 비옥한 토양이 있었고, 겨울에도 적절한 비가 내렸다. 그러나 영국이 아닌 독일에서 이주한 농부들이 그곳을 터전으로 삼았다. 애들레이드의 동쪽에 있는 멜버른의 토양도 비옥한 편이었다. 따라서 1803년 멜버른 동쪽의 척박한 토양에 세워진 유형지가 금세 황무지로 변한 후 멜버른이 대안으로 제시되었고, 1835년부터 멜버른은 농업을 위한 정착지로 성공리에 발전해갔다.

영국이 오스트레일리아를 식민지로 택한 덕분에 최초로 거둔 경제적 수익은 바다표범과 고래였다. 그 다음으로는 양의 방목으로 큰 경제적 수익을 거둘 수 있었다. 시드니에서 서쪽으로 약 100킬로미터 떨어진 블루 산맥을 가로지르는 길이 발견되면서 산맥 너머의 비옥한 목초지를 이용할 수 있게 된 덕분이었다. 그러나 오스트레일리아는 여전히 자급자족할 수 없는 땅이었다. 따라서 영국의 식량 보조는 1840년대까지, 더 구체적으로 말하면 1851년에 시작된 첫 '골드러시'가 오스트레일리아에 번영을 안겨주기 직전까지 계속되었다.

1788년 유럽인이 오스트레일리아에 정착하기 시작했을 때 이 땅에는 거의 4만 년 전부터 정착해 있던 원주민들이 이 대륙의 가혹한 환경에도 불구하고 지속 가능한 방법으로 살아가고 있었다. 최초의 정착지(즉, 유형지)에서나, 그 후 영농에 적합한 지역에 정착한 백인들에게 원주민은 별 도움이 되지 않았다. 이런 점에서 미국에 정착한 백인들과 달랐다. 미국 동부의 인디언은 농부라고 할 수 있었고, 유럽 정착자들이 자체로 식량을 생산할 수 있을 때까지 그들에게 식량을 제공하면서 생존할 수 있도록 도움을 주었다. 그 후 인디언 농부들은 미국 농부들의 경쟁자로 비쳐지면서 죽임을 당하거나 고향에서 쫓겨나고 말았다. 그러나 오스트레일리아 원주민들은 농사를 짓지 않았다. 따라서 유럽 정착자들에게 먹을 것을 줄 수 없었다. 바로 이런 이유에서 백인들이 정착지로 삼은 곳에서 쫓겨나거나 죽임을 당했다. 백인들이 농업에 적합한 지역을 확대해가는 동안 이런 정책은 계속되었다. 하지만 농사를 짓기에는 너무 건조하지만 목축에는 적합한 지역까지 영역을 확대한 후에야 백인들은 양을 돌보는 목자로서 원주민들의 쓰임새를 깨달았다. 양의 천적이 없는 두 목축 국가인 아이슬란드, 뉴질랜드와 달리, 오스트레일리아에는 양의 포식자인 들개가 있었다. 따라서 오스트레일리아의 목축업자들에게는 목자가 필요했다. 오스트레일리아에는 백인 노동력이 부족했기 때문에 그들은 원주민들을 목자로 고용했다. 그러나 고래나 바다표범 사냥꾼, 어부, 해안지대에서 상인으로 일한 원주민들도 적잖게 있었다.

뿌리 깊은 영국식 가치관

아이슬란드와 그린란드에 정착한 노르웨이 사람들이 고향의 문화적 가치관을 그대로 옮겨왔듯이(제6~8장), 오스트레일리아에 정착한 영국인들도 영국의 가치관을 간직했다. 또한 아이슬란드와 그린란드에서 그랬듯이, 영국의 고유한 가치관들 중 일부는 오스트레일리아의 환경에 적합하지 않았다. 하지만 그 부적절한 가치관들 중 일부가 아직도 오스트레일리아의 백인들에게는 유산처럼 남아 있다. 특히 다섯 가지 문화적 가치관—양, 토끼와 여우, 오스트레일리아 토종 식물, 땅의 가치, 영국인이라는 정체성과 관련된 가치관—이 특히 중요했다.

18세기에 영국인들은 양모를 거의 생산하지 않고 에스파냐와 독일의 작센에서 수입했다. 그런데 영국인들이 오스트레일리아에 정착하고 처음 수십 년 동안 유럽 대륙을 전쟁의 아수라장으로 몰아넣은 나폴레옹 때문에 양모를 대륙에서 수입할 수 없게 되었다. 조지 3세가 이 문제에 특별한 관심을 기울인 덕분에, 왕의 지원을 받아 영국인들은 에스파냐에서 메리노 양들을 영국으로 몰래 가져와 그 일부를 오스트레일리아로 보냈다. 이 양들이 훗날 오스트레일리아 양떼의 모태가 되었다. 그 후 오스트레일리아는 영국에 양모를 제공하는 주요 공급처가 되었다. 거꾸로 말하면, 양모는 1820년부터 1950년까지 오스트레일리아의 주요 수출품이었다. 부피가 작고 품질이 좋아 '거리의 횡포'를 이겨내고 해외 시장에서, 부피가 큰 오스트레일리아의 다른 수출품들에 비해 경쟁

사진 29 오스트레일리아에서는 외래종인 양이 초목을 무차별적으로 뜯어 먹어 토양 침식을 초래했다.

력을 가진 덕분이었다.

오늘날까지 오스트레일리아에서 식량을 생산할 만한 땅에서 양들이 방목되고 있다. 요컨대 목양(牧羊)이 오스트레일리아의 문화적 정체성에 깊이 뿌리박혀 있다는 뜻이다. 따라서 목양에 의존해 살아가는 시골의 유권자들이 오스트레일리아의 정치권에서 엄청난 영향력을 갖는다. 그러나 오스트레일리아 땅은 원래 목양에 적합하지 않았다. 처음에는 청청한 풀들이 많았고 개간해서 목초를 심었지만 오스트레일리아의 토양은 생산성이 원래 매우 낮았다. 따라서 목양업자들이 토양의 비옥도를 훼손시키는 것이나 마찬가지였다. 따라서 많은 지역이 목양을 신속히 포기해야 마땅했다. 뒤에서 다시 다루겠지만 어떤 의미에서 기존의 목양 산업은 기회 비용의 상실이며, 목양의 유산은 지나친 방목으로 인해 토질을 악화시키는 주범이다(사진 29).

오스트레일리아는 양 대신에 캥거루를 사육해야 한다는 제안들이 전부터 있었다. 양과 달리 캥거루는 오스트레일리아의 토종으로 오스트레일리아의 식물과 기후에 적응된 동물이다. 캥거루의 부드러운 발바닥이 딱딱한 양의 발굽보다 토양에 충격을 덜 준다는 주장도 있었다. 캥거루 고기는 기름기가 적어 건강에 좋을 뿐만 아니라, 내 개인적인 생각이지만 맛도 기막히다. 게다가 캥거루 가죽은 무척 고가이다. 이런 모든 장점을 거론하며 양의 방목장을 캥거루 목장으로 바꿔가자는 제안이 지금도 계속되고 있다.

그러나 이런 제안은 생물학적이고 문화적인 이유로 받아들여지지 않고 있다. 양과 달리 캥거루는 목자와 개의 인도에 순순히 따르는 가축이 아니다. 또한 쉽게 몰고 다니기도 힘들고, 차례로 트럭에 태워 도살장에 끌고 가기도 어렵다. 따라서 캥거루 목장이 가능하더라도 목장 주인은 사냥꾼들을 고용해 캥거루를 추적한 다음 한 마리씩 쏘아 맞혀야 할 것이다. 캥거루 사육의 더 큰 어려움은 뛰어난 기동성과 담장을 뛰어넘는 도약력에 있다. 가령 당신이 큰돈을 투자해서 당신 땅에 캥거루들을 사육한다면, 그런데 어딘가에 비가 내려 캥거루들이 움직이기 시작한다면 당신은 당신 땅에서 50킬로미터는 족히 떨어진 다른 사람의 땅에서 그 캥거루들을 찾을 수도 있을 것이다. 캥거루 고기가 독일에서는 환영받아 적잖은 양이 수출되고 있지만 다른 나라의 경우에는 문화적 장벽을 뚫기가 쉽지 않다. 심지어 오스트레일리아 사람들도 캥거루를 저녁거리로 영국의 전통적인 양고기와 소고기를 대체하기에는 별로 내키지 않는 해로운 동물로 생각한다. 또한 오스트레일리아의 많은 동물 복지 단체들은 야생 캥거루보다 양이나 소가 훨씬 열악한 조건에서 살아가고 훨씬 잔혹한 방법으로 도살된다는 사실을 간과한 채 캥거루 사육을 반대한다. 미국은 캥거루 고기의 수입을 명시적으로 금지하고 있다. 캥거루가 귀여운 동물이라는 생각과 캥거루가 멸종 위기에 빠졌다는 한 의원 부인의 하소연 때문이다. 캥거루의 일부 종이 멸종 위기에 빠진 것은 사실이지만, 살코기용으로 사육하는 캥거루 종들은 오스

사진 30 오스트레일리아에서는 외래종인 토끼가 초목을 무차별적으로 뜯어 먹어 토양 침식을 초래했다.

트레일리아에서 귀찮을 정도로 많다. 오스트레일리아 정부가 도살을 엄격하게 규제하며 할당량을 정해두었기 때문이다.

외래종인 양이 오스트레일리아에 경제적으로 큰 이익(때로는 손해)을 안겨주는 반면에 토끼와 여우는 전적으로 피해만 안겨주는 외래종이다. 영국 개척자들에게는 오스트레일리아의 환경, 식물과 동물이 낯설기 짝이 없었다. 그들은 유럽의 친숙한 식물과 동물에 둘러싸여 살고 싶었다. 따라서 그들은 유럽의 많은 새들을 들여왔다. 그러나 오직 두 종(집참새와 찌르레기)만이 널리 확산되었고 나머지 종들(검은지빠귀, 노래지빠귀, 나무참새, 오색방울새, 방울새)은 일정한 지역을 벗어나지 않았다. 적어도 이런 외래종 새들은 큰 피해를 주지 않았다. 하지만 토끼는 엄청난 수로 불어나 경제적으로 막대한 피해를 주고 있으며, 양과 소가 먹어야 할 초지의 풀을 거의 절반이나 먹어치우며 토양의 질을 떨어뜨리는 주범이 되었다(사진 30). 또한 양을 방목하고 원주민의 화전을 억제하면서 서식지의 환경이 변한 탓도 있겠지만 유럽에서 건너온 토끼와 여우의 등쌀에 오스트레일리아의 작은 토종 포유동물들이 멸종되거나 멸종의 위기를 맞고 있다. 여우들이 그들을 먹이로 삼기 때문이고, 토끼들이 토종 초식 포유동물들의 먹이인 풀을 게걸스레 먹어치우기 때문이다.

유럽산 토끼와 여우는 거의 동시에 오스트레일리아에 들어왔다. 영국의 전통적인 여우 사냥을 즐기기 위해 여우가 먼저 들어오고 토끼가 여우의 먹잇감으로 나중에 들어왔는지, 아니면 토끼를 사냥용이나 시골을 영국적인 분위기로 조성하려고 먼저 들여왔는데 토끼의 수가 급속히 늘어나자 토끼의 개체 수를 조절하려고 나중에 여우를 들여왔는지 확실하지는 않다. 어떤 경우이든 토끼와 여우가 오스트레일리아의 환경에 엄청난 피해를 입힌 까닭에 그런 사소한 이유로 들여왔다는 사실 자체가 믿기지 않을 정도이다. 게다가 영국 정착자들이 오스트레일리아에 토끼를 정착시키려고 기울인 노력은 더더욱 믿기지 않는다. 처음 네 번은 유순한 흰토끼를 방사했지만 그 토끼들은 오스트레일리아의 환경에 적응하지 못하고 죽었다. 이런 거듭된 실패에도 불구하고 영국 정착자들은 다섯 번째에 야생의 에스파냐 토끼를 들여와 기어코 성공을 거두는 집착을 보였다.

토끼와 여우가 오스트레일리아 산야에 정착하면서 엄청난 부작용을 일으키자, 그제야 오스트레일리아 사람들은 경각심을 갖고 토끼와 여우를 없애고 개체 수를 줄이기 위해 온갖 수단을 동원했다. 여우와의 전쟁에서는 독(毒)과 올가미가 동원되었다. 오스트레일리아 사람이 아니더라도 얼마 전에 개봉된 영화 「토끼 울타리 Rabbit Proof Fence」를 본 사람이라면 기억하겠지만 그들은 광활한 초원에 긴 울타리를 치고, 울타리의 한쪽에서 토끼를 완전히 박멸시키는 전략까지 동원했다. 농부 빌 매킨토시는 수천 개에 이르던 토끼 굴을 그의 땅지도에 세밀하게 표시해두고 하나씩 찾아다니면서 불도저로 밀어버렸다. 그 후에도 토끼 굴을 발견해서 토끼들이 활동하는 조짐이 보이면 그는 다이너마이트를 토끼 굴에 던져넣어 폭발시켜 토끼들을 죽이고 토끼 굴을 막았다. 이런 식으로 그는 3,000개의 토끼 굴을 파괴했다. 여기에 소요되는 엄청난 비용 때문에 오스트레일리아 사람들은 '점액종증(myxnmatosis)' 이라는 토끼 특유의 질병까지 수십 년 전에 수입하는 고육지책을 썼다. 이런 파괴적인 대책으로 처음에는 토끼의 개체 수가 90퍼센트까지 줄었지만 나중에는 토끼가 면역력이 생겼는지 그 수가 다시 증가하기 시작했다. 그 때문에 요즘에는 칼리시 바이러스라는 다른 병원균을 이용해서 토끼의 개체 수를 억제하는 방법을 시도하고 있다.

영국 개척자들이 토끼와 찌르레기에 정을 느끼고 오스트레일리아의 토종 동물인 캥거루와 수도자새의 모습을 낯설게 생각했듯이 오스트레일리아의 유칼립투스와 아카시아에도 편안함을 느끼지 못했다. 사실 그 나무들은 영국의 삼림에 흔한 나무들과 모양새와 색, 심지어 잎 모양에서도 달랐다. 정착자들은 그런 색다른 풍경이 마음에 들지 않았기도 했지만 무엇보다 농사를 짓기 위해서 나무들을 잘라냈다. 약 20년 전까지도 오스트레일리아 정부는 농지를 확보하기 위해 땅의 개간 사업을 금전적으로 지원했을 뿐만 아니라 차지인(借地人)들에게 개간을 의무화시키기도 했다(미국에서 그렇듯이 오스트레일리아에서도 많은 농지가 농부의 소유가 아니라 정부의 소유이다. 간단히 말해서 정부가 농부에게 농지를 임차해주는 형식을 취한다). 게다가 차지인들이 농지 개간을 위해 투입한 농기계와 노동력의 사용료를 세금에서 보상해주었고, 땅을 임대하는 조건으로 개간을 해야 땅의 면적을 할당했으며, 차지인이 그 할당량을 채우지 못하면 임대 계약을 철회했다. 농부들과 기업들은 천연의 초목으로 뒤덮이고 지속적인 영농에는 적합하지 않은 땅을 사들이거나 임차해서, 초목을 걷어내고 밀을 심어 한두 번 수확을 거둔 후에는 임차를 포기하는 식으로 상당한 이익을 거둘 수 있다. 다행히 요즘에는 달라졌다. 오스트레일리아의 식물들이 희귀종이고 멸종 위기에 빠졌다는 인식이 확산되고, 농지 개간이 염화로 인한 토질 악화의 원인 중 하나로 여겨지면서 정부가 최근까지 농지 개간을 위해 농부들에게 감세 혜택까지 주면서 토종 초목을 파괴했던 것을 후회하기에 이르렀다. 오스트레일리아 정부의 용역을 받아 농지 개간을 한 이유로 얼마나 많은 땅이 황폐화되었는지를 조사하고 있는 생태 경제학자 마이크 영(Mike Young)은 젊은 시절 자기 아버지와 함께 땅을 개간하면서 가족 농장을 만들던 때를 내게 말해주었다. 마이크와 그의 아버지는 두 대의 트랙터에 굵은 쇠사슬을 연결시키고, 두 트랙터를 나란히 몰아가며 쇠사슬로 토종 초목을 걷어낸 땅에 곡물을 심었다. 그 대가로 그의 아버지는 세금을 크게 감면받았다. 정부가 유인책으로 감세 정책만 동원하지 않았더라도 많은 땅에서 토종 초목이 사라지는 비극은 없었을 것이다.

정착민들이 오스트레일리아에 첫 발을 내딛고 서로 땅을 사고팔거나, 정부에서 땅을 임차하거나 아예 사들일 때 땅값은 영국의 가치관에 따라 결정되었다. 달리 말하면 영국의 비옥한 토양에서 얻을 수 있는 수확량을 기준으로 땅값이 결정되었다. 요컨대 오스트레일리아의 땅이 과대평가되었다는 뜻이다. 즉 땅을 농지로 사용해서 회수할 수 있는 경제적 가치보다 더 높게 팔리고 임차되었다는 뜻이다. 따라서 농부가 땅을 사거나 빌려서 저당잡힐 때, 땅의 가치가 과대평가되어 이자율이 높을 수밖에 없었다. 이런 이자의 압력 때문에 농부는 짧은 시간에 땅에서 최대한의 수확을 끌어내야 했다. 지속적인 영농은 고려될 여지가 없었다. 이런 '땅의 학대'는 에이커당 양을 최대한 방목하거나, 더 많은 땅에 밀을 심는 형태로 발전했다. 게다가 영국의 문화적 가치관, 즉 금전중시주의와 종교관으로 인한 땅의 과대평가로 오스트레일리아 정착자들은 양을 최대한 방목했고, 그 결과로 표토가 드러날 정도로 풀이 뜯겨나가면서 토양 침식이 일어나기 시작했다. 따라서 파산하거나 목양을 포기하는 농가들이 속출했다.

땅의 과대평가는 농업을 중시하는 영국의 전통적 가치관을 그대로 반영한 것이었다. 하지만 생산성이 낮은 오스트레일리아의 땅에는 적합하지 않은 가치관이었다. 하지만 농업을 중시하는 가치관은 지금도 여전해서, 오스트레일리아의 뿌리 깊은 정치적 문제 중 하나를 해결하는 데 걸림돌이 되고 있다. 즉 오스트레일리아의 헌법은 시골 지역에 더 많은 의결권을 보장하고 있다. 유럽이나 미국에 비해서 오스트레일리아에서는 시골 사람은 정직한 사람이고, 도시 거주자들은 부정직한 사람이라는 인식이 팽배하다. 따라서 농부가 파산하면 가뭄 등과 같이 불가항력적인 힘으로 인해 착한 사람에게 불행이 닥쳤다고 생각하는 반면에, 도시 거주자가 파산하면 부정직한 행태로 인한 인과응보라고 생각해버리는 경향이 있다. 이처럼 시골 사람을 무작정 착한 사람이라 여기고 시골 지역에 더 많은 의결권을 할애하는 현상은 오스트레일리아가 고도로 도시화된 국가라는 현실을 도외시한 면이 없지 않다. 오스트레일리아 정부가 환경을 유지하는 정책보다, 경제적인 면을 고려하지 않고 농지 개간과 같은 '채굴'에 왜곡된 지원을 오랫동안 계속하면서 시골 지역을 간접적으로 보조한 이유도 여기에서 찾아진다.

50년 전까지, 오스트레일리아에 이주한 사람들은 주로 영국인이거나 아일랜드인이었다. 따라서 오늘날에도 대다수의 오스트레일리아인들이 영국의 유산과 끈끈한 정을 맺고 있어, 그런 정을 조금이라도 떼어내라고 조언하면 화를 벌컥 내면서 단호히 거부한다. 물론 이런 유산 덕분에 그들이 자랑스레 생각하는 일을 해낼 수 있었지만 외부인의 입장에서 냉정하게 판단하면 영국의 유산은 오스트레일리아의 이익에 부적절하고 반드시 필요한 것이 아니다. 제1차 세계대전과 제2차 세계대전 모두에서, 영국이 독일에 전쟁을 선포하자마자 오스트레일리아도 덩달아 독일에 전쟁을 선포했다. 하지만 오스트레일리아가 독일의 뉴기니 식민지를 정복하는 핑곗거리를 제외하면 제1차 세계대전은 오스트레일리아의 이익과 아무런 관계가 없었다. 또한 제2차 세계대전에서도 영국과 독일이 전쟁을 시작하고 2년이 지난 후 일본과 전쟁을 시작할 때까지 오스트레일리아는 제2차 세계대전에 개입할 이유가 없었다. 게다가 뉴질랜드도 그렇지만 오스트레일리아의 주요 국경일은 4월 25일, 국군의 날(Anzac Day)이다. 멀리 터키의 겔리볼루 반도에서 1915년 4월 25일에 영국을 위해 산화한 오스트레일리아와 뉴질랜드 군인들을 추념하는 날이다. 영국군을 지원하러 멀리까지 달려갔지만 영국군 지휘부의 무능함 때문에 터키군을 제대로 공격하지 못하고 참혹하게 죽어갔는데도 말이다. 어쨌든 겔리볼루에서의 대참사는 오스트레일리아 사람들에게 모국 영국을 지원함으로써 여섯 명의 총독이 관할하는 여섯 개 식민지가 아니라 영 연방에 속한 하나의 국가로서 지위를 확보하는 '새로운 시대의 도래'를 상징하는 사건이 되었다. 오스트레일리아인에게 겔리볼루 참사가 있었다면, 내 세대의 미국인들에게는 1941년 12월 7일 일본의 진주만 공격이 있었다. 그날을 계기로 미국인들은 하나가 되었고, 고립이라는 외교 정책의 틀을 벗어버렸다. 그러나 오스트레일리아 밖의 사람들에게는 오스트레일리아의 국경일이 겔리볼루 반도의 사건에서 정해진 이유가 쉽게 이해되지 않는다. 지리적 조건에서도 오스트레일리아의 이익과 아무런 관계를 찾을 수 없는데 말이다. 적도 반대편에 있고, 지구의 3분의 1바퀴나 떨어진 곳이지 않은가!

영국과의 이런 감정적 연대는 오늘날까지 계속되고 있다. 내가 1964년 오스트레일리아를 처음 방문했을 때이다. 그전에 영국에서 4년을 지낸 탓에 나는 그곳의 건축물과 그들의 정신에서 현대 영국인보다 더 영국인 같다는 느낌을 지울 수 없었다. 1973년까지 오스트레일리아 정부는 매년 기사 작위를 받을 오스트레일리아인의 명단을 영국에 보냈고, 기사라는 작위는 오스트레일리아인들에게 최고의 명예로 여겨졌다. 지금도 영국은 오스트레일리아에 한 명의 총독을 임명한다. 그 총독은 오스트레일리아 수상을 해임할 수 있는 막강한 힘을 갖고 있다. 실제로 총독이 1975년에 그 권한을 행사한 적도 있었다. 1970년대 초까지 오스트레일리아는 '백호주의(White Australia policy)'를 견지하며 아시아인의 이민을 실질적으로 받아들이지 않았다. 당연히 이웃한 아시아 국가들이 그런 정책을 비난하고 나섰다. 결국 뒤늦게야, 정확히 말해서 25년 전부터 오스트레일리아는 아시아의 일원이라는 사실을 인정하고, 아시아 국가들과 어울리며 무역을 활성화하면서 아시아인의 이민을 받아들이기 시작했다. 이제 영국은 오스트레일리아의 수출 시장에서 일본, 중국, 한국, 싱가포르, 타이완 등의 뒤를 잇는 여덟 번째 나라일 뿐이다.

교역과 이민

오스트레일리아는 영 연방의 일원인가, 아니면 아시아의 일원인가? 오스트레일리아의 자아상에 대한 논의는 이 책에서 거듭해서 제기되었던 문제, 즉 사회의 안전성에 미치는 우방, 적의 위상과 관계가 있다. 오스트레일리아는 어떤 나라를 우방이며 교역 상대로 생각하고, 어떤 나라를 적이라고 생각해왔을까? 그런 인식에 영향을 미친 요인은 무엇이었을까? 먼저 교역 상대부터 시작해서 이민의 문제로 넘어가도록 하자.

1950년대까지 거의 한 세기 동안 농산물, 특히 양모는 오스트레일리아에서 가장 중요한 수출품이었고 그 다음이 광물이었다. 오늘날에도 오스트레일리아는 세계 최대의 양모 생산국이지만, 합성섬유가 양모를 대체하는 경쟁 상품으로 등장하면서 양모의 수요가 전세계적으로 감소해 오스트레일리아의 양모 생산도 점점 줄어들고 있다. 오스트레일리아에서 양의 두수는 1970년에 1억 8,000만 마리(당시 오스트레일리아인 1인당 평균 14마리)로 최고조에 이른 후 꾸준히 감소하고 있는 추세이다. 오스트레일리아에서 생산되는 양모의 대부분은 특히 중국과 홍콩으로 수출된다. 그밖의 중요한 농산물에는 밀(러시아, 중국, 인도가 주요 수입국이다), 오스트레일리아 특산품인 마카로니용 밀, 포도주, 유기농 소고기 등이 있다. 현재 오스트레일리아는 식량에서 소비량보다 생산량이 더 많아 순(純)식량수출국이다. 하지만 인구가 증가하면서 가계의 식량 소비는 증가하고 있다. 이런 추세가 계속된다면 오스트레일리아는 언젠가는 순수출국에서 순수입국으로 전락할 가능성이 없지 않다.

양모를 비롯한 농산물은 오스트레일리아가 현재 외국과의 교역에서 광물(1위)과 관광(2위)에 이어 세 번째로 많은 돈을 벌어들이는 산업이다. 광물은 수출액을 기준으로 석탄, 금, 철광석, 알루미늄의 순서이다. 오스트레일리아는 세계에서 손꼽히는 석탄 수출국이다. 우라늄, 납, 은, 아연, 티타늄, 탄탈의 매장량은 세계 최대이고 석탄, 철광석, 알루미늄, 구리, 니켈, 다이아몬드의 매장량은 세계에서 6위 내에 있다. 특히 석탄과 철광석의 매장량은 어마어마해서 먼 미래까지도 완전히 채굴할 수 없을 것으로 여겨진다. 오스트레일리아 광물의 최대 수입국이 과거에는 영국과 유럽 국가들이었지만 지금은 아시아 국가들이 유럽 국가들보다 5배나 수입하고 있는 실정이다. 일본, 한국, 타이완이 3대 수입국이다. 구체적으로 말하면 오스트레일리아가 수출하는 석탄, 철광석, 알루미늄의 거의 절반을 일본이 수입하고 있다.

요컨대 반세기 만에 오스트레일리아가 농산물 수출국에서 광물 수출국으로 바뀌었고, 교역 상대는 유럽에서 아시아로 넘어갔다. 미국은 여전히 오스트레일리아의 최대 수입원인 동시에 일본 다음으로 두 번째 수출 고객이다.

교역 상대가 변하면서 이민의 흐름도 바뀌었다. 면적은 미국과 비슷하지만 인구는 겨우 2,000만으로 훨씬 적다. 오스트레일리아의 환경이 그만큼 비생산적이어서 많은 인구를 수용할 수 없기 때문이다. 그러나 1950년대에 정부 지도자를 비롯한 많은 오스트레일리아인들이 인구가 많은 아시아의 이웃들, 특히 자체로 2억이 넘는 인구를 가진 인도네시아를 두렵게 생각했다. 오스트레일리아 사람들은 지리적으로 훨씬 멀리 떨어져 있지만 역시 인구가 많은 일본에게 위협받고 폭격까지 당한 제2차 세계대전의 쓰라린 경험을 잊지 않고 있었던 것이다. 따라서 그들은 오스트레일리아가 아시아의 이웃들에 비해서 인구가 훨씬 적기 때문에 큰 위험에 처할 수 있으며, 오스트레일리아의 빈 공간을 신속히 채우지 않으면 인도네시아인들의 타깃이 될 수 있다는 결론에 이르렀다. 따라서 1950년대와 1960년대에 이민의 문을 활짝 개방하는 속성 프로그램을 일종의 공공 정책으로 시행했다.

이 프로그램으로 과거의 백호주의 정책은 포기된 것이나 마찬가지였다. 백호주의 정책은 오스트레일리아 정부가 1901년에 제정한 이민 제한법으로, 이 정책하에서는 이민이 유럽 출신, 그러나 실질적으로는 영국인이거나 아일랜드인으로 제한되었다. 오스트레일리아 정부가 매년 발간하는 연감을 인용하면, "비(非)앵글로색슨계 사람은 조절하기 어렵다"라는 우려가 있었다. 하지만 인구 부족을 절감하면서 오스트레일리아 정부는 다른 유럽국, 특히 이탈리아, 그리스, 독일, 나중에는 네덜란드와 옛 유고슬라비아에게도 이민의 문호를 넓혔다. 1970년대에 오스트레일리아 정부는 영국적 정체성보다 태평양에 속해 있다는 현실을 인식하면서 유럽 이외의 국가들에게도 이민의 문을 넓히고 싶었다. 그러자면 아시아에서의 이민을 막는 법적 장애물부터 없애야 했다. 영국과 아일랜드, 뉴질랜드가 지금도 여전히 오스트레일리아의 주된 이민국이지만 이제는 전체 이민자 중 4분의 1이 아시아 출신이다. 특히 베트남, 필리핀, 홍콩, 중국 출신이 압도적으로 많은 편이다. 이민의 행렬은 1980년대에 최고조에 이르렀고, 그 결과로 오늘날 오스트레일리아 인구 중 거의 4분의 1이 해외에서 태어난 이민자이다. 미국의 12퍼센트, 네덜란드의 3퍼센트에 비하면 상당히 높은 편이다.

오스트레일리아의 이런 '채우기(filling-up)' 정책에는 깊은 오류가 감추어져 있다. 유럽인의 정착이 시작된 지 두 세기가 지난 후에도 오스트레일리아가 미국만큼의 인구밀도로 땅에 채워지지 않은 이유가 무엇이겠는가? 여기에는 환경적인 이유가 있었다. 물 공급과 식량 생산에 한계가 있기 때문에 오스트레일리아 땅에는 턱없이 많은 인구를 수용할 수 없다. 게다가 인구가 증가한다면 광물의 1인당 수출량도 크게 떨어질 염려가 있다. 이 때문에 오스트레일리아는 최근 들어 이민자를 연간 10만 명까지만 받아들이고 있다. 이런 수치는 이민자로 인한 연간 인구가 단지 0.5퍼센트씩 증가한다는 뜻이다.

그러나 맬컴 프레이저(Malcolm Fraser) 전 수상과 주요 정당 지도자들을 비롯한 영향력 있는 인물들, 오스트레일리아 상공회의소는 오스트레일리아가 인구를 5,000만 명까지 끌어올려야 한다고 주장하고 있다. 인구가 과밀한 아시아 국가들에서 시작될 황화(黃禍, Yellow Peril)에 대한 두려움, 세계적인 강대국이 되고 싶은 열망, 그리고 2,000만 명의 인구로는 그런 목표를 이룰 수 없다는 생각 등이 복합된 주장이다. 그러나 요즘 오스트레일리아인들은 수십 년 전부터 키워온 강대국의 꿈을 접어버린 듯하다. 그들이 이런 꿈을 여전히 간직하고 있을지는 모르지만 이스라엘, 스웨덴, 덴마크, 핀란드, 싱가포르는 오스트레일리아보다 훨씬 적은 인구를 가진 나라들이 나아갈 방향을 보여주었다. 그 나라들은 인구가 수백 만에 불과하지만 막강한 경제력을 과시하며, 테크놀로지의 혁신과 문화에서 세계를 주도하는 데 큰 몫을 하고 있지 않은가. 이 때문에 정부 및 기업계 지도자들의 주장과 달리, 70퍼센트의 오스트레일리아인은 더 이상의 이민자를 바라지 않는다고 분명히 말한다. 장기적으로 보면 오스트레일리아가 현재 인구라도 유지할 수 있을지 의심스럽다. 현재의 생활 수준을 유지할 수 있는 지속 가능한 최적의 인구는 800만, 즉 현재 인구의 절반에도 미치지 못하기 때문이다.

토질 악화

세계적인 기준에는 못 미치지만 오스트레일리아 내에서는 상대적으로 비옥한 토질 덕분에 유일하게 자급자족하는 개척지로 시작된 사우스오스트레일리아 주의 주도인 애들레이드에서 내륙으로 들어가면서 나는 곳곳에 버려진 농장들을 볼 수 있었다. 나는 관광객을 위해서 보존해놓은 한 유적을 둘러보았다. 1850년대에 영국 귀족이 엄청난 비용을 들여 양 목장으로 개발한 대장원이었지만 1869년에 실패하면서 버려진 후 다시 복원되지 못한 카니아카(Kanyaka) 유적이었다. 1850년대와 1860년대 초 상대적으로 비가 많았던 시기에 사우스오스트레일리아의 내륙에서는 많은 곳이 양 목장으로 개발되었다. 당시에는 내륙이 풀로 뒤덮여 양을 방목하기에 적합하게 보였던 것은 사실이다. 그러나 1864년부터 가뭄이 시작되면서 방목지는 죽은 양의 시체로 뒤덮였고 그런 양 목장들은 버려질 수밖에 없었다. 이런 재앙을 계기로, 오스트레일리아 정부는 고이더(G. W. Goyder)에게 양을 방목하기에 충분한 강우량을 가진 지역이 해안에서 내륙으로 몇 킬로미터까지인지 조사하라는 지시를 내렸다. 그는 조사를 끝내고 하나의 선을 그었다. 이른바 '고이더 선(Goyder Line)'으로, 그 북쪽에서는 비가 부족해 양의 방목이 적절하지 않다는 뜻이었다. 하지만 안타깝게도 1870년대에 들어 다시 비가 많아지면서 오스트레일리아 정부는 1860년대에 버려진 목장들을 밀밭으로 고가(高價)에 다시 팔기 시작했다. 그 결과로 '고이더 선' 위쪽으로 마을들이 세워졌고 철로도 연장되었다. 비정상적으로 비가 많이 내리면서 밀밭들에서는 한동안 높은 수확을 올렸지만 1870년 말에 비가 적게 내리자 밀밭의 수확량이 급전직하로 떨어졌다. 결국 밀밭들은 합병되어 대규모 양 목장으로 전환되었다. 그러나 가뭄이 닥치면서 대다수의 양 목장도 다시 문을 닫고 말았다. 오늘날까지 유지되는 목장들도 양만을 방목해서 살아갈 수 없다. 따라서 그곳을 터전으로 살아가는 농부들과 지주들은 부업으로 관광 안내원 노릇을 하고, 외부의 투자를 요구하면서 살아가고 있다.

오스트레일리아에서 식량을 생산하는 다른 지역들도 비슷한 우여곡절을 겪었다. 그런데 처음에는 그런대로 비옥했던 땅들이 척박하게 변해버린 이유가 무엇일까? 그 이유는 오스트레일리아의 환경에서 비롯되는 문제, 즉 토지의 황폐화(land degradation)에서 찾아진다. 환경에 충격을 가하는 9가지 요인, 즉 토종 초목의 벌채, 양의 지나친 방목, 토끼, 토양의 영양분 고갈, 토양 침식, 인공 가뭄, 잡초, 정부의 잘못된 정책, 그리고 염화가 토지 황폐화의 주된 요인들이다. 이런 현상들은 세계의 다른 곳에서 눈에 띄고, 개별적으로는 오스트레일리아보다 훨씬 심한 지역도 적지 않다. 어쨌든 이런 환경 훼손적 요인들에 대해서 하나씩 살펴보자.

앞에 언급했듯이 오스트레일리아 정부는 공유지를 개인에게 임대해서 토종 초목의 벌채를 독려했다. 지금은 이런 독려가 많이 사라졌지만 오스트레일리아는 제1세계의 다른 국가들에 비해서 여전히 토종 초목을 더 많이 베어내고 있다. 소실률에서 브라질, 인도네시아, 콩고, 볼리비아만이 오스트레일리아를 앞서고 있을 뿐이다. 현재 오스트레일리아에서 대부분의 토지 개간은 퀸즐랜드 주에서 비육우를 위한 목초지를 조성할 목적으로 행해지고 있다. 퀸즐랜드 주 정부는 앞으로 대규모 개간을 줄여갈 것이라 발표했지만 2006년 이후의 일이다. 이런 개간이 오스트레일리아 땅에 미친 영향은 실로 막대하다. 개간에 따른 염화와 토양 침식으로 인해 토지가 황폐화되었고, 염기와 퇴적물이 유거수에 쓸려내려오면서 수질이 악화되었으며, 농업 생산성이 떨어지면서 토지의 가치까지 떨어졌다. 게다가 아래에서 다시 살펴보겠지만 그레이트배리어리프(Great Barrier Reef, 북동 해안에서 16~160킬로미터 떨어진 곳에 2,000킬로미터 이상의 길이로 펼쳐져 있는 대보초: 옮긴이)에도 큰 손상을 주었다. 불도저로 밀어버린 초목들이 썩고 불태워지면서 배출하는 가스량이 오스트레일리아 전체 운송 수단의 가스 배출량과 비슷할 정도이다.

토지 황폐화의 두 번째 주된 요인은 양의 지나친 방목이다. 양의 수가 엄청나서, 풀이 다시 자랄 틈도 없이 뜯기는 실정이다. 그 때문에 웨스턴오스트레일리아 주에 있는 머치슨디스트릭트의 한 지역처럼 일부 지역에서는 지나친 방목으로 토양까지 소실되어 회복 불가능한 지경에 이르렀다. 그러나 이제는 지나친 방목의 결과가 무엇인지 잘 알고 있기 때문에 오스트레일리아 정부는 방목할 수 있는 양의 두수를 제한하고 있다. 달리 말하면 농부는 임차한 땅의 면적에 따라서 정해진 수의 양만을 방목할 수 있다. 하한선을 두어 농부가 임차한 땅의 면적에 따라 에이커당 일정한 두수 이상을 방목해야만 했던 과거의 정책을 완전히 뒤집은 셈이었다. 19세기 말경부터 자료화되기 시작한 양의 방목률에 따르면 당시의 방목률은 오늘날 지속 가능하다고 판단되는 방목률의 3배였다. 그러나 자료화가 되기 전, 즉 1890년대 이전의 방목률은 지속 가능한 방목률의 10배에 이르렀던 것으로 여겨진다. 즉 초기의 정착자들은 풀을 잘 관리해야 재생산할 수 있는 자원이라고 생각하지 않고 영원무궁한 자원인 양 '채굴' 했던 것이다. 게다가 정부까지 나서서 농부들에게 토지 개간을 강요하면서, 토지를 약속대로 개간하지 않으면, 요컨대 땅을 훼손시키지 않으면 토지의 임대를 철회하는 무리수를 두었다.

토지를 황폐화시킨 다른 세 가지 요인에 대해서는 이미 앞에서 언급했다. 즉 토끼는 양만큼이나 초목을 뜯어 먹어 농부들에게서 양과 소를 먹일 목초지를 빼앗는다. 게다가 토끼의 개체 수를 줄이기 위해서 동원해야 하는 불도저, 다이너마이트, 울타리, 세균 등의 비용까지 농부에게 부담시킨다. 토양의 영양분 고갈은 농사를 짓기 시작하면서 거의 곧바로 나타나는 현상이다. 오스트레일리아의 토양이 애초부터 그다지 비옥하지 않기 때문이다. 표토를 덮은 초목이 완전히 개간되거나 희박해지면서 물과 바람으로 인한 토양의 침식도 가속화된다. 침식된 토양이 강으로 흘러가고 다시 바다로 유입되면서 근해(近海)의 바닷물을 탁하게 오염시켜, 오스트레일리아에서 가장 많은 관광객을 유인하는 명소 중 하나인 그레이트배리어리프를 크게 훼손시키고 있다(그레이트배리어리프의 생물학적 가치와 황금 어장으로서의 가치에 대해서는 새삼스레 언급할 필요도 없을 것이다).

'인공 가뭄(man-made drought)' 은 토지 개간, 양의 지나친 방목, 토끼로 인해 야기되는 토지 황폐화의 한 형태이다. 표토를 덮은 초목이 개간, 양, 토끼 등으로 인해 사라지면 흙이 햇살에 직접 노출되면서 토양이 점점 뜨거워지고 메말라간다. 달리 말하면 토양을 뜨겁고 메마르게 만드는 부수적인 결과는 자연의 가뭄과 똑같이 식물의 성장을 방해한다.

제1장에서 몬태나의 문제를 언급하면서 다루었던 잡초는 목초지의 풀에 비해서 양과 소가 그다지 좋아하지 않기도 하지만, 유용한 식물의 성장을 방해하기 때문에 '농부에게 효용 가치가 낮은 식물'로 정의된다. 일부 잡초는 바다 건너에서 다른 것들에 휩쓸려 부지불식간에 들어온 종(種)이지만 약 15퍼센트는 잘못된 판단으로 도입된 것이다. 한편 3분의 1은 장식용으로 도입해 정원에서 키우던 종이 들판으로 퍼져나간 것이며, 나머지 잡초들은 오스트레일리아 토종이다. 초식 동물들이 유난히 좋아하는 초목이 따로 있기 때문에 초식 동물의 습성이 목초지를 효용 가치가 떨어지는 잡초밭, 때로는 가축에게 해로운 풀밭으로 전락시킨다. 잡초와의 싸움은 잡초의 종(種)에 따라 다르다. 쉽게 제거해서 가축들이 좋아하는 초목으로 대체할 수 있는 잡초들이 있는 반면에, 일단 뿌리를 내리면 제거하기가 무척 어렵고 많은 비용을 들이지 않으면 제거가 거의 불가능한 잡초들도 적지 않다.

오늘날 오스트레일리아에는 약 3,000종의 잡초가 있는 것으로 알려져 있으며, 그 많은 잡초들이 경제적으로 연간 20억 달러의 손해를 입힌다. 미모사가 최악의 잡초 중 하나이다. 미모사는 카카두 국립공원과 유네스코가 지정한 세계 유산 지역 등 특히 소중한 지역을 위협하고 있다. 가시가 있고, 거의 6미터까지 자라며, 많은 씨를 퍼뜨려 매년 면적을 2배씩 넓혀가고 있는 실정이다. 1870년대에 마다가스카르에서 퀸즐랜드의 광산 마을들을 아름답게 가꾸려고 장식용 관목으로 도입한 고무덩굴(rubber vine)의 피해는 더 심각하다. 고무덩굴은 정원을 탈출해서 공상과학소설의 괴물 식물처럼 변해버렸다. 가축에게 해롭기도 하지만 주변 초목을 숨도 쉬지 못할 정도로 뒤덮어 말려 죽인다. 게다가 뒤엉킨 가지에서 떨어진 꼬투리는 강물을 타고 멀리까지 퍼져가고, 바람에 날려간 꼬투리가 터지면서 300개의 씨앗을 사방에 흩뿌린다. 하나의 꼬투리에 담긴 씨앗이면 무려 3,000평의 땅을 고무덩굴로 뒤덮을 수 있다.

정부의 잘못된 정책에는 앞에서 언급한 토지 개간과 양의 지나친 방목 이외에 '밀 위원회(Wheat Board)'가 더해져야 한다. 이 위원회는 밀값이 상승할 것이란 장밋빛 전망을 내놓으며, 농부들에게 빚을 얻어서라도 농기계를 구입해서 한계 지역에 밀을 심으라고 독려했다. 그러나 지력(地力)이 밀을 재배하기에는 몇 년을 버틸 수 없었고, 게다가 밀값까지 하락하면서 정부를 믿고 엄청난 돈을 투자한 농부들은 한숨을 내쉴 수밖에 없었다.

오스트레일리아의 토지를 황폐화시키는 마지막 요인은 염화(鹽化)이다. 염화는 상당히 복잡하기 때문에 자세한 설명이 필요하다. 앞에서 언급했듯이, 오스트레일리아의 토양은 염분을 담고 있다. 염기를 띤 바닷바람, 과거에 바다였던 분지, 말라붙은 호수가 남긴 유산인 셈이다. 염기를 띤 토양에 내성을 지닌 식물이 적지 않지만 대부분의 식물은 그렇지 못하다. 특히 우리가 식량으로 삼는 곡물들은 염기를 띤 토양에서 자라지 못한다. 물론 뿌리가 뻗는 지역 아래에 염기가 머물러 있다면 문제될 것은 없다. 그러나 염기는 두 과정을 통해서 표층으로 올라와 문제를 일으킨다. 하나는 관개(灌漑)에 따른 염화이고, 다른 하나는 개간에 따른 염화이다.

먼저 관개에 따른 염화부터 살펴보자. 이 염화는 강수량이 너무 적거나 들쑥날쑥해 영농하기에 불안해서 관개 시설이 반드시 필요한 건조 지역에서 일어날 가능성이 크다. 오스트레일리아의 남동 지역이 대표적인 예이다. 농부가 '점적 관수법(drip irrigation)'을 사용하면, 즉 과일나무나 작물의 아랫부분에 작은 관수로를 설치해서 나무나 곡물의 뿌리를 충분히 적실 수 있을 정도로 물을 똑똑 떨어뜨리는 방법을 사용하면 물의 낭비를 최소화시킬 수 있어 아무런 문제가 야기되지 않는다. 하지만 농부가 일반적인 관례대로 '살수 관수법(sprinkler irrigation)'을 사용하면, 즉 스프링클러를 이용해서 넓은 면적을 흠뻑 적시는 방법을 사용하면 뿌리가 흡수할 수 있는 물보다 훨씬 많은 양이 땅을 적시게 된다. 뿌리가 흡수하지 못한 물이 염기를 띤 토양층까지 스며들면서 물기둥을 만들면, 땅속 깊이 머물러 있던 염기가 삼투압으로 인해 표층까지 올라가 식물의 성장을 방해하거나 아니면 물기둥을 따라 지하수층까지 내려가 강으로 스며든다. 이런 점에서 우리가 오스트레일리아를 건조한 대륙이라고 생각하지만 얄궂게도 오스트레일리아의 물 문제는 물 부족에서 비롯되는 문제가 아니라 물의 지나친 사용에서 야기되는 문제이다. 실제로 오스트레일리아의 일부 지역에서는 '살수 관수법'을 사용할 수 있을 정도로 물이 넉넉하다. 하지만 그 결과로 표층까지 올라온 염기를 완전히 씻어낼 수 있을 만큼 물이 넘치는 것은 아니다. 원칙적으로 관개에 따른 염화 문제는 살수 관수법을 포기하고 점적 관수법을 사용하면 부분적으로라도 완화시킬 수 있다.

이번에는 개간에 따른 염화를 살펴보자. 이 염화는 주로 영농을 하기에 충분한 비가 내리는 지역에서 흔히 나타난다. 겨울에도 충분한 비가 내리는 웨스턴오스트레일리아 주와 사우스오스트레일리아 주의 일부 지역에서 이런 유형의 염화가 심하다. 이 지역의 땅이 자생한 초목으로 연중 뒤덮여 있다면 초목들의 뿌리가 빗물의 대부분을 흡수하기 때문에, 토양에 스며들어 염기를 띤 토양과 만나는 빗물의 양이 극히 적다. 하지만 농부가 자생 초목을 걷어내고 계절적인 작물을 심는다면 수확한 후에는 땅이 헐벗게 마련이다. 이처럼 땅이 헐벗은 기간에 비가 내리면 빗물이 땅속 깊이 숨어 있는 염기성 토양까지 스며들 것이고, 그러면 염기가 표층까지 물기둥을 타고 올라온다. 관개에 따른 염화와 달리, 개간에 따른 염화는 복구하기가 무척 어렵고 비용도 많이 든다. 실질적으로 불가능하다고 말할 수도 있다.

관개나 개간에 따른 염화로 인해 토양수에 스며든 염기는, 오스트레일리아의 일부 지역에서 바닷물의 염기 농도보다 3배가 높은 지하 강(undergorund river)의 염기와 비슷한 것으로 생각할 수 있다. 이런 지하 강도 정상적인 강과 마찬가지로 아래로 흐르지만 유속(流速)이 무척 느리다. 지하 강은 결국 저지대의 함몰 지역에 스며들어, 사우스오스트레일리아에서 내가 보았던 함수호(鹹水湖)와 같은 짠물로 된 호수를 만들어낸다. 가령 언덕 꼭대기에서 농사를 짓는 농부가 농지를 잘못 관리해서 염화시킨다면 그 염기는 지표에 스며들어 언덕 아래의 농지까지 아주 천천히 이동할 수 있다. 따라서 언덕 아래의 농부가 농지를 잘 관리해도 염화를 피할 수 없다. 그러나 오스트레일리아에는 언덕 아래의 농부가 이로 인해 입은 피해를 언덕 위의 농부에게 보상을 요구할 수 있는 메커니즘이 없다. 한편 지하 강의 일부가 저지대의 함몰 지역에 스며들지 않고 지표 위를 정상적으로 흐르는 강에 흘러들어갈 수도 있다. 오스트레일리아에서 가장 큰 하계(河溪)인 머리 강과 달링 강의 염화 원인도 이렇게 설명된다.

염화는 세 가지 방향에서 오스트레일리아의 경제에 막대한 피해를 안겨주고 있다. 첫째, 오스트레일리아에서 가장 비옥한 땅의 일부를 포함해 많은 농지를 황폐화시켜 곡물의 생산성을 떨어뜨리고 가축을 방목하는 것조차 어렵게 만든다. 둘째, 염기가 도시의 식수원에도 침투하고 있다. 예컨대 머리 강과 달링 강은 사우스오스트레일리아 주의 주도인 애들레이드에 40~90퍼센트의 식수를 공급한다. 하지만 두 강의 염기 농도가 높아지면서 추가 비용을 들여 탈염 과정을 거치지 않으면 음용수로는 물론이고 농업용수로도 사용할 수 없을 지경이 되었다. 앞의 두 문제보다 더 심각한 현상은 도로, 철로, 비행장, 다리, 건물, 수도관, 온수관, 빗물관, 하수관, 가재도구와 산업 시설, 전선과 전화선, 수질관리장치 등 사회 기반 시설의 부식에 따른 피해이다. 전반적으로 추정할 때, 염화로 인한 오스트레일리아 경제 손실 중 3분의 1만이 농업의 피해이다. 따라서 물 관리 시설과 기반 시설의 피해, 즉 '농장 밖'의 손실이 2배나 많은 셈이다.

오스트레일리아에서 개간된 토지의 약 9퍼센트가 이미 염화로 인한 피해를 입었다. 이런 추세라면 앞으로 25퍼센트까지 피해 범위가 확대될 것으로 전망된다. 염화 현상은 웨스턴오스트레일리아와 사우스오스트레일리아에서 특히 심각하다. 웨스턴오스트레일리아의 휘트벨트는 세계에서 개간에 따른 염화가 가장 극심한 곳으로 여겨진다. 토종 초목의 90퍼센트가 이미 사라졌다. 주로 1920년부터 1980년 사이에 사라졌지만 웨스턴오스트레일리아 주 정부가 '연간 100만 에이커'라는 프로그램을 몰아붙인 1960년대에 특히 심했다. 세계 어떤 지역에서도 그처럼 빨리 토종 초목이 사라진 적이 없었다. 향후 20년 내에, 휘트벨트의 3분의 1이 염화로 인해 불모지로 변해버릴 것이라 추정된다.

오스트레일리아 전체를 기준으로 할 때 염화 가능성을 가진 지역의 면적은 이미 피해를 입은 면적의 6배가 넘으리라 여겨진다. 좀더 정확히 말하면 웨스턴오스트레일리아 주에서는 4배, 퀸즐랜드 주에서는 7배, 빅토리아 주에서는 10배, 뉴사우스웨일스 주에서는 무려 60배가 증가할 것이라 추정된다. 휘트벨트를 제외할 때, 염화로 인한 피해가 막대할 것이라 추정되는 지역은 머리 강과 달링 강 유역이다. 이곳은 현재 오스트레일리아에서 생산되는 농산물의 거의 절반을 감당하고 있지만, 염기를 띤 지하 강이 머리 강과 달링 강으로 스며들기도 하고 농업용수의 많은 물을 강에서 끌어쓰기 때문에 하류에 위치한 애들레이드 쪽으로 염화가 점점 심해지고 있다(이런 추세로 몇 년이 지나면 강바닥이 말라붙어 바다로 흘러가는 물조차 남지 않을 수 있다). 염기가 머리 강과 달링 강으로 유입되는 이유는 하류 지역의 관개 때문이 아니다. 오히려 퀸즐랜드와 뉴사우스웨일스에 위치한 상류 지역에서 대규모로 조성된 목화밭 때문이다. 목화밭은 오스트레일리아에서 토지 관리와 물 관리에서 가장 큰 골칫거리로 여겨진다. 염화를 부추기고 살충제의 남용으로 목화가 머리 강과 달링 강의 하류에 위치한 분지의 농업에 적잖은 피해를 안겨주지만 오스트레일리아에서 밀 다음으로 중요한 농작물인 까닭에 목화 재배는 오스트레일리아 정부한테 딜레마가 아닐 수 없다.

일단 염화가 시작되면, 특히 개간에 따른 염화가 시작되면 원상 복구시키기가 무척 어렵고 비용도 무척 많이 든다. 게다가 시간도 엄청나게 오래 걸린다. 지하 강은 매우 느리게 흐르기 때문에 토지의 잘못된 관리로 염기가 지표로 올라오면 살수 관수법을 하룻밤 사이 점적 관수법으로 바꿔 염기의 상승을 막더라도 지표에서 염기를 완전히 씻어내려면 거의 500년이란 시간이 걸릴 수도 있다.

기타 환경 문제

이런 원인들로 인한 토지의 황폐화가 오스트레일리아의 가장 큰 환경 문제이지만 그밖에 다섯 가지 중대한 문제도 간략히 언급하지 않을 수 없다. 삼림 관리, 해양 수산, 민물 어업, 민물 관리, 외래종과 관련된 문제들이다.

남극과 달리 오스트레일리아는 전 면적의 20퍼센트가 숲으로 덮인 대륙이다. 이 숲에는 과거에 세계에서 가장 키 큰 나무들이 적지 않았다. 예컨대 키에서 캘리포니아의 세쿼이아(california coast redwood)에 버금갈 정도로 더 컸던 빅토리아 유칼립투스(victorian blue gum)가 지금은 완전히 베어지고 눈에 띄지 않는다. 1788년 유럽인들이 처음 정착했던 때 서 있던 오스트레일리아 삼림의 40퍼센트가 이미 벌채되었고, 35퍼센트는 부분적으로 벌채되었으며, 25퍼센트만이 원래의 상태를 유지하고 있을 뿐이다. 그러나 남은 원시림에서도 부분적으로 벌채가 계속되면서 오스트레일리아 풍경을 파괴하고 있다.

내수용은 그렇다손 치더라도 남은 숲에서 벌채된 나무가 수출되는 방법도 독특하다. 숲에서 수출용으로 벌채된 나무 중 절반이 통나무나 가공된 목재로 수출되지 않고, 목편(木片, wood chip)으로 변형되어 대부분이 일본에 수출된다. 일본에서는 그 목편을 사용해서 종이를 만든다. 실제로 일본에서 생산되는 종이의 4분의 1이 오스트레일리아의 나무로 만들어지고 있다. 일본이 목편값으로 오스트레일리아에 지불하는 가격은 톤당 7달러이지만, 목편을 재료로 만든 종이는 일본에서 톤당 1,000달러에 팔린다. 따라서 나무를 베어서 돈을 버는 쪽은 오스트레일리아가 아니라 일본인 셈이다. 오스트레일리아는 목편을 수출하지만, 가공된 임산물을 3배 이상 수입한다. 게다가 수입하는 임산물의 절반 이상이 종이와 판지이다.

따라서 오스트레일리아의 임산물 무역은 이중의 모순을 띠고 있다. 첫째, 제1세계에서 국토 면적에 비해 숲이 가장 적은 나라인 오스트레일리아가 나무를 베어서, 역시 제1세계로 국토 면적에 비해 숲이 가장 많을 뿐만 아니라 숲을 계속 늘려가고 있는 일본(74퍼센트)에 수출하고 있는 셈이다. 둘째, 오스트레일리아의 임산물 무역은 원자재를 낮은 가격에 수출하고 다른 나라에서 가공된 재화를 높은 가격에 수입하는 구조를 띠고 있다. 이런 불균형은 제1세계의 나라들 간에는 거의 찾아볼 수 없는 현상이다. 경제적으로 후진적이고 협상에도 능숙하지 못하며 산업화되지 않은 제3세계의 국가가 제1세계의 국가와 거래할 때나 볼 수 있는 현상이다. 제1세계는 제3세계에서 원자재를 싼값에 사들여 국내에서 원자재에 부가 가치를 더해서 완성품을 비싼 값에 되팔면서 제3세계 국가들을 착취해왔다는 것은 이미 상식이 아닌가! (게다가 일본이 오스트레일리아에 수출하는 주요 상품에는 자동차, 텔레커뮤니케이션 장비, 컴퓨터 장비인 반면에, 오스트레일리아는 일본에 주로 석탄과 광물을 수출한다.) 달리 말하면 오스트레일리아는 소중한 자원을 마구 낭비하면서도 그 대가로 푼돈을 받고 있는 셈이다.

원시림의 계속된 벌채는 요즘 오스트레일리아에서 가장 뜨거운 논란거리 중 하나이다. 대부분의 벌채와 치열한 논쟁은 주로 태즈메이니아

주에서 벌어지고 있다. 캘리포니아의 세쿼이아를 제외하면 현재 세계에 남아 있는 나무로 93미터까지 자라는 태즈메이니아 유칼립투스가 그곳에서 어느 때보다 빠른 속도로 베어지고 있기 때문이다. 오스트레일리아의 여당과 야당 모두가 주 차원에서나 연방 차원에서 태즈메이니아 원시림의 벌채를 찬성하고 있다. 1995년 국민당이 태즈메이니아에서의 벌채를 강력히 지지한다는 성명을 발표한 후 벌채 회사들이 국민당에 가장 많은 정치 헌금을 지원하는 것으로 밝혀졌다는 사실에서 그 이유가 충분히 짐작된다.

그렇다고 오스트레일리아가 원시림의 '채굴'에만 전념하는 것은 아니다. 그들은 토종 나무와 외래종 나무를 심는 데도 열심이다. 앞에서 언급한 이유, 즉 토양 영양분의 부족, 적고 들쑥날쑥한 강우량, 그로 인한 나무의 낮은 재생률 등으로 조림업은 13개의 주요 경쟁국 중 12개국에 비해서 비용이 훨씬 많이 들어 수익률이 턱없이 낮은 편이다. 오스트레일리아에서 생산되는 수종으로 그나마 경쟁력을 갖추었다는 태즈메이니아 유칼립투스도 브라질, 중국, 포르투갈, 남아프리카 공화국, 에스파냐, 베트남 등에서 더 빨리 자란다.

해양 수산 자원의 '채굴'도 삼림의 '채굴'과 비슷하다. 오스트레일리아에 처음 정착한 유럽인들은 키 큰 나무들과 청청한 풀들을 보고 오스트레일리아 땅을 과대평가하는 실수를 저질렀다. 생태학자들이 사용하는 전문 용어로 표현하면 오스트레일리아의 땅에는 큼직한 것들이 많았지만 생산성은 낮았다. 오스트레일리아의 바다도 마찬가지이다. 바다의 비옥도는 육지에서 흘러내려오는 영양분에 따라 달라지는데 오스트레일리아 육지의 토질이 워낙에 척박하고, 남아메리카 서해를 흐르는 페루 해류(일명, 훔볼트 해류)에 비해서 오스트레일리아 해안에는 영양분이 풍부한 심해수가 상승하는 용승(湧昇)이 거의 없기 때문에 바다의 생산성도 낮은 편이다. 게다가 오스트레일리아의 해양 개체군들은 성장률까지 낮아 멸종될 가능성이 아주 높다. 예컨대 20년 전부터 오스트레일리아와 뉴질랜드 근해에서 잡히는 오렌지러피(orange roughy)가 전세계에서 인기를 끌면서 어부들에게 단기간에 큰 수익을 안겨주었다. 하지만 최근에 시행한 정밀 조사에 따르면 오렌지러피는 아주 느리게 성장해서 40세가 되어서야 알을 낳기 시작한다. 그런데 그동안 남획되어 인간의 혀를 즐겁게 해주었던 오렌지러피는 거의 100세가 된 것이었다. 따라서 오렌지러피의 재생률이 어부들의 남획을 따라가지 못해 오렌지러피의 개체 수가 요즘 들어 크게 줄었다.

오스트레일리아의 수산업은 남획의 역사라 할 수 있다. 한 어종을 씨가 마를 정도까지 남획하고는 다른 어종을 찾아나서 다시 단시간에 붕괴시키는 관례를 거듭해왔다. 그야말로 바다의 '골드러시'인 셈이다. 새 어장을 찾아내면 해양 생물학자들에게 지속 가능한 수준에서 수확할 수 있는 최대량을 조사해달라고 부탁하기는 했지만 연구 결과가 나오기 전에 그 어장은 붕괴 수준에 이르기 일쑤이다. 이런 남획으로 멸종 위기에 처한 어종으로는 오렌지러피 이외에 산호송어(coral trout), 이스턴젬피시, 엑스마우스 만 범참새우(Exmouth Gulf Tiger Prawn), 스쿨샤크(상어류), 남태평양 참다랑어(southern bluefin tuna), 범양태(Tiger Flathead) 등이 있다. 오스트레일리아에서 지속 가능한 방식으로 수확되는 어종은 웨스턴오스트레일리아의 바위바다가재가 유일하다. 이 바다가재는 현재 오스트레일리아에 가장 큰 수익을 안겨주는 해산 수출품이며, 해양보호위원회(Marine Stewardship Council)에서 관리의 건전도를 평가한 바 있다(제15장 참조).

해양 수산업과 마찬가지로 민물 어업의 생산력도 떨어지는 편이다. 그 이유는 오스트레일리아 육지의 토질이 워낙에 척박하기 때문이다. 민물 어업이 대단한 수확량을 자랑하지만 생산성이 떨어진다는 점도 해양 수산업과 다를 바가 없다. 예컨대 오스트레일리아의 민물에서 가장 많이 잡히는 어종은 거의 1미터까지 자라지만 머리 강과 달링 강의 하계에서만 잡히는 머리코드(murray cod)이다. 육질이 뛰어나 비싼 값에 팔린다. 전에는 머리코드가 머리 강과 달링 강에서 넘쳐흘러 트럭을 가득 채울 정도로 잡아 시장에 내다 팔았지만 요즘에는 거의 씨가 말라 어장이 폐쇄되고 말았다. 이런 붕괴의 원인으로는 오렌지러피처럼 머리코드의 성장 속도가 느린 탓도 있지만, 외래종인 잉어가 수질을 더럽히고 1930년대에 머리 강에 댐들이 세워지면서 산란을 위한 이동로가 막혔기 때문이기도 하다. 게다가 댐 관리자들이 따뜻한 표층수(surface water)보다 편의성을 이유로 차가운 저층수(bottom water)를 방류해 강의 수온이 낮아져 머리코드의 산란을 방해했고, 과거에는 강이 정기적으로 범람하면서 토양의 양분이 그런대로 유입되었지만 댐들로 수위를 조절하면서 영양분의 유입이 거의 없는 맹물로 변한 탓도 있다.

오늘날 오스트레일리아 민물 어업의 생산액은 미미하다. 예컨대 사우스오스트레일리아 주에서 민물 어업의 총생산액은 연간 45만 달러에 불과하다. 이 액수마저 30명이 나누어 가져야 하니, 민물 어업은 그들에게 부업일 수밖에 없다. 머리코드, 황금농어(golden perch) 등 머리 강과 달링 강의 소중한 어종들을 지속 가능한 방식으로 잘 관리했더라면 지금보다 훨씬 많은 돈을 벌 수 있었을 것이다. 하지만 머리 강과 달링 강에 분포된 어종들이 회복 불가능할 정도로 씨가 말랐는지조차 아직 정확히 조사되지 않았다.

오스트레일리아는 민물이 절대적으로 부족한 대륙이기도 하다. 게다가 인구 집중 지역에 인접한 민물원은 이미 음용수나 농업용수로 사용되고 있다. 오스트레일리아에서 가장 큰 강인 머리 강과 달링 강의 전체 유수량 중 3분의 2가 평년에 이용되고 있으며, 유수량 전부를 끌어올려 사용하는 해도 적지 않다. 오스트레일리아에서 아직 사용되지 않은 수원(水源)은 인구 집중 지역과 농경지에서 멀리 떨어진 북부에 몰려 있다. 오스트레일리아에 인구가 증가해서 아직 사용하지 않은 수원이 줄어들면 일부 인구 집중 지역은 음용수를 구하기 위해 탈염에 엄청난 비용을 들여야 할 수도 있다. 캥거루 섬에는 이미 탈염 시설이 세워졌으며, 에어 반도에도 조만간 그런 시설이 필요할지 모른다.

강의 흐름을 바꿔서 물을 이용하려는 대형 프로젝트가 과거에 여러 차례 시도되었지만 번번이 실패하고 말았다. 예를 들어 설명해보자. 1930년대 머리 강에 수십 개의 댐을 건설해 배로 화물을 운송하려는 프로젝트가 야심차게 시행되었다. 그러나 미국 공병부대가 계획된 댐의 절반 정도를 건설했을 때 그 프로젝트는 중단되고 말았다. 따라서 머리 강에서 화물선의 모습은 전혀 찾아볼 수 없지만 앞에서 언급한 대로 이미 세워진 댐들이 머리 강의 어장을 붕괴시키는 데 적잖은 몫을 했다. 가장 혹독한 실패는 오드 강 프로젝트였다. 오스트레일리아 북부에서 인구가 희박한 지역을 흐르는 오드 강에 댐을 건설해 주변 땅을 농지로 만들어 옥수수, 목화, 잇꽃, 콩, 밀을 재배하려는 계획이었다. 하지만 그 모든 작물 중에서 목화만이 성공을 거두었지만 목화마저 10년 후에 포기되고 말았다. 현재 이곳에는 사탕수수와 멜론이 재배되고 있지만 그것에서 얻은 경제적 이득은 그 프로젝트에 쏟아부은 비용에 비하면 미미할 뿐이다.

수량, 접근성, 효용성뿐만 아니라 수질 문제도 심각하다. 이미 이용되는 강물에서는 살충제와 같은 유해 화학 물질이 검출되고, 도시 거주자들의 식수원으로 이용되는 상류나 농업용수로 이용되는 하류에서 모두 염분이 검출된다. 앞에서 언급했듯이, 애들레이드의 식수를 대부분 공급하는 머리 강에서는 염분과 농업용 화학 물질이 검출되고, 뉴사우스웨일스와 퀸즐랜드의 목화밭에서는 살충제가 남용되어 하류에서 유기 농법으로 키우는 비육우와 밀의 시장성까지 위협하는 실정이다.

오스트레일리아는 다른 대륙에 비해서 토종 동물의 종수가 적은 편이기 때문에 의도적으로 도입했거나 우연히 들어온 외래종에게 특히 취약한 모습을 보여주었다. 따라서 그런 외래종들에 대한 특별한 대책이 강구되지 않아 거의 멸종 위기에 이르렀거나 개체 수가 크게 감소한 토종 동물과 식물이 적지 않다. 앞에서 언급했듯이 오스트레일리아에 가장 큰 피해를 입힌 외래종은 토끼와 여우, 그리고 수천 종에 이르는 잡초이다. 토끼는 양과 소가 먹어야 할 풀의 거의 절반을 먹어치우고, 여우는 많은 토종 포유동물들을 사냥해 멸종 위기에 빠뜨렸다. 또한 외래 잡초들은 토종 식물들을 밀어내고 서식지 환경을 변화시켰을 뿐만 아니라 목초지의 질을 떨어뜨렸고, 때로는 가축에게 해로운 독초로 변하기도 했다. 한편 잉어는 머리 강과 달링 강의 수질을 악화시켰다.

가축화된 들소, 낙타, 당나귀, 염소, 말 등은 방목지를 거친 발굽으로 돌아다니면서 드넓은 서식지에 큰 피해를 주었다. 외래 해충들로 인한 무시무시한 피해도 간과할 수 없다. 수백 종에 이르는 해충들은 겨울이 추운 온대 지역보다 오스트레일리아에서 더 잘 적응했다. 특히 검정파리, 응애, 진드기는 가축과 목초지에 큰 피해를 입히는 반면에 쐐기벌레와 과일파리 등은 작물에 피해를 주고 있다. 1935년 사탕수수에 꼬이는 두 해충을 억제하려고 도입한 수수두꺼비(cane toad)는 문제의 해충들을 없애지는 못하고 주변 10만 평방마일까지 퍼져나갔다. 대부분이 20년을 살 수 있고, 암컷이 매년 3만 개의 알을 낳아 그 피해가 어디까지 확대될지 예측하기 힘들다. 게다가 수수두꺼비는 독성을 띠고 있어 오스트레일리아 토종 동물들이 잡아먹지도 못한다. 이 때문에 수수두꺼비는 해충 박멸이란 이름으로 저질러진 최악의 실수 중 하나로 여겨진다.

끝으로 오스트레일리아는 사방이 바다로 가로막혀 다른 나라와의 교역에서 해상 운송에 크게 의존할 수밖에 없다. 그 때문에 배가 쏟아내는 밸러스트 물, 배의 바닥짐, 선체, 양식을 위해 수입한 자재들에 묻어서 들어오는 해양 생물종(marine pest)이 많은 편이다. 특히 빗살해파리, 게, 독성을 띤 와편모조류(dinoflagellate), 조개류, 벌레, 그리고 오스트레일리아 남동 해안에만 서식하는 점박이 핸드피시를 멸종 위기에 빠뜨린 일본 불가사리 등이 주목해야 할 외래 해양 생물종이다. 이런 외래종들로 인한 피해와 외래종의 개체 수를 억제하는 데 매년 투입되는 비용은 경제적으로 막대하다. 구체적으로 말하면 토끼에 매년 수억 달러, 가축을 괴롭히는 파리와 진드기를 퇴치하는 데 6억 달러, 목초지의 응애를 퇴치하는 데 2억 달러, 그밖의 다른 해충을 박멸하는 데 25억 달러, 잡초를 제거하는 데 30억 달러 등이다.

희망과 변화의 조짐

요컨대 오스트레일리아는 환경적으로 무척 취약한 대륙이어서 온갖 방향에서 피해를 당하고 있으며, 그로 인한 경제적 비용도 막대하다. 이런 비용 중 일부는 회복 불가능할 정도로 훼손된 과거의 상처, 즉 토지의 황폐화, 토종의 멸종 등에서 비롯된다(다른 대륙보다 오스트레일리아에서 상대적으로 많은 종이 최근에 멸종되었다). 대부분의 훼손은 지금도 진행 중이고, 태즈메이니아의 원시림 벌채에서 보듯이 더 가속화되는 경향도 없지 않다. 게다가 염기를 띤 지하 강은 워낙에 느리게 흘러 앞으로도 수세기 동안 계속 확대될 것이기 때문에 훼손 과정을 실질적으로 중단시키기 불가능한 경우도 적지 않다. 문화적 가치관은 정부의 정책 못지않게 과거에 환경 훼손을 부추긴 원인이었지만 지금도 크게 변하지는 않았다. 예컨대 물 정책의 개혁에서 가장 큰 정치적 걸림돌은 '물 사용 허가권(관개를 위해 물을 끌어다 쓸 수 있는 권리)'에 관련된 문제이다. 이 허가권을 획득한 사람은 지불한 돈만큼 물을 실질적으로 소유할 수 있다고 생각하는 것은 당연하다. 하지만 허가권에서 인정한 수량의 총계가 정상적인 해에 사용 가능한 총수량을 초과하는 경우가 있기 때문에 허가받은 수량만큼 물을 끌어다 쓰는 것이 불가능하다.

비관적으로 생각하면, 냉정하게 생각하더라도 이런 모든 사실에서, 점점 악화되는 환경 탓에 오스트레일리아인들의 생활 수준도 어쩔 수 없이 떨어질 것이란 걸 충분히 예측할 수 있다. 물론 비관적인 사람들은 오스트레일리아가 이스터 섬처럼 인구 충돌과 정치적 붕괴를 겪을 것이라 예측하고, 많은 정치인과 기업인은 지금과 같은 소비 수준과 인구 성장을 꾸준히 지속할 수 있을 것이라고 태평스레 진단하지만 이런 가능성은 거의 없는 듯하다. 어쨌든 현재와 같은 상태가 계속된다면 제1세계의 다른 국가들처럼 크게 다르지 않겠지만 오스트레일리아에 첫 시나리오가 좀더 일찍 닥칠 가능성이 크다.

다행히 희망의 징조가 보이기는 한다. 오스트레일리아 농부들의 가치관 변화, 민간 차원의 환경 운동, 혁신적인 정부 계획 등이다. 이런 변화들은 그린란드의 노르웨이 정착자들(제8장)에게 우리가 기대했던 변화였고, 한 사회에 깊이 뿌리박힌 핵심 가치들 중 어떤 가치가 그 사회의 생존에 필요하고 어떤 가치를 포기해야 하느냐를 결정하는 도전거리이기도 하다.

내가 40년 전 오스트레일리아를 처음 방문했을 때, 농부들이 미래 세대를 위한 땅을 훼손시키며 다른 사람들에게 피해를 입힌다는 비판에 "여긴 내 땅이다. 내가 무슨 짓을 하더라도 상관하지 마라. 내가 알아서 할 테니까!"라는 식으로 대응하는 농부들이 많았다. 물론 요즘에도 이런 가치관을 간혹 만나지만 과거에 비해 훨씬 줄었고, 주변의 반응도 냉담하다. 또한 환경적으로 파괴적인 규제(예컨대 토지 개간의 의무화)를 강요하고 환경 파괴적인 사업(예컨대 머리 강의 댐 건설과 오드 강 프로젝트)을 강행하던 정부의 시책에 수십 년 전에는 별다른 저항이 없었지만 요즘의 오스트레일리아 사람들은 유럽, 북아메리카 등의 민중처럼 환경 문제에 관심을 갖고 목소리를 높인다. 특히 토지 개간, 강변의 개발, 원시림에서의 벌채 등에 반대 여론이 높다. 내가 이 글을 쓰는 순간에도 사우스오스트레일리아 주 정부는 대중의 압력에 선거 공약까지 어기면서 머리 강을 원상회복시키는 데 필요한 3억 달러를 마련하기 위해서 새로운 세목(稅目)을 제정했다. 한편 웨스트오스트레일리아 주 정부는 원시림에서의 벌채를 단계적으로 축소하기로 결정했으며, 뉴사우스웨일스 주 정부와 농부들은 대규모 토지 개간을 중단하고 자원 관리의 효율성을 극대화하는 데 필요한 4억 600만 달러의 프로젝트에 합의했다. 역사적으로 오스트레일리아에서 가장 보수적인 퀸즐랜드 주 정부도 숲의 대규모 벌채 및 개간을 2006년까지는 완전히 중단하겠다는 계획을 연방 정부와 합동으로 발표했다. 40년 전에는 상상조차 할 수 없는 대책들이었다.

유권자들의 태도 변화에서도 희망의 징조가 엿보인다. 유권자의 태도 변화는 정부 정책의 변화로 이어질 수밖에 없기 때문이다. 농부들의 태도 변화도 분명한 희망의 징조이다. 농부들이 과거의 영농법을 계속 유지할 수 없을 뿐만 아니라, 과거처럼 농사를 지으면 자식에게 좋은 농지를 물려줄 수 없다는 사실을 깨달아가고 있기 때문이다. 제1장에서 소개한 몬태나의 농부들과 마찬가지로, 그들이 농부라는 힘든 직업을 기꺼이 택한 이유가 영농에서 얻은 작은 이익이 아니라 농사짓는 삶 자체였기 때문에 이런 변화는 오스트레일리아 농부들의 가슴에 상처를 줄 수 있다. 하지만 이런 태도 변화는 목양업자 빌 매킨토시와 내가 나누었던 대화에서도 분명히 찾아진다. 그는 1879년부터 대대로 물려받은 농장에서 토끼 굴을 일일이 찾아내 불도저로 밀어버리고 다이너마이트까지 터뜨렸던 사람이다. 그는 같은 언덕을 찍은 것이라며 1937년의 사진과 1999년의 사진을 내게 보여주었다. 1937년의 사진은 지나친 방목 탓에 초목이 거의 사라진 황무지와 다름없었지만 1999년의 사진에서 그 언덕은 초목이 완전히 되살아난 모습이었다. 매킨토시는 양 목장을 지속 가능한 방식으로 운영하려고 애썼다. 따라서 정부가 허용한 두수보다 낮춰서 양을 방목하고, 고기만을 생산하는 털 없는 양의 사육으로 전환을 모색하고 있다. 그러면 노동력도 덜 필요하고 방목장의 규모를 줄일 수도 있기 때문이다. 또한 잡초 문제를 해결하고 해로운 풀이 목초지에 확산되는 것을 막기 위한 한 방법으로 그는 '세포 방목법(cell grazing)'을 도입했다. 달리 말하면 양들이 한 목초지에서 맛있는 풀을 뜯어 먹고 나면 다음 목초지로 이동하는 방식이 아니라 양들이 맛있는 풀뿐만 아니라 맛없는 풀까지도 억지로 뜯어 먹게 하기 위해 한 목초지에 계속 남겨두는 방식이었다. 이런 식으로 그는 비용을 크게 절감시켰고, 상근 직원을 한 사람도 두지 않고 선글라스를 쓰고 이어폰을 귀에 뽑은 채 직접 오토바이를 몰고 다니면서 수천 마리나 되는 양을 이끌며 목장 전체를 관리하고 있다. 게다가 그는 장기적으로 목장 경영만으로는 한계에 부딪힐 것이라 생각하며, 관광객들에게 잠자리와 아침식사를 제공하는 간이 호텔과 같은 다른 소득원을 모색하고 있다.

최근에 크게 변한 정부 정책과 더불어 동료 농부들의 압력에 따라 방목률이 낮아지고 목초지의 조건은 개선되어가고 있다. 사우스오스트레일리아의 내륙에서는 정부가 방목에 적합한 땅을 농부들에게 42년간 임대해주지만 '방목위원회'라는 정부 기관이 14년마다 토지 상황을 평가한다. 조사 후에 초목 상황에서 개선의 여지가 보이지 않으면 방목률을 낮추고, 임차인이 토지를 부적절하게 관리했다면 임대를 철회한다. 한편 해안에서 가까운 땅은 현찰로 매매되거나 영구 임대되기 때문에 정부의 직접 관리가 불가능하다. 하지만 두 방향에서 간접적으로 관리할 수 있는 방법이 있다. 법적으로는 지주나 임차인은 토지를 올바로 관리해야 할 '주의 의무(duty of care)'가 있다. 법 집행의 첫 단계는 지역 농부조합이 개입해서 토지 상황을 감시하고 동료로서 개선을 요구하는 압력을 가하는 것이다. 이런 압력이 아무런 효과를 거두지 못하면 토질 관리위원이 개입하는 두 번째 단계가 시행된다. 빌 매킨토시는 자기 동네에서 지역 농부조합이나 토질 관리위원이 농부에게 양의 방목률을 줄이라고 명령하거나, 그 명령을 따르지 않은 농부의 토지를 몰수한 사례가 네 건이나 있었다고 내게 말해주었다.

환경 문제를 적극적으로 해결하려는 민간 분야의 혁신 운동을 나는 머리 강변에 위치한 '칼페럼 스테이션(Calperum Station)'에서 분명히 확인할 수 있었다. 1851년에 방목장으로 처음 임대된 이곳은 오스트레일리아 특유의 환경 문제에 부딪혔다. 즉 삼림 파괴, 여우, 쇠사슬이나 화전에 따른 토지 개간, 지나친 관개, 지나친 방목, 토끼, 염화, 잡초,

바람에 따른 침식 등으로 인해 불모지로 변해버렸다. 1993년 오스트레일리아 연방 정부와 시카고 동물학회가 이 땅을 사들였다. 특히 시카고 동물학회는 미국에 근거를 두고 있는데도 오스트레일리아 정부는 생태적으로 지속 가능한 토지 관리를 위해서 선구자적 정신으로 미국인들을 끌어들였다. 그 땅을 매입한 후 몇 년 동안, 정부 관리들은 상의하달식 관리법을 도입해서 지역 공동체 지원자들에게 일일이 지시를 내렸다. 하지만 지역 지원자들의 불만이 고조되자, 1998년 정부는 관리권을 민간 단체인 '오스트레일리아 풍경 연대'에 넘겼다. 풍경 연대는 400명의 지역 지원자를 모집해서 하의상달 방식으로 그 땅을 운영했다. 풍경 연대는 오스트레일리아에서 가장 큰 자선 기관으로 오스트레일리아의 황폐화된 농장을 복구하는 데 특별한 관심을 갖고 있는 '포터 재단'의 기부금으로 운영된다.

풍경 연대가 관리하는 칼페럼 스테이션에서, 지원자들은 각자 관심 있는 프로젝트에 뛰어들어 일했다. 이렇게 지원자들을 모집함으로써 풍경 연대는 정부가 제한된 예산으로 해낼 수 있는 일보다 훨씬 큰 일을 이루어낼 수 있었다. 게다가 칼페럼에서 훈련받은 지원자들은 다른 곳에서 시행되는 다른 보존 프로그램에 뛰어들어 각자의 역량을 발휘하고 있다. 내가 직접 보았던 프로젝트에서, 한 여성 지원자는 멸종 위기에 빠진 작은 캥거루 종(種)을 돌보며 개체 수를 늘리려고 혼신의 노력을 기울였다. 오스트레일리아에서 가장 해로운 외래종 중 하나인 여우를 독살시키는 데 전념하는 자원자도 있었다. 또한 사방에 문젯거리를 안겨주는 토끼를 박멸하는 데 몰두하는 자원자, 머리 강의 골칫거리인 잉어의 개체 수를 줄일 방법을 찾느라 분주한 자원자, 감귤나무를 괴롭히는 해충을 비화학적인 방법으로 제거할 방법을 모색하는 자원자, 말라붙은 호수를 복구하는 데 전념하는 자원자, 풀이 완전히 뜯겨져 헐벗은 땅에 풀을 다시 심는 데 몰두하는 자원자, 침식을 방지할 토종 야생화와 식물을 키워서 판매할 시장을 개척하는 자원자 등도 있었다. 그들의 상상력과 열정에 아낌없는 박수를 보내주고 싶다. 요즘에는 문자 그대로 수만에 이르는 민간 단체가 오스트레일리아에서 활동하고 있다. 예컨대 포터 재단의 포터 농지 계획에서 시작되어 독자적 조직으로 발전한 '랜드케어(Landcare)'는 자식 세대에게 부끄럽지 않은 농지를 물려주기 위해 노력하는 1만 5,000명의 농부들을 지원하고 있다.

이런 민간 단체의 활동에 자극되어 정부도 새롭게 탈바꿈했다. 오스트레일리아의 환경 문제가 심각하다는 인식이 확산되자 정부도 농업을 완전히 다른 시각에서 재고하기 시작했다. 앞으로 어떤 혁명적 계획들이 채택될 것인지 성급히 예단할 수는 없지만, 봉급을 받는 공무원들에게 그런 계획을 입안하라고 재촉하며 성과급까지 약속했다는 사실은 주목할 만하다. 이상향을 꿈꾸는 환경보호론자들보다는 "오스트레일리아가 현재의 농업 수준을 크게 해치지 않고도 경제적으로 더 살 수 있을까?"라는 문제로 끊임없이 고민하는 냉정한 경제학자들이 실질적인 제안들을 내놓고 있다.

이런 혁명적 재고가 가능할 수 있었던 이유는, 현재 농지로 사용되는 땅 중에서 극히 일부만이 생산적이고 지속 가능한 영농에 적합하다는 현실의 인식이었다. 오스트레일리아 토지 중 60퍼센트, 인간이 사용하는 물의 80퍼센트가 농업에 할애되고 있지만 오스트레일리아 경제에서 농업의 기여도는 점점 줄어들어 이제는 국민총생산(GNP)의 3퍼센트에도 미치지 못한다. 요컨대 별 가치가 있는 사업에 소중한 땅과 물의 막대한 부분을 할애하고 있는 셈이다. 게다가 농지의 99퍼센트가 오스트레일리아의 경제에 긍정적인 역할을 거의 하지 못한다는 사실도 놀라울 뿐이다. 실제로 농업의 총수익 중 약 80퍼센트가 0.8퍼센트 미만의 농지에서 거두어진다. 달리 말하면 실질적으로 모든 수익이 남서 지역의 한 귀퉁이, 애들레이드 부근의 남쪽 해안, 남동 지역의 한 귀퉁이, 그리고 퀸즐랜드의 동부에서 거두어진다. 이곳들은 화산 활동이나 융기로 인해 상대적으로 비옥한 편이고, 겨울비도 넉넉한 편이다. 그밖의 지역에서의 농업은 그야말로 '채굴'에 불과하다. 오스트레일리아의 경제에 아무런 보탬이 되지 않고 토양과 토종 식물이란 소중한 환경 자원을 원가 이하의 물, 세제 혜택, 무료 전화와 그밖의 기반 시설 이용이란 형태로 제공되는 정부의 보조를 얻어 현찰과 맞바꾸는 셈이다. 과연 오스트레일리아 납세자들의 돈으로 이처럼 무익하고 파괴적인 농업을 보조하는 것이 올바른 일일까?

오스트레일리아의 일부 농산물은 개인 소비자에게도 손해를 안겨준다. 예컨대 농축 오렌지 주스나 돼지고기와 같은 농산물을 해외에서 수입하면 소비자가 더 싼값에 구입할 수 있기 때문이다. 또한 '총비용 대 이익'이란 관점에서 계산하면 대부분의 농산물이 농부에게도 손해를 안겨준다. 달리 말하면 농가의 지출에서 현금 지출뿐만 아니라 농부의 노동력 가치까지 계산하면 오스트레일리아 농지 중 3분의 2(주로 양과 비육우를 사육하는 데 쓰이는 땅)가 농부에게 순손실을 안겨준다.

예를 들어 양모를 얻기 위해 양을 키우는 목양업자를 생각해보자. 오스트레일리아에서 목양업자의 평균 소득은 법정 최저임금보다 낮다. 따라서 그들은 빚에 시달린다. 건물 및 울타리 등 농가 시설의 가치는 점점 떨어진다. 그런 시설을 최적 상태로 유지할 돈이 부족하기 때문이다. 양모를 팔아서는 대출금의 이자도 감당하기 힘들 정도이다. 따라서 목양업자는 비농가 소득을 통해서 경제적으로 살아남을 수밖에 없다. 달리 말하면 간호사나 점원으로 일하거나, 간이 숙박시설을 운영하는 등 부업을 통해서 소득을 보충해야 한다. 실질소득은 없지만 농장일을 하겠다는 의지와 부업이 농업에 종사함으로써 상실하는 돈을 보충해주는 셈이다. 실제로 현재 농업에 종사하는 농부들은 다른 일을 하면 더 많은 돈을 벌 수도 있었지만 시골 생활을 동경하며 자란 까닭에 농업에서 손을 떼지 못하는 것이다. 몬태나에서 그렇듯이 오스트레일리아에서도, 농부들의 자식들이 부모에게 농지를 물려받아 농부의 길을 선택할 가능성은 거의 없는 듯하다. 게다가 현재 농부들 중에서도 29퍼센트만이 자식이 농장을 계속 운영해주기를 바라고 있을 뿐이다.

이처럼 오스트레일리아의 농업은 소비자에게나 농부에게나 비경제적인 산업이다. 그러면 오스트레일리아 전체에서 농업은 어떤 가치를 지닐까? 농업의 한 부분을 평가할 때, 그 부분에서 얻는 이익뿐만 아니라 그 비용이 경제 전체에 미치는 영향을 넓은 관점에서 고려해야 한다. 이렇게 넓은 관점에서 볼 때 세제 혜택, 가뭄 극복을 위한 지원, 조사, 조언, 농정 활동을 위한 서비스 등과 같은 형태로 농부들에게 제공되는 정부 보조가 넓은 의미의 비용에서 큰 몫을 차지한다. 실제로 이런 정부 지출이 오스트레일리아 농업의 명목 순이익에서 약 3분의 1을 차지한다. 한편 농업이 오스트레일리아 경제의 다른 부문들에 가하는 손실도 넓은 의미의 비용에서 큰 몫을 차지한다. 땅을 농지로 사용함으로써 그 땅을 다른 용도로 사용할 가능성이 상실되기 때문이다. 또한 농지로 사용된 땅이 관광, 조림, 어장, 오락 시설로 이용되는 다른 땅, 심지어 다른 농지의 가치를 떨어뜨릴 수 있기 때문이다. 예를 들어 설명해보자. 농지 개간에 따른 토양의 침식으로 오스트레일리아 최고의 관광명소라 할 수 있는 그레이트배리어리프가 훼손당하고 부분적으로 죽어가고 있다. 그러나 관광업은 이미 오스트레일리아에서 농업보다 훨씬 많은 외화를 벌어들이는 소득원이 되었다. 게다가 언덕 위에서 밀농사를 짓는 농부는 관개 시설을 이용해서 약간의 기간 동안 상당한 이익을 거두겠지만, 그로 인해 저지대에 위치한 더 넓은 땅을 염화시켜 영원한 불모지로 만들 수도 있다. 이처럼 그레이트배리어리프 인근의 육지를 개간한 농부나, 언덕 위에서 밀농사를 짓는 농부는 개인적으로 약간의 소득을 더 거둘 수 있겠지만 오스트레일리아 전체로 보아서는 큰 손실이다.

비교적 최근에 뜨거운 논란거리로 부상한 문제는 퀸즐랜드 남부와 뉴사우스웨일스 북부, 즉 (뉴사우스웨일스의 남부와 사우스오스트레일리아의 곡창지대를 통해 바다로 흘러들어가는) 달링 강 지류들의 상류 지역에서, 그리고 〔에어 호(湖) 분지로 흘러들어가는〕 디아만티나 강의 상류 지역에서 대규모로 재배되는 목화이다. 좁은 관점에서 보면 목화는 오스트레일리아 농산물에서 밀 다음으로 중요한 수출품이다. 하지만 목화 재배는 정부가 저가로, 혹은 무료로 제공하는 관개 시설에 의존하고 있다. 게다가 목화 재배 지역은 한결같이 살충제, 제초제, 고엽제, 인산이나 질소를 다량 함유하고 있어 적조 현상을 유발하는 화학 비료를 수시로 사용해서 물을 오염시킨다. 특히 DDT와 같은 공해 물질은 쉽게 분해되지 않아 25년 전에 사용한 것이 환경에 잔존해 있을 수 있다. 이렇게 오염된 강의 하류에는 틈새 시장을 겨냥해서 화학 물질을 전혀 사용하지 않고 밀을 재배하고 비육우를 키우는 농부들이 있다. 이처럼 고생해서 생산해낸 유기 농산물이 목화 산업의 부작용 때문에 제값을 받지 못하자, 그들이 거칠게 항의하는 것은 당연한 귀결일 수 있다. 목화 산업이 목화 재배농에게는 큰 이익을 안겨주는 것은 부인할 수 없는 사실이다. 그러나 목화 재배가 오스트레일리아 전체에 이익인가, 손해인가를 정확히 평가하려면 정부가 보조하는 물, 다른 농가에 미치는 손해 등과 같은 간접 비용을 계산해야만 한다.

끝으로 오스트레일리아 농업이 배출하는 이산화탄소나 메탄과 같은 온실 가스를 따져보자. 이것은 오스트레일리아에서 아주 심각한 문제이다. 온실 가스가 주요 원인으로 여겨지는 지구 온난화로 인해 겨울비의 패턴이 달라지고 있기 때문이다. 사실상 겨울비는 남서부의 휘트벨트에서 재배되는 밀을 오스트레일리아 농산물에서 가장 경쟁력 있는 수출품으로 만들어주었다. 오스트레일리아 농업이 배출하는 이산화탄소가 자동차 및 모든 운송 수단이 배출하는 이산화탄소보다 많다. 게다가 소가 소화 과정에서 배출하는 메탄은 이산화탄소보다 20배나 강력한 힘으로 지구 온난화를 부추긴다. 따라서 오스트레일리아가 온실 가스 배출량을 획기적으로 줄일 수 있는 가장 간단한 방법은 소를 없애는 것이다!

이러저러한 획기적인 해결책이 제안되고 있지만 그런 제안들이 가까운 시일 내에 채택될 조짐은 거의 보이지 않는다. 만약 오스트레일리아 정부가 미래에 닥칠 문제를 예상해서, 즉 문제가 현실로 닥치기 전에 농업의 많은 부분을 단계적으로 축소하기로 결심한다면 현대 세계에서 '최초'로 용기 있는 결단을 내린 정부가 될 것이다. 그러나 이런 제안들이 있다는 자체만으로 큰 변화이다. 비유해서 말하면, '경마'에서 오스트레일리아는 기하급수적으로 말을 채찍질하고 있다. 채찍질은 말을 더 빨리 달리게 한다는 뜻이고, '기하급수적인 채찍질'은 핵 연쇄 반응 식으로 채찍질한다는 뜻이다. 즉 동일한 시간 폭에서 그 속도가 4, 8, 16, 32 …… 식으로 2배로 빨라진다는 뜻이다. 다른 세계와 마찬가지로 오스트레일리아에서도 환경 문제는 기하급수적으로 빨라지고 있다. 하지만 환경에 대한 대중의 인식, 그리고 민간 단체와 정부의 대책도 기하급수적으로 빨라지고 있다. 어떤 말이 경주에서 승리를 거둘까? 이 책을 읽는 독자가 아직 젊다면, 그리고 장수를 누린다면 그 결과를 볼 수 있으리라.

4
지구의 미래를 위하여

제14장

마지막 나무를 베었던 사람은 무슨 생각을 했을까?:

한 사회가 붕괴하는 까닭

성공을 위한 로드맵

교육은 서로 다른 역할을 맡은 두 집단이 만들어가는 과정이라고 말할 수 있다. 즉 교사는 학생에게 지식을 전해주고 학생은 교사에게 지식을 전달받는 과정이다. 하지만 열린 마음을 가진 교사라면 누구나 알고 있듯이, 교육은 학생이 교사의 가정에 도전함으로써, 또 교사가 미처 생각하지 못한 의문을 제기함으로써 결과적으로 교사에게 지식을 더할 기회를 주는 과정이기도 하다. 호기심에 불타는 UCLA 대학생들에게 사회가 어떻게 환경 문제를 극복하는가를 가르친 강의에서 나는 최근까지도 이런 교육의 의미를 재확인할 수 있었다. 사실 그 강의는 이 책이 다루고자 하는 주제의 예비 과정에 해당했으며, 당시 책을 어떻게 구성할 것인지 고민하고 있던 나는 신선한 자극을 받아 많은 변화를 꾀할 수 있게 되었던 것이다.

수업 소개 후 첫 강의 시간에 다루었던 내용은 제2장에서 다룬 바 있는 이스터 섬의 붕괴에 관한 것이었다. 강의가 끝나고 열린 토론회에서 한 학생의 언뜻 간단해 보이는 질문이 나머지 학생들을 매우 당혹스럽게 만들었는데, 사실 그 질문이 함축하고 있는 복합성에 대해서는 나도 미처 생각해본 바가 없었다. 그 질문의 내용은 이랬다. 즉, 어떻게 한 사회가 전적으로 의지하고 있던 나무들을 모조리 베어내는 재앙과 같은 결정을 내릴 수 있는가 하는 점이었다. 한 학생은 마지막 야자나무를 베었던 섬사람이 그 나무를 베며 과연 무슨 말을 했으리라 생각되느냐고 내게 물어왔다. 이후 수업 시간을 통해 내가 연속적으로 다루었던 사회들에 대해서도 학생들은 똑같은 질문을 던졌다. 학생들은 다음과 같은 관련 질문도 제기했다. 사람들이 얼마나 자주 생태계에 고의적인 피해를 입혔을까? 혹은 그 행위가 가져올 결과에 대해 최소한 예견은 했을까? 아니면 사람들은 얼마나 자주 사실은 별 의도 없이 무지한 상태에서 생태계에 피해를 입혔을까? 학생들은 또—만약 지금으로부터 수백 년 뒤에도 인류가 살아남아 있다면—다음 세기에 살게 될 사람들이 오늘날 우리가 가진 무지함에 대해 마치 지금의 우리가 이스터 섬 사람들의 무지함에 대해 놀라듯이 똑같이 놀라지는 않을까 궁금해했다.

과거에 존재했던 사회들이 왜 재앙과도 같은 결정을 내려 자신들을 파괴하고 결국 종말을 맞이했는지에 대해서는 UCLA 학생들뿐만 아니라 역사 전문가와 고고학자들 역시 의문을 던지며 놀라워하고 있다. 한 사회의 붕괴를 둘러싼 문제에 대해서 가장 많이 인용되는 책은 아마도 고고학자 조지프 테인터(Joseph Tainter)가 쓴 『문명의 붕괴 *The Collapse of Complex Societies*』일 것이다. 고대 사회의 붕괴를 설명하는 다양한 가설들을 평가하면서 테인터는 고대 사회가 환경 자원의 고갈로 붕괴했으리라는 가설에 대해 회의적이었다. 선험적으로 그에게 와 닿지 않았기 때문이다. 그의 설명은 이렇다. "이런 견해가 타당성을 가지려면 그 사회가 점점 다가오는 쇠약성에 대해 아무런 대응 조치도 취하지 않고 그저 앉아서 지켜보기만 했다고 가정해야 한다. 여기에 문제의 어려움이 있다. 문명 사회는 중앙집권적인 의사결정 체계, 높은 정보 흐름, 각 부분의 탁월한 통합, 명령을 내리는 공식적인 채널의 존재, 자원의 공동 이용 등을 그 특징으로 한다. 이런 구조로 인해 문명 사회는, 고의적인 목적이 있지 않는 한, 생산성 면에서의 변동과 결함에 대항할 수 있는 능력을 지니고 있는 것으로 보인다. 행정 조직과 노동력 및 자원을 배분할 수 있는 능력을 갖추고 있는 문명 사회로서는 열악한 환경 자원 문제를 다루는 일이야말로 그리 어렵지 않게 역량을 발휘할 수 있는 분야 중 하나일 것이다. 그런 문명 사회가 실제 문제에 부딪혔을 때 이를 해결할 수 있는 능력을 갖추고 있음에도 불구하고 붕괴하고 말았다는 것은 참으로 기이한 일이다. 자원 토대가 악화되고 있다는 징후가 문명 사회 구성원들이나 행정 관료들에게 분명하게 보였다면 문제 해결을 위해 뭔가 합리적인 조치를 취했으리라고 가정하는 것이 당연하다. 그 외의 다른 가정들, 예를 들어 재앙에 직면해서도 게으름에 빠져 있었다는 등의 설명은 사실 대안으로 제시하기에는 너무나 비약적이라 하지 않을 수 없다."

다시 말해 테인터는 문명 사회가 자신들의 환경 자원을 관리하는 데 실패하여 붕괴하지는 않았을 것이라고 추론하고 있는 것이다. 하지만 이 책에서 논의된 모든 경우를 살펴보면 정확히 그와 같은 실패가 반복적으로 일어났음을 알 수 있다. 그렇다면 어떻게 많은 사회에서 그처럼 좋지 않은 결정이 내려졌을까?

조지프 테인터가 그랬듯이 UCLA 학생들도 당혹스런 현상을 발견했다. 다시 말해 사회 전체, 혹은 특정 그룹이 집단 의사결정 과정에서 실패를 했던 것이다. 이는 물론 개인적인 의사결정의 실패 문제와도 관련성이 있다. 개인 역시 좋지 않은 결정을 내린다. 잘못된 결혼을 하기도 하고, 수익이 없는 투자를 단행하기도 하며, 업무 분야에서 훌륭한 경력을 쌓지 못하는 선택을 내리기도 하면서 일을 꼬이게 만들어버리고 만다. 하지만 실패한 집단 의사결정 과정에서는 한 집단 구성원끼리의 이해관계 충돌이나 집단 사이의 역학관계 같은, 개인적 의사결정 과정에서는 찾아볼 수 없는 요소가 개입하게 된다. 바로 이런 점 때문에 모든 상황을 만족시킬 수 있는 단일한 답을 찾아내기가 어려워지는 것이다.

이런 이유로 나는 집단 의사결정을 실패하게 만드는 변수에 관해 하나의 로드맵을 제시하고자 한다. 나는 이 변수를 약간은 그 경계가 애매한 네 가지 카테고리로 분류할 것이다. 무엇보다 한 집단은 실제 문제가 발생하기 전에 그 문제를 예측하는 데 실패했을 가능성이 있다. 둘째, 실제 문제가 발생했는데도 한 집단이 이를 인지하는 데 실패했을 가능성이 있다. 세 번째, 혹 감지했다 하더라도 이를 해결하려는 시도에 실패했을 가능성이 있다. 마지막으로 문제 해결을 시도하기는 했지만 성공하지 못했을 가능성이 있다. 해결책 마련에 실패한 한 사회의 붕괴 이유를 논하는 것은 우울한 일일 수 있지만 사실 이는 동전의 양면으로 성공적인 의사결정 과정을 다루는 것이라고 보아도 무방하다. 한 집단이 잘못된 결정을 내리는 이유를 알게 된다면 거기서 얻어진 지식을 토대로 좋은 결정을 내리는 데 도움이 되는 일종의 체크리스트를 만들 수 있기 때문이다.

예측의 실패

첫 번째로 다룰 내용은 어떤 이유에서든지, 실제 문제가 현실로 나타나기 전에 한 집단이 이를 예측하는 데 실패하여 재앙과도 같은 결정을 내렸다는 가정이다. 먼저 예전에는 그런 문제를 겪어본 적이 없었기 때문에 민감하게 반응하지 못했을 가능성이 있다.

가장 좋은 예는 1800년대에 영국 식민주의자들이 영국의 여우와 토끼를 오스트레일리아로 들여감으로써 일대 혼란을 야기했던 사건을 들 수 있다. 이 두 종은 외래종으로서 오스트레일리아 생태계에 막대한 영향을 끼쳐 재앙과도 같은 결과를 초래했다. 두 종의 도입이 더 비극적인 이유는 생태계 파괴가, 건초를 수송할 때 작은 씨앗이 우연히 끼어들어 유해한 잡초가 들어오듯이 우연으로 생긴 것이 아니라, 고의적으로 많은 노력을 기울인 결과라는 데 있다. 여우는 여우에 대한 진화론적 경험이 전혀 없었던 오스트레일리아의 포유동물들을 먹어치우며 많은 종들을 없애버리기 시작했다. 또 토끼는 양과 소의 사료로 쓰여야 할 식물을 대거 소비하면서 다른 초식 동물들과의 경쟁에서 앞서나갔으며 또 오스트레일리아가 원산지인 초식 동물들의 근거지 역시 갉아먹기 시작했다.

소 잃고 외양간 고치는 격이지만 이제 우리는 오스트레일리아에 두 외래 포유동물을 고의적으로 퍼뜨린 식민주의자들의 행위를 매우 어리석은 짓으로 여기게 되었다. 두 종을 통제하기 위해 쏟아부은 비용만 해도 수십억 달러에 달하기 때문이다. 우리는 오늘날 다른 많은 예를 통해서도 외래종의 도입이 뜻하지 않게 큰 손해를 끼칠 수 있음을 인지하게 되었다. 오스트레일리아나 미국을 방문할 때 이민국 직원이 대뜸 식물이나 씨앗, 혹은 동물을 소지하고 있느냐고 당신에게 묻는 것도 혹시라도 밖으로 유출되어 널리 퍼지지 못하도록 막기 위해서이다. 많은 경험을 통해 이제 우리는 새로운 종의 도입에 따른 잠재적 위험을 (항상 그렇지는 않지만) 최소한 예측할 수 있게 되었다. 하지만 도입된 어떤 종이 실제 정착에 성공할 수 있을 것인지, 정착에 성공한 종이 과연 그 지역에 재앙과도 같은 결과를 낳을 것인지, 그리고 왜 같은 종이 지역에 따라 정착에 성공하기도 하고 그렇지 못하는지를 예측하기란 생태계 전문가에게도 쉬운 일이 아니다. 따라서 20세기의 재앙을 경험하지 못했던 19세기 오스트레일리아인들이 토끼와 여우가 가져올 효과를 예측하지 못했던 것은 어쩌면 그리 놀랄 만한 일이 아니라고 하겠다.

이 책에서도 경험이 없어 문제를 예견하는 데 실패했으리라고 짐작되는 다른 사회의 예를 살펴본 바 있다. 해마의 상아를 유럽에 수출하기 위해 해마 사냥에 과도하게 투자했던 노르웨이령 그린란드는 십자군 전쟁으로 아시아 및 아프리카 코끼리 상아에 접근할 수 있는 유럽의 통로가 다시 열리리라는 사실을, 혹은 빙산이 증가하여 유럽으로의 선박 교통이 방해받음으로써 해마 상아 시장이 사멸되리라는 사실을 예측할 수 없었다. 비슷한 맥락에서 토양학자가 아니었던 코판의 마야인들은 산림의 벌채화가 토양의 침식을 가져와 경사에 있던 흙을 계곡 아래로 쓸어가고 말 것이라는 사실을 예측할 수 없었다.

하지만 예전 경험이 이제는 기억나지 않을 정도로 매우 오래전에 일어났다면, 이전에 경험을 했다 하더라도 그 사회가 반드시 문제점을 예측할 수 있는 것은 아니다. 이는 특히 과거에 일어났던 일을 세세히 기록해 보전할 수 있는 문자를 가진 사회보다 문자를 가지지 못한 사회에서 문제가 된다. 입으로 구전되는 내용은 글을 통한 정보에 비해 그 제약성이 더 뚜렷하기 때문이다. 예를 들어 제4장에서 논의한 바 있던 차코캐니언의 아나사지 사회는 12세기의 대가뭄에 굴복하기 전에 사실 여러 번의 가뭄을 견뎌냈었다. 하지만 초기에 겪었던 가뭄은 큰 가뭄을 당했던 아나사지인들이 태어나기 훨씬 오래전에 일어났고, 더구나 문자가 없었기 때문에 당시 아나사지인들이 큰 가뭄을 예측하기는 힘들었다. 9세기에 가뭄을 겪었던 고전 마야인들 역시 이미 수세기 전에 가뭄을 경험한 바 있었다(제5장 참조). 이 경우 비록 마야인들은 문자를 가지고 있었지만 문자로 기록된 내용들이 날씨에 관한 것이라기보다는 왕들의 행적이나 천문에 관한 것들이 주를 이루었기 때문에 3세기에 있었던 가뭄이 9세기에 닥친 가뭄을 예측하는 데 별로 도움이 되지 않았다.

하지만 문자가 보편화되어 있고, 왕이나 행성 이외의 다른 사건도 기록하는 현대 사회라고 해서 항상 이전의 경험으로부터 교훈을 얻는 것은 아니다. 우리 역시 뭔가를 잘 잊어버리는 경향이 있다. 1973년 중동 오일 사태 발생 후 약 1~2년 동안 미국인들은 휘발유를 많이 소비하는 차를 멀리했지만 이제는 그 사실을 까마득히 잊어버리고 SUV(sport-utility vehicle) 차량을 앞다투어 사고 있다. 1973년의 오일 사태에 관한 글이 엄청나게 많은데도 말이다. 1950년대에 극심한 가뭄을 겪었던 애리조나 주의 투손(Tucson) 시 주민들은 물을 더 효율적으로 사용하겠다고 다짐했지만 물을 대량으로 소비하는 골프장을 건설하는 등 이전 습관으로 다시 돌아왔다.

한 사회가 문제 예측에 실패하는 또 다른 이유는 잘못된 유추를 했을 경우이다. 낯선 상황에 놓이게 되면 우린 이전의 익숙한 상황으로부터 유사점을 도출해내려고 애쓴다. 만약 이전과 현재 상황 사이에 진실로 유사성이 있다면 훌륭한 대처법이 될 수 있지만 표면적으로만 같을 뿐 본질은 다른 경우라면 위험한 대처가 될 수 있다. 예를 들어 870년경부터 아이슬란드로 이주하기 시작한 바이킹들의 고향은 빙하로 형성된 묵직하고 찰진 흙을 가진 노르웨이와 영국이었다. 노르웨이와 영국에서는 흙을 덮고 있는 초목이 제거되더라도 흙이 무겁기 때문에 날아가지 않는다. 노르웨이와 영국에서 익숙히 봐왔던 같은 종의 나무들을 아이슬란드에서도 보게 된 바이킹 정착민들은 눈에 비치는 풍경이 고향과 그리 다르지 않았으므로 토양도 비슷할 것이라고 생각할 수밖에 없었다(제6장 참조). 하지만 불행히도 아이슬란드의 토양은 빙하로 인한 마찰로 생긴 흙이 아니었다. 화산 폭발로 생긴 가벼운 화산재가 바람에 실려와 만들어진 흙이었던 것이다. 따라서 바이킹족이 가축 사육을 위한 목장을 만들기 위해 아이슬란드의 숲을 없애버리자 가벼운 흙이 노출되면서 다시 바람에 날아가버렸고 아이슬란드의 표토는 곧 침식되었다.

현대사에서 비극적인 동시에 유명한 잘못된 유추의 예는 제2차 세계대전을 준비했던 프랑스 군부를 들 수 있다. 제1차 세계대전이라는 참화를 겪고 나서 프랑스는 또다시 있을지도 모르는 독일의 침략으로부터 자국을 보호해야 할 필요성을 절실히 깨달았다. 하지만 불행히도 프랑스군은 다음 전쟁 역시 독일군과 프랑스군이 4년간 교착 상태에 빠졌던 서부전선의 참호 전투처럼 제1차 세계대전과 양상이 비슷할 것으로 가정하고 말았다. 공들여 철통 같은 참호를 준비한 프랑스 수비군은 제1차 세계대전에서 적의 보병 공격을 물리칠 수 있었다. 이에 프랑스는 독일군의 공격에 대비하고자 동부전선에 마지노선 같은 정교하고 값비싼 진지를 구축했다. 하지만 제1차 세계대전에서 패배했던 독일군은 다른 전략을 절실히 필요로 하고 있었다. 우선 공격의 첨병으로 보병이 아닌 탱크를 앞세웠고 탱크를 몇 개 부대로 나누어 진격함으로써 이전에는 탱크 기동에 적합하지 않다고 여겼던 숲 지역을 지나 마지노 선을 돌파했던 것이다. 프랑스는 6주 만에 함락되었다. 이처럼 제1차 세계대전 후 프랑스 장군들은 잘못된 유추를 함으로써 흔한 실수를 저지르고 말았다. 다가오는 전쟁을 준비하는 장군들은, 특히 이전에 있었던 전쟁에서 승리했다면 더욱더, 다가올 전쟁이 이전의 전쟁과 유사하다고 가정하기 쉽다.

과거와 미래에 대한 인식의 실패

로드맵의 두 번째 항목은 문제가 생기기 전 이를 예측했느냐 못했느냐에 상관없이 실제 발생한 문제를 인지하는 데 성공했느냐 못했느냐이다. 발생한 문제를 인지하는 데 실패하는 이유로 최소한 세 가지를 들 수 있는데, 이는 기업이나 학문의 세계에도 공통적으로 적용할 수 있다.

먼저 말 그대로 어떤 문제의 근원을 아예 감지조차 할 수 없는 경우이다. 예를 들어 토양 비옥도와 직접적으로 관련 있는 영양분은 사람의 눈에는 보이지 않으며, 현대에 들어와서야 화학적 분석을 통해 측정이 가능해졌다. 오스트레일리아, 망가레바, 미 남서부 일부 지역, 기타 다른 많은 지역의 흙에 담겨 있던 대부분의 영양분들은 인간이 정착하기 전에 비로 이미 쓸려나가버린 상태였다. 인간이 정착해 농작물을 재배하기 시작하자 농작물이 그나마 남아 있던 영양분을 모두 소비해버려 농경은 실패할 수밖에 없었다. 하지만 이처럼 빈약한 영양분을 가진 토양의 경우에도 생태계 대부분의 영양분은 척박한 토양에서 서식하는 초목에 포함되어 있다. 그러므로 이 초목이 잘려나가고 나면 영양분도 함께 사라지는 것이다. 오스트레일리아와 망가레바에 도착한 정착민들이 토양에 영양분이 소진되고 없다는 사실을 인식하기란 불가능했다. 마찬가지로 땅속 깊은 곳에 소금이 있는 지역(동부 몬태나와 오스트레일리아 일부 지역, 그리고 메소포타미아 지역)의 농민이 염류화가 진행되고 있음을 인식하기란, 또 황철광에 있는 광부들이 흐르는 물 속에 유독성 구리와 산(酸)이 이미 용해되어 있음을 인식하기란 불가능했다.

발생한 위기를 인식하는 데 실패하는 또 하나의 주요 이유로 거대 사회나 거대 기업에서도 잠재적으로 문제가 되고 있는 원격 관리를 들 수 있다. 예를 들어 몬태나의 가장 큰 지주나 목재 회사는 몬태나 주에 있는 것이 아니라 약 640킬로미터 정도 떨어져 있는 워싱턴 주의 시애틀에 위치하고 있다. 현장에서 멀리 떨어져 있는 회사 중역들은 자신들이 소유한 산림 지역에 잡초가 무성히 자라나고 있다는 문제점을 깨닫지 못할 가능성이 크다. 한때 대학에서 학생회장을 지냈던 내 친구는 주기적으로 학교 농구장에서 다른 학생들과 농구하며 동료들이 어떤 생각을 하는지 항상 확인하곤 했다. 마찬가지로 제대로 된 회사라면 정기적으로 관리자들을 현장에 보내 실제 무슨 일이 일어나고 있는지 확인함으로써 장래에 닥칠지도 모를 곤란한 상황을 피해야 한다. 원격 관리로 인한 실패의 반대 사례가 현장 관리를 통한 성공이다. 작은 섬을 가진 티코피아인과 계곡에 살았던 뉴기니 고원지대 사람들이 자원을 1,000년 이상 성공적으로 관리해올 수 있었던 이유 중 하나는 섬, 혹은 계곡에 사는 사람들 모두가 자신들이 의존하고 있는 전 영토를 잘 알고 있었기 때문이다.

한 사회가 문제를 인지하는 데 실패하는 가장 흔한 상황은 위기 상황이 느린 형태로 진행되는데다 기복의 변화 폭이 넓어 쉽게 알아차리기 힘들 때이다. 현재 여기에 가장 잘 들어맞는 경우가 온난화 현상이다. 온난화 현상은 대개 인간 활동에 따른 대기 변화이며, 지난 수십 년간에 걸쳐 전세계 온도가 조금씩 상승해왔음을 우리는 이제야 깨닫고 있다. 하지만 그렇다고 세계 기온이 매년 0.01도씩 상승해온 것은 아니다. 대신 모두 인지하고 있는 바와 같이 해마다 불규칙한 상승과 하강을 반복해 보여주고 있다. 예를 들어 어떤 여름에는 전해에 비해 3도가 높았다가 다음 해에는 2도가 높고, 또 그 다음 해에는 4도가 내려갔다가 다음 해에는 몇 도 내려가고, 그 다음 해에는 또 5도가 올라가는 식이다. 이와 같이 변동 폭이 크고 불규칙했으므로 결과적으로 매년 평균적으로 약 0.01도씩 상승해왔다는 사실을 알아차릴 수 있기까지는 오랜 시간이 걸릴 수밖에 없었다. 바로 이런 이유 때문에 대부분의 기상학자들이 과거 지구 온난화 현실에 대해 회의적이었으며, 이를 확신하게 된 것은 불과 몇 년 전이었다. 지금 내가 글을 쓰고 있는 바로 이 순간에도 부시 미국 대통령은 현실을 확신하지 못해 더 많은 연구 조사가 필요하다고 생각하고 있다. 온난화 현상과 유사하게 중세 그린란드 사람들도 기후가 조금씩 낮아지고 있음을, 또 마야나 아나사지 사람들은 자신들의 땅이 조금씩 메말라가고 있음을 인지하는 데 어려움을 겪었다.

불규칙한 변동으로 인해 느리게 진행되고 있는 변화가 잘 드러나지 않는 현상을 정치학자들은 '잠행성 정상 상태(creeping normalcy)'라고 부른다. 경제 문제, 교육 문제, 교통 체증 문제, 혹은 그 어떤 문제가 매우 천천히 악화되고 있을 경우 한 해의 평균 수준이 그 전해에 비해 아주 약간 낮아졌다는 사실을 깨닫기 힘들며, 따라서 미세하지만 한 사람이 정상(normalcy)이라고 생각하는 기준도 매년 조금씩 변동하게 된다. 이와 같은 변화는 사람들이 깨닫는 순간까지 수십 년간 계속 진행되어 어느 순간 몇십 년 전에는 지금보다 훨씬 나은 상태였으며, 현재 정상으로 받아들여지고 있는 상태가 사실은 악화된 상태임을 알게 되고는 갑자기 놀라게 되는 것이다.

'잠행성 정상 상태'와 관련 있는 또 다른 용어는 '풍경 기억 상실(landscape amnesia)'이다. 이는 변화가 매년 매우 느리게 진행됨으로써 50년 전의 풍경이 지금과는 얼마나 달랐는지 깨닫지 못하는 현상을 말한다. 지구 온난화로 인한 몬태나 빙하 및 설원의 용해 현상을 그 예로 들 수 있다. 나는 10대 때인 1953년과 1956년의 여름을 몬태나의 빅홀베이슨에서 보냈으며, 이후 이곳을 1998년부터 매년 다시 방문하게 되기까지 42년간 한 번도 들르지 않았다. 그동안 생생하게 남아 있던 빅홀베이슨에 대한 내 10대 시절의 추억은 한여름에도 저 멀리 산꼭대기를 덮고 있던 눈이었다. 베이슨을 감싸고 있던 하얀 띠는 하늘에 낮게 깔려 있었으며, 주말 캠핑을 떠났던 나와 두 친구는 마법과도 같은 눈의 띠를 헤치며 베이슨을 기어올라갔던 것이다. 하지만 지난 42년간 불규칙한 기온 변동으로 인해 여름 눈은 조금씩 사라져버렸다. 1998년 빅홀베이슨으로 돌아온 나는 그 하얀 띠가 거의 사라졌음을 알고 매우 놀랐고 또 슬펐다. 2001년과 2003년에 이르자 눈은 거의 녹아 없어져버리고 말았다. 몬태나에 살고 있는 친구들에게 왜 그토록 변했는지 물었지만 친구들은 거의 인지하지 못하고 있었다. 그들은 자신들도 모르게 올해의 눈을 전해의 눈과 비교하고 있었던 것이다. '잠행성 정상 상태'와 '풍경 기억 상실'로 인해 친구들은 1950년대에는 베이슨의 상태가 어땠는지 나보다 더 알아차리기 힘들었다. 너무 늦은 시점이 되어서야 사람들이 문제점을 알아차리게 되는 주된 이유도 바로 여기에 있다.

나는 풍경 기억 상실이 UCLA 학생들의 질문, 즉 "마지막 야자나무를 베었던 섬사람이 나무를 베면서 과연 무슨 말을 했을까?"에 대해 일부 답변이 되었다고 생각한다. 우리는 무의식적으로 갑작스런 변화만을 상상한다. 즉 1년 전만 하더라도 섬에는 와인이나 과일, 운송 수단 및 가옥용 목재를 제공했던 키 큰 야자나무로 덮여 있었지만 그 다음 해에는 오직 한 그루의 나무만 남아 있고, 그 한 그루의 나무마저 섬사람들은 마치 자멸하듯이 이해할 수 없는 어리석음으로 베어냈다고 상상하는 것이다. 하지만 섬사람들은 매년 일어났던 숲의 변화를 알아차리지 못했을 가능성이 매우 크다. 올해에 우리가 몇 그루의 나무를 베어냈다 하더라도 묘목들은 버려진 땅에서 다시 자라나고 있기 때문이다. 오직 수십 년 전 어린 시절의 풍경을 회상할 수 있는 나이든 섬사람들만이 그 차이를 인식할 수 있다. 열일곱 살 된 아들에게 40년 전의 LA가 어떤 상태였는지 나와 아내가 아무리 얘기해도 아들이 잘 이해하지 못하는 것처럼 나이든 섬사람의 자녀 역시 무성한 숲을 얘기하는 부모의 말을 이해할 수 없었을 것이다. 이스터 섬의 나무들은 점차 줄어들었고 작아졌으며 그리 중요하지 않게 되었다. 열매를 맺었던 마지막 야자나무가 베어질 때 그 수종(樹種)은 이미 오래전에 경제적으로는 거의 아무런 의미도 지니지 못한 존재였다. 그 수종은 매년 더 작은 묘목들만을 남겼으며, 묘목들 역시 다른 덤불이나 작은 나무들처럼 매년 베어져나갔다. 따라서 마지막 야자나무가 베어졌다는 사실을 알아챈 사람은 아무도 없었을 것이다. 수세기 전의 귀중한 야자나무에 대한 추억은 아마 그때쯤에는 풍경 기억 상실로 사라져버리고 없었을 것이다. 이와는 반대로 도쿠가와 시대 초기의 경우 벌채 현상이 빠른 속도로 진행되었기 때문에 쇼군이 변화된 경관을 인식하기가 수월했고 따라서 필요한 예방 조치를 취할 수 있었다.

합리적이지만 잘못된 나쁜 행위

로드맵의 세 번째 항목은 가장 빈번하게 일어나는 가장 놀라운 현상으로 매우 다양한 형태를 띠고 있기에 가장 긴 논의를 필요로 한다. 즉 조지프 테인터를 비롯해 거의 모든 사람들이 예측했던 바와는 달리, 일단 문제를 인지하는 데 성공한 사회라고 하더라도 문제 해결 시도에서조차 자주 실패하는 것으로 드러났기 때문이다.

이와 같은 실패의 주된 이유는 경제학 및 사회과학의 용어로 이른바 이해관계의 충돌에서 일어나는 '합리적인 행위(rational behavior)'란 표현으로 요약될 수 있다. 다시 말해 타인에게 해가 되는 행위를 함으로써 자신들의 이익을 증대시킬 수 있다고 합리적으로 판단하는 사람들이 있다는 것이다. 비록 도덕적으로는 비난받을 만하다고 하더라도 정확한 추론이 이 판단의 밑바탕을 이루고 있기 때문에 과학자들은 이런 행위에 정확히 '합리적'이라는 형용사를 붙였다. 이런 행위를 하는 자들은 자신들의 행동을 처벌할 법이 없기 때문에, 혹 있다 하더라도 실질적으로 별 영향을 받지 않기 때문에 자신들의 나쁜 행동이 그냥 묵인된다는 사실을 잘 알고 있다. 또 가해자들은 자신들이 안전하다고 느낀다. 왜냐하면 가해자는 (인원 면에서) 그 숫자가 적으면서 크고 분명한 즉각적인 이득을 취할 수 있어 동기 부여가 큰 데 비해, 피해자들은 다수인데다 손실이 골고루 퍼져 있어 피해 정도가 미약하게 느껴지므로 동기 부여가 약하기 때문이다. 피해자들의 경우 소수의 약탈을 저지하는 데 성공하더라도 그 이익이 작고, 불확실하며, 오랜 시간이 흐른 뒤에야 이득을 볼 수 있어 가해자와의 투쟁에 소극적일 수밖에 없다. 이에 해당하는 예로 이른바 '왜곡된 보조금(perverse subsidy)' 정책을 들 수 있다. 왜곡된 보조금 정책이란 보조금 없이는 경제성을 유지할 수 없는 산업, 이를테면 미국의 수산업, 사탕수수 산업, 오스트레일리아의 목화 산업(이 경우에는 정부가 관개 용수에 드는 비용을 부담하는 간접적인 보조금 지급 형식을 띤다)을 지탱하기 위해 정부에서 지불하는 큰 액수의 돈을 의미한다. 상대적으로 수가 적은 어부나 재배업자들은 자신들 수입의 대부분을 차지하는 보조금을 받기 위해 집요한 로비를 벌인다. 하지만 피해자들(납세자)의 목소리는 약하다. 자신이 내는 세금 중 단지 약간의 금액이 이 보조금에 충당되므로 별로 큰 손해를 보지 않는다고 생각하기 때문이다. 다수가 비용을 부담해 소수에게 혜택을 주는 대책은 특히 어떤 소수 집단에게 결정권(swing power)을 수여하는 특정한 형태의 민주주의 제도하에서 발생하기 쉽다. 타 상원의원과 동일한 권리를 가지는 작은 주(洲) 출신 미국 상원의원, 세력 균형자 역할을 하는 이스라엘의 군소 종교 정당이 그 예로 네덜란드 의회 시스템에서는 거의 찾아볼 수 없는 현상이다.

'합리적이지만 잘못된 나쁜 행위(rational bad behavior)'란 '나에겐 좋지만 너, 그리고 다른 모든 사람들에게는 해로운' 행위를 말한다. 쉽게 말해 '이기적'인 행위다. 간단한 예로 대부분의 몬태나 낚시꾼들은 송어를 잡는다. 그런데 창꼬치 낚시를 선호하는 소수의 낚시꾼들이 은밀히, 그리고 불법적으로 서부 몬태나 호수나 강에 창꼬치를 들여올 때

문제가 된다. 송어보다 다소 큰 몸집의 창꼬치는 원래 서식지가 서부 몬태나가 아닌데다 다른 물고기를 잡아먹는다. 따라서 몬태나에 들어온 창꼬치가 송어를 잡아먹어버리면 송어 낚시가 불가능해지는 것이다. 이는 소수의 창꼬치 낚시꾼한테는 좋은 일이지만 대다수의 송어 낚시꾼에게는 나쁜 일이 된다.

다수의 피해자와 큰 비용 손실을 가져왔던 또 다른 예는 1971년 이전의 몬태나 광산이다. 당시 몬태나 주에는 광산 회사가 문을 닫으면 광산을 깨끗이 정리해야 한다는 법률이 없었기 때문에 몬태나의 많은 광산 회사들이 광산을 닫자마자 바로 떠나버리곤 했다. 광산에 남아 있는 구리, 비소, 산이 강물로 흘러드는데도 이를 방치했던 것이다. 1971년이 되어서야 몬태나 주에서 관련 법률을 만들어 통과시켰지만 회사들은 가치 있는 광물을 다 뽑아낸 후 정작 청소 비용을 지불해야 할 때는 파산 선언을 해버렸다. 그 결과 5억 달러에 이르는 청소 비용을 몬태나 주 주민들이 고스란히 부담해야 했다. 반대로 법률의 허점을 정확히 인지한 미국 광산 회사의 최고 경영자들은 광산을 뒤죽박죽으로 해놓고 그 부담을 사회에 전가시키면 막대한 비용을 절약하고 보너스와 고임금을 통해 이익을 크게 가져갈 수 있음을 알아냈던 것이다. 다음 장에서 정부 규제, 법률, 그리고 대중의 태도가 허락하는 범위 내에서 수익을 내야 한다는 기업의 필요성이 어떤 결과를 가져오는지 다루어보도록 하겠다.

이해 충돌의 한 가지 특별한 형태는 '공유의 비극(tragedy of the commons)' 이란 이름으로 널리 알려져 있는데, 이는 '죄수의 딜레마(the prisoner's dilemma)' 혹은 '집단 행동의 논리(the logic of collective action)' 와 유사하다. 바다에서 고기를 잡는 어부나 공동 목초지에서 양을 방목하는 목동들처럼 공동으로 소유한 자원을 많은 소비자들이 이용하는 상황을 가정해보기로 하자. 만약 모든 이들이 자원을 과다하게 소비한다면, 즉 어부가 남획을 하거나 목동들이 너무 많은 풀을 양에게 뜯게 한다면 해당 자원이 고갈되어 결국 사라져버릴지도 모르며, 이는 모든 소비자에게 고통을 안겨주는 결과를 가져온다. 따라서 각 소비자가 절제를 발휘하여 과다 사용을 억제하는 것이 모든 소비자에게 이익을 안겨준다. 하지만 각 소비자가 가져갈 수 있는 자원의 최대량을 제한하는 등 효과적인 규제가 없다면 각 소비자는 당연히 이렇게 생각할 것이다. "내가 물고기를 잡지 않거나, 내 양에게 풀을 뜯어 먹게 하지 않는다면 다른 어부나 목동이 나 대신 가져갈 것이다. 그러므로 자제심을 발휘해봤자 내겐 아무런 의미가 없다." 따라서 비록 결과적으로 공유 자원이 파괴되어 모든 소비자에게 해가 될지라도, 다른 소비자가 가져가기 전에 자원을 소비하는 것이 합리적인 행위가 된다.

하지만 현실을 살펴보면 공유 자원이 과다하게 채취되어 파멸에 이르는 사회가 있는가 하면 수백 년, 아니 수천 년 동안 공유 자원을 보존해온 사회도 있다. 지난 5만 년 동안 바다의 섬과 대륙에 인간이 정착하기 시작하면서 남획으로 무너져간 대부분의 주요 어장들, 그리고 거대 동물상(대형 포유동물, 새, 파충류)의 멸종이 파멸의 예에 속한다면 몬태나의 송어 어장과 관개 수로 시스템처럼 아직까지 생태계가 유지되는 지역 어장, 숲, 수자원이 공유 자원을 성공적으로 보존해온 사례에 속한다. 이중 성공 사례의 이면에는 적절한 자원 채취를 허용하면서도 공유 자원을 보존할 수 있도록 기능했던 세 가지의 대안 장치가 있었다.

한 가지 분명한 해법은 벌채 면에서 도쿠가와 일본의 쇼군이나 다이묘, 안데스 산맥의 잉카 황제, 16세기 독일의 부유한 지주들이 조치를 취했던 것처럼, 소비자들의 요청에 관계없이 정부나 어떤 제3자가 개입하여 할당량을 강제로 부과하는 것이다. 하지만 이 방법은 어떤 상황〔예를 들어 공해(公海)〕에서는 실행이 불가능하며, 그렇지 않다 하더라도 과도한 행정 비용 및 정책 비용이 소요될 수 있다. 또 다른 하나의 방법은 자원을 사유화하는 것이다. 다시 말해 각 소비자들에게 공유 자원을 나누어줌으로써 이들이 자신의 이익을 추구하는 과정에서 현명한 방법으로 자원을 관리할 수 있도록 동기를 부여하는 방법이다. 이 방법은 도쿠가와 일본 시대에 숲을 소유하고 있던 몇몇 마을을 대상으로 적용된 바 있다. 하지만 이 경우에도 어떤 자원은 아예 나누기가 곤란하며(이리저리 옮겨다니는 동물, 물고기 등), 나눌 수 있다 하더라도 각 소유자들은 정부의 해안 경비대나 경찰보다 침입자를 배제하는 데 더 어려움을 겪을 것으로 예상된다.

공유의 비극을 막는 마지막 해결책은 소비자들이 자신들의 공동 이익을 인식해 스스로 현명한 자원 채취량을 설정하고, 준수하고, 강제하는 방법이다. 이런 방법은 다음과 같은 일련의 조건이 충족될 때 가능하다. 1) 소비자들이 동질적인 집단을 형성하고 있을 것, 2) 그 구성원들 사이에 신뢰가 있어 의사소통이 원활할 것, 3) 구성원 간에 공통의 미래를 공유할 수 있고 후계자에게 자원을 물려줄 수 있다고 예측할 수 있을 것, 4) 스스로 치안 조직을 구성할 수 있는 능력과 권한이 있을 것, 5) 소비자가 공유하는 자원의 경계가 잘 정의되어 있을 것. 제1장에서 말한 바 있는 관개를 위한 몬태나 수자원 이용 권리가 그 좋은 예이다. 비록 이런 권리의 할당이 법으로 명시되어 있기는 하지만 요즘 목장 주인들은 자신들이 뽑은 '수자원 위원(water commissioner)'의 권위에 복종하여 분쟁을 법원으로 가져가지 않는다. 자신의 자녀에게 자원을 물려줄 것을 고려하여 현명하게 자원을 관리하는 동질적인 집단의 예로는 티코피아 섬 주민들, 뉴기니 고원지대 사람들, 인도의 카스트 구성원, 기타 제9장에서 언급했던 다른 집단들을 들 수 있다. 아이슬란드인과 같은 소규모 집단, 그리고 도쿠가와 일본처럼 대규모 집단은 효과적인 고립 상태로 말미암아 더 쉽게 합의에 이를 수 있었다. 즉 이 집단들이 볼 때 예측 가능한 미래에도 자신들의 생존이 해당 자원에 달려 있다는 점은 불 보듯 명확했던 것이다. 따라서 이들에게 '이건 내 문제가 아니라 다른 사람의 문제'라는 방관자적인 태도는 끼어들 여지가 없었다.

주된 소비자는 자원 보존에 장기적인 이해관계가 없는 반면 사회 전체로는 장기적인 이해관계가 존재할 때 합리적 행위와 관련된 이해관계의 충돌이 일어나기 쉽다. 예를 들어 국제적인 벌채 회사는 열대우림 지역을 상업적으로 이용하고 있는데 이들은 한 나라의 일정 지역을 단기로 임대한 후 그 땅에 있는 모든 나무를 베어내고 다시 다른 국가로 이동한다. 벌채 회사들은 일단 임대료를 지불한 후에는 이식에 관한 어떤 협정도 무효로 하고 되도록 빨리 숲을 벌채한 후 떠나는 것이 자신들의 이익 극대화에 부합됨을 정확히 인지하고 있다. 이런 방법으로 벌채업자들은 과거 말레이 반도, 보르네오, 솔로몬 제도, 수마트라의 숲을 파괴했으며, 현재는 필리핀, 그리고 조만간 뉴기니, 아마존, 콩고 분지의 숲을 파괴할 것으로 보인다. 이처럼 벌채업자에게는 좋은 일이 숲이라는 자원을 잃고 그 결과 토양 침식과 하천 퇴적 현상으로 고통을 받는 지역 주민들에게는 나쁜 일이 된다. 또 생물 다양성, 그리고 지속가능한 벌채의 기초를 상실하게 되는 해당 국가에게도 전체적인 면에서 볼 때 나쁜 일이 된다. 하지만 단기 임대로 인한 이해관계의 충돌로 나타나는 결과는 벌채 회사가 한 지역을 소유했을 때 나타나는 결과와는 상반된다. 벌채 회사가 한 지역을 소유했을 경우 당연히 벌채 회사는 반복적인 벌채를 기대하게 마련이므로 장기적인 관점에서 자신들의 이익(물론 지역 주민과 해당 국가의 이익)을 생각하기 때문이다. 1920년대의 중국 농민들도 두 가지 형태의 군벌로부터 착취당했던 불이익을 비교해보면서 이와 유사한 경험을 했다. 다시 말해 한 지역과 깊은 관련을 가진 '붙박이 강도(stationary bandit)'는 미래의 더 많은 약탈을 위해 그 한 방법으로 최소한 농민들에게 풍부한 자원을 소유할 수 있도록 허락했다. 하지만 벌채 회사들처럼 단기적인 이해관계만 가지고 있는 '떠돌이 강도(roving bandit)'는 지역 농민들에게 일체의 자원을 허락하지 않았으며, 욕심을 채우고 나면 다른 지역의 농민을 약탈하기 위해 옮겨가버렸던 것이다.

합리적인 행위와 관련된 이해관계가 더 심각한 충돌을 일으키는 경우는 결정력을 쥐고 있는 권력 엘리트의 이해와 사회 나머지 계층의 이해가 충돌할 때이다. 특히 엘리트는 자신들의 행위로 인한 결과로부터 자신들을 보호할 수 있다면 다른 모든 사람들에게 해를 끼치더라도 자신들에게 이익이 되는 행위를 하게 될 가능성이 크다. 이와 같은 사례는 도미니카 공화국의 독재자 트루히요, 아이티의 지배계급을 통해 명백히 나타난 바 있으며, 울타리를 친 대저택에서 생수를 마시며 살아가는 부자들이 증가하고 있는 현대 미국에서도 이런 현상이 점점 빈번히 나타나고 있다. 예를 들어 엔론(Enron) 회사의 경영진들은 결과적으로는 주주들에게 해가 되더라도 회사 재산을 약탈함으로써 자신들은 거대한 이득을 볼 수 있으며, 자신들의 도박이 처벌받지 않고 넘어갈 가능성이 크리라는 것을 정확히 계산했다.

기록된 역사를 통해 볼 때 자기 자신만을 생각하는 왕이나 추장, 그리고 정치인들의 활동 및 무활동은 사회 붕괴의 일정한 원인을 제공해왔다. 마야 왕, 노르웨이령 그린란드의 족장, 이 책에서 논의되었던 현대 르완다의 정치인들이 바로 그 예이다. 바바라 터치먼(Barbara Tuchman)은 자신의 책 『바보들의 행진: 트로이에서 베트남까지 *The March of Folly: From Troy to Vietnam*』에서 트로이 목마를 성 안으로 들여보낸 트로이인들, 신교도들의 출현을 부추긴 르네상스 시대의 교황들, 제1차 세계대전시 무제한 잠수함 작전을 채택했던 독일의 결정(미국을 적으로 만든 계기가 되었음), 1941년 미국의 참전을 불러왔던 일본의 진주만 공격 등, 재앙을 가져왔던 유명한 역사적 결정의 예들을 제시한다. 터치먼이 명쾌히 지적했듯이 "정치적으로 잘못된 결정을 내리도록 만드는 가장 중요한 요소는 타키투스의 말처럼 '모든 욕망 중 가장 명백한' 권력에 대한 욕망이다." 권력에 대한 욕망의 결과 이스터섬들의 추장들, 마야 왕들은 벌채 현상을 막기는커녕 더욱 가속화시키고 말았다. 그들의 위상이 경쟁자보다 더 큰 조각상, 기념물에 달려 있다고 생각했기 때문이다. 경쟁적인 악순환에 빠져들어 산림 자원을 아끼기 위해 작은 조각상과 기념물을 감수했던 자들은 비웃음을 당하거나 자리를 잃는 지경에까지 이르렀다. 이는 권위에 대한 경쟁이 벌어질 때 흔히 나타나는 현상이지만 그 권위는 단기적인 판단에 따른 것이라고 할 수 있다.

하지만 엘리트가 자신들의 행위로 인한 결과로부터 자신들을 보호할 수 없는 사회에서는 엘리트와 대중 사이의 이해관계 충돌로 인지된 문제를 해결하는 데 실패하는 사례가 일어날 가능성이 거의 없다. 마지막 장에서 살펴보겠지만 네덜란드인들(정치인을 포함하여)은 자신들이 처한 환경을 잘 깨닫고 있다. 인구 대부분이(정치인과 대중 모두) 오직 제방을 통해 보존되고 있는 해수면보다 낮은 땅에 살고 있으므로 정치인들이 세우는 바보 같은 토지 계획의 결과가 바로 자신들의 위험으로 연결된다는 사실을 잘 알고 있는 것이다. 마찬가지로 뉴기니 고원지대의 '큰 사람(big man)' 역시 다른 사람들과 마찬가지로 오두막집에 살았고, 또 땔감나무를 스스로 구해야 하는 처지였으므로 지속 가능한 산림을 보존해야 한다는 사회 문제 해결에 앞장서지 않을 수 없었던 것이다.

재앙적 가치관

지금까지 문제를 그대로 두는 것이 어떤 이들에게는 이익이 되었기 때문에 인지된 문제를 해결하는 데 실패했던 사회의 상황을 설명하고자 몇 페이지에 걸쳐 여러 가지 예들을 소개했다. 인지된 문제를 해결하기 위한 시도에 실패했던 사례들은 다른 모든 이에게 해가 되는 행위, 즉 사회과학자들이 말하는 '비합리적인 행위(irrational behavior)'와 관련이 있다. 이런 비합리적인 행위는 우리들 개개인 각자가 가치관의 충돌 현상을 겪을 때 발생한다. 즉 우리 내면 속에 깊이 새겨진 어떤 가치관에 유리하다는 이유로 나쁜 상황의 현상 유지를 묵인하는 경우이다. '오류 고집(Persistence in error)', '목석(wooden-headedness)',

'부정적인 징후로부터 추론 도출 거부(refusal to draw inference from negative signs)', '정신적인 답보, 또는 침체 현상(mental standstill or stagnation)'은 바바라 터치먼이 이런 공통된 인간의 기질을 두고 빗대어 한 말이다. 심리학자들은 이와 유사한 기질을 '매몰 비용 효과(sunk-cost effect)'라는 용어로 표현한다. 즉 우리는 우리가 이미 많은 에너지를 투자한 정책을 포기(혹은 주식을 매도)하기 꺼려하는 것이다.

그중에서도 특히 종교적 가치는 깊이 유지되는 경향이 있어 자주 재앙적인 행위의 원인이 된다. 예를 들어 이스터 섬의 많은 나무들이 종교적인 동기에서 잘려나갔다. 숭배의 대상물인 거대한 돌 조각상을 운송하고 세우기 위해서는 목재가 필요했던 것이다. 같은 시기에 14,400킬로미터나 멀리 떨어져 있던 지구 반대편의 노르웨이령 그린란드인들은 기독교인으로서 자신들만의 종교적 가치를 추구하고 있었다. 기독교인에 입각한 가치관들, 유럽인으로서의 정체성, 대부분의 혁신이 사실 실패할 수밖에 없는 열악한 환경에서의 보수적인 생활 방식, 그리고 서로 지지하는 단단한 공동체 의식 덕분에 이들은 수세기나 생존할 수 있었다. 그러나 이런 존경할 만한(또 오랜 기간 동안 성공적이었던) 가치관 때문에 그들은 생활 방식을 전격적으로 변화시킬 수 없었고, 채택했더라면 더 오래 생존할 수 있었던 이누이트 기술의 선택적인 채택을 거부할 수밖에 없었다.

하지만 꼭 종교가 아니더라도 더 이상 유효하지 않게 된 상황임에도 불구하고 사람들이 집요하게 매달리는 세속적 가치의 예는 현대에서 수없이 찾아볼 수 있다. 양모를 얻기 위해 양을 치는 전통을 중시하고, 토지에 높은 가치를 부여하며, 영국인과의 동질성을 중시했던 오스트레일리아인들은 그 결과 가장 멀리 떨어진 오지에서(뉴질랜드 제외) 제1세계 민주주의를 건설해왔지만 앞서 언급했던 세 가지 가치의 중요성이 점점 사라져가고 있음을 깨닫고 있다. 광산, 벌목, 목축으로 발생한 문제를 해결하는 데 몬태나 사람들이 그토록 소극적이었던 이유는 이 세

가지 산업이 몬태나 경제의 기둥이었으며 또 몬태나의 개척 정신과 정체성을 상징했기 때문이다. 개인의 자유와 자급자족이라는 몬태나 개척자들의 이상도 새롭게 제기된 정부 계획의 필요성과 개인 권리의 제한이란 해결책을 받아들이기 힘들게 만들었다. 자본주의의 실패 사례를 반복하지 않겠다고 결심했던 중국 공산당은 환경에 대한 관심마저 자본주의자들의 오류로 여기고 경멸했기 때문에 이후 엄청난 환경 문제에 부딪힐 수밖에 없었다. 르완다 사람들의 대가족 선호 사상은 유아 사망률이 높았던 과거에는 적합했으나 오늘날에는 재앙과도 같은 인구 폭발을 가져온 원인이 되었다. 환경 문제 해결에 대한 최근 제1세계의 경직된 반대 의견은 일반적으로 개인이 매우 어린 시절에 획득하는 가치관과 관련성을 가지고 있으며 이 반대 의견은 한 번도 재검증을 받은 적이 없는 것으로 보인다. 바바라 터치먼의 말을 인용하자면 그 가치관을 '지배자와 정책 입안자들은 한 번도 건드리지 않고 유지' 시키고 있다.

누구나 오랫동안 소중하게 간직하던 핵심 가치가 이제 생존과 양립할 수 없는 상황에 이르렀다고 판단될 때 그 가치를 포기해야 한다는 것은 매우 고통스런 일이다. 그렇다면 과연 현실과 타협해 살기보다는 차라리 죽기를 원하는 때는 언제인가? 오늘날 수백만 명의 사람들이 자신의 목숨을 구하기 위해 친구나 친척을 배신할 것인지, 혹은 비열한 독재자를 묵인하고 노예처럼 살 것인지, 다른 나라로 망명할 것인지를 결정해야 하는 상황을 맞고 있다. 유사하게 한 국가나 사회도 때로는 집단적인 의사결정을 내려야만 한다.

이와 같은 모든 결정들은 도박에 가깝다. 기존의 핵심 가치를 고수하면 파멸에 이르게 될 것인지, 반대로 기존의 핵심 가치를 포기하면 생존할 수 있을 것인지를 확신할 수 없는 경우가 많기 때문이다. 크리스천 농부로서의 삶을 고집했던 노르웨이령 그린란드 사람들은 실상 이누이트족의 생활 방식을 따르느니 차라리 죽음을 택하기로 결심했고,

결국 도박에서 패했다. 압도적인 힘을 과시하는 러시아의 무력에 직면한 동유럽의 5개 소국 가운데 에스토니아, 라트비아, 리투아니아는 싸움을 벌이지도 않고 1939년에 항복해 독립을 상실했다. 핀란드는 1939년부터 1940년까지 투쟁을 벌여 독립을 고수했고, 헝가리는 1956년에 투쟁에 나섰지만 독립을 잃고 말았다. 우리 중 그 누가 어떤 국가가 더 현명했다고 말할 수 있을까? 또 그 누가 오직 핀란드만이 도박에서 성공할 것이라고 미리 예언할 수 있었을까?

아마도 한 사회가 생존에 성공하느냐 실패하느냐는 시간이 흐름에 따라 어떤 가치관을 고수할 것인지, 어떤 가치관을 버리고 새로운 가치관으로 대체할 것인지를 현명히 판단하는 데 있는 듯하다. 지난 60년간 세계 주요 강대국들은 다른 가치들은 보존하면서도 과거 오랫동안 중심적인 국가 이미지를 고수해왔던 가치를 포기해왔다. 영국과 프랑스는 수세기에 걸쳐 독립적으로 움직였던 세계 강대국의 역할을 단념했다. 일본은 군국주의 전통과 무력을 포기했다. 러시아는 공산주의라는 오랜 실험을 그만두었다. 미국도 실질적으로 인종 차별 합법화, 동성애 불법화, 여성의 종속적 역할, 성적 억압이라는 이전의 가치로부터 후퇴했다(완전히 후퇴한 것은 아니다). 오스트레일리아는 영국적인 정체성을 지니고 있는 목축 사회라는 자신의 지위를 재평가하는 작업에 들어갔다.

따라서 이런 어려운 결정을 내릴 용기를 지니고 있고 또 도박에서 이길 수 있는 행운을 가진 사회와 개인이 성공에 이르는 듯하다. 오늘날 개별 국가가 아닌 세계 전체도 환경 문제를 놓고 유사한 결정을 내려야 하는 상황을 맞고 있다. 이에 대해서는 마지막 장에서 다루고자 한다.

그밖의 비합리적인 실패 사례들

지금까지 가치 충돌과 관련된 비합리적인 행위가 인지된 문제를 해결하려는 시도를 어떻게 방해하는지, 혹은 방해하지 않는지를 예를 들어 살펴보았다. 문제 접근에 실패하는 더 흔한 비합리적인 동기로는 태즈메이니아로의 여우 도입을 반대했던 태즈메이니아 녹색당처럼, 대중이 문제를 감지하고 이의를 제기한 측을 널리 싫어하는 경우도 포함한다. 이솝 우화에 나오는 양치기 소년은 장난으로 "늑대야!"를 외쳤지만 정작 늑대가 나타났을 때는 그동안 속아왔던 마을 사람들로부터 무시당하고 말았다. 이처럼 거짓 경고에 속은 경험이 있는 대중은 실제 벌어진 사태에 대한 경고도 무시하기 쉽다. 또 자신이 아닌 다른 사람의 책임으로 돌리며 회피하기도 한다.

인지된 문제를 해결하고자 하는 시도의 비합리적인 실패는 자주 한 주체 안에서 단기적 동기와 장기적 동기가 충돌할 때 일어난다. 르완다와 아이티의 농민들을 비롯해 세계 수십 억 인구는 너무도 가난한 나머지 오직 다음날 먹을 식량 확보에 급급하다. 열대 암초 지역의 가난한 어부들은 자신들의 미래 생계 수단이 파괴된다는 사실을 잘 알고 있으면서도 오늘 자식에게 먹일 식량을 구하기 위해 다이너마이트와 시안화물로 산호초 물고기를 죽이고 있다. 정부 역시 단기적인 관점에 따라 움직인다. 임박한 재난에 당황한 정부는 오직 곧 폭발 직전에 있는 문제에만 주의를 집중한다. 현 연방 정부와 긴밀한 관계를 유지하고 있는 내 친구 중 한 명은 2000년 전국 선거가 치러지고 난 뒤 처음으로 워싱턴 DC를 방문했을 때 정부의 새로운 지도자들에게서 이른바 '90일짜리 생각'의 근시안적 의사결정들을 목격했다고 내게 말했다. 정치인들이 오직 향후 90일 이내에 문제가 될 만한 사안에 대해서만 이야기하더라는 것이다. 경제학자들은 단기적 이익에만 집착하는 이런 비합리적인 관심을 미래 이익 '할인(discounting)'이라는 말로 설명한다. 즉 오늘 자원을 이용해 거둔 수익은 투자 재원이 되며, 이를 투자해 생기는 이자는 오늘과 미래의 어떤 특정 시점 사이에 축적되어 미래의 자원 이용보다 오늘날의 자원 이용을 더 가치 있게 만들어주므로 내일을 위해 자원을 건드리지 않고 남겨두는 것보다 바로 오늘 자원을 이용하는 것이 더 낫다는 것이다. 이로 인해 생기는 나쁜 결과는 후손들의 부담이 된다. 하지만 후손들은 투표로 영향력을 행사할 수 없을 뿐만 아니라 불평을 제기할 수도 없다.

인지된 문제를 해결하려는 시도를 비합리적으로 거부하는 다른 이유들은 보다 이론적이다. 그중 널리 알려진 현상 중 하나는 단기적 의사결정으로 이른바 '군중 심리(crowd psychology)'라는 용어로 표현할 수 있다. 이는 결속력이 강한 집단이나 군중, 특히 감정적으로 흥분된 상태에 있는 군중 속에 휩쓸린 개인이, 서두르지 않고 홀로 천천히 생각하면 반대 의견을 낼 수 있음에도 불구하고, 해당 집단이 내린 결정을 쉽게 지지하고 마는 현상이다. 독일 극작가 실러가 쓴 대로 "사람은 홀로 있을 때는 꽤 현명하고 이성적이 되지만 일단 군중의 일부가 되고 나면 멍청이가 되고 만다." 군중 심리의 역사적인 예로는 중세 시대 후기 유럽의 십자군에 대한 열정, 1634년과 1636년 사이 네덜란드에서 절정에 달했던 튤립에 대한 과도한 투자(튤립 열풍), 1692년의 세일럼 마녀재판(Salem witch trial)처럼 주기적으로 터져나왔던 마녀 사냥, 1930년대 교묘한 나치 선전술을 통해 거의 광기 상태에 이르렀던 군중들을 들 수 있다.

보다 작은 규모의 의사결정자 집단에서 나타나는 군중 심리와 유사한 현상이 어빙 재니스(Irving Janis)가 말했던 '집단 사고(groupthink)'이다. 이는 특히 결속력이 강한 소규모 집단(피그스 만 침공을 계획했던 케네디 대통령의 참모들, 베트남전이 격화되던 시기에 존슨 대통령의 참모들)이 긴급 사태를 맞아 어떤 결정을 내려야 하는 상황에서 발생한다. 긴급 사태로 야기되는 스트레스, 그리고 상호 지지와 승인의 필요성으로 말미암아 의심과 비판적인 사고는 억압되며 착각의 공유, 성급한 합의 현상이 나타나고, 결국 이는 재앙적인 결정으로 이어진다. 군중 심리나 집단 사고는 단 몇 시간에 걸쳐 일어날 수도 있지만 몇 년에 걸쳐 일어날 수도 있다. 아직 불확실한 점은 군중 심리나 집단 사고가 환경 문제와 관련된 재앙적인 결정에 얼마나 악영향을 끼치는가이다. 그 결과가 수십 년, 혹은 수세기에 걸쳐 나타나기 때문이다.

마지막으로 인지된 문제를 해결하고자 하는 시도가 실패하는 비합리적인 이유 중 하나는 심리적 거부(psychological denial)이다. 심리적 거부는 개인심리학에서 엄밀히 정의되어 있는 기술적인 용어이지만 대중문화 현상을 언급할 때도 사용되고 있다. 어떤 경험이 과거 당신의 고통스런 감정을 자극할 때 이를 무의식적으로 억압하거나, 또는 비록 궁극적으로 재앙과 같은 결과를 얻을지라도 참을 수 없는 고통을 회피하기 위해 지각 자체를 거부하는 현상을 말한다. 고통스런 감정이란 공포, 불안, 비통이다. 전형적인 예로는 끔찍한 경험에 대한 기억을 막아버리거나, 혹은 너무나 고통스럽고 슬픈 나머지 남편, 아내, 자식, 또는 가장 친한 친구가 죽을 수 있다는 사실에 대해 생각하는 것조차 거부하는 현상을 들 수 있다.

상류 지역에 댐이 건설되어 있어 만약 댐이 무너질 경우 상당히 먼 거리의 하류에 있는 사람들까지 익사할 수 있는 좁은 강 계곡이 있다고 가정해보자. 여론조사원이 댐 아래에 사는 사람들에게 댐이 무너질까봐 걱정되지 않느냐고 질문했을 때 댐에서 가장 멀리 떨어진 사람들이 느끼는 두려움의 정도가 가장 낮았고, 위로 올라갈수록 두려움이 커져간다면 그리 놀랄 만한 일이 아니다. 하지만 놀랍게도 댐에서 단 몇 킬로미터 정도만 떨어져 있는 사람들, 즉 유사시 가장 위험한 상황에 빠질 수 있는 사람들의 불안감은 댐에 가까워질수록 거의 제로로 떨어진다! 다시 말해 댐이 무너지면 익사할 가능성이 가장 큰 사람들이 오히려 전혀 걱정하지 않는다는 것이다. 그 이유는 심리적 부인에 있다. 매일 댐을 바라보며 살아야 하는 사람들에게 평정심을 유지할 수 있는 유일한 방법은 댐이 무너질 수 있다는 가능성을 부인하는 것뿐이다. 비록 심리적 부인은 개인심리학에서 잘 정의되어 있는 현상이지만 집단 사고에도 잘 들어맞는 듯하다.

성공적이지 못한 해결책들

마지막으로 한 사회가 문제를 예견하고, 지각하고, 문제 해결을 시도했다 하더라도 다른 분명한 이유로 여전히 실패할 가능성이 있다. 즉 해당 문제가 우리의 해결 능력 범위 밖에 있을 수도 있고 해결책이 존재하더라도 비용이 너무 높을 수 있으며, 노력이 너무 미약하거나 너무 늦었을 수도 있다. 해충을 줄이기 위해 오스트레일리아에 데려왔던 수수두꺼비의 경우처럼 해결책을 시도했지만 역풍을 맞아 상황이 더 악화되는 경우도 있다. 과거의 많은 사회들(예를 들어 중세 시대의 아이슬란드)은 오늘날 우리에게 환경 문제를 해결하도록 큰 도움을 주고 있는 생태학 지식을 자세히 알지 못했다. 따라서 같은 환경 문제를 겪더라도 지금은 이를 훨씬 더 잘 해결할 수 있지만 과거 사회는 그렇지 못했던 것이다. 이처럼 오늘날에도 이런저런 이유로 환경 문제를 해결하기에는 어려움이 존재한다.

제8장에서도 얘기한 바 있듯이 노르웨이령 그린란드는 4세기 이상 생존하는 데 궁극적으로 실패하고 말았다. 잔인하지만 어쩔 수 없는 현실은 마지막 5,000년 동안, 그린란드의 추운 기후와 제한적이고 예측할 수 없을 정도로 다양했던 자원들은 장기간 지속되는 경제 체제를 확립하려 했던 인간의 노력을 좌절시켰던 감당하기 힘든 도전 과제였다는 점이다. 수렵 채집민이었던 아메리카 원주민 역시 환경 문제를 해결하고자 했지만 결국 실패하고 말았다. 이누이트인들의 경우 700년 동안 그린란드에서 자급자족적인 경제 생활을 유지하는 데 성공했지만 실제로는 잦은 아사(餓死)를 겪어야 했던 고단한 삶이었다. 오늘날의 이누이트인들은 더 이상 석기 도구나 개 썰매, 고래잡이에 쓰이는 손에 쥐는 작살 등 전통적인 도구만 가지고는, 또 외부로부터 기술이나 식량을 수입하지 않고는 살아갈 수 없다. 그린란드 정부는 외국의 원조 없이도 버틸 수 있는 자급자족 경제를 아직까지 확립하지 못하고 있다. 정부는 노르웨이인들이 그랬던 것처럼 가축을 이용한 실험에 나섰지만 결국

소를 포기해야 했고 수익을 내지 못하고 있는 양치기 농부들을 위해 보조금을 지급하고 있는 실정이다. 역사를 살펴보면 노르웨이령 그린란드의 궁극적인 실패는 놀라운 일이 아니다. 마찬가지로 미국 남서부 지역 아나사지인들의 궁극적인 실패 역시, 농경에 적대적인 환경 속에서 장기적으로 지속되는 농경을 확립하려다 궁극적으로 실패할 수밖에 없었던 다른 사회와 동일한 시각에서 바라봐야 한다.

오늘날 가장 해결하기 힘든 문제들 중 하나는 일단 정착하기만 하면 박멸하거나 통제하기가 불가능한 것으로 밝혀진 해충의 유입이다. 예를 들어 몬태나 주는 매년 큰잎등대풀 및 외지에서 들어온 잡초를 제거하느라 매년 수억 달러 이상을 지출하고 있다. 몬태나 사람들이 문제를 해결하려고 노력하지 않아서가 아니다. 현재로서는 잡초들을 제거하기가 불가능하기 때문이다. 큰잎등대풀의 뿌리는 약 6미터 깊이까지 박혀 있으며, 손으로 뽑기에는 너무 길다. 또 잡초를 억제하기 위한 화학약품 비용만 해도 1갤런당 800달러나 된다. 오스트레일리아인들은 토끼를 줄이기 위해 울타리, 여우, 사냥, 불도저, 점액종증 바이러스까지 동원했지만 토끼는 여전히 끈질기게 살아남고 있다.

미 서부 메마른 산촌에서 일어났던 산불은 만약 하층식생(understory, 식물군락에서 하층목을 형성하는 식물: 옮긴이)을 기계적인 방법으로 솎아내고 곳곳에 쓰러진 채 널려 있는 목재를 제거하는 등의 조치를 취했다면 예방할 수 있었을 것이다. 하지만 불행히도 이런 해결책을 대규모로 시도하기에는 비용이 너무나 많이 든다. 플로리다 주의 검정바다참새(Dusky Seaside Sparrow)가 맞아야 했던 운명은 지연의 문제(너무 미약하고 너무 늦은 조치)뿐만 아니라 비용의 문제로 인한 실패 사례라 할 수 있다. 참새의 서식지가 줄어들고 있던 때에 과연 그 서식지가 우려할 정도로 줄어들고 있느냐는 논쟁이 일면서 해결책 시행이 지연되었다. 1980년 후반 미국 어류 및 야생 생물청(US Fish and Wildlife Service)이 마침내 무려 500만 달러의 비용을 부담하고 남아 있는 서식지를 사들이기로 결정했을 때는 이미 서식지가 악화될 대로 악화되어 검정바다참새는 멸종하고 말았다. 그러자 포획되어 남아 있는 검정바다참새를 가까운 친척인 스콧 바다참새와 교배시킨 후 태어난 잡종을 역교배시켜 순수한 검정바다참새를 만들어내야 하는지를 두고 다시 논쟁이 벌어졌다. 논쟁이 거의 가라앉고 조치를 취할 시점이 되었지만 포획된 검정바다참새는 이미 교배하기에는 너무 나이가 많이 들어버린 상태였다. 서식지를 보존하려는 노력과 교배 조치를 좀더 일찍 시작했더라면 저렴한 비용으로 참새 문제를 성공적으로 해결할 수 있었을 것이다.

희망의 징후

그러므로 인간 사회와 소규모 집단은 1) 문제 예측 실패, 2) 문제 발생 후 인지 실패, 3) 인지된 후 문제를 해결하려는 시도의 실패, 4) 문제 해결의 실패라는 연속적인 이유 때문에 재앙을 초래하는 결정을 내리는 것으로 보인다. 이 장은 어떻게 한 사회가 환경 문제에 대해 무기력할 수 있을까라는 학생들과 조지프 테인터의 의구심으로 시작했다. 이제 이 장 끝 무렵에 도달한 지금 우리는 사뭇 반대되는 결론에 이른 듯하다. 즉 사회가 실패할 수밖에 없는 수많은 이유를 알게 된 것이다.

하지만 사회가 반드시 문제 해결에 실패하는 것이 아니라는 점 역시 분명하다. 만약 그렇다면 우리 모두는 이미 이 세상에 없거나 1만 3,000년 전과 마찬가지로 석기 시대에서 살고 있었을 것이다. 오히려 실패 사례들은 이 책을 쓸 수 있을 정도로 (모든 사회를 백과사전식으로 다루지 않아도 될 만큼) 충분히 주목할 만한 내용이었다. 이미 제9장에서 생존에 성공한 다수의 사회들 중 몇몇 사례를 대상으로 논의를 진행한 바 있다.

그렇다면 이 장에서 논의된 다양한 해결 방식을 도입한 사회들 중에서 왜 어떤 사회는 성공하고 어떤 사회는 실패하는 것일까? 물론 그 이유 중 하나는 사회의 차이보다 그 사회가 처했던 환경의 차이에서 찾을 수 있다. 즉 어떤 환경은 다른 환경에 비해 문제 해결을 훨씬 더 어렵게 만들었다. 일례로 춥고 고립된 그린란드는 많은 그린란드 식민지 이주자들의 고향이었던 남부 노르웨이보다 더 열악한 환경이었다. 마찬가지로 메마르고, 고립되고, 높은 위도에 위치하고, 저고도였던 이스터 섬의 환경은 한때 이들의 조상이 살았던 곳으로 추정되는 습하고, 덜 고립적이며, 적도 부근에 위치하고 고지대였던 타히티보다 더 열악했다. 하지만 이는 전체 이야기의 절반에 불과하다. 만약 그런 환경적 차이가 성공과 실패를 가져오는 유일한 원인이라고 주장한다면 내가 사회과학자들 사이에서는 보기 드문 환경결정론자에 속한다고 해도 할 말이 없을 것이다. 물론 다른 곳에 비해 환경 조건이 열악하다면 그곳에 사는 사람들의 생존 문제가 더 어려워지는 것이 사실이지만 그럼에도 불구하고 사람들 자체의 행위로 성공하거나 실패할 여지가 많이 남아 있는 것이다.

왜 어떤 집단(혹은 개인 지도자)은 이 장에서 논의된 실패의 길로 들어서고, 어떤 집단은 그렇지 않은가라는 문제는 방대한 주제다. 예를 들어 어떻게 잉카 제국은 이스터 섬 사람들과 노르웨이령 그린란드 사람들과는 달리 마르고 추운 땅에서 재조림에 성공할 수 있었을까? 이에 대한 설명 중 일부는 특정 개인의 개성에 의존하므로 예측 자체가 무의미하다. 하지만 나는 여전히 이 장에서 논의된 잠재적 실패 이유를 정책 입안자들이 잘 이해하고 그 원인을 인식한다면 결국 파국을 피하는 데 도움이 될 것이라고 믿고 있다.

이와 관련된 가장 인상적인 예로는 쿠바를 상대로 케네디 대통령과 그의 참모진들이 처리해야만 했던 연속적인 두 개의 위기를 들 수 있다. 1961년 초, 이들은 피그스 만 침공이라는 매우 잘못된 집단 의사결정을 내렸지만 수치스럽게도 결국 실패로 끝났으며, 이로 인해 쿠바 미사일 위기(Cuban Missile Crisis)라는 훨씬 더 위험한 문제가 일어나고 말았다(사진 31). 어빙 재니스가 『집단 사고 *Groupthink*』에서 지적했듯

사진 31 쿠바 미사일 위기를 맞아 보좌관들과 회의하는 존 F. 케네디 대통령. 그들은 피그스 만의 위기에서 얻은 교훈을 바탕으로 한결 생산적인 집단 의사결정 방법을 채택했다.

이 피그스 만 침공 사건은 표면적인 만장일치의 때 이른 합의, 개인적 의심 및 상반된 견해 표출 억압, 의견 차이를 최소화하는 방식으로 논의를 이끌었던 집단 지도자(케네디) 등 실패에 이르는 결정을 도출하게 만드는 다양한 원인이 무엇인지를 보여주었다. 하지만 이어진 쿠바 미사일 위기에서는 주연(主演)이 케네디와 그 참모진으로 동일했음에도 불구하고 위의 원인들을 피해갔으며, 대신 생산적인 의사결정을 유도할 수 있는 절차에 따라 논의가 진행되었다. 케네디는 참모진들에게 좀더 회의적으로 생각해보라고 명령했으며, 논의가 자유롭게 흘러가도록 그냥 두었다. 또 하위 집단들이 자신들만의 별도 회의를 진행할 수 있도록 배려했고, 이따금 자신의 의견이 참모진들에게 너무 강한 영향을 주지 않도록 스스로 회의장을 떠나기도 했던 것이다.

두 번에 걸친 쿠바 위기에서 의사결정이 그토록 다르게 나타났던 이유는 무엇이었을까? 아마도 주된 이유는 케네디 자신이 피그스 만 침공 사건 이후 좀더 신중해졌다는 점일 것이다. 그는 참모진들에게 과거 자신들의 의사결정에서 잘못된 점은 무엇이었는지 숙고해보라고 지시했던 것이다.

지금까지 이스터 섬의 추장들, 마야 왕, 현재의 르완다 정치인들, 기타 자신의 권력 추구에 너무 집착한 나머지 사회가 안고 있는 문제들을 등한시했던 지도자들을 살펴보았지만 이와는 반대로 케네디 외의 다른 성공적인 지도자들로 눈길을 돌려보도록 하자. 케네디가 그랬던 것처럼 커다란 위기를 해결한 지도자들은 존경받을 만하다. 하지만 커져가는 문제, 혹은 잠재적인 문제를 예측하거나 문제가 급박할 정도로 커지지 않도록 미리 예방적인 조치를 취했던 다른 유형의 지도자들도 존경해야 마땅하다. 이런 유형의 지도자들은 있을 수 있는 비난이나 조롱을 감수하고 어떤 조치의 필요성이 모든 이들에게 분명해지기 전에 문제 해결에 착수한다. 용기 있고 통찰력을 지닌 강한 지도자의 예는 얼마든지 찾아볼 수 있다. 이스터 섬과 같은 상태에 이르기 오래전에 벌채를 금했던 초기 도쿠가와의 쇼군들, (어떤 동기에서였든) 서쪽의 아이티와는 달리 히스파니올라 섬의 동쪽인 도니미카에서 환경 보호를 강력히 지지했던 호아킨 발라게르, 신분의 상징이긴 했지만 섬에 해악을 가져왔던 돼지를 처분하는 데 동의했던 티코피아 섬의 추장들, 르완다와 같은 인구 사태를 겪기 훨씬 오래전에 인구 폭발을 막고자 가족계획을 실행하도록 명령했던 중국 지도자들이 바로 그들이다. 또한 제2차 세계대전 이후 유럽 전쟁 재발의 위험성을 최소화하고자 개별적인 국가 이익에 구애받지 않고 유럽경제공동체(European Economic Community)를 통해 유럽의 통합을 추구했던 독일 수상 콘라트 아데나워(Konrad Adenauer) 및 기타 서유럽 지도자들도 존경받아야 할 지도자라고 할 수 있다. 더불어 용기 있는 지도자들뿐만 아니라 어떤 핵심 가치를 위해 투쟁해야 하며, 어떤 핵심 가치가 이제 더 이상 의미 없게 되었는지를 놓고 어려운 결정을 내려야 했던 핀란드, 헝가리, 영국, 프랑스, 일본, 러시아, 미국, 오스트레일리아 등의 국민들도 우리는 존경해야만 한다.

용기 있는 지도자들과 용기 있는 사람들은 내게 희망을 안겨준다. 이들은 언뜻 비관적인 주제를 다루는 듯이 보이는 이 책이 사실은 희망에 찬 책이라는 점을 내게 다시 일깨워주었다. 마치 케네디 대통령이 1961년과 1962년에 그랬던 것처럼 우리도 과거 실패 사례의 원인을 깊이 생각해본다면 해결 방법을 수정해나갈 수 있을 것이며, 이에 따라 성공적인 미래의 가능성도 높아질 것이다.

제15장

대기업과 환경:

다른 조건, 다른 결과

자원 개발

모든 현대 사회는 천연자원, 즉 재생 불가능한 자원(예컨대, 원유와 금속)과 재생 가능한 자원(예컨대, 나무와 어류)의 개발에 의존하고 있다. 우리는 에너지의 대부분을 원유와 가스, 석탄에서 얻는다. 연장, 컨테이너, 기계, 운송 수단, 건물 등 거의 모든 것이 금속이나 나무, 혹은 석유 화학의 산물인 플라스틱과 합성수지 등으로 만들어진다. 우리는 나무에서 추출한 펄프로 만든 종이에 글을 쓰고 인쇄한다. 생선을 비롯한 해산물은 우리가 자연에서 얻는 주된 먹을거리이다. 많은 나라의 경제가 이런 채취 산업에 크게 의존하고 있다. 내가 집중적으로 현장 연구에 힘을 쏟는 세 나라를 예로 들어보자. 인도네시아의 경우는 광업과 벌목이 경제를 지탱하는 버팀목이고, 솔로몬 제도의 주된 수입원은 벌목과 어업이다. 한편 파푸아뉴기니의 경제는 원유와 광업이 주축을 이루지만, 요즘에는 벌목이 차지하는 비중이 점점 늘어나고 있다. 대부분의 사회가 이런 자원의 개발에 몰두하고 있다. 어디에서 어느만큼 어떤 수단을 사용해서 채취하느냐가 문제일 뿐이다.

자원 개발에는 막대한 자금이 필요하기 때문에 대부분의 개발은 대기업에 맡겨진다. 환경보호론자와 대기업은 서로 상대를 적이라고 생각하면서 논쟁을 그치지 않는다. 환경보호론자는 대기업이 환경을 훼손함으로써 인간에게 피해를 주며, 공공의 이익보다 기업의 이익을 먼저 생각한다고 비난한다. 그렇다, 이런 비난은 대부분 사실이다. 반대로 기업은 환경보호론자가 기업의 현실에 무지하면서도 알려고도 하지 않고, 일자리 창출과 개발을 염원하는 지역 주민과 지방 정부의 바람을 무시하며, 인간의 복지보다 새의 행복을 강조하고, 기업이 바람직한 환경 정책을 시행할 때도 기업을 칭찬하는 데 인색하다고 비난한다. 그렇다. 이런 비난도 대부분은 사실이다.

이처럼 대기업과 환경보호론자, 심지어 사회 구성원 전체가 서로 비난하지만, 여기에서 나는 그들의 이해관계가 상호 비방에도 불구하고 일치하는 부분이 많다는 것을 보여주려고 한다. 그러나 많은 경우에 이해의 충돌이 있는 것은 사실이다. 단기적으로 기업에 돈벌이가 되는 것은 사회 전체에 해가 될 가능성이 높다. 이런 상황에서 기업은 합리적인 결정을 내리지만 그런 결정이 사회 구성원들에게는 나쁜 결정으로 해석될 수 있다. 따라서 여기에서 나는 직접 눈으로 보고 몸으로 겪은 네 채취 산업을 예로 들어, 환경을 해치는 정책이 자기들에게 이익이라고 생각하는 기업이 있는 반면에, 거꾸로 환경을 절약하는 정책이 자기들에게 이익이라 생각하는 기업이 있는 이유를 차근차근 짚어보려 한다. 현재 환경을 해치는 기업들을 어떻게 설득해야 환경을 아끼고 절약하는 방향으로 유도할 수 있는지, 요컨대 기업을 친환경적으로 바꿔가는 가장 효과적인 방법이 무엇인지 찾아보려는 것이 이 글의 목적이기도 하다. 이런 관점에서 석유 산업, 광석 채굴 산업과 석탄 산업, 벌목업, 수산업을 차례로 살펴보자.

석유 산업의 현장

나는 뉴기니의 두 유전에서 석유 산업체의 현장을 직접 경험했다. 두 유전은 적어도 환경적인 면에서 양 극단에 서 있다. 두 곳에서의 경험은 내게 무척 유익했다. 그전까지 나는 석유 산업을 환경에 피해를 주는 대표적인 산업이라 생각했기 때문이다. 대부분의 사람이 그랬듯이 나도 석유 산업을 미워했다. 석유 산업을 옹호하고 석유 산업이 사회에 기여하는 역할을 긍정적으로 이야기하는 사람들의 진정성까지 의심했다. 하지만 현장을 직접 둘러본 후, 나는 더 많은 기업이 긍정적인 예로 발돋움할 수 있는 요인들을 찾아냈다.

나는 인도네시아령 뉴기니의 해안에 위치한 살라와티 섬에서 유전(油田)을 처음 경험했다. 당시 내가 그곳을 방문한 목적은 석유와 아무런 관계가 없었다. 뉴기니의 섬들에 분포한 새들을 조사하려던 것이었다. 그런데 우연히 살라와티 섬의 곳곳에서 인도네시아 국영 석유 회사, 페르타미나(Pertamina)가 유전을 개발하고 있었다. 그때가 1986년으로, 나는 인도네시아 정부의 허락을 얻어 페르타미나의 손님으로 살라와티 섬을 방문했다. 페르타미나의 부사장과 홍보 이사가 자동차를 내준 덕분에 나는 그 회사가 놓은 도로를 따라 유전을 둘러볼 수 있었다.

그들의 친절을 배신하는 듯한 기분이지만 내가 두 눈으로 본 것을 솔직하게 말하지 않을 수 없다. 멀리에서도 유전 지역은 높은 탑에서 치솟는 불길 때문에 금세 찾아진다. 석유를 채취한 후에 부산물로 얻은 천연가스가 마냥 불태워지고 있다는 증거였다. 천연가스를 처리할 다른 방법이 없었기 때문이다. 당시 그곳에는 천연가스를 액화시켜 판매할 시설이 갖추어져 있지 않았다. 숲을 관통해서 약 90미터 폭의 도로가 유전까지 개설되었다. 뉴기니의 열대우림에서 서식하는 포유동물, 새, 개구리, 파충류 등이 건너다니기에는 지나치게 넓은 도로였다. 게다가 곳곳에 석유를 흘린 자국들이 선명했다. 나는 그 섬에서 몸집이 큰 과일비둘기를 3종밖에 확인할 수 없었다. 기록에 따르면 살라와티 섬에는 14종의 과일비둘기가 있었고, 몸집이 크고 고기가 맛있기도 하지만 양도 많아 뉴기니에서 사냥꾼들에게는 최고의 표적이 되었는데 말이다. 페르타미나의 한 직원이 내게 과일비둘기의 집단 서식지 두 곳을 가르쳐주며, 그곳에서 엽총으로 과일비둘기를 사냥한 적이 있다고 말했다. 따라서 들판에서 과일비둘기의 수가 급격히 줄어든 것은 사냥 탓인 듯하다.

나는 쿠투부 유전에서 유전을 두 번째로 경험했다. 쿠투부 유전은 다국적 석유 회사인 셰브런 사(Chevron Corporation)의 한 자회사가 파푸아뉴기니의 키코리 강 유역에서 운영하는 유전이었다[앞으로 '셰브런'으로 간략하게 표기하겠지만 실제 운영자는 '셰브런뉴기니(Chevron Niugini Pty Ltd.)'로 셰브런 사는 100퍼센트 지분을 소유한 회사였다. 유전은 셰브런뉴기니를 포함해서 여섯 개 석유 회사의 공동 사업이었다. 2001년 모회사인 셰브런 사는 텍사코와 합병되어 셰브런텍사코로 바뀌었다. 2003년 셰브런텍사코는 공동 사업의 지분을 오일서치리미티드(Oil Search Limited)에 팔았다]. 키코리 강 유역의 환경은 무척 예민한 편이어서 일하기가 힘들다. 산사태가 잦고 대부분이 석회암 카르스트 지역이다. 또한 세계에서 강우량이 가장 많은 곳 중 하나이기도 하다. 연 평균 1만 1,000밀리미터이고, 하루에 355밀리미터가 쏟아진 기록도 있다. 1993년 셰브런은 전 유역에서 개발과 동시에 보존을 추진하는 종합 프로젝트를 세계야생생물기금(World Wildlife Fund)에게 맡겼다. 셰브런은 WWF가 환경 훼손을 최소화시키고, 파퓨아뉴기니의 정부가 환경 보호에 관심을 갖도록 압력을 가하며, 환경 운동 단체의 눈에 믿을 만한 파트너로서 제 역할을 하고, 지역 공동체에 경제적 이익을 안겨주며, 지역 공동체의 개발 프로젝트에 세계 은행의 지원을 끌어내는 데 최적이라고 생각했던 것이다. 1998년부터 2003년까지 나는 WWF의 컨설턴트 자격으로 유전과 강 유역을 조사하려고 매번 한 달 예정으로 네 번 그곳을 방문했다. 나는 WWF의 차를 타고 어디든지 자유롭게 다닐 수 있었고, 셰브런의 직원과도 개별적으로 인터뷰할 수 있었다.

파푸아뉴기니의 수도, 포트모르즈비에서 비행기를 타고 모로에 있는 유전의 가설 활주로로 처음 찾아갈 때였다. 도착 예정 시간이 다가오자

나는 창밖으로 시선을 돌려 유전의 시설들을 찾아보았다. 그런데 지평선 끝에서 끝까지 열대우림이 한없이 펼쳐져 있는 것이 아닌가! 나는 어리둥절했다. 잠시 후 길 하나가 보였다. 그러나 약 9미터 가량의 깔끔한 도로 하나만이 열대우림을 관통하고 있었을 뿐이다. 그 양편에는 나무들이 무성했고, 곳곳에서 그 길에 짙은 그림자를 드리우고 있었다. 새를 관찰하는 사람에게는 꿈과 같은 곳이었다. 열대우림에서 새를 관찰할 때 가장 큰 문제는 정작 숲속에서는 새를 관찰하기 어렵다는 점이다. 숲이 한 눈에 보이는 좁은 산길이 새를 관찰하기에 가장 좋은 장소이다. 그곳에는 그런 길이 모란 산의 해발 1,830미터에 위치한 유전에서 해안까지 160킬로미터 가량 뻗어 있었다. 다음날 나는 그 좁은 길을 걸으며 조사를 시작했다. 새들이 아무런 일도 없었다는 듯이 길을 넘나들었다. 포유동물, 도마뱀, 뱀, 개구리 등도 마찬가지였다. 그 길의 폭이 자동차가 안전하게 교차할 수 있을 정도만 설계되고 시공된 덕분이었다. 유전 시굴과 지진 탐사를 시작할 때부터 도로가 건설되지 않는 덕분이기도 했다. 필요한 모든 장비를 헬리콥터로 실어 날랐고, 경우에 따라서 기술자들이 그 먼 길을 걸어다니기도 했다.

비행기가 셰브런의 모로 활주로에 착륙했을 때, 그 후 일을 마치고 돌아갈 때 나는 다시 한 번 놀랐다. 파푸아뉴기니에 도착하자마자 세관에서 이미 짐검사를 마쳤지만, 나는 셰브런의 가설 비행장에 도착했을 때, 그리고 그곳을 떠날 때 셰브런 직원 앞에서 내 모든 가방을 열어 보여야 했다. 내가 이스라엘 텔아비브 공항에서 경험했던 것보다 더 치밀하고 철저한 검사였다. 그들은 대체 무엇을 찾았던 것일까? 모든 종류의 화기와 사냥 장비, 마약과 술의 반입은 어떤 경우에도 허락되지 않았다. 한편 동물과 식물, 동물의 깃털 등 작은 조각까지도 반출이 금지되었다. 이런 규칙을 어기면 즉각 자동적으로 회사에서 쫓겨났다. 실제로 WWF의 한 직원이 순진하게 다른 직원을 대신해서 짐꾸러미를 심부름해주다 발각되어 쫓겨나는 불운을 겪었다. 그 짐 꾸러미에는 마약이 숨겨져 있었다.

다음날 아침, 새벽에 일찍 새를 관찰하러 나섰다가 몇 시간 후에 돌아와서 나는 다시 놀라운 일을 겪었다. 안전요원이 나를 자기 사무실로 불렀다. 그리고 내가 셰브런의 규칙을 이미 두 번이나 어겼다며 다시는 그런 일이 없도록 해달라고 부탁했다. 대체 내가 무슨 규칙을 어겼다는 것일까? 첫째, 내가 새를 관찰하려고 길로 몇 발짝 들어왔다는 것이었다. 그런 행위는 자동차 사고를 유발할 수 있으며, 자동차가 나를 피하려다 길옆의 파이프라인과 충돌해 원유를 누출시킬 수도 있다는 지적이었다. 그때부터 나는 기꺼이 길에서 약간 벗어나 새들을 관찰했다. 둘째, 내가 새를 관찰하는 동안 안전모를 쓰지 않았다는 것이었다. 그리고 안전요원은 그곳에서는 어디를 가나 안전모를 써야 한다면서 내게 안전모를 건넸다. 그 후 나는 내 안전을 위해서라도 새를 관찰할 때 안전모를 썼다. 혹시 나무가 쓰러질지도 모르지 않는가!

셰브런은 직원들에게 안전과 환경 보호에 관한 의식을 끊임없이 심어주었다. 적어도 내가 그곳에 있을 때는 단 한 번의 석유 유출 사고도 없었다. 하지만 지금도 나는 셰브런이 사고와 준(準)사고에 관련해서 매달 발표하는 보고서를 읽는다. 그 보고서에서는 비행기나 트럭으로 곳곳을 돌아다니며 조사하는 안전요원들의 노력이 읽혀진다. 아무런 사심 없이 나는 2003년 3월에 일어난 14건의 사건들을 전부 기록했다. 사건이라고 하기가 민망할 정도인 준(準)사건에 불과하지만 안전 수칙에 따라서 철저하게 조사된 가장 심각한 사건들이다. 가령 '트럭이 후진하다가 정지 신호판에 부딪힌 사건, 트럭이 불필요하게 급브레이크를 밟은 사건, 서류가 미비된 화학 물질을 반입한 사건, 그리고 가스가 압축 장치의 니들 밸브에서 약간 누출된 사건' 등이었다.

새를 관찰하는 과정에서도 나는 놀라운 사실을 확인할 수 있었다. 뉴기니에는 많은 종의 조류와 포유동물이 있다. 살코기나 아름다운 깃털을 얻으려고 사냥꾼들의 목표가 되기도 하지만, 대개가 누구에게도 방해받지 않는 깊은 숲속에서 지내면서 인간이 변형시킨 서식지에는 얼씬거리지도 않기 때문에 그런 동물들의 개체 수는 인간의 간섭 정도를 곧바로 보여주는 지표가 된다. 숲속에는 나무타기 캥거루(뉴기니에서 가장 큰 토종 포유동물), 화식조, 코뿔새, 큰 비둘기(뉴기니에서 가장 큰 새), 극락조, 페스케 앵무새를 비롯해 다채로운 깃털을 가진 앵무새들 이외에도 수백 종의 동물들이 있다. 쿠투부 지역에서 새를 관찰하기 시작하면서 나는 셰브런 유전과 관련 시설 및 파이프라인의 안팎에서 동물의 종이 얼마나 차이가 나는지 조사해보았다.

놀랍게도 예상과는 완전히 달랐다. 인간이 살지 않는 몇몇 오지를 제외할 때, 나는 뉴기니 섬의 어떤 곳보다 셰브런 지역에서 훨씬 많은 종을 확인할 수 있었다. 내가 파푸아뉴기니를 40년 동안이나 들락거렸지만 나무타기 캥거루를 본 곳이 유일하게 셰브런 지역이었다. 그곳을 벗어나면 나무타기 캥거루는 사냥꾼들에게 제1의 표적이 되었다. 따라서 녀석들은 밤에만 활동하는 지혜를 터득했지만 나는 쿠투부 지역에서 녀석들이 대낮에 어슬렁대는 것을 볼 수 있었다. 게다가 셰브런 지역 인근에는 페스케 앵무새, 뉴기니 독수리, 극락조, 코뿔새, 큰 비둘기도 흔했다. 실제로 나는 셰브런의 통신탑에 여유 있게 걸터앉아 있는 페스케 앵무새를 보았다. 셰브런의 직원은 물론이고 하청업체의 직원들에게도 이곳에서는 사냥하는 것이 철저히 금지된 탓이고, 숲도 온전하게 보존된 덕분이었다. 새들과 육상 동물들도 이런 사실을 몸으로 깨닫고 길들여진 것이다. 어떤 의미에서 쿠투부 유전 지역은 파푸아뉴기니에서 가장 크면서도 가장 엄격하게 관리되는 국립공원이라 할 수 있다.

석유 회사의 동기

쿠투부 유전이 이런 식으로 운영되는 이유가 무엇일까? 나는 무척 궁금했다. 셰브런은 비영리 환경 기업도 아니고 국립공원 관리국도 아니지 않은가. 주주들의 이익을 최대한 보장해주어야 하는 영리 기업이었다. 셰브런이 환경 보호에 많은 돈을 쓴다면 결국 원유 채취에서 얻는 이익을 그만큼 포기하는 것이기 때문에 주주들이 소송을 제기할 수도 있었다. 하지만 셰브런은 이런 정책을 도입해야 궁극적으로 원유 채취에서 더 많은 수익을 거두어들일 수 있다고 판단했다. 어째서 그럴까?

셰브런의 홍보 자료들은 환경에 대한 관심을 일종의 동기 요인으로 정의하고 있다. 사실이다! 그러나 지난 6년간 셰브런의 하급 직원과 중간 관리자들, 다른 석유 회사의 직원들, 그리고 석유 산업과 관계없는 사람들을 인터뷰한 결과에서, 나는 기업이 이런 환경 정책을 채택한 이유에 대해서 많은 다른 요인들이 있다는 사실을 확인할 수 있었다.

그중 한 가지 요인은 환경 재앙에 따른 값비싼 대가를 피하려는 예방책이었다. 우연히 새 관찰을 좋아하는 사람이던 셰브런의 한 안전 책임자에게 나는 그런 정책을 추진하게 된 이유가 뭐냐고 물었을 때 그는 "엑손발데스, 파이퍼알파, 보팔 때문이죠!"라고 짤막하게 대답했다. 구체적으로 말하면 엑손의 유조선 엑손발데스호(號)가 1989년 알래스카 해안에서 좌초되어 엄청난 석유를 유출한 사건, 옥시덴탈페트롤리엄이 북해에 설치한 파이퍼알파 해상 플랫폼에서 1988년 화재가 발생해 167명이 사망한 사건(사진 32), 그리고 1984년 인도 보팔에 있던 유니언카바이드의 화학 공장에서 독가스가 유출되어 4,000명이 사망하고 20만 명이 다친 끔찍한 사건(사진 33)을 가리킨 것이었다. 근래에 일어난 산업 재해 중에서 우리에게 가장 널리 알려지고 가장 값비싼 대가를 치른 대표적인 세 재앙이었다. 이런 사고로 각 기업은 수십억 달러의 보상금을 치렀다. 보팔의 사고로 유니언카바이드는 독립된 기업으로서 그 존재마저 사라지는 비운을 맞았다. 셰브런의 안전 책임자는 1969년 로스앤젤레스 앞의 샌타바버라 해협에 위치한 유니언오일의 플랫폼 A에서도 재앙에 가까운 석유 유출이 있었다며, 그때부터 석유 회사들이 경각심을 갖기 시작했다고 덧붙였다. 셰브런을 비롯한 다국적 석유 회사들은 매년

사진 32 지난 20년 동안 일어난 산업 재해 중에서 가장 널리 알려지고 가장 값비싼 대가를 치렀던 재난이다. 옥시덴탈페트롤리엄이 북해에 설치한 파이퍼알파 해상 플랫폼에서 1988년 화재가 발생해 167명이 사망하면서 기업에 엄청난 재정적 손실을 안겨주었다.

사진 33 역시 지난 20년 동안 일어난 산업 재해 중에서 가장 널리 알려지고 가장 값비싼 대가를 치렀던 재난이다. 1984년 인도 보팔에 있던 화학 공장에서 유출된 독가스로 사망한 두 희생자의 모습. 이 사고로 4,000명이 목숨을 잃었고, 유니언카바이드는 기업 이름마저 사라지는 대가를 치렀다.

환경 보호를 위한 프로젝트에 추가로 수백만 달러, 심지어 수천만 달러를 쓰더라도 그런 사고로 단번에 수십억 달러를 배상해야 하는 사고를 최소화시킬 수 있다면, 혹은 개발 프로젝트 자체를 완전히 중단함으로써 투자금을 몽땅 날리는 가능성을 최소화시킬 수 있다면 장기적으로 돈을 버는 것이라는 사실을 깨달았다. 셰브런의 한 관리자는 텍사스의 한 유전에서 유정(油井)을 정리하는 책임자로 일할 때 작은 유정 하나를 정리하는 데도 평균 10만 달러가 소요된다는 사실을 알고 나서 깨끗한 환경 정책의 경제적 가치를 깨달았다고 내게 말했다. 즉 오염을 예방하는 비용이 오염된 지역을 정리하는 비용보다 훨씬 적다는 뜻이다. 요컨대 적은 비용으로 보건 정책을 강화해서 질병을 예방하는 것이 병에 걸린 환자를 치료하려고 애쓰는 것보다 훨씬 효과적인 동시에 비용도 적게 든다는 논리와 다를 바가 없다.

유전을 찾아내서 향후 20~50년 동안 원유를 생산할 수 있어 경제적 타산이 맞는다고 생각하면 석유 회사는 막대한 자본을 투자해서 유전을 개발한다. 이때 환경과 안전을 우선시하는 정책을 도입해서 대형 유출 사고를 10년에 평균 한 번만으로 줄인다면 그렇게 유혹적인 정책이 될 수 없다. 20~50년 동안 유전을 운영하면서 2~5번의 대형 유출 사고를 각오해야 하기 때문이다. 훨씬 더 엄격해져야 한다. 나는 로열더치셸 석유 회사(Royal Dutch Shell Oil Company)의 런던 사무실 소장을 만나서 석유 회사들이 모색하는 장기 계획이 무엇인지 처음 알았다. 런던 사무실은 30년 이후의 세계에 대해 여러 시나리오를 예측하는 역할을 맡고 있다. 그 소장의 설명에 따르면, 로열더치셸 석유 회사는 하나의 유전을 수십 년간 운영할 수 있기를 기대하기 때문에, 그리고 합리적으로 투자하려면 수십 년 후의 세계가 어떤 모습일지 알아야 한다고 생각하기 때문에 런던 사무실을 운영하는 것이었다.

대중의 기대치도 무시하지 못할 요인이다. 독성을 띤 광산의 폐수와 달리, 유출된 원유는 확연히 눈에 띈다. 파이프라인, 플랫폼, 유조차가 터지거나 폭발했다고 상상해보라. 또한 유출된 원유의 피해는 대번에 뚜렷이 나타난다. 검은 원유를 뒤집어쓴 채 죽은 새들의 사진이 텔레비전과 신문에 실렸다고 상상해보라. 따라서 대중은 이런 대형 환경 사고를 석유 회사의 탓이라 생각하며 개선책을 요구한다.

중앙 정부의 힘이 상대적으로 약하고 경찰력과 군사력도 허약하지만 지방 정부의 세력이 강한 민주 국가인 파푸아뉴기니에서는 대중의 기대치를 고려하고, 환경 훼손을 최소화시키는 것이 무엇보다 중요했다. 또한 쿠투부 유전의 지주들이 밭과 숲, 강에 의존하는 삶을 살았기 때문에, 원유를 뒤집어쓴 바닷새가 미국의 시청자들에게 안겨준 충격에 비하면 원유 유출이 그들의 삶에 미칠 충격은 상상하기 힘들 정도였다. 셰브런의 한 직원의 표현대로 "파푸아뉴기니에서는 지주와 마을 주민의 지원이 없다면 천연자원의 개발이 장기적으로 성공할 수 없다는 것을 우리는 알고 있었다. 환경 훼손으로 그들의 땅과 식량원에 피해가 미친다고 생각하면 그들이 개발 계획을 좌절시키고 중단시킬 것이 뻔했다. 실제로 부건빌에서 그런 사례가 있었다. 중앙 정부에는 지주들의 방해를 막을 수단도 없었고, 그럴 힘도 없었다. 따라서 우리는 환경 피해를 최소화시키고, 지역 주민들과 원만한 관계를 유지하기 위해서 신중하게 접근할 필요가 있었다." 셰브런의 다른 직원도 비슷한 논조로 말했다. "우리는 처음부터 쿠투부 프로젝트의 성공 여부가 지주와의 관계에 달려 있다고 확신했다. 우리가 없을 때보다 우리와 함께할 때 그들의 삶이 훨씬 나아진다는 믿음을 주어야 했다."

뉴기니의 지역 주민들은 셰브런의 운영 방식을 면밀히 감시하면서 다국적 석유 회사처럼 주머니가 두둑한 기업들에게는 압력을 가할수록 돈이 생긴다는 사실까지 알아냈다. 그래서 셰브런이 길을 낸다는 이유로 베어낸 나무들의 수를 헤아리고, 극락조가 앉는 나무에는 웃돈까지 붙여서 손해 배상금을 신청했다. 심지어 셰브런이 원유 채굴 지역까지 길을 낼 계획인 것을 알아낸 지주들이 도로 예정 지역에 커피나무를 심어두고는 커피나무가 뿌리째 뽑혔다며 손해 배상금을 요구하기도 했다는 소문까지 있었다. 사실 여부를 떠나서, 길을 최대한 좁게 내고 가능하면 시추 지역을 헬리콥터로 다니면서 숲의 파괴를 최소화하라는 메시지였다. 하지만 가장 염려스런 상황은 땅의 훼손에 분노한 지주들이 원유 개발 프로젝트 자체를 무산시킬 경우였다. 셰브런의 직원이 언급했던 부건빌 사태가 그런 경우였다. 파푸아뉴기니에 투자된 최대 프로젝트였던 부건빌 구리 광산이 1989년 환경 훼손에 분노한 지주들의 반발로 폐쇄되었고, 그 후 중앙 정부가 내전까지 감수하면서 병력을 투입했지만 헛일이었다. 부건빌 광산의 사례에서 셰브런은 환경 훼손을 자행하면 쿠투부 유전도 똑같은 운명을 맞을 수 있다는 경각심을 갖게 되었다.

셰브런은 1981년 캘리포니아 앞바다에서 발견한 포인트아르게요 유전에서 쓰라린 교훈을 얻은 적이 있었다. 포인트아르게요 유전은 알래스카 푸르도 만의 유전 이후로 미국에서 발견된 최대의 유전으로 추정되었다. 대중의 각성, 지역 주민의 반대, 까다로운 정부 규제로 원유 생산은 10년 후에도 시작되지 못했다. 그 때문에 셰브런은 투자에서 막대한 손해를 입었다. 따라서 쿠투부 유전에서, 셰브런은 까다로운 정부 규제와 상관없이 환경을 거의 완벽하게 보호할 수 있다는 것을 보여줌으로써 대중의 반감을 불식시킬 기회로 삼았다.

이런 점에서 쿠투부 프로젝트는 점점 엄격해지는 정부의 환경 기준을 훨씬 앞질러간 예를 보여준다. 예외가 없지는 않지만 전세계에서 환경에 대한 정부의 규제는 점점 엄격해지고 있는 추세이다. 아직은 환경에 관심을 가질 여유가 없을 듯한 개발도상국들까지도 점점 까다로워지고 있다. 실제로, 바레인에서 근무하는 셰브런의 한 직원이 내게 증언한 바에 따르면, 셰브런이 최근에 그 지역의 앞바다에서 시추 작업을 할 때 바레인 정부가 시추 과정에 실시할 환경 영향 평가 계획서, 시추 후의 환경 영향 평가서의 제출을 처음으로 요구했다. 게다가 듀공(열대 지역에 서식하는 돌고래 비슷한 수생 포유동물: 옮긴이)과 가마우지의 서식처에 미칠 영향을 최소화하라는 요구까지 덧붙였다. 이제 석유 회사들은 정부의 환경 기준이 엄격해진 후에 시설을 강화하는 것보다 처음부터 환경 훼손을 예방하는 깨끗한 시설을 갖추는 편이 비용 면에서 훨씬 낫다는 사실을 잘 알고 있다. 또한 그들이 채굴하는 나라가 지금은 환경적으로 느슨한 정책을 펴더라도 시설의 수명이 다하기 전에 규제가 강화될 경우까지 예상하고 애초부터 친환경적인 시설을 갖추고 있다.

셰브런이 친환경적인 정책을 시행함으로써 얻은 더 큰 이익은 좋은 평판이다. 덕분에 그들은 경쟁 입찰에서 계약을 따낼 확률이 더 높아졌다. 예컨대 정부와 국민이 환경 문제에 무척 관심이 높은 나라인 노르웨이 정부가 최근에 북해 유전 및 천연가스 개발을 위한 경쟁 입찰을 공고했다. 셰브런은 입찰에 참여했고 계약을 따내는 성과를 올렸다. 친환경적 기업이라는 좋은 평판이 적잖은 영향을 미쳤으리라고 생각한다. 실제로 그런 점이 작용했다면 셰브런에서 일하는 몇몇 친구들의 말대로, 노르웨이 계약건은 쿠투부 유전에서 엄격한 환경 보호 정책을 시행한 덕분에 셰브런이 거둔 최고의 경제적 이익이었다.

기업의 감시자는 대중과 정부, 각 지역의 지주이지만 그 기업의 직원들도 감시자가 될 수 있다. 특히 유전은 기술, 건설, 관리 등이 복잡하게 얽힌 문제를 제기한다. 석유 회사의 직원들은 대다수가 고학력자여서 환경 문제에 관심이 많은 편이다. 그들의 임금도 높을 뿐만 아니라 그들을 훈련시키는 비용도 많이 든다. 쿠투부 유전에서 일하는 직원의 대부분은 파푸아뉴기니에서 거주하는 시민이지만 미국인들과 오스트레일리아인도 적지 않다. 그들은 5주 동안 파푸아뉴기니에서 일하고, 5주는 가족의 품에 돌아가 쉰다. 그들의 항공 요금도 무시하기 힘든 비용이다. 이 모든 직원들은 자신들을 위해서 유전 지역의 환경 상태를 감시하고, 깨끗한 환경 정책에 대한 경영진의 열의를 감시한다. 셰브런의 많은 직원들이 내게 말하듯이, 직원의 드높은 사기와 환경관도 깨끗한 환경 정책에서 셰브런이 거둔 이익인 동시에 그런 정책을 어떤 기업보다 먼저 채택하게 된 원동력이었다.

환경에 대한 관심은 셰브런에서 경영진을 뽑는 데 하나의 기준이 되었다. 최근에 셰브런의 최고 경영자를 지낸 케니스 데르(Kenneth T. Derr)와 데이비드 오라일리(David O'Reilly)는 개인적으로 환경 문제에 관심이 많은 사람들이었다. 전세계에서 일하는 셰브런의 모든 직원들은 매달 최고 경영자에게서 전자 메일을 받는다. 셰브런의 현황에 대해 알리는 전자 메일로, 여기에서 최고 경영자는 환경 문제와 안전 문제를 자주 언급하면서 환경과 안전을 최우선으로 삼으라고 강조하며 그래야 셰브런의 평판을 좋게 유지할 수 있다고 역설한다. 따라서 셰브런의 환경 정책이 대외 과시용을 위한 눈속임이 아니라, 정말로 진지하게 다루어지는 과제라는 사실을 직원들도 인식하고 있다. 톰 피터스(Tom Peters)와 로버트 워터맨(Robert Waterman Jr.)이 함께 쓴 베스트셀러 『초우량 기업의 조건 *In Search of Excellence: Lessons from America's Best-Run Companies*』에서 내린 결론과 그대로 일치한다. 그들의 결론에 따르면, 직원들이 어떤 식으로 행동하기를 바란다면 경영자도 그런 식으로 행동하고 있다는 것을 직원들에게 직접 보여주는 것보다 확실한 방법이 없다고 하지 않는가.

끝으로 새로운 테크놀로지의 등장으로 석유 회사들은 과거보다 훨씬 깨끗한 방식으로 운영할 수 있게 되었다. 예컨대 과거에는 유정을 수직으로 파내려가 유정 하나를 팔 때마다 환경 훼손을 유발했지만 이제는 한 곳에서 수평이나 대각선으로 서너 개의 유정을 팔 수 있는 수준에 이르렀다. 유정을 팔 때 필연적으로 생기는 돌 부스러기들이 과거에는 매립되거나 바다에 버려졌지만 이제는 생산 불가능한 원유를 담고 있는 별도의 지하 유층(油層)으로 보내진다. 또한 원유 채취에 따른 부산물인 천연가스는 이제 무작정 태워지지 않고 쿠투부 유전에서처럼 지하 유층으로 재주입되거나, 파이프라인을 통해서 혹은 액화되어 선적을 통해 세계 곳곳으로 팔려나간다. 쿠투부 유전에서 그랬듯이 이제는 많은 유전에서 도로를 개설하지 않고 헬리콥터를 이용해서 유전을 시추하고 탐사하는 것이 상식이다. 물론 헬리콥터를 이용하는 데 많은 비용이 들지만 도로 건설과 그에 따른 환경 비용이 훨씬 큰 경우도 적지 않다.

셰브런을 비롯해 다국적 석유 회사들이 환경 문제를 진지하게 연구하는 이유가 바로 여기에 있다. 요컨대 깨끗한 환경 정책이 기업에게 돈을 벌게 해주고, 장기적으로 새로운 유전과 가스전을 개발할 가능성을 높여준다. 그러나 거듭해서 말하지만 모든 석유 회사가 한결같이 깨끗하고 책임감 있게 행동하는 것은 아니다. 제대로 보수되지도 않고 주먹구구식으로 운영된 홑겹의 유조선이 좌초되어 바다에 엄청난 양의 원유를 유출하는 심각한 사건들이 요즘도 자주 발생한다. 2002년에도 선령이 26년이나 된 '프레스티지' 호가 침몰하면서 에스파냐 앞바다를 오염시킨 일이 있었다. 이런 홑겹의 유조선들은 대체로 선박 회사의 소유이다. 그나마 다행인 것은 다국적 석유 회사들이 대부분의 유조선을 이중 선체로 바꾸었다는 소식이다. 그밖에도 환경적으로 청정한 테크놀로지가 개발되기 전에 건설되어 환경 문제를 일으킬 염려가 있지만 비용 등 갖가지 이유로 개선하기 어려운 노후 설비들(나이지리아와 에콰도르의 경우), 부패한 독재 정부의 유전 운영(나이지리아와 인도네시아의 경우)도 중대한 문젯거리이다. 그러나 셰브런의 사례는 석유 회사가 유전 지역과 그곳 주민에게 환경적 혜택을 안겨주는 방식으로 운영될 수 있다는 사실을 분명하게 보여주는 증거이다. 적어도 그 지역이 대안적 사업으로 벌목을 택했거나, 생존을 위해 사냥과 영농을 택한 경우보다는 환경적으로 훨씬 나은 결과를 낳았다. 또한 셰브런의 사례는 적어도 쿠투부 유전에서 그런 결과를 낳는 데 많은 요인이 복합적으로 작용했겠지만 주민의 잠재적인 역할이 컸다는 사실을 보여주는 좋은 예이다.

내가 1986년 인도네시아 국영 석유 회사 페르타미나의 살라와티 유전에서 목격한 환경 문제에는 무관심했는데, 1988년부터 방문하기 시작한 셰브런의 쿠투부 유전에는 지극히 관심을 기울인 이유가 무엇이었을까? 인도네시아 국영 석유 회사로서 페르타미나의 1986년 상황과, 파푸아뉴기니에서 유전을 운영한 다국적 기업으로서 셰브런의 1998년 상황은 무척 달랐고, 이런 차이가 다른 결과로 나타난 듯하다. 인도네시아 국민, 정부, 사법부는 그들의 사업 파트너인 유럽인과 미국인보다 석유 회사들의 행태에 관심을 별로 보이지 않았고 큰 기대를 하지도 않았다. 또한 셰브런에 근무하는 미국인과 오스트레일리아 직원들에 비해서, 페르타미나에 근무하는 인도네시아 직원들은 환경의 중요성에 대한 인식이 부족했다. 파푸아뉴기니는 민주 국가로 모든 시민이 자유의지에 따라 개발 계획을 거부할 수 있다. 그러나 1986년의 인도네시아는 군사 독재 국가였다. 따라서 시민에게 그런 자유가 허락되지 않았다. 게다가 인도네시아에서 인구가 가장 많은 자바 섬 출신들이 정부를 장악해서, 뉴기니 주를 하나의 수입원인 동시에 자바 섬의 인구를 이주시킬 곳으로 생각할 뿐이었다. 따라서 뉴기니 섬의 동쪽 절반을 소유한 파푸아뉴기니 정부에 비해서 뉴기니 주민의 여론에 귀를 기울이지 않았다. 페르타미나는 인도네시아 정부에서 까다로운 환경 기준을 요구받지도 않았다. 페르타미나는 주로 인도네시아 내에서 영업하는 국영 석유 회사인 까닭에, 다국적 대기업보다 해외 계약 건에서 경쟁력이 크게 떨어진다. 따라서 페르타미나는 깨끗한 환경 정책을 통해 국제 경쟁력을 갖출 기회조차 갖지 못한다. 더구나 페르타미나에는 매월 전 직원에게 전자 메일을 보내 환경을 최우선시하라고 강조하는 최고 경영자도 없었다. 나는 페르타미나의 살라와티 유전을 1986년에 방문했다. 하지만 그 후 페르타미나의 정책이 바뀌었는지는 모르겠다.

광석의 채굴

이제 석유와 천연가스 산업에서 눈을 돌려 광석 채굴 산업(hardrock mining industry)으로 넘어가보자. '광석 채굴 산업' 이란 개념은 석탄을 캐내는 광산업과 대립되는 개념으로 금속을 함유한 광석을 캐내는 광산업을 가리킨다. 이 산업은 현재 미국에서 가장 큰 오염원으로, 대외적으로 발표되는 산업 공해의 거의 절반을 차지하고 있다. 미국 서부를 흐르는 강들 중에서 거의 절반의 상류가 광산업 때문에 오염되었다. 이런 잘못 때문에, 미국 대부분의 지역에서 광석 채굴 산업이 사양길에 접어들었다. 그런데 환경 단체들은 광석 채굴 산업에 관련된 본질적인 사실들을 알려고 하지 않았고, 이 산업이 구습(舊習)을 버리겠다고 다짐하며 1998년부터 시작한 썩 괜찮은 국제 운동에 동참하기를 거부했다.

광석 채굴 산업의 이런 상황들이 처음에는 이상하게 들릴 수 있다. 적어도 겉으로 보기에는 석유 및 천연가스 산업, 그리고 석탄 산업과 다를 것이 없는 듯하기 때문이다. 세 산업 모두 땅에서 재생 불가능한 자원을 채취하는 산업이 아닌가? 그렇다. 하지만 세 산업은 세 가지 이유에서 다른 결과를 낳았다. 즉 경제 상황과 테크놀로지, 각 산업 내에서의 마음가짐, 각 산업에 대한 사회와 정부의 입장 등이 달랐다.

광석 채굴 산업에서 야기된 환경 문제는 여러 가지 유형을 띤다. 하나는 채굴에 따른 지표의 교란과 관련된 문제이다. 이 문제는 광석이 지표 가까이에 있어 흙을 걷어내는 것만으로 광석을 채취할 수 있는 노천광에 특히 영향을 미친다. 그러나 원유는 유층(油層)이 있는 곳까지 흙을 걷어내서 채취하는 경우가 전혀 없다. 대신 석유 회사들은 좁은 지역에 유정을 파서 석유를 뽑아내기 때문에 석유 산업도 지표를 교란시킨다고 말하기는 어렵다. 물론 광석이 지표 가까이에 있지 않고 갱목을 설치하면서 지하 깊숙이 터널을 파들어가는 광산들이 있기는 하다. 이런 경우에는 석유 산업과 마찬가지로 아주 좁은 지표만을 교란시킬 뿐이다.

그러나 광석 채굴 산업이 야기한 더 큰 환경 문제는 금속, 화학 처리, 산성을 띤 폐수, 퇴적물로 인한 수질 오염이다. 광석에 함유된 금속과 금속 상당 물질—특히 구리, 카드뮴, 납, 수은, 아연, 비소, 안티몬, 셀레늄—이 독성을 띠어, 인근에 위치한 시내와 지하수층으로 스며든다면 큰 문제를 일으킬 수 있다. 일본 도마현에 있던 납과 아연 광산에서 진주 강으로 방류한 폐수에 함유된 카드뮴이 원인으로 밝혀진 골 질환(이타이이타이 병: 옮긴이)이 대표적인 예이다. 게다가 시안화물(청산칼리), 수은, 황산, 다이너마이트를 터뜨릴 때 생기는 질산염 등 광산업에서 사용하는 화학 물질들도 독성을 지닌다. 게다가 황화물을 지닌 광석이 채굴 과정에서 물과 공기에 노출되면서 유출되는 산이 수질을 오염시킨다는 사실이 비교적 최근에 밝혀졌다. 광산에서 유거수에 쓸려내려오는 퇴적물도 수생 동물과 식물에 해로울 수 있다. 대표적인 예가 물고기의 산란층을 덮어버리는 경우이다. 이런 식의 오염 이외에, 광산에서 소비하는 물의 양도 엄청나다.

채굴 과정에서 생긴 흙과 폐기물을 어디에 버리느냐는 문제도 심각하다. 이런 폐기물은 크게 네 가지로 이루어진다. 1) 광석층까지 이르기 위해 걷어낸 흙, 즉 표토(表土), 2) 금속 함유량이 너무 적어 경제적 가치가 없는 것으로 판명된 폐석, 3) 광석을 추출하고 남은 부스러기들, 4) 광석을 추출하는 데 쓰인 여과판에 남은 잔류물들이다. 특히 3), 4)는 차례로 선광(選鑛)을 위한 웅덩이와 여과판에 남는 반면에 표토와 폐석은 무더기로 쌓인다. 나라마다 다르지만 광석을 추출하고 남은 부스러기(고형 물질과 물의 혼합물)는 강이나 바다에 버리거나, 땅에 그대로 쌓아두는 경우도 있지만 대개의 경우는 댐 뒤에 차곡차곡 쌓는 식으로 처리된다. 안타깝게도 선광 부스러기를 사용한 댐은 애초부터 무척 취약한 편이다. 돈을 절약하려고 충분한 강도로 설계되지 못한 댐이 대부분이다. 달리 말하면 콘크리트로 쌓지 않고 폐기물로 값싸게 세워진 것이다. 또한 상당히 오랜 기간 동안 건설된 탓에 완공 검사와 안전 검사를 받지 않아 댐의 상태를 끊임없이 면밀하게 감시해야 한다. 이 때문에 세계에서 선광 부스러기를 사용한 댐과 관련된 대형 사고가 매년 평균 한 건씩 일어난다. 미국에서 선광 부스러기 댐과 관련해서 일어난 가장 큰 사건은 1972년 125명의 목숨을 앗아간 웨스트버지니아의 버펄로크리크 참사였다.

이런 환경 문제들 중 일부는 뉴기니 섬과 인근 섬들에서 가장 큰 네 광산의 상황으로 설명된다. 파푸아뉴기니에 속한 부건빌 섬의 판구나 구리 광산은 한때 이 나라에서 가장 큰 기업이었고, 외화를 가장 많이 벌어들인 기업이었다. 물론 세계에서 가장 큰 구리 광산 중 하나이기도 했다. 이 광산은 선광 부스러기를 자바 강의 한 지류에 곧바로 버렸고, 그 때문에 엄청난 환경 문제가 야기되었다. 정부가 그 문제를 해결하지 못하고 이와 관련해서 정치적이고 사회적인 문제까지 불거지자 부건빌 주민들이 폭동을 일으켰다. 이 폭동은 내란으로 발전하면서 수천 명이 목숨을 잃었고, 파푸아뉴기니라는 나라가 쪼개질 지경에 이르렀다. 내란이 발발한 지 15년이 지났지만 부건빌은 아직도 평화를 완전히 되찾지 못하고 있는 실정이다. 물론 판구나 광산은 폐쇄되었고 채굴을 다시 시작할 가능성은 전혀 없는 듯하다. 따라서 광산의 소유자들은 물론이고 채권자들(뱅크오브아메리카, 미국 수출입은행, 일본과 오스트레일리아의 채권자들)도 큰돈을 잃었다. 이 역사적 교훈을 통해서, 셰브런은 카투부 유전 지역의 지주들과 긴밀한 관계를 유지하면서 그들의 허락을 얻어냈다.

리히르 섬의 금광은 굵은 관을 이용해 선광 부스러기를 바다에 버렸다. 환경보호론자들은 해양 생명체에 극히 해로운 방법이라 경계하지만 금광의 소유자들은 그렇지 않다고 주장한다. 한 광산이 리히르 섬 부근의 해양 생명체에 미치는 영향은 미미할 수 있겠지만 다른 광산들도 선광 부스러기를 바다에 버린다면 이 세계는 중대한 문제에 직면하게 될 것이다. 뉴기니 본토에 있는 옥테디 구리 광산은 선광 부스러기로 댐을 세웠다. 그러나 댐이 세워지기 전에 설계도를 검토한 전문가들은 그 댐이 금세 무너질 것이라고 경고했다. 실제로 몇 달을 버티지 못하고 그 댐은 무너졌다. 그리고 20만 톤의 선광 부스러기와 폐기물이 매일 옥테디 강으로 흘러들어 그 지역의 어업을 황폐화시켰다. 게다가 오염된 물이 옥테디 강에서 곧바로 플라이 강으로 유입되었다. 뉴기니에서 가장 긴 강인 플라이 강은 뉴기니에서 가장 소중한 어장이 있는 곳이기도 하다. 어쨌든 플라이 강에 유입된 폐기물들이 다섯 겹이나 쌓인 까닭에 강이 범람하면서 광산의 폐기물이 범람원까지 흘러들어가 지금까지 200평방마일의 옥토를 황무지로 만들어버렸다. 게다가 플라이 강을 거슬러 올라가 광산까지 시안화물 통을 운반하던 배가 침몰하는 사고까지 있었다. 그 후 그 통이 점점 부식하면서 시안화물을 강에 누출시키기 시작했다. 2001년, 세계에서 네 번째로 큰 광업 회사로 옥테디 광산을 운영하던 BHP는 "옥테디는 우리 환경 기준에 맞지 않다. 애초부터 잘못된 선택이었다"라고 변명하며 광산을 폐쇄하려 했다. 그러나 그 광산이 파푸아뉴기니의 수출액 중 20퍼센트를 차지했기 때문에 파푸아뉴기니 정부는 BHP의 철수를 허락하면서도 그 광산을 계속 운영하기로 결정했다. 끝으로, 인도네시아령 뉴기니에 있는 그래스버그-어츠버그 광산은 거대한 노천광으로 인도네시아에서 가장 중요한 광산이기도 하다. 구리와 금을 채굴하는 이 광산은 선광 부스러기를 미미카 강에 버린다. 선광 부스러기는 강을 따라 흘러가, 뉴기니와 오스트레일리아 사이에 있는 수심이 얕은 아라푸라 해(海)까지 흘러들어간다. 옥테디 광산과 뉴기니에 있는 또 하나의 금광과 더불어, 그래스버그-어츠버그 광산은 현재 다국적 기업이 운영하면서도 폐기물을 강에 버리는 세계에서 유일한 세 광산이다.

광석 채굴 회사들이 환경 훼손을 막기 위해 주로 쓰는 정책은 광산을 폐쇄한 후에 채굴 지역을 정비하고 복구하는 식이다. 이런 점에서 채굴 과정에서 지역을 복구해가는 석탄 채굴 산업과 다르다. 요컨대 광석 채굴 산업은 그 방법을 달갑게 생각하지 않는다. 그들은 소위 '빠지기(walkaway)' 전략이 최고라고 생각한다. 즉 정비와 복구를 동시에 진행하는 것이 비용을 최소화시키고, 광산의 폐쇄 후 2~12년이면 충분히 끝낼 수 있으며(그 후 기업은 모든 책임을 덜고 홀가분하게 그 지역에서 빠져나갈 수 있다), 토양의 침식을 방지하기 위해서 물매를 조절하고, 걷어낸 성장배지(成長培地)를 이용해서 식물의 재성장을 촉진하며, 광산에서 흘러나가는 물을 몇 년 동안 처리하는 것으로 끝내겠다는 전략이다. 하지만 이런 방법은 요즘의 광산을 원상 복구하는 데 턱없이 부족하고 수질도 기준에 못 맞추는 것으로 밝혀졌다. 오히려 산성 배수(acid drainage)의 가능성이 있는 전 지역을 복구해서 적절한 초목을 심고, 오염된 지하수와 표층수를 찾아내 관리해야 할 필요가 있다. 엄격한 의미에서 수질을 원상 복구시키려면 '영원' 한 시간이 걸릴 수도 있다. 따라서 정비와 복구를 위해 필요한 직 · 간접 비용은 산성 배수가 없을 경우에도 '빠지기' 전략을 구사하는 기업의 추정 비용보다 1.5~2배가 소요되고, 산성 배수가 있는 경우에는 무려 10배에 이른다. 이런 비용에서 가장 불확실한 부문은 광산에서 산성 배수가 유출되느냐 유출되지 않느냐는 것이다. 사실 이 문제는 다른 광산에서 일찍부터 인지되었지만 구리 광산에서는 상대적으로 최근에야 인지된 문제이고, 미리 정확하게 예측하기가 거의 불가능한 문제이기도 하다.

복구를 앞둔 광석 채굴 기업들은 파산을 선언하거나, 주인이 같은 다른 기업에 자산을 이전시키는 방식으로 이런 비용마저 회피하기 일쑤이다. 제1장에서 살펴본 몬태나의 조트만란두스키 금광이 대표적인 예이다. 캐나다 기업인 페가수스 금광 회사가 개발한 이 금광은 1979년 채굴을 시작했다. 이 금광은 미국에서 청산염을 이용한 '침출법(heap leach)' 을 처음 대대적으로 사용한 노천 금광이었고, 몬태나에서 가장 큰 금광이었다. 따라서 청산염의 누출과 유출, 산성의 배출로 이어질 수밖에 없었다. 그러나 연방 정부는 물론이고 몬태나 주 정부도 금광 회사에게 산성 배수를 조사하라고 요구한 적도 없었다. 1992년 주 조사관들이 금광 주변의 시내들이 중금속과 산에 오염되었다는 보고서를 작성했다. 이 보고서를 근거로 연방 정부, 몬태나 주 정부, 지역 인디언 부족들이 제기한 모든 소송을 취하하는 조건으로 페가수스는 1995년에 3,600만 달러를 지급하는 데 동의했다. 그리고 1998년, 구체적으로 말해서 채굴터의 15퍼센트 정도만 복구되었을 때 페가수스 금광 회사의 이사회는 500만 달러의 상여금을 자기들끼리 나누어 가지고, 페가수스의 남은 자산을 아폴로 금광 회사에 이전하는 결정을 내리면서 페가수스 금광 회사의 파산을 선언했다. 물론 아폴로 금광 회사는 그들이 새로 창립한 회사였다. (다른 광산 회사의 이사들과 마찬가지로 페가수스의 이사들도 조트만란두스키 광산 아래의 하류에 살지 않았다. 따라서 그들도 자신들이 저지른 행동의 결과에 영향을 받지 않은 '지식인'의 전형이었다.) 결국 주 정부와 연방 정부가 5,200만 달러를 들여 복구를 떠맡을 수밖에 없었다. 5,200만 달러의 복구 비용 중 3,000만 달러는 페가수스가 지급한 3,600만 달러에서 충당했지만, 나머지 2,200만 달러는 미국 납세자들에게 부담시켜야 했다. 그러나 그 복구 계획에는 영원히 계속되어야 할 수질 관리 비용이 포함되지 않아, 납세자는 더 많은 비용을 부담해야 할 실정이다. 게다가 몬태나에 있는 13곳의 주요 광석 채굴 광산 중 다섯 곳이 파산한 페가수스 금광 회사의 소유였고, 그중 네 곳이 청산염 침출법을 사용한 노천 금광이었다. 또한 10곳에서 영원한 수질 관리가 요구되는 것으로 밝혀져, 그 광산들이 폐쇄된다면 복구 비용은 처음 추정액의 100배가 훌쩍 넘을 듯하다.

역시 캐나다 기업의 소유로 침출법을 사용한 갤러틱리소스서미트빌 광산 회사의 파산은 미국 납세자들에게 더 큰 부담을 안겨주었다. 그 광산은 매년 평균 9.8미터의 눈이 내리는 콜로라도 주 산악지대에 있었다. 콜로라도 주 정부가 갤러틱리소스에 광산 개발권을 허락하고 8년이 지난 1992년, 이 회사가 갑자기 파산을 선언하고 1주일도 지나지 않고 광산을 폐쇄하며 전 직원을 해고했다. 엄청난 액수의 지방세를 체납한 것은 말할 것도 없고, 기본적인 환경 복구조차 중단하고 현장을 떠나버렸다. 그로부터 몇 개월 후, 겨울 눈이 내리기 시작하자 침출지가 넘치면서 앨러모사 강을 3,000미터 가량 청산염으로 오염시켰다. 그때서야 콜로라도 주 정부가 갤러틱리소스에 채굴을 허락하는 조건으로 겨우 450만 달러밖에 요구하지 않았다는 사실이 밝혀졌다. 하지만 복구 비용은 거의 1억 8,000만 달러로 추정되었다. 주 정부가 갤러틱리소스의 청산 과정에서 2,800만 달러를 추가로 받아내기는 했지만 미국의 납세자들이 나머지 1억 4,750만 달러를 부담할 수밖에 없었다.

이런 경험적 교훈 덕분에, 미국의 주 정부들과 연방 정부는 광석 채굴 회사들이 복구를 거부하거나 복구를 감당할 만한 경제적 여력이 없을 경우를 대비해서 그들에게 정비와 복구를 충분히 담보할 수 있는 재정적 보장을 미리 요구하기 시작했다. 그러나 정부에는 보장 비용을 산정하는 데 필요한 시간과 지식, 정확한 채굴 계획에 대한 정보가 부족했기 때문에 보장 비용은 광산 회사가 자체로 추정한 복구 비용에 근거해 산정된다. 광산 회사가 복구하지 않아 정부가 어쩔 수 없이 복구를 떠맡은 많은 경우에서, 실제 복구 비용은 광산 회사가 추정한 비용보다 100배나 높은 것으로 드러났다. 그다지 놀랄 일도 아니다. 광산 회사에 복구 비용의 산정을 맡겼고, 광산 회사는 아무런 인센티브도 없이 순전히 정부의 규제 압력에 못 이겨 추정하는 것이기 때문에 낮게 산정할 수밖에 없지 않겠는가. 하여간 복구 보장 비용은 세 가지 형태 중 하나로 납부된다. 1) 현금이나 차용증, 2) 광산 회사가 매년 보험료를 지불하는 조건으로 보험 회사가 발행한 보험증권, 3) 광산 회사가 복구를 약속하며 자산을 담보로 제공하는 '각서'이다. 그러나 이런 약속은 뻔질나게 깨지기 때문에 각서는 아무런 의미가 없다. 따라서 연방 소유의 땅에서 광산을 개발할 경우에는 각서가 더 이상 받아들여지지 않지만 미국에서 광산 회사들과 가장 우호적 관계를 맺고 있는 애리조나 주와 네바다 주에서는 지금도 가장 흔히 사용되는 방법이다.

미국 납세자들은 광석 광산을 정비하고 복구하는 데 앞으로도 120억 달러를 더 지불해야 한다. 정부가 복구 비용의 담보를 받았다는데도 이렇게 부담금이 많은 이유가 무엇일까? 앞에서 언급한 대로 광산 회사들이 추정한 복구 비용이 너무 낮았기 때문이고, 가장 많은 몫을 차지하고 있는 두 주(애리조나와 네바다)가 복구 비용을 보험증권으로 받지 않고 각서로 받았기 때문이다. 부족한 대로 보험증권을 받았더라도, 웬만한 사람이면 경험했겠지만 보험 회사에서 보험금을 제대로 받아내기가 얼마나 어려운가! 보험 회사는 이른바 '협상'이란 이름으로 보험금을 최대한 깎으려 한다. 예컨대 "우리가 제시한 금액을 받아들이지 않으면 변호사 비용을 들여야 할 것이고, 법정에서 최종 판결을 받아내려면 5년은 족히 기다려야 할 겁니다"라고 은근히 협박한다(실제로 화재로 집을 잃은 내 친구는 이런 협상을 하느라 지옥 같은 1년을 보냈다). 협상이 끝났다고 보험 회사가 금방 돈을 주는 것도 아니다. 정비와 복구가 완료된 후에야 협상한 금액을 내준다. 하지만 보험증권에는 시간 지체에 따른 비용 상승을 책임진다는 규정이 없다. 그런데 광산 회사뿐만 아니라 보험 회사도 엄청난 부담금에 직면하면 파산을 신청한다. 현재 미국에서 납세자들에게 가장 큰 부담을 지워준 10대 광산(총 120억 달러 중 거의 절반) 중 두 곳이 파산 직전에 있는 회사(아사르코, 약 10억 달러)의 소유이고, 여섯 곳은 그들에게 주어진 의무를 한사코 거부하는 회사들이 소유하고 있으며, 두 곳만이 그런대로 협조적인 기업의 소유일 뿐이다. 게다가 10곳 모두에서 산성 배수의 가능성이 있어 영원히, 적어도 오랫동안 수질 관리가 필요할 듯하다.

이렇게 납세자에게 엄청난 비용을 전가시킨 까닭에 몬태나를 비롯해 많은 주에서 주민들이 광산 회사에 대해 좋지 않은 감정을 갖는다는 것은 당연한 결과일 수 있다. 규제가 심하지 않은 네바다 주의 금광, 몬태나 주의 백금 및 팔라듐 광산(이 광산에 대해서는 뒤에서 자세히 살펴보기로 하자)을 제외하면 미국에서 광석 채굴 산업의 미래는 암담한 편이다. 미국 대학 졸업생 중 578명만이 광업에서 사회 생활을 시작할 뿐이다. 1938년과 거의 같은 수이다. 그동안 대학생 수가 폭발적으로 증가한 것에 비하면 놀라운 결과가 아닐 수 없다. 1995년 이후로, 미국에서는 주민들의 반대 여론이 광산 회사의 채굴 허가를 좌절시키는 데 큰 역할을 해냈다. 게다가 로비스트와 우호적인 국회의원들조차 광산 회사의 제안을 신뢰하지 않는다. 광석 채굴 산업은 공공의 이익보다 기업의 이익을 우선시하는 근시안적 경영이 장기적으로는 자멸을 재촉하는 길이며, 궁극적으로 산업 전체를 몰락시킬 수 있다는 사실을 증명해준 대표적인 사례이다.

이런 안타까운 결과가 처음에는 놀랍게 받아들여질 수 있다. 석유 산업처럼 광석 채굴 산업도 임금 비용을 낮춤으로써 깨끗한 환경 정책을 도입해 이익을 거둘 수 있었다. 즉 직업의 만족도를 높여 이직률과 결근율을 낮추고, 건강 비용을 낮추며, 금융 및 보험의 부담을 줄이고, 공동체와 우호적 관계를 맺어 개발 계획에 대한 주민의 반발 가능성을 차단하며, 환경 기준이 한층 엄격해질 때 낡은 테크놀로지를 개 · 보수하려고 하지 말고 애초부터 친환경적인 첨단 테크놀로지를 도입함으로써 전체적인 비용을 절감하는 방법을 광석 채굴 산업도 택할 수 있었다. 같은 시기에 거의 비슷한 문제에 직면했던 석유 산업과 석탄 채굴 산업은 자멸의 길을 택하지 않았는데 광석 채굴 산업은 어째서 이런 자멸적 행동을 취했을까? 그 대답은 앞에서 언급했던 세 가지 요인, 즉 경제적 여건, 광석 채굴 산업 경영자들의 마음가짐, 그리고 사회의 태도와 깊은 관계가 있다.

광산 회사의 동기

석유 산업이나 석탄 채굴 산업보다 광석 채굴 산업에게 환경 복구 비용이 더 부담스럽게 여겨지는 이유는 낮은 이윤율, 들쑥날쑥한 이윤, 높은 복구 비용, 오랫동안 지속되는 환경 문제, 소비자에게 환경 비용을 전가시키기 힘든 조건, 환경 비용을 완화시키기에 부족한 자본, 노동력의 질적 차이 등에서 비롯된 경제적 요인들이다. 물론 다른 광산 회사에 비해 높은 수익을 올리는 기업도 있지만 광석 채굴 산업 전체의 평균 수익률은 무척 낮아, 지난 25년 동안 자본 비용에도 미치지 못했다. 예컨대 광산 회사 최고 경영자가 1,000달러의 여윳돈을 1979년에 철강 산업 주식에 투자했다면 2000년쯤에 2,220달러로, 철강이 아닌 다른 금속 산업의 주식에 투자했다면 1,530달러로 상승했겠지만 금광의 주식에 투자했다면 인플레이션을 감안하지 않더라도 오히려 손해를 보아 590달러로 떨어졌다. 그러나 뮤추얼 펀드에 투자했다면 1,000달러가 무려 9,320달러로 뛰어올랐다. 설령 당신이 광산업자라도 광산업에 돈을 투자하겠는가!

이런 낮은 수익률조차 개별 광산에서나 광석 채굴 산업 전체에서나 예측이 불가능하다. 경제적 가치가 확인된 유전에 위치한 개별 유정은 애초부터 매장량과 원유 등급에 대한 예측이 어느 정도 가능하다. 그러나 원광의 등급, 즉 금속의 함유량과 그에 따른 수익성은 광맥을 따라 파내려가는 동안에도 수시로 변한다. 지금까지 개발된 광산의 절반 정도가 수익성이 없는 것으로 밝혀졌다. 산업체 전체의 평균 수익률도 예측 불가능하다. 원유 가격이나 석탄 가격에 비해서 금속 가격이 세계 전역에서 생산되는 1차 상품의 가격에 따라 크게 요동치기 때문이다. 이렇게 가격이 요동치는 이유는 복합적이지만, 원유와 석탄보다 금속의 부피가 적어 비축하기 쉽고, 또한 소비량도 적다는 것도 무시하지 못할 이유이다. 또한 원유와 석탄은 반드시 필요하지만 금속은 불경기에 없어도 상관없는 사치품으로 인식된다는 것도 큰 이유이다. 게다가 금의 가격은 금의 공급량이나 수요량과 무관한 요인으로 들썩거린다. 즉 투기꾼들, 주식시장이 불안할 때 금을 사들이는 투자자들, 중앙은행에 보유한 금을 파는 정부들이 금의 가격을 요동치게 만든다.

광석 채굴은 엄청난 양의 폐기물을 만들어낸다. 따라서 유정보다 복구 비용이 훨씬 많이 필요하다. 유정에서 퍼내 처리해야만 하는 폐기물의 대부분은 물이다. 즉 물과 원유의 비율이 1:1, 혹은 그 이상이다. 접근로를 개설하지 않거나 우발적인 원유 유출 사고가 없다면 원유와 천연가스의 추출은 환경을 거의 훼손시키지 않을 수 있다. 그러나 원광에는 금속이 조금 함유되어 있을 뿐이고, 파낸 흙에 비하면 원광도 극미한 부분에 불과하다. 파낸 흙과 금속의 비율이 구리 광산의 경우에는 평균 400:1이고, 금광의 경우는 500만:1에 불과하다. 따라서 광산 회사가 복구해야 할 버력(광석 따위를 캘 때 나오는 광물의 성분이 섞이지 않은 잡석: 옮긴이)의 땅이 엄청나다.

석유 산업에 비해서 오염 문제는 눈에 띄지 않지만 훨씬 오랫동안 지속된다. 원유로 인한 오염 문제는 순간적이고 눈에 띄는 유출로 일어나기 때문에, 조심해서 관리하고 유조선을 단일 선체에서 이중 선체로 바꾸는 식으로 설비를 개선하면 오염의 가능성을 최대한 억제할 수 있다. 이런 노력의 결과로 요즘 들어 발생하는 유출 사고는 주로 인간의 실수로 말미암은 사고('엑손발데스' 호의 경우)이다. 하지만 인간의 실수도 엄격한 훈련 과정을 통해서 최소화시킬 수 있다. 또한 유출된 원유는 대체로 수년 내에 깔끔하게 정비될 수 있고, 원유는 자연적으로 분해되기도 한다. 광석으로 생긴 오염도 간혹 순간적으로 발생해서 많은 물고기와 새를 순식간에 죽이기도 하지만(서미트빌 광산에서 유출된 청산염 때문에 물고기가 떼죽음을 당한 때처럼), 대체로 광석으로 생긴 오염은 눈에 보이지 않는 유독성 금속과 산이 천천히 누출되면서 일어난다. 이런 누출은 수세기 동안 계속될 뿐만 아니라, 금속과 산은 분해되지도 않는다. 요컨대 주변 사람들을 천천히 병들게 만든다. 선광 부스러기로 만든 댐이나, 폐기물의 유출을 막는 안전 시설도 미비하기 짝이 없다.

석탄과 석유는 부피가 크다. 주유소의 계량기는 우리가 몇 리터의 휘발유를 샀는지 정확히 알려준다. 또한 우리는 석유가 어떤 용도로 사용되는지 알고 있으며, 석유를 반드시 필요한 것이라고 생각한다. 게다가 석유 부족 사태를 겪으면서 그 불편함까지 경험한 까닭에 그런 사태가 재발하지 않기를 바란다. 자동차에 휘발유를 넣을 수 있는 것에 고마워하며, 석유값이 오른다고 크게 불평조차 하지 못한다. 따라서 석유 산업과 석탄 산업은 환경 부담금을 소비자에게 전가시킬 수 있다. 물론 자동차, 전화기 등 가전 제품을 만들 때 많은 금속이 사용된다. 하지만 강판을 제외한 다른 금속들은 작은 부품을 만드는 데 사용되어 소비자의 눈에 띄지 않는다. 백과사전을 보지 말고 "구리와 팔라듐은 어디에서 사용될까? 당신이 지난해에 구입한 물건들에서 구리와 팔라듐이 얼마나 사용되었을까?"라는 질문에 답해보라. 대략이라도 답할 수 있는 사람이 거의 없을 것이다. 그런데 구리 및 팔라듐 광산이 환경 부담금을 이유로 자동차값을 올리려 한다면 "그래, 당연한 거야. 구리와 팔라듐값을 올려주어야 마땅해. 그 정도는 감당할 수 있어야 자동차를 굴릴 자격이 있는 거야"라고 말하겠는가? 천만의 말씀이다. 당신은 더 싼 차를 찾아서 자동차 영업소를 들락거릴 것이다. 게다가 구리와 팔라듐 중개상과 자동차 회사는 소비자의 욕구를 잘 알고 있어, 광산 회사들에게 가격을 낮추라고 압력을 넣게 마련이다. 이런 이유에서, 광산 회사가 환경 복구 비용을 소비자에게 전가시키기란 무척 어렵다.

광산 회사들이 석유 회사들보다 자본력이 떨어져서 환경 비용을 감당하기 어려운 것도 사실이다. 석유 산업과 광석 채굴 산업 모두가 소위 '유산 문제(legacy problem)'에 부딪혔다. '유산 문제'란 환경에 대한 대중의 인식이 높아지기 전까지 거의 한 세기 동안 환경을 훼손하는 채굴 방식의 대가로 치러야 할 부담금을 뜻한다. 그런데 2001년 현재, 광석 채굴 산업의 총자본이 2,500억 달러에 불과했다. 3대 기업(알코아, BHP, 리오틴토)의 자본도 각각 250억 달러에 불과했다. 반면에 다른 산업들에서 선두권에 있는 기업들, 예컨대 월마트, 마이크로소프트, 시스코, 파이저, 시티그룹, 엑손모빌 등의 자본은 각각 2,500억 달러였고, 제너럴일렉트릭의 자본은 무려 4,700억 달러로 광석 채굴 산업 전체가 보유한 자본의 거의 2배에 달했다. 따라서 이런 '유산 문제'가 석유 산업보다 광석 채굴 산업에 훨씬 부담스럽게 작용한 것은 부인할 수 없는 사실이다. 예컨대 현존하는 미국 광산 회사 중 가장 큰 펠프스도지(Phelps-Dodge)에게 복구 및 폐쇄 부담금으로 약 20억 달러가 부가되었다. 이 회사의 현 시가와 엇비슷한 금액이다. 이 회사의 모든 자산을 합해도 80억 달러에 미치지 못한다. 게다가 대부분의 자산이 칠레에 있어 미국의 환경을 개선하기 위한 비용으로 사용할 수가 없다. 반면에 석유 회사 아르코는 아나콘다 구리 광산 회사를 매입하면서 뷰트 광산의 몫으로 10억 달러의 부담금까지 인수했지만 북아메리카에만 200억 달러가 넘는 자산을 갖고 있다. 이런 경제력의 차이만으로도 펠프스도지가 아르코보다 광산의 복구 명령에 반발하며 복구에 비적극적인 이유가 충분히 설명된다.

석유 회사보다 광석 채굴 회사에게 환경 부담금이 훨씬 부담스럽게 여겨지는 경제적 이유는 많은 듯하다. 로비스트를 고용해서 정부 규제를 약화시키는 편법이 광산 회사에게 단기적으로는 이익이다. 사회 구성원의 태도, 기존의 법과 규제를 감안하면 이런 전략이 최근까지는 효과가 있었다.

광석 채굴 산업계의 전통이 되어버린 기업 문화와 마음가짐 때문에 경제적으로 불합리한 구조는 더욱 악화되었다. 미국, 그리고 남아메리카와 오스트레일리아의 역사에서 정부는 서부 개척을 독려하는 수단으로 광업을 장려했다. 따라서 미국에서 광산업은 서부의 구원자로 법 위에 존재한다는 착각 속에서 발달되었다. 앞 장에서 말했듯이, 효용성을 넘어서는 가치가 광산업에 부여된 이유도 이런 점에서 설명된다. 실제로 광산의 운영자들은 환경보호론자들의 비판에, 광업이 없었다면 문명도 존재할 수 없었고 광업에 대한 규제는 곧 채굴의 감소와 문명의 쇠퇴로 이어질 것이라는 설교로 대응한다. 그러나 우리가 알기에 석유와 농업과 목재, 심지어 책이 없었어도 문명은 불가능했다. 하지만 석유 회사의 경영자, 농부, 벌목업자, 출판사는 광산의 운영자처럼 "하느님이 인류를 위해서 이 모든 금속을 주었으니 마음껏 캐내라!"라고 말하면서 거의 종교적인 근본주의에 집착하지 않는다. 그런데 미국의 한 광산 회사는 최고 경영자부터 대부분의 직원이 교회에 다니며, 하느님이 곧 재림하실 것이기 때문에 우리가 땅의 복구를 5~10년씩 뒤로 미루는 일은 상관없는 짓이라 가르친다. 또한 광산 회사에서 일하는 내 친구들은 '치고 빠지기 수법', '악덕 기업주의 전형', '국가와 단신으로 맞서 싸우려는 되먹지 못한 투쟁 정신', '가장 보수적인 기업가', '주주를 위해서 자산 가치를 증대시키려는 석유 회사와 달리 광맥을 찾아서 개인적으로 일확천금을 노리는 투기적 태도' 등 온갖 현란한 표현을 동원해서 광산 회사 경영자들에게 만연된 정신 자세를 나무란다. 광산의 유독성 폐기물에 대한 항의에 광석 채굴 산업은 부인으로 일관한다. 오늘날 석유 산업에 종사하는 사람들은 누구도 유출된 원유의 유해성에 대해 부인하지 않지만 광산의 경영자들은 유출된 금속과 산(酸)의 유해성을 좀처럼 인정하지 않는다.

경제적 여건과 기업 문화 이외에, 광석 채굴 산업의 환경 정책에 영향을 미친 세 번째 요인은 정부와 사회의 태도이다. 광석 채굴 산업이 현재와 같은 환경 정책을 고수하는 데 정부와 사회도 적잖은 역할을 했다. 미국에서 광업에 관련된 기본법은 지금도 1872년에 제정된 '기본 광업법(General Mining Act)'이다. 이 법을 근거로 광산 회사들은 엄청난 보조금을 받는다. 매년 공유지에서 무상으로 채취하는 10억 달러 상당의 광물, 광산 폐기물의 매립을 위한 공유지의 무한정 사용권, 납세자에게 부담시키는 2억 5,000만 달러의 기타 보조금 등이다. 연방 정부가 1980년에 한층 치밀한 법이라며 채택한 '3809조항의 법'에서는 광산 회사에게 복구 비용을 위한 재정 보증을 의무화시키지 않았고, 복구와 폐쇄의 개념도 적절하게 정의되지 않았다. 2000년 퇴임을 앞둔 클린턴 행정부가 재정 보증을 기업의 각서로 대신할 수 있다는 조항을 삭제하면서 두 마리 토끼를 동시에 잡는 광업 규제안을 제출했다. 그러나 2001년 10월, 부시 행정부는 재정 보증을 요구할 수 있다는 조항을 제외하고 규제안에서 거의 모든 조항을 삭제했다. 하지만 재정 보증으로 복구와 정비에 필요한 모든 비용을 감당할 수 없는 한 재정 보증의 요구는 무의미한 요구일 수 있다.

우리 사회가 광산 회사에다 환경 훼손에 대한 책임을 실질적으로 물은 적은 거의 없다. 광업의 범법 행위를 단절하려는 법과 규제 정책, 정치적 의지도 없었다. 몬태나 주 정부는 오랫동안 광업 로비스트들을 일방적으로 지지해준 주로 악명이 높았다. 애리조나 주와 네바다 주는 아직도 광업 로비스트들에게는 천국이다. 예컨대 뉴멕시코 주 정부는 펠프스도지 광산 회사에 치노 구리 광산의 복구 비용으로 7억 8,000만 달러를 산정했지만 펠프스도지의 정치적 압력에 굴복해 3억 9,100만 달러로 감액시켰다. 미국의 국민과 주 정부들이 광석 채굴 산업에 까다롭게 요구하지 않는데, 그 산업이 자진해서 환경 보호에 나설 까닭이 있겠는가?

광산 회사들의 차이

광석 채굴에 대한 지금까지의 설명으로, 그 산업에 관련된 회사들 모두가 똑같다는 잘못된 인식을 독자에게 심어주었을까 두렵다. 절대 그렇지 않다. 따라서 몇몇 광석 채굴 회사와 관련 산업체들이 훨씬 깨끗한 환경 정책을 채택하거나 고려하고 있는 이유를 살펴보는 것도 도움이 되리라고 생각한다. 이런 관점에서 석탄 채굴, 몬태나에 있는 아나콘다 구리 광산 회사의 현재 상황, 몬태나의 백금 및 팔라듐 광산 회사, 최근에 시작된 '광물의 채굴 및 지속 가능한 발전(Mining, Minerals, and Sustainable development)' 프로젝트, 리오틴토, 그리고 듀폰 등 여섯 개 회사를 간략히 살펴보기로 하자.

석탄 채굴은 환경에 큰 충격을 준다는 점에서 석유 산업보다 광석 채굴과 훨씬 비슷하다. 또한 매년 채굴되는 석탄의 양이 엄청나기 때문에 석탄 광산은 광석 광산보다 환경에 더 큰 충격을 줄 수도 있다. 실제로 모든 광석 광산에서 채굴되는 금속의 양보다 3배를 넘는다. 따라서 석탄 광산은 더 넓은 지역을 교란시키고, 어떤 경우에는 기반암(基盤岩)에 이를 때까지 흙을 걷어내서 산 하나를 통째로 강에 버리기도 한다. 한편 석탄이 3미터 폭의 광층을 이루며 수 킬로미터씩 뻗어 있는 경우도 있다. 이런 경우에는 버려지는 폐기물에 대해 채굴되는 석탄의 비율은 거의 1:1에 달한다.

'엑손발데스' 호와 북해의 플랫폼 화재 사건이 석유 산업에 대한 경각심을 일깨워주었듯이, 1972년 미국의 한 석탄 광산에서 일어난 버펄로크리크 재난은 석탄 산업에 대한 경각심을 불러일으켰다. 반면에 광석 채굴 산업이 제3세계에서 야기한 재난들은 제1세계의 눈에서 멀리 떨어져 있어 경고의 신호로 여겨지지 못했다. 하여간 버펄로크리크 재난으로 정신을 바싹 차린 미국 연방 정부는 1970년대와 1980년대에 석탄 산업에 대한 규제를 강화시켰고, 한층 엄격한 운영 계획과 재정 보증을 요구했다.

석탄 산업은 정부의 규제를 처음에는 석탄 산업 전체에 떨어진 사형 선고라고 생각했다. 하지만 20년 후, 석탄산업은 과거를 잊고 새로운 규제에 맞춰 생존하는 법을 터득했다. 그렇다고 석탄 산업이 언제나 친환경적으로 점잖게 처신한다는 뜻은 아니다. 다만 20년 전보다 규제를 훨씬 많이 받고 있다는 뜻이다. 한층 강화된 규제하에서도 석탄 산업이 생존한 이유 중 하나는, 전부는 아니지만 많은 석탄 광산이 몬태나의 아름다운 산악지대에 있지 않고 어떤 이유로든 값어치가 별로 없는 평지에 위치한 덕분이었다. 따라서 복구하는 데 경제적으로 큰 부담이 되지 않는다. 따라서 광석 채굴 산업과 달리, 석탄 산업은 채굴한 지역을 폐쇄한 후 1~2년 내에 복구를 끝낸다. 한편 석탄이 우리 사회에서 석유처럼 필수품으로 인식된다는 사실도 석탄 산업의 회생에 큰 역할을 했다. 웬만한 사람은 석탄과 석유가 어떻게 사용되는지 알지만 구리가 어떻게 사용되는지 아는 사람은 드물다. 따라서 석탄 산업은 증가된 환경 비용을 소비자에게 전가시킬 수 있었다.

석탄 산업을 소생시킨 또 다른 요인은 짧은 유통 경로이다. 실제로 석탄은 곧바로, 기껏해야 하나의 중간 단계를 거쳐서 발전소, 제철소 등 석탄의 주요 소비자에게 공급된다. 따라서 석탄의 소비자가 당연히 깨끗하게 운영되는 석탄 회사에서 석탄을 구매할 것이라는 확신을 대중이 갖게 된다. 석유의 유통 경로도 지리적으로 멀기는 하지만 중간 단계가 거의 없다. 셰브런텍사코, 엑손모빌, 로열더치셸, BP(British Petroleum) 등 대규모 석유 회사들이 주유소를 통해 소비자에게 직접 연료를 판매한다. 따라서 '엑손발데스' 호의 재난에 분노한 소비자들이 엑손의 휘발유를 파는 주유소를 거부할 수 있다. 그러나 금은 광산에서 소비자의 손에 들어갈 때까지 제련소, 도매상, 인도의 귀금속 가공 회사, 유럽의 도매상, 소매 귀금속점까지 긴 유통 경로를 거친다. 당신의 손가락에 끼고 있는 금반지를 예로 들어보자. 그 금이 어디에서 생산된 것인지 아는가? 지난해에 채굴된 것인지, 아니면 20년 전에 채굴되어 그동안 비축되었던 것인지 아는가? 어떤 금광에서 채굴된 것인지도 알 수 없다. 구리로 넘어가면 상황이 더 복잡해진다. 용해(鎔解)라는 단계를 더 거쳐야 한다. 자동차나 전화기를 살 때 구리도 샀다고 생각하는 사람은 거의 없다. 이처럼 긴 유통 과정 때문에 구리 광산 회사와 금광 회사는 깨끗한 광산을 유지하는 데 소요되는 비용을 소비자에게 전가시키기가 어렵다.

환경 훼손이라는 역사적 유산을 가진 몬태나의 광산들 중에서, 비용을 부담하면서까지 복구에 적극적인 광산 지역은 뷰트 인근과 하류 쪽에 위치한 옛 아나콘다 구리 광산 회사의 지역이다. 그 이유는 간단하다. 아나콘다가 대형 석유 회사인 아르코(ARCO)에 인수되고, 아르코가 다시 초대형 석유 회사인 BP에 인수되었기 때문이다. 그 결과는 광산 채굴 산업과 석유 산업이 환경 문제에 접근하는 방법이 어떻게 다른가를 확연히 보여준다. 쉽게 말해서, 아나콘다의 사례는 같은 광산이지만 소유주만 바뀌었을 뿐이다. 그런데 어떻게 바뀌었을까? 아르코와 BP는 인수한 광산의 황폐함을 보고, 책임을 회피하기보다는 문제를 정확히 파악하는 것이 자신들에게 더 이익이라는 결론을 내렸다. 그렇다고 아르코와 BP가 자신들에게 부가된 수억 달러를 쓰겠다는 열의까지 보인 것은 아니었다. 그들도 폐기물의 유독성을 부인하고, 지역 주민들로 구성된 후원 단체들에게 후원금을 제공하며 그들의 입장을 알렸고, 정부가 제안한 해결책보다 비용이 덜 드는 해결책을 제시하면서 반발 전략을 시도해왔다. 하지만 그들은 지금까지 적잖은 돈을 썼다. 더 많은 돈을 쓰겠다는 각오도 있다. 적어도 몬태나의 광산을 파산 선고하지는 않을 것이다. 또한 문제를 한없이 지연시키기보다는 어떤 형태로든 해결하려는 의지를 보여주고 있다.

몬태나 광산에서 이런 서광을 비춰주는 곳이 두 군데 더 있다. 스틸워터 광산 회사가 소유한 백금과 팔라듐 광산이다. 이 광산 회사는 처음부터 지역 환경 단체들과 '좋은 이웃 협약'을 맺었고(미국에서 사업하는 광산 회사가 환경 단체와 이런 협약을 맺은 것은 이때가 처음이었고 그 이후로도 아직까지 없었다), 여러 환경 단체에 후원금을 쾌척했으며, 환경 단체들에게 언제라도 채굴 지역을 출입할 수 있는 권리를 주었다. 최근에는 환경 단체인 '트라우트언리미티드(Trout Unlimited)'에게 볼더 강의 송어들에 그들의 광산이 미치는 영향을 조사해달라는 요청까지 했으며, 더 나아가 노동, 전기, 학교, 시민 봉사 등에 관련된 주변 공동체들과 장기적인 협약을 맺었다. 따라서 환경보호론자들이나 지역 주민들이 스틸워터에 딴지를 걸 이유가 없었다. 스틸워터, 환경보호론자, 지역 공동체 간에 맺은 이런 우호적 관계는 모든 당사자에게 이익이다. 몬태나에서 사업하는 광산 회사들 중에 오직 스틸워터만이 이런 관계를 맺을 수 있었던 이유가 무엇일까?

여러 요인이 복합된 결과이다. 스틸워터는 대단히 귀중한 광물을 개발하고 있다. 남아프리카를 제외할 때 자동차 산업과 화학 산업에서 많이 쓰이는 백금과 팔라듐이 대량으로 매장된 유일한 광상(鑛床)이다. 매장량이 대단히 많아서 적어도 한 세기, 어쩌면 그 이상 개발해야 할 것으로 추정된다. 따라서 '치고 빠지기 전략' 보다 장기적인 접근이 필요하다. 광상이 지하에 있어, 노천광에 비해 지표에 영향을 미칠 가능성은 상대적으로 적다. 또한 원광에 함유된 황화물의 비율이 상대적으로 낮다. 그리고 대부분의 황화물이 백금 및 팔라듐과 동시에 추출되기 때문에 산성 배수를 최소화시킬 수 있으며, 환경에 미치는 영향을 완화시키는 비용도 구리 광산이나 금광에 비해 적게 든다. 1999년 스틸워터는 새로운 최고 경영자로 빌 네틀스(Bill Nettles)를 영입했다. 네틀스는 자동차 산업(스틸워터의 주요 고객)에서 주로 근무한 탓에 광산업계의 전통적인 태도에 물들지 않은 사람이었다. 그는 광석 채굴 산업의 홍보 방법에 문제가 있는 것을 즉시 깨닫고, 장기적이고 참신한 해결책을 찾는 데 골몰했다. 마침내 스틸워터는 앞에서 언급한 협약 중 일부를 2000년에 이루어냈다. 그러나 미국 대통령 선거에서 친환경주의자인 앨 고어가 승리하고, 몬태나 주지사로 반(反)기업 정서를 가진 후보가 승리할까 봐 내심 걱정했지만 좋은 이웃 협약이 자신들에게 안정된 미래를 보장해줄 것이라 생각했다. 달리 말하면 스틸워터의 경영진은 좋은 이웃 협약을 맺는 것이 자신들에게 최선의 이익이라고 생각한 반면에 대부분의 미국 광산 회사들은 책임을 부인하고 로비스트를 고용해 정부 규제에 반대하며, 최악의 경우에는 파산을 선고하는 것이 자신들에게 이익이라고 생각하는 정반대의 입장을 갖고 있었다.

그러나 1998년, 세계에서 가장 큰 다국적 광산 회사들 중 일부가 세계 곳곳에서 광산업이 '사회적 동의를 상실하고 있다' 라며 우려감을 표명했다. 그리고 그들은 '광물의 채굴 및 지속 가능한 발전(MMSD)' 이라는 프로젝트를 결성해서 지속 가능한 채굴을 위한 연구를 시작했고, 국립야생동물협회(National Wildlife Federation)의 회장인 저명한 환경보호론자를 프로젝트의 책임자로 영입했으며, 대규모 환경 단체까지 끌어들이려고 시도했다. 그러나 환경 단체가 광산 회사들의 과거 전력을 문제삼아 거부하는 바람에 성과를 거두지는 못했다. 어쨌든 2002년 MMSD는 연구 결과를 발표하며 일련의 조언을 제시했지만, 안타깝게도 관련된 광산 회사의 대부분이 그 조언을 받아들이지 않았다.

그러나 영국의 거대 광산 회사, 리오틴토(Rio Tinto)는 예외였다. 그들은 최고 경영자와 영국 주주들의 압력 아래 조언의 일부를 추진하기로 결정을 내렸고, 그들이 한때 보유했지만 환경 훼손으로 회사에 큰 손해를 안겨주었던 부건빌의 판구나 구리 광산에 대한 기억을 잊지 않았다. 셰브런 석유 회사가 노르웨이 정부와의 협상에서 그랬듯이, 리오틴토도 업계의 선두 주자로서 사회적 책임을 다하는 기업으로 보일 때 얻는 이점이 있을 것으로 예견했다. 캘리포니아 데스밸리에 있는 리오틴토의 붕사(硼砂) 광산은 현재 미국에서 가장 깨끗하게 운영되는 광산이다. 리오틴토는 그에 대한 보상을 이미 받았다. 금광으로 인한 청산염 누출과 그로 인한 물고기의 떼죽음을 고발하는 피켓을 들고 상점들 앞에서 시위하는 환경보호자들을 처리하는 데 골몰하던 티파니(Tiffany & Co.)가 금광 회사와 계약을 맺을 때 환경 부문에 역점을 두기로 결정을 내리면서, 리오틴토는 환경 보호에 애를 쓴다는 좋은 평판 덕분에 티파니의 파트너로 쉽게 선정될 수 있었다. 티파니가 이런 결정을 내린 동기에는 내가 셰브런텍사코를 언급하면서 언급했던 내용이 고스란히 담겨 있다. 즉 회사 이름에 대한 좋은 평판을 구축하고, 적극적이고 유능한 직원들의 이직을 최소화하려는 동기 이외에 경영진의 철학도 큰 몫을 했다.

페인트, 제트 엔진, 초고속 비행기와 우주비행선 등 다양한 목적에 사용되는 금속 티타늄과 티타늄 화합물의 최대 구매자인 듀폰(Du Pont Company)의 사례에서도 좋은 교훈을 얻을 수 있다. 오스트레일리아 사빈(砂濱, sand beach; '모래가 깔려 있는 바닷가'를 가리키는 지리학적 용어: 옮긴이)에는 거의 순수한 이산화 티타늄으로 이루어진 광물인 금홍석이 풍부해서 많은 티타늄이 생산된다. 듀폰은 광산 회사가 아니라 제조회사이다. 따라서 그들은 오스트레일리아 광산 회사들에서 금홍석을 수입한다. 하지만 듀폰은 티타늄을 주요 원료로 한 가정용 페인트를 포함해서 모든 제품에 '듀폰'이란 이름을 붙인다. 티타늄 공급자들이 환경을 더럽혀 소비자의 분노를 불러일으킨 원죄로 그들의 제품까지 손가락질을 받기를 원치 않는다. 따라서 듀폰은 시민 단체들과 손잡고 소비자들의 책임뿐만 아니라 공급자들의 의무 조항을 작성해서 오스트레일리아의 티타늄 공급자들에게 강요하고 있다.

티파니와 듀폰의 사례는 중요한 점을 지적하고 있다. 소비자가 단결하면 석유 회사에는 물론이고 석탄 회사에도 일정한 정도까지 영향력을 미칠 수 있다는 점이다. 석유 회사에서 직접 휘발유를 사고, 석탄을 사용하는 전기 회사에서 전기를 사는 사람은 결국 소비자이기 때문이다. 따라서 원유가 유출되고 석탄 광산에서 사고가 일어날 때 소비자는 어떤 회사의 상품에 불매 운동을 벌여야 하는지 잘 알고 있다. 하지만 광물을 채굴하는 광석 채굴 회사들은 적어도 8단계나 소비자에게서 떨어져 있다. 따라서 환경을 훼손하는 광석 채굴 회사에 대해 직접 불매 운동을 벌이기가 실질적으로 불가능하다. 구리 광산에서 사고가 났다고 구리를 사용한 상품을 사용하지 않을 수는 없지 않은가! 게다가 대부분의 소비자는 어떤 상품에 소량의 구리가 사용되었는지도 잘 모른다. 그러나 소비자는 티파니, 듀폰 등 금속의 주요 구매자로 환경적으로 깨끗한 광산과 더러운 광산을 구분하는 전문적 역량을 지닌 소매 회사들에게 영향력을 행사할 수 있다. 소매 회사들에 대한 소비자의 압력이 실질적인 수단이 될 수 있다는 사실은 목재 산업과 해산 식품 산업에서도 이미 증명되었다. 환경 단체들은 광석 채굴 산업에도 똑같은 전략을 구사해서, 광석 채굴 회사와 직접적으로 싸우는 방법보다 금속을 대량으로 구매하는 회사들에 압력을 가하고 있다.

광산 회사들이 친환경적인 정책을 택할 때 적어도 단기적으로는 환경 보호 대책과 정비 및 복구에 비용이 소요되게 마련이다. 그러나 정부 규제와 대중의 압력 때문에 어쩔 수 없이 채택한 환경 보호 대책이 장기적으로 기업에 이익을 안겨줄 수도 있다. 그런데 이에 따른 비용을 누가 책임져야 할까? 정부의 느슨한 규제 때문에 광산 회사가 과거에 합법적으로 저지른 행위로 발생한 복구 비용이라면 정부가 세수(稅收)를 통해 그 비용을 감당하는 수밖에 다른 도리가 없다. 설령 그 기업의 경영자들이 보너스를 두둑히 챙긴 후에 파산을 선고했더라도 어쩔 수 없는 일이다. 따라서 "현재 혹은 미래에 채굴에서 비롯되는 환경 비용을 누가 책임질 것인가?"라는 문제를 논의하는 것이 더 현실적이다.

광산 회사는 평균적으로 수익률이 너무 낮거나 손해를 보고 있어, 환경 비용을 감당할 만큼 수익을 내는 회사가 거의 없다고 해도 과언이 아니다. 그런데도 우리가 광산 회사에 친환경적으로 사업을 운영하라고 요구하는 이유는 우리가 채굴과 관련해서 유발하는 문제로 고통받는 당사자이기 때문이다. 일단 채굴된 땅은 다른 용도로 이용하기 어렵고, 채굴 사업은 마시는 물조차 불안하게 만들고 공기까지 오염시킨다. 석탄과 구리는 아무리 친환경적으로 채굴하더라도 환경적인 문제를 야기시킨다. 우리에게 석탄과 구리가 절대로 필요하다면, 그 광물들을 캐냄으로써 유발되는 환경 비용을 당연한 필요 비용, 예컨대 땅을 팔 때 불도저가 필요하고 원석을 제련할 때 제련공이 필요하듯이 그에 따른 정당한 필요 비용으로 인정할 수 있어야 한다. 요컨대 환경 비용이 금속의 가격에 반영되어 소비자에게 전가될 수 있어야 한다. 석탄 회사와 석유 회사는 이미 그렇게 하고 있지 않은가! 금속 광산에서 소비자의 손에 들어올 때까지 거치는 불투명한 긴 유통 과정, 그리고 대부분의 광산 회사가 떨쳐내지 못하고 있는 잘못된 역사적 유산 때문에 이처럼 간단한 결론이 오늘날까지 실현되지 못하고 있다.

벌채 산업

이제 벌채 산업과 수산업이 남았다. 두 산업은 두 가지 기본적인 방향에서 석유 산업 및 광석 채굴 산업, 석탄 산업과 다르다. 첫째, 나무와 어류는 자체로 재생산 가능한 자원이다. 따라서 재생산율을 초과하지 않는 범위에서 수확한다면 나무와 어류의 수확은 무한정으로 지속 가능하다. 반면에 석유, 금속, 석탄은 재생산되지 않는다. 석유와 석탄은 새싹을 맺지도 않고, 아기 원유방울이나 아기 석탄 덩어리를 생산하려고 섹스도 하지 않는다. 석유를 천천히 퍼내고 석탄과 금속을 천천히 채굴하더라도 석유와 석탄, 금속은 재생산되지 않기 때문에 매장량을 일정한 수준으로 유지할 수 없다. 물론 석유와 석탄이 수백만 년의 시간에 걸쳐 형성되기는 하지만 재생산율이 너무 느리기 때문에 그 속도에 맞춰 석유를 퍼내고 석탄을 채굴한다는 것은 불가능하다. 둘째, 벌채 산업과 수산업에서 우리가 사용하는 것, 즉 나무와 물고기는 환경에서 중요한 몫을 차지하고 있다. 따라서 벌채와 고기잡이는 어떤 형태로든 환경을 훼손시킬 가능성이 있다. 하지만 석유와 금속, 석탄 자체는 생태계에서 별다른 역할을 하지 않는다. 따라서 생태계를 훼손시키지 않고 그 자원들을 채굴할 수 있는 방법을 찾아낸다면 그 이후의 처리 방식에서 환경이 훼손될 수는 있지만 생태적으로 소중한 자원을 없앤 것은 아니다. 이런 관점에서 나는 삼림 관리와 수산업을 차례로 간략히 살펴보려고 한다.

인간에게 숲은 어떤 가치를 가질까? 반대로 대답하면, 벌채로 인해 위태로워지는 것만큼의 가치를 갖는다. 숲은 땔감, 사무용 종이, 신문용지, 서적용 종이, 화장지, 건설용 목재, 합판, 가구용 목재 등의 주요 원료인 나무를 제공한다. 세계 인구에서 상당한 부분을 차지하는 제3세계 사람들에게 숲은 밧줄이나 지붕 재료, 먹을거리로 사냥하는 새와 포유동물, 먹을 수 있는 열매와 과일, 약초 등을 제공하는 곳이다. 한편 제1세계 사람들에게 숲은 휴식을 취할 수 있는 공간이다. 숲은 일산화탄소 등

대기 오염 물질을 제거하는 거대한 공기 정화기 역할을 한다. 또한 숲과 그 토양은 거대한 탄소 저장고이기 때문에, 삼림 파괴는 그 탄소 저장고를 없애는 것이나 똑같아 지구 온난화를 부추기는 주범으로 여겨진다. 나무를 통해 증발한 수분은 대기를 축축하게 만든다. 따라서 삼림 파괴는 강우량을 감소시키고 사막화를 촉진시킨다. 나무는 흙의 수분을 유지하는 역할도 한다. 나무는 산사태와 침식을 막고, 흙이 유거수에 쓸려가는 것은 막는다. 숲, 특히 열대우림은 생태계의 영양 공급원으로 주요한 역할까지 맡는다. 따라서 벌채와 벌채한 목재의 운반을 위해 개간한 땅은 거의 불모지로 변해버린다. 끝으로 숲은 육지에 사는 대부분의 생물에게 서식지를 제공한다. 예컨대 열대우림은 육지의 6퍼센트에 불과하지만 세계에 존재하는 동식물의 50~80퍼센트가 열대우림에서 살아간다.

숲의 이런 가치를 감안해서, 벌채 산업은 벌채로 인한 환경 훼손을 최소화시킬 수 있는 많은 방법을 개발해냈다. 소중한 수종들을 선별적으로 베어내고, 숲 전체에서 나무를 베어내지 않고 일부를 남겨놓으며, 나무의 벌채율을 재생장률에 맞춰 지속 가능한 벌채를 모색하고, 큰 숲보다 작은 숲에서 벌채하고 벌채한 지역에는 씨를 생산하는 나무들을 심어 자연스런 재생장을 모색하거나 묘목을 심었다. 또한 숲의 다른 부분을 적극적으로 보호하기 위해서 접근로를 만들어 벌채한 나무를 트럭으로 운반하지 않고, 헬리콥터로 운반하기도 한다. 소중한 나무가 많은 딥테로카르프 숲이나 아로우카리아 숲에서는 특히 그렇다. 상황에 따라 다르지만 환경을 지키려는 이런 안전 대책들은 벌채 회사에 손해만 안겨줄 수 있지만 거꾸로 큰돈을 벌게 해줄 수도 있다. 두 사례를 통해서 이런 상반된 결과를 살펴보자. 하나는 내 친구 알로이시우스가 최근에 직접 경험한 사례이고, 다른 하나는 삼림관리협의회(Forest Stewardship Council)의 예이다.

알로이시우스는 실명이 아니다. 누구나 짐작할 수 있는 이유로 가명을 사용할 수밖에 없는 상황을 이해해주기 바란다. 그는 내가 현장 조사 연구를 했던 환태평양 지역에 위치한 한 나라의 시민이다. 6년 전 처음 만났을 때 그는 개방적이고 유머러스하며, 자신감에 넘치고 자유분방하며 쾌활하고 영리한 사람이란 인상을 내게 심어주었다. 그는 집단 파업을 벌인 노동자들과 단신으로 만나서 협상을 끌어낸 용기 있는 사람이기도 했다. 그는 가파른 산길을 야밤에 뛰어서(그랬다. 정말 뛰어다녔다) 오르내리며 노동자와 경영진 간의 타협을 중재했다. 어느 날 내가 인간의 성욕을 주제로 글을 썼다는 이야기를 들었던지 그가 불쑥 나를 찾아왔다. 그리고 15분이 지나지 않아 웃음을 터뜨리며, 내게 새 이야기보다 섹스에 관한 이야기를 해달라며 졸라댔다.

그 후 우리는 자주 만나서 여러 가지 일을 함께 했다. 그리고 2년 후 나는 그의 나라를 방문했다. 그때 나는 알로이시우스의 행동에서 뭔가 큰 변화가 있었다는 사실을 눈치 챌 수 있었다. 뭔가 두려운 듯이 말투에서 초조함이 느껴졌고, 시선을 한 곳에 두지 못하고 계속해서 두리번거렸다. 우리가 만난 곳이 그 나라의 수도에서 가장 큰 강당이었기 때문에 나는 그의 행동이 이상하게 보일 수밖에 없었다. 게다가 내가 그곳에서 그 나라의 장관들을 대상으로 강연할 예정이었기 때문에 위험한 조짐은 전혀 없었다. 우리는 노동자들의 파업, 산에 마련했던 캠프, 그리고 섹스에 대해 이야기를 나누었던 옛날의 추억을 되살린 후, 나는 그에게 그동안 어떻게 지냈냐고 물었다. 다음은 그의 대답을 정리한 것이다.

알로이시우스는 그때 직장을 바꿔, 열대우림에 관계된 비정부 기관에서 일하고 있었다. 동남아시아와 태평양 섬들의 열대 지역에서, 다국적 벌채 회사들의 주도로 대대적인 벌채가 행해지고 있었다. 본사는 주로 말레이시아, 간혹 타이완과 한국에 있지만 많은 나라에 자회사를 둔 다국적 기업들이었다. 그들은 지역민들이 소유한 땅에서 벌채권을 얻어, 다듬지 않은 원목을 수출하고 있었다. 게다가 벌채한 지역에 재조림을 위한 묘목을 심지도 않았다. 하지만 원목은 베어낸 후에 다듬고 가공할 때 가치가 더해지는 법이다. 즉 그냥 베어낸 원목보다 가공된 원목이 훨씬 높은 값에 팔린다. 따라서 다듬지 않은 원목을 수출하는 것은 지역민과 그 나라 정부에게서 자원의 큰 몫을 빼앗는 짓이나 마찬가지이다. 벌채 회사들은 정부 관리들에게 뇌물을 주어서 벌채권을 정식으로 얻고, 그 후에는 원목을 운반하기 위한 길을 내고 심지어 허가받은 지역 너머에서도 나무를 베는 만행을 저지르기도 한다. 한편 벌채 회사들은 원목 운반선만을 보내서 지역 주민과 벌채권을 신속히 타협짓고, 정부의 최종 허락을 받지 않은 채 벌채를 행하기도 한다. 예컨대 인도네시아에서 벌채된 나무의 70퍼센트가 불법으로 벌채된 것이다. 달리 말하면 인도네시아 정부가 연간 약 10억 달러의 세금과 벌채권을 도둑맞고 있다는 뜻이다. 지역에서 벌채권을 얻는 방법은 간단하다. 합법적으로 벌채권을 갖지 못한 지역 지도자들은 물론이고 그런 자격을 가진 지도자들까지 벌채 회사들에게 나무를 베어달라고 간청하는 판이다. 물론 녹록지 않은 지역 지도자들도 있다. 그러면 벌채 회사는 그들을 수도나 홍콩으로 데려가 최고급 호텔에 공짜로 묵게 하면서 최고급 음식과 술을 대접하고, 심지어 창녀까지 대주면서 서명을 받아낸다. 얼핏 계산하면 손해 나는 짓처럼 들리겠지만 열대우림의 큰 나무 한 그루가 수천 달러를 호가한다는 사실을 알고 나면 고개가 저절로 끄덕여질 것이다. 마을 사람들에게는 두둑한 현찰을 쥐어주고 묵인을 받아낸다. 하지만 그들은 1년도 지나지 않아 그 돈을 먹고 마시는 데 써버린다. 그밖에도 벌채 회사들은 지키지도 않을 약속, 예컨대 숲에 나무를 다시 심고 병원을 짓겠다는 거짓 선심으로 지역 주민의 동의를 받아내기도 한다. 하지만 벌채 회사가 중앙 정부에게 떳떳하게 벌채권을 받아내면 이야기가 달라진다. 인도네시아 보르네오, 솔로몬 제도 등에서 널리 알려진 경우로, 벌채 회사가 중앙 정부의 정식 허가를 받고 숲에서 벌채를 시작하자 지역 주민들이 자신들에게 돌아오는 이익이 전혀 없다는 사실을 깨닫고 길을 막거나 제재소를 불지르며 벌채 작업을 방해했다. 그러자 벌채 회사들은 경찰력과 군대까지 동원하면서 그들의 권리를 눈곱만큼도 양보하지 않았다. 내가 들은 소문에 따르면, 벌채 회사들은 지역 주민들을 죽이겠다며 협박까지 했던 것으로 알려져 있다.

알로이시우스는 벌채 회사에게 눈엣가시 같은 존재였다. 벌채 회사들은 그를 죽이겠다고 협박했지만 그는 자기 몸을 지킬 수 있다고 확신하면서 벌채 회사들의 불법 행위를 집요하게 고발했다. 그러자 벌채 회사들은 그의 아내와 자식들을 죽이겠다고 협박했다. 아내와 자식들은 스스로를 지키기에는 힘이 부족했다. 그가 일하러 나가면 그들을 지켜줄 수도 없었다. 결국 그는 가족을 다른 나라로 피신시켰고, 더욱 경계심을 높였다. 바로 이런 이유 때문에 그가 초조해하면서 옛날처럼 쾌활하고 자신감에 넘치는 모습을 보이지 못한 것이다.

이런 벌채 회사들, 그리고 앞에서 다루었던 광석 채굴 회사들이 도덕적으로 비난받아 마땅한 짓을 저지르는 이유가 무엇일까? 광석 채굴 회사를 다루면서 지적했던 세 가지 요인, 즉 경제적 여건, 해당 산업계의 기업 문화, 그리고 사회와 정부의 태도 때문에 그렇게 행동하는 것이 그들에게 이익이기 때문이다. 열대우림의 경질목은 값도 비싸고 수요도 많다. 따라서 벌채권을 따내서 순식간에 벌채를 끝내고 빠져나가면 엄청난 수익을 올릴 수 있다. 지역 주민들은 언제나 돈에 목말라하고, 열대우림의 개벌(皆伐)이 자신들에게 어떤 재앙으로 닥치는지 경험한 적이 없기 때문에 그들의 묵인을 얻어내기란 그다지 어렵지 않다(따라서 열대우림의 개벌을 반대하는 환경 단체가 벌채를 허락할 권리를 가진 지주들을 설득하는 가장 효과적인 방법은 그들을 이미 벌채가 끝난 지역으로 데려가 현장을 직접 보여주고 그곳의 지주들과 이야기를 나누어보게 하는 것이다). 산림청에 근무하는 관리들도 뇌물로 해결할 수 있다. 게다가 그들은 국제적인 안목이 부족해서, 목재를 가공할 때 부가 가치가 더 높아진다는 사실을 모르고 있을 수도 있다. 이런 상황에서 '치고 빠지기 수법(rape-and-run)' 은 벌채 회사들에게 큰 유혹이 아닐 수 없다. 벌채하지 않은 지역이 점점 사라지고, 중앙 정부와 지역 지주들이 벌채권을 거부하면서 더 큰 힘을 동원해서 그들의 불법적 벌채 행위를 비난하기 시작할 때까지는 고수익이 보장되는 전략이기 때문이다.

다른 나라들, 특히 서유럽과 미국에서는 '치고 빠지기 수법' 으로도 수익을 기대하기 어렵다. 열대 지역의 상황과 달리, 서유럽과 미국의 처녀림들은 이미 베어졌거나 급격히 줄어들고 있기 때문이다. 거대 벌채 회사들은 직접 소유한 땅에서, 혹은 단기보다 장기적으로 임대한 땅에서 사업을 추진한다. 따라서 어떤 상황에서는 지속 가능성을 유지하는 것이 경제적으로 이득일 수 있다. 게다가 환경에 대한 인식이 높아, 그들이 구매하는 목재가 파괴적이고 지속 불가능한 방법으로 벌채된 것인지 따져보려는 소비자들이 많다. 때로는 정부 규제가 엄격하다 못해 가혹할 정도이고, 정부 관리들도 뇌물에 쉽게 유혹되지 않는다.

따라서 서유럽과 미국에서 사업하는 벌채 회사들은 저비용으로 목재를 생산하는 제3세계의 생산자들과 경쟁해서 살아남을 방법을 모색하지 않을 수 없고, 광산 및 석유 산업의 표현을 빌리면 '사회적 동의' 를 구할 방법에 대해서도 고민하지 않을 수 없는 입장이다. 일부 벌채 회사들은 이미 건전한 사업 전략을 채택해서 소비자들을 설득시키려 했지만, 소비자들에게는 그들의 행위에 대한 변명처럼 들려 별다른 신뢰를 얻지 못했다. 예컨대 소비자 시장에 출시된 많은 목재와 종이마다 '한 그루를 벨 때마다 적어도 두 그루를 심었습니다' 등과 같은 친환경적 구호가 붙여졌지만, 조사에 따르면 80가지의 구호 중에서 77가지가 전혀 실현 가능성이 없고 세 가지만 부분적으로 실현 가능한 것으로 밝혀졌다. 게다가 약간의 문제가 있으면 모두가 금세 포기될 구호들이었다. 따라서 소비자들이 벌채 회사의 그런 구호들을 신뢰하지 않은 것은 당연한 결과이다.

사회적 동의와 신뢰 확보라는 문제 이외에, 벌채 회사들에게는 숲의 소멸도 큰 근심거리가 아닐 수 없다. 숲은 그들에게 사업의 근간이지 않은가! 지난 8,000년 동안 세계 원시림의 절반 이상이 벌채되거나 크게 손상되었다. 하지만 숲이 만들어내는 생산품에 대한 소비는 나날이 증가하고 있다. 이 땅에서 사라진 숲의 절반 이상이 지난 50년 동안에 사라진 것이다. 대표적인 예를 들면 농경을 위해 숲을 개간했기 때문이고, 1950년 이후로 종이의 소비가 5배나 증가했기 때문이다. 그런데 벌채는 연쇄 반응의 첫 단계일 뿐이다. 벌채 회사가 숲에 길을 내면 밀렵꾼들이 그 길을 따라 들어와 짐승을 사냥하고, 목축업자들이 뒤따라 들어와 가축을 방목한다. 세계 숲의 12퍼센트만이 보호 지역 내에 있을 뿐이다. 최악의 경우에, 보호 지역 밖에 남아 있는 숲 중에 쉽게 접근할 수 있는 숲들은 앞으로 수십 년 내에 지속 불가능한 방법으로 파괴될지도 모른다. 그러나 세계인 모두가 숲을 지속 가능한 방법으로 올바르게 관리한다면 보호 지역 밖에 있는 숲의 20퍼센트로도 세계의 목재 수요를 충족시킬 수 있다.

삼림관리협의회

벌채 산업의 미래를 고민하던 산업체의 대표들과 산림 전문가들은 1990년대 초에 환경 단체와 사회 단체 그리고 지역민들로 구성된 연합회와 공청회를 가졌다. 그런 공청회의 결과로, 1993년 삼림관리협의회라는 국제 비영리 조직이 탄생했다. 몇몇 기업, 정부, 재단, 환경 단체가 기금을 출연한 이 기구는 독일에 본부를 두고 있으며, 선출직 이사들로 구성된 이사회, 궁극적으로 FSC의 회원들이 운영한다. 벌채 산업의 대표들, 환경 단체와 사회 단체의 대표들이 주요 회원으로 가입되어 있다. FSC가 추구한 원래의 목표는 세 가지였다. 1) 건전한 삼림 관리의 기준을 세우고, 2) 어떤 숲이 이 기준을 만족시켰는가를 확인하는 메커니즘을 정립하며, 3) 그런 숲에서 생산된 제품이 소비자에게 전달되기까지 거치는 복잡한 유통 과정을 추적하는 메커니즘을 정립하는 것이었다. 그 결과로 FSC 로고가 찍힌 종이, 의자, 합판 등은 건전하게 관리되는 숲에서 벌채한 나무로 만든 제품인 것을 소비자가 간접적으로 확인할 수 있었다.

첫 단계로 건전하고 지속 가능한 삼림 관리에 필요한 10가지 기준이 마련되었다. 그중 일부를 살펴보면 다음과 같다. 1) 벌채한 나무를 대체할 수 있는 새 나무를 식재함으로써 무한히 지속될 수 있는 비율로만 나무를 벌채한다. 2) 오랜 역사를 가진 숲처럼 특별히 보존할 가치가 있는 숲은 개벌하지 않는다. 3) 생물학적 다양성, 토양분의 재순환, 토양의 충실도 등 숲의 생태계를 장기적으로 보존한다. 4) 하천을 보호하고, 하천과 호수 주변을 적절한 폭으로 유지한다. 5) 장기적인 관리 계획을 세운다. 6) 화학 물질과 폐기물을 다른 곳에서 적절하게 처리한다. 7) 관련 법규를 준수한다. 8) 지역 공동체와 삼림 노동자의 권리를 존중한다.

다음 단계는 숲이 이런 기준에 따라 관리되는가를 확인하는 절차를 정립하는 것이었다. FSC가 숲 자체를 인증하지는 않는다. FSC에게 권한을 위임받은 단체가 숲을 직접 방문해서 2주일가량을 머물면서 모든 과정을 점검한다. 세계에는 이런 단체가 12곳이 있으며, 모두가 국경에 구애받지 않고 활동할 수 있는 권한을 위임받고 있다. 특히 미국에서 주로 활동하는 두 곳은 '스마트우드(SmartWood)'와 '사이언티픽서티피케이션시스템스(Scientific Certification Systems)'로 각각 버몬트와 캘리포니아에 본부를 두고 있다. 숲의 소유자 혹은 관리자는 이런 인증 단체와 계약을 맺고 검사를 받으며, 검사비를 지불한다. 유리한 결과를 끌어내기 위한 사전 합의는 있을 수 없다. 검사가 끝난 후 인증 기관은 최종 인가 전에 충족시켜야 할 전제 조건을 부가하거나, 그런 전제 조건을 충족시킨다는 조건에서 임시 인증서를 발급하고 그 조건들이 충족되었을 때 FSC 로고를 사용할 수 있는 권리를 최종적으로 허락한다.

숲의 소유자나 관리자가 먼저 숲을 인증받겠다고 신청해야 한다. 달리 말하면 인증 단체가 숲을 검사하겠다며 돌아다니지는 않는다. 물론 숲의 소유자나 관리자가 검사 비용까지 부담하면서 자진해서 인증받겠느냐는 의문이 생길 수 있다. 하지만 숲을 인증받으려는 소유자와 관리자가 점점 늘어나고 있다는 사실에서 이런 의문은 깨끗이 불식된다. 독립된 제3의 기관에서 인증받았다는 신뢰성과 개선된 이미지로 더 넓은 시장에 진출해서 더 많은 소비자와 접촉할 수 있으므로 인증비는 쉽게 회수할 수 있어 경제적으로 이익이라고 생각하기 때문이다. 소비자가 FSC의 인증을 신뢰하기 때문에 그 인증서는 더 큰 가치를 갖는다. FSC의 인증은 기업이 선전하는 근거 없는 자랑거리가 아니다. 국제적으로 공인된 기준을 근거로, 거침없이 '노!' 라고 말할 수 있고 전제 조건을 가차 없이 부가하는 노련하고 훈련받은 검사관들의 철저한 검사를 통과한 결과이다.

마지막 단계는 예컨대 오리건에서 벌채된 나무가 마이애미의 한 상점에 식탁으로 전시될 때까지의 '유통 경로(chain of custody)' 를 추적해 자료화하는 것이었다. 숲이 인증받았더라도 그 숲의 소유자가 인증받지 않은 숲의 목재까지 취급하는 제재소에 원목을 팔 수 있다. 그리고 그 제재소는 인증받지 않은 널빤지도 사용하는 가구 공장에 널빤지를 팔 수 있다. 요컨대 원목 공급자, 제재소, 공장, 도매상, 소매점 등 간의 관계가 거미줄처럼 복잡하게 얽혀 있기 때문에, 여기에 관계된 기업들도 직접적인 거래처를 제외하면 나무들이 어디에서 와 어디로 가는지 알지 못한다. 예컨대 마이애미의 최종 소비자가 식탁을 구매하면서 그 식탁이 인증받은 숲에서 생산된 나무로 만들어진 것이라고 확신하려면, 중간 공급자들이 인증받은 목재와 인증받지 않은 목재를 구분할 수 있어야 한다. 따라서 인증 기관은 중간 공급자들이 실제로 이런 구분을 하고 있는지 점검해야만 한다. 이른바 '유통 경로 인증' 이란 것으로, 인증받은 목재의 전 유통 과정을 추적하는 일이다. 그 최종 결과에 따르면, 인증받은 숲에서 생산된 목재 중 17퍼센트만이 소매점에서 FSC 로고를 부착하고 있을 뿐이다. 즉 나머지 83퍼센트는 유통 과정에서 인증받지 않은 목재들과 뒤섞여 쓰인다는 뜻이다. 유통 경로를 인증하는 일은 성가시고 짜증나는 일인 듯하다. 실제로 짜증나는 일이기도 하지만 그래도 반드시 필요하다. 이런 인증 작업이 없으면 마이애미의 소비자가 확신을 갖고 식탁을 살 수 없지 않겠는가!

FSC의 인증이 목제품을 판매하는 데 도움이 될 만큼 대중이 환경 문제에 정말로 관심을 갖고 있을까? 조사한 바에 따르면, 선택의 여지가 주어진다면 소비자의 80퍼센트가 환경적으로 깨끗한 곳에서 만들어진 제품을 사겠다고 대답했다. 하지만 말만 그렇게 한 것이 아닐까? 소비자들이 정말로 FSC 로고가 붙은 제품에 더 큰 관심을 기울일까? FSC 로고가 붙은 제품이 약간 더 비싸더라도 흔쾌히 그 제품을 구매할까?

이런 의문들은 인증을 신청해서 검사 비용까지 부담해야 하는 기업에게 여간 중요한 문제가 아니다. 이런 의문을 풀기 위해서, 오리건 주에 있는 두 곳의 상점에서 실험을 해보았다. 합판으로 만든 같은 크기의 두 상자를 나란히 진열했다. 한 상자에는 FSC 로고가 붙었고, 다른 상자에는 그런 표시가 없다는 차이밖에 없었다. 실험은 두 가지 방법으로 시행되었다. 처음에는 두 상자에 같은 값을 매겼고, 다음에는 FSC 로고가 붙은 상자에 2퍼센트 높은 가격을 매겼다. 동일한 가격에서 FSC 로고가 붙은 상자가 그렇지 않은 상자보다 2배나 많이 팔렸다('자유주의' 적 색채가 강하고 환경적으로 깨인 대학 도시였던 곳에서는 판매 비율이 6:1로 큰 차이가 났지만, '보수적' 인 도시에서는 FSC 로고가 부착된 상자가 19퍼센트 정도만 더 팔렸을 뿐이다). FSC 로고가 붙은 상자에 2퍼센트 높은 가격을 매겼다! 어떻게 되었을까? 물론 대부분의 소비자가 싼 상자를 선호했다. 하지만 결국에는 37퍼센트의 소비자가 FSC 로고가 붙은 상자를 구매했다. 따라서 다수의 소비자가 구매 결정에서 환경의 가치를 중시하고, 약간 가격이 높더라도 더 나은 환경을 위해서 그 차액을 기꺼이 지불한다는 결론이 내려진다.

FSC 인증이 처음 도입되었을 때, 인증을 위한 검사 비용이나 인증을 받는 데 필요한 조건을 충족시키기 위한 비용 때문에 인증받은 제품의 가격이 상승할 것이라는 많은 우려가 있었다. 그러나 인증으로 인해 제품의 고유 비용은 상승하지 않는다는 사실이 경험적으로 확인되었다. 시장에서 인증 제품이 비인증 제품에 비해 상대적으로 가격이 높은 경우도 고유 비용 때문이 아니라 수요 공급의 법칙에 따른 것으로 밝혀졌다. 달리 말하면 인증 제품의 공급은 부족한데 수요는 많기 때문에 소매 상인들이 임의적으로 가격을 올렸던 것이다.

FSC의 결성에 처음부터 참여해서 이사로 활동하거나 FSC의 목표 성취를 위해 물심양면으로 지원한 대기업들 중에는 나무와 관련된 제품을 생산하고 판매하는 세계 유수의 기업들이 적지 않았다. 미국에 본사를 둔 기업으로는 세계 최대의 가정용품 판매 회사인 홈디포(Home Depot), 역시 가정용품 전문 판매 회사로 미국에서 홈디포에 이어 2위인 로우스(Lowe's), 미국 최대의 임산물 회사 중 하나인 컬럼비아포리스트프러덕트(Columbia Forest Product), 세계 최대의 비즈니스 서비스 및 문서 카피 공급자인 킨코스(Kinko's, 현재는 페덱스와 합병: 옮긴이), 미국 최대의 벚나무 공급자인 콜린스파인앤드케인하드우즈(Collins Pine and Kane Hardwoods), 세계 유수의 기타 제조업체 중 하나인 깁슨기타스(Gibson Guitars), 미국 메인 주에서 100만 에이커의 숲을 관리하는 세븐아일랜즈랜드컴퍼니(Seven Islands Land Company), 세계 최대의 현관 및 창문 제조업체인 앤더슨코퍼레이션(Andersen Corporation) 등이 FSC의 회원이다. 미국 밖의 기업으로는 캐나다에서 가장 넓은 숲을 관리 중인 템베크(Tembec)와 돔타르(Domtar), 영국 최대의 DIY 제조업체로 미국의 홈디포와 유사한 기업인 B & Q, 영국에서 두 번째로 큰 슈퍼 체인인 세인스버리스(Sainsbury's), 세계 최대의 조립식 가구업체로 스웨덴에 본사가 있는 IKEA, 스웨덴 최대의 조림 회사인 SCA와 Svea Skog 등이 참여했다. 이 회사들은 자신들에게 궁극적으로 이익이라고 생각했기 때문에 FSC의 기준을 받아들였지만 처음에는 회사에 따라 다양한 '채찍과 당근'이 없지 않았다. '채찍'은 오래된 나무를 취급한 그 회사들의 관례에 불만을 품은 환경 단체들의 압력이었다. 실제로 몇몇 기업은 환경 단체들의 표적이기도 했다. 예컨대 홈디포는 '열대우림 네트워크(Rainforest Network)'에게서 심한 압력을 받았다. 한편 그 회사들이 의식 있는 소비자들에게 자신들의 상품을 더 많이 팔 기회를 가질 수 있다는 인식이 '당근'으로 작용했다. '채찍'이 동기가 되기도 했겠지만 홈디포를 비롯해 많은 기업이 친환경적으로 신중하게 사업을 운영해야 한다는 현실을 인식하면서, 오랫동안 관계를 맺어온 하청 기업들과의 관계에 변화를 주기 시작했다. 그 결과로 이제 홈디포는 칠레와 남아프리카의 하청 기업들에게도 FSC의 기준을 받아들이라고 압력을 가하고 있다.

채굴 광산 산업을 다루면서, 나는 소비자들이 직접 광산에서 피켓을 들고 시위해서 압력을 가하는 방법보다 그들이 캐낸 금속을 사서 소비자에게 판매하는 대기업(예컨대 듀폰과 티파니)을 통해 간접적으로 압박하는 방법이 채굴 회사들의 관례를 더 효과적으로 바꿀 수 있다고 말했다. 벌채 산업도 이와 다르지 않다. 목재는 가정에서 가장 많이 소비되지만 대부분의 소비자는 집에서 사용된 목재를 생산하는 벌채 회사가 어떤 곳인지도 모른다. 따라서 어떤 벌채 회사의 것을 선택하고 어떤 벌채 회사의 것을 거부해서 그들에게 압력을 가해야 할지도 모른다. 그러나 벌채 회사의 고객은 홈디포나 IKEA와 같은 목재를 대량으로 사용하는 대기업, 뉴욕 시나 위스콘신 대학교와 같은 제도적 기관들이다. 이런 기업들과 기관들은 단호하고 단결된 힘으로 남아프리카 정부에 압력을 가해 남아프리카 공화국에서 아파르트헤이트를 종식시키는 데 큰 역할을 해낸 전력(前歷)이 있다. 실제로 요즘 들어 목제품과 관련된 소매 회사와 제조 회사들이 이른바 '구매자 단체(buyers' group)'를 결성해 영향력을 확대하고, FSC 로고를 부착한 원자재를 선호하면서 인증된 상품의 판매를 확대하려는 경향을 뚜렷이 보여주고 있다. 오늘날

'구매자 단체'가 세계 곳곳에서 결성되고 있으며, 영국에서 이런 경향이 뚜렷이 확인된다. 실제로 영국에서 가장 큰 목제품 소매 회사들이 '구매자 단체'에 가입해서 벌채 회사들에게 압력을 가하고 있다. 그밖에도 네덜란드를 비롯한 서유럽 국가들, 미국, 브라질, 일본 등에서도 '구매자 단체'에 가입하는 기업들이 늘어나고 있다.

이렇게 기업들로 구성된 구매자 단체 이외에도, 미국에서는 LEED (Leadership in Energy and Environmental Design)로 알려진 '녹색 건물 기준(green building standard)'이 FSC 인증 제품을 확산시키는 데 큰 역할을 하고 있다. LEED는 건설 회사의 친환경적 설계와 자재의 사용을 평가하는 기준이다. LEED의 기준을 채택한 건설 회사들에게 세제 혜택을 주는 주 정부와 시 정부가 점점 늘어나고 있는 추세이고, 정부 건물을 세울 때도 건설 회사들에게 LEED의 기준을 준수하도록 요구한다. 정부의 이런 압력으로, 대중과 직접적인 관계가 없어 소비자에게는 보이지 않던 건축 회사와 토건 회사 및 건설 회사의 환경에 대한 인식이 크게 바뀌었다. 세제 혜택을 받고 입찰에 참여할 기회를 늘리기 위해서라도 FSC 인증 자재를 쓰지 않을 수 없기 때문이다. LEED와 '구매자 단체'도 최종 소비자들의 환경에 대한 관심, 그리고 각 기업이 환경적 책임을 다하고 있다는 인식을 최종 소비자들에게 전달하려는 욕구로 시작된 것이란 사실을 분명히 알아야 한다. LEED와 '구매자 단체'는 개별 소비자가 기업의 행태에 영향을 미칠 수 있는 간접적 메커니즘 역할을 한다.

1993년 FSC가 발족하면서 숲의 인증 운동이 세계 전역으로 급속히 확산되었다. 이제는 64개국에서 인증된 삼림과 유통 경로가 사용될 정도로 확산되었다. FSC의 인증을 받은 삼림 면적이 15만 6,000평방마일에 이르고, 그중 3만 3,000평방마일이 북아메리카에 있다. 스웨덴의 경우는 전체 삼림 면적 중 절반이 넘는 3만 8,000평방마일의 숲을 인증받았다. 지금까지 9개국이 적어도 4,000평방마일 이상의 숲을 인증받았다. 스웨덴을 필두로 폴란드, 미국, 캐나다, 크로아티아, 라트비아, 브라질, 영국, 러시아의 순서이다. 판매되는 목제품 중 FSC 인증 제품이 가장 많은 비율을 차지하는 나라는 영국으로 약 20퍼센트를 차지한다. 그 다음이 네덜란드이다. 한편 400평방마일이 넘는 하나의 숲을 인증받는 나라도 16개국이나 된다. 북아메리카에서 인증받은 가장 넓은 숲은 온타리오 주에 있는 고든코센스 숲(Gordon Cosens Forest)이다. 캐나다의 목재 및 제지 회사인 템베크가 관리 중인 이 숲의 면적은 7,800평방마일이다. 템베크는 조만간 캐나다에서 관리하고 있는 5만 평방마일의 숲 전체를 인증받을 예정이다. 사유림뿐만 아니라 공유림도 FSC의 인증을 받고 있다. 현재 미국에서 인증받은 숲을 가장 많이 보유한 소유자는 펜실베이니아 주 정부로 3,000평방마일을 보유하고 있다.

FSC가 결성된 후 처음에는 숲의 인증이 매년 2배씩 성장했다. 최근에는 성장률이 낮아서 연 평균 40퍼센트 남짓할 뿐이다. 그 이유는 초기에 인증받은 숲을 관리하고 소유했던 회사들이 이미 FSC의 기준을 충족시키고 있었기 때문이다. 반면에 비교적 최근에 인증받은 숲을 관리하는 회사들은 FSC의 기준에 맞춰 그 이후에 운영 방식을 바꿔가야 했기 때문에 시간이 필요했다. 달리 말하면 초기에 FSC는 친환경적으로 사업을 운영하는 기업들을 인증하는 데 초점을 맞추었다면 요즘에는 환경적으로 사업을 운영하지 않는 기업들의 운영 방식을 바꿔가는 데 초점을 맞추고 있다.

FSC에 반발하는 목재 회사들이 오히려 FSC의 평판을 더 높여주는 역할을 하고 있다. FSC를 달갑게 여기지 않은 목재 회사들이 더 완화된 기준으로 자체의 인증 기관을 설립했다. 예컨대 미국 임업제지협회가 세운 '지속 가능한 삼림 운동(Sustainable Forestry Initiative)', '캐나다 표준화협회(Canadian Standards Association)', '범유럽삼림위원회(Pan-European Forest Council)'가 대표적인 예이다. SFI의 경우는 처음에는 여섯 가지 표식을 사용해서 목제품의 등급을 구분했다. 하지만 이런 '짝퉁'들은 독립된 제3의 기관에서 인증을 받지 않고 소속 기업들에게 자체 검증을 허락하고 있다는 점에서 FSC와 확연히 다르다. 달리 말하면 이런 짝퉁들은 통일된 기준과 계량화된 결과(예컨대, '하천 기슭의 폭')를 근거로 제품을 판단하지 않고, 객관적으로 계량화될 수 없는 구호나 과시("우리는 환경 정책을 시행한다", "우리 경영자가 환경 토론회에 참석했다" 등)로 제품을 판단한다. 게다가 유통 경로에 대한 인증도 없어, 인증된 목재와 인증받지 못한 목재를 동시에 사용하는 제재소가 생산한 제품에도 인증서가 발급된다. 한편 범유럽삼림위원회는 지역별로 자율적인 인증 제도를 시행한다. 예컨대 오스트리아는 전 지역이 이 위원회의 기준에 따라 인증받았다. 하지만 이처럼 자체 인증 제도를 시행하는 짝퉁들은 향후에 소비자에게 신뢰를 상실하면서 FSC의 신뢰성을 더욱 높여주는 역할을 할 것으로 여겨진다.

수산업

마지막으로 살펴볼 산업은 수산업, 혹은 해양 식품 산업이다. 수산업도 석유 산업, 광석 채굴 산업, 벌채 산업과 근본에서 똑같은 문제에 부딪히고 있다. 즉 세계 인구가 증가하면서 수산물에 대한 수요는 가파르게 증가하지만 공급은 떨어지고 있는 형편이다. 수산물의 소비는 제1세계에서도 높고 꾸준히 증가하지만 다른 지역에서는 더 높고 더 급속히 증가하고 있다. 특히 중국은 지난 10년간 거의 2배 증가했다. 게다가 제3세계에서는 식물과 동물을 통해 섭취하는 총 단백질량의 40퍼센트가 물고기를 통해 충당된다. 물고기는 10억이 넘는 아시아인들에게 주된 동물성 단백질원이기도 하다. 또한 인구가 내륙에서 해안지대로 이동하는 것은 세계적인 현상이다. 따라서 2010년경에는 세계 인구의 75퍼센트가 해안에서 80킬로미터 이내에 북적거리면서 살 것이라 예상되기 때문에 해산물의 수요는 더욱 늘어갈 것이다. 수산물에 대한 이런 의존성 때문에, 바다는 지금도 세계 전역에서 2억 명에게 일자리와 소득을 제공하는 터전이며, 고기잡이는 아이슬란드와 중국을 비롯해 여러 나라에서 경제를 떠받치는 중요한 기둥이기도 하다.

생물학적으로 재생 가능한 모든 자원이 관리하기 어렵지만 수산 자원의 관리는 더욱 어렵다. 한 나라의 수역 내에서 이루어지는 수산업도 관리하기 어렵지만 많은 나라가 작업하는 공동 수역에서는 어떤 나라도 지배적 위치에서 다른 나라들에게 일정한 원칙을 강요할 수 없기 때문에 공동 수역은 쉽게 붕괴될 수 있다. 특히 200마일(약 320킬로미터) 밖의 공해에서의 어업 활동은 어떤 나라의 정부도 간섭할 수 없다. 지금까지의 연구 결과에 따르면, 적절히 관리할 때 수산물의 채취는 현 수준보다 높아도 지속적으로 유지될 수 있다. 그러나 안타깝게도 세계에서 경제적으로 중요한 위치를 차지하는 어장의 대다수가 붕괴되어 경제적 가치를 상실한 지경에 이르렀거나, 한계 수준까지 혹은 그 이상으로 남획되고 있다. 또한 지나친 남획에서 서서히 회복되고 있는 어장도 있지만 적절한 관리가 화급히 필요한 어장도 있다. 이미 멸종 위기를 맞은 어장으로는 대서양의 넙치 어장, 대서양의 참다랑어 어장, 대서양의 황새치 어장, 북해의 청어 어장, 그랜드뱅크스(북대서양에 있는 북아메리카 대륙붕의 일부: 옮긴이)의 대구 어장, 아르헨티나의 메를루사 어장, 오스트레일리아 머리 강 하구의 대구 어장 등이 있다. 대서양과 태평양에서 남획이 자행된 수역에서는 1989년에 최고의 수확을 거둔 이후 어획량이 줄곧 줄어들었다. 앞 장에서 다루었던 '공유의 비극', 즉 재생 가능한 공유 자원에서 얻는 이익을 서로 나누어 갖는 것이 가장 좋은 방향인 것은 알지만 그 합의에 이르기는 어렵다는 현실에 그 주된 원인이 있다. 효과적인 관리와 규제가 없고 왜곡된 보조금도 큰 원인으로 꼽을 수 있다. 특히 많은 정부가 정치적인 이유로 어선을 지원하는 보조금이 결국에는 남획으로 이어지고, 그런 보조금이 없으면 낮은 수익으로 생존조차 할 수 없는 어선까지 연명시키는 꼴이기 때문에 경제적으로 무의미한 보조금이라 할 수 있다.

남획으로 야기되는 어장의 훼손 때문에 우리 모두가 앞으로 해산물을 먹을 수 있을지조차 불투명하다. 특정 어종이나 수산물이 사라질 위험에도 처했다. 대부분의 수산물이 그물로 무차별적으로 포획되기 때문에, 어부들이 실제로 목표로 한 어류뿐만 아니라 원치 않았던 어종까지 끌어올려진다. '부수 어획(by-catch, '혼획' 이라고 번역되기도 한다: 옮긴이)' 이라 일컬어지는 이런 어종들이 총 어획량의 4분의 1~3분의 2까지 차지한다. 이처럼 그물에 걸려 부수적으로 잡히는 어종 이외에 목표로 한 어종이라도 어린 고기, 바다표범, 돌고래와 고래, 상어, 바다거북이 '부수 어획' 에 속한다. 대부분의 경우 '부수 어획' 은 죽거나 바다로 다시 돌려보내진다. 그러나 부수 어획된 어종의 죽음은 얼마든지 피할 수 있다. 예컨대 최근 들어 어구(漁具)와 어획 방법의 변화로 동태평양의 참치 어업으로 인한 돌고래의 피해가 절반가량 줄었다. 한편 남획은 수산물의 서식 환경에도 큰 영향을 준다. 특히 저인망 어선은 해저를, 다이너마이트와 시안화물을 이용한 고기잡이법은 산호초를 크게 훼손시킨다. 끝으로 남획은 정작 어부들에게도 큰 피해를 입힌다. 궁극적으로 그들에게서 삶의 터전과 일자리를 빼앗기 때문이다.

이런 모든 문제들은 경제학자와 환경보호론자에게만 골칫거리가 아니었다. 수산업을 운영하는 기업인들에게도 황급히 해결해야 할 문제들이었다. 예를 들면 세계 최대의 냉동 어류 구매자 중 하나로 미국 소비자들에게는 고턴(Gorton), 영국 소비자들에게는 버즈아이월스(Birdseye Walls)와 이글로(Iglo), 유럽 소비자들에게는 핀두스(Findus)와 프루자(Frudsa)라는 상품으로 널리 알려진 유닐레버(Unilever)의 경영진들에게는 큰 걱정거리였다. 그들이 구매하고 판매하는 상품인 수산물의 어획량이 전세계에서 급격히 줄어드는 것을 걱정하지 않을 수 없었던 것이다. 벌채 회사들이 숲의 급격한 감소를 우려하며 FSC를 발족시켰던 것에서 그들은 해결의 실마리를 얻었다. FSC가 발족되고 4년이 지난 1997년, 유닐레버는 세계야생생물기금과 손잡고 해양보호위원회(Marine Stewardship Council)를 설립했다. 이 위원회는 소비자에게 생태적으로 신뢰할 수 있는 상품을 제공하고, 어부들이 '공유의 비극'에서 제기되는 문제를 스스로 해결해서 시장의 요구에 적극적으로 대응하도록 독려하는 데 목표를 두었다. 그 후 많은 기업과 재단 및 국제기관이 유닐레버와 세계야생생물기금의 뜻에 동참해 MSC를 재정적으로 지원하고 있다.

영국에는 유닐레버 이외에, MSC를 재정적으로 지원하거나 그들이 인증한 수산 식품을 구매하는 회사로 영국 최대의 수산 식품 회사인 영스블루크레스트시푸드컴퍼니(Young's Bluecrest Seafood Company), 영국 최대의 신선식품 공급 회사인 세인스버리스(Sainsbury's), 슈퍼 체인인 막스앤드스펜서(Marks and Spencer)와 세이프웨이(Safeway), 트롤어선을 운영하는 보이드라인(Boyd Line)이 있다. 미국에서는 세계 최대의 자연 식품 및 유기농 식품 판매 회사인 홀푸즈(Whole Foods), 쇼(Shaw)의 슈퍼마켓들, 트레이더 조(Trader Joe)의 식품점들이 MSC를 지원하고 있다. 그밖에 스위스의 최대 식품 판매 회사인 미그로스(Migros), 어선을 만들고 식품에 관련된 공장과 식품점을 운영하며 수출까지 하는 오스트레일리아의 카일리스앤드프랑스푸즈(Kailis and France Foods)도 MSC를 지원하는 대표적인 기업이다.

MSC는 어부, 수산 회사 경영자, 수산물 가공업자, 소매 상인, 수산 관련 학자, 환경 단체 등의 의견을 수렴해서 수산 활동에 적용할 기준을 마련했다. 중요한 기준들을 살펴보면, 수산업에 종사하는 기업들은 미래를 위해서 어장의 건강(어류의 성 및 연령 분포와 유전적 다양성)을 유지해야 하고, 지속 가능한 방향에서 어획해야 하며, 생태계의 안전을 유지해야 하고, 해양 생태계와 '부수 어획'에 대한 충격을 최소화하도록 노력해야 하며, 어장을 관리하고 충격을 최소화하기 위한 규칙과 절차를 정해야 하고, 그렇게 정한 규칙과 절차를 준수해야만 한다.

수산 식품 회사들은 이런 친환경적 기준에 대해 소비자들이 혼란스러울 정도로 온갖 주장을 내놓았다. 소비자를 현혹시키는 기만적인 주장들도 적지 않았다. 따라서 FSC와 마찬가지로 MSC도 제3의 인증 기관을 두었다. 달리 말하면 MSC가 검사해서 인증하는 시스템을 택하지 않고 FSC처럼 여러 기구에 인증 역할을 위임했다. 물론 인증 신청은 철저히 자발적인 선택이다. 즉 인증을 받아서 이익이 될 것이냐의 판단 여부는 전적으로 기업의 몫이다. 소규모 수산 회사가 인증 평가를 신청하는 경우, '데이비드앤드루실패커드 재단(David and Lucille Packard Foundation)'이란 재단이 '지속 가능한 수산기금(Sustainable Fisheries Fund)'을 통해 그 비용을 지원해주고 있다. 인증 과정은 인증 기구가 인증을 신청한 기업의 내밀한 사전 평가로 시작해서, (그 기업이 계속 검사를 받기 원하면) 본격적인 평가에 들어간다. 본격적인 평가에는 보통 1~2년, 대기업인 경우에는 3년이 걸린다. 평가가 끝난 후에는 개선해야 할 점들이 세밀하게 지적된다. 평가 결과가 양호하거나 지적된 문제들이 해결되면 그 기업은 5년 시한의 인증서를 받지만 매년 사전 통지 없는 검사를 받아야 한다. 이렇게 매년 시행된 검사 결과는 누구나 접근할 수 있는 웹사이트에 게시되어, 관련된 사람들에게 공개된다. 지금까지의 경험에 따르면, 일단 MSC 인증을 받은 기업들은 그 인증권을 상실하지 않으려고 매년 시행되는 검사를 통과하기 위해 갖추어야 할 기준을 충족시키려고 노력한다. FSC와 마찬가지로 MSC도 인증받은 수산 식품 회사가 포획한 물고기가 어선에서 선창까지, 다시 도매 시장과 가공 공장(냉동 회사와 통조림 공장), 도매 상인, 운송 회사를 거쳐 소매 시장까지 전해지는 전 과정을 검사해서 인증하는 '유통 과정' 인증을 도입하고 있다. 전 유통 과정에서 인증받은 수산물만이 식당이나 소매점에서 MSC 로고를 부착할 수 있다.

어장이나 물고기의 자원량, 어획 방법과 관례, 어획에 동원된 어구 등에 인증서가 주어진다. 한편 인증을 신청하는 주체는 어업 종사자 단체, 국가나 지역 어장을 대신한 정부의 수산 부서, 1차 가공업자와 유통 회사 등이다. 물고기의 어장뿐만 아니라 연체류와 갑각류의 어장도 인증 신청이 가능하다. 지금까지 인증받은 7곳의 어장 중에서 가장 큰 곳은 알래스카 주에 있는 '자연 연어(wild salmon)' 어장이다. 물론 알래스카 주 정부의 어류 · 야생 동물국이 관리하는 어장이다. 두 번째로 큰 곳은 웨스턴오스트레일리아의 바위바다가재 어장(오스트레일리아에서 단일 어장으로 가장 중요한데, 경제적 가치로 계산하면 오스트레일리아 전체 어획액의 20퍼센트를 차지한다)과 뉴질랜드의 호키 어장(뉴질랜드에서 가장 큰 수출 어장)이다. 나머지 네 곳은 영국에 있는 소규모 어장들로 템스의 청어 어장, 콘월의 고등어 손낚시 어장, 버리 만의 새조개 어장, 로크토리돈네프롭스 통발 어장이다. 미국 어획량의 거의 절반을 차지할 정도로 미국에서 가장 큰 어장인 알래스카의 명태(Alaska pollack) 어장, 미국 서부 해안의 넙치와 점박이참새우 어장, 미국 동부 해안의 줄무늬 배스 어장, 바하칼리포르니아의 바다가재 어장이 현재 인증을 기다리고 있다. 또한 자연산 어종뿐만 아니라 새우부터 시작해서 연어를 포함한 10개 어종의 양식 어종(다음 장에서 다루겠지만 자체로 큰 문제를 안고 있다)까지 인증을 확대할 계획도 세우고 있다. 지금까지의 경험에 따르면, 세계 주요 어장이 안고 있는 가장 큰 문제는 저인망 어업의 '부수 어획'으로 엄청나게 끌려올라오는 새우와 한 나라의 관할권을 넘어선 어장들인 듯하다.

전반적으로 평가할 때, 인증 제도는 숲보다 어장에 적용하기가 더 어려운 듯하다. 따라서 인증 제도의 확산도 느릴 수밖에 없다. 하지만 지난 5년간 MSC의 성적은 괄목할 만하다. 내가 처음에 예상했던 것보다 훨씬 빠른 속도로 난관을 이겨내고 있어 기꺼이 그들에게 박수를 보내주고 싶다.

기업과 대중

요컨대 대기업의 환경 인식은 보통 사람들의 상식에서 벗어난 편이다. 경우에 따라 다르겠지만 기업이 환경을 훼손하고 사람들에게 피해를 줄 때 적어도 단기적으로는 이익을 거둘 수 있다. 오늘날에도 할당량이 정해지지 않아 관리되지 않은 어장에서, 부패한 정부 관리와 분별력 없는 지주가 득세하는 나라에서 벌채 회사들이 단기적으로 임차한 열대우림에서 그런 일이 벌어지고 있다. 1969년 샌타바버라 해협의 원유 유출 사고가 있기 전까지 석유 회사들도 크게 다르지 않았고, 최근에 복구법이 제정되기 전까지 몬태나의 광산 회사들도 마찬가지였다. 정부가 적절한 규제 장치를 마련하고 대중이 환경적 인식을 가질 때, 친환경적인 대기업의 수가 그렇지 않은 기업의 수를 넘어설 것이다. 하지만 정부 규제가 미비하고 우리가 환경에 무관심하다면 그런 바람이 이루어질 가능성은 거의 없다.

기업이 사람을 해치면서까지 돈벌이를 한다고 비난하기는 쉽다. 하지만 그렇게 비난만 해서는 기업이 변할 가능성은 거의 없다. 기업은 비영리 자선 기관이 아니라 이익을 추구하는 조직이다. 주식시장에 상장된 주식회사는 합법적인 수단을 총동원해서라도 이익을 극대화시켜 주주들에게 나누어주어야 할 의무가 있다. 게다가 법은 경영진에게 '수탁 의무의 위반'이란 이름으로 법적인 책임을 지우고 있어, 경영진은 이익을 포기하는 식으로 기업을 운영할 수 없다. 실제로 자동차 왕이라 일컬어지는 헨리 포드는 1919년 노동자의 최저임금을 일급 5달러로 인상했다는 이유로 주주들에게 고소당했다. 그때 법원은 노동자에 대한 포드의 인본주의적 감정은 십분 이해하지만 기업은 주주들의 이익을 보장하는 방식으로 운영되어야 한다는 판결을 내렸다.

이런 점에서, 우리가 기업을 비난하는 것은 기업이 사람들에게 피해를 주면서 이익을 추구해도 괜찮은 상황을 우리가 만들어주었다는 궁극적 책임, 예컨대 광산 회사에게 친환경적으로 채굴할 것을 요구하지 않은 책임, 지속 가능하지 않은 방식으로 벌채한 기업들이 생산한 목제품을 꾸준히 사주었다는 책임을 모른 체하는 짓이다. 환경 파괴적인 경영 방식을 불법으로 규정하고 더 이상 이익을 창출할 수 없는 세계로 만드는 힘, 결국 친환경적 경영을 할 때만 이익을 창출할 수 있는 세계를 만드는 힘을 가진 주체는 바로 대중이다. 우리는 그 힘을 직접 행사할 수도 있고, 정치인을 통해 간접적으로 행사할 수도 있다. 우리 대중은 인간에게 피해를 주는 기업을 고소할 수 있다. '엑손발데스' 호, 파이퍼알파 해상 플랫폼, 보팔의 재앙이 있었을 때 우리는 실제로 관련 기업들을 고소했다. 홈디포와 유닐레버에게 경각심을 일깨워주었듯이 지속 가능한 방식으로 벌채되고 어획된 제품만을 구매해서 기업에 압력을 가할 수도 있다. 나쁜 전력을 가진 기업의 직원들에게 그 회사에 다니는 것을 부끄럽게 만들어 경영자들에게 항의하게 만들 수도 있다. 노르웨이 정부가 셰브런에게 그랬듯이 정부에 압력을 넣어 친환경적인 기업에게 수익성 있는 사업을 몰아줄 수도 있다. 미국 연방 정부가 1970년대와 1980년대에 새로운 규제법을 만들어 석탄 산업을 탈바꿈시켰듯이, 정부에게 규제를 강화하는 법을 만들라고 촉구할 수도 있다. 이렇게 한다면 대기업들이 대중의 압력이나 정부의 압력에서 멀리 떨어져 있는 하청 기업들에게 강력한 영향력을 행사해서 그들까지 바꿔갈 수 있다. 예컨대 광우병의 확산을 우려한 미국인들의 뜻에 부응해서 식품의약국이 육가공 산업에 광우병의 확산과 관련된 행위를 강력히 규제하는 법안을 제출하자 육가공업자들은 그 법으로 지나친 비용 상승이 예상된다면서 5년 동안이나 저항했다. 하지만 햄버거 매출의 폭락에 화들짝 놀란 맥도널드가 육가공업자들에게 똑같은 요구를 했을 때 그들은 맥도널드의 요구를 순순히 따랐다. 맥도널드의 한 경영자가 말한 대로 "맥도널드가 세계에서 가장 큰 고객이기 때문이었다." 결국 유통 경로에서 어떤 고리가 대중의 압력에 민감히 반응하는가를 찾아내는 것이 대중의 임무이다. 예컨대 맥도널드, 홈디포, 티파니는 대중의 압력에 민감하지만 육가공업자, 벌채 회사, 금광 회사는 대중의 압력에 쉽게 흔들리지 않는다.

내가 궁극적인 책임, 즉 기업이 사람들에게 피해를 주면서까지 이익을 추구하는 관례적 경영 방식의 궁극적인 책임을 대중에게 돌린다고 실망하고 분노하는 독자도 있을 것이다. 게다가 나는 친환경적 경영에 추가되는 비용까지 대중이 부담해야 한다고 말했다. 기업을 친환경적으로 운영하려면 당연히 추가되는 비용이라고 생각하기 때문이다. 이런 내 관점은 기업이 최대의 이윤 추구를 떠나서 반드시 지켜야 할 도덕적 명제를 무시한 것일 수 있다. 하지만 나는 인류의 역사에서, 특히 정치적으로 복잡하게 얽힌 모든 인간 사회에서, 달리 말하면 친·인척관계를 떠나 생소한 사람들과 경쟁을 벌여야 하는 사회에서, 정부 차원의 규제는 도덕률을 강제로라도 집행할 필요가 있을 때에야 시작되었다는 점을 지적해두고 싶다. 도덕률의 요구는 고결한 행위를 끌어내기 위해 필요한 첫 단계일 뿐이다. 즉 도덕률의 요구만으로는 충분하지 않다.

대기업의 행위에 대해 궁극적인 책임이 대중에게 있다는 내 결론에 결코 실망할 것이 없다. 오히려 희망을 주는 결론이다. 또한 내 결론은 누가 옳고 누가 틀리며, 누가 훌륭하고 누가 이기적이며, 누가 좋은 편이고 누가 나쁜 편인지 판결하는 도덕주의적 결론도 아니다. 오히려 내가 과거에 일어났으리라고 생각하는 것을 근거로 내린 일종의 예측이다. 대중이 다른 식으로 행동하기를 기대하고 요구했을 때, 대중의 기대에 맞춰 행동한 데 대한 보상을 해주었을 때, 대중이 원하지 않는 방식으로 행동하는 기업을 곤경에 빠뜨렸을 때, 그때서야 기업은 변했다. 과거에 그랬던 것처럼 앞으로도 기업의 운영 방식을 친환경적으로 바꿔가려면 대중의 인식 변화가 먼저 있어야 할 것이다.

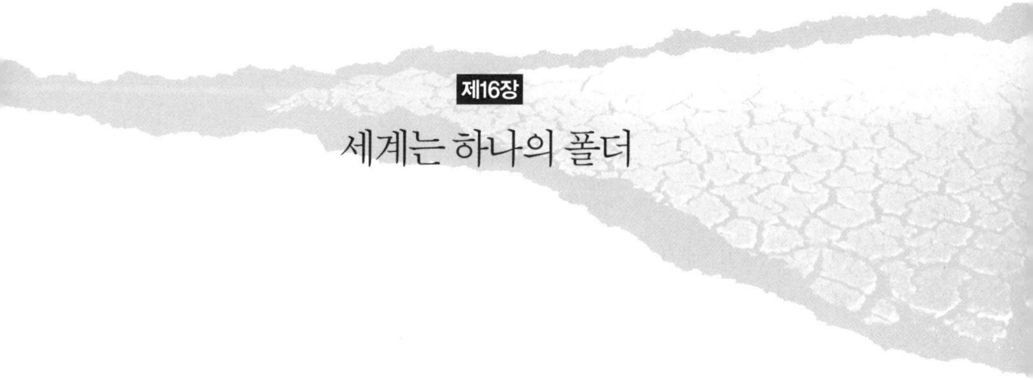

제16장

세계는 하나의 폴더

들어가는 글

앞에서 우리는 과거와 현재의 사회들이 환경 문제를 해결하는 데 성공한 이유와 더불어 실패한 이유까지 살펴보았다. 끝으로 이 책의 궁극적인 목적, 즉 "이런 교훈들이 오늘날 우리에게 무슨 의미가 있는가?"라는 문제를 살펴보려고 한다.

먼저 현대 사회가 직면하고 있는 주된 환경 문제와, 그 문제들이 제기하는 위협의 시간부터 시작할 생각이다. 특히 내가 지난 39년의 삶을 살았던 지역, 즉 남캘리포니아를 예로 들어 이런 환경 문제가 어떻게 전개되는지 구체적으로 설명해보려고 한다. 그리고 이런 환경 문제를 희석시키기 위해 가장 자주 제기되는 반론까지 살펴볼 것이다. 이 책의 절반가량이 과거 사회를 집중적으로 다루면서 현대 사회에서 받아들일 교훈을 찾는 데 주력한 만큼, 과거에서 끌어낸 교훈들에 영향을 미치는 요인들이 과거 사회와 현대 사회에서는 어떻게 다른지 아울러 살펴볼 것이다. 끝으로 "내가 개인으로서 무엇을 할 수 있을까?"라는 의문을 갖는 독자들에게는 '참고문헌'을 반드시 읽어보라고 권하고 싶다.

황급히 해결해야 할 문제들

과거 사회가 직면했고, 현대 사회가 직면하고 있는 가장 중대한 환경 문제는 대략 12가지로 나누어지는 듯하다. 그중 8가지는 과거에 큰 의미가 있었지만 나머지 네 가지(에너지, 광합성의 한도, 유해 화학 물질, 대기의 변화)는 비교적 최근에야 심각한 문제로 제기되기 시작했다. 12가지 중 처음 네 가지는 천연자원의 파괴나 감소와 관계가 있고, 다음 세 가지는 천연자원의 고갈과 관계가 있다. 다음 세 가지는 인간이 생산한 해로운 것이며, 나머지 두 가지는 인구 문제이다. 우리가 파괴하거나 낭비하고 있는 천연자원들, 즉 자연의 서식처, 자연의 식량 자원, 생물학적 다양성, 그리고 토양부터 차근차근 살펴보자.

1. 우리는 자연의 서식지를 급속한 속도로 파괴해가고 있다. 또한 도시와 마을, 농토와 초지, 도로, 골프장 등과 같은 인간이 만든 서식지로 변형시키기도 한다. 이렇게 상실된 자연의 서식지 중에서 숲, 습지, 산호초, 해저가 특히 뜨거운 토론을 불러일으켜왔다. 앞 장에서 지적했듯이, 세계의 원시림 중 절반 이상이 이미 다른 용도로 전환되었다. 현재의 속도대로 원시림이 전환된다면, 남은 삼림의 25퍼센트가 반세기를 넘기지 못할 운명이다. 이런 삼림의 상실은 우리 인간에게도 큰 손실이다. 삼림은 우리에게 무엇보다 목재를 비롯한 많은 천연자원을 제공하기 때문이다. 또한 삼림은 수계(水系)를 보호하고, 토양의 침식을 예방하며, 강수량에서 많은 부분을 차지하는 '물의 순환'에서 중요한 단계를 이루고, 대부분의 육상 식물과 동물에게 서식지 역할을 하기 때문이다. 삼림 파괴는 이 책에서 다룬 과거 사회들이 붕괴된 주된 원인이었다. 어떤 의미에서 유일한 주된 원인이었다. 게다가 몬태나를 다룬 제1장에서 지적했듯이, 우리가 우려하는 것은 삼림의 파괴와 전환만이 아니다. 남아 있는 삼림의 구조가 바뀐 것도 큰 걱정거리이다. 특히 이런 구조의 변화는 자연발생적 화재의 패턴까지 바꿔버려, 과거처럼 산불이 빈

번하지는 않지만 일단 시작된 산불은 걷잡을 수 없이 확산되어 재앙으로 발전하기도 한다.

삼림 이외에도 소중한 자연의 서식지들이 파괴되고 있다. 비율로 계산하면 원시림보다 습지가 더 많이 파괴되고 훼손되거나 다른 용도로 전환되었다. 수원(水源)의 질을 유지하고 경제적으로 가치를 지니는 민물고기의 어장을 유지하는 데 습지의 중요성이 밝혀졌고, 바다의 어장까지 많은 어종에게 어린 시절을 보낼 서식지를 제공하는 맹그로브 습지와 관계 있다는 사실이 밝혀지면서 습지의 파괴는 우리에게 중대한 문제로 부각되었다. 세계에 분포한 산호초의 약 3분의 1도 심각하게 훼손되었다. 산호초는 수많은 어종에게 고향과도 같은 곳이기 때문에 바다의 열대우림이라 할 수 있다. 그런데도 현재와 같은 속도로 훼손이 계속된다면 남은 산호초의 절반가량이 2030년이면 사라지고 말 것이다. 이런 훼손과 파괴는 고기잡이에서 남용되는 다이너마이트, 조류(藻類)를 뜯어 먹는 초식성 어류들의 감소로 인한 조류의 확산, 바다에 인접한 땅이 개간되어 농지로 변하면서 시작된 퇴적물과 공해 물질의 유입, 해수 온도의 상승으로 인한 산호의 백화현상 등에서 비롯된 것이다. 게다가 저인망 어업도 얕은 바다의 바닥을 심각하게 훼손시키고, 해저에서 살아가는 어종들을 멸종 위기로 몰아넣는다고 여겨진다.

2. 자연에서 얻는 식량, 특히 어류와 갑각류는 인간이 섭취하는 단백질 양에서 많은 부분을 차지한다. 어떤 의미에서 이 단백질은 우리가 포획해서 운반하는 비용을 제외한다면 거의 공짜로 얻는 단백질이며, 우리가 힘들여 사육한 가축에서 얻어야 하는 동물성 단백질의 양을 대체할 수 있는 단백질이기도 하다. 약 20억의 인구, 그 대부분이 가난한 사람들이 단백질을 바다에서 구하고 있다. 어장을 적절히 관리하면 물고기의 자원량은 충분히 유지될 수 있고 우리에게 영원한 식량 자원이 될 수도 있다. 그러나 안타깝게도 '공유의 비극'(제14장)이 어장을 지속 가능하게 유지하려는 노력을 수포로 만들어버린다. 이 때문에 소중한

어장들이 이미 붕괴되었거나 크게 훼손되었다(제15장). 물고기를 남획했던 과거 사회로는 이스터 섬, 망가레바 섬, 헨더슨 섬이 있었다.

양식되는 물고기와 새우가 점점 늘어나고 있다. 양식 어업은 싼값으로 동물성 단백질을 생산해낼 수 있는 바람직한 방향이다. 적어도 원칙적으로 그렇다. 하지만 여러 가지 면에서, 요즘 흔히 행해지는 양식 어업은 자연산 물고기의 감소라는 문제를 개선하기보다는 악화시키고 있는 듯하다. 양식되는 물고기들에게 자연에서 잡은 물고기를 먹이로 주기 때문에, 양식되는 물고기가 생산하는 고기의 양보다 먹어치우는 자연산 물고기의 양이 훨씬 더 많다. 심지어 20배에 이르기도 한다. 양식 물고기는 자연산 물고기에 비해 독성 농도가 더 높다. 게다가 양식 물고기가 양식장을 빠져나가 자연의 물고기와 교배해서 자연의 물고기를 유전적으로 불안하게 만들 수 있다. 양식 물고기는 자연에서의 생존력을 떨어뜨린 대신에 성장 속도를 빠르게 유전적으로 조작해놓았기 때문이다. 예컨대 자연산 연어에 비해서 양식 연어는 생존력이 50배가 떨어진다. 또한 양식장의 폐수가 오염과 부영양화 현상을 유발한다. 게다가 양식 어업은 저렴한 비용으로 물고기 가격을 떨어뜨리는 효과를 낳았지만 소득을 일정하게 유지하려는 어부의 욕구가 남획으로 발전하는 부작용을 낳았다.

3. 야생 생물종과 그 개체군, 유전적 다양성이 이미 크게 훼손되었다. 현재와 같은 속도라면, 지금 남아 있는 생물들도 반세기 안에 상당 부분 사라질 것이라 예상된다. 몸집이 크고 식용에 적합한 동물들, 먹을 수 있는 열매를 가진 식물들이나 좋은 목재로 선호되는 나무들은 우리에게 무척 소중한 천연자원이다. 이런 종들을 멸종시키면서 붕괴를 자초한 과거의 많은 사회들 중에는 이스터 섬과 헨더슨 섬이 있었다.

그러나 작아서 식용으로 부적합한 종의 상실에 우리는 "왜 그리 걱정이 많아! 아무 짝에도 쓸모없는 그런 작은 물고기나 잡초, 그러니까 시어(矢魚)나 송이풀을 걱정하지 말고 인간에게나 더 관심을 갖는 것이

백배는 낫겠다!"라는 반응을 주로 보인다. 이런 반응은 자연계가 아주 소중한 것, 많은 경우에서 다른 방법으로는 우리가 즐길 수 없는 것을 우리에게 공짜로 제공하는 생물들로 이루어졌다는 사실을 망각한 결과이다. 하찮고 작은 종들의 멸종이 인간에게 치명적인 결과를 미칠 수 있다. 비행기를 지탱해주는 작고 하찮은 나사못들이 대거 빠졌다고 상상해보라. 작고 하찮은 종들이 우리 삶에 기여하는 역할의 예는 얼마든지 나열할 수 있다. 지렁이는 토양을 재생시키고 토성(土性)를 유지시키는 역할을 한다(산소 수치가 생물권 2영역에서 떨어져 그곳에 거주하는 사람들에게 피해를 주게 된 이유 중의 하나도 땅속에서 사는 벌레 수가 감소해서 토양과 대기 가스의 적절한 교환을 방해했기 때문이다). 토양 박테리아는 작물에 필수 영양소인 질소를 고정시키는 역할을 한다. 토양 박테리아가 없다면 비료값으로 우리는 엄청난 돈을 써야 할 것이다. 벌을 비롯한 수분(受粉) 곤충들이 우리를 대신해서 식물들을 수분시킨다. 우리가 일일이 꽃들을 수분시켜야 한다고 상상해보라. 얼마나 힘든 일이겠는가. 새들과 포유동물은 열매를 확산시키는 역할을 한다. 솔로몬 제도에서 경제적으로 가장 가치 있는 나무들이 한낱 씨에서 시작해서 어떻게 그렇게 생장할 수 있었는지 임학자들은 아직 정확히 설명하지 못하고 있다. 하여간 열매를 주로 먹는 큰 박쥐가 자연스레 그런 숲을 만든 것으로 추정되지만 요즘 들어 그 박쥐들의 개체 수가 사냥으로 급격히 줄어들고 있다. 바다와 육지에 서식하는 고래, 상어, 곰, 늑대 등 먹이사슬의 위에 위치한 포식 동물들이 줄어든 것도 먹이사슬의 구조가 변한 탓이다. 야생의 식물과 동물은 쓰레기를 분해시키고 영양분을 재순환시켜 우리에게 맑은 물과 공기를 제공한다.

4. 농지로 사용되는 땅의 토양이 물과 바람으로 인해 침식되는 속도가 토양의 형성 속도보다 10~40배나 빠르다. 벌채된 토양의 침식 속도는 더 빨라, 500~1만 배에 이른다. 이처럼 토양의 침식률이 토양의 형성률보다 훨씬 높기 때문에 토양의 순손실이 일어난다. 예컨대 농업 생

산성이 미국에서 가장 높은 아이오와 주에서는 표토의 절반가량이 지난 150년 동안 침식되었다. 최근에 아이오와를 방문했을 때 나는 그곳 사람들의 안내로, 토양의 순손실을 극명하게 보여주는 한 교회를 볼 수 있었다. 그 교회는 19세기에 농장 한가운데 세워져서 그 이후로 줄곧 교회로 유지되고 관리되었지만, 주변의 땅은 농지로 개간되었다. 그 후 침식이 교회 주변보다 농지에서 급속히 진행되어 교회 마당이 농지보다 3미터나 높아, 교회가 바다에 떠 있는 섬처럼 보였다.

농업이 토양에 미치는 다른 유형의 피해로는 몬태나(제1장), 중국(제12장), 오스트레일리아(제13장)에서 보았던 염화(鹽化), 지하 암석의 풍화로 영양분이 회복되는 속도보다 영농으로 인해 영양분이 상실되는 속도가 더 빨라 필연적으로 초래되는 토양 영양분의 순손실, 그리고 토양의 산성화나 알칼리화가 있다. 인간에서 비롯되는 이런 훼손으로 인해, 인구 증가로 더 많은 농지가 필요하게 된 때부터 세계 농지가 20퍼센트 가량 심각하게 훼손되었다. 심지어 80퍼센트가 훼손되었다고 주장하는 학자까지 있을 정도이다. 삼림 파괴와 마찬가지로 토양 문제도 이 책에서 다룬 과거 사회들이 붕괴된 주된 원인으로 여겨진다.

다음에 다룰 세 가지 문제는 한계에 이른 에너지, 민물, 광합성과 관련된 것이다. 물론 세 경우 모두에서 한계는 고정되지 않고 탄력적이지만 더 많은 자원을 얻으려면 비용이 가파르게 증가하는 문제를 안고 있다.

5. 주요 에너지원, 특히 산업 사회의 주요 에너지원은 화석 연료, 즉 석유, 천연가스, 석탄이다. 유전과 천연가스전이 앞으로 얼마나 더 발견될 수 있겠느냐의 문제는 뜨거운 논란거리이고, 석탄의 매장량은 엄청나다고 추정되지만 비교적 쉽게 접근해서 캐낼 수 있는 유전과 천연가스전은 앞으로 수십 년을 넘기지 못할 것이라는 견해가 지배적이다. 그렇다고 지구에 존재하는 모든 유전과 천연가스전이 그때쯤이면 고갈

된다는 뜻으로 잘못 해석해서는 안 된다. 그러나 남은 유전들은 더 깊이 매장되어 채취하는 데 더 많은 비용이 들고, 그에 따른 환경 비용도 만만치 않다. 물론 화석 연료가 유일한 에너지원은 아니다. 대안 에너지원이 제기하는 문제에 대해서는 뒤에서 다시 다루기로 하자.

6. 강과 호수의 민물은 이미 관개 시설을 통해서 농업용수, 가정용수, 산업용수로 사용되거나 선박의 운송로, 어장, 휴양지로 활용되고 있다. 오스트레일리아의 북서 지역, 시베리아, 아이슬란드에서 보듯이 아직 개발되지 않은 강과 호수의 대부분은 인구 밀집 지역에서 멀리 떨어진 곳에 위치할 뿐이다. 세계 전역에서, 지하 대수층(帶水層)의 민물도 자연의 순환에 따라 재충전되는 속도보다 훨씬 빠른 속도로 비워지고 있다. 따라서 결국에는 대수층의 민물, 즉 지하수도 급속히 고갈되리라 예상된다. 물론 바닷물에서 소금기를 제거해서 민물을 만들 수는 있지만 막대한 비용과 에너지가 필요하다. 따라서 탈염이 국부적으로는 유용하겠지만 엄청난 비용 때문에 세계의 물 부족을 해소할 방법으로는 적절하지 않다. 오늘날 10억이 넘는 인구가 안심하고 마실 물의 부족에 시달리고 있다. 아나사지와 마야가 물 문제로 붕괴된 과거의 대표적인 사회이다.

7. 얼핏 생각하면 햇빛은 무한히 공급될 듯하다. 따라서 작물과 야생식물도 무한히 생장할 수 있으리라 추론하는 것도 무리가 아니다. 그러나 실제로는 그렇지 않다는 지적이 지난 20년 전부터 계속되고 있다. 열이나 물을 공급하는 데 막대한 돈을 쓰지 않으면 북극권과 사막에서 식물이 제대로 성장하지 못하기 때문만은 아니다. 더 일반적으로 말하면 식물의 광합성으로 에이커당 고정되는 태양 에너지의 양, 즉 에이커당 식물의 생장이 기온과 강수량에 달려 있기 때문이다. 식물이 단 하나의 광자(光子, 빛에너지)도 그냥 땅까지 흘려내려보내는 경우가 없을 정도로 햇빛을 충분히 흡수하더라도, 일정한 기온과 강수량이 주어질 때 에이커당 내리쬐는 햇빛에 크게 의존하는 식물의 생장은 그 식물의

생화학적 구조에 따라 제한받는다. 이런 광합성의 한계에 대한 계산이 1986년에 처음 시도되었고, 지구가 지닌 광합성 역량의 절반 정도가 이미 사용되거나(농지, 삼림, 골프장으로), 다른 곳에 전용되고 낭비된다(도로나 건물에 내리쬐는 햇살)는 결론이 나왔다. 인구 성장률, 특히 1986년 이후에 인구가 폭발적으로 성장한 것을 감안한다면 21세기 중반쯤에는 지상의 광합성 역량을 최대한 사용하는 수준에 이르리라 전망된다. 달리 말하면 햇볕에서 얻을 수 있는 에너지의 대부분이 인간에 의해 어떤 목적으로 사용되기 때문에, 자연의 삼림을 비롯한 식물 공동체의 성장에 지원되는 에너지는 거의 남지 않으리라는 예측이다.

다음에서 다룰 세 가지 문제는 우리 인간이 자초한 문제로 유해 화학 물질과 외래종과 대기 가스에서 비롯되는 유해한 문제이다.

8. 화학 산업을 비롯해 많은 산업이 공기, 토양, 바다, 호수, 강에 유해 화학 물질을 배출한다. 그중 일부는 인간이 만들어낸 '비자연적' 인 합성 물질이고, 일부는 자연에 극소량만이 존재하거나(예컨대, 수은), 생명체에 의해 합성되지만 인간에 의해 대량으로 합성되어 방출된다(예컨대, 호르몬류). 이런 유해 화학 물질들 중 살충제와 제초제가 새와 어류 및 여러 동물에 미치는 영향이 레이첼 카슨(Rachel Carson)의 『침묵의 봄 *Silent Spring*』(1962)을 통해 널리 알려지면서 처음으로 화학 물질에 대한 경각심을 불러일으켰다. 그 후로 이런 화학 물질들이 인간에게 중대한 영향을 미친다는 사실이 밝혀졌다. 또한 살충제와 제초제뿐만 아니라 수은을 비롯한 여러 금속들, 방화재로 쓰이는 화학 물질, 냉장고의 냉각제, 합성세제, 합성수지 등도 인간에게 유해하다는 사실들이 연이어 밝혀졌다. 음식이나 물을 통해 그런 물질이 섭취되고, 호흡을 통해 유독 가스가 흡입되며, 피부를 통해 유해 화학 물질이 침투한다. 우리 몸 속에서 축적되는 속도가 아주 느리기는 하지만 유해 화학

물질은 선천적 결손증, 정신 지체, 면역 체계와 생식 계통의 일시적이거나 영구적인 훼손을 유발한다. 게다가 일부 화학 물질은 내분비 계통을 교란시킨다. 달리 말하면 성 호르몬의 효과를 모방하거나 방해함으로써 생식 계통을 교란시킨다. 수십 년 전부터 정자(精子)의 수가 현격히 감소한 것도 화학 물질의 영향 때문이라 여겨진다. 또한 많은 나라에서 결혼 연령이 과거에 비해 높아진 것을 감안하더라도 불임부부의 수가 늘어난 것도 똑같은 이유인 듯하다. 게다가 미국에서, 토양 오염과 수질 오염을 제외하고 순전히 공기 오염을 이유로 사망하는 사람이 적게 계산해도 매년 13만 명에 이르는 것으로 추정된다.

이런 유해 화학 물질 중 대다수가 DDT와 PCB(폴리염화비페닐)처럼 자연에서 아주 느리게 분해되거나, 수은처럼 아예 분해되지 않는다. 또한 대다수의 화학 물질이 자연환경에 오랫동안 머물다가 어디론가 씻겨내려간다. 따라서 미국에서 오염된 지역들, 예컨대 러브커낼(미국 뉴욕 주 나이애가라폴스의 한 구역. 20세기 후반에 화학 폐기물 처리장으로 사용되다가 큰 환경 재해가 발생했다 : 옮긴이), 허드슨 강, 체서피크 만, '엑손발데스' 호의 원유 유출 지역, 몬태나의 구리 광산 등을 복구하는 데 필요한 비용만 해도 수십억 달러로 추정된다. 그러나 미국 최악의 오염 지역도 옛 소련, 중국, 제3세계의 광산들에 비하면 양호한 편이다. 그곳들의 복구 비용은 계산조차 하지 못할 지경이다.

9. '외래종(alien species)'은 인간에 의해 의도적으로나 부지불식간에 원래 있던 곳에서 다른 곳으로 이동한 종을 뜻한다. 농작물, 가축 등 일부 종의 지리적 확산은 인간에게 유리하다. 하지만 토종과 접촉하면서 토종을 먹이로 삼거나 토종에 기생해서 괴롭히며, 토종을 병들게 만드는 외래종도 적지 않다. 또한 월등한 성장 속도로 토종을 압도하는 외래종들도 있다. 토종은 진화 과정에서 외래종과 접촉한 적이 없어 외래종을 이겨낼 힘이 없기 때문에 외래종은 토종의 생존에 큰 영향을 미친다. 요즘 들어 새롭게 발호하는 천연두나 에이즈에 대한 인간의 면역

사진 34 북아메리카 숲에서 토종 식물을 완전히 뒤덮어버린 외래종 식물, 칡.

력을 생각해보면 이런 관계가 충분히 이해된다. 지금까지 외래종이 단 번에 혹은 매년 수억 달러, 심지어 수십억 달러의 피해를 입힌 경우가 수백 건에 달한다. 비교적 최근에도 오스트레일리아의 토끼와 여우, 몬태나의 초지를 점령해버린 반점뻐꾹채류와 큰잎등대풀(제1장), 미국에서 밤나무를 쓸어버리고 느릅나무들을 고사시켜버린 마름병처럼 나무와 농작물과 가축을 강타한 질병들, 수로를 막는 부레옥잠, 발전소까지 멈춰버리게 만드는 말조개(zebra mussel, 파이프를 막아버리는 일종의 조개 : 옮긴이), 북아메리카 오대호의 황금 어장을 황폐화시킨 칠성장어 등의 피해 사례가 있었다(사진 34). 과거에도 외래종이 토종을 멸종시키는 데 일조한 사례가 적지 않다. 예컨대 인간을 따라 들어간 쥐가 이스터 섬에서 종려나무의 열매를 갉아먹어 종려나무의 멸종을 앞당겼고, 이스터 섬과 헨더슨 섬 등 태평양 일대의 섬들에서는 새들의 알과 새끼를 공격해서 그들에게 큰 피해를 주었다.

10. 인간 행위의 산물은 가스를 대기로 방출한다. 그 가스는 오존층(과거에 냉장고에 사용되던 냉각제)을 파괴하거나, 온실 가스(greenhouse gases) 역할을 하면서 햇볕을 흡수해 결국에는 지구 온난화를 촉진시키는 원인이 된다. 이처럼 지구 온난화를 부추기는 가스들에는 연소와 호흡에서 배출되는 이산화탄소, 반추동물의 소화 운동에서 배출되는 메탄 등이 있다. 물론 산불과 들불, 동물의 호흡은 옛날부터 이산화탄소를 배출했고, 야생의 반추동물들도 먼 옛날부터 메탄을 배출해왔다. 하지만 인간이 땔감과 화석 연료를 사용하면서 이산화탄소의 배출량이 크게 늘었고, 인간이 가축을 사육하면서 메탄의 배출량도 크게 증가했다.

과학자들은 지구 온난화의 원인과 정도를 주제로 오랫동안 토론해왔다. 현재의 세계 기온이 역사적으로 정말 높은 것일까? 그렇다면 얼마나 높아진 것일까? 인간이 그 주된 원인일까? 해마다 기온의 등락이 있어 온난화 추세를 정확히 파악하려면 복잡한 분석이 필요하지만 대기 온도가 최근에 가파르게 상승하고 있으며, 인간의 행위가 그 주된 원인이라는 점에서는 대부분의 학자가 동의하고 있다. 다만 그 결과가 미래에 어떻게 나타날 것이냐는 점이 불확실할 뿐이다. 예컨대 지구의 평균 기온이 21세기가 끝날 즈음에 섭씨 1.5도 상승할 것이냐, 아니면 5도까지 상승할 것이냐는 것이다. 이런 수치가 대단하게 들리지 않을 수도 있지만 마지막 빙하기가 한창일 때 지구의 평균 기온이 겨우 5도 떨어졌을 뿐이라는 사실을 감안한다면 충격적인 수치가 아닐 수 없다.

따뜻한 기후가 식물의 생장을 촉진시킬 것이라고 생각하면 지구 온난화가 반가운 소식일 수 있지만 지구 온난화는 양면성을 지닌다. 농업의 한계 지역인 추운 지역에서는 작물의 생산량이 실제로 증가하겠지만 이미 따뜻한 지역이나 건조한 지역에서의 생산량은 줄어들 수 있다. 몬태나, 캘리포니아 등 건조한 지역에서는 만년설이 사라지면서 가정용수의 부족을 초래할 수 있고, 이미 작물 재배에서 한계 상황에 이른 농업용수의 부족을 초래할 수도 있다. 또한 눈과 얼음이 녹으면서 해수면이 상승하면, 현재도 해수면보다 약간 높거나 더 낮은 해안 저지대의 평원과 하천 유역이 범람하고 침식을 가속화시킬 위험이 있다. 실제로 이렇게 된다면 네덜란드, 방글라데시, 미국 동부의 해안지대, 해발이 낮은 태평양의 많은 섬들, 나일 강과 메콩 강의 델타 지역, 영국과 인도 및 일본과 필리핀의 해안지대와 강둑에 늘어선 도시들(예컨대, 런던)이 크게 위협받게 된다. 게다가 지구 온난화는 정확히 예측하기 힘들지만 북극의 빙하가 녹으면서 해양의 순환에 변화를 일으켜 엄청난 문제를 초래할 가능성도 적지 않다.

나머지 두 문제는 인구 증가와 깊은 관계를 갖는다.

11. 세계 인구가 점점 증가하고 있다. 인구가 늘어날수록 더 많은 식량, 공간, 물, 에너지 등 모든 자원이 필요한 것은 당연한 이치이다. 인구 증가율과 그 방향은 지역에 따라 천차만별이다. 제3세계의 일부 국가에서 인구 증가율이 4퍼센트 혹은 그 이상으로 가장 높은 반면에, 이탈리아와 일본과 같은 제1세계는 인구 증가율이 1퍼센트 남짓으로 낮은 편이다. 한편 러시아, 그리고 에이즈라는 직격탄을 맞은 아프리카 국가들처럼 공공 건강이 심각한 위기를 맞은 나라들에서는 인구가 감소하고 있다. 세계 인구가 증가 추세에 있지만 연간 증가율이 10~20년 전만큼 높지 않다는 데는 모두가 동의한다. 하지만 세계 인구가 현 수준보다 높은 수준(현재보다 2배?)에서 안정될 것인지, 그렇다면 몇 년 후에나 그 수준에 도달할 것인지(30년? 50년?), 아니면 그 이후에도 인구는 꾸준히 늘어날 것인지 등에 대해서는 의견이 분분하다.

'인구 급등(demographic bulge)', 혹은 '인구 탄성(population momentum)'이라 일컬어지는 현상 때문에 인구는 앞으로 꾸준히 증가

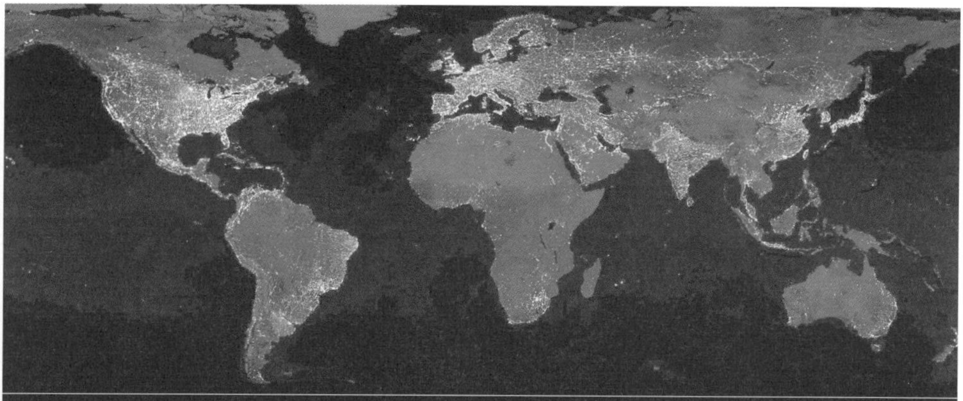

사진 35 각 지역을 밤에 찍은 위성 사진들을 합성한 것이다. 미국, 유럽, 일본이 다른 지역(아프리카, 남아메리카, 오스트레일리아의 대부분)에 비해서 밤인데도 훨씬 밝게 보인다. 야간 조명과 전기 소비에서 이런 차이는 자원 소비량, 쓰레기 배출량 등과 비례한다. 요컨대 제1세계와 제3세계의 생활 수준을 보여준다. 이런 차이를 앞으로 계속 유지할 수 있을까?

할 수밖에 없는 조건에 있다. 즉 인구가 최근에 급증한 까닭에, 요즘의 인구 구조에서 저연령층과 생식 능력을 갖춘 젊은층이 압도적으로 많다. 가령 세상의 모든 부부가 오늘 밤 두 자녀만 갖기로 결심한다고 해보자. 그러면 장기적으로 자녀들이 죽은 부모를 그대로 대신할 것이기 때문에 전체 인구는 변하지 않을 것이다(자녀를 낳지 못하는 부부나 결혼하지 않을 사람을 고려하면 2.1명의 자녀를 가져야 한다). 하지만 현재 노령이거나 출산 연령기를 넘긴 사람보다 출산기에 있거나 출산기에 접어든 사람이 더 많기 때문에 향후 약 70년 동안은 세계 인구가 꾸준히 증가할 것이다. 인구 증가의 문제는 수십 년 전부터 중대한 관심사가 되면서, 세계 인구의 증가를 늦추거나 중단시키기 위한 '제로 인구 성장 운동(Zero Population Growth Movement)' 등과 같은 운동이 있었다.

12. 정말로 중요한 것은 인구의 수가 아니라 그들이 환경에 미치는 영향이다. 오늘날 60억 인구가 냉동되어 먹지도 않고 호흡하지 않으며 신진대사도 하지 않는다면 환경에 아무런 문제도 야기하지 않을 것이다. 그러나 우리가 자원을 소비하고 쓰레기를 만들어내는 한 60억 인구

는 환경에 중대한 문제를 야기한다. 1인당 환경 훼손, 즉 소비하는 자원의 양과 배출하는 쓰레기의 양은 천차만별이겠지만 대체로 제1세계가 높고, 제3세계는 낮은 편이다. 1인당 화석 연료를 비롯한 자원의 소비량과 쓰레기 배출량을 평균적으로 계산하면 미국, 서유럽, 일본의 주민이 제3세계의 주민보다 둘 모두에서 32배가량 높다(사진 35).

그러나 환경에 별 피해를 주지 않던 사람들이 두 가지 이유로 환경에 큰 충격을 주는 사람들로 변해가고 있다. 첫째는 제3세계의 생활 수준이 향상되면서 제1세계의 생활 방식을 보고 모방하기 때문이다. 둘째는 합법적으로든 불법으로든 제3세계의 주민이 국내의 정치 · 사회 · 경제의 문제 때문에 제1세계로 이주한 까닭이다. 미국과 유럽에서 인구가 증가한 주된 요인이 제3세계의 이주민이다. 따라서 세계 인구의 증가와 관련해서 가장 중요한 문제는 케냐, 르완다 등 가난한 제3세계의 높은 인구 증가율이 아니다. 물론 높은 인구 증가율이 케냐와 르완다에 중대한 문제를 제기하고 학자들 사이에서 가장 자주 거론되는 문제이지만, 더 중요한 문제는 제3세계의 생활 수준이 전반적으로 개선되고 제3세계인이 제1세계로 이주하면서 제1세계의 생활 방식을 받아들임에 따라 환경에 가하는 충격이 더 커졌다는 점이다.

지구가 지금보다 2배의 인구까지 너끈히 견뎌낼 것이라 주장하며, 인구 수만 고려하고 한 사람이 환경에 가하는 충격이 더 커져가고 있다는 사실은 고려하지 않는 '낙관주의자' 들이 적지 않다. 그러나 나는 지구가 지금보다 12배의 충격을 견딜 수 있지만 충격 요인의 증가가 제1세계의 생활 방식을 채택한 제3세계의 주민들에게서 비롯된다고 진지하게 주장하는 사람은 이제껏 만나보지 못했다(하지만 12배는 앞 절에서 언급한 32배보다는 낮은 수인 것을 명심해야 한다. 따라서 제3세계의 인구 수가 월등히 많지만 환경에 가하는 충격의 크기는 제1세계가 더 높다). 요컨대 중국인 모두가 제1세계처럼 살아가고 나머지 사람들은 현 수준을 유지하더라도 인간이 지구에 미치는 충격은 2배가 된다(제12장).

제3세계 사람들은 제1세계의 삶을 꿈꾸며 부러워한다. 그들은 텔레비전을 보면서, 자신들의 나라에서 판매되는 제1세계의 소비재 광고를 보면서, 그리고 자신들의 나라를 찾은 제1세계의 관광객들을 보면서 그런 꿈을 키워간다. 이제는 벽촌이나 난민촌에 사는 사람들도 바깥 세계에 대해 그런대로 알고 지낸다. 게다가 제1세계와 UN개발기구들이 제3세계 사람들에게 그런 꿈을 가지라고 용기를 북돋워준다. 그들이 올바른 정책을 채택해서 국가 예산의 균형을 맞추고 교육과 사회간접자본에 투자한다면 언젠가는 그 꿈을 이룰 수 있을 것이라며 말이다.

그러나 UN이나 제1세계 정부에서 일하는 사람들은 누구도 그 꿈이 불가능하다는 것을 쉽게 인정하지 않는다. 제3세계의 엄청난 인구가 제1세계의 수준에 도달해서 그 수준을 유지한다면 그런 세계는 지속 불가능하다. 그렇다고 제1세계가 잘 살아보려는 제3세계의 노력을 좌절시키면서 이런 딜레마를 해결할 수는 없는 노릇이다. 한국, 말레이시아, 싱가포르, 홍콩, 타이완, 모리셔스 공화국은 이미 성공했거나 성공의 문턱에 들어선 나라들이다. 중국과 인도는 자체의 노력으로 하루가 다르게 발전하고 있다. 유럽연합을 결성했던 서유럽의 15개 부국은 최근에 동유럽의 가난한 10개국의 회원을 받아들이면서, 그 10개국의 생활 수준을 향상시키는 데 돕겠다고 약속했다. 현재 제3세계에 살고 있는 인구가 아예 없다고 가정하더라도 제1세계가 현 수준을 영원히 유지할 수는 없다. 자체의 자원뿐만 아니라 제3세계에서 수입하는 자원까지 고갈시키고 있기 때문이다. 그렇다고 정치적인 이유 때문에 제1세계의 지도자들이 국민들에게 생활 수준을 낮춰서 소비량을 줄이고 배출량을 줄이라고 말할 처지도 아니다. 그런데 제1세계의 삶이 결코 성취할 수 없는 요원한 꿈이고, 제1세계 사람들은 현재의 생활 수준을 결코 포기하지 않을 것이라는 사실을 제3세계 사람들이 알게 된다면 어떤 일이 벌어질까? 인간의 삶은 교환을 근거로 한 고통스런 선택의 연속이다. 우리는 이런 불공평한 교환을 황급히 해결해야만 한다. 모두가 더 나은 삶을 살도록 도와주면서도 지구 자원을 과도하게 압박해서 삶의 수준을 떨어뜨리지 않는 방향으로!

이 문제들을 해결하지 못한다면

지금까지 12가지 문제를 하나씩 개별적으로 살펴보았다. 그러나 이 문제들은 서로 관련을 갖는다. 어떤 문제가 다른 문제를 악화시키거나 그 해결을 더 어렵게 만들 수 있다. 예컨대 인구 증가는 나머지 11가지 문제 모두에 영향을 미친다. 삼림이 그만큼 더 많이 파괴되어야 하고, 유해 화학 물질이 더 많이 배출되며, 물고기의 수요도 늘어나게 마련이다. 에너지 문제도 다른 문제들과 관련을 갖는다. 화석 연료의 사용은 온실 가스를 배출하고, 합성 비료를 사용해서 토양의 비옥도를 유지하려면 비료를 만들기 위한 에너지가 필요하기 때문이다. 또한 화석 연료의 부족으로 우리가 핵에너지에 관심을 기울인다면 엄청난 사고로 발전할 수도 있는 유해 화학 물질의 위험을 감수해야 하고, 바닷물을 탈염시켜 물 부족 문제를 해결하려 한다면 그렇잖아도 화석 연료가 부족한데 그에 필요한 에너지를 얻기 위해 엄청난 비용을 감당해야 할 것이다. 어장을 비롯해 자연에서 얻을 수 있는 식량원의 고갈은 가축과 작물 및 양식 어업에 압력을 가해 결국에는 농업과 목축의 확대로 인한 표토의 침식, 양식의 확대로 인한 부영양화를 가속화시킨다. 제3세계에서 자행되는 삼림 파괴, 물 부족, 토양의 침식이 전쟁으로 발전하고, 그 결과로 제3세계에서 제1세계로 합법적으로나 불법으로 이주하는 사람들이 점점 늘어난다.

현재 우리 세계는 지속 가능하지 못한 방향으로 달려가고 있다. 앞에서 대략 설명한 12가지 문제 중 어느 하나라도 지금처럼 계속된다면 수십 년 내에 우리 삶은 크게 제한받을 것이다. 따라서 12가지 문제는 50년 이하의 도화선이 달린 시한폭탄에 비유된다. 예컨대 말레이시아 반도에서 국립공원을 제외하고 접근 가능한 저지대 열대우림은 이미 거의 파괴된 상태이다. 게다가 현재의 속도로 파괴가 진행된다면 솔로몬 제도, 필리핀, 수마트라 섬, 셀레베스 섬의 저지대 열대우림은 앞으로 10년 내에 완전히 파괴될 것이다. 어쩌면 아마존 분지와 콩고 분지의 일부를 제외하고 세계 전역의 열대우림이 25년 내에 완전히 파괴될 수도 있다. 또한 현재의 속도라면 수십 년 내에 그나마 남아 있는 바다의 어장도 고갈되거나 파괴되고, 주변 환경에 피해를 주지 않고 쉽게 접근할 수 있는 유전과 천연가스전도 바닥을 드러낼 것이며, 광합성 역량도 한계에 부딪히고 말 것이다. 지구 온난화로 반세기 내에 지구의 기온이 섭씨 1도 이상 상승하고, 야생 동물과 야생 식물의 대다수가 멸종 위기에 빠지거나 완전히 멸종될 것이라 추정된다. 사람들은 종종 "현재 우리 세계가 직면하고 있는 가장 중요한 환경 문제, 혹은 인구 문제로 하나를 꼽는다면 그것이 무엇인가?"라고 묻는다. "가장 중요한 문제는 우리가 가장 중요한 문제 하나를 찾아내려는 잘못을 범하고 있다는 사실이다!"라고 대답할 수 있다. 정확한 지적이다. 앞에서 열거한 12가지 문제 중 어느 것 하나라도 해결되지 않으면 우리에게 중대한 문제가 닥칠 것이기 때문이다. 그 이유는 간단하다. 12가지 문제가 서로 복잡하게 얽혀 있기 때문이다. 11가지 문제를 해결하고 나머지 하나를 해결하지 못하면, 해결하지 못한 문제가 무엇이더라도 우리는 곤경에 처하고 말 것이다. 결국 우리는 12가지 문제 모두를 해결할 수 있어야 한다.

따라서 우리가 지속 가능하지 않은 방향을 계속 고집한다면 세계의 환경 문제는 우리 자식들이 세상을 떠나기 전에 어떤 형태로든 결론이 날 것이다. 바람직한 방향으로 해결되느냐, 아니면 전쟁, 대량학살, 아사(餓死), 전염병, 사회의 붕괴 등 바람직하지 않은 방향으로 해결되느냐가 문제일 뿐이다. 이런 암울한 현상들은 인류의 역사에서 거의 끊이지 않았지만 환경 훼손이 심화되고 인구가 증가해서 가난과 정치적 불안이 가중될 때 그 빈도가 더욱 잦아졌다는 사실만 지적해두고자 한다.

환경 문제와 인구 문제가 바람직하지 못한 방향으로 결론 지어진 예는 현대 사회에서나 과거 사회에서 얼마든지 찾을 수 있다. 르완다, 부룬디, 옛 유고슬라비아에서 자행된 집단 학살, 현대에는 수단과 필리핀과 네팔에서, 과거에는 마야에서 일어난 전쟁과 내란, 게릴라전이 대표적인 예이다. 선사 시대 이전의 이스터 섬과 망가레바 섬, 그리고 아나사지에서는 카니발리즘이 있었고, 요즘의 아프리카와 과거 이스터 섬에서는 아사가 있었다. 에이즈는 아프리카에 이미 만연이 되었고 다른 지역에서도 창궐할 조짐이 보인다. 현대에는 소말리아, 솔로몬 제도, 아이티에서, 과거에는 마야에서 정부가 붕괴되는 사태가 발생했다. 르완다나 아이티를 강타한 참극이 그들보다 발전한 나라들에 닥칠 수도 있다. 제1세계도 지금은 향락을 마음껏 즐기고 있지만 앞으로는 결코 달갑지 않은 미래, 즉 만성적인 테러와 전쟁, 질병과 싸워야 하는 미래를 맞이할지도 모른다. 붕괴해가는 제3세계 국가들에서 탈출한 사람들이 필사적으로 제1세계로 이주한다면, 지금보다 더 많은 이주자들이 밀물처럼 몰려온다면, 제1세계가 지금처럼 느린 삶을 누릴 수 있을까? 이쯤에서 나는 그린란드에서 가장 멋진 축사를 지니고 있던 가르다르 성당의 목장이 어떻게 종말을 맞았는지 다시 한 번 상상해본다. 가축들까지 도축하며 굶주림을 견디던 가난한 목장의 사람들이 마지막 남은 가축까지 먹어버리자 가르다르 목장을 향해 몰려가지 않았을까? 굶주린 배를 채우기 위해서!

그러나 이런 비관적인 시나리오에 절망하기 전에, 우리에게 닥친 문제들과 그 복잡한 관계를 좀더 심도 있게 살펴보기로 하자. 그러면 조심스레 희망의 길을 찾을 수 있으리라 믿는다.

로스앤젤레스에서의 삶

앞에서 언급한 12가지 환경 문제가 우리 삶에 어떻게 영향을 미치는지 구체적으로 설명하기 위해서, 내가 살고 있는 남캘리포니아의 로스앤젤레스를 중심으로 살펴보기로 하자. 미국의 동부 해안에서 태어나

사진 36 출입이 엄격하게 통제된 공동체에 거주하는 사람들은 로스앤젤레스의 다른 지역에 닥친 문제들에서 완전히 격리되어 지낼 수 있다.

성장한 나는 유럽에서 몇 년을 보낸 후 1964년에야 캘리포니아에 첫 발을 내디뎠다. 캘리포니아의 풍광은 나를 금세 사로잡았고, 나는 1966년에 이곳으로 이사했다.

따라서 나는 남캘리포니아가 지난 39년 동안 어떻게 변했는지, 유감스럽게도 덜 바람직한 방향으로 변해간 과정을 두 눈으로 직접 보았다. 세계 기준에 따르면, 남캘리포니아의 환경 문제는 그다지 심각한 편이 아니니다. 오히려 동부 지역 미국인들은 농담으로, "남캘리포니아는 사회적 붕괴가 임박한 지역이 아니야!"라고 말한다. 게다가 세계의 기준에서, 심지어 미국의 기준에서도 남캘리포니아 주민들은 월등하게 부유하고 환경에 대한 인식도 높은 편이다. 로스앤젤레스는 스모그를 비롯한 몇몇 환경 문제를 겪고 있지만 환경과 인구에서 비롯되는 문제의 대부분이 제1세계의 다른 대도시들과 비교할 때 상대적으로 나은 편이다. 이런 문제들이 나를 비롯한 로스앤젤레스 주민의 삶에 어떻게 영향

사진 37 로스앤젤레스의 풍경을 완전히 지배하고 있는 고속도로와 스프롤 현상.

을 미치고 있을까?

로스앤젤레스 주민들이 거의 한 목소리로 불평하는 것은 성장과 인구 집중에 관련된 불평이다. 해결책을 찾기 힘든 교통 체증, 일터가 있는 곳에 수백만 명이 집중적으로 모여 살고 일터 주변의 거주 공간은 협소하기 때문에 천정부지로 치솟은 집값(사진 36), 그 때문에 집에서 일터까지 두 시간을 운전해서 거의 100킬로미터를 매일 왕복해야 하는 고역 등이다. 로스앤젤레스는 1987년에 미국에서 교통 체증이 가장 심한 도시가 되었지만 그 이후로 크게 나아지지 않았다. 모두가 인정하듯이, 이 문제들은 지난 10년 동안 더욱 악화되었을 뿐이다. 또한 직원을 채용해서 끌고 가야 하는 고용주들을 상심시키는 가장 큰 요인이기도 하며, 행사에 참석하고 친구를 찾아보려는 우리 의지에도 영향을 미치는 요인이다. 내 집에서 로스앤젤레스 시내나 공항까지는 20킬로미터에 불과하지만 거의 한 시간 15분을 자동차 안에 갇혀 있어야 겨우 도착할 수 있다. 로스앤젤레스 시민은 연간 평균 368시간을 출·퇴근하는 데 허비한다. 365일 중 15일을 차 안에서 지내는 셈이다. 물론 다른 목적으로 자동차를 운전하는 시간은 계산하지 않은 것이다(사진 37).

날로 악화되어가는 이런 문제를 해결하기 위한 진지한 토론이 벌어지지만 뾰족한 해결책은 없다. 현재 계획 중이거나 이미 착공된 고속도로들도 체증이 극심한 일부 지역의 숨통을 트는 데 목적이 있을 뿐이다. 하루가 다르게 증가하는 자동차들의 물결을 이겨낼 도리가 없다. 로스앤젤레스의 교통 체증이 어디까지 악화될까? 이런 질문에는 쉽게 답할 수 없는 듯하다. 로스앤젤레스보다 교통 체증이 훨씬 극심한 도시들도 많기 때문이다. 예컨대 타이의 수도인 방콕에 사는 내 친구들은 휴대용 변기통을 차 안에 갖고 다닌다. 자동차 행렬이 한없이 길어지고, 자동차가 굼벵이처럼 움직일 때가 적지 않기 때문이다. 언젠가 그들은 주말을 맞아 야외로 나가려고 출발했지만 도중에 포기하고 집으로 돌아왔다. 교통 체증 때문에 17시간 동안 겨우 5킬로미터밖에 움직이지 못했다면 믿을 수 있겠는가? 인구 증가가 바람직할 수 있는 이유, 지구가 증가된 인구를 수용할 수 있는 방법을 추상적으로 나불대는 낙관주의자들이 적지 않지만, 나는 로스앤젤레스 주민 중에서 자신이 사는 지역에 인구가 증가하기를 바라는 사람을 지금껏 만나보지 못했다.

제3세계에서 제1세계로 인구가 유입되면서, 남캘리포니아에서도 1인당 환경 훼손량이 꾸준히 증가하고 있다. 이 문제는 지난 4년 동안 캘리포니아 정책에서 가장 뜨거운 쟁점이었다. 캘리포니아의 인구가 가파르게 증가하는 이유는 거의 전적으로 이주자 때문이다. 게다가 이주자는 많은 가족을 거느리고 있다. 캘리포니아와 멕시코 간의 국경은 상당히 길어서, 중앙아메리카에서 일자리와 개인적 안전을 찾아 불법으로 월경하는 사람들을 효과적으로 감시하기란 거의 불가능하다. 매달 이주자들이 사막에서 죽었다거나, 강도를 당하고 총상을 입었다는 기사가 끊임없이 실리지만, 이주자들의 발길은 줄어들 기색조차 보이지 않는다. 게다가 멀리 중국과 중앙아시아에서 밀항선을 타고 불법으로 들어오는 사람들도 있다. 밀항선은 그들을 해안가에 무작정 내려놓는데도 말이다. 하여간 캘리포니아 주민들은 이곳에 와서 제1세계의 삶을 성취하려는 제3세계의 이주자들에 대해 두 가지 생각을 갖고 있다. 하나는 우리 경제, 특히 서비스업과 건설업 그리고 농장일에서 그들의 노동력에 전적으로 의존하고 있다는 생각이고, 다른 하나는 많은 일자리에서 이주자들이 실업자인 거주자들과 경쟁을 벌이기 때문에 임금을 떨어뜨리고, 그렇잖아도 과밀한 병원과 공공 교육에 부담을 안겨준다는 생각이다. 1994년 주지사 선거에서 제시된 한 대책('프로포지션 187')은 유권자들에게 압도적인 지지를 받았지만 그 후 법원에서 위헌이라고 판결받아 폐기되었다. 만약 그 대책이 입법화되었더라면 불법 이민자들은 캘리포니아 주 정부의 혜택을 거의 누릴 수 없었을 것이다. 어쨌든 캘리포니아 주민들이나 선거로 당선된 관리들은 노동자로서 이주자들의 필요성과 이주자들로 인해 야기되는 문제라는 모순을 실질적

사진 38 로스앤젤레스의 악명 높은 스모그.

으로 해결할 수 있는 대책을 세우지 못하고 있다. 이런 점에서 아이티인에 대한 도미니카 사람들의 입장과 비슷하다.

남캘리포니아는 에너지 위기를 부추기는 데도 큰 몫을 하고 있다. 과거에 로스앤젤레스를 수놓았던 전차망이 1920년대와 1930년대를 휩쓴 공황으로 붕괴되었고, 운영권이 자동차 회사들로 넘어가면서 이리저리 쪼개져 재건하기가 불가능한 지경이 되어버렸다. 게다가 로스앤젤레스 사람들이 고층 아파트보다 주택을 선호하고, 다양한 도로를 이용해서 먼 거리를 통근하기 때문에 대다수 주민의 욕구를 충족시켜줄 수 있는 공공 운송 시스템을 설계하기도 거의 불가능하다. 따라서 로스앤젤레스 주민들은 개인 승용차에 의존할 수밖에 없다.

연료의 과도한 소비, 로스앤젤레스를 에워싸고 있는 산맥들, 그리고 바람의 방향 때문에 로스앤젤레스는 곧잘 스모그로 뒤덮인다(사진 38). 스모그와 치른 수십 년간의 전쟁에도 불구하고, 계절적 변화(늦여름과 초가을에 특히 심하다)와 지역적 차이(일반적으로 내륙 쪽이 더 심하다)에도 불구하고 로스앤젤레스는 여전히 공기의 질에서 미국 도시들 중에서 바닥을 헤맨다. 한동안 개선되는 조짐이 보였지만 최근 들어 공기의 질이 다시 악화되기 시작했다. 삶의 질과 건강에 영향을 미치는 또 하나의 문제는 수십 년 전부터 캘리포니아의 강과 호수에서 질병을 유발하는 편모충이 확산되는 현상이다. 1960년대 이곳에 처음 이주해서 등산을 다녔을 때 나는 시냇물을 걱정 없이 마실 수 있었다. 하지만 요즘에는 편모충에 감염될 각오가 아니라면 감히 생각지도 못할 일이다.

로스앤젤레스 주민들이 가장 신경을 곤두세우며 관리하는 두 서식지는 남캘리포니아에서 가장 중요한 서식지로, 작은 떡갈나무숲[지중해의 '마키(macchie, macchia)'와 유사한 관목숲]과 오크나무 숲이다. 제1장에서 다루었던 몬태나의 숲처럼, 자연적인 조건 아래 두 숲에서는 간혹 번개로 인한 산불이 일어났다. 그런데 요즘에는 인화성이 높은 숲 안이나 부근에서 사는 사람들이 적지 않아 로스앤젤레스 주민들은 산불이 즉각 진화되기를 바란다. 매년 늦여름과 초가을은 산불의 계절이라고 말해도 과언이 아니다. 남캘리포니아에서 연중 가장 뜨겁고 건조하며 바람이 많은 시기이기 때문이다. 따라서 이곳저곳에서 수백 건의 화재가 발생한다. 내가 살고 있는 골짜기는 1961년 거의 600채의 집을 삼켜버린 큰 산불이 있은 후 큰 불은 없었다. 몬태나 숲의 경우에서 말했듯이, 이런 문제를 해결할 수 있는 이론적인 방법은 인력으로 통제할 수 있는 작은 산불이 자주 일어나 가연물을 줄이는 것이다. 하지만 이런 산불도 인구가 밀집된 도시 지역에서는 무척 위험할 수 있고, 주민들이 묵묵히 인내할 가능성도 거의 없다.

외래종의 침입은 캘리포니아 농업에 큰 위협인 동시에 경제적으로도 큰 부담거리이다. 특히 지중해의 과일파리가 가장 큰 위협이다. 농업 외 다른 부문에서는 오크 나무와 소나무를 말려 죽이는 병원균들이다. 내 아들 하나가 어린 시절부터 양서류(개구리나 도롱뇽)에 관심을 가진 덕분에, 나는 토종 양서류의 대부분이 로스앤젤레스의 시내 중 3분의 2에서 사라진 것을 확인할 수 있었다. 외래에서 침입한 양서류의 천적인 세 종, 즉 가재, 황소개구리, 모기고기(mosquitofish) 때문이었다. 남캘리포니아의 양서류들은 이 천적들의 위협을 피할 수 있도록 진화되지 않아 속절없이 당할 수밖에 없었던 것이다.

캘리포니아 농업에 악영향을 미치는 주된 토양 문제는 관개 농법에서 비롯된 염화 현상이다. 미국에서 가장 비옥한 농지인 센트럴 계곡의 농지들이 급속히 염화되고 있다.

남캘리포니아 일대는 전반적으로 강수량이 적어 로스앤젤레스는 주로 시에라네바다 산맥과 인접한 북캘리포니아의 계곡들에서, 그리고 캘리포니아 주의 동쪽 경계를 흐르는 콜로라도 강에서 수돗물을 끌어온다. 따라서 수도관이 무척 길다. 그런데 캘리포니아의 인구가 증가하면서 농부들과 도시인들 간에 물 전쟁이 곧잘 벌어지고 있다. 특히 로스앤젤레스에 많은 물을 공급하는 시에라 산맥의 만년설이 지구 온난화로 줄어들면서 물 부족 사태가 조만간 현실화될 듯하다.

어장의 붕괴도 눈에 띈다. 북캘리포니아의 정어리 어장은 이미 20세기 초에 붕괴되었고, 남캘리포니아의 전복 채취 산업은 수십 년 전, 구체적으로 말하면 내가 로스앤젤레스에 이주한 직후에 붕괴되었다. 역시 남캘리포니아의 줄무늬농어 어장은 붕괴 조짐을 뚜렷이 드러내어 지난해 내내 엄격한 제한 조치를 취하거나 아예 폐쇄하기도 했다. 로스앤젤레스 슈퍼마켓에서 물고기 가격은 내가 이곳에 이주한 이후로 거의 4배가 상승했다.

끝으로 생물학적 다양성의 손실도 남캘리포니아의 고유종(固有種)들에 악영향을 미치고 있다. 캘리포니아 주와 캘리포니아 대학교의 상징물은 캘리포니아의 황금곰이다. 그러나 황금곰은 이미 멸종되었다. 캘리포니아 주와 캘리포니아 대학교로서는 흉조가 아닐 수 없다! 남캘리포니아에서 서식하는 해달의 개체군은 20세기에 거의 전멸했고, 그들을 회복시키려는 시도가 수차례 있었지만 그 결과는 아직 불확실하다. 내가 로스앤젤레스에 이주한 시기에 이 지역을 대표하기에 충분한 '로드러너(roadrunner, 땅 위를 달리는 뻐꾸기류: 옮긴이)'와 캘리포니아 메추라기의 개체군도 거의 사라졌다. 또한 남캘리포니아의 고유한 양서류도 캘리포니아 뉴트와 캘리포니아 청개구리의 수도 크게 줄어들었다.

이처럼 환경 문제와 인구 문제는 남캘리포니아의 경제와 삶의 질에 나쁜 영향을 주었다. 또한 물 부족, 전기 부족, 쓰레기와의 전쟁, 과밀 학교, 주택 부족과 주택 가격 상승, 교통 체증을 불러일으킨 궁극적인 원인이기도 하다. 특히 지옥 같은 교통 체증과 공기의 질을 제외하더라도 이런 모든 문제에서 로스앤젤레스는 미국의 다른 많은 지역들보다 나을 바가 없다.

반대 의견들

대부분의 환경 문제는 각론에 들어가면 불확실하기 때문에 논란거리가 된다. 게다가 환경 문제를 너무 심각하게 생각할 필요가 없다고 주장하는 이유들이 얼핏 생각하면 그럴듯하게 들리지만, 제대로 알지 못하기 때문이라고 생각한다. 또한 이런 반대 주장들은 앞뒤를 잘라내고 간단히 '한 줄'로 끝나는 것이 대부분이다. 우리가 가장 흔히 듣는 12가지 반대 주장을 차례로 살펴보자.

1) "환경은 경제 규모와 균형을 이루어야 한다." 환경에 대한 관심을 사치스런 생각이라고 매도하는 말이다. 달리 말하면 환경 문제를 해결하려면 순비용이 증가하고, 환경 문제를 방치하면 돈을 버는 것이라 생각하는 것이다. 이런 주장은 진실을 왜곡한 것이다. 오히려 단기적으로나 장기적으로 환경 훼손은 우리에게 엄청난 비용을 부담시킨다. 친환경적으로 행동하며 환경 훼손을 예방하는 것이 장기적으로는 언제나 큰 이익이며, 단기적으로도 더 나은 때가 많다. 병이 깊어진 후에 병을 치료하려고 애쓰는 것보다 병을 예방하는 것이 더 낫고 비용도 덜 든다는 점에서, 우리 몸을 돌보듯이 우리 주변을 깨끗이 관리할 수 있어야 한다. 잡초와 해충이 농부들에게 안겨주는 피해, 부레옥잠과 말조개가 우리 삶에 미치는 영향, 이런 골칫덩이들과 싸우는 데 소요되는 비용, 교통 체증으로 길에서 버리는 시간의 가치, 유해 화학 물질로 인해 병들거나 죽어가는 사람들이 유발하는 경제적 비용, 유해 화학 물질의 분해 비용, 어장의 고갈로 인한 물고기 가격의 가파른 상승, 침식과 염화로 인해 훼손되거나 황폐화된 농지의 가치 등을 생각해보라. 환경 문제를 해결하느라 매년 이곳에서 수억 달러, 저곳에서 수억 달러가 투자된다. 예컨대 미국에서 '확률적 수명(statistical life)'의 가치—사회가 한 사람을 양육시키고 교육시켰지만 국가 경제에 기여하기 전에 사망함으로써 미국 경제에 부담시킨 비용—는 평균 500만 달러로 추산된다. 미국에서 공기 오염 때문에 사망하는 사람이 적게 잡아도 13만 명이라면 공기 오염으로 인한 사망의 비용은 연간 6,500억 달러나 된다. 따라서 많은 비용이 예상됨에도 불구하고 연방 정부가 1970년에 제정한 대기

청정법(Clean Air Act)은 생명을 살리고 건강 비용을 낮춤으로써 연간 1조 달러의 순이익을 창출하고 있는 것으로 추정된다.

2) "테크놀로지가 우리 문제를 해결해줄 것이다." 테크놀로지가 과거에 유발한 문제보다 해결한 문제가 더 많다는 역사적 기록에 근거해서, 미래에 대한 믿음을 반영한 주장이다. 이런 확신에는 내일부터라도 테크놀로지가 기존의 문제를 해결하는 데 주력하고 새로운 문제를 더 이상 야기하지 않으리라는 전제가 깔려 있다. 또한 현재 고안 중인 새로운 테크놀로지들이 성공해서 큰 효과를 발휘하리라는 가정하에 근거한 것이기도 하다. 언젠가 나는 미국의 기업계와 금융계에서 대단한 성공을 거둬 명성이 높은 두 인물과 폭넓은 대화를 나눈 적이 있다. 그때 그들은 첨단 기술과 금융 시스템이 과거의 것과는 근본적으로 달라 환경 문제를 해결해줄 것이라 자신 있게 말했다.

그러나 역사적인 경험에 따르면 현실은 그런 주장과 정반대이다. 우리가 꿈꾸는 새로운 테크놀로지가 항상 성공을 거두는 것은 아니다. 성공한 테크놀로지도 개발해서 실용화하는 데 보통 수십 년이 걸린다. 가스난방, 전기 조명, 자동차와 비행기, 텔레비전, 컴퓨터 등을 생각해보라. 또한 새로운 테크놀로지가 처음에 목표로 삼은 문제를 해결하는 데 성공하든 그렇지 않든 간에 거의 언제나 예기치 않은 새로운 문제를 만들어낸다. 게다가 환경 문제를 테크놀로지로 해결하는 방법은 애초부터 문제를 야기하지 않는 예방 대책보다 비용이 훨씬 더 많이 든다. 예컨대 원유 유출로 인해 훼손된 지역을 복구하는 데는 수십억 달러가 필요하지만 원유 유출을 최소화하기 위한 안전 대책을 수립해서 운영하는 데는 큰 비용이 들지 않는다.

특히 테크놀로지의 발달은 긍정적인 면도 많지만 부정적인 면도 적지 않다. 실제로 현재 우리에게 닥친 문제가 기존 테크놀로지의 의도치 않은 부정적 결과의 산물이다. 20세기에 들어 테크놀로지가 급속히 발달하면서 해묵은 문제를 해결하기보다는 새로운 문제, 그것도 해결하기 극히 어려운 문제를 더 많이 양산해냈다. 바로 이런 이유에서 우리가 지금과 같은 상황에 빠진 것이다. 그런데 무슨 근거로, 2006년 1월 1일 인류 역사상 처음으로 테크놀로지가 탄생해서 과거에 빚어냈던 문제를 깨끗이 해결하면서도 예기치 않은 새로운 문제는 전혀 야기하지 않을 것이라고 장담할 수 있겠는가?

이른바 새로운 테크놀로지에서 비롯된 뜻하지 않은 부작용은 헤아릴 수 없이 많지만 두 가지 예만 들어보자. 하나는 클로로플루오로카본(chlorofluorocarbon, 염화불소탄소 혹은 프레온 가스로 알려져 있다: 옮긴이), 다른 하나는 자동차이다. 과거에 냉장고와 에어컨에 사용된 냉매 가스는 암모니아와 같은 유독성 가스로, 집주인이 밤에 잠든 사이에 냉장고나 에어컨에서 가스가 누출되면 치명적이었다. 따라서 프레온 가스가 합성 냉각 가스로 처음 개발되었을 때는 엄청난 업적이라며 큰 찬사가 빗발쳤다. 냄새도 없고 독성도 없으며, 지구 표면의 정상적인 조건에서는 무척 안정된 가스로 처음에는 어떤 부작용도 관찰되거나 예측되지 않았다. 따라서 프레온 가스는 순식간에 기적의 물질로 여겨지며 냉장과 에어컨의 냉각제, 수지발포제, 세정제, 에어로졸 분사제 등에서 앞다투어 사용되었다. 그러나 1974년 성층권에서 프레온 가스가 강력한 자외선에 분해되어 염소 원자를 방출해, 치명적인 자외선의 피해에서 인간을 비롯한 모든 생명체를 보호하는 오존층을 파괴한다는 사실이 밝혀졌다. 그러나 2,000억 달러의 가치를 가진 프레온 가스의 시장을 지키려는 욕심, 그리고 과학적 입증에 대한 순수한 의심으로 일부 기업이 그런 주장을 강력히 부인하고 나섰다. 이 때문에 프레온 가스의 퇴출에는 상당히 오랜 시간이 걸렸다. 하지만 세계 최대의 프레온 가스 제조업체이던 듀폰이 1988년 프레온 가스의 제조를 중단하겠다는 용단을 내렸다. 그 후 1992년 대다수의 산업 국가가 1995년까지 프레온 가스의 생산을 중단하겠다고 결의했다. 하지만 중국을 비롯한 일부 개발도상국가들에서는 아직도 프레온 가스가 생산되고 있다. 안타깝게도 대기에 이미 존재하는 프레온 가스의 양이 엄청나다. 게다가 프레온 가스는 아주 천천히 분해되기 때문에 프레온 가스의 생산이 완전히 중단된 이후에도 프레온 가스의 영향은 수십 년간 계속될 것이다.

이번에는 자동차가 환경에 미친 영향을 살펴보자. 나는 1940년대에 초등학교를 다녔다. 나이가 지긋한 선생님들은 20세기 초반의 풍경을 뚜렷이 기억하고 계셨다. 선생님들은 미국의 도시들에서 마차와 전차를 자동차가 대신하기 시작하던 때의 풍경을 우리에게 흥미진진하게 이야기해주었다. 선생님들의 기억에 따르면, 당시 미국 도시 사람들은 도시가 놀랍도록 깨끗해지고 조용해진 것을 실감할 수 있었다. 말의 오줌과 똥이 거리에서 사라졌고, 끊임없이 귀를 따갑게 하던 말발굽 소리도 사라졌다. 그로부터 한 세기가 지난 지금, 승용차와 버스를 공해도 없고 조용한 운송 기구라 찬양할 사람은 어디에도 없을 것이다. 그렇다고 자동차 엔진이 뿜어내는 스모그를 해결하기 위해서 마차의 시대로 돌아가자고 주장할 사람은 없을 것이기 때문에, 프레온 가스와 달리 자동차는 우리가 어쩔 수 없이 계속 유지할 수밖에 없는 테크놀로지의 예기치 않은 부작용을 보여주는 좋은 예이다.

3) "한 자원이 고갈되면 다른 자원을 사용해서 동일한 욕구를 충족시킬 수 있다." 이런 주장은 자원의 전환에서 나타날 수 있는 예기치 않은 곤란과 전환에 필요한 시간을 무시한 것이다. 아직 완벽하게 다듬어지지 않은 새로운 테크놀로지에 근거한 전환이 환경 문제를 해결해줄 것이라며 법석을 피우는 대표적인 분야가 자동차 산업이다. 예컨대 수소 자동차와 연료 전지가 획기적인 돌파구가 될 것이라는 희망에 부풀어 있다. 하지만 수소 엔진과 연료 전지는 운송 기구에 적용하기에는 아직 기술적으로 유아기에 있을 뿐이다. 따라서 수소 자동차가 화석 연료의 문제를 해결해줄 것이라고 확신하기에는 아직 이르다. 실제로 환경 문제를 해결할 돌파구라며 자동차와 관련해서 지금까지 제안된 새로운 테크놀로지가 적지 않았다. 로터리 엔진이 있었고, 최근에는 전기

자동차가 주목을 끌면서 판매용 모델까지 판매하기도 했다. 하지만 그 모든 제안들이 예측하지 못한 문제 때문에 시들해지거나 완전히 사라지고 말았다.

자동차 산업이 가장 최근에 개발한 고연비의 하이브리드 자동차, 즉 휘발유와 전기를 연료로 결합시킨 자동차는 이런 점에서 교훈적이다. 요즘 들어 하이브리드 자동차의 판매가 늘어나고 있는 것은 사실이다. 그러나 자동차 산업이 SUV 차량을 동시에 개발하고 있다는 사실에는 함구하고 하이브리드 차량의 판매 증가만을 언급하는 것은 올바른 접근이 아니다. 실제로 SUV 차량이 하이브리드 차량보다 훨씬 많이 팔리고 있어, 하이브리드 차량을 통한 연료 절약을 상쇄시키고 있기 때문이다. 게다가 SUV 차량의 이윤 폭이 커서 자동차 회사들은 SUV 차량을 판매하는 데 주력하고 있다. 따라서 두 획기적 테크놀로지의 순결산은 연료 소비 면에서 적자이다. 새로운 테크놀로지가 환경을 해치는 제품(예컨대, SUV 차량)을 생산하지 않고 오로지 친환경적인 제품(예컨대, 하이브리드 차량)만을 생산하는 데 사용되는 방법을 찾아낸 사람은 지금껏 없었다.

자원의 대체 가능성을 믿는 사람들은 바람이나 태양처럼 계속 사용할 수 있는 에너지원이 에너지 위기를 해결해줄 것이라고 기대한다. 이와 관련된 테크놀로지는 이미 사용되고 있다. 캘리포니아에서 많은 사람이 태양 에너지를 사용해서 풀장의 물을 데우고, 덴마크에서는 에너지 수요의 6분의 1을 풍력 발전기로 생산하고 있다. 하지만 풍력 에너지와 태양 에너지는 바람이나 햇살이 충분한 곳에서만 사용할 수 있기 때문에 적용하는 데 한계가 있다. 게다가 테크놀로지의 역사에서 보듯이, 자원의 교체, 즉 조명에서는 촛불에서 호롱불로, 호롱불에서 가스등으로, 가스등에서 전구로, 에너지원으로는 나무에서 석탄으로, 석탄에서 석유로 교체되는 데 수십 년의 시간이 걸렸다. 과거의 테크놀로지로 이루어진 많은 구조물과 2차적 테크놀로지까지 바뀌어야 하기 때문이다. 물론 화석 연료를 대신해서 다른 에너지원이 앞으로 운송 기구와 전기 발전에 사용될 가능성은 무척 높지만 장기적인 전망일 뿐이다. 게다가 향후 수십 년 내에 연료와 에너지 문제를 해결할 수 있어야, 새로운 테크놀로지가 널리 확산될 수 있을 것이다. 따라서 정치인들이나 산업계가 먼 미래에나 가능한 하이브리드 차량과 풍력 에너지를 강조하는 것은 당장에 필요한 대책, 즉 기존의 자동차들을 통한 연료 소비를 줄이고 전기 발전에 소모되는 화석 연료의 양을 줄이는 데 필요한 대책에서 대중의 관심을 딴 곳으로 돌리려는 술책에 가깝다.

4) "세계 식량 문제는 없다! 식량은 지금도 충분하다. 식량을 필요로 하는 곳에 전달하는 운송 문제만 해결하면 된다." (에너지에 대해서도 이런 식으로 주장하는 사람들이 적지 않다.) 이 주장은 이런 식으로도 바꿔 표현된다. "세계 식량 문제는 녹색혁명(Green Revolution)으로 이미 해결되고 있다. 수확량이 많은 다양한 품종이 개발되었다. 아니면 유전자 변형 곡물로 해결할 수 있다." 이런 주장에 대해서는 두 가지를 지적할 수 있다. 하나는 1인당 평균 식량 소비에서 제3세계 사람들보다 제1세계 사람들이 더 높다는 것이고, 다른 하나는 미국을 비롯한 제1세계의 일부 국가는 국민 모두를 먹이고도 남을 정도의 식량을 생산한다는 점이다. 그럼 식량 소비가 전세계에서 균등해진다면, 혹은 제1세계의 잉여 식량이 제3세계로 수출되면 제3세계의 굶주림을 덜 수 있을까?

그러나 제3세계 사람들에게 더 많은 식량을 제공하기 위해서 제1세계 사람들이 덜 먹겠다고 희생할 가능성은 거의 없기 때문에 이 주장의 앞부분은 설득력이 떨어진다. 또한 가뭄이나 전쟁으로 위기를 맞은 제3세계 사람들의 굶주림을 덜어주기 위해서 제1세계 국가들이 식량을 가끔 기꺼이 수출하기는 하지만 만성적으로 기아에 허덕이는 수십 억의 제3세계 사람들에게 식량을 제공하기 위해서 제1세계 사람들이 정기적으로 (해외 원조와 농부에 대한 보조금을 통해) 돈을 지불하는 데는 별 관심을 보이지 않기 때문에 이 주장의 뒷부분도 설득력이 떨어진다. 설령 이런 원조가 이루어지더라도, 미국이 원칙적으로 반대하는 실질적인 가족계획 프로그램이 제3세계에서 시행되지 않는다면 맬서스의 딜레마에 봉착하고 말 것이다. 즉 가용한 식량이 증가하는 만큼 인구도 증가할 것이다. 따라서 인구 증가와 맬서스의 딜레마에서, 수십 년간 녹색혁명과 품종 개량에 돈과 희망을 투자했는데도 불구하고 세계 전역에서 기아가 여전히 기승을 부리는 이유가 설명된다. 이런 결과에서, 세계 인구의 증가세가 멈추지 않은 한 유전자 변형 식품도 세계 식량 문제를 해결하지 못할 가능성이 크다. 게다가 현재 여섯 군데의 온대 지역에서 주로 지배되는 유전자 변형 곡물은 콩, 옥수수, 카놀라, 면화에 국한되어 있으며, 그것마저도 가축의 사료, 기름, 옷감의 재료도 주로 사용되고 있다. 그 이유는 유전자 변형 식품에 대한 소비자들의 강력한 반발 때문이다. 유전자 변형 곡물을 개발한 회사들이 자신들의 제품을 개발 도상에 있는 열대의 가난한 나라들에 팔지 않고 상대적으로 훨씬 풍요로운 온대 지역의 부자 농부들에게 팔아야 돈을 벌 수 있다는 잔혹한 현실도 문제이다. 따라서 그 회사들은 제3세계의 농부들을 위해서 유전자를 변형시킨 카사바, 기장, 사탕수수를 개발하는 데는 별 관심을 기울이지 않는다.

5) "평균 수명, 건강, 재화(경제학적 용어로 표현하면 1인당 국민총생산)와 같은 상식적 지표로 보면, 삶의 조건이 지난 수십 년 동안 한결 나아졌다." 달리 표현하면 "주변을 둘러보라. 파릇파릇한 잔디밭이 있고, 슈퍼마켓에는 먹을거리로 넘친다. 수도꼭지에서는 깨끗한 물이 콸콸 쏟아진다. 붕괴가 임박했다는 조짐은 어디에서도 보이지 않는다." 풍요로운 제1세계 사람들에게는 삶의 조건이 한결 나아진 것은 사실이다. 심지어 제3세계에서도 공공 보건 정책 덕분에 평균 수명이 길어졌다. 그러나 수명만으로 제3세계 사람들의 삶이 나아졌다고 성급히 판단할 수는 없다. 세계 인구의 약 80퍼센트를 차지하는 제3세계 사람들이 여전히 기아선이나 그 아래에서, 즉 가난하게 살고 있다. 미국에서

도 점점 많은 사람이 빈곤선이나 그 이하로 떨어지면서 적절한 의료 혜택을 받지 못하고 있다. 이런 상황을 바꿔놓기 위한 제안들(예컨대 "정부가 모든 국민의 건강보험료를 책임져야 한다")은 정치적인 이유에서 채택되지 못하고 있다.

우리의 경제적 행복이 은행 잔고로만 결정되지 않는 것은 자명한 사실이다. 이른바 '캐시 플로(cash flow)'의 방향이 중요하다. 통장에 500만 원의 잔고가 있더라도 몇 년 전부터 매달 20만 원씩 잔고가 줄어든다면 즐거울 수가 없다. 이런 속도로 잔고가 줄어든다면 2년 1개월 후에는 파산 신청서를 작성해야 할지도 모를 일이기 때문이다. 국가 경제나, 환경과 인구의 추세에도 똑같은 원칙이 적용된다. 제1세계가 지금 누리는 번영은 은행에 저축한 환경 자본(즉 재생되지 않는 에너지원, 어류, 표토, 삼림 등)을 사용하는 덕분이다. 자본의 지출로 돈이 생겼다고 돈을 번 것이라고 착각해서는 안 된다. 우리가 지금처럼 지속 가능하지 않는 방향으로 계속 살아가면서 현재의 안락에 만족한다면 미래를 생각하지 않는 무책임한 짓이다.

마야, 아나사지, 이스터 섬 등 과거 사회의 붕괴, 그리고 소련의 붕괴에서 얻어야 할 교훈 중의 하나는 인구, 부, 힘 등 거의 모든 면에서 전성기에 이른 후, 10~20년 내에 갑작스레 쇠퇴하기 시작한다는 점이다. 이런 점에서, 지금까지 사회들의 행로는 우리가 기운을 잃고도 끈덕지게 살아가는 인간의 삶과 무척 다르다. 그 이유는 간단하다. 인구, 부, 자원 소비가 최고조에 이르렀다는 것은 환경에 가하는 충격도 최고조에 이르렀다는 뜻이다. 달리 말하면 그 충격이 어떤 방법으로도 해결할 수 없는 한계에 이르렀다는 뜻이다. 따라서 인간 사회가 전성기에 이른 후 급속히 쇠락한다는 사실은 당연한 듯하다.

6) "과거에도 환경보호론자들의 무시무시한 예측이 있었다. 하지만 그들의 예측은 언제나 빗나갔다. 그런데 이번에는 믿어야 할 이유가 어디에 있는가?" 사실이다. 환경보호론자들의 몇몇 예측은 빗나갔다. 특

히 폴 에를리히(Paul Ehrlich), 존 하트(John Harte), 존 홀드렌(John Holdren)이 다섯 개 금속의 가격이 앙등할 것이라던 1980년의 예측, 그리고 1972년 로마 클럽의 예측은 여지없이 빗나가면서 비판가들에게 좋은 먹잇감이 되었다. 그러나 환경보호론자들의 틀린 예측만을 보고, 그들의 정확한 예측이나 반(反)환경보호론자들의 틀린 예측을 외면한다면 올바른 접근법이 아니다. 특히 반환경보호론자들의 잘못은 일일이 지적하기 힘들 정도이다. 예컨대 녹색혁명이 세계의 기아 문제를 해결할 것이라던 낙관적 예측, 세계 인구가 향후 70억 년 동안 계속 늘어나도 세계 인구를 모두 먹여 살릴 수 있을 것이라는 경제학자 줄리언 사이먼(Julian Simon)의 예측, "다른 원소들로 구리를 만들 수 있기" 때문에 구리 부족 사태는 일어나지 않을 것이라는 사이먼의 예측 등이 대표적인 예이다. 사이먼의 첫 번째 예측이 갖는 맹점을 살펴보자. 현재 속도로 인구가 증가하면 774년 후에는 1평방야드당 10명이 살고, 2,000년 후에는 인간의 질량이 지구의 질량과 엇비슷하게 되며, 6,000년 후에는 인간의 질량이 우주의 질량과 비슷해진다. 사이먼의 예측이 맞는다면 70억 년 후에는 어떤 문제가 있을지 상상조차 못할 지경이다. 사이먼의 두 번째 예측에도 오류가 있기는 마찬가지이다. 화학을 배운 사람이라면 누구나 알겠지만 구리는 하나의 독립된 원소이다. 달리 말하면 원천적으로 다른 원소들로는 만들어질 수 없다는 뜻이다. 금속 가격에 대한 에를리히, 하트, 홀드렌의 예측이나 미래의 식량 공급에 대한 로마 클럽의 예측이 틀린 것으로 증명되었더라도 그런 예측이 제안된 당시의 상황을 고려한다면 그들의 예측이 사이먼의 두 예측보다 훨씬 현실적이었다.

결국 틀린 것으로 판명된 환경보호론자의 예측에 대한 단편적 비판은 그릇된 신고에 대한 불평으로 해석될 수 있다. 우리 삶의 다른 부분들에서, 예컨대 화재의 경우, 우리는 그릇된 신고에 대해 극히 상식적인 태도를 취한다. 물론 화재를 진압하려고 작은 면 단위까지 달려가는 경우는 극히 드물지만 지방 정부는 소방대를 유지하는 데 적잖은 비용을 쓴다. 소방서에 울려대는 전화벨 중에서 대부분이 거짓 신고이고, 소방대까지 부르지 않고 집주인이 혼자서도 충분히 끌 수 있는 작은 화재도 적지 않다. 그런데 우리는 이런 하찮은 화재의 신고는 물론이고 거짓 신고까지 때로는 관대히 넘긴다. 화재가 어떻게 확대될지 불확실하고, 화재가 시작된 때를 정확히 판단하기 어렵다는 사실을 잘 알기 때문이다. 또한 화재가 크게 번지면 엄청난 재산 피해를 야기하고 인명까지 빼앗는다는 사실도 알기 때문이다. 따라서 지각 있는 사람이라면 몇 년 동안 큰 화재가 없었다는 이유로 소방서를 없애자고 주장하지 않는다. 자원봉사자로 구성하든 상근 전문가들로 구성하든 소방서는 반드시 있어야 하는 기관이라고 생각한다. 또한 작은 화재로 소방서에 신고했다고 집주인을 나무랄 사람도 없을 것이다. 소방차가 도착하기 전에 혼자서 불을 껐더라도 말이다. 다만 그릇된 신고가 잦을 때에야 우리는 뭔가 잘못되었다고 생각한다. 우리가 관대히 넘길 수 있는 그릇된 신고의 비율은 큰 화재의 빈도와 파괴적 비용에 대해 그릇된 신고의 빈도와 그로 인해 낭비된 서비스 비용으로 결정된다. 물론 우리가 잠재의식적으로 둘의 관계를 비교할 뿐이다. 어떤 의미에서 거짓 신고나 작은 화재의 신고, 즉 그릇된 신고가 극히 적다는 것은 집주인들이 너무 신중하게 처신해서 소방서에 전화할 틈을 놓치고 집을 잿더미로 만든다는 뜻일 수도 있다.

같은 이유로, 우리는 환경보호론자들의 경고를 그릇된 화재 신고쯤으로 생각해야만 한다. 그렇지 않으면 환경 경고 시스템이 극히 보수적으로 전락해버릴 것이기 때문이다. 환경 문제로 수십억 달러를 쓴다는 사실은 그릇된 신고가 적당히 있다는 증거일 수 있다. 또한 그 신고들이 잘못된 것이라고 입증되는 이유는 그런 신고들 덕분에 우리가 대책을 올바로 세웠다는 증거일 수 있다. 예컨대 로스앤젤레스의 공기 질은 50년 전의 섬뜩한 예측만큼 나쁘지 않다. 그러나 그 예측이 과장된 것은 아니었다. 로스앤젤레스 시 정부와 캘리포니아 주 정부가 그 섬뜩한 예측에 겁먹고 자동차 배출 가스 기준, 스모그 검사 확인서, 무연 휘발유의 사용 등 수많은 대책을 세웠기 때문에 그나마 지금 정도의 공기를 유지할 수 있는 것이다.

7) "인구 위기는 이미 해결되고 있다. 세계 인구 증가율이 감소하고 있기 때문이다. 따라서 세계 인구는 지금 수준의 2배 이하에서 안정될 것이라고 예측된다." 세계 인구가 지금 수준의 2배 이하에서 안정될 것이라는 예측이 맞을지 틀릴지는 모르겠지만 현재로서는 충분한 가능성이 있다. 하지만 두 가지 이유에서 이런 가능성에 대해 안심해서는 안 된다. 첫째, 많은 기준에 따르면 현재의 세계 인구도 지속 가능하지 않은 수준에서 살아가고 있기 때문이다. 둘째, 앞에서도 설명했듯이 2배로 증가한 인구가 위험한 것이 아니라 제3세계 사람들의 생활 수준이 제1세계 사람들의 생활 수준에 이를 때 인간이 환경에 가하는 충격이 훨씬 커지기 때문이다. 따라서 이 세상에는 하루에 3달러 이하로 살면서 영양 부족에 시달리는 무수한 사람이 있는데도, 우리 세계는 앞으로 25억 명(가장 낮은 예상치)을 더 받아들일 수 있다고 무심코 내뱉는 제1세계 사람을 볼 때마다 나는 어안이 벙벙하다.

8) "우리 세계는 인구 증가를 무한히 감당해낼 수 있다. 인구가 많을수록 더 낫다. 사람이 많을수록 더 많은 신제품이 발명될 것이고, 그로 인해 부도 더 늘어날 것이기 때문이다." 줄리언 사이먼의 예측과 비슷하지만 많은 학자, 특히 경제학자들이 지지하는 주장이다. 우리가 현재의 인구 증가율을 무한히 수용할 수 있다는 주장은 진지하게 논의할 필요조차 없는 주장이다. 앞에서 말했듯이 2779년에는 1평방야드당 10명이 살아야 하는데, 이런 삶이 가능할 수 있겠는가? 국부(國富)에 대한 자료도 더 많은 인구가 더 많은 부를 뜻하는 주장은 사실과 다르다고 말해준다. 세계에서 가장 많은 인구를 가진 10대국은 차례로 중국, 인도, 미국, 인도네시아, 브라질, 파키스탄, 러시아, 일본, 방글라데시, 나

이지리아로 모두 1억을 넘는 인구를 갖고 있다. 반면에 가장 부자인 10대국(1인당 실질 국내총생산)은 차례로 룩셈부르크, 노르웨이, 미국, 스위스, 덴마크, 아이슬란드, 오스트리아, 캐나다, 아일랜드, 네덜란드이다. 양쪽 모두에 있는 나라로는 미국이 유일하다.

실제로 많은 인구를 가진 나라들은 무척 가난하다. 10개국 중 8개국의 1인당 국내총생산(GDP)이 8,000달러 이하이며, 다섯 나라의 1인당 GDP는 3,000달러 이하이다. 반면에 부유한 나라들은 인구가 무척 적다. 10개국 중 7개국의 인구가 900만 명을 밑돌고, 두 나라의 인구는 50만이 되지 않는다. 특히 두 목록의 뚜렷이 차이는 인구 증가율이다. 부유한 10대국의 인구 증가율은 상대적으로 무척 낮은 편이어서 연간 1퍼센트 미만인 반면에, 인구가 많은 10대국의 인구 증가율은 바람직하지 못한 방법으로 인구가 억제된 두 나라(중국과 러시아)를 제외할 때 상대적으로 높은 편이다. 중국은 정부의 명령으로 강제 낙태를 시행했고, 러시아에서는 재앙에 가까운 건강 문제로 인구가 실질적으로 줄었다. 따라서 경험적 사실에 비춰보면, 인구가 많고 인구 증가율이 높을수록 부자이기는 커녕 더 가난하다.

9) "환경에 대한 관심은 제1세계의 부유한 여피족(제2차 세계대전 이후의 세대로 전문직에 종사하는 대도시의 부유한 엘리트층: 옮긴이)에게나 어울리는 사치스런 생각이다. 그들은 절망에 빠진 제3세계 사람들에게 무엇을 해야 한다고 말할 자격이 없다." 이런 생각은 제3세계를 실제로 경험하지 못한 제1세계의 부유한 여피족에게 내가 주로 듣는 말이기도 하다. 내가 인도네시아, 파푸아뉴기니, 동아프리카, 페루 등 제3세계의 여러 나라를 직접 경험해본 바에 따르면 그곳 사람들은 인구 증가, 삼림 파괴, 어류의 남획 등으로 자신들에게 어떤 피해가 닥치고 있는지 너무나 잘 알고 있었다. 집을 지을 목재의 부족, 광범위한 토양 침식, 그리고 자식들을 위해 옷과 책을 살 수도 없고 교육비도 감당할 수 없는 무능력(내가 그들에게 가장 자주 듣는 안타까운 불평) 등의 형태로 환경

훼손의 대가를 혹독하고 치르고 있기 때문이다. 그런데도 마을 뒤의 숲에서 끊임없이 나무가 베어지는 이유는 부패한 정부가 주민의 폭력적 항거에 대비해 나무를 없애라고 명령하기 때문이며, 자식들을 위해 필요한 돈을 마련할 다른 방법이 없어 어쩔 수 없이 벌채 회사와 계약을 맺기 때문이다. 제3세계의 내 친구들은 대부분 4~8명의 자녀를 거느린 가장이다. 그들은 제1세계에 널리 퍼진 안전한 피임법을 알고 있어 콘돔을 필사적으로 원하지만 콘돔을 구할 여력이나 방법이 없어 안타까워한다. 여기에는 해외 원조 프로그램에서 가족계획의 지원을 거부하는 미국의 잘못도 적지 않다.

부유한 제1세계 사람들의 인식에 널리 확산되어 있지만 그들이 공개적으로 드러내지 못하는 또 하나의 생각은 이런 환경 문제들에도 불구하고 그들은 세상을 편하게 살아가는 데 곤란할 것이 없다는 생각이다. 즉 환경 문제가 주로 제3세계에 해당된 것이기 때문에 그들과는 실질적으로 관계가 없다는 생각인 셈이다. 다만 이런 생각이 정치적으로 올바르지 않기 때문에 공개적으로 드러내지 못할 뿐이다. 그러나 부자들이라고 환경 문제에 영향을 받지 않는 것은 아니다. 제1세계의 대기업 최고 경영자들도 음식을 먹고 물을 마시며 공기를 호흡해야 한다. 게다가 자식까지 갖고 있다. 이런 점에서 보통 사람들과 다를 바가 없다. 그들은 생수를 마시면서 수질 문제를 피할 수는 있어도 음식과 공기의 질까지 피해가기는 어렵다. 먹이사슬의 정점, 즉 유독 물질이 집중된 수준에서 살아가는 그들은 유독 물질을 더 많이 섭취하거나 유독 물질에 더 자주 노출되기 때문에 생식 장애를 겪을 위험이 더 크다. 달리 말하면 불임률이 더 높아 임신을 위해 병원을 자주 들락거려야 할지도 모른다. 게다가 마야의 왕, 노르웨이령 그린란드의 족장들, 이스터 섬의 족장들을 다루면서 말했듯이, 부자들이 붕괴해가는 사회를 지배하더라도 장기적으로는 그들 자신의 이익과 자식 세대의 이익을 안전하게 확보할 수 없다. 마지막으로 굶어 죽는 특권은 누리겠지만 말이다. 제1세계가 세계 전체의 소비에서 대부분을 차지하는 것은 주지의 사실이다. 그런데 이런 식의 자원 소비가 이 장의 앞에서 거론한 문제들을 일으켰다. 따라서 우리가 지속 가능하지 않은 식으로 소비를 계속한다면, 설령 제3세계가 존재하지 않고 제1세계의 생활 수준에 근접하려고 애쓰지 않더라도 제1세계는 현재와 같은 풍요를 오랫동안 누릴 수 없을 것이다.

10) "환경 문제가 심각해지더라도 아주 먼 미래에나 닥칠 일이다. 내가 죽고 난 후의 일이다. 따라서 나는 환경 문제를 심각하게 생각할 필요가 없다." 앞에서 언급한 12가지의 환경 문제가 현재의 속도로 진행된다면 현재의 청소년들이 살아 있는 동안에 심각한 지경에 이를 것이다. 자식이 있는 사람들은 자식의 미래를 위해서 돈과 시간을 아낌없이 투자한다. 그들을 교육시키고 먹이며 옷을 입힌다. 그들을 위해 유서를 작성하고 그들의 안전한 미래를 위해 생명보험까지 가입한다. 이 모든 것이 지금부터 50년 후까지 그들을 편안하게 살도록 도와주기 위한 배려이다. 이처럼 내 자식을 위해서는 모든 것을 쏟아부으면서도 자식 세대가 지금부터 50년을 살아갈 세계를 훼손한다는 것은 비상식적인 행위가 아닐 수 없다.

이런 모순적 행위에 대한 지적에 나도 자유롭지 못하다. 나는 1937년에 태어났다. 두 아들이 태어나기 전까지 나도 2037년에나 닥칠 일, 예컨대 지구 온난화나 열대우림의 파괴 등과 같은 문제를 심각하게 생각하지 않았다. 내가 2037년까지 살아 있을 가능성은 거의 없기 때문에 2037년이란 숫자 자체가 내게는 현실감 있게 다가오지 않았다. 그러나 1987년 쌍둥이 아들이 태어났을 때, 아내와 내가 여느 부모와 마찬가지로 교육, 생명보험, 유언 등을 챙겨야 했을 때 나는 문득 깨달았다. 2037년이면 내 자식들이 나처럼 쉰 살이 되는 해라고! 그때부터 2037년은 더 이상 나와 무관한 해가 아니었다! 그때 세상이 혼란에 빠진다면 녀석들에게 우리 재산을 물려준다고 해도 무슨 소용이 있겠는가?

나는 제2차 세계대전이 끝난 직후 유럽에서 5년을 보냈고, 그 후 일본계 분가(分家)를 가진 폴랜드계 여자와 결혼했다. 그때 나는 부모가 친자식들만을 돌보고 자식 세대의 미래 세계에 관심을 두지 않는다면 어떤 일이 벌어질 수 있는지 직접 보았다. 내 폴란드, 독일, 일본, 러시아, 영국, 유고슬라비아 친구들의 부모들도 생명보험에 가입했고 유언을 남겼으며, 자식들의 학교 생활에 지극히 관심을 쏟았다. 이런 점에서 우리 부부와 다를 바가 없었다. 그들 중 일부는 부자여서 자식들에게 상당한 유산을 남기기도 했다. 하지만 그들은 자식 세대의 세계에는 관심을 기울이지 않았고, 제2차 세계대전이란 큰 실수를 저질렀다. 그 때문에 나와 같은 해에 태어난 유럽과 일본의 친구들은 어린 시절을 힘들게 보냈다. 어린 시절에 고아가 되거나 부모와 헤어져 살아야 했으며, 집이 폭격당하는 슬픔을 겪었고 학교에 다닐 기회마저 박탈당했다. 가족의 재산을 빼앗기고, 전쟁이나 강제수용소의 기억에 짓눌린 부모의 손에서 커야 했다. 우리가 큰 실수를 저지른다면 자식들이 겪어야 할 최악의 시나리오는 이와 다른 모습이겠지만 바람직하지 않은 모습일 것이라는 점에서는 똑같을 것이다.

11) "현대 사회는 과거에 붕괴된 이스터 섬, 마야, 아나사지 등과 같은 사회들과 크게 다르다. 따라서 과거의 교훈을 그대로 대입할 수는 없다."

12) "막강한 힘을 가진 정부와 대기업이 세상을 실질적으로 만들어 가는데, 한낱 힘없는 개인에 불과한 내가 무엇을 할 수 있겠는가?"

즉각 반박할 수 있었던 앞의 반론들과 달리, 위의 두 주장은 그런대로 타당해서 반박하기가 어렵다. 따라서 이 장의 나머지 부분에서는 열한 번째 문제를 다루고, 마지막 주장에 대해서는 참고문헌(pp. 766~771)에서 집중적으로 대답해보려 한다.

과거와 현재

이스터 섬, 헨더슨 섬, 아나사지, 마야, 노르웨이령 그린란드의 붕괴를 현대 세계에서 교훈으로 삼을 수 있을 만큼 과거 사회와 현대 사회가 비슷할까? 평론가라면 자명한 차이들을 지적하면서 이런 식으로 반론을 펼칠 것이다. "과거 사회들의 붕괴가 오늘날의 사회, 특히 요즘의 미국과 관련을 갖는다는 생각은 설득력이 거의 없다. 과거 사회들은 현대 테크놀로지의 기적을 누리지 못했다. 하지만 우리는 테크놀로지의 혜택을 누릴 뿐만 아니라 친환경적인 테크놀로지를 개발함으로써 문제들을 해결해나가고 있다. 게다가 과거 사회들은 기후 변화에 따른 결과를 그대로 감당해야 했다. 과거 사람들은 어리석게 행동하면서 주변 환경을 황폐화시켰다. 그들은 삼림을 파괴하고 단백질원인 야생 동물을 무차별적으로 사냥했으며, 표토가 씻겨내려가는 것을 속수무책으로 바라보았고 물 부족에 시달릴 가능성이 높은 건조한 지역에 도시를 건설했다. 지도자들도 어리석었다. 그들에게는 책이 없어 역사에서 배울 수 없었다. 또한 걸핏하면 국민을 전쟁에 몰아넣었고, 권력을 지키는 데만 관심을 쏟았으며 국내 문제에 관심을 기울이지 않았다. 주변 사회들이 붕괴되면서 굶주림에 지쳐 필사적으로 몰려오는 이주자들을 제대로 처리하지 못했다. 이런 모든 점에서 우리는 과거 사람들과 근본적으로 다르다. 우리가 그들에게 배울 것은 전혀 없다. 특히 세계에서 가장 부유하고 강력한 나라이며, 가장 생산적인 환경과 유능한 지도자들, 든든한 우방을 가진 미국이 변변한 적도 없는 현 상황에서 붕괴를 걱정할 이유는 전혀 없다."

틀린 말은 아니다. 과거 사회들의 상황과 오늘날의 상황은 무척 다르다. 가장 큰 차이는 훨씬 더 많은 사람이 살고 있고 첨단 테크놀로지로 무장하고 있다는 것이다. 대신 과거보다 환경에 미치는 충격도 더 크다. 오늘날은 불도저와 핵발전소 등 중장비를 갖춘 60억이 넘는 세계이지만 이스터 섬은 수만 명을 넘지 않았고 돌연장과 인력밖에 없었다.

그런데도 이스터 섬 사람들은 환경을 황폐화시키면서 자신들의 사회를 붕괴로 몰아갔다. 따라서 이런 차이는 우리에게 위험이 더 클 수 있다는 경고로 여겨진다.

두 번째로 큰 차이는 세계화에서 찾아진다. 제1세계의 환경 문제는 당분간 접어두고 과거의 붕괴에서 배운 교훈이 오늘날의 제3세계에 적용될 수 있을지부터 생각해보자. 먼저, 환경에 대해 많이 알고 있지만 신문을 결코 읽지 않고 정치에는 관심조차 없는 상아탑의 생태학자들에게 "환경의 압력, 인구 과잉 등 최악의 문제를 겪고 있는 나라들의 이름을 말해보십시오"라고 물어보면 생태학자들은 "쉬운 질문이군요. 자명하잖아요. 환경의 압력을 받고 인구 과잉으로 고생하는 나라들로는 아프가니스탄, 방글라데시, 부룬디, 아이티, 인도네시아, 이라크, 마다가스카르, 몽고, 네팔, 파키스탄, 필리핀, 르완다, 솔로몬 제도, 소말리아 등이 있습니다"라고 대답할 것이다(지도 참조).

이번에는 환경과 인구 문제에 대해 아무것도 모르고 관심조차 없는 제1세계의 정치인을 찾아가서, 세계에서 정치적으로 가장 혼란스런 나라들이 어디냐고 물어보자. 즉 정부가 이미 전복되어 붕괴되었거나, 붕괴의 위험에 처했거나, 아니면 내란으로 몸살을 앓았던 나라가 어디냐고 물어보라. 또 자체의 문제로 위기를 맞아 제1세계의 원조를 받아야 하거나 제1세계로 불법 이주자가 대거 몰려가는 나라, 반군(叛軍)과 테러리스트들에 맞서기 위해 제1세계에서 군사 지원을 받거나 아예 제1세계의 군인들이 파견된 나라들이 어디냐고 물어보라. 그럼 정치인들은 "별로 어려운 질문이 아니군요. 자명하잖아요. 정치 분규로 몸살을 앓고 있는 나라들로는 아프가니스탄, 방글라데시, 부룬디, 아이티, 인도네시아, 이라크, 마다가스카르, 몽고, 네팔, 파키스탄, 필리핀, 르완다, 솔로몬 제도, 소말리아 등이 있습니다"라고 대답할 것이다.

놀랍지 않은가! 두 명단이 비슷하다 못해 똑같다. 두 명단 간의 관련성은 명백하다. 마야, 아나사지, 이스터 섬에 닥친 문제가 현대 세계에

정치 분규 지역

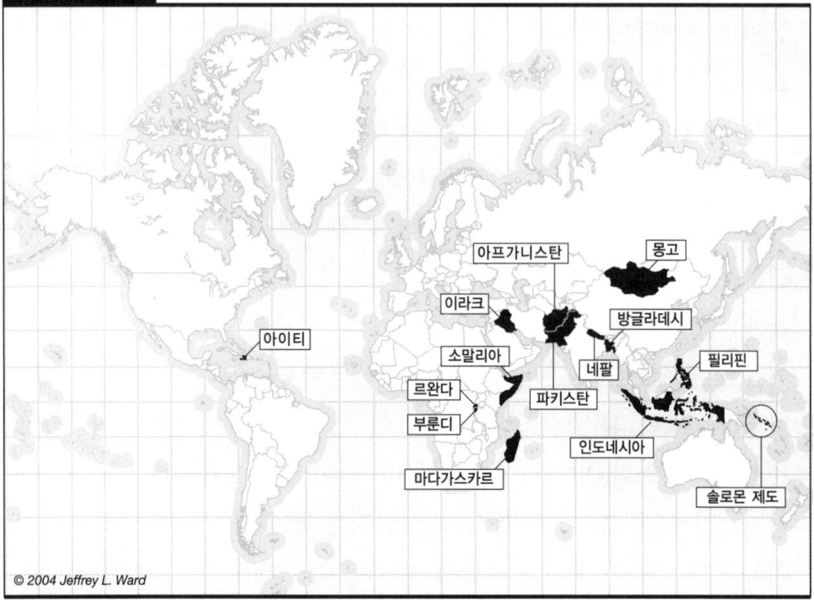

환경 훼손 지역

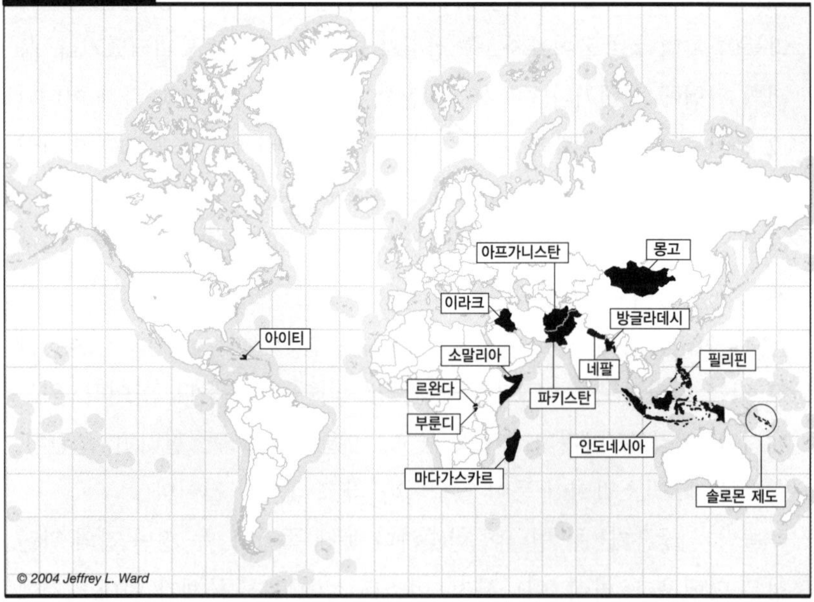

서도 그대로 전개되고 있다. 과거에 그랬듯이 오늘날에도 환경적 압박을 받고 인구 과밀로 몸살을 앓는 나라들은 정치적으로도 불안한 나라들이다. 정부가 붕괴되고 있는 나라들이다. 국민이 좌절하고 굶주릴 때, 희망을 잃었을 때 그들은 정부를 원망하고 비난하게 마련이다. 정부가 문제를 해결해야 할 책임을 다하지 못했다고 생각하기 때문이다. 그때부터 그들은 어떻게 해서든지 모국을 떠나려고 한다. 서로 땅을 차지하려 싸우고, 살인까지 불사한다. 내란이 일어난다. 더 이상 잃을 것이 없다는 생각에 스스로 테러리스트가 되거나 테러 집단을 기꺼이 지원한다.

그 결과는 대량학살로 나타난다. 우리는 이런 결과를 방글라데시, 부룬디, 인도네시아, 르완다에서 이미 보았다. 앞에서 나열한 대부분의 나라에서 내란이나 혁명이 일어나면서 제1세계의 군대가 아프가니스탄, 이라크, 필리핀, 르완다, 솔로몬 제도, 소말리아에 파견되었다. 소말리아와 솔로몬 제도에서는 중앙 정부가 붕괴되었고, 앞에서 나열한 모든 나라의 국민들이 빈곤에 시달리고 있다. 따라서 '정부 실패(state failure)', 즉 혁명, 폭력적 체제 변화, 권위의 붕괴, 대량학살을 예측할 수 있는 최적의 지표는 환경 및 인구에 대한 통계적 수치라 할 수 있다. 즉 높은 유아 사망률, 가파른 인구 증가, 인구에서 10대 후반과 20대가 차지하는 높은 비율, 일자리를 구할 희망이 없어 혁명군에 가담할 가능성이 높은 청년 실업자 등이다. 이런 압력 요인들은 땅(르완다에서처럼), 물, 숲, 물고기, 석유, 광물의 부족으로 인한 갈등을 불러일으킨다. 이런 요인들은 끝없는 내란으로 발전하기도 하지만 정치·경제적 난민의 대대적인 탈출로 발전하기도 한다. 심지어 권위주의적인 정권이 국민의 관심을 내분에서 다른 곳으로 돌리기 위해서 이웃 나라를 공격하는 전쟁으로 확대되기도 한다.

요컨대 과거 사회의 붕괴가 현대에도 유효성을 가지며 우리에게 교훈이 될 수 있느냐는 왈가왈부 따질 문제가 아니다. 이에 대한 의문의 답은 이미 내려졌다. 최근에도 그런 붕괴가 실제로 일어났고, 그런 붕괴가 임박한 사회들이 있기 때문이다. 따라서 우리가 진정으로 고민해야 할 문제는 "앞으로 얼마나 많은 사회가 붕괴할 것이냐?"라는 것이다.

정치적 살인자들, 자살 폭탄단, 9·11테러리스트들이 교육을 받지 않았고 절망에 빠진 사람들이 아니라 충분한 교육을 받고 금전적 대가를 받았다는 이유로 우리는 테러리스트들을 비난할 수 있다. 맞는 말이다. 그러나 그들은 지원과 관용이 절실히 필요한 사회에서 살았던 사람들이다. 어떤 사회에나 살인을 획책하는 광신자들이 있게 마련이다. 미국에도 티모시 맥베이(1995년 미국 오클라호마시티 연방 청사를 폭파한 테러리스트: 옮긴이)와 하버드 졸업생인 시어도어 카친스키(유나바머로 알려진 반문명론자로 몬태나에서 무작위로 사제 폭탄을 우편으로 보냈다: 옮긴이)가 있었다. 하지만 미국, 핀란드, 한국처럼 좋은 일자리를 찾아낼 희망이 있는 건강한 사회들은 광신자들에게 별 호응을 보이지 않는다.

환경 훼손과 인구 과밀로 허덕이는 나라들의 문제가 세계화 덕분에 우리 자신의 문제가 되었다. 우리는 세계화를 '부유하고 선진화된 제1세계가 인터넷이나 코카콜라와 같은 좋은 것들을 가난하고 후진적인 제3세계 사람들에게 보내는 것'이라 생각하는 경향이 있다. 그러나 세계화는 한결 개선된 범세계적인 커뮤니케이션을 뜻할 뿐이다. 달리 말하면 모든 것을 쌍방향으로 주고받는 세계를 뜻한다. 요컨대 세계화는 제1세계에서 제3세계로 일방적으로 전해지는 좋은 것에 국한되는 것이 아니다.

제1세계에서 개발도상국으로 전해지는 고약한 것 중에는 전자 제품 폐기물이 있다. 실제로 산업 국가들에서 중국으로 매년 수백만 톤의 전자 제품 폐기물이 수출되었다. 한편 남동태평양의 자그마한 오에노 산호섬과 두시 산호섬의 해변에 쌓인 폐기물을 보면 전세계에 무심코 버려지는 폐기물의 규모를 짐작할 수 있다(174쪽 지도). 민물도 없고 요트조차 거의 정박하지 않는 무인도인 산호섬들이다. 또한 역시 무인도인 헨더슨 섬에서도 각각 160킬로미터 떨어진, 세상에서 가장 외따로 떨어진 섬들이다. 이런 무인도의 해변에서도 1미터에 평균 한 조각의 폐기물이 발견된다. 지나가던 배에서 버려진 것이거나, 수천 킬로미터 떨어진 태평양 끝의 아시아 국가들과 미국에서 표류해온 것이 틀림없다. 플라스틱 가방, 부표, 유리병과 페트병(특히 일본에서 표류해온 듯한 산토리 위스키 병이 많다), 밧줄, 구두, 전구가 가장 흔하고 축구공, 장난감 병정과 비행기, 자전거 페달, 드라이버 등도 자주 눈에 띈다.

제1세계에서 개발도상국들로 전해진 고약한 것으로 더 불길한 사례는 동그린란드와 시베리아의 이누이트(에스키모)의 혈액에 잔류된 산업용 유해 화학 물질과 살충제의 수치가 세계 어떤 국가보다 높게 나타났다는 점이다. 이누이트족은 화학 물질이 제조되거나 다량으로 사용되는 곳들에서 가장 멀리 떨어져 살고 있는데도 말이다. 그러나 그들의 혈액에 잔류된 수은 수치는 수은 중독에 가까운 범위 내에 있고, 이누이트족 산모의 젖에 함유된 폴리염화비페닐의 수치는 모유를 '유해 폐기물'로 분류해야 할 정도이다. 이런 모유를 먹은 아기는 청각 상실, 뇌 발달 지체, 면역 기능의 저하, 호흡기 감염 등의 증세를 보일 수 있다.

미국과 유럽의 산업 국가들에서 제조되고 사용된 유해 화학 물질이 미국과 유럽의 도시인들보다 이누이트족의 혈액에 더 많이 잔류되는 이유가 무엇일까? 이누이트족의 주식이 고래, 바다표범, 바닷새이기 때문으로 여겨진다. 달리 말하면 이런 동물들이 물고기와 연체동물, 새우를 먹이로 삼고, 먹이사슬을 따라 올라가면서 각 단계에서 화학 물질들이 농축되기 때문인 것이다. 제1세계 사람들도 간혹 해산물을 먹을 때 이런 화학 물질을 흡수하지만 소량에 불과하다. 그렇다고 해산물의 섭취를 중단하면 안전하다는 뜻은 아니다. 무엇을 먹더라도 이런 화학 물질의 섭취는 피할 수 없기 때문이다.

제1세계가 제3세계에 안겨준 또 다른 피해는 삼림 파괴이다. 일본의 목재 수입이 열대 지역의 삼림 파괴를 가속화시키는 주된 원인이고, 일본과 한국, 타이완의 어선들 그리고 유럽연합의 어선들이 바다를 휩쓸면서 남획을 주도하고 있다. 물론 제3세계 사람들도 제1세계에 고약한 선물을 안겨준다. 에이즈, 사스, 콜레라, 서(西)나일 강 열병 등의 질병이 양 대륙을 왕래하는 항공기 승객들을 통해서 본의 아니게 전파되었다. 합법적 이주자뿐만 아니라 불법 이주자까지 배, 트럭, 기차, 항공기를 타고, 심지어 걸어서 제1세계로 끝없이 들어온다. 테러리스트를 비롯한 제3세계의 다른 문젯거리들도 제1세계로 암암리에 스며들고 있다. 이제 미국은 1930년대 일부 미국인들이 열망했던 격리된 '포트리스 아메리카(fortress America)' 가 아니다. 해외의 다른 나라들과 밀접하게 연결되어 있고, 이런 추세를 뒤바꿀 수는 없다. 미국은 세계 최대의 투자 자본 수입국인 동시에 세계 최대의 상품 수입국이다. 석유와 희귀 금속을 비롯해 많은 필수품, 그리고 자동차와 전자 제품 등과 같은 소비재를 수입한다. 또한 미국은 세계에서 가장 많은 식품과 제조 상품을 수출하는 나라이기도 하다. 이처럼 미국은 오래전부터 세계의 다른 국가들과 밀접한 관계를 맺어왔다.

따라서 세계 한 구석에서 일어난 정치 불안이 미국의 무역로와 해외 시장과 해외 공급원들에게 영향을 미칠 수 있으므로 궁극적으로는 미국에 영향을 미칠 수 있다. 이제 미국은 세계의 다른 지역들에 크게 의존하고 있다. 따라서 30년 전 미국 국민이 정치인들에게 멀리 떨어지고 가난한 약소국이라는 이유로 지정학적으로 미국의 이해관계와 가장 관계없는 나라들을 꼽으라 했다면 십중팔구 아프가니스탄과 소말리아가 첫 손에 꼽혔을 것이다. 하지만 이제는 두 나라도 미국 군인을 파견해야 할 만큼 중요한 나라가 되었다. 오늘날에는 세계의 어떤 사회도 옛 이스터 섬 사회나 마야 왕국처럼 다른 지역에 영향을 주지 않고 홀로 붕괴할 가능성은 거의 없다. 모든 사회가 밀접하게 연결되어, 우리의 위기가 곧 세계의 위기이다. 이런 사실은 주식시장의 투자자들이 잘 알고 있다. 미국 증권시장의 불안이나 9 · 11 이후 미국의 경제 침체는 곧

사진 39 물 관리를 잘못한 탓에 네덜란드의 해안 저지대가 1953년 2월에 범람하면서 약 2,000명이 사망했다.

사진 40 해수면보다 낮은 지역을 간척한 네덜란드의 폴더로 물 관리의 성공 사례를 보여주는 좋은 예이다.

바로 해외 증권시장과 경제에 악영향을 미쳤다. 물론 그 반대의 경우도 마찬가지였다. 요컨대 지금은 어떤 나라도 다른 나라에 손해를 안기면서 자국만의 이익을 추구할 수 없는 세계이다.

이해의 충돌을 슬기롭게 해결한 좋은 예는 네덜란드에서 찾아진다. 네덜란드 국민은 환경 인식과 환경 단체의 가입 면에서 세계에서 최고 수준이다. 나는 네덜란드를 방문해 자동차로 시골길을 달리면서 세 친구의 대답을 듣고 나서야 그 이유를 비로소 이해할 수 있었다(사진 39와 40). 그들의 대답은 지금도 내 뇌리에 생생하게 남아 있다.

"주변을 둘러보십시오. 주변의 모든 농지가 해수면보다 낮습니다. 네덜란드 국토의 5분의 1이 해수면보다 낮습니다. 심지어 6.7미터나 낮은 곳도 있습니다. 과거에 얕은 만이었기 때문입니다. 그런데 우리가 만을 둘러 둑을 쌓고 물을 빼내 바다를 간척지로 만들었습니다. 그래서 우리나라에는 이런 말이 있습니다. '하느님은 지구를 만드셨고, 우리 네덜란드인은 네덜란드를 만들었다!' 라고 말입니다. 이렇게 간척된 땅을 '폴더(polder)' 라고 부릅니다. 우리는 거의 1,000년 전부터 간척지에서 물을 빼기 시작했습니다. 지금도 조금씩 스며드는 물을 양수기로 빼내고 있습니다. 우리가 풍차를 사용하는 이유도 폴더에서 물을 빼낼 양수기를 돌리기 위해서입니다. 지금은 풍차 대신에 증기, 디젤, 전기로 양수기를 돌립니다. 폴더마다 멀리 바다부터 양수기들이 줄지어 있어 차례로 물을 강이나 바다로 빼냅니다. 네덜란드에는 '적과 사이좋게 지내야 한다. 적이 네 폴더 옆에 있는 양수기를 돌리는 사람일 수도 있기 때문이다' 라는 말도 있습니다. 우리 모두가 폴더 아래에 살고 있습니다. 물론 부자들은 둑 위에서 안전하게 살지만 가난한 사람들은 해수면보다 낮은 폴더 아래에 살고 있습니다. 둑이 무너지고 양수기가 작동하지 않으면 우리 모두가 익사하고 말 것입니다. 1953년 2월 1일 큰 폭풍과 해일이 닥쳐 내륙에 있는 젤란트 주까지 덮치면서 거의 2,000명이 죽었습니다. 그때는 부자도 소용없었습니다. 그때 우리는 다시는 그런 일을 겪지 않겠다고 맹세했습니다. 그리고 해일을 막을 수 있는 튼튼한 둑을 쌓는 데 모든 국민이 동참했습니다. 지구 온난화로 인해 빙하가 녹아 해수면이 높아지면 네덜란드 사람들에게는 치명적인 결과가 닥칠 것입니다. 우리 땅의 대부분이 해수면 아래에 있으니까요. 이런 이유에서 우리 네덜란드 사람들은 환경에 신경을 쓰지 않을 수 없습니다. 우리는 역사를 통해서 배웠습니다. 우리 모두가 하나의 폴더에 살고 있다는 것을! 우리의 생존이 바로 옆 사람의 생존에 달려 있다는 진리를 말입니다."

상호 의존성을 인정하는 네덜란드 사람들의 태도는 미국의 현 추세와 뚜렷이 대비된다. 부자들이 끊임없이 외부와 벽을 쌓으면서 자기들만의 폴더를 만들어가기 때문이다. 그들은 개인 돈을 들여서 사설 경비원을 두면서도 이런 안전을 모두가 누릴 수 있는 공공 서비스로 확대하는 데 필요한 세금에는 반대한다. 철문을 치고 사방에 벽을 두른 그들만의 세계에서 살고(사진 36), 경찰보다 사설 경비원에 의존하며, 시설이 완비된 사립학교에 자식을 보내고, 개인 건강보험이나 의료보험에 가입하며, 수돗물 대신에 생수를 마시고, (특히 남캘리포니아에서는) 교통 체증으로 몸살을 앓는 공영 도로를 피해 유료 도로를 이용하는 향락을 누린다. 이런 개인주의적 삶에는 특권계급은 주변 사회의 문제에 아무런 영향을 받지 않을 수 있다는 잘못된 믿음이 깔려 있다. 노르웨이령 그린란드의 족장들도 그렇게 생각했지만, 결국에는 마지막에 굶어 죽는 특권밖에 허락되지 않는다는 사실을 뼈저리게 깨달았다.

인류의 역사에서 보듯이, 대부분의 사람은 다른 사람들과 긴밀한 관계를 맺으면서 작은 폴더에 모여 살았다. 이스터 섬 사람들은 12씨족으로 나누어지면서, 이스터 섬이라는 하나의 폴더를 12지역으로 분할했다. 이스터 섬은 다른 섬들과 외따로 떨어져 있었다. 그러나 12씨족은 라노라라쿠 채석장에서 생산된 석상용 돌을 공유했고, 푸나파우 채석장의 푸카오용 돌도 함께 사용했다. 물론 흑요석 채석장도 공공의 재산이나 다름없었다. 이스터 섬 사회가 붕괴되었을 때 모든 씨족도 한꺼번에 붕괴되었다. 그러나 당시 세상의 누구도 그 사실을 알지 못했고 누구도 그 붕괴에 영향을 받지 않았다. 남동폴리네시아의 폴더는 상호 의존적인 세 섬으로 이루어졌다. 따라서 망가레바 섬의 쇠락에 핏케언 섬과 헨더슨 섬은 속수무책으로 붕괴되었지만 그 이외에는 어떤 섬도 영향을 받지 않았다. 고대 마야의 폴더는 유카탄 반도와 인근 지역이었다. 고전기 마야의 도시들이 유카탄 남부 지역에서 붕괴되었을 때 난민들은 북부 지역으로 피신할 수는 있었지만 플로리다까지 피신할 수는 없었다. 그러나 오늘날에는 전세계가 하나의 폴더이다. 달리 말하면 어떤 곳에서 일어난 사고도 미국에 영향을 미칠 수 있다. 멀리 떨어진 소말리아가 붕괴되었을 때 미국은 군대를 그곳에 파견했다. 유고슬라비아와 소련이 붕괴되었을 때는 난민의 물결이 유럽 전역과 전세계로 퍼져나갔다. 아프리카와 아시아에서 사회의 조건과 생활 방식이 바뀌면서 새로운 질병이 확산되자 그 질병들이 전세계로 전파되었다. 과거에 티코피아 섬과 도쿠가와 시대의 일본이 그랬던 것처럼, 이제는 전세계가 자급자족하며 살아가야 하는 고립된 세계이다. 티코피아 섬 사람과 일본인이 깨달았던 것처럼, 우리도 도움을 구할 다른 섬이나 다른 행성이 없다는 사실을 깨달아야 한다. 그들이 그랬던 것처럼 우리도 분수에 맞게 살아야만 한다.

그래도 희망은 있다

이 책의 마지막 장을 시작하면서 나는 고대 세계와 현대 세계 간에는 중대한 차이가 있다는 점을 가감없이 인정했다. 더 많은 인구와 더 강력하면서도 파괴적인 테크놀로지, 지역적 붕괴가 전세계를 위험에 빠뜨릴 수도 있다는 상호 관련성 등 이런 차이들은 비관적인 전망으로 보일 수 있다. 우리에게는 별것도 아닌 문제를 이스터 섬 사람들이 해결할 수 없었는데, 우리가 그보다 훨씬 큰 범세계적인 문제를 해결할 수 있을까?

이런 생각에 고민하는 사람들이 간혹 내게 "재러드 씨, 당신은 미래에 대해 낙관적입니까, 비관적입니까?"라고 묻는다. 그때마다 나는 "나는 신중한 낙관주의자입니다"라고 대답한다. 달리 말하면 우리에게 닥친 문제의 심각성을 인정하고 있다는 뜻이다. 우리가 그 문제를 해결하겠다고 단호히 노력하지 않는다면, 그 노력이 실패로 돌아간다면 전 세계가 수십 년 내에 생활 수준의 하락을 감내해야 할 것이다. 어쩌면 그보다 더 나쁜 결과가 닥칠 수도 있다. 이런 이유에서, 나는 세상 사람들에게 우리한테 닥친 문제들을 진지하게 받아들여야 하고, 그렇지 않으면 그 문제들을 결코 해결하지 못할 것이라고 설득하는 데 남은 삶을 바치기로 결심했다. 우리가 결심만 한다면 그 문제들을 얼마든지 해결할 수 있으리라 믿는다. 그렇게 믿었고, 희망을 가질 수 있는 증거를 보았기 때문에 아내와 나는 17년 전에 자식을 낳기로 결심했다.

희망의 증거는 우리에게 닥친 문제가 결코 해결할 수 없는 문제가 아니라는 점이다. 물론 우리가 큰 위험에 직면하고 있지만, 수억 년을 주기로 지구를 때리는 소행성의 충돌 가능성과 같은 가장 심각한 위험조차도 우리는 능히 해결할 수 있다. 또한 환경 문제의 원인이 우리 자신이기 때문에 그 해결의 주체도 우리일 수밖에 없다. 당장에 환경 훼손을 중단하고 해결에 나설 것이냐, 아니면 그대로 방치할 것이냐? 그 선택은 우리에게 달려 있다. 요컨대 미래의 운명이 우리 손 안에 달려 있다. 지금의 문제를 해결하기 위해서 새로운 테크놀로지가 필요한 것은 아니다. 새로운 테크놀로지가 문제 해결에 도움을 줄 수 있겠지만 더욱 중요한 것은 정치적 의지일 뿐이다. 해결책은 지금도 있다. 정작 필요한 것은 그 해결책을 적용하려는 정치적 의지이다. 다행히 일부 문제를 해결하려는 의지가 곳곳에서 눈에 띄고, 일부 문제는 부분적으로라도 해결하려는 의지가 보인다.

내가 희망을 갖는 다른 이유는 일반 시민의 환경에 대한 인식이 점점 높아지고 있기 때문이다. 물론 환경에 대한 인식은 오래전부터 있었지만 1962년에 『침묵의 봄』이 발간된 이후로 급속히 확산되었다. 환경 운동에 참여하는 사람들이 크게 늘었고, 그들은 실질적인 조직을 통해 다양한 분야에서 활동하고 있다. 이런 현상은 미국과 유럽뿐만 아니라 도미니카 공화국 등 개발도상국가들에서도 확인된다. 환경 운동 단체들이 놀라운 속도로 세력을 확대해가는 중에도 환경에 대한 위협도 점점 커져갔다. 이런 이유에서 내가 우리 상황을 '미지의 결과를 향한 경마'에 비유했던 것이다. 우리가 선택한 말의 승리가 불가능한 것은 아니지만 확실한 것도 아니다.

우리가 실패하지 않고 성공하려면 어떤 선택을 해야 할까? 우리가 개인으로서 선택할 수 있는 구체적인 방법은 많다. 그 예들에 대해서는 '참고문헌'을 참조하기 바란다. 한편 사회 전체가 선택할 방향에 대해서는 이 책에서 다루었던 과거 사회들에서 교훈을 끌어낼 수 있으리라 생각한다. 결과의 성공 여부를 결정하는 데는 두 가지 선택이 중요한 듯하다. 하나는 장기적인 계획이고, 다른 하나는 핵심 가치를 재고하려는 의지이다. 따라서 두 선택이 우리 개인의 삶에 미치는 중대한 영향에 대해 인정할 수 있어야 한다.

장기적인 계획의 선택에는 장기적으로 환경 정책을 시행하려는 용기가 필요하다. 또한 환경 문제가 위기에 이르지 않았더라도 인지된 순간에 미래를 위해 대담한 결정을 내리는 용기도 필요하다. 이런 유형의 의사결정은 선거로 뽑힌 정치인들의 행태에서 흔히 발견되는 근시안적인 미봉책과 완전히 다르다. 나와 정치적 입장을 같이하는 한 친구는 정치인들의 이런 미봉책을 '90일짜리 생각'이라며 비난했다. 즉 앞으로 90일 내에 위기로 발전할 가능성이 있는 문제에만 관심을 갖는다는 뜻이다. 이런 근시안적인 의사결정으로 우리를 암담하게 만든 사례가 많았지만 과거에나 지금이나 용기 있는 장기적인 계획으로 우리에게 위안을 준 NGO(비정부 기구)와 기업 및 정부도 적지 않았다. 황폐하게 변해버린 삼림 앞에서 이스터 섬과 망가레바 섬의 족장들은 좌절하며 미봉책으로 일관했지만 도쿠가와의 쇼군들, 잉카의 황제들, 뉴기니의 고원지대 사람들, 16세기 독일 지주들은 장기적인 계획을 세우고 재조림에 나섰다. 중국의 지도자들도 수십 년 전부터 재조림에 힘썼고, 1998년에는 자연조림된 숲에서의 벌채를 금지시켰다. 요즘에는 건전하고 장기적인 환경 정책을 시행할 목적으로 창립된 비정부 기구들이 많다. 기업계에서도 프록터앤드갬블(Procter and Gamble)을 비롯해 오랜 연륜을 지닌 미국 기업들은 위기가 닥치기 전에 정책을 재점검하고 전반적인 문제를 검토해서 실행에 옮기고 있다. 또한 앞에서 언급했듯이 로열더치셸 석유 회사는 수십 년 후의 예측을 전담하는 부서까지 운영하고 있다.

정부와 정치 지도자도 일부이기는 했지만 간혹 용기 있는 장기적인 계획을 제시했다. 미국 정부는 지난 30년 동안 꾸준히 노력한 덕분에, 같은 기간에 에너지 소비와 인구는 40퍼센트 가량 증가하고 자동차의 운행 거리는 150퍼센트나 증가했지만 여섯 가지 공기 오염 물질의 수치를 전국적으로 25퍼센트 가량 줄이는 쾌거를 이루어냈다. 말레이시아, 싱가포르, 타이완, 모리셔스 공화국의 정부도 장기적인 경제 번영을 위해서는 국민 건강에 대대적으로 투자해 경제를 갉아먹는 열대 질병을 예방해야 한다는 사실을 깨달았다. 그리고 그 투자는 놀라운 경제 성장의 밑바탕이 되었다. 인구가 과밀한 파키스탄은 1971년에 동서로 나누어졌다. 같은 해 방글라데시로 분리 · 독립한 동부 지역은 실질적인 가족계획 정책을 실시해 인구 증가율을 줄인 반면에, 서부 지역(파키스탄)은 그런 대책을 세우지 않아 이제 세계에서 여섯 번째로 인구가 많은 나라가 되었다. 인도네시아의 전(前) 환경장관 에밀 살림, 도미니카 공화국의 전(前) 대통령 호아킨 발라게르는 만성적인 환경 위험을 해결하기 위한 정책으로 큰 차이를 만들어낸 정부 지도자의 전범(典範)이라 할 수 있다. 이처럼 공공 분야와 민간 분야 모두에서 있었던 장기적이고 용기 있는 생각들이 내게 희망을 안겨준다.

과거에서 얻는 또 다른 교훈은 핵심적인 가치관까지 포기하는 고통스런 결정이다. 여기에는 큰 용기가 필요하다. 과거에 우리 사회를 훌륭하게 지탱해주던 가치관들 중에서 어떤 가치관이 새롭게 변한 상황에서도 여전히 유효할 수 있을까? 그 소중한 가치관들 중에서 과감히 버리고 다른 식으로 대체해야 할 가치관은 무엇일까? 그린란드의 노르웨이인들은 유럽인, 기독교인, 목축 사회라는 자신들의 정체성을 포기하지 못하고 끝까지 고집했지만 그 결과는 붕괴였다. 반면에 티코피아 섬 사람들은 생태 파괴적인 돼지를 과감히 포기했다. 돼지가 멜라네시아 사회에서 유일하게 대규모로 사육되던 가축이었고, 신분을 나타내는 주된 상징이었는데도 말이다. 오스트레일리아는 이제 영국식 농경 사회라는 그들의 정체성을 재검토하는 과정에 있다. 아이슬란드 사람들, 카스트 제도에 얽매인 인도의 전통적인 사회들, 몬태나의 목장 주인들은 관개 시설의 소중함을 깨닫고 집단의 이익을 위해 개인의 권리를 양보하는 합의에 이르렀다. 덕분에 그들은 공유한 자원을 적절히 관리하면서, 많은 사회를 붕괴로 몰아넣었던 '공유의 비극'을 이겨낼 수 있었다. 중국 정부는 전통적으로 개인의 선택에 맡겨졌던 생식의 권리를 제한함으로써 인구 통제에 발 벗고 나섰다. 1939년 초강대국 러시아의 최후 통첩에 핀란드 국민은 생명의 안전보다 자유의 길을 택하면서 세상을 놀라게 하는 용기를 보여주었다. 그리고 전쟁에서는 패했지만 도박에서는 승리하는 전례를 남겼다. 내가 1958년부터 1962년까지 영국에서 사는 동안 영국인들은 오랫동안 소중하게 간직했던 가치관, 즉 세계 최고의 정치·경제력과 해군력을 지닌 국가라는 구태의연한 자존심과 결별하고 있었다. 프랑스, 독일 등 다른 유럽 국가들도 주권을 지키기 위해 한때는 목숨을 걸고 싸웠지만 이제는 그들의 주권마저 유럽연합에 종속시키는 대담한 결정으로 더욱 발전해가고 있다.

이런 가치관에 대한 재검토에는 고통과 어려움이 따르지만 과거와 근래에 성공한 사회들은 오랫동안 간직했던 가치관들을 재검토하며 버릴 것은 과감히 버렸다. 이런 교훈에서 제1세계 사람들은 가장 근본적인 문제, 즉 "제1세계에 살고 있는 우리의 전통적인 소비 가치와 생활 수준을 어디까지 양보해야 할까?"라는 문제를 돌이켜볼 수 있어야 한다. 앞에서 언급했듯이 제1세계 사람들을 설득해서 환경에 대한 충격을 줄여야 한다고 설득하기란 정치적인 이유로 불가능한 듯하다. 그렇다고 지금과 같은 식으로 환경에 충격을 주면서 산다는 것은 더더욱 불가능하다. 이런 딜레마는 내게 윈스턴 처칠의 말을 떠올려준다. 민주주의의 비판에 대응해서 처칠은 "지금까지 실험된 모든 정치 체제를 제외하면 민주주의가 최악의 정부 형태이다"라고 말하지 않았던가! 이런 점에서 지금보다 환경에 대한 충격을 줄인 사회는 우리 미래에서 가장 불가능한 시나리오일 수 있다. 우리가 합리적으로 생각할 수 있는 다른 모든 시나리오를 제외한다면!

환경에 대한 충격을 줄이기가 쉽지 않지만 불가능한 것은 아니다. 환경에 가해지는 충격은 두 요인의 산물이다. 하나는 총인구이고, 다른 하나는 1인당 훼손량이다. 총인구의 문제는 그런대로 해결의 실마리가 보인다. 근래 들어 인구 증가율이 제1세계의 모든 나라에서 급격히 줄었다. 제3세계의 많은 나라에서도 인구 증가율이 크게 낮아졌다. 세계 최대의 인구 강국인 중국, 네 번째로 많은 인도네시아, 아홉 번째로 많은 방글라데시도 예외가 아니다. 일본과 이탈리아의 내적 인구 증가율은 이미 인구 대체율을 밑돌아, 이주자를 제외하면 실질 인구가 곧 줄어들기 시작할 것이다. 1인당 환경 훼손량에서 목재와 수산물의 현재 소비율은 줄일 필요조차 없다. 세계의 삼림과 어장을 적절히 관리하면 현재의 소비율을 그대로 유지하거나 오히려 증가시킬 수도 있다.

내가 미래에 희망을 갖는 마지막 이유는 세계화된 사회들의 상호 관련성이다. 과거 사회에는 고고학자도 없었고 텔레비전도 없었다. 이스터 섬 사람들은 1400년대에 많은 사람을 먹이기 위해서 고원지대의 삼림을 없애고 농지로 만들어야 했다. 그들은 같은 시기에 동쪽과 서쪽으로 수천 킬로미터 떨어진 그린란드의 노르웨이 사회와 크메르 제국도 똑같은 운명을 맞고 있다는 사실을 몰랐다. 아나사지 문명이 그들보다 수세기 전에, 고전기 마야는 더 이전에, 그리스의 미케네 문명은 2,000년 전에 붕괴되었다는 사실도 전혀 몰랐다. 하지만 오늘날 우리는 완전히 다르다. 텔레비전이나 라디오를 켜거나 신문을 펼치면 바로 몇 시간 전에 소말리아나 아프가니스탄에서 일어난 일을 듣거나 읽을 수 있다. 게다가 텔레비전 다큐멘터리와 책을 통해서 우리는 이스터 섬, 고전기 마야 등 과거 사회들이 붕괴된 이유를 자세하게 알 수 있다. 따라서 우리는 멀리 떨어진 사람들과 과거 선조들의 실수에서 교훈을 얻을 수 있다. 과거 사회 사람들은 누릴 수 없던 특권이다. 내가 이 책을 쓰는 것도 많은 사람이 이런 특권을 활용해서 조금씩 다른 삶을 살아가기를 바라기 때문이다.

| 감사의 말 |

나는 이 책을 쓰는 데 많은 사람들에 큰 빚을 졌다. 이 책에 담긴 내용을 조사하는 데 기쁨과 즐거움을 함께했던 그 친구들과 동료들에게 감사의 뜻을 전하고 싶다.

방대한 원고를 처음부터 끝까지 읽고 비판해준 여섯 명의 친구, 즉 훌리오 베탄쿠르, 스튜어트 브랜드, 내 아내 마리 코헨, 폴 에를리히, 앨런 그리넬, 찰스 레드먼에게 특별히 감사한다. 물론 펭귄 그룹(뉴욕)의 웬디 울프, 바이킹 펭귄(런던)의 스테판 맥그레이스와 존 터니, 그리고 내 에이전트로 이 책의 콘셉트부터 제작의 모든 단계를 총괄했을 뿐만 아니라 내 원고를 끈기 있게 읽어준 존 브록만과 캐틴카 매트슨에게도 깊은 감사를 드린다. 특히 그레첸 데일리, 래리 린든, 이반 바크혼, 밥 워터먼은 현대 세계를 다룬 뒷부분을 읽어주고 비판해주었다.

미첼 피셔 케이시는 전체 원고를 몇 번이고 타이핑해주었고, 보라사 양은 참고자료로 사용할 책과 논문을 추적해주었으며, 루스 맨델은 사진 자료를 조사했고, 제프리 워드는 지도를 맡아주었다.

나는 이 책에서 다룬 많은 부분을 UCLA의 지리학과 학생들을 상대로 2회에 걸쳐 강의했다. 스탠퍼드 대학교 인류학과 대학원에서 초빙 교수의 자격으로 강의한 내용도 이 책에 더해졌다. 그 학생들과 동료들은 참신하고 활기찬 제안으로 내 안목을 넓혀주었다.

일곱 장의 일부는 잡지 『디스커버리』, 『뉴욕 리뷰 오브 북스』, 『하퍼스』, 『네이처』에 이미 기고한 글이기도 하다. 특히 중국을 다룬 제12장은 지앙구오 잭 리우와 공동으로 기고한 글을 보완해서 다시 쓴 것이다.

각 장과 관련해서 도움을 준 동료들과 친구들에게도 감사하고 싶다. 그들은 각자의 나라에서 내 연구를 도와주었고, 나를 현장으로 안내해주었다. 또한 그들의 경험을 끈기 있게 내게 육성으로 전해주었고, 관련 자료들을 내게 보내주며 최종 원고를 꼼꼼히 읽고 비판을 아끼지 않았다. 나를 위해 그들의 소중한 시간을 며칠, 아니 몇 주씩 할애해준 그들에게 큰 빚을 진 기분이다. 여기에 그들의 이름을 기록함으로써 그들에게 진 빚을 조금이나마 갚고자 한다.

1장: 앨런 베르고, 마셜과 토니아와 세스 블룸, 다이언 보이드, 존과 팻 쿡, 존 데이, 개리 데커, 존 엘리엘과 질 엘리엘, 에밀 에르하르트, 스탠 팰코, 브루스 팔링, 록사 프렌치, 행크 괴츠, 팸 구스, 로이 그랜트, 조제트 헤케트, 딕 허시와 잭 허시, 팀 헐스와 트루디 헐스, 밥 지르사, 릭 라이어블과 프랭키 라이어블, 잭 로센스키, 랜드 린드버그, 조이스 맥도웰, 크리스 밀러, 칩 피그먼, 해리 포에트, 스티브 파월, 잭 워드토머스, 루시 톰킨스, 팻 본, 매릴린 와일디, 번 울시와 마리아 울시.

2장: 조 앤 반 틸버그, 배리 롤렛, 클라우디오 크리스티노, 소니아 아오아, 크리스 스티븐슨, 에드문도 에드워즈, 카트린 오를리아크, 파트리시아 바르가스.

3장: 마셜 와이슬러.

4장: 훌리오 베탄쿠르, 제프 딘, 에릭 포스, 그윈 비비언, 스티븐 르블랑.

5장: 데이비드 웹스터, 마이클 코, 빌 터너, 마크 브레너, 리처드슨 길, 리처드 한센.

6장: 군나르 칼손, 오리 베스테인손, 제시 비오크, 크리스티안 켈러, 토머스 맥거번, 폴 버클랜드, 앤터니 뉴턴, 이언 심슨.

7장과 8장: 크리스티안 켈러, 토머스 맥거번, 제트 아르네보르, 게오르그 뉘가르, 리처드 앨리.

9장: 사이먼 헤벨레, 패트릭 커치, 콘래드 토트먼.

10장: 르네 르마르샹, 데이비드 뉴버리, 장 필리프 플라토, 제임스 로빈슨, 빈센트 스미스.

11장: 안드레스 페레르 벤소, 월터 코르데로, 리처드 터리츠, 네이시 젤러, 루이스 아람빌레트, 마리오 보네티, 루이스 카르바할, 로베르토와 안젤 카사, 카를로스 가르시아, 라이몬도 곤잘레스, 로베르토 로드리게스 맨스필드, 엘레우테리오 마르티네스, 네스토르 산체스 시니어, 네스토르 산체스 주니어, 사이프리언 솔러, 라파엘 에밀리오 유넨, 스티브 라타, 제임스 로빈슨, 존 터보어.

12장: 지앙구오 잭 리우.

13장: 팀 플래너리, 알렉스 베인스, 패트리셔 페일먼, 빌 매킨토시, 파멜라 파커, 해리 레처, 마이크 영, 마이클 아처, K. 데이비드 비숍, 그레이엄 브로턴, 밥 브라운 상원의원, 주디 클라크, 피터 코플리, 조지 갠프, 피터 겔, 스테판 하이코비치, 밥 힐, 날리니 클로프, 데이비드 패튼, 매릴린 렌프루, 프루 터커, 키스 워커.

14장: 엘리노어 오스트롬, 마르코 얀센, 모니크 보저호프 멀더, 짐 드워, 마이클 인트릴리게이터.

15장: 짐 쿠이퍼스, 브루스 팔링, 스코트 번스, 브루스 카바를레, 제이슨 클레이, 네드 달리, 캐서린 보스티크, 포드 데니슨, 스티븐 데스포시토, 프랜시스 그랜트 서티, 토비 키어스, 케이티 밀러, 마이클 로스 그리고 기업계 사람들.

16장: 루디 드렌트, 캐스린 풀러, 테리 가르시아, 프랜시스 랜팅, 리처드 모트, 퇴니스 피에르스마, 윌리엄 라일리, 러셀 트레인.

끝으로 이 연구들을 진행하는 데 W. 앨튼존스 재단, 욘 카네가르, 마이클 코니, 이브와 하비 매소네크 부부, 새뮤얼 F. 헤이먼과 이브 그루버 헤이먼의 1981년 학술연구기금, 샌드라 매피크, 알프레드 P. 슬로언 재단, 서미트 재단, 위든 재단, 윈슬로 재단에서 많은 도움을 받았다.

개인의 힘을 보여주자

피자를 선전하는 전단지가 신문에 끼어 배달되었다. 두 판을 주문하고 포장 박스를 반납하겠다고 미리 말하면 쓰레기 봉투를 무료로 주겠다는 문구가 눈에 띄었다. 두 아들과 나는 피자를 그렇게 주문했다. 포장 박스가 벗겨진 피자는 썰렁하게 보였지만 맛까지 변한 것은 아니었다. 윈윈게임이었다. 피자 판매 회사는 포장 박스를 아껴서 원가를 절감할 수 있었고, 우리는 쓰레기를 줄이고 쓰레기 봉투까지 얻었다. 게다가 포장 박스를 만드는 원료인 나무 한 그루를 살렸다!

북극권에 위치한 그린란드에 바이킹들이 식민지를 세웠다. 그들은 1000년경부터 400년 이상 동안 추운 그린란드에서 성공적으로 살았다. 그런데 왜 붕괴되었을까? 많은 요인 중에서 특히 주목되는 것은 기독교인이며 유럽인이라는 정체성을 지키려는 안간힘이었다. 그들은 같은 동토에서 살고 있던 이누이트족에게 생존법을 배우지 않았다. 1년에 한두 차례 왕복하던 유럽 선박에 교회를 유지하고 성직자와 지배계급의 권위를 유지하는 데 필요한 물건 대신에 삶을 유지하는 데 필요한 것을 하나라도 더 채웠더라면 그들은 지금까지 살아남았을지도 모른다.

우리에게 전설처럼 여겨지는 이스터 섬, 우리에게는 생소한 미국 남서 지역의 아나사지, 마야 등 과거에 위대한 문명을 구가한 듯한 사회들이 붕괴되었다. 왜 붕괴되었을까? 지정학적 요인도 있었지만 환경적 요인도 있었다. 환경적 요인으로 첫 손가락에 꼽히는 것이 삼림 파괴이다. 삼림 파괴는 집을 지을 목재와 난방을 위한 땔나무의 부족으로 이어진다. 그것만이 아니다. 헐벗은 산은 빗물에 침식되게 마련이다. 침식된 흙이 강으로 내려가면서 수위가 높아지고, 바다까지 흘러간 흙은 바다의 생태계마저 교란시킨다. 과거 사회들이 붕괴된 원인이었다. 이런 실수를 저지르지 않기 위해서 현대에는 조림에 열중이다. 하지만 잘못된 조림이 어떤 결과를 낳는지 우리는 이미 경험했다. 며칠간 계속되었던 캘리포니아의 산불, 그리고 우리의 백두대간을 부분적으로 잿더미로 만들고 소중한 문화유산까지 불태웠던 산불이 있었다. 조림에는 필연적으로 관리가 필요하다는 교훈을 남겼다.

요즘 할인매장에 나가면 먹을거리로 넘친다. 수도꼭지를 틀면 물이 콸콸 쏟아진다. 조금만 차를 타고 나가면 나무가 울창하게 우거진 산들이 있다. 이런 모습에서 생태론적 붕괴의 징조를 보기란 어렵다. 하지만 지금은 사라진 과거 사회의 사람들도 지금의 우리와 똑같은 생각이었을지 모른다. 그들도 최전성기를 누린 직후에 붕괴되었다. 과거에서 배우지 않는다면 역사는 그 존재의 의미를 크게 상실한다. 사회는 환경적 요인으로 인해서뿐만 아니라 미래에 닥칠 재앙에 대한 사회의 무관심으로 멸망할 수도 있다. 이쯤이면 저자가 부제로 '선택'이라는 단어를 택한 이유가 이해된다.

정치인에게, 기업에게 솔선수범해주기를 바라는 것은 난망이다. 그들은 이익을 쫓아다니는 나방 같은 존재들이다. 그 선택은 개인에서 시작되어야 마땅하다. 물론 개인 혼자의 힘은 약하다. 그러나 소비자로서 개인은 상품의 구매와 불매라는 선택의 권리를 갖는다. 개인이 석유 회사를 상대로 싸우기에는 벅차더라도 그 석유 회사의 휘발유를 파는 주유소에 대한 불매 운동은 벌일 수 있다. 여기에는 개인들이 힘을 결집하려는 의지가 필요하다. 이른바 공동체 의식이라는 것이다. 세계에서 환경 의식이 가장 높은 네덜란드 사람들은 "우리는 역사를 통해서 배웠습니다. 우리 모두가 하나의 폴더에 살고 있다는 것을! 우리 생존이 바로 옆 사람의 생존에 달려 있다는 진리를 말입니다"라고 말한다. 당신이 그 옆 사람일 수 있다.

충주에서 강주헌

| 참고문헌 |

여기에서 소개하는 참고문헌은 더 많은 것을 알고 싶은 독자를 위한 것이다. 따라서 광범위한 문헌을 장황하게 나열하면서 공간만 쓸데없이 차지하는 방법보다 나는 과거의 문헌들을 광범위하게 소개하는 최근의 출판물을 언급하는 방법을 택했다. 물론 핵심적인 책과 논문도 언급했다. 특히 이탤릭체로 쓰인 학술지의 경우에는 호수(號數), 시작하는 페이지와 끝나는 페이지, 발행 연도(괄호)를 차례로 밝혔다.

프롤로그

과거 선진 사회들의 붕괴를 비교 · 연구한 훌륭한 책으로는 Joseph Tainter, *The Collapse of Complex Societies* (Cambridge: Cambridge University Press, 1988), and Norman Yoffee and George Cowgill, eds., *The Collapse of Ancient States and Civilizations*(Tucson: University of Arizona Press, 1988)가 있다. 특히 과거 사회들의 환경 훼손과 그 환경 훼손이 사회의 붕괴에 미친 영향을 집중적으로 조명한 책으로는 Clive Ponting, *A Green History of the World: The Environment and the Collapse of Great Civilizations* (New York Penguin, 1991); Charles Redman, *Human Impact on Ancient Environments* (Tucson: University of Arizona Press, 1999); D. M. Kammen, K. R. Smith, K. T. Rambo, and M. A. K. Khalil, eds., *Preindustrial Human Environmental Impacts: Are There Lessons for Global Change Science and Policy?* (학술지 *Chemosphere*, volume 29, no. 5, September 1994); Charles Redman, Steven James, Paul Fish, and J. Daniel Rogers, eds., *The Archaeology of Global Change: The Impact of Humans on Their Environment*(Washington, D.C.: Smithsonian Books, 2004)가 필독서라 할 수

있다. 과거 사회들의 비교·연구에서 기후 변화의 역할을 다룬 책으로는 Brian Fagan의 세 권의 저서, *Floods, Famines, and Emperors: El Ninõ and the Fate of Civilizations* (New York: Basic Books, 1999), *The Little Ice Age* (New York: Basic Books, 2001), *The Long Summer: How Climate Changed Civilization* (New York: Basic Books, 2004)이 읽을 만하다.

국가의 성립과 몰락 간의 관계를 비교·연구한 책으로는 Peter Turchin, *Historical Dynamics: Why States Rise and Fall*(Princeton, N.J.: Princeton University Press, 2003)과 Jack Goldstone, *Revolution and Rebellion in the Early Modern World*(Berkeley: University of California Press, 1991)가 있다.

제1장

몬태나 주의 역사에 대해서는 Joseph Howard, *Montana: High, Wide, and Handsome* (New Haven: Yale University Press, 1943); K. Ross Toole, *Montana: An Uncommon Land* (Norman: University of Oklahoma Press, 1959); K. Ross Toole, *20th-Century Montana: A State of Extremes* (Norman: University of Oklahoma Press, 1972); and Michael Malone, Richard Roeder, and William Lang, *Montana: A History of Two Centuries*, 개정판(Seattle: University of Washington Press, 1991)을 참조할 것. Russ Lawrence의 *Montana's Bitterroot Valley* (Stevensville, Mont.: Stoneydale Press, 1991)는 비터루트밸리의 아름다운 사진과 함께 다루었다. Bertha Francis, *The Land of Big Snows*(Butte, Mont.: Caxton Printers, 1955)는 빅홀베이슨의 역사를 다루었고, Thomas Power, *Lost Landscapes and Failed Economies: The Search for Value of Place*(Washington, D.C.: Island Press, 1996)와 Thomas Power and Richard Barrett, *Post-Cowboy Economics: Pay and Prosperity in the New American West*(Washington, D.C.: Island Press, 2001)는 몬태나를 비롯해 미국 서부 지역의 경제 문제를 다루고 있다. 몬태나에서 광업의 역사와 그에 따른 환경 훼손을 다룬 책으로는 David Stiller, *Wounding the West: Montana, Mining, and the Environment*(Lincoln: University of Nebraska Press, 2000)와 Michael Malone, *The Battle for Butte: Mining and Politics on the Northern Frontier, 1864-1906*(Helena, Mont.: Montana Historical Society Press, 1981)을 추천하고 싶다. Stephen Pyne은 *Fire in America: A Cultural History of Wildland and Rural Fire* (Princeton, N.J.:

Princeton University Press, 1982)와 *Year of the Fires: The Story of the Great Fires of 1910*(New York: Viking Penguin, 2001)에서 산불을 집중적으로 다루었다. 미국 서부 지방의 산불을 집중적으로 다룬 책은 Stephen Arno and Steven Allison-Bunnell, *Flames in our Forests: Disaster or Renewal?*(Washington, D.C.: Island Press, 2002)가 있다. 두 저자 중 한 명이 비터루트밸리의 거주자라는 사실도 흥미롭다. Harsh Bais et al., "Allelopathy and exotic plant invasion: from molecules and genes to species interactions"〔*Science* 301:1377-1380 (2003)〕은 반점뻐꾹채류가 뿌리에서 독액을 분비해 토종 식물들을 몰아낸다는 사실을 밝혀냈다. 몬태나를 비롯해 미국 서부 지역 목장들에 닥친 환경 문제는 Lynn Jacobs, *Waste of the West: Public Lands Ranching*(Tucson: Lynn Jacobs,1991)에서 심도있게 다루었다.

이 책에 다룬 몬태나의 환경 문제에 대한 정보는 각 문제와 관련된 단체의 웹사이트를 통해 얻을 수 있다. 대표적인 단체들과 그들의 웹사이트 주소를 소개하면 다음과 같다. Bitterroot Land Trust: www.BitterRootLandTrust. org. Bitterroot Valley Chamber of Commerce: www.bvchamber.com. Bitterroot Water Forum: brwaterfomm@bitterroot.mt. Friends of the Bitterroot: www.FriendsoftheBitterroot.org. Montana Weed Control Association: www.mtweed.org, Plum Creek Timber: www. plumcreek.com. Trout Unlimited's Missoula office: montrout @montana.com. Whirling Disease Foundation: www.whirling-disease.org. Sonoran Institute: wwwsonoran.org/ programs/si_se. Center for the Rocky Mountain West: www.crmw.org/read. Montana Department of Labor and Industry: http://rod.dli.state.mt. us/pubs/profile.asp. Northwest Income Indicators Project: http:// niip.wsu.edu/.

제2장

이스터 섬에 관심이 있는 일반 독자에게는 Paul Bahn and John Flenley, *Easter Island, Earth Island*(London: Thames and Hudson, 1992)의 개정판인 John Flenley and Paul Balhn, *The Enigmas of Easter Island* (New York: Oxford University Press, 2003), Jo Anne Van Tilburg, *Easter Island: Archaeology, Ecology, and Culture*(Washington, D.C.: Smithsonian Institution Press, 1994), Jo Anne Van Tilburg, *Among Stone Giants*(New

York: Scribner, 2003)를 추천하고 싶다. 특히 세 번째 책은 Katherine Routledge의 전기로, 캐서린은 1914~1915년에 이스터 섬을 방문해 마지막 오롱고 축제에 대한 기억을 섬사람들에게 육성으로 들었을 뿐만 아니라 그야말로 소설 같은 삶을 살았던 영국의 저명한 고고학자였다.

Catherine and Michel Orliac, *The Silent Gods: Mysteries of Easter Island*(London: Thames and Hudson, 1995)는 사진과 더불어 이스터 섬을 짤막하게 개괄하고 있으며, John Loret and John Tancredi, eds., *Easter Island: Scientific Exploration into the World's Environmental Problems in Microcosm*(New York: Kluwer/Plenum, 2003)은 최근의 탐사 결과를 소개하고 있다. 이스터 섬에 대해 좀더 깊이 알고 싶은 독자에게는 두 권의 고전적인 책을 추천하고 싶다. 하나는 Katherine Routledge, *The Mystery of Easter Island*(London: Sifton Praed, 1919, reprinted by Adventure Unlimited Press, Kempton, Ill., 1998)이고, 다른 하나는 Alfred Métraux, *Ethnology of Easter Island*(Honolulu: Bishop Museum Bulletin 160, 1940, 재판 1971)이다. Eric Kjellgren, ed., *Splendid Isolation: Art of Easter Island*(New York: Metropolitan Museum of Art, 2001)에는 암석조각, 롱고롱고 서판, 모아이 카바카바, 나뭇잎으로 만든 옷을 입은 사람들, 그리고 붉은 돌을 사용한 푸카오에 영향을 준 듯한 붉은 머리장식 등 많은 사진이 실려 있다.

Jo Anne Van Tilburg의 논문으로는 "Easter Island (Rapa Nui) archaeology since 1955: some thoughts on progress, problems and potential," pp. 555~577 in J. M. Davidson et al., eds., *Oceanic Culture History: Essays in Honour of Roger Green* (New Zealand Journal of Archaeology Special Publication, 1996); Jo Anne Van Tilburg and Cristián Arévalo Pakarati, "The Rapanui carvers' perspective: notes and observations on the experimental replication of monolithic sculpture (moai)," pp. 280~290 in A. Herle et al., eds., *Pacific Art: Persistence, Change and Meaning* (Bathurst, Australia: Crawford House, 2002); and Jo Anne Van Tilburg and Ted Ralston, "Megaliths and mariners: experimental archaeology on Easter Island (Rapa Nui)," in press in K. L. Johnson, ed., *Onward and Upward! Papers in Honor of Clement W. Meighan*(University Press of America)이 있다. 세 논문 중 마지막 둘은 석상을 조각하고 운반하는 데 얼마나 많은 사람이 필요하고 얼마나 오랜 시간이 걸리는지 직접 실험한 과정을 생생하게 기록했다.

폴리네시아와 태평양에 관련된 일반 독자도 쉽게 이해할 수 있게 씌어진 책은 많은 편이다. Patrick Kirch, *On the Road of the Winds: An Archaeological History of the Pacific Islands Before European Contact* (Berkeley: University of California Press, 2000), *The Lapita Peoples: Ancestors of the Oceanic World* (Oxford: Blackwell, 1997), and *The Evolution of the Polynesian Chiefdoms* (Cambridge: Cambridge University Press, 1984); Peter Bellwood, *The Polynesians: Prehistory of an Island People*, revised edition (London: Thames and Hudson, 1987); Geoffrey Irwin, *The Prehistoric Exploration and Colonisation of the Pacific*(Cambridge: Cambridge University Press, 1992)이 가장 많이 읽힌다. 한편 David Lewis는 섬사람들과 오랫동안 항해하면서 익힌 항해술을 근거로 *We, the Navigators*(Honolulu: University Press of Hawaii, 1972)를 발표했다. 이런 점에서 이 책은 태평양 섬 사람들의 전통적인 항해술을 소개하는 유일한 책이라고 할 수 있다. Patrick Kirch and Terry Hunt, eds., *Historical Ecology in the Pacific Islands: Prehistoric Environmental and Landscape Change*(New Haven, Conn.: Yale University Press, 1997)는 이스터 섬을 다루지는 않았지만 인간이 태평양의 여러 섬의 환경에 미친 영향을 다룬 글들을 모아놓은 책이다.

내가 이스터 섬에 관심을 갖는 데 큰 영향을 미친 Thor Heyerdahl, *The Kon-Tiki Expedition*(London: Allen & Unwin, 1950)과 *Aku-Aku: The Secret of Easter Island*(London: Allen & Unwin, 1958)도 추천하고 싶다. Heyerdahl이 이스터 섬에 대해 관심을 갖게 한 고고학자들의 약간 다른 해석은 Thor Heyerdahl and E. Ferdon, Jr., eds., *Reports of the Norwegian Archaeological Expedition to Easter Island and the East Pacific, vol. 1: The Archaeology of Easter Island*(London: Allen & Unwin, 1961)에서 맛볼 수 있다. Steven Fischer의 *Glyph Breaker*(New York: Copernicus, 1997)와 *Rongorongo: The Easter Island Script*(Oxford: Oxford University Press, 1997)는 롱고롱고 문자를 해독하려 한 Fischer의 연구를 다루었다. Andrew Sharp, ed., *The Journal of Jacob Roggeveen*(London: Oxford University Press, 1970)의 pp. 89~106에는 이스터 섬을 처음 본 유럽인들의 이야기를 소개하고 있다.

이스터 섬의 고고학 지도는 Claudio Cristino, Patricia Vargas, and R. Izaurieta, *Atlas Arqueológico de Isla de Pascua*(Santiago: University of Chile, 1981)에서 간결하게 요약되었다. 이스터 섬 재단(Easter Island Foundation)은 이스터 섬

에 관련된 글들을 게재한 *Rapa Nui Journal*을 정기적으로 발간하며, 이스터 섬을 주제로 한 연구회의 결과도 책으로 펴내고 있다. 이와 관련해서 중요한 글을 모은 책으로는 Claudio Cristino, Patricia Vargas et al., eds., *First International Congress, Easter Island and East Polynesia, vol. 1 Archaeology* (Santiago: University of Chile, 1988), Patricia Vargas Casanova, ed., *Easter Island and East Polynesia Prehistory* (Santiago: University of Chile, 1998), Christopher Stevenson and William Ayres, eds., *Easter Island Archaeology: Research on Early Rapanui Culture* (Los Osos, Calif: Easter Island Foundation, 2000) 등이 있다. Claudio Cristino et al. *Isla de Pascua Procesos, Alcances y Efectos de la Aculturación*(Easter Island: University of Chile, 1984)에서는 이스터 섬의 문화사가 간략하게 소개되었다.

David Steadman은 아나케나 해변에서 발굴한 새뼈와 그밖의 유물을 확인한 과정을 Patricia Vargas와 Claudio Cristino와 함께 쓴 "Extinctions of birds in Eastern Polynesia: a review of the record, and comparisons with other Pacific Island groups"〔*Journal of Archaeological Science* 16:177-205 (1989)〕와 "Stratigraphy, chronology, and cultural context of an early faunal assemblage from Easter Island"〔*Asian Perspectives* 33:79-96 (1994)〕, 그리고 "Prehistoric extinctions of Pacific Island birds: biodiversity meets zooarchaeology"〔*Science* 267:1123-1131 (1995)〕에서 자세히 다루었다. William Ayres, "Easter Island subsistence"〔*Journal de la Société des Océanistes* 80:103-124 (1985)〕는 이스터 섬 사람들이 섭취한 음식의 고고학적 증거를 깊이 연구한 논문이다. 이스터 섬 종려나무의 미스터리와 퇴적물에서 찾아낸 화분 분석에 대해서는 J. R. Flenley and Sarah King, "Late Quaternary pollen records from Easter Island"〔*Nature* 307:47-50 (1984)〕, J. Dransfield et al., "A recently extinct palm from Easter Island"〔*Nature* 312:750-752 (1984)〕, and J. R. Flenley et al., "The Late Quaternary vegetational and climatic history of Easter Island" 〔*Journal of Quaternary Science* 6:85-115 (1991)〕를 참조하기 바란다. Catherine Orliac의 연구는 위에서 언급한 Stevenson과 Ayres가 책임 편집한 책에 게재한 논문과 "Données nouvelles sur la composition de la flore de l'île de Pâques"〔*Journal de la Société des Océanistes* 2:23-31 (1998)〕를 참조하기 바란다. Claudio Cristino와 그의 동료들이 이스터 섬에서 행한 고고학적 조사에 대한 결과는 Christopher Stevenson and Claudio Cristino, "Residential settlement history of the Rapa Nui coastal plain〔*Journal of New World Archaeology* 7:29–38 (1986)〕, Daris Swindler, Andrea Drusini, and Claudio Cristino, "Variation and frequency of three-rooted first permanent molars in precontact Easter Islanders: anthropological significance〔*Journal of the Polynesian Society* 106:175–183 (1997)〕, Claudio Cristino and Patricia Vargas, "Ahu Tongariki, Easter Island: chronological and sociopolitical significance"〔*Rapa Nui Journal* 13:67–69 (1999)〕에서 읽을 수 있다.

집약적 영농과 뿌리덮개에 대한 Christopher Stevenson의 논문들은 *Archaeological Investigations on Easter Island; Maunga Tari: An Upland Agriculture Complex* (Los Osos, Calif: Easter Island Foundation, 1995), Joan Wozniak와 Sonia Haoa가 함께 쓴 "Prehistoric agriculture production on Easter Island (Rapa Nui), Chile"〔*Antiquity* 73:801–812 (1999)〕, 그리고 Thegn Ladefoged와 Sonia Haoa와 함께 쓴 "Productive strategies in an uncertain environment: prehistoric agriculture on Easter Island"〔*Rapa Nui Journal* 16:17–22 (2002)〕에 실려있다. Christopher Stevenson, "Territorial divisions on Easter Island in the 16th century: evidence from the distribution of ceremonial architecture," pp. 213~229 in T. Ladefoged and M. Graves, eds., *Pacific Landscapes*(Los Osos, Calif: Easter Island Foundation, 2002)는 이스터 섬에서 살았던 11개 부족의 경계를 재구성했다.

Dale Lightfoot, "Morphology and ecology of lithic-mulch agriculture"〔*Geographical Review* 84:172–185 (1994)〕와 Carleton White et al., "Water conservation through an Anasazi gardening technique"〔*New Mexico Journal of Science* 38:251–278 (1998)〕은 이스터 섬뿐만 아니라 다른 곳에서 돌을 뿌리덮개로 이용했다는 증거를 제시하고 있다. Andreas Mieth and Hans-Rudolf Bork "Diminution and degradation of environmental resources by prehistoric land use on Poike Peninsula, Easter Island (Rapa Nui)"〔*Rapa Nui Journal* 17:34–41 (2003)〕는 포이케 반도의 삼림 파괴와 침식을 집중적으로 다루었으며, Karsten Haase et al., "The petrogenetic evolution of lavas from Easter Island and neighboring seamounts, near-ridge hotspot volcanoes in the S.E. Pacific"〔*Journal of Petrology* 38:785–813 (1997)〕은 이스터 섬의 화산들이 활동한 시기와 화학적 성분을 분석한 논문이다. Erika Hagelberg et al., "DNA from ancient Easter Islanders"〔*Nature* 369:25–26 (1994)〕는 이스터 섬에

서 발굴된 12구의 유골에서 DNA를 분석했고, James Brander and M. Scott Taylor, "The simple economics of Easter Island: a Ricardo-Malthus model of renewable resource use"〔*American Economic Review* 38:119-138 (1998)〕는 경제학적 관점에서 이스터 섬의 난개발을 다룬 글이다.

제3장

제2장의 참고문헌에서 폴리네시아의 정착에 대해 소개한 책과 논문은 동남폴리네시아에서의 정착을 다룬 문헌이기도 하다. Tim Benton과 Tom Spencer가 책임 편집한 *The Pitcairn Islands: Biogeography, Ecology, and Prehistory* (London: Academic Press, 1995)는 핏케언 섬, 헨더슨 섬, 오에노 산호섬과 두시 산호섬을 1991~1992년에 탐사한 결과물이다. 모두 27장으로 구성된 이 책은 이 섬들의 지리, 초목, 새(헨더슨 섬에서 멸종된 새도 다루었다), 어류, 육지와 바다의 척추동물, 그리고 인간이 전반적인 환경에 미친 영향을 폭넓게 다루었다. .

폴리네시아의 정착, 핏케언 섬과 헨더슨 섬의 붕괴 등에 관련된 대부분의 정보는 Marshall Weisler와 그의 동료들이 이룩한 연구들을 근거로 한 것이다. 특히 앞에서 언급한 Benton과 Spencer가 책임 편집한 책에 Weisler가 게재한 "Henderson Island prehistory: colonization and extinction on a remote Polynesian island"(pp. 377~404), 그리고 "The settlement of marginal Polynesia: new evidence from Henderson Island"〔*Journal of Field Archaeology* 21:83-102 (1994)〕 and "*An archaeological survey of Mangareva*: implications for regional settlement models and interaction studies"〔*Man and Culture and Oceania* 12:61-85 (1996)〕가 많은 도움을 주었다. 또한 Weisler의 "Provenance studies of Polynesian basalt adzes material: a review and suggestions for improving regional databases"〔*Asian Perspectives* 32:61-83 (1993)〕, Jon D. Whitehead와 함께 쓴 "Basalt pb isotope analysis and the prehistoric settlement of Polynesia"〔*Proceedings of the National Academy of Sciences, USA* 92:1881-1885 (1995〕, Patrick V. Kirch와 함께 쓴 "Interisland and interarchipelago transfer of stone tools in prehistoric Polynesia"〔*Proceedings of the National Academy of Sciences, USA* 93:1381-1385 (1996)〕, "Hard evidence for prehistoric interaction in Polynesia"〔*Current Anthropology* 39:521-532 (1998)〕는 현무암 까뀌를 화학적으로 분석해서 현무암이 어떤 섬에서 채석된 것인지 밝혀내면서 교역로를 추적하

는 성과를 거두었다. 동폴리네시아와 남동폴리네시아의 교역망에 관련해서는 Marshall Weisler and R. C. Green, "Holistic approaches to interaction studies: a Polynesian example," pp. 413~453 in Martin Jones and Peter Sheppard, eds., *Australasian Connections and New Directions* (Auckland, N.Z.: Department of Anthropology, University of Auckland, 2001), R. C. Green and Marshall Weisler, "The Mangarevan sequence and dating of the geographic expansion into Southeast Polynesia"(*Asian Perspectives* 41:213–241 (2002)), Marshall Weisler, "Centrality and the collapse of long-distance voyaging in East Polynesia," pp. 257~273 in Michael D. Glascock, ed., *Geochemical Evidence for Long-Distance Exchange* (London: Bergin and Garvey, 2002)를 참조하기 바란다. 헨더슨 섬에서 재배된 곡물과 역시 그 섬에서 발굴된 유골에 대한 연구로는 Jon G. Hather and Marshall Weisler, "Prehistoric giant swamp taro(*Cyrtosperma chamissonis*) from Henderson Island, Southeast Polynesia"(*Pacific Science* 54:149–156 (2000)), Sara Collins and Marshall Weisler, "Human dental and skeletal remains from Henderson Island, Southeast Polynesia"(*People and Culture in Oceania* 16:67–85 (2000)), Vincent Stefan, Sara Collins, and Marshall Weisler, "Henderson Island crania and their implication for southeastern Polynesian prehistory"(*Journal of the Polynesian Society* 111:371–383 (2002))가 있다.

핏케언 섬과 헨더슨 섬에 관심 있는 독자로 탐험 이야기를 좋아한다면 Charles Nordhoff and James Norman Hall의 소설 *Pitcairn's Island*(Boston: Little, Brown, 1934)는 결코 놓칠 수 없는 책이다. '바운티호'의 폭도들과 그들의 폴리네시아 동료들이 '바운티호'를 탈취하고 블라이 선장과 그의 편에 선 선원들을 바다에 던져버린 후 핏케언 섬으로 들어가 살면서 자기들끼리 죽고 죽이는 과정을 생생하게 재현해낸 소설이다. 한편 Caroline Alexander, *The Bounty*(New York: Viking, 2003)는 '바운티호'를 중심으로 일어난 사건을 철저한 고증을 통해 추적한 책이다.

제4장

일반 독자를 위해 미국 남서 지역의 선사 시대를 다룬 책은 많은 편이다. 게다가 대체로 컬러로 찍은 사진들을 풍부하게 곁들인 책들도 적지 않다. 대표적인 책으로는 Robert Lister and Florence Lister, *Chaco Canyon* (Albuquerque: University of New Mexico Press, 1981), Stephen Lekson, *Great Pueblo Architecture of Chaco Canyon, New Mexico* (Albuquerque: University of New Mexico Press, 1986), William Ferguson and Arthur Rohn, *Anasazi Ruins of the Southwest in Color* (Albuquerque: University of New Mexico Press, 1987), Linda Cordell, *Ancient Pueblo Peoples* (Montreal: St. Remy Press, 1994), Stephen Plog, *Ancient Peoples of the American Southwest* (New York: Thames and Hudson, 1997), Linda Cordell, *Archaeology of the Southwest*, 2nd ed. (San Diego: Academic Press, 1997), David Stuart, *Anasazi America* (Albuquerque: University of New Mexico Press, 2000)가 있다.

밈브레스의 채색 토기를 다룬 세 권의 책도 필독서라고 할 수 있다. J. J. Brody, *Mimbres Painted Pottery* (Santa Fe: School of American Research, 1997), Steven LeBlanc, *The Mimbres People: Ancient Pueblo Painters of the American Southwest* (London: Thames and Hudson, 1983) 그리고 Tony Berlant, Steven LeBlanc, Catherine Scott, and J. J. Brody, *Mimbres Pottery: Ancient Art of the American Southwest* (New York: Hudson Hills Press, 1983)이다.

아나사지 문명과 그 이웃들의 전쟁과 갈등을 상세한 다룬 세 권의 책도 놓쳐서는 안 된다. Christy Turner II and Jacqueline Turner, *Man Corn: Cannibalism and Violence in the Prehistoric American Southwest* (Salt Lake City: University of Utah press, 1999), Steven LeBlanc, *Prehistoric Warfare in the American Southwest* (Salt Lake City: University of Utah Press, 1999), Jonathan Haas and Winifred Creamer, *Stress and Warfare Among the Kayenta Anasazi of the Thirteenth Century A.D.* (Chicago: Field Museum of Natural History, 1993)이다.

남서 지역의 특수한 문제나 종적들을 학술적으로 다룬 논문과 책으로는 Paul Minnis, *Social Adaptation to Food Stress: A Prehistoric Southwestern Example* (Chicago: University of Chicago Press, 1985), W. H. Wills, *Early Prehistoric Agriculture in the American Southwest* (Santa Fe: School of American Research, 1988), R. Gwinn Vivian, *The Chacoan Prehistory of the San Juan Basin* (San Diego: Academic Press, 1990), Lynne Sebastian, *The Chaco Anasazi: Sociopolitical Evolution and the Prehistoric Southwest* (Cambridge: Cambridge University Press, 1992), Charles Redman, *People of the Tonto Rim: Archaeological Discovery in Prehistoric Arizona*(Washington, D.C.: Smithsonian Institution Press, 1993)가 있다. Eric Force, R. Gwinn Vivian, Thomas Windes, and Jeffrey Dean, *Relation of "Bonito" Paleo-channel and Base-level Variations to Anasazi Occupation, Chaco Canyon, New Mexico*(Tucson: Arizona State Museum, University of Arizona, 2002)는 차코캐니언의 지하수면을 고갈시킨 우곡들을 집중적으로 연구한 논문이다. 팩랫의 똥더미에 대해서는 Julio Betancourt, Thomas Van Devender, and Paul Martin, *Packrat Middens*(Tucson: University of Arizona Press, 1990)를 참조하기 바란다.

미국의 남서 지역은 많은 학자들의 글을 모은 다양한 책들에서 깊이 있게 다루어졌다. 특히 David Grant Nobel, ed., *New Light on Chaco Canyon* (Santa Fe: School of American Research, 1984), George Gumerman, ed., *The Anasazi in a Changing Environment* (Cambridge: Cambridge University Press, 1988), Patricia Crown and W. James Judge, eds., *Chaco and Hohokam: Prehistoric Regional Systems in the American Southwest* (Santa Fe: School of American Research, 1991), David Doyel, ed., *Anasazi Regional Organization and the Chaco System* (Albuquerque: Maxwell Museum of Anthropology, 1992), Michael Adler, ed., *The Prehistoric Pueblo World A.D. 1150–1350* (Tucson: University of Arizona Press, 1996), Jill Neitzel, ed., *Great Towns and Regional Polities in the Prehistoric American Southwest and Southeast* (Dragoon, Ariz.: Amerind Foundation, 1999), Michelle Hegmon, ed., *The Archaeology of Regional Interaction: Religion, Warfare, and Exchange Across the American Southwest and Beyond* (Boulder: University Press of Colorado, 2000), Michael Diehl and Steven LeBlanc, *Early Pit-house Villages of the Mimbres Valley and Beyond*(Cambridge, Mass.: Peabody Museum of Archaeology and Ethnology, Harvard University, 2001)가 읽을 만하다.

앞에서 언급한 문헌들에 수록된 참고문헌들도 미국의 남서 지역을 공부하는 데 길잡이 역할을 해줄 수 있다. 하지만 이 장에서 다룬 내용과 관련된 논문이나 글을 소개하면 대략 다음과 같다. Julio Betancourt와 그의 동료들이 차코캐니언의 초목을 역사적으로 재구성한 논문으로는 Julio Betancourt and Thomas Van Devender, "Holocene vegetation in Chaco Canyon, New Mexico" 〔*Science* 214:656–658 (1981)〕, Michael Samuels and Julio Betancourt, "Modeling the long-term effects of fuelwood harvests on pinyon-juniper woodlands" 〔*Environmental Management* 6:505-515 (1982)〕, Julio Betancourt, Jeffrey Dean, and Herbert Hull, "Prehistoric long-distance transport of construction beams, Chaco Canyon, New Mexico"〔*American Antiquity* 51:370-375 (1986)〕가 있다. 아나사지 문명에서 나무가 사용된 변화 과정을 다룬 중요한 논문으로는 Timothy Kohler and Meredith Matthews, "Long-term Anasazi land use and forest production: a case study of Southwest Colorado"〔*American Antiquity* 53:537-564 (1988)〕와 Thomas Windes and Dabney Ford, "The Chaco wood project: the chronometric reappraisal of Pueblo Bonito"〔*American Antiquity* 61:295-310 (1996)〕가 있다. William Bull, "Discontinuous ephemeral streams"〔*Geomorphology* 19:227-276 (1997)〕는 우곡의 복잡한 기원에 대해서 심도 있게 다루었다. 스트론튬 동위원소를 사용해 차코에서 사용되고 나무와 재배된 옥수수의 지역적 기원을 추적한 논문도 있다. 나무의 경우는 Nathan English, Julio Betancourt, Jeffrey Dean, and Jay Quade, "Strontium isotopes reveal distant sources of architectural timber in Chaco Canyon, New Mexico"〔*Proceedings of the National Academy of Sciences*, USA 98:11891-11896 (2001)〕가 있고, 옥수수의 경우는 Larry Benson et al., "Ancient maize from Chacoan great houses: where was it grown?"〔*Proceedings of the National Academy of Sciences*, USA 100:13111-13115 (2003)〕에서 다루어졌다. R. L. Axtell et al. "Population growth and collapse in a multiagent model of the Kayenta Anasazi in Long House Valley" (*Proceedings of the National Academy of Sciences*, USA 99:7275-7279 (2002) 는 롱하우스밸리에 정착한 카옌타 아나사지의 인구 규모와 농업에 대해 연구한 논문이다.

제5장

최근에 마야의 붕괴를 다른 관점에서 접근한 세 권의 책이 출간되었다. David Webster, *The Fall of the Ancient Maya* (New York: Thames and Hudson, 2002), Richardson Gill, *The Great Maya Droughts* (Albuquerque: University of New Mexico Press, 2000), Arthur Demerest, Prudence Rice, and Don Rice, eds., *The Terminal Classic in the Maya Lowlands*(Boulder: University Press of Colorado, 2004)이다. Webster는 마야 사회와 역사를 개괄하면서 인구

와 자원의 불균형을 붕괴의 원인이라고 해석한 반면에 Gill은 기후를 집중적으로 다루면서 붕괴의 원인을 가뭄에서 찾았다. 한편 Demerest et al.은 지역들 간의 복잡한 편차를 강조하면서 생태론적인 획일적 해석을 경계했다. 과거에도 많은 저자가 마야의 붕괴를 다양한 방식으로 접근했다. 대표적인 예로 T. Patrick Culbert, ed., *The Classic Maya Collapse* (Albuquerque: University of New Mexico Press, 1973), T. Patrick Culbert and D. S. Rice, eds., *Precolumbian Population History in the Maya Lowlands*(Albuquerque: University of New Mexico Press, 1990)가 있었다. David Lentz, ed., *Imperfect Balance: Landscape Transformation in the Precolumbian Americas*(New York: Columbia University Press, 2000)는 마야 이외에 호호캄, 안데스와 미시시피 지역의 사회들을 다루고 있다.

특정한 도시들의 발흥과 몰락을 개략적으로 다룬 책에는 David Webster, AnnCorinne Freter, and Nancy Conlin, *Copán: The Rise and Fall of an Ancient Maya Kingdom* (Fort Worth: Harcourt Brace, 2000), Peter Harrison, *The Lords of Tikal* (New York: Thames and Hudson, 1999), Stephen Houston, *Hieroglyphs and History at Dos Pilas* (Austin: University of Texas Press, 1993), M. P. Dunning, *Lords of the Hills: Ancient Maya Settlement in the Puuc Region, Yucatán, Mexico* (Madison, Wis.: Prehistory Press, 1992)가 있다. 마야의 붕괴보다 역사와 사회를 다룬 책으로는 Michael Coe, *The Maya*, 6th ed. (New York: Thames and Hudson, 1999), Simon Martin and Nikolai Grube, *Chronicle of the Maya Kings and Queens* (New York: Thames and Hudson, 2000), Robert Sharer, *The Ancient Maya* (Stanford, Calif: Stanford University Press, 1994), Linda Schele and David Freidel, *A Forest of Kings* (New York: William Morrow, 1990), Linda Schele and Mary Miller, *The Blood of Kings*(New York: Braziller, 1986)가 있다. .

John Stephens의 *Incidents of Travel in Central America, Chiapas and Yucatán*(New York: Harper, 1841)과 *Incidents of Travel in Yucatán*(New York: Harper, 1843)은 마야의 연구에서 고전적인 책으로, 두 권 모두 Dover Publications에서 재출간했다. Victor Wolfgang von Hagen, *Maya Explorer*(Norman: University of Oklahoma Press, 1948)는 John Stephens의 전기이다.

B. L. Turner II는 많은 논문과 책을 통해서 마야의 농업과 인구를 다양한 각도

에서 다루었다. 대표적인 저서로는 B. L. Turner II, "Prehistoric intensive agriculture in the Mayan lowlands" 〔*Science* 185:118–124 (1974)〕, B. L. Turner II and Peter Harrison, "Prehistoric raised-field agriculture in the Maya lowlands" 〔*Science* 213:399–105 (1981)〕, B. L. Turner II and Peter Harrison, *Pull-trouser Swamp: Ancient Maya Habitat, Agriculture, and Settlement in Northern Belize* (Austin: University of Texas Press, 1983), Thomas Whitmore and B. L. Turner II, "Landscapes of cultivation in Mesoamerica on the eve of the conquest" 〔*Annals of the Association of American Geographers* 82:402–425 (1992)〕, B. L. Turner II and K. W. Butzer "The Columbian encounter and land-use change"〔*Environment* 43:16–20 & 37–44 (1992)〕가 있다.

호수의 퇴적물에 대한 연구를 근거로 마야의 붕괴와 가뭄 간의 관계를 입증한 논문으로는 Mark Brenner et al., "Paleolimnology of the Maya lowlands: long-term perspectives on interactions among climate, environment, and humans"〔*Ancient Mesoamerica* 13:141–157 (2002)〕 (같은 호에 pp. 79~170과 pp. 265~345에 실린 다른 논문들도 참조할 것), David Hodell et al., "Solar forcing of drought frequency in the Maya lowlands"〔*Science* 292:1367–1370 (2001)〕, Jason Curtis et al., "Climate variability of the Yucatán Peninsula (Mexico) during the past 3500 years, and implications for Maya cultural evolution"〔*Quaternary Research* 46:37–47 (1996)〕, David Hodell et al., "Possible role of climate in the collapse of Classic Maya civilization"〔*Nature* 375: 391–394 (1995)〕이 있다. 페텐 지역 호수의 퇴적물을 분석해서 가뭄 증거를 찾아낸 학자들의 논문으로는 Michael Rosenmeier, "A 4,000-year lacustrine record of environmental change in the southern Maya lowlands, Petén, Guatemala"〔*Quaternary Research* 57:183–190 (2002)〕와 Jason Curtis et al., "A multi-proxy study of Holocene environmental change in the Maya lowlands of Petén, Guatemala"〔*Journal of Paleolimnology* 19:139–159 (1998)〕가 있다. 한편 Gerald Haug et al., "Climate and the collapse of Maya civilization"〔*Science* 299:1731–1735 (2003)〕은 강물에 바다로 씻겨내려간 퇴적물을 연구해서 강의 변화를 추적했다.

마야에 관심 있는 독자의 필독서로는 Mary Ellen Miller, *The Murals of Bonampak*(Princeton, N. J.: Princeton University Press, 1986)가 있다. 컬러와

흑백으로 찍은 벽화들에서 으스스한 고문 장면들을 볼 수 있다. 마야의 도기를 집중적으로 다룬 Justin Kerr, *The Maya Vase Book*(New York: Kerr Associates, various dates)도 결코 놓칠 수 없는 책이다. 마야 문자의 해독 과정을 흥미진진하게 풀어간 책으로는 Michael Coe, *Breaking the Maya Code*, 2nd ed.(New York: Thames and Hudson, 1999)과 Stephen Houston, Oswaldo Chinchilla Mazareigos, and David Stuart, *The Decipherment of Ancient Maya Writing*(Norman: University of Oklahoma, 2001)이 있다. 티칼의 저수지에 대해서는 Vernon Scarborough and Gari Gallopin, "A water storage adaptation in the Maya lowlands" 〔*Science* 251:658-662 (1991)〕를 참조하기 바란다. Lisa Lucero, "The collapse of the Classic Maya: a case for the role of water control" 〔*American Anthropologist* 104:814-826 (2002)〕은 고전기 마야에서 각 도시들이 다른 시기에 다른 식으로 붕괴를 맞이한 이유를 지역마다 다른 형태로 닥친 물 문제에서 찾았다. Arturo Gómez-Pompa, José Salvador Flores, and Victoria Sosa, "The pet kot': a man-made tropical forest of the Maya" 〔*Interciencia* 12:10-15 (1987)〕에서는 마야가 유용한 나무들로 숲을 조림한 과정을 다루었고, Timothy Beach, "Soil catenas, tropical deforestation, and ancient and contemporary soil erosion in the Petén, Guatemala" 〔*Physical Geography* 19:378-405 (1998)〕는 일부 지역에서 계단식 농법으로 토양 침식의 속도를 줄여간 과정을 다루었다. Richard Hansen et al., "Climatic and environmental variability in the rise of Maya civilization: a preliminary perspective from northern Petén"〔*Ancient Mesoamerica* 13:273-295 (2002)〕은 고전기 이전에 이미 인구 과밀에 이르렀던 지역을 다양한 각도에서 분석해서 삼림 파괴의 주 원인이 석고 생산에 있었다는 사실을 밝혀냈다.

제6~8장

William Fitzhugh and Elisabeth Ward가 책임 · 편집한 *Vikings: The North Atlanta Saga* (Washington, D.C.: Smithsonian Institution Press, 2000)는 모두 31장으로 이루어졌으며, 바이킹 사회를 컬러 사진과 더불어 아주 상세히 다루고 있다. 유럽으로의 확산과 북대서양의 식민지 개척 과정도 빠뜨리지 않고 기록했다. 반면에 한 명의 저자가 바이킹을 집중적으로 조명한 책으로는 Eric Christiansen, *The Norsemen in the Viking Age* (Oxford: Blackwell, 2002), F. Donald Logan, *The Vikings in History*, 2nd ed.(New York: Routledge, 1991)과 Else

Roestahl, *The Vikings*(New York: Penguin, 1987)이 있다. Gwyn Jones, *Vikings: The North Atlantic Saga*, 2nd ed. (Oxford: Oxford University Press, 1986)과 G. J. Marcus, *The Conquest of the North Atlantic*(New York Oxford University Press, 1981)은 바이킹이 북대서양에 개척한 식민지였던 아이슬란드, 그린란드, 빈랜드를 다루었다. Jones는 아이슬란드 사람들의 책, 빈랜드의 전설, 에이나르 소카손의 이야기 등 관련된 전설을 번역해서 부록에 싣고 있다.

아이슬란드의 역사를 개략적으로 다룬 책으로는 Jesse Byock, *Viking Age Iceland*(New York: Penguin Putnam, 2001)와 *Medieval Iceland: Society, Sagas, and Present* (Berkeley: University of California Press, 1988) 그리고 Gunnar Karlsson, *Iceland's 1100 Years: The History of a Marginal Society*(London: Hurst, 2000)가 있다. 특히 Karlsson의 책은 중세를 넘어 현대까지 다루었다. Judith Maizels and Chris Caseldine이 책임·편집한 *Environmental Change in Iceland: Past and Present*(Dordrecht: Kluwer, 1991)는 아이슬란드의 환경사를 다룬 전문서이다. Kirsten Hastrup, *Island of Anthropology: Studies in Past and Present Iceland*(Viborg: Odense University Press, 1990)는 아이슬란드를 인류학적인 관점에서 연구한 글의 모음이며, *The Sagas of Icelanders: A Selection*(New York: Penguin, 1997)은 다섯 권으로 구성된 *The Complete Sagas of Icelanders* (Reykjavík: Leifur Eiriksson, 1997)에서 빈랜드의 두 전설 등 모두 17편의 전설을 발췌한 전설책이다.

아이슬란드의 풍경 변화를 다룬 논문에는 Andrew Dugmore et al., "Tephrochronology, environmental change and the Norse settlement of Iceland"〔*Environmental Archaeology* 5:21-34 (2000)〕와 Ian Simpson et al., "Crossing the thresholds: human ecology and historical patterns of landscape degradation"〔*Catena* 42:175-192 (2001)〕이 있다. 각 곤충은 고유한 서식지와 기후 조건을 요구한다는 속성을 근거로 Paul Buckland와 그의 동료들은 고고학 유적에서 발견된 곤충들을 환경 지표로 삼았다. 이와 관련된 논문으로는 Gudrún Sveinbjarnardóttir et al. "Landscape change in Eyjafjallasveit, Southern Iceland"〔*Norsk Geog. Tidsskr* 36:75-88 (1982)〕, Paul Buckland et al., "Late Holocene palaeoecology at Ketilsstadir in Myrdalur, South Iceland"〔*Jökull* 36:41-55 (1986)〕, Paul Buckland et al., "Holt in Eyjafjallasveit, Iceland: a paleoecological study of the impact of Landnám"〔*Acta Archaeologica* 61:252-271 (1991)〕, Gudrún Sveinbjarnardóttir et al.,

"Shielings in Iceland: an archaeological and historical survey"〔*Acta Archaeologica* 61:74-96 (1991)〕, Paul Buckland et al., "Palaeoecological investigations at Reykholt, Western Iceland," pp. 149~168 in C. D. Morris and D. J. Rackhan, eds., *Norse and Later Settlement and Subsistence in the North Atlantic* (Glasgow: Glasgow University Press, 1992), 그리고 Paul Buckland et al., "An insect's eye-view of the Norse farm," pp. 518~528 in Colleen Batey et al., eds., *The Viking Age in Caithness, Orkney and the North Atlantic*(Edinburgh: Edinburgh University Press, 1993)이 있다. Kevin Edwards et al., "Landscapes at landnám: palynological and palaeoentomological evidence from Toftanes, Faroe Islands"〔*Fródskaparrit* 46:177-192 (1998)〕도 곤충을 근거로 페로 제도의 환경 변화를 연구한 책이다.

북그린란드를 세밀하게 다룬 책으로는 Kirsten Seaver, *The Frozen Echo: Greenland and Exploration of North America ca. A.D. 1000-1500* (Stanford, Calif: Stanford University Press, 1996)과 Finn Gad, *The History of Greenland, vol. I Earliest Times to 1700*(Montreal: McGill-Queen's University Press, 1971)을 추천하고 싶다. Finn Gad, *The History of Greenland, vol. II 1700-1782*(Montreal: McGill-Queen's University Press, 1973)는 그린란드가 발견된 때부터 덴마크의 식민지였던 기간을 다루었고, Niels Lynnerup의 논문 "The Greenland Norse: A Biologic-Anthropological Study" (Copenhagen: Commission for Scientific Research in Greenland, 1998)는 그린란드에서 발굴된 노르웨이인 유골에 대한 분석을 다루었다. Martin Appelt and Hans Christian Gullóv, eds., *Late Dorset in High Arctic Greenland* (Copenhagen: Danish Polar Center, 1999)와 Martin Appelt et al., eds., *Identities and Cultural Contacts in the Arctic*(Copenhagen: Danish Polar Center, 2000)은 이누이트족과 그들에 앞서 그린란드에 들어온 아메리카 원주민들을 다룬 논문들을 모은 책이다. 그린란드 이누이트의 개인적인 삶은 1475년경에 죽어 묻힌 것으로 추정되는 여섯 명의 여자와 어린아이 하나, 영아 하나의 시신을 통해 짐작해볼 수 있었다. 그들의 시신과 옷은 그린란드의 차고 건조한 기후 덕분에 거의 완벽하게 보존되어 있었다. 그들의 미라에 대한 이야기는 Jens Feder Hart Hansen et al., eds., *The Greenland Mummies*(London: British Museum Press, 1991)에 상세히 기록되어 있다. 특히 이 책의 겉표지를 장식한 생후 6개월 된 영아의 얼굴은 쉽게 잊혀지지 않는다.

그린란드의 노르웨이인에 대해 지난 20년 동안 발표한 고고학 연구서로 가장 중요한 두 연작을 꼽으라면 Thomas McGovern, Jette Arneborg와 그들의 동료들이 쓴 논문들일 것이다. McGovern의 논문으로는 Thomas McGovern, "The Vinland adventure: a North Atlantic perspective" 〔*North American Archaeologist* 2:285-308 (1981)〕, Thomas McGovern, "Contributions to the paleoeconomy of Norse Greenland"〔*Acta Archaeologica* 54:73-122 (1985)〕, Thomas McGovern et al., "Northern islands, human era, and environmental degradation: a view of social and ecological change in the medieval North Atlantic"〔*Human Ecology* 16:225-270 (1988)〕, Thomas McGovern, "Climate, correlation, and causation in Norse Greenland"〔*Arctic Anthropology* 28:77-100 (1991)〕; Thomas McGovern et al., "A vertebrate zooarchaeology of Sandnes V51: economic change at a chieftain's farm in West Greenland" 〔*Arctic Anthropology* 33:94-121 (1996)〕, Thomas Amorosi et al., "Raiding the landscape: human impact from the Scandinavian North Atlantic" 〔*Human Ecology* 25:491-518 (1997)〕, Tom Amorosi et al., "They did not live by grass alone: the politics and paleoecology of animal fodder in the North Atlantic region"〔*Environmental Archaeology* 1:41-54 (1998)〕이 있다. Arneborg의 논문으로는 Jette Arneborg, "The Roman church in Norse Greenland"〔*Acta Archaeologica* 61:142-150 (1990)〕, Jette Arneborg, "Contact between Eskimos and Norsemen in Greenland: a review of the evidence," pp. 23~35 in *Tvaerfaglige Vikingesymposium* (Aarhus, Denmark: Aarhus University, 1993), Jette Arneborg, "Burgundian caps, Basques and dead Norsemen at Herjolfsnes, Greenland," pp. 75~83 in *Nationalmuseets Arbejdsmark* (Copenhagen: Nationalmuseet, 1996), and Jette Arneborg et al., "Change of diet of the Greenland Vikings determined from stable carbon isotope analysis and ^{14}C dating of their bones"〔*Radiocarbon* 41:157-168 (1999)〕가 있다. Arneborg와 그녀의 동료들이 그린란드 유적 중에는 유명한 '모래 아래의 농장'이 있다. 서쪽 정착지에서 두꺼운 모래층에 묻혀 있던 커다란 목장이었던 이 유적이외에 다른 유적들에 관련된 이야기가 Jette Arneborg and Hans Christian Gullóv, *Man, Culture and Environment in Ancient Greenland* (Copenhagen: Danish Polar Center, 1998)에 자세히 기록되었다. C. L. Vebaek는 1945년부터 1962년까지 계속한 발굴을 *Meddelelser om*

Grónland, Man and Society, Copenhagen에 세 번에 걸쳐 *The Church Topography of the Eastern Settlement and the Excavation of the Benedictine Convent at Narsarsuaq in the Uunartoq Fjord; Vatnahverfi*(1991, 제14권), *An Inland District of the Eastern Settlement in Greenland; and Narsaq*(1992, 제17권), *A Norse Landnáma Farm*(1993, 제18권)에 연속으로 발표했다.

그밖에 노르웨이령 그린란드에 대한 개인적인 논문들로는 Robert McGhee, "Contact between Native North Americans and the medieval Norse: a review of the evidence"〔*American Antiquity* 49:4–26 (1984)〕, Joel Berglund, "The decline of the Norse settlements in Greenland"〔*Arctic Anthropology* 23:109–135 (1986)〕, Svend Albrethsen and Christian Keller, "The use of the saeter in medieval Norse farming in Greenland" 〔*Arctic Anthropology* 23:91–107 (1986)〕, Christian Keller, "Vikings in the West Atlantic: a model of Norse Greenlandic medieval society"〔*Acta Archaeologica* 61:126–141 (1990)〕, Bent Fredskild, "Agriculture in a marginal area: South Greenland from the Norse landnam (1985 A.D.) to the present 1985 A.D.," pp. 381~393 in Hilary Birks et al., eds., *The Cultural Landscape: Past, Present and Future* (Cambridge: Cambridge University Press, 1988), Bent Fredskild, "Erosion and vegetational changes in South Greenland caused by agriculture"〔*Geografisk Tidsskrift* 92:14–21 (1992)〕, Bjarne Jakobsen "Soil resources and soil erosion in the Norse Settlement area of Østerbygden in southern Greenland"〔*Acta Borealia* 1:56–68 (1991)〕가 있다.

제9장

Gavin Souter, *New Guinea: The Last Unknown* (Sydney: Angus and Robertson, 1964), 뉴기니 고원지대 사람들과 유럽인들의 첫 만남을 감동 있게 그린 Bob Connolly and Robin Anderson, *First Contact* (New York: Viking, 1987), 그리고 동물학자와 고원지대 사람들의 만남을 기록한 Tim Flannery, *Throwim Way Leg*(New York: Atlantic Monthly Press, 1998)은 뉴기니 고원지대 사회들을 각각 다른 방향으로 접근한 책들이다. R. Michael Bourke가 쓴 "Indigenous conservation farming practices," *Report of the Joint ASOCON/Commonwealth Workshop*, pp. 67~71(Jakarta: Asia Soil

Conservation Network, 1991)과 "Management of fallow species composition with tree planting in Papua New Guinea," *Resource Management* in *Asia/Pacific Working Paper* 1997/5(Canberra: Research School of Pacific and Asian Studies, Australia National University, 1997)는 카수아리나 조림과 토질을 유지하기 위한 뉴기니 고원지대 사람들의 노력을 추적한 글이다. Simon Haberle, "Paleoenvironmental changes in the eastern highlands of Papua New Guinea"〔*Archaeology in Oceania* 31:1-11 (1996)〕, "Dating the evidence for agricultural change in the Highlands of New Guinea: the last 2000 years"〔*Australian Archaeology* no. 47:1-19 (1998)〕, S. G. Haberle, G. S. Hope, and Y. de Fretes, "Environmental change in the Baliem Valley, montane Irian Jaya, Republic of Indonesia"〔*Journal of Biogeography* 18:25-40 (1991)〕는 고식물학적 증거들을 근거로 카수아리나 조림의 역사를 재구성한 논문이다.

Patrick Kirch and Douglas Yen은 *Tikopia: The Prehistory and Ecology of a Polynesia Outlier*(Honolulu: Bishop Museum Bulletin 238, 1982)는 티코피아 섬의 현장 연구를 기록한 책이고, Kirch의 "Exchange systems and inter-island contact in the transformation of an island society: the Tikopia case," pp. 33~41 in Patrick Kirch, ed., *Island Societies: Archaeological Approaches to Evolution and Transformation* (Cambridge: Cambridge University Press, 1986), *The Wet and the Dry* (Chicago: University of Chicago Press, 1994)의 12장, "Tikopia social space revisited," pp. 257~274 in J. M. Davidson et al., eds., *Oceanic Culture History: Essays in Honour of Roger Green* (New Zealand Journal of Archaeology Special Publication, 1996), "Microcosmic histories: island perspectives on 'global' change"〔*American Anthropologist* 99:30-42 (1997)〕도 티코피아를 주제로 다룬 글이다. Raymond Firth의 *We, the Tikopia*(London: George Allen and Unwin, 1936)와 *Primitive Polynesian Economy*(London: George Routledge and Sons, 1939)는 티코피아 연구의 고전으로 여겨진다. 인간이 티코피아에 정착한 초기에 새들이 거의 멸절되었다는 이야기에 대해서는 David Steadman, Dominique Pahlavin, and Patrick Kirch, "Extinction, biogeography, and human exploitation of birds on Tikopia and Anuta, Polynesian outliers in the Solomon Islands"〔*Bishop Museum Occasional Papers* 30:118-153 (1990)〕에서 찾아진다. 티코피아의 인구 변화와

인구 조절에 대한 설명은 W. D. Borrie, Raymond Firth, and James Spillius, "The population of Tikopia, 1929 and 1952"〔*Population Studies* 10:229-252 (1957)〕를 참조하기 바란다.

도쿠가와 시대의 일본에서 시행된 조림 정책에 대한 내 이야기는 Conrad Totman의 *The Green Archipelago: Forestry in Preindustrial Japan* (Berkeley: University of California Press, 1989), *Early Modern Japan* (Berkeley: University of California Press, 1993), *The Lumber Industry in Early Modern Japan*(Honolulu: University of Hawaii Press, 1995)을 참조한 것이다. John Richards, *The Unending Frontier: An Environmental History of the Early Modern World*(Berkeley: University of California Press, 2003)의 제5장은 Totman의 책을 비롯한 여러 자료를 근거로 일본의 조림 사업과 다른 지역의 사례를 비교, 소개한 것이다. Luke Roberts, *Mercantilism in a Japanese Domain: The Merchant Origins of Economic Nationalism in 18th-Century Tosa*(Cambridge: Cambridge University Press, 1998)는 삼림에 크게 의존한 한 다이묘의 경제를 분석한 글이다. 도쿠가와 시대의 형성과 역사에 대해서는 John Whitney Hall, ed., *Early Modern Japan*(Cambridge: Cambridge University Press, 1991)의 제4권, Cambridge History of Japan을 참조하기 바란다.

덴마크, 스위스, 프랑스의 삼림 파괴에서 재조림으로의 전환은 Alexander Mather, "The transition from deforestation to reforestation in Europe" pp. 35~52 in A. Angelsen and D. Kaimowitz, eds., *Agriculture Technologies and Tropical Deforestation*(New York: CABI Publishing, 2001)에서 비교적 상세하게 다루어졌다. 잉카 시대에 안데스 지역의 재조림에 대해서는 Alex Chepstow-Lusty and Mark Winfield, "Inca agroforestry: lessons from the past"〔*Ambio* 29:322-328 (1998)〕를 참조하기 바란다.

자급자족하는 소규모 현대 농촌 사회에 대한 연구서들로는 다음과 같은 책들이 읽을 만하다. 스위스 알프스 지역에 대한 연구서로는 Robert Netting, "Of men and meadows: strategies of alpine land use"〔*Anthropological Quarterly* 45:132-144 (1972)〕, "What alpine peasants have in common: observations on communal tenure in a Swiss village"〔*Human Ecology* 4:135-146 (1976)〕, *Balancing on an Alp*(Cambridge: Cambridge University Press, 1981)가 있고, 에스파냐의 관개 시설에 대해서는 T. F. Glick, *Irrigation and Society in Medieval Valencia*(Cambridge, Mass.: Harvard University Press, 1970)와 A.

Maass and R. L. Anderson, *And the Desert Shall Rejoice: Conflict, Growth and Justice in Arid Environments* (Malabar, Fla.: Krieger, 1986)가 있다. R. Y. Siy Jr., *Community Resource Management. Lessons from the Zanjera*(Quezon City: University of Philippines Press, 1982)는 필리핀의 관개 시설을 연구한 책이다. Elinor Ostrom, *Governing the Commons*(Cambridge: Cambridge University Press, 1990)의 제3장에서는 스위스, 에스파냐, 필리핀을 비교하고 있다.

인도 카스트 제도를 생태적 관점에서 연구한 책으로는 Madhav Gadgil and Ramachandra Guha, *This Fissured Land: An Ecological History of India*(Delhi: Oxford University Press, 1992)를 추천하고 싶다. 생태적으로 특성화된 카스트 제도에 따른 신중한 자원 관리의 사례를 다룬 논문으로는 Madhav Gadgil and K. C. Malhotra, "Adaptive significance of the Indian castes system: an ecological perspective"〔*Annals of Human Biology* 10:465-478 (1983)〕와 Madhav Gadgil and Prema Iyer, "On the diversification of commonproperty resource use by Indian society," pp. 240~255 in F. Berkes, ed., *Common Property Resources: Ecology and Community-based Sustainable Development*(London: Belhaven, 1989)가 있다.

* * *

과거의 성공과 실패 사례에 대한 이야기를 끝내기 전에 실패 사례를 좀더 살펴보자. 나는 실패한 다섯 개 사회를 집중적으로 살펴보았다. 그 사회들이 현재로서는 가장 많이 연구된 사례이기 때문이다. 하지만 우리에게 많이 알려진 과거 사회들로서는 자원의 지나친 남용으로 붕괴되거나 쇠락한 사회가 적지 않다. 그러나 그 사회들에 대한 자료가 불확실해서 논란이 많은 까닭에 나는 이 책에서 그 사회들에 대해 상세히 다루지 않았다. 그러나 내 기록을 좀더 완벽하게 다듬기 위해서 나는 그중 아홉 개 사회를 아메리카에서 유럽의 순서로 여기에서 간략하게 언급하려고 한다.

캘리포니아 로스앤젤레스 앞바다의 채널 제도 원주민들이 갑각류를 남획했다는 증거는 쓰레기 더미에서 찾아진다. 가장 오래된 쓰레기 더미에서는 해안가에 서식하기 때문에 쉽게 잡을 수 있었던 온갖 종류의 갑각류 껍질로도 가득해 그야말로 패총(貝塚)이라 할 만하다. 고고학적 증거에 따르면 시간이 지나면서 쓰레기 더미에서 이런 갑각류 껍질이 점점 줄어들고, 멀리 심해에 서식하는 작은 갑각류 껍질이 늘어나는 현상을 보인다. 그러나 이런 껍질마저도 나중에는 줄어들었다. 따라서 갑각류가 남획되어 나중에 바다에 들어가 갑각류를 채취하기가 점점 어려워졌다는 뜻으로 해석된다. 이런 현상에 대해서는 Terry Jones, ed., *Essays on the Prehistory of Maritime California* (Davis, Calif.: Center for Archaeological Research, 1992)와 L. Mark Raab, "An optimal foraging analysis of prehistoric shellfish collecting on San Clemente Island, California"〔*Journal of Ethnobiology* 12:63–80 (1992)〕를 참조하기 바란다. 역시 채널 제도의 아메리카 원주민들이 남획했던 또 하나의 식량원은 '첸디테스 라웨시(Chendytes lawesi)'라 불리는 날지 못하는 바다오리였다. 날지 못한 까닭에 쉽게 잡혔을 것이고, 인간이 채널 제도에 정착한 후에 멸종되는 비극을 맞았다. 현재 남캘리포니아의 전복 산업도 비슷한 운명을 맞았다. 1966년 내가 로스앤젤레스에 이주했을 때 슈퍼마켓에서 전복을 쉽게 살 수 있었고, 해안가에서도 어렵지 않게 채취할 수 있었다. 하지만 지나친 남획으로 인해 전복은 이제 로스앤젤레스 사람들의 식단에서 거의 사라지고 말았다.

북아메리카에서 가장 큰 원주민 사회는 카호키아였다. 세인트루이스 외곽에서 발흥한 문명 사회로 그들이 남긴 거대한 고분은 지금 관광명소로 유명하다. 생산력이 뛰어난 옥수수를 미시시피 계곡에 심은 그들은 그곳을 중심으로 미국 남동지역에서 도시 문명을 세웠다. 카호키아는 1200년경에 전성기를 맞았지만 유럽인들이 도래하기 훨씬 전에 붕괴되고 말았다. 붕괴의 원인에 대해서는 논란이 분분하지만 삼림 파괴와 그로 인한 침식과 호수의 멸실이 큰 역할을 했을 것으로 여겨진다. 카호키아 문명에 대해서는 Neal Lopinot and William Woods, "Wood exploitation and the collapse of Cahokia," pp. 206~231 in C. Margaret Scarry, ed., *Foraging and Farming in the Eastern Woodlands* (Gainesville: University Press of Florida, 1993), Timothy Pauketat and Thomas Emerson, eds., *Cahokia: Domination and Ideology in the Mississippian World*(Lincoln: University of Nebraska Press, 1997), George Milner, *The Cahokia Chiefdom: The Archaeology of a Mississippian Society*(Washington, D.C.: Smithsonian Institution, 1998)를 참조하기 바란다. 한편 남동 지역의 유적에서 부족 사회들의 발흥하고 몰락했는데, 토질의 고갈이 가장 큰 원인이었던 것으로 여겨진다.

페루 해안에서 최초로 국가 수준으로 발흥한 사회는 모체 문명이었다. 사실적인 도기, 특히 얼굴 모양의 그릇으로 유명한 문명이다. 모체 사회는 홍수로 인한 관개시설의 파괴, 가뭄 등 엘리뇨에 따른 복합적인 결과로 인해 800년경에 붕괴되었다. 이 사회에 대해서는 프롤로그의 참고문헌에서 언급한 Brian Fagan이 1999년에 발간한 책을 참조하기 바란다.

잉카 제국에 앞서 안데스 고원지대에 발달한 제국 혹은 문명 사회 중 하나가 티아우아나코 제국이다. 이 제국은 가뭄으로 붕괴된 것으로 여겨진다. Alan Kolata, *Tiwanaku*(Oxford: Blackwell, 1993), Alan Kolata, ed., *Tiwanaku and Its Hinterland: Archaeology and Paleoecology of an Andean Civilization* (Washington, D.C.: Smithsonian Institution, 1996), Michael Binford et al., "Climate variation and the rise and fall of an Andean civilization" 〔*Quaternary Research* 47:235-248 (1997)〕을 참조하기 바란다.

고대 그리스는 약 400년을 주기로 환경 문제로 인한 위기와 회복을 반복했다. 각 주기마다 인구가 증가해서 숲이 베어졌고 계단식 농법으로 침식을 최소화하려고 애썼다. 또한 댐을 세워 계곡 바닥이 높아지는 것을 막았다. 그러나 결국에는 계단식 농지와 댐이 점점 많아져서 그 지역을 포기하고 떠나는 사람이 늘어났고, 따라서 급격히 인구가 줄어들었다. 이렇게 인간의 손에서 버려진 자연이 다시 회복되면 사람들이 모여들었다. 호메로스와 트로이 전쟁으로 유명한 미케네 문명도 이런 식으로 붕괴된 사회 중 하나였다. 미케네 시대의 그리스에는 문자(선형 B문자)가 있었지만 미케네 문명이 붕괴되면서 그 문자도 사라졌다. 그리스는 800년경 알파벳에 근거한 현재의 문자를 다시 갖기 전까지 그들의 문자는 비선형적인 형태를 띠었다. 미케네 사회에 대해서는 프롤로그의 참고문헌에서 언급한 Charles Redman이 1999년에 발간한 책을 참조하기 바란다.

'비옥한 초승달'로 알려진 남서아시아 지역에서는 약 1만 년 전에 문명 사회가 시작된 것으로 여겨진다. 현재 이란, 이라크, 시리아, 터키의 남동부, 레바논, 요르단, 이스라엘과 파키스탄에 해당되는 지역이다. '비옥한 초승달'은 세계에서 농업이 가장 오래전에 시작된 지역인 동시에 야금술, 문자, 국가 형태의 사회가 가장 먼저 발달한 지역이기도 하다. 따라서 '비옥한 초승달' 지역의 사람들은 다른 곳보다 수천 년 앞선 삶을 살았다고 할 수 있다. 그런데 그렇게 세계를 앞서 살았던 그 지역이 오늘날 '비옥한 초승달'이 잔혹한 농담처럼 들릴 정도로 오늘날 원유를 제외하면 거의 아무것도 남지 않는 사회들로 쇠락한 이유가 무엇일까? 이라크는 이제 농업국이라 할 수 없을 정도이다. 세계에서 가장 오래된 농지를 황폐하게 만드는 주범으로는 낮은 강수량으로 인한 삼림 파괴와 염화로 생각된다. '비옥한 초승달'에 대해서는 프롤로그의 참고문헌에서 언급한 Charles Redman의 책을 참조하기 바란다.

적도 아래로 아프리카 남부에서 가장 유명한 유적은 그레이트짐바브웨 유적일

사진 41 현재 파키스탄에 속한 인더스 계곡에서 발달한 도시 문명으로 기후 변화, 강의 이동, 물 관리 문제로 기원전 2000년경에 몰락한 모헨조다로.

사진 42 현재의 캄보디아로 크메르 제국의 신전이 있었던 앙코르와트. 물 관리의 실패로 군사력까지 약화된 까닭에 1400년경에 버려진 도시.

것이다. 현재 짐바브웨에 위치한 거대한 석조 구조물로 이루어진 유적이다. 그레이트 짐바브웨는 11세기부터 15세기까지 아프리카 내륙에서 동쪽 해안까지의 교역망을 지배하면서 번영을 누렸다. 하지만 삼림 파괴와 무역로의 변화로 붕괴의 길에 들어선 것으로 여겨진다. 그레이트짐바브웨에 대해서는 David Phillipson, *African Archaeology*, 2nd ed.(Cambridge: Cambridge University Press, 1993), Christopher Ehret, *The Civilizations of Africa: A History to 1800* (Charlottesville: University Press of Virginia, 2002)을 참조하기 바란다.

인도 대륙에서는 지금의 파키스탄에 속한 인더스 계곡에서 기원전 세 번째 천년 시대에 처음 도시들이 형성되었다. 인더스 계곡의 도시들은 '하라파 문명'에 속하며, 그들이 남긴 문자는 아직 해독되지 않고 있다. 하라파 문명은 인구어를 사용하는 아리아인이 북서쪽에서 침략하면서 멸망한 것으로 그동안 여겨져왔지만 최근의 연구에 따르면 그 이전에 크게 쇠락한 것으로 여겨진다(사진 41). 가뭄과 인더스 강의 이동이 큰 역할을 한 듯하다. 하라파 문명에 대해서는 Gregory Possehl, *Harappan Civilization*(Warminster, England: Aris and Phillips, 1982), Michael Jansen, Maire Molloy, and Günter Urban, eds., *Forgotten Cities of the Indus*(Mainz, Germany: Philipp von Zabern, 1991), Jonathan Kenoyer, *Ancient Cities of the Indus Valley Civilization*(Karachi, Pakistan: Oxford University Press, 1998)을 참조하기 바란다.

끝으로 거대한 신전을 남긴 크메르 제국의 옛 수도였던 앙코르와트는 동남아시아에서 가장 유명한 유적인 동시에 고고학적인 '미스터리'를 지닌 곳이다(사진 42). 현재 캄보디아에 위치했던 크메르 제국은 관개 농업에 필수적이던 저수지의 침니(沈泥)로 쇠락한 듯하다. 그로 인해 크메르 제국은 상습적인 침략자이던 타이족의 침입을 막아낼 수 없었다. 크메르 제국에 대해서는 Michael Coe, *Angkor and the Khmer Civilization*(London: Thames and Hudson, 2003)과 이 책에서 인용한 Bernard-Philippe Groslier의 논문과 책을 참조하기 바란다.

제10장

르완다의 대량학살과 그 선례들에 관련된 문헌을 읽을 때는 마음의 각오를 단단히 해야 할 것이다.

Catharine Newbury, *The Cohesion of Oppression: Clientship and Ethnicity in Rwanda, 1860-1960*(New York: Columbia University Press, 1988)은 르완다 사회가 어떻게 변해왔고, 후투족과 투치족이 식민 시대 이전부터 독립 전야까

지 대립하게 된 과정을 추적하고 있다.

Human Rights Watch, *Leave None to Tell the Story: Genocide in Rwanda*(New York: Human Rights Watch, 1999)는 1994년의 대량학살 사건 배경을 자세하게 다루었다. 종족 간의 살상극과 그 후의 여파에 대한 414쪽의 보고서는 우리의 가슴을 애달프게 만든다.

Philip Gourevitch, *We Wish to Inform You That Tomorrow We Will Be Killed with Our Families*(New York: Farrar, Straus and Giroux, 1998)는 생존자들과의 인터뷰를 바탕으로 르완다의 대량학살극을 고발하고, 그런 살상극을 막으려던 UN을 비롯한 여러 나라들의 노력이 실패한 이유를 추적한 책이다.

나는 르완다 문제를 다루면서 Gérard Prunier, *The Rwanda Crisis: History of Genocide*(New York: Columbia University Press, 1995)의 책에서 서너 구절을 인용했다. Gérard Prunier는 프랑스의 동아프리카 전문가로 르완다에서 일어난 대량학살의 여파를 다루면서, 학살에 참여한 사람들의 직접적인 동기와 프랑스 정부가 르완다 문제에 개입한 이유를 분석했다. 카나마 부락에서 일어난 후투족 간의 살상에 대한 내 이야기는 Catherine André and Jean-Philippe Platteau, "Land relations under unbearable stress: Rwanda caught in the Malthusian trap"〔*Journal of Economic Behavior and Organization* 34:1-47 (1998)〕을 근거로 한 것이다.

제11장

히스파니올라 섬을 공유한 두 나라의 역사를 비교한 책으로는 영어 버전인 Michele Wecker, *Why the Cocks Fight: Dominicans, Haitians, and the Struggle for Hispaniola*(New York: Hill and Wang, 1999)가 있다. 에스파냐어로 씌어진 Rafael Emilio Yunén Z., *La Isla Como Es*(Santiago, República Dominicana: Universidad Católica Madre y Maestra, 1985)는 두 나라의 지리와 사회를 비교한 책이다.

Mats Lundahl이 쓴 세 권의 책, *Peasants and Poverty: A Study of Haiti* (London: Croom Helm, 1979), *The Haitian Economy: Man, Land, and Markets*(London: Croom Helm, 1983)와 *Politics or Markets? Essays on Haitian Undervelopment*(London: Routledge, 1992)는 아이티의 입문서로 적절하다. 한편 C. L. R. James, *The Black Jacobins*, 2nd ed.(London: Vintage, 1963)은 1781~1803년의 아이티 혁명을 다룬 고전적인 연구서이다.

도미니카 공화국의 역사를 다룬 책으로는 Frank Moya Pons, *The Dominican Republic: A National History*(Princeton, N. J.: Markus Wiener, 1998)를 추천하고 싶다. Frank Moya Pons는 에스파냐어로 Manual de Historia Dominicana, 9th ed.(Santiago, República Dominicana, 1999)을 쓰기도 했다. 역시 에스파냐어로 씌어진 Roberto Cassá, *Historia Social y Económbmica de la República Dominicana*(Santo Domingo: Editora Alfa y Omega, 1998 and 2001)도 도미니카 공화국의 역사를 조감하는 데 큰 도움을 주는 책이다. Marlin Clausner, *Rural Santo Domingo: Settled, Unsettled, Resettled*(Philadelphia: Temple University Press, 1973)는 시골 지역의 변천사에 초점을 맞추었고, Harry Hoetink, *The Dominican People, 1850–1900: Notes for a Historical Sociology* (Baltimore: Johns Hopkins University Press, 1982)는 19세기 후반을 다루었다. Claudio Vedovato, *Politics, Foreign Trade and Economic Development: A Study of the Dominican Republic*(London: Croom Helm, 1986)은 트루히요 시대와 그 이후를 포괄적으로 다룬 반면에, Howard Wiarda, *Dictatorship and Development: The Methods of Control in Trujillo's Dominican Republic*(Gainesville, University of Florida Press, 1968)과 Richard Lee Turits, *Foundations of Despotism: Peasants, the Trujillo Regime, and Modernity in Dominican History*(Palo Alto, Calif.: Stanford University Press, 2002)는 트루히요 시대로 들어가는 과정을 집중적으로 다루었다.

도미니카 공화국의 환경 정책사를 추적한 글로는 Walter Cordero, "Introducción: bibliografía sobre medio ambiente y recursos naturales oen la República Dominicana"(2003)가 추천할 만하다.

제12장

중국의 최근 환경과 인구 문제를 다룬 1차 문헌들은 대부분 중국어로 씌어졌다. Jianguo Liu와 내가 함께 쓴 "China's environment in a globalizing world"(in preparation)에서 그와 관련된 문헌들이 소개될 예정이다. 영어로 씌어진 책이나 학술지로는 Woodrow Wilson Center in Washington, D.C. (e-mail address chinaenv@erols.com)가 '중국 환경 시리즈'(China Environment Series)라는 이름으로 꾸준히 연구서를 출간하고 있으며, 세계은행이 출간한 연구서로는 *China: Air, Land, and Water*(Washington, D.C.: The World Bank, 2001)가 있다. 이 연구서는 책이나 CD-ROM으로 구입할 수 있다. 그밖에 L. R. Brown,

Who Will Feed China? (New York: Norton, 1995), M. B. McElroy, C. P. Nielson, and P. Lydon, eds., *Energizing China: Reconciling Environmental Protection and Economic Growth* (Cambridge, Mass.: Harvard University Press, 1998), J. Shapiro, *Mao's War Against Nature*(Cambridge: Cambridge University Press, 2001), D. Zweig, *Internationalizing China: Domestic Interests and Global Linkages*(Ithaca, N.Y.: Cornell University Press, 2002), Mark Elvin, *The Retreat of the Elephants: An Environmental History of China* (New Haven: Yale University Press, 2004)가 있다. 중국어로 씌어진 책을 영어로 번역한 책으로는 Qu Geping and Li Jinchang, *Population and Environment in China*(Boulder, Colo.: Lynne Rienner, 1994)를 참조하기 바란다.

제13장

1788년부터 19세기까지 영국의 오스트레일리아 식민지 개척사를 다룬 책으로는 Robert Hughes, *The Fatal Shore: The Epic of Australia's Founding* (New York: Knopf, 1987)이 최고로 손꼽힌다. 그러나 Tim Flannery, *The Future Eaters: An Ecological History of the Australasian Lands and People* (Chatsworth, New South Wales: Reed, 1994)은 4만 년 전 원주민의 도래부터 시작해서 그들과 훗날 유럽인들이 오스트레일리아 환경에 미친 영향을 다루고 있어 또 다른 가치를 갖는다. David Horton, *The Pure State of Nature: Sacred Cows, Destructive Myths and the Environment*(St. Leonards, New South Wales: Allen is Unwin, 2000)는 Flannery의 관점과 다른 시각에서 오스트레일리아의 환경과 인간의 관계를 분석했다.

오스트레일리아의 환경, 경제, 사회를 거의 백과사전식으로 다룬 세 정부 자료도 소중한 정보원이다. 웹사이트 http://www. ea.gov.au/soe/를 통해 계속 자료를 보완하는 Australian State of the Environment Committee 2001의 *Australia: State of the Environment 2001* (Canberra: Department of Environment and Heritage, 2001), 그 전신(前身)이라 할 수 있는 State of the Environment Advisory Committee 1996의 *Australia: State of the Environment 1996* (Melbourne: CSIRO Publishing, 1996), 그리고 Dennis Trewin은 1908년 이후로 매년 발간되는 일종의 연감으로 오스트레일리아 연방 성립 100주년을 맞아 발간한 *2001 Year Book Australia*(Canberra: Australian

Bureau of Statistics, 2001)가 그것이다.

Mary E. White, *Listen ... Our Land Is Crying*(East Roseville, New South Wales: Kangaroo Press, 1997)과 *Running Down: Water in a Changing Land*(East Roseville, New South Wales: Kangaroo Press, 2000)는 오스트레일리아의 환경 문제를 전반적으로 다루었다. Tim Flannery, "Beautiful lies: population and environment in Australia" (*Quarterly Essay* no. 9, 2003)는 오스트레일리아의 환경을 비판적인 입장에서 짤막하게 평가한 글이다. Quentin Beresford, Hugo Bekle, Harry Phillips, and Jane Mulcock, *The Salinity Crisis: Landscapes, Communities and Politics* (Crawley, Western Australia: University of Western Australia Press, 2001)는 염화의 역사적인 과정과 그 피해를 추적한 책이다. Andrew Campbell, *Landcare: Communities Shaping the Land and the Future*(St. Leonards, New South Wales: Allen & Unwin, 1994)는 오스트레일리아 시골에서 토지 관리를 개선하기 위한 풀뿌리 운동을 기록한 책이다.

제14장

UCLA 학생들이 제기한 질문들의 답은 Joseph Tainter, *The Collapses of Complex Societies*(Cambridge: Cambridge University Press, 1988)에서 실마리를 찾을 수 있다. 환경 문제를 해결하는 데 실패한 사회가 어떤 이유에서 실패하는가를 명쾌하게 설명하고 있기 때문이다. Thomas McGovern et al. "Northern islands, human error, and environmental degradation: a view of social and ecological change in the medieval North Atlantic" 〔*Human Ecology* 16:225–270 (1988)〕은 그린란드의 노르웨이인들이 환경 문제를 올바로 인식해서 해결할 수 없었던 일련의 이유들을 추적했다. 내가 이 책에서 언급한 이유들과 부분적으로 일치한다. McGovern의 글이 그 이유를 추적하는 전문가들의 의견을 종합한 것이기 때문이다.

Elinor Ostrom과 그녀의 동료들은 소비자들이 공공의 이익을 우선시해서 효율적인 할당제를 실시해야 할 상황들을 실험한 결과를 비교함으로써 '공유의 비극'이라는 문제를 연구했다. 이와 관련된 책으로는 Elinor Ostrom, *Governing the Commons: The Evolution of Institutions for Collective Action*(Cambridge: Cambridge University Press, 1990)과 Elinor Ostrom, Roy Gardner, and James Walker, *Rules, Games, and Common-Pool Resources*(Ann Arbor:

University of Michigan Press, 1994)가 있다. 비교적 최근에 발표한 "Coping with tragedies of the commons" Annual *Reviews of Political Science* 2: 493-535 (1999), Elinor Ostrom et al., "Revisiting the commons: local lessons, global challenges" *Science* 284:278-282 (1999), Thomas Dietz, Elinor Ostrom, and Paul Stern, "The struggle to govern the commons" *Science* 302:1907-1912(2003)도 참조하기 바란다.

Barbara Tuchman, *The March of Folly: From Troy to Vietnam*(New York: Ballantine Books, 1984)은 멀리 트로이 시대부터 베트남 전쟁까지 다루면서 아스텍의 몬테주마 황제 시대, 무슬림의 에스파냐 정복, 미국의 독립전쟁을 자극한 영국 등 자기파괴적인 행위들을 추적했다. Charles Mackay, *Extraordinary Popular Delusions and the Madness of Crowds*(New York: Barnes and Noble, 1993, reprint of the original 1852 edition)는 앞의 책에서 다루어지지 않은 자기파괴적인 행위들, 예컨대 18세기 영국에서의 남해포말사건, 17세기 네덜란드의 튤립 열풍, 지구 종말론, 십자군 원정, 마녀 사냥, 귀신와 성물(聖物)에 대한 미신적 믿음, 결투, 장발과 턱수염과 콧수염까지 간섭한 왕의 칙령 등을 다루었다. Irving Janis, *Groupthink*(Boston: Houghton Mifflin, 1983, revised 2nd ed.)는 미국 대통령들과 그들의 보좌관들을 예로 들어 집단 토의의 성공과 실패를 흥미롭게 분석했다. Janis는 이 책에서 1961년 피그스 만 침공, 1950년 한국전쟁에서 38선을 넘은 미국 군인, 1941년 일본의 진주만 공격을 예견하지 못한 미국 정부의 판단 실수, 1964년부터 1967년까지 끝없이 말려들어간 베트남 전쟁, 1962년의 쿠바 미사일 위기, 1947년 마셜 플랜의 채택 등을 사례로 연구했다.

Garrett Hardin, "The tragedy of the commons", in *Science* 162:1243-1248(1968)은 '공유의 비극'을 다룬 고전적 논문으로 가장 자주 인용되는 편이다. Mancur Olson, "Dictatorship, democracy, and development" [*American Political Science Review* 87:567-576 (1993)]는 중국의 군벌들과 그밖의 착취자들을 '붙박이 강도'와 '떠돌이 강도'에 비유했다. Hal Arkes and Peter Ayton, "The sunk cost and Concorde effects: are humans less rational than lower animals?" [*Psychological Bulletin* 125:591-600 (1999)]와 Marco Janssen et al., "Sunk-cost effects and vulnerability to collapse in ancient societies" [*Current Anthropology* 44:722-728 (2003)]에서는 매몰 비용 효과가 다뤄졌다.

제15장

석유 산업의 역사와 그 미래를 다룬 책으로는 Kenneth Deffeyes, *Hubbert's Peak: The Impending World Oil Shortage*(Princeton, N.J.: Princeton University Press, 2001)와 Paul Roberts, *The End of Oil* (Boston: Houghton Mifflin, 2004)이 필독서이다. 석유 산업이 지향하는 미래는 셰브런텍사코(웹사이트 www.chevrontexaco.com)와 같은 다국적 석유 회사들의 웹사이트에서 찾아볼 수 있다.

주요 광산 회사들이 공동으로 시작한 '광물의 채굴 및 지속 가능한 발전'(Mining, Minerals, and Sustainable Development)이 발간한 광석 채굴 산업의 형편에 대한 출판물들도 소중한 정보원이었다. 특히 *Breaking New Ground: Mining, Minerals and Sustainable Development*(London: Earthscan, 2002)와 Alistair MacDonald, *Industry in Transition: A Profile of the North American Mining Sector*(Winnipeg: International Institute for Sustainable Development, 2002)가 충실하다. 그밖에 사실을 기록한 문헌으로 워싱턴 DC의 '광물정책센터' (최근에 Earthworks로 개명, 웹사이트 주소는 www.mineralpolicy.org)가 발간한 보고서가 있다. 광업이 야기하는 환경 문제를 다룬 책으로는 Duane Smith, *Mining America: The Industry and the Environment*, 1800-1980(Boulder: University Press of Colorado, 1993), Thomas Power, *Lost Landscapes and Failed Economies: The Search for a Value of Place*(Washington, D.C.: Island Press, 1996), Jerrold Marcus, ed., *Mining Environmental Handbook Effects of Mining on the Environment and American Environmental Controls on Mining* (London: Imperial College Press, 1997), Al Gedicks, *Resource Rebels: Native Challenges to Mining and Oil Corporations*(Cambridge, Mass.: South End Press, 2001)가 있다. 한편 M. O'Callaghan, *Enemies Within: Papua New Guinea, Australia, and the Sandline Crisis: The Inside Story*(Sydney: Doubleday, 1999)와 Donald Denoon, *Getting Under the Skin: The Bougainville Copper Agreement and Creation of the Panguna Mine*(Melbourne: Melbourne University Press, 2000)은 부건빌 섬의 구리 광산이 환경 훼손을 야기한 탓에 붕괴된 과정을 다루었다.

삼림의 인증에 대한 정보는 삼림관리협의회의 웹사이트(www.fscus.org.)에서 구할 수 있다. 삼림관리협의회의 인증이 다른 단체들의 인증과 다른 차이에 대해서는 Saskia Ozinga, *Behind the Logs: An Environmental and Social Assessment of Forest Certification Schemes*(Moreton-in-Marsh, UK: Fern, 2001)를 참조하기 바란다. John Perlin, *A Forest Journey: The Role of Wood in the Development of Civilization*(New York: Norton, 1989)과 Michael Williams, *Deforesting the Earth: From Prehistory to Global Crisis*(Chicago: University of Chicago Press, 2003)는 삼림 파괴의 역사를 다룬 대표적인 책들이다.

어업의 인증에 대한 정보는 해양보호위원회의 웹사이트(www.msc.org)에서 구할 수 있다. Howard M. Johnson(웹사이트 www.hmj.com)은 *Annual Report on the United States Seafood Industry*(Jacksonville, Ore.: Howard Johnson)라는 연감을 매년 발간하고 있다. 양식 새우와 양식 연어에 대한 정보는 Jason Clay, *World Agriculture and the Environment: A Commodity-by-Commodity Guide to Impacts and Practices* (Washington, D.C.: Island Press, 2004)에서 구할 수 있다. Mark Kurlansky, *Cod: A Biography of the Fish That Changed the World* (New York: Walker, 1997), Suzanne Ludicello, Michael Weber, and Robert Wreland, *Fish, Markets, and Fishermen: The Economics of Overfishing* (Washington, D.C.: Island Press, 1999), David Montgomery, *King of Fish: The Thousand-Year Run of Salmon* (New York: Westview, 2003), Daniel Pauly and Jay Maclean, *In a Perfect Ocean*(Washington, D.C.: Island Press, 2003)은 어종의 남획 문제를 다루었다. 특히 Jeremy Jackson et al., "Historical overfishing and the recent collapse of coastal ecosystems"〔*Science* 293:629–638 (2001)〕는 남획을 다룬 대표적인 논문이다. 자연 연어보다 양식 연어에 독성 유해 물질이 집적된 사실이 Ronald Hits et al., "Global assessment of organic contaminates in farmed salmon"(*Science* 303:226–229: 2004)에서 밝혀졌다.

치열한 경쟁에서 기업이 살아남을 수 있는 조건을 먼저 이해하지 않고는 대기업의 환경관을 정확히 이해하기란 불가능하다. 이 문제를 광범위하게 다룬 책으로는 Thomas Peters and Robert Waterman Jr., *In Search of Excellence: Lessons from America's Best-Run Companies* (New York: Harper Collins, 1982, republished in 2004), Robert Waterman Jr., *The Renewal Factor: How the Best Get and Keep the Competitive Edge* (Toronto: Bantam Books, 1987), Robert Waterman Jr., *Adhocracy: The Power to Change*(New York: Norton, 1990)가 있다.

어떤 조건에서 기업이 환경적으로 파괴적인 행태보다 건설적인 행태를 취하는가라는 문제를 다룬 책으로는 Tedd Saunders and Loretta McGovern, *The Bottom Line of Green Is Black: Strategies for Creating Profitable and Environmentally Sound Businesses*(San Francisco: HarperSanFrancisco, 1993)와 Jem Bendell, ed., *Terms for Endearment: Business NGOs and Sustainable Development*(Sheffield, UK: Greenleaf, 2000)를 추천하고 싶다.

제16장

2001년 이후에 출간된 책 중에서 현재의 환경 문제를 다루면서 이 문제에 관련된 문헌을 소개하는 책으로는 Stuart Pimm, *The World According to Pimm: A Scientist Audits the Earth*(New York: McGraw-Hill, 2001), Lester Brown이 쓴 세 권의 책 *Eco-economy: Building an Economy for the Earth*(New York: Norton, 2001), *Plan B: Rescuing a Planet Under Stress and Civilization in Trouble*(New York: Norton, 2003)과 *State of the World*(New York: Norton, published annually since 1984), 그리고 Edward Wilson, *The Future of Life*(New York: Knopf, 2002), Gretchen Daily and Katherine Ellison, *The New Economy of Nature: The Quest to Make Conservation Profitable*(Washington, D.C.: Island Press, 2002), David Lorey, ed., *Global Environmental Challenges of the Twenty-first Century: Resources, Consumption, and Sustainable Solutions* (Wilmington, Del.: Scholarly Resources, 2003), Paul Ehrlich and Anne Ehrlich, *One with Nineveh: Politics, Consumption, and the Human Future* (Washington, D.C.: Island Press, 2004), James Speth, *Red Sky at Morning: America and the Crisis of the Global Environment*(New Haven: Yale University Press, 2004)가 있다.

제15장의 참고문헌에서 소개된 책들에서도 삼림 파괴, 물고기의 남획, 석유 문제에 관련된 책들이 있다. Vaclav Smil, *Energy at the Crossroads: Global Perspectives and Uncertainties*(Cambridge, Mass.: MIT Press, 2003)는 석유, 석탄, 가스뿐만 아니라 다른 형태의 에너지원에 대해서도 다루고 있다. 생물학적 다양성의 위기와 서식지 파괴에 관한 문제는 John Terborgh의 *Where Have All the Birds Gone?*(Princeton, N. J.: Princeton University Press, 1989)과 *Requiem for Nature*(Washington, D.C.: Island Press, 1999), 그리고 David Quammen, *Song of the Dodo* (New York: Scribner,1997), Marjorie Reaka-Kudla et al., eds.,

Biodiversity 2: Understanding and Protecting Our Biological Resources(Washington, D.C.: Joseph Henry Press, 1997)를 참조하기 바란다.

산호초 파괴를 다룬 최근의 논문에는 T. P. Hughes, "Climate change, human impacts, and the resilience of coral reefs"〔*Science* 301:929–933 (2003)〕, J. M. Pandolfi et al., "Global trajectories of the long-term decline of coral reef ecosystems"〔*Science* 301:955–958 (2003)〕, D. R. Bellwood et al., "Confronting the coral reef crisis"〔*Nature* 429:827–833 (2004)〕가 있다.

석유 문제를 다룬 책에는 이 분야의 고전이라고 여겨지는 Vernon Gill Carter and Tom Dale, *Topsoil and Civilization*, revised ed. (Norman: University of Okalahoma Press, 1974) 이외에 Keith Wiebe, ed., *Land Quality, Agricultural Productivity, and Food Security: Biophysical Processes and Economic Choices at Local, Regional, and Global Levels* (Cheltenham, UK: Edward Elgar, 2003)가 있다. David Pimentel et al., "Environmental and economic costs of soil erosion and conservation benefits"〔*Science* 267:1117–1123 (1995)〕, Stanley Trimble and Pierre Crosson, "U.S. soil erosion rates–myth and reality"〔*Science* 289:248–250 (2000)〕, 그리고 *Science* 304:1613–1637(2004)에 실린 8편의 논문은 토양 문제를 다양한 관점에서 접근한 논문들이다.

Peter Gleick이 2년마다 보고서 형식으로 출간하는 *The World's Water, 1998~1999: The Biennial Report on Freshwater Resources* (Washington, D.C.: Island Press, 2000) 등은 세계의 물 문제를 본격적으로 다루었다. Vernon Scarborough, *The Flow of Power: Ancient Water Systems and Landscapes*(Santa Fe: School of American Research, 2003)는 물 문제를 나름대로 해결한 고대 사회의 해법들을 비교 · 분석했다.

식물 광합성('순일차 생산량')이 이용하는 태양 에너지의 부분을 Peter Vitousek et al., "Human domination of Earth's ecosystems"〔*Science* 277:494–499 (1997)〕는 범세계적으로 접근한 반면에, Mark Imhoff et al. "Global patterns in human consumption of net primary production" 〔*Nature* 429:870–873 (2004)〕은 지역별로 접근한 논문이다.

유해 화학 물질이 인간을 포함한 생명체에 미치는 영향에 대한 연구로는 Theo Colborn, Dianne Dumanoski, and John Peterson Myers, *Our Stolen Future*(New York: Plume, 1997)에서 찾아볼 수 있다. Tom Horton and William Eichbaum, *Turning the Tide: Saving the Chesapeake Bay*

(Washington, D.C.:Island Press, 1991)는 체서피크 만을 예로 들어 유해 물질이 생태계 전체에 미치는 영향을 경제적인 비용으로 계산한 책이다.

지구 온난화와 기후 변화를 알기 쉽게 설명한 책으로는 Steven Schneider, *Laboratory Earth: The Planetary Gamble We Can't Afford to Lose* (New York: Basic Books, 1997), Michael Glantz, *Currents of Change: Impacts of El Ninõ and La Ninã on Climate and Society*, 2nd ed. (Cambridge: Cambridge University Press, 2001), Spencer Weart, *The Discovery of Global Warming*(Cambridge, Mass.: Harvard University Press, 2003)이 있다.

Paul Ehrlich, *The Population Bomb*(New York: Ballantine Books, 1968), Paul Ehrlich and Anne Ehrlich, *The Population Explosion*(New York: Simon & Schuster, 1990), Joel Cohen, *How Many People Can the Earth Support?*(New York: Norton, 1995)는 인구 문제를 다룬 고전적인 저서들이다.

나처럼 로스앤젤레스의 환경 및 인구 문제를 분석하는 데 그치지 않고 시각을 넓혀 미국 전체를 다룬 책으로는 The Heinz Center, *The State of the Nation's Ecosystems: Measuring the Lands, Waters, and Living Resources of the United States*(New York: Cambridge University Press, 2002)가 있다.

환경보호론자들의 우려를 반박하는 주장들에 관심이 있는 독자들에게는 Björn Lomborg, *The Skeptical Environmentalist*(Cambridge: Cambridge University Press, 2001)를 추천하고 싶다. 한편 이런 반론을 환경 보호론적 입장에서 재반박한 책으로는 Paul Ehrlich and Anne Ehrlich, *Betrayal of Science and Reason*(Washington; D.C.: Island Press, 1996)을 참조하기 바란다. 내가 이 책에서 언급한 로마 클럽의 연구서는 Donella Meadows et al., *The Limits to Growth*(New York: Universe Books, 1972)이며, 최근에 Donella Meadows, Jorgen Randers, and Dennis Meadows, *The Limits to Growth: The 30-Year Update*(White River Junction, Vt.: Chelsea Green, 2004)라는 이름으로 개정·보완되었다. 한편 S. W. Pacala et al., "False alarm over environmental false alarms"〔*Science* 301:1187-1188 (2003)〕는 거짓 신고가 너무 많냐 너무 적냐는 문제를 분석한 논문이다.

Population Action International의 웹사이트(www.populationaction. org), Richard Cincotta, Robert Engelman, and Daniele Anastasion, *The Security Demographic: Population and Civil Conflict after the Cold War* (Washington, D.C.: Population Action International, 2004), Woodrow Wilson

Center(website www.wilson.org/ecsp)가 매년 발간하는 학회지 *The Environmental Change and Security Project Report*, Thomas Homer-Dixon, "Environmental scarcities and violent conflict: evidence from cases"〔*International Security* 19:5-40 (1994)〕에서는 환경 문제와 인구 문제의 관련성, 그리고 환경 문제와 불안정한 정치상황의 관련성에 대한 정보를 구할 수 있다.

끝으로 남동태평양의 오에노 산호섬과 두시 산호섬까지 표류해 밀려온 산토리 위스키 병 등 쓰레기에 대해 알고 싶은 독자들은 T G. Benton, "From castaways to throwaways: marine litter in the Pitcairn Islands"〔*Biological Journal of the Linnean Society* 56:415-422 (1995)〕에서 인용한 세 도표를 참조해주기 바란다.

제16장의 앞부분에서 개략적으로 소개한 12가지의 환경 문제를 각국 정부와 관련 기관들이 어떻게 해결하고 있는가를 다룬 책들은 많다. 그러나 "변화를 이루어내기 위해서 나는 개인적으로 무엇을 할 수 있을까?"라는 의문은 여전히 남아 있다. 만약 당신이 부자라면 많은 일을 해낼 수 있다. 예컨대 빌 게이츠와 멜린다 게이츠 부부는 세계적으로 황급히 해결해야 할 공공 건강 문제를 위해 수십 억 달러를 기부했다. 만약 당신이 권력자라면 그 권력을 활용해서 계획된 일정을 앞당길 수 있다. 예컨대 미국의 조지 W. 부시 대통령과 도미니카의 호아킨 발라게르 대통령은 대통령이라는 직권을 활용해서 환경 정책의 일정을 앞당기는 데 결정적인 역할을 했다. 그러나 대부분의 시민은 그런 부와 권력을 갖고 있지 못해, 정부와 대기업의 막강한 힘 앞에서 무력감과 좌절감을 갖기 십상이다. 그러나 대기업의 최고 경영자도 아니고 정치 지도자도 아닌 힘없는 개인으로서 우리가 해낼 수 있는 일은 없을까?

변화를 끌어내기 위해서 우리가 할 수 있는 일은 분명히 있다. 대여섯 가지의 행위는 이미 실질적인 효과가 있는 것으로 증명되었다. 그러나 한 개인이 단독으로 행동해서는 의미 있는 변화를 끌어내기 힘들다는 사실을 미리 지적해두고 싶다. 일련의 연속된 행위로 3주 만에 어떤 일을 끝냈더라도 말이다. 따라서 의미 있는 변화를 만들어내고 싶다면 평생 동안 꾸준히 계속할 수 있는 행동의 원칙을 세워서 충실하게 지키는 편이 훨씬 낫다.

민주주의 체제에서 가장 간단하면서도 비용이 적게 드는 행위가 투표이다. 환경에 대해 다른 생각을 가진 후보들이 경쟁하는 선거에서, 간발의 표차로 등락이 결정되는 경우가 적지 않다. 2000년 미국의 대통령 선거가 대표적인 예였다. 플로리다에서 수백 표를 더 얻은 덕분에 조지 부시가 미국 대통령에 당선되지 않았던가! 다른 방법도 있다. 당신 지역을 대표하는 지방 의원이나 국회의원의 주소를 알아낸 다음 매달 약간의 시간을 할애해서 특정한 환경 문제에 대한 당신의 생각을 그들에 전하는 편지를 써보라. 유권자들이 이런 식으로 목소리를 내지 않는다면 의원들은 유권자들이 환경에 관심없다고 생각하지 않겠는가!

다음으로는 소비자로서 무엇을 사고 무엇을 사지 않을 것인지를 결정하는 권한이 당신에게 있다는 점이다. 대기업은 돈을 버는 데 목적이 있다. 따라서 대중이 사지 않는 물건은 생산을 중단하고, 대중이 꾸준히 구입하는 물건을 만들고 더 많이 팔려고 애쓰게 마련이다. 지속 가능한 벌채를 시행하는 벌채 회사가 점점 늘어나는 이유는 FSC의 인증을 받은 목재에 대한 소비자의 수요가 공급을 초과하기 때문이다. 물론 당신 나라의 기업들에게 영향력을 행사하기가 상대적으로 쉽겠지만 오늘날처럼 세계화된 세상에서는 소비자는 해외 기업이나 해외의 의사결정자에게도 영향력을 행사할 수 있다. 예컨대 세계의 소비자들이 남아프리카 공화국의 상품에 대해 불매 운동을 벌이고, 해외 투자자들이 남아프리카 공화국에 투자하기를 기피하면서, 해외 기업과 공공 연금재단, 정부까지 전대미문의 경제적인 압력을 가하자 남아프리카 공화국에서 백인 소수정부가 붕괴되고 결국에는 아파르트헤이트까지 1994년에 완전히 종식되지 않았던가! 1980년대 나는 남아프리카 공화국을 서너 번 방문했다. 그때까지도 아파르트헤이트는 너무나 뿌리 깊어 어떤 일이 있어도 그 땅에서 사라질 것처럼 보이지 않았다. 그러나 소비자의 힘에는 이겨낼 수 없었다.

소비자는 상품의 구매와 불매 이외에, 대중에게 기업의 정책과 상품에 관심을 갖도록 유도함으로써 기업의 행태에 영향력을 행사할 수도 있다. 빌블래스, 캘빈클라인, 올레그카시니 등과 같은 패션 기업들에게 공개적으로 모피 사용을 포기하겠다고 천명하게 만든 동물 학대 반대 운동이 대표적인 예이다. 또한 시민 운동가들이 세계 최대의 목제품 회사인 홈디포와 담판을 벌여, 홈디포가 멸종 위기에 빠져 있는 동식물이 서식하는 숲에서 벌채한 목재를 구매하지 않고 인증받은 숲에서 생산한 목재를 우선적으로 구매하겠다고 천명한 사건도 좋은 예이다. 홈디포의 이런 정책 변화에 나는 크게 놀라지 않을 수 없었다. 소비자 운동가들이 홈디포와 담판을 벌인다는 소식은 들었지만 그처럼 강력한 힘을 가진 기업과 싸우는 것은 무모한 짓이라 생각했기 때문이다.

소비자 운동은, 바람직하지 못한 방향으로 사업을 운영하는 기업을 당혹스럽게 만들게 마련이다. 하지만 이런 일방적인 공격은 유감스런 결과를 낳을 수 있다. 실제로 이런 현상으로 인해 환경보호론자들은 공격적이고 억압적이며 짜증스럽고 부정적인 존재라는 인식을 심어주기 때문이다. 따라서 소비자 운동가들은 바람직한 정책을 시행하는 기업들을 칭찬하는 방식으로 영향력을 행사하는 방법도 생각해봄직하다. 제15장에서 나는 환경보호론자들의 생각을 뛰어넘어 친환경적으로 사업을 운영하는 대기업들을 소개했다. 하지만 이 기업들은 잘못한 행위에 대해서는 호되게 비난을 받지만 바람직한 행위에 대해서는 변변한 박수조차 받지 못했다. 태양과 바람이 나그네의 외투를 벗기기 위해서 경쟁을 벌였다는 이솝 우화를 모르는 사람은 없으리라. 바람은 나그네를 세차게 몰아쳤지만 외투를 벗기지 못했다. 하지만 태양은 따사로운 햇살로 나그네의 외투를 너끈히 벗겨냈다. 우리는 이 우화에서 교훈을 얻어야 한다. 기업들이 스스로 친환경 정책을 채택하더라도 그런 정책을 자화자찬하면 냉소적인 소비자들이 믿지 않을 가능성이 훨씬 높기 때문이다. 기업들도 이런 사실을 잘 알고 있다. 따라서 그런 노력을 소비자들에게 인정받기 위해서는 외부의 도움이 있어야 한다. 최근 들어 환경 단체들의 우호적인 평가로 혜택을 누린 대표적인 기업이 셰브런텍사코와 보이즈케스케이드(목재 및 건축자재 회사)이다. 셰브런텍사코는 쿠투부 유전을 친환경적으로 관리하고, 보이즈케스케이드는 지속 가능하지 않은 방식으로 관리되는 삼림에서 생산한 목재를 구매하지 않기로 한 결정으로 칭찬을 받았다. 환경운동가들은 '반(反)환경 기업 12'를 발표해 기업들에게 비난을 퍼붓는 데 그치지 않고, '친환경 기업 10'을 선정해 칭찬하는 배려도 아끼지 않았다.

소비자로서 개인이 상품의 구매나 불매로, 혹은 기업의 칭찬이나 비난으로 기업들에게 영향력을 행사하고 싶다면 유통 경로에서 대중의 압력에 가장 취약한 고리를 찾아내고, 다른 고리들에 강력한 영향력을 행사할 수 있는 고리를 찾아내는 수고를 기꺼이 감수하는 자세가 필요하다. 소비자를 직접 상대하지 않고 기업들과 거래하는 기업들이나 상표를 부착하지 않고 소비자에게 상품을 내놓는 기업들에 비해서 소비자에게 직접 상품을 판매하는 기업들이나 소비자에게 브랜드를 판매하는 기업들이 대중의 압력에 훨씬 민감하게 반응한다. 또한 독립 기업이든 대기업의 자회사이든 소비자와 직접 상대하는 소매 기업들은 상품을 제조하는 기업들에게 강력한 영향력을 행사할 수 있다. 이와 관련된 여러 사례를 제15장에서 이미 언급했다. 그밖에도 다른 많은 예가 덧붙여질 수 있다.

예컨대 어떤 다국적 석유 회사의 유전 관리 방식이 당신의 생각에 못마땅하다고 해보자. 그러면 그 회사가 운영하는 주유소 앞에서 불매 운동을 유도하는 피켓을 들고 시위를 벌일 수 있다. 거꾸로 그 회사의 유전 관리 방식이 친환경적이라면 그 회사의 주유소를 일부러 찾아가 휘발유를 넣을 수도 있다. 가령 오스트레일리아의 티타늄 채굴 방식은 썩 마음에 드는데, 리히르 섬의 금 채굴 방식이 못마땅하다면 당신이 직접 그 광산 회사들에게 압력을 가할 수 있는 방법을 생각하느라고 시간을 낭비하지 마라. 대신 티타늄을 기초로 페인트를 생산하는 듀폰, 그 페인트를 판매하는 월마트, 금 장신구를 판매하는 티파니 등 대형 소매 회사들로 관심을 돌려라. 벌채 회사들을 직접 칭찬하거나 비난하지 마라. 벌채 회사들에게 영향력을 행사할 수 있는 대형 소매 회사, 예컨대 홈디포, 로위스, B & Q에 압력을 가하는 편이 훨씬 효과적이다. 유닐레버와 홀푸즈와 같은 수산 식품 소매 기업들도 소비자들의 눈치를 살피지 않을 수 없다. 따라서 당신보다 그들이 수산 관련 기업들에게 훨씬 효과적으로 영향력을 행사할 수 있다. 월마트는 세계 최대의 식료품 판매 기업이다. 월마트를 비롯해 대형 소매 회사들이 농부들에게 영농법을 실질적으로 강요할 수도 있다. 당신은 농부들에게 어떤 식으로 농사를 지으라고 강요할 수 없지만 월마트에게는 영향력을 행사할 수 있다. 소비자로서 당신이 유통 과정에서 어떤 부분에 영향력을 행사할 수 있는지 알고 싶다면 '광물정책센터(Earthworks)', 삼림관리협의회, 해양보호위원회 등과 같은 단체를 통해서 적절한 해답을 얻을 수 있다(이런 단체들의 웹사이트에 대해서는 제15장의 참고문헌을 참조하기 바란다).

물론 한 표밖에 갖고 있지 않은 유권자인 당신이 선거 결과를 좌우할 수는 없다. 또한 한 명의 소비자에 불과한 당신이 월마트의 정책에 변화를 줄 수는 없다. 그러나 당신처럼 투표권과 구매력을 가진 개인들이 서로 이야기를 나누면서 힘을 합할 수 있다. 먼저 당신의 부모나 자녀, 친구와 함께 시작할 수 있다. 환경에 무관심하던 다국적 석유 회사들이 환경 보호 정책을 채택해서 엄격하게 시행하기 시작한 이유도 바로 여기에 있었다. 많은 유능한 직원들이 불평하면서 다른 직업을 택하고 있었다. 그들의 친구는 물론이고 우연히 알게 된 사람들, 게다가 자식과 배우자까지 석유 회사들의 환경 정책을 비난하면서 그들을 부끄럽게 만들었기 때문이다. 빌 게이츠를 비롯해 대부분의 최고 경영자들에게도 자녀와 배우자가 있다. 빌 게이츠나 조지 부시를 개인적으로 아는 사람은 극히 드물지만 내 자식의 친구나 내 친구가 자식과 친척이나 친구의 충고를 소중히 생각하는 영향력 있는 인물의 자식이고 친구이거나 친척일 수 있다. 실제로 호아킨 발라게르가 도미니카 공화국의 환경에 관심을 갖게 된 결정적인 계기가 그 누이들의 압력이 있었다는 이야기가 있다. 어떤 의미에서 미국의 2000년 대통령 선거는 단 한 표 차이로 당락이 결정되었다고도 말할 수 있다. 연방대법원이 5:4로 플로리다 선거 결과를 유효한 것으로 판결했기 때문이다. 그러나 9명의 대법원 판사들에게도 자식과 배우자, 친척과 친구가 있었고, 그들이 대법원 판사들의 판단에 영향을 미치지 않았겠는가!

누구에게나 종교적인 믿음이 있다. 교회나 절, 모스크 내에서 서로 사랑하고 도와가면서 우리의 힘을 키워갈 수 있다. 시민권 운동의 궁극적인 출발점도 교회였다. 환경 문제에 관심을 갖고 목소리를 내는 종교 지도자들이 없지는 않지만 아직 부족한 편이다. 그러나 보통 사람들은 역사학자나 과학자의 제안보다 종교 지도자들의 가르침을 더 충실하게 따르기 때문에, 또한 종교적으로 환경을 진지하게 받아들여야 할 분명한 이유가 있기 때문에 환경 문제에서 종교 단체가 영향력을 키울 수 있는 가능성은 얼마든지 있다. 환경 의식을 가진 사람들이 종교적 가르침을 근거로, 예컨대 자연을 훼손하지 말라는 경전의 가르침을 근거로, 모든 종교가 앞세우는 청지기 정신을 근거로 동료들과 지도자들에게 환경에 대한 인식을 심어준다면 그렇게 어려운 일도 아니다.

당신의 행동에서 직접적인 결과를 보고 싶다면 먼저 당신 주변 환경을 개선하는 데 시간과 노력을 투자해보라. 내 가족이 여름 휴가를 보냈던 몬태나의 비터루트 밸리에는 '텔러 야생생물구호단체' 라는 소규모 민간 비영리 단체가 있다. 비터루트 강변의 서식지를 보호하고 복원하는 데 목적을 둔 단체이다. 이 단체의 창립자 오토 텔러는 부자였지만 그에게 환경 문제에 관심을 갖게 만든 친구들은 부자가 아니었다. 이 단체에 자발적으로 가입해서 돕는 자원봉사자들의 대부분도 부자가 아니다. 이런 자발적인 노력 덕분에, 그들은 아름다운 풍경과 흥미진진한 낚시를 지금도 즐길 수 있다. 그들뿐만 아니라 비터루트밸리에서 사는 모든 사람들, 가끔 이곳을 방문하는 사람들도 똑같은 즐거움을 누릴 수 있다. 부동산 개발이라는 이름으로 벌써 사라졌을지도 모르는 아름다운 풍경과 즐거운 낚시가 그들의 노력 덕분에 지금까지 유지될 수 있는 것이다. 이런 예는 얼마든지 있을 수 있다. 이제 거의 모든 지역에 이와 비슷한 단체들이 있지 않은가.

지역 환경을 지키기 위한 노력은 당신의 삶을 유쾌하게 해주는 일 이외에 다른 효과도 가지고 있다. 당신의 노력이 다른 사람들에게 좋은 본보기가 될 수 있다. 심지어 해외에도 영향을 미칠 수 있다. 지역 환경 단체들은 서로 자주 만나 아이디어를 교환하고 새로운 영감을 얻는다. 내가 '텔러 야생생물구호단체' 와 '블랙풋이니셔티브' 의 회원들과 인터뷰하려고 했을 때 스케줄을 조절하기가 쉽지 않았다. 그들이 몬태나와 이웃의 다른 주에서 활동하는 유사한 지역 환경 단체들에게 조언을 하려고 여행이 잦았기 때문이다. 또한 미국인이 중국이나 다른 나라의 사람들에게 (미국인이 보기에) 그들이 자신들을 위해서나 세계의 다른 지역을 위해서 어떻게 해야 한다고 말할 때, 미국의 비환경적인 태도가 널리 알려진 까닭에 그들이 미국인의 충고에 코웃음을 칠 가능성이 없지 않다. 이런 점에서 우리가 모든 인류를 위해서 올바른 환경 정책을 채택해야 한다고 다른 사람들을 효과적으로 설득하려면 우리가 그런 정책을 충실하게 추구하고 있는 모습을 먼저 보여줄 수 있어야 한다.

끝으로 당신에게 약간의 여윳돈이 있다면 당신과 생각을 함께하는 단체에 그 돈을 기부함으로써 그 단체에 힘을 보태줄 수 있다. 눈을 크게 뜨고 찾아보면 당신과 같은 생각을 지닌 환경 단체를 찾기란 그다지 어려운 일이 아니다. 예컨대 오리에 관심 있는 사람들이 모인 '덕스언리미티드', 송어 낚시터를 보존하려는 '트라우트 언리미티드', 인구 문제를 고민하는 사람들을 위한 'ZPG운동', 섬에 관심 있는 사람들의 모임인 '해양학 재단(Seacology Foundation)' 등이 있다. 이런 환경 단체들은 적은 예산으로 운영되지만, 비용에 대비한 성과는 아주 높은 편이다. 따라서 적은 돈이라도 더해지면 큰 차이를 만들어낼 수 있다. 세계에서 규모가 가장 크고 예산이 많은 단체도 마찬가지이다. 예컨대 '세계야생생물기금(World Wildlife Fund)'은 세계에서 규모가 가장 크고 재정 지원도 많은 세 개의 단체 중 하나로 세계 전역에서 활동을 펼친다. WWF의 지회로 가장 대규모인 미국 지회의 연간 예산은 약 1억 달러에 달한다. 대단한 액수로 생각되지만 이 돈으로 100여 나라에서 진행되는 프로그램을 지원하고, 모든 동식물과 해양 및 육지의 서식지까지 보호해야 한다고 생각해보라. 게다가 이 예산으로 대규모 프로젝트(아마존 분지에서 서식지로 보호해야 할 구역을 3배까지 확대하려는 10년 계획의 4억 달러 프로젝트 등)뿐만 아니라 개별종을 보호하는 수많은 소규모 프로젝트까지 감당해야 한다. 따라서 당신의 적은 돈이 이런 대규모 조직에는 아무런 의미도 갖지 못할 것이라는 선입견을 버려라. 콩고 분지에서 영장류를 조사하는 관리인에게 '위성 위치 확인 시스템(Global Positioning System)'을 갖추어주는 데는 수백 달러면 충분하다. 그 돈이 없었다면 영장류의 보존 상태가 지금까지도 알려지지 않았을지 모르지 않는가. 게다가 일부 환경 단체는 개인의 기부금을 근거로 세계은행, 각국 정부, 자선 기관 등에서 1:1의 비율로 더 많은 기금을 지원받는 능력을 발휘하기도 한다. 예컨대 WWF의 아마존 보존 프로젝트는 개인의 기부금을 바탕으로 6배나 많은 기금을 지원받는 '레버리지' 효과를 거두어냈다. 달리 말하면 당신의 300달러가 2,000달러로 확대되어 그 프로젝트에 투입되고 있다는 뜻이다.

물론 내가 WWF를 언급했다고 WWF가 다른 목표를 가진 다른 환경 단체들보다 낫다는 뜻은 아니다. 내가 우연한 기회에 WWF와 함께 일할 기회가 있어 그 단체에 대해 가장 많이 알고 있기 때문에 WWF를 예로 들었을 뿐이다. 어쨌든 한 개인의 노력이 큰 차이를 만들어내는 사례는 세계 곳곳에서 얼마든지 찾을 수 있다.

| 찾아보기 |

ㄱ

ㄴ

ㄷ

ㅁ

ㅇ

ㅌ

ㅍ

ㅎ